Bliemeister/Broll/Bruch (Hrsg.)
Chirurgie

Krankheitslehre & Pflege

Chirurgie

Herausgegeben von
G. Bliemeister, R. Broll und H.-P. Bruch

Mit Beiträgen von
Ch. Albrecht, G. Bliemeister, R. Broll, H.-P. Bruch, A.-K. Eckstein, A. Göckens, A. Herold, A. Heuwinkel, J. Hoyer, A. Knipper, Ch. Konrad, A. Kooistra, D. Kraatz, M. Krüger, P. Kujath, U. Markert, E. Muhl, G. Müller, J. Neuwirth, G. Nowak, J.-H. van Randenborgh, T. Schiedeck, A. Schoucair, M. Schrader, P. Tichy, E. Wendt, H. Wenk, A. Woltmann

Mit 330 meist zweifarbigen Abbildungen
und zwei Farbtafeln

Urban & Schwarzenberg • München – Wien – Baltimore

Anschriften der Herausgeber:

Gisela Bliemeister
Medizinische Universität zu Lübeck
Krankenpflegeschule
Ratzeburger Allee 160
23538 Lübeck

Priv.-Doz. Dr. med. Rainer Broll
Prof. Dr. med. Hans-Peter Bruch
Medizinische Universität zu Lübeck
Klinik für Chirurgie
Ratzeburger Allee 160
23538 Lübeck

Lektorat, Planung: Dr. med. Dorothea Hennessen, Annette Heuwinkel
Redaktion: Petra Metz, Annette Heuwinkel
Herstellung: Petra Laurer
Zeichnungen: Dr. med. Katja Dalkowski
Fotos siehe Abbildungsnachweis

Die Deutsche Bibliothek – CIP-Einheitsaufnahme

Chirurgie : mit zwei Farbtafeln / hrsg. von G. Bliemeister ... Mit Beitr. von Ch. Albrecht ... – München ; Wien ; Baltimore : Urban & Schwarzenberg, 1996
(Krankheistlehre & Pflege)
ISBN 3-541-15981-2
NE: Bliemeister, Gisela [Hrsg.];
Albrecht, Christiane

1. Die Namen der Personen, das soziale Umfeld sowie die Situationen, die in den Fallbeispielen genannt sind, sind frei erfunden. Ähnlichkeiten mit lebenden Personen und Lebensumständen sind rein zufällig.
2. Geschützte Warennamen (Warenzeichen) sind besonders gekennzeichnet. Falls das Warenzeichen fehlt, kann nicht daraus geschlossen werden, daß es sich um einen freien Warennamen handelt.
3. Aufgrund der ständigen Weiterentwicklung in der Medizin durch Forschung und klinische Erfahrung, insbesondere in der Anwendung der medikamentösen Therapie, wird vom Verlag keine Gewähr für Angaben von Dosierungsanweisungen und Applikationsformen übernommen. Die Autoren, Herausgeber und der Verlag haben zwar die Angaben mit großer Sorgfalt erstellt, jedoch ist jeder Benutzer angehalten, durch die sorgfältige Prüfung der entsprechenden Beipackzettel des jeweiligen Medikamentes bzw. durch Rückfragen bei einem Spezialisten die Angaben zu überprüfen.

Satz: Typodata, München
Druck: Appl, Wemding
Bindung: Großbuchbinderei Monheim
Printed in Germany

ISBN 3-541-15981-2

In Dankbarkeit unseren Lehrern gewidmet!

Vorwort

Ebenso wie ärztliches ist auch pflegerisches Handeln ein dynamischer Prozeß, der ständig an die neuen Gegebenheiten des medizinischen Fortschritts angepaßt werden muß. Sind es für den Chirurgen zur Zeit die sog. „minimal-invasiven Eingriffe“, d.h., Operationen mit geringster Eröffnung der Körperhöhlen und Durchführung des Eingriffs mit speziellen Instrumenten und Optiksystemen, die ihn zum Erlernen neuer Techniken zwingen, so ist es für die Krankenpflege die selbständige Entwicklung adäquater pflegerischer Ideen, die den Menschen und seine Krankheit in den Mittelpunkt pflegerischen Handelns stellen. Gerade in den letzten Jahren wurden bereits bestehende Konzepte, wie z.B. Pflegeplanung, Pflegedokumentation und Pflegesysteme, konsequent und gezielt weiterentwickelt und als schlüssige und überzeugende Hilfsmittel für die pflegerische Tätigkeit eingesetzt, um damit die Kooperation aller Berufsgruppen im Krankenhaus zu fördern. Denn erst im Miteinander vor allem zwischen ärztlichem und pflegerischem Handeln entsteht eine gedeihliche Zusammenarbeit, die letztlich dem Patienten hilft, die durch seine Krankheit verursachten, oft tiefgreifenden Eingriffe in seine persönliche und soziale Struktur zu bewältigen. Deshalb muß ein modernes Lehrbuch der Krankenpflege für die Chirurgie nicht nur das Wissen um die Krankheit und ihre Therapie beinhalten, sondern in gleichem Umfang auch die entsprechenden pflegerischen Maßnahmen und Konzepte vermitteln. Dabei bedeutet Krankenpflege im heutigen Sinn nicht nur Unterstützung des Heilungsprozesses, sondern hat die gesamte körperliche und psychische Integrität des Patienten zu berücksichtigen.

Dem Wunsch des Verlages, ein an diesem Konzept orientiertes Lehrbuch der Krankenpflege für die Chirurgie herauszugeben, sind wir gerne und sehr motiviert nachgekommen. Ermutigt durch die hervorragende Resonanz auf das Lehrbuch „Innere Medizin und Krankenpflege“, erschien es nur folgerichtig, dem ein Lehrbuch „Krankheitslehre und Pflege Chirurgie“ an die Seite zu stellen, bilden doch Innere Medizin und Chirurgie die beiden großen Säulen der Medizin und damit auch das Fundament der Krankenpflegeausbildung. Inhaltlich beschränkt sich das Buch nicht ausschließlich auf die zentralen Bereiche der Chirurgie, sondern integriert darüber hinaus in eigenen Kapiteln Fachgebiete, die sich inzwischen verselbständigt haben, wie Plastische Chirurgie, Neurochirurgie, Orthopädie, Urologie und Kinderchirurgie, so daß ein Großteil der operativen Disziplinen vertreten ist.

Das Buch wendet sich an alle Auszubildenden in der Krankenpflege ebenso wie an examiniertes Pflegepersonal sowie an die Lehrkräfte an den Krankenpflegeschulen als ein Lehrbuch, Leitfaden, Nachschlagewerk und Unterrichtskonzept.

Ohne die gute und zuverlässige Mitarbeit unserer Kolleginnen und Kollegen in der Krankenpflegeschule und der Klinik, die trotz ihrer vielfachen Arbeitsbelastungen die Manuskripte erstellten, wäre das Buch nicht zu realisieren gewesen, wofür wir sehr zu danken haben.

Die Herausgeber bedanken sich beim Verlag Urban & Schwarzenberg und insbesondere beim Verleger, Herrn Dr. h.c. Michael Urban, für die hervorragende Ausstattung des Buches. Den beiden Lektorinnen des Verlages, in der Anfangsphase Frau Dr. med. Dorothea Hennessen und in der Folge Frau Annette Heuwinkel, Lehrerin für Krankenpflege, danken wir für die exzellente Zusammenarbeit und die immerwährende freundliche Unterstützung, ebenso wie Frau Petra Metz, Lehrerin für Krankenpflege, für das kritische Gegenlesen der Kapitel und die vorzügliche redaktionelle Bearbeitung der Manuskripte. Nicht zuletzt haben wir uns auch für die gelungenen Abbildungen bei Frau Dr. med. Katja Dalkowski und für die ansprechende herstellerische Gestaltung bei Frau Petra Laurer zu bedanken. Nur durch das reibungslose Miteinander aller Beteiligten war es letztlich möglich, das Buch in einem so kurzen Zeitraum zu erstellen.

Lübeck, im Januar 1996

Die Herausgeber

Inhaltsverzeichnis

Adressenverzeichnis

Für folgende Autoren/Autorinnen gelten die nachstehend genannten Adressen:

Priv.-Doz. Dr. med. Rainer Broll
Prof. Dr. med. Hans-Peter Bruch
Dr. med. Alexander Herold
Prof. Dr. med. Jochen Hoyer
Dr. med. Albert Kooistra
Prof. Dr. med. Peter Kujath
Dr. med. Uwe Markert
Priv.-Doz. Dr. med. Elke Muhl
Dr. med. Gerhard Müller
Dr. med. Jan-Hendrik van Randenborgh
Dr. med. Thomas Schiedeck
Priv.-Doz. Dr. med. Heiner Wenk
Dr. med. Alexander Woltmann

Klinik für Chirurgie
Medizinische Universität zu Lübeck
Ratzeburger Allee 160
23538 Lübeck

Dr. med. Anne-Katrin Eckstein
Angelika Göckens, Kinderkrankenschwester
Monika Krüger, Lehrerin für Pflegeberufe

Klinik für Kinderchirurgie
Medizinische Universität zu Lübeck
Ratzeburger Allee 160
23538 Lübeck

Christiane Albrecht, Lehrerin für Pflegeberufe
Gisela Bliemeister, Lehrerin für Pflegeberufe, Schulleitung
Christiane Konrad, Lehrerin für Pflegeberufe
Dorothea Kraatz, Lehrerin für Pflegeberufe
Jürgen Neuwirth, Lehrer für Pflegeberufe

Krankenpflegeschule der
Medizinischen Universität zu Lübeck
Ratzeburger Allee 160
23538 Lübeck

Weitere Adressen:

Annette Heuwinkel
Lehrerin für Pflegeberufe
Ganghoferstr. 82
81373 München

Dr. med. Ansgar Knipper
Akademisches Lehrkrankenhaus
der Universität Bonn
Urologische Abteilung
Von-Hompsch-Str. 1
53123 Bonn

Dr. med. Georg Nowak
Klinik für Neurochirurgie
Medizinische Universität zu Lübeck
Ratzeburger Allee 160
23538 Lübeck

Dr. med. Alexander Schoucair
Chirurgische Klinik
Kliniken des Hochtaunuskreises
Urseler Straße 33
61348 Bad Homburg vor der Höhe

Priv.-Doz. Dr. med. Marianne Schrader
Klinik für Plastische Chirurgie
Medizinische Universität zu Lübeck
Ratzeburger Allee 160
23538 Lübeck

Dr. med. Peter Tichy
Klinik für Orthopädie
Medizinische Universität zu Lübeck
Ratzeburger Allee 160
23538 Lübeck

Elke Wendt
Krankenschwester, Stomatherapeutin
Gramenserweg 5
23623 Ahrensbök

Wegweiser

Symbole und Schriftarten

= Merksätze

= Tips für die praktische Arbeit auf Station

Fettgedrucktes = Wichtiges

Pflegepläne

Bei den Pflegeplänen wird zwischen generellen und individuellen Pflegeplänen unterschieden (s.a. Kap. 2.6). Notwendige Begründungen von Pflegeproblemen sind in Klammern gesetzt. In der Realität (auf Station) entfallen sie.

Verwendete Maßeinheiten

µg	Mikrogramm
cm	Zentimeter
cmH_2O	Zentimeter Wassersäule
g	Gramm
kcal	Kilokalorien
kg	Kilogramm
kgKG	Kilogramm Körpergewicht
l	Liter
mg	Milligramm
min	Minute/n
ml	Milliliter
mm	Millimeter
mmHg	Millimeter Quecksilbersäule
sek.	Sekunde/n
Std.	Stunde/n

Verwendete Abkürzungen (alphabetisch geordnet)

A.(Aa.)	Arteria/Arteriae (Arterie[n])
Abb.	Abbildungen
ärztl.	ärztlich/e
AT-	Antithrombose-Strümpfe
b. Bed.	bei Bedarf
bzw.	beziehungsweise
ca.	cirka
d.h.	das heißt
etc.	et cetera
evtl.	eventuell
ggf.	gegebenenfalls
griech.	griechisch
I.E.	Internationale Einheit
i.m.	intramuskulär
i.v.	intravenös
Kap.	Kapitel
lat.	lateinisch
Lig. (Ligg.)	Ligamentum/Ligamenta (Band/Bänder)
lt.	laut
M. (Mm.)	Musculus/Musculi (Muskel[n])
mind.	mindestens
N. (Nn.)	Nervus/Nervi (Nerv[en])
OP	Operation
Pat.	Patient/en
postop.	postoperativ
s.	siehe
s.a.	siehe auch
s.c.	subkutan
s.o.	siehe oben
s.u.	siehe unten
sog.	sogenannte
stdl.	stündlich
Tab.	Tabelle
tägl.	täglich
Tr.	Truncus
u./o.ä.	und/oder ähnliche/s/m
u.a.	und andere/s, unter anderen/m
usw.	und so weiter
u.U.	unter Umständen
V. (Vv.)	Vena/Venae (Vene[n])
VW	Verbandwechsel
z.B.	zum Beispiel
z.T.	zum Teil
z.Zt.	zur Zeit

1 Einleitung

G. Bliemeister, R. Broll, H.-P. Bruch

Die **Chirurgie** ist wie jede andere Wissenschaft einem **stetigen Wandel** unterzogen und paßt sich dem jeweiligen Stand naturwissenschaftlicher und technischer Erkenntnisse, aber auch sozio-ökologischen Gegebenheiten an. Auch das **politische** Umfeld war nicht ohne Einfluß auf die Chirurgie: so waren insbesondere im 18. und 19. Jahrhundert kriegerische Ereignisse für die Weiterentwicklung der Chirurgie von Bedeutung. Hier hatte man zahlreiche Patienten innerhalb kürzester Frist zu versorgen und konnte neue Techniken erproben.

In der Zeit **vor** Einführung der **Narkose** in die Chirurgie, also vor 1846, war in erster Linie die Schnelligkeit chirurgischen Handelns gefragt, da der Patient bei **vollem Bewußtsein** die Operation miterlebte. Ausgeführt wurden vor allem Amputationen der Gliedmaßen, Unterbindungen großer Gefäße und die sog. „kleine oder niedere Chirurgie" mit dem sog. Steinschnitt, d.h. Entfernen von Blasensteinen, Bruchoperationen und Einrenken von Gelenken. Auch eine kunstvolle **Verbandtechnik** gehörte zum chirurgischen Handwerk.

Interessant ist in diesem Zusammenhang, daß berühmte Chirurgen schon zu dieser Zeit glaubten, den Gipfel der chirurgischen Heilkunst erreicht zu haben. So schrieb der französische Chirurg Bojer in seiner „Chirurgie" (1814 bis 1826): „Die Chirurgie unserer Tage hat die größten Fortschritte gemacht, so daß sie nahezu den höchsten Grad der Vollkommenheit, deren sie überhaupt fähig ist, erreicht zu haben scheint" [3].

Die **Einführung** der Äthernarkose in die Chirurgie durch Ch. T. Jackson (1805 bis 1880) und W. T. G. Morton (1819 bis 1868) im Jahre 1846 war ein **bahnbrechender** Meilenstein, denn von nun an konnte der Patient schmerzfrei und ohne Bewußtsein operiert werden. Der Chirurg war jetzt in der Lage, seine Operationen ohne störende Interaktionen des Patienten und ohne Zeitdruck auszuführen.

Probleme bereiteten aber noch die **postoperativen**, meist tödlich endenden **Infektionen** („Hospitalbrand"). Mit Einführung der **Antisepsis** durch Lister (Karbolspray 1867) und später der **Asepsis** konnten nun die Operationen im keimfreien Operationsgebiet durchgeführt werden, was zu einer dramatischen Reduzierung der postoperativen Wundinfektionsrate führte.

Schließlich ist noch an die **systematische Beschreibung** des menschlichen Körpers im Rahmen der topographischen und pathologischen Anatomie zu erinnern, welche eine genauere Kenntnis von seinem Aufbau und seinen Funktionen erbrachte.

Damit war der Weg frei für eine rasante Entwicklung in der Chirurgie und den Übergang vom Handwerk zur Wissenschaft, die nun nach und nach alle Körperhöhlen eroberte.

Die zunehmende **Spezialisierung** in den folgenden Jahrzehnten brachte es mit sich, daß sich Teile der Chirurgie abspalteten und zu eigenständigen Disziplinen wurden, wie Gynäkologie, Orthopädie, Urologie und Neurochirurgie. Dieser Trend setzt sich bis in die neueste Zeit fort, so daß vom eigentlichen Mutterfach Chirurgie nur noch ein Rest erhalten ist. Die weitere Trennung in Unfallchirurgie, Gefäßchirurgie usw. hält insbesondere in großen Kliniken weiter an, so daß zu befürchten ist, daß der sog. „Generalist" der früheren Jahrzehnte bald der Vergangenheit angehört.

Bedeutende **Impulse** erhielt die Chirurgie auch von medizinischen **Nachbardisziplinen**. So sind heute selbst an hochbetagten Patienten große Operationen dank einer verfeinerten Narkosetechnik und einer intensiven intra- und postoperativen Überwachung

1

möglich. Die chirurgische Intensivtherapie ist damit zu einem wichtigen Faktor geworden, der allerdings auch sehr personal- und kostenintensiv ist. Damit verbunden ist die viel diskutierte Frage nach der künstlichen Verlängerung des Lebens, was durch die heutigen intensivmedizinischen Maßnahmen durchaus möglich ist. Hier wird vom Arzt ein hohes Maß an **Verantwortungsbewußtsein** verlangt. Dies setzt sich fort bei der Frage nach der Definition des Zeitpunktes des Todes, der im medizinischen Sinne mit dem Erlöschen der Hirnfunktionen gleichgesetzt wird. Von Bedeutung ist dies für die Organentnahme (Explantation) zum Zwecke der Organtransplantation.

Im Bereich der Tumortherapie (Onkologie) wurden in den letzten zwei Jahrzehnten entscheidende Fortschritte auf dem Gebiet der **Chemotherapie** gemacht. So stehen heute für eine Reihe von Tumoren sog. adjuvante (zusätzliche) Chemotherapieschemata zur Verfügung, die die Prognose des Patienten teilweise deutlich verbessern können. Auch die **Strahlentherapie** hat ihren Schrecken verloren. Schwere Nebenwirkungen infolge Bestrahlung auch gesunder Organe und der Haut werden glücklicherweise durch moderne Techniken kaum mehr beobachtet.

Seit Einführung der **Antibiotika** sind in der Chirurgie die postoperativen Infektionen (Wundinfektionen, Lungenentzündung) weiter deutlich zurückgegangen und vorhandene Infektionen können gezielt durch diese behandelt werden.

Auch die Biologie, Physik, Chemie, ja selbst die Raumfahrttechnik trugen und tragen zur Weiterentwicklung in der Chirurgie bei. Beispielhaft zu nennen sind Implantate für die Unfallchirurgie (Gelenkersatz, Platten, Nägel) und die Gefäßchirurgie (Gefäßprothesen). In neuester Zeit gewinnt auch die Molekularbiologie immer breiteren Einfluß auf die Chirurgie, insbesondere im Rahmen der Tumorbiologie und der Suche nach entsprechenden Tumormarkern und Prognosefaktoren. Aber auch die frühzeitige Erkennung genetisch bedingter Erkrankungen und die Gentherapie ist ein wichtiger Teil molekularbiologischer Forschung in der Chirurgie.

Die sog. **minimal invasive Chirurgie** (MIC) eroberte in wenigen Jahren die Operationssäle der ganzen Welt. Dank ihrer extrem kleinen Zugangswege bleibt das Operationstrauma minimal, die Patienten sind schnell schmerzfrei und verlassen schon nach wenigen Tagen die Klinik. Auf diesem sehr jungen Gebiet der Chirurgie haben sich bisher einige wenige Operationen als Standardverfahren durchgesetzt, insbesondere die laparoskopische Entfernung der Gallenblase (Cholezystektomie). Zahlreiche andere Verfahren, wie die laparoskopische Entfernung des Blinddarmes (Appendektomie) oder die laparoskopische Operation eines Leistenbruches bis hin zur laparoskopischen Tumorentfernung an Dünn- und Dickdarm werden erprobt. Im Laufe der nächsten Jahre wird sich zeigen, welche Operationen und Techniken sich bewährt haben und Eingang in die Routine erhalten.

All diesen Fortschritten in der Chirurgie stehen auf der anderen Seite die zunehmend **knapper** werdenden **finanziellen** Ressourcen entgegen, die zu einem **Umdenken** führen müssen. Wirtschaftliches Denken und sparsamer Umgang mit den Mitteln sind inzwischen auch für den Mediziner von großer Bedeutung. Zur Verantwortung für den Patienten kommt mehr und mehr auch die Verantwortung für die finanziellen Ressourcen hinzu, was nicht immer ohne Probleme möglich ist, denn bei all dem muß auch weiterhin der Patient, seine Erkrankung und die bestmögliche Therapie im **Vordergrund** stehen, will man nicht Gefahr laufen, den heutigen hohen Standard der Medizin in Deutschland zu verlieren.

Die angespochene Entwicklung in der Chirurgie blieb selbstverständlich auch für die **Pflege** des Patienten nicht ohne Folgen. Sie hat seit der Mitte des letzten Jahrhunderts ebenfalls eine gewaltige Entwicklung hinter sich, die im folgenden Abschnitt beschrieben werden soll.

Die **Krankenpflege** in Deutschland hat ihren jahrhundertealten **Ursprung** im uneigennützigen Wirken christlicher **Ordensgemeinschaften**, die Pflege als Liebesdienst am kranken Mitmenschen verstanden. Hieraus leiten sich heute sowohl die Bezeichnung „Schwester“ in der Berufsbezeichnung „Krankenschwester“ als auch bestimmende Anteile des Berufsverständnisses ab. Als Ende des 17. Jahrhunderts die Ausübung dieses karitativen Wirkens zum Erliegen kam, dauerte es in Deutschland sehr lange, bis die Krankenpflege auf **staatliches** Interesse stieß und schließlich **bundeseinheitlich** geordnet und geregelt wurde. Bis es jedoch so weit war, konnte Krankenpflege von **jeder** Person ausgeführt werden, ohne daß dafür der **Nachweis** fachlichen Wissens erforderlich war. Da es den Krankenhäusern freistand, unausgebildetes Personal für die Krankenpflege einzustellen und ihm ohne Schulung oder Anleitung alle anfallenden pflegerischen Aufgaben übertragen konnte, wurde bei der Anstellung des Personals **keine** besondere Auswahl getroffen. Häufig wurde über die mangelhafte Ausübung der Pflege und die unzureichende Anleitung des Pflegepersonals geklagt. Johann Friedrich Dieffenbach (1792 bis 1847), Chirurg an der Berliner Charité schrieb 1832 in seiner „Anleitung zur Krankenwartung": „Es ist ein wahrer Jammer anzusehen, welche Menschen man als Krankenwärter und Wärterinnen einstellt. Jeder Alte, Versoffene, Triefäugige, Blinde, Taube, Lahme, Krumme, Abgelebte, jeder, der zu nichts in der Welt mehr taugt, ist dennoch nach der Meinung der Leute zum Wärter gut genug. Menschen, die ein unehrliches Gewerbe getrieben haben, Faulenzer, Taugenichtse, alle die scheinen vielen noch außerordentlich brauchbar als Krankenwärter" [8].

Die zweifelhafte Auslese des Personals war u.a. auch auf die geringe Bezahlung zurückzuführen, da die Krankenhäuser Trinkgelder und Geschenke von Patienten und deren Angehörigen als Bestandteil des Lohnes ansahen und so das feste Gehalt niedrig hielten.

Diese Mißstände, die im krassen Gegensatz zu den medizinischen Fortschritten ihrer Zeit standen, waren unvereinbar mit der christlichen Einstellung zu Leben, Krankheit und Tod.

Den **Grundstein** für die **Reformierung** der Krankenpflege in Deutschland legte Theodor Fliedner. Er gründete 1836 in Kaiserswerth/Düsseldorf das erste Diakonissenmutterhaus, welches bis heute als evangelische Einrichtung eine führende Stellung unter den konfessionell geleiteten Krankenpflegeorganisationen einnimmt. Gemeinsam mit seiner Frau Friederike sah er Krankenpflege als **einen in Theorie und Praxis zu erlernenden weltlichen Beruf**, der den Anforderungen der ärztlichen Wissenschaft zu entsprechen habe. 1882 kam es zur Gründung des Verbandes der Rotkreuz-Schwesternschaften und auf Initiative Agnes Karlls entstand 1903 die **Berufsorganisation der Krankenpflegerinnen** Deutschlands, die sich u.a. für eine **geregelte** Ausbildung und **staatliche Prüfungen** einsetzte. Aufgrund eines Bundesratbeschlusses vom 22.03.1906 entstanden in diversen Bundesstaaten des Deutschen Reiches einzelstaatliche Vorschriften über eine staatliche Prüfung von Krankenpflegepersonen, nach denen sich in zunehmenden Maße Mutterhausschwestern richteten. Die Krankenhäuser folgten der Anregung, nach Möglichkeit staatlich anerkanntes Krankenpflegepersonal zu beschäftigen. Mit dem Erlaß eines **Krankenpflegegesetzes** und der **Krankenpflegeverordnung** entstand 1938 erstmals eine reichseinheitliche Regelung, die die Ausübung der allgemeinen Krankenpflege **erlaubnispflichtig** machte. Die Ausbildung dauerte 18 Monate und umfaßte mindestens 200 Stunden theoretischen Unterrichtes. In den Jahren 1957 bis heute wurde die Krankenpflegeausbildung per Gesetz bundeseinheitlich kontinuierlich verbessert. Im „Gesetz über die Berufe in der Krankenpflege" vom 4.06.1985 wird eine **dreijährige** Ausbildung mit **mindestens 1600 theoretischen** und **3000 praktischen** Unterrichtsstunden verbindlich festgelegt. Die **Berufsbezeichnung** der nach dem Gesetz ausgebildeten Krankenschwestern/-pfleger, Kinderkrankenschwestern/-pfleger und Krankenpflegehelferinnen/ -helfer ist **geschützt**, die **Berufsausübung** dagegen bis heute **nicht**, da die Mehrheit des Bundestages bei der Verabschiedung des oben genannten Gesetzes u.a. die Meinung vertrat, daß die Abgrenzung pflegerischer Tätigkeiten gegenüber Tätigkeiten anderer Berufsgruppen im Krankenhaus kaum möglich sei.

Der lange Weg zum Beruf, gekennzeichnet durch eine geplante Ausbildung, die die Übernahme spezifischer Arbeitsleistungen mit entsprechendem **Qualitätsniveau** möglich macht, ist in der Krankenpflege Deutschlands erfolgreich durchschritten worden. Aufgrund der zunehmenden Spezialisierung in den Krankenhäusern und der Auswirkungen der gesundheitspolitischen Reformen wächst der Bedarf an fachlich versiertem Krankenpflegepersonal ständig. Es ist daher notwendig, nach erfolgter Grundausbildung **gezielte Fort-** bzw. **Weiterbildungsmaßnahmen** zu besuchen. Eine gesetzliche Regelung dafür ist bis heute noch Ländersache bzw. bleibt den Berufsverbänden oder Krankenhausträgern überlassen. Weiterbildung bedeutet für das Krankenpflegepersonal die geplante und organisierte Aufstiegsförderung und bietet Möglichkeiten, berufliche Chancen im Krankenhaus zu realisieren.

1

Literaturhinweise

[1] Sailer, F. X., F. W. Gierhake (Hrsg.): Chirurgie historisch gesehen. Dustri-Verlag, Dr. Karl Feistle, Deisenhofen bei München 1973.

[2] Schipperges, H.: 5000 Jahre Chirurgie, Bd. 253. Kosmos-Bibliothek, Franckhsche Verlagshandlung, Stuttgart 1967.

[3] Schipperges, H.: Zur Entwicklung der modernen Chirurgie. In: Vosschulte, K., F. Kümmerle, H.-J. Peiper, S. Weller: Lehrbuch der Chirurgie. Georg-Thieme-Verlag, Stuttgart-New York, 7. Aufl. 1982.

[4] Sticker, A.: Agnes Karll. Aussaat-Verlag, Wuppertal 1977.

[5] Kruse, A. P.: Die Krankenpflegeausbildung seit der Mitte des 19. Jahrhunderts. Kohlhammer-Verlag, Stuttgart 1987.

[6] Kurtenbach, H., G. Golombek, H. Siebers: Krankenpflegegesetz. Kohlhammer-Verlag, Stuttgart 1994.

[7] Schadewaldt, H.: Von der Antike bis zur Neuzeit. In: Die Schwester/Der Pfleger, 30. Jg., Heft 4/1991.

[8] Sticker, A.: Die Entstehung der neuzeitlichen Krankenpflege. Deutsche Quellenstücke aus ersten Hälfte des 19. Jahrhunderts. Stuttgart 1960.

[9] Steppe, H.: Der Wille schwach, das Handeln unbestimmt. In: Die Schwester/Der Pfleger, 24. Jg., Heft 11/1985.

2 Pflegeorganisation

G. Bliemeister

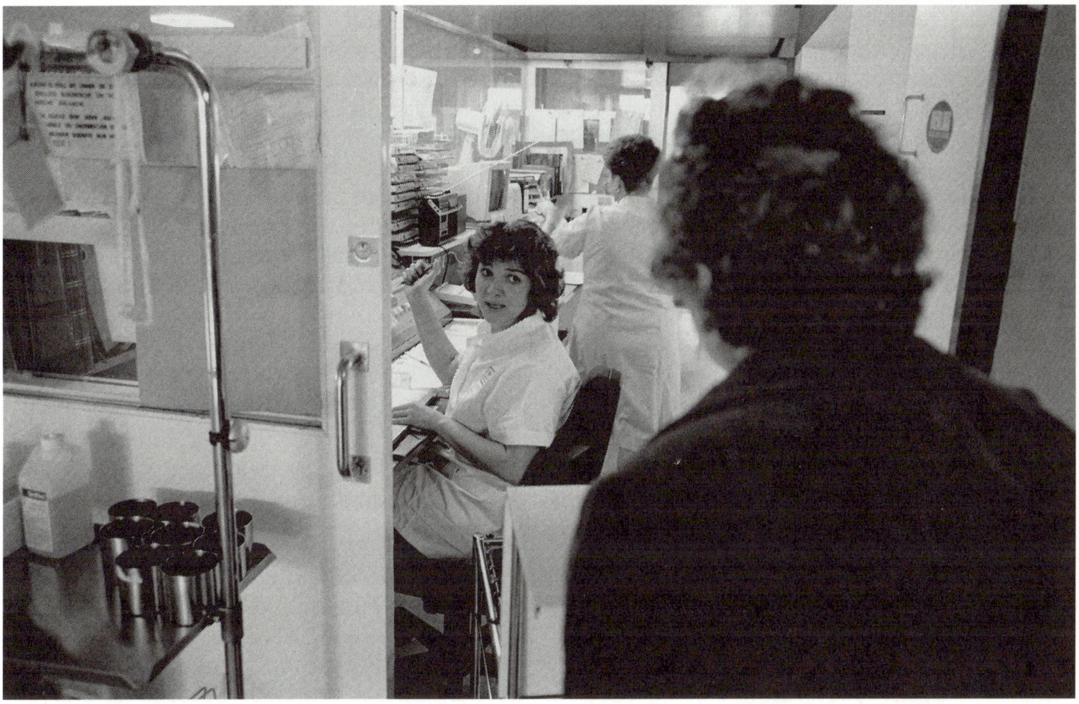

In diesem Kapitel werden die verschiedenen Hilfsmittel dargestellt, durch die Krankenpflege im stationären Bereich gestaltet (organisiert) werden kann. Kein Hilfsmittel kann isoliert von den anderen existieren, sie bauen vielmehr aufeinander auf, sie ergänzen und überprüfen sich gegenseitig, so daß zwischen ihnen eine enge **Wechselwirkung** besteht (Abb. 2-1).

Ein Pflegeteam (s. Kap. 2.1) kann Einfluß auf ein Pflegesystem (s. Kap. 2.3) nehmen, indem beispielsweise gemeinsam beschlossen wird, ein funktionelles System schrittweise zu verändern, um in der Zukunft eine ganzheitliche Pflege auszuüben. Andererseits können strukturelle Gegebenheiten so stark ausgeprägt sein, daß diese wiederum ein Team hindern, ein anderes Pflegesystem einzuführen.

Mitarbeiter des Pflegeteams sind an der Erstellung von **Pflegestandards** (s. Kap. 2.2) beteiligt und stellen später sicher, daß diese verbindlich eingehalten werden.

Pflegestandards beeinflussen ihrerseits die Ausführung pflegerischen Handelns, da sie eindeutig festlegen, wie und womit eine bestimmte Tätigkeit auszuführen ist. Innerhalb des Krankenpflegeprozesses (s. Kap. 2.5) stellt die Ausführung pflegerischer Arbeit nach Anweisung der Pflegestandards eine Möglichkeit der **Qualitätsicherung** der Krankenpflege dar. Das Arbeiten mit dem Krankenpflegeprozeß bewirkt wiederum, daß sich das Krankenpflegepersonal mit der Güte des Pflegesystems auseinandersetzt und es ggf. verändert. Der Patient erfährt ganzheitliche und individuelle Krankenpflege, die einen positiven Effekt auf seinen Genesungsprozeß mit sich bringt und ihn ermuntert, Wünsche und Bedürfnisse zu äußern.

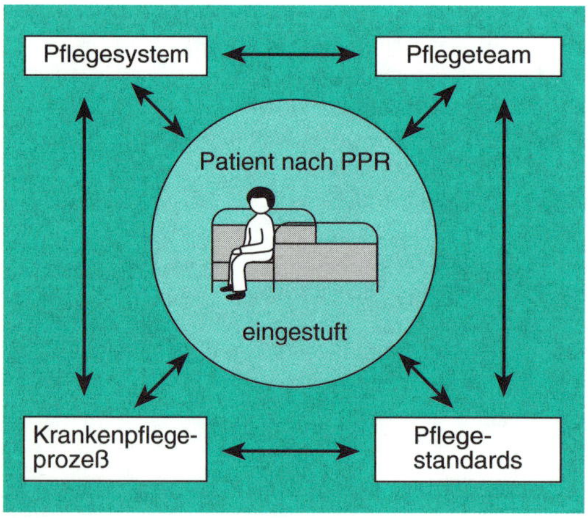

Abb. 2-1 Wechselwirkung innerhalb der Elemente der Pflegeorganisation.

2.1 Das Pflegeteam

Ein Pflegeteam (Team = Gruppe, Mannschaft) setzt sich aus Mitarbeitern **verschiedener Berufsgruppen** zusammen. Ihr gemeinsames Ziel ist die Genesung und Rehabilitation der ihnen anvertrauten Patienten. Krankenpflegepersonal, Auszubildende der Krankenpflege und Ärzte sind ständig präsent, sie bilden die Kerngruppe des Pflegeteams. Zu den kurzfristigen peripheren Teammitgliedern gehören u.a. Krankengymnasten, Psychologen, Sozialarbeiter, Beschäftigungstherapeuten, Logopäden, Praktikanten, Zivildienstleistende, Seelsorger, Aushilfskräfte (Extrawachen) und Reinigungspersonal (Abb. 2-2).

2.1.1 Aufgaben eines Pflegeteams

Im Mittelpunkt der Aufgabenvielfalt steht die optimale und individuelle Betreuung und Versorgung der Patienten. Um sie sicherzustellen, sind Erfahrungen, Kenntnisse und Fertigkeiten aller Mitarbeiter gefragt. Aufgabe der **Stationsleitung** ist es, die Mitarbeiter entsprechend ihrer Qualifikation und Berufserfahrung so einzusetzen, daß keiner in physischer oder psychischer Hinsicht über- oder unterfordert wird. Alle anfallenden Tätigkeiten werden unter Berücksichtigung der jeweiligen Kompetenz von allen Mitarbeitern der Kerngruppe wechselweise übernommen. Basis für die Ausführung einer professionellen Krankenpflege ist die regelmäßige Weitergabe aller pflegerelevanten **Informationen** im Team. Dieser Gedanken- und Erfahrungsaustausch findet unter Hinzuziehung der Dokumentationsmappen in der **Übergabezeit** statt. Üblich sind je 15 Minuten zwischen Nacht- und Frühschicht sowie zwischen Spät- und Nachtschicht und 30 Minuten zwischen Früh- und Spätschicht. Diese Zeiten sind äußerst knapp bemessen. In vielen Krankenhäusern werden derzeit diverse Kernarbeitszeitmodelle erprobt, die u.a. auch den Vorteil längerer Übergabezeiten bieten. Unabhängig davon planen die meisten Stationen zusätzlich zu den Über-

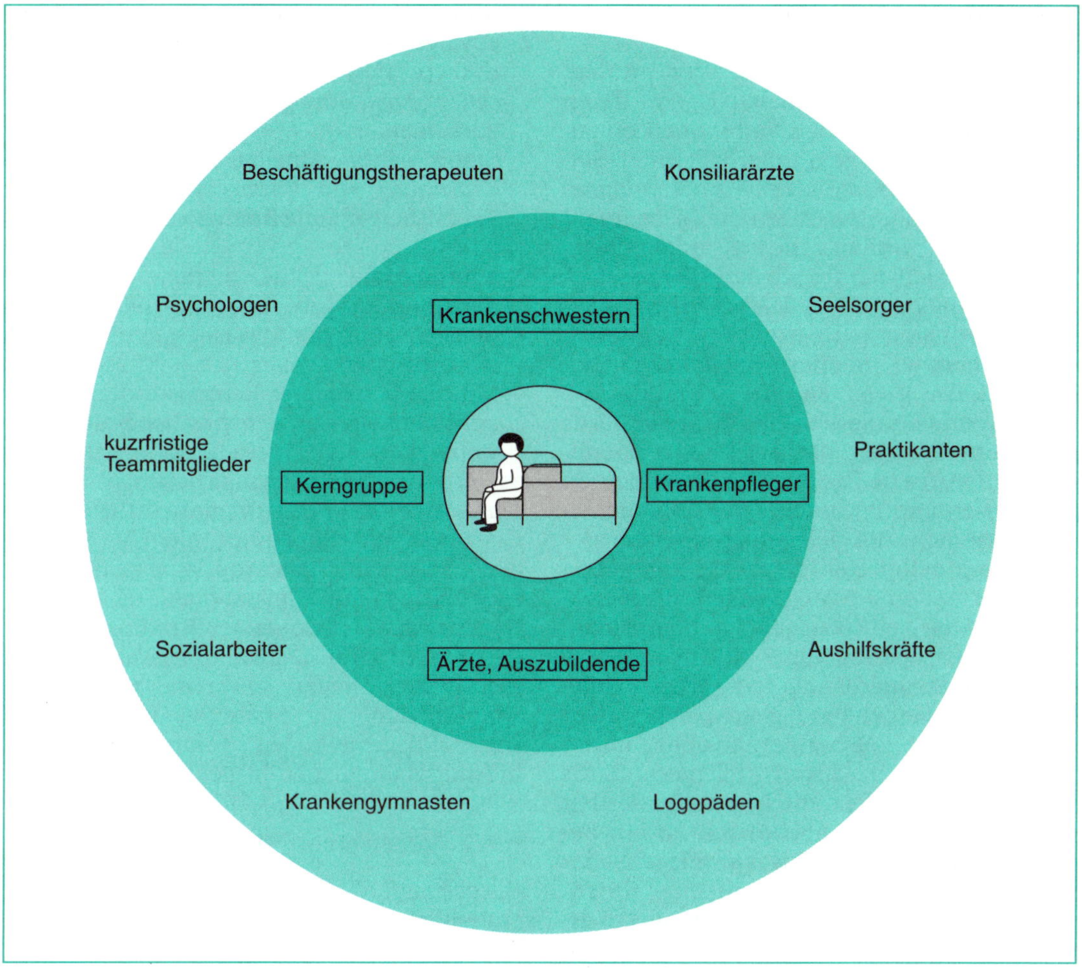

Abb. 2-2 Aufbau eines Pflegeteams.

gabezeiten regelmäßige, einmal pro Woche stattfindende **Dienstbesprechungen** (ca. zwei Stunden) ein, an denen alle Mitarbeiter der Früh- und Spätschicht teilnehmen. Es hat sich bewährt, die Zeiten der Dienstbesprechungen den Patienten und den Funktionsabteilungen des Hauses (Röntgen, Labor, etc.) per Aushang bekannt zu geben, damit Störungen (Telefonate, Patientenwünsche) auf ein Minimum reduziert werden. Dienstbesprechungen dienen nicht nur dem Informationsaustausch, sie bieten dem Team auch die Gelegenheit, **gemeinsame** Entscheidungen, z. B. das Einführen neuer Pflegehilfsmittel, das Ändern von Arbeitsabläufen usw. zu treffen. Die Beteiligung an Beschlüssen **verstärkt** das positive Klima innerhalb eines Teams. **Fördernd** wirken weiterhin das Arbeiten mit Pflegestandards (s. Kap. 2.2), die systematische Einarbeitung neuer Mitarbeiter, die Begleitung von Auszubildenden durch Praxisanleiter, Mentoren und das Einführen von Bereichs- oder Zimmerpflege (s. Kap. 2.3).

Pflegerische Arbeit mit Schwerkranken z. B. in der Onkologie oder in Verbrennungseinheiten ist auf Dauer für jedes Teammitglied psychisch belastend. Hilfreich und unterstützend können hier **Balint**- oder **Supervisionsgruppen** wirken.

Gelungene Teamarbeit wird dort praktiziert, wo jedes Teammitglied weiß, daß die gemeinsame Gruppenleistung immer effektiver ist als die beste Leistung eines Einzelnen!

2

2.2 Pflegestandards

Pflegestandards beschreiben den Ablauf pflegerischer Maßnahmen, legen deren Qualität fest und stellen verbindlich einzuhaltende Anweisungen innerhalb einer Station, einer Abteilung eines Krankenhauses dar. Standards unterstützen die fachgerecht ausgeführte, individuelle Krankenpflege, indem sie, sich häufig wiederholende Pflegemaßnahmen, präzise festschreiben. Pflegestandards sind keine isoliert zu benutzenden Hilfsmittel, sondern integrativer Bestandteil der gesamten Pflegeorganisation. Für Auszubildende stellen Pflegestandards eine **Lernhilfe** dar, die es ihnen ermöglichen, pflegerische Bedürfnisse der Patienten zu erfassen und zu beschreiben. Sie dienen dem Erlernen der Pflegeplanung auf der Grundlage definierter Pflegeziele und geben Auszubildenden die Möglichkeit, die ausgeführte Pflege selbstkritisch zu überprüfen. Für die Einarbeitung neuer Mitarbeiter können Pflegestandards als eine **Arbeitshilfe** bezeichnet werden und gleichzeitig stellen sie die Kontinuität bei der Ausführung der Pflegemaßnahmen sicher. Pflegestandards vertreten nicht zuletzt die Interessen des Patienten und seiner Angehörigen an ein bestimmtes **qualitatives Niveau** pflegerischer Maßnahmen, und sind damit eine **juristische Absicherung** für das Krankenpflegepersonal.

Einzelne oder mehrere Standards können zu einem Maßnahmenpaket zusammengefaßt und als „Standardpflegeplan" z.B. für ein bestimmtes Krankheitsbild eingesetzt werden (s. Kap. 2.5).

2.2.1 Erstellen von Pflegestandards

Die Entwicklung von Pflegestandards erfordert einen hohen Arbeitsaufwand in der Vorbereitungsphase und eine detaillierte Informationsarbeit während der Erprobung und der endgültigen Einführung. Für die Erstellung wird eine **Arbeitsgruppe** gebildet, die sich aus Mitarbeitern verschiedener Bereiche des Pflegedienstes und des Krankenhausbetriebes zusammensetzt:

- Erfahrene Krankenschwestern/-pfleger aus einzelnen klinischen Fachdisziplinen, um die Arbeitsabläufe und Pflegetechniken in bezug auf Praxisorientiertheit ausgewogen darzustellen.
- Mitarbeiter der Krankenpflegeschule, um etwaige Diskrepanzen zwischen der theoretischen Stoffvermittlung und der praktischen Anwendung zu erkennen und auszuräumen.
- Stations- bzw. Abteilungsleitungen, um die Erprobung von Pflegestandards in deren Arbeitsbereichen reibungslos sicherzustellen.
- Stationsärzte, da der ärztliche Dienst für die Anordnungen der grund- und behandlungspflegerischer Maßnahmen die Verantwortung trägt.
- Mitarbeiter weiterer Betriebs- oder Funktionseinheiten sind entsprechend der Notwendigkeit als Experten bei der Klärung von Einzelfragen hinzuzuziehen.

Diese Arbeitsgruppe ist verantwortlich für die Erstellung der Standards, die Überprüfung der ermittelten Standards in verschiedenen Probephasen auf Pilotstationen, die Auswertung der dabei gewonnenen Erfahrungen, die endgültige Einführung von Pflegestandards in den Pflegeeinheiten sowie die regelmäßige Überarbeitung der Standards entsprechend neuer Pflegemethoden, veränderter Pflegehilfsmittel und neuer Pflegematerialien.

2.2.2 Aufbau eines Pflegestandards

Pflegestandards sollten möglichst nach einer einheitlichen Struktur aufgebaut sein und folgende Informationen enthalten (Tab. 2-1; Abb. 2-3).

Tab. 2-1 Informationen die jeder Pflegestandard enthalten sollte.

1 Bezeichnung der Maßnahme: ...
2 Pflegestandard-Nr.: ...
3 Erstellungsdatum: ...
4 Pflegeziel: ...
5 Anzahl des benötigten Krankenpflegepersonals: ...
6 Qualifikation des Pflegepersonals: ...
7 Häufigkeit der durchzuführenden Maßnahmen: ...
8 Benötigtes Material: ...
9 Pflegeablauf: – Vorbereitung (Patient, Pflegekraft, Raum, Material)
– Durchführung
– Nachbereitung
10 Dokumentation der Maßnahme (Uhrzeit, Datum, Handzeichen)

1 Mund- und Zahnpflege 2 Nr. 10 3 15.11. 1994

4 Pflegeziel:
- Vermeidung von Parotitis
- Soorbildung
- Entzündungen im Mundraum
- Erkennen von Zahnschäden
- Vermeiden von sozialer Isolation durch Mundgeruch

5 Anzahl der Mitarbeiter:
Eine Pflegekraft, bei Anomalien im Mund- und Kieferbereich eine zweite Pflegehilfskraft

6 Qualifikation der Mitarbeiter:
Examinierte Pflegekraft, nach sorgfältiger Einarbeitung eine Pflegehilfskraft

7 Häufigkeit der Maßnahme:
Nach jeder Mahlzeit, vor der Nachtruhe

8 Materialien:
A) Eigene Zähne:
Zahnbürste, Zahnpasta, Glas, Handtuch, evtl. Mundwasser, Lippenpflegemittel

B) Zahnprothese:
Zahnbürste, Zahnpasta, Glas, Handtuch, Mundwasser, Lippenpflegemittel, Zahnbehälter, Corega-Tabs oder ähnliches, Haftpulver, Haftcreme

9 Pflegeablauf:
Vorbereitung des Patienten:
Information, Zeit abstimmen, Beachtung der Gewohnheiten,
des Raumes:
Bad heizen, Fenster schließen, Sitzgelegenheit,
des Materials:
in erreichbare Nähe stellen

Durchführung
A) Glas mit Wasser füllen, Zähne mit kleinen kreisenden Bewegungen von hinten nach vorne putzen, Dauer drei bis vier Minuten, Mund entleeren und ausspülen lassen, abtrocknen, Lippenpflege

B) Morgens:
Waschbecken halb mit Wasser füllen (Schutz), Zahnprothese aus dem Zahnbehälter entnehmen, gründlich abspülen, je nach Gewohnheit putzen, falls Teilprothese, vorhandene Zähne nach A) behandeln, Mund ausspülen lassen, Zahnprothese abtrocknen, Lippenpflege

Abends:
Waschbecken halb mit Wasser füllen, Prothese aus dem Mund des Patienten nehmen oder selber entfernen lassen, abspülen, putzen, Zahnbehälter mit Wasser füllen, Corega-Tabs einlegen, Prothese in den Behälter geben, Restzähne wie A) putzen, Mundspülung, Lippenpflege

Nachbereitung des Patienten:
Evtl. bei nachfolgenden Tätigkeiten dem Patienten behilflich sein z. B. Essen, zu Bett gehen, bekleiden,
des Raumes:
Heizung abstellen, Raum lüften, Aufräumen,
des Materials:
reinigen, für erneuten Gebrauch bereitstellen

10 Dokumentation:
Im Pflegeplan vorhandene Besonderheiten vermerken, große Abweichungen von dem entwickelten Standard im Pflegeteam besprechen und fixieren, Datum, Uhrzeit, Handzeichen

Abb. 2-3 Beispiel eines Mund- und Zahnpflegestandards.

2.2.3 Pflegestandards im täglichen Gebrauch

Die schriftlich dokumentierten Pflegestandards werden so aufbewahrt, daß sie allen Pflegenden rasch zugänglich sind. Hersteller von Büroartikeln bieten eine breite Palette funktionaler Ablage- und Ordnungssysteme, z. B. Aktenordner, Karteisysteme und Hängeregistraturen an. Die Einführung und das konsequente Arbeiten mit Pflegestandards bietet die Chance, eine vermehrte **Professionalisierung** des Krankenpflegeberufes zu erreichen. Zu beachten ist, das die Pflege nach Standards **nicht** schematisiert werden darf, sondern das den **individuellen** Bedürfnissen, Vorlieben und Abneigungen des Patienten noch Raum gelassen werden muß.

Standards bedeuten Strukturierung der Krankenpflege in lehr- und lernbare Ziele und Maßnahmen, sowie die deutliche Zuordnung krankenpflegerischer Tätigkeiten zur Berufsgruppe!

2.3 Pflegesysteme

Pflegesysteme sind Organisationsformen zur Festlegung der Verteilung und Ausführung von Pflegearbeiten durch die zur Verfügung stehenden Mitarbeiter einer Station. Es gibt unterschiedliche Modelle, die wahlweise für die Verteilung der pflegerischen Tätigkeiten an die Pflegekräfte eingesetzt werden, wobei auch die Mischung der Systeme denkbar und praktikabel ist.

2.3.1 Funktionelles System (Funktionspflege)

Die Verteilung und Ausführung pflegerischer Tätigkeiten nach dem funktionellen System ist so organisiert, daß alle direkten oder indirekten Pflegearbeiten zusammengefaßt werden. Gleiche oder sich ähnelnde Aufgaben führt ein Mitarbeiter bei allen in Frage kommenden Patienten durch.

Beispiel:
- Krankenpflegehelferin A: führt alle subkutanen Injektionen durch
- Krankenpfleger B: ist für alle Verbandwechsel zuständig
- Krankenschwester C: führt alle Verordnungen aus (Abb. 2-4)

Je nach stationsinterner Organisation werden die Arbeiten so verteilt, daß Krankenschwestern/-pfleger die Behandlungspflege, Krankenpflegehelfer/innen die Grundpflege, die Versorgung und Hausarbeit übernehmen. Die Stationsleitung ist für administrative Tätigkeiten sowie für die Begleitung und Ausarbeitung der Visite zuständig. Auszubildende der Krankenpflege und Krankenpflegehilfe übernehmen, je nach Ausbildungsstand, unter Anleitung und Aufsicht Tätigkeiten aus allen Bereichen.

Die Vor- und Nachteile der Funktionspflege sind der Tab. 2-2 zu entnehmen.

Aufgaben der Stationsleitung:
- delegiert alle anfallenden Pflegearbeiten, wobei sie Qualifikation und Berufserfahrung des Einzelnen berücksichtigt
- hat den Gesamtüberblick über die Station
- übernimmt überwiegend patientenferne Aufgaben im Dienstzimmer
- begleitet die Visite und arbeitet sie aus
- trägt dem Stationsarzt gegenüber die Verantwortung

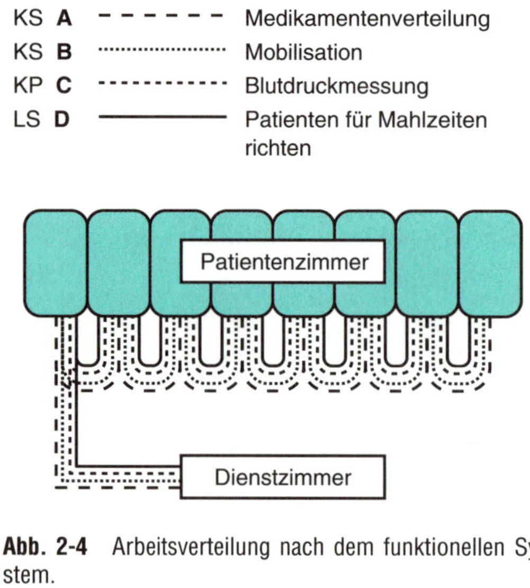

Abb. 2-4 Arbeitsverteilung nach dem funktionellen System.

2.3.2 Ganzheitliches System (Bereichs-, Zimmerpflege)

Die Verteilung und Ausführung pflegerischer Tätigkeiten nach dem ganzheitlichen System bedeutet, daß bestimmten Mitarbeitern die Verantwortung für die Pflege einzelner oder einer Anzahl von Patienten übertragen wird. Sie führen alle erforderlichen Pflegetätigkeiten durch, idealerweise von der Aufnahme bis zur Entlassung. Durch Dienstplanveränderungen infolge von Erkrankungen o.ä. ist jedoch ein Pflegezeitraum von ein bis drei Wochen realistischer. Die Verteilung der Patienten erfolgt nach dem Grad ihrer Pflegebedürftigkeit oder nach der Zusammenfassung einzelner Zimmer in sog. Bereiche. Bereichsübergreifende Tätigkeiten (z.B. Medikamentenbestellung, etc.) werden im Wechsel von allen Mitarbeitern übernommen.

Beispiel:
Gruppe 1: Neun Patienten mit Krankheitsbildern unterschiedlicher Schweregrade.
Zuständig: Eine Krankenschwester, eine Krankenpflegehelferin.
Gruppe 2: Zwölf Aufstehpatienten, deren Entlassung bevor steht.
Zuständig: Eine Krankenpflegehelferin, eine Krankenschwester.
Gruppe 3: Sechs frischoperierte Patienten zwischen dem ersten und dritten postoperativen Tag.
Zuständig: Eine Krankenschwester, eine Krankenpflegeschülerin im 5. Semester, ein Zivildienstleistender (Abb. 2-5; Abb. 2-6).

Die Vor- und Nachteile der Bereichs- bzw. Zimmerpflege sind der Tab. 2-3 zu entnehmen.

Aufgaben der Stationsleitung je nach stationsinterner Organisation:
- weist den Mitarbeitern entsprechend ihrer Qualifikation Patienten oder Patientengruppen zu
- arbeitet wechselweise in allen Pflegebereichen mit
- nimmt an der Visite der gesamten Station teil, die Ausarbeitungen werden im jeweiligen Pflegebereich vorgenommen
- gestaltet den Dienstplan
- organisiert bereichsübergreifende Tätigkeiten (Bestellungen, etc.)

Tab. 2-2 Vor- und Nachteile der Funktionspflege für Patient und Pflegepersonal.

	Vorteile	Nachteile
Für den Patienten	– jede Pflegetätigkeit wird von einem „Spezialisten" durchgeführt – Pflegearbeiten werden routiniert und sicher durchgeführt – der Patient ist nicht auf eine Person angewiesen, die ihm ggf. unsympathisch ist	– der Patient hat oberflächlichen, häufigen Kontakt zu allen Mitarbeitern der Station, jedoch keine Bezugsperson – der Patient wird häufig gestört, da die Möglichkeit, pflegerische Arbeiten miteinander zu koordinieren, verlorengeht (z. B. der Patient wird umgelagert und gleichzeitig wird die intramuskuläre Injektion verabreicht)
Für das Pflegepersonal	– jeder Mitarbeiter kann häufig ausgeführte Tätigkeiten sicher, geübt und schnell erledigen – jeder Mitarbeiter kennt, wenn auch flüchtig, alle Patienten der Station – jeder Mitarbeiter kann oberflächliche Auskünfte über jeden Patienten erteilen	– kein Mitarbeiter kann ganzheitliche Krankenpflege praktizieren – kein Mitarbeiter hat pflegerisches Detailwissen in bezug auf mehrere Patienten – lange Wegezeiten zwischen Arbeitsräumen und allen Patientenzimmern – Dokumentationsmappen sind prompt zugänglich, weil Mitarbeiter damit unterwegs sind

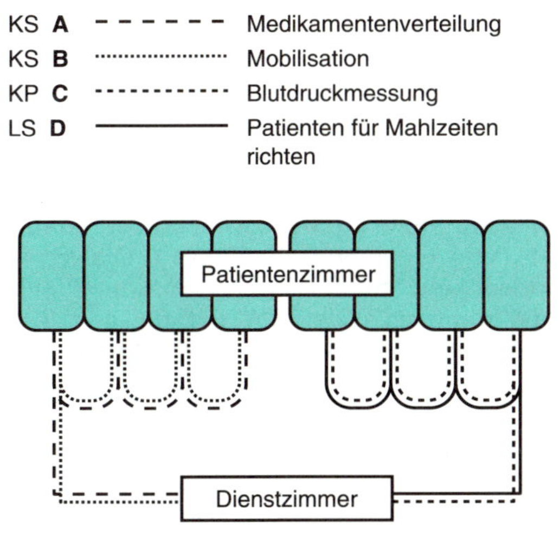

Abb. 2-5 Arbeitsverteilung nach dem ganzheitlichen System.

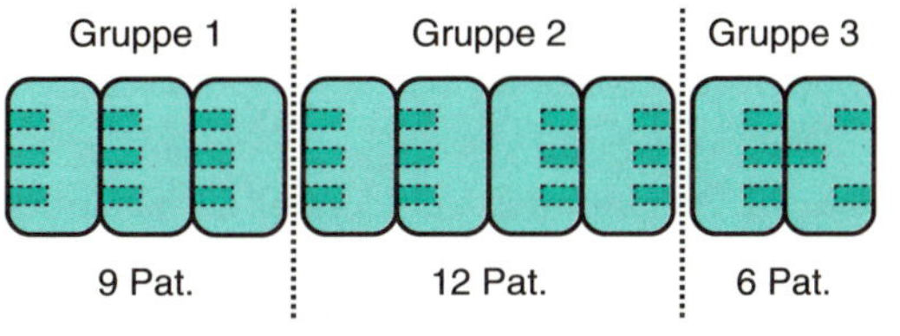

Abb. 2-6 Zimmerweise Zuordnung der Patienten im ganzheitlichen System.

– trägt dem Stationsarzt gegenüber die Verantwortung, weiß sich jedoch von vielen gut informierten Mitarbeitern unterstützt

2.3.3 Mischformen

Entsprechend den Wünschen und Zielvorstellungen der Krankenpflegepersonen nach ganzheitlicher Betreuung und Versorgung der Patienten führt der Weg der heute in der Krankenpflege tätigen Mitarbeitern fort vom rein funktionellen hin zum ganzheitlichen System. Krankenpflege findet jedoch vor dem Hintergrund **struktureller Bedingungen** statt. Darunter werden die Voraussetzungen (z. B. Räumlichkeiten, zentrale oder dezentrale Dienste, Personalsituation, Organsisation der Pflegeeinrichtung, etc.) verstanden, unter denen pflegerische Leistungen zu erbringen sind. Strukturelle Gegebenheiten können in verschiedenen Abteilungen oder Kliniken erheblich voneinander abweichen und somit einen unterschiedlichen Einfluß auf die Wahl des Pflegesystems bewirken. Daraus resultieren diverse Pflegesystem-Mischformen, die

2

Tab. 2-3 Vor- und Nachteile der Bereichs- bzw. Zimmerpflege für Patient und Pflegepersonal.

	Vorteile	Nachteile
Für den Patienten	– guter Kontakt, Vertrauen zu wenigen Bezugspersonen – subjektiv erlebte individuelle Betreuung – weniger Störungen durch geringere Personalrotation und gute Koordinierung von Pflegearbeiten – Patient erlebt sich als gut informiert – Motivation zur Beteiligung am Genesungsprozeß	– Patient ist ggf. auf Pflegekräfte angewiesen, die ihm unsympathisch sind
Für das Pflegepersonal	– hohe Verantwortlichkeit entsprechend der Qualifikation – selbständiges Arbeiten wird gefördert – kurze Wege auf der Station – Anleitung von Auszubildenden ist optimal – Dokumentationsmappen sind griffbereit – fördert den Teamgeist – umfassendes Wissen über die Befindlichkeit der Patienten – gute Beziehungsmöglichkeiten zu Patienten und Angehörigen – ganzheitliche Krankenpflege kann praktiziert werden	– bei hohem Personalausfall ist Zimmerpflege nicht realisierbar – Patienten können nicht immer gleichmäßig verteilt werden – höherer Bedarf an Pflegeutensilien

sowohl Anteile des funktionellen als auch Anteile des ganzheitlichen Systems mit den genannten Vor- und Nachteilen beinhalten.

2.4 Pflegepersonalregelung

Die Berechnung des Bedarfs der Planstellen im allgemeinen pflegerischen Bereich der Krankenhäuser erfolgt seit dem 1.01.1993 nach der Pflegepersonalregelung (PPR), die Bestandteil des Gesundheitsstrukturgesetzes ist. Die PPR löst die „Anhaltszahlen" ab, nach denen seit 1969 die Ermittlung der benötigten Planstellen erfolgte und hat das **Ziel** der **„...ausreichenden, zweckmäßigen, wirtschaftlichen Krankenpflege, die sich an einem ganzheitlichen Pflegekonzept orientiert...".**

Die Pflegepersonalregelung ist vom Gesetzgeber zunächst auf einen Zeitraum von vier Jahren (bis Ende 1996) befristet worden. Sie soll danach durch das Einführen von Fallpauschalen ausgesetzt werden, über deren Inhalte heute noch keine Aussage getroffen werden kann.

2.4.1 Besonderheiten der PPR

Die PPR trifft nur für allgemeine Krankenpflegestationen zu. Intensivstationen, Funktions- und Operationsabteilungen, Dialysestationen und psychiatrische Stationen sind ausgenommen. Die PPR gilt für den Tagdienst und deckt den Zeitraum 6.00 bis 20.00 Uhr (tägl. 14 Stunden) ab. Die Berechnung für den Nachtdienst erfolgt wie bisher nach Anhaltszahlen, das bedeutet, daß die im Nachtdienst anfallenden pflegerischen Tätigkeiten nicht in der PPR erfaßt werden. Jeder Patient wird täglich zwei unterschiedlichen Kategorien zugeordnet:

- **Kategorie A** (Allgemeine Pflege) beinhaltet die notwendigen grundpflegerischen Maßnahmen.
- **Kategorie S** (Spezielle Pflege) beinhaltet die Behandlungspflege sowie Maßnahmen, die im Zusammenhang mit diagnostischen und therapeutischen Leistungen stehen.

2.4.2 Definition der Kategorien

Die Kategorien A und S sind jeweils in **drei Stufen** unterteilt:

- **A 1** und **S 1** entsprechen den Grundleistungen. Patienten dieser Kategorien sind selbständig und nehmen minimale Pflegeleistung in Anspruch.
- **A 2** und **S 2** entsprechen erweiterten Leistungen. Diese Patienten brauchen Hilfe und Unterstützung bei weitgehend selbständigen Verrichtungen.
- **A 3** und **S 3** entsprechen besonderen Leistungen. Die Patienten sind vollständig auf Hilfe angewiesen oder benötigen zeitaufwendige aktivierende Krankenpflege (Abb. 2-7; 2-8).

Die Zuordnung jedes Patienten wird einmal täglich durch examiniertes Krankenpflegepersonal (Krankenschwester/-pfleger, Kinderkrankenschwester/-pfleger, Krankenpflegehelferin/-helfer) vorgenommen und entsprechend im Dokumentationssystem vermerkt (Zuordnungsbeispiele Tab. 2-4; 2-5).

2.4.3 Minutenwerte pro Patient und Tag

Laut gesetzlicher Vorgabe werden den Patientengruppen A 1 bis A 3 und S 1 bis S 3 bestimmte Minutenwerte zugeordnet, die sich auf den **Pflegezeitraum 6.00 bis 20.00 Uhr** (14 Stunden) beziehen.
Patient in Kategorie A 1 = 20 Minuten pro 14 Stunden.
Patient in Kategorie A 2 = 66 Minuten pro 14 Stunden,
Patient in Kategorie A 3 = 147 Minuten pro 14 Stunden,

Zuordnungsregel

- Jeder Patient ist einmal am Tag einer der drei Pflegestufen zuzuordnen.
- Einordnungsmerkmale sind durch getrennte Felder kenntlich gemacht.
- Für die Zuordnung zu der Pflegestufe „A 2" muß mindestens in zwei Leistungsbereichen je ein Einordnungsmerkmal zutreffen; trifft nur ein Einordnungsmerkmal aus „A 2" zu und ist ein zweites aus „A 3" gegeben, ist der Patient der Pflegestufe „A 2" zuzuordnen.
- Bei Vorliegen von mindestens zwei Einordnungsmerkmalen aus „A 3" ist der Patient dieser Pflegestufe zuzuordnen.

Pflegestufen	A 1	A 2	A 3
Leistungsbereiche	Grundleistungen	Erweiterte Leistungen	Besondere Leistungen
Körperpflege		Hilfe bei überwiegend selbständiger Körperpflege	Überwiegende oder vollständige Übernahme der Körperpflege
Ernährung		Nahrungsaufbereitung oder Sondennahrung	Hilfe bei der Nahrungsaufnahme
Ausscheidung	Alle Patienten, die nicht A 2 oder A 3 zugeordnet werden	Unterstützung zur kontrollierten Blasen- oder Darmentleerung Versorgen bei häufigem Erbrechen Entleeren oder Wechseln von Katheter- oder Stomabeuteln	Versorgen bei unkontrollierter Blasen- oder Darmentleerung
Bewegung und Lagerung		Hilfe beim Aufstehen und Gehen Einfaches Lagern und Mobilisieren	Häufiges (zwei- bis vierstündliches) Körperlagern oder Mobilisieren

Abb. 2-7 Zuordnungsregeln und Einordnungsmerkmale für den Bereich „Allgemeine Pflege".

Zuordnungsregel			
• Jeder Patient ist einmal am Tag einer der drei Pflegestufen zuzuordnen. • Einordnungsmerkmale sind durch getrennte Felder kenntlich gemacht. • Für die Zuordnung zu der Pflegestufe „S 2" muß mindestens ein Einordnungsmerkmal zutreffen. • Eine Zuordnung nach „S 3" erfolgt, wenn mindestens ein Einordnungmerkmal aus „S 3" zutrifft.			
Pflegestufen	S 1	S 2	S 3
Leistungsbereiche	Grundleistungen	Erweiterte Leistungen	Besondere Leistungen
Leistungen im Zusammenhang mit: – Operationen – invasiven Maßnahmen – akuten Krankheitsphasen		Beobachten des Patienten und Kontrolle von mindestens zwei Parametern[1)] vier- bis sechsmal innerhalb von acht Stunden[2)] Aufwendiges Versorgen von Ableitungs- oder Absaugsystemen	Beobachten des Patienten und Kontrolle von mindestens drei Parametern[1)] fortlaufend innerhalb von wenigstens zwölf Stunden zum Erkennen einer akuten Bedrohung
Leistungen im Zusammenhang mit medikamentöser Versorgung	Alle Patienten, die nicht S 2 oder S 3 zugeordnet werden	Bei kontinuierlicher oder mehrfach wiederholter Infusionstherapie oder bei mehreren Transfusionen Bei intravenösem Verabreichen von Zytostatika	Fortlaufendes Beobachten und Betreuen des Patienten bei schwerwiegenden Arzneimittelwirkungen
Leistungen im Zusammenhang mit Wund- und Hautbehandlung		Aufwendiger Verbandswechsel Behandlung großflächiger oder tiefer Wunden oder großer Hautareale	Mehrmals täglich: Behandlung großflächiger oder tiefer Wunden oder großer Hautareale

Abb. 2-8 Zuordnungsregeln und Einordnungsmerkmale für den Bereich „Spezielle Pflege".

1) Diese Parameter sind insbesondere: Puls, Blutdruck, Atmung, Bewußtseinslage, Temperatur, Nierenfunktion, Blutzucker.

2) Das bedeutet nicht, daß die Messungen sich auf die acht Stunden gleichmäßig verteilen; es soll nur die Leistungsdichte beschrieben werden.

Patient in Kategorie S 1 = 32 Minuten pro 14 Stunden,
Patient in Kategorie S 2 = 42 Minuten pro 14 Stunden,
Patient in Kategorie S 3 = 68 Minuten pro 14 Stunden.

Beispiele:

- Frau K. wird laut PPR den Kategorien A 1 und S 1 zugeordnet. Die oben genannten Minutenwerte ergeben addiert 52 Minuten, in denen die für sie erforderliche Krankenpflege erbracht wird.
- Frau L. wird den Kategorien A 2 und S 2 zugeordnet. Für sie stehen pro Tag 108 Minuten zur Verfügung, in denen alle für sie erforderlichen pflegerischen Tätigkeiten durchgeführt werden.

2.4.4 Der Pflegegrundwert

Unter dem Begriff Pflegegrundwert sind Leistungen gesammelt, die das Krankenpflegepersonal im Zusammenhang mit der Leitung und Organisation einer Station/Pflegeeinheit erbringt (Abb. 2-9).

Tab. 2-4 Präoperative Pflege einer 40jährigen Patientin Frau K., geplanter operativer Eingriff: Strumektomie.

Maßnahmen	Kategorie A	Kategorie S
2× tägl. Puls-, Temperaturkontrolle 1× tägl. Blutzuckerkontrolle		S 1
1× tägl. Heparininjektion subkutan		S 1
Antithrombosestrümpfe anpassen	A 2	
2× tägl. Verabreichung oraler Medikamente		S 1
Die Patientin ist, entsprechend der Zuordnungsregeln, in A 1 und S 1 einzuordnen.		

Tab. 2-5 Postoperative Pflege einer 70jährigen Patientin, Frau L., durchgeführter operativer Eingriff: Hysterektomie.

Maßnahmen	Kategorie A	Kategorie S
3× tägl. Puls-, Blutdruckkontrolle 2× tägl. Temperaturkontrolle 2× tägl. Blutzuckerkontrolle		S 2
1× tägl. Heparininjektion subkutan		S 1
3× tägl. orale Gabe von Medikamenten		S 1
benötigt Hilfe bei der Körperpflege	A 2	
Katheterpflege	A 2	
Ein- und Ausfuhrkontrolle	A 2	
zweistündliche Lagerung wegen Dekubitusgefahr	A 3	
2× tägl. Mobilisation mit zwei Pflegekräften	A 2	
1500 ml Infusion über 24 Stunden mit Infusiomat		S 2
Die Patientin ist, entsprechend der Zuordnungsregeln, in A 2 und S 2 einzuordnen.		

Um diese Leistungen erbringen zu können, wird pro Patient und Aufenthaltstag der Pflegegrundwert von 30 Minuten den Minutenwerten hinzugerechnet.

2.4.5 Der Fallwert

Im Zusammenhang mit der Aufnahme und der Entlassung des Patienten sind eine Fülle von pflegerischen Erst- bzw. Abschlußtätigkeiten zu erbringen, denen mit dem Fallwert Rechnung getragen wird (Abb. 2-10). Der Fallwert beträgt für jeden Patienten, bezogen auf seinen gesamten Krankenhausaufenthalt, einmalig 70 Minuten.

Beispiele für die Gesamtzuordnung:

- Frau K.:
  Am ersten Tag ihres Krankenhausaufenthaltes wird Frau K. den Kategorien A 1 = 20 Min. und S 1 = 32 Min. zugeordnet (52 Minuten). Der Pflegegrundwert betragt täglich 30 Minuten. Der Fallwert beträgt einmalig 70 Minuten. Somit stehen am Aufnahmetag für die Gesamtheit der pflegerischen Tätigkeiten für Frau K. 152 Minuten zur Verfügung.
- Frau L.:
  Am zweiten postoperativen Tag wird sie den Kategorien A 2 = 66 Min. und S 2 = 42 Min. zugeordnet (108 Minuten). Der Pflegegrundwert beträgt täglich 30 Minuten. Der Fallwert kann hier nicht angerechnet werden, da er nur für den Aufnahmetag gilt. Dem Krankenpflegepersonal stehen somit am zweiten postoperativen Tag für die Gesamtheit der pflegerischen Tätigkeiten von Frau L. 138 Minuten zur Verfügung.

2.5 Pflegeprozeß

Die Integration des Pflegeprozesses (auch bezeichnet als Krankenpflegeprozeß, Pflegeplanung, Pflegeprozeßmodell u.a.) in den pflegerischen Alltag verfolgt das Ziel, Patienten nicht nach dem Zufallsprinzip, sondern **geplant zu pflegen** und zu betreuen. Individuelle Bedürfnisse sowie die Fähigkeiten des Erkrankten finden Berücksichtigung. Der Pflegeprozeß geht von zwei Überlegungen aus:

1. Krankenpflege ist ein Beziehungsprozeß. Patientenzentrierte Krankenpflege bedeutet, daß sich zwischen Pflegepersonal, Patient und Angehörigen eine vertrauensvolle berufliche Beziehung aufbaut, welche die spezielle

Tätigkeiten	Minuten je Patient und Tag
Leistungen im Zusammenhang mit pflege- und behandlungsbezogenen Besprechungen: – Dienstübergaben – Einarbeiten neuer Mitarbeiter, einschließlich Anleiten und Unterweisen – Teilnahme an innerbetrieblichen, stationsbezogenen Gesprächen zur Betreuung und Unterstützung der Pflegenden (z.B. Supervision) – stationsbezogene Qualitätssicherung	12,9
Leistungen im Zusammenhang mit Leitungsaufgaben: – Personaleinsatzplanung – Mitarbeiterbesprechungen und Einzelgespräche – Teilnahme an stationsübergreifenden Dienstbesprechungen – Kontrollaufgaben im Rahmen der internen Budgetierung	3,6
Leistungen im Zusammenhang mit der Ablauforganisation: – Disposition von Arzneimitteln und Materialien sowie Anforderung von Leistungen außerhalb von Diagnostik und Therapie – Verwaltungsaufgaben – nicht planbare Hol- und Bringdienste – Hygiene-, Sicherheits- und Umweltschutzmaßnahmen	10,5
Innerbetriebliche Fortbildung	3,0
Summe	30 Minuten

Abb. 2-9 Tätigkeitsprofil für den „Pflegegrundwert".

Situation des Kranken erfaßt und berücksichtigt, um ein gemeinsames pflegerisches Ziel zu erreichen. Der Beziehungsprozeß wird durch das Pflegepersonal gestaltet, indem:

- Pflegetätigkeiten korrekt und dem Patienten zugewandt ausführt werden.
- Eine Orientierung an der Persönlichkeit des Kranken und dessen Erkrankung erfolgt.
- Die individuelle Situation des Kranken erkannt und berücksichtigt wird.
- Der Kranke in die Pflegeüberlegungen einbezogen wird.

Tätigkeiten	
Tätigkeiten im Zusammenhang mit Aufnahmen von außen, Verlegungen, Entlassungen und Versorgung Verstorbener; insbesondere: – Abholen von Patienten zur Aufnahme in die Pflegeeinheit in der Notaufnahme – Empfang und Einweisen von Patienten und Angehörigen – Durchführen erster Pflegemaßnahmen einschließlich Pflegeanamnese und Einleiten diagnostischer Maßnahmen – Zusammenstellen der erforderlichen Verlegungs- oder Entlassungsunterlagen einschließlich des Übergabeberichts der Pflege (interne Verlegungen) – Abschluß- und Informationsgespräch mit Patienten und Angehörigen sowie Unterstützen bei der Entlassung und Nachbereiten des Zimmers – Versorgung Verstorbener und Gespräch mit Angehörigen	
Summe	70 Minuten

Abb. 2-10 Tätigkeitsprofil für den „Fallwert".

- Der Kranke über alle Pflegetätigkeiten informiert wird.
- Pflegetätigkeiten der speziellen Situation des Kranken anpaßt werden.
- Der Patient ermuntert wird, subjektive Befindlichkeiten zu äußern um sie bei Pflegetätigkeiten zu berücksichtigen.

2. Krankenpflege ist ein Problemlösungsprozeß.
Patientenzentrierte Krankenpflege bedeutet, daß auf der Basis einer vertrauensvollen beruflichen Beziehung die pflegerischen Probleme des Patienten gemeinsam mit ihm gelöst werden. Das Ergebnis aller pflegerischen Handlungen wird an der Qualität des erreichten Zieles gemessen.

2.5.1 Stufen des Pflegeprozesses

Die Stufen des Pflegeprozesses stellen voneinander abhängige bzw. sich ergänzende Beobachtungs-, Überlegungs-, Entscheidungs- und Handlungsschritte dar.

1. Stufe: Informationssammlung (Beobachtungsschritte, Abb. 2-11)

Die Grundlage aller pflegerischen Planungen bildet die sorgfältige **Erhebung** (Erstge-

Stammblatt

Aufn.-Dat.: Aufnahmestation:

Wiederaufnahme: ☐ ja ☐ nein

Fam.-Stand: Beruf:

Angehörige:

Telefonnummer:

☐ Pat. kommt allein ☐ in Begleitung

☐ gehend ☐ sitzend ☐ liegend ☐ RTW

Körperlicher Zustand/psychischer Zustand:

☐ ansprechbar ☐ benommen ☐ bewußtlos

☐ eingenäßt ☐ eingekotet

Dekubitus (Größe, wo):

Lähmungen:

Bitte beachten:
(z. B.: DK, Diabetiker, bei Tod – Nachricht an:)

Eßgewohnheiten:

Trinkgewohnheiten:

Rauchen:

Schlafgewohnheiten:

Schlafmittel:

Stuhlgang:

Abführmittel:

Harnentleerung:

Prothesen:

Sprachstörungen:

Kontrakturen:

	ja	nein
Brille/Kontaktlinsen	☐	☐
Hörgerät links/rechts	☐	☐
Schwerhörig	☐	☐
Zahnprothese oben	☐	☐
Zahnprothese unten	☐	☐
Schrittmacher	☐	☐
Gehhilfen	☐	☐
Seelsorger	☐	☐

Wertsachen:

Pflegeabhängigkeit:

	ja	nein	mit Hilfe
Essen	☐	☐	☐
Anziehen	☐	☐	☐
Toilette	☐	☐	☐
Waschen	☐	☐	☐
Gehen	☐	☐	☐

Wichtige Medikamente (z. B. Insulin/Marcumar)

Depot Neuroleptika

Allergien/Unverträglichkeiten:

Jetzige Beschwerden:

Soziales Umfeld:

Einweisungsdiagnose:

Aufklärung über Diagnose ☐ ja ☐ nein

Aufgenommen von:

Datum:

Abb. 2-11 Beispiel eines Stammblattes.

2

Pflegeprobleme	Pflegeziel	Pflegemaßnahmen
2 sich bewegen • Thrombosegefahr durch Bewegungseinschränkung infolge Hemiplegie links und körperliche Schwäche *Ressource:* • kann rechten Arm und rechtes Bein bewegen	*Nahziel:* • ungestörter venöser Rückstrom *Fernziel:* • kann sich im Rahmen seiner Möglichkeiten selbständig bewegen	• Antithrombosestrümpfe über 24 Stunden • 3× tägl. Ausstreichen der Beine mit Pflegesalbe zum Herzen hin • Übungsbehandlung des Physiotherapeuten z. B. durch Ermunterung des Patienten unterstützen • 3× tägl. Atemübungen mit z. B. Inhaloc • gesunden Fuß gegen Widerstand, z. B. Bettverkürzer, treten lassen • zweistündliche Lagerung nach Bobath 6.00, 8.00, 10.00 Uhr usw.
3 sich waschen und kleiden • aufgrund seiner Erkrankung kann der Patient die Körperpflege nicht selbständig durchführen *Ressource:* • kann selbständig Gesicht/Hände waschen • kann Zähne putzen • kann sich kämmen	*Nahziel:* • führt Körperpflege mit Hilfe durch *Fernziel:* • führt Körperpflege eigenständig aus	• 2× tägl. bei der Körperpflege behilflich sein • nach jeder Mahlzeit Mundpflege (lt. Standard) bzw. Zähne putzen lassen
4 essen und trinken • durch Appetitlosigkeit und körperliche Schwäche verweigert der Patient die Nahrung *Ressource:* • trinkt gerne Milchkaffee mit Zucker • kann Tasse selbständig zum Mund führen	*Nahziel:* • ausgeglichener Ernährungszustand, Körpergewicht entspricht der Körpergröße *Fernziel:* • Patient ißt selbständig	• bis 2 l Trinkmenge in 24 Stunden • Kaffee und schwarzen Tee eingeschränkt anbieten • Ein- und Ausfuhrkontrolle • ggf. Schlucktraining • ca. auf fünf Mahlzeiten verteilen • tägl. Essenswünsche erfragen • Mahlzeiten mundgerecht zubereiten • Zeit lassen beim Anreichen der Mahlzeiten • 1× wöchentlich Gewichtskontrolle

Abb. 2-12 Musterpflegeplanung zum Kap. 2.5.

spräch, Aufnahmegespräch, Pflegeanamnese) der **pflegerelevanten Informationen** durch die für den Patienten zuständige Pflegeperson (s. Kap. 2.3). Die Informationssammlung gibt dem Krankenpflegepersonal die Möglichkeit, sich selbst vorzustellen, dem Patienten erste Informationen zu geben, ihn kennenzulernen und das Ausmaß seiner Pflegebedürftigkeit einzuschätzen. Neben dem direkten Gespräch mit dem Patienten können weitere Daten durch die Beobachtung des Kranken, durch Gespräche mit seinen Angehörigen und durch den Einblick in vorhandene Krankenakten gewonnen werden. Alle Informationen werden auf dem Stammblatt des Patienten dokumentiert.

2. Stufe: Erkennen von Problemen und Ressourcen (Überlegungsschritt, Abb. 2-12)

Ein Pflegeproblem ist eine aus Sicht des Patienten **subjektiv** und aus Sicht des Krankenpflegepersonals **objektiv** erlebte Beeinträchtigung des Kranken in einem oder mehreren Lebensbereichen, die seine Unabhängigkeit einschränkt und ihn belastet. Er benötigt pflegerische Hilfe, wenn er die Beeinträchtigungen nicht aus eigenen Möglichkeiten (**Ressourcen**) ausgleichen kann. Beeinträchtigungen können durch körperliche Beschwerden (z. B. Schmerzen oder Unbeweglichkeit), durch ärztliche oder pflegerische Maßnahmen (z. B. Infusionen oder Sonden)

Tab. 2-6 Checkliste zum Erfassen von Pflegeproblemen.

ATL	Pat. ist selbständig	Pat. benötigt Hilfe	Pat. ist unselbständig
Ruhen und schlafen			
Sich bewegen		✗	
Sich waschen und kleiden		✗	
Essen und trinken		✗	
Ausscheiden		✗	
Regulieren der Körpertemperatur	✗		
Atmen (Blutdruck, Puls)	✗		
Für Sicherheit sorgen	✗		
Sich beschäftigen	✗		
Kommunikation	✗		
Sinn finden	✗		
Sich als Frau/Mann/Kind fühlen	✗		

oder durch psychische Situationen (z. B. Ängste, Sorgen, Ungewißheit) entstehen. Mit Hilfe einer Checkliste werden die **Pflegeprobleme** zunächst erfaßt (Tab. 2-6).

Im Anschluß daran werden die erkannten Pflegeprobleme durch die aufnehmende Pflegekraft und einen oder mehrere Kollegen gemeinsam formuliert und **dokumentiert**. Der Patient ist idealerweise daran beteiligt bzw. er wird informiert. Für jedes Pflegeproblem wird dessen Ursache und die Ressource (Fähigkeit/Möglichkeit) des Patienten beschrieben. Pflegeprobleme werden knapp, kurz, objektiv und vom Patienten ausgehend beschrieben.

3. Stufe: Festlegen der Pflegeziele (Überlegungsschritt, Abb. 2-12)

Ein Pflegeziel beschreibt bzw. nennt den **Erfolg**, der mittels pflegerischer Maßnahmen in einem **definierten Zeitraum** erreicht werden soll. Pflegerische **Nahziele** beschreiben einzelne Pflegeschritte, die zum **Fernziel** führen. Innerhalb eines langen pflegerischen Zeitraumes stellt das Erreichen von Nahzielen für den Patienten und die Pflegepersonen Erfolgserlebnisse dar, deren Erreichen Mut machen, den pflegerisch geplanten Weg weiterzugehen, um das Fernziel zu erreichen. Pflegerische Fernziele beschreiben den Zustand, der nach Ablauf des gesamten Pflegezeitraumes, der über den Krankenhausaufenthalt hinausgehen kann, erreicht werden soll. Zu jedem formulierten Pflegeproblem wird ein Pflegeziel, ggf. unterteilt in Nah- und Fernziele genannt. Pflegeziele müssen realistisch und erreichbar sein. Sie können sich auf verschiedene Bereiche des Kranken beziehen, z. B.:

- Auf das Verhalten des Patienten (kann über seine Ängste sprechen, nimmt Kontakt zu Mitpatienten auf).
- Auf den körperlichen Zustand des Patienten (hat intakte Haut, ausgeglichener Ernährungszustand).
- Auf das Wissen des Patienten (kennt die Anzeichen der Hypoglykämie und weiß um entsprechende Maßnahmen).
- Auf das Können des Patienten (kann ohne Abscheu bei der pflegerischen Versorgung des Kolostomas zusehen, kann 20 Stufen ohne Atemnot zügig gehen).
- Auf seinen Entwicklungsprozeß (kommt zu einer Entscheidung, hat wieder Selbstvertrauen).

Datum	Uhrzeit	Bitte notieren in Blau = Früh / Grün = Spät / Rot = Nacht	Hdz.	Datum	Uhrzeit	Besondere Hinweise
7. 4. 94	13.00 Uhr	Alle pflegerischen Maßnahmen durchgeführt. Auf				
		zweistdl. Lagerung reagiert Pat. um 10.00 und				
		12.00 Uhr gereizt, fühlt sich in ihrer Ruhe				
		beeinträchtigt. Wurde auf Wichtigkeit des				
		Umlagerns hingewiesen.				
		Sr. K. Meier				
8. 4. 94	20.00 Uhr	Pat. hatte von 15.00 bis 19.00 Uhr Besuch von ihrer				
		Tochter. Umlagern erfolgte ohne Probleme, da				
		die Tochter mithalf und die Pat. ermunterte. Pat.				
		möchte morgen wieder von Sr. K. Meier betreut				
		werden! Bitte auf Bezugspflege achten!				
		Sr. I. Müller				
9. 4. 94	6.00 Uhr	Pat. hat ruhig geschlafen, Lagerung lt. Plan				
		fortgesetzt.				
		Sr. D. Mustermann				

Abb. 2-13 Beispiel eines Pflegeberichtes.

– Auf meßbare Befunde (trinkt 2000 ml in 24 Stunden, nimmt bis Ende der Woche ein Kilogramm ab).

Ebenso wie die Pflegeprobleme werden auch die Pflegeziele kurz, knapp und vom Patienten ausgehend formuliert und dokumentiert. Zusätzlich enthalten sie eine Zeitangabe (in welchem Zeitraum soll ein bestimmtes Ziel erreicht sein?).

4. Stufe: Planung der Pflegemaßnahmen (Entscheidungsschritt, s. a. Abb. 2-12)

Um die aufgestellen Pflegeziele zu erreichen, werden entsprechende pflegerische Maßnahmen geplant. Gegenüber einer ungeplanten Krankenpflege sind hiermit Pflegefehler und somit auch Risiken für den Patienten weitgehend ausgeschaltet. Die geplanten Maßnahmen orientieren sich an den individuellen Problemen des Patienten und berücksichtigen seine Ressourcen. Sie beschreiben:
– was zu tun ist
– verweisen ggf. auf einen Pflegestandard (s. Kap. 2.2)
– wie es zu tun ist
– welche Hilfsmittel eingesetzt werden
– wann es zu tun ist
– wie oft es zu tun ist

Die schriftlich fixierten Maßnahmen stellen eine für alle Pflegekräfte **verbindlich** einzuhaltende **Anweisung** dar.

5. Stufe: Durchführung der Pflege (Handlungsschritt)

Entsprechend der Vorgabe werden die Pflegemaßnahmen exakt ausgeführt und anschließend mit Handzeichen und ggf. mit Uhrzeit im Dokumentationssystem vermerkt.

6. Stufe: Beurteilung der Pflege (Überlegungsschritt, Abb. 2-13)

Am Ende des Früh-, Spät- und Nachtdienstes wird von der zuständigen Krankenschwester ein schriftlicher **Pflegebericht** mit Handzeichen und Uhrzeit im Dokumentationssystem vermerkt. Er gibt Auskunft, wie die geplanten Pflegemaßnahmen auf den Patienten gewirkt haben und stellt so eine Beurteilung der Pflegestufen dar. Alle Veränderungen im Gesundheitszustand des Patienten oder seiner Gesamtsituation werden, von der Aufnahme bis zur Entlassung, schriftlich festgehalten und in Beziehung zu den jeweiligen getroffenen Maßnahmen gesetzt. Zeichnet sich beispielsweise ein für den Patienten ungünstiger

Tab. 2-7 Überlegungen bei einem ungünstigen Pflegeverlauf.

Überlegungen	JA	NEIN
War die Informationssammlung vollständig, lückenlos?		
Sind alle Ressourcen des Patienten erkannt worden?		
Sind die Pflegeziele realistisch und für den Patienten erreichbar festgelegt worden?		
Waren die Pflegemaßnahmen wirksam?		
Sind die Maßnahmen korrekt ausgeführt worden?		

Pflegeverlauf ab, würden folgende Überlegungen innerhalb des Pflegeteams anhand einer Checkliste (Tab. 2-7) angestellt werden.

Das Ergebnis dieser Überlegungen wird in weitere Handlungsschritte umgesetzt und verfolgt das Ziel, den Patienten mit der bestmöglichen Krankenpflege zu versorgen.

2.6 Generelle und individuelle Pflegepläne

In generellen Pflegeplänen, auch Standardpflegepläne genannt, sind pflegerische Probleme aufzulisten, die bei den meisten Patienten mit gleicher Erkrankung auftreten.

Beispiele:
- Alle Patienten erleben postoperativ durch Schmerzen im Wundbereich eine Bewegungseinschränkung.
- Alle Patienten empfinden sich in ihrer Beweglichkeit eingeschränkt, wenn sie parenteral ernährt werden.
- Alle Patienten sind dekubitusgefährdet, wenn sie in ihrer Beweglichkeit eingeschränkt sind.

Den Pflegeproblemen werden generelle Ziele und die zeitliche Abfolge genereller pflegerischer Maßnahmen zugeordnet. Generelle Pflegepläne (Beispiel s. Kap. 10 und 18) stellen eine Richtschnur für das Krankenpflegepersonal dar (wann muß, soll welche pflegerische Maßnahme erfolgen?). Sie bilden die Grundlage für den individuellen Pflegeplan (Beispiele s. Kap. 15, 16, 22, 28, 30, 31 und 36) des einzelnen Patienten, indem dessen spezielle pflegerischen Probleme und Ressourcen zusätzlich erfaßt werden.

Abweichungen von generellen Pflegeplänen sind immer möglich bzw. notwendig, da die individuelle Situation des Patienten entscheident ist!

Beispiele:
- Herr X. hat Einschlafstörungen, weil er seine gewohnte Alkoholmenge nicht erhält.
- Frau Y. fühlt sich durch die Venenverweilkanüle in ihrer Bewegungsfreiheit eingeschränkt.
- Herr Z. ist inkontinent und kachektisch und dadurch dekubitusgefährdet.

Weiterführende Literatur

[1] Stösser, v. A.: Pflegestandards. Springer, Berlin-Heidelberg-New York 1993.

3 Wunden

G. Bliemeister, R. Broll

Eine Wunde entsteht durch die **gewaltsame** Zerstörung und/oder Durchtrennung von Haut, Schleimhaut und/oder Organen. Sie kann **unfallbedingt** auftreten oder z.B. im Rahmen einer Operation durch den Arzt hervorgerufen werden (**iatrogene** Wunde).

3.1 Unterscheidungsmerkmale von Wunden

Ist die Hautoberfläche intakt, spricht man von **geschlossener** bzw. **innerer** Wunde (z.B. geschlossene Frakturen, Hämatome). Der Begriff **offene** Wunde beschreibt dagegen den Zustand der verletzten Haut- oder Schleimhautoberfläche. Wunden, die von der Hautoberfläche bis in Körperhöhlen hineinreichen, werden als **perforierende** Verletzungen bezeichnet.

Unter **septischen** Wunden werden mit Keimen infizierte Wunden, unter **aseptischen** Wunden dagegen Operationswunden verstanden, die unter sterilen Bedingungen in nicht infiziertes Gewebe gesetzt werden.

3.2 Begleitsymptome und Gefährdungen

Entsprechend der Größe der Wunde und der individuellen Situation (Toleranzgrenze) des Patienten werden ihre Begleitsymptome unterschiedlich stark empfunden.

Schmerzen: Der Wundschmerz wird durch den Druck auf Nerven oder die Freilegung bzw. Verletzung von Nerven und der daraus resultierenden Reizung der Nervenendigungen ausgelöst. Er wird in seiner **Intensität** sehr **unterschiedlich** erlebt und geschildert.

Blutungen:

Das Ausmaß der posttraumatischen Blutung ist primär abhängig von der Lokalisation und davon, ob Kapillaren, Venen oder Arterien verletzt wurden!

Die Wundentstehung beeinflußt zusätzlich das **Ausmaß** der Blutungen. So bluten z.B. Schnittwunden stärker als Quetschwunden, da bei Quetschverletzungen die Gefäße komprimiert werden und sich auf diese Weise schnell ein Thrombus bilden kann.

Kapilläre Blutungen: Sie sind an ihrem **punktförmigen** Aussehen (Blutungen unter der Haut) erkennbar, sie werden auch **Sickerblutungen** genannt.

Venöse Blutungen: Das Ausmaß einer venösen Blutung wird davon bestimmt, ob kleine oder große Venen verletzt wurden. Sind **große** Gefäße oder gar **Venengeflechte** (z.B. der Locus Kiesselbachi, häufige Stelle des Nasenblutens) betroffen, gestaltet sich die **Blutstillung** als **schwierig**.

Arterielle Blutungen: Lebensbedrohlich können die stark und pulsierend auftretenden arteriellen Blutungen sein, die aufgrund des **plötzlich hohen Blutverlustes** in kurzer Zeit zu einem Volumenmangel, Schockzustand und zum Tode des Betroffenen führen können.

Ist die Gerinnungsneigung eines Patienten aus therapeutischen Gründen beeinflußt (z.B. niedriger Quickwert in Zusammenhang mit Marcumar®), so besteht in jedem Fall die Gefahr schwer zu kontrollierender Blutungen.

3.3 Wundarten

Die Art der **einwirkenden Gewalt** ist entscheidend für den **Heilungsverlauf** einer Wunde und deren **Wundbehandlung**. Die meisten Wunden entstehen durch mechanische Ursachen, weitere Auslöser sind thermische und chemische Einflüsse.

3.3.1 Mechanisch bedingte Wunden

- **Schnittwunden:** Schnittwunden entstehen durch Verletzungen mit scharfen schneidenden Gegenständen (z.B. Rasierklingen, Messer, Glasscherben), wobei auch **tiefliegende Strukturen** wie Sehnen, Nerven oder Gefäße verletzt werden können. Die Schnittwunde weist glatte Wundränder auf und blutet meistens stark.
- **Schürfwunde:** Eine Schürfwunde entsteht durch einen **oberflächlichen Substanzverlust** der Haut, sie blutet punktförmig aus kleinen Gefäßen und heilt ohne Narbenbildung ab.
- **Riß-/Quetschwunden:** Diese Wunden entstehen durch massive stumpfe Gewalteinwirkung, die zur Berstung bzw. Zerreißung der Haut und zur Quetschung des unter der Haut liegenden Gewebes führt. Sie zeichnen sich durch unregelmäßige Wundränder, Taschenbildungen, rötlich-bläuliche

Verfärbungen und geringe Blutungen aus. Eine Sonderform stellt die **Platzwunde** dar, bei der die Haut durch einen lokal umschriebenen Druck zerrissen wird. Sie entsteht dort, wo Knochen unmittelbar von Haut bedeckt sind z.B. am Schädel, der Wange oder den Augenbrauen. Sie haben unregelmäßige Wundränder und weisen mittelstarke Blutungen auf.

Platzwunden im Bereich des Kopfes bluten sehr stark, da dieser Körperteil von zahlreichen Gefäßen durchzogen ist!

- **Stichwunden:** Gegenstände wie z.B. Nadeln, Messer, Pfeile verursachen Stichwunden, die in ihrem Ausmaß **schwer beurteilbar** sind, da die sichtbare äußere Wunde häufig klein und glatt aussieht und keine Auskunft über deren Tiefe gibt. Die Wundränder sind glatt und unscheinbar, die Blutung ist gering.
- **Schußwunden:** Trotz unscheinbar wirkender Eintrittswunden können Projektile in der Tiefe des Körpers schwere Verletzungen hervorrufen. Der **Streifschuß** zeigt Merkmale einer größeren Rißwunde, die stark bluten kann, ein **Steckschuß** läßt die Einschußverletzung erkennen, wobei Kleiderfetzen und das Projektil selbst im Körper verbleiben, der **Durchschuß** verursacht beim Austritt aus dem Körper eine größere Verletzungen als bei seinem Eintritt.
- **Kratz- und Rißwunden:** Kratzwunden werden meist von **Tieren** verursacht und als oberflächliche Rißwunden bezeichnet. Bei Rißwunden reißt die Haut und das darunterliegende Weichteilgewebe auf. Sie entstehen durch Gewalteinwirkung spitzer oder scharfer Gegenstände wie z.B. Krallen, Sägen, Nägel. Die Wundränder sind **zerfetzt,** tiefe Rißwunden neigen zu starken Blutungen.
- **Bißwunden:** Werden sie von kleineren Tieren wie z.B. der Katze verursacht, können sie wie Rißwunden aussehen. Von Tieren mit größerem Gebiß, z.B. dem Pferd, oder Menschenbissen verursachte Schäden ähneln einer Quetschwunde.
- **Hautablederung:** Wird durch einen Unfall ein **kompletter Hautlappen** mit dem **dazugehörenden Unterhautfettgewebe** abgetrennt, liegt eine Hautablederung (= Décollement) vor. Lage und Länge des Hautlappens, Begleiterscheinungen wie z.B. Quetschungen sowie die Breite der Hautlappenbasis entscheiden über die Durchblutung des betroffenen Bezirkes.

3.3.2 Thermisch verursachte Wunden

- **Brandwunden:** (s. Kap. 13.4 und 32.4)
- **Wunden durch Kälteeinwirkung:** (s. Kap. 13.3)

3.3.3 Chemisch verursachte Wunden

- **Tintenstiftverletzung:** (s. Kap. 12.14.2)
- **Leichtmetallverletzungen:** (s. Kap. 12.14.3)

3.4 Wundheilung

Der Begriff „Wundheilung" beschreibt die Fähigkeit des menschlichen Organismus durch **Neubildungsvorgänge** die entstandene Wunde zu „reparieren". Jede Form der Wundheilung (s. Kap. 3.4.2) läuft in **drei zeitlich aufeinander abgestimmten Phasen** ab.

3.4.1 Phasen der Wundheilung

Exsudative Phase (Dauer etwa drei bis vier Tage; Abb. 3-1 A und B)

Bei der Wundentstehung werden Blut- und Lymphgefäße geöffnet, so daß die durch die Wunde entstandene Lücke so lange mit Blut, Sekret und Lymphe aufgefüllt wird, bis die **Mechanismen** der **Blutgerinnung** und der **Vasokonstriktion** einsetzen und den Prozeß beenden. An der Wundoberfläche entsteht daraus Wundschorf, der die Wunde vor In-

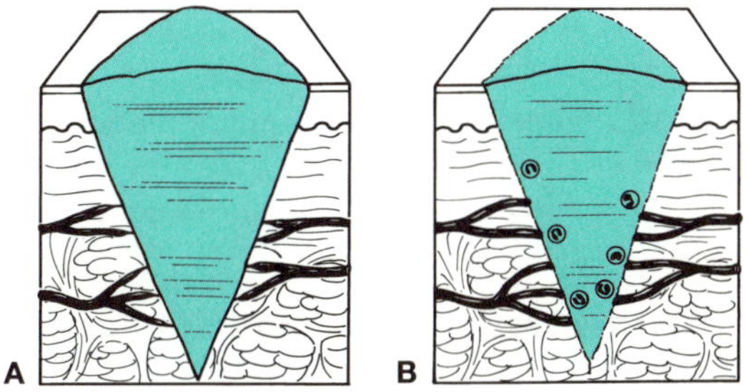

Abb. 3-1 Exsudative Phase.
A: Ein vorläufiger Verschluß wird durch ein Blutkoagel erzielt, das den Wundschorf bildet.
B: Granulozyten wandern aus und ziehen Fibroblasten an.

3

fektionen oder Austrocknung schützt (s. Abb. 3-1 A). Aus den Kapillaren treten Granulozyten (weiße Blutkörperchen), Histiozyten und Fibroblasten (Bindegewebezellen) aus (s. Abb. 3-1 B), die durch Phagozytose abgestorbene Gewebepartien und in die Wunde gelangte Keime vernichten. Klinisch fallen die klassischen **Entzündungsmerkmale** auf:

- Die Mehrdurchblutung führt zur Rötung (**Rubor**) und Temperaturerhöhung (**Calor**) der Haut.
- Durch die Exsudation (im Rahmen einer Entzündung austretende Flüssigkeit) schwillt das Wundgebiet an (**Tumor**).
- Der dadurch entstehende Druck wirkt auf die sensiblen Nervenenden und löst Schmerzen (**Dolor**) aus.
- Schmerzen ziehen wiederum eine Funktionseinschränkung (**Functio laesa**) nach sich.

Proliferative Phase (Dauer etwa 4 bis 14 Tage; Abb. 3-2)

Mit Abklingen der Entzündung beginnt dic **Neubildung** des Gewebes. Aus den Rändern der Wunde sprießen **Kapillare,** deren Endothelzellen das fibröse Netzwerk auflösen. Junges gefäßreiches Bindegewebe (**Granulationsgewebe**) bildet sich, während vom intakten Wundrand her gleichzeitig **Deckepithel** nachwächst.

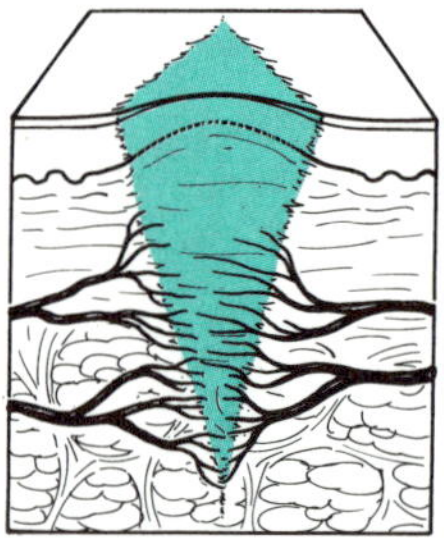

Abb. 3-2 Proliferative Phase, es entsteht Granulationsgewebe.

Reparative Phase (Dauer etwa ab 14. Tag bis Monate; Abb. 3-3)

Sie ist gekennzeichnet durch eine zunehmende **Faserbildung** im Wundbereich und der gleichzeitigen **Epithelisation** (Bildung von

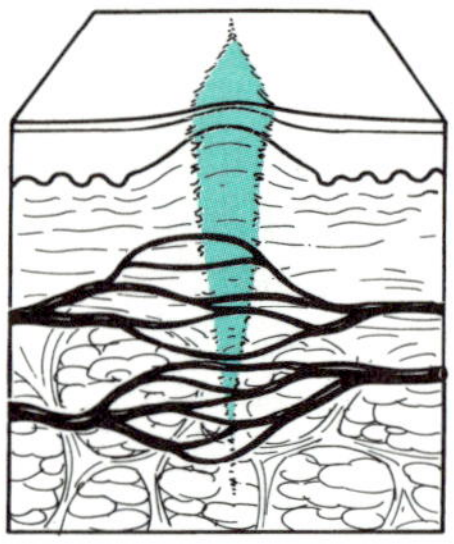

Abb. 3-3 Reparative Phase, aus Granulationsgewebe bildet sich eine faserreiche Narbe.

Oberflächendeckzellen) von seiten der Wundränder, nach außen als deutliche Narbe sichtbar. Es kommt zur weiteren Vernetzung und gleichzeitigen Stabilisierung von Kollagenfasern, die Wunde verkleinert sich durch Verkürzung der Bindegewebezellen. Etwa vier Wochen nach der Wundentstehung hat die Narbe etwa 80% der Reißfestigkeit gegenüber intaktem Gewebe erreicht. Die **maximale Belastbarkeit** ist ca. **drei Monate nach Entstehung** dcr Wundc crlangt.

3.4.2 Arten der Wundheilung (Tab. 3-1)

Glattrandige, frische und saubere Wunden, die weder Taschen noch Buchten aufweisen (z.B. Schnittwunden) zeigen **keine** Infektionszeichen und heilen **schnell** mit einer **kleinen Narbe** ab. Dagegen bieten Wunden mit zerfetztem Wundrand, mit Taschen und Buchten Keimen einen **idealen** Nährboden und heilen insgesamt **deutlich langsamer**.

Tab. 3-1 Übersicht über die Indikationen zur primären und sekundären Wundheilung.

Primäre Wundheilung	Sekundäre Wundheilung
– frische Wunde, nicht älter als sechs Stunden – sterile Wunde ohne Anzeichen einer Entzündung (z.B. aseptische Operationswunde) – saubere Wunde, die keine Verschmutzung aufweist (z.B. Schnittwunde)	– über sechs Stunden alte Wunde – mit virulenten Keimen besiedelte Wunde, die Entzündungszeichen aufweist – verschmutzte Wunden (z.B. Schuß-, Stich-, Bißwunden, Wundtaschen, Fremdkörper)

Die Art der Wundentstehung und die sich anschließende Besiedelung bzw. Nichtbesiedelung der Wunde mit Keimen ist entscheidend für den primären oder sekundären Heilungsverlauf!

Primäre Wundheilung (Abb. 3-4 A bis C)

Die primäre Wundheilung wird auch Heilung per primam (intentionem) genannt, abgekürzt p.p.-Heilung. Voraussetzung für diese Art des Heilungsverlaufes ist der geringfügige Gewebeverlust und die Nichtbesiedelung der Wunde mit virulenten (infektionskräftigen) Keimen. Die Wundränder werden spontan oder mit ärztlicher Unterstützung (Naht, Pflaster, Klammer) unmittelbar aneinandergefügt. Sie verwachsen unter Bildung einer schmalen, anfangs hellroten und weichen Narbe, die durch zunehmende Bindegewebefaserbildung weißlich wird und an Festigkeit gewinnt. Eine primäre Wundheilung wird in der Regel nur bei **aseptisch** entstandenen **Operationswunden** erzielt. Bei Schnitt- und Platzwunden kann die primäre Heilung erreicht werden, sofern die Wunde **sauber** und **nicht älter als sechs Stunden** ist. Der Arzt entscheidet in diesem Fall, ob vor der Hautverschließung (z.B. durch eine Naht) eine Ausschneidung der Wundränder vorgenommen wird.

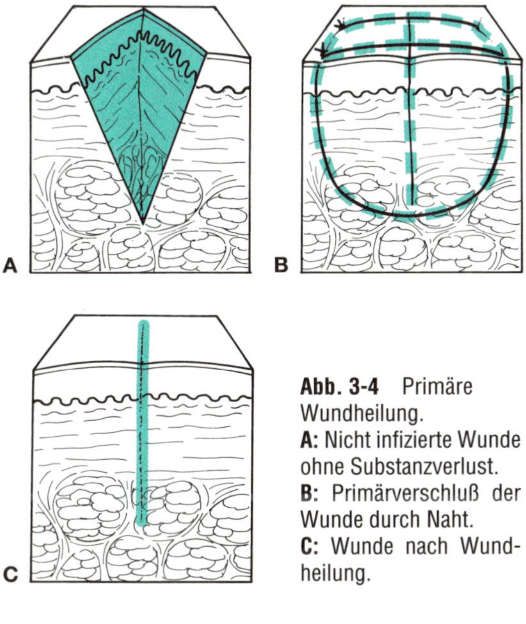

Abb. 3-4 Primäre Wundheilung.
A: Nicht infizierte Wunde ohne Substanzverlust.
B: Primärverschluß der Wunde durch Naht.
C: Wunde nach Wundheilung.

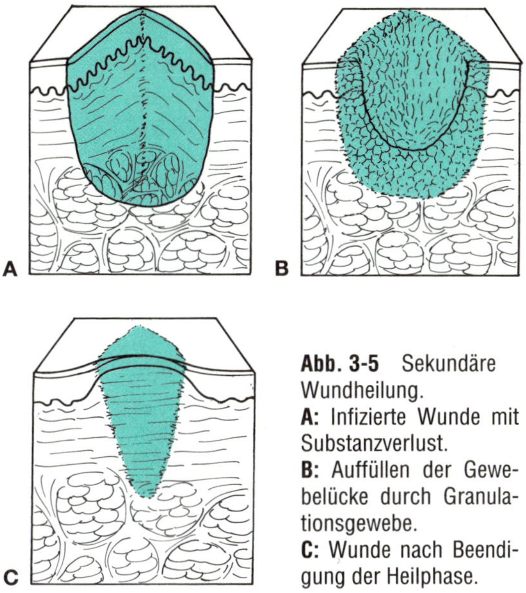

Abb. 3-5 Sekundäre Wundheilung.
A: Infizierte Wunde mit Substanzverlust.
B: Auffüllen der Gewebelücke durch Granulationsgewebe.
C: Wunde nach Beendigung der Heilphase.

Sekundäre Wundheilung (Abb. 3-5 A bis C)

Die sekundäre Wundheilung wird auch Heilung per secundam (intentionem) genannt, abgekürzt p.s.-Heilung. Jede Wunde, die **älter als sechs Stunden** ist, die **ausgedehnte** Gewebedefekte, Taschen und/oder Buchten aufweist und demzufolge mit hoher Wahrscheinlichkeit mit Keimen besiedelt ist, kann **nicht** primär verschlossen werden. Die Wundränder klaffen auseinander und die Heilung erfolgt vom Wundgrund her, wobei erhebliche Mengen von Sekreten abgesondert werden. Die Dauer der sekundären Wundheilung ist gegenüber der primären **deutlich verlängert,** weil die Ausfüllung der Wundlücke eine erhebliche Menge an Gewebeneubildung (Granulation) erforderlich macht. Nach ihrem Abschluß findet sich meistens eine breite Narbe.

3.5 Wundheilungsstörungen

Die idealerweise komplikationslos, zügig und ohne zurückbleibende Funktionseinschränkungen verlaufende Wundheilung kann durch **körpereigene** oder **körperfremde** Faktoren **negativ** beeinflußt werden (Tab. 3-2). Liegt eine Wundheilungsstörung vor, so bedarf die Wunde einer besonders sorgfältigen Behandlung. Eine Übersicht über die am häufigsten

Tab. 3-2 Störfaktoren der Wundheilung.

Körpereigene Faktoren	Körperfremde Faktoren
– höheres Lebensalter (unelastische, mangelhaft durchblutete Haut) – Stoffwechselstörungen (z. B. Diabetes mellitus) – schwere Allgemeinerkrankungen (z. B. maligner Tumor, Unterernährung, Anämie, Eiweißmangel) – Vitaminmangel	– Besiedelung mit Keimen – Nekrosen – Hämatome – mangelhafte Durchblutung z. B. infolge einer Kompression durch den Verband – mangelhafte Ruhigstellung des Wundgebietes z. B. durch vorzeitige Belastung – Behandlung mit Zytostatika oder Kortison

für die Wundbehandlung eingesetzten Mittel und Medikamente gibt Tabelle 3-3.

Die **häufigsten Komplikationen** einer primär verschlossenen Wunde werden im folgenden genannt.

3.5.1 Wundinfektionen

In fast jeder unfallbedingten Wunde siedeln sich virulente Keime an, die eine Infektion auslösen können. Der von den Erregern gebildete Eiter kann durch die verschlossene Hautwunde nicht nach außen abfließen. Es bildet sich ein **Abszeß** (s.a. Kap. 12.8.4) oder eine **Phlegmone** (s.a. Kap. 12.8.6), die sich drei bis sieben Tage nach dem Wundverschluß mit den typischen Entzündungszeichen (s. Kap. 3.4.1) äußern. Die **Behandlungsmaßnahmen** bestehen in der Eröffnung und anschließender Drainage des Wundgebietes, damit der gebildete Eiter nach außen abfließen kann. Nachfolgend kann sich eine sekundäre Wundheilung anschließen.

Alle unfallbedingten Wunden bergen die Gefahr der **Infektion mit Tetanuserregern** in sich. Da Gelegenheitswunden grundsätzlich nicht verhindert werden können, ist es ratsam, durch einen entsprechenden **Impfschutz** der Gefahr der Tetanuserkrankung entgegenzuwirken. Zur Durchführung der **Tetanusprophylaxe** s. Kap. 12.9.3.

Ein Patient, der seine Grundimmunisierung nicht mittels eines Impfausweises belegen kann, gilt im juristischen Sinne als nicht geimpft!

3.5.2 Hämatom

Durch **Nachblutungen** aus kleinen Gefäßen im Bereich der Wunde kann sich, üblicherweise im **Unterhautfettgewebe**, ein Hämatom ausbilden, das den Wundbereich **schmerzhaft** anschwellen läßt. In den häufigsten Fällen kommt die Blutung ohne Eingriff zum Stillstand. Die über dem Hämatom liegende Haut verfärbt sich durch Abbauprodukte des Hämoglobins blau-violett-gelblich. Mit der Resorption des Hämatoms geht auch die Verfärbung zurück. **Größere** Hämatome werden chirurgisch entfernt (**Hämatomausräumung**).

3.5.3 Dehiszenz (Auseinanderweichen) der Wunde

Eine Wunddehiszenz liegt vor, wenn eine primär verschlossene Wunde vor Abschluß der gesamten Wundheilung **ohne äußere Manipulation** aufplatzt. Tritt dieses Ereignis wenige Tage nach dem Wundverschluß bei noch liegenden Fäden auf, ist die Ursache in einer Lokalinfektion aufgrund der unter zu **großer Spannung stehenden Wundrändern** zu suchen (z. B. Abszeßbildung). Öffnet sich eine Wunde zwei bis drei Wochen nach dem primären Wundverschluß erneut, wird von **Spätdehiszenz** gesprochen, deren Auslöser ebenfalls eine Lokalinfektion ist, die mit einer geschwächten Abwehrlage und/oder einer schweren **Beeinträchtigung des Allgemeinzustandes** (z. B. Diabetes mellitus, Eiweißmangel) einhergeht. Öffnet sich z. B. nach einer Laparotomie die Bauchdecke in die Tiefe über alle Hautschichten, so daß der Darm des Patienten sichtbar wird, spricht man von einem **Platzbauch.**

Jede Wunddehiszenz erfordert einen erneuten chirurgischen Eingriff, um die Wunde wieder zu verschließen!

Tab. 3-3 Übersicht über die gebräuchlichsten Mittel und Medikamente zur Wundbehandlung.

Verwendungszweck	Präparate	Bemerkung
Reinigung/Desinfektion	– Wasserstoffperoxid	– Nekrosepartikel werden ausgeschwemmt, jedoch wegen seiner Enzyminaktivierung und der möglichen Aufweichung der Wundränder abzulehnen
	– Debrisorb®/Traubenzucker	– die Resorption von nekrotischem Gewebe, Ödemflüssigkeit und Mikroorganismen führt zur Säuberung der Wunde
	– NaCl-Lösung 10%	– fördert den Sekretabfluß und die Ödemabschwellung durch hohe Osmolarität
	– Glukoselösung 10 bis 20%	– ähnliche Effekte wie bei NaCl-Lösung
	– Varidase®, Leukase®, Trypure Novo®, Fibrolan®, Iruxol®	– enzymatische Auflösung oder Andauung von Nekrosen, Verflüssigung von Eiter
	– Epigard®, SYSpur-derm®, Primamed® (künstlicher Hautersatz)	– durch die Abnahme des künstlichen Hautersatzes wird nekrotisches Material, Bakterien und Exsudat mitentfernt
	– Silastikschaum®	– Resorption von Exsudat, Kompression der Wundfläche
Bekämpfung von Krankheitskeimen (Antiseptika)	– Betaisodona®, Braunol, Braunovidonsalbe bzw. -salbengaze	– Abtötung aller pathogenen Keime und Pilze, Vorsicht bei Schilddrüsenüberfunktion, nicht bei Säuglingen und Kleinkindern anwenden
	– Chloraminlösung	– starker Geruch
	– Kaliumpermanganat	– vor Anwendung verdünnen, da Kristalle die Haut verätzen, vor allem für Bäder geeignet, aufgrund einer violetten Hautverfärbung können Probleme bei der Wundbeurteilung auftreten
	– Rivanollösung®	– für Umschläge z.B. bei Thrombophlebitis
	– Merchurochrom®	– Lösung enthält Quecksilber (!), deshalb sparsam verwenden, rot/goldene Hautverfärbungen, Anwendung ist in einigen Kliniken verboten, nicht für Säuglinge und Kleinkinder geeignet
	– Vita-Merfen® – Gentianaviolett – Eosinlösung	– Farblösungen sollten bei großflächigen und tiefen Wunden nicht angewendet werden, da die Wundbeurteilung erschwert werden könnte
	– NaCl-Lösung 10%	
	– Glukoselösung 10 bis 20%	
Förderung der Granulation und Epithelialisierung	– Ringerlösung	
	– Granugenolöl®	
	– Actyhaemyl® (Gel, Creme, Salbe)	
	– Bepanthensalbe®	
	– Perubalsam	– schwarzfarbige Salbe, durchdringt leicht die Verbandmaterialien, verursacht schwer entfernbare Flecken in der Wäsche
	– Lebertransalbe	
	– Actovegin® (Gel, Creme, Salbe)	
	– Stomahaesive® (Platten oder Paste)	
	– Hydrokolloidverbände (z.B. Varihaesive®)	– Hydrokolloidverbände gezielt einsetzen, da Materialkosten sehr hoch
	– Branolind®, Adaptic® (Salbenkompressen)	– verhindert das Verkleben der Wunde
Abdeckung des Wundrandes	– Zinkpaste, -salbe – Bepanthensalbe® – Stomahaesive® (Paste oder Platten)	– fördert den Heilungsprozeß, durch austrocknenden Effekt, vor allem für Säuglinge und Kleinkinder geeignet, bei Inkontinenz

3

3.6 Wundversorgung

3.6.1 Allgemeine Behandlungsrichtlinien

Vor jeder Wundversorgung muß immer eine genaue **Anamnese** (Befragung des Patienten) erhoben werden, um Kenntnis über den **Unfallhergang** und die **Art der Verletzung** zu erhalten. An den Extremitäten ist stets die Durchblutung, Motorik und Sensibilität zu prüfen. Selbstverständlich ist der Patient über den Eingriff, die möglichen Komplikationen und die Art der Anästhesie aufzuklären. Außerdem muß abgeklärt werden, ob ein **ausreichender Impfschutz gegen Tetanus** vorliegt. Wenn nicht, ist der Patient zu immunisieren.

Die Wundversorgung hat in einem **Operationssaal** oder einem entsprechend ausgestatteten **Wundversorgungsraum** unter sterilen Kautelen zu erfolgen.

Ein angelegter Wundverband darf erst bei der Wundversorgung abgenommen werden, um eine weitere Kontamination zu vermeiden!

Der Patient ist zur Wundversorgung bequem auf einem Operationstisch zu lagern. Bei Handverletzungen ist diese auf einem seitlich angebrachten Tischchen abzulegen. Für eine gute Beleuchtung des Operationsgebietes ist Sorge zu tragen. Kopfbedeckung, Mundschutz und eine Plastikschürze sind anzulegen sowie sterile OP-Handschuhe nach vorheriger Händedesinfektion zu tragen. Stets ist zur Vorbereitung des Wundversorgungstisches und zur Assistenz eine Pflegekraft erforderlich. Als **„Grundausrüstung“** für eine Wundversorgung werden benötigt:

- Nadelhalter und Fadenmaterial (Faden-Nadel-Kombination)
- Skalpell, Schere
- chirurgische Pinzette
- einige Tupfer mit Klemme
- Schälchen mit Kochsalzlösung zur Wundreinigung
- Schälchen mit Desinfektionslösung (Kodan®- bzw. Betaisodona-Lösung®)
- Kompressen
- Spritze und Injektionsnadel (für die Anästhesie)

Zunächst erfolgt die **Grobreinigung** der Haut mit physiologischer Kochsalzlösung in der weiteren Umgebung der Wunde und, falls erforderlich, die **Rasur** störender Haare (Kopf!) mit einem Einmalrasierer. Die Augenbrauen dürfen aber unter keinen Umständen abrasiert werden, da sie nicht mehr nachwachsen!

Dann wird die Haut mit einer entsprechenden Lösung desinfiziert (Kodan®- bzw. Betaisodona-Lösung®). Dabei ist darauf zu achten, daß die Desinfektionslösung **nicht** in die Wunde gelangt, da dies zur **Gewebereizung** führt.

Im nächsten Schritt wird die Wunde mit einem Lokalanästhetikum, z.B. Lidocain (Xylocain®), Bupivacain (Carbostesin®), infiltriert (**Infiltrationsanästhesie**). Dies sollte nicht vom Wundinnenrand her erfolgen, da damit Wundkeime in das umgebende Gewebe verschleppt werden können. An den Fingern oder Zehen bietet sich eine sog. **Leitungsanästhesie** der entsprechenden Nerven an. Nur in **seltenen** Fällen, z.B. bei ausgedehnten Wunden, ist eine **Allgemeinnarkose** erforderlich.

Abschließend wird nun die Wunde steril abgedeckt; dazu eignet sich am besten ein Loch- oder Schlitztuch. An Fingern oder Zehen empfiehlt sich das Anlegen einer **Blutsperre** mit einem Gummibändchen und einer Klemme.

Die eigentliche Wundversorgung beginnt mit der genauen Inspektion der Wunde. Dabei ist besonders auf Verschmutzungen und Fremdkörper in der Tiefe zu achten. Auch die Mitverletzung tiefer gelegener Gewebestrukturen kann so erkannt werden.

3.6.2 Wundausschneidung

Sie wurde von Friedrich 1898 eingeführt und stellt eine der wichtigsten Maßnahmen bei der Wundversorgung dar. Sie darf **nur innerhalb von sechs bis acht Stunden** nach der Verletzung durchgeführt werden. Dabei wird der ischämische und nekrotische Wundsaum einschließlich der primär in die Wunde gelangten Keime entfernt. Mit einem Skalpell wird das gesamte nekrotische Gewebe sparsam (ca. 2 bis 3 mm) an den Wundrändern entfernt (Wundrandausschneidung). Falls erforderlich, ist auch subkutanes Fettgewebe, Faszie oder Muskulatur zu exzidieren (Abb. 3-6 A und B). Bei oberflächlichen, sauberen und glattrandigen Wundrändern kann, insbesondere im **Gesichtsbereich**, am **Hals** oder an den **Fingern**, auf die Wundausschneidung verzichtet werden. Auf eine **gute Blutstillung** ist sorgfältig zu achten, da ein Hämatom (s. Kap. 3.5.2) zu einer Wundheilungsstörung führen kann.

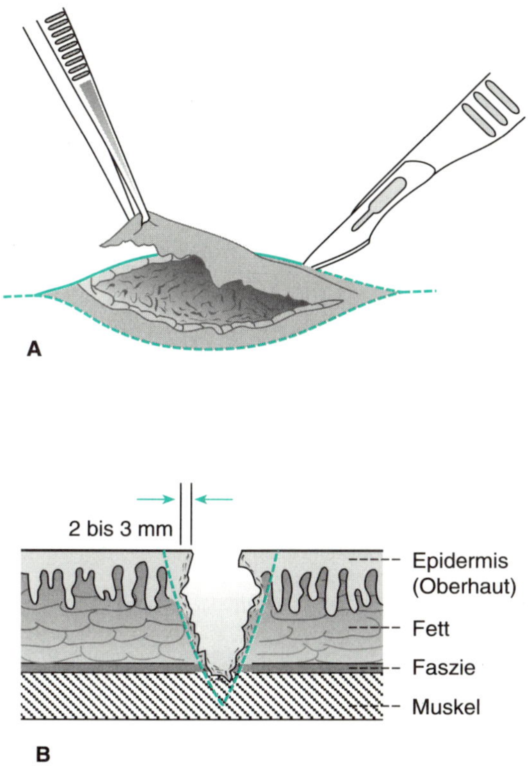

Abb. 3-6 Wundexzision nach Friedrich.
A: Sparsame Exzision der Wundränder mit dem Skalpell.
B: Falls erforderlich, ist die Wundausschneidung in die Tiefe bis zur Muskulatur auszudehnen.

3.6.3 Primäre Wundnaht

Ziel jeder Wundversorgung ist der primäre Wundverschluß, um einen **komplikationslosen Heilverlauf** und ein **optimales Heilungsergebnis** mit geringer Narbenbildung zu erzielen. Dieser darf aber nur innerhalb der oben bereits erwähnten sechs bis acht Stundengrenze (maximal zwölf Stunden) durchgeführt werden. Eine spätere Wundexzision mit Naht würde den inzwischen vom Körper um die Wunde aufgebauten Leukozytenwall zerstören, so daß die mittlerweile reichlich in der Wunde vorhandenen virulenten Keime in die nun eröffneten Gewebespalten eindringen können. Ein **Wundinfekt** wäre dann vorprogrammiert.

Die Wundränder müssen spannungsfrei adaptiert (angepaßt) werden. Ist dies primär nicht möglich, so sind sie durch **Unterminierung** der Wundränder (Durchtrennung des subkutanen Gewebes) oder **zusätzliche Entlastungsschnitte** zu mobilisieren. Auch Hohlraumbildungen sind unbedingt zu vermeiden, da sich in ihnen Wundsekret ansammelt, was einer bakteriellen Kontamination Vorschub leistet. Falls erforderlich, ist deshalb die Muskulatur, die Faszie und das subkutane Fettgewebe schichtweise mit einem resorbierbaren Faden (z.B. Vicryl®) zu nähen und ggf. eine Redon-Drainage einzulegen.

Der abschließende Wundverband muß steril, trocken und rutschfest sein (s.a. Kap. 5.1)!

Neben dem Wundverschluß durch eine **Naht** ist es auch möglich, kleinere, oberflächlich gelegene und nicht unter Spannung stehende Wunden, insbesondere im Gesichtsbereich und bei Kindern, mit einem **selbstklebenden Streifen** (z.B. Steristrip®) zu adaptieren. Die Haut muß dazu vollständig trocken sein. An Fingern oder Zehen darf der Klebestreifen diesen **nicht zirkulär** umschließen, da das nachfolgende Wundödem zu einer Kompression der Gefäße im Sinne eines **Tourniquets** („Aderpresse“) führt und daraus eine **Ischämie** und **Nekrose** entstehen kann.

3.6.4 Verzögerte primäre Wundnaht

Wurde die Grenze von **zwölf Stunden** seit der Verletzung **überschritten**, liegen aber **günstige** Wundverhältnisse vor (z.B. glatte, nicht verschmutzte Wundränder), so empfiehlt sich die verzögerte primäre Wundnaht. Dazu werden nach entsprechender Wundversorgung die **Fäden vorgelegt**, aber **nicht geknüpft** und die Wunde steril verbunden. Zeigt die Wunde nach **drei bis sechs** Tagen eine gute Heilungstendenz und keinerlei Entzündungsreaktion, so können diese dann verknotet werden. Der weitere Heilungsverlauf entspricht dann der primären Wundheilung. Finden sich dagegen **Zeichen** einer **Wundinfektion**, werden die Fäden entfernt, die Wunde bleibt **offen** und heilt **sekundär**.

3.6.5 Sekundärnaht

Alle Wunden, die erst nach sechs bis acht, maximal nach zwölf Stunden zur Versorgung kommen, dürfen **nicht** mehr primär verschlossen werden, da sie als infiziert zu betrachten sind. Zusätzlich ist die primäre

3

Wundnaht auch **innerhalb** der sechs bis acht Stundengrenze in folgenden **Fällen verboten:**
- wenn Fremdkörper in der Wunde verbleiben
- bei sehr taschenreichen, stark verschmutzten Wunden, bei denen infolge ihrer Lokalisation eine ausreichende Wundexzision nach Friedrich nicht möglich ist
- bei Stich- und Schußverletzungen
- nach Bißverletzungen (Hund, Katze, Mensch)
- bei Berufsverletzungen von Personen, die mit infektiösem Material zu tun haben (Chirurgen, Pathologen)
- bei Kriegswunden

In allen diesen genannten Fällen **muß** nach entsprechender Wundversorgung die Wunde **offen behandelt** werden. Auf jeden Fall ist sie **ruhigzustellen** und soweit möglich **hochzulagern** (z.B. Lagerung der Extremität auf einer Schiene). Der Verband muß locker und luftdurchlässig sein und ist regelmäßig (täglich) zu wechseln. Zeigt die Wunde nach **10 bis 14** Tagen eine gute Granulation und keinerlei Entzündungszeichen, so kann diese nach Ausschneidung der Wundränder und Mobilisation mit einer Sekundärnaht verschlossen werden (Abb. 3-7 A und B). Eventuell reicht auch die Adaptation der Wundränder mit einem Pflasterstreifen (z.B. Steristrip®).

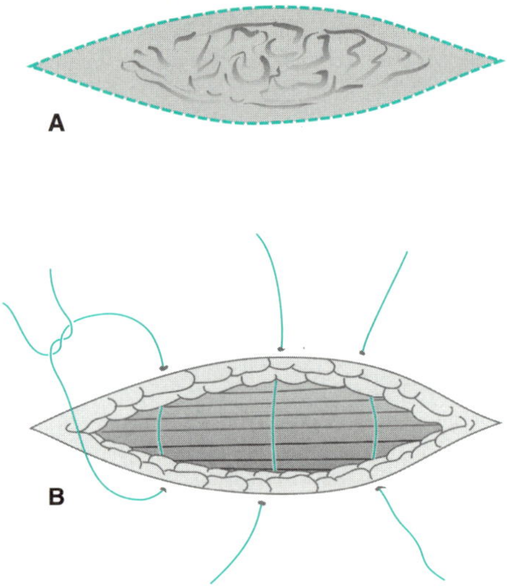

Abb. 3-7 Sekundärnaht.
A: Nach sauberer Granulation der Wunde werden die Ränder exzidiert und mobilisiert.
B: Nun erfolgt die Sekundärnaht der Wunde.

3.6.6 Chirurgische Nähte (Abb. 3-8 A bis E)

Prinzipiell lassen sich die Nähte in **zwei** Gruppen einteilen:
- Einzelknopfnähte
- fortlaufende Nähte

Zahlreiche Modifikationen (Abwandlungen) existieren für beide Nahttechniken, die hier nicht weiter berücksichtigt werden können. Nur die wichtigsten und gebräuchlichsten sollen deshalb im folgenden beschrieben werden.

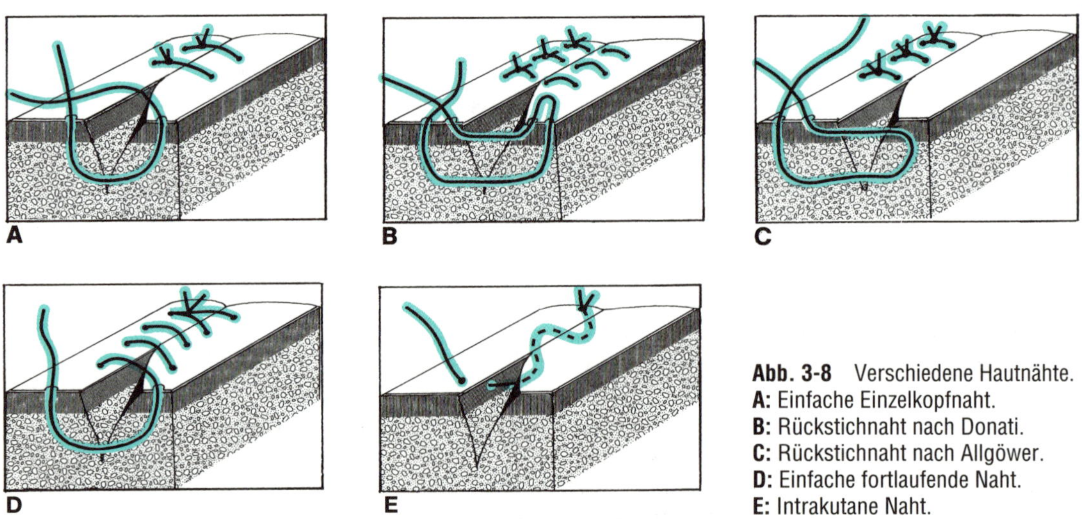

Abb. 3-8 Verschiedene Hautnähte.
A: Einfache Einzelkopfnaht.
B: Rückstichnaht nach Donati.
C: Rückstichnaht nach Allgöwer.
D: Einfache fortlaufende Naht.
E: Intrakutane Naht.

Um ein **gutes kosmetisches Endresultat** der Naht zu erzielen, sind einige **Voraussetzungen** zu beachten:

- Die Wundränder dürfen keinesfalls mit der Pinzette gequetscht werden.
- Das Nahtmaterial ist entsprechend der jeweiligen Region zu wählen. Dabei sollte auf möglichst feines, atraumatisches Nahtmaterial (Nadel-Faden-Kombination) zurückgegriffen werden.
- Auf eine stufenlose Adaptation der Wundränder ist besonders zu achten.
- Die Ein- und Ausstiche sollen in Breite (vom Wundrand und untereinander) und Tiefe gleichmäßige Abstände aufweisen.
- Die Knoten dürfen nicht zu fest geknüpft werden, da sonst die Durchblutung der Wundränder beeinträchtigt wird.

Einzelknopfnähte

Bei dieser Technik wird mit **einem Faden** nur **eine Naht** gelegt. Der Ausdruck Knopfnaht rührt daher, daß jede einzelne Naht geknüpft wird. Sie bietet eine Reihe von **Vorteilen**:

- Kommt es zum Bruch einer Naht, so ist nicht die **gesamte** Nahtreihe gefährdet. Sie bietet somit eine größere Sicherheit vor einer Wunddehiszenz (Aufbruch der Naht).
- Bei einem Wundinfekt können **ein oder mehrere** Fäden **entfernt werden**, um dem Eiter freien Abfluß zu schaffen.
- Werden einzelne Knoten zu fest geknüpft, so ist die **Durchblutung nur** an einigen, **eng begrenzten Stellen reduziert**.

Diesen Vorteilen steht ein deutlich größerer Aufwand an Zeit und Material entgegen.

Einfache Einzelknopfnaht

Sie ist die am **häufigsten** angewandte Technik. Ein- und Ausstich sollen senkrecht zur Haut erfolgen und jeweils gleich weit vom Wundrand entfernt sein, um eine stufenlose Adaptation der Wundränder zu gewährleisten (s. Abb. 3-8 A). Der Knoten sollte bei der Einzelknopfnaht nie auf die Wunde, sondern seitlich daneben plaziert werden, um die Wundheilung nicht zu stören.

Rückstichnaht

Diese bietet den Vorteil der **exakteren Wundrandadaptation**. Bei der Rückstichnaht nach Donati (s. Abb. 3-8 B) wird am gegenüberliegenden Wundrand ausgestochen und knapp am Wundrand beider Seiten wieder zurückgestochen. Dieser sog. Rückstich knapp am Wundrand beider Seiten führt zur Feinadaptation der Wundränder und damit zu einer kosmetisch schönen Narbe.

Die Rückstichnaht nach Allgöwer ist im Prinzip eine unvollständige intrakutane Naht, da die Gegenseite intrakutan gefaßt wird (s. Abb. 3-8 C). Dadurch sind später die punktförmigen Stichnarben nur auf einer Seite der Wunde vorhanden.

Fortlaufende Nähte

Hier werden mit einem fortlaufenden Faden viele einzelne Nähte über eine längere Strecke hintereinander gelegt. Ein Knoten zur Sicherung der Naht findet sich nur am Anfang und am Ende.

Diese Nahttechnik bietet ebenfalls einige **Vorteile:**

- Der Wundverschluß ist wesentlich **dichter** als mit Einzelknopfnähten. Dies kann bei Hohlorganen (Magen, Darm) von Nutzen sein.
- Da nicht jede einzelne Naht extra geknüpft werden muß, ist diese Nahttechnik **zeitsparender**.

Der große Nachteil besteht darin, daß bei einem **Fadenriß** die **gesamte** Naht ihren Halt verliert und aufbricht.

Einfache fortlaufende Naht

Sie ist bei **langen** Schnitten vorteilhaft. Dabei wird von einem Ende des Schnittes bis zum anderen mit einem Faden durchgenäht, wobei aber im Gegensatz zur Intrakutannaht jeweils die Haut durchstochen wird (s. Abb. 3-8 D). Auf eine gleichmäßige Spannung des Fadens und gleichmäßige Stichabstände ist zu achten, da die Naht sich sonst verzieht. Dies ist nicht immer ganz einfach durchzuführen und erfordert einige Erfahrung.

Intrakutannaht

In aller Regel wird dadurch eine **kosmetisch sehr schöne**, strichförmige und **unauffällige Narbe** erreicht, unter der Voraussetzung, daß sie sorgfältig unter Beachtung des oben zur einfachen fortlaufenden Naht gesagten ausgeführt wird. Im Gegensatz zu dieser wird die

Haut bei der Intrakutannaht, außer am Anfang und am Ende, nicht mehr durchstochen, sondern stattdessen das subkutane Gewebe gefaßt (s. Abb. 3-8 E).

3.6.7 Nahtmaterial

Das Nahtmaterial hat die Aufgabe, das durchtrennte Gewebe nur solange zu vereinen, bis es durch die Wundheilung zu einem festen Wundverschluß gekommen ist. In aller Regel werden heute **synthetische** Fäden verwendet. Nur **ausnahmsweise** kommen noch Fäden aus **Katgut** zur Anwendung, die eine sehr **kurze** Resorptionszeit von nur wenigen Tagen je nach Fadenstärke haben. Ausgangsmaterial beim Katgut-Faden ist das Kollagen aus der Submukosa des Schaf- oder Rinderdarmes.

Zu unterscheiden sind **resorbierbare** von **nicht resorbierbaren** Fäden. Resorbierbare Fäden (z.B. Vicryl®, Dexon®) werden z.B. bei Darmnähten verwendet, während nicht resorbierbare Fäden (Prolene®, Ethilon®) beim Hautverschluß bzw. dort angewendet werden, wo eine hohe Reißfestigkeit über eine lange Zeit gewährleistet sein muß.

Neben Fäden können zum Hautverschluß aber auch **Metallklammern** verwendet werden, die mit einem entsprechenden Gerät zu plazieren sind. In besonderen Fällen eignen sich dazu auch **Klebestreifen** (s. Kap. 3.6.3).

3.6.8 Fadenentfernung

Je **früher** die Fäden entfernt werden, desto **schöner** wird die Narbe. Eine **vorzeitige** Fadenentfernung würde allerdings zum Aufreißen der Narbe mit einem **kosmetisch** sehr **schlechten** Resultat führen. Der **richtige Zeitpunkt** hängt auch von der **Lokalisation** der Naht ab. Hier können nur Anhaltszahlen angegeben werden, die im Einzelfall zu modifizieren sind (Tab. 3-4).

Tab. 3-4 Anhaltswerte für den Zeitpunkt der Fadenentfernung.

Bereich	Zeitpunkt
Gesicht und Hals	2 bis 4 Tage
Körperstamm	6 bis 10 Tage
Extremitäten	12 bis 14 Tage
Über Gelenken (streckseitig!)	bis zu 3 Wochen

Benötigt werden eine **anatomische (!)** Pinzette und eine spitze Schere oder ein spitzes Skalpell. Die Haut ist sorgfältig zu desinfizieren. Um eine Infektion des Stichkanals zu vermeiden, wird das Fadenende mit der Pinzette gefaßt und hochgezogen, so daß der Faden leicht aus dem Stichkanal herausgezogen wird. Dort, **knapp über** dem **Hautniveau**, ist er abzuschneiden und kann nun aus dem Gewebe gezogen werden. So wird verhindert, daß **außerhalb des Stichkanals liegender kontaminierter Faden in diesen gelangt** und eine Infektion hervorrufen kann. Der Zug am zu entfernenden Faden muß zur Narbe hin erfolgen, da diese sonst aufreißen könnte.

Bei der fortlaufenden Intrakutannaht wird der Faden an einem Nahtende durchtrennt und dann der gesamt Faden vorsichtig unter leichtem Zug am anderen Ende herausgezogen.

Für die Entfernung von Hautklammern gibt es spezielle Geräte, mit deren Hilfe die Klammern aufgebogen und entfernt werden können.

Literaturhinweise

[1] Juchli, L.: Krankenpflege. Thieme-Verlag, Stuttgart, 7. Aufl. 1994.
[2] Maletzki, W., A. Stegmayer-Petry: Klinkleitfaden Krankenpflege. Jungjohann-Verlag, Neckarsulm-Stuttgart, 1. Aufl. 1993.
[3] Das neue Lehrbuch der Krankenpflege. Kohlhammer-Verlag, Stuttgart-Berlin, 4. Aufl. 1992.
[4] Paetz, B.: Chirurgie für Krankenpflegeberufe. Thieme-Verlag, Stuttgart, 18. Aufl. 1994.
[5] Eibl-Eibesfeldt, B., S. Kessler: Verbandlehre. E. Stenger (Hrsg.), Urban und Schwarzenberg, Wien-München-Baltimore, 5. Aufl. 1993.
[6] Brown, J. St.: Kleine Chirurgie. Urban & Schwarzenberg, München-Wien-Baltimore, 1989.
[7] Klaue, P.: Checkliste Ambulante Chirurgie. Georg-Thieme-Verlag, Stuttgart-New York, 3. Aufl. 1990.
[8] Nockemann, P. F.: Die chirurgische Naht. Georg-Thieme-Verlag, Stuttgart-New York 1992.
[9] Willital, G. H.: Definitive chirurgische Erstversorgung. Urban & Schwarzenberg, München-Wien-Baltimore, 5. Aufl. 1988.

4 Hygiene

Ch. Konrad

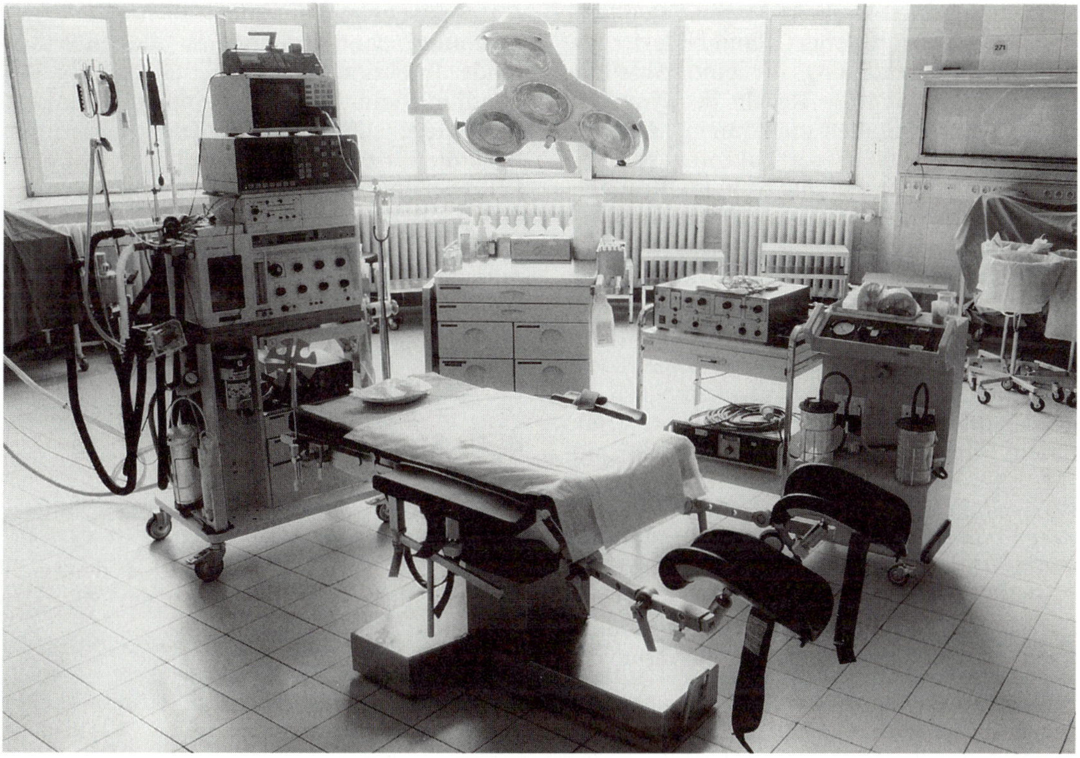

4

4.1 Ziele der Krankenhaushygiene

Die Krankenhaushygiene umfaßt eine **sinnvolle Koordination** von Verhaltensregeln (z.B. das Aufstellen von Hygiene- und Desinfektionsplänen), den Einsatz technischer Hilfsmittel (z.B. Sterilisations- und Desinfektionsgeräte), technischer und chemischer Verfahren (Sterilisation und Desinfektion) sowie funktionell-bauliche Maßnahmen (z.B. das Festlegen, welcher Raumbedarf oder welche Raumaufteilung für eine Abteilung notwendig ist, um die Regeln der Krankenhaushygiene einhalten zu können). Das **Zusammenwirken** all dieser Faktoren soll verhindern, daß der Patient sich im Krankenhaus eine Infektion zuzieht oder zu einer bestehenden eine zusätzliche erwirbt.

Als Krankenhausinfektionen (**nosokomiale** Infektionen) werden alle Infektionen bezeichnet, die erst **nach** der **Aufnahme** des Patienten in das Krankenhaus erfolgen, d.h., bis zu diesem Zeitpunkt liegen keine Zeichen des Eindringens von Mikroorganismen (Bakterien, Viren, Pilze) in den Makroorganismus (Mensch) vor und auch die Inkubationszeit (Zeitspanne zwischen Ansteckung und Auftreten von Krankheitszeichen) läßt nicht auf eine Infektion vor der Aufnahme in das Krankenhaus schließen. In chirurgischen Abteilungen sind es hauptsächlich die **postoperativen Wundinfektionen**, die es zu vermeiden gilt.

4.2 Asepsis

Asepsis bezeichnet das **Nichtvorhandensein** infektiöser Krankheitskeime. Für die Praxis bedeutet Asepsis also, daß alle Gegenstände die mit dem Patienten in Berührung kommen, **sterilisiert** (keimfrei gemacht) sein müssen. Aseptisches Arbeiten beschreibt eine Arbeitsweise, die verhindert, daß Krankheitserreger auf die Haut, Schleimhaut bzw. in Körperhöhlen und Wunden des Patienten gelangen. Hierzu zählen z.B. das Tragen steriler Schutzkleidung, Handschuhe, Mundschutz und Haarschutz, Händedesinfektion oder Nichtberührungstechniken beim Verbandwechsel.

Tab. 4-1 Dampfsterilisation.

Temperatur (°C)	121	134
Dampfdruck (bar)	2,05	3,04
Zeit (min)	15 bis 20	5

4.3 Antisepsis

Antiseptische Maßnahmen dienen der **Bekämpfung** schon vorhandener oder zu erwartender Infektionen. Darunter fällt u.a. die Behandlung von Haut, Schleimhaut, Wunden und Gegenständen, um Krankheitserreger abzutöten bzw. sie irreversibel (nicht umkehrbar) zu inaktivieren. Dies wird durch die verschiedenen Methoden der Desinfektion erreicht. Die Antisepsis und die Asepsis müssen sich sinnvoll **ergänzen** falls Methoden der Sterilisation **nicht** anwendbar sind, oder um etablierte Infektionsketten zu unterbrechen.

4.4 Sterilisation

Sterilisieren heißt Abtöten **aller** lebensfähigen Mikroorganismen, einschließlich Bakteriensporen. Ein steriler Gegenstand ist demnach frei von allen vermehrungsfähigen Mikroorganismen.

4.4.1 Verfahren

Es gibt im Krankenhaus **verschiedene** Sterilisationsverfahren:
- Dampfsterilisation
- Heißluftsterilisation
- Gassterilisation

Die Auswahl des Verfahrens ist abhängig von der Beschaffenheit des zu sterilisierenden Materials. Die Dampfsterilisation ist die im Krankenhaus am **häufigsten** angewendete Methode. Dazu wird in einem Autoklaven (Dampfsterilisator) gesättigter und gespannter Wasserdampf von mindestens 120 bis 134 °C verwendet. Sie eignet sich für **alle** zu sterilisierenden Güter (z.B. Instrumente oder Wäsche), die eine Stabilität gegenüber dem Wasserdampf und der jeweiligen Sterilisationstemperatur aufweisen. Kunststoffe, die temperaturempfindlich (größer 120 °C) sind, sowie Substanzen (z.B. Öle, Fette, Puder), die feuchtigkeitsempfindlich sind, eignen sich **nicht** für dieses Verfahren (Tab. 4-1).

Bei der Heißluftsterilisation muß das Sterilisiergut auf eine **Mindesttemperatur** von 160 °C erhitzt werden. Im medizinischen Bereich beträgt die Temperatur aus Sicherheitsgründen 180 °C. Dieses Verfahren eignet sich also nur für sehr thermostabile (hitzeunempfindliche) Materialien wie Glas, Metall, Porzellan, hitzebeständige Pulver sowie Öle und Fette. Die Heißluftsterilisation kommt im Krankenhaus seit der Einführung von Einwegkanülen und -spritzen **selten** zur Anwendung (Tab. 4-2).

Die Gassterilisation wird mittels einem **mikrobiziden** (gegen Mikroorganismen wirksamen) Gas oder Gasgemisch (Äthylenoxid- oder Formaldehydgas) durchgeführt. Für die Gassterilisation sind aus Gründen der Toxizität (Giftigkeit einer Substanz) **strenge gesetzliche Vorschriften** einzuhalten. Gassterilisatoren dürfen nur von Personen bedient werden, die in die Bedienung eingewiesen und mit den möglichen Gefahren sowie deren Vermeidung vertraut sind. Dieses Verfahren eignet sich für besonders thermolabile (hitzeempfindliche) Sterilisiergüter wie z.B. Endoskope oder Materialien aus Gummi.

4.4.2 Vorbereitung des zu sterilisierenden Gutes

Die zu sterilisierenden Gegenstände müssen sauber sein, denn die für die verschiedenen Sterilisationsverfahren angegebenen Temperaturen, Konzentrationen und Einwirkzeiten **gelten** immer für das **gereinigte Objekt**. Verbleibende Blut- und Schleimreste, Spülflüssigkeiten oder deren entstehende Salze können Bakterien, vor allem in englumigen Kathetern, Kanülen und Spritzen, schützen und so eine erfolgreiche Sterilisation verhindern. Die zu sterilisierenden Güter sollten deshalb unmittelbar nach Gebrauch desinfiziert, gereinigt und anschließend gespült und getrocknet werden. Die richtige Vorgehensweise ist im Kap. 4.5 näher beschrieben.

Anschließend sind die zu sterilisierenden Materialien **zweckmäßig** zu verpacken, um sie bis zur Wiederverwendung vor einer erneuten mikrobiellen Kontamination (Verunreinigung durch Mikroorganismen) zu schützen. Die Art der Verpackung ist vom Sterilisiergut und vom entsprechenden Sterilisationsverfahren abhängig. Eine genaue Übersicht über die Eignung der verschiedenen Verpackungsmöglichkeiten und deren

Tab. 4-2 Heißluftsterilisation.

Temperatur	Zeit
bei 200 °C	10 Min.
bei 180 °C	30 Min.
bei 160 °C	3 Std. 20 Min.

4

Anwendungstechniken kann im DIN-Taschenbuch Nr. 169 nachgelesen werden.

Da im stationären Bereich häufig Papierbeutel und Klarsichtverpackungen zum Einsatz kommen, wird deren Anwendung ausführlicher erläutert.

Papierbeutel und Klarsichtverpackungen dürfen **nur** zu drei Viertel gefüllt werden, um eine zu **große Belastung der Siegelnaht** (Schweißnaht) zu vermeiden. Zwischen der Siegelnaht und dem Sterilisiergut sind ca. drei Zentimeter Abstand einzuhalten, damit eine einwandfreie Versiegelung gewährleistet ist. Auf der äußeren Sterilgutverpackung wird der Inhalt, das Sterilisationsdatum und der Name des Verpackers angegeben. Ein Behandlungsindikator (Klebebänder oder Etiketten zur optischen Kontrolle) zeigt dem Verbraucher deutlich, daß ein Sterilisationsverfahren stattgefunden hat. Das Material sollte immer so verpackt sein, daß eine **aseptische Entnahme** möglich ist.

Es sind Drei-, Zwei- und Einfachverpackungen zu unterscheiden.

Die Dreifachverpackung wird zum Transport des Sterilgutes von einem aseptischen Raum in einen zweiten eingesetzt. Vor dem erneuten Einschleusen in den aseptischen Bereich wird diese äußere Verpackung (kann auch ein Behälter oder ein geschlossener Wagen sein) entfernt.

Die Zweifachverpackung ist erforderlich, um sicherzustellen, daß das Sterilgut nach der Lagerung kontaminationsfrei entnommen werden kann. Die äußere Verpackung soll so bemessen sein, daß sich das Sterilgut inklusive der Innenumhüllung ohne Beschädigung entnehmen läßt.

Die Einfachverpackung ist nur anwendbar, wenn sichergestellt ist, daß das Sterilgut kontaminationsfrei aus der Verpackung zu entnehmen ist. Bei längerer Lagerung können sich keimhaltige Staubteilchen auf den Packungen absetzen, die beim Öffnen aufgewirbelt werden und so auf das Sterilgut gelangen.

4.4.3 Lagerung von Sterilgut

Die Lagerung und Vorratshaltung von Sterilgütern erfolgt in trockenen, staubarmen und ungezieferfreien Räumen in **geschlossenen** Schränken. Beschädigte oder nasse Verpackungen sind als unsteril zu betrachten. Muß eine Sterilisation wiederholt werden, ist das Sterilisiergut zu überprüfen und neu zu verpacken. Es ist sinnvoll, die Vorratshaltung aus hygienischen und wirtschaftlichen Gründen dem **Bedarf** anzupassen. Die Lagerdauer des Sterilgutes ist von seiner Verpackung und den jeweiligen Lagerungsbedingungen abhängig. Einige Richtwerte für die Lagerdauer von Sterilgut unter normalen aseptischen Bedingungen können der Tabelle 4-3 entnommen werden.

4.4.4 Umgang mit Sterilgut

Vor der Anwendung von sterilen Materialien sollte folgendes **überprüft** werden:
- Ist die Sterilgutverpackung nicht mehr unversehrt, bzw. hat sie Risse?
- Ist die Sterilgutverpackung feucht und kann deshalb nicht mehr als steril betrachtet werden?
- Ist das Verfallsdatum überschritten?
- Hat sich der Indikatorstreifen, der anzeigt, daß eine Sterilisation stattgefunden hat, nicht verfärbt?

Wird nur **eine** dieser Fragen mit **ja** beantwortet, ist das Material einer Prüfung auf Unversehrtheit und Funktionstüchtigkeit hin zu unterziehen, neu zu verpacken und **wieder** der Sterilisation zuzuführen.

Für das Arbeiten mit sterilen Materialien sollte folgendes beachtet werden:
- Vor dem Umgang mit Sterilgutverpackungen erfolgt **immer** eine hygienische Händedesinfektion.
- Verpacktes Sterilgut ist nur auf **sauberen** und **trockenen** Arbeitsflächen abzulegen, die sich in turbulenzarmen Zonen (Räume, in denen kein ständiger Personal-, Patienten- und Besucherverkehr herrscht) befinden. Damit wird verhindert, daß sich Staub auf der Verpackung absetzt, der während des Öffnens aufgewirbelt werden könnte.
- Vor dem Öffnen einer Sterilguteinfachverpackung, ist der **Arbeitsplatz vollständig vorzubereiten,** damit es während der Arbeit nicht zur Aufwirbelung der Luft und somit zur Ablagerung von Staub auf dem ausgepackten Sterilgut kommt. Aus diesem Grund sollte immer auf geschlossene Fenster und Türen vor der Vorbereitung des Arbeitsplatzes geachtet werden.
- Das Sterilgut ist **nur** am Ort der Anwendung zu öffnen und ein einfaches **Durchstoßen** der Verpackung ist zu **vermeiden,** um das Sterilgut nicht zu kontaminieren.
- Papier-Folienverpackungen werden durch **breitflächiges** Aufziehen geöffnet. Die Papierlaschen werden festgehalten, bis das Sterilgut entnommen ist (Abb. 4-1 A und B).

Tab. 4-3 Richtwerte für die Lagerung von Sterilgut zum Gebrauch unter normalen aseptischen Bedingungen[1].

Sterilgutverpackung	Verpackungsart	Lagerdauer (Lagerung ungeschützt[2])	Lagerdauer (Lagerung geschützt[3])
Sterilisierbehälter nach DIN 58 952 Teil 1	Sterilgut-Einfachverpackung[5]	24 Stunden	6 Wochen
	Sterilgut-Zweifachverpackung[5]	6 Wochen	6 Monate
	Sterilgut-Lagerverpackung[5]	5 Jahre[4]	5 Jahre[4]

[1] Zum Gebrauch unter Bedingungen, bei denen besonders hohe Anforderungen an die Asepsis gestellt werden müssen, empfiehlt es sich, kürzere Lagerfristen anzuwenden oder durch andere Maßnahmen, wie zusätzliche Verpackung, zu vermeiden, daß die Asepsis durch auf der Verpackung befindliche Mikroorganismen beeinträchtigt wird.

[2] z.B. auf Regalen.

[3] z.B. in Schränken oder Schubladen.

[4] Definition siehe DIN 58 953, Teil 1.

[5] Richtlinie des Bundesgesundheitsamtes für die Erkennung, Verhütung und Bekämpfung von Krankenhausinfektionen.

4

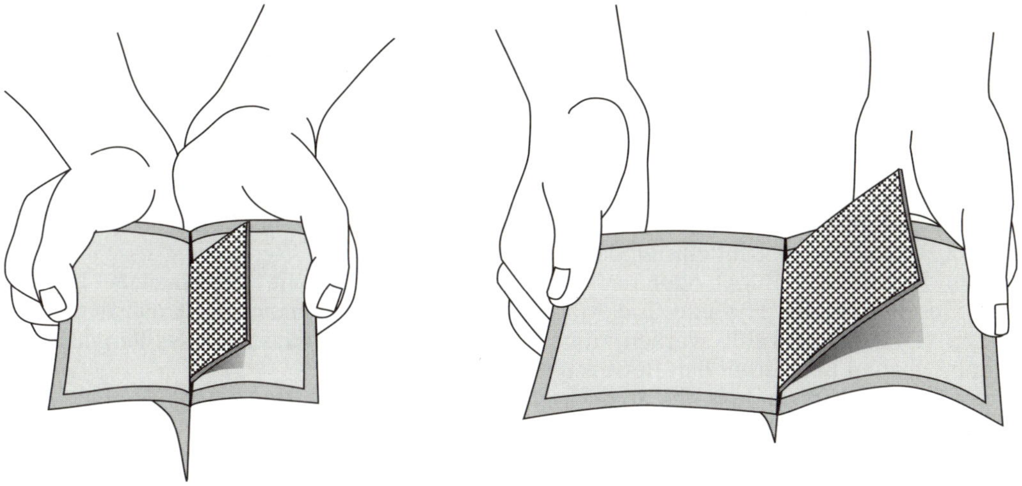

A

B

Abb. 4-1 Entnahme von Sterilgut.
A: Zug an den Papierlaschen.
B: Breitflächiges Öffnen zur Entnahme.

- Die Entnahme kann mit sterilen Handschuhen oder mittels sterilen Klemmen stattfinden.
- Berührt das Sterilgut beim Auspacken äußere Ränder oder Kanten (dies gilt auch für Trommeln und Container), ist es als unsteril zu betrachten.
- Je nach Art der Anwendung des Sterilgutes (z. B. bei großflächigen Wundversorgungen) sind sterile Handschuhe, sterile Schutzkleidung, Haube und Mundschutz anzulegen.
- Beim Anreichen von Sterilgütern ist ein **Sicherheitsabstand** (ca. eine Armlänge) einzuhalten, um eine Kontamination des Sterilgutes, der Sterilfläche oder der steril angezogenen Personen zu vermeiden.
- Die Hände, Unterarme und der Kopf des „unsterilen" Mitarbeiters werden beim Anreichen **nicht über sterile Flächen** geführt.
- Am Ort des Arbeitens sind sowohl das Sprechen als auch Personenmobilitäten (z. B. Versorgung anderer Patienten) auf ein **Minimum** zu reduzieren, um eine Keimaufwirbelung zu verhindern.

4.5 Desinfektion

Als Desinfektion bezeichnet man das Abtöten bzw. das irreversible Inaktivieren von Erregern **übertragbarer** Krankheiten. Die Desinfektion dient somit der Unterbrechung von **Infektionsketten**.

4.5.1 Verfahren und Wirkungsbereiche

Im Krankenhaus kommen thermische, chemothermische und chemische Desinfektionsverfahren zur Anwendung. Die Auswahl der Desinfektionsverfahren und -mittel ist abhängig vom Anwendungsbereich sowie vom Wirkungsbereich (Tab. 4-4).

Tab. 4-4 Übersicht über Wirkungsbereiche.

Wirkungsbereich	Beschreibung
A	Abtötung vegetativer Bakterienformen einschließlich Mykobakterien, Pilze und deren Sporen
B	Inaktivierung von Viren
C	Abtötung bakterieller Sporen bis zur Resistenzstufe des Erregers des Milzbrandes
D	Abtötung bakterieller Sporen der Erreger von Wundinfektionen wie Tetanus und Gasbrand

Falls die zu desinfizierenden Gegenstände es zulassen, ist den **thermischen** Verfahren der Vorzug zu geben, da hier nur Wasser und Wärme zur Anwendung kommen und es sich somit um besonders **umwelt-** und **gesundheitsschonende** Verfahren handelt.

Beachte: Es sollten jedoch **immer** Desinfektionsverfahren und -mittel aus unabhängigen Listen, z. B. Desinfektionsmittellisten des Bundesgesundheitsamtes (BGA) oder der Deutschen Gesellschaft für Hygiene und Mikrobiologie (DGHM) gewählt werden, um in einem möglichen Rechtstreit den Beweis über die anerkannte Wirksamkeit des angewandten Verfahrens antreten zu können. Nach §10a des Bundesseuchengesetzes ist festgelegt, daß notwendige Maßnahmen zur Abwendung von Gefahren durch Erreger meldepflichtiger übertragbarer Krankheiten zu treffen sind. Muß nach der Entlassung oder dem Tod eines Patienten mit einer meldepflichtigen Infektion eine Desinfektion ausgeführt werden, sind hierfür **nur** Desinfektionsmittel zu verwenden, die auch in der Desinfektionsmittelliste des Bundesgesundheitsamtes eingetragen sind. Auch die anzuwendenden Verfahren müssen bei einer behördlich angeordneten Desinfektion vom Gesundheitsamt geprüft und in eine zu veröffentlichende Liste aufgenommen worden sein (Listen des Bundesgesundheitsamtes). Desinfektionsmittel, die am Menschen angewendet werden, sind Arzneimittel und unterliegen somit auch einer **Zulassungspflicht** durch das Bundesgesundheitsamt.

Thermische Verfahren

Bei der Anwendung thermischer Verfahren werden Krankheitserreger durch das Einwirken von Wärme unschädlich gemacht. Mikroorganismen lassen sich bezüglich ihrer Resistenz auf feuchte Hitze in verschiedene **Resistenzstufen** 1 bis 4 (Tab. 4-5) einteilen.

Je höher die angewendete Temperatur und je länger die Einwirkdauer desto größer ist die Wirksamkeit des Verfahrens!

Das einfachste thermische Verfahren stellt das Auskochen in Wasser dar. Eine Zugabe von 0,5% Soda dient zur besseren Reinigungswirkung und verhindert an Metallteilen eine Rostbildung. Das Wasser mit den eingelegten zu desinfizierenden Gegenständen wird bis zum Sieden erhitzt. Die Siedetemperatur muß **drei Minuten** gehalten werden, um Mikroorganismen der Wirkungsbereiche **A** und **B** bzw. muß **15 Minuten** gehalten werden, um die Mikroorganismen der Wirkungsbereiche **A**, **B**, und **C** abzutöten. Dieses Verfahren eignet sich z.B. für die Desinfektion von Instrumenten und Textilien.

Bei entsprechenden Einwirkzeiten genügen auch niedrigere Temperaturen. Für vollautomatische Reinigungs- und Desinfektionsmaschinen wird z. B. eine Temperatur von **93 °C** und eine Einwirkzeit von **zehn Minuten** empfohlen, um die Mikroorganismen der Wirkungsbereiche **A** und **B** abzutöten. Dieses Verfahren ist zur Desinfektion von Instru-

Tab. 4-5 Resistenzstufen für feuchte Hitze.

Resistenzstufe	Temperatur	Zeit	Erreger
1	100 °C	Sekunden bis Minuten	Vegetative Bakterien, Pilze einschl. Pilzsporen, Viren, Protozoen
2	105 °C	5 Minuten	Bakterielle Sporen niederer Resistenz (z. B. Milzbrandsporen)
3	100 °C 121 °C 134 °C	5 bis 10 Stunden 15 Minuten 3 Minuten	Bakterielle Sporen höherer Resistenzen (z. B. Tetanus- und Gasbranderreger)
4	134 °C	bis zu 6 Stunden	Bakterielle Sporen höherer Resistenzen (z. B: apathogene thermophile, native Erdsporen)

menten, thermostabilen Anästhesiematerialien und Textilien, Vernebler- und Inhalatorenzubehör anwendbar.

Ein weiteres thermisches Verfahren ist die **Dampfdesinfektion**. Hier ist das Dampf-Strömungsverfahren vom Vakuumverfahren zu unterscheiden. Das Dampf-Strömungsverfahren ist das ältere Verfahren, bei dem die Luft aus der Kammer und dem Desinfektionsgut mit Hilfe von gesättigtem Wasserdampf verdrängt wird. Die Temperatur beträgt mindestens **100 °C**. Die Einwirkzeit beträgt **fünf Minuten** für Mikroorganismen der Wirkungsbereiche **A** und **B** oder **15 Minuten** für Mikroorganismen der Wirkungsbereiche **A**, **B** und **C**.

Mittels einer Pumpe wird bei den Vakuumverfahren die Luft aus dem Desinfektionsdruckbehälter und dem Desinfektionsgut entfernt. Unter den Vakuumverfahren hat sich besonders das fraktionierte Vakuumverfahren (VDV-Verfahren) durchgesetzt. Hier wird vor der Desinfektion schrittweise durch Absaugen und Einströmenlassen von gesättigtem Dampf eine Luftentfernung aus Druckbehälter und Desinfektionsgut vorgenommen, bis nur noch eine unschädliche Restluftmenge zurückbleibt. Die Desinfektion kann z.B. bei **75** bis **95 °C** im **Unterdruck**verfahren oder bei **105 °C** im **Überdruck**verfahren erfolgen. Bei 105 °C bedarf es z. B. einer Einwirkungszeit von **einer Minute,** um die Wirkungsbereiche **A** und **B** zu erfassen oder einer Einwirkungszeit von **fünf Minuten** für die Wirkungsbereiche **A**, **B** und **C**.

Chemothermische Verfahren

Eine chemothermische Desinfektion findet in Desinfektions- und Reinigungsautomaten bei einer Temperatur von **50 bis 60 °C** unter Zugabe eines Desinfektionswirkstoffes (z. B. neodisher Dekonta® für die Desinfektion von OP-Schuhen, Containern, Utensilien, etc.) statt. Durch die Kombination des warmen Wassers und eines Desinfektionswirkstoffes können Einwirkzeiten von nur **3 bis 15 Minuten** erreicht werden. Wegen der möglichen niederen Temperaturen ist dieses Verfahren als besonders **schonend** zu bezeichnen und kann deshalb für alle **thermolabilen** Materialien (Endoskope, Optiken, Textilien) angewendet werden, die eine ausschließliche thermische Aufbereitung wegen der höheren Temperaturen nicht vertragen.

Chemische Verfahren

Die chemische Desinfektion erfolgt durch den Einsatz von Desinfektionsmitteln. Sie kommt dann zum Einsatz, wenn die zu desinfizierenden Güter aufgrund ihrer Größe oder Materialbeschaffenheit **nicht** durch ein thermisches Verfahren aufbereitet werden können. Das ideale Desinfektionsmittel für alle zu desinfizierenden Materialien gibt es nicht, denn Haut-, Schleimhaut-, Instrumenten- und Flächendesinfektion zeichnen sich durch unterschiedliche Anforderungen aus. Desinfektionsmittel unterscheiden sich durch ihre unterschiedlichen Wirkstoffe und -mechanismen. Anwendungs- und Wirkungsbereiche sowie Konzentrationsdosen können z. B. in den Listen des BGA und der DGHM nachgelesen werden.
Bei der Durchführung der chemischen Desinfektion, ist folgendes zu beachten:

- Zum Schutz des Personals sind alle Gegenstände **erst** zu desinfizieren und **danach** zu reinigen, um die Gefahr einer Kontamination auszuschließen.
- Beim Umgang mit Desinfektionsmitteln sind **immer** Handschuhe zu tragen. Direkter Hautkontakt ist zu vermeiden, um Hautirritationen und Allergien vorzubeugen. Gelangen Desinfektionsmittelspritzer in die Augen, sind diese **sofort** mit kaltem Wasser zu spülen.
- Nach den Richtlinien für Krankenhaushygiene und Infektionsprävention vom BGA **muß** Personen, die Gebrauchsverdünnungen herstellen oder die Desinfektion durchführen, **Schutzkleidung** und **Schutzmittel** zur Verfügung gestellt werden. Dazu zählen Schürze, Handschuhe, Brille und ggf. Gasmaske. Beim Herstellen der Gebrauchsverdünnung ist die richtige Anwendungskonzentration unbedingt einzuhalten, damit das Mittel auch wirken kann.

Beispiel zur Zubereitung einer Desinfektionslösung: Um 8000 ml einer 0,5%igen Gebrauchslösung herzustellen, sind 7960 ml Wasser und 40 ml Desinfektionsmittel notwendig.

Lösungsweg:

$$8000\ \text{ml} : 100\% = X\ \text{ml} : 0{,}5\%$$
$$100\% \times X\ \text{ml} = 8000\ \text{ml} \times 0{,}5\%$$
$$X\ \text{ml} = 8000\ \text{ml} \times 0{,}5\% : 100\%$$
$$X\ \text{ml} = 40\ \text{ml}$$

- Wiederholte Unterdosierung kann bei Mikroorganismen zur **Resistenz** (Widerstandsfähigkeit) gegen den Desinfektionswirkstoff führen. Überdosierung kann dem Material oder der Haut schaden, die Umwelt belasten und ist zudem noch unwirtschaftlich.
- Entscheidend ist die **richtige** Temperatur des Wassers. Macht der Hersteller keine Angaben, wird Wasser entsprechend der Zimmertemperatur verwendet.
- Eine große Rolle spielt die Einhaltung der **korrekten** Einwirkzeit. Wird diese verkürzt, kann das Desinfektionsmittel **nicht** ausreichend wirken.
- Im Umgang mit stehenden Desinfektionsmittellösungen, z.B. für Instrumente, sollte darauf geachtet werden, daß das **Behältnis** immer mit einem **Deckel** geschlossen wird, damit keine Dämpfe entweichen und so zu Reizungen der Atemwege führen können. Das Behältnis sollte wegen der Wärmestrahlung, die zur **Dämpfebildung** führen kann, **nicht** auf Fensterbänken oder in der **direkter** Nähe einer Heizung stehen.
- Werden die Gebrauchsverdünnungen nicht sofort nach der Herstellung aufgebraucht, sollen die Behälter mit der Art des Desinfektionsmittels und seiner Konzentration **beschriftet** sein.
- Desinfektionsmittel werden **lichtgeschützt** und **getrennt** von **oralen** oder **parenteralen** Arzneimitteln aufbewahrt.
- Hände-, Haut- und Schleimhautdesinfektionsmittel gelten nach dem Arzneimittelgesetz als fiktive Arzneimittel und dürfen deshalb **nicht** aus den **Originalbehältern** umgefüllt werden.

4.5.2 Instrumentendesinfektion

Für die Instrumentendesinfektion können sowohl thermische, chemische oder kombinierte chemothermische Desinfektionsverfahren eingesetzt werden. Da den thermischen Verfahren der Vorzug zu geben ist (s. Kap. 4.5.1), empfiehlt sich die Desinfektion in automatischen Desinfektions- und Reinigungsautomaten. Ist dies nicht möglich oder handelt es sich um thermolabile Instrumente (z.B. bestimmte Absaugkatheter aus Kunststoff in der Endoskopie) erfolgt die Aufbereitung chemisch. Dabei ist zu beachten, daß Mikroorganismen, mit denen die Instrumente kontaminiert sind, oft durch Blut-, Eiter- oder Schleimrückstände **umhüllt** und **dadurch geschützt** werden. Deshalb ist für die Vordesinfektion ein Kombinationspräparat zur Reinigung und Desinfektion (z.B. aldehydisches Präparat wie Sekusept forte®) einzusetzen, das Eiweiße wie Blut und Schleim selbständig löst und dispergiert (verteilt). Die Desinfektions- und Reinigungslösung ist **täglich** zu erneuern, da es andernfalls zu folgenden Problemen kommen könnte:

- Zu einer Abnahme der Desinfektionswirkung durch die Schmutzbelastung.
- Zur Korrosionsgefahr durch die Schmutzbelastung oder durch eine Konzentrationserhöhung der Lösung durch Verdunstung.

Damit Blut und Schleim nicht erst antrocknen, werden die Instrumente **unmittelbar nach** Benutzung in die Lösung eingelegt. Da eine Desinfektionslösung nur an den Stellen, die sie benetzen kann, eine Wirkung erzielt, müssen alle Instrumente vor dem Einlegen so weit wie möglich **zerlegt** werden und vollständig von der Lösung bedeckt sein. Um zu vermeiden, daß in **englumigen** Schläuchen, Kathetern, Kanülen oder Spritzen Luftblasen eingeschlossen werden oder daß Schleimpfröpfe dem Desinfektionsmittel den Zugang verwehren, sind diese mit der Lösung **durchzuspülen.** Nach Beendigung der Desinfektions- und Reinigungsphase sind die Gegenstände mit destilliertem bzw. demineralisiertem Wasser **zu spülen**, damit keine Salze auf den Instrumenten verbleiben und zu trocknen.

Wird die Reinigung und Desinfektion nicht in einem Arbeitsgang durchgeführt, erfolgt zum Schutz des Personals immer **zuerst** die Desinfektion und dann die mechanische Reinigung.

Ist die Vordesinfektion abgeschlossen, werden die Instrumente wie unter Kap. 4.4.2 beschrieben, für ein Sterilisationsverfahren vorbereitet. Sollen die Instrumente nach der manuellen Aufbereitung nicht sterilisiert werden, bzw. ist nur eine chemische Desinfektion möglich, ist eine separat angesetzte Desinfektionsmittellösung zu verwenden. Danach müssen die Instrumente mit sterilem, vollentsalztem Wasser gut gespült und mit sterilen Tüchern unter aseptischen Bedingungen abgetrocknet werden. Soll zur Trocknung Druckluft verwendet werden, muß diese steril filtriert sein.

4.5.3 Händehygiene

Erreger von Krankenhausinfektionen werden **sehr oft** durch die Hände des Krankenhauspersonals (Abb. 4-2) übertragen. Deshalb sind bei besonderer Infektions- oder Kontaminationsgefahr durch Körperflüssigkeiten und Ausscheidungen **immer** Einmalhandschuhe zu tragen (z.B. bei der Abnahme von bakteriologischem Untersuchungsmaterial wie Blut, Urin oder Stuhl).

Gar nicht kontaminieren ist besser als desinfizieren!

In chirurgischen Abteilungen kommt der Händehygiene eine **besondere** Bedeutung zu. Jeder Waschplatz im Krankenhaus sollte folgendermaßen ausgerüstet sein:
- Direktspender für Flüssigseife
- Direktspender für Händedesinfektionsmittel
- Spender für Einmalhandtücher
- Abwurf für Einmalhandtücher
- Handpflegemittel (keine Cremedosen) sondern in Spendern

Alle Spender sowie die Amaturen des Waschplatzes sollten möglichst mit dem Ellenbogen zu bedienen sein, um Kontaminationen der Hände zu verhindern. Die Hände sind **immer** zu waschen:
- vor **Dienstbeginn** und am **Dienstende**
- **nach** dem **Naseputzen** (Personen, die Träger der Bakteriengattung Staphylococcus aureus sind, sollten erst desinfizieren)
- **nach** der **Toilettenbenutzung** (Durchfallerkrankte und Ausscheider von Krankheitserregern müssen erst desinfizieren)
- **vor** dem **Umgang** mit Lebensmitteln
- bei **sichtbaren** Verschmutzungen (Hände die mit erregerhaltigem Material wie Blut, Sputum, Stuhl o.ä. verschmutzt sind, sollten erst desinfiziert werden).

Zur Durchführung der Handwaschung ist eine ausreichende Menge an Flüssigseife aus dem Spender zu entnehmen. Anschließend sind die Hände sorgfältig mit kaltem Wasser abzuspülen, um Seifenreste gründlich zu entfernen. Verbleibende Seifenreste können zu Hautreizungen führen. Nachfolgend werden die Hände sorgfältig mit einem Einmalhandtuch abgetrocknet. Während des Waschens wird der Wasserstrahl nie direkt auf das Abflußsieb gerichtet, um eine Keimverstreuung zu verhindern.

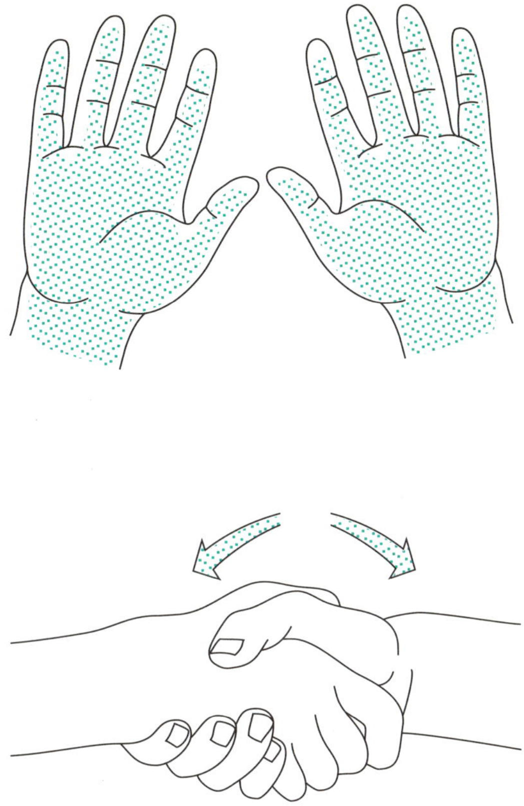

Abb. 4-2 Übertragungsweg von Krankenhauskeimen.

Für die Händedesinfektion sind Alkohole (z.B. Spitacid®) von Bedeutung. Sie werden in hoher Konzentration angewendet, damit kurze Einwirkzeiten möglich sind. Welche Desinfektionsmittel für die hygienische und chirurgische Händedesinfektion benutzt werden können, ist in der Desinfektionsmittelliste der DGHM oder des BGA nachzulesen.

4.5.4 Hygienische Händedesinfektion

Durch die hygienische Händedesinfektion sollen **transiente** Keime (Anflug-, Kontakt- oder Schmutzkeime) **unschädlich** gemacht werden. Darüber hinaus kommt es auch zu einer **Keimzahlverminderung** der **residenten**, d.h. der hauteigenen Flora. Da die Desinfektion der Haut durch rauhe und rissige Flächen erschwert wird, sollte darauf geachtet werden, kontaminierte Gegenstände nicht ohne Handschuhe zu berühren.

Das Tragen von Handschuhen ersetzt nicht die Händedesinfektion!

Eine hygienische Händedesinfektion ist erforderlich:
- **Vor** und **nach** pflegerischen und therapeutischen Maßnahmen am Patienten.
- Nach jedem **Kontakt mit kontaminierten** Materialien, Gegenständen und Flächen.
- **Nach** jedem Kontakt mit Körperflüssigkeiten oder Ausscheidungen wie Sputum, Blut, Wundsekret, Urin und Stuhl.
- **Vor invasiven** Eingriffen wie z.B. dem Legen eines Venenkatheters, Blasenkatheters oder vor Injektionen und Punktionen.

Durchführung: Je nach Herstellerangabe wird die benötigte Menge (meistens 3 ml) des Desinfektionsmittels (z.B. Sterillium®) über die trockenen Hände (Innen- und Außenfläche, Handgelenke, Flächen zwischen den Fingern und Nagelbereich) verteilt und gründlich eingerieben. Während der Einwirkzeit (je nach Angaben des Herstellers) sollen die feuchten Hände über **Ellenbogenniveau** gehalten werden, damit das Desinfektionsmittel **keinesfalls** über nicht desinfizierte Hautpartien wieder zurücklaufen kann.

Sichtbare Verunreinigungen sind mit desinfektionsmittelgetränktem Zellstoff oder Einmalhandtüchern vor der Desinfektion abzunehmen. Im Anschluß daran wird die hygienische Händedesinfektion gründlich durchgeführt. Erst **danach** werden die Hände gewaschen (s. Kap. 4.5.3).

Allgemein ist zu beachten:
- Bei der Verwendung von Desinfektionsmitteln mit Seifenfehler (Verminderung der Wirkung von Desinfektionsmitteln durch Seife), sollten die Hände hinterher nicht mit Seife gewaschen werden, damit die Nachwirkung nicht unterbunden wird. Auch nach dem Händewaschen muß die Seife immer gründlich abgespült werden, damit keine Reste auf der Haut verbleiben, die die Desinfektionswirkung mindern könnten.
- Die Herstellerangaben für Einwirkzeiten und Menge des benötigten Desinfektionsmittels sind zu beachten, um eine erfolgreiche Desinfektion zu gewährleisten.
- Händedesinfektionsmittel verfügen zwar häufig über rückfettende Substanzen. Das ersetzt aber keine regelmäßige Pflege der Hände, z.B. mit pH 5 Eucerin®.

4.5.5 Chirurgische Händedesinfektion

Bei der chirurgischen Händedesinfektion sollen neben den transienten Keimen auch die residenten (tieferliegenden, hauteigenen) Keime **soweit als möglich** abgetötet werden. Eine chirurgische Händedesinfektion wird durchgeführt:
- vor allen operativen Eingriffen
- vor bestimmten Maßnahmen (z.B. Gelenkpunktionen, größere Wundversorgungen)

Durchführung: Die chirurgische Händedesinfektion besteht aus einer **Reinigungs-** und einer **Desinfektionsphase**. In der Reinigungsphase werden die Hände und Unterarme gründlich zwei Minuten lang gewaschen und die Fingernägel und Nagelfalze mit einer sterilisierten Bürste gesäubert. Anschließend sind Hände und Unterarme mit Wasser abzuspülen. Dabei werden die Hände über Ellenbogenniveau gehalten. Das Abtrocknen erfolgt mit **keimarmen** Handtüchern. Die Desinfektionsphase umfaßt **drei** Schritte. Zuerst werden Hände und Unterarme einschließlich der Ellenbogen desinfiziert. Im zweiten Schritt erfolgt die Desinfektion von Händen und Unterarmen. Falls Fingernägel und Nagelfalze nicht in der Reinigungsphase gebürstet wurden, ist dies jetzt mit einer sterilisierten Bürste durchzuführen. Im dritten Schritt werden Hände und Handgelenke desinfiziert und dabei die Hände über Ellenbogenniveau gehalten.

Während der vorgeschriebenen Einwirkzeit (**fünf Minuten**) müssen Hände und Unterarme vollständig mit dem Desinfektionsmittel benetzt sein (Mindestmenge 10 ml). Die Hände und Unterarme dürfen danach **nicht** abgetrocknet werden.

4.5.6 Hautdesinfektion

Vor allen transkutanen (durch die Haut hindurch) Eingriffen am Patienten ist eine entsprechende Hautdesinfektion nötig, da das Einbringen von Hautkeimen zu Infektionen führen könnte.

Die meisten Eingriffe lassen sich aufgrund der Häufigkeit und Schwere infektiöser Komplikationen einem geringen, einem mittleren oder einem hohen Infektionsrisiko zuordnen. Entsprechend dieser Risikostufen wird die Hautdesinfektion in **drei** gesteigerten **Kategorien** durchgeführt.

Unter die **Kategorie 1** fallen intra- und subkutane, intramuskuläre und intravenöse Injektionen sowie Blutentnahmen.

Durchführung: Nach dem Auftragen des Desinfektionsmittels (z.B. Kodan-Spray®)

wird das entsprechende Hautareal mit trockenen sterilisierten (die Tupfer sollen frei von vermehrungsfähigen Keimen sein, müssen aber nicht einzeln abgepackt sein) Tupfern getrocknet. Anschließend wird noch einmal reichlich Desinfektionsmittel aufgesprüht und die Einwirkzeit (15 bis 30 Sekunden, je nach Herstellerangabe) eingehalten.

Unter die **Kategorie 2** fällt das Anlegen peripher venöser und arterieller Gefäßkatheter sowie die Entnahme von Blutkulturen.

Durchführung: Die Durchführung der Hautdesinfektion erfolgt wie in Kategorie 1 jedoch unter Verwendung steriler, einzeln verpackter Tupfer.

Unter die **Kategorie 3** fallen Operationen, Punktionen von Körperhöhlen (insbesondere Gelenkpunktionen) sowie die Anlage zentraler Gefäßkatheter.

Durchführung: Vor der Desinfektion der Haut ist diese erst zu reinigen und falls erforderlich auch zu enthaaren und zu entfetten. Anschließend wird das Desinfektionsmittel mittels steriler Tupfer und einer sterilen Klemme **mindestens zweimal** nacheinander aufgetragen. Das Auftragen erfolgt von **zentral** (z.B. Einstichstelle) nach **peripher** und für **jeden** Wischvorgang ist ein **neuer** Tupfer zu verwenden. Die Einwirkzeit von fünf Minuten, in talgdrüsenreichen Arealen wie z.B. den Achselhöhlen von zehn Minuten muß eingehalten werden. In diesen Bereichen erfolgt ein mehrfaches Auftragen des Desinfektionsmittels.

4.5.7 Präoperative Hautdesinfektion des Patienten

Die Hautdesinfektion des Operationsgebietes erfolgt direkt im Operationssaal. Aufgrund ihrer schnellen und sicheren Wirksamkeit sollten bevorzugt alkoholische Desinfektionsmittel (z.B. Silnet®) dafür eingesetzt werden. Das Desinfektionsmittel wird mit sterilen Tupfern in kreisenden Bewegungen, von **zentral** (OP-Bereich) nach **peripher** verrieben. Dieser Vorgang ist **mindestens zweimal** zu wiederholen. Während der vorgeschriebenen Einwirkzeit des Desinfektionsmittels ist darauf zu achten, daß die Haut vollständig benetzt ist. Keinesfalls darf das Desinfektionsmittel am Patienten hinablaufen, so daß dieser während des Eingriffs in einer „Desinfektionsmittelpfütze" liegt. Dies kann zu **Nekrosenbildungen** führen. Nach Abschluß der Hautdesinfektion wird der ganze Körper mit sterilen Tüchern abgedeckt, so daß nur das Hautareal für den Operationsschnitt frei bleibt.

4.6 Allgemeine Anforderungen der Krankenhaushygiene an pflegerische Maßnahmen

Die häufigste krankenhauserworbene Infektion in chirurgisch-operativen Abteilungen ist die **postoperative Wundinfektion**. Um diese zu vermeiden sind in diesen Abteilungen einige **Regeln** der Hygiene einzuhalten:

- Patienten mit aseptischen Wunden sind **räumlich getrennt** von Patienten mit septischen Wunden unterzubringen.
- Patienten mit Wundinfektionen durch multiresistente Erreger werden möglichst isoliert.
- Krankenschwestern und Krankenpfleger mit Hautinfektionen (z.B. durch Staphylococcus aureus) sollten keinen direkten Patientenkontakt haben.
- Pflegeöle, Salben und Cremes sind nur aus **kleinen** Tuben zu entnehmen, da diese schneller aufgebraucht sind.
- Dosen sind abzulehnen, da diese viel leichter kontaminiert werden können.
- Zur Applikation von Salben und Cremes sind **sterile Spatel** oder **Tupfer** zu verwenden. Außerdem werden sie nie am Finger abgestreift.
- Tuben werden aufgrund der Kontaminationsgefahr **nicht** mit dem Verschluß **nach unten** gelagert.
- Die Ablage von Pflegeutensilien und Wäsche erfolgt **nie** im Patientenbett.
- Verbandtrommeln, Standgefäße und Instrumentenkästen sind **täglich** zu sterilisieren, bzw. nach Möglichkeit gar nicht mehr zu verwenden.
- Kornzangen werden **nicht** in Standgefäßen mit Lösungen aufbewahrt, sondern stehen **trocken**.
- Aus hygienischer Sicht empfiehlt es sich, funktionell ausgerichtete Sets und einzeln verpackte Kornzangen oder andere Greifinstrumente zu benutzen.
- Alle Arbeits- und Ablageflächen sind **mindestens einmal pro Schicht** z.B. mit Bacillol® zu desinfizieren.

- Waschschüsseln oder Schüsseln für Teilbäder werden nach Gebrauch desinfizierend gereinigt.

4.6.1 Verbandwechsel

Um ein hygienisches Handeln bei einem Verbandwechsel gewährleisten zu können, ist die Einteilung der Wundkontamination zu beachten.

Aseptische und diesen gleichzusetzende Wunden:
- Wunden, die nach aseptischen Eingriffen durch eine Naht verschlossen wurden und keine Zeichen einer Wundheilungsstörung aufweisen.
- Wunden, die nach bedingt aseptischen Eingriffen durch eine Naht verschlossen wurden und keine Zeichen einer Wundheilungsstörung aufweisen.
- Wunden, die nach einer Verletzung durch Wundausschneidung und Naht versorgt wurden und keine Zeichen einer Wundheilungsstörung aufweisen.

Kontaminierte und potentiell kontaminierte Wunden:
- Alle Wunden, die offen behandelt werden, solange kein Zeichen einer Infektion vorliegt (z. B. Verbrennungswunden, Drainageaustrittsstellen, Tracheostoma usw.).

Infizierte Wunden:
- Beispiele für infizierte Wunden sind eröffnete Eiterherde oder Wunden, die zunächst durch eine Naht verschlossen wurden und nun Zeichen einer Infektion vorweisen.

Beim Wechseln der Verbände auf Station ist immer folgende Reihenfolge einzuhalten: 1. Aseptische und diesen gleichzusetzende Wunden; 2. Kontaminierte und potentiell kontaminierte Wunden; 3. Infizierte Wunden!

Grundsätzliches zum Verbandwechsel (s. Kap. 5.3).

4.6.2 Körperpflege des Patienten

In operativen Abteilungen kommt der Körperpflege des Patienten eine besondere Bedeutung zu. Unter den normalen Keimen, die die Haut eines jeden Menschen besiedeln, können sich auch solche befinden, die unter ungünstigen Umständen zu Krankheitserregern werden (z. B. Keime in eine Wunde oder Körperhöhle). Außerdem können sich Krankheitserreger auf der Haut befinden.

Durch das Waschen kommt es zu einer mechanischen Verringerung der Keimzahl an der Hautoberfläche, da sich Krankheitserreger durch das Entfernen von Schweiß und Talg nicht so leicht ansiedeln können. Um Eingangspforten für Keime durch trockene oder rissige Haut zu vermeiden, ist die Haut mit rückfettenden Produkten immer gut einzucremen, damit sie geschmeidig und glatt bleibt. Bei mangelnder Körperpflege können sich Keime stark vermehren und durch die Hände des medizinischen und pflegerischen Personals in eigene Wunden oder auf andere Patienten übertragen werden. Besonders die Übertragung von Darmbakterien ist zu vermeiden. Deshalb ist bei der Pflege der Patienten auf eine gute Intimpflege und eine genügende Reinigung nach dem Stuhlgang zu achten.

4.6.3 Das Bett, der Wäschewechsel

Hautkeime gelangen von der Haut des Patienten auch in die Bettwäsche. Alle Körperabsonderungen (z.B. Wundsekret, Blut, Urin und Stuhl) können zu einer starken Keimbesiedelung der Bettwäsche führen.

Die Keime haften am Textilstaub der Bettwäsche und werden z. B. beim Richten des Bettes oder wenn sich der Patient bewegt, aufgewirbelt. Damit eine Übertragung der Keime durch die Luft auf andere Patientenbetten und Gegenstände vermieden wird, ist ein **Keimaufwirbeln** während des Bettenmachens **möglichst** zu umgehen. Die Bettwäsche ist routinemäßig **mindestens einmal wöchentlich**, bei sichtbaren Verschmutzungen **sofort** zu wechseln. Um eine Keimaufwirbelung zu verhindern, wird Krankenhauswäsche **nie** auf dem Boden abgelegt. Das Tragen der Wäsche erfolgt **körperfern**, um die Schutzkleidung nicht mehr als nötig zu kontaminieren. Zum Einsammeln der Schmutzwäsche sind fahrbare **Wäschesammler mit Deckel** zu verwenden. Die Schmutzwäsche kann entweder in einem Stoffsack, der aus keimdichtem, widerstandsfähigen Material von mindestens 220 g/m Flächengewicht besteht oder im Plastikwäschesack aus Polyethylen mit einer Wanddicke von 0,08 mm gesammelt werden.

Infektiöse Wäsche ist nur in extra gekennzeichneten Behältern oder Wäschesäcken zu sammeln!

4.6.4 Isolierungsmaßnahmen

Die wichtigsten Isolierungsmaßnahmen umfassen die räumliche Unterbringung, das Arbeiten mit Schutzkleidung sowie die Händehygiene.

Räumliche Unterbringung

Eine Unterbringung des Patienten im Einzelzimmer ist **immer dann** erforderlich, wenn die Krankheit auf dem Luftweg, bzw. über respiratorische Sekrete **(Tröpfcheninfektion)** erfolgen kann. Die **Empfehlung** zur Einzelunterbringung kann aber auch in folgenden **Fällen** angezeigt sein:
- bei speziellen klinischen Symptomen (z. B. starken Durchfällen)
- bei schwer kontrollierbaren Übertragungswegen (z. B. Ektoparasiten)
- bei Infektionen, die durch direkten oder indirekten Kontakt übertragen werden können (z. B. Shigellen)
- bei Erregern, die multiresistent sind (z. B. methicillinresistente Staphylococcus-aureus-Stämme)

Auch bei mangelnder persönlicher Hygiene des Patienten, z. B. wenn dieser mit infektiösem Material die Umgebung kontaminiert, kann ein Einzelzimmer angeordnet werden. Eine gemeinsame Isolierung mehrerer Patienten **(Kohortenisolierung)** ist bei Erkrankungen zu empfehlen, die durch den gleichen Erregertyp und die gleiche Erregerresistenz gekennzeichnet sind. Eine Einzelunterbringung beinhaltet, daß das Patientenzimmer mit Dusche und WC ausgestattet ist, damit der Patient das Zimmer nicht verlassen muß.

Schutzkleidung

Schutzkittel sind **immer** zu tragen, wenn eine Kontamination der Dienstkleidung mit infektiösem Material (z. B. Blut, Fäzes, Sekrete) möglich ist. Auch die Pflege von Patienten mit methicillinresistenten Staphylococcus-aureus-Stämmen erfolgt mit Schutzkleidung. Handschuhe gehören, zusammen mit der Händedesinfektion, zu den **wichtigsten** Isolierungsmaßnahmen. Sie werden bei direktem Kontakt mit infektiösen Patienten oder mit erregerhaltigem Material getragen. Nach dem Kontakt sind sie **sofort** zu entsorgen, um keine anderen Gegenstände (z. B. Telefon, Türklinke) zu kontaminieren.

Das Tragen eines Mund- und Nasenschutzes ist erforderlich bei **aerogen** übertragbaren Infektionskrankheiten bzw. Tröpfcheninfektion (z. B. offene, ansteckende Lungentuberkulose).

4

Händehygiene

(s. Kap. 4.5.3)

4.6.5 Umgang mit Ausscheidungen

Ausscheidungen wie Fäzes und Urin sind unter Vermeidung einer Kontamination von Mensch und Material in einer Form zu beseitigen, so daß sie keine Gefahren und Belästigungen verursachen. Die Desinfektion von Fäzes und Urin ist **sehr selten** nötig, da Krankenhäuser meistens an die öffentliche Kanalisation angeschlossen sind und die Ausscheidungen mit dem Abwasser in Kläranlagen aufbereitet werden. Eine Desinfektion der Fäzes kann jedoch aus Gründen der Abwasserhygiene erforderlich werden, wenn es sich um Krankheitserreger (z. B. Cholera) handelt, die **normalerweise nicht** im Abwasser enthalten sind. Patienten mit oder mit Verdacht auf Infektionserkrankungen, bei denen die Krankheitserreger mit den Fäzes oder Urin ausgeschieden werden, sollten, egal ob eine Desinfektion der Ausscheidungen für erforderlich gehalten wird oder nicht, **gesonderte** Toiletten benutzen.

Von Bedeutung ist die Desinfektion der Auffanggefäße von Fäzes und Urin (z. B. Steckbecken, Urinflasche). Die Richtlinien für Krankenhaushygiene und Infektionsprävention empfehlen, die Auffanggefäße **stets** nach dem Entleeren zu desinfizieren, auch wenn der Patient an **keiner** Infektionserkrankung leidet. Sinnvoll ist die thermische Desinfektion durch Steckbeckenspülmaschinen. Wichtig ist hierbei, daß die für die Desinfektion vorgeschriebene Temperatur und die Einwirkzeit auch erreicht werden. Auch zu desinfizierende Oberflächen müssen die Temperatur annehmen und dieser lange genug ausgesetzt sein.

Sputum ist möglichst **thermisch** zu desinfizieren, da die thermische Desinfektion zuverlässiger als die chemische ist, und auch das Auffanggefäß gleich mit desinfiziert wird.

Weitere Auskünfte über anzuwendende Desinfektionsmittel und -verfahren für Ausscheidungen meldepflichtiger Erkrankungen, sind nachzulesen in der Liste der vom Bundesgesundheitsamt (BGA) geprüften und anerkannten Desinfektionsmittel und -verfahren sowie in der Richtlinie für Krankenhaushygiene und Infektionsprävention des BGA Berlin.

4.6.6 Desinfektionsplan einer Allgemeinstation für Flächen und Geräte

Was	Wann	Womit	Wie
Bettwäsche- und Pflegewagen	– bei sichtbarer Verschmutzung – Oberfläche täglich – Innenraum wöchentlich	Incidin Perfekt 0,5%/1 Std.	– mit frischem Tuch abwischen und trocknen lassen
Visitenwagen	– bei sichtbarer Verschmutzung – Oberfläche täglich – Innenraum monatlich	Incidin Perfekt 0,5%/1 Std.	– mit frischem Tuch abwischen und trocknen lassen
Arbeitsflächen im Dienstzimmer	– bei sichtbarer Verschmutzung – täglich	Incidin Perfekt 0,5%/1 Std.	– mit frischem Tuch abwischen und trocknen lassen
Nachttische	– täglich und nach Entlassung	Incidin Perfekt 0,5%/1 Std.	– mit frischem Tuch abwischen und trocknen lassen
Betten, Bettgitter, Bettgalgen	– nach jedem Patientenwechsel – bei sichtbarer Verschmutzung	Incidin Perfekt 0,5%/1 Std.	– mit frischem Tuch abwischen und trocknen lassen
Lagerungsmaterialien	– nach Gebrauch – bei sichtbarer Verschmutzung	Incidin Perfekt 0,5%/1 Std.	– mit frischem Tuch abwischen und trocknen lassen
Infusionsständer	– nach Gebrauch – bei sichtbarer Verschmutzung	Incidin Perfekt 0,5%/1 Std.	– mit frischem Tuch abwischen und trocknen lassen
Infusomaten, Perfusoren, Monitore	– bei sichtbarer Verschmutzung – Oberfläche täglich	Incidin Perfekt 0,5%/1 Std.	– mit frischem Tuch abwischen und trocknen lassen
Badewannen, Duschen, Waschschüsseln	– nach jeder Benutzung	Incidin Perfekt 0,5%/1 Std.	– mit frischem Tuch abwischen – nach der Einwirkzeit gut mit kaltem Wasser ausspülen
Toilettenstühle	– nach Gebrauch	Incidin Perfekt 0,5%/1 Std.	– mit frischem Tuch abwischen und trocknen lassen
Steckbecken, Urinflaschen	– nach Gebrauch	Thermisch oder chemothermisch	– in der Steckbeckenspüle entsorgen – Programm zu Ende laufen lassen – bei Verunreinigungen ausscheuern und noch einmal in die Steckbeckenspüle geben

4.6.6 **Desinfektionsplan** (Fortsetzung)

Was	Wann	Womit	Wie
Blutdruckmeßgeräte	– bei sichtbarer Verschmutzung – täglich	Isopropylalkohol 70%	– abreiben und trocknen lassen
Fieberthermometer	– vor Patientenwechsel	Descoton forte 1%/1 Std.	– einlegen, nach Einwirkzeit gut mit klarem Wasser abspülen, mit frischem Tuch abtrocknen, trocken und staubfrei lagern
Absauggerät außen	– täglich	Incidin Perfekt 0,5%/1 Std.	– mit Tuch abwischen, trocknen lassen
Absauggefäße	– täglich	Thermische Desinfektion in der automatischen Reinigungs- und Desinfektionsmaschine	– trocken und staubgeschützt lagern
O_2-Anfeuchter, Vernebler: Klammern, Schläuche, Mundstücke Oberflächen	– nach Gebrauch (spätestens nach 24 Std.)	Thermische Desinfektion in der automatischen Reinigungs- und Desinfektionsmaschine Incidin Perfekt 0,5%/1 Std.	– trocken und staubgeschützt lagern – mit Tuch abwischen, trocknen lassen

Literaturhinweise

[1] Beckert, J., R. Preuner: Hygiene für Krankenpflege- und medizinisch-technische Berufe. Georg-Thieme-Verlag, Stuttgart, 4. Aufl. 1992.

[2] Bundesgesundheitsamt (BGA) Berlin: Richtlinien für Krankenhaushygiene und Infektionsprävention. Gustav-Fischer-Verlag, Stuttgart-Jena 1991.

[3] Daschner, F.: Praktische Krankenhaushygiene und Umweltschutz. Springer-Verlag, Berlin 1992.

[4] DIN-Taschenbuch 169, Sterilisation, Desinfektion, Sterilgutversorgung. Beuth-Verlag, Berlin 1988.

[5] Gundermann, K. O., H. Rüden, H. G. Sonntag: Lehrbuch der Hygiene. Gustav-Fischer-Verlag, Stuttgart 1991.

[6] Steuer, W.: Krankenhaushygiene. Gustav-Fischer-Verlag, Stuttgart, 4. Aufl. 1992.

5 Verbände

Ch. Albrecht

Verbände dienen hauptsächlich dem **Schutz**, der **Entlastung**, der **Ruhigstellung** sowie der **Kompression**. Die Auswahl der Verbandtechnik und des Verbandmaterials ist von folgenden Faktoren abhängig:

- von der Indikation, die zugrunde liegt
- von der Funktion, die der Verband erfüllen soll
- vom Ziel, das verfolgt wird

Ein Verband bei Wunden erfüllt in erster Linie Schutzfunktion, d.h. er hält Infektionserreger von der Wunde fern und schützt sie vor mechanischen Einflüssen wie dem Scheuern durch Kleidung. Der Gipsverband dient hauptsächlich der Ruhigstellung und Entlastung der verletzten Gliedmaße und der damit verbundenen Frakturheilung. Ein Kompressionsverband wird zur Stillung einer Blutung aufgrund einer Gefäßverletzung oder zur Verbesserung der Durchblutung im Rahmen der Thromboseprophylaxe angelegt.

5.1 Verbandarten

Vor einigen Jahren wurden Wundauflagen durch Binden fixiert und Stützverbände konnten nur durch Binden angelegt werden. Die verwendeten Binden waren nicht sehr elastisch und ließen sich schlecht am Körper modellieren. Moderne Werkstoffe erleichtern heute die Arbeit mit Bindenverbänden. Die Binden sind elastisch und passen sich der Körperanatomie so an, daß eine Faltenbildung weitestgehend vermieden werden kann. Die Fixierung von Wundauflagen wird heute nicht mehr ausschließlich mit Binden durchgeführt, sondern Pflastervliese oder Heftpflaster haben die Funktion übernommen. Auch für Stützverbände gibt es neuartige Materialien wie z. B. Tapeverbände.

5.1.1 Bindenverbände

Für das Anlegen von Bindenverbänden sind folgende **Grundsätze** zu beachten:

- Die Binde besteht aus einem Bindenkopf und einem Bindenende, wobei der Bindenkopf immer **nach oben** gerichtet ist. Ausnahme: Umschlagtouren.
- Um das Anwickeln der Binde am Körper zu erleichtern, wird der Bindenkopf ca. 10 cm weit abgerollt.
- Für Gelenkkurven (z. B. Sprunggelenk) ist eine **schmale** Bindenbreite von Vorteil, da sie sich besser modellieren läßt. Auch unelastische Binden sollten eher schmal sein, damit es **nicht** zu Strangulationen kommt.
- Der Bindenverband wird in der Regel von links nach rechts gewickelt, dabei liegt das Bindenende in der linken und der Bindenkopf in der rechten Hand.
- Der Patient liegt oder sitzt beim Anlegen eines Verbandes. Die Pflegeperson steht vor dem Patienten, so daß sie den zu verbindenden Körperteil **vor** sich hat.
- Die Wickeltouren verlaufen in Herzrichtung von **distal** nach **proximal**. Ausnahme: absteigende Verbände an Händen und Füßen.
- Bindenverbände werden unter leichtem Zug angelegt. Zu **starker** Zug bewirkt jedoch **Stauungen mit Blauverfärbung** oder **Abschnürungen mit Weißverfärbung** der distalen Körperteile.
- Die einzelnen Touren der Bindengänge sind so übereinander zu wickeln, daß sie sich zur Hälfte oder zu zwei Drittel bedecken. Diese Regel gilt besonders für **Stütz-** und **Kompressionsverbände**.
- Zum Abschluß wird das Bindenende umgeschlagen und mit einem Pflasterstreifen fixiert oder mit Verbandklammern befestigt.

Verbandklammern lösen sich leicht und können zu Druckstellen führen!

- Bei einem Verband zur Ruhigstellung eines Gelenkes, ist darauf zu achten, daß dies in funktioneller Mittelstellung (90°) liegt. So wird einer Kontraktur vorgebeugt und die krankengymnastische Mobilisation erleichtert.
- Bei Wiederverwendung der Binden sind diese zur Abnahme locker rückwärts abzurollen.
- Bei Einmalgebrauch den Verband mit einer Verbandschere aufschneiden und entsorgen.
- Fehler (Abb. 5-1 A bis C) beim Anlegen von Bindenverbände sind zu vermeiden.

5.1.2 Tapeverbände

Zur Stütz- und Ruhigstellung haben Tapeverbände in den letzten Jahren an Bedeutung zugenommen. Das **Grundprinzip** dieser Verbände beruht darauf, geschädigte Anteile der Extremitäten zu entlasten, aber eine eingeschränkte Bewegung, z.B. der Gelenke, zu er-

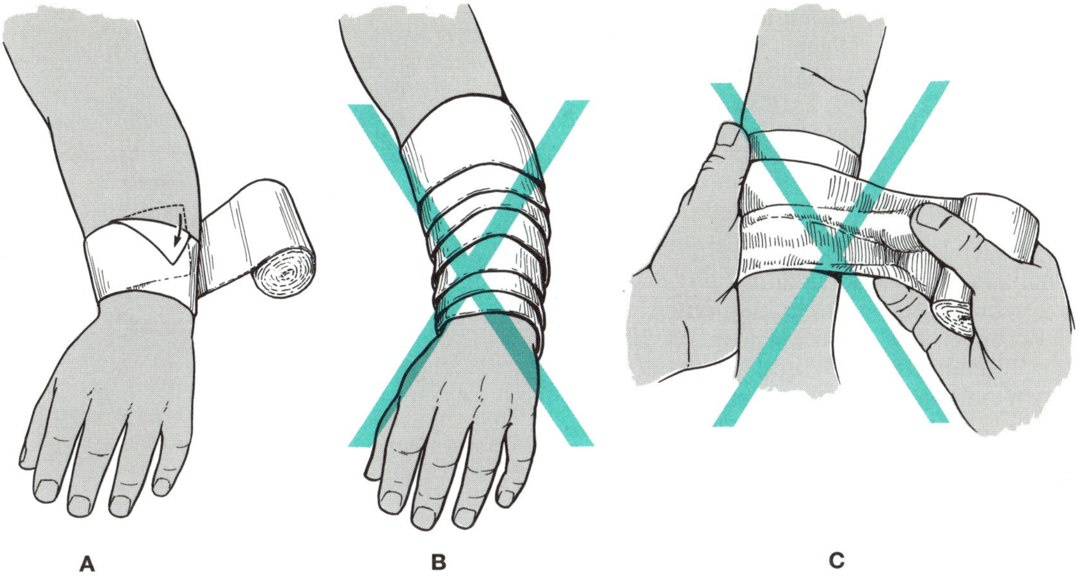

Abb. 5-1 Häufige Probleme beim Anlegen von Bindenverbänden.
A: Kreis- oder Festhaltegang nicht durchgeführt.
B: Tütenbildung, ungenügender Sitz des Verbandes.
C: Zu fester Zug beim Anwickeln der Binde.

möglichen. Die Bestandteile des Tapeverbandes sind zugfeste unelastische Streifen aus leicht reißbarer Zellwolle, versehen mit Zinkoxid-Kautschuk-Kleber, und elastischen Pflasterbinden. Die **elastischen Pflasterbinden** übernehmen die **Entlastungsfunktion**, die **Tapestreifen** die gezielte **Ruhigstellung**. Mit Tapeverbänden werden in der Regel Verletzungen an den Kapselbändern der Gelenke behandelt (Abb. 5-2 A bis D).

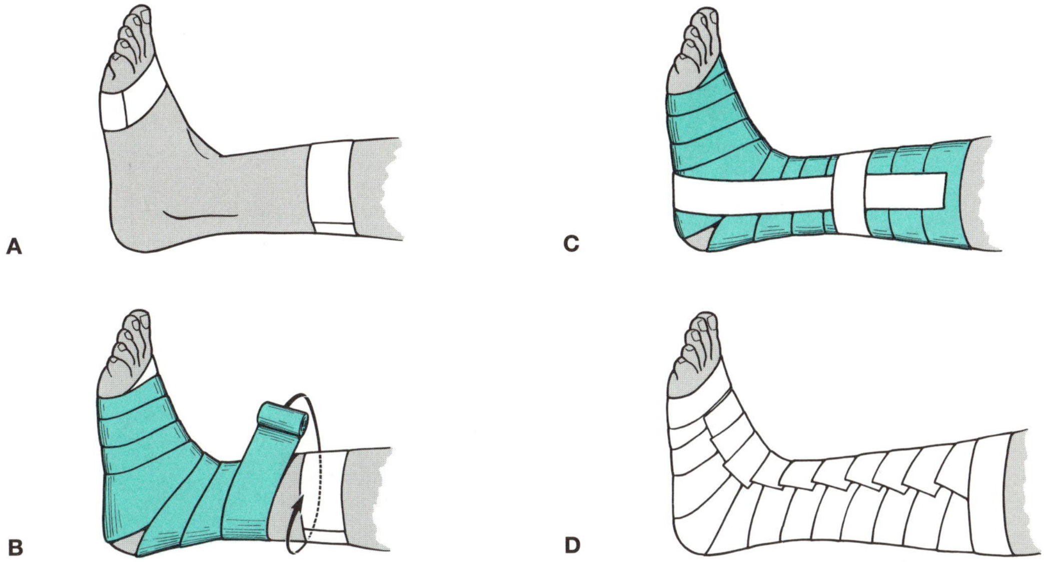

Abb. 5-2 Elemente des Tapeverbandes.
A: Ankerstreifen.
B: Basistouren aus elastischen Pflasterbinden.
C: Zügel und Fixierstreifen.
D: Verschalungsstreifen.

5

Tapeverbände dürfen nicht auf erkrankte Haut (z.B. offene Wunden) geklebt werden. Bei einer evtl. auftretenden Gewebeschwellung (z.B. bei Entzündungen) sollten Tapeverbände nicht angewendet werden!

5.1.3 Pflasterverbände

Im vorigen Jahrhundert wurde ein Pflaster als Medikament zur Behandlung einer Wunde angesehen. Heute versteht man unter Pflaster Heftpflaster zur **Fixierung** von Verbänden oder Wundschnellverbände zur Abdeckung von Wunden. Heftpflaster besteht aus Baumwolle, Zellstoff oder Seide und wird auf Rollen gewickelt angeboten. Luft- und wasserundurchlässige Pflaster sind aus Polyvinylchlorid (PVC) oder Polyäthylenfolien hergestellt, die aber den Nachteil besitzen, daß sich „feuchte Kammern" unter dem Verband bilden können, die dem **Bakterienwachstum** Vorschub leisten. Zur einfachen Verbandfixierung stehen elastische Pflastervliese oder Heftpflasterstreifen zur Verfügung, die ein Verrutschen der Wundauflage verhindern (Abb. 5-3).

Pflasterverbände dürfen niemals zirkulär angelegt werden, da es zu schweren Abschnürungen kommen kann (Abb. 5-4 A und B)!

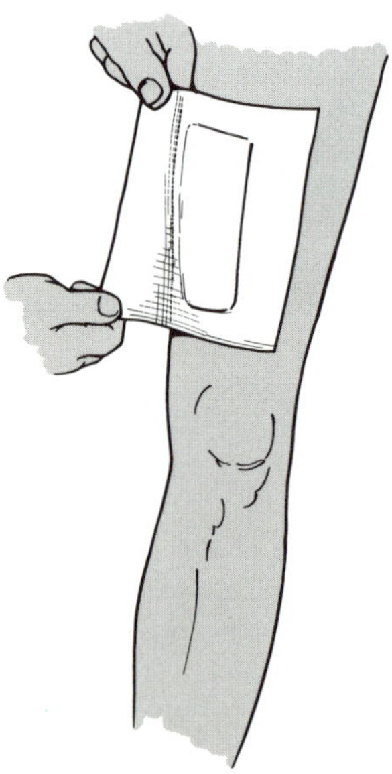

Abb. 5-3 Rutschfeste Befestigung von Wundauflagen mittels Pflastervlies.

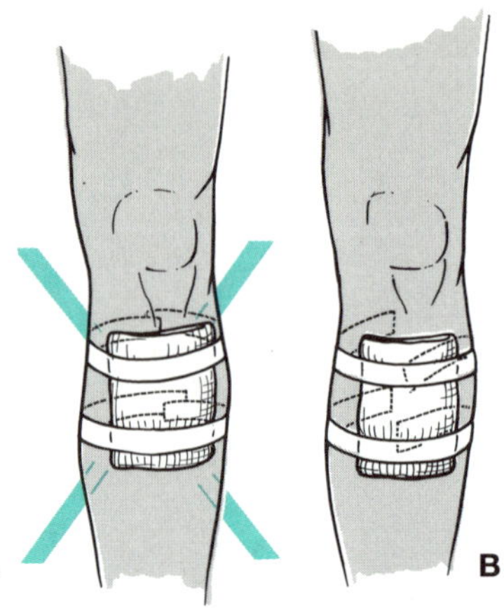

Abb. 5-4 Anlage eines Pflasterverbandes.
A: Falsch.
B: Richtig.

Spezielle Pflasterformen sind Wundschnellverbände. Diese sind zusätzlich mit einem **Wundkissen** versehen (z.B. Hansaplast standard®). Hansaplast standard ist ein starres, mit einem Kleber versehenes Pflaster, das eine hautfreundliche Wundauflage besitzt. Es wird auf Rollen verschiedenster Breite angeboten. Soll mit diesem relativ starren Pflaster ein Wundverband z.B. am Kniegelenk oder der Fingerkuppe angelegt werden, ist das Pflaster seitlich einzuschneiden, um es dem entsprechenden Körperteil anzupassen (Abb. 5-5). Daneben gibt es im Handel elastische, besonders strapazierfähige und wasserabweisende Wundschnellverbände (z.B. Hansamed elast®) und solche mit besonders **hautfreundlichen** Klebern (z.B. Hansamed®),

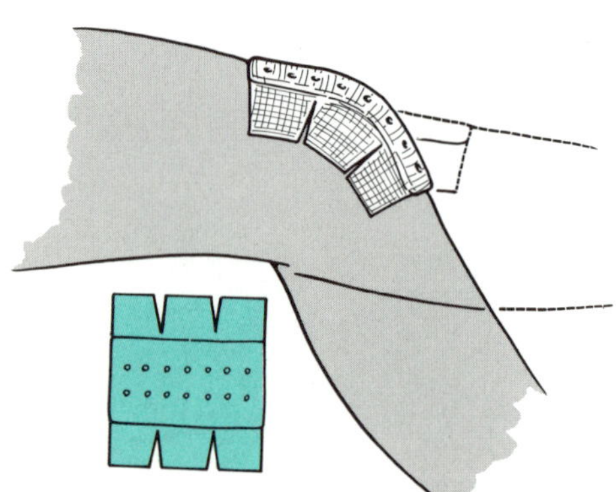

Abb. 5-5 Wundschnellverband über einem Gelenk.

die heute bevorzugt eingesetzt werden, da die **Allergiebereitschaft** auf Zinkoxid-Kautschuk-Kleber (Leukoplast®, Hansaplast standard®) zugenommen hat. Außerdem findet sich eine vielfältige Auswahl an Wundschnellverbänden unterschiedlichster Größe, die alle einzeln und steril verpackt sind, im Handel.

Aufgeklebte Pflaster lassen sich häufig nur unter Schmerzen von der Haut lösen. Vor dem Aufkleben von Pflaster empfiehlt es sich, stark behaarte Haut **zu rasieren.** Ein Pflaster mit **Zinkoxid-Kautschuk-Kleber** (Leukoplast®) löst sich am besten, wenn das Pflaster mit **Waschbenzin** benetzt wird. Die auf der Haut verbliebenen Kleberreste lassen sich so ebenfalls leicht entfernen. Ein Pflaster mit **vollsynthetischem Kleber** (Polyacrylat) läßt sich schmerzfrei entfernen, wenn es mit **alkoholischen Lösungen** (Desinfektionsspray) benetzt wird.

5.1.4 Schlauchverbände

Schlauchmull kann für **alle** Körperregionen eingesetzt werden, da er in unterschiedlichen Größen sowie vorgefertigt (z.B. für Finger- oder Kopfverbände) erhältlich ist. Er wird zur Verbandfixation, als Schutzüberzug oder als Unterzug für Hartverbände (s. Kap. 5.1.6) verwendet. Schlauchmull ist sehr dehnbar (Längs- oder Querrichtung). Ein Schlauchmullverband kann von Hand oder mit Hilfe eines Applikators angelegt werden. Dazu benötigt man einen runden Drahtzylinder, auf den der Schlauchmull aufgezogen wird. Applikatoren sind **passend** zu den **Größen** des Schlauchmulls (Größe tg® 1 bis 9) erhältlich und können ca. neun Meter tg-Schlauchmull aufnehmen, so daß mit einer Füllung mehrere Anwendungen möglich sind. Sie werden über das abgerundete Ende gefüllt und über das gegenüberliegende Ende wieder abgezogen. An diesem Ende befindet sich eine u-förmige Rinne, die als Führungsschiene für die Schere zum Abtrennen des Schlauchmulls dient. Eine ebenso geformte Rinne befindet sich an der Längsseite des Applikators zum Aufschneiden des Schlauchmulls. Um einen Verband mit dem Applikator durchzuführen, ist vorher die passende Größe auszuwählen. Diese sollte **gerade noch** über den **zu verbindenden Körperteil** (z.B. Finger) und **die Polsterung** passen. Der Schlauchmull wird über den Körperteil gezogen und mit einer 180°-Drehung abgeschlossen. Zur Befestigung des Verbandes kann das Ende in Längsrichtung aufgeschnitten und verknotet werden (Abb. 5-6 A bis F). Es besteht jedoch auch die Möglichkeit, den Abschluß zu verdrehen, ihn nochmals über den Körperteil zu ziehen und ihn jetzt zu verknoten oder mit Pflasterstreifen zu befestigen (Abb. 5-7 A und B).

Sollen Wundauflagen aufgrund von Pflasterallergien mit Schlauchmull fixiert werden, stehen Netzschlauchverbände (z.B. tg®-Fix Netzverband) zur Verfügung (Abb. 5-8). An den Extremitäten hat sich diese Art der Fixierung **nicht** bewährt, da Patienten leicht am Netz des Verbandes hängenbleiben, so daß der Netzschlauch häufiger am Kopf und am Körperstamm zum Einsatz kommt.

5.1.5 Druck- und Kompressionsverbände

Zur Thromboseprophylaxe

Eine Thrombose (s.a. Kap. 29.13.1) beschreibt eine Blutpfropfbildung, d.h. es erfolgt eine Gerinnung innerhalb der Gefäße. Thrombosen treten **bevorzugt** in der Oberschenkel- und Beckenvene auf. Als Entstehungsursache kommen im wesentlichen **drei** Faktoren in Betracht, die einzeln oder zusammen wirksam werden (Virchow-Trias):

- Verlangsamung der Blutflusses (z.B. infolge langer Bettruhe, verminderter Herzleistung, bei Bewegungseinschränkungen oder Krampfadern).
- Veränderung der Gefäßwände (z.B. bei Verletzungen, Krampfadern, Operationen, Entzündungen oder Verengung infolge einer Sklerose).
- Beschleunigung der Blutgerinnung (z.B. bei einem Flüssigkeitsmangel).

Das **Ziel** der Thromboseprophylaxe ist die **Aufrechterhaltung** des **venösen Rückstromes.** Maßnahmen wie z.B. das Hochlagern der Beine, die Anregung der Muskelpumpe durch Bettgymnastik, das Ausstreichen der Beine herzwärts sowie die Sofort- und Frühmobilisation helfen, dieses Ziel zu erreichen. Eine weitere Möglichkeit ist die **äußere** Kompression der Beinvenen mittels Antithrombosestrümpfen oder die Wickelung der Beine mit elastischen Binden. Antithrombosestrümpfe werden in unterschiedlichen Größen (z.B.

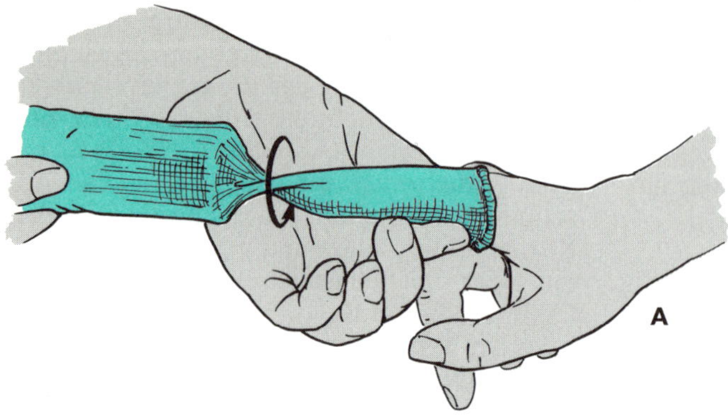

A

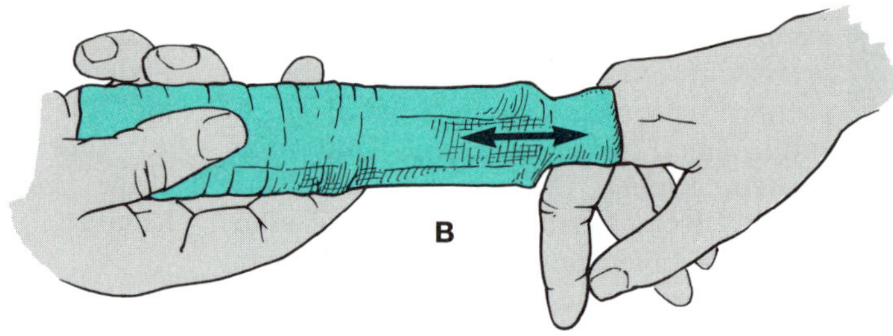

B

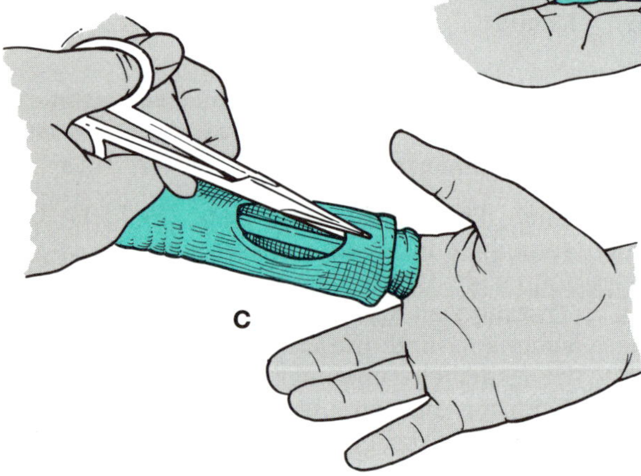

C

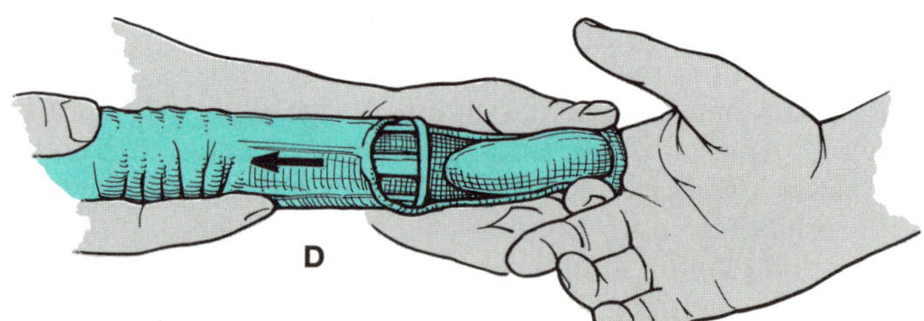

D

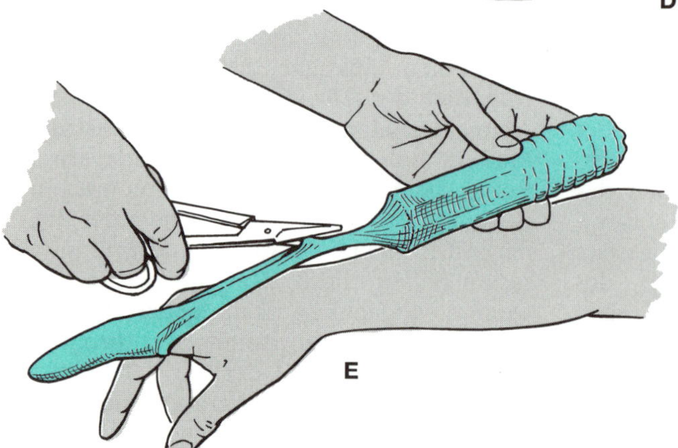

E

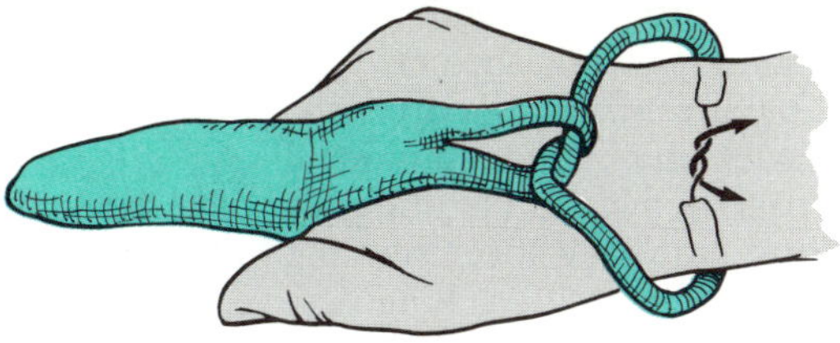

F

Abb. 5-6 Fingerverband mit Applikator.
A: Schlauchmull mit Applikator über Finger und Polsterung ziehen.
B: Verband mit Schlauchmullagen vervollständigen.
C: Schlauchmull in Längsrichtung an Beugeseite des Fingers aufschneiden.
D: Zurückführen des Applikators und den Finger durch den entstandenen Schlitz stecken.
E: Applikator zum Handrücken führen und in Höhe des Handgelenkes Schlauchmull in Längsrichtung einschneiden.
F: Bänder um Handgelenk schlingen und verknoten.

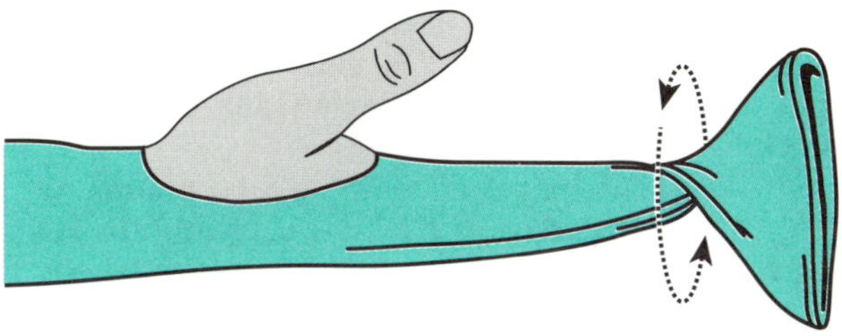

A

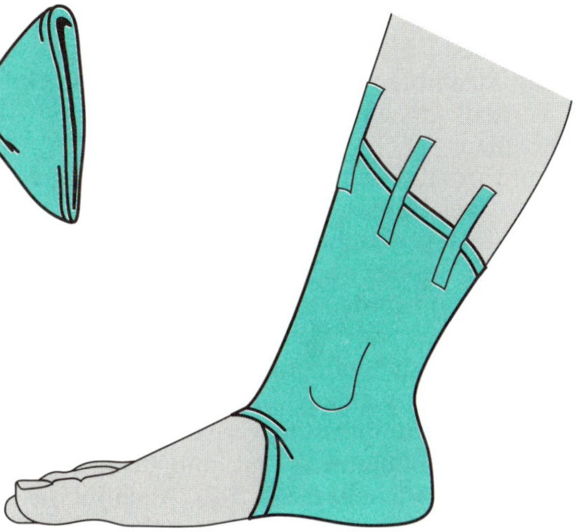

B

Abb. 5-7 Weitere Befestigungsmöglichkeiten bei Schlauchmullverbänden.
A: Befestigung durch Verdrehen.
B: Befestigung durch Pflasterstreifen.

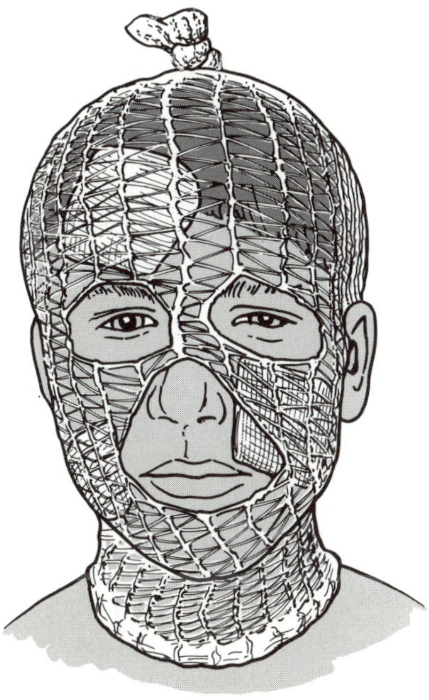

Abb. 5-8 Netzschlauchverband am Kopf.

5

Comprimet S®) angeboten. Das Anlegen dieser Strümpfe erfolgt unter folgenden Gesichtspunkten:

- Die **Auswahl** der Strümpfe findet nach dem **korrekten** Ausmessen der Beine mit einem **speziellen** Maßband statt (je nach Strumpftyp gibt es unterschiedliche Meßstellen, siehe Verpackung).
- Vor dem Anlegen sollte der Patient **mindestens** ein halbe Stunde zur Entstauung der Beine ruhen.
- Die Strümpfe müssen **glatt** und **faltenfrei** angelegt werden, um Ödeme und Druckstellen zu vermeiden.
- Beobachtung und Pflege der Haut bei der täglichen Körperpflege.
- Die Strümpfe müssen **24 Stunden** getragen werden, um eine erwünschte Wirkung zu erzielen.
- Antithrombosestrümpfe alle zwei bis drei Tage, bei Bedarf öfter, wechseln (können mehrfach gewaschen werden).

Patienten, denen handelsübliche Strümpfe nicht passen, werden die Beine zur Thromboseprophylaxe mit elastischen Binden gewickelt. Hierzu benötigt man **mindestens zwei** Binden (z.B. Kurzzugbinde Ideallast®) **pro** Bein. Der Kompressionsverband ist beginnend am Zehengrundgelenk von distal nach proximal zu wickeln (Abb. 5-9). Auch hierbei ist auf einen **faltenfreien** Sitz zu achten. **Knochenvorsprünge** sind besonders druckgefährdet und müssen deshalb durch Polsterwatte oder entsprechend zugeschnittenen Schaumstoff geschützt werden. Dieser Verband ist alle zwölf Stunden, bei Bedarf öfter, zu erneuern.

Zur Blutstillung

Indikationen für einen Druckverband können sein:

- das Entfernen venöser Zugänge (z.B. zentraler Venenkatheter)
- nach venöser oder arterieller Punktion
- nach einer Angiographie

Zusätzlich zur Blutstillung soll der Druckverband eine Gewebeeinblutung mit Hämatombildung vermeiden. Eine venöse Blutung aus einem Stichkanal (z.B. Venenpunktion) wird mittels einem Druckpolster (Kompresse) und einem Pflasterstreifen unter Zug versorgt.

Bei einer zu geringen Klebefläche des Pflasterstreifens besteht die Gefahr der Bildung von Spannungsblasen auf der Haut; deshalb immer Pflaster mit entsprechend großer Klebefläche wählen (Abb. 5-10 A und B)!

Nach einer Angiographie oder bei der arteriellen Punktion z.B. der A. femoralis (Oberschenkelarterie) wird zur **Druckerhöhung** zusätzlich ein Sandsack aufgelegt und mit einer elastischen Binde fixiert.

5.1.6 Hartverbände

Bei der Anlage eines Hartverbandes kommen heute außer Gips auch verschiedene Kunststoffe zum Einsatz, die nach ähnlichen Prinzipien wie Gipsverbände angewendet werden. Die **Vor-** und **Nachteile** von Gips und Kunststoff sind der Tab. 5-1 zu entnehmen.

Die **Indikationen** für Gips- bzw. Kunststoffverbände sind Frakturen, Weichteilverletzungen, Entzündungen und Fußdeformationen.

Vor der Anlage des Hartverbandes wird der Patient vom **Arzt** über die **Art der Verletzung** und die daraus **resultierenden Behandlungsmaßnahmen** (Zeitpunkt des Wechsels bzw. der Entfernung des Verbandes) sowie über **mögliche Komplikationen** mit ihren Symptomen (Schmerzen, Störungen der Sensibilität oder Motorik, venöse Stauungen, Blaufär-

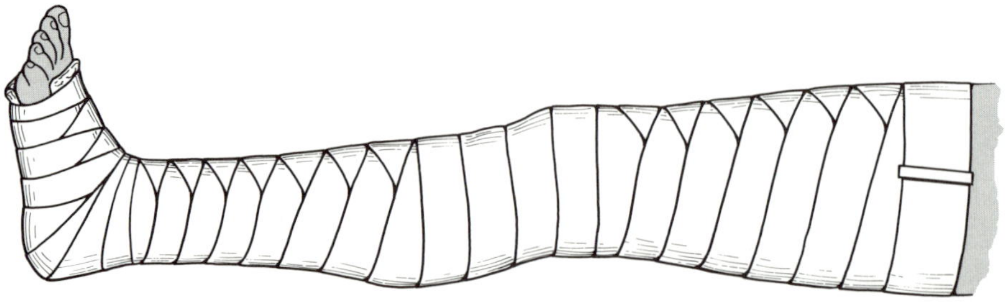

Abb. 5-9 Sachgerecht gewickeltes Bein.

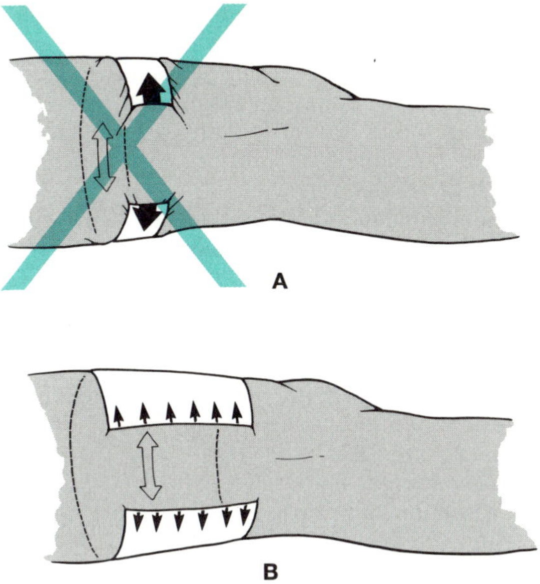

Abb. 5-10 Zugkraft pro Klebefläche bei Verbänden.
A: Falsch (zu großer Zug).
B: Richtig.

bung der Zehen bzw. Finger) und den **Maßnahmen** bei Zeichen der Druckerhöhung usw. **aufgeklärt.**

Der Verlauf und evtl. Komplikationen der Verletzung müssen mit einbezogen werden. So ist beispielsweise eine Fraktur mit Dislokationsgefahr (Verschiebung) zirkulär zu sichern, während bei einer stabilen Fraktur die Fixierung mit einer Longuette (Gipsschale) ausreichend ist. Auch die Berücksichtigung der Persönlichkeit des Patienten spielt eine Rolle, d.h. der Hartverband eines geschwächten betagten Patienten benötigt weniger Festigkeit als der für einen aktiven jüngeren Patienten. Zudem ist ein ästhetisch ansprechender Verband zu gestalten.

Auf folgende **Punkte** ist bei der Anlage des Hartverbandes **besonders** zu achten:

- Fraktur und Gelenke sind in die **vorgesehene Stellung** zu bringen, wobei die Einbeziehung der beiden benachbarten Gelenke in den Hartverband in Betracht gezogen werden sollte (s. Kap. 31.4.2).
- Eine **sorgfältige Polsterung** muß an den Stellen, an denen Knochen unmittelbar unter der Haut liegen sowie bei einer Schwellungsneigung (z.B. nach einem Unfall oder einer Operation) vorgenommen werden. Die Polsterung besteht aus einem Schlauchmullunterzug (verhindert das Verrutschen der Polsterwatte und vermeidet einen Kontakt zur Haut), Polsterwatte (meist synthetische Watte z.B. Cellona Synthetikwatte®) und Kreppapierbinden (zusätzliche Sicherung gegen Verrutschen und Schutz vor Durchfeuchtung durch Gips- oder Kunststoffbinden; Abb. 5-11).
- Da die **Kunststoffe** auf der Haut **allergische** oder **toxische** Reaktionen hervorrufen, ist auf eine ausreichende Polsterung besonders zu achten. Außerdem erfolgt die Fixierung der Polsterwatte mit **Schaumstoff**, da dieser den Feuchtigkeits- und Temperaturausgleich erleichtert.

Tab. 5-1 Vor- und Nachteile des Materials für Hartverbände.

Gipsverband		Kunststoffverband	
Vorteile	Nachteile	Vorteile	Nachteile
– billig – modellierfähig – bei allen Indikationen einsetzbar – Herstellung und Entsorgung ökologisch unproblematisch	– spröde – bricht leicht – schlecht röntgenstrahlendurchlässig – Gipsverbände sind schwer – volle Belastbarkeit erst nach einem Tag	– länger haltbar – leichter als Gips – weitgehend röntgenstrahlendurchlässig – belastbar nach einer Stunde – größere Bruchfestigkeit	– teuer – löst toxische bzw. allergische Reaktionen aus – Binden sind begrenzt haltbar – Korrekturen sind am ausgehärteten Verband (z.B. mit Rabenschnabel) nicht möglich – Kunststoffe sind problematisch in der Entsorgung

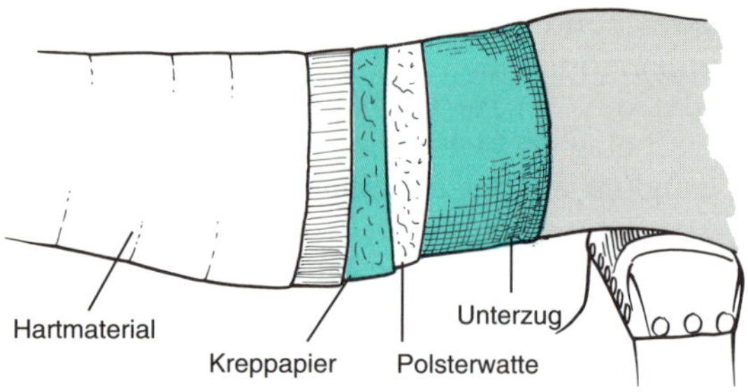

Abb. 5-11 Polsterung eines Hartverbandes.

- Eine **gezielte Verstärkung belasteter Bereiche**, z.B. Verstärkung der Fußplatte beim Gehgips.
- Während der Aushärtungsphase (innerhalb der ersten 30 Minuten) darf die Stellung der Extremität **nicht** mehr korrigiert werden, da die Verbundfestigkeit des Gipses unterbrochen und damit die Festigkeit des Materials geschwächt würde. Nach ca. **30 Minuten** hat der Gipsverband eine **Anfangsfestigkeit** erreicht, so daß ein Transfer des Patienten von der Liege zum Bett oder vom Bett auf den Nachtstuhl erfolgen kann. Die **Endfestigkeit** erreicht das Material nach ca. **ein bis drei Tagen**.

Pflegeschwerpunkte bei Hartverbänden

Die nachfolgende Betreuung von Patienten mit Hartverbänden ist unter folgenden Gesichtspunkten vorzunehmen:
- Die Abtrocknung des Verbandes kann durch gute Belüftung gefördert werden, d.h. den Verband nicht zudecken (ggf. Bettbogen ins Bett stellen).
- Gipsreste **sorgfältig** von der Haut und aus dem Bett entfernen, da dies zusätzlich **Druckstellen** verursachen kann.
- Die behandelte Extremität sollte auf einer **Schiene hochgelagert** werden, um Verformungen des Verbandes zu vermeiden und zur **Vorbeugung** gegen Ödembildung.
- Röntgenkontrollen sind erforderlich, um die **korrekte** Stellung der Fraktur zu beurteilen. Evtl. muß der Hartverband ausgetauscht werden (z.B. bei erheblichen Fehlstellungen).
- Die Zehen bzw. die Finger der eingegipsten Extremität sind **häufig** auf Farbe, Sensibilität und Beweglichkeit zu überprüfen. Klagt ein Patient über Druckschmerzen, so sind diese **immer** ernstzunehmen und **sofort** dem Arzt mitzuteilen.
- Besteht die Gefahr, daß **Schwellungen** auftreten, wird der Gipsverband der **gesamten** Länge nach bis zur letzten Faser **aufgesägt** und anschließend mit einer elastischen Binde wieder angewickelt.
- Bei Wunden oder Druckstellen wird eine **Fensterung** des Gipsverbandes vorgenommen. Hierzu wird eine ausreichend große Gipsplatte ausgesägt (z.B. um einen Verbandwechsel durchzuführen), die Ränder geglättet und unterpolstert. Anschließend wird die Gipsplatte wieder eingesetzt und mit einer elastischen Binde fixiert (Abb. 5-12 A und B).
- **Korrekturen** am Hartverband sind auf ein **Minimum zu reduzieren**, da jede Manipulation die Festigkeit und den korrekten Sitz beeinträchtigen kann.
- Der Patient ist entsprechend seiner Möglichkeiten bei der Verrichtung von Pflegemaßnahmen zu unterstützen bzw. zu fördern.
- Die Mobilisation sollte **sobald als möglich** erfolgen.

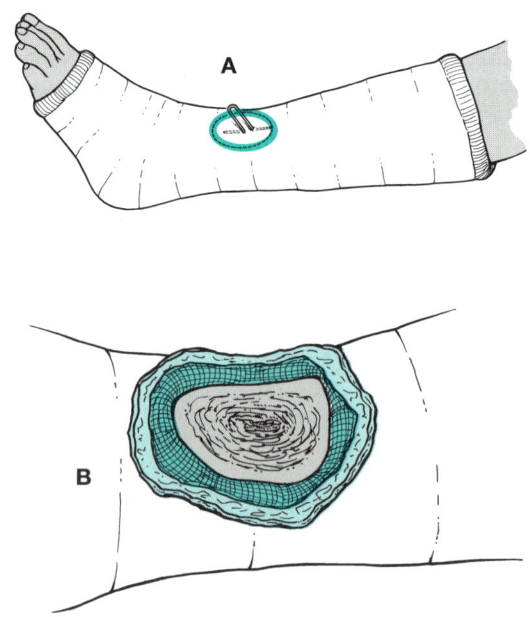

Abb. 5-12 Fensterung eines Gipsverbandes.
A: Markierung der Wunde.
B: Aussägen des Fensters.

Hartbestandteile (Gips) gehören nicht in den Ausguß (zwischengeschaltetes Absatzbecken benutzen, in dem Hartbestandteile vom Wasser getrennt werden).

Die rauhe Oberfläche von Gips- oder Kunststoffverbänden wirkt häufig störend auf den Patienten, zumal Gips mit der Zeit unansehnlich wird, da es Verunreinigungen annimmt. Hier ist es vorteilhaft, den Verband mit einem Überzug aus Schlauchmull zu versehen, der bei Bedarf gewechselt werden kann.

Einige Patienten klagen über Juckreiz unter dem Hartverband und versuchen dies z.B. mit Stricknadeln zu mindern. Die Pflegeperson sollte die Patienten darauf aufmerksam machen, daß dies zu **Verletzungen der Haut** und damit zu **Entzündungen** führen kann. Bei unerträglichem Juckreiz kann der Arzt juckreizmindernde Medikamente verordnen.

Komplikationen bei Hartverbänden

Schmerzen unter dem Gips sind als Warnzeichen ernstzunehmen und immer dem Arzt mitzuteilen!

Druckschäden: Es kann aufgrund einer Weichteilschwellung unter einem **zirkulären** Verband zur schwersten Komplikation, dem **Kompartementsyndrom** (s.a. Kap. 31.2.3) mit **erheblichen** Schäden des Gewebes (Muskelnekrosen, Nervenschäden) kommen. **Maßnahmen:** Auf Anzeichen der Druckerhöhung achten, den Patienten über diese möglichen Zeichen aufklären und bei Auftreten von Symptomen den Hartverband der gesamten Länge nach aufsägen.

Hautnekrosen: An Stellen, an denen Knochen **direkt** unter der Haut liegen (z. B. an der Ferse, am Außen- und Innenknöchel, Wadenbeinköpfchen, an der Schienbeinkante, an Gelenkrollen wie Ellenbogen-, Knie- und Handgelenk), können durch die lokale Druckerhöhung Hautnekrosen (abgestorbenes Gewebe) entstehen. **Prophylaxe:** Die gefährdeten Stellen zusätzlich z. B. mit Filz polstern.

Nervenschäden: Verlaufen Nerven besonders dicht unter der Haut (z. B. N. fibularis, ulnaris oder radialis) können diese durch die Druckerhöhung geschädigt werden. Es kommt zum Ausfall der Sensibilität und der motorischen Funktion. **Prophylaxe:** Auf gute Polsterung achten und beim Anlegen des Verbades keinen Druck ausüben.

Thrombose: Klagen Patienten über **zunehmende** Schmerzen und **steigendes** Spannungsempfinden, sowie **Schwellung** der Zehen oder Finger, besteht der Verdacht einer Thrombose. **Maßnahmen:** Den Arzt informieren, den Verband entfernen und die Thrombose abklären. Ist ein Hartverband bei Patienten mit erhöhtem Thromboserisiko notwendig, so erhält er zur Prophylaxe auf ärztliche Anordnung Heparin subkutan.

5.1.7 Feuchtverbände

Die frühere Ansicht, Wunden müßten „atmen“, ist nach heutigem Wissensstand nicht mehr zutreffend. Vielmehr wird der Standpunkt vertreten, daß Schürfwunden, Verbrennungen und chronische Wunden (z. B. Dekubiti) wesentlich schneller und besser heilen, wenn sie vor dem **Austrocknen** geschützt werden. Dies ist mit herkömmlichen Feucht-, Okklusiv-, Salben- oder Hydrokolloidverbänden erreichbar.

Feucht-, Okklusiv-, Salbenverbände

Herkömmliche Feuchtverbände werden mittels steriler Kompressen, die mit steriler Flüssigkeit angefeuchtet sind, durch Pflaster oder Binden auf der zu versorgenden Wunde fixiert. Als **Feuchtigkeitsspender** kann isotonische Kochsalzlösung (unterstützt die Wundreinigung) oder Ringerlösung (fördert die Gewebeneubildung) verwendet werden. Um ein Verkleben des Verbandes falls er austrocknet mit der Wunde zu vermeiden, ist ein Nachfeuchten und Verbandwechsel alle **zwei** Stunden nötig. Die **Vorteile** von Feuchtverbänden liegen zum einen in der guten Beurteilbarkeit der Wunde aufgrund der häufigen Verbandwechsel und zum anderen im Bereich der Kostenersparnis, da die Verbandmittel recht preiswert sind. **Nachteilig** hingegen ist der hohe Arbeitsaufwand (Verbandwechsel alle zwei Stunden), die erhöhte Infektionsgefahr (durch häufige Manipulationen) und durch die ständige Durchfeuchtung das Aufweichen (Mazeration) der Haut des Patienten in der Umgebung der Wunde.

Eine weitere Möglichkeit des Feuchtverbandes ist der Okklusivverband (z.B. Uhrglasverband am Auge). Hier werden die feuchten Kompressen mit einem wasserdampfundurchlässigen Material abgedeckt. Diese Methode birgt die **Gefahr** eines **Sekretstaus** mit dem damit verbundenen **erhöhten Infektionsrisiko** (Keimvermehrung in einer feuchten Kammer).

Salbenverbände hingegen verhindern ein Verkleben der Wunde mit dem Verbandmaterial. Die meist einzeln und steril verpackten Auflagen (z.B. Grasolind®) sind bereits von der Industrie mit enzymatischen oder antibakteriellen Salben imprägniert. Die Anwendung antibiotischer Zusätze sollte **immer** einer strengen Indikation unterliegen, da sie häufig Allergien auslösen.

Alle genannten Verbände sind unter sterilen Kautelen durchzuführen!

Hydrokolloidverbände

Zur Behandlung tiefer bzw. schmieriger Wunden haben sich Hydrokolloidverbände (Varehesive®) bewährt. Der luft- und wasserundurchlässige Verband schützt die Wunde **optimal** vor äußeren Einflüssen wie Schmutz und Bakterien und ermöglicht, daß sich der Patient duschen oder daß er gewaschen werden kann. Die hydroaktiven Teilchen des Verbandpflaster schaffen ein **feuchtes Wundmilieu**, das die Neubildung von Kapillaren und Granulationsgewebe fördert und die Auflösung von nekrotischem Gewebe ermöglicht. Dieses verbindet sich mit dem Wundsekret und bilden im Wundbett eine weiche gelartige Masse, die jedoch beim Verbandwechsel **nicht** mit Eiter zu verwechseln ist. Wenn das Pflaster aktiv wird, bildet sich über der Wunde im Pflaster eine **Blase** (Aufsaugen von Wundsekret) oder auch nur eine **Verfärbung**. Nach etwa sieben Tagen hat die Blase die Größe der Wunde erreicht, so daß erst dann ein Verbandwechsel nötig ist. Bei einer **hohen** Sekretionsmenge kann der Wechsel **häufiger** notwendig sein.

Der Verbandwechsel erfolgt nach dem **aseptischen** Prinzip. Die Größe des Pflasters ist so auszuwählen, daß die Wirkschicht an allen **Seiten 1 bis 2 cm über die Wunde** hinausragt. Beim Auflegen des Pflasters ist darauf zu achten, daß **keine** Luftblasen eingeschlossen werden, sondern ein **enger** Kontakt zur Wunde hergestellt wird. Anschließend das Pflaster mit der Hand zwei bis drei Minuten fest andrücken, da die Handwärme das Pflaster aktiviert. Pflaster mit vorhandenen Klebestreifen (Varehesive Border®) müssen evtl. an Problemstellen (z.B. Sakralbereich) zusätzlich mit Pflasterstreifen fixiert werden. Mittlerweile sind im Handel auch Spezialgrößen (oval, rund, t-förmig für den Sakralbereich) erhältlich.

Diese Art der Wundversorgung ist gegenüber anderen Methoden recht **teuer**, so daß ein Verbandwechsel möglichst erst nach ca. sieben Tagen erfolgen sollte. Zu **Beginn** einer Behandlung mit Hydrokolloidpflastern **kann** die Wunde **größer** werden. Dies wird durch die Ablösung des nekrotischen Gewebes hervorgerufen, das mit dem bloßen Auge nicht zu erkennen war. Um zu beurteilen, wann die Blase im Pflaster die Größe der Wunde erreicht hat, können die **Umrisse der Wunde** mit einem Stift **auf das Pflaster gezeichnet** werden. Eine weitere Hilfe ist das Vermerken des Verbandwechseldatums. Lösen läßt sich das Pflaster mit isotonischer Kochsalzlösung. Die Reinigung der Wunde wird, wenn keine andere ärztliche Anordnung vorliegt, ebenfalls mit isotonischer Kochsalzlösung unter aseptischen Bedingungen durchgeführt. Erst dann ist eine **erneute Beurteilung** der Wunde möglich. Pflasterreste, die nicht entfernbar sind, haben keinen Einfluß auf die Wundheilung.

5.2 Verbandwagen

Die Ansprüche der modernen Krankenhaushygiene machen es erforderlich, daß ein Verbandwagen **geschlossen** ist, um die notwendigen Materialien **staubfrei** aufzubewahren. Als Arbeitsplatte dient die glatte Oberfläche des Wagens, so daß Materialien vorübergehend dort abgestellt werden können (Abb. 5-13). Am Verbandwagen befindet sich ein Behälter mit Desinfektionsmittellösung zur Aufnahme verwendeter Instrumente und ein Plastiksack zum Abwerfen von gebrauchtem Verbandmaterial. Die Ausstattung des Verbandwagens richtet sich im einzelnen nach den Verband-

Abb. 5-13 Verbandwagen.

wechselmethoden der jeweiligen Kliniken. Für den aseptischen und septischen Verbandwechsel stehen **zwei separate** Verbandwagen zur Verfügung (s. Kap. 5.3).

Grundsätzlich sollten in einem Verbandwagen folgende Materialien zu finden sein (Abb. 5-14):

- sterile und unsterile Gummihandschuhe in unterschiedlichen Größen
- Verbandschere (groß und klein)
- sterile Scheren (gerade spitz-stumpf und gebogen spitz-stumpf)
- Fadenschere oder -messer (steril)
- Klammerentferner
- sterile Pinzetten (anatomisch, chirurgisch und Splitterpinzetten)
- Splitterpinzetten (steril)
- Klemmen
- Sicherheitsnadeln (steril)
- Knopfsonden und -kanülen (steril)
- sterile Drainagen (z.B. Gummilaschen, Redon-Drainagen, etc.)

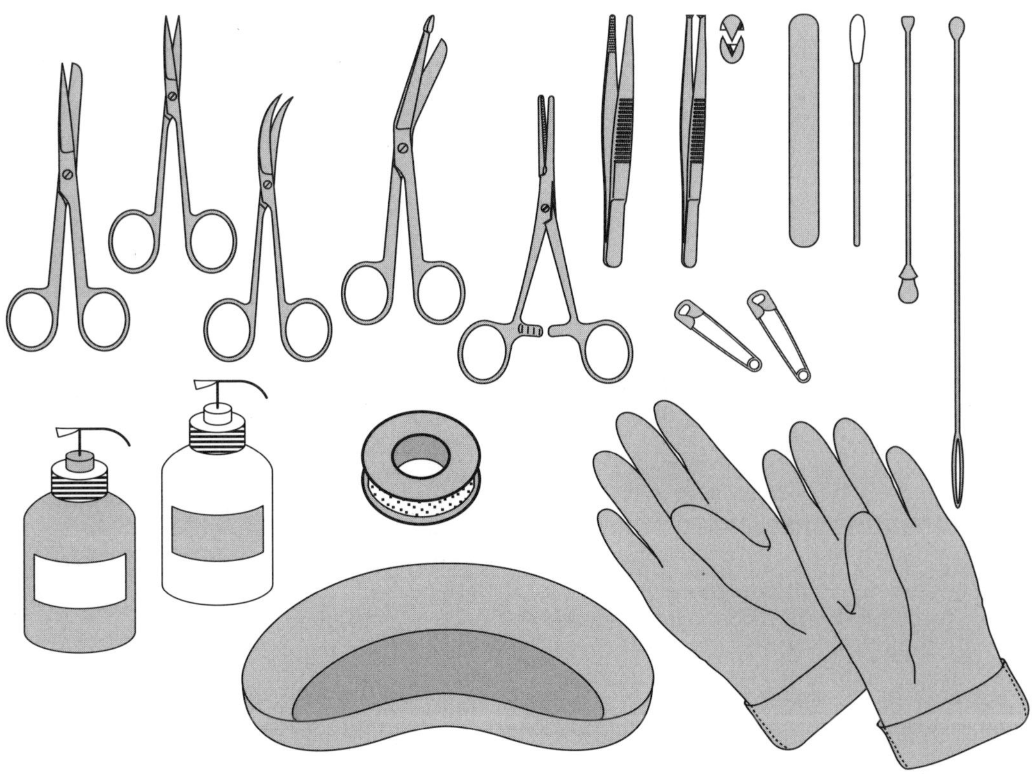

Abb. 5-14 Materialien im Verbandwagen.

- sterile Einmalspritzen und Kanülen in unterschiedlichen Größen
- Holzspatel und Watteträger (steril und unsteril)
- Kompressen und Kugeltupfer (steril)
- Nahtmaterial
- Nierenschalen (steril)
- sterile Abdecktücher in verschiedenen Größen
- Mullbinden in unterschiedlichen Breiten
- elastische Binden in unterschiedlichen Breiten
- Heftpflaster in unterschiedlichen Breiten
- sterile Wundpflaster in verschiedenen Größen
- hautfreundliche Spezialpflaster für empfindliche Haut
- elastischer Pflasterverband
- Wundbenzin, Wasserstoffperoxyd
- Spüllösungen (z. B. NaCl 0,9%, Ringerlösung)
- aseptische Lösungen zur Desinfektion und Reinigung (z. B. Kodan®)
- antibakterielle Sprays (z.B. Nebacitin-Spray®)
- antiseptische Lösungen zur Wundbehandlung (z. B. Betaisadona®)
- desinfizierende und granulationsfördernde Salben (z. B. Fibrolan®)
- Ersatzabfalltüten

In einigen Kliniken mit Zentralsterilisation werden **spezielle** Verbandwechselsets zusammengestellt, so daß für jeden Verbandwechsel ein frisches Set zur Verfügung steht. Das Verpackungsmaterial kann evtl. als sterile Unterlage, auf der Verbandstoffe und Instrumente ausgebreitet werden können, dienen. Verbandstofftrommeln, aus denen Material mit Kornzangen entnommen wird, sind aus **hygienischen** Gründen (Erhöhung des Infektionsrisikos) **abzulehnen**. Der Verbandwagen wird **täglich** gereinigt, desinfiziert und fehlendes Material ist zu ergänzen.

5.3 Verbandwechsel

Wunden müssen unabhängig von ihrer Entstehungsursache abgedeckt werden. Die Abdeckung dient als **Schutz** vor Infektionen (Keimbarriere) und vor mechanischen Einflüssen (z. B. Scheuern der Kleidung an der Wunde). Um den Heilungsprozeß zu fördern, werden an Verbandmaterialien bestimmte Anforderungen gestellt. Das Material muß **steril** sein, damit keine Lokalinfektion durch zusätzlich eingebrachte Erreger zu Wundheilungsstörungen führt. Eine weitere Anforderung ist, daß das Material **luftdurchlässig** ist, denn Sauerstoff fördert den Heilungsprozeß. Das entstehende Wundsekret muß abfließen können, d. h. das Verbandmaterial sollte **saugfähig** sein. Die Wundbehandlung bzw. der Verbandwechsel gehören zur **Handlungskompetenz** des Arztes. Er kann die Maßnahmen der Wundbehandlung und den damit verbundenen Verbandwechsel an die Pflegegruppe delegieren. Ein Verbandwechsel beinhaltet neben dem Wechsel der Wundauflage **immer** eine Inspektion der Wunde im Hinblick auf Veränderungen an der Wunde, wie Rötung, Schwellung, Sekretaustritt und Schmerzen bei Berührung.

5.3.1 Grundregeln zum Verbandwechsel

Vorbereitung:
- Keine Raumreinigung **unmittelbar** vor der Maßnahme durchführen.
- Die Fenster schließen und für Sichtschutz (Intimsphäre des Patienten) sorgen.
- Eine Arbeitsfläche schaffen und für eine ausreichende Beleuchtung sorgen.
- Den Patienten vor der Durchführung der Maßnahme informieren.
- Für eine bequeme Lagerung des Patienten (schmerzarm) sorgen.

Durchführung:
- Patienten mit aseptischen Wunden **vor** Patienten mit septischen Wunden verbinden. Eine **sterile** und eine **unsterile** Fläche herrichten.
- Hygienische Händedesinfektion vor der Materialzusammenstellung vornehmen.
- Nur **so viel** Material **wie unbedingt nötig** zum Patienten mitnehmen.
- Sterile Materialien immer patientenfern, unsterile patientennah abstellen.
- Beim Verbandwechsel **stets** Handschuhe tragen.
- Während des Verbandwechsels **nicht** sprechen, ggf. eine Gesichtsmaske tragen (Tröpfcheninfektion).
- Desinfektionsmittelbehälter und Gegenstände zur mehrmaligen Anwendung dürfen **nicht** mit Handschuhen angefaßt werden, die vorher mit der Wunde oder dem benützten Verbandmaterial in Berührung gekommen sind.

Nachsorge:
- Nach dem Verbandwechsel den Patienten erneut bequem lagern.
- Gebrauchtes Material verwerfen, Instrumente in Desinfektionsmittellösung einlegen.
- Hygienische Händedesinfektion (s. Kap. 4.5.4) nach Abschluß des Verbandwechsels.
- Dokumentation des durchgeführten Verbandwechsels mit **präziser** Angabe der Beobachtungen im Wundbereich.

5.3.2 Aseptischer Verbandwechsel

Eine Wunde frei von Krankheitskeimen wird als aseptische Wunde bezeichnet. Der **erste** Verbandwechsel einer Operationswunde sollte günstigerweise erst **nach 48 Stunden** erfolgen, da zu diesem Zeitpunkt die Wunde bereits durch Fibringerinnsel dicht verschlossen ist, so daß ein Eindringen von Keimen nur noch durch Mikroverletzungen der Haut beim Abnehmen des Verbandes möglich ist. Vor Ablauf von 48 Stunden sollte ein Verbandwechsel **nur** durchgeführt werden, wenn der Verband stark mit Blut oder Wundsekret durchfeuchtet ist oder der Patient über außergewöhnlich starke Schmerzen klagt. Der Verband einer aseptischen Wunde darf **niemals** mit **unsterilen** Handschuhen vorgenommen werden.

Durchführung: Ideal wäre die **Zwei-Mann-Technik**, d.h. der Verbandwechsel erfolgt durch zwei Personen. Eine Person reicht die benötigten Materialien ohne direkten Kontakt zum Patienten an (Springerfunktion). Die zweite Person führt den Verbandwechsel durch. Es handelt sich hier um das sog. **Einbahnsystem**, d.h. vom Verbandwagen zum Patienten und nicht wieder auf den Verbandwagen zurück (Abb. 5-15). So wird verhindert, daß Keime den Verbandwagen kontaminieren und diese Keime auf andere Patienten weitergereicht werden. Auch der Springer trägt Handschuhe und wechselt diese, falls er Hilfestellung am Patienten leisten mußte (z.B. Halten des Beines), bevor er wieder am Verbandwagen tätig wird.

Bei der **Ein-Mann-Technik** muß der Verbindende zuerst die Springerfunktion übernehmen, d.h. alle benötigten Materialien sind auf einer sterilen Unterlage vorzubereiten, ohne daß sie mit dem Patientenbett oder dem Patienten in Kontakt kommen. Die Gegenstände sind so bereitzulegen, daß sie während des Verbindens steril zu entnehmen sind. Lösungen zur Desinfektion oder Wundbehandlung, die sich in unsterilen Behältern befinden, müssen z.B. auf Kompressen oder in Schälchen geschüttet werden. Die Entfernung des alten Verbandes kann mit unsterilen Handschuhen erfolgen, die Auflage, die direkt auf der Wunde liegt, wird jedoch mit einer sterilen Pinzette entfernt. Beides ist direkt in den bereitstehenden Abfallsack zu entsorgen. Anschließend werden sterile Handschuhe übergezogen. Zeigt die Wundinspektion, daß eine Reinigung (z.B. die Entfernung von Blutkrusten) notwendig ist, wird mit jedem Tupfer oder jeder Kompresse nur **ein Wisch- oder Reinigungsgang von innen nach außen** durchgeführt. Damit ist das Einbringen von Umgebungskeimen in die Wunde zu vermeiden (Abb. 5-16). Nach Beendigung des Verbandwechsels wird das Material entsorgt, der Patient gelagert, eine hygienische Händedesinfektion vorgenommen und der Verbandwechsel dokumentiert.

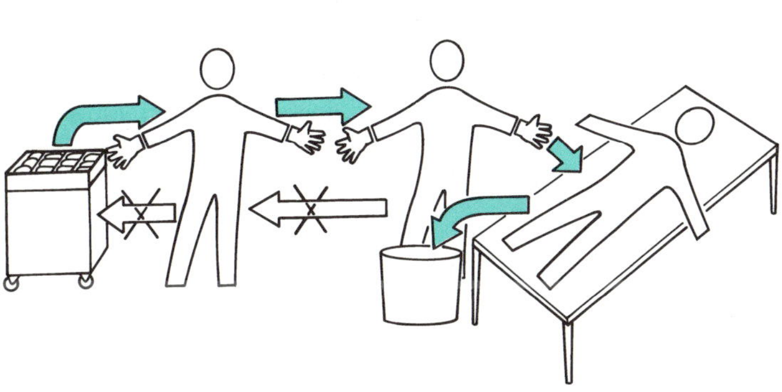

Abb. 5-15 Einbahnsystem Verbandwechsel.

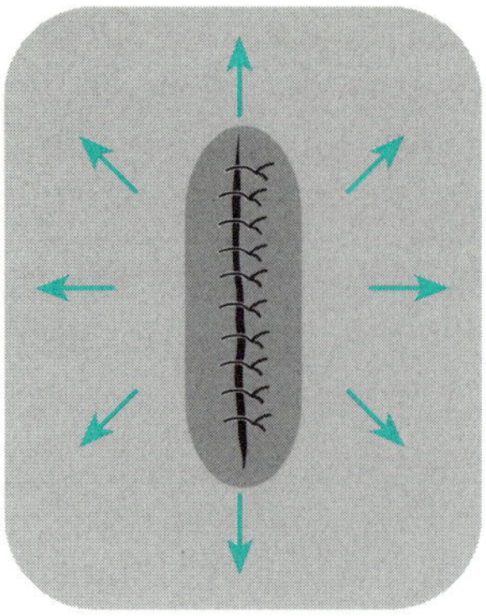

Abb. 5-16 Reinigung einer aseptischen Wunde.

5.3.3 Septischer Verbandwechsel

Die Vorbereitung zum septischen Verbandwechsel erfolgt analog zum aseptischen. Aufgrund der Wundverhältnisse ist der Verbandwechsel unter Umständen **häufiger** durchzuführen, da septische Wunden **vermehrt Wundsekret** absondern. Das Ziel des septischen Verbandwechsels ist es, die Wunde zu reinigen, die Wundinfektion zu bekämpfen sowie die Granulation und Epithelisierung zu fördern. Die Maßnahmen der Wundbehandlung werden vom Arzt verordnet. Die **Reinigung** der Wunde geschieht beim septischen Verbandwechsel **immer von außen nach innen** (Abb. 5-17), um eine Keimverschleppung in die Wundumgebung zu verhindern. Nach Beendigung des Verbandwechsels ist auch hier eine ausführliche Dokumentation der Wundinspektion und der Wundbehandlungsmaßnahmen vorzunehmen.

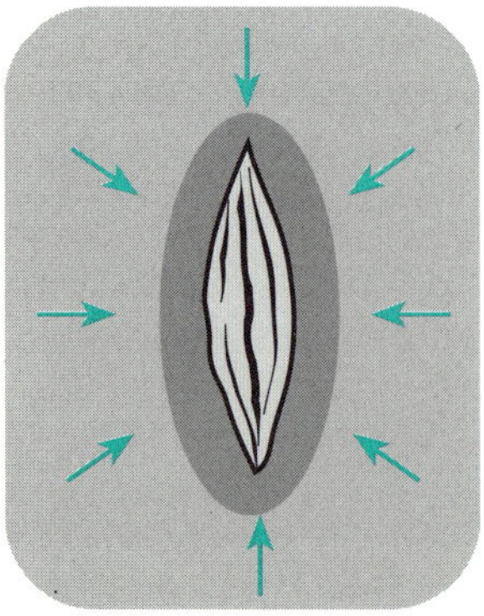

Abb. 5-17 Reinigung der septischen Wunde.

5.4 Schienen

Schienen werden zur Ruhigstellung von Frakturen, bei Weichteilwunden, bei Gefäßerkrankungen (Thrombose, Thrombophlebitis), bei Entzündungen sowie bei Knochen- und Gelenkerkrankungen eingesetzt. Es gibt unterschiedliche Arten von Schienen, z.B. Kramer-, Volkmann-, Braun- und Schaumstoffschienen (Abb. 5-18 A bis D). Außer den Schaumstoffschienen sind alle anderen Schienen mit Watte, Schaumstoff, Trikotschlauch oder Binden zu polstern.

Die **Kramerschiene** ist eine biegsame Drahtleiterschiene und wird zur Ruhigstellung der oberen Extremitäten (z.B. Verletzung oder Entzündung der Schulter) eingesetzt. Sie ist vor Gebrauch **gut zu polstern**, um den Patienten vor Verletzungen durch die scharfen Kanten zu schützen. Zur Frakturbehandlung ist sie **nicht** geeignet.

Die **Volkmann-Schiene** besteht vollständig aus Metall und ist deshalb **besonders** für **septische** Bedingungen **geeignet** (Desinfektion). Sie hat eine muldenförmige Auflagefläche mit einem höhenverstellbaren Fußteil und einer Aussparung im Bereich der Ferse und wird als Lagerungsapparat für das Bein mit aufrechtem Blatt für den Fuß bei gestrecktem Kniegelenk eingesetzt. Evtl. müssen Polsterkissen in der Kniekehle und unter der Achillessehne plaziert werden.

Die **Braun-Schiene** ist eine Eisenrahmenkonstruktion und dient als Lagerungsgestell für die unteren Extremitäten. Es handelt sich um eine höhenverstellbare Beinauflage mit verstellbarem Knieknick. Diese Schiene kommt **häufig** in **Verbindung** mit der **Extensionstherapie** zum Einsatz (s. Kap. 5.5).

Schaumstoffschienen benötigen keine zusätzliche Polsterung. Sie sind in der Form von Volkmann-, Braun- und als Abduktionsschiene (Spreizschiene) erhältlich. Das Fußteil ist mit einer Sperrholz- oder Aluminiumplatte verstärkt. Die Schiene ist mit einem abnehmbaren Bezug, der sich reinigen und desinfizieren läßt, versehen.

5.5 Extensionen

Unter einer Extension (s.a. Kap. 31.4.2) ist die Streckung einer Gliedmaße durch **An-**

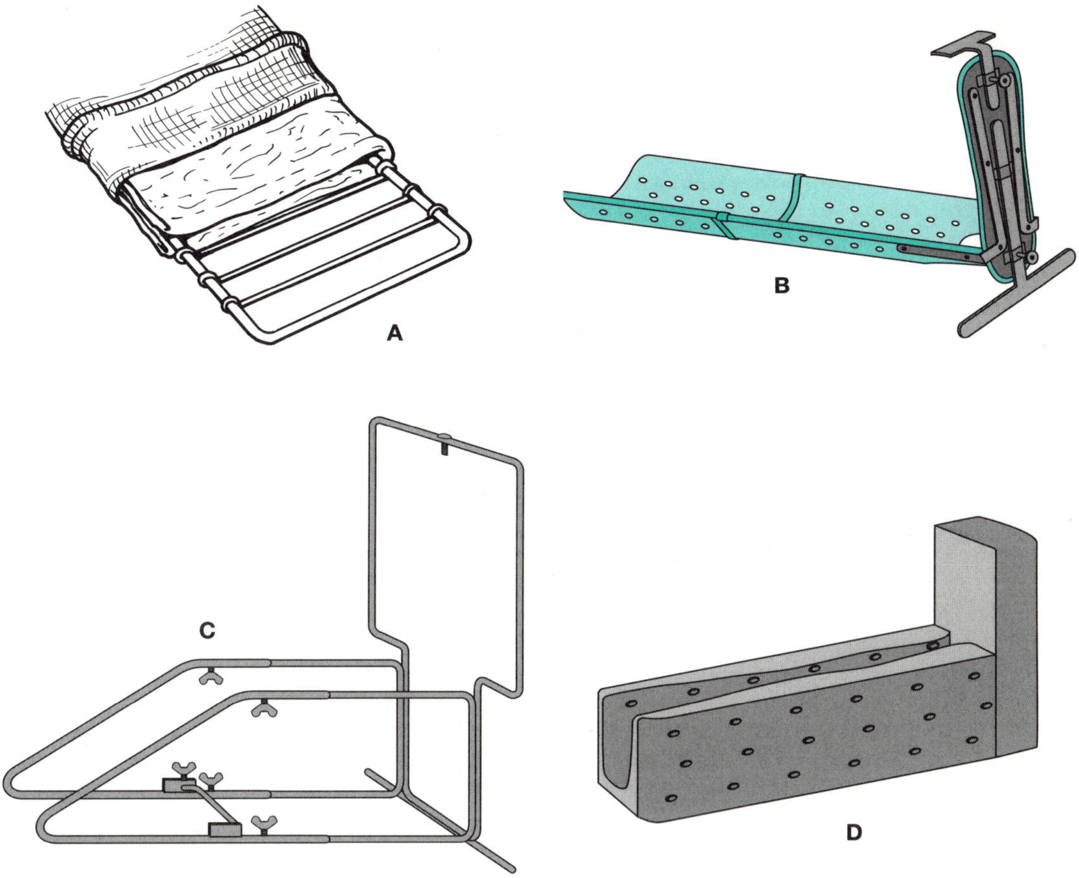

Abb. 5-18 Schienen.
A: Kramerschiene.
B: Volkmann-Schiene.
C: Braun-Schiene.
D: Schaumstoffschiene.

wendung von Zug in Richtung der Längsachse bei Frakturen zur Vermeidung von Dislokation zu verstehen.

Die **Indikationen** für eine Drahtextension sind Ruhigstellung und Reposition von Ober- und Unterschenkel- sowie Sprunggelenkfrakturen (s.a. Kap. 31, Abb. 31-4 A und B). Auch Frakturen der oberen Extremitäten werden bis zur operativen Versorgung oder bis zur Anlage eines Hartverbandes mit einer Extension (Overheadextension) versorgt. Ein weiteres Einsatzgebiet für Extensionen sind bestimmte Verletzungen der Halswirbelsäule (z.B. Luxationen oder Luxationsfrakturen). Hier kommen die Crutchfield-Klammer bzw. eine sog. Halo-Extension (Abb. 5-19 A und B) zum Einsatz.

Die **Anlage der Drahtextension** erfolgt durch den **Arzt,** in der Regel im **Operationssaal**, unter **streng aseptischen Bedingungen**. Für die postoperative Übernahme auf die weiterpflegende Krankenstation ist ein Extensionsbett vorzubereiten. Für das Extensionsbett werden folgende Materialien benötigt:

- Lochstabsystem
- Braun-Schiene nach Krapp (freischwebende Befestigung am Lochstabsystem)
- Extensionsgewicht (ca. 5% des Körpergewichts des Patienten)
- Schlauchmull, Hautkleber (z.B. Arasol®) und Holzspatel zur Spitzfußprophylaxe

Die Schiene ist sorgfältig zu polstern und zu umwickeln, d.h. im Bereich von Achillessehne und Kniegelenk fest und im Bereich von Ober- und Unterschenkel locker, wobei der Fersenbereich freigelassen wird. Die Stellschrauben der Schiene werden **nicht** um-

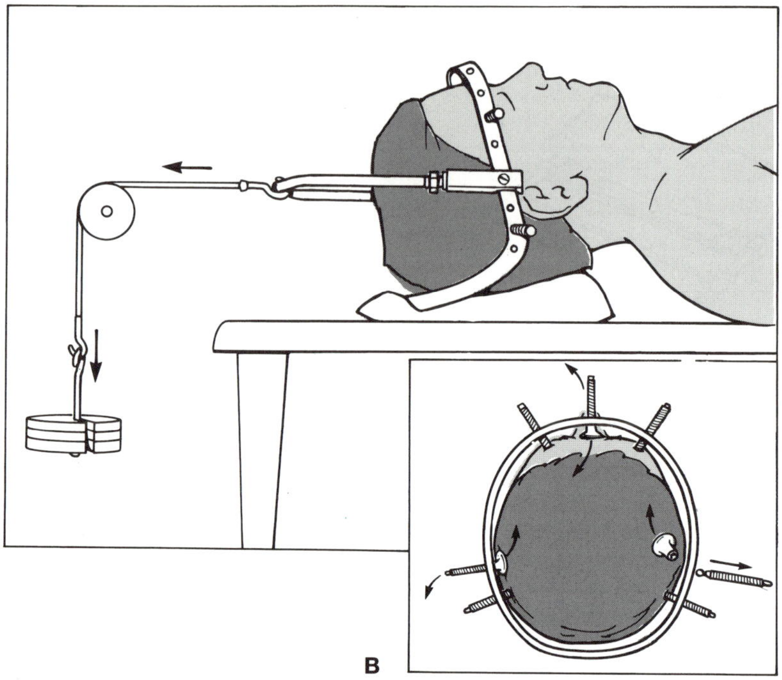

Abb. 5-19 Halo-Extension.
A: Extension durch Längszug an einem liegenden Patienten.
B: Position der Halte- und Fixationsschrauben.

wickelt, um nachträglich **Korrekturen** der Einstellungen vornehmen zu können.

Das Extensionsbett wird auf der Station vorbereitet und auf Abruf in den Operationssaal gebracht. Die **Lagerung** des Patienten und die **Feineinstellung** der Schiene erfolgt durch den **Operateur** noch im Operationssaal.

Pflegeschwerpunkte bei der Extensionstherapie

- Die Lagerung der Extremität auf der Extensionsschiene erfolgt durch **zwei** Pflegepersonen; eine Pflegeperson hebt die Extremität an, eine zweite schiebt die Schiene unter.
- Evtl. sind die Schienenlänge und der Beugungswinkel zu korrigieren.
- Anschließend wird die Polsterung vervollständigt, indem Schaumstoff- oder Wattepolster an den **gefährdeten** Stellen (Oberschenkel, Wadenbeinköpfchen, Kniegelenk, Achillessehne) untergelegt werden.
- Um der Gefahr der Spitzfußbildung entgegenzuwirken, wird das Sprunggelenk mit Hilfe von Schlauchmull in Neutral-Null-Stellung (s. a. Kap. 6.2.5) gebracht, in dem ein Ende des Schlauchmulls an der Fußsohle mit Hautkleber (Arasol) befestigt wird. Damit die Zehen durch den Zug des Schlauchmulls nicht komprimiert werden, schneidet man diesen an den Zehen auf und bringt einen Holzspatel ein, der den Schlauchmull aufgeweitet hält.
- Das Bett des Patienten wird am Fußende **leicht** erhöht, um die korrekte Wirkung der Extension an der Fraktur zu erreichen. Das Körpergewicht des Patienten wirkt so als **Gegengewicht** zum Zuggewicht.
- Bei allen Manipulationen, jedoch besonders bei Transporten im Bett ist auf die **hängenden Gewichte zu achten**.
- Bei allen pflegerischen Maßnahmen (Wäschewechsel, Körperpflege, Ausscheiden) ist dem Patienten die benötigte Hilfestellung zu geben.
- Da die Extensionstherapie meist mit einer **langen** Bettlägerigkeit verbunden ist, sind

Dekubitus-, Pneumonie- und Thromboseprophylaxe **regelmäßig und gezielt** durchzuführen.
- Zur Erleichterung der Intimpflege und für eine entspannte Lagerung der Extremität, ist die Schiene so einzustellen, daß eine Hüftabduktion von 10° erfolgt.
- Der Patient erhält eine funktionstüchtige Klingel, einen Nachttisch und ggf. eine Urinflasche in erreichbare Nähe.
- Falls notwendig, sollten für den Patienten Möglichkeiten zur Beschäftigung bestehen.
- **Kontrolle** der Zugrichtung, der Lage des Patienten (Gewicht muß frei hängen), der Durchblutung, Sensibilität und Motorik sowie der Eintrittsstellen der Drähte auf Infektionszeichen.
- Dokumentation aller Besonderheiten (z.B. Größe des Gewichtes nach ärztlicher Anordnung).

Komplikationen und mögliche prophylaktische Maßnahmen können der Tabelle 5-2 entnommen werden.

Tab. 5-2 Komplikationen und mögliche prophylaktische Maßnahmen.

Komplikationen	Prophylaktische Maßnahmen
Frakturheilungsstörungen	– keine Manipulationen am Gewicht – freie Zugseilführung beachten – Lage der Extremität nicht verändern, evtl. mit Binde an Schiene fixieren
Nervenläsionen	– regelmäßige Überprüfung der Sensibilität und Beweglichkeit – Kontrolle der Polsterung
Druckschäden	– Gelenke unterpolstern, aufliegende Körperteile weichlagern (z. B. Steißbein, Wirbelsäule etc.)
Osteomyelitis	– täglich aseptischer Verbandwechsel an Ein- und Austrittsstellen des Extensionsdrahtes – regelmäßiger Wechsel von Schienenbezug und Poltermaterialien

5

Literaturhinweise

[1] Juchli, L.: Krankenpflege. Georg-Thieme-Verlag, Stuttgart-New York, 7. Aufl. 1994.

[2] Paetz, B.: Chirurgie für Krankenpflegeberufe. Georg-Thieme-Verlag, Stuttgart-New York, 17. Aufl. 1990.

[3] Stenger, E.: Verbandlehre. Urban und Schwarzenberg, München-Wien-Baltimore, 5.Aufl. 1993.

6 Diagnostik

A. Woltmann, G. Bliemeister

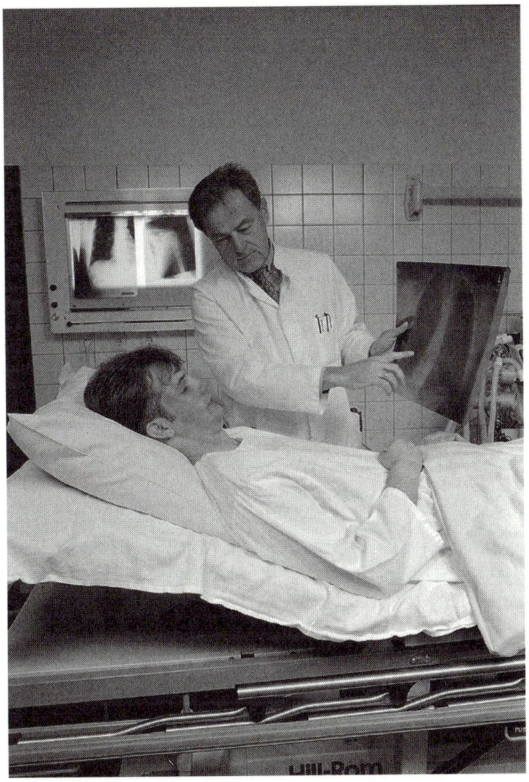

6

6.1 Anamnese (ärztliche)

6.1.1 Allgemeines

Die Anamnese, unter der das Erfragen **früherer** Beschwerden und Erkrankungen eines Patienten zu verstehen ist, ist das wichtigste Instrument des Arztes, um die Vorgeschichte zur aktuellen Krankheit **in Beziehung zu setzen**. Ohne eine Anamnese ist die Behandlung einer Krankheitsursache nicht möglich. Das schnelle Stellen der Diagnose zur effektiven Therapie einer Erkrankung ist absolut abhängig von der gründlichen Erhebung der Krankengeschichte.

Dies trifft für die Chirurgie wie für alle anderen Fächer der Medizin zu. Manche Erkrankungen sind einwandfrei aus der Anamnese ohne weitere Maßnahmen zu diagnostizieren. **Beispiel:** Berichtet ein Patient über kolikartige Oberbauchschmerzen mit Stuhlentfärbung und Braunwerden des Urins sowie über eine Normalisierung der Stuhl- und Urinfarbe mit Eintritt einer Besserung der Beschwerden, so könnte es sich um eine abgelaufene Choledocholithiasis (Gallensteinerkrankung) handeln.

Nur äußerst selten ist die ursächliche Behandlung einer Erkrankung ohne die Anamnese möglich. Ein Notfall **zwingt** jedoch **zu Diagnostik** und **Therapie**, ohne daß eine Anamnese erhoben werden kann. Gerade deshalb ist die Behandlung eines bewußtlosen Patienten meist nur gegen die Symptome **(symptomatisch)** und nicht gegen die Ursache der Erkrankung **(kausal)** gerichtet.

Mit Erhebung der Krankengeschichte werden zunächst Informationen gesammelt, die der Patient angeben kann. Dies fällt unter das Stichwort „Zuhören“ (Was führt Sie zu mir?). Die **Güte** dieser Informationen hängt von der Klarheit der Schilderung ab. Dem Zuhören folgt das **gezielte** Nachfragen durch den Arzt, um schließlich durch das Hinzufügen exakt erfragter Daten einen weiteren Schritt zur Sicherung der Diagnose zu machen. **Beispiel:** „Hatten Sie Schüttelfrost, als die Rötung an der Haut auftrat?“ Wäre dies der Fall, handelte es sich aller Wahrscheinlichkeit nach um ein Erysipel. Am Ende der Anamnese werden die wichtigsten Informationen notiert und geordnet. Nachdem man den Patienten und seine Beschwerden kennengelernt hat, sollte es jetzt möglich sein, eine **Verdachtsdiagnose** zu stellen.

Die weitere Aufgabe des Arztes ist es nun, durch gezielte Maßnahmen seine Verdachtsdiagnose zu bestätigen. Hierzu dienen die körperlichen und ggf. apparativen Untersuchungen. Damit sich die apparative Diagnostik im Rahmen hält und nicht zu teuer wird, bleibt das „A und O“ zum Stellen der Diagnose und Einleiten der Therapie nicht nur in der Chirurgie die Anamnese.

Ziel der Anamnese ist es, sich gegenseitig kennenzulernen, Informationen über die Erkrankung zu sammeln und letztlich eine Verdachtsdiagnose zu stellen!

Tab. 6-1 Definieren des Schmerzes.

Lokalisation	z. B. Oberbauch, Unterschenkel
Ausstrahlung	z. B. bei Angina pectoris in den linken Arm
Häufigkeit, Dauer	z. B. gleichbleibend, kontinuierlich
Charakter	z. B. brennend, stechend, kolikartig, wehenartig
Intensität	z. B. schwach, mäßig, stark, unerträglich
Erleichterung durch bestimmte Maßnahmen	z. B. Kälte, Wärme, etc.
Begleiterscheinungen	z. B. Übelkeit, Schwindel, abhängig von Atmung, Aufregung, Anstrengung, Tag, Nacht, Nahrung

6.1.2 Aktuelle Anamnese

Im Vordergrund steht die Frage nach den **jetzigen** Beschwerden. Häufig sind es Schmerzen, die den Patienten zum Chirurgen führen. Kann der Patient den Schmerz nicht genau beschreiben, muß durch Nachfragen die Art des Schmerzes definiert werden (Tab. 6-1).

Evtl. kann durch typische Schmerzschilderungen bereits auf die Erkrankung geschlossen werden:
- Starke Kopfschmerzen, die beim Pressen für Stuhlgang einsetzen, z. B. bei Subarachnoidal (Gehirn)-Blutung.
- Nüchtern-Magenschmerz besonders im Frühjahr/Herbst, z. B. bei Ulkuserkrankung.

- Kolikartige Oberbauchschmerzen mit Ausstrahlung in die rechte Schulter, z.B. bei Gallensteinen.
- Kolikartige Flankenschmerzen nach Treppensteigen mit Ausstrahlung in die Leiste, die Schamlippe oder den Hoden, z.B. bei Nieren- bzw. Harnleitersteinen.
- Oberbauchschmerzen mit Ausstrahlung in den Rücken, z.B. bei Bauchspeicheldrüsenentzündung.

Neben dem Schmerz gibt es wichtige andere chirurgische **Leitsymptome**:

- Fieber
- Erbrechen
- Durchfall/Verstopfung
- Bluthusten, -erbrechen, blutiger Ausfluß, Blut im Stuhl

Bei der chirurgischen Anamnese ist es von Bedeutung, die aktuellen Beschwerden **im Zusammenhang** mit früheren Operationen zu sehen, da durch diesen Zusammenhang oftmals eine Folgeoperation nötig werden kann. Typisches **Beispiel** ist hier bei vorausgegangener Bauchoperation ein Bridenileus (Darmverschluß aufgrund von Verwachsungssträngen). Bleibt genügend Zeit, da es sich um keinen Notfall handelt, so sind immer auch die sog. **Pflichtfragen** zu klären:

- Durst (vermindert, verstärkt)
- Appetit (vermindert, verstärkt, Abneigungen, Unverträglichkeiten, Übelkeit, Erbrechen)
- Gewicht (Abnahme, Zunahme, Zeitraum)
- Stuhlgang (Durchfall, Verstopfung, Blutbeimengungen, Teerstuhl, Entfärbung, Häufigkeit, Schleim, Abführmittel)
- Wasserlassen (Farbe, Brennen, Geruch, Menge, Häufigkeit, verzögerter Beginn, Nachtropfen, Verhalt)
- Husten/Auswurf (Farbe, Geruch, schleimig, schaumig, blutig)
- Schwitzen (nachts, immer, kaum)
- Schlaf (viel, wenig)
- Psyche (stabil, labil, depressiv, manisch, Intelligenz, Hypochonder, Unterbewertung der Beschwerden)
- Periode (wann zuletzt, regelmäßig)
- Geburten (bestehende Schwangerschaft)
- Allergien (auch gegen Medikamente)
- Nikotin/Alkohol
- Medikamente
- Beruf (Wechselschicht, Exposition, Streß)
- Soziales Umfeld (Ehe, Kinder u.ä.)
- Hausarzt

Die aktuelle Anamnese soll die jetzigen Beschwerden erfassen; es muß jetzt schon geklärt sein, ob es sich um einen Notfall handelt oder nicht. Zur aktuellen chirurgischen Anamnese gehört auch die Frage nach vorausgegangenen Operationen, um einen evtl. Zusammenhang herstellen zu können!

6.1.3 Frühere Anamnese

Die frühere Anamnese erfaßt schwerere Erkrankungen, die der Patient während seines bisherigen Lebens durchgemacht hat. Nicht nur beim chirurgischen Patienten sind vorangegangene Operationen genau zu ermitteln. Wichtig ist auch, wann und in welchem Krankenhaus operiert wurde. So bleibt die Möglichkeit, bei Unklarheiten die Unterlagen von dort anzufordern. Im einzelnen werden frühere Erkrankungen nach einem **Schema** erhoben, das sich an den **Organen** orientiert (Tab. 6-2 A).

Gehirn

Um evtl. bestehende neurologische Symptome bzw. Ausfälle zu klären, sollte nach Apoplex, Schädelhirntrauma oder Krampfleiden, etc. gefragt werden.

Herz/Kreislauf

Hoher Blutdruck (Hypertonus) ist in Deutschland sehr verbreitet. Nicht zuletzt deshalb erwähnen ihn manche Patienten überhaupt nicht. Da der Bluthochdruck für eine Reihe schwerer **Folgeerkrankungen** (z.B. arteriosklerotische Bauchaortenerweiterung, Aneurysma) verantwortlich ist, muß sich der Arzt explizit über die Blutdruckwerte informieren. Nicht selten bestehen schon arteriosklerotische Verengungen der Herzkranzgefäße, die zur Angina pectoris (Herzschmerzen) oder schon zum Herzinfarkt geführt haben. Diese **Daten** sind auch beim chirurgischen Patienten **wichtig**, da sie für die **Operationsplanung** und **-vorbereitung** sowie für die **Risikoeinschätzung** des Eingriffes eine **große Rolle** spielen.

Lunge

Eine chronische Bronchitis bzw. eine länger zurückliegende Lungenentzündung sind weitere Risikofaktoren eines operativen Eingriffes, da diese postoperativ zu schweren Lungenentzündungen führen können. Auch die **Lungentuberkulose** ist bei uns **kein seltenes** Erkrankungsbild. Rundherde in der Lunge und Pleurakuppenschwielen sind häufig auf eine Lungentuberkulose zurückzuführen. Deshalb muß der Arzt bei der Befunderhebung auch an diese Erkrankung denken.

Magen/Darm

Die Ulkuserkrankung ist mittlerweile eine Domäne der Inneren Medizin geworden. Trotzdem ist es für die Durchführung der **perioperativen Ulkusprophylaxe** (Verhütung) bei chirurgischen Patienten wichtig, evtl. Angaben des Patienten zu berücksichtigen.

Ein bereits abgelaufener Darmverschluß stellt bei der Beurteilung eines akuten Abdomens eine wichtige Zusatzinformation dar. Die Frage nach einer Colitis ulcerosa oder einem Morbus Crohn (chronisch entzündliche Darmerkrankungen) ist bei Patienten mit Durchfällen und Blut im Stuhl obligat. Im Zusammenhang mit Polypen im Darm sind vorausgegangene endoskopische Untersuchungen (Magen-/Darm-Spiegelungen) zu ermitteln.

Leber/Gallenblase/Bauchspeicheldrüse

In bezug auf die Leber ist nach Erkrankungen wie Hepatitis und Leberzirrhose zu fragen. In der Chirurgie muß bei einem Hinweis auf eine Leberentzündung die **Hepatitisserologie** schon als **Vorsichtsmaßnahme** bestimmt werden. Die durch übermäßigen Alkoholkonsum ausgelöste Leberzirrhose ist eine häufige Ursache von Ösophagusvarizenblutungen.

Bereits bekannte Gallensteine (Cholelithiasis) können einen rechtsseitigen Oberbauchschmerz erklären. Da manche Patienten ihre Gallensteine für **selbstverständlich** halten und sie nicht extra erwähnen, sollte sich der Arzt nach dieser „Volkskrankheit" immer erkundigen. Die Cholelithiasis kann aber auch zu schweren Folgeerkrankungen wie der Pankreatitis (Bauchspeicheldrüsenentzündung) führen. Allerdings wird die Pankreatitis häufiger durch unkontrollierten und übermäßigen **Alkoholkonsum** ausgelöst und gehört deshalb zum obligatorischen Fragenkatalog insbesondere beim Alkoholkranken.

Niere

Weiß der Patient, daß er Nierensteine hat, kann dies ein Hinweis bei der Klärung des akuten Abdomens sein. Auch frühere Harnweginfektionen sind von Bedeutung. Bei Dialysepatienten ist der **Dialyse-Rhythmus** und, wenn möglich, der übliche **Kaliumspiegel** zu erfragen. Die Frage nach einer vorausgegangenen Transplantation sollte schon bei den Fragen nach Operationen beantwortet sein.

Stoffwechsel

Häufig kommen Diabetiker in chirurgische Behandlung. Es ist zu klären, seit wann der Diabetes besteht, welche Medikation (orale Antidiabetika/Insulin) verwendet wird und wie der Blutzuckerspiegel eingestellt ist. Auch größere Blutzuckerschwankungen und evtl. daraus resultierende hypo-/hyperglykämische Entgleisungen bei diesen Patienten sollten bekannt sein.

Da eine Schilddrüsenüber-/-unterfunktion den perioperativen Verlauf stark beeinflussen und zu schweren **Komplikationen** führen kann, sollten diese Erkrankungen abgeklärt werden.

Familienanamnese

Von großer Bedeutung können **vererbbare** oder **schwere** Erkrankungen in der Familie sein. Gefragt wird nach den Eltern, Geschwistern und Großeltern.

Die frühere Anamnese soll wichtige Begleit- oder Grunderkrankungen abklären. Zusammenhänge mit den jetzigen Beschwerden sind herzustellen. Es werden eine Verdachtsdiagnose und eine Arbeitshypothese aufgestellt, wobei auch mehrere Möglichkeiten in Betracht gezogen werden können (Differentialdiagnose)!

6.2 Körperliche Untersuchung

6.2.1 Allgemeines

Die körperliche Untersuchung dient in erster Linie zur **Bestätigung** der aus der Anamnese gestellten Verdachtsdiagnose. Durch die Untersuchung kann jedoch die gestellte Verdachtsdiagnose auch unwahrscheinlich wer-

Tab. 6-2 Erhebungsbögen.
A: Anamneseerhebungsbogen.

Facharzt:	Röntgenologe:

Familien-Anamnese:

Vater: gesund, Alter _____ J., leidet an: ____________ **Mutter:** gesund, Alter _____ J., leidet an: ____________

gestorben mit _____ J., an: ____________ gestorben mit _____ J., an: ____________

Brüder: ________ Schwestern: ________ gesund, Erkrankungen: ____________

☐ Diabetes, ☐ Tuberkulose, ☐ Epilepsie, ☐ Geisteskrankheiten, ☐ Krebs wer: ____________

Frühere Anamnese: (zutreffendes bitte ankreuzen—Stichwörter nur als Gedächtnisstütze benutzen, freier Raum f. Ergänzungen)

Operation: wann und wo ____________

Gehirn	☐ o. B., ☐ Schlaganfall, ☐ Schädeltrauma
Herz, Gefäße, Kreisl.	☐ o. B., ☐ Angina pectoris, ☐ Herzinfarkt, ☐ Herzmuskelschaden, ☐ Hypertonie, ☐ Hypotonie
Lunge	☐ o. B., ☐ Pneumonie, ☐ Pleuritis, ☐ Bronchitis, ☐ Tbc
Magen, Darm	☐ o. B., ☐ Ulkus ventr., ☐ Ulkus duodeni, ☐ Gastritis, ☐ Ileus
Leb., Gal., Pank.	☐ o. B., ☐ Gelbsucht, ☐ Gallensteinkolik, ☐ Gallenblasenentzündung
Niere	☐ Nierenerkrankungen
Stoffwechsel	☐ Diabetes, ☐ Schilddrüse

Allergien bzw. Unverträglichkeiten: ____________

____

Krampfleiden: ____________ Nikotin: ____________ Alkohol: ____________

Soziale Anamnese: ____________

____

Beruf: ____________ Wechselschicht: ____________

6

Tab. 6-2 Erhebungsbögen.
B: Untersuchungsbogen.

Jetzige Anamnese und Beschwerden:

Bisherige Medikation:

Durst	☐ normal	☐ verstärkt	☐ unerträglich				
Appetit	☐ normal	☐ gesteigert	☐ verringert	☐ appetitlos	☐ Unverträgl.- von Fett	☐ Erbrechen	
Gewicht	☐ gleichbleib.	☐ Zunahme	☐ Abnahme	kg	seit		
Stuhlgang	☐ o.B.	☐ Obstipation	☐ Durchfälle	☐ Teerstuhl	☐ entfärbt		
Miktion	☐ normal	☐ verzög. Beginn	☐ Nachtröpf.	☐ Brennen	☐ Harnstrahl dünn	☐ Harn-verhaltung	
Urin	☐ normal ☐ o. B.	☐ Polyurie ☐ braun	☐ Oligurie ☐ blutig	☐ Anurie ☐ trübe	☐ Nykturie		
Periode	☐ regelmäß.	☐ unregelm.	☐ letze P am	☐ Menorrha-gien	☐ Menopause seit	☐ Geburten	☐ Fehlgeb.
Sonstiges	☐ Ruhedyspn.	☐ Belast.-dyspnoe	☐ Husten	☐ Auswurf	☐ Beinödeme	seit:	

Befund vom:

(Zutreffendes bitte ankreuzen, freien Raum für Ergänzungen benutzen.)

Allgemein	All.Körperzst.	☐ gut	☐ reduziert	☐ kachekt.				
	Konstitution	☐ Indiff.	☐ asthen.	☐ athlet.	☐ pykn.			
	Bewußtsein	☐ o. B.	☐ getrübt	☐ Koma	☐ Reakt. auf Schmerzreiz	☐ motorische Unruhe		
	Psyche	☐ o. B.	☐ euphor.	☐ depress.	☐ empfindl.			
	Haut / Farbe	☐ o. B.	☐ Blässe	☐ Zyanose	☐ Ikterus	☐ Pigment	☐ Blutung	☐ Exanth.
		☐ o. B.	☐ schlaff	☐ Falten	☐ trocken	☐ feucht		
	Schleimhaut	☐ o. B.	☐ Blässe	☐ Zyanose	☐ Blutung			
	Foetor	☐ nein	☐ hepat.	☐ uraemic.	☐ azeton.			
	Ödeme	☐ nein	☐ Gesicht	☐ präsarkr.	☐ Beine	☐ prätibial	☐ Knöchel	
	Lymphknoten	☐ keine	☐ submand	☐ supraklav.	☐ nuchal	☐ axillar	☐ kubital	☐ inguinal

Kopf und Hals	Kopf / Hals	☐ o. B.	☐ Bewegl. eingeschr.	☐ Mening.	☐ Anomalie			
	Augen	☐ o. B.	☐ Strabism. rechts/links	☐ Nystagm.	☐ Musk. Parese	☐ blind rechts/links	☐ Prothese rechts/links	☐ Exophthalm rechts/links
	Ohren	☐ o. B.	☐ schwerh. rechts/links	☐ taub rechts/links	☐ Otitis rechts/links			
	Nase	☐ o. B.	☐ Atm. beh. rechts/links	☐ Rhinitis	☐ NNH-Klopf-schmerzh.			
	Lippen	☐ o. B.	☐ Rhagaden	☐ Herpes	☐ trocken	☐ Zyanose		
	Zunge	☐ o. B.	☐ belegt	☐ trocken	☐ atrophisch	☐ entzündet		
	Gebiß	☐ kaufähig	☐ beschränkt kaufähig	☐ Vollproth. oben/unten	☐ Teilproth. oben/unten	☐ Paradentose	☐ herdverd.	
	Rachenr./Tons	☐ o. B.	☐ akut entzündet	☐ Beläge	☐ groß und zerklüftet	☐ Pharyngitis	☐ Tonsill.-ektomie	
	Schilddrüse	☐ o. B.	☐ Struma rechts/links	☐ diff./nod.	☐ pulsier.			

Tab. 6-2 B: Untersuchungsbogen (Fortsetzung).

Bauchorgane	Bauchdecken	☐ o. B.	schlaff	☐ adipös				
	Leib	☐ o. B.	☐ Druck-schmerz	☐ Abwehrsp.	☐ Resistenz	☐ Aszites	☐ gebläht	
	Darmgeräusch	☐ o. B.	☐ vermindert	☐ keine	☐ vermehrt	☐ klingend		
	Leber	☐ o.B.	cm	☐ glatt	☐ derb	☐ höckerig	☐ Druck-schmerz	
	Niere	☐ o. B.	☐ Druck-schmerz	☐ Klopfschm.	☐ rechts	☐ links		
	Milz	☐ o. B.	☐ tastbar	☐ derb	☐ weich	☐ Druck-schmerz		
	Bruch	☐ nein	☐ Nabel	☐ Leisten dir. indirekt	☐ Schenkel	☐ re./li.	☐ reponibel irreponibel	
	rektal	☐ o. B.	☐ Hämorrh.	☐ auß./innen	☐ Prostata vergrößert	☐ nicht untersucht		
Thorax und Lungen	Brustkorb	☐ o. B.	☐ Bewegl. eingeschr.	☐ Deform	☐ Nachschl.	☐ re./links		
	Atmung	☐ o. B.	☐ Dyspnoe	☐ Tachypnoe	☐ Stridor			
	Lung. Grenz. re.	☐ o. B.	☐ nicht ver-schiebl.	☐ hoch	☐ tief			
	Lung. Grenz. li.	☐ o. B.	☐ nicht ver-schiebl.	☐ hoch	☐ tief			
	Klopfschall	☐ o. B.	☐ hypersono.	☐ verkürzt				
	Atemgeräusch	☐ vesikulär	☐ bronchial	☐ verschärft	☐ abgeschw.			
	Nebengeräu.	☐ nein	☐ fein-	☐ mittel-	☐ grob-blas. RG	☐ klingend	☐ nicht klingend	☐ Giemen/ Brummen
Herz und Kreislauf	Puls	☐ o. B.	☐ Extrasyst	☐ absol. Arrh.	☐ Bigeminus	☐ Defizit	/min.	
	Grenzen	☐ o. B.	re. QF	li. QF				
	Spitzenstoß	☐ o. B.	☐ nicht fühlbar	☐ außerhalb MCL	☐ hebend	☐ verbreit.		
	Herztöne	☐ o. B.	☐ Systol.	☐ Diastol.				
	Gefäßstatus:						Pulse: + = normal (+) = abgeschwächt (−) = aufgehoben ~~~ = Stenosegeräusch.	
W. B. S.	H.W.S.	☐ o. B.	☐ Kyphose	☐ Skoliose	☐ Lordose	☐ Druck-Klopf-schmerz	☐ Stauchgs.-schmerz	☐ Bewegs.-Einschränk.
	B.W.S.	☐ o. B.	☐ Kyphose	☐ Skoliose	☐ Lordose	☐ Druck-Klopf-schmerz	☐ Stauchgs.-schmerz	☐ Bewegs.-Einschränk.
	L.W.S.	☐ o. B.	☐ Kyphose	☐ Skoliose	☐ Lordose	☐ Druck-Klopf-schmerz	☐ Stauchgs.-schmerz	☐ Bewegs.-Einschränk.
Extremitäten	Extremitäten	☐ o. B.	☐ Trom.schleg Fing.-Zeh.	☐ Uhrglas-nägel	☐ troph. Störung	☐ re./links	☐ Unter-Obersch.	Deform.
	Gelenke	☐ eingeschr.	☐ Streck. Beugung	☐ Abdukt.	☐ Addukt.	☐ Pronat.	☐ Supinat	
			☐ Steifs	☐ Rötung	☐ Erguß	☐ Deform.	☐ wo →	
	Venenstatus	☐ o. B.	☐ leichte	☐ mittelgr.	☐ schwere Varikosis	☐ Obersch. re./links	☐ Untersch. re./links	
	Fußgewölbe	☐ o. B.	☐ Platt-	☐ Spreiz-	☐ Knickfuß	☐ re./links		
Zentral-Nervensystem	Pupillen	☐ rund	☐ entrundet	☐ re./links	☐ eng	☐ weit	☐ Anisokorie	☐ re./links
	Lichtreaktion	☐ o. B.	☐ aufgehob.					
	PSR	☐ o. B.	☐ gesteig.	☐ abgeschw.	☐ rechts	☐ links		
	ASR	☐ o. B.	☐ gesteig.	☐ abgeschw.	☐ rechts	☐ links		
	Pathol.Reflexe	☐ keine	☐ Babinski	☐ Gordon	☐ Oppenh.	☐ Trömmer	☐ sonstige	
	Son.Störung	☐ keine	☐ Sensibil.-	☐ koordin.-	☐ Sprach-	☐ vegetat.-	☐ Endokrine Störungen	

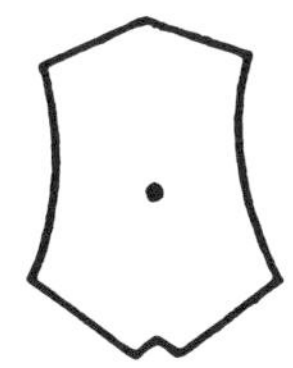

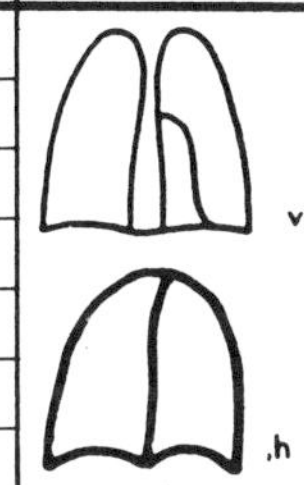

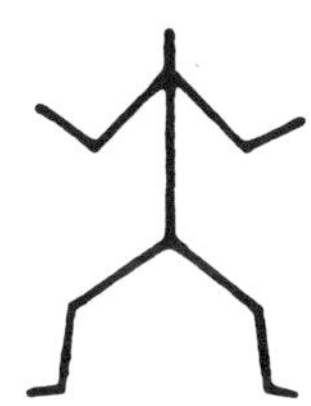

Unterschrift des Arztes

den, so daß neue Überlegungen notwendig werden. Konnte keine Anamnese erhoben werden, so dient die körperliche Untersuchung der **ersten Orientierung** über das Krankheitsbild des Patienten. Eine Arbeitshypothese wird somit erstmals nach der körperlichen Untersuchung aufgestellt.
Dem Untersuchenden stehen seine eigenen Sinnesorgane und verschiedene Hilfsmittel zur Verfügung:
- Augen zur Inspektion (Betrachtung)
- Hände zur Palpation (Betasten) und zur Perkussion (Beklopfen)
- Ohren mit Stethoskop zur Auskultation (Abhören)
- Nase zur Feststellung von Geruch (z.B. beim diabetischen Koma)

Als Hilfsmittel können Stethoskop, Lampe, Spatel, Reflexhammer, eine Sicherheitsnadel und die Blutdruckmanschette benützt werden.

Zu Beginn der Untersuchung verschafft sich der Arzt einen ersten Eindruck vom Patienten, indem er den Allgemein- und Ernährungszustand beurteilt. Bewußt sollte er auf den Konstitutionstyp, die Haltung, den Gang und die Sprache achten. In einer Notsituation sind zuerst Bewußtsein, Atmung, Puls und Blutdruck (**Vitalfunktionen**) zu kontrollieren.

Zusätzlich werden das Gewicht, die Größe sowie die Körpertemperatur des Patienten festgestellt. Die erste Beurteilung von Haut und Schleimhaut hält den Trockenheitsgrad oder typische Gerüche fest. Außerdem sollte die psychische Verfassung des Patienten mit einbezogen werden.

Die weitere Untersuchung wird am besten von oben nach unten (Tab. 6-2 B) vorgenommen.

6.2.2 Kopf und Hals

Zuerst erfolgt die Prüfung der Proportion des Kopfes zum Körper des Patienten. Manchmal zeigt sich eine Akromegalie (überproportional große Nase, Lippen, Finger u.a.) oder ein Makrozephalus (überproportional großer Kopf). Eingefallene Wangen als evtl. Hinweis auf eine **bösartige** Erkrankung fallen ebenso wie Prellungen, Schwellungen, offene Wunden, Blutergüsse, Blutungen und Geschwülste auf. Durch Ertasten können Knochenlücken oder -stufen (z.B. nach Schädelbrüchen oder Schädeloperationen) gesucht werden. Druckschmerzhafte Stellen sind zu notieren.

Augen

Die Augen zeigen ggf. einen Sklerenikterus (Gelbfärbung), der ein Hinweis auf eine Galleabflußstörung sein könnte. En- und Ektropium (Ein- und Ausstülpung der Lider) sind leicht zu erkennen. Außerdem ist auf die Pupillengröße, auf Blutungen, Exophthalmus (Hervortreten der Augäpfel) und Schielen zu achten.

Ohren, Nase, Mund

Bei der Untersuchung der Ohren und der Nase fallen evtl. Blutungen, Atmungsbehinderungen oder eine Schwerhörigkeit auf. Im Bereich des Mundes ist eine Zyanose (Blaufärbung der Lippen), eine Herpesinfektion (Virusinfektion) oder eine Lippen-Kiefer-Gaumen-Spalte ebenfalls sofort zu erkennen. Bei der Zunge achtet man auf den Trockenheitsgrad, die Farbe oder einen evtl. Belag als Zeichen eines Soorbefalls (Pilzinfektion). Trägt der Patient eine Zahnprothese, ist dies zu notieren. Der Rachen wird ebenfalls auf Rötungen, Beläge und Eiter hin überprüft sowie die Rachenmandeln inspiziert.

Wie an der Schädelkalotte müssen bei entsprechender Anamnese Ober-, Unterkiefer und Nasenbein auf eine Fraktur hin untersucht werden (**Krepitation** = Knochenreiben). Ein pathologisch weites Hervortreten des Unterkiefers heißt Progenie, das Gegenteil, also eine weites Hervortreten des Oberkiefers, Prognathie.

Hals

Im Bereich der Halswirbelsäule wird zunächst die aktive, dann die passive Beweglichkeit geprüft. Insbesondere sind **Meningismuszeichen** (Nackensteifigkeit, starke Schmerzen bei Halswirbelsäulenbeugung in Richtung Brustbein) festzuhalten. Des weiteren werden im Bereich des Halses durch Palpation pathologisch vergrößerte Lymphknoten ausgeschlossen. Bei Patienten mit Herzinsuffizienz oder Lungenembolie liegt eine deutliche Halsvenenstauung als Ausdruck der oberen Einflußstauung vor.

Die Schilddrüse wird von hinten mit beiden Händen nach mehreren Kriterien wie Größe, Konsistenz (Festigkeit), Verschiebbarkeit, Schmerzhaftigkeit, Knoten oder Schwirren untersucht. In letzterem Fall ist mit dem Stethoskop ein lautes Rauschen, welches bei der Hyperthyreose (Schilddrüsenüberfunktion) manchmal vorkommt, zu hören.

6.2.3 Brustkorb

Die erste Inspektion soll Deformitäten und Asymmetrien des Brustbereiches erfassen. Nicht selten sind überzählige Brustwarzen. Chirurgische Patienten sind auf Prellmarken und Thoraxinstabilität hin zu untersuchen. Pathologische Einziehungen beim Atmen können wegweisend sein.

Atmungssystem

Bei der Prüfung des Atmungssystems ist die **Atemfrequenz** festzustellen. Normalerweise atmet ein Erwachsener etwa 15mal in der Minute. Die normale Atmung wird als Eupnoe, ein zu schnelles Atmen als Tachypnoe, ein zu langsames Atmen als Bradypnoe und eine Atmung verbunden mit Luftnot als Dyspnoe bezeichnet. Eine sehr schnelle Atmung meist psychischen Ursprungs ist bei jungen Frauen/Mädchen zu beobachten und wird Hyperventilation genannt. Auch die **Atemtiefe** kann Hinweise auf Erkrankungen liefern. So weisen die sog. Kußmaul-Atmung (regelmäßige, tiefe, evtl. leicht beschleunigte Atemzüge) auf ein diabetisches Koma, die sog. Cheyne-Stokes-Atmung (flache, immer tiefer werdende und wieder abflachende Atemzüge bis zu einer großen Atempause) auf ein zentrales Koma und die sog. Biot-Atmung (gleich große Atemzüge werden von einer Atempause unterbrochen) auf erhöhten Hirndruck hin (Abb. 6-1 A bis F). Zu achten ist außerdem auf einen Stridor (pfeifendes Atemgeräusch). Tritt er bei der Einatmung (**inspiratorisch**) auf, ist er als Hinweis auf eine Atemwegsverlegung oberhalb der Trachea zu deuten; bei der Ausatmung (**exspiratorisch**) weist er als Leitsymptom auf ein Asthma bronchiale hin.

Als nächstes erfolgt die Perkussion des Brustkorbes. Normal sind ein **sonorer** Klopfschall (KS) und **keine** Seitendifferenzen. Ist der KS hypersonor (Schachtelton), so ist dies ein Hinweis für einen Pneumothorax (Luft im Pleuraraum). Ist der KS gedämpft, so kann es sich um einen Pleuraerguß (Flüssigkeitsansammlung im Pleuraspalt), einen Hämatothorax (Blutansammlung in der Lunge) oder eine Lungenentzündung (Pneumonie) handeln. Bei den genannten Erkrankungen ist eine Seitendifferenz wahrnehmbar.

Die Auskultation liefert weitere Informationen. Es werden zunächst alle Lungenfelder abgehört. Auf die Belüftung der Lungenfelder ist zu achten. Das normale Atemgeräusch

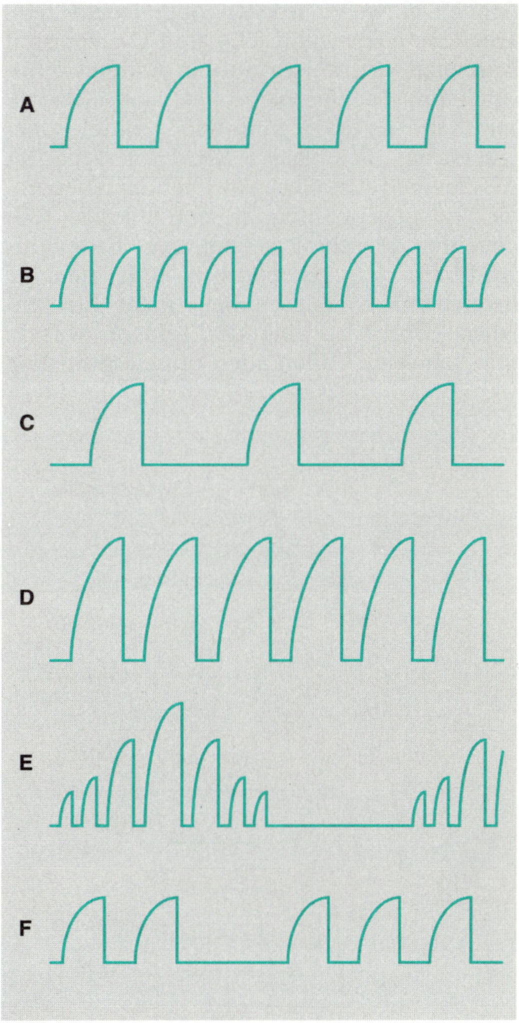

Abb. 6-1 Verschiedene Atmungstypen.
A: Normale Atmung (Eupnoe).
B: Tachypnoe.
C: Bradypnoe.
D: Kußmaul-Atmung.
E: Cheyne-Stokes-Atmung.
F: Biot-Atmung.

6

Tab. 6-3 Typische Krankheitsbilder des Atmungssystems.

Krankheitsbild	Klopfschall	Atemgeräusch
Pneumothorax	hypersonor	abgeschwächt
Hämatothorax, Pleuraerguß, Atelektase	gedämpft	abgeschwächt
Pneumonie	gedämpft	verschärft

(AG) heißt Vesikuläratmen. Nebengeräusche können entweder **trocken** oder **feucht** sein. Trockene Nebengeräusche sind Giemen und Brummen und weisen auf ein Asthma bronchiale hin. Feuchte Nebengeräusche (Rasselgeräusche = RGs) sind fein-, mittel- oder grobblasig. Feinblasige RGs (verschärftes AG, feuchte Alveolen) sind bei der Pneumonie (Lungenentzündung), mittelblasige RGs (feuchte Bronchiolen) bei der Bronchitis zu hören. Zu grobblasigen RGs (feuchte Bronchien) kommt es bei einem Lungenödem (Überwässerung der Lunge), was in sehr schweren Fällen auch ohne Stethoskop

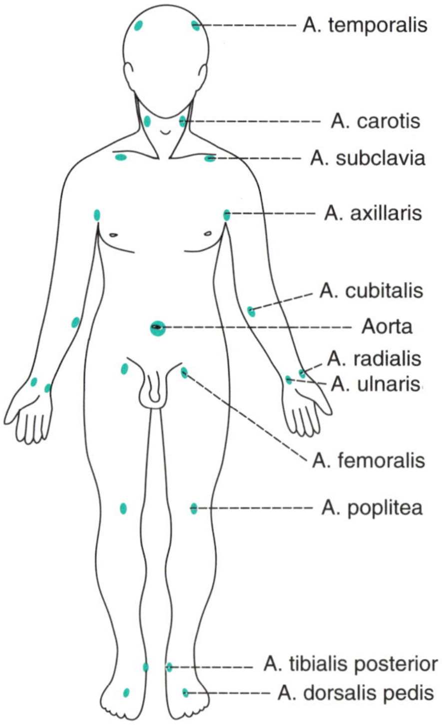

Abb. 6-2 Tastbare Pulse.

wahrzunehmen ist (Brodeln, Kochen über der Brust). Ein Pleurareiben kann bei einer Pleuritis (Brustfellentzündung) festgestellt werden.

Typische Krankheitsbilder des Atmungssystems sind meist schon durch die körperliche Untersuchung zu diagnostizieren (Tab. 6-3).

Herzkreislaufsystem

Sichtbare Zeichen wie Zyanose (blaue Fingerspitzen und Lippen durch zu geringe Sauerstoffsättigung des Blutes), Kaltschweißigkeit (Schock), Blässe (Blutverlust) und Einflußstauungen (gestaute Halsvenen) können Hinweise auf Erkrankungen des Herzkreislaufsystems geben. Es folgt die Feststellung von Puls (normal 60 bis 80 Schläge pro Minute) und Blutdruck (normal 110 bis 140 zu 70 bis 90 mmHg). Kann der Puls nicht getastet werden, ist dies Hinweis auf einen zu niedrigen Blutdruck oder eine lokale Minderdurchblutung, z. B. durch eine vorgeschaltete Gefäßenge (Stenose). Es sollte **sofort** ein anderes tastbares Gefäß aufgesucht werden. Der Puls ist an folgenden Arterien (A.) zu tasten:

- A. temporalis
- A. carotis
- A. subclavia
- A. axillaris
- A. cubitalis
- A. radialis
- A. ulnaris
- Aorta
- A. femoralis
- A. poplitea
- A. tibialis posterior
- A. dorsalis pedis (Abb. 6-2)

Ein weiterer Hinweis auf eine Stenose ist ein sog. **Stenosegeräusch** bei der Auskultation des betreffenden Gefäßabschnittes. Ein zu schneller Puls wird als Tachykardie, ein zu langsamer Puls als Bradykardie bezeichnet. Ein verstärkt tastbarer Puls sollte an ein Aneurysma (Gefäßwandaussackung) denken lassen. Zusätzlich ist festzustellen, ob der Puls rhythmisch ist, ob Extrasystolen (zusätzliche Herzschläge) auftreten oder ob eine Arrhythmie (unregelmäßiger Herzschlag) vorliegt.

Durch die Perkussion kann die Herzgröße vermutet werden. Bei der Auskultation sind normalerweise zwei **Herztöne** (HT) zu hören. Der erste HT entsteht durch die systolische Muskelkontraktion (Auswurfphase); er ist z. B. bei der Mitralstenose (Engstelle der linken Vorhof-/Kammerklappe) verstärkt und kann bei der Hyperthyreose (Überfunktion der Schilddrüse) betont sein. Der zweite HT entsteht durch den Schluß der Aorten- und Pulmonalisklappe; er ist bei der Hypertonie betont. In der Chirurgie **spielen** HT dann eine **Rolle**, wenn sie **leiser** werden. Es ist an einen Perikarderguß (Herzbeutelerguß), der durch eine Verletzung entstanden ist, zu denken. Herzgeräusche sind fast immer pathologisch. Ein Perikardreiben weist auf eine Perikarditis (Herzbeutelentzündung) hin. Während ein **Systolikum** (Geräusch während der Auswurfphase) bei der Aortenstenose, der Mitralinsuffizienz und dem Ventrikelseptumdefekt zu hören ist, tritt ein **Diastolikum** (Geräusch während der Füllungsphase) bei der Mitralstenose auf. Ein sog. „Maschinengeräusch" (systolisch-diastolisches Geräusch) ist bei einem offenen Ductus arteriosus Botalli und bei jedem anderen arterio-venösen Kurzschluß (Shunt) wahrnehmbar. Das Herz sollte immer an mindestens **drei** Punkten abgehört werden: über der Mitralklappe (4./5. Interkostalraum; ICR; Zwischenrippenraum links, der auch Erb-Punkt genannt wird), über der Aortenklappe (3. ICR rechts) und über der Pulmonalisklappe (3. ICR links).

6.2.4 Bauch

Die Untersuchung des Bauches (Abdomen) ist bei akut auftretenden Schmerzen eine **zentrale** Aufgabenstellung der Chirurgie. Ein sog. „akutes Abdomen" sollte immer durch einen Chirurgen beurteilt werden, da eine operative Therapie **vordringlich** sein kann.

Der Untersuchungsgang beginnt auch hier mit der Inspektion. Manche Tumoren, besonders pulsierende Tumoren, sind häufig schon durch eine schlanke Bauchdecke zu sehen. Ein stark geblähtes Abdomen (Meteorismus) oder sichtbare Darmkontraktionen können durch ein mechanisches Hindernis bedingt sein. Starke Bauchschmerzen führen oft zu einer Haltung mit angezogenen Beinen.

Bei der Auskultation müssen die **Darmgeräusche** auf ihre **Intensität** hin beurteilt werden. Außerdem ist auf Gefäßgeräusche zu achten. Die Perkussion liefert normalerweise einen tympanitischen (paukenähnlichen) Klopfschall (luftgefüllte Darmschlingen), der nur durch die soliden (parenchymatösen) Organe wie Leber und Milz oder Tumoren gedämpft wird. Freie Flüssigkeit (Aszites, Blut, etc.) kann durch die Erzeugung einer laufenden Welle diagnostiziert werden, es sei denn, die Bauchdecken weisen eine schmerzbedingte **Abwehrspannung** auf. In diesem Fall kann schon das Beklopfen des Bauches schmerzhaft sein (Peritonismus). Außerdem sind die Nierenlager auf Klopfschmerzhaftigkeit zu prüfen.

Bei der Palpation ist auf **Resistenzen** (tastbare Widerstände, Schwellungen bei Tumoren) zu achten. Sollten welche vorliegen, können sie nach Größe, Lokalisation, Schmerzhaftigkeit, Verschieblichkeit und pulsierendem Charakter beschrieben werden. Eine Palpation beginnt **immer** in dem Anteil des Abdomens, in dem der Patient **keine** bzw. **geringere** Schmerzen angibt. Ein Druckschmerz ist nach Lokalisation und Ausstrahlung zu charakterisieren. Außerdem ist der sog. **Loslaßschmerz** zu prüfen, da dieser ebenfalls einen Peritonismus (diffuse Schmerzhaftigkeit des gesamten Bauchfelles) anzeigt.

Im speziellen umfaßt die Untersuchung auch die Suche nach Bauchwandbrüchen (Hernien). Diese kommen im Bereich von Operationsnarben, der Leisten und des Nabels vor. Die Untersuchung erfolgt entweder im Stehen, oder der Patient wird aufgefordert, zu husten oder das Kinn auf die Brust zu legen, um den **Bauchinnendruck** zu erhöhen. So fällt der Bruchinhalt vor die sog. Bruchlücke und kann gut getastet werden. Der Bruchinhalt besteht meist aus Darmanteilen, was mit dem Stethoskop überprüfbar ist (Darmgeräusche).

Die Untersuchung des Enddarmes (Rektum) mit dem Finger (digital) erfolgt in Seiten- oder Knie-Ellenbeugen-Lage. Zu achten ist hier insbesondere auf Resistenzen, Blut, Stuhl, Hämorrhoiden, Hautfalten und Schmerzen. Immerhin werden **30% der Rektumkarzinome** durch die digital-rektale Untersuchung entdeckt.

Nachdem nun ein erster Überblick über die abdominellen Verhältnisse gewonnen ist, wird zur **gezielten** Untersuchung des vermuteten Krankheitsbildes übergegangen.

Bei Verdacht auf eine akute Cholezystitis (Druckschmerz im rechten Oberbauch mit Ausstrahlung in die rechte Schulter) ist eine Überprüfung der Gallenblase angezeigt. Treten dabei Schmerzen auf, spricht man vom **Murphy-Zeichen.** Ist die Gallenblase schmerzlos vergrößert tastbar (Courvoisier-

Zeichen) und besteht gleichzeitig ein Ikterus, so sind dies Hinweise auf einen Tumor. Bei Verdacht auf eine akute Appendizitis (Druckschmerz im rechten Unterbauch) wird der Dickdarm zum Blinddarm (Zäkum) hin ausgestrichen (bei Schmerzhaftigkeit positives Rovsing-Zeichen). Zudem sollte das sog. Psoaszeichen (rechtsseitiger Anspannungsschmerz) überprüft werden, indem der Patienten aufgefordert wird, in der rechten Hüfte gegen Widerstand zu beugen. Rektal kann bei der Appendizitis ein Douglas-Schmerz (Schmerz im kleinen Becken) bestehen.

6.2.5 Wirbelsäule und Extremitäten

Die Wirbelsäule (WS) ist immer im Zusammenhang mit den Extremitäten zu sehen, da viele Erkrankungen der WS dorthin ausstrahlen. Außerdem ist die Untersuchung der Wirbelsäule immer mit der **Erstellung** eines **neurologischen Status** verbunden (s.a. Kap. 6.2.6).

Wirbelsäule

Die Inspektion erfolgt von oben nach unten. Dabei ist bei der Betrachtung von hinten auf eine Skoliose (s-förmige Deformierung) oder eine Buckelbildung und von der Seite auf eine Abweichung von den physiologischen Schwingungen der WS zu achten. Der normale Verlauf beschreibt im Halsbereich (HWS) eine **Lordose** (konvex nach vorne), im **Brustbereich** (BWS) eine **Kyphose** (konvex nach hinten) und im **Lendenbereich** (LWS) wieder eine **Lordose** (Abb. 6-3 A und B). Haltungsschäden sind häufig mit einem sog. Rundrücken (verstärkte Kyphose, d.h. Hyperkyphose in der BWS und eine evtl. Kyphosierung der LWS) verbunden. Es gibt aber in **allen** Abschnitten der WS Abweichungen im Sinne einer Verstärkung bzw. einer Umkehr der normalen Schwingungen.

Ein **positives** Ergebnis von Druck- oder Klopfschmerzhaftigkeit läßt die ungefähre Lokalisation einer WS-Schädigung zu. Daneben wird die WS, wenn kein Verdacht auf

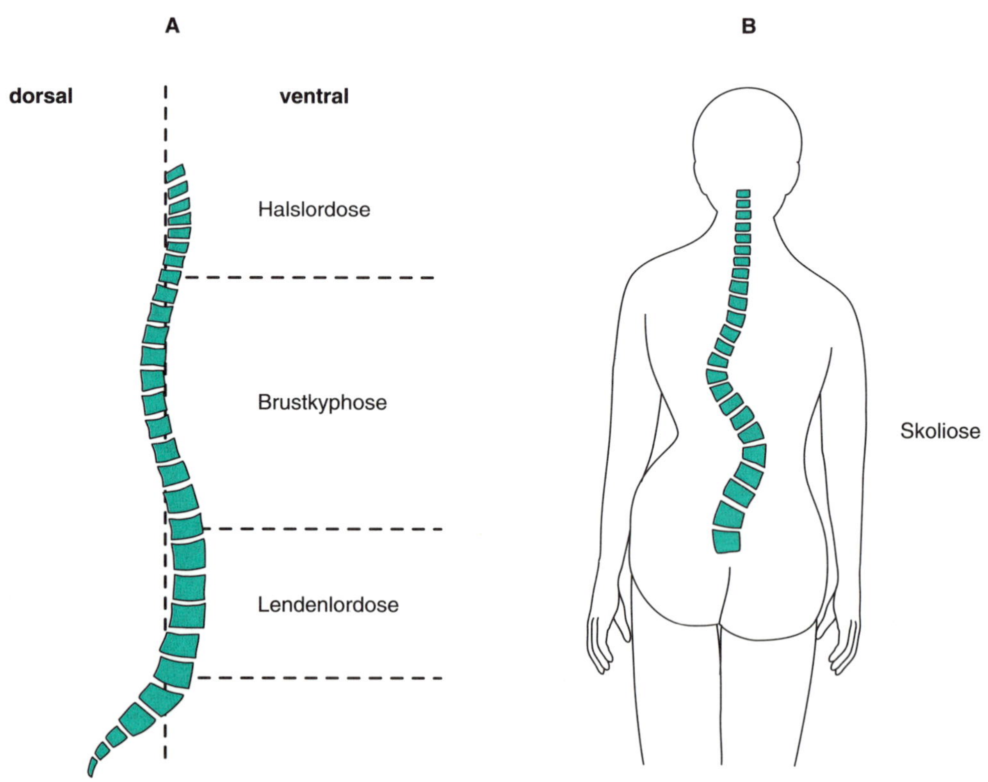

Abb. 6-3 Verschiedene Wirbelsäulenformen.
A: Normale Wirbelsäulenschwingungen von der Seite. **B:** Wirbelsäulenskoliose von hinten.

eine Fraktur besteht, manuell von oben beim sitzenden Patienten gestaucht, um einen etwaigen **Stauchungsschmerz** auszulösen, der Aufschluß über evtl. Bandscheibenprobleme geben kann. Zuletzt ist die aktive Beweglichkeit der WS zu prüfen. Dies geschieht am besten im Stehen. Der Patient wird aufgefordert, bei gestreckten Beinen die WS nach vorne zu beugen. Einen Hinweis auf eine Bewegungseinschränkung gibt der minimale **Fingerbodenabstand,** den er dabei erreicht. Abschließend wird die Streckung der WS nach hinten, die Seitenneigung mit evtl. bestehenden Seitenunterschieden sowie die Drehbeweglichkeit der WS begutachtet.

Extremitäten

Bei der Inspektion werden Fehlstellungen oder fehlende Gliedmaße ausgeschlossen. Die Palpation kann bei zu fühlender Krepitation (Knochenreiben) eine Fraktur nachweisen. Ein federnder Widerstand bei Zug an einem Gelenk würde auf eine Luxation (Ausrenkung) schließen lassen. Beim Betasten der Extremitäten ist außerdem auf vergrößerte Lymphknoten, Druckschmerzen, Schwellungen und Gefühlsstörungen (z.B. Sensibilitätsausfälle) zu achten. **Hauterscheinungen** wie Rötungen und andere Entzündungszeichen sowie Geschwüre (Ulzerationen) werden notiert.

Aktive Bewegungen (Motorik) und die Gelenkbeweglichkeit sind zu prüfen. Die verschiedenen Gelenke haben unterschiedliche **Freiheitsgrade** (1 bis 4). **Beispiel** für ein einfaches Gelenk mit einem Freiheitsgrad sind die Fingermittel- und -endgelenke. Hier ist nur eine Beugung und Streckung möglich. Das **komplizierteste** Gelenk ist das Schultergelenk mit vier Freiheitsgraden: Vor- und Zurückführen (Ante- und Retroversion), An- und Abspreizen (Ad- und Abduktion), Heben (Elevation) und Senken sowie Drehen (Rotation). Bei Bewegungseinschränkung sollten immer die Grade der maximalen Gelenkbewegungen nach der **Neutral-Null-Methode** angegeben werden (Bewegungsumfang eines Gelenkes von der neutralen Ruhestellung im aufrechten Stand Abb. 6-4).

Bei den Fingern ist auf Hinweise **chronischer** Herz- und Lungenerkrankungen (Trommelschlegelfinger, Uhrglasnägel, Zyanose der Spitzen) zu achten. Rheumaknötchen oder Rheumadeformierungen müssen erkannt werden. Im Bereich der Oberarminnenseite und der Achselhöhlen wird nach vergrößerten Lymphknoten gesucht.

An den unteren Extremitäten ist das **venöse** und **arterielle** System häufig Ursache chirurgischer Erkrankungen. Krampfadern (Varizen) werden nach Ausprägung und Lokalisation genau beschrieben. Faszienlücken sind abzutasten und anzuzeichnen. Oft hat die **chronisch venöse Insuffizienz** (Minderfunktion) bereits zu dunkler Verfärbung und Verhärtung der Haut sowie zu Unterschenkelödemen oder gar zu tiefen Ulzerationen am Knöchel oder am Unterschenkel geführt. Liegen dagegen Ulzera an den Zehen oder im Bereich des Vorfußes vor, spricht dies eher für eine Erkrankung der kleinen oder großen arteriellen Gefäße (**Mikro-** bzw. **Makroangiopathie).** Wie schon in Kap. 6.2.3 erwähnt, müssen die **Pulse** am Bein unbedingt getastet werden, zudem sind evtl. **Temperaturunterschiede** festzuhalten. Eine Einschränkung der Beweglichkeit in einem Hüftgelenk sowie eine Verkürzung und Außenrotation desselben Beines weisen auf einen Schenkelhals-

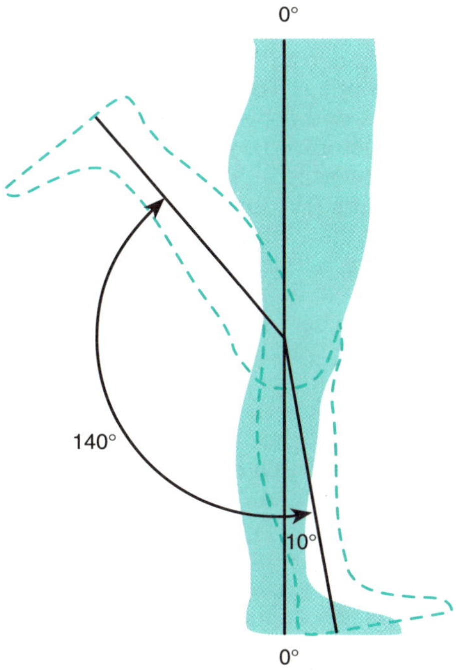

Abb. 6-4 Neutral-Null-Methode (Beispiel: Kniegelenk).

bruch hin. Das Kniegelenk ist häufig bei Verdrehtraumen betroffen und muß auf **Stabilität** geprüft werden. Ein Kniegelenkerguß ist durch die sog. „tanzende Patella" nachweisbar (Kniescheibe kann bei Kompression des umgebenden Gewebes nicht gegen den Knochen gedrückt werden). Im Sprunggelenk ist die häufigste Verletzung die Dehnung oder Zerreißung des Außenbandes mit einer lokalen Schwellung, einer Druckschmerzhaftigkeit sowie einer evtl. Instabilität.

6.2.6 Nervensystem

Die **Bewußtseinslage** ist das wichtigste Kriterium bei der Untersuchung des Nervensystems aus chirurgischer Sicht. Besteht oder bestand Bewußtlosigkeit nach einer Schädelverletzung, ist von einem schweren Schädelhirntrauma auszugehen. Bei einer einseitigen Erweiterung der Pupille (Anisokorie) oder bei einer nicht vorhandenen ein- oder beidseitigen Lichtreaktion ist von einer **Hirndrucksymptomatik** auszugehen und **schnellstes** Handeln erforderlich. Die weitere neurologisch-chirurgische Untersuchung prüft **Sensibilität** und **Motorik.**

Bei der Untersuchung des Kopfes ist auf einen Meningismus (schmerzhafte Nackensteifigkeit) zu achten. Anschließend erfolgt die Prüfung der zwölf Hirnnerven. Der Nervus (N.) opticus (I) wird anhand des Gesichtsfeldes und der Sehfähigkeit untersucht. Der N. olfactorius (II) ist für das Riechvermögen verantwortlich. N. oculomotorius (III), N. trochlearis (IV) und N. abducens (VI) ermöglichen die Willkürmotorik der Augen. Eine Störung würde durch Doppelbilder auffallen. Der N. trigeminus (V) versorgt das Gesicht sensibel. Ein nicht auszulösender Kornealreflex (Zwinkern bei Bestreichen der Augenhornhaut) spricht für eine Schädigung in diesem Bereich. Der N. facialis (VII) ist der motorische Gesichtsnerv. Die Prüfung dieses Nerven erfolgt durch das Spitzen der Lippen, durch Pfeifen und durch Zukneifen der Augen. Der achte (VIII) Hirnnerv (N. vestibulocochlearis) wird durch Überprüfen des Gehörs und des Gleichgewichtssinnes getestet. Der N. glossopharyngeus (IX) ist für das Schlucken zuständig und ist durch Auslösen des Würgereflexes zu prüfen. Der N. vagus (X, Verdauungsnerv) beeinflußt ebenfalls das Schlucken. Die Kopfdrehung wird u.a. durch den N. accessorius (XI) ermöglicht. Der motorische Zungennerv heißt N. hypoglossus (XII).

Bei der Untersuchung der Motorik wird zunächst die grobe Kraft (Händedruck) und dann die Feinmotorik (Mittelfingerspitze gegen Daumenspitze führen lassen) geprüft. Danach erfolgt die Auslösung der sog. **Eigenreflexe** (z.B. Bizepssehnen-, Patellarsehnen- und Achillessehnenreflex). Durch einen Schlag mit dem Hammer auf die genannten Sehnen wird der Muskel gedehnt, wodurch eine sofort anschließende unwillkürliche Kontraktion des Muskels ausgelöst wird. Dagegen werden die **Fremdreflexe** (Bauchhaut-, Korneal- und Kremasterreflex = Reflex des Samenstrangmuskels) durch einen sensiblen Reiz (Bestreichen der jeweiligen Region) ausgelöst. Bei der Untersuchung der Motorik ist in erster Linie auf Seitendifferenzen zu achten. Reflexe können verstärkt oder vermindert sein bzw. komplett fehlen.

Pathologische Reflexe sprechen für einen krankhaften zentralnervösen Prozeß (Gehirn, Rückenmark). Sie sind v.a. an den Beinen zu prüfen. Von einem positiven Babinski-Reflex spricht man, wenn beim Bestreichen der seitlichen Fußsohle von der Ferse Richtung Zehen mit dem umgedrehten Reflexhammer die Großzehe Richtung Gesicht gezogen wird (Dorsalflexion). Wird dieselbe Reaktion durch das feste Bestreichen des Schienbeines und der umgebenden Muskeln von kopf- nach fußwärts ausgelöst, spricht man vom sog. Oppenheim-Reflex.

Außerdem ist die Beurteilung des **Muskeltonus** (Spannung) von Bedeutung. Dieser kann erhöht oder erniedrigt sein. Zentrale Lähmungen zeichnen sich durch erhöhten Tonus, verstärkte Eigenreflexe und pathologische Reflexe aus. Sie werden von den peripheren Lähmungen durch deren erniedrigten Tonus und durch abgeschwächte Eigenreflexe unterschieden.

Die Untersuchung der **Koordination** testet das **Zusammenspiel** zwischen Sensibilität, Motorik, Gleichgewichts- und Sehorgan. Hierzu dient z.B. der Finger-Nase-Versuch, der Schädigungen im Bereich des Kleinhirnes, das die Koordination steuert, aufdeckt. Bei diesem Versuch muß der gesunde Patient bei geschlossenen Augen mit dem von weit außen herangeführten Finger die Nasenspitze treffen.

Eine Sensibilitätsprüfung beinhaltet das Berührungs-, Schmerz- und Temperaturempfinden. Außerdem sollte der gesunde Patient in der Lage sein, bei geschlossenen Augen zwischen spitz und stumpf zu unterscheiden. Die Tiefensensibilität ist durch Aufsetzen einer vibrierenden Stimmgabel zu kontrollieren. Fehlendes Schmerzempfinden wird als Anästhesie bezeichnet. Parästhesie bedeutet ein unerklärliches Kribbelgefühl. Empfindet der Patient schon bei der bloßen Hautberührung starke Schmerzen, so spricht man von Dysästhesie.

6.2.7 Notfallpatient

Beim Notfallpatienten ist immer an eine chirurgische Grunderkrankung zu denken, auch wenn **keine äußerlichen** Verletzungen sichtbar sind. Falls eine operative Behandlung notwendig ist, muß diese so schnell wie möglich durchgeführt werden. Eine Notfalluntersuchung dauert **zwei** bis **drei** Minuten, mit dem Ziel, sich schnell einen **Überblick** über die **lebenswichtigen** Funktionen zu verschaffen, um bei Bedarf sofort eingreifen zu können.

Bei der Untersuchung des Notfallpatienten ist **primär** das Bewußtsein zu beurteilen. Die wichtigste Frage ist, ob eine Bewußtlosigkeit vorliegt oder nicht. Zeigt ein Patient keinerlei Reaktionen, wird dies als **Koma** bezeichnet. Vom **Stupor** spricht man, wenn ein Patient mit Eintrübung auf kräftige Schmerzreize reagiert. Beim **Sopor** läßt sich der Patient durch starke Reize wie lautes Ansprechen erwecken. Der **somnolente** Patient ist wie ein schlafender Mensch normal erweckbar. Bei der Beurteilung des Bewußtseins ist **stets** auch die Pupillenreaktion zu prüfen.

Der nächste Schritt ist die Kontrolle der Atmung. Wichtig ist es, eine Dyspnoe, Zyanose oder Verlegung der Atemwege zu erkennen, da dann **sofort** gehandelt werden muß. Sofortmaßnahmen sind ebenso bei feuchten Rasselgeräuschen oder trockenen Nebengeräuschen einzuleiten.

Als nächstes erfolgt die Überprüfung der Herzkreislauffunktion. Die Hautfarbe gibt einen ersten Hinweis auf die periphere Durchblutungssituation. Ist kein **peripherer** Puls tastbar, so muß ein **zentrales** Gefäß aufgesucht werden, um Pulsfrequenz und Rhythmus zu beurteilen (s. Kap. 6.2.3). Liegt der systolische Blutdruck unter der Herzfrequenz, so handelt es sich um einen drohenden oder bereits manifesten Schock (Tab. 6-4).

Tab. 6-4 Einteilung des Schockindexes nach Allgöwer. Schockindex = Herzfrequenz (pro min.)/systolischer Blutdruck (mmHg).

Schockindex 0,5 = normal
Schockindex 1,0 = drohender Schock
Schockindex 1,5 = manifester Schock

Eine Untersuchung auf schwerere Verletzungen bildet den Abschluß. Insbesondere ist auf ein offenes Schädelhirntrauma (Liquoraustritt, Gehirnsubstanz liegt frei) zu achten. Im Bereich des Brustkorbes muß eine Instabilität oder eine ungleichseitige Belüftung sofort erkannt werden. Der Bauch ist auf eine Abwehrspannung und auf Prellmarken zu untersuchen. Auch das Becken ist auf Stabilität zu prüfen. Zum Schluß erfolgt der klinische Ausschluß von Frakturen und Luxationen im Bereich der Extremitäten.

Die körperliche Untersuchung dient der Bestätigung der durch die Anamnese gestellten Verdachtsdiagnose oder zur Einengung der Differentialdiagnosen. Es wird entschieden, ob eine sofortige Therapie eingeleitet werden kann bzw. muß oder ob weitere apparative Untersuchungen zur Klärung der Diagnose notwendig sind!

6.3 Laborparameter

6.3.1 Allgemeines

Die Bestimmung der Laborparameter erfolgt **abhängig** von den Ergebnissen der Anamnese und der körperlichen Untersuchung. Sie ist Teil der weiterführenden Diagnostik bzw. der Operationsvorbereitung.

Einfache Laborparameter sind bei entsprechendem Verdacht **sofort** zu bestimmen, da z.B. bei einem Patienten mit Verdacht auf diabetisches Koma sofort die entsprechenden Maßnahmen eingeleitet werden können.

Beim chirurgischen Patienten sind als minimale Operationsvorbereitung folgende Parameter zu bestimmen:

- Blutbild (Hämoglobin, Hämatokrit, Erythrozyten, Leukozyten, Thrombozyten)
- Serumelektrolyte (Kalium, Natrium, Kalzium)

- Blutgerinnung (Quick, partielle Thromboplastinzeit, Thrombinzeit)
- Kreatinin
- Leberwerte
- Blutzucker
- Blutgruppe und Rhesusfaktor

Die Normalwerte der wichtigsten Laborparameter können der Tabelle im Buchdeckel entnommen werden.

6.3.2 Blutbild

Meist genügt beim chirurgischen Patienten die Bestimmung des **kleinen** Blutbildes. Der Hämoglobinspiegel gibt Aufschluß über eine bestehende Blutarmut (Anämie), die entweder durch Blutgabe ausgeglichen oder operativ (z.B. eine Blutung) therapiert werden muß. Der Hämatokrit erteilt Auskunft über die Viskosität (Fließeigenschaft) des Blutes und erscheint vor allem in der Gefäßchirurgie von Bedeutung, da z.B. bei der peripheren arteriellen Verschlußkrankheit das Blut nicht zu zäh fließen sollte. Die Höhe der Leukozytenzahl kann bei der Beurteilung einer Infektion wichtig sein. Akute bakterielle Infektionen (z.B. Appendizitis) gehen in der Regel mit einer Leukozytose (Erhöhung der Leukozytenzahl) einher. Die Höhe der Thrombozytenzahl ist bei der Bewertung der Blutgerinnung in Betracht zu ziehen, da die Blutplättchen einen wichtigen Faktor im Gerinnungsablauf darstellen.

Ein **großes** Blutbild (Differenzierung der Leukozyten) ist **nur** zu erstellen, wenn sich Auffälligkeiten bei der Leukozytenzahl ergeben oder der Verdacht auf eine Blutkrankheit besteht.

6.3.3 Elektrolyte

Hier ist vor allem der **Kaliumspiegel** von entscheidender Bedeutung. Gefährlich ist v.a. die Hypokaliämie (Kaliumerniedrigung), da hierdurch lebensbedrohliche Herzrhythmusstörungen ausgelöst werden können. Ein zu hoher Wert kann beim sog. Kompartment- oder Tourniquet-Syndrom (Muskelzelluntergang durch Einschwemmen toxischer Produkte beim Lösen länger angelegter Stauungen des Blutstromes) auftreten und ebenfalls zu Herzrhythmusstörungen führen. Ein zu hoher Natriumspiegel läßt an einen Flüssigkeitsmangel denken. Ein zu hoher Kalziumspiegel ist wegweisend für eine Nebenschilddrüsenüberfunktion.

6.3.4 Blutgerinnung

Die Blutgerinnung ist **vor jedem** operativen Eingriff zu kontrollieren. Die Bestimmung des Quick-Wertes gibt einen allgemeinen Überblick über die Gerinnungsfunktion. Insbesondere wird er jedoch zur Blutgerinnungseinstellung bei Patienten, die Marcumar zur Blutverdünnung einnehmen, verwandt. Bei einem schweren chronischen Leberschaden kann der Quick-Wert erheblich erniedrigt sein. Eine Vollheparinisierung wird anhand der partiellen Thromboplastinzeit (PTT) und der Thrombinzeit (TZ) überprüft. Der Antithrombin-III-Spiegel (AT III) gewinnt wiederum bei gefäßchirurgischen Patienten an Bedeutung, da dieser bei einer Heparinisierung im Normalbereich gehalten werden muß.

6.3.5 Blutgruppe

Die Blutgruppe muß **präoperativ** bestimmt werden. Bei jedem Eingriff kann es zu lebensbedrohlichen Blutungen oder Nachblutungen kommen, die eine Blutgabe notwendig machen. Die Gefahr der Bluttransfusion liegt v.a. in allergischen Reaktionen. Infektionen mit dem AIDS-Virus (HIV) sind bei krankenhauseigenen Blutbanken mit einem Risiko von 1 zu 1,5 Millionen behaftet. Häufiger sind Infektionen mit dem Hepatitis-B- oder -C- bzw. Non A-/Non B-Virus (1 zu 10.000 bis 1 zu 40.000).

6.3.6 Blutgase

Blutgase sind nur bei Patienten zu bestimmen, die offensichtlich eine **eingeschränkte** Lungenfunktion aufweisen oder bei denen ein Eingriff am **Brustkorb** vorgenommen werden muß. Eine Hypoxie (Sauerstoffarmut) wird durch die Bestimmung des arteriellen Sauerstoffpartialdruckes (paO_2) festgestellt. Der $paCO_2$ bezeichnet den arteriellen Kohlendioxidpartialdruck. Bei einer metabolischen Störung des Säure-Basen-Haushaltes ist der sog. Basenüberschuß (base excess) verschoben. Das Standardbikarbonat gibt Aufschluß darüber, ob eine Störung des Säure-Basen-Haushaltes **metabolisch** (stoffwechselbedingt) oder **respiratorisch** (atmungsbedingt) ist. Der pH-Wert letztendlich bestimmt die Schwere der Störung des Säure-Basen-Haushaltes.

6.3.7 Weiterführende Laboruntersuchungen

Der Blutzuckerspiegel beim nüchternen Patienten deckt evtl. einen Diabetes mellitus auf. Diabetiker haben ein **erhöhtes** Operationsrisiko.

Bei der Bestimmung der Leberwerte kann ein erhöhtes (direktes) Bilirubin auf einen Verschlußikterus hinweisen. Zudem sind dann meist auch die alkalische Phosphatase (AP) und die Gamma-GT (γ-GT) erhöht. Die Glutamat-Oxalacetat-Transaminase (GOT) und die Glutamat-Pyruvat-Transaminase (GPT) sind bei einem akuten Leberschaden wie der Virushepatitis erhöht. Bei einem chronischen Leberschaden (z.B. Metastasenleber) sind die Cholinesterase (CHE) und der Albuminspiegel ein Maß für die noch bestehende Leberfunktion.

Die Herzenzyme Kreatinkinase (CK) und Herzmuskel-Kreatinkinase (CKMB) sind typischerweise beim Herzinfarkt erhöht. Die Erhöhung von Laktatdehydrogenase (LDH), Hydroxy-Butyrat-Dehydrogenase (HBDH) und Myoglobin sprechen ebenfalls für einen Zelluntergang und müssen bei Verdacht auf einen Mesenterialinfarkt oder eine arterielle Thrombembolie bestimmt werden.

Eine starke Erhöhung der Amylase und Lipase weist auf eine Pankreatitis (Bauchspeicheldrüsenentzündung) hin.

Die Nierenfunktion wird v.a. am Kreatininwert, weniger am Harnstoff (Endprodukt des Eiweißstoffwechsels) und der Harnsäure (Gicht) gemessen.

Bei Verminderung des aeroben Stoffwechsels (Sauerstoffmangel) z.B. im Schock steigt der Laktatspiegel. Bei erhöhtem Laktat mit und ohne Schocksymptomatik muß an einen Mesenterialinfarkt gedacht werden.

6.3.8 Spezielle Laboruntersuchungen

Tumormarker

Die sog. Tumormarker sind zur **Erkennung** von Tumoren **wenig** hilfreich, sie können lediglich bei **Verdacht** auf verschiedene Tumoren die Diagnose **erhärten.** Sie dienen v.a. zur postoperativen **Verlaufsbeurteilung**, wie z.B. der CEA-Spiegel (Carcinoembryonales Antigen) beim Kolonkarzinom. Leberkarzinome können mit einem erhöhten AFP-Spiegel (Alpha-Fetoprotein) einhergehen. Eine erhöhte NSE (Neuron-spezifische Enolase) kommt bei Karzinoiden vor. Beim Pankreaskarzinom soll das CA 19-9 (Carbohydrat-Antigen), beim Mammakarzinom das CA 15-3 hilfreich sein.

Hormone

Die Hormonbestimmung ist auch in der Chirurgie wichtig. Die Schilddrüsenhormone TSH (schilddrüsenstimulierendes Hormon), T_3 (Trijodthyronin) und T_4 (Thyroxin) geben Auskunft über die Schilddrüsenfunktion. Bei einer Nebenschilddrüsenüberfunktion ist das Parathormon erhöht. Progesteron- und Östrogen-Spiegel müssen beim Mammakarzinom bestimmt werden. Beim Insulinom (Insulin), Glukagonom (Glukagon) und verschiedenen Nebennierentumoren (Phäochromozytom = Katecholamine; Morbus Cushing = Kortisol; Conn-Syndrom = Aldosteron; adrenogenitales Syndrom = Androgene) werden die entsprechenden Hormone vermehrt ausgeschüttet.

Die Bestimmung des Alkoholspiegels ist meist von forensischer (gerichtlicher) Bedeutung.

Bei Verdacht auf Infektionen sollte schon aus Gründen des **Eigenschutzes** das Serum auf Hepatitis und AIDS untersucht werden. Bei unklaren Leberzysten bringt oft eine positive Echinokokkus-Serologie den entscheidenden Hinweis. Auch bei der Differentialdiagnose chirurgischer Erkrankungen (z.B. Appendizitis) hilft oftmals die Bestimmung der Infektionsserolgie (Bakterien wie Yersinien, Salmonellen, Shigellen) weiter.

Laborparameter werden je nach Anamnese und körperlicher Untersuchung so viele wie nötig und so wenige wie möglich bestimmt!

6.4 Apparative Diagnostik und pflegerische Maßnahmen

Apparative diagnostische Maßnahmen **ergänzen** die vom Arzt erhobene Anamnese und werden überwiegend im Anschluß an die körperliche Untersuchung des Patienten und parallel zur Labordiagnostik angeordnet. Während das Krankenpflegepersonal die notwendigen vorbereitenden Maßnahmen durchführt, obliegt die Aufklärung des Patienten über Art, Umfang und ggf. Risiko der Untersuchung dem Arzt. Apparative Maßnahmen werden von Patienten häufig als belastend und unangenehm erlebt. Die Aufgabe des Krankenpflegepersonals besteht darin, die Organisation der geplanten Untersuchung in Absprache mit den Funktionsabteilungen des Krankenhauses so zu gestalten, daß bei möglichst **geringer Belastung** des Patienten, in möglichst **kurzer Untersuchungszeit** eine **hohe** diagnostische **Effizienz** erreicht wird (Tab. 6-5).

6.4.1 Sonographie (Ultraschall)

Die Untersuchung mit Ultraschall stellt eine nichtinvasive diagnostische Maßnahme dar, die schnell durchführbar, jederzeit wiederholbar und für den Patienten absolut schmerzfrei ist.

Prinzip: Mittels eines Schallkopfes, der mit einem Sender und Empfänger ausgerüstet ist, werden Schallwellen in den menschlichen Körper geschickt. Sie durchdringen die Weichteilgewebe und **reflektieren** an den Schichten mit **unterschiedlicher** Gewebedichte. Der Schall der Wellen (Echo) wird durch Helligkeitswerte in Bilder umgewandelt, die auf einem Fernsehmonitor erscheinen und von dort abfotographiert werden (Abb. 6-5).

Die Sonographie ermöglicht die Darstellung aller Organstrukturen im Bauchraum und im kleinen Becken. Knochen und Gase (z.B. Luft im Magen-Darm-Trakt) können von den Schallwellen nicht durchdrungen werden, so daß z.B. durch Knochen verdeckte Körperregionen nicht klar beurteilbar sind.

Vorbereitung: Am Vortag der Untersuchung erhält der Patient zu den Mahlzeiten keine blähenden Speisen, zusätzlich werden auf ärztliche Anordnung entblähend wirkende Medikamente (z.B. Sab simplex® verabreicht. Am Tag der Untersuchung bleibt der Patient **nüchtern**. Zur exakteren Beurteilung von Hohlorganen (z.B. Niere, Blase) ist es erforderlich, daß der Patient 30 bis 60 Minuten vor der Untersuchung 250 bis 500 ml Flüssigkeit (Tee, Wasser) trinkt und **keinesfalls** vor dem Untersuchungsende die Blase entleert. Auf diese Weise erzeugt ein flüssigkeitsgefüllter Hohlraum (z.B. Harnblase) ein „Schallfenster“, so daß die Umgebungsorgane (z.B. Niere) für den untersuchenden Arzt leichter beurteilbar sind.

Durchführung: Der Patient ist bequem (Kopfkissen, Knierolle) zu lagern. Das zu untersuchende Körpergebiet muß frei zugänglich

Tab. 6-5 Checkliste zur Vorbereitung diagnostischer Maßnahmen.

Langfristige Maßnahmen	erledigt	Kurzfristige Maßnahmen	erledigt
Aufklärung des Patienten	X	Hausinterne Anweisungen zur Vorbereitung des Patienten (z. B. Abführmaßnahmen, Medikamentengabe, Ernährung) beachten	
Anforderungsschein ausfüllen	X	Patientenunterlagen (z. B. Dokumentationsmappe, Röntgenbilder) liegen bereit/sind mitzugeben	X
Anforderungsschein an Funktionsabteilung senden		Blasen- und Darmentleerung erfolgte unmittelbar vor dem Transport	X
Terminabsprache mit der Funktionsabteilung		Zahnprothesen und Wertgegenstände (Uhr, Schmuck) sind entfernt und sicher aufbewahrt	
Patiententransport sicherstellen		Evtl. vorhandene Infusions- oder Schlauchsysteme sind sicher befestigt	
		Ggf. Nierenschale/Zellstoff mitgeben	
		Ggf. Hausschuhe mitgeben	
		Kritische Patienten werden von einer Pflegeperson begleitet	

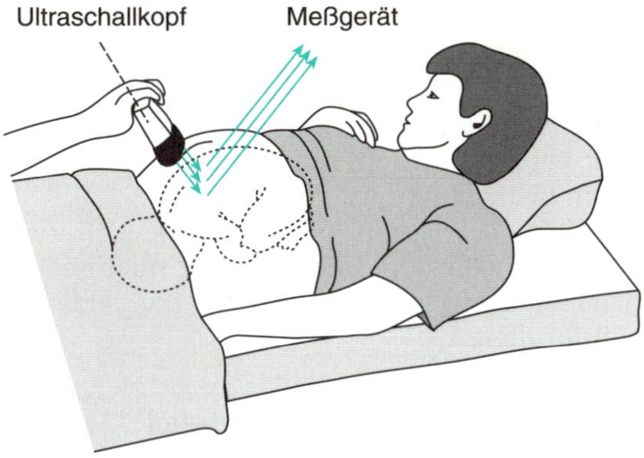

Abb. 6–5 Prinzip des Ultraschalls.

sein (z.B. Nachthemd hochziehen) und wird mit einem Kontaktgel bestrichen. Der Arzt führt die Ultraschallsonde mit leichtem Druck auf der Haut hin und her, während gleichzeitig auf dem Fernsehmonitor die entsprechende Körperregion sichtbar wird.
Nachsorge: Dem Patienten wird die Möglichkeit gegeben, das Kontaktgel mit Einmaltüchern zu entfernen und sich danach ggf. die Hände zu waschen. Die Maßnahme ist im Dokumentationssystem zu vermerken.

6.4.2 Röntgen

Röntgenstrahlen, benannt nach dem deutschen Physiker Wilhelm Konrad von Röntgen (1845 bis 1923), sind elektromagnetische Wellen, die in der Röntgenröhre erzeugt werden und den Organismus durchqueren können. Treffen diese Wellen nach dem Durchstrahlen des menschlichen Körpers auf einen lichtempfindlichen Röntgenfilm, der wie ein fotografischer Film belichtet (entwickelt) wird, können die elektromagnetischen Wellen als **Schwärzung** sichtbar gemacht werden. Nicht alle Organe sind für Röntgenstrahlen **gleichermaßen** durchlässig. So sind lufthaltige Organe wie z.B. die Lunge nahezu komplett passierbar, während kalkhaltige Areale wie z.B. Knochen kaum durchdrungen werden. Auf dem entwickelten Röntgenbild entstehen unterschiedliche **schwarz-weiße** Abstufungen.

Bei der Röntgendurchleuchtung kommt anstelle des Röntgenfilmes der Bildschirm eines Fernsehmonitors zum Einsatz, so daß die den Organismus durchdringenden Strahlen kontinuierlich zu betrachten sind. Auf diese Weise werden Bewegungsabläufe (z.B. die Darmperistaltik) sichtbar. Die Dokumentation der Ergebnisse erfolgt entweder durch Zielaufnahmen wesentlicher Befunde oder durch die Speicherung des Gesamtablaufes auf Magnetbändern.

Ein Röntgenbild zeigt dem Betrachter die zweidimensionale Darstellung eines in Wirklichkeit dreidimensionalen Geschehens. Um die räumlichen Verhältnisse exakt beurteilen zu können, wird jedes darzustellende Organ in mindestens **zwei** zueinander senkrecht stehenden **Projektionsebenen** abgebildet.

Gewebe und Organe mit gleicher oder ähnlicher Strahlendurchlässigkeit sind **ohne** Hilfsmittel auf einem Nativröntgenbild (normales einfaches Bild) **kaum** voneinander **abzugrenzen**, da sie in nahezu identischen Grautönen erscheinen. Durch den Einsatz von Kontrastmitteln können z.B. Magen, Darm oder Niere gut sichtbar dargestellt werden.

Röntgenverfahren ohne Kontrastmittel (Nativdiagnostik)

Dieses Verfahren macht Organe **ohne spezielle Vorbereitung** des Patienten auf dem Röntgenbild sichtbar, so daß diese Abbildungen Übersichts-, Leer- bzw. Nativaufnahmen genannt werden. Vor jeder Röntgenuntersuchung sind allgemeine vorbereitende Maßnahmen zu treffen.

Röntgendichte Verbände, Salben (z.B. Zinkpaste), Pflaster und Schienen sind zu entfernen. Außerdem sind Gegenstände wie z.B. Schmuck und Uhr abzunehmen und ggf. sicher aufzubewahren!

Übersichtsaufnahmen vermitteln dem Betrachter einen ersten optischen Eindruck vom Zustand des zu untersuchenden Organes. Je nach **Ergebnis** wird der Arzt entscheiden, ob sich aus diagnostischen Gründen Röntgenaufnahmen mit Kontrastmittel anschließen müssen, oder ob therapeutische Maßnahmen einzuleiten sind.
Beispiel: Die Abdomenleeraufnahme zeigt, ob z.B. das lufthaltige Hohlorgan Magen perforiert ist. In diesem Fall würde beim stehenden Patienten **Luft** in die freie Bauchhöhle aufsteigen und als **schwarze Sichel** unter dem Zwerchfell sichtbar werden. Die Konsequenz wäre die umgehende operative Versorgung des Patienten.

Röntgenverfahren mit Kontrastmittel

Der Einsatz von Kontrastmitteln innerhalb der Röntgendiagnostik sichert eine **exakte** Darstellung von Organen oder Organteilen auf dem Röntgenbild.

Kontrastmittel enthalten schattengebende Substanzen wie **Jod** oder **Barium.** Jodhaltige Kontrastmittel kommen in der Darstellung von Gefäßen, Lymphbahnen und -knoten, der Nieren, des Gallengangsystems, des Herzens und des Magen-Darmtraktes bei Perforationsverdacht zur Anwendung. Sie sind **wasserlöslich,** werden über Niere und Galle ausgeschieden und können auch direkt in Blutgefäße oder die Bauchhöhle eingebracht werden.

Bariumsuspensionen sind in Kombination mit kohlensäureentwickelnden Substanzen oder Luft zur Darstellung des gesamten Verdauungstraktes zu verwenden. Bariumsulfat darf **nur innerhalb** des Magen-Darmtraktes angewandt werden, aus dem es mit dem Stuhlgang ausgeschieden wird. Falls diese Substanz z. B. bei einer **Perforation** des Darmes in die **freie** Bauchhöhle oder **andere** Gewebe gelangt, kommt es zur **toxischen Reaktion** mit schweren unerwünschten **Nebenwirkungen** wie z. B. Erbrechen, Durchfälle, Atemlähmung.

Kontrastmittelreaktionen

Alle Kontrastmittel können Überempfindlichkeitsreaktionen bis hin zum anaphylaktischen Schock auslösen!

Bei jeder Röntgenuntersuchung, die mit einem Kontrastmittel durchgeführt wird, muß mit einer lokalen und/oder systemischen Reaktion gerechnet werden.
Kontrastmittelreaktionen können auftreten als:
- Übelkeit, Erbrechen, Schwindel
- allergische Hautreaktionen wie Juckreiz, Quaddelbildung, Lidödeme, Urtikaria
- Kreislaufveränderungen z. B. Blutdruckabfall, Pulsanstieg
- Asthmaanfall
- anaphylaktischer Schock
- Nierenschädigungen

Um Kontrastmittelreaktionen wirkungsvoll entgegenzutreten, sind folgende Punkte zu beachten:
- Intravenöse Kontrastmittel werden **ausschließlich** vom Arzt verabreicht.
- Bis zu 30 Minuten nach Verabreichung des Kontrastmittels darf der Patient **nicht alleine** gelassen werden.
- Während der **gesamten** Untersuchungsdauer wird der Patient auf o.g. Veränderungen hin **beobachtet**.
- Bei den **geringsten** Anzeichen wie z. B. Veränderungen der Atemfrequenz oder plötzlicher Unruhe ist **umgehend** der Arzt zu informieren.

Röntgenverfahren bei verschiedenen Organsystemen

Gastrointestinaltrakt

Für röntgenologische Untersuchungen des Ösophagus, Magens, Dünn- und Dickdarmes kommt das Kontrastmittel Bariumsulfat zur Anwendung. Bei Verdacht auf Magen-Darmperforationen wird aus **Sicherheitsgründen** Gastrografin verwendet. Das Kontrastmittel wird dem Patienten oral bzw. für den Kolonkontrasteinlauf (KE) rektal zugeführt und später mit dem Stuhlgang ausgeschieden.

Vorbereitung des Patienten:
- Ab Mitternacht des Untersuchungstages ist **absolute** Nahrungskarenz (essen, trinken, rauchen) einzuhalten, da Speisereste im Magen Polypen oder Tumore vortäuschen können.
- Der Patient ist darauf hinzuweisen, daß auch die morgendliche Zigarette **nicht** gestattet werden kann, da sie die Flüssigkeitssekretion des Magens anregt.

Bei einem **Kolonkontrasteinlauf:**
- Am **Vortag** der Untersuchung muß der Patient nach dem Frühstück **nüchtern** bleiben (kein Mittagessen und kein Abendessen).
- Dem Patienten werden 2 bis 2,5 l Flüssigkeit über den Tag verteilt angeboten (Mineralwasser, gesüßter Tee, Kaffee, klare Suppen; **keine** Fruchtsäfte, Milch oder Suppeneinlagen).
- Die gründliche Dickdarmentleerung erfolgt mit Abführmitteln (z. B. X-Prep® je nach hausinterner Regelung).
- Reinigungseinläufe **nur** auf ärztliche Anordnung durchführen, da **Perforationsgefahr** bestehen kann.

Nachsorge:
- **Schlackenreiche** Kost und **2 bis 2,5 l** Trinkmenge anbieten, damit der Bariumbrei möglichst **zügig** ausgeschieden wird.

- Bei bestehender Obstipationsneigung zusätzlich auf ärztliche Anordnung Laxantien (hausinterne Regelung beachten) verabreichen.

Urogenitaltrakt

Bei der Röntgenuntersuchung von Niere, Harnleiter und Harnblase (i.v. Urogramm) wird ein jodhaltiges wasserlösliches Kontrastmittel intravenös injiziert. Da das Kontrastmittel über die Niere ausgeschieden wird, können die Röntgenstrahlen das Nierenbecken, den Harnleiter und die Harnblase erfassen.

Vorbereitung des Patienten:
- Einige Tage vor der Untersuchung ist der Serum-Kreatininwert zu bestimmen, da bei erhöhtem Kreatininwert (Hinweis auf vorgeschädigte Nieren) Kontrastmittel (**nierenschädigend**) nicht eingesetzt werden.
- Am Tag vor der Untersuchung erhält der Patient schlackenarme, nicht blähende Kost, um der Überlagerung der zu untersuchenden Organe mit Darmgasen entgegenzuwirken.
- Am Vortag der Untersuchung sind, je nach hausinterner Regelung, leichte Abführmittel zu verabreichen.
- Am Untersuchungstag muß der Patient nüchtern bleiben (nicht essen, **keinesfalls** trinken, nicht rauchen).
- Unmittelbar vor dem Transport in die Röntgenabteilung soll der Patient die Harnblase entleeren, dadurch kommt es zur zügigen Ausscheidung des Kontrastmittels und einer optimalen Kontrastierung (Hervorhebung) der Harnblase.

Nachsorge:
- Dem Patienten sind 2 bis 2,5 l Trinkmenge anzubieten, damit das Kontrastmittel schnell ausgeschieden wird.

Gallenblase und Gallenwege (Cholezystocholangiographie)

Die Darstellung von Gallenblase und Gallenwege erfolgt mit einem jodhaltigen wasserlöslichen Kontrastmittel, das oral oder intravenös verabreicht und über das Leber-Galle-System ausgeschieden wird.

Vorbereitung des Patienten:
- Am Tag vor der Untersuchung erhält der Patient schlackenarme, nicht blähende Kost, um zu verhindern, daß Darmgasüberlagerungen die Untersuchung beeinträchtigen.
- Je nach hausinterner Regelung ist am Vortag ein orales Abführmittel zu verabreichen.
- Zwölf Stunden vor der Untersuchung bleibt der Patient nüchtern (nicht essen, trinken, rauchen).
- Das **orale** Kontrastmittel wird am **Vorabend** der Untersuchung unzerkaut vom Patienten eingenommen.

Nachsorge:
- Es sind keine besonderen Maßnahmen erforderlich.

Blutgefäßsystem

Venen (Phlebographie) und Arterien (Arteriographie oder Angiographie) können röntgenologisch dargestellt werden, indem wasserlösliche, jodhaltige Kontrastmittel **direkt** in die Gefäße **injiziert** werden. Das Kontrastmittel wird später über die Nieren ausgeschieden.

Vorbereitung des Patienten:
- Auf ärztliche Anordnung werden ein bis zwei Tage vor der geplanten Untersuchung die Gerinnungsparameter (z. B. Thrombozyten, PTT, Quick) bestimmt, um die **Gefahr** der Nachblutung **einschätzen** zu können.
- Am Tag der Untersuchung bleibt der Patient nüchtern (kein Frühstück, keine Zigarette).
- Vor der Untersuchung ist die vom Arzt benannte Punktionsstelle zu rasieren.

Nachsorge:
- Im Anschluß an die Untersuchung ist **mindestens zwölf** Stunden, in der Regel jedoch 24 Stunden **Bettruhe** einzuhalten, davon **acht** Stunden gerechnet ab Untersuchungsende, in konsequenter **Rückenlage**.
- Der in der Röntgenabteilung angelegte Druckverband bleibt für 24 Stunden erhalten.
- Es ist üblich, zusätzlich für vier Stunden einen kleinen schweren Sandsack auf die Punktionsstelle zu plazieren.
- Das punktierte Bein darf **in der Hüfte** nicht gebeugt werden, um keine Nachblutungen zu provozieren.
- Die Vitalzeichen sind über 24 Stunden zu kontrollieren (auch nachts!).
- Die Punktionsstelle wird über 24 Stunden, auch nachts, überprüft.

- Kommt es zu Nachblutungen oder Veränderungen der Vitalzeichen (z.B. Pulsanstieg, Blutdruckabfall), ist sofort der Arzt zu informieren.
- Klagt der Patient über ein Kältegefühl oder Schmerzen in der punktierten Extremität, ist sofort der Arzt zu informieren (Hinweis auf Gefäßverschluß).
- Der Patient bekommt 2 bis 2,5 l Flüssigkeit angeboten, damit das Kontrastmittel schnell ausgeschieden wird.

6.4.3 Computertomographie (CT)

Der kombinierte Einsatz der Computer- und Röntgentechnik ermöglicht die Erstellung von sog. **Schichtaufnahmen** des menschlichen Körpers. Ein Röntgenstrahl rotiert dabei quer zur Längsachse in einer 360°-Drehung um den liegenden Patienten und durchdringt ihn in abgeschwächter Form (Abb. 6-6). Aus diesen sog. „Schwächungswerten" errechnet der Computer innerhalb weniger Sekunden das zweidimensionale Schnittbild. Je nach ärztlicher Anordnung können beliebig viele Schichtbilder in Abständen von wenigen Millimetern bis einigen Zentimetern hergestellt werden. Als nichtinvasive diagnostische Maßnahme kann die Computertomographie im Bereich des **gesamten** Körpers eingesetzt werden.

Vorbereitung des Patienten:
- Wird die Untersuchung **ohne** Kontrastmittel vorgenommen, ist **keine** Vorbereitung des Patienten notwendig.
- Beim Einsatz von intravenösen, oralen oder rektalen Kontrastmitteln bleibt der Patient am Tag der Untersuchung nüchtern.
- Das orale Kontrastmittel (ca. 1 l Flüssigkeit) ist eine Stunde vor der Untersuchung zu trinken.
- Das rektale Kontrastmittel wird in der Röntgenabteilung appliziert.
- Der Patient muß informiert sein, daß er längere Zeit (ca. 30 Minuten) in einer relativ engen Röhre (Angst, Beklemmungsgefühl!) sehr still liegen muß.

Nachsorge:
- nicht erforderlich

6.4.4 Magnet-(Kernspin)-resonanztomographie (MRT)

Hierbei handelt es sich um ein bildgebendes, computergestütztes, **nichtinvasives** diagnostisches Verfahren, das auf dem Prinzip der Magnetresonanz (Nuclear Magnetic Resonance = NMR) beruht. Ähnlich wie bei der Computertomographie werden auch hier Querschnittbilder des Körpers, jedoch in dreidimensionaler Form, angefertigt. Die Magnetresonanztomographie findet in der Ganzkörperuntersuchung und zur Diagnostik krankhafter Veränderungen z.B. des zentralen Nervensystems, der Leber, der Nieren des Pankreas, der Harnblase, der Augen sowie des Herz- und Kreislaufsystems Anwendung. Der zusätzliche Einsatz von MRT-Kontrastmitteln ermöglicht z.B. die scharfe **Abgrenzung** von Geschwulstbildungen, Ödemen, Blutungen oder Nekrosen gegenüber der gesunden Umgebung.

Die MRT-Kontrastmittel haben sich bisher

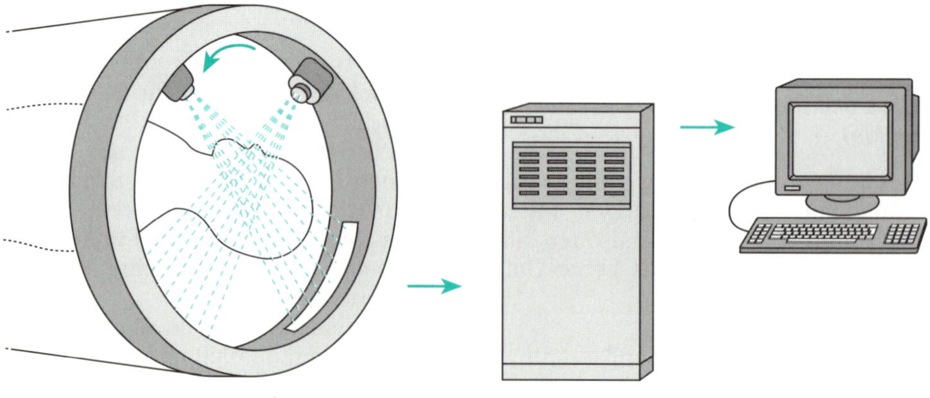

Abb. 6–6 Prinzip der Computertomographie.

als so **gut** verträglich erwiesen, daß **keine** besonderen Maßnahmen zur Vor- und Nachbereitung des Patienten notwendig sind. Genau wie bei der Computertomographie ist der **Patient** auch hier darauf **hinzuweisen**, daß die Untersuchung in einer „engen Röhre" stattfindet und er über einen längeren Zeitraum (30 bis 60 Minuten) völlig ruhig liegen muß.

Patienten mit einem implantierten Herzschrittmacher können mit diesem Verfahren nicht untersucht werden, da die Magnetfelder negative Auswirkungen auf die Funktion des Schrittmachers haben und es zum Kammerflimmern kommen könnte!

Mechanische Armbanduhren und Kreditkarten sollten ebenfalls außerhalb des Untersuchungsraumes bleiben, da sie durch die Magnetfelder ebenfalls in ihrer Funktionstüchtigkeit beeinträchtigt werden können.

6.4.5 Szintigraphie

Die Szinitgraphie ist eine nuklearmedizinische diagnostische Maßnahme, die Auskünfte über funktionelle und morphologische Vorgänge im untersuchten Organ gibt. Die Strahlenenergie wirkt hierbei nicht von außen auf den menschlichen Körper ein, sondern sie wird mittels **radioaktiver** Stoffe erzeugt, die, in den Körper eingegeben, **Strahlen** nach **außen** abgeben. Diese Strahlung kann außerhalb des Körpers z.B. mit einer Szintillationskamera geortet, gemessen und als zweidimensionales Bild aufgezeichnet werden. Je nach zu untersuchendem Organ wird dem Patienten ein entsprechend abgestimmtes Radiopharmakon intravenös injiziert, oral verabreicht oder es wird von ihm inhaliert.

Schilddrüsenszintigraphie

Die Szintigraphie der Schilddrüse gibt Auskunft über die Lage, Form und Größe. Gleichzeitig wird der untersuchende Arzt auf Unter- bzw. Überfunktion, Strumen, funktionslose Knoten, Zysten oder maligne Strukturen aufmerksam, also Veränderungen innerhalb des Organes.

Vorbereitende Maßnahmen:
- **Andere** geplante Untersuchungen mit **jodhaltigen** Kontrastmitteln, können erst **nach** der Schilddrüsenszintigraphie durchgeführt werden, da sie die Untersuchungsergebnisse **verfälschen** könnten.
- Alle Schilddrüsenhormone, die der Patient gewöhnlich aus therapeutischen Gründen einnimmt, sind **vier** Wochen vor der Untersuchung abzusetzen, da auch sie die Untersuchungsergebnisse verändern könnten.
- Die **Verwendung** jodhaltiger Hautdesinfektionsmittel im Vorfeld der Szintigraphie **unterbleiben** aus dem gleichen Grund.
- Dem Patienten wird intravenös ein jodhaltiges Kontrastmittel (z.B. ^{123}Jod) injiziert, 20 Minuten später erfolgt die Untersuchung.

Nachsorge:
- nicht erforderlich

6.4.6 Punktionen/Biopsien

Punktionen (lat. pungere = stechen) und Biopsien (grch. bios = Leben, opsis = Betrachtung) sind diagnostische, in einigen Fällen auch therapeutische Maßnahmen, deren Durchführung dem **Verantwortungsbereich** des Arztes unterliegt. Um sie auszuführen, wird eine Punktionskanüle (spezielle Hohlnadel mit Führungsstab) in einen anatomisch vorbestehenden (Gelenk-, Pleura-, Bauchhöhle, Liquorraum, Fruchtblase, Blutgefäß) oder einen pathologischen Körperhohlraum (z.B. Zyste, Abszeß) eingeführt. Das gewonnene Punktionsmaterial (Punktat) kann **physiologisch** vorhanden sein (z.B. Liquor, Blut, Knochenmark) oder es ist aufgrund einer **krankhaften Veränderung** (z.B. eines Tumors) entstanden. In diesem Fall wird das Punktat global als „Erguß" und nach seiner Entstehungsbedingung, **Transsudat** oder **Exsudat** genannt. Ein Transsudat, dessen spezifisches Gewicht unter 1015 liegt, entsteht durch Stauungen im Herzkreislaufsystem bei einer gleichzeitig gesteigerten Gefäßdurchlässigkeit. Ein Exsudat mit einem spezifischen Gewicht über 1015 deutet auf einen entzündlichen Prozeß mit dem Austritt eiweiß- und zellhaltiger Flüssigkeit aus den Gefäßen hin.

Wird die Punktionskanüle in ein Parenchym (spezifisches Gewebe eines Organes z.B. Leber) eingeführt, um dort eine **Gewebeprobe** zu entnehmen, spricht man von einer **Biopsie.** Aufgrund der unterschiedlichen Entnahmetechniken können sie als Nadel-, Saug-, Stanz-, Exzisionsbiopsie oder Kürretage, bzw. nach dem Ort der Gewebeentnahme als Nieren-, Leber- oder Knochenbiopsie bezeichnet werden. Biopsien sind als Blindpunktion oder unter Sicht (z.B. im Rahmen einer Röntgenuntersuchung, einer Sonographie oder einer Endoskopie) durchzuführen (Tab. 6-6).

Jede Punktion/Biopsie birgt ein erhöhtes Infektionsrisiko in sich, steriles Arbeiten muß sichergestellt sein (s. Kap. 4)!

Lavage

Eine **Sonderform der Punktion** stellt die Lavage, eine Spülung des Bauchinnenraumes dar. Sie wird z.B. bei Verdacht auf Blutungen in die freie Bauchhöhle oder bei einer möglichen Darmperforation durchgeführt.

Durchführung: Der Patient liegt flach auf dem Rücken oder links in einer 30°-Seitenlage. Es erfolgt eine Rasur zwischen Nabel und Symphyse sowie die Desinfektion der Haut. Nach der Verabreichung einer Lokalanästhesie wird durch den Arzt eine Stichinzision vorgenommen und anschließend ein Peritonealdialysekatheter in die Bauchhöhle eingeführt. Nachdem der Katheter mit einem Infusionssystem verbunden ist, werden 1000 bis 1500 ml Spülflüssigkeit (z.B. physiologische Kochsalzlösung) ein- und wieder ausgespült. Ein **blutiger Rückfluß** zieht die **sofortige**

Tab. 6–6 Übersicht der geläufigen Punktionen/Biopsien.

Punktionszielort	Bezeichnung	Punktat	Indikation	Risiko/Hinweis
Vene	Venenpunktion	Blut	Diagnostik Therapie	
Kapillare	Kapilläre Blutentnahme	Blut	Diagnostik	
Arterie	Arterienpunktion	Blut	Diagnostik	Auf Nachblutungen achten!
Pleuraraum	Pleurapunktion	Exsudat Transsudat	Diagnostik Therapie	Verletzung der Lunge, Blutungen aus Lungengefäßen, Pneumothorax
Parietales Pleurablatt	Pleurabiopsie	Gewebe	Diagnostik	
Lunge	Lungenbiopsie	Gewebe	Diagnostik	Blutungen aus dem Bronchialsystem in die Pleurahöhle
Leber	Leberbiopsie	Gewebe	Diagnostik	Peritoneale oder intrapleurale Blutung Galleaustritt mit peritonealer Reizung Verletzung der Pleura
Bauchhöhle	Aszitespunktion	Exsudat Transsudat	Diagnostik Therapie	Verletzung innerer Organe z. B. mit Galleaustritt oder Blutungen
Niere	Nierenbiopsie	Gewebe	Diagnostik	Nachblutungen, Gefahr von Nierengewebeschäden
Lymphknoten	Lymphknotenbiopsie	Gewebe	Diagnostik	
Sternum/Beckenkamm	Knochenmarkbiopsie	Knochenmark	Diagnostik	
Gelenke	Gelenkpunktion	Sekret Exsudat Transsudat	Diagnostik Therapie	Sekundäre Gelenkinfektionen
Zwischen 3./4. oder 4./5. Lendenwirbel Subokzipital	Lumbalpunktion Subokzipitalpunktion	Liquor	Diagnostik Therapie	Ateminsuffizienz

Laparatomie nach sich. Nach der Lavage ist die Einstichstelle ggf. mit einer Naht und einem sterilen Verband zu versehen und in den Folgestunden auf Nachblutungen hin zu beobachten.

Aufgaben des Krankenpflegepersonals

Vor der Punktion/Biopsie

- Geplante apparative Untersuchungen zur Diagnostik lösen bei Patienten oft Unsicherheit und Angst (vor Schmerzen, vor dem Unbekannten) aus. **Ergänzend** zur Aufklärung durch den Arzt sollte daher in jedem Fall das Pflegepersonal den Patienten über die Dauer und ggf. die zu erwartenden Unannehmlichkeiten der Untersuchung informieren.
- Ein bis zwei Tage vor dem Eingriff können **spezielle** Blutabnahmen (z.B. Bestimmung der Gerinnungsfaktoren) notwendig sein, um evtl. das Risiko einer Nachblutung abzuschätzen.
- Am Tag der Untersuchung wird die Punktionsstelle durch eine Rasur der Körperhaare vorbereitet.
- Auf **ärztliche Anordnung** erhält der Patient vor schmerzhaften Punktionen (z.B. Sternalpunktion) **Analgetika**.
- Die benötigten Gegenstände wie z.B. Hautdesinfektionsmittel, Tupfer, Abwurfschale, Kanülen, Spritzen, Lokalanästhetikum, ggf. Nahtmaterial sowie Verbandmaterial für Schnell-, Druck- oder Kompressionsverband werden bereitgestellt.
- Das Punktionsbesteck, evtl. ein Auffanggefäß sowie beschriftete Probeentnahmeröhrchen mit Begleitzettel sind vorzubereiten.
- Unmittelbar vor der Punktion wird der Patient gebeten, Blase und Darm zu entleeren.

Während der Punktion/Biopsie

- Da während der Punktion mit dem Austritt oder Abfließen größerer Flüssigkeitsmengen zu rechnen ist, wird unter das zu untersuchende Körperteil eine wasserdichte Unterlage gelegt.
- Das zu untersuchende Körperteil muß frei zugänglich sein (Nachthemd hoch- bzw. ausziehen).
- Der Patient ist in die für die Punktion/Biopsie erforderliche **Körperlage** zu bringen, möglichst bequem mittels Kissen oder Decken zu lagern oder durch eine Pflegeperson zu stützen.
- Das notwendige Material wird dem Arzt durch eine zweite Pflegeperson in der korrekten Reihenfolge angereicht.
- Das abgesaugte/abgeflossene Punktat ist in **sterile** Entnahmeröhrchen zu füllen.
- Nach dem Entfernen der Punktionskanüle wird die Einstichstelle desinfiziert und ein entsprechender Verband angelegt.

Nach der Punktion/Biopsie

- Der Patient wird den Erfordernissen entsprechend gelagert und informiert, wie lange er diese Körperlage beizubehalten hat.
- Dem Patienten ist genügend Zeit zum Ausruhen einzuräumen.
- Auf ärztliche Anordnung können Analgetika verabreicht werden.
- In regelmäßigen Abständen (Arztanordnung) ist eine **Vitalzeichenkontrolle** (Blutdruck, Puls, Atmung, Aussehen) durchzuführen und die **Punktionsstelle** auf Nachblutungen hin zu überwachen.
- Das gewonnene Punktat und der ausgefüllte Begleitschein werden **schnellstmöglich** in das zuständige Labor gebracht.
- Alle gebrauchten Materialien sind zu entsorgen bzw. entsprechend aufzubereiten.
- Die durchgeführte Maßnahme sowie Menge, Aussehen und Beschaffenheit des Punktates werden in der Dokumentationsmappe vermerkt.

Das Krankenpflegepersonal soll einen störungsfreien Ablauf der Punktion/Biopsie sicherstellen!

6.4.7 Endoskopie

Mit Hilfe der Endoskopie (Innenspiegelung) gelingt dem Arzt die Ausleuchtung vom **Inneren des Körpers** und damit die Betrachtung von Hohlorganen und Körperhohlräumen (Tab. 6-7). Für die Durchführung verwendet der Benutzer ein röhrenförmiges Endoskop, das mit einem integrierten optischen System, bestehend aus Okular, Objektiv und Beleuchtung ausgestattet ist. Zusätzlich weisen Endoskope Absaug- und Spülvorrichtungen sowie Kanäle, über die Spezialinstrumente

Tab. 6–7 Übersicht der geläufigen Endoskopien.

Zielorgan	Zugangsart	Bezeichnung	Maßnahmen zur Diagnostik	Maßnahmen zur Therapie
Speiseröhre	Transoral	Ösophagoskopie		
Magen		Gastroskopie		
Dünndarm		Duodenoskopie		
Dünndarm- Pankreas- Gallengang		ERCP (endoskopisch retrograde Cholangiopankreatographie) ERP (endoskopisch retrograde Pankreatographie)		– Dilatation/Bougierung von Stenosen – Fremdkörperentfernung
Atemwege		Bronchoskopie	– Entnahme von Gewebeproben	– Blutstillung
Dickdarm	Transanal	Koloskopie		– Polypektomie
Enddarm		Rektoskopie	– Konstrastmittel-applikation	– Varizensklerosierung
Harnblase	Transurethral	Zystoskopie	– Optische Inspektion	– Lavage
Nierenbecken		Pyeloskopie	– Abstriche	– Fistelspaltung
Scheide/Zervix	Transvaginal	Kolposkopie		– Hämorrhoidenligatur
Pleurahöhle	Transkutan	Thorakoskopie		– Steinentfernung
Mediastinum		Mediastinoskopie		– Steinzertrümmerung
Bauchhöhle		Laparoskopie		
Kleines Becken		Pelviskopie		
Kniegelenk		Arthroskopie		

wie z. B. Metallschlingen oder Biopsiezangen eingeführt werden können, auf.

Die Endoskopie kommt als diagnostische (Entnahme von Gewebeproben) und therapeutische Maßnahme (Fremdkörperentfernung, Polypenentfernung) zum Einsatz.

Je nach Lage oder Zugänglichkeit des zu untersuchenden Hohlraumes oder -organes werden **starre** (z. B. Zystoskop, Tracheoskop) oder **flexible** Endoskope (z.B. Bronchoskop, Gastroskop) benutzt. Bei den flexiblen biegsamen Instrumenten hat der Arzt die Möglichkeit, sie während der Untersuchung in zwei Ebenen bis zu 180° abzuwinkeln. Dies hat z. B. für die Inspektion des Magen-Darm-Traktes eine große Bedeutung. Entsprechend der Erreichbarkeit des Zielorganes können endoskopische Eingriffe transoral, -anal, -urethral, -vaginal oder -kutan (lat. trans = hinüber, hindurch) ausgeführt werden.

Alle endoskopischen Untersuchungen werden in Funktionsabteilungen des Krankenhauses mit **speziell** dafür **ausgebildetem** Krankenpflegepersonal vorgenommen. Die Aufgabe des stationären Krankenpflegepersonals besteht darin, den Patienten für die Endoskopie vorzubereiten, ihn zur Untersuchung zu begleiten und im Anschluß daran die Nachsorge sicherzustellen.

Vorbereitende pflegerische Maßnahmen

- Auf ärztliche Anordnung werden ein bis zwei Tage vor dem geplanten Eingriff die Gerinnungsparameter bestimmt, um die Gefahr der Nachblutung einschätzen zu können.

- Bei **transanalen** Endoskopien ist am Tag vor der Untersuchung eine **gründliche Darmreinigung** notwendig (hausinterne Anweisungen beachten).
- Am Untersuchungstag bleibt der Patient nüchtern (nicht essen, trinken, rauchen).
- Bei **transkutanen** Endoskopien ist vor der Untersuchung die vom Arzt benannte Hautregion zu **enthaaren.**
- Unmittelbar vor dem Beginn entleert der Patient Blase und Darm.
- Auf ärztliche Anordnung wird die Prämedikation verabreicht.
- **Zahnprothesen** sind bei einer **transoralen** Endoskopie und/oder einem Eingriff unter Vollnarkose zu **entfernen.**
- Der Patient ist von einer Pflegeperson zur Endoskopieabteilung zu **begleiten** und dem dort tätigen Personal zu übergeben.

Pflegerische Maßnahmen nach der Endoskopie

- Der Patient wird von einer Pflegeperson aus der Endoskopieabteilung **abgeholt** und auf die Station **zurückbegleitet.**
- Der Patient ist bequem zu lagern und es wird ihm eine zweistündige Ruhepause ermöglicht.
- Wurde eine **Lokalanästhesie** im Mund-Rachen-Bereich vorgenommen, besteht für **mindestens** zwei Stunden (gerechnet ab Untersuchungsende) **absolute Nahrungskarenz**, um einer **Aspirationsgefahr** entgegenzuwirken.
- Auf ärztliche Anordnung erfolgt in zeitlich definierten Abständen die **Kontrolle** von Blutdruck, Puls und ggf. des Bewußtseins. Bei Eingriffen am Thorax wird zusätzlich die Atmung, nach **transkutanen** Endoskopien die **Einstichstelle** auf Nachblutungen **beobachtet.**
- Bei Veränderungen und/oder Abweichungen von Normalwerten ist sofort der Arzt zu informieren.
- Die abgeschlossene Untersuchung ist hinsichtlich ihres Verlaufes und ggf. des Ergebnisses im Dokumentationssystem zu vermerken.

Literaturhinweise

[1] Anschütz, F.: Die körperliche Untersuchung. Springer, Berlin-Heidelberg, 4. Aufl. 1985.
[2] Dahmer, J.: Anamnese und Befund. Thieme, Stuttgart-New York, 6. Aufl. 1988.
[3] Hegglin, J.: Chirurgische Untersuchung. Thieme, Stuttgart-New York, 4. Aufl. 1988.
[4] Sabiston, D. C. (ed.): Textbook of surgery. The biological basis of modern surgical practice. 14th edition, Saunders, Philadelphia 1991.
[5] Schumpelick, V., N. M. Bleese, U. Mommsen, (Hrsg.): Chirurgie. Enke, Stuttgart, 1. Aufl. 1986.
[6] Maletzki, W., A. Stegmayer-Petry: Klinikleitfaden Krankenpflege. Jungjohann, Neckarsulm-Stuttgart, 2. Aufl.1995.
[7] Juchli, J.: Krankenpflege. Thieme, Stuttgart-New York, 7. Auflage 1994.
[8] Das Neue Lehrbuch der Krankenpflege. Kohlhammer, Stuttgart-Berlin, 4. Aufl. 1992.

7 Therapie

E. Muhl, G. Bliemeister

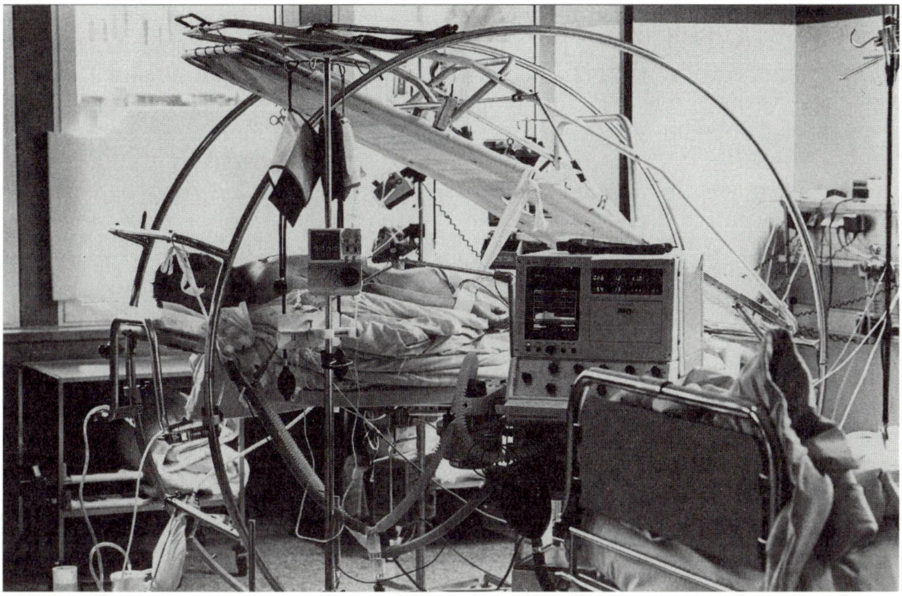

7.1 Medikamente

7.1.1 Zur Prämedikation

Die Prämedikation eines Patienten am Vorabend einer geplanten Operation, am Morgen des Operationstages bzw. eine Stunde vor Beginn der Operation hat folgende **Ziele**:

- Der Patient soll **ruhig**, **entspannt** und **ohne Angst** in die Operation gehen.
- Durch die Prämedikation können **Nebenwirkungen** der Narkose wie z. B. mögliche Folgen einer Vagusreizung **verhindert** werden.
- Ein Patient, der ausreichend prämediziert wurde, benötigt **weniger** Narkotika in der Narkoseeinleitung.

Im folgenden sind die wesentlichen Medikamente aufgeführt, die für diese Zwecke Verwendung finden.

Anxiolytika (Tranquilantien, angstlösende Medikamente)

In erster Linie kommen **Benzodiazepine**, die primär Angst- und Spannungszustände lösen, zur Anwendung. Sie erzielen jedoch auch eine Sedierung (Dämpfung), die im Rahmen der Narkosevorbereitung erwünscht ist, sowie einen hypnotischen (schlaferzeugenden) Effekt, der aber nur schwach ausgeprägt ist. In höheren Dosen bewirken sie eine Senkung des Tonus (Anspannung) der Skelettmuskulatur. Für die Prämedikation werden meistens Diazepam (Valium®) oder Midazolam (Dormicum®) eingesetzt. In diese Medikamentengruppe gehören noch Clorazepat (Tranxillium®), Oxazepam (Adumbran®) und Flunitrazepam (Rohypnol®).

Anwendungsbeispiele für Erwachsene:

- Dormicum: 3,5 bis 7 mg (0,05 bis 0,1 mg pro kgKG) intramuskulär 30 Minuten oder 2,5 mg intravenös fünf bis zehn Minuten vor Narkosebeginn. Bei sehr alten Patienten oder bei einem schlechten Allgemeinzustand kann die Dosis auch verringert werden.
- Rohypnol: eine Viertel bis eine Halbe Tablette am Vorabend. 1 bis 2 mg intramuskulär 30 bis 60 Minuten vor Narkosebeginn.
- Valium: 5 bis 10 mg am Vorabend, eine Stunde präoperativ 10 mg oral oder intramuskulär.

Die **Kombination** eines länger wirkenden Benzodiazepins (z. B. Rohypnol) oral am Vorabend und eines kurz wirksamen (z. B. Dormicum) kurz vor dem Eingriff kann sinnvoll sein. Der Patient wird die Nacht vor der Operation gut durchschlafen können und durch die Gabe des kurzwirksamen Medikamentes vor dem Eingriff entspannt zur Narkoseeinleitung kommen.

Nebenwirkungen: Bei alten Patienten können Benzodiazepine eine **gegenteilige** Wirkung erzeugen und **Erregungs-** und **Unruhezustände** auslösen. Ein verzögerter Abbau der Substanzen ist bei Patienten mit Lebererkrankungen möglich und es kann deshalb zur Verstärkung und Verlängerung der Wirkung kommen. Auch Alkohol oder andere Sedativa können diese Effekte bewirken.

Bei den oben genannten Dosierungen sind Atemstörungen selten; bei einer höheren Dosis muß jedoch mit dem Auftreten einer Ateminsuffizienz gerechnet werden!

Neuroleptika

Neuroleptika sind eine weitere Medikamentengruppe, die für die Prämedikation in Frage kommen. Sie wirken sedierend und erzeugen eine Verlangsamung sowie die Distanzierung von der Umwelt. Darüber hinaus verfügen sie, insbesondere bei längerer Verabreichung, über einen antipsychotischen Effekt, d. h. sie schwächen Wahnideen und Halluzinationen ab bzw. bringen sie zum Verschwinden. Vertreter dieser Gruppe sind Chlorpromazin (Megaphen®), Promethazin (Atosil®), Triflupromazin (Psyquil®) und Haloperidol (Haldol®). Aufgrund ihrer **Wirkmechanismen** wird deutlich, daß sie **nicht nur** für die Narkosevorbereitung, sondern auch bei psychiatrischen Erkrankungen Anwendung finden.

Nebenwirkungen: Es können Tachykardie, Blutdruckabfall, Mundtrockenheit und Obstipation auftreten. Eine **Überdosierung** führt zu einem deliriumähnlichen Zustand, gefolgt von einem tiefen Koma und einer Atemlähmung. Als **spezielle Nebenwirkung** sind ein medikamentös bedingtes Parkinson-Syndrom oder ein dyskinetisches Syndrom, das durch Schluck- und Sprachstörungen sowie durch ungewollte abnorme Bewegungen, vor allem des Kopfes, Halses und Schultergürtels, gekennzeichnet ist, bekannt. Diese Symptome lassen sich durch Antiparkinsonmittel (Gegenmittel) günstig beeinflussen.

Aufgrund der Nebenwirkungen sollte ambulanten Patienten eine möglichst geringe Dosis verabreicht werden!

Hypnotika

Die Substanzgruppe, die sowohl für die **Prämedikation** als auch für die **Narkoseeinleitung** eine Rolle spielt, ist die Gruppe der **Barbiturate** (Schlafmittel). Sie hemmen das zentrale Nervensystem, wirken sedierend, hypnotisch und narkotisierend. Der Unterschied der einzelnen Präparate liegt in der Wirkdauer. Es gibt **langwirkende** Barbiturate z.B. Vinylbarbital (Speda®) oder Phenobarbital (Luminal®), die in Tablettenform am Vorabend der Operation zur Prämedikation eingesetzt werden. Das Methohexital (Brevimytal®) **wirkt nur sehr kurz** und wird daher intravenös zur Einleitung der Narkose verabreicht.
Nebenwirkungen: Allergien, Erregungszuständen (paradoxe Wirkung) und die Gefahr einer Suchtentwicklung sind zu nennen. Bei einer **Überdosierung** kommt es zur Bewußtlosigkeit, zur zentralen Atemlähmung und zum Kreislaufversagen.

Parasympatholytika

Vielfach wird zur Prämedikation Atropin oder Scopolamin verabreicht, um durch ihre Wirkung auf das parasympathische Nervensystem **Vagusreflexe** wie z.B. eine Bradykardie oder einen Herzstillstand zu verhindern. Die durch diese Medikamente bewirkte Verminderung der Speichel- und Magensaftsekretion ist ein **erwünschter Nebeneffekt**.

7.1.2 Zur prä- und postoperativen Thromboseprophylaxe

Während und nach Operationen, aber auch bei der Ruhigstellung von Extremitäten durch Bettlägerigkeit oder Gipsverbände, durch Verletzungen sowie bei Koagulopathien mit Thrombosetendenz (Übergerinnbarkeit des Blutes) besteht für den Patienten die **Gefahr einer Thrombose** und das **Risiko** einer evtl. tödlich verlaufenden **Lungenembolie** (Verschleppung des Gerinnsels mit dem Blutstrom in die Pulmonalarterie).

Das Thromboserisiko kann durch verschiedene Maßnahmen gemindert werden:
- frühe Mobilisierung nach der Operation
- elastische Wickelung der Beine oder Anwendung von Kompressionsstrümpfen (s.a. Kap. 5.1.5 und Abb. 5-9)
- medikamentös

Auf eine medikamentöse Thromboseprophylaxe sollte heute nicht mehr verzichtet werden, da die Wirksamkeit zweifelsfrei erwiesen ist!

Meistens wird bereits **vor** der Operation mit der Prophylaxe begonnen. Nur Patienten, bei denen eine **Regionalanästhesie** (peridural) geplant ist und der Anästhesist das **Blutungsrisiko** fürchtet, sind ausgenommen.

Für die Thromboseprophylaxe wird Heparin, eine körpereigene Substanz die z.B. in den Gewebemastzellen, in der Leber, in der Lunge und im Dünndarm vorkommt, verwendet. Die gerinnungshemmende Wirkung des Heparins beruht auf der Aktivierung des Antithrombin III, welches wiederum das Thrombin hemmt. Nur in sehr hohen Dosierungen, die nicht in der Thromboseprophylaxe verwendet werden, ist die Wirkung des Heparins vom Antithrombin III unabhängig.

Die **Dosierung** beträgt für einen **normalgewichtigen** Erwachsenen **zwei- bis dreimal täglich 5000 Einheiten** (I.E.) Heparin (auch als Fertigspritzen verfügbar), das für die Prophylaxe **überwiegend subkutan** appliziert wird, aber auch intravenös gegeben werden kann. Diese Dosierung gilt für die herkömmlichen Heparine wie z.B. Liquemin®. Die neueren Heparine (z.B. Clexane®, Fraxiparin®) brauchen nur einmal täglich subkutan gespritzt werden und sind zur Prophylaxe gleichermaßen geeignet.
Nebenwirkungen: Es kann zu Blutungen oder allergischen Reaktionen kommen. Bei einer sehr langen Verabreichung tritt vereinzelt Osteoporose und sehr selten Haarausfall auf. Eine durch Heparingabe ausgelöste Thrombozytopenie (Verminderung der Blutplättchen) bildet sich nach dem Absetzen des Heparins zurück. Für das Heparin Orgaran® ist diese Komplikation bisher nicht bekannt.

7.1.3 Medikamente zur Ulkusprophylaxe

In chirurgischen Abteilungen sind vor allem Patienten mit besonderem **Streß** (Intensivstation, Verbrennung) oder einer **parenteralen Langzeiternährung** der Gefahr ausgesetzt, ein Magen- oder Zwölffingerdarmgeschwür zu bekommen. Hinzu kommt die Patientengruppe, die **Medikamente**, die die **Ulkusentstehung fördern** (z.B. Rheumamittel, bestimmte Schmerzmittel), erhält. Diese Patienten benötigen eine entsprechende Medikation zur Vermeidung eines Ulkus. Es stehen verschiedene Medikamentengruppen zur Verfügung.

Mittel zum Schutz der Magenschleimhaut

- Carbenoxolon (Ulcus-Tablinen®): Es steigert die Schleimproduktion des Magens und verstärkt dadurch die Selbstschutzkräfte des Magens. Es wird nur in oraler Form verabreicht. Flüssigkeitsretention und Kaliummangel im Blut können als Nebenwirkung auftreten.
- Sucralfat (z.B. Ulcogant®): Im sauren Milieu des Magens kommt es zur Ausbildung einer regelrechten Schutzschicht auf der Magenschleimhaut. Es ist eine Stunde vor den Mahlzeiten und zur Nacht (Einzeldosis 1 g) einzunehmen und darf auf **keinen Fall zusammen** mit **säureneutralisierenden** Medikamenten genommen werden. Es würde sich im Magen kein saurer pH einstellen und das Sucralfat könnte somit diese Schutzschicht nicht ausbilden.

Mittel zur Hemmung der Salzsäurebildung

Die Säureproduktion im Magen wird über drei Rezeptortypen (Histamin-, Acetylcholin- und Gastrin-Rezeptoren) angeregt.

- Pirenzepin (z.B. Gastrozepin®): Es hebt die Wirkung des N. vagus (Acetylcholin) auf, durch dessen Reizung sich die Säureproduktion im Magen erhöht. Es handelt sich somit um eine **zeitweise medikamentöse** „Vagotomie" (operative Durchtrennung des unteren N. vagus). Die durch den Reiz des N. vagus angeregte Säureproduktion des Magens wird aufgehoben, während die basale Säureproduktion bleibt. Die Substanz ist zur Streßulkusprophylaxe zugelassen und kann oral oder intravenös gegeben werden.
- Famotidin (z.B. Pepdul®), Ranitidin (z.B. Sostril®), Cimetidin (z.B. Tagamet®): Sie hemmen die durch die körpereigene Substanz Histamin induzierte Säureproduktion im Magen. Man nennt sie auch H_2-Blocker, H_2-Antihistaminika oder H_2-Rezeptorantagonisten. Es handelt sich um Medikamente, die zur **Ulkustherapie** sowie zur **Prophylaxe bei Patienten**, die **schon einmal Ulzera hatten**, geeignet sind. Sie können alle intravenös oder oral gegeben werden. Nebenwirkungen dieser Medikamentenklasse sind vor allem Schwindel sowie Verwirrtheit und Halluzination. Auch Veränderungen des Blutbildes, Herzrhythmusstörungen und Blutdruckabfälle können vorkommen, vor allem bei der intravenösen Verabreichung.
- Omeprazol (Antra®): Es verhindert den Transport der Wasserstoffionen aus den säureproduzierenden Belegzellen des Magens durch eine Hemmung des für diesen Transport nötigen Enzyms (H^+K^+-ATPase). Das Medikament bewirkt eine Verminderung der basalen und der stimulierten Säureproduktion und wirkt damit stärker als die oben beschriebenen H_2-Rezeptorantagonisten. Es ist ein Medikament **zur Therapie** und hat in der **Prophylaxe keinen Platz**.
- Misoprostol (Cytotec®): Als Prostaglandinderivat (-abkömmling) erzielt es eine Erhöhung der Schleimproduktion im Magen (Selbstschutz) und eine Verminderung der Säureproduktion. Es wird zur Ulkusprophylaxe oral nach den Mahlzeiten verabreicht.

Mittel zur Pufferung der Säure im Magen

- Aluminium-Hydroxid (Aludrox®), auch in Kombination mit Magnesiumhydroxid (z.B. Maaloxan®): Es handelt sich um **Metall-Salzverbindungen**, die in flüssiger Form oder als Granulat (immer oral) zwischen den Mahlzeiten eingenommen werden. Da auch die Nahrung eine Pufferwirkung gegen die Säure hat, werden diese Medikamente eine bis drei Stunden **nach** dem Essen eingenommen. Bei **niereninsuffizienten** Patienten sind diese Mittel **kontraindiziert**, da es zu Aluminiumvergiftung, Hypermagnesiämie (zu hoher Magnesiumspiegel im Blut) und zur Hyperphosphatämie (zu hoher Phospatpiegel im Blut) kommen kann. Aus den selben Gründen ist die langfristige Gabe dieser Medikamente auch bei nierengesunden Patienten nicht unproblematisch.

7.1.4 Medikamente bei Übelkeit und Erbrechen

Für Übelkeit und Erbrechen sind verschiedene Ursachen verantwortlich:
- Sie können zentral bedingt sein (z.B. erhöhter Hirndruck, Schädel-Hirn-Tauma).
- Eine Störung der Motilität (Transportfähigkeit durch die Tätigkeit der glatten Muskulatur) im Magen-Darmtrakt liegt vor.
- Aufgrund bestimmter Medikamente (z.B. Zytostatika).

Entsprechend **unterschiedlich** ist die **medikamentöse Therapie** bzw. der Wirkmechanismus der eingesetzten Medikamente.

Zentrales Erbrechen: Es wird mit Psyquil® intravenös oder mit Peremesin-Zäpfchen® behandelt. Diese Medikamente haben eine deutlich sedierende Nebenwirkung. Das Medikament Domperidon (Motilium®) ist nur in Form von Tropfen, Suspension oder Filmtabletten erhältlich und kann ebenfalls beim zentralen Erbrechen eingesetzt werden.

Atonie von Magen und Dünndarm: Um die Motorik von Magen und Dünndarm, die häufig nach Eingriffen am Abdomen gestört ist, zu fördern, wird Metoclopramid (Paspertin®) und/oder Dexpanthenol (Bepanthen®) oral (10 mg), intravenös (1 Ampulle á 10 mg) oder intramuskulär (10 bis 20 mg) gegeben. Es kommt zu einer Beschleunigung der Magenentleerung.

Cisaprid (Propulsin®), nur in Tablettenform erhältlich, erhöht ebenfalls die Magen-Darm-Motilität. Anticholinergika (Antiparkinsonmittel z.B. Atropin®) heben die Wirkung von Propulsin auf. Außerdem kann durch **die Einnahme von Propulsin die Wirkung anderer gleichzeitig gegebener Medikamente** (z.B. Marcumar, Benzodiazepine) **verstärkt werden**.

Erbrechen bei Chemotherapie: Hierfür wurde speziell das Medikament Odansetron (Zofran®), das in Tablettenform und zur intravenösen Injektion angeboten wird, entwickelt.

Übelkeit und Erbrechen, die durch Motilitätsstörungen im Magen-Darmtrakt hervorgerufen sind, dürfen nicht mit Zofran behandelt werden, da es die Übelkeit und das Erbrechen verstärkt!

7.1.5 Medikamente bei Darm- und Blasenatonie

Bei einer Darm- und Magenatonie kommen auch die Medikamente Paspertin, Bepanthen und Propulsin (s. Kap. 7.1.4) zur Anwendung.

Medikamente, die bei einer Blasenatonie einsetzbar sind, müssen **stimulierend** auf die **glatte Muskulatur** wirken. Diese Aufgabe erfüllen Cholinergika, zu denen auch Bepanthen gehört, und somit für die Indikation Blasenatonie angewandt werden kann.

In dieselbe Medikamentengruppe gehören noch Carbachol (Doryl®), Ceruletid (Takus®) und Destigminbromid (Ubretid®).

Die Dosierung bei einer postoperativen Blasenentleerungsstörung ist für Doryl 0,25 mg subkutan oder intramuskulär. Falls Doryl oral verabreicht wird, ist die Dosis höher, nämlich 2 mg. Takus kann intramuskulär (0,3 mg pro kgKG) oder intravenös gegeben werden. Für die intravenöse Applikation ist eine Ampulle mit 500 ml physiologischer Kochsalzlösung stark zu verdünnen und langsam zu infundieren (Puls- und Blutdruckkontrolle).

Nebenwirkungen: Die Anwendung dieser Medikamente kann z.B. die **Symptomatik eines Ileus**, falls ein mechanisches Hindernis für die Entleerung des Darmes vorliegt, **verstärken**.

Doryl und Takus sind bei schweren Herzerkrankungen sowie bei einem frischen Herzinfarkt kontraindiziert, da sie eine Tachykardie und einen Blutdruckabfall bewirken können!

7.1.6 Zur postoperativen Pneumonieprophylaxe

Folgende Ursachen können postoperativ die Entstehung einer Pneumonie unterstützen:
- Minderbelüftung der Lunge (Schonatmung bei postoperativen Schmerzen, flache Atmung bei langer Bettruhe)
- Sekretstau (Schmerzen bzw. allgemeine Schwäche sind verantwortlich für mangelndes bzw. fehlendes Abhusten)
- Sauerstoffverabreichung, apparative Beatmung oder eine Tracheotomie führen zur Austrocknung der Atemwege und damit auch zur Eindickung des Trachealsekrets
- Aspiration (z.B. bei Erbrechen)

Zusätzlich zu einer frühzeitigen Mobilisation und einem gezielten Atemtraining können Expektorantien oral, intravenös, kutan oder per Inhalation eingesetzt werden.

Expektorantien

Beispiele für diese Medikamentenklasse sind:
- Acetylcystein (Fluimucil®): Injektionslösung, Kapseln, Brausetabletten und Saft. Dosierung beim Erwachsenen dreimal täglich 100 bis 200 mg.
- Mesna (Mistabronco®): Lösung als Aerosol und Instillat. Dosierung z.B. ein bis zwei Ampullen á 600 mg als Aerosol pro Sitzung.
- Ambroxol (Mucosolvan®): Injektionslösung, Kapseln, Saft, Tabletten, Inhalationslösung. Dosierung z.B. zweimal täglich eine Filmtablette.
- Bromhexin (Bisolvon®): Tabletten, Injektionslösung, Inhalationslösung. Dosierung für die intravenöse Injektion täglich zweimal zwei Ampullen á 8 mg. Zur Schleimlösung bzw. -verflüssigung werden täglich drei- bis sechsmal 200 mg oral oder bei intravenöser Therapie drei- bis sechsmal eine Ampulle á 400 mg gegeben. Die orale Einnahme kann unabhängig von den Mahlzeiten erfolgen. Letzteres gilt auch für die anderen Mukolytika.

Acetylcystein ist neben seiner Wirkung als schleimlösendes Mittel (Mukolytikum) auch ein **Gegenmittel** bei der **Paracetamol-Vergiftung**. Für diese Indikation muß das Acetylcystein aber wesentlich **höher dosiert** werden.
Nebenwirkungen: Bei allen oben genannten Medikamenten können allergische Reaktionen auftreten und vor allem bei der Anwendung zur Inhalation einen **Bronchospasmus** oder **Reizhusten** hervorrufen. Bromhexin ist teratogen (Fehlbildungen erzeugend) und damit während der **Schwangerschaft kontraindiziert**. Für die anderen Medikamente gelten **strenge** Anwendungsbeschränkungen in der Schwangerschaft. Bromhexin kann bei niereninsuffizienten Patienten kumulieren d.h., es kommt zu einer Anhäufung des Wirkstoffes; aus diesem Grunde muß Bromhexin dann **niedriger** dosiert werden.

Bronchospasmolytika

Diese Medikamentenklasse ist durch die **Wirkung** auf die **glatte Muskulatur** der Bronchien, gekennzeichnet, jedoch erzielen sie über **das sympathische Nervensystem** am **Herzkreislaufsystem bestimmte Wirkungen** (z.B. Tachykardie, Hypertonus), die bei **therapiebedürftigen Atemstörungen nicht erwünscht sind**. Diese Nebenwirkungen auf das Herzkreislaufsystem sind vor allem bei Epinephrin (Suprarenin®) und bei Orciprenalin (Alupent®) zu beachten, Medikamente, die besonders beim Asthma bronchiale eingesetzt werden. Zur **Bronchospasmolyse** kommen z.B. Fenoterol (Berotec®) oder Salbutamolsulfat (Sultanol®) zur Anwendung. Berotec ist in Form von Inhalationslösung, als Aerosol, Saft und Tabletten im Handel. Sultanol gibt es als Zäpfchen, Dosieraerosol, Inhalationslösung und Pulver.

Als Nebenwirkungen treten neben Tachykardien, Überempfindlichkeitsreaktionen, Kopfschmerzen und Hypokaliämien (zu niedriger Kaliumspiegel im Blutserum) auf. Auch paradoxe Bronchospasmen sind bekannt.

7.1.7 Antibiotika und Antimykotika

Grundlagen der Infektionslehre

(s. Kap. 12.1 bis 12.6)

Allgemeines

Antibiotika sind Medikamente, die durch eine **bakterizide** (keimabtötende) oder **bakteriostatische** (wachstumshemmende) Wirkung gekennzeichnet sind. Sie werden in der Chirurgie sowohl zur **Therapie** als auch zur **Vorbeugung** (Prophylaxe) gegen bakterielle Infektionen eingesetzt. **Antimykotika** sind Medikamente, die **Pilze abtöten** oder ihr **Wachstum hemmen** und nur **therapeutischen Zielen** dienen.

Antibiotika können **systemisch** (d.h. sie wirken nach oraler, intramuskulärer oder intravenöser Gabe über die Aufnahme in Blut und Gewebe) oder **lokal** (z.B. äußerlich in Form von Salben, Puder, Lösungen oder in Wunden an Trägersubstanzen wie Knochenzement oder Kollagenschwamm gebunden) angewendet werden. Als lokale Antibiotikagabe ist auch die orale oder rektale Verabreichung von Antibiotika zu bezeichnen, die nicht ins Blut und Gewebe resorbiert werden, sondern ihre Wirkung direkt im Magen-Darmtrakt entfalten.

Für jede **Antibiotikaprophylaxe** ist es wichtig zu wissen, mit welcher **Art von Keimen** (Darm-, Hautkeime, spezielle Krankenhauserreger) **zu rechnen ist**. Für jede Therapie muß vorher im mikrobiologischen Labor mittels Abstrich-, Sputum- oder Trachealsekretuntersuchung, Bronchiallavage, Urin bzw. Blutkultur versucht werden, den oder die zu **behandelnden Keim/e anzuzüchten** und auf ihre **Empfindlichkeit** für die in Frage kommenden Antibiotika zu **testen**. Ist dies erfolgreich, kann eine gezielte Antibiotikatherapie eingeleitet werden. Gelingt dies nicht und es kann nur vermutet werden, welcher Keim die Infektion verursacht, wird auch die Antibiotikatherapie nur die vermutlich richtige sein können. Man spricht dann von einer **kalkulierten** Antibiotikatherapie.

Kein Antibiotikum wirkt gegen alle Bakterien; deshalb ist vor jeder Therapie ein Keimnachweis anzustreben!

Neben der Durchführung einer korrekten Hygiene (s.a. Kap. 4) ist eine richtig indizierte und durchgeführte Therapie und Prophylaxe mit Antibiotika die beste Vorbeugung gegen das Auftreten und die Verbreitung resistenter Hospitalkeime (z.B. multiresistente Staphylococcus-aureus-Stämme).

Aufgrund der Vielzahl verschiedener Keime und der Vielzahl verschiedener Antibiotika sei zur Vertiefung auf spezielle Fachliteratur verwiesen.

Hinweise für die Zubereitung und Verabreichung von Antibiotika

- Die Angaben der Packungsbeilagen sind **immer genau einzuhalten** (Verfalldatum überprüfen, richtiges Lösungsmittel anwenden, korrekte Einlaufzeit einhalten, Inkompatibilitäten ausschließen).
- Bei der Herstellung von Antibiotikalösungen sollten Ärzte und Pflegepersonal darauf achten, **Hautkontakt** (Resistenz, Allergierisiko) vor allem mit Penicillinen **zu vermeiden**.
- Antibiotikalösungen erst **unmittelbar vor** der Verabreichung herstellen bzw. die Haltbarkeit gelöster Antibiotika berücksichtigen.
- Für eine Antibiotikaprophylaxe ist die **einmalige** Antibiotikagabe in aller Regel ausreichend. Sie sollte vor der potentiellen Kontamination, also direkt vor Operationsbeginn erfolgen.
- Eine Antibiotikatherapie **muß solange fortgesetzt** werden, bis der **Keim eliminiert** ist oder die **Infektion beherrscht** ist. Die Dauer (in der Regel etwa fünf bis sieben Tage) ist abhängig von der Art der Infektion und dem verursachenden Keim.

Nebenwirkungen

Alle Antibiotika können allergische Reaktionen hervorrufen. Tritt eine Allergie gegen ein Präparat auf, darf es **nicht** mehr gegeben werden, da **lebensbedrohliche** Reaktionen möglich sind. Der Patient ist dann gegen alle Antibiotika dieser Gruppe und meist auch gegen deren Abkömmlinge allergisch. Man bezeichnet dies als **Kreuzallergie**. Dies ist unbedingt zu beachten, wenn eine Antibiotikatherapie aufgrund von Unverträglichkeitsreaktionen auf ein anderes Präparat umgestellt werden muß. Weitere Nebenwirkungen können Leber- und Nierenschäden, Blutbildveränderungen, Schädigung des Gehörs sowie eine Kolitis sein.

7.1.8 Postoperative Schmerztherapie

Postoperative Schmerzen können **verschiedene** Ursachen haben, z.B. Wundschmerz in Ruhe oder bei Bewegung, Blähungen. Die **Schmerzempfindlichkeit** ist dabei **individuell sehr unterschiedlich**, entsprechend auch der Schmerzmittelbedarf der Patienten. Darüber hinaus können Schmerzen in der postoperativen Phase zu unerwünschten **Nebeneffekten** wie z.B. Tachykardie, Bluthochdruck, Schonatmung mit der Folge von Belüftungsstörungen der Lunge und der Gefahr einer Pneumonie oder Streß führen. Immobilität (Unbeweglichkeit) aufgrund von Schmerzen erhöht die Thrombosegefahr und die Gefahr der Versteifung von Gelenken.

Für die postoperative Schmerztherapie stehen verschiedene Verfahren zur Verfügung. Prinzipiell zu unterscheiden sind:
- lokale/regionale Schmerztherapie
- systemische Schmerztherapie

Lokale Schmerztherapie: Sie erfolgt mit Lokalanästhetika (z.B. Bubivacain®), mit denen Nerven infiltriert werden, die das Operationsgebiet versorgen. Solche Verfahren sind z.B. die Blockierung von Interkostalnerven (im

Zwischenrippenraum gelegen) oder z. B. die Infiltration des N. femoralis. Nach thorakalen Eingriffen kann das Lokalanästhetikum auch über einen intraoperativ eingelegten Katheter direkt in die Pleurahöhle gegeben werden.
Nebenwirkungen: Bradykarde Herzrhythmusstörungen, Schock, Schwindel, Erbrechen und Benommenheit.

Aufgrund der oben genannten Nebenwirkungen sind Lokalanästhetika bei vorbestehenden schweren Überleitungsstörungen am Reizleitungssystem des Herzens kontraindiziert!

Für die postoperative Schmerztherapie nach Eingriffen im Unterbauch und an den unteren Extremitäten hat sich auch die Anwendung eines **Periduralkatheters** bewährt. Der Periduralkatheter wird nach der Operation belassen und ein Lokalanästhetikum kann als Einzeldosis oder kontinuierlich über eine Pumpe durch den Arzt verabreicht werden. Bei jeder Medikamentenapplikation in einen Periduralkatheter ist die **richtige Lage** des Katheters zu überprüfen. Es darf lediglich die **Sensibilität** durch die Verabreichung des Medikamentes ausgeschaltet werden, **nicht** jedoch die **Motorik**. Zu beachten ist außerdem, daß es aufgrund der Blockade des sympathischen Nervensystems und der dadurch bedingten Weitstellung der Blutgefäße zum Blutdruckabfall kommen kann. Deshalb ist nach der Verabreichung einer Einzeldosis die Überwachung des Blutdruckes in der ersten Stunde und bei der kontinuierlichen Zufuhr eine regelmäßige Blutdruckkontrolle unerläßlich.
Systemische Schmerztherapie: Hier kommen eine Vielzahl von Medikamenten zur Anwendung. Neben Opioiden (z.B. Dolantin®, Tramal®) werden vor allem Medikamente eingesetzt, die zugleich fiebersenkend wirken wie Paracetamol, Metamizol (z.B. Novalgin®), Ibuprofen (Imbun®) und Acetylsalicylsäure. Die letzteren werden oft auch in **Kombination** mit Opioiden gegeben. Der Verbrauch an Opioiden kann dadurch reduziert werden. Umstritten ist dagegen die **postoperative Kombination** von **Opioiden** mit sedierend wirkenden Medikamenten z. B. aus der Gruppe der **Benzodiazepine** oder der **Neuroleptika** wegen des erhöhten **Risikos** einer **Atemdepression**.

Dosierungsbeispiele:
- Aspisol®: 1 g intravenös einmal täglich oder
- Tramal®: dreimal täglich 1 Ampulle intravenös

Die Auswahl des Schmerzmittels und die Dosierung ist immer Aufgabe des Arztes!

Nebenwirkungen: Zu den unerwünschten Wirkungen der Acetylsalicylsäure zählt eine mögliche Störung der Thrombozytenfunktion, was postoperativ eine Blutungsneigung bewirken kann. Die Nebenwirkungen von Medikamenten wie z. B. Ibuprofen sowie ihre Wechselwirkungen mit anderen Medikamenten sind vielfältig. **Kontraindikationen** für solche Medikamente sind unter anderem Ulzera in Magen und Dünndarm in der Anamnese oder Magen-Darm-Beschwerden.

Alle Morphinderivate wie z. B. Dolantin® oder Dipidolor® wirken mehr oder weniger **hemmend** auf die **glatte Muskulatur** und können somit zur **Obstipation**, eine in der Chirurgie meist unerwünschte Wirkung (Tinctura opii ist ein stark wirksames Mittel gegen Durchfall) führen.

7.2 Allgemeines zur parenteralen und enteralen Therapie

Enterale und/oder parenterale Ernährung muß den **Bedarf des Patienten** decken an:
- Flüssigkeit
- Nährstoffe/Energielieferanten (Zucker, Fette)
- Eiweißlieferanten (Proteine, Peptide, Aminosäuren)
- Elektrolyte
- Spurenelemente
- Vitamine

Der normale **Flüssigkeitsbedarf** eines Erwachsenen beträgt 40 ml pro kg Körpergewicht. Ein **erhöhter** Bedarf liegt bei Patienten mit Fieber, bei Verlusten über Sonden und Drainagen, bei Durchfällen, Dünndarmfisteln, Sepsis, Peritonitis, Verbrennungen, großflächige Wunden oder Diabetes insipidus vor. Ein **erniedrigter** Bedarf besteht z. B. bei Patienten mit Niereninsuffizienz, die keinen oder nur noch wenig Urin ausscheiden und somit einer Beschränkung der Flüssigkeitszufuhr unterliegen. Zur zusätzlichen Flüssigkeitssubstitution können kristalline Lösungen (s. Kap. 7.3.1) infundiert werden. Ist die

Flüssigkeitszufuhr stark zu beschränken, z.B. bei Anurie, kann sich eine hyperkalorische parenterale Ernährung sehr schwierig gestalten. Sinnvoll ist die **Erfassung** der **Ein- und Ausfuhr** des Patienten, um eine **ausgeglichene Bilanz** zu erreichen.

Die Zufuhr von **Energieträgern** muß dem Kalorienbedarf entsprechen. Der Energiebedarf eines normalgewichtigen Erwachsenen ohne schwere körperliche Arbeit beträgt 1800 bis 2000 Kalorien. Nach Operationen erhöht sich der Bedarf je nach Größe des Eingriffs auf 2200 bis 2600 Kalorien, bei einer Peritonitis oder Sepsis auf 2400 bis 3000 Kalorien und bei Verbrennungen sogar auf 4000 Kalorien. Postoperative Verwertungsstörungen von Energieträgern (z.B. bei Diabetes mellitus) oder Fettstoffwechselstörungen (z.B. Hypercholesterinämie) sind mit einzubeziehen.

Nach Operationen und Traumen kommt es zu Stickstoffverlusten, die durch eine entsprechende Zufuhr von Proteinen bzw. Aminosäuren so gering wie möglich zu halten sind. Die Zufuhr beträgt normalerweise 1 bis 1,5 g pro kgKG.

Der Bedarf an **Elektrolyten, Spurenelementen** und **Vitaminen** muß durch die Ernährung, sei sie enteral oder parenteral, gedeckt werden. Mangelernährungszustände oder Verluste an Elektrolyten erfordern ein entsprechendes zusätzliches Angebot. Benötigt werden Natrium, Kalium, Kalzium, Chlorid, Magnesium, Phosphat, Zink, Eisen, Kupfer, Mangan, Chrom, Fluorid, Kobalt u.a.

7.3 Infusionstherapie

Infusionen dienen der Flüssigkeitssubstitution, der teilweisen oder kompletten parenteralen Ernährung, der Applikation von Medikamenten oder manchmal auch nur zum Offenhalten von venösen Zugängen.

Je nach Art und Dauer der Infusionszufuhr über eine Vene sind **verschiedene** Zugangswege möglich und indiziert. Die Wahl des Zugangs hängt neben der Art der zu infundierenden Infusionen und Medikamente davon ab, ob er noch für andere Zwecke, z.B. für Blutentnahmen oder zur Messung des zentralen Venendruckes benützt werden soll.

Die Indikationsstellung sowie die Verordnung von Infusionslösungen ist Aufgabe des Arztes. Den Anschluß an den venösen Zugang und die Überwachung der laufenden Infusionslösungen übernimmt meist das Pflegepersonal. Zuvor sollte sich die Pflegekraft von der **korrekten Lage des Venenzugangs überzeugen** und **überprüfen, ob die verordneten Lösungen hierüber infundiert werden können.** Sind mehrere Lösungen und Medikamente gleichzeitig zu infundieren, kann es zu **Unverträglichkeiten** der Lösungen untereinander oder zu **Ausfällungen** in der Lösung (durch Medikamente) kommen. Die dadurch entstehenden Mikropartikel würden den Venenzugang verstopfen. Liegen solche Unverträglichkeiten vor, sind die Lösungen und Medikamente entweder nacheinander oder über verschiedene Zugangswege zu verabreichen. Die Pflegekraft muß sich vor Beginn der Infusion darüber informieren (Beipackzettel der Medikamente) und ggf. genaue ärztliche Anordnungen einholen.

7.3.1 Indikationen und Infusionslösungen

Flüssigkeitssubstitution/Volumensubstitution

Für diese Indikation sind kolloidale und kristalline Flüssigkeiten zu unterscheiden (Tab. 7-1).

Kristalline Lösungen können iso-, hypo- oder hyperton sein. Isoton bedeutet, daß die Lösung die gleiche Anzahl geladener Teilchen (Protonen und Anionen) enthält, wie das Serum. Hypotone Lösungen sind niedriger, hypertone Lösungen höher konzentriert.

Im Gegensatz zu **kristallinen Lösungen**, die aus Wasser und Elektrolyten zusammengesetzt sind und **nur** relativ **kurz** im Kreislauf des Patienten verbleiben, enthalten **kolloidale Lösungen** größere Moleküle und zeichnen sich durch eine **längere Verweildauer** aus.

Tab. 7-1 Übersicht über Infusionslösungen.

Kristalline Lösungen	Kolloidale Lösungen
Physiologische Kochsalzlösung 0,9% Ringerlösung Ringerlaktatlösung (z.B. Sterofundin®) Glukoselösung 5 und 10%	Hydroxyäthylstärke (z.B. HÄS-steril 10%®) Humanalbumin 5 und 20% Gelatinelösungen (Haemaccel®) Dextranlösungen (z.B. Macrodex 6%®)

Im **Volumenmangelschock** müssen manchmal große Mengen (mehrere Liter) dieser Lösungen infundiert werden. Sie können jedoch auch **zusätzlich** zur normalen Ernährung oder bei der parenteralen Ernährung zum **Ausgleich von Flüssigkeitsdefiziten** erforderlich sein. Darüber hinaus finden kolloidale Lösungen zur Anhebung des kolloid-osmotischen Druckes (Maß für die Eigenschaft von Blutplasmabestandteilen, Wasser im Blutgefäßsystem zu halten) im Blut Anwendung. Ist dieser nämlich stark erniedrigt, kann es beim Patienten zur Ausbildung von Ödemen kommen.

Bei den kolloiden Lösungen sind die enthaltenen Molekülgrößen unterschiedlich. Sind sehr **große** Moleküle enthalten wird die Lösung als **hochmolekular** bezeichnet im Gegensatz zu **niedermolekularen** Lösungen, die **kleine** Moleküle enthalten. Auf den Infusionen ist in der Regel das **mittlere Molekulargewicht** angegeben. Je größer dieses ist, um so länger hält die Volumenwirkung im Gefäßsystem an. Kolloidale Lösungen haben aber auch andere Eigenschaften:

- **Allergische Reaktionen:** Sie können bei allen kolloidalen Lösungen auftreten (bei Gelatine und Stärkelösungen liegen sie unter 1%, bei Dextranen sind sie etwas häufiger). Die allergische Reaktion auf Dextrane kann in der Regel durch die Gabe von 20 ml 15%igem Haptendextran (Promit®) vermieden werden. Vor der Infusion von Dextranen ist die Gabe dieses Medikamentes daher obligat.
- **Wirkungen auf die Blutgerinnung:** Dies gilt für die Dextrane (z.B. Rheomakrodex®), die die Fließeigenschaften des Blutes verbessern, die Haftungsfähigkeit der Blutplättchen herabsetzen und den Gerinnungsfaktor VIII und die Freisetzung gerinnungsaktiver Substanzen aus den Zellen der Blutgefäßwand vermindern.
- **Wasserbindungsvermögen:** Dextrane binden auch Wasser, indem sie einen Einstrom von Wasser in das Gefäßsystem bewirken und dieses dort zurückhalten.

Lösungen zur Applikation von Medikamenten

Hierfür kann Aqua pro injectione, physiologische Kochsalzlösung 0,9%, Ringerlösung, Humanalbumin oder 5%ige Glukoselösung, in Abhängigkeit welches Medikament gelöst und infundiert werden soll, zur Anwendung kommen.

Lösungen zur parenteralen Ernährung

Unter einer parenteralen Ernährung versteht man das Einbringen der Nährstoffe **direkt** in die Blutbahn. Diese wird dann erforderlich, wenn eine enterale Ernährung kontraindiziert (s. Kap. 7.4) oder wenn sie nicht ausreichend ist, um bestimmte Stoffwechselstörungen und Mangelzustände auszugleichen.

Bei den Lösungen zur parenteralen Ernährung ist eine große Auswahl im Handel erhältlich. Zu unterscheiden sind grundsätzlich die normo- und die hyperkalorische parenterale Ernährung von der hypokalorischen parenteralen Ernährung.

Eine **hypokalorische** Ernährung wird vor allem dann angewandt, wenn der Patient nicht in der Lage ist, die angebotenen Kalorien zu verstoffwechseln. Dies ist z.B. in den ersten Tagen nach einem Trauma oder einer Operation der Fall. Die hierfür verwendeten Komplettlösungen enthalten etwa 400 kcal/l und haben eine Osmolarität um 800 mosmol/l. Sie können über **periphere Venen** infundiert werden. Diese handelsüblichen Komplettlösungen enthalten auch Elektrolyte und Aminosäuren, die Kalorienträger sind Zucker (Glukose und/oder Xylit).

Für eine **normo- oder hyperkalorische** Ernährung müssen wesentlich mehr Kalorien (40 kcal pro kgKG pro Tag bei normalem Kalorienbedarf) zugeführt werden. Der Kalorienbedarf kann nach Operationen, schweren Traumen und Verbrennungen noch höher sein. Aber auch mangelernährte Patienten, deren Ernährungszustand verbessert werden soll, benötigen in der Regel eine höhere Kalorienzufuhr. Um diese größeren Kalorienzahlen zu infundieren, müssen die Zucker in höheren Konzentrationen enthalten sein als bei der hypokalorischen Lösung, d.h. es werden hyperosmolare Lösungen eingesetzt.

Wichtig dabei ist ein **ausgewogenes Verhältnis** der erforderlichen **Nahrungsbestandteile**:

- Zucker (4 kcal/g) und Fette (9 kcal/g) als Energieträger
- Aminosäuren als Bausteine für die Eiweißsynthese
- Salze, Spurenelemente, Vitamine

Die Bestandteile der Ernährung müssen dem Bedarf und der Stoffwechselsituation des Patienten angepaßt sein. Für eine parenterale Ernährung können die Bestandteile als Einzelinfusionslösungen (Zucker-, Fett-, Aminosäurelösung) oder als Komplettlösungen, die alle wesentlichen Bestandteile enthalten, verwendet werden.

Komplettlösungen

Es gibt Ernährungslösungen, die außer Vitaminen und Fett alle Bestandteile enthalten, die der Patient benötigt. Sie sind durch eine ausgewogene Mischung an Kalorienlieferanten (Zucker und/oder Zuckeraustauschstoffe), Elektrolyte und Aminosäuren gekennzeichnet. Aufgrund der verschiedenen Angebote (verschiedenartige Aminosäuremischungen und -mengen, unterschiedliche Zuckerkonzentrationen pro Liter Lösung), kann die passende Lösung entsprechend dem Bedarf des Patienten ausgewählt werden.

Zuckerlösungen

Glukoselösungen sind in **verschiedenen** Konzentrationen (5, 10, 20, 40, 50%ig) im Handel. Außerdem sind auch Mischzuckerlösungen aus Glukose und Xylit (12, 20 und 35%ig) sowie reine Xylitlösungen (5 und 10%ig) erhältlich. Zuckerlösungen werden **mit oder ohne** Elektrolytzusätzen angeboten. Die verschiedenen Zuckerkonzentrationen ermöglichen, den Kalorien- und Flüssigkeitsbedarf den individuellen Bedürfnissen des einzelnen Patienten anzupassen.

5 und **10%ige** Lösungen können über einen **peripheren** Venenzugang infundiert werden. Bei Zuckerlösungen **sind maximale Infusionsgeschwindigkeiten** (Blutzuckerwerte!) zu beachten. Für Glukose beträgt diese 0,25 g pro kgKG und Stunde. Bei einer 50%igen Lösung bedeutet dies höchstens 0,5 ml pro kgKG und Stunde. **Maximal** dürfen einem Patienten nur **6 g Glukose pro kgKG und Tag** infundiert werden. Das bedeutet für einen Patienten mit 70 kg Körpergewicht 420 g. Bei Kleinkindern dürfen bis zu 9 g pro kgKG und Tag verabreicht.

Alkohol ist prinzipiell auch ein Kalorienlieferant und als Zusatz für Infusionslösungen im Handel. Diese Präparate werden heute jedoch nur noch vereinzelt zur Abwendung von Entzugdelirien verwandt.

Fettlösungen

Es gibt 10 und 20%ige Fettlösungen, die mittelkettige bzw. langkettige Fettsäuren oder beides enthalten. **Maximal** dürfen **3 g Fett pro kgKG und Tag** gegeben werden. Die Infusionsgeschwindigkeit beginnt bei 15 ml pro Stunde und ist bei guter Verträglichkeit langsam auf maximal 1 ml pro kgKG und Stunde zu steigern. Bei auftretenden Nebenwirkungen wie Übelkeit, Hitze- oder Kältegefühl, Gesichtsrötung oder Erbrechen ist die **Infusionsrate** zu **reduzieren** und der **Arzt** zu **benachrichtigen**. Bei regelmäßiger Infusion von Fettlösungen sind zweimal wöchentlich die Serumspiegel des Cholesterins und der Triglyzeride zu bestimmen.

Aminosäurenlösungen

Es gibt 5 bis 12,5%ige Aminosäurenlösungen **mit und ohne** Zusatz von Elektrolyten. Für **nieren-** und **leberinsuffiziente** Patienten werden **spezielle** Lösungen, die eine andere Zusammensetzung haben, angeboten. Beispielsweise sollten sie bei niereninsuffizienten Patienten das komplette Aminosäurenmuster, also essentielle und nichtessentielle Aminosäuren enthalten. Nichtessentielle Aminosäuren können normalerweise vom Organismus aus endogenen stickstofffreien Vorstufen und Ammoniak synthetisiert werden. Dieser Stoffwechselvorgang ist bei niereninsuffizienten Patienten gestört.

Für **12,5%ige** Aminosäurelösungen gilt **eine maximale Infusionsgeschwindigkeit** von **0,8 ml pro kgKG und Stunde**. Geringer konzentrierte Lösungen können entsprechend schneller infundiert werden. Höhere Infusionsraten sind unbedingt zu vermeiden, da es ansonsten zu einer Ausscheidung der Aminosäuren über die Nieren kommt und sie damit nicht dem Stoffwechsel zur Verfügung stehen. Bei Aminosäurenlösungen ist nicht mit Unverträglichkeiten zu rechnen.

Hinweise zum Umgang mit Infusionslösungen

Infusionslösungen sind **steril** und **müssen dies auch während der Verabreichung bleiben**. Das bedeutet, daß bei der Zubereitung von Lösungen, die gemischt oder mit Zusätzen versehen werden, steril zu arbeiten ist. Vor jeder Vorbereitung einer Infusionslösung, jedem Zusatz von Medikamenten oder dem Anlegen einer Infusion ist eine hygienische Händedesinfektion (s. Kap. 4.5.4) vorzunehmen.

Für das Einspritzen von Zusätzen ist eine sterile Kanüle zu verwenden und der Gummistopfen der Infusionsflasche ist vorher zu desinfizieren. Die Lösungen werden am besten erst **kurz vor dem Verabreichungszeitpunkt** mit einem Infusionssystem versehen.

Jeder Medikamentenzusatz zu einer Infusion, der Name des Patienten sowie die Infusionsdauer ist auf der Infusionsflasche zu vermerken (Aufkleber oder Beschriftung mit wasserfestem Faserschreiber). Dies gilt auch für den Inhalt von Perfusorspritzen!

Je höher konzentriert die Infusionslösung (Zucker) ist, je länger eine Infusionsflasche geöffnet ist und je häufiger sie punktiert wurde, desto größer ist die Infektionsgefahr. Angebrochene Lösungen dürfen aus hygienischen Gründen keinesfalls infundiert werden. Infusionsbeutel, -flaschen, Infusionssysteme, Perfusorspritzen und -leitungen sollten mindestens **alle 24 Stunden erneuert werden** (Infektionsprophylaxe).

Da **hochosmolare Zuckerlösungen** sehr schlecht venenverträglich sind, dürfen sie nur über einen **zentralvenösen Zugang** infundiert werden. **Fettlösungen** sind dagegen sehr gut venenverträglich und können auch über einen **peripheren Venenzugang** appliziert werden. **Hochkonzentrierte Salzlösungen** (Kalium, Natrium, Kalzium), z.B. um Elektrolytstörungen auszugleichen, sind wegen der hohen Osmolarität ebenfalls **nur** über einen **zentralvenösen Katheter** zu geben. Bei der Infusion von **Kalium- und Kalziumlösungen** dürfen nicht mehr als **20 mval pro Stunde** infundiert werden, da es sonst zu lebensbedrohlichen Herzrhythmusstörungen kommen kann. Für alle Lösungen einer kompletten parenteralen Ernährung sind Tropfenzähler, Infusomaten und Perfusoren zur kontinuierlichen Gabe einzusetzen, um Komplikationen wie Blutzuckerspitzen, Herzrhythmusstörungen oder akute Überwässerung zu vermeiden.

20 Tropfen = 1 ml; 10 Tropfen pro Minute = 30 ml pro Stunde!

7.3.2 Zugangswege für venöse Katheter

Prinzipiell sind periphere und zentrale Venenkatheter zu unterscheiden. Während sich das Ende eines peripheren Zugangs z.B. am Handrücken, Unterarm, in der Ellenbeuge im Gefäßsystem befindet, liegt ein zentraler Venenkatheter mit seiner Spitze in der oberen Hohlvene (V. cava superior) oder (bei manchen Dialysekathetern) im rechten Vorhof. **Indikationen** für zentralvenöse Katheter sind:
- parenterale Ernährung (normo- oder hyperkalorisch)
- Verabreichung hochosmolarer Lösungen (z.B. Glukose 20, 40 und 50%)
- Infusion von Lösungen, die stark vom pH-Wert des Blutes abweichen (z.B. Salzsäure, Vancomycin)
- die Therapie mit venenschädigenden Medikamente (z.B. Zytostatika)
- die Notwendigkeit eines sicheren venösen Zugangs, falls periphere Venen schlecht oder gar nicht zu punktieren sind
- Messung des zentralen Venendruckes
- Hämofiltration oder Dialyse, wenn kein punktionsfähiger Shunt vorhanden ist
- Einführung eines Rechtsherzkatheters oder eines transvenösen Herzschrittmachers

Es gibt **mehrere Punktionsmöglichkeiten**, um zentrale Venenkatheter zur V. cava superior vorzuschieben (Abb. 7-1):
- von einer Armvene aus (z.B. V. basilica)
- über die innere Halsvene (V. jugularis interna)
- über die Schlüsselbeinvene (V. subclavia)
- über eine Begleitvene des Venenstammes der Halsvene (V. anonyma)

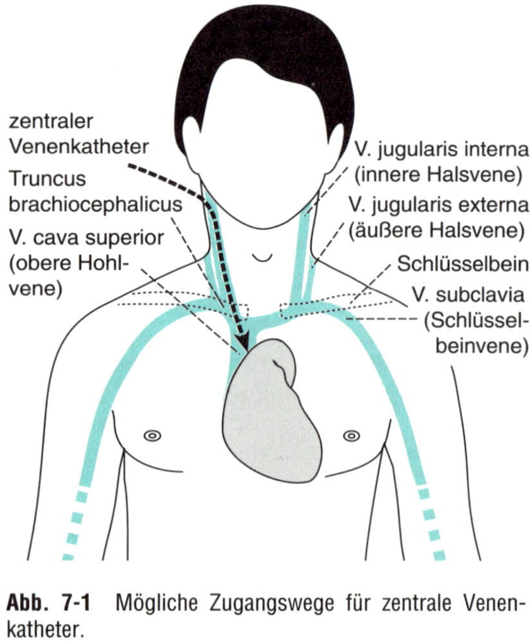

Abb. 7-1 Mögliche Zugangswege für zentrale Venenkatheter.

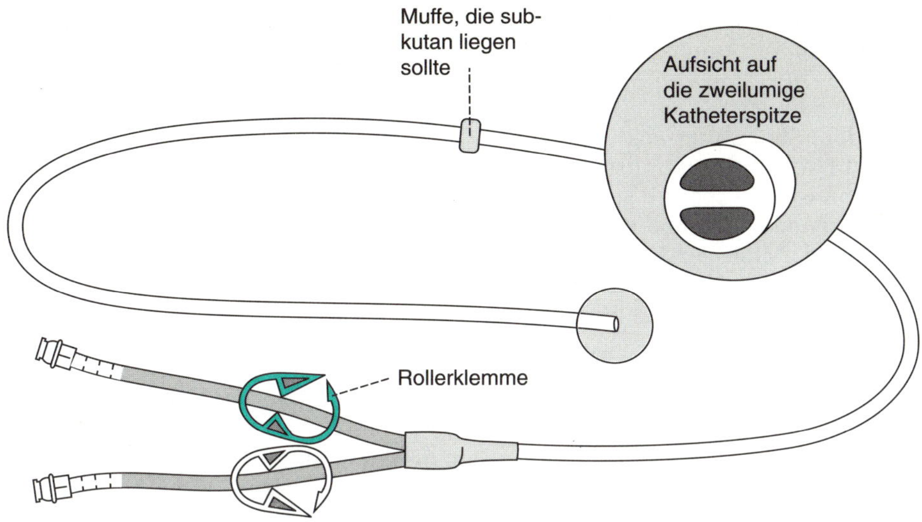

Soll ein zentraler Venenkatheter (ZVK) von einer Armvene aus gelegt werden, muß die Katheterlänge 70 cm betragen. Diese Katheter bieten den **Vorteil**, daß die **Komplikation** eines **Pneumothorax** beim Legen **ausgeschlossen ist**, da fern vom Thorax punktiert wird. Der **Nachteil** ist, daß es schnell zur **Reizung und Entzündung der Vene mit Schmerzen** für den Patienten kommt. Im **Schockzustand** ist dieser Zugang **nicht** zu empfehlen, da die Punktion aufgrund der kollabierten Venen schwierig, wenn nicht unmöglich ist. Das Vorschieben eines Katheters von einer peripheren Vene aus ist dann nur durch eine operative Freilegung der Vene (Venae sectio) möglich.

Die V. subclavia (Schlüsselbeinvene) läßt sich auch bei einem **Kreislaufstillstand** und **Schock immer punktieren**, da sie durch die Fixation am Periost des Schlüsselbeines **nicht** kollabieren kann.

Zentralvenöse Katheter unterscheiden sich im Durchmesser, in der Anzahl der Lumina und in der Länge. Mehrlumige Katheter sind erforderlich, wenn verschiedene Lösungen, die untereinander inkompatibel (nicht verträglich) sind, infundiert werden sollen. Großlumige Katheter werden für das Einführen von Herzschrittmachern und Rechtsherzkathetern oder als Dialysezugang benötigt. Sollen zentralvenöse Zugänge über einen sehr langen Zeitraum benützt werden, kommen Kathetersysteme (Abb. 7-2 A und B) zur Anwendung, die über eine längere Strecke subkutan verlaufen (Hickman®- oder Broviak-Katheter®) oder durch einen operativen Eingriff (Portsysteme®) gänzlich subkutan verlegt werden. Portsysteme sind zentralvenöse Katheter, die an einer subkutan

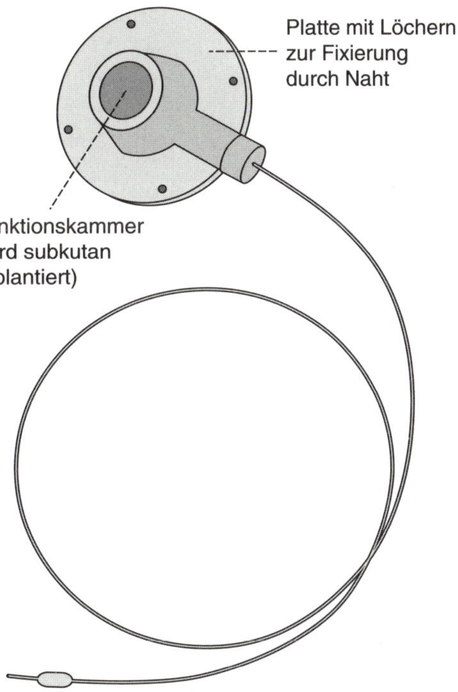

Abb. 7-2 Verschiedene Kathetersysteme.
A: Hickman-Katheter.
B: Port-Katheter.

verlegten kleinen Punktionskammer enden. Diese Kammer (Port) ist unter der Haut tastbar und kann zur Injektion von Medikamenten oder zur Verabreichung von Infusionen punktiert werden. Sie besteht aus Kunststoff oder Stahl und hat eine Punktionsmembran. Für die Punktion ist eine speziell geschliffene Kanüle zu verwenden, damit die Membran nicht zerstört wird. Nach der Injektion bzw. Infusion wird eine Heparin-Kochsalzlösung injiziert und die Kanüle entfernt.

7.3.3 Vorbereitungen und Assistenz beim Legen eines zentralvenösen Katheter

Vorbereitung des Patienten

Der Patient wird über die Maßnahme, ihren Zweck und ihre Risiken durch den Arzt informiert. Der Ort der Punktion ist vorher zu enthaaren und zu desinfizieren. Für die Punktion **thoraxnaher großer Venen** ist die **Kopftieflage** angezeigt, da dadurch der **Druck** in den Venen **steigt**. Dies ist wichtig, da diese Venen **keine Venenklappen** besitzen und der Druck deshalb niedrig bzw. negativ sein kann. Bei der Punktion und Abnahme der Spritze von der Punktionskanüle kann Luft in die Vene angesaugt werden und so eine **Luftembolie** auslösen. Durch eine Kopftieflagerung des Patienten läßt sich diese Gefahr vermeiden. Beim Legen des Katheters über eine **periphere Vene** kann diese **Maßnahme unterbleiben**, da diese Venen Venenklappen haben.

Bereitstellung der benötigten Materialien

- Einmalrasierer
- Hautdesinfektionslösung (z.B. Kodan-Spray®)
- Lokalanästhetikum (z.B. Xylocain® 1%)
- Spritzen und Kanülen (verschiedene Größen)
- steriles Abdecktuch (Lochtuch)
- sterile Handschuhe
- sterile Kompressen
- steriles Pflaster
- physiologische Kochsalzlösung 0,9%
- Infusionslösung mit Infusionsbesteck
- Dreiwegehahn
- Nadelhalter und Nahtmaterial
- Fadenmesser oder sterile Schere
- Skalpell (bei großlumigen Kathetern)
- Katheter mit Einführungsbesteck

Assistenz beim Legen des Katheters in Seldingertechnik

Das Legen eines zentralen Venenkatheters geschieht unter **sterilen** Kautelen. Daher sind dem Arzt alle benötigten Materialien steril anzureichen. Der Ablauf des Legens eines ZVK geschieht wie folgt:

- Rasur der Punktionsstelle
- Hautdesinfektion und Kopftieflagerung des Patienten
- Händedesinfektion des Arztes und der Pflegekraft
- Anreichen der sterilen Handschuhe für den Arzt
- steriles Abdecktuch auflegen
- Setzen der Lokalanästhesie
- Punktion der Vene unter Aspiration, mit einer kochsalzgefüllten Spritze
- nach erfolgreicher Punktion, die Spritze von der Punktionskanüle entfernen
- einen Führungsmandrin durch die Kanüle in die Vene vorschieben
- die Punktionskanüle unter Belassung des Mandrins entfernen
- Aufbougieren (Dehnen, Erweitern) der Punktionsstelle mit Bougies über dem Draht
- über den Draht den Katheter in die obere Hohlvene vorschieben (evtl. bei großlumigen Kathetern vorher eine kleine Hautinzision mit dem Skalpell vornehmen)
- den Draht entfernen
- einen Dreiwegehahn an den Katheter anbringen
- Blut aspirieren und anschließend den Katheter mit physiologischer Kochsalzlösung spülen
- nach der Überprüfung der richtigen Lage des Katheters eine Infusion anschließen

Nach dem Legen eines zentralvenösen Katheters wird ein Röntgenbild des Thorax angefertigt. Die meisten Katheter enthalten einen Kontrastmittelstreifen. Ist dies nicht der Fall, ist ggf. ein Kontrastmittel zu injizieren, um den Katheter im Röntgenbild sichtbar zu machen. **Ziel** der Röntgenaufnahme ist es, die **genaue Lage** des Katheters (Abb. 7-3) festzustellen und die mögliche **Komplikation eines Pneumothorax** (s. Kap. 15, Abb. 15-4) zu erkennen.

Eine weitere Methode, die korrekte Lage des Katheters zu überprüfen, ist die Messung des zentralvenösen Druckes. Kann bei der Messung eine Atemabhängigkeit, d.h. ein

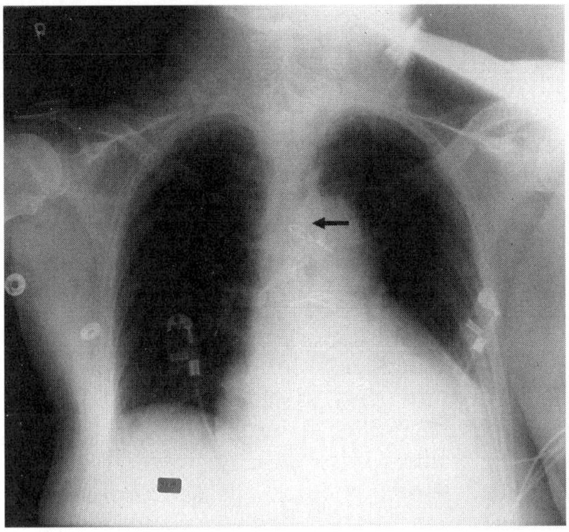

Abb. 7-3 Röntgenkontrolle der zentralen Katheterlage (Pfeil).

sog. „spielen" der Flüssigkeitssäule im Meßsystem festgestellt werden, so liegt der Katheter zentral. Aufgrund dieser **Feststellung** kann jedoch **keine Aussage** über einen evtl. vorliegenden **Pneumothorax** getroffen werden.

7.3.4 Pflege von Venenverweilkathetern

Venenverweilkatheter ermöglichen die Zufuhr von Infusionslösungen über einen längeren Zeitraum, so daß der Kranke **nicht jeden Tag** erneut punktiert werden muß. Die Entscheidung über die Art des Zuganges ist abhängig von den **Venenverhältnissen** des Patienten, der **voraussichtlichen Liegedauer** des Katheters, der **Konzentration** (Osmolarität) und der **Zähflüssigkeit** (Viskosität) der Infusionslösung, die verabreicht werden soll. Dem Arzt stehen zwei Möglichkeiten des Venenzuganges (s.a. Kap. 7.3.2) zur Verfügung.

- **Peripherer Venenzugang** (z.B. Braunüle®): Diese Art des Zuganges wird bevorzugt, wenn dem Patienten **Kurzzeitinfusionen** (z.B. Antibiotikatherapie) zugeführt werden. Als Zugangsorte stehen alle peripheren Venen wie z.B. die Gefäße der Hand, der Ellenbeuge, des Unterarmes oder die des Fußes zur Wahl.
- **Zentraler Venenzugang: Langzeitinfusionen** (parenterale Ernährung), die Zufuhr **hyperosmolarer** oder **venenreizender** Lösungen (z.B. 50%ige Glukoselösung, Kaliumchlorid zur Substitution eines zu niedrigen Kaliumspiegels im Blut), die **wiederholte Gabe** intravenöser **Injektionen** (Medikamente) oder die Notwendigkeit der **Messung des zentralen Venendruckes** (ZVD) machen einen zentralen Venenzugang notwendig. Zugangsorte sind z.B. die V. bassilica (ellenseitige Hautvene des Armes), V. subclavia (Schlüsselbeinvene), V. jugularis interna und externa (innere und äußere Halsvene) oder die V. femoralis (Oberschenkelvene). Als risikoärmster Zugangsort gilt allgemein die V. jugularis interna (s.a. Kap. 7.3.2).

Das generelle **Pflegeproblem** aller peripheren und zentralen Venenkatheter ist das besonders **hohe Infektionsrisiko**. Die pflegerischen Maßnahmen sind daher auf die Erhaltung einer sauberen, reizlosen Einstichstelle ausgerichtet und bestehen aus der regelmäßigen **optischen Inspektion** der Wunde bei dem einmal am Tag stattfindenden Verbandwechsel. Ausnahme: ist ein peripherer Verweilkatheter mit einem durchsichtigen Verband (z.B. Tegaderm®) abgedeckt, können bis zu 72 Stunden zwischen zwei Verbandwechseln liegen. Voraussetzung dafür ist das „unauffällige" Inspektionsergebnis. Es muß jedoch daran gedacht werden, daß diese „durchsichtigen" Verbände die **Gefahr der Entstehung einer feuchten Kammer** in sich bergen.

Es gilt, die Einstichstelle unter aseptischen Bedingungen (s. Kap. 4.6.1 und 5.3) zu versorgen, den Verweilkatheter sicher zu fixieren und darauf zu achten, daß er keine Druckstellen verursacht.

Vorzubereitendes Material für periphere Verweilkatheter (PVK)

- Tablett und Abwurfschale
- Hände- (z.B. Sterilium®) und Hautdesinfektionsmittel (Kodan-Spray®)
- ggf. Waschbenzin (zum Lösen von Pflasterresten) und Wasserstoffsuperoxid (zum Reinigen von Verkrustungen)
- sterile Einmalhandschuhe
- sterile Pinzette und Schere
- sterile Tupfer und Kompressen (5×5 cm)
- evtl. spezielle sterile Venenverweilkatheterverbände (z.B. Vecaseal®)
- Pflaster (z.B. Leukoplast®)
- ggf. Schere und Einmalrasierer

Zusätzlich für zentrale Verweilkatheter (ZVK)

- Einmalhandschuhe
- sterile Schlitzkompressen (7,5×7,5 cm oder 10×10 cm)
- sterile Kompressen (7,5×7,5 cm oder 10×10 cm)
- elastischer Wundverband (z. B. Mefix®)

Pflegeablauf

Vorbereitung: Der Patienten ist über die geplante Maßnahme zu informieren und zur Durchführung bequem zu lagern. Die Pflegekraft richtet eine Arbeitsfläche, auf der nach erfolgter **Händedesinfektion** das **Sterilgut vorbereitet** und **zurechtgelegt** wird.

Durchführung (bei sauberer reizloser Einstichstelle): Zur Entfernung des alten Verbandes sind ggf. Einmalhandschuhe zu tragen. Der alte Verband ist im bereitgestellten Abwurf zu entsorgen. Bei der Entfernung des alten Verbandes dürfen sowohl PVK als auch ZVK (falls nicht angenäht) **nicht verrutschen**.

Wurde die periphere Verweilkanüle bzw. der zentrale Venenkatheter bei der Entfernung des Verbandes herausgezogen, so darf dieses Teilstück nicht wieder zurückgeschoben werden (Infektionsgefahr)!

Starker **Haarwuchs** im umgebenden Hautareal der Einstichstelle sollte evtl. mit einem Einmalrasierer **entfernt** werden, um bessere Klebeverhältnisse für Pflaster zu schaffen und eine Schmerzreduzierung für den Patienten bei der Entfernung von Pflaster zu erzielen.

Nach der Inspektion der Einstichstelle ist **entweder** mit **sterilen Handschuhen oder** einer **sterilen Pinzette** weiterzuarbeiten. Bevor die Venenverweilkanüle neu verbunden wird, sollte die Funktionstüchtigkeit überprüft werden, indem die Kanüle mit Kochsalzlösung gespült wird. Bei zentralvenösen Kathetern ist der Pflasterzügel, der unter dem Verband als zusätzliche Sicherung dient, noch zu entfernen. Mögliche Pflasterreste sind mit Waschbenzin zu lösen.

Sind an der Einstichstelle keine Verkrustungen zu erkennen, ist es **ausreichend,** diese mit einem **Hautdesinfektionsmittel** einzusprühen (**Einwirkzeit beachten!**). Bei Verkrustungen erfolgt eine Reinigung mit wasserstoffgetränkten Tupfern. Dabei ist zu beachten, das immer **von innen nach außen** vorgegangen wird und für **jeden Wischvorgang** ein **neuer Tupfer** zu verwenden ist.

Nach der Einwirkzeit des Desinfektionsmittels bzw. nach dem Trocknen bei Wasserstoffanwendung erfolgt die Anlage des neuen sterilen Verbandes. Die Einstichstelle bei Venenverweilkanülen wird entweder mit sterilen Kompressen (5×5 cm) oder mit dem speziellen Kanülenpflaster (steriler, einmalverpackter Schnellverband mit einer Wundauflage entweder aus Verbandstoff oder Metalline) bedeckt. Bei der Anwendung von Kompressen sind diese noch mit einem Schnellverband zu fixieren. Die **Plastikflügel** sind zu **unterpolstern** und werden **zusätzlich** mit einem Pflaster (z. B. Porofix®) **gesichert**.

Bei zentralvenösen Kathetern wird ein neuer Pflasterzügel gelegt und die Einstichstelle mit einer sterilen Schlitzkompresse (7,5×7,5 cm) bedeckt. Um den Katheter **vor Zug** zu schützen, ist eine **Sicherheitsschlaufe**, die zwischen der Schlitz- und einer Deckkompresse liegt, zu bilden. Mit einem elastischem Wundverband erfolgt die sichere Fixierung des ZVK. Auch hier werden Plastikteile (z. B. Dreiwegehähne) mit einer Kompresse (10×10 cm) unterpolstert und gesondert befestigt.

Nachsorge: Der Patient ist nach Beendigung des Verbandwechsels bequem zu lagern, das Material zu entsorgen bzw. aufzuräumen und die Ablageflächen zu reinigen und zu desinfizieren. **Dokumentation** der durchgeführten Maßnahme mit Datum, Uhrzeit, **Inspektionsergebnis** und Handzeichen.

Maßnahmen bei Infektionszeichen an der Einstichstelle

- PVK: Venenverweilkanüle entfernen, Einstichstelle steril verbinden, evtl. Heparinsalbenverband bzw. kühlenden Umschlag (z. B. mit Retterspitz®) anlegen, Arzt informieren.
- ZVK: Arzt informieren, weitere Anordnungen abwarten.

7.3.5 Komplikationen beim Legen eines zentralen Katheters

Pneumothorax (s.a. Kap. 15.5.1, Abb. 15-4)

Kommt es nach der Punktion zu einem Pneumothorax, bei dem nur wenig Luft in den

Pleuraraum eingedrungen ist (im Röntgenbild als schmaler Luftsaum, der die Lunge umgibt sichtbar), so wird dies als **Mantelpneumothorax** bezeichnet. Vorläufig kann abgewartet werden, ob sich die Luft resorbiert. Ist der Patient beatmet oder nimmt der Pneumothorax an Größe zu (radiologische Kontrolle), muß der Pneumothorax durch **eine Bülau-Drainage** entlastet werden. Diese Maßnahme ist auch einzuleiten, wenn bei der Punktion ein größerer Pneumothorax (Dyspnoe, Unruhe des Patienten, Lunge der betreffenden Seite kollabiert) gesetzt wurde. Der zentralvenöse Katheter kann, die korrekte Lage vorausgesetzt, belassen werden.

Arterienpunktion

Bei einer Arterienpunktion muß die Punktionsnadel **sofort** entfernt und die Blutung durch die **Kompression über einige Minuten** zum Stillstand gebracht werden. Das Vorschieben des Führungsdrahtes oder Katheters in eine Arterie ist **unbedingt zu vermeiden**, da **Verletzungen** der Arterieninnenwand (Intima) sowie eine **Embolie** oder **Thrombose** aufgrund der Ablösungen von Verkalkungen aus der Arterienwand die Folgen sein könnten. Eine Spätkomplikation der versehentlichen Arterienpunktion ist die Ausbildung eines Punktionsaneurysmas (Aneurysma spurium).

Bei der Punktion der A. subclavia muß eine anhaltende Blutung, die evtl. in den Pleuraraum einblutet, ggf. durch eine **Gefäßnaht** gestillt werden.

7.3.6 Komplikationen bei liegendem Venenkatheter

Thrombose und Thrombophlebitis

Durch den Fremdkörper „Venenkatheter" kann es zu einer Thrombose in der Vene kommen. Klinisch ist sie durch eine **Schwellung** und die **Bewegungseinschränkung** des Armes, dessen venöser Abfluß behindert ist, zu erkennen. Bei einer ausgeprägten Schwellung bemerkt der Patient einen Spannungsschmerz und es ist eine deutliche **Armumfangsdifferenz** meßbar.

Bei einem zentralen Venenkatheter, der über eine periphere Vene eingeführt wurde, kann es zu einer schmerzhaften entzündlichen Reizung der Vene, mit einer auftretenden Rötung im Venenverlauf (Thrombophlebitis) kommen.

Bei einer **klinisch sichtbarer Venenthrombose** oder **Thrombophlebitis** ist der Katheter **unverzüglich zu entfernen.** Die Schwellung des betroffenen Armes kann durch Hochlagerung und kühle Umschläge z. B. mit Retterspitz® behandelt werden. Eine Heparinisierung des Patienten ist angezeigt. Bei der Thrombophlebitis können zusätzlich lokal entzündungshemmende Maßnahmen (z. B. Umschläge mit Rivanol-Lösung®) angewendet werden und bei Fieber und Leukozytose auch Antibiotika indiziert sein.

Sepsis

Jeder zentrale Katheter birgt das Risiko einer Katheterinfektion, die zu einer Sepsis und/oder zu einer bakteriellen Endokarditis (Entzündung der inneren Herzwandschicht) führen kann.

Steriles Arbeiten beim Legen sowie bei der Handhabung und Pflege von zentralvenösen Kathetern ist unbedingt erforderlich!

Die Kathetersepsis, einhergehend mit hohem Fieber, Schüttelfrost, evtl. Leukozytose und mit einem septischen Schock erfordert folgende Maßnahmen: Schon der **Verdacht** einer Kathetersepsis, z. B. bei unklarem Fieber, **verlangt die Entfernung des Katheters und Einsendung der Katheterspitze** zur **mikrobiologischen Untersuchung**. Ein Belassen des Katheters unter symptomatischer Therapie ist nicht zulässig, da die Bakterien an den Kunststoffmaterialien der Katheter haften und sich in aller Regel nicht durch Antibiotika beseitigen lassen. Die Abnahme einer **Blutkultur** dient zur Sicherung der Sepsis und des genauen Keimnachweises, der eine gezielte antibiotische Behandlung ermöglicht. Falls die septischen Zeichen nicht sofort nach der Katheterentfernung verschwinden, Durchführung einer gezielten Antibiotikatherapie. Da sehr häufig Staphylokokken die Ursache einer Kathetersepsis sind, wird vielfach bereits bei der Katheterentfernung (einmalig) ein Antibiotikum z. B. Teicoplanin (Targocid®), das nahezu gegen alle Staphylokokken wirksam ist, gegeben. Eine Schocktherapie, falls erforderlich, ist einzuleiten.

Katheterbruch

Bei einem Katheterbruch muß der Katheter entfernt oder evtl. über einen Führungsdraht gewechselt werden. Bricht ein Katheter im Venensystem oder reißt komplett ab und disloziert mit dem Blutstrom, kann die Entfernung manchmal **nur** durch einen **operativen** Eingriff vorgenommen werden.

Wird ein zentralvenöser Katheter versehentlich ein Stück zurückgezogen und dadurch die zentrale Lage aufgehoben, darf er **nicht** wieder vorgeschoben werden, da der gezogene Katheteranteil **unsteril** ist. Falls die zentrale Lage unabdingbar ist, muß der Katheter unter sterilen Bedingungen in Seldingertechnik gewechselt und richtig plaziert werden.

Eine Okklusion (Verschluß) eines Katheters kann durch die Sondierung mit einem Führungsdraht wiedereröffnet werden. Gelingt dies nicht, muß er neu gelegt werden.

Inkompatibilität von Infusionslösungen

Eine Inkompatibilität zu infundierender Lösungen kann zu Auskristallisierungen und dadurch zu **Katheterverschlüssen** führen. Da die Bestandteile der Lösungen entweder nicht wirksam werden oder sich chemisch verändern, können sie dem Patienten **schaden**. Müssen einem Patienten solche inkompatiblen Lösungen gleichzeitig infundiert werden, ist dies nur über verschiedene Venenzugänge oder über einen zentralen Venenkatheter, der mehrere Lumina (Bi-Lumen-, Tri-Lumen-Katheter) hat, möglich. Unverträglichkeiten von Infusionslösungen und Medikamenten sind im Beipackzettel angegeben.

7.3.7 Mangelernährungszustände und Stoffwechselstörungen bei parenteraler Ernährung

Bei unzureichender Kalorien- und Aminosäurenzufuhr kommt es zu einem Anstieg des Laktats im Serum. Der Organismus muß auf seine Reserven zurückgreifen. Dies führt zu einem Abbau des körpereigenen Eiweißes und Fettes. Gewichtsverlust, Muskelabbau, erhöhter Harnstoff im Serum, eine negative Stickstoffbilanz und ein erhöhtes Serumlaktat sind die klinischen und laborchemischen Anzeichen. Sowohl ein **zu hohes** als auch ein **zu niedriges Angebot** der einzelnen Nährstoffe hat **negative** Auswirkungen.

Glukose

Zu hohe Blutzuckerspiegel (**Hyperglykämie**) können ihre Ursache in einem zu hohen Zuckerangebot, einem Insulinmangel sowie einer Verwertungsstörung für Zucker in der Sepsis oder frühen postoperativen Phase haben. Die **Glukosezufuhr** muß dann durch Zuckeraustauschstoffe, z.B. Xylit **reduziert** werden oder die Kalorienzufuhr mehr über die Gabe von Fett erfolgen. Bei bekanntem Diabetes mellitus oder nach einer totalen Pankreasresektion (Pankreasentfernung) kann die Gabe von Insulin sinnvoll sein. Ein zu hohes Zuckerangebot in der parenteralen Ernährung führt zu einer Leberverfettung. Diese Störung tritt vor allem dann auf, wenn die gesamten Kalorien ausschließlich über Glukose gegeben werden. Besser bewährt hat sich die Gabe von Mischzuckern (z.B. Glukose-Xylit-Mischungen). Zusätzlich ist die Gabe von Fett als Kalorienlieferant unbedingt erforderlich. Kommt es zu einer Fettleber, sollte das Kalorienangebot grundsätzlich vermindert werden. Klinische Zeichen sind evtl. eine Lebervergrößerung und ein Ikterus. Laborchemisch zeigt sich ein Anstieg der γGT sowie der alkalischen Phosphatase. Zu niedrige Blutzuckerspiegel (**Hypoglykämie**) machen sich durch Schwitzen, Zittern und schließlich einem Bewußtseinsverlust bemerkbar. Ursache ist meist eine **Insulinüberdosierung** oder eine **plötzlich abgesetzte** hochkalorische Ernährung. Die Normalisierung des Blutzuckerspiegels durch **intravenöse** Gabe hochprozentiger Glukoselösung über einen zentralen Zugang oder oral beseitigt die Symptome **sofort**.

Fett

Bei einem zu hohen Blutspiegel der Triglyzeride und des Cholesterins ist die Fettzufuhr zu reduzieren. Es gibt auch **Fettunverträglichkeiten**, die wie eine allergische Reaktion mit Fieber und Schüttelfrost einhergehen. Kommt es während einer Fettinfusion zu diesen Symptomen, ist diese **sofort** abzubrechen. Auf essentielle Fettsäuren kann der Organismus nicht verzichten. Deshalb ist **Fett** ab dem **siebten Tag** einer kompletten parenteralen

Ernährung ein **unverzichtbarer** Bestandteil. Fehlen die essentiellen Fettsäuren, kann es zu Wundheilungsstörungen, Thrombozytenmangel (Bildungsstörung) und Hautveränderungen kommen.

Eiweiß/Aminosäuren (Tab. 7-2)

Aminosäuren werden zur Protein (Eiweiß)-Synthese im Körper benötigt und sind essentieller (**unverzichtbarer**) Bestandteil jeder Ernährung. Die nicht essentiellen Aminosäuren werden als unspezifische Stickstoffquelle für den Körper angesehen, wobei für einige Aminosäuren wie z. B. Histidin bekannt ist, daß sie bei bestimmten Krankheitszuständen, z. B. bei der Niereninsuffizienz essentiell sein können.

Glutamin fehlt in allen Aminosäurenlösungen, da es in Lösung nicht stabil ist. Dipeptid-Lösungen (Moleküle aus zwei miteinander gebundenen Aminosäuren) mit Glutamin sind in der Entwicklung. Ein Gemisch aus essentiellen Aminosäuren allein ist zur parenteralen Ernährung ungeeignet. Bei Niereninsuffizienz wird der Anteil an essentiellen Aminosäuren erhöht. Bei Leberinsuffizienz kann eine vermehrte Stickstoffzufuhr über Aminosäuren zur Enzephalopathie (Verwirrtheit bis zum Koma bei erhöhtem Ammoniakspiegel im Serum). führen. Die tägliche zu infundierende Menge an Aminosäuren darf daher **40 g pro Tag** für einen **erwachsenen** Patienten nicht überschreiten. Bei Leberinsuffizienz sind die verzweigtkettigen Aminosäuren Leucin, Isoleucin und Valin reduziert, so daß es für Patienten mit Leberinsuffizienz speziell mit diesen Aminosäuren angereicherte Lösungen gibt.

Elektrolytstörungen und Störungen des Säure-Basenhaushaltes

Hyper- und **Hypokaliämie** können zu **lebensbedrohlichen** Herzrhythmusstörungen führen. Es treten **typische** Veränderungen im **Elektrokardiogramm** auf. Tägliche Kontrollen des Serumkaliums sind wichtig, um normale Kaliumspiegel durch eine entsprechende Zufuhr zu gewährleisten. Verluste von Chlor- und Wasserstoffionen über den Magensaft führen zu einer metabolischen (stoffwechselbedingten) Alkalose (Anstieg des pH-Wertes im Blut). Eine zu hohe Zufuhr von Chlorid kann eine hyperchlorämische (bedingt durch zu hohe Chloridspiegel im Serum) Azidose (zu niedriger pH-Wert im Blut) verursachen, insbesondere wenn zusätzlich noch eine Nierenfunktionsstörung vorliegt. Phosphat-, Magnesium- und Zinkmangel führen zu neuromuskulären Störungen. Der Mangel an Spurenelementen und Vitaminen kann Haut- und Schleimhautveränderungen, Blutbildveränderungen, Gerinnungsstörungen und neurologische Auffälligkeiten sowie Wundheilungsstörungen hervorrufen.

7.3.8 Laborkontrollen bei parenteraler Ernährung

Die parenterale Ernährung erfordert eine **regelmäßige** Kontrolle des Allgemein- und Ernährungszustandes des Patienten. Auf die Entwicklung des Körpergewichtes sowie die Ausbildung von Ödemen ist zu achten. Daneben muß der Stoffwechsel durch Laborkontrollen überwacht werden, um Komplikationen und Mangelzustände zu vermeiden.

Der **Blutzucker** ist **täglich**, in den ersten Tagen oder bei Diabetikern sogar mehrmals

Tab. 7-2 Übersicht über Aminosäuren.

Essentielle Aminosäuren	Semiessentielle Aminosäuren	Nichtessentielle Aminosäuren
Tryptophan	Arginin	Alanin
Threonin	Histidin	Asparagin
Isoleucin		Cystin/Cystein
Leucin		Glycin
Lysin		Glutamin
Methionin		Glutaminsäure
Phenylalanin		Prolin
Valin		Serin
		Tyrosin

täglich zu kontrollieren. Auf überhöhte Blutzuckerspiegel muß mit einer Reduktion des Glukoseanteiles in der Ernährungslösung und/oder durch zusätzliche Insulingaben reagiert werden. **Serumkalium** und **Kreatinin** sind ebenfalls **täglich** zu kontrollieren. Kreatininerhöhungen können durch eine zu geringe Flüssigkeitszufuhr bedingt sein (prärenales Nierenversagen). **Ein-** bis **zweimal wöchentlich** sind das **Albumin** im Serum, **Triglyzeride** und das **Cholesterin** zu kontrollieren. Der **Harnstoff** im Serum und Urin (Stickstoffbilanz), **Natrium, Chlorid, Magnesium, Phosphat, Kalzium** im Serum und Leberwerte sind **wöchentlich** zu kontrollieren.

Wird über viele Monate parenteral ernährt und ist die Ernährung stabil eingestellt, genügt die wöchentliche Kontrolle aller genannten Laborparameter.

7.4 Enterale Ernährung

Unter einer enteralen Ernährung versteht man die Aufnahme der Nährstoffe durch Resorption über die Darmschleimhaut, also auch das normale Essen. Hier besprochen werden soll die enterale Ernährung mit Sondenkost. **Indikationen** für eine Ernährung mittels Sondenkost sind:
- der Patient kann bzw. will nicht oder nicht genug essen (Appetitlosigkeit, Schluckstörungen)
- bewußtlose Patienten (z.B. beatmete Patienten nach Polytrauma)
- Passagestörungen für die Nahrung im oberen Verdauungstrakt (Ösophagus/Magen)

Gegen eine enterale Ernährung sprechen ein Ileus, starkes Erbrechen, eine akute Blutung im Magen-Darmtrakt, die akute Pankreatitis und Schockzustände jeglicher Ursache. Bei frisch operierten Patienten können Anastomosen im Verdauungstrakt eine Kontraindikation darstellen.

7.4.1 Zugangswege für die enterale Ernährung

Zugangswege für eine enterale Ernährung mit Sondenkost sind in erster Linie nasogastrale, nasoduodenale oder nasojejunale Sonden. Die Sonden sollten dünnlumig und aus weichem Material sein, um den Patienten so wenig wie möglich zu stören und die Schleimhäute der Speiseröhre nicht zu schädigen. Darüber hinaus ist es wichtig, daß sich die Materialeigenschaften der Sonden durch den Verlust von Weichmachern in Magen und Darm nicht verändern. Sonden kommen selbstverständlich nur dann in Frage, wenn die Passage durch die Speiseröhre frei ist. Ein nichtvorhandener Schluck- und Hustenreflexe erfordert eine Plazierung der Ernährungssonde im Dünndarm, um die Aspirationsgefahr bei einem Reflux aus dem Magen zu vermeiden.

Weitere Zugangswege sind sog. **Enterostomien**, also Zugänge zum Magen-Darmtrakt von außen. Hierzu gehören die Witzel-Fistel, die perkutane endoskopische Gastrostomie (PEG) und die Katheterjejunostomie.

Die **Gastrostomie nach Witzel** ist seit 1891 bekannt. Durch eine Laparotomie wird ein Katheter in den Magen eingelegt und über einige Zentimeter mit Nähten in der Magenwand versenkt (Abb. 7-4 A und B). Der Katheter wird dann durch die Bauchdecke nach außen geleitet und dort fixiert. Die Witzel-Fistel wurde zur enteralen Ernährung dann angelegt, wenn eine Passage durch den Ösophagus, z.B. bei inoperablen Tumoren, nicht mehr möglich war. Sie kann nur durch einen operativen Eingriff wieder entfernt werden, so daß sie heute eigentlich **nur noch** bei **inkurablen** (unheilbaren) **Tumoren** Verwendung findet.

Die **perkutane endoskopische Gastrostomie** (PEG) erfüllt denselben Zweck, läßt sich jedoch endoskopisch legen und wieder entfernen oder wechseln. Sie kommt zum Einsatz, wenn eine enterale Ernährung **nur für eine bestimmte Zeit erforderlich** ist. Ein operativer Eingriff mit Narkose ist nicht notwendig. Sie kann nur angelegt werden, wenn die Passage durch den Ösophagus mit dem Gastroskop möglich ist (Abb. 7-5A und B).

Die Anlage einer **Katheterjejunostomie** erfolgt ebenfalls über einen operativen Eingriff (Abb. 7-6). Bei Operationen, die eine längere künstliche Ernährung erforderlich machen (z.B. eine Laparotomie beim Polytrauma, Ösophagusresektionen) wird die Katheterjejunostomie bereits vielfach beim **Primäreingriff** gelegt. Aufgrund der sofortigen Anlage dieser Enterostomie kann meist eine längere parenterale Ernährung, die wesentlich teurer, überwachungsaufwendiger und komplikationsreicher ist, vermieden werden. Erhalten kritisch kranke Patienten über lange Zeit keine enterale Ernährung, treten beim Wie-

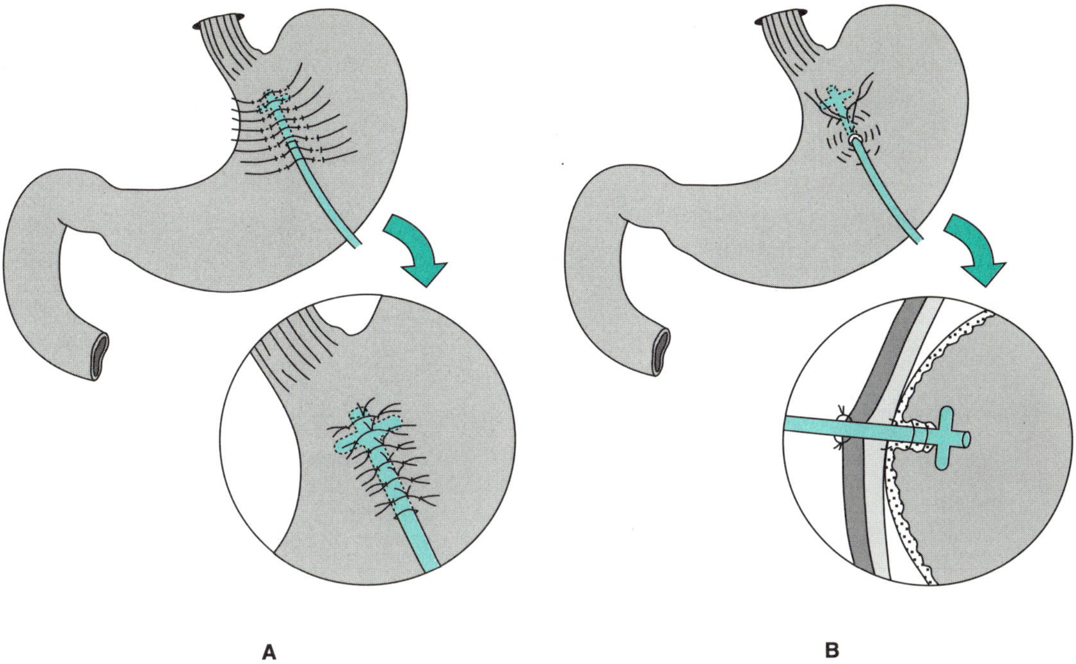

Abb. 7-4 Technik der Witzel-Fistel.
A: Der Witzel-Katheter ist in den Magen eingeführt und wird über einige Zentimeter in die Magenwand versenkt.
B: Der Witzel-Katheter kann auch durch eine Tabakbeutelnaht im Magen fixiert werden. Mit dem intragastralen Nippel des Katheters wird die Magenwand an die Bauchwand gebracht und der Katheter hier noch einmal fixiert. Beide Verfahren verhindern das Austreten von Magensaft neben dem Katheter in die freie Bauchhöhle.

deraufbau der enteralen Ernährung oft Funktionsstörungen des Darmes mit Durchfällen, Übelkeit und Erbrechen auf.

Die PEG und die Katheterjejunostomie haben die Witzel-Fistel weitgehend abgelöst. Für beide Verfahren gibt es industriell hergestellte, steril verpackte Einführungs- und Kathetersets.

7.4.2 Pflege der Zugangswege

(s. Kap. 9.2)

7.4.3 Formen der Sondenkost

Bei den handelsüblichen Sondennahrungen unterscheidet man hochmolekulare nährstoffdefinierte von chemisch definierten, niedermolekularen Sondendiäten.

Hochmolekulare nährstoffdefinierte Diät

Der Vorteil dieser Diäten ist, daß sie der **normalen** Ernährung am nächsten kommt.

Die **Indikationen** für diese Diätform stellt sich für:

- die künstliche Ernährung bei Patienten mit funktionierendem Magen-Darmtrakt (z.B. nach schwerem Trauma)
- Patienten mit Pankreasinsuffizienz (evtl. mit Zusatz von Pankreasfermenten z.B. Kreon®)
- Patienten mit Mangelernährung oder verminderter Verdauungsleistung

Bei Patienten mit verminderter Verdauungsleistung werden modifizierte nährstoffdefinierte Diäten mit mittelkettigen Triglyzeriden, Ballaststoffen und mit einem erhöhten Gehalt verzweigtkettiger Aminosäuren gegeben. Die nährstoffdefinierten Diäten enthalten Eiweiße, also intakte Proteine, die im Darm in Peptide gespalten werden müssen, bzw. in ihre Bestandteile die Aminosäuren. Sie enthalten als Kalorienlieferanten Fette und Poly-, Oligo- und Monosaccharide. Sie sind mit und ohne Ballaststoffen erhältlich. Moderne nährstoffdefinierte Diäten sind laktosefrei und enthalten nicht nur lang-

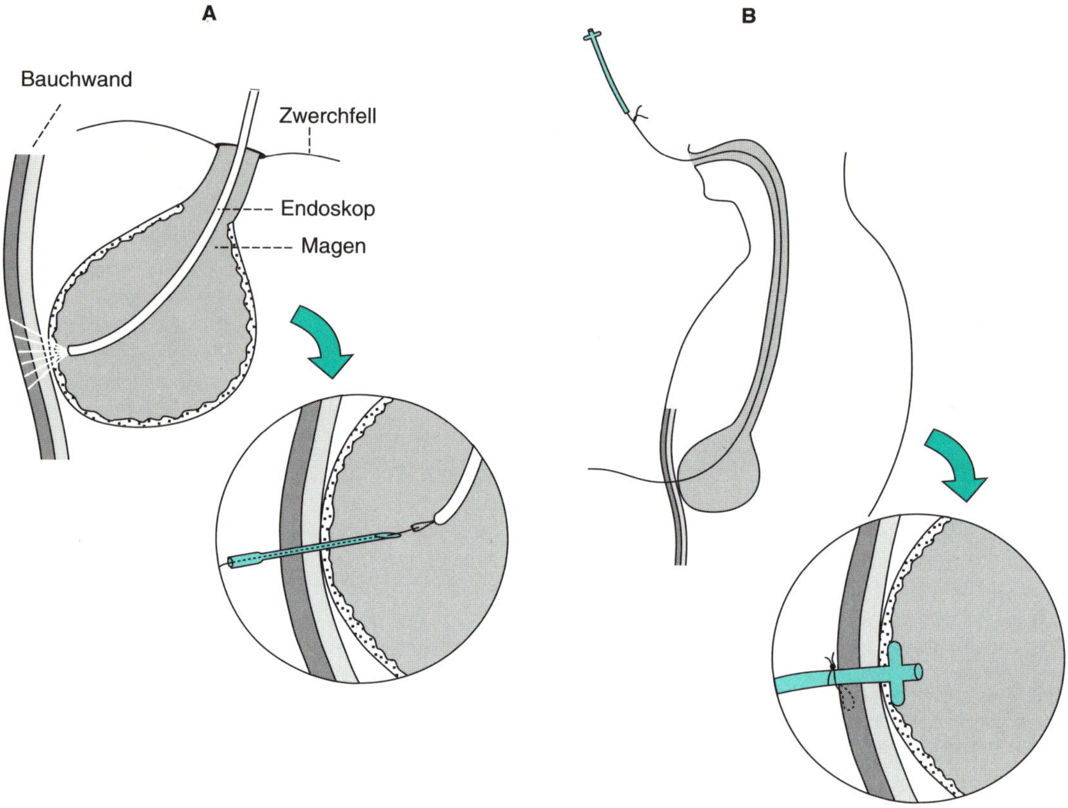

Abb. 7-5 Technik der perkutanen endoskopischen Gastrostomie (PEG).
A: Das im Magen liegende Endoskop bringt die Magenwand an die Bauchwand. Der Magen wird durch die Bauchdecke hindurch punktiert an der Stelle, an der das Licht des Endoskopes durch die Bauchdecke scheint.
B: Der durch die Nadel geschobene Faden wird mit dem Endoskop gefaßt und zum Mund herausgezogen. Mittels dieses Fadens kann dann der Gastrostomie-Katheter in den Magen hineingezogen werden. Eine kleine Abdichtungsplatte am Katheterende im Magen sorgt für die Abdichtung gegen die freie Bauchhöhle. Die Fixation des Katheters erfolgt durch Annähen an der Bauchhaut.

kettige, sondern auch mittelkettige Fettsäuren.

Chemisch definierte niedermolekulare Diät

Ihr Vorteil ist, daß die **Nahrungsbestandteile stärker aufgespalten** sind und damit vom Organismus auch bei deutlich verminderter Resorptionsleistung des Darmes aufgenommen werden können.
Indikationen für diese Diätformen sind:
- eine voll resorbierbare Kost soll appliziert werden
- ein früher postoperativer Beginn der enteralen Ernährung nach einem Darmeingriff
- schwere Verdauungsstörungen (z. B. bei schweren chronisch entzündlichen Darmerkrankungen, Darmfisteln, ausgeprägtem Kurzdarmsyndrom)

Bei den chemisch definierten, niedermolekularen Sondendiäten sind verschiedene Formen zu unterscheiden:

Elementardiät

Sie enthält die kleinsten Ernährungsbausteine, nämlich Aminosäuren, Glukose, wenig Fett und ist frei von Ballaststoffen. Die **Nutzbarkeit** der angebotenen Aminosäuren für den Patienten ist **begrenzt** und die **Osmolarität** der Diäten ist **hoch**, so daß es häufig zu **gastrointestinalen Komplikationen** z. B. Durchfall kommt. Aus diesem Grunde ist sie heute weitgehend durch **Oligopeptiddiäten abgelöst**.

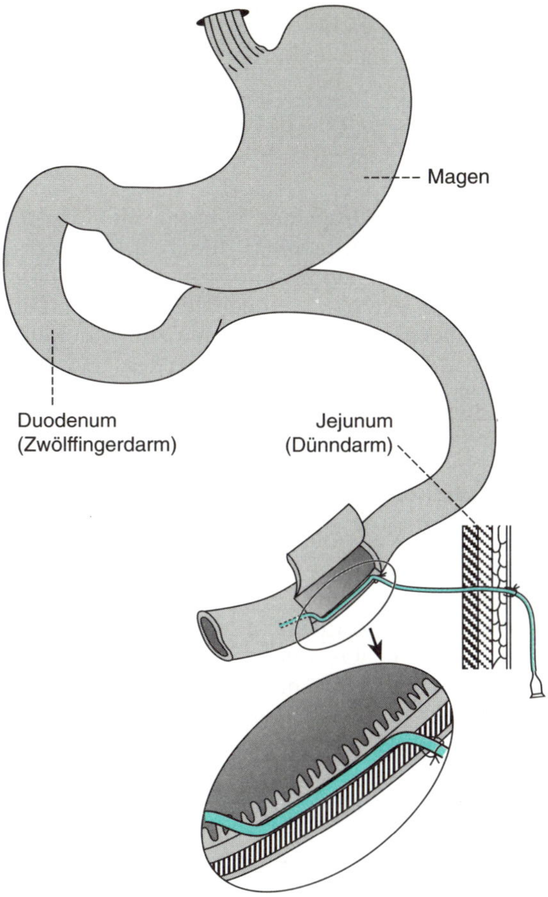

Abb. 7-6 Technik der Katheterjejunostomie. Intraoperativ wird ein Katheter in das Jejunum eingelegt und durch die Bauchdecke außerhalb des Bauchraumes herausgeführt.

Oligopeptiddiäten

Diese Diäten haben eine **niedrigere** Osmolarität und sind dadurch **besser verträglich**. Dies wurde dadurch erreicht, daß keine freien Aminosäuren, sondern Peptide enthalten sind, die aus zwei, drei oder mehreren Aminosäuren zusammengesetzt sind. In dieser Form werden die Aminosäuren besser resorbiert, da die Peptidtransportsysteme des Dünndarmes genutzt werden können. Statt ausschließlich Monozuckern (Glukose) enthalten sie zusammengesetzte Zucker (Oligosaccharide), die auch die Osmolarität der Präparate senken. Zusätzlich sind Fette als Energieträger untergemischt. Moderne Oligopeptiddiäten sind angereichert mit Vitaminen, Spurenelementen und essentiellen Fettsäuren.

Modifizierte chemisch definierte Diäten

Sie sind bezüglich der Zucker-Fett-Relation verändert oder haben andere Peptid-Zusammensetzungen, die für bestimmte Stoffwechselstörungen angepaßt wurden.

Sowohl bei den nährstoffdefinierten, als auch bei den chemisch definierten Diäten gibt es Sondendiäten für **Diabetiker** und **niereninsuffiziente Patienten**. Die Energiedichte von Sondendiäten beträgt 1 bis 1,5 kcal/l.

Supplemente

Zu erwähnen sind noch die Supplemente, die nicht zur vollen enteralen Ernährung, sondern zur **Nahrungsergänzung** gedacht sind. Zum Beispiel kommen hier Eiweißkonzentrate zur Anwendung. Bei den Supplementen ist auch die Geschmackskomponente wichtig, da sie oft bei normaler Ernährung zusätzlich als Trinklösung gegeben werden.

7.4.4 Aufbau einer Sondenernährung

Zu Beginn einer Sondenernährung ist zu differenzieren, ob eine **gastrale** oder **jejunale** Ernährung angezeigt ist. Die **korrekte Lage** der Sonde ist zu kontrollieren. Bei im Magen liegenden Sonden ist dies auskultatorisch möglich. Durch die Applikation von ca. 20 bis 30 ml Luft über die Sonde ist mittels eines Stethoskopes ein „blubberndes" Geräusch im Bereich des Magens zu hören. Eine radiologische Kontrolle ist insbesondere bei nasojejunalen Sonden sinnvoll.

Voraussetzung für eine gastrale Ernährung ist ein **intakter Schluck-** und **Hustenreflex** und ein **unverletzter Gastrointestinaltrakt**. Die gastrale Ernährung wird in Bolusgaben appliziert, die jejunale Ernährung kontinuierlich über eine Ernährungspumpe.

Die gastrale Ernährung erfolgt mittels Bolusgaben, eine Ernährungspumpe ist nicht obligat; für die jejunale Ernährung dagegen ist eine Ernährungspumpe erforderlich!

Während bei der gastralen Ernährung zunächst die Osmolarität und dann das Volumen gesteigert wird, erfolgt dies bei der jejunalen Ernährung in umgekehrter Reihenfolge. Eine Verminderung der Osmolarität und Erhöhung des Volumens ist durch die Zugabe von Tee, Wasser oder physiologischer Kochsalzlösung zu erreichen.

Nach neueren Untersuchungen soll bei beiden Ernährungsarten die Verabreichung konzentrierter Sondenkost vertragen werden, falls die Menge nur langsam gesteigert wird.

Der **Aufbau** einer **kompletten enteralen Sondenernährung** soll über **fünf bis acht Tage** langsam bis zur **vollen Kalorien- und Flüssigkeitsmenge** gesteigert werden. Bei der Bolusgabe wird mit zwei Portionen pro Tag begonnen und auf sechs pro Tag gesteigert. Bei der Beachtung dieser Regeln sind gastrointestinale Komplikationen dieser Ernährungsform selten.

Die Steigerung der Kalorien- und Flüssigkeitsmenge bei einer ausschließlichen Sondenernährung erfolgt über fünf bis acht Tage!

7.4.5 Komplikationen bei liegender Sonde

Okklusion (Verstopfung)

Zur Verstopfung der Ernährungssonde kommt es, wenn nach der Verabreichung von Sondenkost **nicht ausreichend** mit Tee oder physiologischer Kochsalzlösung **nachgespült** wurde. Mißlingt der Versuch des Freispülens der Sonde mit kleinen Volumina unter hohem Druck (2 ml Spritze), kann die Sondierung mittels eines passenden Mandrins erfolgen. Mißlingt auch dieser Versuch, die Sonde wieder durchgängig zu bekommen, ist eine neue Sonde zu legen.

Eine PEG muß endoskopisch gewechselt werden, eine irreversibel verstopfte Katheterjejunostomie erfordert eine operative Neuanlage.

Sondenbruch und Dislokation

Bei einem Bruch der Sonde ist diese neu zu legen, wenn es sich um nasogastrale oder nasojejunale Sonden handelt. Vor allem bei neu angelegter **PEG** oder **Katheterjejunostomie** ist ein Sondenbruch eine **ernsthafte Komplikation,** insbesondere wenn die Leckage nicht außerhalb der Bauchdecke liegt. Falls noch keine Verklebung bzw. Vernarbung des Magens oder Jejunums an die Bauchdecke erfolgt ist, kann Magen- oder Dünndarmsaft bzw. zugeführte Nahrung in die freie Bauchhöhle gelangen und eine Peritonitis verursachen.

Dislozierte Sonden können wieder neu plaziert werden. Jedoch ist auch bei jeder **Dislokation** einer PEG oder Katheterjejunostomie an die oben beschriebenen **Komplikationen zu denken**. Der geringste Verdacht muß durch eine Röntgenaufnahme mit wasserlöslichem Kontrastmittel über den Ernährungskatheter ausgeschlossen und ggf. eine operative Therapie eingeleitet werden. Die **Sondenernährung** ist **sofort** bis zur Behebung der Komplikation zu **unterbrechen**. Handelt es sich um eine Katheterjejunostomie, ist nur die operative Sanierung möglich.

Druckstellen

Durch die Verwendung von weichen dünnen Ernährungssonden kann Druckstellen vorgebeugt werden. Treten allerdings Blutungen im oberen Gastrointestinaltrakt durch Druck der Sonde im Ösophagus, Magen oder Duodenum oder peptische Geschwüre auf, ist die Sondenernährung abzubrechen und auf eine parenterale Ernährung umzustellen.

Ileus/Perforation

Kommt es zum Ileus oder zur Perforation des Darmes durch die Sonde (sehr selten) muß die Situation operativ saniert und ebenfalls auf parenterale Ernährung umgestellt werden.

Stoffwechselkomplikationen

Die häufigste Stoffwechselkomplikation bei Sondenernährung ist die **hypertone Dehydratation** (Entwässerung) und das **prärenale Nierenversagen**, beides bedingt durch zu **geringe Flüssigkeitszufuhr**. Ein zu hohes oder zu niedriges Serumkalium sowie Blutzuckerentgleisungen sind möglich und machen eine entsprechende Anpassung der Sondennahrung erforderlich. **Regelmäßige** Laborkontrollen von Blutzucker, Natrium, Kalium, Kreatinin im Serum und eine Flüssigkeitsbilanz lassen solche Stoffwechselstörungen frühzeitig erkennen.

Gastrointestinale Komplikationen

Es sind die häufigsten Komplikationen bei der enteraler Ernährung. **Durchfall** und

Darmdistension (Überblähung) stehen dabei an erster Stelle. Meist bedingt durch eine zu hohe Osmolarität der Nahrung lassen sie sich durch vermehrten Zusatz von Tee und einem langsamen, individuell angepaßten Aufbau der Sondenkost beheben. Zusätzlich kann die Gabe von Ballaststoffen sowie der Einsatz von Medikamenten gegen Durchfall hilfreich sein.

Auch eine Laktoseintoleranz kann Ursache für Durchfälle sein. Sie kann genetisch bedingt oder sekundär erworben (Gastroenteritis, Strahlenschaden des Darmes, Colitis ulcerosa, Kurzdarmsyndrom, Sprue) sein. Die heute im Handel erhältlichen Sondendiäten sind allerdings laktosefrei, so daß diese Komplikation ausgeschlossen ist.

Eine **bakterielle Verunreinigung** der Sondennahrung kann ebenfalls für Durchfälle verantwortlich sein. Sondennahrung sollte daher **immer** frisch zubereitet werden und angebrochene Flaschen sind **nach 24 Stunden** zu verwerfen.

Bei Patienten, die enteral oder parenteral Antibiotika bekommen, ist auch an eine andere Durchfallentstehung zu denken. Diese können durch die Veränderung der bakteriellen Besiedelung im Darm zu einer **antibiotikabedingten Kolitis** führen, die mit Durchfällen, blutigen Stühlen und nekrotisierender Darmentzündung ein schweres Krankheitsbild darstellt. Die Diagnose wird durch Endoskopie und dem evtl. Nachweis von Toxinen im Stuhl gestellt.

Bei Auftreten von **Erbrechen** ist die **Ursache unbedingt abzuklären**. Liegt eine Störung der Passage vor (Magenausgangsstenose, Ileus), muß auf die parenterale Ernährung umgestellt werden. Ist eine Motilitätsstörung des Magens die Ursache, kann eine medikamentöse Therapie (z.B. mit Paspertin® oder Propulsin®) sowie die vorübergehende Reduktion der Sondenkost sinnvoll sein. Besteht die **Gefahr einer Aspiration**, ist die Sondenernährung **abzubrechen**.

Blutungen durch Ulzera in Magen und Duodenum kann durch eine Streßulkusprophylaxe mit Antazida (z.B. Maaloxan®) oder H_2-Blockern (z.B. Zantic®) medikamentös vorgebeugt werden. Ist eine solche Komplikation erst einmal aufgetreten, muß die enterale Ernährung abgesetzt werden.

7.5 Transfusionen

7.5.1 Indikation für die Bereitstellung von Blutkonserven

7

Die Notwendigkeit der Bereitstellung von Blutkonserven sowie die Anzahl und die Konservenart hängt von der geplanten Operation bzw. des zu erwartenden Blutverlustes ab. Akute Blutverluste bis zu **20% des Blutvolumens** und chronische Blutverluste bis zu **60% der Erythrozyten** werden vom Körper **ohne** die Zufuhr von Konserven **kompensiert**. Es sollte jedoch eine Substitution von Flüssigkeiten (Volumenersatz z.B. mit kristallinen oder kolloidalen Lösungen) erfolgen und eine ausreichende Sauerstoffversorgung sichergestellt sein. **Akute** Blutverluste von **30% und mehr** können tödlich verlaufen, wenn kein Blut ersetzt wird. Bei Patienten mit Vorerkrankungen der Lunge oder des Herzens ist zudem die Kompensationsmöglichkeit bei Blutverlusten eingeschränkt. Bei diesen Patienten ist der Sauerstofftransport (Kreislauf) und die Sauerstoffaufnahme (Lunge) beeinträchtigt. Bei Verengungen der Herzkranzgefäße kann bereits ein kurzfristiger Sauerstoffmangel zum Infarkt führen. Daher ist die Indikation zur Transfusion bei solchen Patienten früher zu stellen, als bei Patienten ohne Herz- und Lungenerkrankungen. Bei Verlusten über **50% des Blutvolumens** müssen **neben** Erythrozytenkonzentraten auch **Frischplasmakonserven**, bei über **90%** auch **Thrombozyten** verabreicht werden, da eine ausreichende Blutgerinnung nicht gewährleistet ist, die über die Thrombozyten und Gerinnungsfaktoren im Plasma vermittelt ist.

Zu unterscheiden ist grundsätzlich die Bereitstellung von **Fremd-** oder **Eigenblut**. Die Möglichkeit der Eigenblutspende vor einer geplanten Operationen ist durch die Lebensdauer der Blutbestandteile und ihre natürliche Neuproduktion beim Menschen eingeschränkt. Pro Tag werden 1 bis 7% aller Erythrozyten, 12,5% der Thrombozyten und 250% der Granulozyten durch Neubildung ersetzt. Bei Notfalloperationen oder bei Patienten, die folgende **Kontraindikationen** gegen eine Eigenblutspende aufweisen (z.B. Anämie, schwere koronare Herzkrankheit), ist eine Eigenblutspende **nicht** möglich.

7.5.2 Blutgruppenbestimmung und Kreuzprobe

Für die Anforderung von Blutgruppenbestimmung und Kreuzprobe werden 10 ml Blut in einem verschlossenen Röhrchen in die Blutbank gegeben. Das Röhrchen muß mit dem Namen, Vornamen und Geburtsdatum des Patienten und der Station, auf der der Patient liegt, beschriftet sein. Dem Röhrchen wird ein Begleitschein mit denselben Patientendaten und der Anforderung an das Labor (Blutgruppenbestimmung, Kreuzprobe, Konservenart und -anzahl, Transfusionszeitpunkt) beigefügt.

Der Anforderungsschein muß vom Arzt unterschrieben werden und der Arzt muß sich vergewissern, daß die Patientendaten auf dem Schein und dem Röhrchen korrekt sind.

Die Blutgruppe des **Empfängers** und **Spenders** einer Blutkonserve muß **übereinstimmen**. Es sind daher die Blutgruppe im **AB0-System** und im **Rhesussystem** (CDe) zu ermitteln. Dabei handelt es sich um die Feststellung der AB0-Eigenschaften (Antigene der Erythrozyten) sowie der entsprechenden Antikörper (Anti-A, Anti-B) im Serum. Zusätzlich wird beim Empfänger ein Antikörpersuchtest auf weitere irreguläre Antikörper (z.B. Kälteagglutinine) vorgenommen. Die Ergebnisse des Antikörpersuchtests sind bei der Auswahl der Blutkonserven zur Transfusion zu berücksichtigen. Die Bestimmung im AB0-System ist **direkt** vor der Transfusion am Patientenbett zu wiederholen (Abb. 7-7).

Für jede Blutkonserve ist eine **Kreuzprobe** (Verträglichkeitsprobe) notwendig. Sie sollte **nicht länger** als **drei Tage** zurückliegen. Wurden die Konserven in der Zeit nicht gegeben, ist die Kreuzprobe mit frischem Empfängerblut zu wiederholen. Der Patient könnte in der Zwischenzeit Antikörper gebildet haben, die dann zu Unverträglichkeitsreaktionen führen können.

Bei der Kreuzprobe wird das Empfängerserum mit Spendererythrozyten zusammengebracht **(Major-Test)** und Spenderserum mit Empfängererythrozyten **(Minor-Test).**

Ist die Blutgruppe des Empfängers nicht bekannt (z.B. bei einer lebensbedrohlichen akuten Blutung), **muß Blut** der **Blutgruppe Null** gegeben werden. Dies gilt auch für Patienten mit den Blutgruppenmerkmalen A oder B, falls ein Notfall auftritt. Auch bezüglich des Rhesusfaktors müssen die Blutgruppen des Empfängers und Spenders übereinstimmen. Im **Notfall** (Rhesusfaktor beim Empfänger nicht bekannt) **kann rhesusnegatives** Blut gegeben werden.

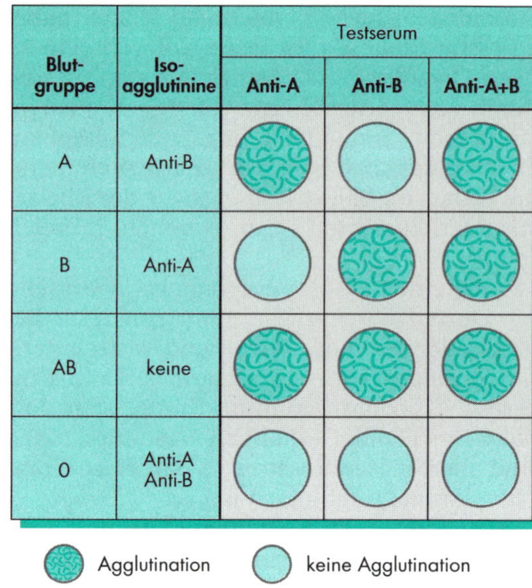

Abb. 7-7 Bedside-Test.

7.5.3 Blutpräparate

Vollblut-, Warmblut- und Frischblutkonserven

Früher wurden frisch gewonnene Vollblutkonserven zur Substitution vor allem der Gerinnungsbestandteile, die nicht sehr lange haltbar sind, verabreicht. Je älter Blutkonserven sind, um so weniger Gerinnungsfaktoren enthalten sie. Gerinnungsfaktoren können heute als Faktorenkonzentrate gezielt je nach Bedarf mit einem wesentlich geringeren Risiko bezüglich der Übertragung von Virusinfektionen (Hepatitis, HIV) verabreicht werden. Da dieses Risiko bei Warm- oder Frischblutkonserven relativ hoch ist, gibt es **keine Indikation** mehr für diese Blutpräparate.

Erythrozytenkonzentrate

Sie werden gewonnen, indem der **Anteil des Plasmas** einer Frischblutkonserve um ca. **zwei Drittel reduziert** wird. Deshalb ist die Gefahr einer Volumenüberlastung bei der Transfusion eines Erythrozytenkonzentrates deutlich geringer. Erythrozyten enthalten Hämoglobin als Sauerstoffträger und der Hämatokrit liegt bei 60 bis 70% (Anstieg des Hämatokrits und des Hämoglobins im Serum).

Gewaschene Erythrozyten

Es handelt sich um Erythrozytenkonzentrate, die vor der Verabreichung an den Patienten in der Blutbank gewaschen, d.h. mit **einer physiologischen Elektrolytlösung gespült** wurden. Dadurch werden nahezu alle restlichen Plasmabestandteile und auch Leukozyten aus dem Erythrozytenkonzentrat entfernt. Die Bildung von Antikörpern beim Empfänger soll dadurch vermindert werden. Diese Konzentrate erhalten z.B. Patienten, bei denen eine Transplantation (z.B. Niere) geplant ist, und die Bildung von Antikörpern Probleme für die Transplantation mit sich bringen würde.

Thrombozytenkonzentrate (Blutplättchen)

Sie können als plättchenreiches Plasma oder als Thrombozytenkonzentrat substituiert werden, wenn die Verminderung der Thrombozyten zu einer Blutungsneigung beim Patienten führt. Thrombozytenkonserven sind **nur begrenzt** lagerungsfähig und ihre Herstellung ist aufwendig und teuer. Sie sind daher **sofort** zu transfundieren. Die Blutplättchen können in der Konserve zusammenklumpen und verlieren somit ihre Wirksamkeit. Nach einer Transfusion beträgt die Lebensdauer der Thrombozyten im Empfänger nur zwei bis vier Tage. Die **Indikation** einer Thrombozytentransfusion **ist sehr streng zu stellen**. Bestehen beim Empfänger Autoantikörper (Antikörper gegen die eigenen Thrombozyten) sind Thrombozytenkonzentrate nicht wirksam.

Leukozytenkonzentrate

Es ist sehr umstritten, ob die Gabe von Leukozytenkonzentraten sinnvoll ist, da die Gewinnung ausreichender Zellzahlen sehr schwierig und belastend für den Spender ist. Zudem ist die **Transfusion** für den Empfänger mit einem **hohen Risiko** verbunden. Es kann zu allergischen Reaktionen, Graft-versus-Host-Reaktion (Abstoßungsreaktion), Schüttelfrost, Fieber sowie einem Lungenversagen durch Sequestration (Zerstörung der Granulozyten in der Lunge) des Empfängers kommen. Da heute die Möglichkeit besteht, eine Granulozytopenie mit einem granulozytenstimulierenden Faktor zu behandeln, ist die Verabreichung von Leukozytenkonzentraten **nicht** mehr angezeigt.

Plasmatransfusionen

Im Blutplasma sind neben Albumin als hauptsächlichem Eiweiß auch alle Gerinnungsfaktoren enthalten. Plasma wird durch **Abzentrifugieren** der **zellulären Bestandteile** des Blutes gewonnen. Die Gerinnungsfaktoren bleiben durch die sofortige Tiefgefrierung auf -30 °C erhalten. Diese Präparate werden als Frischplasmakonserven bzw. FFP (Fresh-Frozen-Plasma) bezeichnet. Bei richtiger und ununterbrochener Einfrierung sind sie **zwölf Monate haltbar**. Die Indikation für Plasmakonserven sind Gerinnungsstörungen. Sie müssen vor der Transfusion aufgetaut und auf Körpertemperatur erwärmt werden. **Aufgetaute** Frischplasmakonserven dürfen **nicht wieder** zum späteren Gebrauch eingefroren werden. Waren sie einmal aufgetaut und wurden sie nicht transfundiert, müssen sie verworfen werden.

Gerinnungspräparate

Durch die **Fraktionierung** (Auftrennung) des **Plasmas** können **Gerinnungspräparate** hergestellt werden, die eine Anreicherung bestimmter Gerinnungsfaktoren z.B. Fibrinogen, Faktor-VIII-Konzentrate, Plasmaprothrombinkomplexpräparate (PPSB) darstellen. PPSB-Präparate enthalten die Gerinnungsfaktoren II, VII, IX, und X. Da die Präparate aktivierte Gerinnungsfaktoren enthalten können, besteht bei der Gabe von PPSB ein Thromboserisiko. Bei Gerinnungsstörungen durch eine schwere Leberinsuffizienz (Leberfunktionsstörung) und Antikoagulation (Verminderung der Blutgerinnung) mit Cumarinen kann der Quick-Wert mit diesen Gerinnungspräparaten angehoben und die Blutgerinnung normalisiert werden. Faktor-VIII-Konzentrate werden für die Behandlung von Patienten mit Hämophilie A und B benötigt. **Dosierungs-** und **Injektionshinweise** auf den Packungsbeilagen sind **unbedingt zu beachten**, ebenso die vorgeschriebenen **Infusionsgeschwindigkeiten**.

7

Immunglobuline, Hyperimmunglobuline

Dies sind **Konzentrate von Antikörpern**, die aus menschlichem Serum gewonnen werden. Es handelt sich um Antikörper gegen Viren, Bakterien bzw. Bakteriengifte, wie sie natürlicherweise vom Menschen durch die Auseinandersetzung mit dem Keim bzw. dem Toxin nach überstandener Erkrankung oder Impfung gebildet werden. Es gibt Immunglobuline gegen virale und bakterielle Infektionen, die bei Sepsis oder Antikörpermangel-Syndromen gegeben werden. Außerdem sind spezifische Hyperimmunglobuline, die Antikörper speziell gegen bestimmte Erkrankungen enthalten, verfügbar. Es handelt sich hierbei um sog. passive Impfstoffe z.B. für:
- Tollwut
- Cytomegalie
- Hepatitis A und B
- menschlichen Rhesusfaktor
- Röteln
- Tetanus

Vom Tier gewonnene Immunseren sind das Botulismus-Antitoxin, das Gasbrandantitoxin, Schlagen- und Skorpiongiftseren.

Bei gleichzeitiger **aktiver** und **passiver Tetanusimpfung** ist darauf zu achten, **zwei verschiedene Impfstellen** (z.B. intramuskuläre Injektion rechts und links gluteal) zu wählen. Lebendimpfstoffe wie z.B. für die Masern, Mumps- und Rötelnimpfung (aktive Impfung) können durch eine Immunglobulingabe innerhalb der nächsten drei Monate inaktiviert werden (d.h. der Impferfolg wird möglicherweise aufgehoben). Bei der Verabreichung von Humanimmunglobulinen kann es zu Temperaturerhöhungen und selten auch zu Überempfindlichkeitsreaktionen kommen.

7.5.4 Durchführung und Überwachung einer Transfusion

Aufklärung des Patienten

Die Übertragung von Blut, Blutbestandteilen und aus Blut hergestellte Medikamente (z.B. Gerinnungsfaktoren, Immunglobuline, Impfstoffe) ist mit der **Gefahr der Infektion** durch **Hepatitis-** und **AIDS-Viren** verbunden. Das Risiko einer Infektion wird durch Untersuchungen des Spenderblutes und durch den Ausschluß von Risikopersonen von der Blutspende so gering wie möglich gehalten. Das Restrisiko liegt für eine HIV-Infektion bei 1 zu 1 Million bis 1 zu 1,5 Millionen, für eine Hepatitis B bei 1 zu 20.000 bis 1 zu 40.000, für Hepatitis C bei 1 zu 10.000 bis 1 zu 20.000.

Auch **allergische Folgeerscheinungen** sind möglich, jedoch wird versucht, diese Reaktionen durch die eindeutige Bestimmung von Blutgruppe, Antikörpern und Kreuzprobe auszuschließen.

Über die Risiken, die bei einer Verabreichung von Blut- und Blutbestandteilen muß der Patient vom Arzt aufgeklärt werden, auch wenn z.B. bei einer bevorstehenden Operation die Blutübertragung nur in Betracht gezogen wird. Über die Möglichkeiten der Eigenblutspende ist der Patient zu informieren.

Durchführung der Transfusion

Sie ist **Aufgabe des Arztes**. Er muß sich von der richtigen Identität des Patienten (Name, Vorname, Geburtsdatum) überzeugen, um **Verwechslungen sicher auszuschließen.** Er benötigt den Blutgruppenschein des Patienten sowie die zu übertragende Blutkonserve mit Begleitschein und dem vermerkten Ergebnis der Kreuzprobe. Beide Scheine sind auf folgende Daten hin zu vergleichen: Name, Geburtsdatum und Blutgruppe des Patienten, Nummer der Blutkonserve und deren Blutgruppe. Sie müssen übereinstimmen. Um Verwechslungen von Blutkonserven im AB0-System sicher zu vermeiden, ist ein nochmaliger Test der Blutgruppe des Patienten und der Blutkonserve am Bett des Patienten direkt vor der Transfusion vorzunehmen. Anti-A- und Anti-B-Serum werden hierzu auf einer Karte mit je einem Tropfen Patientenblut und Konservenblut vermischt und die Blutgruppe abgelesen (s.a. Abb. 7-7). Der Befund ist zu dokumentieren und die Karte aufzuheben. Das **Anhängen einer Konserve** sowie **die Überwachung der ersten zehn Minuten** der Transfusion ist **durch den Arzt** vorzunehmen. Die langsame Tropfgeschwindigkeit (ca. 5 ml pro Minute) kann, nachdem keine auffälligen Reaktionen erkennbar sind, erhöht werden. Die weitere Überwachung kann an das Pflegepersonal übertragen werden. Bei Frischplasmakonserven und Thrombozytenkonzentraten entfällt der Test im AB0-System mit den Konserven.

Hinweise zum praktischen Vorgehen

- Für die Transfusion sind **spezielle** Transfusionsbestecke mit Filtern (Standardfilter haben eine Porengröße von 175 µ, Mikrofilter von 10 bis 50 µ) zu verwenden. Sie halten Blutgerinnsel, Mikrofilter auch Leukozyten und Thrombozyten zurück.
- Aus Gründen der Sterilität sollten angestochene Konserven **sofort** transfundiert werden. Um eine Keimvermehrung zu vermeiden, sollte die **Transfusionsdauer nicht über vier Stunden** hinausgehen.
- Falls die Möglichkeit besteht, kann die Konserve mittels einem speziellen Gerät sachgerecht angewärmt werden. Die Temperatur einer zu transfundierenden Konserve sollte **mindestens Raumtemperatur** betragen.
- Aufgewärmte Blutkonserven und aufgetaute Plasmakonserven dürfen **keinesfalls wieder gekühlt** oder **eingefroren** werden. Das Risiko des Wachstums von Bakterien und die Haltbarkeit der Konserve ist dann nicht mehr einschätzbar.
- Um evtl. eine bessere Flußrate bei Erythrozytenkonzentraten zu erreichen, kann die Konserve mit 100 ml physiologischer Kochsalzlösung 0,9% aufgeschwemmt werden.
- Blutkonserven sind **immer getrennt** von anderen Infusionslösungen zu verabreichen, um Inkompatibilitäten wie z. B. eine Hämolyse (Zerfall der Erythrozyten durch hypertone Lösungen wie z. B. Normofundin®) oder eine Dehydration (Wasserentzug des Erythrozyten durch hypotone Lösungen wie z. B. Aqua ad injektione®) zu vermeiden. Außerdem dürfen **niemals** Medikamente in die Konserve injiziert werden.
- Vor allem bei alten und/oder herzkranken Patienten **(Lungenödem!)** sowie bei Kindern **(Kreislaufbelastung!)** ist **besondere Aufmerksamkeit** während der Transfusion gefordert.
- Beginn, Verlauf, Besonderheiten und Ende der Transfusion sind in einem Protokoll festzuhalten. Außerdem sind die Vitalzeichen (Puls, Blutdruck, Aussehen) zu dokumentieren.
- Blut- und Plasmapräparate gehen **nicht** in die **Flüssigkeitsbilanz** ein.
- Bei **Anzeichen** eines Transfusionszwischenfalls (Fieber, Schüttelfrost, Juckreiz, allergische Hautreaktionen) ist die Verabreichung der Konserve **sofort** zu unterbrechen.
- Der Konservenbeutel ist mindestens **24 Stunden** für evtl. Kontrolluntersuchungen aufzubewahren.

7.5.5 Transfusionreaktion und Therapie

Die Transfusionsreaktion mit Hämolyse ist ein **schwerer Zwischenfall** mit Schock, disseminierter intravasaler Gerinnung (Verbrauchskoagulopathie, d. h. aufgrund des Verbrauchs von Gerinnungsfaktoren kommt es zur Gerinnungsneigung mit dadurch entstehender Blutungsneigung und häufig auftretendem Organversagen im weiteren Verlauf), Nierenversagen und einer **Letalität von 10%**. Die Symptome sind:

- Fieber mit und ohne Schüttelfrost
- Hitzegefühl in der Vene, über die transfundiert wird
- Übelkeit, Durchfall, Bauchkrämpfe
- Blutungsneigung
- Schock (Blutdruckabfall und Tachykardie)

Die Transfusion ist **sofort** abzubrechen und eine Behandlung einzuleiten. Eine **Blutprobe des Patienten** und die **Blutkonserve** müssen zur Sicherung der Hämolyse und zur Feststellung der Ursache der Transfusionsreaktion in die **Blutbank** bzw. in das **immunologische Labor** gegeben werden.

Therapie: Ein Transfusionszwischenfall (z. B. Verwechslung im AB0-System) ist ein lebensbedrohliches Ereignis. Die Therapie besteht in einer forcierten Diurese zur Abwendung des Nierenversagens, Schocktherapie (s. Kap. 11.2) und symptomatischer Therapie der entstehenden Blutungsneigung und Gerinnungsstörung. Nach rhesusunverträglichen Blutübertragungen wird zudem Anti-Rh-(D)-Immunglobulin (z.B. Rhesogan® oder Rhesonativ®) gegeben. Die hochdosierte Gabe von Glukokortikoiden ist angezeigt.

7.5.6 Besonderes bei Immunsuppression

Bei immunsupprimierten Patienten nach Organtransplantationen oder für die Planung eines solchen Eingriffs, ist besondere Sorgfalt bei der Blutübertragung angezeigt. Durch Antigene an Leuko- und Thrombozyten kann eine Immunisierung erfolgen. Diese Blutzellen verlieren in der Blutkonserve rasch ihre Funktion, behalten aber ihre antigenen Eigenschaften. Sie können beim Empfänger zu einer Sensibilisierung gegen Antigene des HLA-Systems (humane Lymphozyten-Antigene) oder gegen Leukozyten- oder Thrombozyteneigenschaften führen.

Bei Transplantationspatienten, die **keine** Cytomegalie-Infektion und damit **keinen** Cytomegalie-Titer haben, ist **CMV-negatives Blut** zu transfundieren (Mitteilung an die Blutbank bei Bestellung der Blutkonserven).

Bei wiederholten fieberhaften Reaktionen auf Blutkonserven bei Nierentransplantierten und bei Patienten, die ständig Transfusionen bekommen müssen, empfiehlt es sich daher, eine solche Immunisierung zu vermeiden, indem man mehr als 95% der Leukozyten aus der Konserve entfernt bzw. diese Bestandteile nicht mit transfundiert. Hierfür werden spezielle Transfusionssysteme mit Leukozytenfilter verwendet. Durch mehrmaliges Waschen der zu transfundierenden Erythrozyten und Abzentrifugieren dieser Zellbestandteile kann ebenfalls ein Großteil der Leukozyten und Thrombozyten entfernt werden. Die Indikation für derartige Konserven ist eine Allergie gegen Plasmaproteine.

Sind Blutkonserven derart behandelt, müssen sie sofort gegeben werden. Eine weitere Lagerung ist nicht zu vertreten. Die Herstellung **leukozytenarmer Konserven** ist zeit- und kostenintensiv und bedarf daher einer **strengen Indikation.**

Literaturhinweise

[1] Lawin, P.: Praxis der Intensivbehandlung. Georg-Thieme-Verlag, Stuttgart, 5. Aufl. 1989.
[2] McGuire, G. A.: Pflegeprobleme Intensivmedizin. Springer-Verlag, Berlin 1994.
[3] Ahnefeld, F. W., Schmitz, J. E.: Infusionstherapie – Ernährungstherapie. Kohlhammer-Verlag, Manual 3, Stuttgart 1986.
[4] Heberer M., B. Günther: Praxis der parenteralen und enteralen Ernährung in der Chirurgie. Springer-Verlag, Berlin 1988.
[5] Simon C., W. Stille: Antibiotikatherapie in Klinik und Praxis. Schattauer-Verlag, Stuttgart, 7. Aufl. 1989.
[6] Zenz, M., I. Jurna: Lehrbuch der Schmerztherapie. Wissenschaftliche Verlagsgesellschaft mbH, Stuttgart 1993.

8 Prä- und postoperative Versorgung

D. Kraatz, A. Heuwinkel

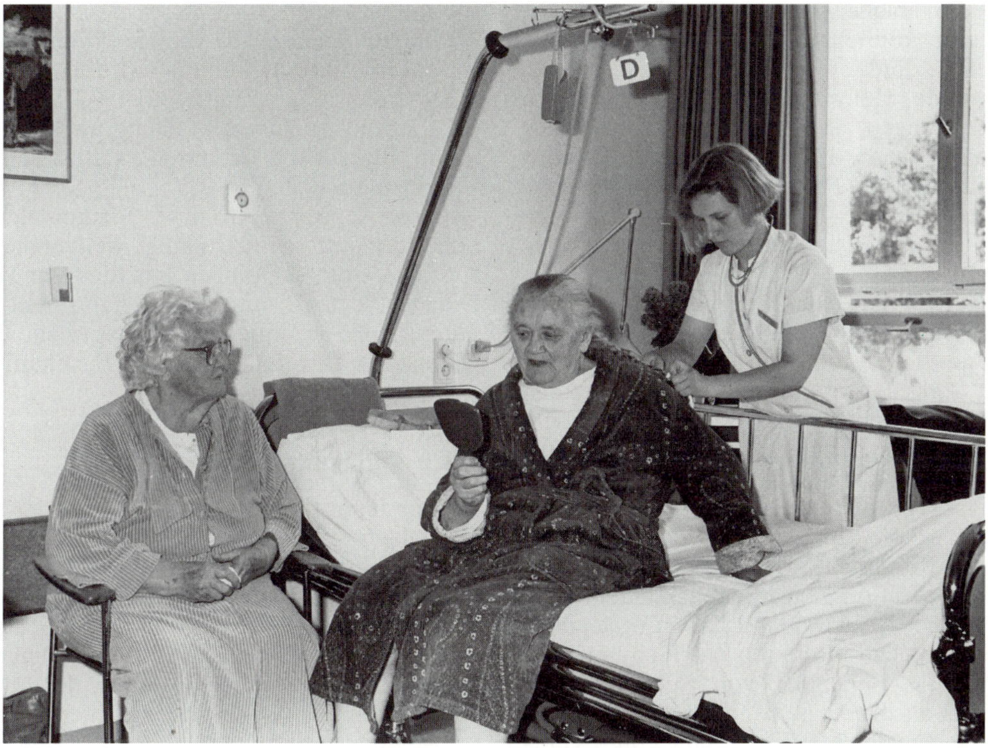

8

8.1 Präoperative Phase

Das **Ziel** optimaler präoperativer Maßnahmen ist, dem Patienten die **größtmögliche Sicherheit** während der Operation zu **garantieren**, und das **Eintreten** von postoperativen **Komplikationen** weitgehend **auszuschließen**. Um dies zu erreichen, sollte eine enge Zusammenarbeit von Ärzten und Pflegepersonal stattfinden.

Jeder Mensch, der aufgrund eines operativen Eingriffes in die Klinik kommt, bringt eine **individuelle** Ausgangssituation mit. Die Patienten können in folgende Gruppen eingeteilt werden:
- **Gesunde** Menschen, die zu einem zwar notwendigen, aber nicht akut dringenden Eingriff in die Klinik kommen (z.B. Korrekturen von Fehlstellungen, Narbenkorrekturen). Die Erwartungshaltung nimmt bei diesen Patienten einen sehr großen Raum ein.
- **Äußerlich** gesunde Menschen, bei denen während einer **Routineuntersuchung** ein **Befund** festgestellt wurde, der einen **größeren Eingriff** nötig macht (z.B. Diagnose Mammakarzinom nach einer Schnellschnittuntersuchung). Bei diesen Menschen herrscht häufig eine Mischung aus Angst, Verzweiflung und Hoffnung vor.
- **Akut** erkrankte Menschen, die sich mit einer Krankheit konfrontiert sehen, die eine Operation **unausweichlich** macht (z.B. Bandscheibenvorfall mit Lähmungserscheinungen). Die Hoffnung auf Heilung und/oder die Behebung von Schmerzen ist größer als die Angst vor der Operation.
- **Verunglückte** Menschen, die die Klinik nicht aussuchen können, da sie direkt vom Unfallort (Haus, Arbeitsplatz, Straße) eingewiesen werden. Sie sind dieser Situation ohnmächtig ausgeliefert.

Die sehr unterschiedlichen Ausgangssituationen haben **Einfluß** auf alle prä- und postoperativen Vorbereitungen und Maßnahmen sowie auf die möglichen Verhaltensweisen des Patienten zur Bewältigung der Situation.

Entsprechend sind für jeden Patienten **elementare** Vorkehrungen (Routinemaßnahmen), die sich auf die Operation beziehen und trotzdem den individuellen Bedürfnissen des einzelnen Patienten angepaßt sind, nötig. Zusätzlich können **spezielle** Vorbereitungen (diagnostisch, therapeutisch und pflegerisch) unerläßlich sein (z.B. Berücksichtigung des Allgemeinzustandes des Patienten). Sie erfordern meist eine längere präoperative Vorbereitungsphase. Bei Notfällen wird man sich aus Zeitgründen auf die unbedingt erforderlichen Maßnahmen beschränken.

8.1.1 Vorbereitende Diagnostik

Die im folgenden genannten Routineuntersuchungen dienen zur **Erkennung** von etwaigen **Leistungsminderungen** des Organismus in Hinblick auf den geplanten Eingriff:
- Größe, Gewicht
- Röntgenaufnahme der Lunge (Pulmo)
- Lungenfunktionsprüfungen (Lufu)
- Elektrokardiogramm (EKG)
- Laboruntersuchungen (Blutgruppe, Blutbild, Blutzucker, Gerinnungsstatus, Serumelektrolyte)

Größere Operationen bzw. Risikoeingriffe, benötigen je nach Umfang **weitergehende** spezielle Untersuchungen zur Sicherung der Diagnostik und um eine Gefährdung des Patienten zu minimieren. Diese spezielle Diagnostik wird in den jeweiligen Fachkapiteln erläutert.

8.1.2 Vorbereitende Therapie

Vorhandene Grunderkrankungen oder bei der Diagnostik erkannte Risikofaktoren erfordern eine **therapeutische Vorbehandlung.** Dies kann z.B. bei der Behandlung von Herzerkrankungen (Herzinsuffizienz), bei der Einstellung von Stoffwechselstörungen (Diabetes mellitus) oder zur Verbesserung des Allgemeinzustandes (Über- oder Untergewicht) notwendig werden.

Zur **Vermeidung postoperativer Komplikationen** wie z.B. Thrombose/Embolie erhalten die Patienten meistens am Operationstag vor dem Eingriff die erste Heparininjektion subkutan (Arztanweisung!). Bis zum siebten bis zehnten postoperativen Tag bzw. bis zur vollständigen Mobilisierung werden dreimal täglich 5000 I.E. Heparin subkutan verabreicht.

8.1.3 Pflegerische Maßnahmen

Psychische Betreuung

Patienten, die sich einer Operation unterziehen müssen, haben alle die gleichen **Fragen** und **Ängste**. Diese beziehen sich auf:

- den Operationsverlauf einschließlich der Narkose
- die evtl. damit verbundenen Schmerzen
- ein ungünstiges Operationsergebnis und die damit verbundenen Folgen
- das Gefühl, den Ärzten ausgeliefert zu sein
- das Weiterleben mit dem Operationsergebnis

Zur **Minimierung** dieser Ängste kann das Pflegepersonal einen erheblichen Teil beitragen. **Häufiger Kontakt** (Zeit für Problemgespräche) und eine **sachgerechte** angemessene **Aufklärung** und **Information** des Patienten (offen, ehrlich, keine Halbwahrheiten oder vage Hinweise verbreiten) erfüllen diese Forderung und ermöglichen den Aufbau einer vertrauensvollen Beziehung zum Patienten. Um diese Beziehung zu stabilisieren, sollte folgendes noch berücksichtigt werden:

- das **Selbstbestimmungsrecht** des Menschen beachten (der Patient ist nicht entmündigt)
- die **Angehörigen** mit in die Operationsvorbereitungen **einbeziehen** (Übernahme von bestimmten Pflegemaßnahmen, Informationsgespräche, etc.)
- evtl. auf die **Mithilfe von Fachleuten** (Psychologen, Sozialarbeiter, Selbsthilfegruppen, Seelsorger) zurückgreifen
- die gezielte **Auswahl von Mitpatienten** (Patienten mit gleicher Erkrankung bzw. Operation), vor allem bei ängstlichen Patienten (kann einen positiven Einfluß auf den Patienten ausüben)

Die **Aufklärung** über die Erkrankung, die Art und den Umfang des damit verbundenen Eingriffs sowie die typischen Komplikationen (Risiken und Prognose) erhält der Patient **ausschließlich vom Arzt**. Dies sollte in einer ruhigen Atmosphäre und in einer dem Patienten verständlichen Sprache erfolgen. Nach dem Gespräch soll der Patient in der Lage sein, aufgrund einer **eigenen Entscheidung** in die vorgeschlagene Behandlung einzuwilligen, da juristisch jede Operation eine Körperverletzung darstellt. Dabei müssen dem Patienten auch **alternative** Therapiemethoden vorgestellt werden. Im Normalfall genügt es, die Aufklärung des Patienten am Vortag oder in Notfällen unmittelbar vor dem Eingriff vorzunehmen. Bei längerfristig geplanten Operationen muß jedoch laut neuester Rechtsprechung, ein wesentlich längerer Zeitraum (mehrere Tage) zwischen Aufklärung und Operation liegen, damit der Patient zu einer Entscheidung finden kann. Die wichtigsten Punkte werden schriftlich dokumentiert und vom Arzt und Patienten unterschrieben.

Die **Informationen** durch das **Pflegepersonal** beinhalten den prä- und postoperativen Verlauf von pflegerischer Seite aus, die vorbereitenden Maßnahmen am Tag vor der Operation, am Operationstag sowie Maßnahmen nach der Operation bis zur Entlassung, Hinweise auf den Aufwachraum und evtl. auf die postoperative Verweildauer in der Intensivstation. Gleichzeitig erfolgt eine angemessene Erklärung über den Sinn und Zweck dieser Maßnahmen.

Einüben postoperativ notwendiger Fertigkeiten

Das Einüben von Fähigkeiten, die postoperativ vom Patienten beherrscht werden müssen, ist sowohl aus prophylaktischer als auch aus therapeutischer Sicht wichtig, da durch sie eine erheblich **frühere Selbständigkeit** des Patienten zu erwarten ist und das **Auftreten bestimmter** Komplikationen (z.B. Thrombose, Pneumonie) **verringert** werden kann. Die Patienten sind sachgerecht und individuell über die Art, den Umfang und das Ziel dieser Maßnahmen zu informieren, da **nur über Verstehen und Akzeptieren eine aktive Mitarbeit gesichert** wird. Folgende Maßnahmen sollten dem Patienten vorgestellt bzw. mit ihm geübt werden:

- Umgang und Einüben von Verbandwechsel, z.B. nach der Anlage eines Anus praeter
- Gehen mit Gehhilfen (s.a. Kap. 34.10.4) bzw. Fahren im Rollstuhl
- spezielle Lagerungsarten
- Erlernen von Atemtechniken (s.a. Kap. 15.9.2 und 16.14.3)
- Atemtraining mit Inhaloc oder Triflow (s.a. Kap. 15.9.2)
- das Erlernen von Essen, Trinken und Ausscheiden in Rückenlage
- den Gebrauch der linken statt der rechten Hand bei Rechtshändigkeit
- Einüben eines möglichst schmerzfreien Aufstehens oder sich Drehens im Bett (s.a. Kap. 18.13.1)
- spezielle krankengymnastische Übungen
- Abstützen der Wunde beim Abhusten oder während der Mobilisation

Die Patienten können das **Handling** der genannten Maßnahmen **erlernen** und **Fertig-**

keiten darin **entwickeln**, **ohne** durch postoperative Schmerzen beeinträchtigt zu sein.

Um bestehende Unsicherheiten abzubauen und Ängste zu reduzieren sind Informationen und die **Besichtigung** von **Aufwachraum** und evtl. **Intensivstation** verbunden mit der Vorstellung des Pflegepersonals für den Patienten sinnvoll. Ebenso sollte die **Demonstration** von **apparativen Maßnahmen** (z.B. Saugpumpen, Absaugvorrichtungen, Monitoring, Infusionspumpen) selbstverständlich sein.

8.1.4 Pflege am Tag vor der Operation

In diesem Abschnitt wird auf die elementaren pflegerischen Maßnahmen, die vor jeder geplanten Operationen nötig sind, eingegangen und die unabhängig von Umfang und Dauer des Eingriffs, durchgeführt werden. Über diese Maßnahmen hinausgehende spezielle Vorbereitungen werden in den jeweiligen Kapiteln beschrieben.

Nahrungsabbau

Die präoperative Nahrungs- und Flüssigkeitskarenz ist notwendig, da durch sie einer **Aspiration** von Mageninhalt bei der Ein- und Ausleitung einer Intubationsnarkose **vorgebeugt** wird. Auch bei Eingriffen, die nicht in Intubationsnarkose vorgenommen werden, kommt sie zur Anwendung, um die evtl. mögliche Erweiterung der Operation verbunden mit einer Intubation vornehmen oder Komplikationen sicher beherrschen zu können.

Die Nahrungskarenz setzt im allgemeinen **zwölf Stunden vor** Operationsbeginn ein, d.h. etwa um 20.00 Uhr am Vortag der Operation, da der Beginn der Operation meist nicht exakt bestimmt werden kann. Bei allen **extraabdominellen** Eingriffen erhält der Patient zur Abendmahlzeit **leicht verdauliche** Kost (Suppe, Brei, Tee), da die Nahrung ca. sechs Stunden benötigt, um verdaut zu werden. **Abdominelle** Eingriffe erfordern eine **frühzeitigere** und **speziellere** Ernährungsumstellung (s. Kap. 20.11.2). Die Flüssigkeitskarenz beginnt meist **acht Stunden** vor Operationsbeginn, d.h. um ca. 24.00 Uhr am Vortag der Operation. Dies gilt auch für das Rauchverbot (Zigaretten, Zigarren und Pfeife) und sonstige, die Magensekretion anregende Speisen wie Süßigkeiten (Lakritz, Hustenbonbons, Schokolade).

Die Patienten und die Angehörigen sind über die Nahrungs- und Flüssigkeitskarenz ebenso wie über die Gefahren bei Nichteinhaltung eindrücklichst aufzuklären.

Es gilt die Regel: „führe mich nicht in Versuchung", d.h. Getränke und Nahrungsmittel sind vorsichtshalber aus dem Zimmer zu entfernen!

Der Schluck Tee oder Mineralwasser zur Erleichterung der Medikamenteneinnahme (Prämedikation) ist davon ausgenommen.

Darmreinigung

Eine präoperative Darmreinigung ist **nicht generell** bei jedem chirurgischen Eingriff notwendig, so kann sie bei kleineren Operationen (z.B. Versorgung einer Radiusfraktur) und bei bestimmten Anästhesieverfahren (Regionalanästhesie) außer Acht gelassen werden. Bei größeren und zeitaufwendigeren Operationen, die mit Intubation und Muskelrelaxierung einhergehen, ist eine Darmreinigung aus folgenden Gründen **immer** nötig.

- Zur **Vermeidung** einer **intraoperativen Darmentleerung**, damit es zu keinem Sterilitätsverlust des Operationssaales kommt und eine komplette Desinfektion vorgenommen werden muß mit der Folge der Verzögerung des Operationsprogrammes.
- Um **postoperativ** die **Stuhlentleerung** zu **erleichtern**, da Pressen wegen der Gefahr einer Nahtinsuffizienz zu vermeiden ist (Erhöhung des Druckes im Bauchraum).
- **Postoperativ** eine **Darmatonie** möglichst zu **begrenzen**.

Intraabdomielle Eingriffe erfordern eine spezielle und gründliche Vorbereitung des Magen-Darmtraktes. Als Abführmaßnahmen stehen eine Reihe von Methoden und Medikamente zur Verfügung. Sie sollen dem Eingriff angemessen und dem Zustand das Patienten angepaßt sein. Zusätzlich sollte der **Zeitpunkt** so gewählt werden, daß eine **ungestörte Nachtruhe** vor dem Operationstermin gewährleistet ist. Mittel der Wahl zur gründlichen Darmreinigung sind die orale Gabe von Laxantien (z.B. Agiolax®), die rektale Applikation von Suppositorien (z.B. Dulcolax®), Klysmen, Einläufen oder die orthograde Darmspülung (Tab. 8-1).

Tab. 8-1 Übersicht über die Durchführung der orthograden Darmspülung.

Material	Durchführung	Überwachung
– Magen- oder Salem-Sump-Sonde – Materialien zum Einlegen der Sonde – 12 bis 15 Liter spezielle Elektrolytlösung (angewärmt auf ca. 37 °C aus der Apotheke) – Infusionssystem – Antiemetikum (z. B. Paspertin®) – Überwachungsbogen, Blutdruckapparat, Stethoskop – Nachtstuhl – Bademantel oder Decke	– Patient auf Nachtstuhl setzen und warm einpacken – nach Plazierung der Dünndarmsonde wird ein Liter der Spülflüssigkeit über die Sonde infundiert – Stuhlgang abwarten – bei Bedarf Gabe des Antiemetikums i.m. – bei fortgesetzter Übelkeit Spülung für ca. 15 min unterbrechen, Arzt informieren – innerhalb der nächsten zwei bis vier Stunden wird der Rest der Spülflüssigkeit (10 bis 15 Liter) über die Sonde appliziert – Beendigung der Spülung, sobald die Flüssigkeit klar zurückkommt	– Überwachungsbogen führen (Blutdruck, Puls, Ein- und Ausfuhr, Aussehen der Stuhlgänge, Körpergewicht – psychische Situation des Patienten beachten (Wohlbefinden, Zeitvertreib) – Elektrolytkontrollen (Gefahr der Resorption der Flüssigkeit)

Körperhygiene

Die präoperative Körperhygiene dient der **Minimierung** von **Hautkeimen** im Operationsgebiet, insbesondere im Bereich des Nabels, der Hautfalten, des Genital- und Analtraktes, der Fuß- und Fingernägel sowie der Zehenzwischenräume. Um die größtmögliche hygienische Effektivität zu erzielen, sollte der Zeitpunkt der Reinigungsmaßnahme möglichst **nahe** am Operationstermin liegen. Das **Optimum** wäre der **Morgen des Operationstages**.

Die Durchführung ist abhängig vom Zustand des Patienten, d.h. von seiner Mobilität. Sie ist ausschlaggebend, ob ein Vollbad oder eine Dusche genommen werden kann, oder ob eine sorgfältige Ganzwäsche durchzuführen ist (bettlägerige Patienten). Wann der Zeitpunkt für diese Maßnahme letztlich angesetzt wird, richtet sich nach den Gepflogenheiten der Klinik, den Anweisungen des operierenden Arztes und den organisatorischen Strukturen der Station. In Frage kommen der Vorabend oder der Morgen des Operationstages.

Zur Reinigung der Haut wird eine pH-neutrale Waschlotion (z.B. Manipur®) verwandt. **Desinfizierende** Waschzusätze (z.B. Betaisadona®) erfordern die **Anweisung** des **Arztes**. Nach der Maßnahme ist für frische Patientenkleidung und Bettwäsche zu sorgen.

Eine zusätzliche Aufgabe des Pflegepersonals besteht darin, die Patienten darauf hinzuweisen, daß Make-up, Lippenstift und Nagellack zu entfernen sind. Dies ist für eine schnelle und zuverlässige **Beurteilung** des perioperativen Patientenzustandes notwendig, da das **Nagelbett** und die **Schleimhäute** Hinweise auf den **Hämoglobingehalt** (blutleeres, blasses Aussehen von Schleimhäuten und Lippen) und die **Sauerstoffversorgung** (blaulivide Veränderung des Nagelbettes) geben.

8.1.5 Prämedikation

Bei geplanten Operationen erfolgt am Vortag der Operation die **Anästhesievisite** durch den Anästhesisten. Er bespricht mit dem Patienten das Narkoseverfahren und die Risiken, legt die Prämedikation fest und ordnet evtl. ergänzende Untersuchungen (z.B. EKG, Lufu, Blutgasanalyse) an. Die Prämedikation ist unter Angabe der **genauen Dosierung** (Größe und Gewicht des Patienten), **Applikationsart** und **-zeitpunkt** durch den Anästhesisten auf dem Anästhesiebogen zu protokollieren. Hier kann das Pflegepersonal die Angaben bei Abruf des Patienten zur Durchführung der Verabreichung entnehmen.

Die Medikamente zur Prämedikation erhält der Patient am Abend vor dem Operationstag und/oder am Morgen des Operationstages. Ziele der Prämedikation sind die **Reduzierung** des **Speichelflusses** durch die Gabe von Atropinsulfat, **Beruhigung** und **Spannungslösung** durch die Gabe von Diazepam (z.B. Valium®) und die **Schmerzlinderung** (z.B. Dipidolor®, Dolantin®).

8.1.6 Präoperative Krankenbeobachtung

Der Arzt muß durch das Pflegepersonal über **Beobachtungen** informiert werden, die vorher durch ihn **nicht erfragt** oder **wahrgenommen** werden konnten und die im Hinblick auf die **Durchführbarkeit** der Operation von **Bedeutung** sein könnten.

Diese Beobachtungen betreffen:

- plötzlich auftretende Allergien
- Hautläsionen und -veränderungen im Operationsgebiet
- auftretende Durchfälle und/oder Erbrechen
- Puls-, Blutdruck- und Temperaturabweichungen
- Infektionen

Die Entscheidung, ob eine Operation bei den oben genannten Beobachtungen **verschoben** wird, trifft der Arzt.

8.1.7 Pflegerische Maßnahmen am Tag der Operation

Am Tag der Operation wird die Nahrungskarenz, die am Vortag begonnen wurde, fortgeführt. Der Patient erhält **ausreichend** Zeit (rechtzeitig über den Operationsbeginn informieren), um in Ruhe die noch anstehenden Vorbereitungen zur Operation treffen zu können.

Die Körperhygiene kann wie schon beschrieben, mittels einer Dusche vorgenommen werden, falls sich der Patient dazu in der Lage fühlt. Ist der Patient in seiner Mobilität behindert, so ist eine Ganzkörperwäsche durchzuführen.

Eine sorgfältige **Inspektion** auf Sauberkeit, besonders des **Bauchnabels** und der tieferen **Hautfalten** ist aus hygienischen Gründen erforderlich. Diese Beobachtungskriterien gelten auch für Hautveränderung wie Ekzeme, Eiterpickel und Allergien, da eine intraoperative Öffnung solcher Defekte im Extremfall eine Sepsis nach sich ziehen können.

Rasur

Die Haarentfernung dient der **Infektionsprophylaxe**, der **Übersichtlichkeit** des **Operationsfeldes** sowie einer **optimalen Befestigung** des **Wundverbandes** nach dem Eingriff. Die Rasur eines Operationsgebietes wird immer auf ärztliche Anweisung durchgeführt und für die verschiedenen Operationen bestehen spezielle Rasurschemata (s. jeweilige Fachkapitel).

Die gebräuchlichste Art der Haarentfernung ist die **Naßrasur**. Das betreffende Hautareal ist gründlich mit Wasser und Rasierseife bzw. Rasierschaum einzuseifen. Nach einer Einwirkzeit von einer Minute erfolgt die Rasur mit einer scharfen, qualitativ hochwertigen Einmalrasierklinge. Die **Klinge** steht in einem **Winkel** von **30** bis **40°** zur Haut. Rasiert wird von der Mitte des Operationsfeldes nach außen und gegen die Haarwuchsrichtung, da dies eine Verringerung von rasurbedingten Verletzungen bedingt. Bei der **Trockenrasur** ist die Haut nicht anzufeuchten und einzuseifen, der Vorgang ist jedoch der gleiche. Zur Entfernung von Haarresten und Hautpartikeln wird in beiden Fällen das rasierte Hautareal sorgfältig gewaschen und abgetrocknet. Dennoch bleiben oft Reste von Haaren, Zellen und Mikropartikeln, die auch durch das Waschen nicht restlos beseitigt werden können und ein potentielles Infektrisiko bilden. Außerdem entstehen, obwohl die Rasur möglichst atraumatisch erfolgt sollte, häufig kleine, nicht auszuschließende, Hautläsionen. Diese sondern wie alle Wunden Sekret ab, was ein bakterielles Wachstum fördert. Das Ausmaß der Keimbesiedelung ist abhängig von der Zeit, die den Bakterien zur Vermehrung zur Verfügung steht. Je **geringer** der Zeitabstand zwischen rasurbedingtem **Hautdefekt** und **Operation**, desto **geringer** das **Infektrisiko**.

Hygienerichtlinien fordern, daß die Rasur nicht früher als zwei Stunden vor der Operation erfolgen soll, um das potentielle Infektionsrisiko möglichst gering zu halten!

Die Naßrasur kommt hauptsächlich bei **vermehrtem** Haarwuchs (z.B. Schambehaarung), die Trockenrasur bei **geringem** Haarwuchs (z.B. Handrücken) zum Einsatz. Eine dritte Möglichkeit der Haarentfernung ist die **Depilation**, die Enthaarung durch Creme. Die

Depilation mit Cremes, z.B. Pilca med®, hat den Vorteil, daß **keine** Läsionen der Haut entstehen und die Anwendung ohne das Infektionsrisiko zu erhöhen, am Tag vor der Operation vorgenommen werden kann. Nachteil sind evtl. auftretende **allergische Hautreaktionen** auf die chemischen Substanzen der Enthaarungscreme. Bei der Anwendung ist zu beachten, daß ein **Verträglichkeitstest** in der Ellenbeuge des Patienten durchgeführt wird. Ist das Ergebnis positiv, so ist auf diese Art der Haarentfernung zu verzichten und eine Naß- oder Trockenrasur vorzunehmen. Außerdem sind die Angaben des Herstellers zu beachten (Einwirkzeit) und Enthaarungscreme sollte immer mit Handschuhen aufgetragen werden (Eigenschutz vor allergischer Reaktion).

Beim Auftragen von Enthaarungscreme ist darauf zu achten, daß sie nicht in der Nähe von Schleimhäuten (Intimbereich) angewandt wird (Gefahr von Hautreizungen)!

Im Anschluß daran ist die Enthaarungscreme zusammen mit den Haaren sorgfältig zu entfernen und dem Patienten die Gelegenheit zu einem Duschbad zu geben. Hat der Patient die Enthaarung mittels Creme selbständig durchgeführt, so muß die **Pflegekraft** das Operationsgebiet überprüfen, da sie für die **sachgerechte Durchführung verantwortlich** ist. In einigen Kliniken wird auf die enthaarten Hautbezirke zur Infektionsprophylaxe eine Hautdesinfektionslösung (z.B. Betaisadona®) aufgetragen und das Operationsgebiet mit sterilen Tüchern oder speziellen Folien abgedeckt. Die Entfernung dieses Schutzverbandes erfolgt dann erst im Operationssaal.

8.1.8 Vorbereitungen unmittelbar vor der Operation

Hygienemaßnahmen: Um die Keimeinschleppung in den Operationssaal möglichst zu vermeiden, erhält der Patient ein Klinikhemd, einen Haarschutz und einen Einmalslip.

Perioperative Thromboseprophylaxe: Der Patienten erhält Antithrombosestrümpfe zur Kompression der oberflächlichen Beinvenen, um einer Strömungsverlangsamung in den tiefen Venen vorzubeugen. Sind passende AT-Stümpfe nicht verfügbar, werden die Beine gewickelt (s. Kap. 5, Abb. 5-9). **Ausnahme:** Patienten mit arteriellen Durchblutungsstörungen. Durch die äußere Kompression würde die vorhandene Mangeldurchblutung noch verstärkt. Auch die medikamentöse Thromboseprophylaxe beginnt spätestens zu diesem Zeitpunkt mit 5000 I.E. Heparin subkutan.

Sicherung des Eigentums: Folgende Gegenstände sind abzunehmen:
- Prothesen (Zähne, Körperteile, Glasaugen)
- Perücke
- Sehhilfen (Brille, Kontaktlinsen)
- Hörgerät
- Schmuck (Ringe, Ketten, etc.)

Alle Gegenstände werden mit dem **Namen des Patienten** versehen in einem verschlossenen Umschlag auf der Station bzw. in der Verwaltung der Klinik aufbewahrt. Eine weitere Möglichkeit ist, die Wertgegenstände des Patienten Angehörigen mit nach Hause zu geben.

Blasenentleerung: Vor der Prämedikation wird der Patient gebeten auf die Toilette zu gehen, da durch die eintretende Wirkung der Medikation die **Gefahr eines Kreislaufkollaps** besteht.

Prämedikation: Ist der Patient sehr aufgeregt, kann er auf ärztliche Anordnung bereits um 6.00/7.00 Uhr eine Teildosis der Medikation erhalten. In der Regel wird jedoch die verordnete Prämedikation laut Anästhesieprotokoll etwa **eine halbe bis eine Stunde vor** Operationsbeginn verabreicht. Die **Applikation** ist mit **Datum**, **Uhrzeit** und der **Unterschrift des Ausführenden** auf dem **Protokoll zu vermerken**. Der Patient ist nochmals auf die Wirkung der Medikamente hinzuweisen.

Nach der Verabreichung der Prämedikation, muß der Patient absolute Bettruhe einhalten (Gefahr des Kreislaufkollaps)!

Transport und Übergabe im Operationssaal: Die Patientenakte wird auf **Vollständigkeit** überprüft. Anästhesieprotokoll, Einverständniserklärung sowie die komplette Krankenakte mit Laborergebnissen, Röntgenbildern, EKG-Befund ist mit in den Operationssaal zu nehmen. Vor dem Transport zum Operationssaal sind nochmals Blutdruck, Puls und Temperatur zu kontrollieren und zu dokumentieren. Abweichungen von den üblichen Werten sowie Besonderheiten sind umgehend an den Stationsarzt weiterzugeben. Während des Transportes in den Operationsbereich ist der **Patient** immer von ihm **bekannten Pflegepersonal zu begleiten.**

Es erfolgt die Übergabe der Patientenakte und das Bekanntmachen des Anästhesiepersonals mit dem Patienten. Die Übergabe des Patienten an das Anästhesiepersonal muß detaillierte Information beinhalten, damit auch perioperativ die pflegerische Versorgung sichergestellt werden kann. Diese Informationen beinhalten:
- das Krankheitsbild
- das Befinden des Patienten
- die bestellten oder mitgebrachten Blutkonserven

8.1.9 Vorbereitende Maßnahmen für die postoperative Übernahme

Während der Patient sich im Operationssaal befindet, erfolgt auf der Station die Vorbereitung des Patientenzimmers. Die **Materialien**, die **bereitzustellen** und auf ihre **Funktionstüchtigkeit** hin zu **überprüfen** sind, sind folgende:
- Aufhängevorrichtungen für Infusionen, Drainagen, Redons, Urinbeutel
- Absaugvorrichtung
- Blutdruckgerät und Stethoskop
- Urinflasche/Steckbecken
- Nierenschale und Zellstoff
- Abwurfmöglichkeit (Papierkorb, Abfalltüten)
- Mundpflegeset (bei längerer Nahrungskarenz Gegenstände und Mittel zur Soorprophylaxe)
- Überwachungsprotokoll
- evtl. Sauerstoffgerät, Sauerstoffsonde oder -maske, Pflaster zur Befestigung

Zusätzlich sind evtl. vorhandene Getränke und Nahrungsmittel zu entfernen und die Klingelanlage auf ihre Funktionstüchtigkeit hin zu überprüfen. Außerdem ist ein **desinfiziertes**, **frisch bezogenes Bett** einschließlich evtl. notwendiger Lagerungshilfsmitteln, abhängig je nach Operation, bereitzustellen. Das Bett wird **angewärmt** und das **Kopfende 30°** erhöht. Bei der operativen Versorgung bestimmter Frakturen (z. B. Totalendoprothese bei Oberschenkelhalsfraktur) werden die benötigten Lagerungshilfsmittel noch im Operationssaal unter Anleitung des die Fraktur versorgenden Chirurgen eingebettet.

Für den Transport vom Operationssaal in die weiterbetreuende Abteilung sind außer Nierenschale und Zellstoff, ein **Ambubeutel**, **evtl.** ein **Transportmonitor** sowie **Güdel-** oder **Wendeltubus** bereitzulegen.

8.2 Postoperative Phase

Die postoperative Überwachung kann in folgenden Bereichen erfolgen:
- Aufwachraum
- Wach-/Intensivstation
- Allgemeinstation

Noch im Operationsbereich nach Beendigung von Operation und Narkose wird der Patient in ein vorgewärmtes Bett gelegt, da während der Operation, bedingt durch die Muskelrelaxation bei einer Vollnarkose, die Patienten stark auskühlen.

8.2.1 Aufwachraum

Bis der Patient wieder voll ansprechbar ist, kommt er zur Überwachung in den Aufwachraum. Dieser befindet sich im **unmittelbaren Anschluß** an den Operationstrakt. Der Aufwachraum verfügt in der Mehrheit der Kliniken über drei bis fünf Betten und gewährleistet die **intensive** Überwachung (halbstündliche Vitalzeichenkontrollen, Nachbeatmung, Blutwertkontrollen, etc.) in den ersten postoperativen Stunden, die auf einer Allgemeinstation meist nicht möglich ist (Personal und Zeit nicht vorhanden).

Die **Verlegung** des Patienten in die weiterbetreuende Abteilung erfolgt **erst** nach einer **komplikationslos verlaufenden Aufwachphase**, d.h., wenn alle durch die Narkose ausgeschalteten Funktionen, wie Atmung, Kreislauf und Bewußtsein sich wieder stabilisiert haben. Bei großen Eingriffen mit hohen Komplikationsraten in den ersten Stunden nach dem Eingriff, kann jedoch eine lückenlose Überwachung und Beobachtung des operierten Patienten, evtl. über einen längeren Zeitraum, notwendig sein. Dies geschieht je nach Klinik, Art der Operation, Art der Narkose, dem Allgemeinzustand des Patienten entweder in der Intensiv- bzw. in einem Wachzimmer der Allgemeinstation.

Die **Entscheidung** zur Verlegung in eine der oben genannten Stationen erfolgt durch den **diensthabenden Anästhesisten**. Eine Entscheidungshilfe für die Verlegung des Patienten kann das Schema nach Aldrete (postoperativer Aufwachskore) sein.

8.2.2 Wach- oder Intensivpflegestation

Auf die Wach- oder Intensivpflegestationen werden Patienten nach **großen** Operationen (z. B. Transplantationen), Patienten bei denen es **intraoperativ Komplikationen** und/oder Zwischenfälle **gab** oder bei denen **postoperativ mit Komplikationen**, bedingt durch den Operationsverlauf oder die Anästhesie **zu rechnen** ist, verlegt. Auf diesen Stationen ist die intensive Überwachung zugleich mit der entsprechenden Therapie gewährleistet.

8.2.3 Allgemeinstation

Patienten nach kleineren operativen Eingriffen und einer Lokal-/Regionalanästhesie können gleich in die Allgemeinstation zurückverlegt werden. Dort befindet sich in einigen Kliniken ein stationseigenes Wachzimmer mit zwei bis drei Betten.

8.2.4 Übernahme des Patienten

Die Dauer der postoperativen Pflege beginnt im **Anschluß** an die Operation und **endet** mit der **Entlassung** des Patienten aus der Klinik. Das **Ziel** der Pflege in dieser Phase ist die Wiedererlangung der **Selbständigkeit** und **Unabhängigkeit** des Patienten in einer möglichst **kurzen** Zeit.

Die Übernahme und der Transport des Patienten auf die Station erfolgt durch **examinierte Pflegekräfte** (bei Verlegung auf die Intensivstation bzw. in das Wachzimmer muß ein Arzt den Transport begleiten). Diese benötigen Informationen über den Operationsverlauf, um den Patienten weiterhin postoperativ überwachen und beobachten zu können. Die Informationen erfolgen mündlich durch den Anästhesisten und/oder schriftlich durch das Narkoseprotokoll. Anordnungen, die **therapeutische** Maßnahmen betreffen, müssen immer **schriftlich** erfolgen. Zur **vollständigen** Übergabe des Patienten an das Pflegepersonal gehören **folgende Angaben**:
- Art, Umfang und Verlauf der Operation und der Narkose (Abschätzung des Komplikationsrisikos)
- Diagnose (nicht immer bestätigt sich die präoperativ gestellte Diagnose z. B. statt der geplanten Knotenentfernung aus der Brust mußte eine Mammaamputation durchgeführt werden)
- Bewußtseinslage/aktuelle Werte der Vitalfunktionen (Blutdruck, Puls, Temperatur)
- evtl. aktuelle Blutwerte
- Dosis der Medikamente/Nachwirkungen
- Blutverlust, Verlust über Drainagen
- Flüssigkeits- und/oder Blutersatz
- Urinausscheidung
- Art und Anzahl der Drainagen
- Verbände/Schienen

Schriftlich sind folgende Angaben festzuhalten:
- Art und Häufigkeit der Kontrollen
- zu verabreichende Infusionslösungen und Angabe der Einlaufzeit
- Medikation (z.B. Analgetika, Antiemetika)
- Laborkontrollen, z. B. Hämatokrit, Hämoglobin, Blutgaswerte
- Gabe von Sauerstoff
- Sogstärke der Drainagen
- Angaben über Lagerungsart
- Zeitpunkt der Mobilisation
- Zeitpunkt der Flüssigkeits- bzw. Nahrungsaufnahme

Die Pflegeperson verschafft sich einen eigenen **Überblick** über den Zustand des Patienten. Es werden dabei die Vitalzeichen, die einwandfreie Funktion der Katheter, Sonden und Drainagen kontrolliert.

8.2.5 Postoperative Überwachungsmaßnahmen und Kontrollen

Die postoperativen Kontrollen dienen dem **frühzeitigen** Erkennen von Komplikationen. Sie fallen in den Aufgabenbereich des Pflegepersonals und sind **engmaschig** und **sorgfältig** vorzunehmen. Zu Beginn ist eine 15minütige Kontrolle der Vitalzeichen erforderlich, wobei die **Häufigkeit** immer von den **objektiven** Befunden und der **subjektiven** Befindlichkeit des Patienten **abhängig** gemacht werden muß. Alle Überwachungs- und Beobachtungsmaßnahmen sind schriftlich zu dokumentieren. Bei Abweichungen von „Normalwerten" oder einer plötzlich eintretenden Veränderung muß sofort der Arzt informiert werden, damit frühzeitig Gegenmaßnahmen eingeleitet werden können. Die postoperativen Überwachungsmaßnahmen beziehen sich auf die im folgenden **beschriebenen Kriterien.**

Bewußtseinslage

Die Kontrolle der Bewußtseinslage des Patienten ist erforderlich um einen evtl. Sauerstoffmangel, einen bestehenden Narkotikaüberhang oder Komplikationen zu erkennen. **Kennzeichen** des **Sauerstoffsmangels** sind hauptsächlich **Unruhe** und **Angstgefühl**. Bei einem **Narkotikaüberhang** ist der Patient **nicht** oder **nur schwer zu wecken** und bei Komplikationen im Bereich des Gehirns kommt es zur **zunehmenden** Eintrübung (Patient reagiert nicht adäquat, ist nicht mehr ansprechbar).

Die Überprüfung der Ansprechbarkeit und Reaktionsfähigkeit des frischoperierten Patienten ist vorsichtig, in **angemessener** Lautstärke vorzunehmen. Um gezielte Reaktionen, z.B. Herausstrecken der Zunge oder Öffnen der Augen zu erreichen, ist es nicht nötig, den Patienten laut anzuschreien. Auch das Kneifen an besonders empfindlichen Stellen des Körpers, wie Nase, Handrücken und im Schulter-Hals-Bereich sollten nur ganz besonderen Situationen (zunehmendem Sopor) vorbehalten bleiben. Nach einer **komplikationslosen** Operation und Anästhesie empfiehlt es sich, daß der Patient **ruhig** aufwacht und **nicht aufgeschreckt** wird.

Atmung

Die meisten Patienten kommen **extubiert** und mit **Spontanatmung** aus dem Operationssaal. Dennoch ist eine Kontrolle von Atemfrequenz, -rhythmus, -geräuschen und evtl. Atembeschwerden notwendig, da der Patient sobald die **Stimulation** durch Absaugen und Extubieren vorbei ist, in einen **tiefen** Schlaf fällt. Es kann dabei zur **Erschlaffung** der **Kiefermuskulatur** kommen und die **zurückfallende** Zunge die **Atemwege** verlegen. Um dies zu verhindern, wird ein Naso- (Wendeltubus, s.a. Kap. 11, Abb. 11-2 C) oder Oropharyngealtubus (Güdeltubus, s.a. Kap. 11, Abb. 11-2 B) eingelegt und eine Atemkontrolle angeordnet (Abb. 8-1 A bis C). Patienten mit sehr schwacher Spontanatmung müssen evtl. erneut intubiert und in die Intensivabteilung verlegt werden.

Herzkreislauffunktion

Zur Unterstützung bei der Überwachung des Herzkreislaufsystems kann der Patient evtl. an einen Monitor angeschlossen werden. Dieser kontrolliert sowohl die Herztätigkeit als auch die Pulsfrequenz. In der Regel erfolgt die Überprüfung der Pulsfrequenz jedoch manuell. Zusätzlich ist der Blutdruck (in den **ersten zwei Stunden** alle **15 bis 30 Minuten**, danach **stündlich**) zu kontrollieren. Der zentrale Venendruck (ZVD) wird nach ärztlicher Anordnung im angegebenen Zeitintervall ermittelt.

Körpertemperatur

Die Kontrolle der Körpertemperatur nach Operationen ist ab dem Zeitpunkt der Übernahme des Patienten aus dem Operationssaal an erforderlich, um **Wund-** und andere **Infektionen** (z.B. eine Pneumonie) von einem **Resorptionsfieber**, das 38,5 °C nicht überschreiten darf und in den ersten fünf postoperativen Tagen als physiologisch anzusehen ist, **abzugrenzen**.

Zusätzlich ist die Überwachung der Körpertemperatur in der ersten Phase nach der Operation notwendig, da die Patienten häufig sehr **stark ausgekühlt** aus dem Operationssaal kommen (s.a. Kap. 8.2.6). Bei der Erwär-

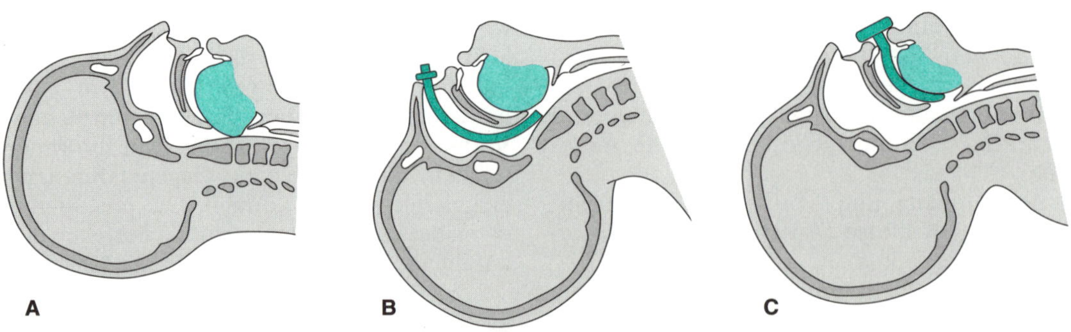

Abb. 8-1 Hilfsmaßnahmen bei postoperativ auftretenden Atemstörungen.
A: Zurückfallen der Zunge bei Sedierung bzw. auftretender Bewußtlosigkeit.
B: Liegender Nasopharyngealtubus (Wendel).
C: Liegender Oropharyngealtubus (Güdel).

mung, während der Operation stark ausgekühlter Patienten ist zu beachten, daß **keine** Wärmflaschen und Heizdecken Verwendung finden sollten, da eine Temperatur über 38 °C das **Risiko der Nachblutung** erhöht. Es ist ausreichend, das Bett vorzuwärmen und dem Patienten zusätzliche Decken anzubieten.

Ausscheidung

Die Urinausscheidung muß kontrolliert werden um sowohl ein **Nieren-** als auch ein **Kreislaufversagen** frühzeitig zu erkennen, dabei ist die ausgeschiedene Menge, falls ein Blasenkatheter liegt, stündlich zu dokumentieren. Liegt kein Katheter, sollte die **erste** Miktion **spätestens sechs bis acht Stunden postoperativ** erfolgen. Ist dies dem Patienten trotz gefüllter Blase nicht möglich, muß der Urin mittels Katheter entnommen, oder auf ärztliche Anordnung ein krampflösendes Medikament (z.B. Doryl®) injiziert werden. Oft hilft das Aufdrehen des Wasserhahns oder das Eintauchen der Hände des Patienten in lauwarmes Wasser, um eine Miktion hervorzurufen. Auch das Aufsetzen im Bett kann oft hilfreich sein.

Nachblutungen

Der häufigste Grund für eine Nachblutung ist eine **chirurgisch-technische** Komplikation, z.B. eine **Nahtinsuffizienz.** Das Pflegepersonal muß bei Anzeichen, die auf eine Blutung hindeuten, sofort den Arzt verständigen. **Hinweise** sind:

- Blutungen aus Körperhöhlen, sichtbar in Blasenkatheter oder Magensonde
- stärkere Blutungen in Drainagen oder Redons
- stark durchgeblutete Verbände
- Blutansammlungen im Gewebe, sichtbar durch Anschwellen des Wundgebietes

Wundhämatome, durch Blutungen im Subkutangewebe bedingt, können nach Rücksprache mit dem Arzt, mit einem Sandsack komprimiert, oder mit Hilfe eines Kühlelementes zum Stillstand gebracht werden. Meist wird die Spontanresorption (einige Wochen) abgewartet.

Bei Blutungen in große Körper- oder Wundhöhlen, die operationstechnisch bedingt sind, ist immer eine Schockbekämpfung und meist eine operative Revision notwendig!

Zeichen von **großen** Blutungen sind:

- erniedrigter ZVD
- niedrige Hämoglobinwerte
- Blutdruckabfall
- Pulsanstieg
- zunehmende Unruhe und Angst des Patienten
- Somnolenz
- kaltschweißige kühle Haut
- Blässe, periphere Zyanose
- oberflächliche rasche Atmung

Bei Operationen im Bauchraum kann auch eine stündliche Kontrolle des Bauchumfanges notwendig werden, um Blutungen zu erkennen. Um die Gewißheit zu haben, immer an der gleichen Stelle zu messen, ist eine Markierung mit einem wasserfesten Stift vorzunehmen. Das Meterband kann nach der Messung unter dem Patienten liegenbleiben, um ihm nicht unnötige Schmerzen durch Drehen und Heben auszusetzen.

Flüssigkeitsbilanzierung

Flüssigkeitszufuhr und **-verluste** müssen in einer Bilanz genau erfaßt werden, um eine **Dehydration** (Austrocknung) oder **Überinfundierung** (Überwässerung) des Patienten zu verhindern. Bei der Bilanzierung ist die Verabreichung von Infusionslösungen und/oder Nahrung ebenso zu erfassen wie die Ausscheidung von Urin, die Verluste über Sonden und Drainagen und die Menge von Erbrochenem. Zu diesen meßbaren Daten ist der **Plusseite** der Bilanz noch die **Oxydation** (Wassergewinn durch Einschmelzen des Körpergewebes innerhalb von 24 Stunden) mit 300 ml und der **Negativseite** der Bilanz die **Perspiratio insensibilis** (Flüssigkeitsabgabe über Haut und Lunge) mit 600 bis 1000 ml einzurechnen. Bei Patienten mit **Fieber** sind **zusätzliche** Flüssigkeitsverluste von ca. 500 bis 1000 ml pro Tag zu **berücksichtigen**.

Übertrifft die Zufuhr- die Ausscheidungsmenge, erhält man eine positive, im umgekehrten Fall, eine negative Bilanz. Da die Ausscheidungsmengen über Haut und Atmung, sowie bei Inkontinenz von Stuhl und Urin nur zu schätzen sind, wird häufig die **regelmäßige Feststellung des Körpergewichtes** der Bilanzierung **vorgezogen**.

Eine weitere Möglichkeit, die Flüssigkeitsmengen im Gefäßsystem zu bestimmen, ist die **Messung des zentralen Venendrucks**, vor allem in den ersten Stunden nach der Operation und wenn der Patient ausschließlich Infusionen erhält.

Venöse Zugänge

Um die **Funktion** der venösen Zugänge **sicherzustellen**, muß frühzeitig erkannt werden, ob Infusionslösungen **paravenös** (Venenkanüle liegt nicht mehr im Gefäßsystem) einlaufen, ob sich **Entzündungszeichen** an der Einstichstelle zeigen oder ob **Thrombophlebitiden** entstehen. Die Art, Tropfgeschwindigkeit und Menge der einzelnen Infusion wird primär durch das Narkoseprotokoll, später durch den Stationsarzt vorgegeben. Das Pflegepersonal übernimmt die Einstellung der Tropfgeschwindigkeit an Infusomaten und Perfusoren und kontrolliert die Verabreichung.

Subjektives Befinden des Patienten

Je nach Art und Größe des Eingriffes und dem individuellen Empfinden von Schmerzen können in **unterschiedlichem Maß postoperative Schmerzen** auftreten. Bei jeder Schmerzäußerungen des Patienten ist der Wundbereich auf zu enge Verbände, abgeknickte Drainagen, drückende Gipsverbände sowie auf Zeichen einer Wundinfektion zu kontrollieren.

Da Schmerzen ein Frühzeichen von Komplikationen sein können, dürfen sie nicht bagatellisiert werden!

Die **ausreichende** Gabe von Schmerzmedikamenten (nach ärztlicher Anordnung) ermöglichen dem Patienten, die ersten postoperativen Tage möglichst **streß-** und **schmerzarm** zu erleben sowie eine **frühzeitige** Mobilisation, um damit sekundäre Folgen (Thrombose, Pneumonie, Dekubitus, Kontrakturen) zu verhindern.

Eine weitere **Einschränkung** des postoperativen Wohlbefindens kann **Übelkeit** verbunden mit **Brechreiz** sein. Es tritt bevorzugt nach abdominellen Operationen auf, aber auch nach jedem anderen operativen Eingriff (z.B. Versorgung von Unterkiefer-, Oberschenkelfraktur, Strumektomie, etc.) ist mit Übelkeit und Erbrechen (z.B. Unverträglichkeit der Narkosemittel, jedoch sehr selten) zu rechnen. Ebenso kann es bei starken Schmerzen oder Blutdruckabfall **reflektorisch** zum Erbrechen kommen. Beim Erbrechen ist der Patient vor einer Aspiration zu schützen, indem er entweder aufgesetzt, in Seitenlage gebracht oder zumindest der Kopf seitlich gelagert und gestützt wird (je nach operationsbedingter Möglichkeit). Erbrechen verursacht Schmerzen, führt zu Flüssigkeits- und Elektrolytverlust und stellt außerdem aufgrund des Einsatzes der Bauchpresse während des Brechvorganges eine **Gefahr** für die **Operationsnähte** im Abdomenbereich dar.

Pflegerische Maßnahmen sind die Hilfestellung während und nach dem Erbrechen (s.a. Kap. 17.13.3), um eine Aspiration (Pneumoniegefahr) zu vermeiden und um Schmerzen z.B. durch einen Gegendruck auf Operationsnähte im Abdomenbereich erträglich zu machen. Zudem stellen diese Maßnahmen eine **psychische Begleitung** für den Patienten während dieses unangenehmen Vorganges dar. Der Arzt ist zu benachrichtigen, um evtl. entsprechende Medikamente (z.B. Paspertin®) gegen das Erbrechen zu verordnen.

8.2.6 Pflege und unterstützende Maßnahmen

Körperpflege

Wie weit ein Patient nach einer Operation von den Hilfeleistungen des Pflegepersonals abhängig ist, richtet sich nach der **Art** der durchgeführten Operation, dem **subjektiven** Befinden und dem Zustand des Patienten, sowie den **operationsbedingten** Einschränkungen (Lagerung, Sonden, Drainagen, etc.). Diese Einschränkungen beeinflussen auch die Selbständigkeit des Patienten bei der Körperpflege. Sind Hilfeleistungen teilweise oder komplett notwendig, werden sie von der Pflegekraft gleichzeitig mit den individuell notwendigen Prophylaxen ausgeführt. Auch über **den Tag/die Nacht verteilt**, müssen dem Patienten z.B. erfrischende Waschungen, angepaßter Wäschewechsel bei Fieber und Maßnahmen zur Mundpflege angeboten werden.

Prophylaxen

In der postoperativen Phase ist der Patient besonders gefährdet, **verschiedene Sekundärfolgen** (Thrombose, Dekubitus, Pneumonie, Kontrakturen, etc.) zu entwickeln. Die in Frage kommenden Prophylaxen werden in diesem Zusammenhang nur erwähnt, die entsprechenden Maßnahmen sind in den jeweiligen Fachkapiteln beschrieben.

Thromboseprophylaxe

Eine Operation bedingt im allgemeinen eine **erhöhte** Gerinnungsneigung des Blutes. Zu diesem Thromboserisiko kommt die **Gefäßverletzung** und der durch den Bewegungsmangel **verlangsamte** Rückfluß des venösen Blutes. Zur Thromboseprophylaxe dienen verschiedene Maßnahmen:

- Mobilisation, einschließlich der Frühmobilisation (s.u.)
- Tragen von Antithrombosestrümpfen bzw. Wickeln der Beine (s.a. Kap. 5, Abb. 5-9)
- Injektion von gerinnungshemmenden Medikamenten (s.a. Kap. 7.1.2)
- eine Flüssigkeitszufuhr von 1,5 bis 2 Liter pro Tag

Zur Einschätzung des Thromboserisikos kann die Skala (Tab. 8-2) nützlich sein.

Pneumonieprophylaxe

Durch die, aufgrund von **Schmerzen** nach der Operation, bedingte **Schonatmung** und die nach einer Intubationsnarkose **vermehrte Sekretion** im Bronchialsystem, besteht ein verstärktes Pneumonierisiko der Patienten, dem konsequent durch pflegerische Maßnahmen entgegenzuwirken ist. Um feststellen zu können, welche Patienten besonders gefährdet sind, findet die Atemskala nach C. Bienstein (Tab. 8-3) zur Erfassung der Atemsituation Anwendung.

Die anschließenden eingeleiteten Maßnahmen zur Pneumonieprophylaxe umfassen:

- Atemübungen und Einsatz von Atemtrainer, Giebelrohr, etc.

Tab. 8-2 Skala zur Einschätzung des Thromboserisikos (Faktoren wie liegender Venenverweilkatheter, Verbrauchskoagulopathie, psychische Einflüsse werden in der Skala nicht berücksichtigt). Bewertung nach Addition aller Daten: 0 bis 6 Punkte keine Gefährdung, 6 bis 10 Punkte gefährdet und über 10 Punkte hohes Thromboserisiko.

Gefährdung bei Veränderung der Strömungsgeschwindigkeit	Gefährdung bei Veränderungen der Blutzusammensetzung	Gefährdung bei Gefäßschäden
A) Immobilisation (z.B. durch Bettruhe, Frakturen, Lähmungen, Gipsverbände) – keine Bettruhe **0 Punkte** – über 12 Stunden pro Tag **2 Punkte** – über 72 Stunden in Folge **4 Punkte** **B)** Aktivität (nur wenn bei A 2 bis 4 Punkte) – selbständig, führt aktive Bewegungsübungen und Umlagerungen allein durch **0 Punkte** – nach Anweisung der Pflegekraft werden aktive Übungen und Umlagerungen durchgeführt **2 Punkte** – Patient ist immobil und inaktiv **4 Punkte** **C)** postthrombotisches Syndrom/Varikosis **3 Punkte** **D)** Adipositas **3 Punkte** **E)** Gravidität **2 Punkte** Wochenbett **4 Punkte** **F)** Herzinsuffizienz/chronische Lungenerkrankung **5 Punkte**	**A)** bereits durchgemachte Thrombose/Embolie/familiäre Belastung **4 Punkte** **B)** Operationen – chirurgische Eingriffe **4 Punkte** – Knochenoperation (hüftgelenkfern), postoperative Wundinfektion **7 Punkte** – Knochenoperation (hüftgelenknah) **8 Punkte** **C)** metastasierende Tumoren **2 Punkte** **D)** Leberzirrhose/Diabetes mellitus/nephrotisches Syndrom/Fettstoffwechselstörung **2 Punkte** **E)** Exsikkose/Polyglobulie/Verbrennung – Urin konzentriert **1 Punkt** – trockene Zunge, Lippen und Mundschleimhaut **2 Punkte** – erhöhter Hämatokritwert **3 Punkte** **F)** Arzneimittel (Östrogene, Kortikosteroide, Diuretika, Bluttransfusionen, Kontrazeptiva) **2 Punkte**	**A)** Alter – bis 40. Lebensjahr **0 Punkte** – 41. bis 60. Lebensjahr **1 Punkt** – 61. bis 70. Lebensjahr **2 Punkte** – über 70. Lebensjahr **3 Punkte** **B)** Apoplexia cerebri **5 Punkte** **C)** Herzinfarkt **5 Punkte**

Tab. 8-3 Atemskala zur Erfassung der Atemsituation. Bewertung: 0 bis 6 Punkte nicht gefährdet, 7 bis 15 Punkte gefährdet, 16 bis 45 Punkte hochgradig gefährdet bzw. Atemstörung. Einstufung von 0 bis 3 siehe Legende.

Einstufung	0	1	2	3
Bereitschaft zur Mitarbeit				
Vorliegende Lungenerkrankung				
Bereits durchgemachte Lungenerkrankungen				
Immunabwehrschwäche				
Manipulative Maßnahmen oro-tracheal				
Raucher, Passivraucher				
Schmerzen				
Schluckstörungen				
Mobilitätseinschränkungen				
Lungengefährdender Beruf				
Intubationsnarkose/Beatmung				
Bewußtseinslage				
Atemtiefe				
Atemfrequenz				
Medikamente die die Atmung sedieren				
Gesamtergebnis				

Bereitschaft zur Mitarbeit
0 = Eine hohe Bereitschaft zur Mitarbeit ist durch kontinuierliche Mitarbeit gekennzeichnet
1 = Der Patient zeigt Bereitschaft zur Mitarbeit unter Aufforderung
2 = Er zeigt ab und zu Bereitschaft zur Mitarbeit, jedoch nur bei Aufforderung
3 = Er zeigt keine Bereitschaft zur Mitarbeit oder kann keine Bereitschaft deutlich machen

Vorliegende Lungenerkrankungen (Atemorganerkrankungen)
0 = Es liegen keine Lungenerkrankungen vor
1 = Es liegt ein leichter Infekt vor, der den nasalen und oralen Bereich betrifft
2 = Es liegt ein Infekt vor, der auch den bronchialen Bereich mit einbezieht
3 = Es liegen Lungenerkrankungen vor

Bereits durchgemachte Lungenerkrankungen
0 = Der Patient hat keine Lungenerkrankungen durchgemacht
1 = Der Patient hat leichte Lungenerkrankungen durchgemacht, z.B. bronchopulmonale Infekte aufgrund grippaler Infekte im letzten Vierteljahr
2 = Der Patient hat schwere Verläufe durchgemacht
3 = Der Patient hat schwere Lungenerkrankungen oder Atemorganerkrankungen durchgemacht, die eine, wahrnehmbare Atemfunktionseinschränkung hinterlassen haben

Immunabwehrschwäche
0 = Es liegt keine Immunabwehrschwäche vor
1 = Es liegt eine leichte Immunabwehrschwäche vor aufgrund einer nicht generalisierten Infektion
2 = Es liegt eine erhöhte Abwehrschwäche vor
3 = Es liegt eine völlige Immunabwehrschwäche vor

Manipulative Maßnahmen oro-tracheal
0 = Es werden keine manipulativen Maßnahmen im Atemtrakt durchgeführt
1 = Es werden manipulative, pflegetherapeutische Maßnahmen wie eine spezielle Nasen- oder Mundpflege durchgeführt
2 = Es erfolgt zusätzlich eine oral-nasale Absaugung
3 = Es erfolgt eine oral/nasal/endotracheale Absaugung ohne oder mit liegendem Tubus

Raucher/Passivraucher
0 = Der Patient ist Nichtraucher und ist in seinem direkten Umfeld nur geringfügig rauchexponiert
1 = Der Patient raucht zirka sechs Zigaretten der Schadstoffgruppe 1 oder ist regelmäßiger Passivraucher
2 = Der Patient raucht zirka sechs Zigaretten pro Tag der Schadstoffgruppe 2 und ist regelmäßig Passivraucher z.B. durch seinen Partner oder in seinem direkten Arbeitsumfeld
3 = Der Patient raucht sehr intensiv, mehr als sechs Zigaretten der Schadstoffgruppe 3, oder ist ebenfalls in seinem Umfeld aktiver Passivraucher durch ständigen Rauchkonsum der Gruppe 3

Schmerzen
0 = Es sind keine Schmerzen vorhanden
1 = Es sind leichte, kontinuierliche Schmerzen vorhanden
2 = Es sind hauptsächlich Schmerzen in dem Bereich vorhanden, der auf die Atmung Einfluß nimmt
3 = Es sind ständig Schmerzen vorhanden, die wahrnehmbar auf die Atmung Einfluß nehmen

Schluckstörung
0 = Es liegt keine Schluckstörung vor
1 = Es liegt eine Schluckstörung bei flüssiger Nahrungsaufnahme vor
2 = Eine Schluckstörung liegt auch bei breiiger Nahrungsaufnahme vor
3 = Es liegt eine komplette Schluckstörung bei allen Nahrungsaufnahmen vor, auch beim Schlucken von Speichel

Mobilitätseinschränkung
0 = Es liegt keine Mobilitätseinschränkung vor
1 = Es liegt eine verlangsamte oder eingeschränkte Mobilität vor, die durch Inanspruchnahme von Gehstützen und Hilfen kompensiert wird, oder eine veränderte Körperhaltung, die sich auch im Bett äußert
2 = Es liegt eine Mobilitätseinschränkung vor, daß eine hauptsächliche Bettruhe von Nöten ist und eine Mobilisierung nur im Sessel oder Stuhl erfolgen kann
3 = Es liegt eine völlige Mobilitätseinschränkung vor

Lungengefährdender Beruf
0 = Er hat keinen lungengefährdenden Beruf
1 = Er hat eine kurze Zeit, ein bis zwei Jahre in einem lungengefährdenden Beruf gearbeitet
2 = Er hat zwei bis zehn Jahre seines Lebens in einem lungengefährdenden Beruf gearbeitet
3 = Er arbeitete über zehn Jahre in einem exponierten lungengefährdenden Beruf

Intubationsnarkose/Beatmung
0 = Er hat keine Intubationsnarkose in den letzten drei Wochen hinter sich gebracht
1 = Er hat eine kurze Intubationsnarkose hinter sich gebracht (bis zu zwei Stunden)
2 = Er hat eine langdauernde Intubationsnarkose hinter sich gebracht (zwei Stunden und mehr)
3 = Er hat eine oder mehrere Intubationsnarkosen hinter sich oder ist zwischen zwölf Stunden und länger intubiert gewesen oder beatmet

Bewußtseinslage
0 = Keine Einschränkung der Bewußtseinslage
1 = Leichte Einschränkung der Bewußtseinslage, reagiert aber auf Ansprache folgerichtig
2 = Reagiert auf Ansprache nicht folgerichtig
3 = Zeigt keine Reaktion

Atemtiefe
0 = Der Patient kann ohne Anstrengung bis zu einer Zwerchfell- und Thoraxatmung kommen
1 = Der Patient kann mit Anstrengung zu einer Zwerchfell- oder Thoraxatmung kommen
2 = Der Patient führt mit großer Hilfestellung eine Zwerchfell- oder Thoraxatmung durch
3 = Der Patient kann keine Zwerchfell- oder Thoraxatmung im exponierten Sinne, selbst bei großer Unterstützung, durchführen

Atemfrequenz
0 = Er hat eine Frequenz zwischen 14 bis 20
1 = Er atmet unregelmäßig, sowohl zum bradypneuischen wie zum tachypneuischen Atem
2 = Er atmet regelmäßig zum bradypneuischen wie zum tachypneuischen Atem
3 = Der Patient hat völlig regelmäßige Atemzüge, die sowohl sehr tief wie oberflächlich sein können oder wechseln tachypneuisch bzw. bradypneuisch ständig

Medikamente, die die Atmung sedieren
0 = Der Patient bekommt keine Medikamente, die die Atmung dämpfen
1 = Der Patient bekommt unregelmäßig Medikamente, die auf die Atmung dämpfend wirken
2 = Er bekommt regelmäßig Medikamente, die auf die Atmung dämpfend wirken
3 = Er bekommt spezifische Medikamente, die eine deutliche Wirkung auf die Atmung haben, wie z.B. Morphine oder Barbiturate

- Vibrationsanwendung zur Sekretlösung (manuell und mit dem Vibrax)
- Anfeuchten der Atemluft
- atemerleichternde Lagerung
- Inhalation zur Sekretverflüssigung und ausreichende Flüssigkeitszufuhr
- Raumhygiene (feuchtes Staubwischen im Umfeld des Patienten mindestens einmal täglich)

Dekubitusprophylaxe

Postoperativ besteht die Dekubitusgefahr hauptsächlich dann, wenn der Patient operationsbedingt **immobil** ist. Zur Erfassung der Dekubitusgefährdung eines Patienten wird die überarbeitete Nortonskala (Tab. 8-4) angewandt. Pflegerische Maßnahmen zur Dekubitusprophylaxe sind:
- individuell geplante Druckentlastung nach Lageplan
- mindestens zweistündliches Umlagern (bei Abweichungen muß die Begründung dokumentiert werden)
- Erhaltung der gesunden Haut (Hautpflege)
- ausgewogene Kost und Flüssigkeitszufuhr
- Mobilisation des Patienten, so früh wie möglich

Kontrakturprophylaxe

Besonders **gefährdet** eine Kontraktur zu bekommen, sind Patienten mit:
- Operationen in Gelenknähe oder direkt an den Gelenken
- Eingriffen am Bewegungsapparat
- Verbrennungen in Gelenknähe
- therapeutisch bedingter Ruhigstellung der Gliedmaßen (Gips, Extensionsbehandlung)

Die Kontrakturenprophylaxe enthält als **wichtigste** Faktoren:
- Mobilisation
- Bewegungsübungen der Gelenke durch die Krankengymnastik oder bewegliche Schienen
- regelmäßige Umlagerung

Soor- und Parotitisprophylaxe

Die Wahrscheinlichkeit eine Soorinfektion und/oder eine Parotitis zu bekommen ist für Patienten mit **Nahrungskarenz** (auch für Sondenträger), außerdem für Patienten mit **geschwächter Immunabwehr** stark erhöht. Pflegerisch können folgende Maßnahmen ergriffen werden:
- gründliche, regelmäßige Mund- und Zahnpflege zur Erhaltung einer gesunden Mundschleimhaut

Tab. 8-4 Überarbeitete Nortonskala zur Einschätzung des Dekubitusrisikos. Richtlinien zum Gebrauch der Tabelle: Patientenbeschreibung wählen, Ergebnis addieren. Dekubitusgefahr besteht bei 25 Punkten und weniger.

Motivation, Kooperationsbereitschaft	Alter	Hautzustand	Zusatzerkrankungen	Körperlicher Zustand	Geistiger Zustand	Aktivität	Beweglichkeit	Inkontinenz
voll **4**	unter 10 **4**	normal **4**	keine **4**	gut **4**	klar **4**	geht ohne Hilfe **4**	voll **4**	keine **4**
wenig **3**	unter 30 **3**	schuppig trocken **3**	Fieber Diabetes Anämie **3**	leidlich **3**	apathisch teilnahmslos **3**	geht mit Hilfe **3**	kaum eingeschränkt **3**	manchmal **3**
teilweise **2**	unter 60 **2**	feucht **2**	multiple Sklerose Kachexie Adipositas **2**	schlecht **2**	verwirrt **2**	rollstuhlbedürftig **2**	sehr eingeschränkt **2**	meistens Urin **2**
keine **1**	über 60 **1**	Allergie Risse **1**	arterielle Verschlußkrankheit **1**	sehr schlecht **1**	stuporös (stumpfsinnig) **1**	bettlägrig **1**	voll eingeschränkt **1**	Urin und Stuhl **1**

- Anregung der Kautätigkeit (z. B. Kaugummi kauen)
- Anregung der Speicheldrüsen (Massage der Wangeninnentaschen mit Zitronenstäbchen)
- Verabreichung von Antimykotika (z. B. Moronal-Suspension®) auf ärztliche Anordnung

Obstipationsprophylaxe

Unabhängig von der notwendigen Unterstützung des Patienten bei einer postoperativen Atonie im Magen-Darmbereich (s. Unterstützung Magen-Darm-Funktion) ist es bei vielen Erkrankungen (z. B. Schädel-Hirn-Trauma) unbedingt notwendig, **nach** dem **Nahrungsaufbau** auf eine **regelmäßige Darmentleerung** zu achten. Bevor auf Medikamente zurückgegriffen wird, sollte bei der **Ernährung** folgendes **beachtet** werden:

- **ausreichende** Flüssigkeitszufuhr (ca. 1,5 bis 2 Liter pro Tag)
- **pflanzliche** Nahrungsmittel anbieten (besonders faserhaltig sind Vollkornprodukte, Obst, Gemüse)
- ausgewogene, **vitaminreiche** Mahlzeiten
- bei Stuhlentleerungsproblemen primär sog. **„Hausmittel"** (Dörrobst essen, morgens nüchtern ein Glas warmes Wasser trinken, Leinsamen und Weizenkleie) anwenden

Ist eine medikamentöse Verabreichung von Laxantien angezeigt, so ist diese vom Arzt anzuordnen.

Zusätzlich sollte auf **ausreichende Bewegung** bzw. frühzeitige Mobilisation geachtet werden.

Infektionsprophylaxe

Auch die Infektionsprophylaxe spielt eine wichtige Rolle in der postoperativen Pflege, da **jeder** Zugang, der ins **Körperinnere** führt, ein **Infektionsrisiko** darstellt. Der Infektionsprophylaxe dienen folgende Maßnahmen:

- hygienisch einwandfreie und regelmäßige Katheterpflege (s. Kap. 7.3.4)
- Verbandwechsel unter aseptischen Bedingungen (s. Kap. 5.3.2)
- sterile und sichere Fixierung von zentralvenösen Kathetern, Braunülen, Sonden und Drainagen (s. Kap. 9)
- korrekte Anwendung der Händehygiene (s. Kap. 4.5.3)
- Einhalten der Hygienerichtlinien bei Wäschewechsel, Ganzkörperwaschung, etc. (s. Kap. 4.6)

Mobilisation

Die postoperative Mobilisation (Frühmobilisation) dient der Prophylaxe gegen mögliche Sekundärerkrankungen. Sie setzt bereits **nach** Operationsende ein und sollte **so oft wie möglich** in der postoperativen Phase durchgeführt werden. Da in der ersten postoperativen Phase die individuellen Möglichkeiten der Patienten sehr unterschiedlich sind, ist es die Aufgabe des Pflegepersonals die **Belastungsgrenzen** des Operierten möglichst realistisch **einzuschätzen**, ihn zu **ermutigen** und ihm **Erfolgserlebnisse** zu **vermitteln**. Eine sehr frühe Möglichkeit der Mobilisation sind Maßnahmen während der Körperpflege (z. B. den Patienten zu Anspannungsübungen auffordern).

Kein Hindernis zur Mobilisation von Patienten müssen Drainagen, Infusionsschläuche u.a. sein. Sie sind sicher zu fixieren, so daß sie nicht abknicken oder entfernt (durch Zug herausgerissen) werden können. Zusätzlich sind Manipulationen zu vermeiden, die dem Patienten Schmerzen verursachen könnten (z. B. Zug an Drainage). Die ausreichende Gabe von Schmerzmitteln vor jeder Art der Mobilisation während der ersten postoperativen Tage sollte inzwischen eine Selbstverständlichkeit sein (ärztliche Anordnung beachten). Nach Operationen, die den Bewegungsapparat betreffen, müssen häufig kombiniert mit der Mobilisation neue Bewegungsmuster eingeübt werden. Dazu sind vorher evtl. **Zusatzinformationen** bei dem/r **Krankengymnast/in** einzuholen.

Unterstützung der Magen-Darm-Funktion

Die Magen-Darm-Motilität wird durch ein sehr **komplexes System** reguliert, an dem die Muskulatur, Nerven und hormonelle Einflüsse beteiligt sind. Jeder operative Eingriff der unter Narkose stattfindet, **beeinträchtigt** die natürliche **Motilität** von Magen und Darm. Die postnarkotische Magen-Darm-Atonie nach **extraabdominellen** Eingriffen **verliert** innerhalb **kurzer Zeit** ihre **Wirkung**. Verstärkt tritt sie auf bei Eröffnung der Bauchhöhle mit Manipulationen an den Darmschlingen und bei Resektionen von und an Bauchorganen. Die Dauer der Paralyse hängt von der Größe und der Zeitspanne des Eingriffs ab. Motilitätsstörungen des **Dünndarms** sollten **nach ca. zwölf Stunden**, am **Magen** nach **48 Stunden** und am **Dickdarm** nach **72 Stunden** überwunden sein. Bei Eingriffen im **Retroperitoneum**, z.B. an der Bauchschlagader, sollte die Atonie **nach fünf Tagen** abgeklungen sein.

Dauer und Intensität der postoperativen Atonie stehen in direktem Zusammenhang mit der Dauer und Schwere der Operation!

Die postoperative Atonie ist ein **reversibler** physiologischer Vorgang. Geht die Lähmung über die normale Zeitdauer und Intensität hinaus, benötigt der Patient pflegerische und ärztliche Unterstützung. In Absprache mit dem Arzt kann durch ein Klysma, einen Einlauf oder ein oral gegebenes Abführmittel versucht werden, die Motilität des Darmes zu fördern. Bei **Dickdarmresektionen** im **tiefer** gelegenen Bereich sind Klysmen und Einläufe **verboten**, da die Nähte durch den Druck gefährdet wären. In diesen Fällen wird ein orales Abführmittel angeordnet, oder die Peristaltik medikamentös mit Prostigmin® und Mestinor® (s.a. Kap. 7.1.5) angeregt. Von größter Bedeutung für die Anregung der Darmfunktion ist aber die frühestmögliche Mobilisation des Patienten. **Darmgeräusche** und **Defäkation** sind Hinweise auf eine wieder einsetzende Peristaltik. Häufig leidet der Patient stark unter Meteorismus. Bei einer Abdominalnaht muß die Pflegekraft den Arzt darüber informieren, da **zu große** Spannungen zu einer **Nahtinsuffizienz** führen können. Dem Patienten kann durch das Legen eines Darmrohres für ca. zwei Stunden Erleichterung verschafft werden. Bei tieferliegenden Dickdarmoperationen ist diese Maßnahme **kontraindiziert**. Die Anwendung einer Wärmflasche kann das Abgehen von Blähungen begünstigen und sich vorteilhaft auf die Spasmen auswirken. Darf der Patient bereits oral etwas zu sich nehmen, können Fenchel- und Kümmeltee oder die Gabe eines Karminativums (z.B. Lefax®) die Beschwerden mildern.

Neben der Darmlähmung kann es am **zweiten** postoperativen Tag auch zur **Magenatonie** kommen. Symptome sind **Überlauferbrechen** durch Sekretstau und **Reflux** bei Magenüberdehnung. Das Erbrochene kann neben Magensekret auch Galle und evtl. Darmsekrete enthalten. Bei Operationen im Magen-, Dünndarm-, Pankreas- und Gallenbereich dient eine Gastroduodenalsonde dem Sekretablauf. In jedem Fall ist die Konsistenz, das Aussehen und die Menge des Sekretes zu dokumentieren. Dies ist nicht nur für die Bilanzierung nötig, sonder auch um den Volumen- und Elektrolytverlust ausgleichen zu können. Ein größerer Verlust von Volumen und besonders von Elektrolyten kann zur Verstärkung der Atonie führen.

Weitere **Beobachtungskriterien** betreffen die **Sonde**. Sie darf nicht geknickt, aufgerollt oder verstopft sein. Dem kann durch regelmäßiges Durchkneten der Sonde entgegengewirkt werden. Erbricht der Patient neben der Sonde, kann das ein Hinweis auf die Unterbrechung des freien Ablaufs sein. Die Sonde kann dann, nach Absprache mit dem Arzt, vorsichtig angespült, die Lage evtl. korrigiert oder neu gelegt werden.

Unterstützung bei der Ernährung

Die postoperative Ernährung richtet sich nach der **Art** und **Schwere** des Eingriffes. Entscheidend dabei ist, ob das **Peritoneum** eröffnet und ob am **Verdauungstrakt** operiert wurde. Mit der Nahrungsaufnahme wird in diesem Fall, nach Nahrungskarenz von einigen Tagen, **stufenweise** begonnen. Bis zu diesem Zeitpunkt wird der Patient parenteral versorgt. Um ein Austrocknen von Lippen und Mundschleimhaut zu verhindern, muß eine sorgfältige Mund- und Lippenpflege durchgeführt werden.

Liegt kein Erbrechen vor und handelt es sich um einen **extraabdominalen** Eingriff, beginnt die postoperative Nahrungsaufnahme **innerhalb** der ersten drei Tage, oft schon **sechs Stunden nach** Operationsende. Für die postoperative Nahrungskarenz und den Nahrungsaufbau, bei denen der Einzelfall jedoch immer zu berücksichtigen ist, existieren bestimmte Anhaltswerte (Tab. 8-5).

Unterstützung bei der Temperaturregulation

Zu einem Abfall der Körpertemperatur kommt es nach langandauernden Operationen. Gründe sind eine mangelhafte Bekleidung des Patienten während der Operation, ein niedrig temperierter Operationssaal, der Wärmeverlust durch kalte Atemgase und die, durch Relaxantien ausgelöste Weitstellung der Gefäße. Postoperativ kommt es fast bei allen Patienten zu **unkontrolliertem Kältezit-**

Tab. 8-5 Übersicht über postoperative Nahrungskarenz und wiederbeginnenden Nahrungsaufbau bei verschiedenen chirurgischen Eingriffen.

Eingriffe	Orale Nahrungskarenz	Nahrungsaufbau
Ohne Anastomose		
Strumektomie Osteosynthese Nasenseptumoperation	Sechs Stunden	Nach sechs Stunden darf der Patient trinken und bei einwandfreier Darmfunktion ab dem ersten postoperativen Tag essen
Appendektomie Cholezystektomie Herniotomie	Ein Tag	Ab ersten postoperativen Tag Tee und Schleimsuppe, am zweiten Tag flüssige, am dritten Tag leichte Kost, wenn Patient Stuhl abgesetzt hat
Rektumexstirpation mit Anus praeter Bifurkationsbypass Gallenwege	Drei bis vier Tage	Nach Entfernung der Magensonde ab etwa zweiten postoperativen Tag Tee und Schleim, wenn Patient abgeführt bis spätestens fünften postoperativen Tag, schrittweiser Nahrungsaufbau
Mit Anastomose		
Magen (z.B. Billroth-I- und Billroth-II-Resektion) Dünndarmresektion Pankreas	Fünf Tage	Nach Entfernung der Magensonde ab vierten postoperativen Tag schluckweise Tee, am fünften Tag Tee und Schleim, dann schrittweiser Aufbau, sofern Patient Stuhl abgesetzt hat
Dickdarm (z.B. Hemikolektomie, Sigmaresektion)	Fünf bis sechs Tage	Etwa ab fünften postoperativen Tag schluckweise Tee, weiterer Kostaufbau erst nach Defäkation
Rektum (z.B. anteriore Rektumresektion) Ösophagus (z.B. Ösophagusresektion) Magen (z.B. Gastrektomie)	Sieben bis acht Tage	Alleinige parenterale Ernährung bis etwa sechsten/siebten postoperativen Tag, dann vorsichtiger, schrittweiser Kostaufbau

tern um den **Wärmeverlust** wieder **auszugleichen**. Diesem Kältezittern kann durch Vorwärmen des Bettes, durch Zudecken des Patienten mit einer weiteren Decke und der evtl. Zufuhr von Sauerstoff entgegengewirkt werden. Einen Anstieg der Körpertemperatur in der postoperativen Phase können Infektionen, die Gabe von Blutkonserven oder Eingriffe am zentralen Nervensystem auslösen. Ein Temperaturanstieg, der über die Temperatur eines Resorptionsfiebers hinausgeht, ist sofort dem Arzt zu melden. In Absprache mit dem Arzt können physikalische Maßnahmen, wie z.B. Wadenwickel, zur Senkung der erhöhten Körpertemperatur angewandt werden.

Wundpflege/Verbandwechsel

Die Wundversorgung erfolgt immer unter besonders sorgfältiger **Berücksichtigung** der **hygienischen Prinzipien**. Strenge Asepsis ist einzuhalten um Wundinfektionen zu vermeiden. Liegt bereits eine Wundinfektion vor, muß deren Ausbreitung verhütet werden. Dabei gelten alle Anforderungen der/s Wundpflege/Verbandwechsels (s. Kap. 5.3) und der hygienischen Maßnahmen zur Verhinderung von Infektionen (s. Kap. 4.6.1).

Diese Kriterien sind strikt einzuhalten, da Wundinfektionen das Allgemeinbefinden des Patienten durch Schmerzen und einen verlängerten Krankenhausaufenthalt erheblich beeinträchtigen!

Umgang mit Drainagen

Drainagen dienen der **Ableitung von Flüssigkeiten/Sekreten** in Körperhöhlen bzw. Wunden, damit diese besser heilen können. Zum

Umgang mit Drainagen und Sonden sowie den speziellen Anwendungsgebieten s. Kap. 9.

8.2.7 Postoperative Komplikationen

Psychose

Von einer postoperativen Psychose sind häufig ältere Patienten mit zerebralsklerotischen Veränderungen betroffen. Aber auch andere Ursachen wie z. B. **Elektrolytstörungen** oder **Mikroembolien** nach herzchirurgischen Eingriffen unter Einsatz der Herz-Lungenmaschine kommen in Frage. Die postpsychotischen Zustände sind in der Regel **reversibel**. Sie werden mit den Medikamenten Normabrain® und Haldol® vom Arzt therapiert.

Eine **Besonderheit** ergibt sich bei **Ketanestnarkosen**. Bei dieser Narkoseform muß das Pflegepersonal darauf achten, daß die Patienten in einer besonders **ruhigen Atmosphäre** aufwachen, da sie durch die üblichen Aufweckmethoden, wie lautes Rufen, Schütteln u.ä. durch **„Horrortrips“** bedroht sind, die in psychoseähnliche Zustände übergehen können.

Alkoholdelir

Bei sehr unruhigen Patienten ist auch an ein beginnendes Alkoholdelir zu denken, das möglichst frühzeitig erkannt werden sollte, um Folgen, die evtl. zur **vitalen Bedrohung** des Patienten werden, abwenden zu können. **Symptome** des beginnenden Delirs sind:
- Unruhe
- Desorientiertheit
- Hände zittern
- Halluzinationen (Elefanten, Mäuse)
- Schwitzen
- Tachykardie
- Hyperventilation
- epileptische Anfälle

Das Delir tritt **meist in den ersten drei Tagen** postoperativ auf. Der Grund ist die **absolute** Alkoholabstinenz. Die vorbeugende Maßnahme und Therapie besteht aus der Gabe von Tegretal®; beim Vollbild des Delirs aus der Gabe von Distraneurin®. In **Ausnahmefällen** ordnet der Arzt die **fraktionierte** (Teilportionen) Gabe von Alkohol als intravenöse Infusion an.

Herzkreislaufkomplikationen

Ursachen von postoperativem **Frequenzanstieg** und **Blutdruckabfall** ist ein **Volumenmangel,** hervorgerufen durch unzureichende intraoperative Volumenzufuhr oder eine postoperative Nachblutung. **Symptome** hierfür sind eine **verminderte** Diurese, **erniedrigter** zentraler Venendruck, **Zunahme** des Bauchumfanges nach Abdominaleingriffen oder **starke** Blutungen aus Wunddrainagen. Der Patient muß in **Schocklage** gebracht und sofort ein Arzt benachrichtigt werden. Je nach Umfang der Ursache ist eine Volumenzufuhr oder sogar eine Reoperation notwendig.

Wundschmerzen, aber auch **Ventilationsstörungen** mit Hypoxie (herabgesetzter Sauerstoffpartialdruck im arteriellen Blut) und Hyperkapnie (erhöhter arterieller Partialdruck des Kohlendioxids), eine **überfüllte Harnblase**, sowie **Hypervolämie** durch Überinfusion oder Übertransfusion können die Ursachen für einen **gleichzeitige Blutdruck-** und **Frequenzanstieg** sein. Die Maßnahmen sind symptomatisch:
- bei Wundschmerzen Schmerztherapie nach ärztlicher Anordnung
- Ventilationsstörungen sind durch Überprüfung der Lagerung des Patienten, tiefes Durchatmen oder Absaugen von Sekret zu beheben
- eine überfüllte Harnblase bei Harnverhalten muß durch Einmalkatheterisierung überwunden werden
- der Hypervolämie ist ärztlicherseits mit einer gezielten Therapie (Diuretika) entgegenzuwirken

Aufgabe des Pflegepersonals ist die **Überwachung** dieser Maßnahmen.

Herzrhythmusstörungen können durch postoperativen Elektrolytverlust, besonders **Hypokaliämie**, ausgelöst werden. Sie werden durch Kaliumsubstitution ärztlicherseits therapiert.

Atemstörungen

Die häufigste Normabweichung im postoperativen Verlauf ist die **Hypoxämie**, Abfall des Sauerstoffgehaltes (pO_2) unter 70 mmHg. Besonders gefährdet sind Patienten nach Oberbauch- und Thoraxeingriffen, chronischen Lungenerkrankungen und Patienten mit Übergewicht. Die **Symptome** sind sehr **komplex** und **individuell verschieden**. Zu ihnen zählen Unruhe, Kopfschmerzen, Erbrechen, aber auch Kreislaufreaktionen mit Tachykardien, sowie Hypertonien. Diese Symptome können auch **verdeckt** durch die Nachwirkungen verwendeter Anästhetika auftreten. Höchste Gefahr signalisiert Somnolenz des Patienten, die bis zur Bewußlosigkeit gehen kann.

Als pflegerische Maßnahmen zur Verhinderung einer Hypoxämie müssen die Patienten zum **tieferen Ein-** und **Ausatmen** aufgefordert werden. Auch die **Gabe von Sauerstoff** auf ärztliche Anordnung kann notwendig werden, um eine ausreichende Sauerstoffsättigung des Blutes zu erreichen.

Die Ursachen von **obstruktiven** (verschließend) **Atemstörungen** sind die postoperative **Verlegung** der Atemwege durch **Ansammlung von Sekret** oder durch ein **sich bildendes Hämatom** in diesem Bereich, aber auch an eine **Rekurrenzparese** nach einer Strumektomie muß gedacht werden. Beobachtet werden kann eine geringe oder nicht vorhandene Atemexkursion, eine starke Zwerchfell- oder Bauchatmung, sowie ein inspiratorischer Stridor. Therapeutische Maßnahmen zur Behebung sind die Entfernung der Hindernisse durch Absaugen oder einen endoskopischen Eingriff.

8.3 Sterben und Tod

Das Sterben ist der **Übergang** vom Leben zum Tod. Es kann ein längerandauernder oder kurzer Vorgang sein, bei dem die **Lebensfunktionen erlöschen**. Der Tod tritt durch den Ausfall von mindestens einem lebensnotwendigen Organsystem ein (Herz, zentrales Nervensystem). Folgende Begriffe werden unterschieden.

- **Natürlicher Tod**: Verursacht durch Krankheit oder Alterungsprozeß.
- **Unnatürlicher Tod**: Bedingt durch äußere Faktoren, wie Unfall, Gewalteinwirkung oder Selbsttötung. Der unnatürliche Tod muß der Polizei gemeldet werden.
- **Selbsttötung**: Ist die Bezeichnung für die vorsätzliche, gewaltsame Beendigung des eigenen Lebens.
- **Klinischer Tod**: Bezeichnet den Ausfall von Herz-, Kreislauf- und/oder Atemfunktion. Durch Wiederbelebungsmaßnahmen ist der Zustand evtl. rückgängig zu machen.
- **Biologischer Tod**: Dabei handelt es sich um den Ausfall aller Hirnfunktionen. Der Hirntod gilt heute als Kriterium für den Eintritt des Todes, auch dann wenn die Herzfunktion noch besteht.

Die **Auseinandersetzung** mit Sterben und Tod in unserer Gesellschaft findet nur **selten statt**. An den Tod mag niemand denken, da keiner weiß wie es danach sein wird. Diese Ungewißheit macht Angst und Faktoren, die Angst bereiten werden instinktiv gemieden. Wie der Einzelne sich mit dem Tod auseinandersetzt ist durch die **eigene Erfahrung** z. B. innerhalb der Familie (Tod der Großeltern) und durch den **religiösen Glauben** geprägt. Die daraus resultierende Lebenseinstellung beeinflußt die Einstellung zum Tod. Beispielsweise kann er als **Lebensende** oder als **Teil des Lebens** betrachtet werden.

In der Chirurgie tritt der Tod häufig **unerwartet** ein (z.B. Unfallopfer). Oft sind es junge Menschen die ihr Leben lassen müssen. Ärzte und Pflegepersonal werden ebenso **unvorbereitet** von solch einem Ereignis getroffen wie auch die Angehörigen. Ärzte und besonders Pflegende haben jedoch die Aufgabe, den **Verstorbenen zu versorgen**, sich um verschiedene **formale** Belange und vor allem um die **psychosoziale** Betreuung der Angehörigen zu kümmern.

Auch wenn der Tod eines Patienten **absehbar** ist, also Angehörige, Patient, Pflegende und Ärzte die Möglichkeit haben sich auf das Kommende einzustellen, ist es meist für alle Beteiligten **schwer,** sich in der Situation **zurechtzufinden.** Für Pflegende ist es besonders wichtig, sich mit Sterben und Tod auseinanderzusetzen, da sie diejenigen sind die am häufigsten damit konfrontiert werden. Sie sind die meiste Zeit beim Patienten und beschäftigen sich mit dessen Angehörigen. Die Auseinandersetzung ist **unerläßlich,** um sich ein Verhalten anzueignen, daß sie **befähigt, menschlich** und zugleich mit einer **gewissen Distanz** zum **Eigenschutz,** Sterbende und dessen Angehörige zu begleiten und den Verstorbenen für die Bestattung vorzubereiten.

8.3.1 Sterbebegleitung

Die **Pflege** bei Patienten, die nicht mehr lange zu leben haben, ist **nicht zu standardisieren.** Jeder Mensch reagiert anders, auch wenn nach Dr. Elisabeth Kübler-Ross jeder Mensch die **gleichen, fünf folgenden Sterbephasen** erlebt:

- Nichtwahrhaben wollen (Isolierung, Verleugnung)
- Aggression, Zorn (kann sich gegen sich selber richten oder häufiger gegen die Mitmenschen)
- Verhandeln mit dem Schicksal
- Depression
- Zustimmung (Akzeptieren des bevorstehenden Todes)

Diese Phasen verlaufen **nicht streng chronologisch**, sondern das Überspringen und die Rückkehr zu einzelnen Phasen sind dabei die Regel.

Für die Begleitung von unheilbar Kranken ist viel **Feingefühl** notwendig, der **Umgang** mit ihnen stellt für die Angehörigen und für die professionellen Helfer eine **Herausforderung** dar. Bei der Bewältigung der Aufgabe stößt man nicht selten an seine persönlichen Grenzen. Es gilt diese Hemmschwelle zu überwinden, um nicht vor der Begegnung mit dem Sterbenden zu flüchten. Die Bedürfnisse des Kranken nach **Anteilnahme**, **Akzeptanz**, **Zuwendung** und **Wahrung seiner Würde** sind zu erspüren und zu erfüllen. Dem Kranken muß deutlich gemacht werden, daß er noch lebt und er ein **wertvoller** Mensch ist. **Offenheit** und **Ehrlichkeit** sind im Umgang mit dem Patienten und den Angehörigen unerläßlich, jedoch ist darauf zu achten, daß ihnen **Raum für Hoffnung** gelassen wird. Für den Betroffenen ist es häufig hilfreich, wenn ihm der Wert des bisherigen Lebens bewußt gemacht wird. Positive Lebenserfahrungen sollten ihm in Erinnerung gerufen werden, sie vermitteln ihm, daß sein Leben einen Sinn hatte, daß er Gutes und Nützliches getan hat. Dabei ist es wichtig, die **Vertrauenspersonen** des Sterbenden zu **integrieren**. Es ist genau zu hinterfragen, welche Maßnahmen der Kranke benötigt, was seine Lebensqualität verbessert und sein Sterben erleichtert. Braucht er Medikamente gegen Schmerzen, benötigt er Ruhe, Trost, Ansprache, jemanden der zuhört oder der seine Aggressionen aushält.

Eine Pflegekraft ist **nicht immer** in der Lage eine Sterbebegleitung **zu übernehmen**. Sterbebegleitung sollte derjenige machen der sie machen möchte. Diejenigen die zwar an der Pflege des Patienten beteiligt sind, sich aber nicht mit dem Sterben dieses Patienten auseinandersetzen können, weil sie momentan nicht in der Lage dazu sind, sollten sich **nicht** dazu **zwingen**. In jedem Krankenhaus gibt es einen Pfarrer, auf der Station eine Kollegin, die zu dem Patienten ein besseres Verhältnis hat als man selber, oder einen Angehörigen, den man zur Hilfe holen kann, wenn der Sterbende beispielsweise ein Gespräch wünscht.

Hat sich jemand zu einer Sterbebegleitung entschlossen, muß klar sein, daß er evtl. auch über einen **längeren Zeitraum** der **Ansprechpartner** für diesen Menschen ist. Die persönliche Beziehung die dabei oft aufgebaut wird, macht der Pflegeperson das **„Loslassen“** beim Tod des Patienten häufig schwer. Niemand braucht sich jedoch seiner Trauer und seiner Tränen um einen Patienten zu schämen. Oft wird es dadurch sogar leichter, auch für die Angehörigen, mit der Situation fertig zu werden.

Erkenne die eigenen Grenzen und überschreite sie nicht. Es gibt immer mehrere Möglichkeiten um ein Problem zu lösen!

8.3.2 Begleitung der Angehörigen

Auch die Angehörigen machen **ähnliche** Phasen wie die in Kap. 8.3.1 beschriebenen Sterbephasen durch, um den **nahenden** Tod des Verwandten **zu bewältigen**. Den einen belastet dieses Wissen und er sucht Trost und Hilfe, der andere möchte in Ruhe gelassen werden und wieder ein anderer ist geradezu erleichtert, wenn das Leiden endlich ein Ende hat. Da man in den seltensten Fällen weiß, was die Angehörigen von einem erwarten, ist es angebracht, **Zurückhaltung** zu üben bis sie **von selbst** auf einen zukommen oder bis z.B. durch **vorsichtige Fragen** oder **Gesten** erkundet werden konnte, wieviel Hilfestellung der jeweilige wünscht. Fragen könnten sein: Soll ich einen Stuhl holen, damit Sie einige Zeit nehmen Ihrem Mann sitzen können? Möchten Sie einen feuchten Waschlappen, damit Sie ihm Hände und Gesicht anfeuchten können?

Bei einem weinenden Angehörigen ist es oft ausreichend, einfach leicht die Hand auf die Schulter zu legen, ohne ein Wort zu sagen. An den **Reaktionen** der Angehörigen ist meist zu erkennen, in welcher **Phase des Trauerns** sie sich befinden und in welchem **Verhältnis** sie zu dem **Sterbenden** stehen. Nicht jeder Angehörige wird auf angebotene Hilfestellung so reagieren, wie man es erwartet. Wird sie abgelehnt, sind Enttäuschung und Ärger **unangebrachte** Verhaltensweisen.

Auf der Station sollten eine Adressenliste (mehrere Kopien) von Bestattungsinstituten für die Angehörigen bereitliegen. Das ist für viele ältere Angehörige eine Hilfe, damit sie nicht erst lange im Telefonbuch suchen müssen.

Die Aufgabe der Pflegenden ist es Hilfe anzubieten, sie jedoch nicht aufzudrängen!

8.3.3 Pflege von Sterbenden

Der **zusätzliche** Bedarf an allgemeinen pflegerischen Maßnahmen ist **unterschiedlich**. Der Grad der Hilfsbedürftigkeit nimmt mit der wachsenden Nähe zum Tod häufig zu. Das **Wahren** der **menschlichen Würde** und das **Schaffen** der **höchstmöglichen Lebensqualität** sollten die **Prinzipien** beim Umgang mit Sterbenden sein.

Folgende Faktoren sind dabei zu berücksichtigen:
- Unnötige Anstrengungen vermeiden.
- Prophylaxen und Körperpflege den Wünschen und den Bedürfnissen des Patienten anpassen.
- Atmungserleichternde und bequeme Lagerung.
- Augenpflege, wenn der Lidschlag nicht mehr gewährleistet ist.
- Bei Schmerzen, regelmäßige Schmerztherapie nach Arztverordnung. Die Gefahr des Suchtpotentials ist dabei nicht als vorrangig zu betrachten, sondern das Befinden des Patienten.
- Körperkontakt herstellen (z.B. Hände oder Stirn streicheln); auch die Angehörigen dazu motivieren.
- Eine angenehme und ruhige Umgebung schaffen.
- Regelmäßiges Überprüfen der Bedürfnisse des Patienten anhand der ATLs.
- Individuelle Bedürfnisse des Kranken erkennen und erfüllen (z.B. religiöse Bedürfnisse).
- Die Zeichen des nahenden Todes erkennen (motorische Unruhe, Angst, kleiner und schneller Puls, Blutdruckabfall, kalter Schweiß, weiße Hautfarbe vor allem der Nase, Hautfarbe des Körpers blaß oder marmoriert, Cheyne-Stokes-Atmung).
- Dokumentation der Bedürfnisse und der beobachteten Veränderungen des Patienten.

8.3.4 Aufgaben nach dem Eintritt des Todes

Der Tod eines Menschen ist nach dem Personenstandgesetz §32 **spätestens** am Tag **nach** dem Todeseintritt dem Standesamt zum Eintragen in das Sterberegister zu melden. Verstirbt ein Patient im Krankenhaus, ist dies die Aufgabe der Krankenhausleitung. Zur Feststellung des Todes gibt es die **sicheren** und die **unsicheren** Todeszeichen, wobei die sicheren erst nach **eineinhalb** bis **zwei Stunden nachweisbar** werden.
Sichere Todeszeichen:
- **Totenflecken** (marmorierte Hautbezirke, sie entstehen eine halbe bis eine Stunde nach dem Todeseintritt).
- **Totenstarre** (sie beginnt ca. vier bis zwölf Stunden nach dem Eintritt des Todes an Unterkiefer-, Hals- und Nackenmuskulatur und steigt abwärts, nach ca. ein bis sechs Tagen verliert sie sich wieder; ist dem Tod unmittelbar vorher eine Muskelanstrengung vorausgegangen, kann die Totenstarre auch sofort eintreten).
- **Leichenzersetzung** und **-zerstörung** (Fliegeneier sind wenige Stunden und Maden nach 24 Stunden nach dem Todeseintritt zu finden, die Auflösung der Weichteile beginnt bei einer Leiche, die im Freien liegt, nach ca. einem Jahr, bei einer Leiche, die in der Erde liegt, nach vier bis fünf Jahren; die Knochen verwittern zuletzt, bei einer Leiche im Freien nach fünf bis zehn Jahren, bei einer Leiche in der Erde nach zehn bis fünfzehn Jahren).

Unsichere Todeszeichen:
- Abkühlung, besonders der Extremitäten
- Hautblässe
- keine Reflexe vorhanden
- Atmung und Puls nicht erkennbar
- auskultatorisch keine Herztöne wahrzunehmen
- Trübung/Austrocknung der Kornea (Hornhaut)

Nach dem Todeseintritt ist sofort der Arzt zu benachrichtigen, damit er den Tod **bestätigen** und die **Todesbescheinigung** (Abb. 8-2) ausfüllen kann. Der Zeitpunkt des Exitus ist im Dokumentationssystem zu vermerken. Die Todesbescheinigung wird an die zuständige Stelle in der Verwaltung weitergeleitet. Angehörige sollten vom Arzt über den Tod informiert werden.

WICHTIG!

Für die Anmeldung des Sterbefalles möglichst Geburts- und Heiratsurkunde (und bei Eheschließungen nach dem 31. Dez. 1957 Abschrift oder Auszug aus dem Familienstammbuch) und amtlichen Personalausweis des Verstorbenen zum Standesamt mitbringen.

Vom Standesbeamten auszufüllen!

Standesamt ....

Eintragung vollzogen
Sterbebuch Nr. ....

Eintragung vorgemerkt
Vormerkliste Nr. ....

Todesbescheinigung [1])

I. Personalangaben

....
Familienname (Ehename), ggf. Geburtsname — Vornamen

Geschlecht:*) männl. ☐ weibl. ☐ geboren am .... in ....

Wohnung ....
Gemeinde — Kreis

....
Straße und Hausnummer

Ort des Todes ....
Gemeinde — Kreis

....
Straße und Hausnummer (auch Name der Anstalt)

Zeitpunkt des Todes ....
Tag, Monat, Jahr, Uhrzeit

Für Neugeborene, die innerhalb der ersten 24 Stunden gestorben sind, Lebensdauer in Stunden ....

II. Todesart*) natürlicher Tod . . . . . ☐
nicht natürlicher Tod[2]) (Unfall, Selbstmord, Tod durch strafbare Handlung oder sonstige Gewalteinwirkung) . . . . . ☐
nicht aufgeklärt, ob natürlicher oder nicht natürlicher Tod . . . . . ☐

III. Zuletzt behandelnder Arzt ....

....
Name, Anschrift und Fernsprechnummer des Arztes, der Anstalt

IV. War der Verstorbene an einer übertragbaren Krankheit im Sinne des Bundes-Seuchengesetzes erkrankt?*) ja ☐ nein ☐
Wenn ja, sind besondere Verhaltensmaßregeln bei der Aufbewahrung, Einsargung, Beförderung und Bestattung zu beachten?*) ja ☐ nein ☐

Die Leiche wurde von mir heute zur Feststellung der Todesursache sorgfältig untersucht. Sichere Zeichen des Todes wurden von mir wahrgenommen. — Diese und die umseitigen anderen Angaben auf Grund des von mir gewonnenen Urteils nach bestem Wissen gemacht zu haben, bezeuge ich mit eigenhändiger Unterschrift.

.........., den .... 19..........

....
Unterschrift und Stempel des Arztes, der die Leichenschau vorgenommen hat

[1]) **Auch für Totgeborene ausfüllen!** Das sind totgeborene oder während der Geburt verstorbene Leibesfrüchte von mindestens 1000 Gramm Gewicht
[2]) Es genügen bereits Anhaltspunkte, die für einen nicht natürlichen Tod sprechen.
*) Zutreffendes im entsprechenden ☐ ankreuzen.

V. Todesursache[1]) (Bitte den Krankheitsablauf in der richtigen Kausalkette angeben, mit dem Grundleiden an letzter Stelle) — Zeitdauer zwischen Krankheit und Tod

A. Klinisch

1. Welche Krankheit oder Verletzung hat den Tod **unmittelbar** herbeigeführt?[1]) a) ....
   als Folge von:
   Welche Krankheiten oder Verletzungen lagen der Angabe unter a) . . . . b) ....
   als Folge von:
   unter b) . . . . c) ....
   ursächlich zugrunde? — Grundleiden
2. Welche **anderen** wesentlichen Krankheiten bestanden zur Zeit des Todes? ....

B. Sektionsbefund (Bitte den Krankheitsablauf in der richtigen Kausalkette angeben, mit dem Grundleiden an letzter Stelle)

1. Welche Krankheit oder Verletzung hat den Tod **unmittelbar** herbeigeführt?[1]) a) ....
   als Folge von:
   Welche Krankheiten oder Verletzungen lagen der Angabe unter a) . . . . b) ....
   als Folge von:
   unter b) . . . . c) ....
   ursächlich zugrunde? — Grundleiden
2. Welche **anderen** wesentlichen Krankheiten bestanden zur Zeit des Todes? ....

[1]) Hierunter fällt nicht die Art des Todeseintritts, z. B. Versagen des Herzens oder Kreislaufs, Atemlähmung, Verblutung, allgemeine Schwäche, sondern die Krankheit, Schädigung oder Komplikation, welche den Tod herbeigeführt hat.

VI. Zusatzangaben

A. Bei Unfall, Vergiftung und Gewalteinwirkung einschl. Selbstmord

1. Äußere Ursache der Schädigung (nähere Angaben über den Hergang): ....
2. Unfallkategorie*)
   a) Arbeits- oder Dienstunfall (ohne Wegeunfall) ☐
   b) Schulunfall (ohne Wegeunfall) ☐
   c) Verkehrsunfall (einschl. Wegeunfall zu a und b) ☐
   d) Häuslicher Unfall ☐
   e) Sport- oder Spielunfall (außer bei schulischer Veranstaltung oder im Haus) ☐
   f) Sonstiger Unfall (nähere Angaben) ....

B. Bei Kindern unter 1 Jahr und Totgeborenen:

1. Wo wurde das Kind geboren*)
   a) im Krankenhaus ☐ b) zu Hause ☐ c) oder wo sonst? ....
2. Gewicht .... g und Länge .... cm bei der Geburt.
3. Mehrlingsgeburt? ja ☐ nein ☐*)

C. Bei Frauen (im gebärfähigen Alter): Ist bekannt, ob die Verstorbene

1. schwanger war? ja ☐ .... Monat nein ☐*)
2. in den letzten 3 Monaten entbunden hat? ja ☐ .... (Datum) nein ☐*)

*) **Zutreffendes** im entsprechenden ☐ ankreuzen.

Abb. 8-2 Todesbescheinigung. **A:** Vorderseite **B:** Rückseite

8.3.5 Versorgung des Verstorbenen

Verstorbene sollten so versorgt werden, daß ihr Anblick möglichst natürlich ist. Häufig **erleichtert** es den Angehörigen das **Abschiednehmen**, wenn sie den Verstorbenen noch einmal **sehen** können. Sie werden den letzten Anblick in Erinnerung behalten. Bei entstellten und verstümmelten Leichen sollte den Angehörigen jedoch davon abgeraten werden. Das Versorgen des Verstorbenen geschieht ruhig und vorsichtig. Folgende **Punkte** sind zu **beachten**:

- Alle Geräte und Pflegehilfsmittel wie Blasenkatheter oder Sauerstoffsonden sind zu entfernen.
- Der Leichnam wird wenn nötig gewaschen, frisiert und mit sauberer Kleidung angezogen. Dabei sind evtl. Wünsche des Verstorbenen oder dessen Angehörige zu berücksichtigen.
- Ein **Identifikationsetikett** wird mit den entsprechenden Daten ausgefüllt (Abb. 8-3) und am Unterschenkel bzw. am großen Zeh des Verstorbenen befestigt. Infektiöse Tote werden besonders gekennzeichnet.
- Der **Unterkiefer** kann mit einer **feuchten elastischen Binde** hochgebunden werden, damit der Mund geschlossen bleibt.
- Die **Augenlider** können mit **feuchten Tupfern** geschlossen gehalten werden.
- Der Oberkörper sollte leicht erhöht gelagert sein, damit eine Blaufärbung des Gesichts vermieden wird.
- Der Leichnam sollte mit einem Leinentuch bis zum Hals zugedeckt sein. Evtl. kann man einige Schnittblumen auf den Oberkörper legen, vor allem dann, wenn die Angehörigen den Verstorbenen noch einmal sehen möchten.
- Das Abschiednehmen sollte den Angehörigen entweder auf Station oder in einem speziell dafür vorgesehenen Raum ermöglicht werden. Das Zimmer sollte aufgeräumt und freundlich gestaltet sein (z.B. Blumen oder Kerze auf den Nachttisch stellen).
- Von den persönlichen Sachen des Verstorbenen wird eine Liste erstellt. Die Gegenstände werden gegen Unterschrift an die Angehörigen übergeben.

Vor- u. Zuname ....

Alter .... **Station** ....

Sterbezeit ....

Abb. 8-3 Identifikationsetikett zur Kennzeichung des Toten.

Literaturhinweise

[1] Juchli, L.: Pflege. Georg-Thieme-Verlag, Stuttgart-New York, 7. Aufl. 1994.
[2] Maletzki, W., A. Stegmayer-Petry: Klinikleitfaden Krankenpflege. Jungjohann-Verlag, Neckarsulm-Stuttgart, 1. Aufl. 1993.
[3] Paetz, B.: Chirurgie für Pflegeberufe. Georg-Thieme-Verlag, Stuttgart-New York, 18. Aufl. 1994.
[4] Beisse, R.: Handbuch der Operationsvorbereitung und Nachbehandlung in der Chirurgie. Gedon & Reuss-Verlag, München, 2. Aufl. 1991.
[5] Kristel, K. H.: Pflege in Therapie und Diagnostik, 13. Folge. In: Die Schwester/Der Pfleger, Bibliomed-Verlag, Melsungen 30. Jg. 11/1991.
[6] Seel, M.: Die Pflege des Menschen. B. Kunz-Verlag, Hagen 1994.
[7] Bienstein, C., A. Zegelin: Pflegekalender 95. Ullstein-Mosby-Verlag, Berlin-Wiesbaden 1995.
[8] Baum, I.: Was Sterbende von Pflegenden brauchen. Pflege, Heft 11, S.607 ff., Kohlhammer, Stuttgart 1994.
[9] Kübler-Ross, E. (Hrsg.): Reif werden zum Tode. Kreuz-Verlag, Stuttgart, 6. Aufl. 1983.
[10] Kübler-Ross, E.: Interviews mit Sterbenden. GTB/Siebenstern, Freiburg, 15. Aufl. 1990.
[11] Sörens, A.: Sterben im Krankenhaus, Teil 1. Die Schwester/Der Pfleger, 33 Jg./Heft 6, S. 514 ff, Bibliomed-Verlag, Melsungen 1994.
[12] Sörens, A.: Sterben im Krankenhaus, Teil 2. Die Schwester/Der Pfleger, 33 Jg./Heft 7, S. 595 ff, Bibliomed-Verlag, Melsungen 1994.
[13] Winckler, V.: Dem Tod so nah. Recom-Verlag, Basel 1994.

9 Drainagen, Sonden und Katheter

J. Neuwirth

9

9.1 Drainagen

9.1.1 Einführung/Definition

Durch die verschiedenen Zeitalter hindurch sind immer wieder Formen der Wunddrainage beschrieben. Schon Hippokrates (ca. 460 bis 377 vor Christus) setzte metallene Röhren (besonders zur Ableitung von Wundsekret aus der Bauchhöhle und dem Pleuraspalt) ein. Drainagen wurden seit jeher mit dem **Ziel** gelegt, **Wundsekret** bzw. **Blut auszuleiten**. Durch den weitgehenden Abtransport dieser **entzündungsverursachenden** Sekrete/Partikel wird die Gefäßpermeabilität (-durchlässigkeit) aufgrund einer verminderten Leukozytenaktivierung verringert. Die **Entstehung** eines **Wundödems** kann somit **reduziert** werden, da Gewebeteile abgesaugt werden, ohne daß sie vorher vollständig verflüssigt worden sind. Die Versorgung mit Nähr- und Abwehrstoffen verbessert sich, wodurch die **Wundheilung beschleunigt** wird. Die Bedeutung der Wunddrainagen als infektionsprophylaktische Maßnahme und als Unterstützung einer bestmöglichen Wundheilung wurde jedoch erst in den letzten Jahrzehnten erkannt.

Drainagen sind **Ableitungssysteme** für vermehrte natürliche bzw. krankhafte Ansammlungen von Körperflüssigkeiten oder Gasen unter Einbeziehung von **Drains** (Röhren) und **Auffangbehältnissen**. Der Transport des abzuleitenden Sekretes kann durch Sog, Spülung oder bestimmte Lagerungsarten verbessert werden.

In der Behandlung von Patienten sind verschiedene Drainagesysteme von Bedeutung. Es werden Drainagen in die **Pleurahöhle**, in **Weichteilgewebe** und in die **Bauchhöhle** eingelegt.

9.1.2 Funktionsprinzipien von Drainagen

Schwerkraftdrainage

In einer Wundhöhle sammelt sich das entstehende Sekret aufgrund der Schwerkraft am **Boden** der Wunde. Um dieses Sekret nach außen zu leiten (Unterstützung der Wundheilung) wird ein Drainagerohr am **tiefsten Punkt** des **Operationsgebietes** eingelegt bzw. der Chirurg leitet das Drainagerohr unterhalb des Niveaus des Wundbettes durch die Haut. Dadurch kann das Sekret ohne weitere Hilfsmittel nach außen abfließen. Beispiele für Drainagen dieses Funktionsprinzips sind die Robinson- und T-Drainage sowie die perkutane transhepatische Drainage.

Kapillardrainage

Bei dieser Art der Drainage wird die Kapillarkraft (**Oberflächenspannung**) bestimmter **Hilfsmaterialien** wie z. B. von Verbandmull in Gummilaschen (Penrose-Drainage), Kunststoffrohren mit einem kleinen Innenlumen (Easy Flow-Drainage) oder gewellten Silikonplatten (Wellendrainage) genutzt, um Wundsekret abzuleiten. Sowohl bei der **Penrose-** als auch bei der **Wellendrainage** ist die **offene** Ableitung des Sekretes in den Verband oder einen Wundbeutel als **problematisch** zu betrachten (arbeits- und kostenintensiv, hohe Anforderung an die Wundhygiene), so daß sie in der heutigen modernen Chirurgie nur noch in **Ausnahmefällen** angewendet werden.

Heber-Drainage

Nach dem Prinzip der Heber-Drainage werden hauptsächlich Magen- und Dünndarmsekrete sowie Gallensekrete abgeleitet. Wichtigste Voraussetzung hierfür ist, das eine **Höhendifferenz** zwischen dem flüssigkeitsgefüllten **Reservoir** und dem **Auffangbeutel** besteht. Mittels der **Schwerkraft** können dann die Sekrete aufgrund des bestehenden Gefälles abfließen. Die Vorteile dieses Systems liegen in der **geringen Reizung** des Gewebes (minimale Sogwirkung) und in der **kostengünstigen** Anwendung, jedoch kann die **Sogleistung nicht** genau gemessen und kontrolliert werden. Gerade zur Magen- und Dünndarmsondierung wurden jedoch in neuerer Zeit belüftete (doppellumige) Sonden entwickelt, an die ein genau definierbarer Sog mittels z. B. einer Elektrosaugpumpe angeschlossen werden kann.

Saugdrainage

Um die entstehende Sekretmenge in einer Wunde auf ein Minimum zu reduzieren, werden verschiedene **Vakuumdrainagen** (Redon-, Jackson Pratt-Drainage) eingesetzt. Durch den **Sog**, der im Operationsgebiet wirkt, werden die Sekretflüssigkeiten nach **außen** in eine luftdicht verschlossene Unterdruckflasche geleitet, gleichzeitig **nähern** sich die

Wundflächen an und **fördern** dadurch die frühzeitige **Verklebung** der Wunde. Im Gegensatz zu vielen anderen Drainagen ist die Funktionstüchtigkeit von der Plazierung der Austrittsstelle des Drains sowie von der Patientenlagerung unabhängig. Der Nachteil besteht darin, das die Sogleistung nicht genau meßbar ist.

9.1.3 Arten der Sekretableitung
(Abb. 9-1 A bis C)

Offene Sekretableitung

Bei der offenen Sekretableitung wird das aufzufangende Sekret **direkt** in den Verband oder einen Adhäsivbeutel geleitet. Für den Patienten und das Pflegepersonal bedeutet dies:
- Risiko einer **sekundären** Verunreinigung (Infektion, Sepsis)
- **verzögerte** Wundheilung
- **hohe** Anforderung an die **hygienische** Handhabung (häufige Verbandwechsel, Manipulationen am Drainageschlauch)
- Einschränkung der **Mobilität** des Patienten (Aufrechterhaltung der günstigsten Ablaufposition)
- Kontaminationsgefahr des Umfeldes (Krankenbett, Krankenzimmer) mit Keimen der Wunde

Die offene Ableitung wurde zunehmend durch **halboffene** bzw. **geschlossene** Systeme verdrängt. In der heutigen Zeit sollte sie kaum noch Anwendung finden.

Halboffene Sekretableitung

Als Weiterentwicklung der offenen Ableitung wird der Drainageschlauch verlängert und an ein steriles Auffanggefäß oder einen sterilen Sekretbeutel angeschlossen. Damit kann die häufige **Manipulation direkt** an der Wunde vermieden werden. Jedoch **schließen** die notwendigen **Wechsel** der Auffangbehältnisse sowie ein möglicher **Reflux** des angesammelten Sekretes eine **Infektion** und die damit verbundenen Komplikationen **nicht aus**.

Geschlossene Sekretableitung

Bei geschlossenen Systemen besteht eine **untrennbare** Verbindung zwischen Drainageschlauch und Auffangbeutel. Zusätzlich sind diese Systeme mit einem **Ventil** ausgestattet, das einen Reflux von angesammeltem Sekret zurück in das Wundgebiet **verhindert**. Mittels einer Annaht wird der Drainageschlauch fixiert (keine Anwendung einer Sicherheitsnadel wie z. B. bei der Easy Flow-Drainage). Bei diesem System ist lediglich auf den **einwandfreien** hygienischen Umgang bei der Entleerung eines gefüllten Beutels zu achten

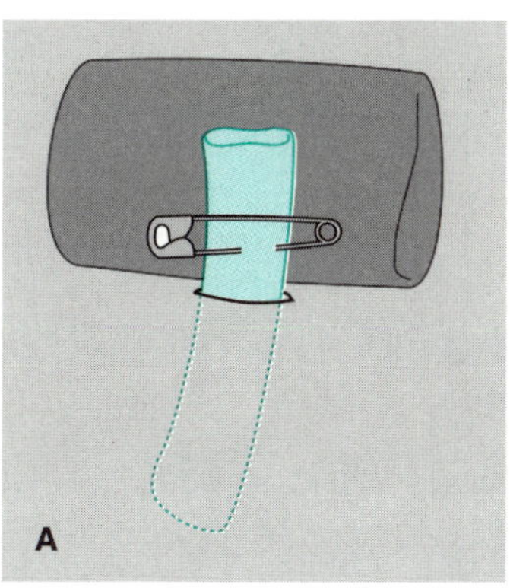

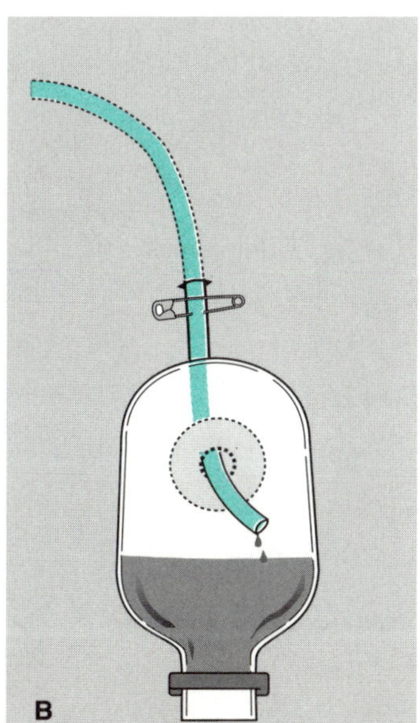

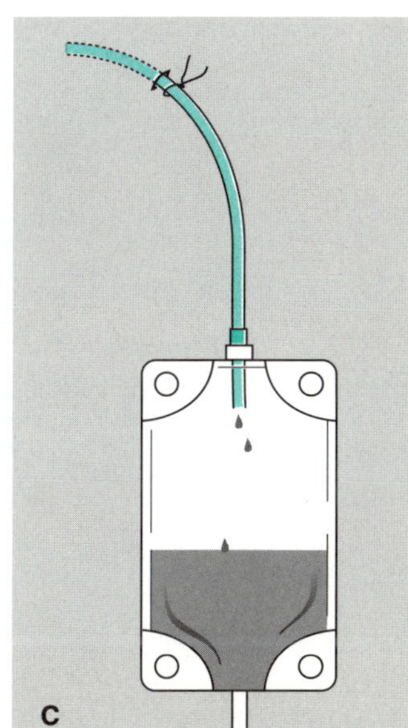

Abb. 9-1 Drainageableitsysteme.
A: Offene Ableitung (z.B. Penrose-Drainage).
B: Halboffene Ableitung (z.B. Easy Flow-Drainage).
C: Geschlossene Ableitung (z.B. Robinson-Drainage).

(Sprühdesinfektion des Ablaufstutzens vor dem Wiederverschließen).

9.1.4 Drainagen in der Pleurahöhle

Die am häufigsten angewandte Thoraxdrainage ist die Bülau-Drainage. Sie dient der fortlaufenden **Entleerung** des Pleuraspalts von **Luft**, **Blut**, **Eiter** oder **seröser Flüssigkeit**. Je nach Art der krankhaften Ansammlung spricht man von:

- **Pneumothorax** (Luft)
- **Hämatothorax** (Blut)
- **Pleuraempyem** (Eiter)
- **Pleuraerguß** (seröse Flüssigkeit)

Kleinere Luft- oder Flüssigkeitsmengen werden vom Organismus resorbiert, wenn die Ursache beseitigt ist. **Größere** Mengen müssen drainiert werden, um den **Gasaustausch** nicht zu beeinträchtigen.

Saugsysteme und Applikation des Thoraxdrains

Thoraxdrainagen sind Saugdrainagen mit einem **einstellbaren** und **kontrollierbaren Unterdruck** (Sog) in einem **geschlossenen** System. Um diese Drainage anschließen zu können, bedarf es eines Drains, der in den Pleuraspalt eingelegt wird (Abb. 9-2). Zur Thoraxdrainage gibt es verschiedene Saugsysteme: entweder gebrauchsfertige Einmalsysteme (z.B. Pleur-Evac®) oder wiederaufbereitbare Drainagesysteme (z. B. Absaugsystem nach Dräger®).

Im folgenden wird die Vorbereitung eines sterilen Einmalsystems beschrieben. Sterile Einmalsaugsysteme (s. Abb. 9-2) bestehen aus **drei** Kammern, der **Saugkontroll-**, der **Wasserverschluß-** und der **Sekretsammelkammer**. Die Wasserverschlußkammer wird durch den kurzen Schlauch bis zur Markierung 2 cm und die Saugkontrollkammer durch das atmosphärische Ventil bis zur Markierung 20 cm mit Aqua destillata aufgefüllt. Das atmosphärische Ventil wird nicht wieder geschlossen, es bleibt offen. Nachdem beide Kammern vorschriftsmäßig gefüllt sind, kann der lange Verbindungsschlauch an den Drain und der kurze Schlauch an den Vakuumanschluß angebracht werden. Die Saugleistung, die auf den Pleuraraum einwirkt, ist an der Saugkontrollkammer ablesbar. Der im **Pleuraraum vorhandene Druck** ist bei **funk-**

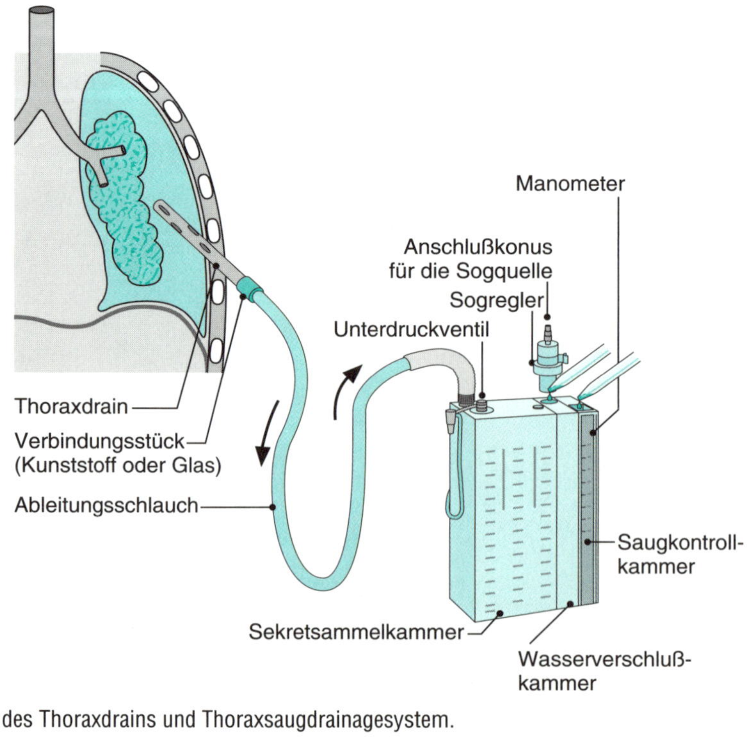

Abb. 9-2 Lage des Thoraxdrains und Thoraxsaugdrainagesystem.

tionierender Saugung aus der **Summe** der Saugkontrolldruckskala und der Wasserverschlußdruckskala zu ermitteln. Ist die **Saugung nicht** in Betrieb, so kann der **Druck** im Pleuralraum **nur** an der **Wasserverschlußskala** abgelesen werden. Für die Vorbereitung aller Saugsysteme sind immer die Herstellerangaben zu beachten.

Der Patient ist über die geplante Maßnahme zu informieren und wird anschließend halbhoch sitzend gelagert. Der **Arm** der zu drainierenden Seite kann **über den Kopf** gelegt werden, um die Interkostalräume zu erweitern. Nach der Verabreichung der Lokalanästhesie wird der Drain mittels eines Trokars bzw. über einen ca. 3 cm langen Hautschnitt in den Pleuraraum, meist im **dritten bis siebten** Interkostalraum, eingebracht. Der Drain wird mit einer Tabakbeutelnaht fixiert und das Drainagesystem angeschlossen, wobei bei einem **Pneumothorax** ein **Unterdruck** von **15 bis 20 cmH_2O** im System einzustellen ist. Bei anderer Indikationsstellung (z.B. **Hämatothorax**) ist ein **geringerer** Sog ausreichend. Zur Kontrolle der Lage ist ein Röntgenbild (im Drain ist ein röntgendichter Streifen eingearbeitet) anzufertigen.

Nachdem das System angeschlossen wurde, wird die Einstichstelle mit Schlitzkompressen abgedeckt und fixiert (s.a. Kap. 15, Abb.15-15 A bis D). Zum Schluß ist noch eine **sichere Befestigung** des **Schlauchsystems** vorzunehmen. Wichtig ist, daß die Schläuche **nicht abknicken** (Luft-, Sekretstau), **genügend lang** sind (Durchführung pflegerischer Maßnahmen wie Betten, Lagerung, Mobilisation) und die Verbindung von Drain und Ableitungsschlauch **nicht diskonnektiert** (Gefahr eines erneuten Pneumothorax). Jedoch gibt es neuere Systeme, die nach dem Abkoppeln vom Vakuumanschluß die Saugwirkung über einige Stunden im System aufrecht halten.

Kommt es jedoch zu einem Leck im Schlauchsystem zwischen Patient und Saugsystem (Abfall der Wassersäule) muß der Drainageschlauch sofort möglichst nahe am Patienten (proximal des Lecks) abgeklemmt werden, da ein erneuter Pneumothorax droht!

Das System muß regelmäßig **überwacht** werden. Wichtig ist, daß bei Manipulationen wie z.B. dem Wechseln des Sekretauffangbehälters bei wiederverwendbaren Systemen der Drain mit zwei Klemmen, die **gegenläufig** zu plazieren sind, verschlossen wird. Diese Klemmen sind bis zur Entfernung der Drainage und des Drains am **Patientenbett aufzubewahren**. Es ist darauf zu achten, daß das System durchgängig bleibt, d.h., die Schläuche müssen überprüft und bei starkem Sekretfluß (Hämato-, Serothorax) mindestens **stündlich durchgeknetet** (melken) werden. Bei längerer Liegedauer der Thoraxdrainage reduziert sich die eingefüllte Menge an Aqua destillata (Verdunstung). Die Füllhöhe in der Saugkontrollkammer ist daher immer wieder zu prüfen und ggf. aufzufüllen.

Sekretmengen und Liegedauer

Sowohl das **Aussehen** des ablaufenden Sekretes als auch die **Fördermenge** hängt vom **verursachenden Krankheitsbild** ab. Bei einem Pneumothorax wird bis zur kompletten Entfaltung der Lunge Luft gefördert; durch den Reiz des Drains (Fremdkörper in der Lunge) kann in den ersten zwei Tagen **ca. 100 bis 200 ml serös-gelbliche** Flüssigkeit ablaufen, was als normal angesehen werden kann.

Erhebliche **Blutmengen** (**1 bis 2 Liter**) können sich nach dem Legen der Drainage bei einem **Hämatothorax** entleeren (**Schockgefahr**, die Verluste sind durch Transfusionen auszugleichen). Werden in der Folgezeit täglich weitere erhebliche Blutverluste über die Thoraxdrainage registriert, so liegt eine fortdauernde arterielle Blutung im Brustkorb (z.B. Interkostalarterien, Aorta) vor und es muß mittels einer **Thorakotomie** (operative Brustkorberöffnung) eine **Blutstillung** vorgenommen werden.

Die Fördermengen bei einem Pleuraerguß oder einem Pleuraempyem können anfänglich ebenfalls bis zu zwei Liter (Größe des Ergusses bzw. des Empyems) betragen. In der Folgezeit **reduziert** sich die ablaufende Sekretmenge in **Abhängigkeit** des **Krankheitsverlaufes**.

Die Liegedauer läßt sich nicht **generell** bestimmen, da sie von der Sekretfördermenge abhängig ist. Bei einem reinen Pneumothorax kann die Drainage in der Regel nach **drei bis fünf Tagen** gezogen werden, **vorher** und **nachher** ist zur Sicherheit eine **Röntgenaufnahme** des Thorax anzufertigen (Lunge ist maximal entfaltet, keine sichtbaren Hinweise auf Verschattungen aufgrund einer Sekretansammlung). Nach der bildlichen Dokumentation kann die Drainage gezogen werden. Der Patient wird angehalten, tief einzuatmen und die Luft anzuhalten. Während der Patient die Luft anhält, zieht die Pflegekraft den Drain langsam heraus und gleichzeitig zieht der Arzt die Tabakbeutelnaht fest. Die Einstichstelle wird mit sterilen Mullkompressen abgedeckt und diese werden mit Pflasterstreifen dachziegelartig befestigt. Eine Stunde nach Entfernung wird zur Kontrolle noch eine Röntgenaufnahme des Thorax angefertigt. Der Verband kann meistens nach 24 Stunden abgenommen und durch einen Schnellverband ersetzt werden. Nach dieser Zeit haben sich die Öffnungen verklebt. Nach durchschnittlich acht Tagen kann der Faden gezogen werden (s.a. Kap. 15.10.6).

Bei Hämatothorax, Pleuraerguß und Pleuraempyem wird die Drainage entfernt, wenn die Sekretfördermenge **unter 100 ml in 24 Stunden** liegt.

Wurde ein wiederverwendbares System eingesetzt, wird dieses aufbereitet und sterilisiert. Einmalsysteme werden in die entsprechenden Behältnisse entsorgt.

9.1.5 Drainagen im Weichteilgewebe

Redon-Drainage

Die am häufigsten angewandte Drainage in diesen Gebieten ist die Redon-Drainage. Sie besteht aus einer **Vakuumflasche** und einem **Ableitungsschlauch** und wird zur **kontinuierlichen** Saugung vorwiegend im **Unterhautfettgewebe** oder **subfaszial** eingesetzt. Diese Drainage zählt zu den **geschlossenen** Ableitungen mit **unkontrollierbarem** Sog und ist aufgrund ihrer Funktion als **Blutungsdrainage** ohne Sog zu bezeichnen. Die Kraft des Vakuums ist hier, nicht wie bei der Bülau-Drainage, einstell- und ablesbar, sondern unkontrolliert. Der Drain besitzt seitlich mehrere Perforationen, durch die Sekrete aus dem Operationsgebiet mittels der angeschlossenen Vakuumflasche abgesaugt werden können. Die Redonflasche ist durch den Ableitungsschlauch an den eingelegten Drain angeschlossen. Bedingt durch den kontinuierlichen Sog können sich die Wundflächen aneinander legen, wodurch eine Hohlraumbildung verhindert wird. Dies wirkt sich positiv auf die Wundheilung aus, da weder Blut- noch Sekretaustritt stattfinden kann. Die Hämatombildung wird vermindert und damit ist die Gefahr einer Infektion wesentlich herabgesetzt. Der Drain wird mittels einer Hautannaht fixiert. Redon-Drainagen sind durch eine relativ **kurze Liegedauer** gekennzeichnet und verbleiben **ca. 24 bis 48 Stunden** im Wundgebiet. Danach werden sie, es sei denn sie fördern noch erhebliche Sekretmengen, entfernt.

Redon-Drainagesysteme sind kontinuierlich auf Sog zu überprüfen. Sie sind zu wechseln, wenn sich im System **kein** Vakuum mehr befindet bzw. wenn das **Auffanggefäß vollgelaufen** ist. Dabei sollte der Wechsel unter **aseptischen** Kautelen und unter Erhaltung eines Vakuums stattfinden. Bevor das System diskonnektiert wird, sind Handschuhe anzuziehen und der Drain abzuklemmen. Nachdem der Drain abgeklemmt ist, wird die Schlauchklemme geschlossen und der Universalverbinder mit Verbindungsschlauch vom Drain entfernt. Die neue sterile mit Vakuum versehene Redonflasche wird angeschlossen, indem der Universalverbinder mit dem Drain verbunden wird. Die Klemme am Verbindungsschlauch und am Drain wird geöffnet. Die Sekretmenge ist zu dokumentieren. Die Flasche wird im Anschluß verworfen.

Jackson Pratt-Drainage

Zur Absaugung von Sekreten aus **arrosionsgefährdeten** Geweben eignen sich **Nieder-Vakuum-Systeme** und besondere Drains, da so das Risiko einer Zellschädigung ausgeschaltet wird. Bei der Jackson-Saugdrainage ist eine kleine ca. 100 cm^3 fassende Flasche direkt mit einem Silikonkautschukdrain über ein Lippenventil verbunden (**geschlossenes** System). In diesen Systemen liegt der **Unterdruck** bei **ca. 10 bis 150 mbar**. Im Vergleich dazu wird bei der Redon-Drainage ein Unterdruck von nahezu 900 mbar erreicht. Da bei diesen Nieder-Vakuum-Systemen jedoch das geringe Vakuum schon durch kleine Mengen an Sekreten abgebaut ist, kann die Sekretflasche über ein **weiteres Ventil entleert** und das Vakuum durch **Kompression** der Flasche wieder hergestellt werden. Beim Öffnen der Flasche besteht das Risiko einer Infektion, deshalb ist das Entleeren von Sekret und das Wiederverschließen der Flasche streng aseptisch durchzuführen.

Saug-Spül-Drainagen

(s. Kap. 31.15.2)

9.1.6 Drainagen in der Bauchhöhle

Die **Lokalisation** und **Liegedauer** von Bauchhöhlendrainagen richtet sich nach der **Art** der Operation und wird vom **Operateur festgelegt.** Die häufigsten Lokalisationen von Drainagen in der Bauchhöhle sind der Abb. 9-3 zu entnehmen. Am Ende des Eingriffes wird die Bauchhöhlendrainage durch eine kleine Inzision in der **vorderen** Bauchwand ausgeleitet.

Wegen Darmwandschädigungen dürfen Drainagen, die in die Bauchhöhle eingelegt sind, nicht mit einem Sog versehen werden!

Drainagen in der Bauchhöhle können **unterschiedlichen Zwecken** (Indikationen) dienen (Tab. 9-1).

Robinson-Drainage

Über Kunststoffschläuche mit seitlichen Perforationen wird das Sekret aufgenommen und über eine **geschlossene** Schlauchverbindung nach dem **Schwerkraftprinzip** in ein flexibles Beutelreservoir geleitet. Das gesamte System ist steril und operationsgerecht verpackt im Handel erhältlich, so daß intraoperativ die primäre Sterilität erhalten werden kann. Die Drainage wird mit einer Naht an der Haut fixiert. Die Robinson-Drainage fördert **ohne** Sog. Ein Vorteil gegenüber der offenen Ableitung ist das **reduzierte Risiko** einer exogenen Infektion. Von einigen Autoren wird diese Drainage auch als „Überlauf-Drainage“ bezeichnet, da es nur zu Ableitungen von Sekreten kommt, wenn die Menge so groß ist, das eine Teilmenge überläuft. Ein einfaches Ventil **verhindert** den **Rückfluß** abgelaufenen Sekrete. Nachdem die Sekretion nachgelassen hat, kann die Robinson-Drainage **unter Kürzen** gezogen werden, der **Drainagekanal** verschließt sich **spontan**.

Easy Flow-Drainage

Sie funktioniert ähnlich wie die Penrose-Drainage durch die **Kapillarkraft**. Eine Easy Flow-Drainage besteht aus einem dünnen flachen Silastikschlauch, dessen Innenwand von einem wellenförmigen Relief überzogen ist. Nach der Ausleitung der Drainage aus der Bauchwand wird diese mit einer sterilen Sicherheitsnadel fixiert, damit sie nicht ins Körperinnere verrutscht oder disloziert. Die Sekrete können in einen **Verband** (**offene** Ableitung) oder in einen aufklebbaren **Adhäsivbeutel** (**halboffene** Ableitung) geleitet werden. Nach Rückgang des Sekretflusses wird die Drainage **unter Kürzen** (über mehrerer Tage) gezogen.

Penrose-Drainage

Als **offene** Ableitung des Wundsekretes findet die Penrose-Drainage, deren Funktionsprin-

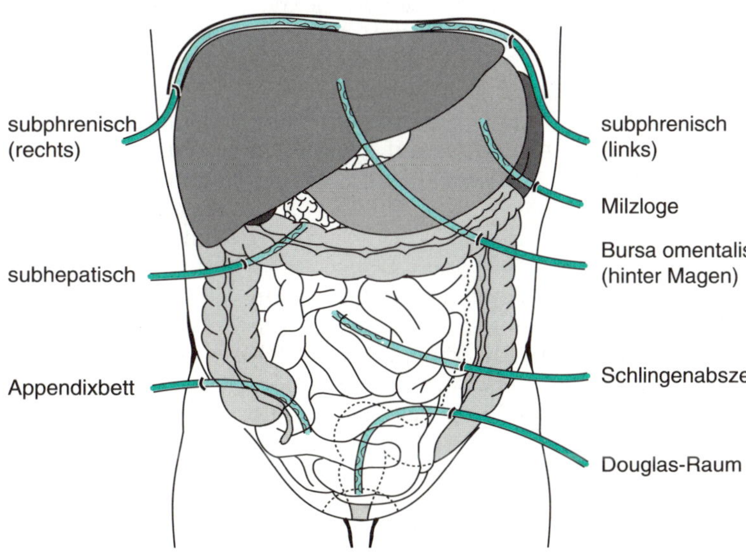

Abb. 9-3 Häufige Lokalisationen von Drainagen in der Bauchhöhle.

9

Tab. 9-1 Indikationen von Drainagen in der Bauchhöhle.

Indikation	Beschreibung
Blutungsdrainage (Zieldrainage im Operationgebiet zur Ableitung von Blut)	– geringe Blutverluste (100 bis 200 ml am ersten Tag sind normal) – große Blutverluste weisen auf eine Nachblutung hin (Relaparotomie) – Inhalt der Blutungsdrainage ist steril – Liegedauer ca. 48 Stunden
Signaldrainage (Ende des Drains liegt unmittelbar neben der Naht/Anastomose)	– fördert wenig seröses Wundsekret – auffälliges Aussehen des Sekretes (Darminhalt) weist auf Komplikation (Nahtinsuffizienz) hin – Liegedauer ca. sechs bis neun Tage
Abszeßdrainage (ein oder mehrere Drains fördern Eiter und Wundsekret nach außen)	– dicklumige Drains sollen einen neuen Verhalt (Verstopfung der Drains) verhindern – Spülbehandlungen sind möglich – Liegedauer meist einige Tage, bis kein Sekret mehr gefördert wird
Spüldrainage (Zu- und Ableitungsdrain für eine kontinuierliche Spülung bei großen Abszeßhöhlen oder Nekroseherden)	– Spülung mit sterilen Elektrolytlösungen – niemals Sog an die Ableitung anschließen (Schädigung des Gewebes) – Spülbilanz erstellen, um rechtzeitig eine Ansammlung von Flüssigkeit in der Bauchhöhle zu bemerken

zip die **Kapillarkraft** ist, Anwendung. Sie besteht aus einem gummiummantelten Mulldocht, der das Sekret aufsaugt und mittels der **Schwerkraft** in den Verband ableitet. Diese Art der Drainage eignet sich vor allem für **arrosionsgefährdete Gewebe**, naheliegende Gefäße oder Organe, die durch den **Druck** eines festen Drainageschlauches **geschädigt** würden. Nachteilig ist die offene Sekretableitung (**hohes** Infektionsrisiko) und die **Neigung** der Drainage zum **Verkleben** mit der Folge eines **Sekretstaus**, der für eine **Störung der Wundheilung** verantwortlich sein kann. Heute sollte die Anwendung auf begründete Ausnahmen beschränkt sein.

Wellendrainage

Um ein vorzeitiges Aufeinanderkleben von Wundrändern zu verhindern und Sekrete abzuleiten wurde früher die Einlage einer Wellendrainage (Silikon) erwogen. Diese ermöglichte eine **Spülbehandlung** der Wundhöhle und **verhinderte** bei einem tiefen Abszeß ein **erneutes** Abkapseln. Aufgrund der großen Gefahr einer Sepsis sowie moderner Operationsverfahren wie **Relaparotomie** und **Lavage** wird diese Art der offenen Wunddrainage **kaum** mehr angewendet.

9.1.7 Drainagen in den Gallenwegen

T-Drainage

Die T-Drainage ist ein Rohr aus Gummi, deren eines Ende t-förmig gestaltet ist. Sie wird in den Ductus choledochus (Hauptgallengang) eingelegt und durch die Bauchdecke ausgeleitet (s.a. Kap. 22, Abb. 22-6). Diese Drainage kann nur durch eine **Laparotomie** in den Ductus choledochus eingelegt werden, und soll, bei papillennaher Abflußbehinderung (Papillenschwellung), die Gallenflüssigkeit vorübergehend in einen sterilen Auffangbeutel ableiten (**geschlossenes** System). Eine T-Drainage wird bei **jeder** Eröffnung des Ductus choledochus eingelegt.

Die Leber produziert **ca. 1000 ml Gallensaft pro 24 Stunden**. Diese Menge kann bei vollständigem Verschluß der Papille abfließen. Je geringer ausgeprägt der Verschluß (Rückgang der Papillenschwellung) ist, desto weniger Gallenflüssigkeit wird in den Auffangbeutel abfließen, sie fließt wieder vermehrt ins Duodenum (Zwölffingerdarm). Die physiologische Flußrichtung kann durch die **Veränderung des Aufhängeniveaus** des Ableitungssystems unterstützt werden. Durch diese Maßnahme verringert sich die Fördermenge der Gallenflüssigkeit ins Ableitungssystem entsprechend (s.a. Kap. 22, Abb. 22-7).

Die Drainage wird solange belassen, bis die Fördermenge **unter 80 bis 100 ml täglich** liegt, was bei normalem Verlauf nach ca. einer Woche erreicht ist. Es erfolgt eine **Röntgenkontrolle** mit Einspritzung eines Kontrastmittels in die T-Drainage. So können evtl. noch bestehende Abflußbehinderungen bzw. ein ungestörter Gallenabfluß erkannt und dokumentiert werden. Ist der Röntgenbefund unauffällig, wird die Drainage am nächsten Tag gezogen. Die vom Drain verursachte Öffnung im Ductus choledochus verschließt sich nach einigen Tagen.

Manipulationen und Wechsel der Auffangbeutel an diesem Drainagesystem müssen unter **sterilen** Kautelen erfolgen, da die Gefahr einer **aufsteigenden** Infektion über Drainage bzw. Drainagekanal besteht.

Perkutane transhepatische Drainage (PTD)

Diese Art der Drainage wird **sehr selten** angewendet. Beim Verschlußikterus (Stenosen des Gallenganges, s.a. Kap. 22.5.2) muß evtl. gelegentlich eine Drainage eingelegt werden. Palliativ (zur Linderung der Beschwerden) kommt beim Gallengang- und -blasenkarzinom (s.a. Kap. 22.7) aufgrund des Verschlußes der Gallenwege die perkutane (durch die Haut) Einlage von Drainagen in Frage. Dabei wird ein dünner Kunststoffkatheter durch die Bauchdecken in den in der Leber gelegenen gestauten Gang eingebracht und die gestaute Galle nach außen abgeleitet.

9.1.8 Pflegeschwerpunkte bei Drainagen

Für alle Drainagen gilt, daß Manipulationen (Wechsel von Auffanggefäßen) nur unter aseptischen Bedingungen stattfinden dürfen. An den **Drainageaustrittsstellen** ist ein **aseptischer Verbandwechsel** durchzuführen. Offene Drainagen müssen unter Umständen **mehrmals** täglich verbunden werden.

Jede Drainage muß in ihrer **Funktion überwacht** werden. Bei Thoraxdrainagen muß die Sogstärke, bei Redon-Drainagen die Vakuumanzeige regelmäßig kontrolliert und evtl. korrigiert werden. Das abgeleitete Sekret ist auf Menge, Aussehen und evtl. Geruch zu beobachten und zu dokumentieren. Empfehlenswert ist bei der **postoperativen Übernahme** des Patienten die **Markierung** des Füllstandes mit Angabe von Datum und Uhrzeit. Um jederzeit sofort einen Überblick über Drainageverluste (Fördermenge des jeweiligen Sekretes) zu haben, sollte dies in regelmäßigen Abständen (in den ersten vier Stunden der postoperativen Phase halbstündlich, dann ein- bis zweistündlich und schließlich achtstündlich) wiederholt werden.

Patienten sind so zu **lagern**, daß ein **freier Abfluß** und die **Durchgängigkeit** im System bestehen bleibt. Auf das Ableitsystem darf **kein Zug** ausgeübt werden (Schmerzen, unbeabsichtigte Entfernung der Drainage) und die Schläuche dürfen **nicht abknicken** (Sekretstau) bzw. sind so zu führen, daß sie **nicht durchhängen** (Sekretspiegel in der Schlaufe).

Die Auffangbehälter sollten immer **unterhalb** des Patientenniveaus angebracht sein. Eine Ausnahme bildet der T-Drain vor der Entfernung. Alle Behälter dürfen aus hygienischen Gründen **keinen Bodenkontakt** haben. Die Auffangbehälter werden mittels Aufhängevorrichtung am Patientenbett befestigt. Da jede Diskonnektion von Ableitsystemen die Gefahr einer Keimkontamination in sich birgt, sollten diese Systeme **nur bei Bedarf**, dann jedoch unter aseptischen Bedingungen, unterbrochen werden. **Keinesfalls** sollten diese geschlossenen Systeme **routinemäßig** z.B. täglich gewechselt werden.

9.2 Sonden

9.2.1 Definition

Sonden sind stab- oder röhrenförmige, starre oder biegsame Instrumente zur Einführung in natürliche oder krankheitsbedingte Körperhohlräume zu diagnostischen oder therapeutischen Zwecken.

9.2.2 Sonden im Intestinaltrakt

Magensonde

Das Einführen einer Magensonde kann folgenden **Zwecken** dienen:

- Der **Ernährung** (z.B. bei Beeinträchtigung der Schluckfunktion). Langfristig sollte jedoch über eine perkutane endoskopische Gastrostomie (PEG) ernährt werden, wenn keine Kontraindikationen bestehen. Eine Sonde sollte nur im Duodenum plaziert werden, wenn medizinische Gründe gegen eine gastrale Ernährung sprechen oder aber ein hohes Aspirationsrisiko vorhanden ist, das auch mit pflegerischen Mitteln (z.B. Hochlagerung des Patienten beim Verabreichen der Nahrung, Pausen während der Nahrungszufuhr) nicht ausgeschaltet werden kann.
- **Entlastung** nach Abdominaleingriffen (um Magen- und Dünndarmsekrete ablaufen zu lassen, Vermeidung von postoperativem Erbrechen, Vorbeugen einer Aspiration, Erkennen von Nachblutungen).
- Zur **Diagnostik**, um Magensaft zu gewinnen.
- Zur **Therapie** (Spülungen bei oraler Giftaufnahme).
- Als **Kontrolle** bei oberen gastrointestinalen Blutungen (durch die Ableitung des Blutes nach außen ist die Blutungsstärke beurteilbar).

Die Magensonde kann nasal oder oral eingeführt werden, jedoch ist bei **längerer** Liegedauer immer der **nasale** Weg zu wählen. Sie wird über die Nase langsam in den Magen vorgeschoben. Die richtige Lage kann mittels einem Stethoskop über der Magenregion auskultiert (blubberndes Geräusch beim Einspritzen von Luft in die Sonde) oder durch eine Röntgenaufnahme überprüft werden.

Wird eine Magensonde zur Ernährung gelegt, ist eine **Silikonsonde** der Größen acht bis zwölf Charriere (Ch) vorteilhaft. Das Material von Silikonsonden ist **weicher**, verursacht aus diesem Grunde **weniger Irritationen** an der Nase, im Nasenrachenraum, Ösophagus und Magen und kann deshalb **länger** im Körper verbleiben. Diese Eigenschaften bedingen, daß häufige Wechsel unnötig sind. Zur kurzzeitigen Sondierung (einige Tage) des Magens kann eine PVC-Sonde gelegt werden, in der Größenordnung Ch 14 bis 16.

Die **Sondengröße** und die **Lage** (welcher Nasengang) sind im Dokumentationssystem ebenso festzuhalten wie **auftretende Probleme** während der Liegedauer (z.B. Hautschädigung am Nasenflügel) sowie die **tägliche** Nasenpflege mit Wechsel der Sondenbefestigung.

Die Liegedauer einer Magensonde ist abhängig von ihrer Indikation und der Fördermenge des Sekretes (Magen-, evtl. Dünndarminhalt, Blut). Den **Zeitpunkt** des Entfernens **bestimmt** der **Arzt.**

Duodenalsonde

Soll die Sonde ins Duodenum (Zwölffingerdarm) gelegt werden, ist zu verfahren wie bei der Magensonde. Das Material zum Legen der Sonde ist identisch. Es ist jedoch zu beachten, daß eine Duodenalsonde, die eine Länge von ca. 125 cm aufweist, ausgewählt werden muß. Ist die Duodenalsonde plaziert (s.a. Kap. 24, Abb. 24-6), ist pflegerisch wie bei der Magensonde vorzugehen. Den Zeitpunkt der Entfernung bestimmt ebenfalls der Arzt.

Jejunalsonde

Eine Jejunalsonde wird nasal über Ösophagus und Magen plaziert. Die richtige Lage im Dünndarm muß gesichert sein (Röntgenkontrolle). Diese Sonden dienen überwiegend der enteralen Ernährung **niedermolekularer** Diäten (s.a. Kap. 7.4.3). Bei diesen Diäten sind die Nahrungsbestandteile stärker aufgespalten, so daß sie direkt im Dünndarm resorbiert werden können.

9.2.3 Sonden für die enterale Langzeiternährung

Witzel-Fistel (s.a. Kap. 7.4.1)

Durch eine Laparotomie wird ein Katheter in den Magen eingelegt und über einige Zentimeter mit Nähten in der Magenwand versenkt (s. Kap. 7, Abb. 7-4 A und B). Diese Maßnahme wird **nur** angewendet, wenn eine perkutane Gastrostomie **nicht möglich** ist (Tumorstenose bei inoperablen Tumoren des Rachens oder der Speiseröhre).

Perkutane endoskopische Gastrostomie (PEG)

Die Nahrungsverabreichung bei Patienten, die künstlich ernährt werden müssen, erfolgt immer öfter über eine Sonde. Bedingt durch das Herstellungsmaterial (Silikon) von Ernährungssonden ist eine enterale Langzeiternährung möglich, da das verwendete Material hautverträglich ist und auch bei längerer Liegezeit flexibel bleibt. Liegende Ernährungssonden (**nasogastral, nasojejunal**) werden jedoch von vielen Patienten als **Beeinträchtigung** empfunden (sichtbar für Mitmenschen) und können zu **Irritationen** im Nasen-Rachenraum führen. Häufige Sondenwechsel bei Langzeiternährung sind nicht ungewöhnlich und belästigen den Patienten. Als Alternative wurde von amerikanischen Ärzten eine Methode entwickelt, die es ermöglichte, in Lokalanästhesie und unter endoskopischer Sicht einen Ernährungskatheter direkt im Magen oder im Duodenum zu plazieren. Diese sog. perkutane endoskopisch kontrollierte Gastrostomie (PEG) wurde in Deutschland modifiziert und gilt als das **meist angewandte Gastrostomieverfahren** (s.a. Kap. 7.4.1). Im Ergebnis entspricht das Verfahren der chirurgisch angelegten Witzel-Fistel, jedoch ist die Anlage ohne abdominellen Eingriff und Narkose möglich.

In der Praxis gibt es **zwei Möglichkeiten** eine PEG anzulegen:

- die Direktpunktion
- die transorale Fadendurchzugsmethode (s.a. Kap. 7, Abb. 7-5 A und B)

Aufgrund einer **höheren** Komplikationsrate bei der Direktpunktion wird die **transorale Fadendurchzugsmethode bevorzugt**.

Indikationen: Schluckstörungen, drohende oder manifeste Tumorkachexie, Tumoren im Hals-Nasen-Ohren-Bereich, erhöhtes Aspirationsrisiko, Schädel-Hirn-Trauma.

Kontraindikationen: Gerinnungsstörungen, Probleme bei der Wundheilung, Peritontits, Aszites, bei fehlender Diaphanie (die Lichtquelle des Gastroskops ist durch die Bauchdecke nicht sichtbar) ist eine Fremdorganverletzung möglich.

Vorbereitung: Bevor eine PEG angelegt wird, bedarf es der Information des Patienten, ggf. auch der Angehörigen. Eine schriftliche Einverständniserklärung des Patienten ist durch den Arzt einzuholen. Die Einnahme von H_2-Blockern und Antazida ist, falls vertretbar, 24 Stunden, mindestens jedoch zwölf Stunden vorher einzustellen. Auch die Low-dose-Heparin-Therapie zur Thromboseprophylaxe ist für 24 Stunden abzusetzen (Reduzierung der Blutungsgefahr). Evtl. ist eine **Rasur** im Bereich der **Austrittsstelle** des Katheters notwendig (aus infektionsprophylaktischen Gründen wird auf die Rasur immer häufiger verzichtet). Vor der Anlage der PEG wird noch die Gerinnung kontrolliert und ein Blutbild bestimmt. Am Operationstag erhält der Patient häufig ein Breitspektrum-Antibiotikum (Infektionsprophylaxe). Nach Anordnung des Arztes kann ein Sedativum verabreicht werden.

Durchführung: Bei der transoralen Fadendurchzugsmethode liegt der Patient auf dem Rücken. Die PEG ist unter Assistenz einer Pflegeperson von **zwei** Ärzten durchzuführen. Durch das eingeführte Gastroskop wird Luft insuffliert, um ein Anlegen der Magenvorderwand an das Peritoneum zu erreichen. Befindet sich die Spitze des Gastroskops (Lichtquelle) an der Magenvorderwand, so ist eine **Diaphanie** (Lichtdurchstrahlung von Organen mittels einer Lichtquelle) feststellbar. Ist die richtige Lokalisation gefunden worden, erfolgt die Desinfektion der Haut und das Abdecken des Abdomens mit sterilen Abdecktüchern. Die Korrektheit der Punktionsstelle kann durch Palpation mit einem Finger nochmals bestätigt werden. An der Magenvorderwand sind endoskopisch Vorwölbungen nachweisbar. Nach lokaler Anästhesie aller Wandschichten kann unter sterilen Bedingungen die Punktion des Magens vorgenommen werden. **Durch** die Punktionskanüle wird **von außen** ein **Faden** in den Magen eingeführt und mit Hilfe der Faßzange des Gastroskops **über** die **Speiseröhre** und den **Mund** (peroral) **extrahiert** (ausgeleitet). An den Faden wird die Ernährungssonde geknotet und durch **Zug** am **abdominellen** Fadenende durch den Mund und die Speiseröhre in den Magen eingebracht. Die Halteplatte an der Sonde legt sich an der Mageninnenwand an, während die Sonde durch die Bauchdecke ausgeleitet wird. Im Anschluß wird der Konus und der Zugfaden abgeschnitten, die Sonde in die äußere Halteplatte geschoben und fixiert sowie Infusionsansatz aufgeschraubt. Ist eine gastrale PEG vorgesehen, muß die PEG nur noch verbunden werden. Um keine feuchte Kammer entstehen zu lassen, wird zwischen Haut und Halteplatte sowie über die Halteplatte eine sterile Schlitzkompresse gelegt, beides mit elastischem Schnellverband fixiert.

Soll jedoch die Sonde **duodenal plaziert** werden, muß das Gastroskop erneut eingeführt werden. Die im Magen befindliche Sonde wird mit der Faßzange ergriffen und im Duodenum plaziert. Nach einer **gastralen** Plazierung kann in der Regel **24 Stunden nach** der Durchführung der PEG, bei **duode-**

naler Plazierung **sofort** mit der **Nahrungsverabreichung** begonnen werden.
Komplikationen: Bei 10 bis 15% der Patienten mit einer PEG kommt es zu leichten Komplikationen, wie z. B. Wundinfektionen, Pneumoperitoneum, Reizzustände und Schmerzen. Schwerwiegende Komplikationen (Peritonitiden, Migration der inneren Haltescheibe durch die Magenwand) werden in maximal 3% der angelegten PEG gesehen. Die Sterblichkeitsquote liegt unter 1%.
Langzeiternährung: Wird ein Patient mit einer PEG nach Hause entlassen, muß eine sorgsame Pflege der PEG gewährleistet sein. Diese Pflege kann entweder von den ambulanten Diensten oder vom Ehepartner übernommen werden, wenn dieser vom Pflegepersonal in die Pflege dieser Systeme eingewiesen wurde. Wichtig ist das **Offenhalten** des Systems. Nach der Applikation der Sondennahrung muß mit **Tee nachgespült** werden. Ein **Verbandwechsel** kann bei verheiltem Einstichkanal und häuslicher Umgebung im Abstand von **zwei bis fünf Tagen** stattfinden.

Eine perkutane endoskopische Gastrostomie ermöglicht vielen chronisch kranken Patienten über einen langen Zeitraum eine ausreichende Kalorienzufuhr über den physiologischen Verdauungsweg. Es werden Liegezeiten der Sonden bis zu vier Jahren beschrieben, wobei ein bis zwei Jahre keine Seltenheit sind.

Katheterjejunostomie

Intraoperativ wird ein Katheter im **Jejunum** plaziert, über die Bauchdecke ausgeleitet und fixiert (s.a. Kap. 7.4.1).

9.2.4 Ösophagussonden

(s. Kap. 26.8 bis 26.13)

9.2.5 Pflegeschwerpunkte bei Sonden

Um die Funktionsfähigkeit einer liegenden Sonde über einen längeren Zeitraum zu erhalten, ist es sinnvoll, die Sonde mindestens einmal täglich mit Flüssigkeit durchzuspülen (**Achtung** bei **Operationen** am **Magen-Darmtrakt**). Ist die Sonde verstopft, kann versucht werden, sie mit einer **kleinlumigen** Spritze freizuspülen.

Der regelmäßige Wechsel von Magen- oder Duodenalsonde **sollte** durchgeführt werden, wenn das **betreffende** Nasenloch/der Nasengang starke **Irritationen** oder **Blutungen** aufweist, **kann** durchgeführt werden, wenn die Sonde nach einigen Wochen sehr **verschmutzt**, **unansehnlich** ist, **muß** durchgeführt werden, wenn die Sonde **nicht mehr durchgängig** gemacht werden kann. Ein Wechsel hängt auch vom Herstellungsmaterial der Sonde ab. Eine Magen- oder Duodenalsonde aus PVC muß früher als eine Silikonsonde ausgetauscht werden, da PVC eine wesentlich geringere Biostabilität aufweist als z.B. Silikon oder auch Latex (Sonden aus PVC sind gegenüber Magensaft weniger resistent, so kann der Magensaft die Weichmacher in einer PVC-Sonde lösen mit der Folge, daß die Sonde in diesem Bereich sehr hart wird, was zu Verletzungen führen kann).

Auch bei der Sondenverabreichung über PEG oder Katheterjejunostomie, muß nach jeder Sondengabe die Sonde mit Flüssigkeit (Tee oder kohlensäurearmen „stillem" Wasser) durchgespült werden. Die Einstichstellen werden bis zur Einheilung täglich inspiziert und mit einen sterilen Wundverband verbunden. Werden die Patienten mit diesen Kathetern entlassen, ist der Verbandwechsel im Abstand von drei bis fünf Tagen ausreichend.

9.3 Katheter

9.3.1 Definition

Katheter sind schlauchförmige, biegsame Instrumente, die in **Hohlorgane** (Blase, Gefäßsystem) eingeführt werden können.

9.3.2 Im Gefäßsystem

Venenverweilkanülen/zentraler Venenkatheter

(s. Kap. 7.3)

9.3.3 Im harnableitenden System

Grundsätzlich sind **zwei Formen** der kontinuierlichen Harndrainagen zu unterscheiden, die transurethrale und die suprapubische Ableitung von Urin. Welche der beiden Varianten zum Einsatz kommt, entscheidet der Arzt. Beide Systeme sind mit **Vor-** und **Nachteilen** verbunden (Tab. 9-2).

Die Indikation für einen Blasenkatheter sollte sehr streng gestellt werden!

Tab. 9-2 Vor- und Nachteile der transurethralen und suprapubischen Harndrainage.

Harndrainage	Vorteile	Nachteile
Transurethral	– leichte Einführungstechnik bei geschultem Personal – keine intraabdominellen Verletzungen möglich	– schwierige Plazierung bei Harnröhrenerkrankungen (Striktur; Prostataadenom) – hohes Infektionsrisiko bei unsachgemäßer Pflege – aufwendigere Pflegemaßnahmen (Genital-, Anal-, und Katheterpflege) – Spätfolgen (instrumentelle Urethrastriktur, Urethritis, Paraphimose)
Suprapubisch	– geringes Harnweginfektionsrisiko – keine Läsionen von Schleimhaut und Harnröhre – selten Spätfolgen – einfacheres Handling (aseptischer Verbandwechsel)	– Gefahr intraperitonealer und retrovesikaler Verletzungen – Katheter verstopft leichter (kleineres Lumen) – kann leicht herausgleiten bei ungenügender Fixierung

Folgende Überlegungen sind anzustellen:
- Ist eine Katheterisierung unumgänglich oder gibt es andere Möglichkeiten?
- Muß eine diagnostische (z.B. Urin zu laborchemischen bakteriologischen Untersuchungszwecken) oder therapeutische (Blasenentleerung vor, während und nach großen und langdauernden Eingriffen) Katheterisierung vorgenommen werden?

Mögliche Indikationen zur kontinuierlichen Harndrainage sind:
- Messen der täglichen Ein- und Ausfuhr (Flüssigkeitsbilanz)
- Ruhigstellung der Blase nach operativen Eingriffen
- akute oder chronische Blasenentleerungsstörungen

Transurethraler Blasenkatheter

Über die Harnröhre wird ein Katheter in die Blase eingebracht. Die **Durchführung** (Technik) des Katheterlegens kann als **bekannt** vorausgesetzt werden.

Suprapubischer Blasenkatheter

Der Zugang zur Blase kann auch perkutan erfolgen, man spricht dann von einer suprapubischen Blasendrainage. Das Legen dieser Drainage fällt ins Aufgabengebiet des Arztes. Die vorbereitenden Aufgaben dazu können an das Pflegepersonal delegiert werden.

Vorbereitung: Die **Harnblase** des Patienten muß entweder durch die orale Zufuhr von Getränken (ca. 1000 ml) oder durch die Verabreichung von Infusionslösungen **aufgefüllt** werden (Patient muß darüber aufgeklärt sein, daß er nicht die Toilette benutzt). Eine weitere Möglichkeit ist, dem Patienten kurzfristig einen transurethralen Blasenkatheter zum Auffüllen der Blase zu legen.

Bei starker Behaarung muß die Punktionsstelle rasiert werden, um später einen Verband befestigen zu können.

Vorgehen: Durch Palpation und Perkussion werden die Blasengrenzen ermittelt und die **Punktionsstelle** bestimmt, die **ca. 2 bis 3 cm kranial der Symphyse**, auf der Linea alba liegt. Die Haut wird großflächig desinfiziert und nach Beachtung der Einwirkzeit (Angaben der Hersteller) erfolgt die Lokalanästhesie. Mittels eines Metallführungszylinders wird die Blase punktiert. Der Katheter wird bis zu einer **definierten Markierung** durch die Metallkanüle vorgeschoben und im Anschluß wird der Punktionstrokar entfernt. Der dünne Kunststoffdrain wird mit einer **Naht** an der Bauchdecke **fixiert**. Die Eintrittsstelle ist mit sterilen Schlitzkompressen und einem elastischen Schnellverband abzudecken.

Ureterenkatheter

Ist der Harnabfluß (z.B. durch einen Tumor) behindert, wird in das Lumen des Harnleiters während einer Zystoskopie oder intraoperativ ein dünner Kunststoffkatheter eingelegt. Durch diese Maßnahme kann eine Stauungsniere therapiert oder verhindert werden. Man unterscheidet sog. **„versenkte"** (dienen der **Schienung**, sind von außen nicht sichtbar) und **ausgeleitete** Ureterenkatheter. Um ein Herausrutschen des Katheters aus dem Nierenbecken zu verhindern, ist er am Ende „schweineschwanzähnlich" gestaltet. Bei versenkten Ureterenkathetern sind beide Enden (im Nierenbecken und in der Blase liegend) j-förmig gebogen, um eine Dislozierung zu verhindern. Es besteht jedoch auch die Möglichkeit, diesen sog. versenkten Katheter durch die Harnröhre nach außen zu leiten. Zur Infektionsprophylaxe reicht eine **gründliche Intimhygiene** aus.

Nephrostoma (äußere Nierenfistel)

Hier wird ein Kunststoffkatheter durch die Haut in ein Nierenbecken (ein- oder beidseitig) plaziert. Der Schlauch wird mit Hilfe einer Naht an der Haut befestigt. Zum pflegerischen Umgang mit einem Nephrostoma s.a. Kap. 35.11.

9.3.4 Pflegeschwerpunkte bei Kathetern

Bei liegendem Blasenverweilkatheter

Entstehendes **Sekret** aufgrund leichter Irritationen der Harnröhrenschleimhaut und/oder bei vorliegender Harnweginfektion ist **mindestens zweimal** (bei Bedarf öfter) zu entfernen. Zur Entfernung des Sekretes ist ein **nasser Einmalwaschlappen** ausreichend. Das Tränken des Waschlappens mit antiseptischen Stoffen ist möglich, es sollte jedoch beachtet werden, daß antiseptische Stoffe die Haut/Schleimhaut austrocknen können. Auch das anschließende Auftragen von antiseptischen Salben auf die Urethramündung und das anschließende Umwickeln des Katheters mit einem Tupfer oder einer Kompresse um Urethralsekret aufzufangen, kann sinnvoll sein. Zur Katheterpflege gehört auch das **Waschen der Genitalien**, was mindestens zweimal täglich durchgeführt werden sollte. Es muß außerdem auf eine sehr saubere Analregion geachtet werden. Durch eine tägliche Inspektion des Drainagesystems werden Inkrustierungen im Verweilkatheter rechtzeitig erkannt. Bei klarem Urin ist ein **Wechsel** des Dauerkatheters der aus Latex, bzw. Silikon-Latex hergestellt wurde, **nach ca. 14 Tagen** notwendig. Wichtig ist, daß auch das **Ableitungssystem** gewechselt wird. Ist der Urin sehr trüb, milchig, konzentriert oder mit Gries beladen, ist es sinnvoll den Katheter, wegen der höheren Inkrustationsgefahr, auch **früher** zu wechseln. Bei einer versehentlichen Diskonnektion des Katheters vom Auffangsystem ist immer eine **gründliche** Desinfektion des **Katheters** durchzuführen und ein **neues** Sammelsystem anzuschließen.

Zur Blockung transurethraler Blasenkatheter ausschließlich Aqau destillata verwenden (Kochsalzlösung kann kristallisieren und damit ist evtl. die Blockung nicht mehr lösbar). Bei Patienten mit einem Verweilkatheter wird nicht routinemäßig zur Infektionsprophylaxe eine Blasenspülung durchgeführt. Besser ist es, reichlich Flüssigkeit anzubieten. Blasenspülungen werden in der Regel nur nach bestimmten Operationen im Urogenitaltrakt durchgeführt (Spezialsysteme zur Dauerspülung kommen zum Einsatz). Wenn eine mechanische Spülung der Blase unumgänglich ist, muß aseptisch vorgegangen werden, die Spüllösung (0,9% Kochsalzlösung) muß steril sein. Urinauffangbeutel niemals über Blasenniveau anheben und vor dem Betten des Patienten leeren.

Verbandwechsel bei allen Kathetern
(s.a. Kap. 7.3.4)

Bei **allen** Kathetern ist der Verband **täglich** zu wechseln und die **Einstichstelle** zu **inspizieren**. Dabei ist streng aseptisch vorzugehen. Ausnahme: Ein Folienverband (z.B. Tegaderm®) wird, wenn keine Entzündungzeichen vorhanden sind, nur alle 72 Stunden gewechselt (diese Verbände werden jedoch in einigen Kliniken abgelehnt, da die Gefahr besteht, daß sich unter der Folie ein sog. **feuchte Kammer** bildet mit dem Risiko der Keimbesiedelung und Infektion). Der Katheter ist nach dem Verbandwechsel **sicher** zu fixieren.

9.4 Spezielle Katheter

9.4.1 Tenckhoff-Spülkatheter

Dieser Katheter der normalerweise hauptsächlich zur **kontinuierlichen ambulanten Peritonealdialyse** (CAPD) eingesetzt wird, findet hin und wieder auch in der Chirurgie als **Spülkatheter** Anwendung. Im Gegensatz zur Peritonealdialyse werden jedoch **zwei** Drains (Silikonkautschukkatheter) als **Zu-** und **Ableitung** in die Bauchhöhle eingebracht. Beispielsweise werden über diese Katheter zytotoxische Medikamente bei Peritonealkarzinose verabreicht und nach einer bestimmten Zeit wieder ausgespült. Alle Manipulationen müssen unter strengsten aseptischen Bedingungen erfolgen. Als Komplikation dieser Katheteranwendung ist die Peritonitis zu nennen.

9.4.2 Aszitesdrainage

Ein Kunststoffkatheter, der mittels einer Laparotomie in die Bauchhöhle eingebracht und subkutan unter der Haut zur V. jugularis interna (innere Halsvene) geleitet wird, um **medikamentös nicht** zu beherrschenden **Aszites** in die V. cava superior (obere Hohlvene) zu leiten. Im **subkutan** verlegten Abschnitt des Katheters befindet sich ein **Ventil**, das durch die Haut zu tasten ist und das der Patient bei einer Zunahme des Bauchumfanges **selbst bedienen** kann. Durch gleichmäßige manuelle **Kompression** des Ventiles wird die **Aszitesflüssigkeit** in die **Hohlvene** befördert. Die bekanntesten Drainagen sind der Le-Veen-Shunt und der Denver-Shunt.

Literaturhinweise

[1] Eckert, P.: Drainagen und Drainagetechniken in der operativen Medizin. J. F. Bergmann-Verlag, München 1986.

[2] Paetz. B., B. Benzinger-König: Chirurgie für Pflegeberufe. Georg-Thieme-Verlag, Stuttgart-New York, 18. Aufl. 1994.

[3] Gode, A., L. Koepp: Pflege von Sonden, Drainagen und Urinkathetern. Fresenius Stiftung Band 5.

[4] Ergenzinger, S., K.-P. Bamann, R. Dubb: Abdominaldrainagen in der postoperativen Pflege. In: Deutsche Krankenpflegezeitschrift, Kohlhammer-Verlag, 43. Jg. 6/1990.

[5] Hartenauer, U, R. Gähler, U. Klinkebiel-Henke, M. Scherf, L. Ullrich: Hygienebewußte Intensivpflege. W. Zuckschwerdt-Verlag, München-Bern-Wien-San Francisco, 2. Aufl. 1988.

[6] Sökeland, J.: Katheterismus. Perimed-Verlag, Erlangen 1989.

[8] Wille, B.: Hygienische Anforderungen bei der Katheterisierung der Harnblase. In: Die Schwester/Der Pfleger, Bibliomed-Verlag, 28. Jg. Heft 1/1989.

[9] Pschyrembel Klinisches Wörterbuch. De Gruyter-Verlag, Berlin-New York , 255. Aufl. 1986.

10 Stomata

E. Wendt

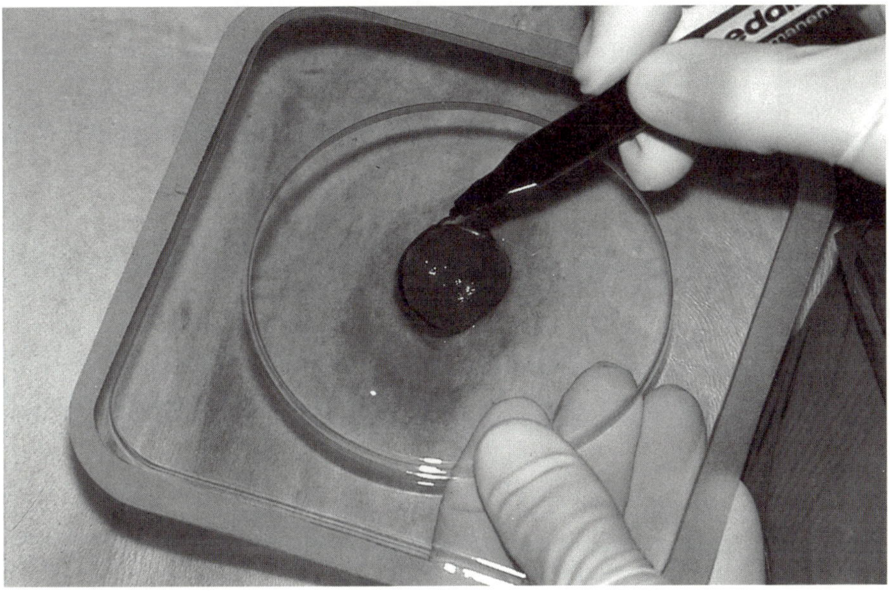

Ein Stoma (griech. die Öffnung, Plural: Stomata) ist eine **künstlich** angelegte Öffnung zwischen einem Hohlorgan und der Körperoberfläche.

10.1 Stomata zur Sekretableitung

10.1.1 Begriffserklärung

Dieses Kapitel befaßt sich mit einem **operativ angelegten** Darmausgang (Enterostoma) zur Sekretableitung. Zur Gruppe Stomata gehören auch Tracheostoma (s. Kap. 10.2) und Urostoma (zur Urinableitung).

Bei einem Enterostoma wird der Darm an einer Stelle eröffnet und an der Bauchdecke fixiert. Durch diesen vorgeschalteten Darmausgang **entfällt** die natürliche **Funktion** des **Afterschließmuskels.** Das bedeutet für den Betroffenen, daß er keine Möglichkeit hat, Stuhlgang sowie Blähungen **willkürlich** zu kontrollieren und zurückzuhalten. Die Ausscheidungen werden über diese Öffnung nach außen geleitet und in einem Beutel aufgefangen. Weit verbreitet ist immer noch der Begriff „Anus praeter naturalis" für den künstlichen Darmausgang. Da diese Bezeichnung jedoch **nichts** über die **Position** des Stomas aussagt, sollte sie **nicht** mehr verwendet werden.

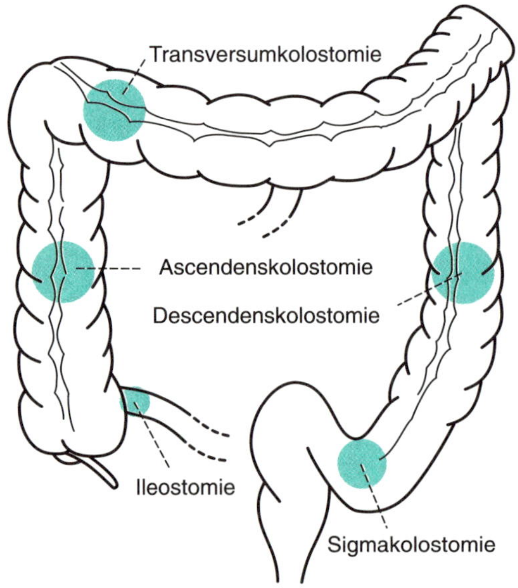

Abb. 10-1 Stomapositionen.

Je nachdem, welcher Darmabschnitt nach außen geleitet wird (Abb. 10-1), spricht man von:
- Ileostomie (Dünndarmausgang)
- Kolostomie (Dickdarmausgang)

10.1.2 Indikationen für Stomaanlagen

Ileostomie:
- Tumore
- Colitis ulcerosa
- Morbus Crohn
- Anastomosenschutz
- Strahlenschäden
- Ileus
- Verletzungen
- familiäre Adenomatosis (überschüssiges Wachstum von Drüsengewebe)
- Perforationen

Kolostomie:
- Tumoren
- Strahlenschäden
- Divertikulitis
- Ileus
- Verletzungen
- Anastomosenschutz
- Morbus Crohn
- Colitis ulcerosa
- Perforationen

10.1.3 Ileostoma

Der Dünndarm hat **zwei** Aufgaben. Zum einen **transportiert** er den Speisebrei, zum anderen besitzt er Verdauungsfunktionen durch **Zusetzung** von Sekreten und Fermenten. Der an dieser Stelle noch sehr saure, später alkalische, dünnflüssige und aggressive Speisebrei passiert den Dünndarm in nur fünf Stunden. Außerdem findet die Resorption von Zucker und Fetten statt.

Muß die Dünndarmpassage aufgrund einer in Kap. 10.1.2 genannten Indikation unterbrochen werden, kann die Anlage eines Ileostoma erforderlich werden. Das Stoma ist **endständig** oder **doppelläufig.** Die Position richtet sich nach der Grunderkrankung und dem befallenen Darmabschnitt. Je **weniger** der natürlichen Darmpassage erhalten bleibt, d.h. je höher das Ileostoma angelegt werden muß, desto dünnflüssiger und aggressiver ist die Ausscheidung. Je **dünnflüssiger** und **aggressiver** die Ausscheidung, desto **schwieriger** ist die Stomaversorgung, da dünnflüssiger Stuhlgang die Beutelversorgung schnell unterwandern kann und somit die Haftfähigkeit der Beutel herabgesetzt wird. Auch Hautreizungen können auftreten.

Das Ileostoma wird aus anatomischen Gründen fast immer im rechten Unterbauch an der Haut fixiert. Das ideale Ileostoma sollte (Abb. 10-2):

– **rund sein**

Der Durchmesser der verschiedenen Stomaanlagen ist recht unterschiedlich. Je nach Stomaödem und Zustand der Darmschleimhaut kann er 10 bis 100 mm betragen.

Die Industrie bietet Beutel mit rundem Ausschnitt für alle Größen sowie zum individuellen Ausschneiden (z. B. bei ovalen Stomata) an.

Die meisten Stomaträger sind ältere Menschen. Sie können oftmals schlecht sehen und sind daher kaum in der Lage, die Beutel korrekt auszuschneiden. Damit diese Patienten vorgefertigte Beutel verwenden können, sollte das Stoma nach Möglichkeit rund sein.

– **prominent sein**

Der ausgeleitete Darmabschnitt sollte „nippelförmig" 15 bis 20 mm hervorstehen, damit Ausscheidungen die Beutelversorgung nicht unterwandern können.

– **gut durchblutet sein**

Die Darmschleimhaut muß eine rosige Farbe aufweisen. Bei blasser, bläulicher oder schwarzer Verfärbung ist sofort der Arzt zu informieren, da zu befürchten ist, daß das Schleimhautgewebe geschädigt ist.

– **gut durchgängig sein**

Die Durchgängigkeit wird durch Austasten mit dem kleinen Finger (Vaseline benutzen) geprüft. Der kleine Finger sollte das Stoma **widerstandslos** passieren können. Ist die Öffnung zu klein, kann der Darm sich nicht problemlos entleeren.

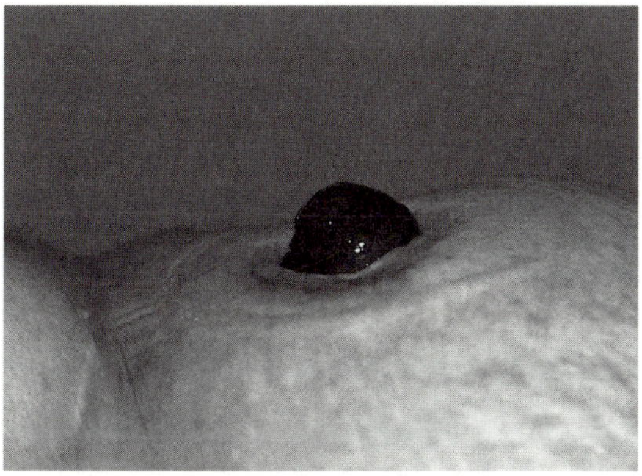

Abb. 10-2 Das ideale Ileostoma (rund, „nippelförmig" prominent, gut durchblutet).

10

10.1.4 Kolostoma

Der Dickdarm hat die physiologische Funktion inne, Flüssigkeit zu entziehen und dadurch den Stuhlgang einzudicken.

Muß die Dickdarmpassage aufgrund einer in Kap. 10.1.2 angegebenen Indikation unterbrochen werden, kann die Anlage einer Kolostomie erforderlich sein. Die Kolostomie ist endständig oder doppelläufig (s.a. Kap. 20.7.3).

Je nach Grunderkrankung und Abschnitt des befallenen Darms befindet sich das Kolostoma an folgenden Positionen:

- **Sigmakolostomie**
  Position: linker Unterbauch, im Bereich des Sigmas, diese Form der Stomaanlage wird am häufigsten angelegt
  Ausscheidung: wie vor der Operation
- **Descendenskolostomie**
  Position: linker Unterbauch, im Bereich des Descendens
  Ausscheidung: wie vor der Operation
- **Transversumkolostomie**
  Position: rechter Oberbauch, im Bereich des Transversums
  Ausscheidung: flüssig, eher breiig
- **Ascendokolostomie**
  Position: rechter Unterbauch im Bereich des Ascendens, diese Form der Stomaanlage kommt sehr selten vor
  Ausscheidung: breiig, eher flüssig

Das ideale Kolostoma sollte (Abb. 10-3):

– **rund sein** (s. Ileostoma)

– **erhaben sein**

Der ausgeleitete Darm sollte 5 bis 10 mm hervorstehen. Er muß spannungsfrei an der Haut fixiert werden, damit er nicht retrahieren (sich zurückziehen) kann.

– **gut durchblutet sein** (s. Ileostoma)

– **gut durchgängig sein** (s. Ileostoma)

10.1.5 Versorgungsprodukte

Hautschutzmaterial

Die parastomale (stomaumgebende) Haut muß **vor Kontakt** mit Ausscheidungen **geschützt** werden, um Hautreizungen zu verhindern. Hierfür werden adhäsive (selbsthaftende) Ver-

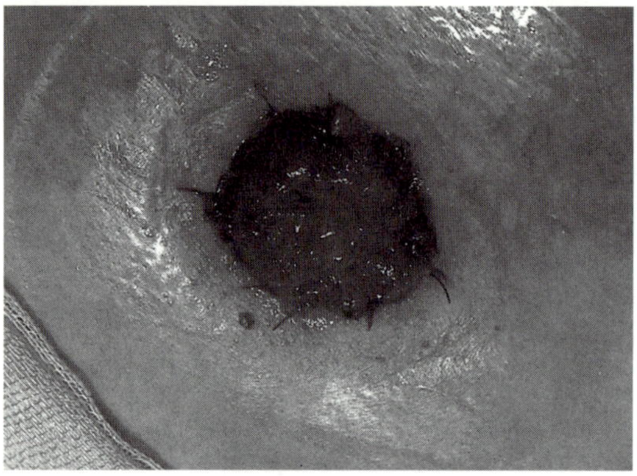

Abb. 10-3 Das ideale Kolostoma, zwölfter postoperativer Tag, (rund, erhaben, gut durchblutet).

bände verwendet. Adhäsivverbände in Form von Hautschutzplatten bestehen aus Gelatine, Zellulose und Pektin. Gelatine und Zellulose sind wasserbindend, dadurch haften die Hautschutzplatten auch auf feuchter Haut (hervorgerufen durch schwitzen). Bei vorhandenen Hautreizungen erweisen sich Hautschutzplatten als besonders vorteilhaft, da **Pektin** die Haut zur **Heilung** anregt.

Je nach Stomagröße und Form wird in die Hautschutzplatte eine Öffnung geschnitten (s. Kap. 10.1.7). Für exakt runde Stomata sind Hautschutzplatten mit vorgefertigten Öffnungen in unterschiedlichen Größen verfügbar. Die Hautschutzplatten gibt es auch zum Ausschneiden, falls das Stoma nicht rund sein sollte. Der Stomabeutel ist mit dieser Hautschutzplatte verbunden.

Systeme

Einteiliges System: Der Beutel mit integrierter Hautschutzplatte muß beim Wechsel jedesmal komplett von der Haut abgezogen werden.

Zweiteiliges System: Besteht aus Basis- bzw. Trägerplatte, die für längere Zeit (drei bis vier Tage) auf der Haut belassen werden kann. Der Beutel kann bei Bedarf isoliert gewechselt werden.

Beutelarten

Offene Beutel oder Ileostomiebeutel: Diese Beutel mit Bodenauslaß eignen sich besonders für die ersten postoperativen Tage oder für die permanente Anwendung bei Patienten mit dünnflüssigen Ausscheidungen. Eine Klemme dient als Beutelverschluß.

Geschlossene Beutel oder Kolostomiebeutel: Diese Beutel ohne Bodenauslaß können nicht entleert, sondern müssen nach jeder Ausscheidung gewechselt werden. Deshalb sind sie bei dünnflüssiger Ausscheidung nicht geeignet (Abb. 10-4).

Zubehör

Filter: Ein in den Beutel integrierter Kohlefilter bewirkt, daß Blähungen geruchlos abgehen können und der Beutel sich nicht ballonähnlich am Körper aufbläht. Sind Filter nicht im Beutel integriert, können sie nachträglich am Beutel angebracht werden. Bei dünnflüssigem Stuhlgang sind Filter nicht empfehlenswert, da die Ausscheidungen durch den Filter nach außen gelangen können.

Gürtel: Ein Stomagürtel besteht aus elastischem Material und wird mittels zweier Laschen am Beutel fixiert. Der Gürtel kann zur Andruckerhöhung des Stomabeutels am Körper eingesetzt werden.

Hautschutzpaste: Die Hautschutzpaste besteht aus den gleichen Materialien wie die Hautschutzplatten. Zusätzlich wurde allerdings Alkohol hinzugefügt, um die Konsistenz einer Paste zu erreichen. Hautschutzpaste wird eingesetzt, um parastomale **Unebenheiten** (z.B. Narben) auszugleichen (Abb. 10-5).

In Deutschland bieten etwa acht bis zehn Hersteller Stomaversorgungsprodukte an. Die

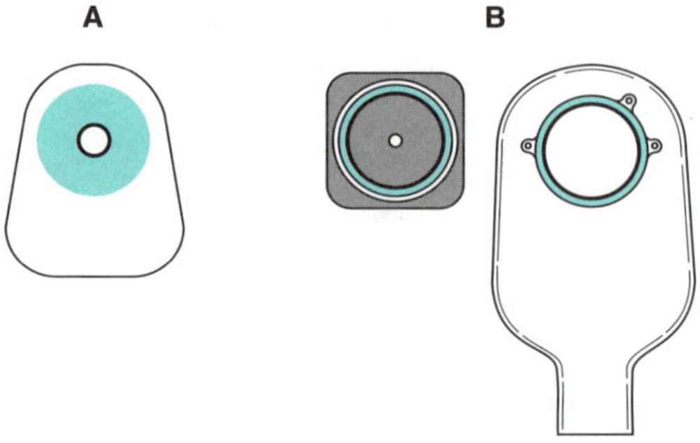

Abb. 10-4 Beutelarten und -systeme.
A: Geschlossener Beutel, einteiliges System.
B: Offener Beutel, zweiteiliges System.

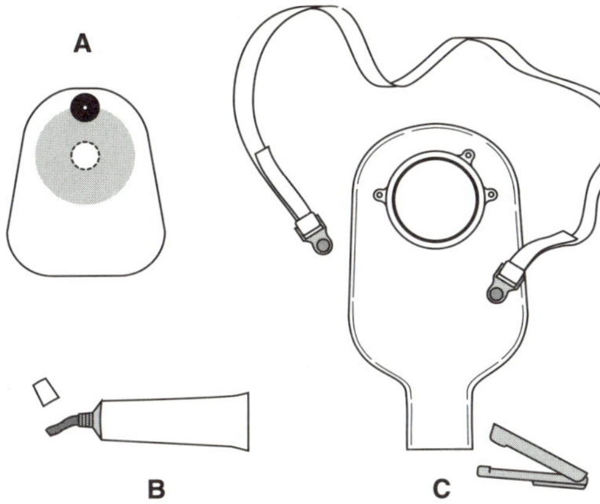

Abb. 10-5 Zubehör.
A: Beutel mit Filter.
B: Hautschutzpaste.
C: Ausstreifbeutel mit Klemme und Gürtelversorgung.

Vielfalt der Produkte ist für den Laien kaum zu überschauen. Jedes Produkt ist in verschiedenen Größen, farbig oder transparent erhältlich. Außerdem gibt es diverses Zubehörmaterial für die unterschiedlichsten Versorgungen (Minibeutel, Beutelüberzüge, Stomakappen usw.). Das Pflegepersonal sollte sich **regelmäßig** von einer **Fachkraft** (Stomatherapeuten in Kliniken oder Sanitätshäusern) über aktuelle Produkte und Neuerungen auf diesem Gebiet **informieren** lassen.

10.1.6 Pflege von Patienten mit Stomata zur Sekretableitung

Eine Stomaanlage verändert die **Lebenssituation** und **-qualität** eines Patienten grundlegend, meist bis zu seinem Lebensende. Speziell ausgebildete Krankenschwestern/Krankenpfleger, Enterostomatherapeuten haben die Aufgabe, in Zusammenarbeit mit dem Stationspersonal diese Patienten zu betreuen. Eine weitere Aufgabe der Stomatherapeuten besteht in der **Fortbildung** des Pflegepersonals. Das Pflegepersonal sollte die verschiedenen Stomaanlagen sowie deren Funktionen und Besonderheiten kennen, um diese Patienten **individuell** pflegen zu können. Eine sichere praktische Handhabung im Umgang mit der Stomaversorgung durch das Pflegepersonal **erleichtert** dem Patienten, den Versorgungswechsel zu erlernen.

Eine gute Krankenbeobachtung und Pflegeplanung sind erforderlich, um auf die spezielle Situation dieser Patienten eingehen und reagieren zu können!

Die praktische Anleitung und psychische Begleitung des Patienten beginnen bereits in der präoperativen Phase und sollten bis zur Entlassung andauern. Sie sind ein **wichtiger Faktor** auf dem Weg in die völlig **veränderte Lebenssituation**, in „Das Leben mit dem Stoma".

10.1.7 Pflegeschwerpunkte bei Stomapatienten

Präoperative Vorbereitungen (s.a. Kap. 8.1, und Kap. 20.11)

Präoperatives Gespräch

Sobald die Indikation für eine Stomaanlage gestellt und der Patient vom Chirurgen aufgeklärt worden ist, erfolgt das präoperative Gespräch zwischen dem Pflegepersonal und dem Patienten. Dieses Gespräch dient sowohl der **Information** des Patienten als auch des Pflegepersonals. Für den Betroffenen ist es außerordentlich wichtig, gut über seine bevorstehende, veränderte Lebenssituation informiert zu werden. Das Gespräch soll auch **falsche Vorstellungen** korrigieren und **Ängste** nehmen. Zwischen Gespräch und Operationstermin sollten einige Tage liegen, damit der Patient sich auf die bevorstehende Veränderung in **Ruhe** einstellen kann.

Mit dem Patienten muß über Ernährung, Beruf, Freizeit, Kleidung, Sport, Sexualleben, Urlaub, Versorgungswechsel, Versorgungsmaterial, Bezugsquellen, Kosten, Familie, Rehabilitationsmaßnahmen, Psyche, etc. (s. u.) gesprochen werden. Alle Fragen sollten ihm **umfassend** und **ehrlich** beantwortet werden. Das Pflegepersonal sollte dem Patienten anbieten, sich ein Stoma auf einem Foto anzusehen.

Im **Idealfall** nehmen an diesem Gespräch auch der behandelnde Arzt bzw. der Operateur und ein Stomatherapeut teil. Ein Angehöriger sollte auf Wunsch des Patienten gleichfalls teilnehmen dürfen. Eventuell ist dies wegen der weiteren Pflegemaßnahmen nach der Entlassung sogar erforderlich.

Lehnt der Patient ein präoperatives Gespräch ab, muß dieser **Wunsch** berücksichtigt werden. Nicht jeder fühlt sich in einer solchen Situation in der Lage, über bestimmte Ängste und Bedenken offen zu sprechen. Viele Patienten weinen und können sich nur schwer beruhigen.

Spätestens zu diesem Zeitpunkt beginnt die intensive psychische Begleitung durch das Pflegepersonal!

Findet das Gespräch rechtzeitig genug statt, wird die Zeit genutzt, den Umgang mit dem Beutelmaterial zu üben. Ferner kann auch jetzt schon das Beutelmaterial auf der Haut getestet werden, um evtl. Unverträglichkeiten zu erkennen.

In einer Notfallsituation (z.B. Darmperforation) kann ein Gespräch vor der Operation natürlich nicht durchgeführt werden.

Stomamarkierung

Im Anschluß an das im Kap. 10.1.7 genannte Gespräch wird die Stomamarkierung durchgeführt. Die **Position** ist **abhängig** von:
- Art der Stomaanlage
- Voroperationen
- Körperbau
- Kleidungsgewohnheiten

Pflegepersonal und Arzt markieren unter Einbeziehung des Patienten auf seinem Bauch die ideale Position für eine Stomaanlage. Dabei sind folgende Punkte **zu beachten** und die Markierung erfolgt:
- Im geraden Bauchmuskel (M. rectus abdominalis); die Anlage des Stomas in diesem Bereich dient der Hernienprophylaxe.
- Zirka 10 cm neben der geplanten Schnittführungslinie.
- Fernab von Hautfalten und Narben, da eine faltenfreie Hautfläche für die Haftfähigkeit erforderlich ist.
- Fern von knöchernen Vorsprüngen, Bauchnabel, Leistenbeuge (die glatte Hautfläche ist erforderlich für die Haftfähigkeit).
- Auf einer freien Fläche von 10×10 cm, da eine ausreichend große Hautfläche für die Haftfähigkeit erforderlich ist.
- Fernab von Rock und Hosenbund (Kleidung anziehen lassen), da der Druck durch Rock- und Hosenbund den Stuhlfluß behindern könnte.
- Der Beutel sollte den Genitalbereich nicht bedecken (ästhetische Gründe); der Patient muß sein Stoma sehen können, damit er es ohne Hilfe eines Spiegels versorgen kann (Abb. 10-6).

Die Stomamarkierung wird im **Liegen**, **Sitzen** und **Stehen** kontrolliert, da Falten in der jeweiligen Position unterschiedlich ausgeprägt sind. Mit Markierungstinte wird ein Punkt auf die Haut gezeichnet. Diese sollte dunkel sein, damit sie unter dem Desinfektionsmittel im OP noch sichtbar bleibt. Die Markierung der idealen Position für eine Stomaanlage stellt eine **Grundvoraussetzung** für die **optimale** Versorgung mit dem Stomabeutel dar. Diese optimalen Versorgungsmöglichkeiten erleichtern dem Pflegepersonal die Pflege und dem Patienten den Weg zur Selbstversorgung.

Bei der Durchführung der Stomamarkierung sollte der Pflegende sehr **behutsam** mit dem Patienten umgehen. Viele Patienten empfinden den Moment des Anzeichnens wie ein „Todesurteil".

Postoperative Maßnahmen

Nach abgeschlossener Operation wird die erste Beutelversorgung noch im OP angebracht. Diese Versorgung ist transparent, um Stoma und Ausscheidungen laufend kontrollieren und beurteilen zu können.

Solange der Patient **bettlägerig** ist, wird die Versorgung **seitlich** angebracht. Diese Position erleichtert das Entleeren der Beutel für das Pflegepersonal.

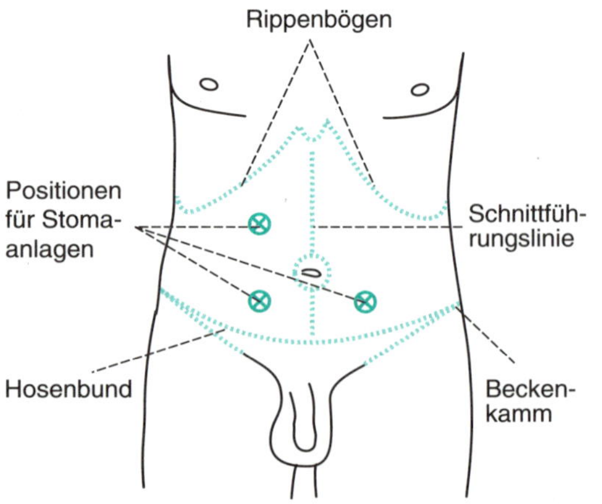

Abb. 10-6 Stomamarkierung (Rippenbögen, Beckenkämme, Hosenbund, Schnittführungslinie, Positionen für Stomaanlagen).

Allgemeine Maßnahmen

(s.a. Kap. 8.2, 19.16 und Kap. 20.12)

Postoperativer Versorgungswechsel

Der erste Versorgungswechsel erfolgt in der Regel 48 Stunden nach dem Eingriff. Je nach physischem und psychischem Zustand des Patienten wird ihm angeboten, dabei zuzuschauen (evtl. mit Hilfe eines Handspiegels). Es sollten stets **alle Pflegeschritte erklärt** und **Fragen beantwortet** werden.

Solange der Betroffene bettlägerig ist, wird für einen Sichtschutz zum Nachbarpatienten gesorgt. Die **Materialien** für den Versorgungswechsel sind:

- Unterlage
- Nierenschale
- sechs Mullkompressen 10×10 cm, unsteril
- Einmalhandschuhe
- Abwurfbeutel
- Seife (hautfreundlich, mild, pH-neutral)
- Schere (kleine gebogene Nagelschere)
- Schablone
- Folienschreiber
- Einmalrasierer
- neue Versorgung
- Handspiegel
- Toilettenpapier

Durchführung:

- sechs Kompressen (zwei mit Wasser und Seife, zwei mit Wasser, zwei trockene vorbereiten und in einer Nierenschale ablegen)
- Unterlage unter den Stomabeutel legen (Bettschutz)
- Abwurfbeutel auf die Unterlage legen
- Einmalhandschuhe anziehen (Eigenschutz)
- Stomabeutel vorsichtig lösen und in den Abwurfbeutel geben
- Verschlußklammer (bei Ausstreifbeutel) entfernen, da kein Einmalmaterial
- grobe Kotreste mit Toilettenpapier entfernen
- mit Seifenkompressen einseifen (Reinigung der parastomalen Haut immer von außen nach innen zum Stoma hin ausführen, damit keine Keime auf der Bauchdecke verteilt werden
- anschließend Naßrasur zur Follikulitisprophylaxe (s. u.)
- mit wassergetränkten Kompressen abwaschen und mit trockenen Kompressen abtupfen
- Stomainspektion (s. u.)
- Stoma ausmessen, um evtl. auftretendes Ödem beurteilen zu können
- Stoma austasten, um die Durchgängigkeit zu überprüfen
- paßgenaue Schablone anfertigen (s. u.)
- Versorgung nach Schablone anfertigen, damit keine Haut unbedeckt bleibt
- Stomabeutel faltenfrei anbringen und leicht andrücken
- Materialnachbereitung, Versorgung und Schablone am Bett lassen
- restliches Material entsorgen
- Zimmer lüften
- Pflegedokumentation

Dokumentiert werden angewandte Versorgungsmaterialien (Firma, Größe, Beutelart), Reaktion, Psyche und Wissensstand des Patienten sowie eine Stomabeurteilung (s. u.).

Das doppelläufig angelegte Stoma wird für die ersten zehn bis zwölf postoperativen Tage oft mit einem **Kunststoffreiter** versehen. Dieser wird intraoperativ unter die **hervorgezogene Darmschlinge** geschoben, damit diese nicht in den Bauchraum **zurückrutschen** kann. Der Versorgungswechsel bei einem Stoma mit Reiter unterscheidet sich nur in einem Punkt von dem eines endständigen Stomas. Beim Anbringen der neuen Versorgung ist darauf zu achten, daß die Basisplatte bzw. die Haftfläche **unter** den Reiter geschoben wird. Somit wird **verhindert**, daß **Ausscheidungen unter** die Versorgung gelangen (Abb. 10-7).

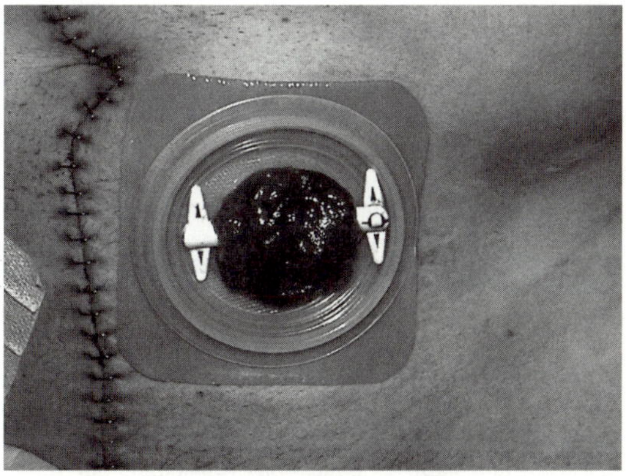

Abb. 10-7 Das doppelläufige Stoma (die Basisplatte wurde unter dem Reiter angebracht).

10

Korrekt angepaßte Stomaversorgung

Bedingt durch das Ödem ist das Stoma in der postoperativen Phase selten rund. Es verändert seine Form und verkleinert sich im Laufe von sechs Wochen nach der Operation. Eine vorgefertigte Versorgung mit rundem Ausschnitt ist in dieser Zeit ungeeignet. Die Hautschutzplatte muß stets neu angepaßt und ausgeschnitten werden.

Im parastomalen Bereich darf keine Haut unbedeckt bleiben, da der Kontakt der Ausscheidung mit der Haut zu Hautreizungen führen kann (Abb. 10-8)!

Das korrekte Ausschneiden der Stomaversorgung wird durch eine **Schablone** nach Maß erleichtert. Hierzu hält man eine durchsichtige Plastikscheibe (Stomabeutelverpackung) über das Stoma. Mit einem wischfesten Filzstift werden die **Konturen** nachgezeichnet. Nach diesen Konturen wird die Schablone ausgeschnitten. Dieser Ausschnitt wird auf die Rückseite der Hautschutzplatte übertragen (Abb. 10-9). Während der nächsten Versorgungswechsel muß kontrolliert werden, ob die Schablone noch paßt (ggf. neue Schablone anfertigen). Wenn das Stoma seine Form und Größe nicht mehr verändert, kann anhand der Schablone Versorgungsmaterial für längere Zeit vorbereitet werden. Ist das Stoma rund, kann das entsprechende Material in der vorgefertigten Öffnungsgröße verwendet werden.

Postoperative Beobachtung des Stomas

Während der Versorgungswechsel sollte das Stoma **stets** inspiziert und beurteilt werden.

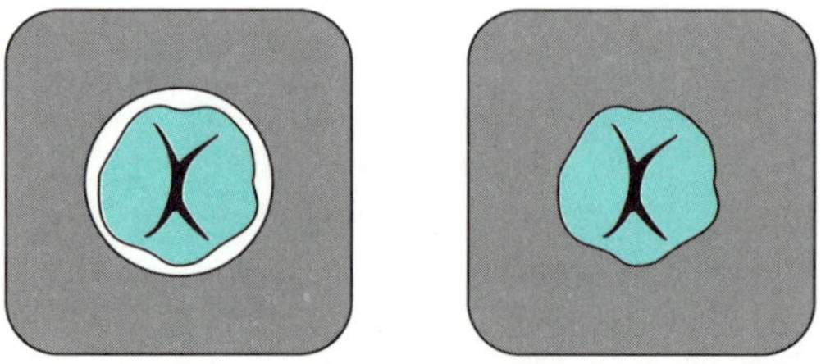

Abb. 10-8 Anpassen der Hautschutzplatte (grau = Hautschutzplatte, blau = Stoma, weiß = unbedeckte Haut).
A: Falsch angepaßt (Öffnung bzw. Ausschnitt der Hautschutzplatte wurde zu groß gewählt).
B: Korrekt angepaßt.

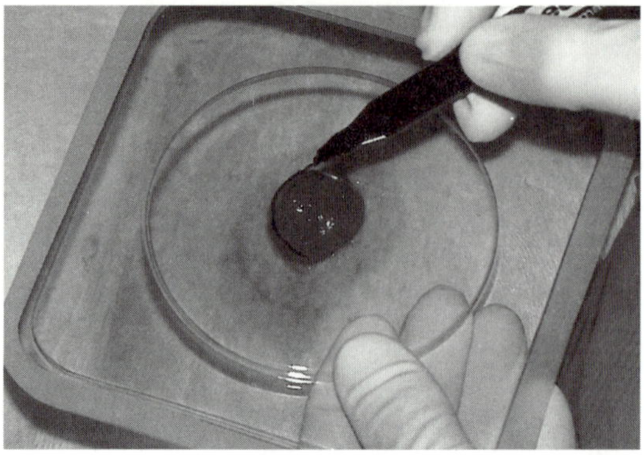

Abb. 10-9 Anfertigen der Schablone.

Dabei sind folgende Punkte am Stoma sowie bei der parastomalen Haut zu beachten:

- **Durchblutung** des Stomas (ist die Schleimhaut rosig, bläulich oder blaß, weist sie Nekrosen auf)
- **Durchgängigkeit** (Stoma mit dem kleinen Finger austasten)
- **Stomaödem** (rückläufig oder zunehmend, ausmessen)
- **Stomaretraktion** (Einziehungen, evtl. sind Fäden ausgerissen)
- **Wundheilung** (besonders bei gefährdeten Patienten z.B. Diabetiker, da bei dieser Patientengruppe die Wundheilung oftmals verzögert ist, beachten)
- **parastomaler Abszeß** (Rötung, Schwellung, Überwärmung deuten auf eine Infektion hin)
- **Candidamykose** (Pilzbefall, s. u.)
- **Hautverhältnisse** (z.B. Allergie auf Versorgungsmaterial)
- **Ausscheidung** (Beginn und Aussehen der Ausscheidungen)

Die ersten Ausscheidungen erfolgen beim **Ileostoma** am **dritten bis fünften** und beim **Kolostoma** am **dritten bis siebten** postoperativen Tag. Die Veränderungen der Ausscheidungen (Menge, Farbe, Beschaffenheit, Geruch, Beimengungen, Blut, Unverdautes, etc.) müssen postoperativ beobachtet werden.

Bevor die neue Beutelversorgung angebracht wird, sieht sich der behandelnde Arzt das Stoma an und tastet es mit dem kleinen Finger vorsichtig aus.

Größe, Erhabenheit, Durchgängigkeit, Durchblutung, Zustand der parastomalen Haut, Befund der Ausscheidungen sowie Besonderheiten werden nach **jedem Versor-**

gungswechsel im Dokumentationssystem **festgehalten**. Veränderungen und Besonderheiten können so rechtzeitig bemerkt und an den behandelnden Arzt weitergegeben werden.

Anleitung des Patienten

Täglich wird das Stoma durch den transparenten Beutel kontrolliert. Je nach Vortagsbefund und Anordnung wird die Versorgung täglich oder jeden zweiten Tag gewechselt. Bei jedem Versorgungswechsel sollte der Patient je nach körperlichem und geistigem Zustand angeleitet werden und möglichst viele **Teilaufgaben selbst** übernehmen. Dabei ist zu bedenken, daß der Patient am 12. bis 14. postoperativen Tag entlassen wird, falls keine Komplikationen eintreten. Die Anleitungsphase ist also kurz.

Der Patient benötigt keine Handschuhe. Findet der Versorgungswechsel im Bad statt, sollten, wenn möglich, **häusliche Verhältnisse** geschaffen werden (Ablage, Lichteinfall, Spiegel, etc.). Die Umgewöhnung nach der Entlassung fällt somit leichter. Sobald von ärztlicher Seite erlaubt, kann der Patient **ohne** Stomaversorgung duschen. Es ist am günstigsten, den Versorgungswechsel **vor** der **ersten** Nahrungsaufnahme durchzuführen, da es zu diesem Zeitpunkt kaum zu Ausscheidungen kommt. Der Patient sollte versuchen, den Versorgungswechsel wie Haare waschen und Zähne putzen in die tägliche Morgentoilette als **Selbstverständlichkeit** zu integrieren. Dieses hilft, den Umgang mit dem Stoma zu erleichtern und die Situation zu akzeptieren. Der Patient muß vom Pflegepersonal angeleitet werden, sein Stoma auszutasten, zu inspizieren und dessen Zustand beurteilen zu können. Nach der Entlassung muß er **eigenverantwortlich** die Kontrolle übernehmen, um ggf. beim Arzt oder Enterostomatherapeuten vorstellig werden zu können. Es ist normal, daß die empfindliche Schleimhaut bei Berührung leicht bluten kann. Falls sich die Versorgung schwer entfernen läßt, kann ein milder Pflasterlöser eingesetzt werden. Äther, Benzin und Alkohol haben in der Stomapflege **keinen** Platz. Sie **trocknen** die Haut **aus,** machen sie rissig, spröde und zerstören den natürlichen Säureschutzmantel. Öle, Salben und Pflegeschaum sollten **nicht** eingesetzt werden, da diese Mitteldie **Haftfähigkeit** der Beutel **vermindern.** Waschlappen und Schwämme bieten ideale **Nistplätze** für Bakterien und Mikroorganismen und sollten daher ebenfalls nicht benutzt werden. Der Patient sollte während des Klinikaufenthaltes (z.B. bei Untersuchungen) und nach seiner Entlassung stets ausreichend Versorgungsmaterial bei sich tragen. Er muß immer in der Lage sein, sich frisch versorgen zu können. Wird die Versorgung jeden zweiten Tag gewechselt, kann an den anderen Tagen die Zeit genutzt werden, eine Beratung durchzuführen.

Hier ein **Beispiel** einer postoperativen Anleitungsphase (1. bis 13. Tag):

1. Tag:	kein Wechsel
2. Tag:	Wechsel der Versorgung, Patient schaut zu (evtl. mit Spiegel), jeder Schritt wird ausführlich erklärt
3. Tag:	kein Wechsel
4. Tag:	Wechsel der Versorgung, Patient schneidet Versorgung anhand der Schablone zu, Möglichkeit zum Fragenstellen geben
5. Tag:	kein Wechsel, Beratung
6. Tag:	Wechsel der Versorgung, wenn möglich im Bad, Patient bereitet alles vor, entfernt alte Versorgung, selbständige Hautreinigung
7. Tag:	kein Wechsel, Beratung
8. Tag:	Patient übernimmt unter Anleitung alle Schritte selbst
9. Tag:	kein Wechsel, Beratung
10. Tag:	Patient wechselt die Versorgung selbständig ohne Anleitung
11. Tag:	Abschlußgespräch
12. Tag:	Wechsel der Versorgung, Abschlußkontrolle des Stomas, evtl. Fäden ziehen
13. Tag:	Entlassung

Während der Anleitungsphase wird deutlich, ob der Patient nach der Entlassung in der Lage sein wird, seine Versorgung selbständig zu wechseln. Wenn nicht, sollte spätestens zu diesem Zeitpunkt **Kontakt** mit den Angehörigen oder Weiterpflegenden aufgenommen werden, damit diese vom Pflegepersonal angeleitet werden können. Gegebenenfalls sind auch die Beratungsgespräche mit ihnen zu führen. Wird Kontakt mit der Gemeindeschwester aufgenommen, sollte ihr angeboten werden, noch während des Klinikaufenthaltes den Patienten aufzusuchen und mit dem Pflegepersonal gemeinsam einen Versorgungswechsel durchzuführen. Bei komplizierten Versorgungen ist dies **unbedingt** notwendig.

Stomakomplikationen

– **Hautirritationen** (Abb. 10-10)
Die Hautirritation (parastomale Rötung) ist die am häufigsten auftretende Komplikation.
Ursache: Zu groß gewählte Beutelöffnung, dadurch kommt es zum Hautkontakt mit Ausscheidungen, Hautirritation ist ein eindeutiger Pflegefehler.
Therapie: Korrekt angepaßte Beutelöffnung (s. o.); Anwendung einer gerbenden Lösung nur nach Anordnung; bei stark nässender Haut fönen; Adhäsivepuder erhöht die Haftkraft; Versorgung wenn möglich mehrere Tage belassen, da die Haut unter der Hautschutzplatte abheilt.

Sollte die Hautrötung trotz korrekter Versorgung nach zwei bis drei Tagen keine deutliche Besserung aufweisen, könnte eine Pilzinfektion die Ursache sein.

– **Pilzinfektion** (Candidamykose)
Ursache: Das chronisch feuchte Milieu im parastomalen Bereich begünstigt ein Pilzwachstum.
Therapie: Zunächst Abstrich vornehmen; Behandlung der Haut mit Antimykotikum z. B. Solutio castellani® (farblos); die Haut sollte zweimal täglich behandelt werden, die Pilzbehandlung erfolgt zehn bis zwölf Tage, solange sollte ein einteiliges System benutzt werden (Kostenersparnis).

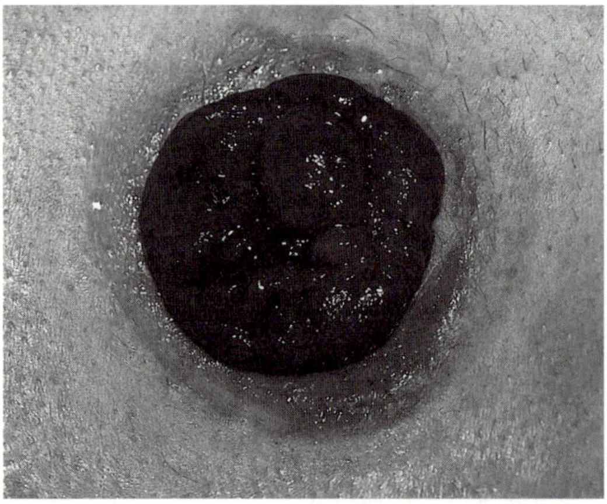

Abb. 10-10 Hautirritation.

Die Behandlung der parastomalen Haut erfolgt immer mit einer **farblosen** wäßrigen Lösung, da Salben, Pasten oder Puder die Haftkraft der Beutel vermindern. Die Lösung sollte farblos sein, damit die Haut stets **beurteilt** werden kann.

Eine Pilzinfektion im parastomalen Bereich ist häufig zu beobachten, wenn bereits an anderer Stelle ein Pilzbefall aufgetreten ist (z. B. Genitalsoor). Um die **Verschleppung** einer Pilzinfektion zu vermeiden, sollte der Betroffene auf **korrekte Hygienemaßnahmen** aufmerksam gemacht werden. Erforderlich sind Händewaschungen vor und nach jedem Versorgungswechsel. Anschließend die Hände zur Erhaltung des Säureschutzmantels der Haut eincremen.

– **Follikulitis** (Haarbalgentzündung)
Ursache: Starkes Kleben bzw. Haften der Versorgung an den Körperhärchen; beim Entfernen der Versorgung werden diese herausgerissen; es kommt somit zur Infektion der Haarbälge.
Therapie: Rasur im parastomalen Bereich sowie einen milden Pflasterlöser einsetzen.

– **Allergien**
Ursache: Unverträglichkeit des Versorgungsmaterials.
Therapie: Wechsel der Materialien (anderer Hersteller); Allergietest durch Dermatologen.

– **Waschfrauenhändehaut** (chronisch feuchte Haut)
Ursache: Durch stets zu groß gewählte Beutelöffnung kommt es ständig zu Reizungen, die immer wieder verheilen; dadurch kommt es zu Narbenbildung (Unebenheiten), die die Stomaversorgung erschweren.
Therapie bzw. Verhinderung: Korrekt angepaßte Stomaversorgung (s. o.).

– **Parastomale Faltenbildung**
Ursache: Eine starke Gewichtsabnahme.
Therapie: Möglichst flexible Klebefläche verwenden, die sich den Falten anpaßt; zusätzliche Fixierung durch einen Gürtel am Stomabeutel.

– **Stuhlkonsistenz** (Ausscheidung zu wäßrig)
Ursache: Falsche Ernährung; Bestrahlung; Chemotherapie; Kurzdarmsyndrom.
Therapie: Nach ärztlicher Anordnung medikamentös; Ernährungsumstellung (s. u.);

strenge Kontrolle des Flüssigkeitshaushaltes.

Wäßrige schwallartige Ausscheidungen erschweren den Versorgungswechsel, daher sollte dieser nicht nach der Nahrungsaufnahme erfolgen. Der günstigste Zeitpunkt ist nach dem Aufstehen, wenn der Patient noch nüchtern ist.

– **Stuhlkonsistenz** (Ausscheidung zu fest)

Ursache: Falsche Ernährung; mangelnde Bewegung; unzureichende Flüssigkeitszufuhr; medikamentös bedingt.

Therapie: Ernährungsumstellung; ausreichende Bewegung; ausreichende Flüssigkeitsaufnahme; medikamentös (nach ärztlicher Anordnung).

– **Mangelnde Prominenz**

Ursache: Intraoperativ unzureichende Mobilisierung des Darmes; übermäßige Gewichtszunahme.

Therapie: Versorgung mittels konvexgeformter Haftfläche; evtl. operative Stomaneuanlage (Abb. 10-11).

– **Hernie**

Kann eine Hernie nicht oder zunächst nicht operativ behandelt werden, so muß der Patient eine Leibbinde nach Maß tragen. In diese Leibbinde ist eine Öffnung für den Stomabeutel eingearbeitet.

– **Prolaps**

Tritt ein Prolaps auf, muß meist eine Versorgung mit größerer Öffnung und größerem Beutel gewählt werden. In sehr ausgeprägten Fällen kann es dazu führen, daß die vorgefallene Darmschleimhaut das gesamte Beutelvolumen ausfüllt.

– **Stomaödem**

Ein Stomaödem tritt fast immer postoperativ auf. Die natürliche Schwellung und Einlagerung in dieser Zeit sind bis zu sechs Wochen nach der Operation **rückläufig.** Dann hat das Stoma seine endgültige Größe und Form erreicht. Auch Stomapatienten mit Herz- oder Niereninsuffizienzen können davon betroffen sein. Die Versorgung muß entsprechend neu angepaßt werden.

Ernährung

Das Thema Ernährung bedeutet für die meisten Stomaträger zunächst ein großes Problem. Der postoperative **Kostaufbau** (s. a. Kap.

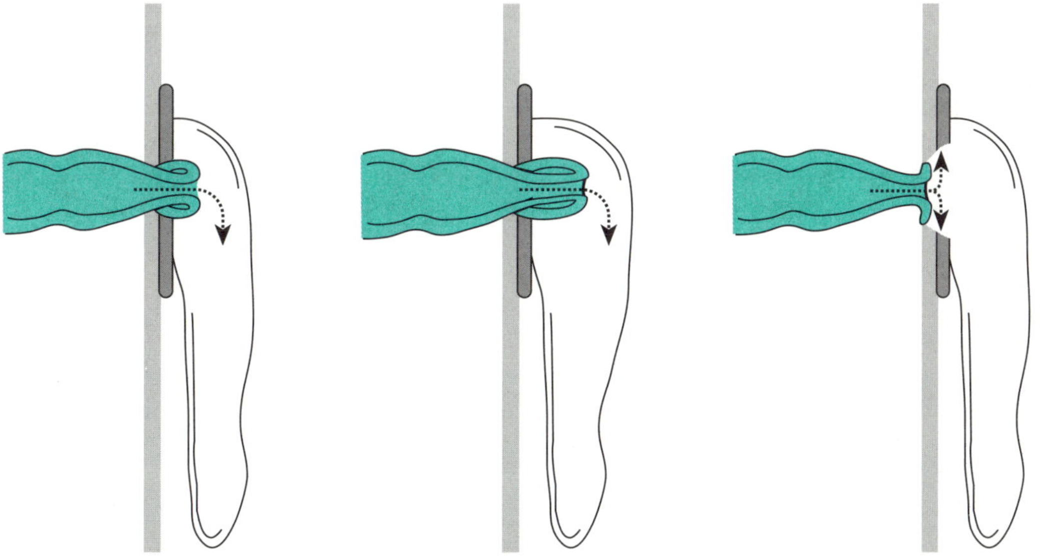

A B C

Abb. 10-11 Stomaversorgung (grau = Hautschutzplatte, blau = Stoma, hellgrau = Haut, transparent = Beutel, Pfeil = Ausscheidung).
A: Erhaben angelegtes Kolostoma, optimale Versorgungsmöglichkeiten.
B: „Nippelförmig“ prominent angelegtes Ileostoma, optimale Versorgungsmöglichkeiten.
C: Stoma unter Hautniveau, Stoma retrahiert, Versorgung kann von Ausscheidungen leicht unterwandert werden.

19.15.2 und 20.12.4) sollte **langsam** beginnen. Auch wenn keine Diät mehr verordnet ist, ist es **ratsam**, zunächst noch vorsichtig zu sein. Nach und nach sollte der Patient alle Speisen probieren. Mit Erbsensuppe bzw. deren Folgen muß er erst lernen, umzugehen. Hier muß das Krankenpflegepersonal beratend zur Seite stehen. Es gilt die **Regel**: Es darf alles probiert werden, aber unbekömmliche Speisen sollten gemieden bzw. später noch einmal probiert werden.

Allgemeine Hinweise

- möglichst viele (fünf) kleine Mahlzeiten, über den Tag verteilt einnehmen
- die Abendmahlzeit nicht zu spät einnehmen, damit es nachts nicht zu vermehrter Ausscheidung kommt
- gründlich kauen
- beim Essen nicht sprechen, denn das Verschlucken von Luft verursacht Blähungen
- blähende oder stuhlfördernde Nahrungsmittel sollten vor geplanten Freizeitaktivitäten (Schwimmbad, Sauna, Theater, etc.) nicht verzehrt werden
- der Genuß von Zitrusfrüchten führt schnell zu parastomalen Hautreizungen

Wirkungsweise einiger Nahrungsmittel

Blähend: tierische Fette, Fisch, Kohl, Hülsenfrüchte, Spargel, Pilze, Joghurt, grüner Salat, Spinat, Petersilie, Heidelbeeren, Kohlensäure, Bier, Kaffee, Sojaprodukte, Eier.
Blähungshemmend: Kümmel, Kümmeltropfen (aus dem Reformhaus), Preiselbeeren.
Geruchserzeugend: tierische Fette, Hartkäse, Kohl, Spargel, Pilze, Knoblauch, Zwiebeln, Hülsenfrüchte, Gewürze, Eier.
Geruchshemmend: Joghurt, grüner Salat, Spinat, Petersilie, Heidelbeeren, Preiselbeeren.
Abführend: Vollkornbrot, Weizenkleie, Leinsamen, ungeschälter Reis, Fleischbouillion, Wasser, Fruchtsäfte, Süßmost, Sauerkraut, Alkohol, Bier, Kaffee, Milch, Buttermilch, scharfe Gewürze, grüner Salat, Spinat, Sauerkraut, Bohnen, Pflaumen, Trauben, Feigen, Erdbeeren, Zucker.
Stopfend: Teigwaren, Haferflocken, geschälter Reis, Kartoffeln, Mais, gekochte Rüben, Sellerie, Bananen, Heidelbeeren, Nüsse, Schokolade, gekochte Milch, Kakao, Rotwein.

Es ist zu empfehlen, Speisen mit gegensätzlichen Wirkungen zu kombinieren, vor und nach der Erbsensuppe sollten Kümmeltropfen eingenommen werden. Zur Kontrolle, welche Nahrungsmittel welche Wirkung auf die Verdauung haben, kann ein **Nahrungsprotokoll** geführt werden (Tab. 10-1).

Besondere Hinweise für Ileostomieträger

Von einer **Stomablockade** spricht man, wenn sich unverdaute Nahrungsmittel vor dem Stoma sammeln und durch die dadurch verursachte Verstopfung keine Ausscheidung erfolgt. Folgende Nahrungsmittel können zu einer Stomablockade führen:

Tomaten, Trauben, Zitrusfrüchte, Apfelschale, Hülsenfrüchte, Spargel, Pilze, Rosinen, Feigen, Ananas, faseriges zähes Fleisch, Kokosraspel, Popkorn und Nüsse.

Tab. 10-1 Nahrungsprotokoll.

Datum	Uhrzeit	Speisen	Wirkung, Verträglichkeit, Besonderheit, Ausscheidung
10.07.1994	8.00 Uhr	1 Vollkornbrötchen Marmelade, Kaffee	
	10.00 Uhr	1 Glas Buttermilch	10.00 Uhr Stuhlgang, Beutelwechsel
	12.00 Uhr	Sauerkrautauflauf 1 Flasche Bier	14.00 Uhr Stuhlgang, Beutelwechsel
	16.00 Uhr	1 Tasse Kaffee	16.00 Uhr Stuhlgang, Beutelwechsel
	18.00 Uhr	Kein Appetit	18.00 Uhr Stuhlgang, Beutelwechsel

Schlackenreiche Kost ist nicht geeignet, da sie zu vermehrter Ausscheidung und somit zu erhöhtem Flüssigkeitsverlust führt.

Der Ileostomieträger muß auf seine **Trinkmenge** achten. Vermehrte Flüssigkeitsaufnahme fördert Durchfall (Verlust von Wasser und Natrium). Wird zu wenig getrunken, so vermindert dies die Urinausscheidung (Gefahr einer Nierenschädigung). Es gilt die **Regel**: Soviel trinken, daß die tägliche Urinausscheidung einen Liter beträgt (nach der Entlassung einmal wöchentlich messen).

Während des Essens sowie **eine halbe Stunde vor** und **nach** den Mahlzeiten sollte der Patient **nichts** trinken. Dies verhindert, daß die Nahrung durch den Darm geschwemmt wird. Es ist wichtig, daß der Speisebrei solange wie möglich im Körper verbleibt, um ausreichend Nährstoffe aufnehmen zu können.

Der Ileostomieträger soll seine Nahrung **normal** salzen. Sechs Gramm Salz (leicht gehäufter Teelöffel) sollten täglich aufgenommen werden. Dabei ist zu beachten, daß in einigen Nahrungsmitteln bereits Salz enthalten ist. Es gilt die **Regel:** Normal salzen, nicht übermäßig, aber auch nicht salzlos essen. Salz bindet Wasser im Körper. Aber zuviel Salz führt zu einer vermehrten Ausscheidung. **Empfehlung:** Regelmäßige Elektrolytkontrolle (Körpersalze) durch den Hausarzt.

Falls trotz dieser Empfehlungen Schwierigkeiten auftreten sollten, ist eine **Ernährungsberatung** durch eine Fachkraft (z.B. bei der Allgemeinen Ortskrankenkasse) zu empfehlen.

Beratung des Patienten

Stomabeobachtung

Das Stoma verkleinert sich in den ersten sechs postoperativen Wochen um bis zu 30%. Aus diesem Grunde ist evtl. eine Änderung der Versorgung notwendig (s. o.). Ferner ist es möglich, daß das Stoma seine Form von oval nach rund verändert. Bei Veränderungen des Stomas oder des parastomalen Bereichs (s. o.), ist eine Fachkraft hinzuzuziehen.

Ambulante Betreuung

Unerläßlich ist die ambulante Betreuung und regelmäßige Stomakontrolle durch eine Fachkraft. Der Patient sollte sich **regelmäßig** beim Stomatherapeuten zur Kontrolluntersuchung einfinden. Stomatherapeuten arbeiten in der Klinik oder in Sanitätshäusern.

Material und Beschaffung

Das richtige Beutelmaterial ist die Grundvoraussetzung für eine optimale Stomaversorgung. **Kriterien** für die Entlassungsversorgung:
- hautfreundlich
- raschelarm
- geruchsdicht
- kein Eigengeruch
- gut haftend
- ästhetische Aufmachung (keine transparenten Beutel)
- Schutz vor aggressiven Ausscheidungen
- flexibel
- einfache Anwendung
- leichte Beschaffung

Der Patient muß sein Versorgungsmaterial **kennen,** um es sicher einsetzen zu können. Bis zur Entlassung sollten ihm Name, Größe, Bestellnummer und Bezugsquellen bekannt sein (Notizzettel in Brief- oder Handtasche).

Am Tag der Entlassung sollte der Patient mit Material für mindestens zwei Wochen versorgt sein. Das Beutelmaterial wird vom Hausarzt rezeptiert. Die Krankenkasse übernimmt die gesamten Kosten der Materialien, die in Apotheken und Sanitätshäusern zu beziehen sind.

Die **Entsorgung** des benutzten Versorgungsmaterials erfolgt über den **Hausmüll.** Aus ästhetischen Gründen ist die Verwendung nicht durchsichtiger Müllbeutel als „Sichtschutz“ zu empfehlen. Keinesfalls dürfen die Materialien in die Toilette gespült werden (Verstopfung des Abwassersystems).

Irrigation

Im Rahmen der Beratung sollte der Patient auf die Möglichkeit der Irrigation hingewiesen werden. Hierbei handelt es sich um eine Spülmethode, die zu einer kompletten Dickdarmentleerung führt. Der Patient ist im Anschluß für einen längeren Zeitraum (bis zu 24 Stunden) **ausscheidungsfrei** und kann durch das Tragen einer **Stomakappe** auf die Beutelversorgung verzichten. Allerdings **eignet sich** die Irrigation **nicht** für alle Kolostomieträger. Bei Stomaanlagen im Querdarm bzw. im aufsteigenden Dickdarm ist die Verletzungsgefahr zu groß. Auch bei bestimmten Grunderkrankungen (z.B. Morbus Crohn) oder Stomakomplikationen (z.B. Stenosen) muß auf die Irrigation verzichtet werden. Bevor ein Patient diese Methode einsetzt, sollte er sich genau mit seinem Arzt beraten und die **Durchführung** der Irrigation bei einem Stomatherapeuten/einer Stomatherapeutin **erlernen.**

Anschlußheilbehandlung (AHB)

Je nach Zustand und Alter des Patienten sollte eine Anschlußheilbehandlung in einer Klinik, die sich gut mit Stomapatienten auskennt, erfolgen. Hier können Selbständigkeit, Ernährungsberatung und Materialkenntnisse vertieft und Freizeitaktivitäten aufgenommen oder aktiviert werden. Hier können auch Kontakte zu anderen Betroffenen geknüpft und Erfahrungen ausgetauscht werden.

Behindertenrecht

Jeder Stomaträger hat das Recht, beim zuständigen Versorgungsamt einen **Behindertenausweis** zu beantragen. Der Grad der Behinderung richtet sich nach der Grunderkrankung und Art der Stomaanlage.

Selbsthilfegruppen

Über die örtliche Selbsthilfegruppe für Stomaträger (ILCO) kann bereits in der Klinik Kontakt mit Betroffenen aufgenommen werden, die schon längere Zeit mit dem Stoma leben.

Ein Gespräch mit einem „Leidensgenossen" kann sehr hilfreich sein, um festzustellen, daß man mit seinen Problemen nicht alleine ist. Auf jeden Fall sollte kein Patient die Klinik ohne die **Adresse** (s. Anhang) der örtlichen ILCO verlassen.

Nicht jeder nimmt Kontakt zu anderen Betroffenen auf. Ein **Ratgeber** in Form eines kleinen Heftchens kann in diesem Fall dienlich sein, um auftretende Fragen beantworten zu können. Jeder Patient sollte einen solchen Ratgeber noch in der Klinik bekommen. Dieses Informationsmaterial ist bei den Stomatherapeuten oder in Sanitätshäusern erhältlich.

Beruf

Wenn die Grunderkrankung die Wiederaufnahme der beruflichen Tätigkeit zuläßt, spricht trotz der Stomaanlage in den wenigsten Fällen etwas dagegen. Tätigkeiten, die mit schwerem Tragen einhergehen, sollten möglichst vermieden werden. Sind sie jedoch unumgänglich, muß der Betroffene eine Leibbinde nach Maß tragen. Diese dient der **Hernienprophylaxe**. Bevor der Betroffene wieder an seinen Arbeitsplatz zurückkehrt, sollte er sich über die sanitären Verhältnisse und die Möglichkeit eines evtl. anfallenden Beutelwechsels Gedanken machen. Es empfiehlt sich, ein **offenes** Gespräch mit Vorgesetzten und Kollegen zu führen, um peinliche Situationen zu vermeiden.

Freizeit

Das Stoma steht körperlichen Aktivitäten und Urlaubsreisen nicht im Wege. Am Joggen, Radfahren, Schwimmen, Saunabesuch, Tennisspielen usw. kann der Stomaträger teilnehmen. Etwas mehr Zeit sollte allerdings beim Saunabesuch oder aber beim Schwimmen eingeplant werden, da anschließend grundsätzlich ein Versorgungswechsel erforderlich ist. Die Haftkraft der Beutelversorgung ist nach einem Vollbad, Schwimmen sowie Saunabesuch herabgesetzt. Lediglich **Kraftsportarten** sind wegen Verletzungs- und Herniengefahr **nicht empfehlenswert**.

Reisen in warme Länder sind durchaus möglich, sollten aber gut geplant sein. Unterkünfte mit eigenem Sanitärbereich sind empfehlenswert. Bei längeren Reisen sollte der Stomaträger sich rechtzeitig mit ausreichend Beutelmaterial versorgen.

Theater-, Kino-, Konzert- oder Tanzveranstaltungsbesuche können genauso zur Freizeitgestaltung gehören, wie in der Zeit vor der Stomaanlage. Der Betroffene sollte daran denken, stets eine neue Versorgung bei sich zu haben.

Kleidung

Meist zieht der Patient am Tag der Entlassung das **erste Mal** seine „Alltagskleidung" an. Verunsichert verläßt er dann die Klinik mit dem Gedanken: „Jeder kann es mir ansehen". Daher sollte er bereits **Tage vorher** seine alltägliche Kleidung anprobieren. Unterschiedliche Kleidungsstücke sollten von zu Hause mitgebracht und anprobiert werden. Der Patient erlangt **Sicherheit**, wenn er vor der Entlassung mit Unterstützung einer vertrauten Person in Alltagskleidung in „die Öffentlichkeit" tritt. Hierzu bietet sich (mit ärztlicher Erlaubnis) z.B. ein Spaziergang zum nahegelegenen Café an.

Angehörige

Es empfiehlt sich, die nächsten Angehörigen über die körperlichen Veränderungen aufzuklären. So kommt der **Druck** des Übergehens und Verschweigens der Krankheit gar nicht erst auf. Angehörige und Freunde können mit der Situation besser umgehen bzw. sich angemessen verhalten, wenn sie über die Situation aufgeklärt sind.

Intimleben

Vom technischen Standpunkt aus gesehen stellt eine Stomaanlage **keinen Hinderungsgrund** für den Sexualverkehr dar. Kaum ein Betroffener jedoch kann sich von Ängsten und Hemmungen bei ersten intimen Kontakten nach einer Stomaanlage frei machen. Arzt und Pflegepersonal sollten dem Patienten deutlich machen, daß nur **Offenheit** und **Ehrlichkeit** unter Einbeziehung des **Partners** auf dem Gebiet Sexualität **Hilfe** bringen kann. Der Partner sollte deshalb von Anfang an **mit einbezogen** und mit der neuen Situation vertraut gemacht werden. Sind Patient und Partner einverstanden, sollten beide ihre Ängste und Bedenken im Bereich der Sexualität in Anwesenheit eines Stomatherapeuten äußern können. Evtl. kann ein Psychologe hinzugezogen werden. Der Partner sollte auch über die Stomaanlage, deren Aussehen, Funktion und Pflege, Versorgung sowie die Ausscheidungen und Ernährung informiert sein. Ekelgefühl und Unkenntnis sind häufig Störfaktoren beim Sexualverkehr. Durch gute Aufklärung kann dies abgebaut werden.

Psychische Begleitung des Patienten

Die psychische Begleitung des Patienten während des gesamten Klinikaufenthaltes ist unerläßlich. Stomapatienten werden in **kurzer** Zeit mit **zwei** niederschmetternden Tatsachen **konfrontiert.** Da ist zunächst die **Diagnose**, die meist „Krebs" lautet. Noch immer verbindet man in unserer Gesellschaft mit einer Krebsdiagnose gleichzeitig den Tod. Kaum hat der Patient begonnen sich mit dieser Diagnose auseinanderzusetzen, kommt die zweite Hiobsbotschaft, der **künstliche Darmausgang**.

Die psychische Begleitung durch das Pflegepersonal beginnt beim präoperativen Gespräch. Der Patient darf und sollte alle Ängste und Sorgen äußern. Je mehr Informationen vorhanden sind, desto besser die Pflegeplanung. Der Patient wird bei allen Vorgängen stets mit einbezogen (Beispiel: Stomamarkierung, Kleidungsgewohnheiten berücksichtigen). Das gibt ihm das Gefühl der Sicherheit und ermutigt ihn, Bedenken zu äußern. In der Anleitungsphase sollte auch einmal eine „Panne" durchgespielt werden. So macht der Patient die Erfahrung, sich in problematischen Situationen aus eigener Kraft helfen zu können.

Die Aussicht, sein Leben wieder so normal wie möglich gestalten zu können, hilft, das Stoma zu akzeptieren. Der rote Faden darf nach der Entlassung nicht enden. Hinweise auf Weiterversorgungsmöglichkeiten, ambulante Weiterbehandlung und Kontakte zu Betroffenen stellen eine Möglichkeit dar, den Patienten nach der Entlassung zu einer **positiven** Einstellung zu verhelfen.

10.1.8 Pflegeplanung (prä- und postoperativ) bei Anlage eines künstlichen Darmausganges

Pflegeprobleme	Pflegeziel	Pflegemaßnahmen
1 Ruhen und Schlafen *Prä- und postoperativ* • Gedanken über die Zukunft beunruhigen den Pat. und lassen ihn nicht einschlafen	• Pat. kann ruhig einschlafen	• Gespräch mit dem pflegerischen Nachtdienst • Ermöglichen, beruhigende Musik zu hören • Zimmer lüften • Bett aufschütteln

10

10.1.8 Pflegeplanung (Fortsetzung)

Pflegeprobleme	Pflegeziel	Pflegemaßnahmen
1		• Melissentee anbieten (präoperativ bis zum Beginn des Nahrungsabbaus, postoperativ nach Kostaufbau)
2 Sich bewegen *Präoperativ* • Pat. fühlt sich im Zimmer eingeengt	• Pat. bewegt sich seinen Wünschen entsprechend	• Pat. anbieten, so oft wie möglich das Zimmer zu verlassen (Fernsehraum, Cafeteria, Krankenhausgelände)
Postoperativ • Pat. fühlt sich durch Stomaversorgung (Fremdkörpergefühl) in seiner Bewegung eingeschränkt	• Pat. fühlt sich nicht eingeschränkt	• zweimal tägl. Bewegungsübung (z.B. Bücken) zur Gewöhnung • Pat. raten, tagsüber für ca. drei Wochen weite Kleidung anzuziehen • regelmäßiges Entleeren bzw. Wechseln des Beutels (je nach Häufigkeit der Ausscheidung) • bequeme Nachtwäsche anbieten
3 Sich waschen und kleiden *Präoperativ* • Pat. befürchtet, daß er seine bisherige Kleidung mit Beutel nicht mehr tragen kann (aufgrund einer nicht optimalen Plazierung des Stomas)	• Pat. kann weiterhin normale Kleidung tragen	• korrekte Stomamarkierung durch Stomatherapeut und Operateur
Postoperativ • Pat. kann die Stomapflege nicht selbst übernehmen (aufgrund der Unkenntnis)	• selbständige Stomaversorgung	• fachliche schrittweise Anleitung bei den Versorgungswechseln • Pat. in die Pflege mit einbeziehen • Pat. übernimmt alle bereits erlernten Handgriffe
• Stomabeutel kann unter „falscher" (zu eng, durchsichtig, etc.) Kleidung auffallen • Pat. schämt sich	• Pat. fühlt sich wohl	• Angehörige verschiedene Kleidungsstücke mitbringen lassen und vor großem Spiegel anprobieren • die „richtige" Kleidung nach dem Geschmack des Pat. auswählen
4 Essen und Ttrinken *Präoperativ* • Pat. fürchtet, das er als Stomaträger eine umfassende Diät einhalten muß	• Pat. kennt die Wirkungsweise der Nahrungsmittel, die die Verdauung beeinflussen	• Ernährungsberatung durch Diätassistent • Kontakt mit Betroffenen herstellen
Postoperativ • Pat. hat Durchfall und dadurch Flüssigkeitsverlust	• regelrechte Ausscheidung • ausgeglichener Flüssigkeitshaushalt	• Pat. führt Ernährungsprotokoll • Vermeiden von abführenden Speisen • Ein- und Ausfuhr messen und dokumentieren • Flüssigkeitsmenge nach ärztlicher Anordnung • langsamer Kostaufbau

10.1.8 **Pflegeplanung** (Fortsetzung)

Pflegeprobleme	Pflegeziel	Pflegemaßnahmen
4 • Aufblähen des Stomabeutels	• kein Aufblähen des Stomabeutels	• Vermeiden von blähenden Speisen • Beutel mit Filter verwenden • entblähende Medikamente nach ärztlicher Anordnung • über Kümmelpräparate informieren
5 Ausscheiden *Präoperativ* • Pat. hat Durchfall	• regelrechte Stuhlentleerung	• schwarzen Tee verabreichen • medikamentöse Therapie nach ärztlicher Anordnung
Postoperativ • parastomale Hautreizung durch dünnflüssigen Stuhl • durch parastomale Faltenbildung löst sich die Stomaversorgung leicht ab	• intakte Hautverhältnisse • intakte (dichte) Stomaversorgung	• korrekt angepaßte Stomaversorgung möglichst zwei bis drei Tage belassen • Vertiefungen und Falten mit Stomahaesivepaste ausgleichen • konvexe Versorgung anwenden
6 Regulieren der Körpertemperatur *Postoperativ* • Pat. friert einige Stunden nach der Operation (Auskühlung intraoperativ)	• Pat. fühlt sich angenehm warm	• zweite Bettdecke anbieten • wohltemperierte Wärmflasche an die Füße legen
7 Atmen (Blutdruck, Puls) *Präoperativ* • Pat. fühlt sich schlapp (Grunderkrankung)	• Pat. fühlt sich fit	• ausreichend Schlaf zwischen den Untersuchungen ermöglichen • Bewegungen an der frischen Luft • vitaminhaltige Ernährung • Wechselduschen
Postoperativ • Pat. hat am 1. und 2. postoperativen Tag leichte Schonatmung (Wundschmerz)	• Pat. atmet uneingeschränkt	• Schmerzmedikation nach ärztl. Anordnung • Atemtraining mit Triflow, etc.
8 Für Sicherheit sorgen *Präoperativ* • Pat. befürchtet erhebliche gesellschaftliche Einschränkungen als Stomaträger	• Pat. soll sich in Gesellschaft wohl fühlen	• ausführliches präoperatives Gespräch mit Stomatherapeuten veranlassen • Gespräch mit nächsten Angehörigen führen
Postoperativ • Pat. hat Angst, daß er Mitpatienten belästigt, wenn Geruch und Geräusche abgehen	• Pat. fühlt sich sicher	• Mitpatienten informieren • häufig lüften • Duftspender für das Zimmer anbieten
9 Sich beschäftigen *Präoperativ* • Pat. hat wenig Interesse an Beschäftigung, da er viel an die Zukunft mit dem Stoma denkt	• Pat. hat allgemeines Interesse an seiner Umgebung	• Pat. in Gesprächen allgemeinen Inhalts einbeziehen (Wetter, Politik, Hobby, etc.) • Kontakt zu Mitpatienten herstellen

10.1.8 **Pflegeplanung** (Fortsetzung)

Pflegeprobleme	Pflegeziel	Pflegemaßnahmen
9 *Postoperativ* • Pat. traut sich nicht in die Öffentlichkeit • Pat. äußert Bedenken, ins Berufsleben zurückzukehren	• sicheres Auftreten in der Öffentlichkeit • berufliche Rehabilitation	• Anschlußheilbehandlung (AHB) einleiten • Pat. motivieren, Kontakte zu Vorgesetzten und Kollegen aufzunehmen, um über „Situation" zu sprechen • Ausflug in ein nahegelegenes Café in Begleitung einer vertrauten Person „Sicherheitstraining"
10 Kommunikation *Präoperativ* • Pat. ist Mitpatienten gegenüber unsicher	• Pat. hat Kontakt zu Mitpatienten	• Gespräche mit dem Pat. unter Einbeziehung der Mitpatienten führen
Postoperativ • Pat. umgeht das Thema „Stoma" möglichst	• Pat. betrachtet das Stoma als einen Teil von sich selbst	• Ängste und Befürchtungen des Pat. ernst nehmen • Gespräch zur Förderung der Selbstsicherheit führen (Psychologen hinzuziehen) • Kontakt zu Betroffenen herstellen (ILCO)
11 Sich als Frau, Mann, Kind fühlen *Prä- und postoperativ* • Pat. äußert Angst vor evtl. sexueller Einschränkung	• Pat. kann mit seinen Gefühlen umgehen • Intimleben wie vor der Operation	• Vermittlung eines Gespräches mit Psychologen unter Einbeziehung des Partners • Kontakt zu Betroffenen • Einbeziehung des Partners in die Stomaversorgung
12 Sinn finden *Präoperativ* • Pat. hat Zukunftsängste	• Pat. ist überzeugt, daß das Leben auch nach der Operation einen Sinn hat und schön sein kann	• ausführliches präoperatives Gespräch mit Operateur vermitteln • Angehörige motivieren, mit dem Pat. über seine Ängste zu reden • Pat. bewußt machen, daß er auch mit Stoma akzeptiert wird und liebenswert ist
Postoperativ • Pat. sieht mit Krebs und Stoma wenig Sinn mehr im Leben, denkt viel ans Sterben	• Pat. faßt neuen Lebensmut, setzt sich neue Ziele	• Partner zu gemeinsamen Aktivitäten auffordern (z. B. Spazierengehen) • Adressen von Selbsthilfegruppen geben • Pat. Gespräch mit Seelsorger anbieten • psychosoziale Krebsnachsorge vermitteln • Pat. Mut machen

10.2 Tracheostoma

10.2.1 Begriffserklärung

Mit Tracheostoma (griech. Trachea, die Luftröhre und Stoma, die Öffnung) bezeichnet man eine **künstliche Luftröhrenöffnung**. Tracheotomie heißt die operative Eröffnung der Luftröhre unterhalb des Ringknorpels. Die Trachea wird durch eine Naht an der Haut fixiert. Eine Trachealkanüle bzw. Tubus wird über diese Öffnung in die Luftröhre eingeführt, um das Stoma offenzuhalten. Die Tracheotomie erfolgt bei Ateminsuffizienz z. B. in einer Notfallsituation je nach Zustand des Patienten in Vollnarkose oder Lokalanästhesie.

10.2.2 Indikationen

- Atemwegsobstruktion (Verstopfung, z. B. durch Fremdkörper)
- Einengung der oberen Atemwege durch Ödem, Hämatom, Tumor oder Stenose
- Langzeitbeatmung
- bei schweren Mund- und Gesichtsverletzung, wenn eine endotracheale Intubation nicht möglich ist

Die **Vorteile** eines Tracheostomas gegenüber der Intubation sind bei folgenden Punkten zu sehen. Der anatomische **Totraum** wird durch Umgehung von Mund- und Rachenraum **verkleinert**. Dies **verringert** den **Atemwegswiderstand** und **verbessert** die **Beatmung** des Patienten. Der Patient kann schlucken bzw. Nahrung aufnehmen, wenn die Grunderkrankung und der Zustand des Patienten dies erlauben. Diese Form der Intubation ist für den Patienten **angenehmer**.

10

10.2.3 Material

Wie bereits in Kap. 10.2.1 erwähnt, wird das Stoma mit einer Kanüle oder einem Tubus offen gehalten.

Kanüle

Trachealkanülen (Abb. 10-12) können aus Silber, Gummi, Latex oder Plastik bestehen. Diese Materialien haben unterschiedliche Vor- und Nachteile. Der Vorteil der Silberkanüle ist die bakterizide (keimtötende) Wirkung des Silbers. Dadurch wird die Wundheilung des Tracheostomas begünstigt. Ein entscheidender Nachteil dieser Kanüle aus Metall ist die starre Form (**Gefahr von Drucknekrosen**) und ein oft scharfrandiges Kanülenende (**Verletzungsgefahr**). Außerdem kann der Patient bei einer evtl. Notsituation **nicht** beatmet werden, da die Kanüle keine Blockermanschette (Cuff) besitzt. Gummi, Latex oder Plastikkanülen sind **weder** starr **noch** scharfrandig, jedoch dickwandiger, was wiederum den **Atemwegswiderstand erhöht**.

Es gibt ein- und zweiteilige Trachealkanülen. Die zweiteiligen charakterisiert ein herausnehmbares Innenteil, wodurch die Kanülenpflege vereinfacht wird (s. Kap. 10.2.4). Trachealkanülen und Tuben gibt es in verschiedenen Größen, die sich nach der Größe der Trachea richten.

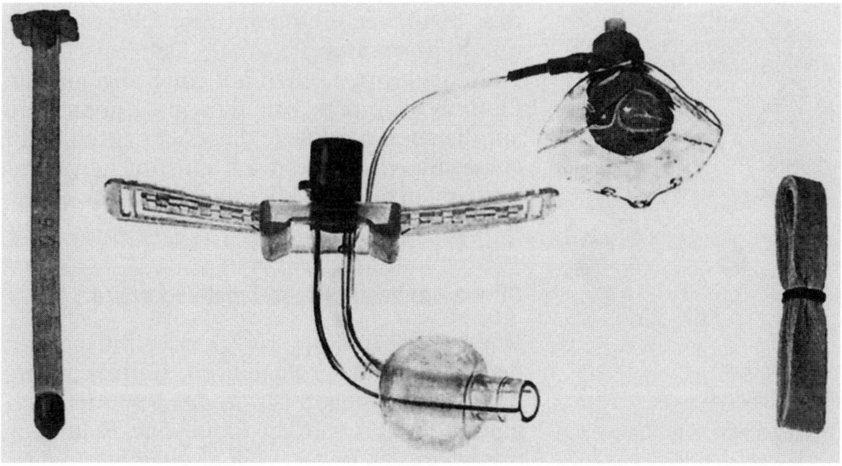

Abb. 10-12 Blockbare Trachealkanüle mit Einführungshilfe (Mandrin) und Befestigungsbändchen.

10

Tubus

Muß der Patient beatmet werden, wird das Tracheostoma mit einem Tubus (Abb. 10-13) versehen, an dessen Ansatz das Beatmungsgerät angeschlossen ist. Am Ende des Tubus befindet sich eine Blockermanschette (Cuff), die mit Luft aufgeblasen wird. Dieser Cuff dichtet die Trachea so ab, daß bei einer Beatmung neben dem Tubus keine Luft nach außen strömen kann und die Aspiration von Magensaft und Erbrochenem verhindert wird. Der **Cuffdruck** wird mittels eines Manometers überprüft und soll **20 bis 26 cmH_2O** möglichst **nicht** überschreiten, um eine Schädigung der Trachealschleimhaut zu verhindern. Es gibt auch Trachealkanülen, die einen geeigneten Cuff besitzen, damit der Patient zu beatmen ist (siehe intensivmedizinische Fachpflegeliteratur).

Sprechkanüle

Bei tracheotomierten Patienten nach Kehlkopfexstirpation (Entfernung des Kehlkopfes bei Kehlkopfkarzinom) wird das Stoma nach

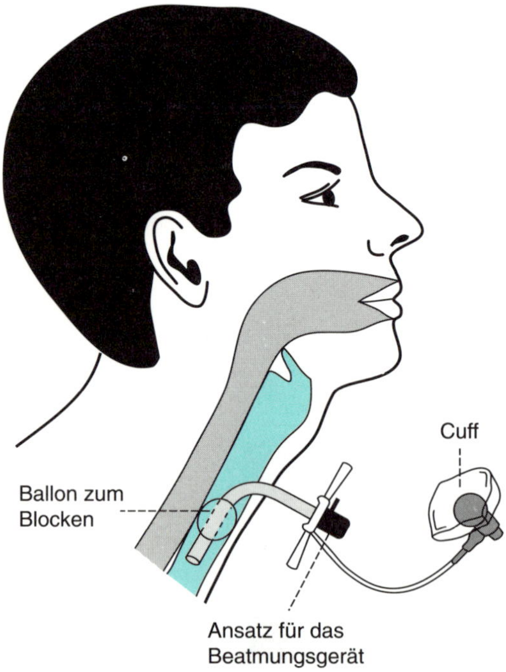

Abb. 10-13 Patient mit Tracheostoma und Tubus zur Beatmung.

der Wundheilung mit einer Sprechkanüle versorgt. Diese Dauerkanülen bestehen meist aus Silber und **ermöglichen** durch ein besonderes „Innenleben", daß der Patient **sprechen** kann.

Nähere Informationen und Pflegeanleitung für diese Patientengruppe ist der entsprechenden Fachliteratur für Hals-Nasen-Ohrenheilkunde zu entnehmen.

Am Ansatz einer Kanüle oder eines Tubus befindet sich ein Halteplättchen, auch als Schild bezeichnet. An diesem Schild ist ein Haltebändchen fixiert, welches um den Hals des Patienten gelegt wird, um ein Heraushusten des Tubus zu verhindern. Es besteht die Gefahr, daß der Tubus trotz Fixierung herausgehustet wird (Dekanülierung). Um diese Situation sofort beheben zu können, muß **immer** ein **Notfallset** am Patientenbett **bereitliegen**, um jederzeit einen neuen Tubus legen zu können.

Die **natürliche Funktion** der Nase, die eingeatmete Luft zu **reinigen**, zu **erwärmen** und **anzufeuchten**, **entfällt** bei tracheotomierten Patienten. Die Atemluft muß angefeuchtet werden, um Borkenbildung in der Kanüle zu verhindern. Borkenbildung führt zu einer Einengung des Kanülenlumens, wodurch es zu einem lebensbedrohlichen Zustand kommen kann. Zur Vorbeugung wird eine als **künstliche Nase** bezeichnete Vorrichtung auf dem Ansatz der Kanüle angebracht, mit deren Hilfe die Erwärmung und Anfeuchtung der eingeatmeten Luft gewährleistet ist.

10.2.4 Pflege des tracheotomierten Patienten

Tracheotomierte Patienten, die beatmet werden, benötigen eine besondere **Überwachung** durch **geschultes** Personal. Daher ist diese Patientengruppe selten auf einer allgemeinen Station zu finden. Aus diesem Grunde wird auf die spezielle Pflege dieser Patienten nicht eingegangen, sondern auf entsprechende intensivmedizinische Pflegefachliteratur verwiesen.

Pflege der zweiteiligen Trachealkanüle

Wie bereits in Kap. 10.2.3 erwähnt, besteht der Vorteil der zweiteiligen Kanüle darin, daß sie zu reinigen ist, da das Innenteil herausgenommen werden kann. Die Reinigung erfolgt in der Regel dreimal täglich, um Tra-

chealsekretborken zu entfernen und die Kanüle regelmäßig zu desinfizieren. Die Innenkanüle ist mittels Riegel an der Außenkanüle befestigt, um ein Herausrutschen zu verhindern. Bei der Durchführung wird folgendermaßen vorgegangen:
- Patienten informieren
- Material vorbereiten
- Hände desinfizieren
- sterile Handschuhe anziehen
- Riegel der Innenkanüle lösen und diese vorsichtig herausziehen
- Reinigung in Wasserstoffsuperoxyd mit Hilfe einer kleinen Kanülenbürste oder eines Pfeifenreinigers
- anschließend mit Aqua destillata oder NaCl 0,9% abspülen
- Reinigung des Kanülenplättchens mit Wasserstoffsuperoxyd mit Hilfe eines Wattestäbchens, wobei darauf zu achten ist, daß dieses nicht zu feucht ist und sich Flüssigkeit in der Kanüle sammelt (Aspirationsgefahr)
- vorsichtiges Wiedereinführen der Innenkanüle
- Entsorgen des Materials
- Pflegedokumentation

Der Kanülenwechsel erfolgt bei Bedarf in Verbindung mit dem Verbandswechsel (s. u.).

Wechsel der Trachealkanüle

Die Trachealkanüle aus Gummi, Latex oder Plastik sollte zur Verhütung von Wundinfektionen alle **48 bis 72 Stunden** (bei Bedarf öfter) gewechselt werden. Ein regelmäßiger Wechsel der Kanülen aus Silber ist auf Grund ihrer bakteriziden Wirkung nicht erforderlich. Die Silberkanüle wird nur bei Bedarf (z. B. beim Heraushusten, Borkenbildung) gewechselt.

Der Tubuswechsel bei beatmeten Patienten wird vom Arzt durchgeführt. Das Pflegepersonal sollte allerdings auch mit der **Technik vertraut sein**, um im **Notfall** (Dekanülierung) **sofort handeln** zu können.

In den ersten 48 Stunden nach der Tracheotomie ist besonders darauf zu achten, daß ein Wechsel **nicht** erforderlich wird, da in dieser Zeit die Gefahr besonders groß ist, daß das Stoma ohne Kanüle zuschwillt. Der Patient kann dann ersticken. Der **erste** Kanülenwechsel wird **immer** von einem **Arzt** vorgenommen. Bei einem künftigen Kanülentausch ist darauf zu achten, daß er **nicht unmittelbar nach** der Nahrungsaufnahme (Aspirationsgefahr) erfolgt. Nachstehend wird die Technik des Kanülenwechselns bei nichtbeatmeten Patienten erklärt:
- Patienten informieren
- alle Materialien vorbereiten
- Patient in halbsitzende Position bringen, wobei der Kopf leicht nach hinten geneigt ist
- Händedesinfektion
- Bronchialtoilette (s. u.)
- Mundpflege
- evtl. vor oder während des Wechsels der Kanüle den Patienten mittels einer Sonde Sauerstoff anbieten
- sterile Handschuhe anziehen
- Haltebändchen lösen
- Trachealkanüle entfernen und in Desinfektionslösung ablegen
- Verband entfernen
- Wundränder reinigen
- Handschuhe wechseln
- neue Kanüle vorsichtig einführen
- Haltebändchen fixieren
- Verband anlegen
- Material entsorgen
- Pflegedokumentation

Stomapflege

Nach Anlage eines Tracheostomas kommt es fast immer zu vermehrter Schleimabsonderung. Um dieses Sekret aufzufangen, befindet sich ein Verband (Schlitzkompressen) zwischen dem Halteplättchen des Tubus und der Haut des Patienten (Abb. 10-14). Je nach Menge der Schleimabsonderung muß

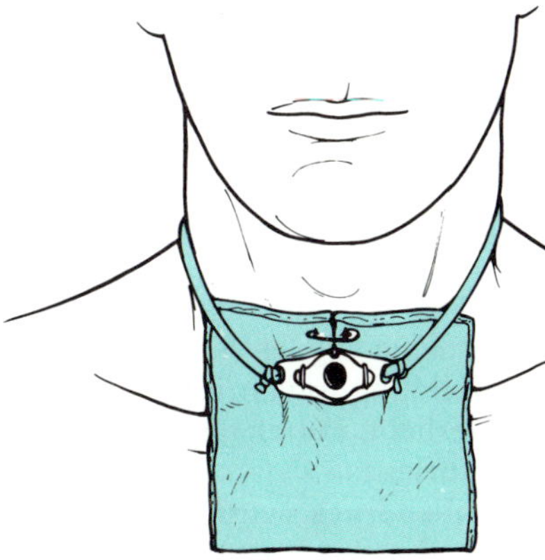

Abb. 10-14 Versorgung des Tracheostomas.

dieser Verband zur Verhütung von Wundinfektionen **mehrmals** täglich unter **sterilen** Kautelen gewechselt werden. Hierfür eignen sich am besten vorgefertigte nichtfusselnde Schlitzkompressen. Bei geringer Schleimabsonderung können auch Metallinekompressen (Schutz vor Hautreizungen) verwendet werden. Einige Kliniken setzen auch Stomahaesivplatten als Verbandmaterial ein. Während des Verbandwechsels sollte eine Hand der Pflegekraft stets die Kanüle **fixieren**. Es ist empfehlenswert, daß **zwei** Pflegekräfte den Verbandwechsel vornehmen.
Durchführung:
- Patienten informieren
- alle Materialien vorbereiten
- Händedesinfektion
- sterile Handschuhe anziehen
- alten Verband entfernen
- Haltebändchen entfernen
- sterile Handschuhe anziehen
- Krusten mit NaCl 0,9% lösen
- Hautdesinfektion z.B. mit Octenisept® im parastomalen Bereich
- neuen Verband anlegen (Verband mit Hilfe einer Pinzette von unten unter das Halteplättchen nach oben ziehen)
- neues Haltebändchen einziehen und fixieren (Haltebändchen nicht zu locker um den Hals führen, da die Kanüle sonst in der Trachea verrutschen kann. Die Fixierung sollte jedoch nicht zu fest erfolgen bzw. sollte das Band mit Kompressen unterpolstert werden, um die Gefahr von Drucknekrosen zu vermeiden. Mittlerweile sind auch spezielle gepolsterte Fixierungsbänder im Handel erhältlich)
- Material entsorgen
- Kunststoffteilchen sollten gepolstert werden
- Pflegedokumentation

Stomabeobachtung

Bei jeder Pflegemaßnahme am Tracheostoma, an der Kanüle oder am Tubus, ist die **korrekte Fixierung** der Kanüle zu kontrollieren bzw. zu erneuern, um eine Dekanülierung zu vermeiden. Das Trachealsekret muß regelmäßig und rechtzeitig entfernt werden, um eine Borkenbildung zu verhindern und damit die kontinuierliche **Durchgängigkeit** der Kanüle zu gewährleisten.

Der **Cuffinnendruck** wird viermal täglich **überpüft** (Druckmanometer) und in der Kurve dokumentiert. Bei einem **defektem** Cuff ist der Tubus sofort zu wechseln, da er bei einer Notsituation nicht funktionstüchtig (**Beatmung nicht möglich**) ist.

Verengungen, Schwellungen, Hautveränderungen sowie Entzündungen oder Blutungen (s. Kap. 10.2.5) sind sofort dem Arzt mitzuteilen.

Bei beatmeten Patienten kann es zu einem **Hautemphysem** (Luft tritt in das stomaumgebene Unterhautfettgewebe über) kommen.

Bronchialtoilette

Hat der Patient Bronchialsekret aspiriert oder ist er nicht in der Lage, aktiv abzuhusten, ist eine Tracheobronchialtoilette erforderlich, um die Atemwege freizuhalten. Die Häufigkeit des Absaugens richtet sich nach der Menge des Sekrets. Das endotracheale Absaugen erfolgt unter absolut sterilen Bedingungen. Bei der Durchführung dieser Pflegemaßnahme sollte immer die **Möglichkeit** zur **Sauerstoffverabreichung** bestehen, da der Absaugvorgang zu einem **Sauerstoffmangel** führen könnte. Physiotherapeutische Hilfe beim Husten (z.B. durch Druck auf den unteren Brustkorb) unterstützt die Wirkung des Absaugens. Es wird **folgendermaßen** vorgegangen:
- Patienten informieren
- alle Materialien vorbereiten
- Händedesinfektion
- Mundschutz zum eigenen Schutz (Abhusten des Patienten) anlegen
- Absaugvorrichtung einstellen (Sog ca. 100 cmH_2O)
- Verpackung des Absaugkatheters öffnen
- sterile Handschuhe anziehen
- Absaugkatheter und Zwischenstück verbinden
- wenn erforderlich, Applikation von 2 ml steriler NaCl 0,9% Lösung in die Kanüle zur Verflüssigung des Sekrets (ärztliche Tätigkeit). Flüssigkeit über drei bis vier Atemzüge verteilen lassen
- Absaugkatheter ohne Sog vorsichtig bis zur Bifurkation (Widerstand) einführen, dann 1 cm zurückziehen
- Sog herstellen
- unter leichten Drehbewegungen Katheter langsam zurückziehen
- Patienten zum Husten auffordern
- **Dauer** des Absaugvorganges **nicht länger** als **10 bis 15 Sekunden**
- Absaugkatheter entfernen

- Absaugsystem mit Aqua destillata durchspülen
- mit neuem Absaugkatheter Mund und Rachen absaugen
- Mundpflege
- Wiederholung des Vorganges nach Notwendigkeit
- Material entsorgen
- Pflegedokumentation

Ein **gezieltes** Absaugen der beiden Lungenflügel läßt sich durch **Kopfdrehung** in die entgegengesetzte Richtung erreichen.

Die Gefahren des Absaugens sind das Auftreten einer Hypoxie (Sauerstoffmangel durch zu langes Absaugen), Schleimhautschäden der Trachea sowie die Verschleppung von Keimen durch unhygienisches Vorgehen!

10.2.5 Komplikationen

Bei einem Tracheostoma können verschiedene Komplikationen auftreten:

- **Blutung,** der Patient muß gut überwacht werden, da selbst Blutungen aus kleineren Gefäßen für ihn lebensgefährlich sein können
- entzündliche Veränderungen am Stoma
- Lungenkomplikationen
- Trachealwandschäden, durch scharfrandige Kanüle oder zu starke Blockung des Cuffs kann es zu Nekrosenbildung kommen
- Stenosen durch Vernarbungen, auch als Spätschäden

10.2.6 Begleitung und Anleitung des Patienten bis zur Entlassung

Alle Pflegemaßnahmen müssen dem Patienten erklärt und in Ruhe durchgeführt werden. Die Manipulationen am Stoma und an der Kanüle, besonders das Absaugen, sind sehr **unangenehm** für den Patienten und können auch mit **Schmerzen** verbunden sein. Das Pflegepersonal sollte sehr behutsam mit den Patienten umgehen, da sie sich wegen der fehlenden Sprechmöglichkeit nicht zu Ängsten und Schmerzen äußern und nicht um Hilfe bitten können. Es ist stets auf die **Körpersprache** des Patienten zu **achten**. Das Pflegepersonal muß sich bemühen, diese Körpersprache zu verstehen.

Tracheotomierte Patienten haben meist **Schluckprobleme**. Deshalb kann zum Wiedererlernen des Schluckvorganges zu Beginn eine leicht geblockte Trachealkanüle (Aspirationsschutz) hilfreich sein. Es empfiehlt sich, passierte Kost anzubieten und das Essen in aufrechter Position einzunehmen.

Sobald der Patient in der Lage ist, aktiv abzuhusten und Grunderkrankung sowie Allgemeinzustand es zulassen, wird er mobilisiert. Um sich vor Blicken anderer zu schützen, kann das Stoma mit einem speziellen Lätzchen abgedeckt werden. Dieses Lätzchen ist luftdurchlässig, aber staubundurchlässig. Es kann mit Kochsalzlösung 0,9% getränkt werden, um die eingeatmete Luft anzufeuchten.

Es empfiehlt sich für den Betroffenen, stets ausreichend Zellstoff oder Einmaltaschentücher bei sich zu haben, um abgehustetes Sekret auffangen zu können.

Der Patient ist darauf aufmerksam zu machen, daß Vollbäder nicht ungefährlich sein können, da leicht Wasser in das Stoma gelangen kann.

Wenn absehbar wird, daß der Patient **mit** Tracheostoma **entlassen** werden soll, muß er die Pflegemaßnahmen **erlernen**. Der Betroffene wird angeleitet, sein Stoma mit Hilfe eines Spiegels selbständig zu versorgen. Evtl. ist auch die Anleitung von Angehörigen bzw. zukünftigen Bezugspersonen erforderlich. Erst wenn der Stomaträger mit der Stomapflege und dem Kanülenwechsel unter Einhaltung bestimmter Hygieneregeln vertraut ist, steht der Entlassung nichts mehr im Wege. Es ist ratsam für den Betroffenen, Kontakt mit einer Selbsthilfegruppe aufzunehmen.

Literaturhinweise

Enterostoma

[1] Delbrück, H.: Künstlicher Darmausgang nach Krebs. W. Kohlhammer-Verlag, Stuttgart-Berlin-Köln 1992.

[2] Faller, A.: Der Körper des Menschen. Georg-Thieme-Verlag, Stuttgart, 7. Aufl. 1976.

[3] Feil-Peter, H.: Stomapflege. Schlütersche, Hannover, 5. Aufl. 1993.

[4] Juchli, L.: Krankenpflege. Georg-Thieme-Verlag, Stuttgart, 4. Aufl. 1983.

[5] Kremer, K., H. Kivelitz: Colitis ulcerosa. Georg-Thieme-Verlag, Stuttgart 1976.

[6] Kretschmer, K. P.: Der künstliche Darmausgang, Ostomien des Darmes. Georg-Thieme-Verlag, Stuttgart 1975.

[7] Pschyrembel, Klinisches Wörterbuch, Walter-de-Gruyter-Verlag, Berlin-New York, 253. Aufl. 1977.

[8] Reifferscheid, M.: Chirurgie. Georg-Thieme-Verlag, Stuttgart, 4. Aufl. 1977.
[9] Säuberli, H., M. L. Hefti, R. Landolt: Intestinale Stomata. Verlag Hans Huber, Bern-Stuttart-Toronto 1985.

Tracheostoma

[10] Birkenfeld, R.: Überwachung und Pflege des beatmeten Patienten. Gustav-Fischer-Verlag, Stuttgart-New York, 1. Aufl. 1988.
[11] Boenninghaus, H. G.: Hals-Nasen-Ohrenheilkunde. Springer Verlag, Berlin, 7. Aufl. 1986.
[12] Eibel-Eibesfeld, S., S. Kessler: Stenger Verbandslehre. Urban & Schwarzenberg, München-Wien-Baltimore, 5. Aufl. 1993.
[13] Halmagyi, M., Th. Valerius: Fachschwester/Fachpfleger Weiterbildung 2. Springer-Verlag, Berlin 1975.
[14] Juchli, L.: Krankenpflege. Georg-Thieme-Verlag, Stuttgart, 6. Aufl. 1991.
[15] Larsen, R.: Anästhesie und Intensivmedizin für Schwestern und Pfleger. Springer-Verlag, Berlin-Heidelberg-New York, 3. Aufl. 1991.
[16] Lorenz, R.: Intensivmedizin. W. Kohlhammer-Verlag, Stuttgart, 3. Aufl. 1988.
[17] Robinson, J., B. McVan: Beatmung, Georg-Thieme-Verlag, Stuttgart 1983.
[18] Schuster, H. P., T. Pop, L. S. Weilemann: Checkliste Intensivmedizin. Georg-Thieme-Verlag, Stuttgart, 3. Aufl. 1988.
[19] Taeger, K., G. Rödig, U. Finsterer: Grundlagen der Anaesthesie und Intensivmedizin für Fachpflegepersonal, Bd. 1. Wissenschaftliche Verlagsabteilung Abbott GmbH, Wiesbaden 1989.

11 Lebensbedrohliche Zustände

E. Muhl

11.1 Definition des Herz-Kreislauf-Atemstillstandes, Reanimation

Eine Reanimation (Wiederbelebung) ist immer dann notwendig, wenn der **irreversible Zusammenbruch** der Energieversorgung **lebenswichtiger Organe** droht. Dies ist dann der Fall, wenn die Sauerstoffversorgung der Organe, sei es durch Sauerstoffmangel im Blut oder durch die Aufhebung des Sauerstofftransportes, nicht mehr aufrechterhalten werden kann. Im Gegensatz zum Energielieferanten Glukose kann der Sauerstoff keine Reserve anlegen. Ein Herzkreislaufstillstand und eine nicht ausreichende oder aufgehobene Atmung führen also schnell zum irreversiblen Organausfall.

Am empfindlichsten ist diesbezüglich das **Gehirn.** Beim primären Herzstillstand kommt es nach **zehn Sekunden** bereits zur **Bewußtlosigkeit** und nach **30 bis 60 Sekunden** zum Ausfall der **Spontanatmung**. Nach **drei bis fünf Minuten** tritt eine **irreversible** Schädigung des Gehirns ein. Die Pupillen werden weit und reagieren nicht mehr auf Licht. Wird primär kein Sauerstoff mehr aufgenommen, kommt es zunächst zur **Tachykardie** (erhöhte Herzfrequenz), bei Kindern zur Bradykardie (erniedrigte Herzfrequenz) und nach ca. **fünf bis zehn Minuten** tritt der **Herzstillstand** ein. Der Stillstand von Kreislauf und Atmung steht in engem Zusammenhang. Durch die schnelle Entwicklung der Ereignisse läßt sich oft nicht feststellen, ob es zuerst zum Herzkreislaufstillstand oder zum Ausfall der Atmung kam.

11.1.1 Diagnose der Ateminsuffizienz und des Kreislaufstillstandes

Luftnot und Unruhe sind die ersten Zeichen. Eine Zyanose (Blauverfärbung) kann durch einen zu geringen Sauerstoffgehalt im Blut auftreten. Der oben geschilderte Verlauf mit einer Tachykardie und schließlich dem Herzstillstand und der Bewußtlosigkeit zeigt die **Lebensbedrohlichkeit** der Situation.

Hinweise auf die Ursache des Sauerstoffmangels geben auch andere **klinische** Zeichen wie:
- Schnarchen, Gurgeln, Rasseln
- Hustenreiz (Verlegung der Atemwege durch die zurückfallende Zunge, Flüssigkeit, Fremdkörper, Zahnprothese, Erbrochenes, Sekretverhalt in den Bronchien)
- Stridor, Pfeifen und Giemen (ein Bronchospasmus z.B. bei einem schweren Asthmaanfall)
- aufgehobenes Atemgeräusch z.B. einer Thoraxhälfte (Hämato- oder Pneumothorax; Blut oder Luft im Pleuraraum).

Ein Zeichen des Kreislaufstillstandes ist der fehlende Puls. Er ist am besten an der A. carotis (Halsarterie) als herznahe Arterie oder an der A. femoralis (Leistenarterie) zu tasten.

Um irreversible Schädigungen des Gehirns und anderer Organe vorzubeugen, ist ein **schnelles Handeln** angezeigt. Dabei muß **systematisch** und **zielgerichtet** in der richtigen Reihenfolge vorgegangen werden. Die Regeln der Herz-Lungen-Wiederbelebung sind in den sog. ABC-Regeln nach Safar erfaßt, die im folgenden erläutert werden sollen.

11.1.2 ABC-Regeln der Reanimation

A = Airway = Atemwege freimachen

Die erste Maßnahme ist das Freimachen und Freihalten der Atemwege. Dazu wird die zurückgefallene Zunge nach vorne gezogen und Fremdkörper wie Erbrochenes, Blut oder Zahnprothese entfernt. Steht ein Absauggerät zur Verfügung, werden Flüssigkeiten aus dem hinteren Rachenraum abgesaugt. Ist dies nicht der Fall, sind sie mit einem Tupfer an einer Klemme zu entfernen.

Ohne Hilfsmittel gelingt das Freihalten der Atemwege durch **Überstreckung des Kopfes** und durch zusätzliches Ziehen des Unterkiefers am Kinn oder an den Kieferwinkeln nach vorne (Abb. 11-1). Der spezielle Handgriff wird als Esmarchhandgriff bezeichnet. Die Überstreckung des Kopfes sollte bei Verdacht auf **Halswirbelverletzung unterbleiben**, da hierdurch Verletzungen des Rückenmarks bzw. neurologische Ausfälle provoziert werden können. Die Intubation dieser Patienten ist immer Aufgabe des Arztes.

Hilfsmittel zum Freihalten der Atemwege sind der Guedel-, der Wendel- und der Safartubus (Abb. 11-2 A bis C).

Der Guedeltubus wird mit der konvexen Seite nach unten zwischen Zunge und Gaumen eingeführt und dabei um 180° gedreht, so daß die konvexe Seite dem Gaumen anliegt. Guedeltuben gibt es in verschiedenen Größen und sind je nach Größe von Kiefer und Zunge des Patienten auszuwählen. Bei

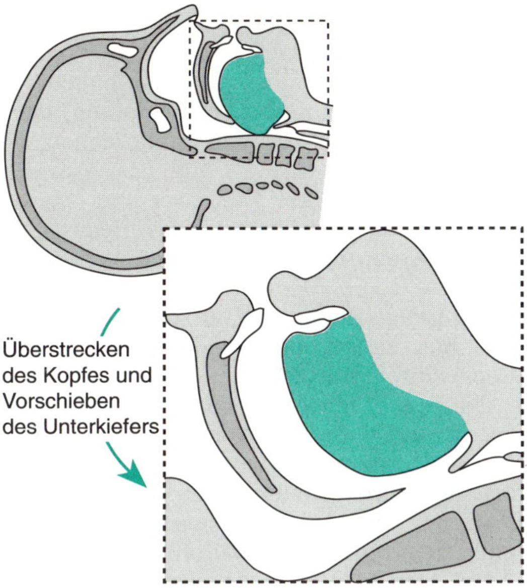

Abb. 11-1 Freihalten der Atemwege durch Überstrecken des Kopfes und Vorschieben des Unterkiefers.

wachen Patienten lösen sie sehr leicht einen Husten-, Würge- oder Brechreiz aus. Ist der Guedeltubus richtig plaziert und hält man den Kopf des auf dem Rücken liegenden Patienten wie in Abb. 11-1 gezeigt, so kann eine **Maskenbeatmung** mit gutem Erfolg vorgenommen werden.

Der Wendeltubus, der länger und weicher als der Guedeltubus ist, wird über ein Nasenloch eingeführt. Er ist so weit vorzuschieben, daß er die Zunge von der hinteren Rachenwand abhebt. Damit er sich über den Zungengrund erstreckt, ist es auch bei diesem Tubus wichtig, die richtige Länge auszuwählen. Der Wendeltubus wird in der Regel auch von wachen Patienten gut toleriert.

Ein Safartubus ist im Grunde nur ein verlängerter Guedeltubus. Über das verlängerte Ansatzstück, das aus dem Mund des Patienten ragt, kann eine Beatmung mit dem Mund vorgenommen werden.

Alle beschriebenen Tubusarten verhindern das Zurückfallen der Zunge und damit die erneute Verlegung der Atemwege. Sie **verhindern** jedoch **nicht** die **Aspiration**, falls der Patient **erbricht**. Das sicherste Verfahren zum Offenhalten der Atemwege ist daher die **endotracheale Intubation**. Ein spezieller Tubus wird in die Trachea (Luftröhre) vorgeschoben und durch die Blockung eines Ballons, der die Luftröhre abdichtet, läßt sich eine Aspiration bei Erbrechen sowie eine erneute Verlegung der Atemwege durch Zurückfallen der Zunge sicher vermeiden. Außerdem ist die Beatmung über diesen Zugang zu den Luftwegen am besten möglich, da bei geblocktem Tubus die eingeblasene Luft die Lungen des Patienten erreicht und nicht über Mund und Nase wie bei nicht gut abdichtenden Masken entweichen kann.

Zur sicheren orotrachealen **Intubation** (über den Mund in die Luftröhre) benötigt man ein Laryngoskop, das mit einer Lichtquelle ausgestattet ist. Mit dem Laryngoskop wird der Unterkiefer des Patienten nach vorne unten gezogen, so daß die Zunge zurückgehalten wird und die Stimmritze im Kehlkopf sichtbar ist (Abb. 11-3). Unter Sicht kann jetzt der Endotrachealtubus vorgeschoben und geblockt werden. Zur besseren Führung kann ein Führungsstab als Schiene dienen. Er ist nach dem Einbringen des Tubus in die Trachea wieder zu entfernen. Wird der Tubus über die Nase eingeführt, ist in gleicher Weise die Stimmritze mit dem Laryngoskop einzustellen. Der Tubus wird dann im hinteren Rachenraum mit der Magillzange gefaßt und in die Trachea vorgeschoben. Zum Einführen des Tubus über die Nase kann ein Gleitmittel evtl. mit zusätzlicher lokalanästhetischer Wirkung (z. B. Xylocain-Gel®) hilfreich sein. Der Tubus darf **nicht zu weit vorgeschoben werden**, da er dann in der Regel im **rechten Hauptbronchus**

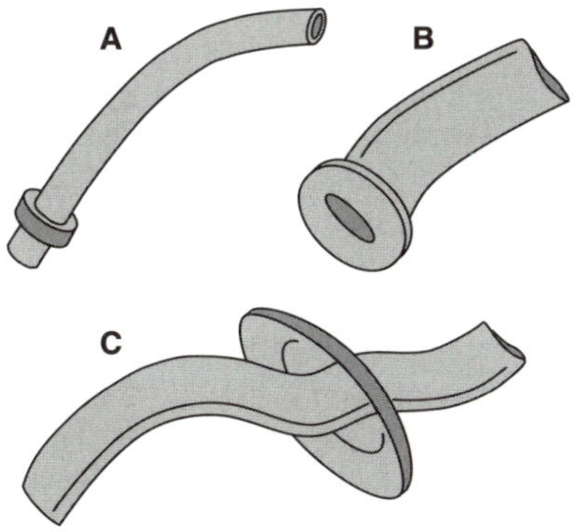

Abb. 11-2 Hilfsmittel zum Freihalten der Atemwege.
A: Safartubus.
B: Guedeltubus.
C: Wendeltubus.

11

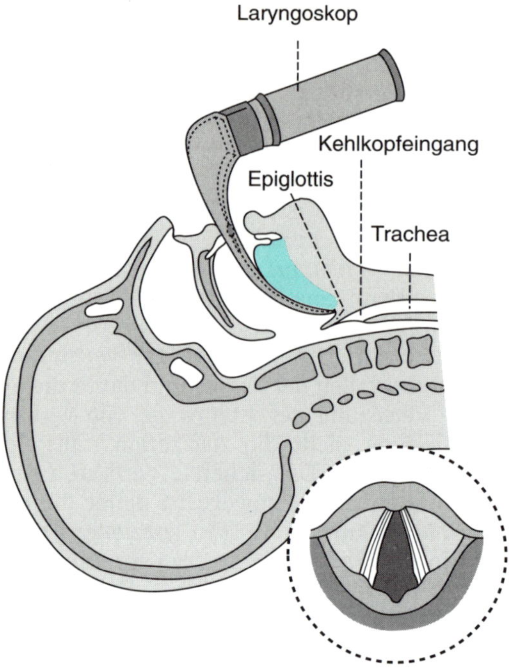

Abb. 11-3 Einsatz des Laryngoskopes zur endotrachealen Intubation.

zu liegen kommt und dadurch nur die rechte Lunge über den Tubus beatmet würde. Zur **Kontrolle,** daß beide Lungenseiten gleichmäßig belüftet sind, ist nach der Intubation die **Lunge abzuhören.** Ist dies nicht der Fall muß der Tubus entblockt, etwas zurückgezogen und dann erneut geblockt werden, bis die Lage des Tubus korrekt ist und beide Lungen belüftet sind.

Nach einer endotrachealen Intubation durch den Mund ist zwischen die Schneidezähne ein Guedeltubus oder ein Keil aus Hartgummi als Beißschutz einzusetzen. Sowohl Tubus als auch der Beißschutz sind mit Pflaster zu fixieren.

A = Airway = Atemwege freimachen

Hilfsmittel im Notfallwagen für das Freimachen und Freihalten der Atemwege:
Guedel-, Wendel- und Safartubus, Endotrachealtuben in verschiedenen Größen, Laryngoskop, Einmalspritze zum Blocken des Tubus, Magillzange, Führungsstab für Endotrachealtubus, Xylocain-Gel®, Pflaster, Absauggerät.

B = Breathing = Beatmung

Nach dem Freimachen und Freihalten der Atemwege ist sofort mit der Beatmung, wenn keine Hilfsmittel zur Verfügung stehen, als Mund-zu-Mund- oder als Mund-zu-Nase-Beatmung zu beginnen. Effektiver und hygienischer ist die Benützung eines Beatmungsbalges (Ambu-Beutel® oder Leerdal-Beutel®). Es besteht die Möglichkeit, an diesen Beatmungsbalg Sauerstoff anzuschließen und ihn mit einer Maske oder einen Endotrachealtubus zu verbinden.

Die Durchführung sowie die Häufigkeit der zu verabreichenden **Atemspende** steht in **engem Zusammenhang** mit der **Herzdruckmassage.** Eine genaue Beschreibung und Erläuterung der Vorgehensweise findet sich unter dem Punkt „Circulation".

Die Atemspende ist als ausreichend zu bezeichnen, wenn Haut und Schleimhäute des Patienten rosig werden und wenn sich der Brustkorb synchron zur Atemspende hebt und senkt. Beim Abhorchen mit dem Stethoskop ist während der Atemspende ein Atemgeräusch über den Lungen zu hören.

B = Breathing = Beatmung

Hilfsmittel im Notfallwagen für die Beatmung:
Beatmungsbalg (z. B. Ambu-Beutel®), Beatmungsmasken verschiedener Größe, Sauerstoffflasche mit Druckminderer und Schlauchverbindung zum Ambu-Beutel.

C = Circulation = Blutkreislauf

Die Herstellung eines die Organperfusion (Organdurchblutung) aufrechterhaltenden Kreislaufes stellt neben der Belüftung der Lungen die **dringlichste Aufgabe** bei der Reanimation dar. Eine Ventilation ohne Zirkulation ist nicht sehr sinnvoll, da das mit Sauerstoff angereicherte Blut auch zu den Organen des Patienten gelangen muß. Dies wird beim Kreislaufstillstand durch die Herzdruckmassage erreicht. Der Patient muß hierzu auf einer **festen** Unterlage z. B. einem Brett unter dem Thorax oder auf dem Fußboden liegen.

Zur Herzdruckmassage wird der Handballen einer Hand auf das **untere Drittel des Brustbeins** gelegt, die andere Hand in gleicher Weise darübergelegt. Die gestreckten Arme drücken nun das Brustbein rhythmisch ca. fünf Zentimeter gegen die Wirbelsäule. Durch die Kompression des Herzens wird dieses entleert und die Druckerhöhung im Thorax bewirkt die Entleerung der Venen. Die Beatmung unterstützt zusätzlich die Entleerung der Venen. Auf diese Weise kann ein **minimaler Blutdruck aufrechterhalten** werden. Bei richtiger Anwendung der Methode kann ein systolischer Blutdruck von 100 mmHg und eine Herzauswurfleistung von ein bis zwei Litern pro Minute erreicht werden.

Beim Kleinkind und beim Säugling ist der Brustkorb wesentlich elastischer als beim Erwachsenen und es sind **geringere Kräfte** aufzuwenden. Beim **Kleinkind** legt man eine Hand als Widerlager in den Rücken des Kindes und führt mit dem Daumengrundgelenk der anderen Hand die Herzdruckmassage aus. Beim **Säugling** ist der Brustkorb mit den Händen so zu umfassen, daß die Daumen auf dem unteren Brustbeindrittel zu liegen kommen. Nur durch den Daumendruck gegen das Widerlager der übrigen Finger im Rücken des Säuglings wird die Herzdruckmassage vorgenommen.

Besonders bei starrem Thorax und bei falscher Anwendung der Herzdruckmassage sind **Komplikationen** wie Rippenbrüche, Pneumothorax und Hämatothorax (Blutung in den Pleuraraum) möglich. Auch Rupturen von Lunge, Leber und Milz sowie Blutungen ins Perikard (Herzbeutel) können auftreten. Solche Komplikationen **verschlechtern** die Aussicht auf eine erfolgreiche Reanimation **deutlich**.

Die Effektivität der Herz-Lungen-Wiederbelebung ist davon abhängig, daß die Herzdruckmassage und die Beatmung in der richtigen Frequenz erfolgen. Am wirksamsten ist eine Frequenz der Herzdruckmassage von 60 bis 80 pro Minute und eine Beatmung mit zwölf Atemzügen pro Minute. Stehen **zwei** Personen für die Reanimation zur Verfügung, wird eine Person die Herzdruckmassage, die zweite die Beatmung durchführen. Nach **fünf Kompressionen** erfolgt **eine Atemspende** ohne die Herzmassage zu unterbrechen. Muß **eine** Person allein reanimieren, müssen Herzdruckmassage und Beatmung im Wechsel erfolgen. Es folgen **auf 15 Kompressionen zwei Atemspenden**, so daß sich eine Herzfrequenz von 80 pro Minute und eine Atemfrequenz von 30 pro Minute ergibt. Diese Anhaltswerte gelten für Erwachsene. Bei Neugeborenen, Säuglingen und Kleinkindern wird die Herzdruckmassage 80- bis 120mal pro Minute durchgeführt. Das Verhältnis der Herzdruckmassagen zur Anzahl der Atemspenden entspricht dem bei Erwachsenen (ca. 5 zu 1).

Bei einer wirksamen Herzdruckmassage kann an der A. femoralis in der Leiste oder an der A. carotis am Hals der fortgeleitete Puls getastet werden, der vorher zyanotische Patient nimmt wieder eine rosige Farbe an. Waren die Pupillen des Patienten kurzfristig weit und lichtstarr, werden sie jetzt wieder eng und reagieren auf Licht, es sei denn, es liegt eine bestehende Blindheit (Amaurosis) oder ein Glasauge vor.

C = Circulation = Blutkreislauf

Hilfsmittel im Notfallwagen für die Herzdruckmassage:
Reanimationsbrett.

D = Drugs = Medikamente

Der Einsatz von Medikamenten und Infusionen stellt die vierte Stufe der Reanimation dar. Während die Beatmung und Herzdruckmassage von jedem Laien ausgeführt werden kann und muß, ist der **Einsatz** von Medikamenten bei der Reanimation **Aufgabe des Arztes**. Die Medikamente, die auf den Notfallwagen bzw. in den Notfallkoffer gehören, sind im folgenden mit aufgeführt.

Die Applikation von Medikamenten im Rahmen einer Reanimation kann intravenös, über den Endotrachealtubus (z. B. Adrenalin) oder notfalls auch mit einer längeren Nadel intrakardial (direkt in das Herz) erfolgen, wobei die letztgenannte Verabreichungsart wegen der möglichen Komplikationen kaum noch angewendet wird. **Intramuskuläre** oder **subkutane** Injektionen sind **sinnlos**, da die Medikamente aufgrund der schlechten Kreislaufsituation unter der Reanimation **nicht an die Zielorgane gelangen** können.

D = Drugs = Medikamente

Notfallmedikamente und Zubehör:
Staubinde, Venenverweilkanülen in verschiedener Größen, zentraler Venenkatheter, Spritzen und Kanülen, Perfusorspritzen und -leitungen, sterile Tupfer, Material zum Legen von zentralen und peripheren Kathetern (s. Kap. 7.3.3), Desinfektionsspray, Adrenalin (Suprarenin®),

Noradrenalin (Arterenol®), Aludrin (Alupent®), Atropin®, Lidocain (Xylocain®), Verapamil (Isoptin®), Dopamin-Nattermann®, Dobutamin (Dobutrex®), Kalziumchlorid, Kaliumchlorid, Theophyllin, Dexamethason, Nitrokapseln und Nitrospray, Natriumbikarbonat.

E = EKG = Elektrokardiogramm

Nach der Einleitung einer wirksamen Ventilation und Herzmassage ist eine weitergehende Diagnostik und Therapie angezeigt. Hierzu sollte der Patient in erster Linie an einen **EKG-Monitor,** der über speziell zu therapierende Rhythmusstörungen Auskunft gibt, angeschlossen werden.

Bei einem **Kammerflimmern** ist der Einsatz der elektrischen **Defibrillation** angezeigt. Bei dieser EKG-Veränderung ist die zeitliche Koordination der Muskelkontraktionen des Herzens verlorengegangen und das Herz hat keine Auswurfleistung mehr. Durch die elektrische Defibrillation wird die gesamte Herzmuskulatur **zeitgleich depolarisiert** und kann so wieder rhythmisiert werden.

Die hierfür **erforderliche** Stromstärke beträgt 200 bis 300 Joule beim Erwachsenen, 100 bis 200 Joule beim Kleinkind und 50 bis 100 Joule beim Säugling. Die beiden großflächigen Elektroden des Defibrillators werden zur Verbesserung der Leitfähigkeit und damit keine Verbrennungen am Patienten auftreten mit Elektrodengel bestrichen. Sie werden dann auf die Brustwand des Patienten aufgesetzt, und zwar eine Elektrode über der Herzbasis und eine über der Herzspitze (Abb. 11-4). Die Elektroden sind bei jedem Defibillator mit „Herzbasis, Sternum" für die eine Elektrode und mit „Herzspitze oder Apex" für die andere Elektrode gekennzeichnet.

Bei der Applikation des Stromstoßes ist zu beachten, daß er nicht auf die reanimierenden Personen weitergeleitet wird. Das bedeutet, alle Personen dürfen zum Zeitpunkt des Stromstoßes weder den Patienten noch leitende Teile des Bettes berühren.

Der Effekt der Defibrillation ist im EKG zu beobachten. Bleibt sie erfolglos, kann sie mit höherer Stromstärke wiederholt werden.

Vorhofflimmern bzw. **-flattern** zeichnet sich durch **sehr hohe Herzfrequenzen** aus. Stellt der Arzt diese Diagnose im EKG, kann eine **Kardioversion** notwendig werden. Diese zielt auf die Synchronisation des Vorhofs zur Herzaktion ab. Es soll wieder eine normale Vorhoffrequenz erreicht werden. Ein Stromstoß wird synchron zur Herzaktion appliziert. Dabei kommen **niedrigere** Energien (beginnend mit 50 Joule beim Erwachsenen) zum Einsatz. Der Defibrillator ist auf **„synchron"** umzustellen.

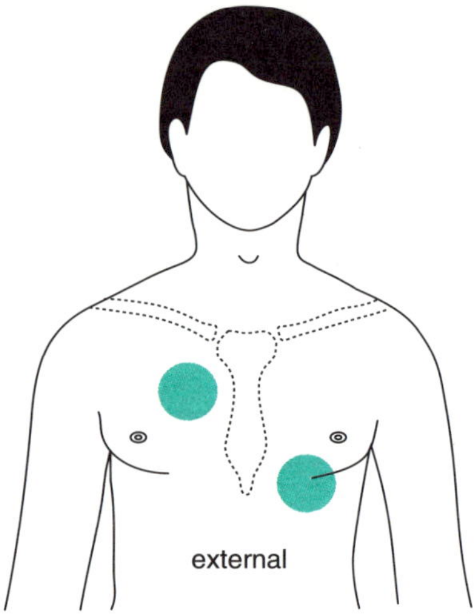

Abb. 11-4 Lage der Elektroden zur Defibrillation.

Zeigt sich im EKG eine **Asystolie** (keine Herzaktion) oder eine **ausgeprägte Bradykardie** (langsamer Herzschlag, kleiner 40 Schläge pro Minute) und läßt sich dieser Zustand durch die Gabe von Katecholaminen nicht beseitigen, sollte an den Einsatz eines **Herzschrittmachers** gedacht werden. Das Herz kann extern über Elektroden, die ventral und dorsal über dem Herzen angebracht sind oder über eine Schrittmachersonde im Ösophagus stimuliert werden. Diese Elektroden sind in Notfallsituationen schneller und sicherer zu plazieren als eine über das Venensystem in den Herzmuskel vorgeschobene Elektrode.

E = EKG

Benötigte Hilfsmittel auf dem Notfallwagen:
EKG-Gerät, Defibrillator (batteriebetrieben), Herzschrittmacher, Elektrodengel.

F = Fluids = Flüssigkeiten (Infusionen)

Hierzu gehören alle Infusionen, Lösungen zur Volumensubstitution sowie Blutkonserven und Blutprodukte (Frischplasma, etc.). Im Notfall stehen Blut und Blutprodukte in der Regel nicht gleich zur Verfügung, deshalb müssen Elektrolytlösungen und Plasmaexpander vorhanden sein.

F = Fluids = Infusionen

Erforderliche Hilfsmittel auf dem Notfallwagen:
Transfusions-, Infusionssysteme, Ringerlösung, physiologische Kochsalzlösung 0,9%, Hydroxyäthylstärke (HAES), Humanalbumin (5 und 20%).

G = Gauging = Gespräch über die Erfolgsaussichten der Reanimation

Bleibt nach **allen Bemühungen** die Reanimation **erfolglos**, d.h. die Pupillen sind weiterhin weit, lichtstarr und entrundet und der Patient zeigt keine Anzeichen der Eigenatmung, dann muß sich das **Reanimationsteam** über die **Erfolgsaussichten** weiterer Bemühungen **beraten.** Ärzte und Reanimationsspezialisten sind in der Lage, diese zu beurteilen. Die Erfolgsaussichten sind u.a. auch von der Körpertemperatur (Unterkühlung), vom Alter, der Grund- und Vorerkrankungen des Patienten abhängig. Die Wiederherstellung einer ausreichenden Organfunktion muß noch möglich sein. Eine unheilbare Grunderkrankung, z.B. ein Karzinom im Endstadium, ist eine Kontraindikation für eine Reanimation.

H = Hypothermia = Hypothermie (Unterkühlung)

Bei der Hypothermie ist der **Sauerstoffverbrauch** des Patienten **reduziert** und deshalb in der Reanimationsphase als **Vorteil** zu betrachten. Aus diesem Grund wird sie evtl. auch durch äußere Kühlung künstlich herbeigeführt. Hypothermie kann aber erst dann **sinnvoll** eingesetzt werden, wenn der **Kreislauf** des Patienten **wiederhergestellt** ist und nicht mehr durch Herzdruckmassage aufrechterhalten werden muß. Allerdings erhöht **Kältezittern** den Sauerstoffverbrauch und ist unbedingt zu **vermeiden.** Dies erfolgt durch die Anwendung von Sedativa und Relaxantien. Die Indikationsstellung und die Medikation liegt im ärztlichen Zuständigkeitsbereich.

H = Hypothermia = Unterkühlung

Hilfsmittel im Notfallwagen:
Pethidin (Dolantin®), Promethazin (Atosil®), Hydergin®, Muskelrelaxantien (Succinyl-Asta®), evtl. Medikamente (z.B. Ketanest®, Fentanyl®, Dormicum®) zur Aufrechterhaltung einer Narkose während des Transports des Patienten auf die Intensivstation.

I = Intensive Care Unit = Intensivstation

Falls die Reanimation nicht schon auf der Intensivstation stattgefunden hat, wird der Patient nach erfolgreicher Reanimation dorthin verlegt.

11.2 Definition des Schocks

Der Schockzustand bezeichnet das **Mißverhältnis** zwischen **Sauerstoffverbrauch** und **Sauerstoffversorgung**. Die **Minderperfusion** der Organe kann **verschiedene** Ursachen haben:
- Pumpversagen des Herzen
- Blut-, Volumenmangel
- verminderter Gefäßtonus

Die Folgen eines Schocks, wenn er **nicht** oder **nicht rechtzeitig** erfolgreich therapiert wird, sind das **Multiorganversagen** und der **Tod** des Patienten.

Meist ist ein Schockzustand mit einem zu niedrigen Blutdruck verbunden. Gegenregulationsreaktionen des Körpers z.B. die Freisetzung von Katecholaminen aus der Nebenniere können auch einen normalen Blutdruck zur Folge haben. Als Maß für den Schweregrad eines Schocks wird der **„Schockindex“** errechnet. Er beschreibt das Verhältnis von Herzfrequenz zu systolischem Blutdruck. Es beträgt normalerweise 0,5 (s.a. Kap 6, Tab. 6.4).

Schockindex:

$$\frac{\text{Herzfrequenz 60 pro Minute}}{\text{Systolischer Blutdruck 120 mmHg}} = 0{,}5$$

Ein Schockindex größer als 1 verlangt unmittelbare Therapiemaßnahmen. Der Schockindex **sagt nichts über** die **Prognose** eines Schocks **aus.**

Bedeutsamer für die Diagnose eines Schocks sind die klinische Zeichen. Diese sind:

- flacher Puls
- Hypotonus (Blutdrucksenkung) und Tachykardie (erhöhte Herzfrequenz)
- Tachypnoe (erhöhte Atemfrequenz)
- Rückgang der Urinausscheidung bis hin zum Nierenversagen
- Kaltschweißigkeit und Blässe

Beim **hyperdynamen** (gesteigertes Herzzeitvolumen) septischen Schock ist die Haut jedoch warm, eher gerötet und trocken. Verwirrtheit und Adynamie (Kraftlosigkeit), Hyperventilation (beschleunigte Atemfrequenz), sowie ein sich entwickelndes Nierenversagen sind häufige Zeichen.

Bei einem vorliegenden Mißverhältnis zwischen Sauerstoffbedarf und Sauerstoffversorgung der Organe, wie dies beim Schock der Fall ist, muß der Körper auf **anaerobe Stoffwechselprozesse** zurückzugreifen. Dies führt zu einem erhöhten Anfall von Laktat im Serum. **Hohe Laktatspiegel** sind für die Prognose eines Schockzustandes eher **ungünstig** zu bewerten, denn sie sind ein Zeichen dafür, daß der Organismus über eine zu lange Zeit eine Sauerstoffschuld eingegangen ist. Dies gilt für alle Schockformen.

Die **Wirkungen** auf das **Gerinnungssystem** mit einer möglichen Entgleisung bis zur Verbrauchskoagulopathie sind prinzipiell bei **allen Schockformen gleich**. Im Schock kommt es zunächst zu einer Verminderung bestimmter Gerinnungsfaktoren, z. B. des Fibrinogens, des Antithrombin III und der Thrombozytenzahlen. Es entwickelt sich eine gesteigerte Fibrinolyse (Auflösung von Fibringerinnseln) und eine Aktivierung der plasmatischen Gerinnung (Gerinnung durch Faktoren aus dem Plasma und der Blutgefäßwand). Der Verbrauch von Antithrombin III verstärkt die Neigung zur intravasalen Gerinnung. Dieser Prozeß beschreibt den Verbrauch von Gerinnungsfaktoren mit der Entwicklung einer Blutungsneigung und gleichzeitiger intravasaler Gerinnung mit Mikrothromben, die die Organfunktion kritisch verschlechtern bis hin zum Organversagen.

Eine weitere Schockfolge kann das **Lungenversagen** (ARDS; Adult Respiratory Distress Syndrom) darstellen, das ebenfalls durch Sepsis, Massentransfusion und andere Ursachen entstehen kann. Es handelt sich nach heutiger Auffassung um eine uniforme (gleichartige) Reaktion der Lunge auf verschiedene schädigende Mechanismen (z. B. auf Giftstoffe aus der Bakterienwand gramnegativer Bakterien oder auf die Entstehung freier Sauerstoffradikale, d.h. der Sauerstoff besitzt ein ungepaartes freies Elektron).

Die Entstehung des **Nierenversagens** im Schockzustand ist geklärt. Durch Abnahme des Herzzeitvolumens und des Blutdrucks kommt es zu einer Minderperfusion der Niere. Sinkt der **arterielle Mitteldruck unter 60 mmHg,** so fällt die Autoregulation (Eigensteuerung) der Niere aus. Es wird kein Urin mehr ausgeschieden. Trotz der Therapie des Schocks kann das Nierenversagen bestehen bleiben und man spricht dann von einer Schockniere.

Bei allen Schockformen, die mit einem absoluten oder relativen Volumenmangel einhergehen, läßt sich durch die Schocklagerung des Patienten (Hochlagerung der Beine) der Blutdruck verbessern, da dem Versacken des Blutes im Venensystem bei dieser Lagerung entgegengewirkt wird!

11.2.1 Volumenmangelschock, hypovolämischer Schock

Beide Bezeichnungen beschreiben dieselbe Schockform. Handelt es sich ursächlich um **Blutverluste**, so spricht man vom Blutungsschock, hämorrhagischen Schock oder auch traumatischen Schock, da Unfallverletzungen meist über große Wunden und Blutverluste zum Schock führen. Hohe **Flüssigkeitsverluste** entstehen sowohl bei Verbrennungen (aufgrund großer Wundflächen) als auch beim Ileus (Darmverschluß), bei der Pankreatitis (Bauchspeicheldrüsenentzündung) und bei der Peritonitis (Bauchfellentzündung), und dadurch ist ein Schock möglich. Neben Verlusten durch Erbrechen kommt es zu Flüssigkeitsverlusten in den Darm und in die freie Bauchhöhle.

Diese Flüssigkeitsdefizite haben eine **Eindickung** des Blutes, erkennbar am Anstieg des Hämatokrits, zur Folge. Dadurch werden die Fließeigenschaften des Blutes beeinträchtigt. Es bilden sich **Mikrothromben**, die eine Störung der Mikrozirkulation verursachen und dadurch zusätzlich zum Blutdruckabfall die Organdurchblutung und die Organversorgung mit Sauerstoff verschlechtert. Eine akute Abnahme des Blutvolumens von 25% führt bei Gesunden zum Schock. Durch Blutverluste gehen mit den Erythrozyten auch die

Sauerstoffträger im Blut verloren und es kommt zum Sauerstoffmangel.

Das **Resultat** des Volumenverlustes ist ein Blutdruckabfall. Der Organismus versucht die Situation durch vermehrte Ausschüttung von Katecholaminen (Nebennierenhormon) zu kompensieren, mit der Folge einer **Erhöhung der Herzfrequenz,** einer **Vasokonstriktion** (Gefäßverengung) und einer **Steigerung der Thrombozytenaggregation** (Zusammenlagerung). Durch die Vasokonstriktion und die Steigerung der Thrombozytenaggregation kommt es zur Minderversorgung mit Sauerstoff in der Gefäßperipherie, Hypoxie (Sauerstoffmangel) und erhöhter Durchlässigkeit der Kapillaren, auch für größere Moleküle. Aufgrund von **Plasmaverlusten** ins Gewebe und der Ausbildung von **Ödemen** setzt sich der Volumenverlust fort, ein **Teufelskreis** (Circulus vitiosus).

Die **Therapie** besteht in erster Linie in der **Volumenzufuhr,** wobei es keine Rolle für das Überleben des Patienten spielt, ob kristalline oder kolloidale Lösungen infundiert werden. Eine ausreichende Volumenzufuhr mit Beseitigung des Schockzustandes und der Sicherstellung eines normalen arteriellen Mitteldrucks ist die vorrangige Zielsetzung. Wird eine stabile Kreislaufsituation und eine ausreichende Sauerstoffversorgung des Patienten erreicht, können Organversagen der Niere und ARDS deutlich vermindert werden.

11.2.2 Kardiogener Schock

Der kardiogene Schock ist durch eine akute Abnahme der Herzauswurfleistung sowie einer Verminderung der Durchblutung der Herzkranzgefäße bedingt. Beim **Herzinfarkt** gilt es, das Herzzeitvolumen schnell zu normalisieren und die Durchblutung des Herzmuskels innerhalb von drei Stunden wiederherzustellen. Daher wird heute bereits vom Notarzt mit der **Auflösung (Lyse) von Thromben** in den Koronargefäßen begonnen, um den Gewebeuntergang am Herzmuskel so gering wie möglich zu halten. Diese Therapie hat die **Prognose** des Infarktes deutlich **verbessert**.

Auch die Behinderung der Füllung des Herzens bei einer Perikardtamponade (Blut im Herzbeutel), Herzrhythmusstörungen sowie ein Spannungspneumothorax können die Herzauswurfleistung kritisch herabsetzen. Eine Entlastung durch Perikardpunktion, Antiarrhythmika, Defibrillation oder das Anlegen einer Drainage in den Pleuraraum sind die erforderlichen Maßnahmen für die oben beschriebenen Störungen. Durch den Einsatz von Katecholaminen (z.B. Dopamin in hoher Dosierung, Arterenol) mit peripherer Vasokonstriktion und Steigerung der Herzleistung kann eine Verbesserung des Blutdrucks und damit der Koronarperfusion erreicht werden. Die Steigerung der Herzfrequenz führt jedoch auch zu einer Steigerung des Sauerstoffverbrauchs des Herzmuskels.

11.2.3 Septischer Schock

Bei Infektionen mit gramnegativen Bakterien (z.B. Escherichia coli) sind es die freiwerdenden Toxine dieser Bakterien, die das Schockgeschehen auslösen. Diese Toxine setzen wiederum verschiedene Enzyme (Mediatoren) aus den Leukozyten frei, aktivieren das Gerinnungssystem usw. Zu unterscheiden ist das sog. **„Toxic-Shock-Syndrom“**, das durch Staphylokokken (grampositive Bakterien) ausgelöst wird.

Im Anfangsstadium des septischen Schocks handelt es sich um eine sog. hyperdyname Schockform, die durch folgende **Symptome** gekennzeichnet ist:
- Blutdruckabfall
- Tachykardie
- Senkung des peripheren Gefäßwiderstandes
- Erhöhung des Herzzeitvolumens
- Verwirrtheit, Bewußtseinstrübung
- arterielle Hypoxämie (Verminderung des Sauerstoffgehaltes)

Mögliche Begleitsymptome:
- Fieber oder Untertemperatur
- Schüttelfrost
- Leukozytose oder Leukopenie (Vermehrung bzw. Verminderung der Leukozyten)

Dieses Stadium kann Stunden oder Tage dauern. Darauf folgt der sog. **hypodyname** Schock mit Tachykardie, Blutdrucksenkung, Erhöhung des peripheren und pulmonalen Gefäßwiderstandes sowie einer Senkung des Herzzeitvolumens. Es kann zum Organversagen von Niere, Lunge, Herz, Leber und Gehirn kommen.

Die **Ursachen** für einen septischen Schock können **vielfältig** sein. Katheterinfektionen, Pneumonie, Peritonitis, abszedierende Entzündungen und vieles mehr.

Das **primäre Ziel der Therapie** ist die **Beseitigung der Ursache** (z.B. Wechsel des zentralen Katheters). Außerdem ist eine gezielte Antibiotikagabe einzuleiten. In der hyperdynamen Phase des septischen Schocks besteht aufgrund der Senkung des peripheren Gefäßwiderstandes und der peripheren Vasodilatation ein extrem hoher Volumenbedarf. Eine positive Flüssigkeitsbilanz von mehreren Litern ist vielfach zur Stabilisierung des Kreislaufs erforderlich. Der Einsatz von Katecholaminen steht erst an zweiter Stelle, da die Steigerung der Herzfrequenz, eine periphere Vasokonstriktion und die Erhöhung des Sauerstoffverbrauchs durch diese Medikamente auch einen negativen Einfluß auf die Sauerstoffversorgung der Organe haben können. Dennoch ist der Einsatz von Katecholaminen zur Aufrechterhaltung eines ausreichenden Perfusionsdrucks in der Organdurchblutung oft unvermeidbar.

11.2.4 Anaphylaktischer Schock

Anaphylaxie beschreibt eine **Überempfindlichkeitsreaktion** vom **„Sofort-Typ"**, die auftritt, wenn ein sensibilisierter Organismus erneut dem die Allergie auslösenden Antigen (Serum, Plasma, Proteinpräparate) ausgesetzt wird. Überempfindlichkeiten mit Schockzustand können auch bei der ersten Gabe von Medikamenten auftreten. Diesen Effekt nennt man anaphylaktoide, also der Anaphylaxie ähnliche Reaktion.

Primär werden als Auslöser des Schockgeschehens bei der Anaphylaxie Histamin und Serotonin (sog. biogene Amine) sowie Bradykinin (Gewebehormon) aus den Mastzellen und aus dem Gewebe freigesetzt, die dann das Gerinnungssystem aktivieren.

Neben den bereits erwähnten Schocksymptomen findet sich beim anaphylaktischen Schock häufig eine **Bronchospastik**, die wie bei einem Asthmaanfall durch eine erregende Wirkung von Histamin auf die glatte Muskulatur der Bronchien ausgelöst wird. Außerdem kommt es zu einer Rötung der Haut (gefäßerweiternde Wirkung von Histamin und Serotonin) und zu einem **allergischen Exanthem**.

Erste Therapiemaßnahmen sind die Schocklage des Patienten, die Gabe von Katecholaminen (Adrenalin) und Sauerstoff, sowie die Gabe von Kortikosteroiden (Kortison) in hoher Dosierung (ein bis zwei Gramm) und Volumensubstitution.

11.2.5 Neurogener Schock

Diese Schockform tritt beim Schädelhirn-Trauma, bei Hirnblutungen und bei der Überdosierung von Medikamenten (z.B. Barbiturate, α-Rezeptorenblocker), die den N. sympathicus ausschalten, auf. Er wird durch die Hemmung von Hirnzentren, die Blockade von Katecholaminrezeptoren sowie der Hemmung der Leitungsübertragung an den Nervenenden ausgelöst.

Beim neurogenen Schock sind Herzzeit- und Blutvolumen normal, es besteht jedoch ein relativer Volumenmangel (bedingt durch die Vasodilatation). Die **Schocktherapie** ist keine spezifische. Beim Schädelhirn-Trauma mit intrakranieller Blutung ist neben der akuten Schocktherapie die operative Entlastung bei einer raumfordernder Blutung wichtig.

11.3 Definition des Komas

Koma bezeichnet eine tiefe Bewußtlosigkeit, bei der die Reaktionen auf Schmerz, die Muskeleigenreflexe und der Kornealreflex erloschen sind. Es handelt sich um einen lebensbedrohlichen Zustand. Die Vorstufe dieser schwersten Bewußtseinsstörung ist das **Präkoma**, bei dem der Patient zwar bewußtlos ist, aber die Reflexe erhalten sind. Leichtere Bewußtseinsstörungen sind die **Somnolenz** (Schläfrigkeit), bei der der Patient auf laute Ansprache reagiert und der **Sopor** (Benommenheit), bei der nur noch Schmerzreize Reaktionen auslösen.

11.3.1 Glasgow-Koma-Skala

Zur **Beurteilung** der Tiefe des Komas bzw. zur Definition der Bewußtlosigkeit wird die Glasgow-Koma-Skala (Tab. 11-1) angewendet. Das Augenöffnen, die sprachliche Qualität der Antwort und die motorische Reaktion des Patienten werden geprüft und nach einem Punktesystem bewertet. Null Punkte beschreiben einen wachen, orientierten, ansprechbaren Patienten, zwölf Punkte kennzeichnen ein tiefes Koma.

Die entsprechend der Glasgow-Koma-Skala ermittelten Punktwerte werden von der Zahl 15 subtrahiert und ergeben den Punktwert des Patienten.

Es gibt allerdings eine Reihe anderer Einteilungen von Komastadien (z.B. speziell für

Tab. 11-1 Glasgow-Koma-Skala

Merkmal	Beobachtete Reaktion	Punktezahl
Augenöffnen	spontan	4
	auf Aufforderung	3
	auf Schmerzreiz	2
	kein Augenöffnen	1
Sprachliche Qualität der Antwort	voll orientiert	5
	unvollständig orientiert	4
	verworren	3
	unverständlich	2
	keine	1
Motorische Reaktion	adäquat	6
	gezielte Abwehrbewegung	5
	ungezielte Abwehr	4
	Beugesynergismen	3
	Strecksynergismen	2
	keine	1

Schädelhirnverletzungen). Die Zeichen einer gefährlichen Erhöhung des Hirndrucks z.B. bei intrakraniellen Blutungen sind neben der Bewußtseinsstörung, starke Kopfschmerzen, eine Pupillendifferenz, Bradykardie (niedere Pulsfrequenz), Störungen der Atmung (Dyspnoe oder Atemstillstände) und Krampfanfälle.

11.3.2 Ursachen komatöser Zustände

Primär zerebrale Ursachen

Die Ursachen komatöser Zustände sind sehr vielfältig. Neben primär zerebralen Erkrankungen kommen vor allem Stoffwechselstörungen und Vergiftungen in Frage.

Jede Hirnschädigung durch Traumen (Blutung, Ödem), Tumoren (Hirndruck, Ausfall bestimmter Hirnregionen), Entzündungen (Meningitis = Hirnhautentzündung, Enzephalitis = Gehirnentzündung) und Durchblutungsstörung (Schlaganfall, Schockzustand) kann ein Koma auslösen. Neben dem Schweregrad der Bewußtseinsstörung können die Komaformen auch nach dem betroffenen Gehirnabschnitt eingeteilt werden. Sind **alle Funktionen** des Gehirns **ausgefallen,** wird dies als **Hirntod** bezeichnet.

Bei der Verlaufsbeobachtung komatöser Patienten mit primär zerebralen Erkrankungen ist die Beobachtung der Pupillen und ihrer Reaktion auf Licht.

Weite und/oder entrundete Pupillen, träge oder aufgehobene, ein- oder beidseitig Reaktion der Pupillen auf Licht sind Zeichen einer gefährlichen Hirnschädigung. Das Auftreten solcher Veränderungen ist sofort dem Arzt mitzuteilen!

Bei einem erhöhten Hirndruck als Ursache dieser Veränderungen, ist möglicherweise die medikamentöse Hirndrucksenkung oder eine Operation (z.B. Blutstillung, Hämatomausräumung) angezeigt.

Stoffwechselstörungen

Eine Reihe von schweren Stoffwechselentgleisungen können ebenfalls zu einem Koma führen. Hierzu zählen:
- Schilddrüsenunterfunktion (hypothyreotes Koma)
- Diabetes mellitus (ketoazidotisches Koma)
- Lebererkrankungen (Coma hepaticum)

Bei diesen Komaformen steht die **Normalisierung** des **Stoffwechsels** an erster Stelle.

Intoxikationen

Einige Vergiftungen sind mit einer primären Bewußtseinsstörung verbunden. Dies ist insbesondere bei Vergiftungen mit Opiaten, Schlaf- und Beruhigungsmitteln, Psychopharmaka und Alkohol der Fall. Neben der Behandlung der Ateminsuffizienz (künstliche

Beatmung) und der Schocktherapie ist die **Eliminierung** (Entfernung) **des Giftes** mittels Hämodialyse, Hämoperfusion oder forcierter Diurese möglich und angezeigt.

Literaturhinweise

[1] Lawin, P.: Praxis der Intensivbehandlung. Georg Thieme Verlag, Stuttgart-New York, 5. Aufl. 1989.

12 Infektionen

R. Broll

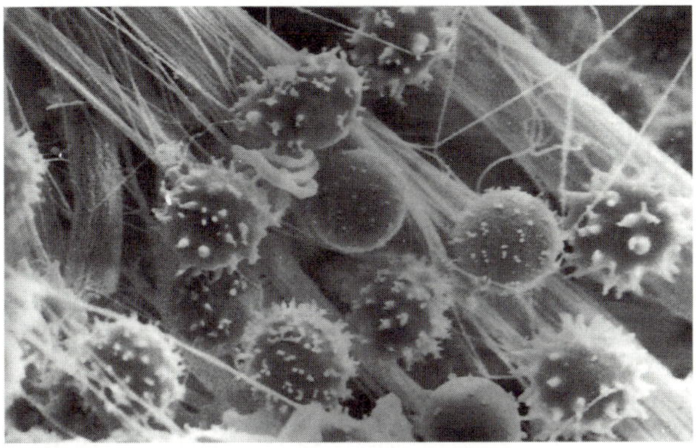

I Allgemeiner Teil

12.1 Definition

Unter einer Infektion versteht man das Eindringen (Invasion) und die Vermehrung von krankheitserregenden Mikroorganismen in den Körper mit einer nachfolgenden **lokalen** oder **generalisierten** Reaktion des Abwehrsystems gegen die Keime und deren Giftstoffe (Toxine).

Von einer **chirurgischen Infektion** spricht man, wenn die nachfolgende entzündliche Reaktion einer chirurgischen Behandlung bedarf, wie dies z.B. bei einem Abszeß der Fall ist. Sie kann aber auch Folge (Komplikation) einer chirurgischen Behandlung (z.B. Wundinfektion) sein.

Verursacht wird die Infektion in der Regel von Mikroorganismen wie Bakterien, Viren oder Pilzen. Aber auch Bakterientoxine, Parasiten, Insektengifte oder Chemikalien (Tintenstift, Leichtmetalle) können eine solche hervorrufen.

Nicht jeder Erreger verursacht aber zwangsläufig im befallenen Körper eine Infektion. Nur wenn eine solche auftritt, ist der Keim pathogen, d.h. krankheitsauslösend. **Pathogenität** beschreibt also die Fähigkeit eines Erregers, den Körper zu schädigen und eine Infektion auszulösen.

Zu unterscheiden sind pathogene von apathogenen Keimen!

Jedoch können **primär apathogene** Keime **sekundär pathogen** werden, z.B. durch eine Änderung der Abwehrlage des befallenen Organismus oder durch eine übermäßige Vermehrung des Keimes. Ein Erreger kann z.B. auch **nur** für den **Menschen** hochpathogen sein, während er für ein **Tier** völlig apathogen ist und umgekehrt. Auch der Mensch beherbergt eine Reihe apathogener Keime: so ist z.B. die Haut und die Schleimhaut des Darmtraktes mit primär apathogenen Bakterien besiedelt, die sogar einen Schutz vor Infektionen verleihen. Man nennt dies **Kolonisation** (Besiedelung). Kommt es jedoch zu einer Störung des Gleichgewichtes zwischen Mikroorganismen und Mensch, z.B. durch eine Antibiotikabehandlung, so kann dies zu einer überproportionalen Vermehrung eines bestimmten Keimes und damit zu einer Infektion führen.

Sehr häufig wird der Begriff **Virulenz** gebraucht. Darunter ist die **Infektionskraft** eines Keimes zu verstehen. Charakterisiert ist die Virulenz durch die Fähigkeit eines Keimes, in gesundes Gewebe einzudringen, sich dort zu vermehren und den Körper z.B. durch seine Toxine zu schädigen oder gar zu zerstören.

Den Zeitraum vom Eindringen eines Erregers über seine Vermehrung bis zum Auftreten klinischer Zeichen wird als **Inkubationszeit** bezeichnet. Sie ist unterschiedlich lang und kann von Stunden bis zu Monaten reichen.

12.2 Einteilung der Infektion

Eine Infektion läßt sich hinsichtlich ihrer Entstehung, ihrer Ausbreitung und der beteiligten Keime folgendermaßen klassifizieren.

- **Primäre Infektion:** Es kommt zum **direkten** Keimeintritt zum Zeitpunkt der Wundentstehung (z.B. ausgedehnte Weichteilverletzung, offene Fraktur).
- **Sekundäre Infektion:** Der Keimeintritt in die Wunde erfolgt erst zu einem **späteren** Zeitpunkt (z.B. Besiedelung von Verbrennungswunden mit Hospitalkeimen auf der Intensivstation).
- **Exogene Infektion:** Die Keime dringen von **außen** in den Körper ein. Dies kann durch direkten Kontakt (Verletzung, Hände des Personals, Instrumente) oder indirekten Kontakt (Tröpfcheninfektion, Haare, Berufskleidung, Raumluft, Beatmungsgeräte, Vernebler) geschehen.
- **Endogene Infektion:** Sie wird durch **körpereigene** Keime verursacht, z.B. aus dem Nasen-Rachenraum, dem Respirationstrakt, dem Verdauungstrakt oder den ableitenden Harnwegen.
- **Lokale Infektion:** Sie spielt sich in einem **umschriebenen** Bereich ab, z.B. beim Abszeß.
- **Generalisierte Infektion:** Durch den **Übertritt** der Erreger in die **Lymph-** und **Blutbahn** kommt es zur Ausbreitung und Allgemeinreaktion (Sepsis).

- **Monoinfektion:** Es ist **nur** ein Erreger beteiligt.
- **Mischinfektion:** Verschiedene Erreger sind am Infekt beteiligt.

Von **Kontamination** spricht man, wenn Erreger in den Körper eindringen, aber **keine** entzündliche Reaktion hervorrufen. Dies ist z.B. nicht selten bei einer Operationswunde der Fall, die zwar mit Keimen kontaminiert sein kann, deren Anzahl aber so gering ist, daß es zu keiner Infektion kommt.

12.3 Kriterien für den Auftritt bzw. Verlauf einer Infektion

Eine Reihe von Faktoren bestimmen, ob eine Infektion auftritt und wie sie verläuft.

- **Keimart:** Bestimmte Keime lösen spezielle Infektreaktionen aus: eitrige Infekte entstehen durch Staphylokokken oder Streptokokken, gasbildende Infekte durch Anaerobier, toxische Infekte als Folge einer Infektion mit Clostridien, Tollwutviren und spezifische Infektionen liegen bei der Tuberkulose (Tbc) oder der Syphilis (Lues) vor.
- **Keimmenge:** In der Regel ist eine Mindestmenge an Keimen (10^6 pro Gramm Gewebe) erforderlich, um einen Infekt auszulösen. Liegen aber besonders günstige Bedingungen für das Keimwachstum vor, z.B. bei Anwesenheit eines Hämatoms (Blutansammlung), bestehende Gewebenekrosen oder eine Abwehrschwäche, so genügt eine viel geringere Anzahl.
- **Virulenz** (Infektionskraft) und **Pathogenität** der Erreger (s. Kap. 12.1).
- **Ort des Infektes:** In schlecht durchblutetem Gewebe entsteht ein Infekt leichter als in gut durchblutetem.
- **Abwehrlage des Organismus:** Diese kann durch Eiweißmangel, Blutarmut (Anämie), Zuckerkrankheit (Diabetes mellitus), Tumorerkrankung, Mangel an körpereigenen Abwehrstoffen (Immunmangelsyndrom), Medikamente, die die körpereigene Abwehr schädigen (Kortison, Immunsuppressiva, Zytostatika) gestört sein.
- **Resistenz des Erregers:** Darunter versteht man die **Widerstandsfähigkeit** eines Erregers z.B. gegen Antibiotika. Ist ein Keim gegen ein bestimmtes Antibiotikum primär oder sekundär (erworben) resistent, so breitet sich der Infekt trotz entsprechender Antibiotikatherapie aus.

Um eine gezielte Antibiotikatherapie einleiten zu können, ist bei der mikrobiologischen Untersuchung stets eine Resistenzbestimmung mit durchzuführen!

12

12.4 Abwehrmechanismen

Dem Körper stehen eine Reihe von spezifischen, unspezifischen und lokalen Abwehrmechanismen zur Verfügung, mit deren Hilfe er sich gegen das Eindringen und die Ausbreitung von Keimen zur Wehr setzen kann.

12.4.1 Unspezifische Abwehrmechanismen

- **Humoral (über die Körperflüssigkeiten):** Neutralisation von Giftstoffen (Toxinen) der Erreger, Zerstörung der Bakterien (Bakterizidie) durch Enzyme und Eiweißkörper (Immunglobuline), Fibrinausschwitzung zur Abkapselung eines Infektes.
- **Zellulär:** Verdauung der Bakterien (Phagozytose) durch Granulozyten und Makrophagen.
- **Biochemisch:** Der saure Magensaft zerstört Bakterien, Mukoproteine (Eiweißkörper) schützen die Schleimhaut, Lysine (Enzyme) lösen Erreger auf.
- **Anatomisch:** Eine normale Gewebedurchblutung, eine physiologische Bakterienbesiedelung, Flimmerepithelien (Bronchien), Verschlußmechanismen (Sphinkteren) und ein guter Sekretfluß (Galle, Urin usw.) verhindern das Angehen einer Infektion.
- **Retikulo-endotheliales System (RES):** Es besteht aus einer Funktionseinheit von Zellen in Leber, Milz, Lymphknoten, Knochenmark usw., die zur Bakterienfiltration, Phagozytose und Speicherung befähigt sind und somit einer Infektion entgegenwirken.

12.4.2 Spezifische Abwehrmechanismen

Es handelt sich dabei um eine erworbene **Reaktionsbereitschaft** des Körpers, die durch **B-** und **T-Lymphozyten** vermittelt wird. Das **Knochenmark** ist der Sitz der humoralen Immunabwehr und reagiert rasch mit einer Antikörperbildung gegen Fremdstoffe und -organismen.

12.4.3 Lokale Abwehrmechanismen

Der Körper reagiert auf eingedrungene und sich vermehrende Keime mit einer lokalen Entzündung. Sie ist gekennzeichnet durch die **fünf klassischen Entzündungszeichen:**

Calor (Überwärmung) und **Rubor** (Rötung) als Folge einer vermehrten Durchblutung (Hyperämie), verursacht durch eine Histaminausschüttung (Hormon) und Gefäßerweiterung (Vasodilatation). Der **Tumor** (Schwellung) ist Folge des entzündlichen Ödems aufgrund des toxischen Gewebezerfalles und der Ansammlung von Eiweißzerfallprodukten im Gewebe. Der **Dolor** (Schmerz) entsteht durch die Gewebeazidose (Ansäuerung) und den Druck des Ödems auf die Nerven. Die **Functio laesa** (eingeschränkte Funktion) wird durch Schmerzen und Schwellung des befallenen Körperteils hervorgerufen.

Die lokale Abwehr kann durch zahlreiche Faktoren **gestört** sein: Fremdkörper (z.B. Hüft- oder Gefäßprothesen), Verletzungen, Operationen, invasive Maßnahmen (Venen-, Urinkatheter, Endoskopie), lokale Durchblutungsstörung, ungünstige Wundbeschaffenheit (zerfetzte Wunden mit zerstörtem Gewebe), Stoffwechselstörungen (Diabetes mellitus), Tumorerkrankung, Medikamente (Kortison, Zytostatika, Immunsuppressiva).

12.5 Sepsis

Von den Abwehrmechanismen hängt es letztlich ab, ob die Entzündung lokal eingedämmt und ausheilen kann, oder ob es zum **Fortschreiten** und zur **Generalisation** der Infektion mit einer Sepsis und der Gefahr eines septischen Schockes kommt.

Die Generalisation beginnt mit dem Eintritt der Erreger in die Blutbahn **(Bakteriämie)**, die zunächst noch **keinen** Krankheitswert besitzt. Erst bei einer hohen Virulenz der Keime in Verbindung mit einer schlechten Abwehrlage des Organismus kommt es zur Sepsis **(Septikämie)** mit schweren Allgemeinsymptomen (Tab. 12-1). Dazu zählen hohes Fieber, Schüttelfrost, gesteigerte Herzfrequenz (Tachykardie), gesteigerte Atemfrequenz (Tachypnoe). Im Blutbild findet sich eine Leukozytose (Erhöhung der weißen Blutzellen), gelegentlich aber auch eine Leukopenie (verminderte Anzahl an weißen Blutzellen) bei sehr schwerer Sepsis, sowie eine erhöhte Blutkörperchensenkungsgeschwindigkeit (BSG).

Tab. 12-1 Kriterien der Sepsis.

Klinischer Hinweis für eine Infektion	Mindestens eines der folgenden Zeichen eines Organausfalles
– Temperatur: höher als 38,3 °C oder niedriger als 35,6 °C – Tachykardie: mehr als 90 Schläge pro Minute – Tachypnoe: mehr als 20 Atemzüge pro Minute	– Verwirrtheitszustand – Hypoxie (arterielle Sauerstoffspannung kleiner 72 mmHg bei Raumluft) – erhöhter Laktatspiegel – Oligurie (Urinausscheidung weniger als 30 ml pro Stunde oder weniger als 0,5 ml pro kgKG pro Stunde)

Im weiteren Verlauf kommt es zur Schädigung wichtiger Organe (Leber, Niere, Lungen, Milz) mit Anämie, Ikterus (Gelbsucht), Gerinnungsstörungen usw.

Die schwerste Form stellt der **septische Schock** (s.a. Kap. 11.2.3) dar, wobei es neben den Zeichen der Sepsis noch zum Abfall des systolischen Blutdruckes unter 90 mmHg oder um mehr als 40 mmHg bei primärem Bluthochdruck trotz adäquater Volumensubstitution kommt. Daraus entwickelt sich dann das sog. **Multiorganversagen**. Man versteht darunter den Ausfall mehrerer lebenswichtiger Organe. Die Folgen sind: Schocklunge mit Ateminsuffizienz, Schockniere mit Nierenversagen und toxisches Leber- und Herzversagen.

Im Rahmen der Sepsis gelingt der Erregernachweis im Blut durch die Abnahme von aeroben und anaeroben Blutkulturen am sichersten während des Temperaturanstieges, da in dieser Phase die Keime in die Blutbahn ausgeschwemmt werden!

Therapie: Frühzeitige Ausschaltung des septischen Herdes durch geeignete chirurgische Maßnahmen, wie z.B. Abszeßeröffnung mit Entfernung des gesamten infizierten und nekrotischen Gewebes. Dies stellt die wichtigste Maßnahme dar.

Die Antibiotikatherapie beginnt zunächst mit **Breitspektrum**-Antibiotika, auf die die vermuteten Keime sensibel sind. Nach Eingang der bakteriologischen Untersuchung mit

Resistenztestung erfolgt dann die **gezielte** Antibiotikatherapie.

Abnahme von Blutkulturen und Abstrichen immer vor Beginn der Antibiotikatherapie!

Intensivmedizinische Überwachung des Patienten (Monitoring) mit Kontrolle der Herz- und Kreislauffunktion, Atmung, Urinausscheidung, Wasser-, Elektrolyt- und Säure-Basenhaushalt. Steigerung der körpereigenen Abwehr durch Gabe von Vitaminen, evtl. Immunglobulinen.

12.6 Wundinfektion

Sie stellt nach der Harnweginfektion die **zweithäufigste** im Krankenhaus erworbene (nosokomiale) Infektion dar und macht ca. **25%** aller nosokomialen Infektionen aus.
Sie ist von vielfältigen Faktoren abhängig.

- **Operationsart:** Chirurgische Eingriffe können in vier Kategorien (nach Cruse und Foord) eingeteilt werden, abhängig vom Grad der Kontamination der Wunde mit Keimen (Tab. 12-2). Entsprechend verschieden ist die Rate an Infektionen.
- **Begleiterkrankungen und -faktoren:** Diabetes mellitus, Adipositas (Fettsucht), Kachexie (Magersucht), Medikamentengabe (Kortison, Zytostatika, Immunsuppressiva) führen zu einer höheren Wundinfektionsrate.
- **Länge der präoperativen Krankenhausverweildauer:** Je länger die Verweildauer des Patienten, desto höher ist die Rate an Wundinfektionen. Deshalb ist ein möglichst kurzer präoperativer Aufenthalt anzustreben.
- **Alter des Patienten:** Je älter der Patient ist, desto wahrscheinlicher ist es, daß mehrere Begleiterkrankungen vorliegen, die die Infektionsrate negativ beeinflussen können.
- **Operationsdauer:** Längere Operationen führen zu mehr Kontaminationsmöglichkeiten, so daß daraus eine höhere Wundinfektionsrate resultiert.
- **Operationstechnik:** Je schonender (atraumatischer) die Technik, desto geringer die Infektionsgefahr.

Durch eine gezielte, kurzfristige **perioperative Antibiotikaprophylaxe,** evtl. in Kombination mit einer Darmspülung bei bestimmten Eingriffen (z.B. Dickdarmeingriffen), läßt sich die Wundinfektionsrate signifikant reduzieren.

Symptome: Die klassischen Zeichen der Entzündung (Rötung, Schwellung, Überwär-

Tab. 12-2 Kategorien chirurgischer Wundkontaminationen (modifiziert nach Cruse und Foord).

Kategorie	Kontaminationstyp	Operationstyp	Beispiele	Infektionsrate
I	sauber	Operation ohne Eröffnung von Hohlorganen (Gastrointestinal-, Respirations-, Urogenitaltrakt	Leistenhernie Schilddrüsenresektion prothetischer Ersatz (Gefäß, Gelenk)	1,5%
II	sauber kontaminiert	Operation mit Eröffnung von Hohlorganen	Gallenblasenentfernung Magenresektion Appendektomie Lungenresektion	8%
III	kontaminiert	Operation mit Eröffnung von infizierten Hohlorganen	Gallengangrevision bei Gallenwegentzündung Dickdarmresektion am unvorbereiteten Darm	15%
IV	infizierte Wunden	Operationen mit fäkaler Kontamination	Dickdarmperforation mit Peritonitis Abszeßspaltung Gallenblasenperforation	> 40%

mung, Schmerzen, gestörte Funktion), Fieber, Leukozytose, Eiteraustritt aus der Wunde.

Diagnose: Lokalbefund mit den entsprechenden Symptomen, Wundabstrich zur bakteriologischen Untersuchung.

Therapie: Infizierte Operationswunden sind **unverzüglich** unter Entfernung aller Fäden zu eröffnen, damit das Wundsekret abfließen kann. Spülung der Wunde mit physiologischer Kochsalzlösung, wenn damit der Infekt nicht in die Tiefe verschleppt wird. Nekrosen und Fremdkörper (Implantate) sind zu entfernen, da diese den Infekt weiter unterhalten. Nach der Wunderöffnung kann der Organismus einen Schutzwall aus Granulationsgewebe um den Infekt aufbauen und so ein Fortschreiten verhindern. Die Wunde ist auf jeden Fall **offen weiterzubehandeln,** bis der Infekt abgeheilt ist und saubere Granulationen (Gewebeneubildungen) an den Wundrändern vorliegen. Dann kann sie durch eine sog. Sekundärnaht (s. Kap. 3.6.5) verschlossen werden. Eine lokale oder systemische Antibiotikagabe ist in der Regel **nicht** erforderlich, es sei denn, es bestehen bereits Symptome einer Generalisation des Infektes.

II Spezieller Teil

12.7 Bakterielle Infektionen

Grundsätzlich sind pyogene (eitrige) und putride (jauchige) Infektionen zu unterscheiden. Auf die Einteilung der Bakterien in grampositive und gramnegative, in Kokken und Stäbchen soll hier nicht weiter eingegangen werden. Ausführliche Darstellungen finden sich in der entsprechenden Fachliteratur.

12.7.1 Pyogene Infektionen

Pyogene Infektionen werden in erster Linie durch die sog. Eitererreger **Staphylokokken** und **Streptokokken** hervorgerufen. Nicht selten finden sich jedoch auch Escherichia coli, Pseudomonas, Enterokokken und Klebsiellen.

Gekennzeichnet sind sie durch eine lokalisierte abszedierende Infektion mit eitriger Gewebeeinschmelzung sowie einem **Granulationswall** oder einer **Abszeßmembran** als Abgrenzung gegen das gesunde Gewebe (Tab. 12-3).

12.7.2 Putride Infektionen

Im Gegensatz dazu sind putride Infektionen durch **Fäulniserreger** wie Proteus, pyogene Kokken sowie Anaerobier verursacht, wobei häufig Mischinfektionen vorliegen.

Im Vordergrund steht hier der mehr flächenhafte Gewebezerfall mit evtl. Gasbildung, das faulig-stinkende dünnflüssige Wundsekret sowie die fehlende Abgrenzung zur gesunden Umgebung mittels Granulationsgewebe und Abszeßmembran (s. Tab. 12-3).

Nicht selten läßt schon die **Konsistenz**, die **Farbe** und der **Geruch** des Eiters **Rückschlüsse** auf bestimmte **Erregerarten** zu. So findet sich bei Staphylokokken ein **dickrahmiger, gelblich-weißlicher** Eiter, bei Streptokokken ein **dünnflüssiger, gelb-grünlicher** Eiter. Pseudomonasinfektionen sind charakterisiert durch **blau-grünen** Eiter mit **süßlichem** Geruch. **Bräunlicher** Eiter läßt an eine Koliinfektion und **fäkulent-stinkender** Eiter an eine Anaerobierinfektion denken.

Neben der Einteilung in pyogene und putride Infektionen hat sich in der Praxis die Einteilung in **aerobe** (sauerstoffabhängige) und **anaerobe** (sauerstoffunabhängige) Infektionen bewährt.

Tab. 12-3 Charakteristika pyogener und putrider Infektionen.

Pyogene Infektion	Putride Infektion
– lokalisiert – Gewebeeinschmelzung, Eiterbildung, Fluktuation – Abgrenzung durch Granulationsgewebe oder Abszeßmembran – Abszeß – Staphylokokken, Streptokokken	– flächenhaft ausbreitend – nekrotischer Gewebezerfall, faulig-stinkendes dünnflüssiges Wundsekret, evtl. Gasbildung – fehlende Abgrenzung – Phlegmone – Fäulniserreger (Proteus, Anaerobier)

12.8 Aerobe Infektionen

Als Keime finden sich hauptsächlich Streptokokken, Staphylokokken, Pneumokokken (grampositive Kokken) und E. coli, Klebsiellen, Proteus, Pseudomonas (gramnegative Stäbchenbakterien).

12.8.1 Furunkel

Definition: Die Infektion geht von einem Haarbalgfollikel (Follikulitis) aus und schreitet in die Tiefe bis zur Unterhaut (Subkutis) fort. Es handelt sich um eine abszedierende Entzündung mit zentraler Nekrose.
Erreger: Staphylokokken.
Lokalisation: Behaarte Körperregionen mit bevorzugter Lokalisation in der Achselhöhle, im Nacken oder der Leistenregion.
Symptome: Rötung, Schwellung, Druckschmerz, regionale Lymphknotenschwellung. Häufig besteht gleichzeitig ein Diabetes mellitus, deshalb ist eine **Blutzuckerbestimmung** durchzuführen.
Therapie: Wenn möglich Ruhigstellung (Extremität), nach Abgrenzung des Infektes (Demarkierung) Inzision und Nekroseentfernung. Die **Gabe** eines Antibiotikums ist **nur** bei Generalisation (Furunkulose) indiziert.

Keine Manipulation an einem Furunkel im Gesichtsbereich, da die Gefahr der aufsteigenden Infektion in das Schädelinnere mit eitriger Entzündung der Hirnhäute (Meningitis) und Thrombosierung des Sinus cavernosus (venöser Hirnblutleiter) besteht!

12.8.2 Karbunkel

Definition: Mehrere Furunkel führen zu einer flächenhaften Entzündung mit Nekrosebildung, bei Fortschreiten in die Tiefe auch zur subfaszialen (unter der Faszie verlaufenden) Ausbreitung.
Erreger: Staphylokokken.
Lokalisation: Behaarte Körperstellen, insbesondere der Nacken (Farbtafel Abb. 12-1), Gesäß, Rücken.
Symptome: Flächenhafte Rötung und Schwellung mit Abszedierung bis hin zu handtellergroßen Nekrosezonen, Fieber, Schüttelfrost. Auch hier ist an einen Diabetes mellitus zu denken.
Therapie: Chirurgische Eröffnung aller Eiterherde sowie großzügige Exzision (Ausschneidung) der Nekroseherde bis zur Faszie. Bei Zeichen der Generalisation Antibiotikagabe.

12.8.3 Lymphangitis, Lymphadenitis

Definition: Von einem lokalen Infektherd ausgehende Entzündung der Lymphbahnen (Lymphangitis) mit regionaler Lymphknotenschwellung (Lymphadenitis) und ggf. eitriger Einschmelzung des Lymphknotens.
Erreger: Staphylo- und Streptokokken, Parasiten z. B. Filarien.
Lokalisation: Die Lymphangitis geht **meist** von **Bagatellverletzungen** im Bereich der Extremitäten **aus** und führt dann zu einer Lymphadenitis in der Achselhöhle oder der Leiste, wobei die Lymphknoten der Ellenbeuge und der Kniekehle in der Regel übersprungen werden.
Symptome: Streifenförmige Rötung („Blutvergiftung"), vom Infektionsherd nach proximal zu den regionären Lymphknoten verlaufend. Diese sind geschwollen und druckschmerzhaft. Begleitend können evtl. Fieber und Schüttelfrost auftreten.
Therapie: Beseitigung der Infektionsquelle, Ruhigstellung der Extremität, Rivanolumschläge, bei Fieber Antibiotika.

12.8.4 Abszeß

Definition: Lokalisierte, von einem Granulationsgewebe, später einer Abszeßmembran umgebene eitrige Gewebeeinschmelzung mit Eiteransammlung in einem durch Nekrose entstandenen Raum.
Erreger: Staphylokokken, E. coli, Mischinfekte.
Lokalisation: An der Körperoberfläche (Farbtafel Abb. 12-2), z. B. nach einer Verletzung, als abszedierende postoperative Wundinfektion oder als Spritzenabszeß nach **intramuskulären Injektionen**. In inneren Organen als Leber- (s. Kap. 21.5), Lungen- (s. Kap. 15.5.1), Hirnabszeß (s. Kap. 33.10) oder im Bauchraum als subphrenischer (unter dem Zwerchfell), subhepatischer (unter der Leber) oder Douglas-Abszeß (im kleinen Becken).

Strenggenommen sind Eiteransammlungen im Bauchraum (subphrenisch, subhepatisch, Douglas-Raum) **keine** Abszesse, **sondern** Empyeme (s. Kap. 12.8.5), da sie in einem **anatomisch vorgegebenen,** statt in einem durch Nekrose entstandenen Raum entstehen. Die

Bezeichnung „Abszeß“ hat sich jedoch im klinischen Sprachgebrauch dafür eingebürgert.

Symptome: Die klassischen Entzündungszeichen, Fluktuation (Verschieblichkeit) bei körperoberflächennaher Lokalisation, **pulssynchroner** Klopfschmerz.

Therapie: Eine ausreichend große Inzision mit Eiterentleerung und Drainage sowie Spülung der Abszeßhöhle mit NaCl-Lösung (evtl. Antiseptika) ist durchzuführen. Bei engumschriebenen intraabdominellen Abszessen oder z.B. Leberabszessen ist auch die sonographisch oder CT-gesteuerte perkutane Punktion mit Drainage und Spülbehandlung indiziert. Größere Abszesse im Abdomen (Douglas-Abszeß, perithyphlitischer Abszeß nach Appendizitis) werden drainiert, wobei darauf zu achten ist, daß es **nicht** im Rahmen der Operation zu einer **Keimverschleppung** und damit einer diffusen Infektion des gesamten Bauchraumes (Peritonitis) kommt.

Eine spezielle Abszeßform ist der **Schweißdrüsenabszeß,** eine abszedierende Entzündung der Schweißdrüsen im Bereich der Achselhöhle. Die Erreger sind Staphylokokken. Die Therapie besteht aus Inzision und Drainage.

12.8.5 Empyem

Definition: Eiteransammlung in einer anatomisch vorgegebenen (präformierten) Höhle, wie z.B. Pleuraraum (s. Kap. 15.4.4), Gelenkinnenraum, Gallenblase (s. Kap. 22.5.2). Die eitrige Gewebeeinschmelzung, der Granulationsaum und die umgebende Membran **fehlen** hier im Gegensatz zum Abszeß.

Erreger: Staphylokokken, Streptokokken, Gonokokken, E. coli, Proteus, Anaerobier, häufig auch Mischinfekte.

Lokalisation: Pleuraraum, Herzbeutel, Gelenkhöhle, Gallenblase.

Symptome: Schmerzhafte Schwellung und Rötung mit Fluktuation bei körperoberflächennaher Lokalisation, Leukozytose, Fieber. Bei Lokalisation im Abdomen entsprechende Bauchsymptome mit Druckschmerz und Abwehrspannung, evtl. septische Zeichen.

Therapie: Operative Entlastung und Drainage, ggf. Spülbehandlung, Antibiotika. Bei Gallenblasenempyem notfallmäßige **Entfernung der Gallenblase** (Cholezystektomie), da die Gefahr der **Perforation** besteht.

12.8.6 Phlegmone

Definition: Nekrotisierende Entzündung mit diffuser Ausbreitung im Bindegewebe.

Spezielle Enzyme der Erreger (Hyaluronidase, Streptokinase) verhindern eine Abgrenzung des Infektes.

Erreger: Streptokokken, Staphylokokken, Proteus; Anaerobier wie Bakteroides, Enterobakterien; nicht selten auch Mischinfektionen.

Lokalisation: Subkutanes Gewebe, unterhalb der Faszie (subfaszial), aber auch intramuskulär. Mediastinum, Retroperitonealraum, Knochenmark, Darmwand.

Symptome: Diffuse, ödematöse Rötung und Schwellung (Farbtafel Abb. 12-3), rasch fortschreitend, mit Fieber und Leukozytose. Bei Mitbeteiligung gasbildender Keime findet sich ein **charakteristisches Gewebeknistern** bei Druck auf die Weichteile.

Therapie: Breite chirurgische Eröffnung des infizierten Gewebes und Abtragung aller Nekrosen, Spülungen mit Wasserstoffperoxid (H_2O_2), Drainage. Ruhigstellung der befallenen Extremität.

Eine Sonderform stellt die **Urinphlegmone** dar, die im Gefolge von Harnröhrenverletzungen oder nach Blasenrupturen außerhalb des Bauchraumes (extraperitoneal) auftritt. Die Keime gelangen in das umgebende Gewebe und führen dort zu einer schweren Infektion mit einer oft lebensbedrohlichen Sepsis.

12.8.7 Gangrän

Definition: Nekrotisierende Entzündung, häufig auf dem Boden einer **arteriellen** Durchblutungsstörung (Arteriosklerose, diabetisches Gefäßleiden). Die Durchblutungsstörung führt zu einem Sauerstoffmangel im Gewebe (Hypoxie) und nachfolgender Nekrose. Besteht noch kein Infekt, so spricht man vom „trokkenen Brand“ bzw. **Mumifikation.** Erst nach der Kontamination des nekrotischen Gewebes mit Fäulnisbakterien kommt es zur feuchten Gangrän oder „feuchtem Brand“.

Erreger: Fäulnisbakterien (Anaerobier), häufig jedoch Mischinfektionen.

Symptome: Grau-grüne bis schwarz-livide Verfärbung des Gewebes, faulig-süßlicher Geruch, häufig **ohne** Schmerzen.

Therapie: Radikale Abtragung aller Nekrosen bis zum gesunden Gewebe. Oft wird eine

Amputation der betroffenen Extremität notwendig. Wenn möglich sollte später zur Verbesserung der arteriellen Durchblutung ein gefäßchirurgischer Eingriff vorgenommen werden. Antibiotika bei beginnender Generalisation des Infektes.

Sonderformen sind die Lungen-, Uterus- und Darmgangrän sowie die **Fournier-Gangrän** (Skrotalgangrän; Farbtafel Abb. 12-4). Letztere entsteht durch Fortschreiten einer Infektion im Bereich des Anus, durch eine Urinphlegmone oder nach Verletzungen des Skrotums. Die lockere Skrotalhaut begünstigt eine rasche Ausbreitung des Infektes und führt nicht selten zu einer **kompletten** Gangrän des gesamten Skrotalsackes, wenn nicht vorher chirurgisch interveniert wird. Begleitend besteht eine schwere Allgemeininfektion. Die Hoden werden von der Infektion **nicht** erfaßt. Therapeutisch erfolgt eine ausgiebige Entfernung aller nekrotisierten Hautareale. Bis zur plastischen Deckung mit z.B. Spalthaut oder vorhandenen Skrotalhautresten können die Hoden in eine Subkutantasche am Oberschenkel verlagert werden.

12.8.8 Nekrotisierende Infektion

Definition: Rasch sich **ausbreitende,** das Leben und die befallene Extremität bedrohende **schwerste** Infektion mit Nekrose der Faszien und Muskeln. Die Infektion breitet sich entlang der Faszien und Muskeln in Richtung Körperstamm aus und findet sich häufig bei Patienten mit einer gestörten Immunabwehr.
Erreger: Streptokokken, Staphylokokken, Klostridien, aber auch Mischinfektionen.
Symptome: Ähnlich der der Gangrän, aber mit frühzeitigem Auftreten eines septischen Schocks.
Therapie: Sofortiges radikales operatives Entfernen aller Nekrosen. Zur Kontrolle ist eine **Folgeoperation** nach sechs bis acht Stunden angezeigt, um ggf. ein weiteres Fortschreiten des Infektes rechtzeitig zu erkennen und zu behandeln. Hochdosierte Gabe von Antibiotika. Die Patienten benötigen intensivmedizinische Therapie und Betreuung.

12.8.9 Erysipel

Definition: Akute phlegmonöse Entzündung der Haut mit meist schweren Krankheitserscheinungen. Wegen der **intensiv roten Farbe** wird sie auch als „Rose" bezeichnet.

Durch winzige Hautverletzungen im Gesichts- und Extremitätenbereich gelangen die Erreger in die Lymphbahnen und verursachen eine infektiöse Dermatitis (Hautinfektion) mit rascher Verbreitung der Erreger über die Lymphwege.
Erreger: Hämolysierende Streptokokken, selten Staphylokokken.
Lokalisation: Im Gesichtsbereich (Gesichtsrose), an den Extremitäten (Farbtafel Abb. 12-5), in Narben (Wundrose).
Symptome: Flächenhafter, in der Regel **scharf begrenzter Herd** mit **intensiver flammender Rötung** und **zungenförmigen Ausläufern.** Schwellung, Überwärmung und Druckschmerzhaftigkeit. Schwellung der regionären Lymphknoten. Im Gesichtsbereich findet sich die **typische Schmetterlingsform**. Begleitende Allgemeinsymptome sind hohes Fieber, Schüttelfrost und schweres Krankheitsgefühl. Unbehandelt breitet sich die Entzündung sehr rasch entlang der Hautspaltlinien (in der Haut verlaufende Linien, die Oberflächenareale oder Hautfelder begrenzen) aus.

Zu unterscheiden sind **drei Verlaufsformen:** Erysipel rubeosum (Rötung), bullosum (Blasenbildung) und gangraenosum (Nekrosenbildung).
Therapie: Systemische Gabe hoher Dosen von Penicillin G und symptomatische Lokalbehandlung mit kühlenden Umschlägen, Bettruhe. Nur beim Erysipel gangraenosum ist eine chirurgische Intervention (Faszienspaltung, Nekrosenabtragung) notwendig.

Das Erysipel ist sehr **rezidivfreudig** und führt dann durch die wiederkehrenden Entzündungen zum Verschluß von Lymphgefäßen mit nachfolgenden ausgeprägten Ödemen (Elephantiasis).

12.8.10 Erysipeloid (Rotlauf)

Definition: Spezifische phlegmonöse Entzündung im **Bereich der Hände.**
Erreger: Grampositives Bakterium „Erysipelothrix rhusiopathiae". Er findet sich **nicht nur** bei erkrankten Schweinen, **sondern auch** auf faulendem Fleisch oder Fisch.
Lokalisation: Nahezu ausschließlich an den Händen **beruflich exponierter** Personen (Landwirte, Metzger, Tierärzte, Hausfrauen). Die Eintrittspforte sind in der Regel kleine Verletzungen.

Symptome: Juckende, leicht druckschmerzhafte, scharf begrenzte, bläulich-rote Entzündung mit scharfem Rand. Fieber und allgemeines Krankheitsgefühl fehlen meist. Auch hier besteht eine ausgeprägte Rezidivneigung.
Therapie: Ruhigstellung der betroffenen Extremität, hochdosiert Penicillin, feuchte Umschläge. Die Gabe von **Rotlaufserum** ist evtl. bei septischen Verlaufsformen angezeigt.

12.8.11 Milzbrand (Anthrax)

Definition: Sehr seltene, vom Tier auf den Menschen übertragene, hochakute Infektion von Haut, Lunge oder Darm. **Meldepflichtige** Erkrankung an das zuständige Gesundheitsamt.
Erreger: Bacillus anthracis (grampositiv). Die Sporen gelangen aus dem Darm milzbrandkranker Tiere (Schafe, Ziegen, Rinder, Pferde) auf den Erdboden. Die Milzbrandinfektion des Menschen erfolgt:
- durch **direkten** Kontakt mit milzbrandkranken Tieren oder deren sporenhaltigen Produkten (Häute, Felle, Wolle, Borsten, Haare) über kleine Hautdefekte (Hautmilzbrand)
- durch **Inhalation** bazillenhaltigen Staubes (Lungenmilzbrand)
- durch **Aufnahme** infizierter Nahrungsmittel (Darmmilzbrand)

Symptome: Beim Hautmilzbrand findet sich an der Eintrittspforte zunächst eine kleine gerötete Blase mit heftigem Juckreiz. Daraus entwickelt sich dann die **typische Hautmilzbrandpustel** (Pustula maligna) mit zentraler schwarzer Nekrose und rotem Ring sowie perifokalem (Umgebungs-) Ödem und Absonderung einer blutig-serösen Flüssigkeit. Begleitende Lymphadenitis. Bei Generalisation der Erreger kommt es zu der gefürchteten Milzbrandsepsis mit nahezu **100% Letalität.** Befallen werden Personen mit entsprechender **beruflicher Exposition** (Fleischer, Abdecker, Fellarbeiter).
Therapie: Penicillin G intravenös in hohen Dosen sowie Ruhigstellung der befallenen Extremität.

Chirurgische Maßnahmen beim Hautmilzbrand sind unbedingt zu unterlassen, um eine Keimausbreitung zu verhindern!

12.8.12 Wunddiphtherie

Definition: Eine heutzutage sehr seltene Wundinfektion. **Meldepflicht** (Gesundheitsamt).
Erreger: Corynebacterium diphtheriae. Sehr häufig liegt jedoch auch hier eine Mischinfektion vor.
Symptome: Die Wunde ist **stark schmerzhaft** und zeigt **keinerlei** Heilungstendenz; anschließend findet sich eine blau-violette Verfärbung der Wunde mit schmierigen grau-gelblichen Belägen und Pseudomembranen. Die Wundränder sind unterminiert, die Wundumgebung entzündlich infiltriert.

Im späteren Krankheitsverlauf gelangt das Diphtherietoxin durch Resorption in die Blutbahn und führt zu toxischen Allgemeinstörungen, Lähmung (Parese) motorischer Nerven und Herzmuskelentzündung (Myokarditis).
Therapie: Offene Wundbehandlung mit antiseptischen Lösungen, systemisch Penicillin G bzw. bei Mischinfektion gezielte Antibiotikagabe nach Testergebnis. Diphtherieserum bei toxischer Allgemeininfektion. **Isolierung** des Patienten (s.a. Kap. 4.6.4).

12.9 Anaerobe Infektionen

12.9.1 Gasbildender putrider Infekt

Definition: Fäulnis- bzw. gasbildende, über den Faszien (epifaszial) lokalisierte Infektion mit anaeroben Keimen, die häufig aus dem Intestinaltrakt stammen (sog. **endogene** Infektion).
Erreger: Anaerobier. In den meisten Fällen liegen jedoch Mischinfektionen mit aeroben Keimen vor.
Lokalisation: An den Extremitäten, insbesondere bei arterieller Durchblutungsstörung, sowie intraabdominell (Leber, Gallenblase, Appendix, Peritonitis). Auch nach Weichteilquetschung oder -zertrümmerung mit Wundtaschenbildung finden sich ideale anaerobe Verhältnisse für das Angehen einer entsprechenden Infektion.
Symptome: Feuchte, gangränöse Entzündung mit faulig-süßlichem Geruch und grau-grüner bis schwarzer Verfärbung. Die Gasbildung im Gewebe führt zum charakteristischen Knistern beim Betasten. **Achtung:** Eine

Verwechslung mit der **Gasbrandinfektion** ist möglich.

In der Regel bestehen ausgeprägte toxische Allgemeinsymptome, verursacht durch die Eiweißzerfallprodukte aus dem Gewebe, mit hohem Fieber, Leukozytose, evtl. Zeichen der Sepsis.

Therapie: Ausgedehnte Nekrosenabtragung, Spülung der Wunde und Drainage. Hochdosierte systemische Antibiotikatherapie.

12.9.2 Gasbrand (Gasödem)

Definition: Lokale, rasch fortschreitende nekrotisierende Weichteilinfektion mit Ödem- und Gasbildung und rasant einsetzender Toxinämie (Blutvergiftung), verursacht durch Anaerobier. Er stellt die schlimmste Wundinfektion dar und unterliegt der **Meldepflicht** an das zuständige Gesundheitsamt.

Erreger: Grampositive, anaerobe, sporenbildende Klostridien: In ca. 80% aller Fälle Clostridium perfringens. Zusätzlich existieren Clostridium oedematicus, septicum und histolyticum. Die Keime kommen im Erdreich, Staub und Fäkalien vor, ebenso sind sie im menschlichen und tierischen Darm zu finden. Sie bilden Exotoxine (Proteinasen, Lezithinasen, Nukleasen und Kollagenasen), die eine Eiweiß-, Blut- und Fettzerstörung verursachen. **Wichtig:** Fast immer liegen Mischinfektionen mit Staphylokokken, Streptokokken, E. coli, Pseudomonas, Klebsiellen (aerobe Keime) oder Bakteroides (anaerober Keim) vor.

Lokalisation:

- **Exogene Infektion:** Gefährdet sind insbesondere Wunden mit **ausgedehnten Weichteilzerstörungen** oder nach gefäßchirurgischen Eingriffen und Amputationen wegen peripherer arterieller Verschlußkrankheit (pAVK) sowie nach verspätet behandelten Schußverletzungen im Kriege. In diesen Wunden finden Anaerobier ideale Wachstumsbedingungen. Auch nach **intramuskulären Injektionen** kann es zur Gasbrandinfektion kommen. Dagegen findet man im Gegensatz zum Tetanus selten eine Gasbrandinfektion nach kleinen Verletzungen.
- **Endogene Infektion:** Da die Erreger des Gasbrandes im Magen-Darmtrakt des Menschen vorkommen, können sie über das Pfortaderblut in die Leber aufgenommen und über die Gallenflüssigkeit in die Gallenblase bzw. Gallenwege ausgeschieden werden. Während einer Entfernung der Gallenblase und Eröffnung des Gallenganges kann es so zur Infektion der Bauchwand mit nachfolgendem **Gasödem** bzw. zur Infektion im Bereich der Leberpforte kommen. Diese Infekte enden **fast immer tödlich.** Auch eine Ausscheidung über die Nieren und ableitenden Harnwege ist möglich.

Symptome: Die Inkubationszeit beträgt gewöhnlich ein bis zwei Tage, mitunter jedoch nur drei bis sechs Stunden. Lokal kommt es zur schmerzhaften, ödematösen Schwellung der Wunde und des Wundgebietes mit violett-schwarzer Verfärbung der Haut (Farbtafel Abb. 12-6). Aus der Wunde entleert sich **übelriechendes, fleischwasserfarbenes Sekret.** Die **Muskulatur** sieht wie **gekocht** aus und beim Betasten des Gewebes findet sich das **charakteristische Knistern** der Gasblasen. Der Infekt **schreitet** in der Regel **sehr rasch** von distal nach proximal fort.

Zusätzlich finden sich ausgeprägte Allgemeinsymptome mit raschem körperlichen Verfall durch die Intoxikation. Neben einer ausgeprägten Schocksymptomatik bestehen Zeichen des Multiorganversagens wie Ikterus (Leberversagen), akutes Nierenversagen sowie Hämolyse (Zerstörung der roten Blutkörperchen) und Anämie.

Im Röntgenbild ist die typische „Fiederung" der befallenen Muskulatur, die durch die intramuskuläre Gasentwicklung und Auseinanderdrängung der Muskelfasern zustande kommt, zu sehen (Farbtafel Abb. 12-7).

Diagnose: Im Muskelquetschpräparat kann der Erreger nach Gramfärbung (positiv) nachgewiesen werden. In erster Linie ist der Gasbrand jedoch eine klinische Diagnose.

Differentialdiagnostisch kommen alle putriden, gasbildenden Infekte in Frage, die jedoch meist keinen so rasanten Verlauf wie der Gasbrand nehmen.

Therapie: An erster Stelle aller therapeutischen Maßnahmen steht die **frühzeitige operative Revision** der Wunde mit breiter Spaltung und Freilegung des gesamten infizierten Gewebes sowie großzügiger Nekrosenabtragung, Spülung und ausgiebige Drainage der Wunde, die **unbedingt offen** bleiben muß. Wenn nötig, muß die Extremität amputiert werden, da oft nur so das Leben des Patienten zu retten ist.

Antibiotika: Die früher postulierte hohe Gabe von Penicillin G (20 bis 40 Millionen Einheiten pro Tag) ist heute nicht mehr ausreichend, da in den allermeisten Fällen ein Mischinfekt vorliegt, der den initialen hochdosierten Einsatz von Breitspektrum-Antibiotika oder Antibiotikakombinationen erforderlich macht. Die Gabe von Gasbrand-Antitoxin wird heute überwiegend abgelehnt.

Zusätzlich ist auf jeden Fall der **Tetanus-Impfstatus** zu überprüfen und ggf. zu Immunisieren.

Wegen der toxischen Allgemeinerscheinungen ist stets eine Intensivüberwachung (Atmungs-, Kreislauffunktion, Laborwerte) mit entsprechender Substitution (Flüssigkeit, Elektrolyte usw.) erforderlich. Die Behandlung mit hyperbarem Sauerstoff (Überdruckbeatmung mit einem Druck bis zu drei atü) in der Kammer ist allenfalls als **Ergänzung** anzusehen.

Auch heute noch weist der Gasbrand eine **Letalität** zwischen **25** und **50%** auf. Um so wichtiger erscheint deshalb die frühzeitige und gründliche Wundrevision als beste Prophylaxe einer Gasbrandinfektion.

12.9.3 Tetanus (Wundstarrkrampf)

Definition: Wundinfektion, die durch das Nervengift (Neurotoxin) des Tetanuserregers zur generalisierten Toxinämie mit Lähmung und Krämpfen der quergestreiften Muskulatur führt. Die Erkrankung ist **meldepflichtig** an das zuständige Gesundheitsamt.

Erreger: Clostridium tetani, ein anaerober Sporenbildner. Er findet sich **überall:** im Erdreich und Straßenstaub, auf der Körperoberfläche und im Darm sowohl des Menschen als auch von Haustieren (Rind, Pferd, Hammel). Von letzteren gelangt er durch Düngung ins Erdreich.

Verantwortlich für die Wirkungen des Erregers im Körper sind seine **Ektotoxine:**

- Das Neurotoxin **Tetanospasmin,** das über Blut- und Lymphwege in den Blutkreislauf und von dort zu den motorischen Ganglienzellen des Rückenmarks und des Hirnstammes (Medulla oblongata) gelangt. Ein weiterer Weg dorthin führt über die Nervenscheiden. An den **Nervenendplatten** der motorischen Ganglienzellen **festgebunden,** ist eine **Neutralisierung** durch das Tetanus-Impfstoff **nicht mehr möglich.** Hier blokkiert es die zu den Vorderhornzellen im Rückenmark gehenden Hemmimpulse. Die Folge ist eine **erhöhte** Krampfbereitschaft mit **schweren Krämpfen.**
- Das hämolysierend und kardiotoxisch wirkende **Tetanolysin.**

Die Eintrittspforten für die Erreger sind in der Regel kleine Verletzungen an Händen und Füßen, aber auch ausgedehnte Weichgewebeverletzungen mit starker Verschmutzung, zerfetzten Wundrändern und schlecht durchbluteten Gewebearealen (Verkehrsunfälle, landwirtschaftliche Unfälle, Schußverletzungen). Die Erreger vermehren sich gut unter den anaeroben Verhältnissen dieser Wunden.

Symptome: Die Inkubationszeit liegt zwischen 3 und 60 Tagen. Allgemein gilt: Je **kürzer** die Inkubationszeit bzw. je **kürzer** die Zeit zwischen dem Auftreten der ersten klinischen Symptome und den ersten Krampfanfällen, desto **schwerer** verläuft der Wundstarrkrampf.

Die Erkrankung beginnt mit einem **uncharakteristischen Prodromal**-(Vorläufer-)Stadium, das mit Kopfschmerzen, Mattigkeit, Schwindel, Schweißausbrüchen und Muskelschmerzen einhergeht.

Bald kommt es dann zur **Kieferklemme** (Trismus) und zum **typischen Gesichtsausdruck** des Risus sardonicus (Farbtafel Abb. 12-8), der durch die Spannung der Gesichtsmuskulatur und Querfaltung der Stirnhaut dem Kranken einen grinsenden Gesichtsausdruck verleiht.

Nun folgt eine absteigende **tonische Muskelstarre** (Rigor), ausgehend von der Nakkenmuskulatur, übergreifend auf die langen Rückenstrecker und Bauchmuskeln. Durch das Überwiegen der langen Rückenstrecker kommt es zur Überstreckung der gesamten Wirbelsäule (Opisthotonus). Nach und nach werden dann die Extremitäten, Interkostal-, Kehlkopf- und schließlich die Zwerchfellmuskulatur befallen. Zu **keinem Zeitpunkt** ist das Bewußtsein und die Sensibilität des Erkrankten beeinflußt.

Dann folgen die oft in Minutenabständen und ein bis zwei Minuten dauernden schmerzhaften **klonischen Krämpfe** der gesamten Skelettmuskulatur, die durch geringste akustische, optische oder mechanische Reize ausgelöst werden. Nicht selten kommt es durch die heftigen Krämpfe zu Wirbelkörperfrakturen oder Dornfortsatzabrissen. Die extreme Muskelarbeit führt zu einer **Hyper-**

thermie mit Temperaturen über 40 °C. Greifen die Krämpfe auf die Kehlkopfmuskulatur über, so führt dies zu bedrohlichen Störungen der Atmung, ebenso wie bei Beteiligung der Interkostalmuskulatur. Bei Lähmung des Zwerchfells erstickt schließlich der Kranke im Krampfanfall. Desweiteren kann es zu einem akuten Herzversagen infolge einer Überlastung kommen.

Verlaufsformen: Bewährt hat sich eine Einteilung der Tetanuserkrankung in **drei** Schweregrade, die sowohl für die **Prognose** als auch die **Therapie von Bedeutung sind** (Tab. 12-4). Bleiben die lebensbedrohlichen Komplikationen des schweren Tetanus aus, so kommt es **nach ca. sieben Tagen** zu einem allmählichen Nachlassen der Krämpfe und der Muskelspannung und einer **völligen** Wiederherstellung des Patienten. Eine **Immunität** wird allerdings nach überstandener Tetanusinfektion **nicht** erworben, da die Antitoxineigenproduktion zu gering ist. Für eine ausreichende Immunisierung durch **Impfung** ist deshalb auch **nach durchgemachter Erkrankung** Sorge zu tragen.

Diagnose: Sie wird immer anhand der oben beschriebenen klinischen Symptome gestellt.

Sonderformen:
- **Lokaler Tetanus:** Beispielsweise nach einer Gesichtsverletzung; hier ist nur die Muskulatur im Gesichtsbereich beteiligt.
- **Puerperaler Tetanus:** Infektion nach einer Geburt oder Fehlgeburt, ausgehend von einer infizierten Gebärmutter (Uterus).
- **Tetanus neonatorum:** Infektion des Neugeborenen über die infizierte Nabelschnur (Neugeborenen-Tetanus).
- **Postoperativer Tetanus:** Ausgangspunkt ist eine infizierte Operationswunde.

Eine spezifische Therapie des Tetanus gibt es nicht. Möglich ist nur eine Linderung der Symptome. Von allergrößter Bedeutung ist deshalb die Tetanusprophylaxe durch Immunisierung!

Therapie:
- Breites Ausschneiden (Exzision) der Wunde und **offene** Wundbehandlung.
- Hochdosierte Antibiotikagabe, um die in der Wunde vorhandenen Erreger abzutöten. Klostridien sind empfindlich gegenüber Penicillin; da jedoch häufig ein Mischinfekt vorliegt, empfiehlt sich die Gabe eines Breitspektrum-Antibiotikums oder einer Antibiotikakombination.
- **Umgehende aktive Immunisierung** mit Tetanus-Adsorbatimpfstoff (z.B. Tetanol®), entweder 0,5 ml intramuskulär sofort und nach zwei Wochen oder als Schnellimmunisierung mit fünfmaliger Injektion im Abstand von zwei Tagen.
- **Sofortige Gabe** von Tetanus-Hyperimmunglobulin (z.B. Tetagam®) intramuskulär, um das schutzlose Intervall bis zum Aufbau eines wirksamen Antitoxinspiegels zu überbrücken. Dieses ist in der Lage, das noch nicht an den Nervenendplatten fixierte Toxin zu neutralisieren und für ca. vier Wochen einen wirksamen Antitoxinspiegel zu garantieren.
- Kontinuierliche intensivmedizinische Überwachung mit Flüssigkeitsbilanz, Puls- und Blutdruckkontrolle sowie Kontrolle der Harnausscheidung, des Blut-pH, des Säure-Basen- und Elektrolythaushaltes. Eine hochkalorische Infusionstherapie empfiehlt sich wegen des großen Kalorienverbrauches.
- Je nach Krankheitsstadium sind Sedierung, Muskelrelaxation bis hin zur künstlichen Beatmung notwendig.

Tab. 12-4 Schweregrade der Tetanuserkrankung.

Grad	Symptome
I (leichter Tetanus)	Muskelschmerzen, Muskelrigidität, Schluckbeschwerden, Kiefersperre, Risus sardonicus, Opisthotonus
II (mittelschwerer Tetanus)	Zusätzlich erhebliche Muskelrigidität, vereinzelte tetanische Krampfanfälle
III (schwerer Tetanus)	Zusätzlich generalisierte tetanische Krampfanfälle, Mitbeteiligung des Zwerchfells und der Interkostalmuskulatur (Ateminsuffizienz), Kreislaufinsuffizienz

Wichtig ist die Abschirmung des Patienten von äußeren Reizen, da diese die Krampfanfälle provozieren!

Prognose: Noch immer liegt die Letalität des schweren Tetanus zwischen 25 bis 30%. Sie ist, wie schon gesagt, abhängig von der Inkubationszeit: je kürzer, desto schwerer verläuft die Erkrankung und desto schlechter ist die Prognose.

Tetanusprophylaxe: Da es keine spezifische Therapie des Tetanus gibt, ist die **Prophylaxe** von entscheidender Bedeutung.

Grundimmunisierung: Drei Gaben eines Tetanus-Adsorbatimpfstoffes (z.B. 0,5 ml Tetanol®) intramuskulär. Zwischen der **ersten** und **zweiten** Impfung sollte ein **Abstand** von **vier bis acht Wochen** (mindestens jedoch zwei Wochen) liegen. Die **dritte** Impfung erfolgt **sechs bis zwölf Monate später.** Damit ist eine komplette Grundimmunisierung erreicht. Eine routinemäßige **Auffrischimpfung** sollte **alle zehn Jahre** erfolgen, im Verletzungsfall nach fünf Jahren.

Impfung im Verletzungsfall: Entscheidend ist die exakte Wundausschneidung und eine offene Wundbehandlung. Eine **alleinige** Impfung ersetzt diese **nicht**.

Bestand eine vollständige Grundimmunisierung, so ist eine Auffrischimpfung mit Tetanus-Adsorbatimpfstoff **nur** erforderlich, wenn die letzte Impfung **länger als fünf Jahre** zurückliegt.

Fehlt eine Grundimmunisierung oder war sie vorher nur unvollständig, so erfolgt eine Simultanimpfung: 0,5 ml Tetanus-Adsorbatimpfstoff in Kombination mit 250 Einheiten (I.E.) menschlichem (humanem) Tetanus-Hyperimmunglobulin intramuskulär an gegenüberliegenden Körperstellen, z.B. rechte und linke Gesäßhälfte. Die weiteren Injektionen mit dem Tetanus-Adsorbatimpfstoff folgen dann in der oben beschriebenen Reihenfolge. Als Hilfestellung sei auf Tabelle 12-5 verwiesen.

Ein **sicherer Impfschutz** besteht nur, wenn der **Antitoxin-Titer** im Blutserum über **0,01 Einheiten pro ml** beträgt. Durch die gleichzeitige aktive und passive Immunisierung (Simultanimmunisierung) wird das sog. schutzlose Intervall von ca. vier Wochen bis zur Ausbildung eines aktiven Impfschutzes überbrückt und somit ein kontinuierlicher Schutz erreicht (Abb. 12-9).

Fehlt der Impfausweis, so gilt der Patient als ungeimpft und ist sofort simultan zu immunisieren. Die Dokumentation der Schutzimpfung hat unmittelbar nach erfolgter Injektion mit größter Sorgfalt in den Impfausweis zu erfolgen!

Ein Abstand zu anderen Impfungen braucht **nicht** eingehalten zu werden. Im Verletzungs-

Tab. 12-5 Schema zur Tetanus-Simultanprophylaxe im Verletzungsfall (modifiziert nach Behringwerke AG, Marburg 1991).

Vorangegangene Tetanus-Impfungen (lt. Impfausweis)	Abstand zur letzten Injektion am Verletzungstag	Am Verletzungstag gleichzeitig an kontralateralen Körperstellen		Abstände der weiteren Injektionen mit Tetanus-Adsorbatimpfstoff zur Vervollständigung des aktiven Schutzes		
		Tetanus-Hyperimmunglobulin	Tetanus-Adsorbatimpfstoff	2 bis 4 Wochen	6 bis 12 Wochen	alle 10 Jahre (Auffrischimpfung)
keine	–	●	■	■	■	■
1	bis 2 Wochen	●	–	■	■	■
1	2 bis 8 Wochen	●	■	–	■	■
1	über 8 Wochen	●	■	■	■	■
2	bis 2 Wochen	●	–	–	■	■
2	über 2 Wochen bis 6 Monate	–	–	–	■	■
2	6 bis 12 Monate	–	■	–	–	■
2	über 12 Monate	●	■	–	–	■
3	bis 5 Jahre	–	–	–	–	■
3	über 5 Jahre bis 10 Jahre	–	■	–	–	■
3	über 10 Jahre	●	■	–	–	■

● 250 I.E. Tetanus-Hyperimmunglobulin ■ Tetanus-Adsorbatimpfstoff

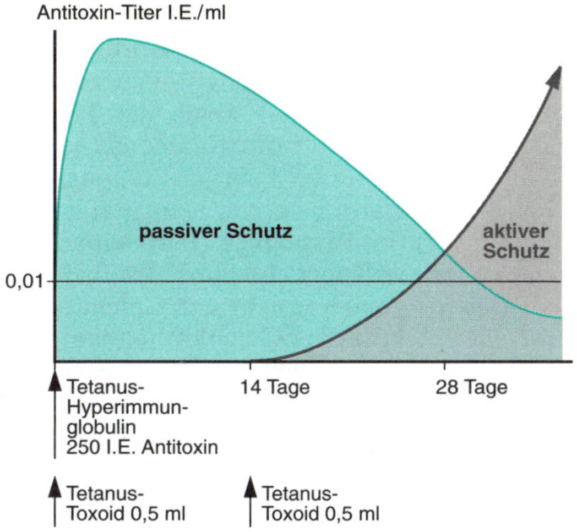

Abb. 12-9 Simultanimmunisierung: durch gleichzeitige Gabe von humanem Tetanus-Hyperimmunglobulin und Tetanus-Adsorbatimpfstoff wird das sog. schutzlose Intervall von ca. vier Wochen bis zur Ausbildung eines aktiven Impfschutzes überbrückt (modifiziert nach Ehrengut).

fall gibt es keine Gegenindikationen für die Tetanus-Prophylaxe, ansonsten stellen akute fieberhafte Erkrankungen eine Gegenanzeige dar.

Die Tetanus-Prophylaxe bei Kindern ist entsprechend dem Impfkalender durchzuführen. Meist erfolgt die Grundimmunisierung von Kindern bis zum vollendeten zweiten Lebensjahr durch drei Injektionen eines DPT-Impfstoffes (D = Diphtherie, P = Pertussis, T = Tetanus), nach vollendetem zweiten Lebensjahr mit einem DT-Impfstoff.

12.10 Spezifische Infektionen

12.10.1 Aktinomykose (Strahlenpilzkrankheit)

Definition: Chronisch verlaufende, mit Nekrosen und Fisteln einhergehende Entzündung.
Erreger: Actinomyces israelii, ein grampositives, anaerobes Bakterium, **kein Pilz**. Es findet sich natürlicherweise im Bereich des oberen Verdauungs- und Atmungstraktes.
Symptome: Es handelt sich meist um eine endogene Infektion. Der Keim setzt sich im entzündeten oder durch Verletzung vorgeschädigten, sauerstoffarmen Gewebe fest (Anaerobier!).

Charakterisiert ist die Entzündung durch bretthärte Infiltrate, bläuliche Verfärbung der Haut und zahlreiche Fisteln. Das regionäre Lymphsystem ist nicht beteiligt. Die Ausbreitung des Infektes erfolgt in den Gewebespalten. Merkmal ist die Bildung von **gelblichen Granula** (Drusen; aus Fäden bestehende Vegetationsform des Bakteriums) im Eiter, die bereits makroskopisch erkennbar sind und Aktinomyzes-Kolonien entsprechen.
Diagnose: Histologisch bzw. bakteriologisch durch den Drusen- und Erregernachweis.
Therapie: Spaltung der Fisteln und Exzision der Infiltrate. Systemisch Penicillin G. Bei den häufig vorliegenden Mischinfektionen empfiehlt sich eine Antibiotikakombination.

12.10.2 Tuberkulose

Definition: Organbezogene oder generalisierte Infektion mit dem Tuberkelbazillus, die zu einer spezifischen granulomatösen Entzündung führt. Bei der **aktiven** Form (Tuberkelbazillus ist im Sputum nachweisbar) der Tuberkulose besteht **Meldepflicht** an das Gesundheitsamt.
Erreger: Mycobacterium tuberculosis.
Pathogenese: Der Erreger wird zumeist inhaliert, so daß die **primäre Manifestation** vorwiegend **pulmonal** ist. Dort bildet sich ein Primärkomplex, von dem aus lymphogen die regionären und entfernter liegenden Lymphknoten befallen werden. Hämatogen können dann nach unterschiedlich langer Latenzzeit zahlreiche Organe befallen werden.
Diagnose: Keimnachweis mikroskopisch (Ziehl-Neelsen-Färbung) und durch Züchtung (Spezialnährböden oder Tierversuch). Röntgen-Thoraxaufnahme, Tuberkulin-Hauttest. Histologisch durch spezifische Granulome.
Therapie: Die Behandlung der Tuberkulose ist in erster Linie eine **internistisch-medikamentöse.**

Für den Chirurgen sind nur einige spezielle Tuberkuloseformen von Interesse.
Lungentuberkulose: (s. Kap. 15.6.2).
Knochen- und Gelenktuberkulose: Die Knochentuberkulose entsteht in der Regel hämatogen (auf dem Blutwege) und manifestiert sich an den kurzen Röhrenknochen und spongiösen Knochen (Wirbelkörper). Durch völlige Destruktion (Zerstörung) des Wirbels kann es zur Querschnittlähmung oder zur

12

Keilwirbelbildung kommen. Die Gelenktuberkulose entsteht entweder hämatogen oder vom Knochen fortgeleitet vorwiegend an den großen Gelenken.
Therapie: Ruhigstellung der befallenen Extremität, Entleerung von Abszessen, Entfernung der Gelenkinnenhaut (Synovektomie) oder Gelenkresektion mit Versteifung (Arthrodese). Entfernung des befallenen Knochens (Sequestrotomie) und Ersatz durch Spongiosa, z.B. vom Beckenkamm.
Darmtuberkulose: Sie kann primär durch orale Aufnahme von Tuberkelbazillen oder sekundär durch Verschlucken von Sputum entstehen. Auch hämatogene und lymphogene Streuung sind möglich. Befallen ist meist der letzte Abschnitt des Ileums.
Therapie: Nur notwendig bei Komplikationen wie Perforation, Ileus (Darmverschluß) oder Fistelbildung. Sie besteht in der Resektion des befallenen Darmabschnittes.
Peritonealtuberkulose: Kann sowohl hämatogen als auch lymphogen oder fortgeleitet entstehen. Charakteristisch ist ein Aszites (Bauchwassersucht). Die Tuberkulose führt zu ausgedehnten Verklebungen der Abdominalorgane und dadurch bedingten Passagestörungen.
Therapie: Nur bei Komplikationen (z. B. Ileus).

12.10.3 Syphilis (Lues)

Definition: Meist sexuell übertragene spezifische Infektion mit ausgesprochen chronischem, stadienhaftem Verlauf. **Meldepflichtige** Erkrankung an das Gesundheitsamt.
Erreger: Treponema pallidum.
Diagnose: Direkter Nachweis des Erregers im Dunkelfeldmikroskop oder serologisch.

Die Erkrankung ist gekennzeichnet durch ein **Primär-**, **Sekundär-** und **Tertiärstadium**. Die beiden ersteren manifestieren sich an der Haut und den Schleimhäuten.

Von chirurgischem Interesse ist lediglich das Spätstadium der Lues (Tertiärstadium), das in der Regel nach Jahren, mitunter auch erst nach Jahrzehnten dem Sekundärstadium folgt. Charakterisiert ist die Spätsyphilis durch das sog. **Gumma**, eine granulomatöse Entzündung von gummiartiger Konsistenz mit zentraler käsiger Nekrose. Es gibt kein Organ, an dem sich diese Gummata nicht finden könnten.

Wichtig für den Chirurgen ist der Befall der Aorta in ihrem thorakalen Bereich **(Mesaortitis luica)**, was zur Ausbildung eines Aortenaneurysmas (Aussackung der Aortenwand) führen kann (heute sehr selten). Fener finden sich die Gummata im Bereich der Lippen, Zunge, Tonsillen und des Gaumens. An der weiblichen Brustdrüse kann das Gumma ein Malignom vortäuschen. Am Knochen ist der Befall des Periostes möglich **(Periostitis gummosa)** oder der Knochen kann selbst befallen sein **(Ostitis gummosa)**. In der Gelenkhöhle führt die Infektion der Gelenkinnenhaut (Synovialis) zu chronischen Ergüssen, insbesondere am Kniegelenk. Bei Befall der Haut- und Weichteile sowie innerer Organe muß stets ein Tumor ausgeschlossen werden.
Therapie: Penicillin in hohen Dosen. Eine chirurgische Therapie kommt nur ausnahmsweise bei Komplikationen in Frage.

12.11 Pilzinfektionen (Mykosen)

Die Fortschritte in der modernen Medizin und insbesondere der Intensivmedizin bringen es mit sich, daß selbst Schwerstkranke über längere Zeit therapiert werden können. Durch großzügige Antibiotikagabe und den vermehrten Einsatz invasiver Methoden kommt es zwangsläufig zu einer Änderung der mikrobiellen Flora des Körpers. Auf diesem Boden entsteht ein erhöhtes Risiko für Pilzinfektionen, die zunehmende Bedeutung erlangen.

Unter der großen Vielfalt von Pilzarten seien hier nur zwei für die Chirurgie wichtige Pilze hervorgehoben: Infektionen mit Candida albicans und die Aspergillose.

12.11.1 Candidiasis

Erreger: Meist Candida albicans, ein Pilz aus der Gattung der Hefen. Etwa **90%** aller Pilzerkrankungen werden durch ihn hervorgerufen.
Lokalisation: Betroffen sind in erster Linie die Schleimhäute der Mundhöhle, des Rachens, der Speiseröhre, des Darmes und der Genitalorgane. Meist liegt eine **zusätzliche Grunderkrankung** vor, auf deren Boden es dann zu einer Candidamykose kommt. Zu erwähnen seien hier eine allgemeine Resistenzschwäche bei schwerem chronischen Grundleiden, Tumorerkrankung, Diabetes mellitus, AIDS-Erkrankung, Kortison- und Zytostatikamedikation.

Symptome: Bei Befall der Mundschleimhaut spricht man von **Mund-Soor**, bei Befall des Ösophagus von **Soor-Ösophagitis**. Nicht selten sind Magen- und Zwölffingerdarmgeschwüre von Candidapilzen besiedelt, die dann bei einer Perforation in die freie Bauchhöhle gelangen. Daraus kann sich das lebensbedrohliche Bild der **Pilzperitonitis** und **Pilzsepsis** mit Todesfolge ergeben. Letztere entsteht durch den Einbruch der Pilzfäden in die Gefäße mit Absiedelung in die Lunge, Leber, Niere und das Gehirn.
Diagnose: Im mikroskopischen Ausstrichpräparat bzw. kulturell, evtl. auch serologisch.
Therapie: Bei der Pilzsepsis bzw. -peritonitis mit einer Kombination aus Amphotericin B und Flucytosin; zur Lokalbehandlung haben sich Polyene (Nystatin, Amphotericin B) oder Azole (Miconazol) bewährt.

12.11.2 Aspergillose

Erreger: Aspergillus fumigatus aus der Gattung der Schimmelpilze.
Lokalisation: Am häufigsten in der Lunge (Lungenaspergillom; s.a. Kap. 15.6.3). Dort findet man den Pilz in Lungenherden oder in Kavernen. Von dort erfolgt die Streuung in das übrige Lungenparenchym oder es kommt zur Generalisation **(Aspergillus-Sepsis)** mit hämatogenen Absiedlungen in Niere, Herz, Gehirn oder Leber.
Therapie: Amphotericin B und Flucytosin in Kombination.

12.12 Virusinfektionen

12.12.1 Tollwut (Lyssa, Rabies)

Definition: Vom Tier auf den Menschen übertragene Infektionskrankheit, hervorgerufen durch ein Virus mit besonderer Affinität zum zentralen Nervensystem. Der Verdacht, die Erkrankung und der Tod an Tollwut sind **meldepflichtig** und **müssen innerhalb von 24 Stunden** dem zuständigen Gesundheitsamt mitgeteilt werden.
Erreger: Tollwutvirus (RNA-Virus).

Das Virus ist unter den Wild- und Haustieren (Füchse, Rehe, Hunde, Katzen) weit verbreitet. Die Übertragung erfolgt durch den infizierten Speichel und Urin tollwutkranker Tiere, insbesondere bei Biß- und Kratzverletzungen und durch Belecken verletzter Haut. Während die **intakte Haut** vom Virus **nicht** passiert werden kann, **gelingt** dies durch die **intakte Schleimhaut**.

Auf dem Blut- und Lymphweg gelangt das Virus in das zentrale Nervensystem und führt dann zu Lähmungen und schließlich zum Tod. Aber **nur bei 30 bis 40%** der mit dem Virus Infizierten kommt es zum Ausbruch der Erkrankung, die jedoch dann immer tödlich endet. Gefährdet sind vor allem Tierärzte, Förster, Jäger, Waldarbeiter, Schlächter, Abdecker, Laborpersonal. Die Inkubationszeit liegt zwischen zehn Tagen und mehreren Monaten.
Symptome: Die Erkrankung verläuft in **vier** Stadien.
- **Prodromalstadium (Vorläuferstadium):** Unspezifisches Krankheitsgefühl, Kopfschmerzen, Übelkeit, Fieber.
- **Sensorisches Stadium:** Ausgeprägte Schmerzen und lokalisierte Mißempfindungen (Parästhesien) im Bereich der Verletzung, verstärkter Speichel- und Tränenfluß, Angstgefühl, Hydrophobie (Scheu vor Wasser).
- **Exzitationsstadium (Erregungsstadium):** Schlingkrämpfe, ausgelöst durch Sehen oder Hören von fließendem Wasser, Wutanfälle, tonisch-klonische Krämpfe, Atemnot.
- **Paralytisches Stadium (Lähmungsstadium):** Fortschreitende Lähmungen, Tod durch zentrale Atemlähmung und Kreislaufversagen.

Diagnose: Im Vordergrund stehen die Anamnese und die Symptome. Durch Anstieg des Virustiters beim Erkrankten. Histologisch durch den mikroskopischen Nachweis der Negri-Einschlußkörperchen im Gehirn des erkrankten Tieres oder durch den Infektionsversuch an Mäusen.
Therapie: Eine **spezifische** Therapie der Tollwut gibt es **nicht**. Um so **wichtiger** ist die **Tollwutprophylaxe** (s.u.).
Symptomatische Behandlung:
- Lokale Wundbehandlung mit Exzision des verletzten Bezirkes und Spülung mit antiseptischen Lösungen. Die Wunde muß offen bleiben. Tetanusprophylaxe.
- Intensivmedizinische Maßnahmen. Bei Ausbruch der Erkrankung Aufnahme in eine Intensiveinheit. Überwachung der Vitalfunktionen, Sedierung, im Exzitations- und paralytischen Stadium der Erkrankung Beatmung des Patienten.

– Impfung nach erfolgter Infektion (postexpositionelle Impfung), Schema s.u. Etwa die Hälfte des Tollwut-Immunglobulins soll um die Wunde herum infiltriert werden, um die im Gewebe verbliebenen Viren direkt zu neutralisieren.

Impfprophylaxe (präexpositionelle Impfung): Die Impfung wird vorbeugend bei den oben genannten Risikopersonen mit dem HDC (Human Diploid Cell)-Impfstoff, z.B. Rabivac® oder dem PCEC (Purified Chick Embryo Cell)-Impfstoff, z.B. Rabipur® durchgeführt: drei Injektionen von je 1 ml intramuskulär an den Tagen 0, 28, 56 und nach einem Jahr oder an den Tagen 0, 7, 21 und nach einem Jahr. Auffrischimpfungen alle zwei bis fünf Jahre mit einer Injektion.

Impfung nach erfolgter Infektion (postexpositionelle Impfung): Es handelt sich um eine Simultanimpfung mit Gabe von Tollwut-Immunglobulin einmal 20 I.E. pro kgKG, z.B. Berirab®S Tollwut-Immunglobulin (**passive** Impfung) und gleichzeitiger Gabe des HDC-Impfstoffes oder PCEC-Impfstoffes (**aktive** Immunisierung).

Die aktive Immunisierung erfolgt an den Tagen 0, 3, 7, 14, 30 und 90 (sog. „Essen-Schema"). Ein anderes intensiveres Impfschema („2-1-1-Schema") appliziert zwei Injektionen einer vollen Dosis am Tag 0, gefolgt von je einer Dosis an den Tagen 7 und 21.

12.12.2 Hepatitis B und C

Beide Hepatitisformen sind für die Chirurgie von Bedeutung, da sie im Rahmen von Bluttransfusionen oder auch durch Nadelstichverletzungen oder Schleimhautkontakt übertragen werden können. Die Hepatitis C wurde früher auch Non-A-Non-B-Hepatitis genannt.

Hepatitis B: Verursacht wird sie durch einen **DNA-Virus,** der serologisch nachgewiesen werden kann. Inkubationszeit 30 bis 180 Tage. Chronische Verläufe nur in 5 bis 10%.

Hepatitis C: In den letzten Jahren wurde als Haupterreger der Non-A-Non-B-Hepatitis das Hepatitis-C-Virus identifiziert, wobei es sich um ein **RNA-Virus** handelt. Auch hier ist inzwischen ein serologischer Nachweis möglich. Die Inkubationszeit beträgt 15 bis 160 Tage. In ca. 50% geht die Krankheit in einen chronischen Verlauf mit wiederholten akuten Schüben über.

Bei Nadelstichverletzungen oder direktem Schleimhautkontakt mit virushaltigem Material (Blut) sollte unverzüglich eine **passive Immunisierung** mit dem Hepatitis-B-Hyperimmunglobulin durchgeführt werden. Bei der Hepatitis C ist dies noch nicht möglich.

Für den gefährdeten Personenkreis (Ärzte, OP- und Laborpersonal, Krankenpflegepersonal) steht eine **aktive Immunisierung** gegen Hepatitis B zur Verfügung.

Entscheidend ist jedoch die strikte Einhaltung der gängigen Hygienevorschriften. Sie sind die beste Prophylaxe vor einer Hepatitis-Infektion!

12.12.3 AIDS (Acquired Immunodeficiency Syndrome)

Definition: Es handelt sich um einen Defekt der zellulären Immunität, hervorgerufen durch eine Infektion mit dem humanen Immundefizienz-Virus (HIV). Derzeit ist AIDS nicht heilbar und endet in 100% letal (tödlich).

Erreger: Humanes Immundefizienz-Virus (HIV), ein **RNS-Virus.** Inzwischen muß man zwischen HIV I und HIV II unterscheiden.

Wegen der steigenden Anzahl HIV-Erkrankter, bei einer hohen Rate noch nicht diagnostizierter Fälle, muß sich auch der Chirurg in zunehmendem Maße mit diesem Krankheitsbild auseinandersetzen. Dies betrifft einerseits die **Indikation** zu **operativen Eingriffen** bei AIDS-Kranken und zum anderen den **eigenen Schutz** sowie den des Pflegepersonals vor einer Infektion.

Übertragungswege: Im Vordergrund steht die Infizierung durch sexuellen Kontakt. Daneben spielt die Übertragung durch Blut oder Blutprodukten sowie im Rahmen von Transplantationen (Organe, Knochen) eine Rolle. Möglich ist auch die prä- und perinatale (vor und während der Geburt stattfindende) Infektion des Kindes durch eine HIV-infizierte Mutter. Bei Drogenabhängigen wird der Virus durch gemeinsam benutzte Injektionskanülen übertragen. Von **zunehmender Bedeutung** für das medizinische Personal ist die Infektion im Rahmen von **Verletzungen** (z.B. Nadelstichverletzung). Das strenge Einhalten der üblichen Hygienevorschriften schützt sowohl vor einer HIV-Infektion als auch vor einer Hepatitis-Infektion, wobei letztere wesentlich leichter übertragen wird.

AIDS und Chirurgie

Die Erkrankung manifestiert sich im Bereich des zentralen Nervensystems, der Haut sowie im Gastrointestinaltrakt und der Lunge. Die beiden letztgenannten Lokalisationen sind für den Chirurgen von Bedeutung.

Meist wird der Chirurg mit den klinischen **Manifestationsformen im Endstadium** der Erkrankung konfrontiert und hier wieder in erster Linie mit der abdominellen Form. Es kommt zu Infektionen mit dem Cytomegalievirus (CMV) im Abdominalbereich, was tiefgehende Geschwüre im Bereich des Dünn- und Dickdarmes mit nachfolgender Blutung oder Perforation verursachen kann. Auch die Gallenblase und die ableitenden Gallenwege können betroffen sein und Anlaß für einen chirurgischen Eingriff geben, z.B. eine akute Cholezystitis (Gallenblasenentzündung) ohne Steinnachweis, ein Gallenblasenempyem oder gar eine Gallenblasenperforation. Bedingt durch die gravierende Abwehrschwäche der Patienten verlaufen die Infektionen häufig klinisch atypisch; dies führt oft zu einer verzögerten Diagnosestellung.

Die **Indikation** zum **Notfalleingriff** beim Auftreten abdomineller Komplikationen ist in jedem Erkrankungsstadium **stets gegeben**. Zu bedenken sind jedoch die hohen postoperativen Komplikationsraten (Nachblutungen, Wundinfekte usw.), die eine **Beschränkung** auf den **kleinstmöglichen Eingriff** fordern, zumal die Operation die häufig sehr limitierte Lebenserwartung nicht beeinflußt. Dagegen sollten geplante (elektive) Operationen **nur** in Ausnahmefällen und in Abhängigkeit vom klinischen Stadium vorgenommen werden.

Auch tumoröse Erkrankungen treten im Abdominalbereich auf, z.B. Non-Hodgkin-Lymphome. Symptomatisch werden sie durch Passagestörungen (Ileus), Verdrängungserscheinungen, Blutungen oder Perforationen. Zur chirurgischen Therapie, die unverzüglich erfolgen muß, gilt das oben gesagte.

HIV-Infektionsprophylaxe

Das **Risiko** für das medizinische Personal, z.B. bei einer Nadelstichverletzung mit dem **HIV-Virus infiziert** zu werden, ist relativ gering und liegt **derzeit unter 0,3%**. Zu bedenken ist, daß dagegen das **Risiko** einer **Hepatitis-Infektion** zwischen **10 bis 30%** liegt.

Im wesentlichen gelten die gleichen allgemeinen Hygienemaßnahmen zur Verhinderung einer HIV-Infektion wie zum Schutz vor einer Hepatitis-Infektion. Neben intensiver Aufklärung über das Risiko und strenges Einhalten der Hygienevorschriften werden eine Reihe von **präventiven Maßnahmen** beim Umgang mit HIV-Infizierten genannt: Tragen von zwei Paar Handschuhen während der Operation, Tragen von Gesichtsmasken oder Schutzbrillen und von wasserundurchlässigen OP-Kitteln (Einmal-Kittel). Erhöhte Vorsicht beim Umgang mit scharfen Instrumenten und Lagerung derselben in verletzungssicheren Behältern. Ausschluß von medizinischem Personal mit Hautverletzungen oder Hauterkrankungen oder von Schwangeren vom Umgang mit HIV-infizierten Patienten oder Material.

Nach jeder Verletzung ist die Wunde **sofort** zu desinfizieren und ein **D-Arztbericht** (schriftliche Fixierung des Verletzungsherganges sowie der getroffenen Maßnahmen, z.B. für den Nachweis bei späteren Regreßansprüchen) bei einem von der Berufsgenossenschaft ermächtigten Chirurgen anzulegen. Bei dem Patienten mit HIV-Verdacht sollte dann unverzüglich nach vorherigem Einverständnis eine HIV-Testung vorgenommen werden. Diese ist auch beim Verletzten selbst **sofort** durchzuführen und **nach drei, sechs und zwölf Monaten** zu **wiederholen.** Evtl. ist die prophylaktische Gabe von Azidothymidin (AZT, Zidovudin) zu erwägen, auch wenn hierfür noch keine gesicherten Daten vorliegen.

Die Gefahr der **Übertragung** einer **HIV-Infektion** durch **Blut** oder **Blutderivate** liegt derzeit bei etwa **1 zu 500.000** bis **1 zu 3.000.000.** Deshalb ist neben einer sorgfältigen Auswahl von Blutspendern und einer strengen Indikationsstellung zur Transfusion von Blut oder Blutbestandteilen stets auch die Eigenblutspende bei geplanten Operationen in Betracht zu ziehen. Auch bei der Knochentransplantation ist das Risiko einer HIV-Übertragung derzeit noch relativ gering (1 zu 1.000.000). Empfohlen wird jedoch, nur Knochen zu übertragen, der mindestens drei Monate vorher entnommen und bei dessen Spender zweimal ein HIV-Antikörpertest mit negativem Ergebnis durchgeführt wurde (bei Knochenentnahme und vor der Übertragung).

12

12.13 Parasitäre Infektionen

Von den zahlreichen parasitären Infektionen, die infolge des zunehmenden Tourismus wieder eine größere Rolle spielen, seien nur die für die Chirurgie wichtigsten ausgewählt und beschrieben.

12.13.1 Echinokokkose

Echinokokkose der Leber (s. Kap. 21.4.1).
Echinokokkuszyste der Lunge (s. Kap. 15.6.3).

12.13.2 Amöbiasis

Erreger: Entamoeba histolytica, der in tropischen Ländern häufig vorkommt.

Die Infektion erfolgt durch **orale** Aufnahme der Zysten, die im Darm dann die Amöben freisetzen (Minuta- und Magnaform). Letztere penetriert die Darmwand und gelangt in die Leber, Lunge, Milz oder das Gehirn.

Im Bereich des Darmes manifestiert sich die Erkrankung als:
- Amöbendysenterie (Amöbenruhr) mit schleimig-blutigen Durchfällen
- Amöbenkolitis (Befall des Dickdarmes)
- Amöbenappendizitis (Befall des Wurmfortsatzes)
- granulomatöser Tumor

Diagnose: Nativ-Stuhluntersuchung, serologisch durch Hämagglutinationstest (Nachweis durch Antigen-Antikörper-Reaktion) oder Komplementbindungsreaktion (KBR; serologische Methode zur Bestimmung eines Antigens bzw. Antikörpers), Sonographie und CT bei Organabszessen.

Therapie: Medikamentös mit Metronidazol. Eine chirurgische Intervention wird notwendig, wenn es im Rahmen einer ulzerösen (geschwürigen) Amöbenkolitis zur Kolonperforation oder zur Perforation von Abszessen kommt.

12.13.3 Askaridiasis

Erreger: Ascaris lumbricoides (Spulwurm), der in tropischen Ländern vorkommt.

Die Eier der Spulwürmer werden vom Erkrankten mit dem Stuhl ausgeschieden. Durch **Aufnahme infizierter Nahrung** gelangen die Eier in den Darm, aus denen dann die Larven schlüpfen. Diese durchbohren die Darmwand und gelangen auf dem Blutweg in die Lunge. Nach Reifung werden die Würmer abgehustet, wieder verschluckt und siedeln sich dann im Dünndarm an.

An **Komplikationen** können auftreten:
- Ileus (Darmverschluß) und Perforation bei massivem Wurmbefall
- Blinddarmentzündung (Appendizitis)
- Gallenblasen- und Gallenwegentzündung, evtl. mit Verschlußikterus

Therapie: Eine chirurgische Behandlung ist beim Auftreten der oben genannten Komplikationen erforderlich.

12.14 Chemisch-toxische Infektionen

Hier handelt es sich um entzündliche Reaktionen im Gewebe, hervorgerufen durch chemisch-toxische Substanzen.

12.14.1 Schlangenbisse

Im europäischen Raum spielen Bißverletzungen durch die Kreuzotter oder Vipernarten eine Rolle. Die Schlangengifte sind blut-, nerven- und zellzerstörend.

Therapie: Entscheidend ist, die **Giftresorption** zu **verzögern** oder zu **verhindern.**
- Sofortiges Anlegen einer venösen Stauung proximal der Bißstelle bis zum Therapiebeginn. Der Puls **muß** peripher aber noch **tastbar** bleiben.
- Ausschneiden der Wunde.
- Gabe eines Schlangenserums so rasch als möglich intramuskulär und in die Wundumgebung.
- Ruhigstellung der Extremität.
- Kortison in hoher Dosierung.

12.14.2 Tintenstiftverletzung

Die Anilinfarbstoffe führen zu mitunter ausgedehnten örtlichen Gewebenekrosen.

Therapie: Ausschneiden der Wunde und offene Wundbehandlung.

12.14.3 Leichtmetallverletzungen

Leichtmetall führt im Gewebe zur Bildung von Wasserstoffgas, das wiederum schwere Gewebenekrosen verursacht.

Therapie: Wundexzision und offene Wundbehandlung.

Literaturhinweise

[1] Broll, R.: Chirurgische Infektionen. In: Berchtold, R., H. Hamelmann, H. J. Peiper, O. Trentz (Hrsg.): Chirurgie. Urban und Schwarzenberg, München-Wien-Baltimore, 3. Aufl. 1994.

[2] Harnoss, B. M.: Chirurgische Infektionen. In: Häring, R., H. Zilch (Hrsg.): Diagnose und Differentialdiagnose in der Chirurgie, Band 1. VCH Verlagsgesellschaft, Edition Medizin, Weinheim 1990.

[3] Schmitt, W., W. Hartig: Allgemeine Chirurgie. Theoretische Grundlagen der operativen Medizin. J. A. Barth, Leipzig-Heidelberg, 11. Aufl. 1991.

[4] Simon, C., W. Stille: Antibiotika-Therapie in Klinik und Praxis. Schattauer-Verlag, Stuttgart, 7. Aufl. 1989.

[5] Kelling-Zeidler, M.: Innere Medizin und Krankenpflege. Urban und Schwarzenberg, München-Wien-Baltimore, 2. Aufl. 1992.

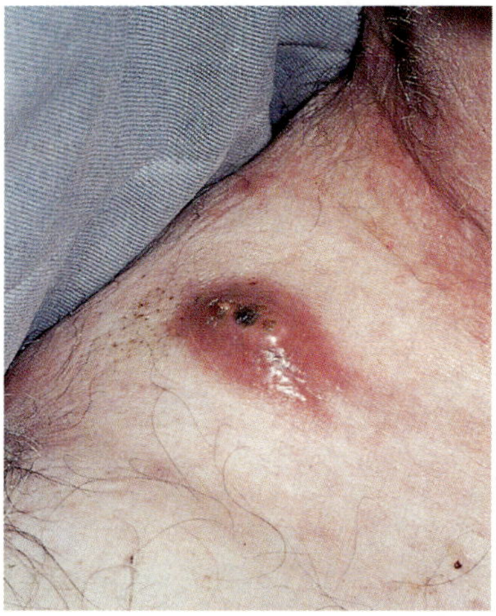

Abb. 12-1 Karbunkel im Bereich des Nackens. Deutlich erkennt man die beiden konfluierenden Furunkel.

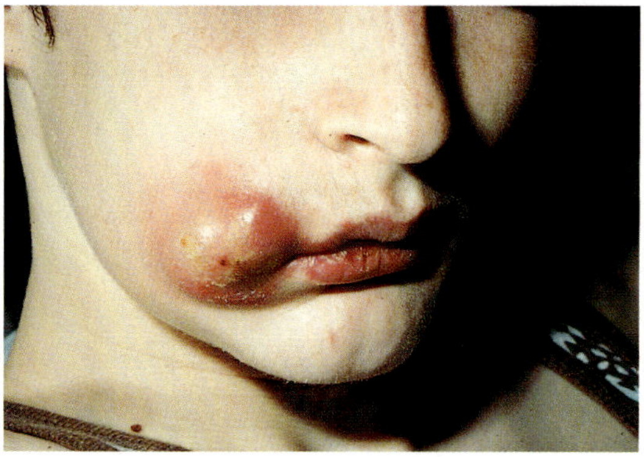

Abb. 12-2 Abszeß im Bereich des rechten Mundwinkels.

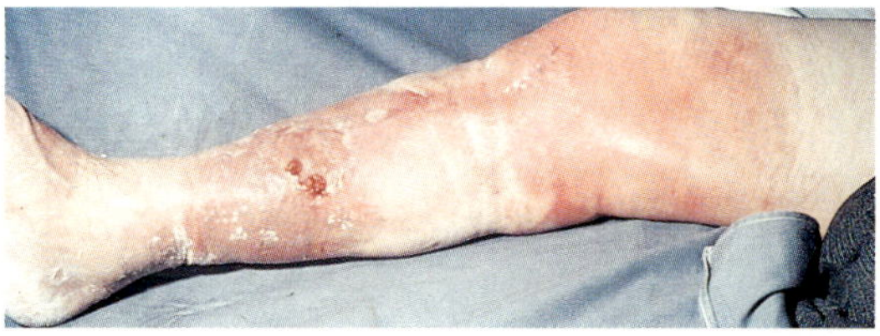

Abb. 12-3 Phlegmone des Unterschenkels, übergreifend auf den distalen Oberschenkel, ausgehend von kleineren Hautverletzungen.

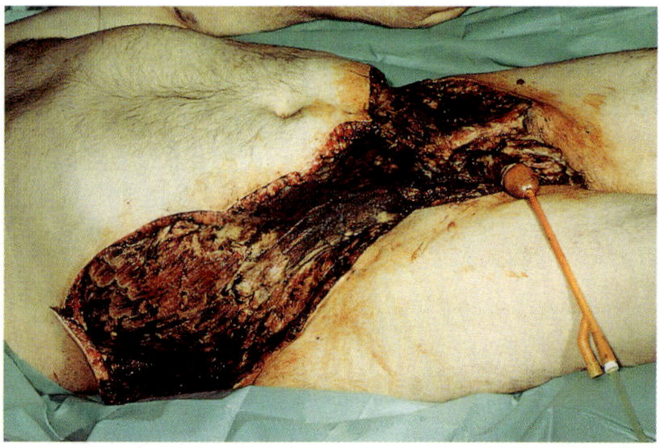

Abb. 12-4 Fourniersche Gangrän. Völlige Nekrose des Skrotums und der Penishaut. Übergreifen der Nekrose auf die Bauchdecke.

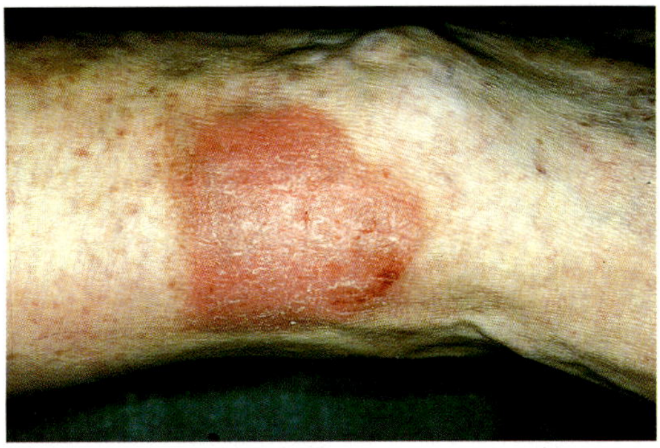

Abb. 12-5 Erysipel im Bereich der unteren Extremität.

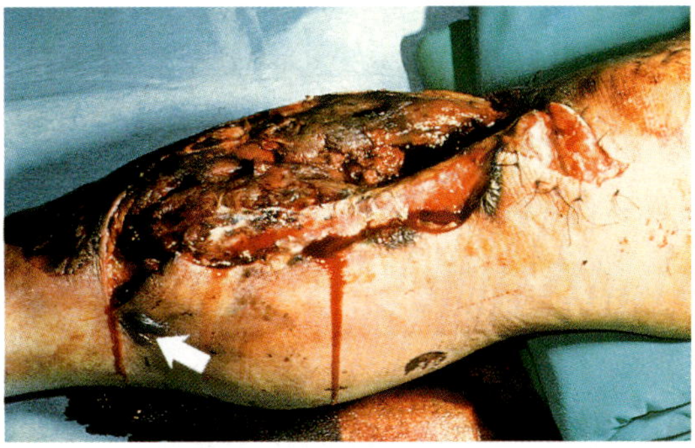

Abb. 12-6 Gasbrand-Infektion am Unterschenkel nach Plattenosteosynthese. Massive Schwellung des Unterschenkels mit Spannungsblase (Pfeil) und livider bis schwarzer Verfärbung der Haut.

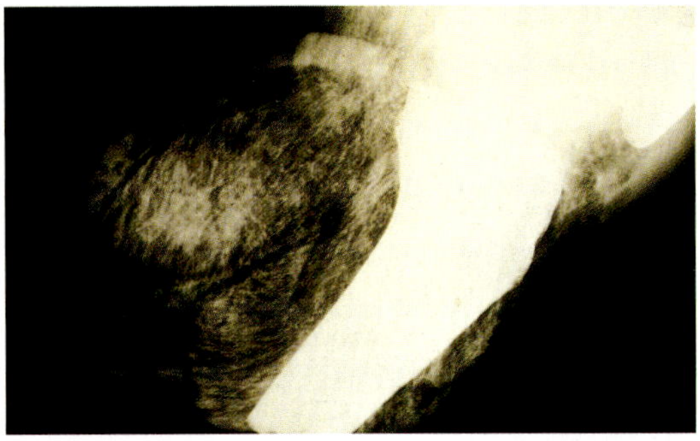

Abb. 12-7 Typische Muskelfiederung im Röntgenbild bei Gasbrand.

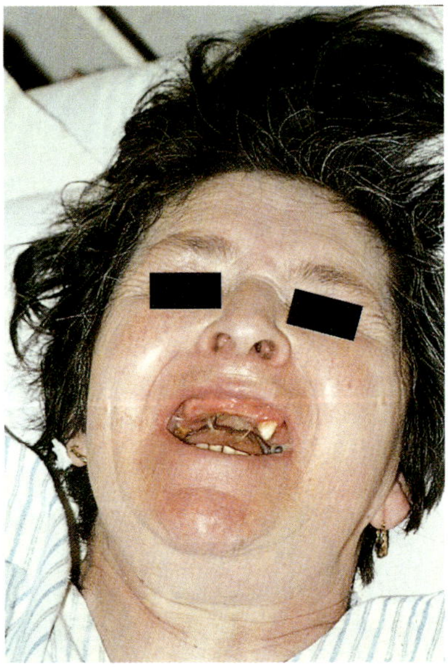

Abb. 12-8 Risus sardonicus bei Tetanus-Infektion: fratzenhafter, lachender Gesichtsausdruck durch massiven Tonus der Gesichtsmuskulatur.

13 Thermische Verletzungen

T. Schiedeck

I Allgemeiner Teil

13

13.1 Anatomische und physiologische Grundlagen

Verletzungen, die aufgrund übermäßiger **Hitze-** (Verbrennung) oder **Kälteeinwirkung** (Erfrierung) auftreten, betreffen in erster Linie die **Haut**. Je nach Ausmaß der Schädigung sind zusätzlich weitere Organsysteme in Mitleidenschaft gezogen.

Die Haut ist das Grenzorgan des Körpers zur Umwelt und besitzt einerseits **verschiedene Sinnesfunktionen** (Sinnesrezeptoren für Wärme, Schmerz oder Tastreize) und andererseits übernimmt sie als Barriere auch wichtige **Schutzfunktionen** vor mechanischen, chemischen oder thermischen Verletzungen. Darüber hinaus ist sie ein sehr wichtiges Instrument zur **Temperaturregulation** des Gesamtorganismus. Sie besteht aus drei Schichten (Abb. 13-1):

- der **Oberhaut,** Epidermis (mehrschichtiges verhorntes Plattenepithel)
- der **Lederhaut,** Korium oder Dermis (straffes, faserreiches Bindegewebe)
- der **Unterhaut,** Subkutis (Fettgewebe, lockeres Bindegewebe)

Die Ober- und Lederhaut sind fest miteinander verzahnt. Die Subkutis verbindet die Haut mit tiefer gelegenen Strukturen, wie z. B. den Muskelfaszien oder der Knochenhaut (Periost). Die unterste Zellage der Epidermis wird als Basalzellschicht bezeichnet. Hier werden die sog. Keratinozyten gebildet, die im Laufe der Entwicklung in höher gelegene Zellschichten wandern, schließlich zu toten Hornzellen umgebildet werden und so die äußerste Hautschicht, die sog. Hornschicht bilden. Verletzungen, die auf die **Epidermis** beschränkt bleiben, heilen in der Regel **ohne Narbenbildung**. Bei Verletzungen **tiefer** liegender Hautstrukturen ist eine Heilung nur **unter** Narbenbildung möglich. Falls die Haut mit ihren Anhangsgebilden total zerstört wurde, wird eine Transplantation erforderlich.

Als **Hautanhangsgebilde** werden Haare, Nägel, Schweiß- und Talgdrüsen zusammengefaßt. Sie sind tief in die Lederhaut (Korium) eingebettet.

Die Gesamtoberfläche der Haut des Erwachsenen beträgt in Abhängigkeit von der Körpergröße ungefähr 1,5 bis 2 m^2.

Je nach **Lokalisation** hat die Haut unterschiedliche **Qualität**. So ist sie an mechanisch beanspruchten Stellen (z. B. Fußsohle) deutlich dicker, aber auch die Dicke an den

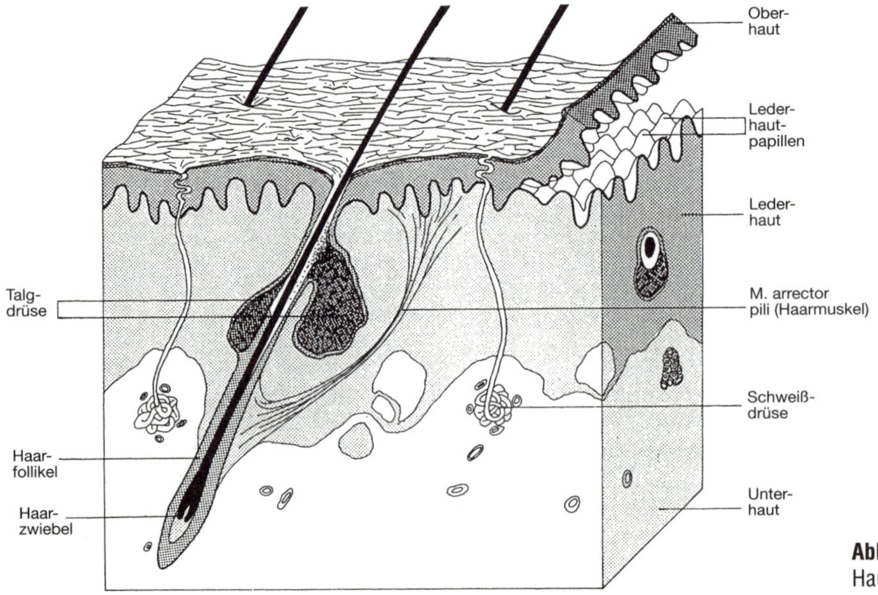

Abb. 13-1 Anatomie der Haut.

Hautanhangsgebilden variiert in Abhängigkeit von der Körperregion. Diese Unterschiede sind entwicklungsgeschichtlich (ontogenetisch) festgelegt und bleiben auch nach Transplantationen in der **neuen** Umgebung erhalten. Entsprechend den **späteren Bedürfnissen** müssen diese Besonderheiten daher bei der Transplantatentnahme **berücksichtigt** werden.

Die Gefäße der Haut formen ein **oberflächliches** und ein **tiefes Netz** (Plexus). Beide sind verbunden über vertikale Verbindungsgefäße. Zudem sind Arterien und Venen durch zahlreiche Kurzschlüsse (sog. arterio-venöse Shunts) miteinander verknüpft. Zur alleinigen Versorgung der Haut ist die Dichte des Gefäßnetzes im Vergleich zu anderen Organsystemen deutlich überproportioniert, ihre hauptsächliche Bedeutung liegt in der Temperaturregulation.

Die Haut enthält **sensible** Nerven, die entweder frei enden und **Schmerzempfindung** und **Juckreiz** vermitteln oder direkt **Sinnesrezeptoren** (Tastkörperchen, Kälte- oder Wärmerezeptoren) versorgen. Darüber hinaus finden sich noch **autonome** Nervenfasern des vegetativen Nervensystems (N. sympathicus), die wichtige Organfunktionen z. B. **Schwitzen** (Temperaturregulation, Angstschweiß) oder **Weit-** bzw. **Engstellung der Gefäße** (Erröten, Erblassen) vermitteln.

Gefäße und Nerven der Haut liegen entweder in der Lederhaut oder tiefer. Ist eine Verletzung auf die Epidermis **beschränkt** (z. B. Verbrennung ersten Grades), so bleibt die **Schmerzempfindung** erhalten, in den meisten Fällen besteht sogar eine besonders **ausgeprägte** Schmerzempfindlichkeit. Reicht die Verletzung tiefer, kann die Schmerzwahrnehmung infolge zerstörter Rezeptoren vollständig fehlen bzw. nur auf randständige Übergangszonen beschränkt sein.

13.2 Diagnostik

Neben der optischen Beurteilung der Haut stehen noch einige **einfache klinische Tests** zu diagnostischen Zwecken zur Verfügung.

Eine unkomplizierte Maßnahme ist ein **kurzer Druck** auf die Haut. Es kommt zur Entleerung kleinster Blutgefäße und die Zeit, bis die Haut wieder rosig wird (beim Gesunden geschieht dies in Millisekunden), gibt einen orientierenden Eindruck von der **Durchblutungssituation** der Haut. Dauert es lange, bis sich die Gefäße wieder füllen, so ist die Durchblutung eher schlecht.

Auf gerötete Hautanteile wird mit Hilfe eines Glasspatels sanfter Druck ausgeübt (sog. **Diaskopie**). Eine Rötung, die aufgrund einer gesteigerten Durchblutung entstanden ist (Erythem), läßt sich dadurch wegdrücken, während **Einblutungen** in das umgebende Bindegewebe bestehen bleiben und immer eine Schädigung der Gefäßwände anzeigen.

Feine **Nadelstiche** dienen dazu **Berührungsempfinden** und **Schmerzempfindlichkeit** abzuschätzen. Vor allem bei der Beurteilung der Tiefe von Verbrennungen ist dies eine wichtige Untersuchung. Insbesondere das Fehlen von Schmerzen ist oftmals ein Zeichen, daß eine tiefliegende Hautdestruktion mit Zerstörung der Hautnerven vorliegt.

Die **Ausziehbarkeit** von Haaren oder Nägeln zeigt ebenfalls an, daß die Schädigung tiefere Hautschichten erfaßt hat.

II Spezieller Teil

13.3 Schädigung durch Kälteeinwirkung

13.3.1 Erfrierung (Congelatio)

Ursachen und Symptome: Erfrierungen bezeichnen den **akuten** Kälteschaden der Haut. Sie können von Symptomen der Unterkühlung (Absinken der Körperkerntemperatur unter 35 °C) bis hin zum Herzkreislaufstillstand begleitet sein.

Der Kältereiz führt zunächst zu einem reflektorischen Gefäßspasmus im betroffenen Areal, um die **Abgabe** der **Körperwärme** an die Umgebung möglichst **gering** zu halten. Dies zeigt sich durch die typische **Weißverfärbung** der Haut, die auf die reduzierte Durchblutung zurückzuführen ist. Bei lang andauernder Kälteexposition kann diese Vasokonstriktion reflektorisch periodisch unterbrochen werden (sog. Lewis-Reaktion), um Gewebeschäden zu vermeiden. Letztendlich jedoch friert das Hautgewebe langsam ein (–5 bis –10 °C) und es schlagen sich sowohl **intra-** als auch **extrazellulär Eiskristalle** nieder und führen so rein mechanisch zur Zerstörung der Gewebestruktur. Hinzu kommt ein Anstieg bestimmter Elektrolytkonzentrationen (Kalium, Kalzium, Chlorid) der vom Ausfall verschiedener Enzymsysteme begleitet wird. Es kommt zu einem Zusammenbruch der **lokalen** Stoffwechselvorgänge, der schließlich im **toxischen** Gewebeschaden mündet.

Betroffen sind meistens **besonders exponierte** Körperteile, wie z.B. Finger, Zehen, Nase, Kinn und Ohren. Klimatische Kälte in Verbindung mit ungeeigneter Kleidung ist die häufigste Ursache, selten sind dagegen Berufsunfälle durch Kontakt mit Kohlensäure-Schnee oder flüssigem Stickstoff.

Aus zwei Gründen erhöht (potenziert) **Alkoholgenuß** das Risiko, von Erfrierungserscheinungen:

- Die sedierende und analgesierende Wirkung führt zu einem **längeren** Verweilen oder gar Einschlafen in der Kälte (die Schmerzempfindung ist reduziert bzw. ankommende Schmerzsignale werden bedingt durch die euphorisierende Wirkung ignoriert).
- Alkohol bewirkt eine **Weitstellung** der Gefäße und bedingt so eine **höhere** Wärmeabgabe. Stetiger Wärmeverlust hat auf diese Weise ein Absinken der Körperkerntemperatur zur Folge und kann den Erfrierungstod herbeiführen.

Einteilung: Erfrierungen lassen sich in **drei** Stadien unterteilen.

- **Grad I Rötung (Congelatio erythematosa):** Taube, zunächst blasse, später durch reaktive Hyperämie (Einströmen von Blut) gerötete Haut. Manchmal besteht Juckreiz und Schuppenbildung.
- **Grad II Rötung und Blasenbildung (Congelatio bullosa):** Durch Schädigung der Gefäßwände, kommt es zum Austritt von Flüssigkeit in die Umgebung. Dadurch entwickelt sich eine zunehmende Schwellung (Kälteödem), begleitet von Blasenbildung, die durch Abhebung der Epidermis von der Lederhaut zum Teil mit blutigem Inhalt gefüllt sind.
- **Grad III Nekrosen (Congelatio gangränosa):** Weiße, gefrorene Areale, die später mumifizieren und sich als lederartige, schwarze Nekrosen abgrenzen (demarkieren).

Therapie:

Begünstigt werden Erfrierungen durch feuchte und schnürende Kleidung, daher ist es wichtig, erfrorene Hautareale davon zu befreien. Außerdem ist das Massieren oder Einreiben mit kaltem Schnee streng kontraindiziert!

Früher herrschte die feste Überzeugung, daß erfrorene Extremitäten **nur langsam** aufgetaut werden dürfen. Bei einem zu raschen Auftauen würde der Sauerstoffbedarf in den betroffenen Körperarealen schneller steigen, als er von der langsam wieder in Gang kommenden Blutzirkulation gedeckt werden könnte. Die daraus resultierende Unterversorgung mit Sauerstoff (Hypoxie) und die entstehenden sauren Stoffwechselprodukte könnten somit zu einer Zellschädigung und einem Zelluntergang führen. Es wurde daher empfohlen, im Wasserbad bei 5 bis 10 °C beginnend langsam zu erwärmen. Unterstützend wurden heiße Getränke verabreicht. Erfrierungen einzelner Extremitäten wurden durch ein warmes Ganzkörperbad unter Aussparung der betroffenen Extremität behandelt (sog. indirekte Erwärmung).

Heute weiß man, daß durch **langsames** Aufwärmen der oben erwähnte **toxische Gewebeschaden** eher **vergrößert** wird und manchmal weitaus stärker ausgeprägt sein kann, als die befürchtete Hypoxie. Deswegen sind verschiedene Zentren dazu übergegangen, im Wasserbad bei **40 °C rasch** zu erwärmen.

Besonders heftige Zellzerstörung entsteht bei **wiederholtem** Einfrieren und Auftauen. Daher gilt der Grundsatz, daß eingefrorene Extremitäten **erst am Ziel** (Klinik) aufgetaut werden sollten, wenn sichergestellt ist, daß es nicht sofort wieder zum erneuten Erfrieren kommt. Außerdem werden beim Auftauen verschiedene Gewebehormone (z.B. Serotonin oder Histamin) frei, die zu einer Weitstellung der Gefäße führen (Gefahr: Schock durch relativen Volumenmangel), aber auch starke Schmerzreize vermitteln. Diese **Nebenwirkungen** sind im Krankenhaus durch die Gabe **geeigneter** Infusionen oder Medikamente **besser** zu beherrschen. In manchen Fällen sind auch eine **Sympathikusblockade** oder **intraarterielle Infusionen** mit Vasodilatantien (Medikamente, die die Gefäße weitstellen) notwendig, um die **Gefäßspasmen** zu durchbrechen.

Blasen müssen **steril eröffnet** und **lokal desinfizierend** behandelt werden. Bei einer Ödembildung ist die betroffene Extremität hochzulagern, um das Abschwellen zu unterstützen. Das Vorgehen speziell bei drittgradigen Erfrierungen erfordert sehr viel Geduld. Oft reichen die Nekrosen weniger tief, als primär befürchtet. Die Wunde sollte trocken gehalten werden, um ein feuchtes Gangrän (nekrotischer Gewebeanteil) zu verhindern. Im weiteren Therapieverlauf wird abgewartet, bis die **Spontandemarkation** (Abgrenzung von gesundem Gewebe) eingetreten ist. Dies kann manchmal Wochen dauern. Schließlich erfolgt, falls notwendig die **Grenzzonenamputation,** d.h. die Amputation im Bereich der Demarkationslinie.

Die Tetanusprophylaxe ist in jedem Stadium einer Erfrierung unbedingt durchzuführen!

Tab. 13-1 zeigt in der Übersicht detailliert Therapie und Prognose bei Erfrierungen ersten, zweiten als auch dritten Grades.

13

13.3.2 Chronischer Kälteschaden (Perniones, Frostbeulen)

Ursachen und Symptome: Durch **langandauernde** Kälteexposition (**ohne** Erfrierung der betroffenen Körperstelle) werden die Blutgefäße der Haut geschädigt. Sie reagieren dann auf Temperaturreize mit einer Permeabilitätssteigerung (Durchlässigkeit der Gefäße für Salze und Eiweiß). Dies ist begleitet von einer Mastzelldegranulation (Freisetzung von Histamin und Serotonin aus den Mastzellen). Die Folge ist die typische rotbläuliche Verfärbung und teigige Schwellung, sowie brennende Gefühlsstörungen. Betroffen sind vor allem **kälteexponierte** Körperteile, wie Finger, Zehen, Gesicht und Unterschenkel.

Therapie: Eine **spezielle** Therapie ist **nicht** möglich. Empfehlenswert ist es, eine künftige Kälteexposition so weit als möglich zu ver-

Tab. 13-1 Übersicht über Klinik, Therapie und Prognose bei Erfrierungen.

Erfrierung	Klinik	Therapie	Prognose
Grad I	– taubes, blasses Hautareal – später reaktive Hyperämie	Ambulante Behandlung: – feuchte, schnürende Bekleidung entfernen – langsames Erwärmen – Tetanusprophylaxe	– Kälteempfindlichkeit im betroffenen Hautabschnitt kann zurückbleiben
Grad II	– Rötung (Erythem) – Blasenbildung	Stationäre Behandlung: – feuchte, schnürende Bekleidung entfernen – Wiedererwärmung – bei Schnellerwärmung Schockreaktion bedenken – Blasen steril abtragen – lokal desinfizierende Maßnahmen – evtl. Antibiotika – Hochlagerung ödematöser Extremitäten – Tetanusprophylaxe	– Heilung nicht vor sechs Wochen – Dauerschäden wie Mißempfindungen (Parästhesien) und Kälteempfindlichkeit können auftreten
Grad III	– weiße steifgefrorene Bezirke – Nekrosen – später Mumifikation (schwarze, trockene Nekrosen)	Konservative Behandlung: – trocken verbinden – Spontandemarkation abwarten (Geduld!) – Grenzzonenamputation – Tetanusprophylaxe	– Abheilung erst nach Wochen – Narbenbildung – Verlust von Körpergliedern

meiden und auf entsprechende Kleidung zu achten.

Prognose: Perniones treten nach entsprechendem Temperaturreiz auf, können dann wieder verschwinden, rezidivieren jedoch über Jahre hinweg, manchmal zeitlebens.

13.4 Schädigung durch Hitzeeinwirkung

Zwar sind im letzten Jahrzehnt die **therapeutischen** Möglichkeiten bei Verbrennungen immer **besser** geworden, jedoch das klinische Bild des Verbrennungspatienten hat sich sehr gewandelt. Durch die Verbreitung einer hohen Anzahl von Kunststoffmaterialien haben sich die Verbrennungsformen geändert und zusätzlich sind auch **vielfältige neue Begleitkomplikationen** aufgetreten (z.B. broncho-pulmonale Komplikationen durch Inhalation der bei der Verbrennung entstehenden Giftstoffe), die nicht selten den Krankheitsverlauf **entscheidend** mitbestimmen.

Allgemeines: Eine Hitzeeinwirkung von 40 bis 50 °C wird von der Haut meist noch gut vertragen. Der **kritische** Punkt für eine **irreversible** Schädigung des Eiweißes scheint bei **52 °C** zu liegen. Nach Überschreiten dieser Temperatur kommt es zur Koagulation (Ausflockung). Bedeutsam sind auch bestimmte physikalische Besonderheiten der Haut. Aufgrund ihres hohen Wasseranteil kann sie **Hitzeeinwirkung** relativ lange kompensieren, jedoch wegen der geringen thermischen Leitfähigkeit (Isolationsschicht des Körpers) erfolgt die **Abgabe der Wärme** nur verzögert, d.h. die Hitzeeinwirkung auf das Gewebe ist deutlich länger, als die Einwirkung von außen anhält.

Auch nach Wegfall der äußeren Hitzeeinwirkung hält die Gewebeschädigung an, sog. Nachbrennen!

Der **Schweregrad** einer Verbrennung hängt von der **Temperatur** und **Einwirkdauer** der schädigenden Substanz ab. Die Natur dieser Substanzen spielt hierbei eine entscheidende Rolle. Während die Temperatur von siedendem Wasser bei 100 °C liegt, erreicht Öl (Friteuse) ca. 200 °C, offene Flammen entwickeln gar Temperaturen bis zu 1200 °C. Der Krankheitsverlauf wird zusätzlich von der **Ausdehnung** der Schädigung (Anteil der geschädigten Hautoberfläche) und dem **Alter** des Patienten (je älter der Patient, desto schlechter die Prognose) mitbestimmt. Selbstverständlich spielt es für den Gesamtverlauf auch eine entscheidende Rolle, **ob** und in **welchem Ausmaß** Begleitverletzungen vorliegen und ob es zu Allgemeinreaktionen (Verbrennungskrankheit s. Kap. 13.4.2) kommt.

Bei **höhergradigen** Verbrennungen lassen sich in der Regel **verschiedene Phasen** des Krankheitsverlaufes abgrenzen:

- akute Verbrennung, Schockphase (Dauer bis zu 48 Stunden)
- Verbrennungskrankheit, Intoxikationsphase (Tage bis zu vier Wochen)
- beginnende Heilung, Reparationsphase (frühestens ab dem achten Tag)

13.4.1 Schockphase

Durch die Zellzerstörung werden primär aus den Mastzellen, später auch aus anderen Zellgruppen, Gewebehormone wie Histamin, Serotonin, Kinine, Prostaglandine, etc. freigesetzt, die zu einer massiven **Vasodilatation** (Weitstellung der Gefäße) führen. Zusätzlich erhöht sich die **Durchlässigkeit der Gefäßwände.** Dies führt zu einer erheblichen Schwellung (**Ödem**) der Weichteile. In den weitgestellten Hautgefäßen kommt der Blutfluß teilweise zum Stillstand (**Zone der Stase**) und manchmal treten auch rote Blutkörperchen aus den Gefäßen aus. Zusammen mit dem freigewordenen roten Blutfarbstoff (Hämoglobin) bedingen sie dann die typische Rotfärbung um die weiß verfärbte Nekrosezone. Aufgrund der erhöhten Gefäßdurchlässigkeit werden Plasmaeiweiße ebenfalls in den sog. interstitiellen Raum (Raum zwischen den Zellen) verschoben und bedingen so ihrerseits einen **zusätzlichen Flüssigkeitsverlust**. Außerdem führen die gestörte Perfusion bzw. die geschädigten Enzymsysteme in den Zellen zu einer **Anhäufung saurer Stoffwechselprodukte**, die wiederum die Gefäßweitstellung **verstärken**.

Diese Veränderungen sind keineswegs allein auf den traumatisierten Körperbereich beschränkt, sondern laufen bei entsprechend großem Verbrennungsareal im Gesamtorganismus ab. Die pathologische Flüssigkeitsverschiebung verursacht eine hypotone Kreislaufsituation und mündet letztlich in das Krankheitsbild des Schocks. Bei einer höhergradigen Verbrennung ist zusätzlich der immense Flüssigkeits- und Eiweißverlust (Exsudat) zu bedenken, der durch die fehlende Barriereschicht (Haut) zum Tragen kommt.

Im Mittelpunkt steht der massive Flüssigkeitsverlust, bzw. ausgedehnte Flüssigkeitsverschiebungen!

Additiv können sich die **psychische** Belastung durch das Unfallereignis und die manchmal erhebliche **Schmerzsymptomatik** auswirken, die ihrerseits zu einer maximalen Aktivierung des sympathischen Nervensystems führen und so den primären „Verbrennungsschock" potenzieren (steigern).

Der erhöhte Energieverlust bedingt eine erhebliche **Steigerung des Grundumsatzes**. Dieser ist bei der Verbrennung größer als bei jeder anderen Verletzung. Da die Kohlenhydratreserven sehr schnell aufgebraucht sind, muß der Organsimus seinen erhöhten Energiebedarf durch Fett- und Proteinabbau decken. Dies wiederum führt zu einem erhöhten Sauerstoffbedarf und zu einem nicht geringen Eiweiß- und damit Stickstoffverlust.

13.4.2 Verbrennungskrankheit

Ist die Phase der primären Kreislaufdysregulation überwunden, zeigen sich die **vielfältigen** Folgen der Verbrennung an den **verschiedenen Organsystemen.** Eine wichtige Rolle spielen hierbei bestimmte toxische Lipid-Proteinkomplexe (sog. Verbrennungstoxine), die bei der Verbrennung aus Zellwandbestandteilen entstehen. Sie sind verantwortlich für die spezifischen Schäden an Lunge, Nieren, Herz und Gehirn. Entsprechend ist das **klinische Bild:**

- Antriebslosigkeit, manchmal Todesahnungen
- kontinuierliche Verschlechterung des Allgemeinzustandes
- Niereninsuffizienz mit Anstieg harnpflichtiger Substanzen im Serum
- pulmonale Komplikationen (Diffusionsstörung, Pneumonie)
- Temperaturanstieg und Leukozytose

In ca. zwei Drittel aller Fälle mündet die Verbrennungskrankheit in ein **septisches** Krankheitsbild, welches sich durch eine **hohe Letalität** auszeichnet.

Mit Ausnahme alter Patienten, die die immensen Flüssigkeitsverschiebungen im Rahmen der Schockphase oft nicht verkraften, sterben die meisten Verbrennungspatienten heutzutage an **infektionsbedingten** Komplikationen. Dies wird zudem dadurch begünstigt, daß die immunologische Leistung des Organismus als Folge einer schweren Verbrennung erheblich beeinträchtigt sein kann: Die Phagozytoseleistung ist vermindert, die proliferative Leistung (Bildung neuer Blutzellen) des Knochenmarks eingeschränkt. Zusätzlich ist eine Störung der Lymphozytenfunktion zu beobachten. In der Folge sinken die Gammaglobuline im Serum, was auf den massiven Eiweißverlust zurückzuführen ist.

Schwere Verbrennungen gehen mit einer Verminderung der Abwehrfunktion des Organismus einher. Infektionen werden so begünstigt.

Vor allem bei tiefergradigen Verbrennungen rückt die Infektionsgefahr der verbrannten Hautareale in den Vordergrund der Erkrankung.

Nicht durchblutete nekrotische Bezirke sind extrem infektionsanfällig, da sie durch das Ödem der umgebenden Weichteile aufgeweicht werden und so den idealen Nährboden für bakterielles Wachstum bilden!

Sowohl verbliebene regenerationsfähige Hautareale als auch Hauttransplantate sind durch Infektionen gefährdet, zerstört zu werden. Zudem ist aufgrund der fehlenden Barrierefunktion der Haut eine **Verschleppung** der Keime in die **Tiefe**, bzw. eine **Streuung** über den **Blutweg** sehr leicht möglich. Eine große Infektionsquelle bilden auch liegende Harnweg- oder Venenkatheter, entlang derer eine Keimaszension (aufsteigende Keimbesiedelung) stattfindet.

Als Spätfolge ausgedehnter Hautinfektionen bleibt schließlich eine **erhöhte** Keloidneigung (überschießende Narbenbildung) zurück.

13.4.3 Reparationsphase

Nach ca. einer Woche (bei Verbrennungen ersten Grades früher) beginnt die spontane Regeneration der Haut. Die **Regenerationsform** ist von der Tiefe der Verbrennung abhängig. Sind nur oberflächliche Epidermisschichten betroffen, heilt die Haut ohne Narbenbildung ab, manchmal ist eine verstärkte **Pigmentierung** zu beobachten. Ist die

Lederhaut zum Teil oder ganz zerstört bzw. liegt gar eine Schädigung bis in die Subkutis vor, so ist eine Heilung nur selten spontan möglich und erfolgt unter Ausbildung hypertropher Narben (Keloide).

Jede Narbe hat die Tendenz sich zusammenzuziehen. **Gelenküberschreitende hypertrophe** Narben führen so in der Spätphase zu **Kontrakturen** (Einschränkung der Gelenkbeweglichkeit).

13.5 Einteilung der Verbrennung

Grad I Rötung (Erythem): Die lokal beschränkte Gefäßweitstellung führt zu einer Schwellung in der Epidermis und dem Korium. Außerdem bedingt die Hyperämie (Ansammlung roter Blutkörperchen) die typische Rotfärbung (Erythem). Dieses Erythem ist wegdrückbar, da die Kapillaren noch nicht zerstört sind. Da nur die **obersten** Hautschichten geschädigt sind und somit die **Sensibilität intakt** ist, sind diese Verbrennungen **sehr schmerzhaft**. Ein weiteres Begleitsymptom ist **starker Juckreiz.** Dieser ist wahrscheinlich auf eine tagelang anhaltende Reizung von Nervenendigungen im Korium durch die Hyperämie zurückzuführen, zum Teil sind auch freigesetzte Prostaglandine und Histamin dafür verantwortlich. Die Ausheilung erfolgt **spontan** und **ohne** Narbenbildung.

Grad IIa Rötung und Blasenbildung (oberflächlich-dermal): Kennzeichen der oberflächlich zweitgradigen Verbrennung ist neben dem schmerzhaften Erythem die Blasenbildung. Diese erfolgt meist zwischen Epidermis und Korium. Ursache ist das eiweißreiche Exsudat. Der Blasengrund (nacktes Korium) ist feucht und rot. Finger- und Zehennägel **sitzen fest,** die Haare lassen sich **nicht** ohne Schmerzen ausziehen. Nadelstiche werden bei jedem Hautkontakt gespürt. Die Verbrennung ist sehr schmerzhaft, sie heilt jedoch **spontan** und **ohne** Narbenbildung.

Grad IIb Rötung, Blasenbildung, Nekrosen (tief-dermal): Zusätzlich zu den oben angeführten Schädigungen treten bei der **tiefen dermalen** Verbrennung umschriebene **Nekrosen** (sog. Koagulationsnekrosen) durch denaturiertes Eiweiß im Korium auf (weißlicher Schorf). Die Nägel, die im Nagelbett angewachsen sind, halten noch. Sie sind jedoch **gewölbt** und **heben** sich vom Bett ab. Die Haare fallen oft schon **spontan** aus. Im Bereich der Nekrosen ist die Wunde **nicht mehr schmerzhaft**. Nadelstiche müssen durch den Nekroseanteil hindurchgeführt werden, erst dann ist ein starker Schmerzreiz auslösbar.

Die Regeneration erfolgt hier nur vom Wundrand bzw. von den Hautanhangsgebilden ausgehend. Die immer vorhandene Narbenbildung variiert je nach Verbrennungstiefe. **Keloide** beobachtet man besonders nach Infektion der Nekrosen und sehr häufig bei **Kindern**. Entsprechend hoch ist auch die Gefahr **narbige** Kontrakturen über den Gelenken auszubilden.

Grad III Nekrosen: Hier sind **alle** Hautschichten einschließlich der **Hautanhangsgebilde** zerstört. Die Nekrosen reichen bis **tief** in die **Subkutis** (Unterhaut). Die betroffenen Hautstellen sind bräunlich bis schwarz verfärbt und haben eine derbe lederartige Konsistenz. Die Schmerzempfindung ist **völlig** aufgehoben. Einige der verbrannten Bezirke sind gerötet, jedoch läßt sich diese Rötung nicht mehr wegdrücken, da rote Blutkörperchen, bzw. freier roter Blutfarbstoff außerhalb der Blutgefäße liegen. Eine minimale Regeneration ist nur am Wundrand möglich, so daß zur Abheilung **Hauttransplantationen** notwendig werden.

Die **Beurteilung** von Verbrennungswunden erfordert sehr **viel Erfahrung.** Eine endgültige Aussage ist oft erst nach Tagen, unter regelmäßiger Inspektion der Wunde möglich. Zur vollständigen Diagnose ist es wichtig, nicht nur den Grad der Verbrennung, sondern auch deren Ausdehnung mit zu berücksichtigen.

Allgemein gilt hierbei zur Abschätzung der betroffenen Körperoberfläche beim Erwachsenen die sog. **Neuner-Regel** (Abb. 13-2).

Dementsprechend wird ein Arm mit ca. 9% der Körperoberfläche angegeben, ein Bein entspricht 18%, die Vorder- und die Rückseite des Stammes ebenfalls je 18%, der Kopf schließlich geht mit 9% in die Berechnung ein. Als Orientierunghilfe wird meist die Handfläche des Patienten, die ca. 1% der Körperoberfläche beträgt, herangezogen.

Bei **Kindern**, insbesondere bei **Säuglingen** liegen völlig andere **Größenverhältnisse** vor. Der Kopf ist im Verhältnis zu Rumpf und Extremitäten viel größer. Dieser Tatsache muß bei der Beurteilung der verletzten Hautanteile selbstverständlich Rechnung getragen werden.

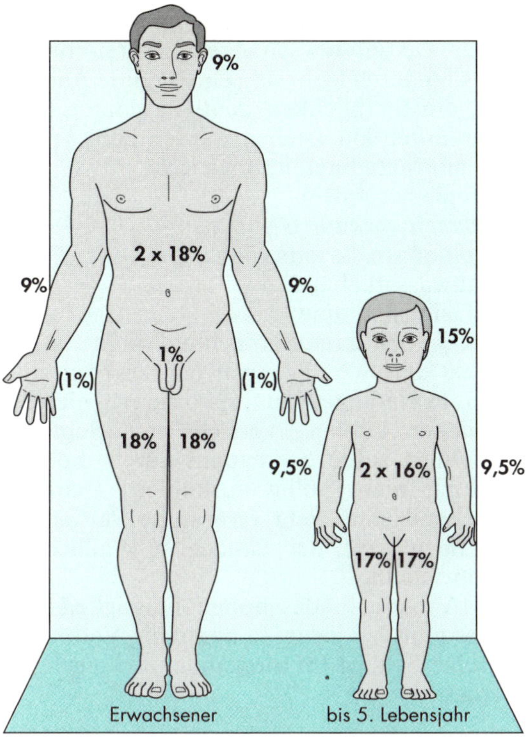

Abb. 13-2 Neuner Regel zur Abschätzung des Ausmaßes der verbrannten Haut.

13.6 Sonderformen

13.6.1 Elektrische Verbrennungen

Elektrische Verbrennungen werden hervorgerufen, wenn Strom durch den Körper fließt. In den Gewebeanteilen, die einen hohen elektrischen Widerstand haben (z.B. Knochen), entsteht entsprechend viel Hitze und dies führt zu den typischen Schädigungen. An den **Ein-** und **Austrittspforten** der Stromschleife in der Haut entstehen **Verbrennungsnekrosen** (sog. **Strommarken**). Der Strom folgt dann meistens dem Gefäßnervenbündel, welches zwar nur einen relativ geringen Widerstand aufweist, aber sehr empfindlich ist und deshalb rasch geschädigt wird. Knochen ist kaum hitzeempfindlich, zeichnet sich jedoch durch einen hohen Gewebewiderstand aus. Die entstehende Hitze wird folglich in die Umgebung abgeleitet und führt so zu tiefen **Muskelzerstörungen**. Außerdem kommt es bei einem Stromdurchtritt zu **heftigen Muskelkontraktionen,** die so stark sein können, daß **Frakturen** daraus resultieren (vor allem durch gleichzeitige maximale Stimulierung von Streckern und Beugern).

Gerade nach Starkstromunfällen sind Herzarrhythmien bis zum Kammerflimmern oder Herzstillstand als typische Komplikationen zu erwähnen.

13

Der Schaden bei der Elektroverbrennung ist häufig viel größer als es die begrenzten Strommarken im Bereich der Haut vermuten lassen!

13.6.2 Chemische Verbrennungen

Ursächlich sind es meistens **Säuren** oder **Laugen**, die als Folge von Arbeitsunfällen auf die Haut gelangen. Sehr selten sind Verletzungen durch (weißen) Phosphor, wie sie in Kriegsgebieten vorkommen können. Solange **direkter** Hautkontakt besteht, schreitet die Verbrennung fort. Über die örtlich begrenzte Wirkung hinaus können durch Resorption der Chemikalien auch andere Organsysteme (z.B. Nieren) geschädigt werden. Wie bei allen Verbrennungen ist die **Kaltwasserbehandlung** extrem wichtig. Sie dient hier neben der **Kühlung** vor allem der **Verdünnung** des schädigenden Stoffes.

13.6.3 Verbrühung

Mit dem Begriff „Verbrühung" wird eine thermische Verletzung durch **heißes** Wasser oder **Wasserdampf** bezeichnet. Der Siedepunkt von Wasser ist mit **100 °C** erreicht. Mit Ausnahme von Verletzungen mit Wasserdampf, gelangt Wasser nur mit einer Temperatur unter 100 °C auf die Haut. Die im Gewebe auftretende Temperatur ist oft niedriger, meist liegt sie zwischen 60 und 80 °C (das heiße Wasser kühlt bereits auf den äußeren Hornschichten ab). Auf die Schädigung durch eine Verbrühung reagiert die Haut mit **extremer Schwellneigung** (Ödembildung). Da keine so große Hitze erreicht wird, wird das Gewebe auch in der Regel **nicht vollständig** bis auf alle Schichten zerstört. Im Gegenteil, die Schädigung bleibt praktisch immer auf die **Epidermis** beschränkt. Die typische Verbrennungskrankheit tritt bei alleinigen Verbrühungen nicht auf. Im Gegensatz zu anderen Verbrennungen beobachtet man infolge des ausgeprägten Ödems eine erhebliche **Volumenzunahme** der Haut.

13

Nach adäquater Kaltwasserbehandlung heilen Verbrühungen häufig problemlos ab. Vor allem bei Kleinkindern besteht nach Verbrühungen jedoch eine ausgeprägte Neigung zur Ausbildung übermäßiger Narben (Keloid). Die Ursache ist letztendlich nicht vollständig geklärt, in großem Maße spielt jedoch die hohe Zellteilungs- und Reparationsfähigkeit junger Gewebe eine große Rolle.

13.6.4 Verbrennungen mit Teer und Öl

Teer und Öl haben eine **große Wärmespeicherkapazität.** Daher entstehen bei Verbrennungen mit solchen Materialen oft sehr tiefe, meist drittgradige Verletzungen. In der Mehrzahl der Fälle handelt es sich um **Arbeitsunfälle**. Um ein anhaltendes „Nachbrennen" zu vermeiden, ist es von extremer Wichtigkeit, durchtränkte Arbeitskleidung sofort zu entfernen und mit einer Kaltwasserbehandlung zu beginnen.

13.7 Therapie der Verbrennungen

13.7.1 Allgemeine Behandlungsrichtlinien

Die wichtigsten **Sofortmaßnahmen** müssen direkt am Unfallort durchgeführt werden. Die direkte Hitzeeinwirkung ist sofort zu unterbinden, Bekleidungsreste sind zu entfernen (vor allem bei Verletzungen mit heißem Öl oder geschmolzenen Kunststoffen) und dann sollte die sofortige Kaltwasserbehandlung einsetzen. Hierzu genügt **Leitungswasser.** Die Infektionsgefahr nimmt eine untergeordnete Rolle ein. Grundsätzlich ist eine oberflächliche kontaminierte Verbrennung einer tiefen Wunde, die meist nur am Anfang keimfrei ist, vorzuziehen.

Die Kaltwassertherapie wird für ca. **30 Minuten** durchgeführt, um das sog. Nachbrennen zu verhindern. Sie sollte zwar möglichst sofort einsetzen, ist aber auch nach längerer Zeit noch sinnvoll. Meistens lassen die Schmerzen mit Beginn der Kühlung sofort nach und auch das Allgemeinbefinden wird besser. Gerade bei schweren Verbrennungen läßt sich durch frühzeitig einsetzende Abkühlung die Sterblichkeit deutlich senken. Die verbrannten Hautstellen werden zum Transport mit Metallinefolie abgedeckt.

Therapieprinzipien:
- Hitzeeinwirkung beenden
- Kleidungsreste entfernen
- Kaltwasserbehandlung
- Infusionstherapie

Es ist jedoch darauf zu achten, nicht **zusätzlich** zu den Schädigungen der Verbrennung noch **Erfrierungen** zu provozieren (**nie** mit Eiswasser kühlen, **Vorsicht** mit Schnee). Außerdem sollte der Patient durch die Abkühlung nicht völlig auskühlen. Dementsprechend sind **nicht verbrannte** Partien zu **erwärmen** bzw. der Patient in **Wolldecken** einzuwickeln.

In Anbetracht des hohen Flüssigkeitsumsatzes muß bei jedem höhergradig Verbrannten eine baldige Infusionstherapie eingeleitet werden.

13.7.2 Spezielle Therapie

Spezielle Maßnahmen, wie Escharotomie (Inzision des Verbrennungsschorfes), Infektionsprophylaxe, Flüssigkeitsersatz und plastische Rekonstruktionen s. Kap. 32.4.

Literaturhinweise

[1] Musaph, H.: Die Haut als Kommunikationsorgan. Hexagon (Roche) 1978.
[2] Fritsch, P.: Dermatologie. Springer-Verlag, Berlin-Heidelberg-New York, 2. Aufl. 1988.
[3] Zellweger, G.: Die Behandlung der Verbrennung. Deutscher Ärzte-Verlag, Köln, 2. Aufl. 1985.
[4] Kremer, K., E. Müller: Die chirurgische Poliklinik. Georg-Thieme-Verlag, Stuttgart-New York, 2. Aufl. 1988.
[5] Schwartz, S. I., G. T. Shires: Principles of Surgery. McGraw-Hill, Inc., 6th Ed., New York 1994.

14 Kopf und Hals

A. Kooistra, A. Heuwinkel

I Allgemeiner Teil

Aus chirurgischer Sicht sind Kopf-, Gesichts- und Halsbereich als **sehr komplex** zu bezeichnen, da ein enges Nebeneinander von komplizierten und empfindlichen Strukturen besteht. Zudem hängt das psychische Wohlbefinden des Patienten sehr stark vom Aussehen, speziell im Gesicht und am Hals, ab.

Bei operativen Versorgungen in diesen Bereichen ist ein gutes Zusammenarbeiten der verschiedenen Fachdisziplinen (Chirurgie, Neurochirurgie, Hals-Nasen-Ohren-, Augen-, Mund- und Kieferchirurgie, Plastische Chirurgie) von größter Wichtigkeit!

Oft muß jedoch der Chirurg vor allem bei Verletzungen als erstbehandelnder Arzt diese richtig diagnostizieren und dem jeweiligen Fachgebiet vorstellen. Dazu ist die genaue **Kenntnis** der **Anatomie** sowie der **häufigsten Verletzungen** und **Frakturen** eine wichtige Voraussetzung. Letztendlich bleiben dem Chirurgen bestimmte Versorgungen im Gesicht oder am Hals, z. B. größere Schnittwunden, vorbehalten.

14.1 Kopf/Gesicht

14.1.1 Anatomie aus chirurgischer Sicht

Eine genaue Beschreibung der Anatomie würde den Rahmen dieses Buches sprengen, hier sei auf Lehrbücher der Anatomie verwiesen. Der Chirurg sollte die Muskulatur, die Gefäß- und Nervenbahnen mit ihren Versorgungsgebieten und vor allen Dingen die **Verläufe der Hautspaltlinien** des Gesichtes (Abb. 14-1) kennen. Die Kenntnis des Knochenaufbaus des Schädels einschließlich des Gesichtsbereiches (Abb. 14-2 A und B) sowie die typischen Gesichtsschädelfrakturen sind Voraussetzung zum Erkennen dieser.

14.1.2 Leitsymptome Kopf/Gesicht

Neben Schmerzen sind im Kopf-/Gesichtsbereich die **klassischen Entzündungszeichen** (Rötung, Schwellung, Temperaturerhöhung, eingeschränkte Funktion) die wichtigsten Leitsymptome, die vor allen Dingen bei Erkrankungen im Hals-Nasen-Ohrenbereich vorkommen können. Stets sollten die Patienten deshalb den Ärzten dieser Fachgebiete vorgestellt werden. Bei Unfällen ist auf **Blutungen** und **Liquorfluß** aus Nase, Mund (Aspirationsgefahr) und Ohren, sowie auf **Deformationen** (Formveränderungen) des Gesichtsschädels zu achten.

14.1.3 Diagnostik

Die diagnostischen Maßnahmen zur Klärung von Erkrankungen bzw. Verletzungen am Kopf sind:
- Röntgenaufnahmen des Schädels in zwei Ebenen
- Spezialaufnahmen des Felsenbeins nach Schüller und Stenvers
- Hinterkopfaufnahmen nach Town
- Jochbogen-Spezialaufnahme (auch Henkeltopfaufnahme genannt)
- Orbita-Aufnahmen
- Nasennebenhöhlen-Aufnahmen
- Panorama-Aufnahme zum Erkennen von Unterkieferfrakturen oder Entzündungen in diesem Gebiet

Das CCT (Computertomographie des Kopfes) dient dem Erkennen intrakranieller pathologischer Veränderungen oder bestimmter Frakturen, die Angiographie gibt Auskunft über Gefäßverschlüsse oder Rupturen.

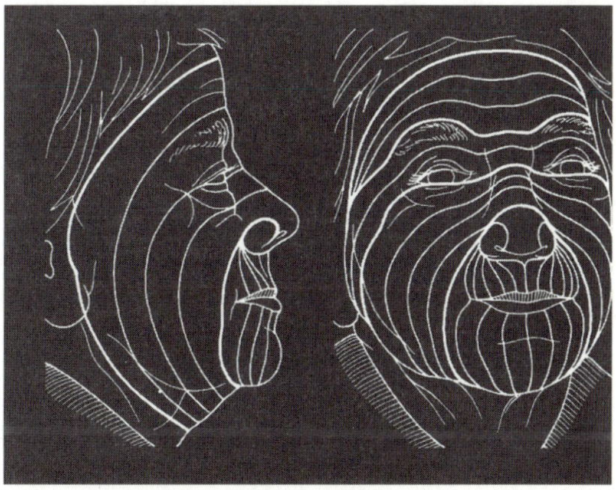

Abb. 14-1 Hautspaltlinien des Gesichtes.

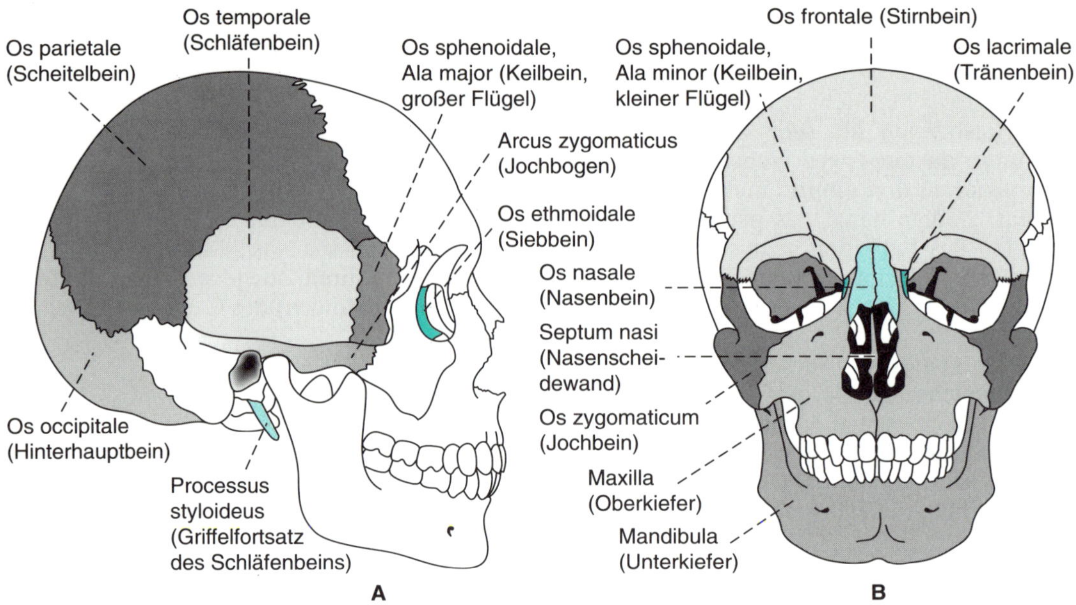

Abb. 14-2 Knochen des Schädels.
A: Seitliche Ansicht des Schädels.
B: Gesichtsschädel.

14.2 Hals

14.2.1 Anatomie

Der Hals dient als **Verbindungsorgan** zwischen Kopf und Rumpf. Dorsal gelegen und von der Rücken- und Nackenmuskulatur eingescheidet liegt die Halswirbelsäule mit ihren sieben Wirbelkörpern. Direkt vor der Halswirbelsäule befindet sich der Ösophagus (Speiseröhre), der ventral von der Trachea (Luftröhre) bedeckt wird. Im Bereich des dritten und vierten Halswirbelkörpers (HWK) liegt der Kehlkopf (Larynx). Von den ventralen Halsmuskeln geschützt laufen rechts und links in einer Bindegewebeschicht eingefaßt A. carotis (Halsarterie) und V. jugularis (Halsvene). Vor der Trachea rechts und links wie ein Schmetterling angeordnet befinden sich die Schilddrüse (Glandula thyreoidea) sowie die Nebenschilddrüsen als wichtige endokrine Organe. Bei der Beschreibung der Anatomie sollten die **zahlreichen Lymphknoten**, die im Halsbereich liegen und **klinisch sehr wichtig** sind, nicht vergessen werden.

Etwa ein Drittel aller Lymphknoten des Körpers sind in dieser Region zu finden!

14.2.2 Leitsymptome

Das wichtigste Leitsymptom in der Halsregion ist die **Entzündung**, die durch Rubor (Rötung), Dolor (Schmerz), Calor (Temperaturerhöhung), Tumor (Schwellung) und Functio laesa (Funktionseinschränkung) gekennzeichnet sein kann, besonders bei einer spezifischen oder unspezifischen Lymphadenitis (Schwellung der Lymphknoten) oder bei vielen Hals-Nasen-Ohren-Erkrankungen (z.B. Tonsillitis = Mandelentzündung), durch die eine Schwellung der Lymphknoten hervorgerufen werden kann. Differentialdiagnostisch ist gerade bei Kindern immer an die kongenitalen und entzündeten Halsfisteln zu denken.

Das wichtigste Leitsymptom bei **Unfällen** sind die **Nackenschmerzen** sowie die **Unbeweglichkeit** des Halses, evtl. mit **peripheren Lähmungszeichen**, als Ausdruck einer Fraktur oder einer Luxation im Bereich der Halswirbelsäule (HWS).

14.2.3 Diagnostik

Bei der Diagnostik von Erkrankungen des Halses steht der Ultraschall sowie die Röntgenaufnahme im Vordergrund. Bei der Sonographie können Lymphknotenschwellungen, Schilddrüsenvergrößerungen und evtl. Abszesse oder Fisteln erkannt werden. Die **Röntgendiagnostik** erfolgt bei **Verletzungen** immer in **vier Ebenen**: a.p. (anterior-posterior), seitlich und zwei Schrägaufnahmen in 45° zum Ausschluß einer Fraktur oder Luxation. Zur genaueren Beurteilung kann evtl. eine Computertomographie des Halses erforderlich sein.

Bei Fisteln im Halsbereich ist präoperativ eine Darstellung des Fistelganges mit Kontrastmittel zur Feststellung des Ausmaßes durchzuführen.

II Spezieller Teil

14.3 Angeborene oder erworbene Mißbildungen im Kopf- und Gesichtsbereich

14.3.1 Enzephalozele

(s. Kap. 33.4.1)

14.3.2 Kraniostenose/Kraniosynostose

(s. Kap. 33.4.3)

14.3.3 Hydrozephalus

(s. Kap. 33.4.2)

14.3.4 Lippen-Kiefer-Gaumenspalte

(s. Kap. 36.4.1)

14.3.5 Robin-Sequenz (früher Pierre-Robin-Syndrom)

(s. Kap. 36.4.2)

14.3.6 Ranula (Froschblase)

(s. Kap. 36.4.3)

14.4 Entzündungen im Kopf- und Gesichtsbereich

14.4.1 Von den Zähnen ausgehende (odontogene) Entzündung und Fistelbildung

Ursache: Die Entzündung geht meist von den **Zahnwurzeln** aus. Die Erreger sind häufig Staphylokokken oder Streptokokken.

Symptome: Die Klinik ist **oft rasant** mit einer rasch zunehmenden Schwellung der Wange über Nacht, Fieber, starker Schmerzhaftigkeit mit eingeschränktem Allgemeinbefinden und einer evtl. Kieferphlegmone. In der Anamnese berichtet der Patient häufig über vorausgegangene, schon lange bestehende Zahnschmerzen. Bei Zahnwurzelentzündung im **Oberkieferbereich** besteht die Gefahr einer **Thrombophlebitis** der **Augenwinkelvene**, so daß sich die Entzündung über die **Siebbeinzellen** fortsetzen kann und dadurch eine **Gehirnhautentzündung** (Meningitis) als Komplikation droht. Aufgrund dieser Gegebenheit ist eine schnelle Therapie nötig.

Therapie: Diese besteht aus der **Extraktion** (Entfernung) oder **Trepanation** (Aufbohren) des Zahnes, feucht-kalten Umschlägen (um eine Abschwellung zu bewirken), Antibiotikagabe, Bettruhe und Analgetika. Kommt es unter dieser Therapie nicht zur Rückbildung, muß der Patient stationär aufgenommen und der Abszeß frühzeitig eröffnet und drainiert werden.

14.4.2 Furunkel und Karbunkel

Ursache: Es handelt sich um eine vom **Haarbalg** oder von **Talgdrüsen** ausgehende abszedierende Eiterung. Die Erreger sind meistens Staphylokokken. Ein Karbunkel ist das Zusammenfließen von mehreren Furunkeln und hat somit eine deutlich **größere** Ausweitung.

Symptome: Sehr schmerzhafte und erhebliche Schwellungen, besonders beim Sitz an der Oberlippe oder an der Nase.

Therapie: Streng **konservatives** Vorgehen ist die Behandlung der Wahl. Antibiotikagabe, Sprechverbot, Bettruhe und nur flüssige Kost (s.a. Kap. 14.13). Nach der Reifung stößt sich die zentrale Hautnekrose ab und es kommt zur schnellen Ausheilung.

14

14.4.3 Phlegmone

Ursache: Eine **nicht** sehr **häufige aber gefährliche** eitrige Entzündung, die sich im Unterhautgewebe (subkutan) schnell ausbreitet. Die Erreger sind Staphylokokken.
Therapie: Hochdosierte Antibiotikatherapie (Penicillin 60 Millionen Einheiten und mehr) unter **intensivmedizinischer** Überwachung.

14.4.4 Erysipel

Ursache: Wie an allen anderen Körperstellen kann ein Erysipel auch im Gesicht oder Hals auftreten. Es handelt sich um eine hochinfektiöse Staphylokokkeninfektion der Haut.
Symptome: Es ist gekennzeichnet durch eine **großflächige** Rötung und Schwellung.
Therapie: Gute Behandlungserfolge mit Penizillin.

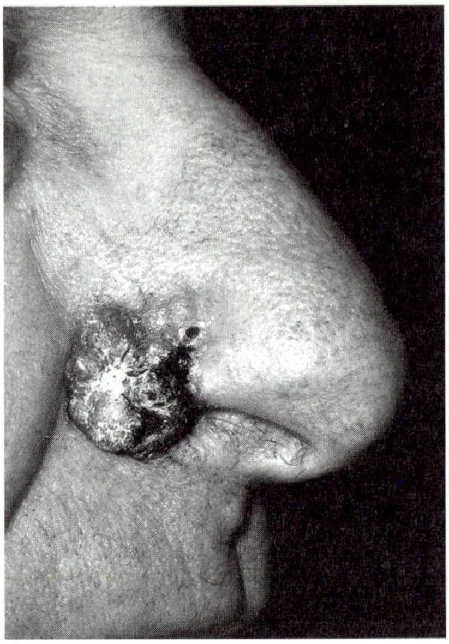

Abb. 14-3 Basaliom am rechten Nasenflügel.

14.5 Tumoren im Kopf- und Gesichtsbereich

14.5.1 Gutartige Tumoren

Hämangiome

Das Hämangiom **simplex** (Feuermal), das oft nur als kleiner **roter Punkt**, selten auch als flächenhafte Ausbreitung im Versorgungsgebiet des zweiten und dritten Trigeminusastes auftritt.

Das Hämangiom **cavernosum** besteht aus **blau-roten Knötchen** oder Knoten von schwammähnlicher Tendenz, das sich durch einen Spatel wegdrücken läßt. Es befindet sich oft im Mund-/Lippenbereich. Da die angeborenen Hämangiome im Alter häufig eine **Rückbildungstendenz** zeigen, sollte mit der **operativen** Entfernung **vorerst** abgewartet werden. Evtl. empfiehlt sich eine **Kryotherapie** (Vereisung) oder eine **Lasertherapie,** um somit eine beschleunigte Rückbildung zu bewirken. Bei größeren Hämangiomen cavernosum bietet sich evtl. eine Exzision (operative Ausschneidung) an.

Lymphangiome

Lymphangiome sind seltener als Hämangiome und befinden sich oft im Lippen-, Wangen- oder Zungenbereich. Da sie **sehr groß** werden können, sollten sie **frühzeitig** operativ entfernt werden.

14.5.2 Bösartige Tumoren

Semimaligne Tumoren

Das **Basaliom** (Basalzellkarzinom, Abb. 14-3), das häufig auch als **semimaligne** bezeichnet wurde, da es nur sehr selten metastasiert, ist der häufigste Tumor der Gesichtshaut. Es zeichnet sich aus durch ein infiltrierendes, lokal destruierendes (zerstörendes), flächenhaftes Wachstum, das später auch auf tiefere Strukturen der Haut übergreift. Es sollte so **früh wie möglich** operativ entfernt werden. Der zweite sog. semimaligne Tumor ist das **Spinaliom**. Es zeigt sich meist als papillöse Form und neigt zu geschwürigem Zerfall. Die Hauptlokalisation ist die Lippenregion. Die Therapie ist ebenfalls eine frühe Radikalexzision. Bei früher Exzision ist die **Prognose gut**.

Malignome

Die häufigsten Malignome im Kopfbereich sind **Plattenephitelkarzinome** und befinden sich im Oropharynxbereich (Mund-Rachenbereich), oder in Form von **Adenokarzinomen** der Parotis (Speicheldrüse), des Pharynx

(Rachen), des Larynx (Kehlkopf), der Tonsillen oder des Zungengrundes. Die derben, infiltrativ wachsenden und früh metastasierenden Tumore werden meist erst **spät** entdeckt und befinden sich oft schon im **fortgeschrittenen** Stadium, so daß es für die operative Therapie häufig **zu spät** ist. Die **Prognose** dieser Karzinome ist aufgrund des schnellen Wachstums und der frühen Metastasierung **schlecht**, da der operative Eingriff, der entweder von Kieferchirurgen oder Hals-Nasen-Ohren-Ärzten durchgeführt wird, oft nur **palliativen** (krankheitsmildernden) Zwekken dient.

14.5.3 Intrakranielle Tumoren

(s. Kap. 33.9.1)

14.6 Verletzungen, Frakturen und Luxationen im Kopf- und Gesichtsbereich

Bedeutung und Häufigkeit: Das Gesicht und der Schädel sind eine **ungeschützte** Körperregion und deshalb bei Unfällen, Schlägereien sehr oft mitbetroffen. Durch Frakturen oder Schnittwunden im Gesicht kann es bei schlechter Versorgung zu einer **Entstellung** kommen, die starke **soziale Anpassungsstörungen** in der Gesellschaft mit sich bringen kann. Deshalb muß primär eine **optimale** Versorgung gewährleistet sein.

Ätiologie und Pathogenese: Bei über 70% aller Unfälle ist der Kopf mitbetroffen. Etwa 70% der Verkehrstoten sterben heute noch an einem Schädel-Hirn-Trauma. Die häufigsten Verletzungen sind Prellungen, Platz- und Schnittwunden, jedoch sind diese oft mit einer Fraktur kombiniert, die bei zu oberflächlicher Versorgung **schnell übersehen** werden kann. Die häufigste Fraktur im Gesicht ist die Fraktur des Unterkiefers, danach folgen Oberkiefer- und Mittelgesichtsfrakturen. Autounfälle sind meist mit einer Commotio (Erschütterung) oder sogar einer Contusio (Prellung) cerebri verbunden. In seltenen Fällen kann es zu einer Luxation des Kiefergelenkes kommen.

Besonderheiten bei Kopf-/Gesichtsverletzungen: Da **Kombinationsverletzungen** nicht selten sind, ist eine umfassende **Anamnese** unerläßlich. Selbst bei kleineren äußeren Verletzungen kann es zu einer schnellen **Eintrübung** aufgrund einer inneren Blutung oder eines Ödems kommen. Eine große Hilfe bei der Einteilung des Wachheitsgrades des Patienten gibt die **Glasgow-Koma-Skala** (s. Kap. 11, Tab. 11-1).

Es folgt die Befunderhebung mit einer gründlichen **Inspektion**. Dabei ist besonders auf Blut- oder Liquorfluß aus Nase, Mund und Ohren zu achten, der auf eine Fraktur mit Zerreißung der Meningen (Hirnhäute) hinweisen kann. Desweiteren sind die Deformation des Gesichtsschädels sowie ein **Brillen-, Monokel-** (einseitiges Brillenhämatom) oder **Galeahämatom** (Bluterguß unter der Schädelhaut) zu diagnostiziernen. Sie können ein Hinweis auf bestimmte Frakturen sein (s. Kap. 14.6.2). Es folgt eine **Palpation** des Gesichtsschädels auf **falsche Beweglichkeit** von Ober- oder Unterkiefer, Nasenbein und Orbitaunterrand sowie der Schädelkalotte auf **Impressionen** (Eindellungen) oder Verletzungen. Die Palpation wird unter **sterilen Bedingungen** durchgeführt, da es gerade bei offenen Hirnverletzungen zu einer Infektion mit fatalen Folgen kommen kann.

14.6.1 Platzwunden

Die Versorgung der Platzwunden entspricht grundsätzlich der Wundversorgung aller anderen Wunden am Körper (s.a. Kap. 3.6) bis auf wenige Ausnahmen (z.B. Bißverletzungen, s.a. Kap. 3.6.5). Um möglichst eine **primäre Wundheilung** zu erreichen, gilt die **sechs bis acht Stundenfrist** auch bei **verschmutzten** Wunden **nicht**. **Selbst** Biß- oder Metzgerwunden sowie Schußverletzungen **im Gesichtsbereich** werden unter Antibiotikaschutz sofort mit einer Naht versorgt (eine sekundäre Wundheilung ist oft mit Narbenbildung verbunden).

Um Nekrosen zu vermeiden, werden die Wundränder **nicht** mit einer Pinzette, sondern besser mit einem Häkchen gefaßt. Für den Gesichtsbereich sollten grundsätzlich nur monophile, also **nicht geflochtene** Fäden (z.B. Mersilene®) und **atraumatisch** schneidende Nadeln zur Anwendung kommen.

Vor der Versorgung einer Platzwunde ist eine **Fraktur** oder ein **Fremdkörper** im Gewebe durch eine Röntgenaufnahme auszuschließen. Zur Wundversorgung erhält der Patient, falls möglich, eine Lokalanästhesie (z.B. Scandicain 1%®). Es erfolgt eine Wundrevision, um Asphalt, Pulver, Eisenasche o.a. zu entfernen, da gerade diese Pigmente ein **schlechtes kosmetisches** Ergebnis bringen. Die Reinigung der Wunde kann mit Seifenwasser, Wasserstoffsuperoxyd (H_2O_2) oder Betaisodona durchgeführt werden. Evtl. ist eine Rasur der Kopfhaut um das Wundgebiet erforderlich, ausgenommen sind jedoch die Augenbrauen.

Augenbrauen dürfen nicht abrasiert werden, da sie nicht nachwachsen!

Nach der Entfernung schlecht durchbluteter Areale (Wundrandausschneidung nach Friedrich, s. Kap. 3.6.2), wird nur eine **geringe Begradigung** der Schnittränder mit dem Skalpell durchgeführt, da ein zu großes Debridement zu Verziehungen oder Narben mit Entstellung führen würde.

Die Naht sollte vorzugsweise mittels **Einzelknopfnähte** (s. Kap 3.6.6) und mit einem möglichst **dünnen** Faden (z.B. Seralon® 4.0, 5.0 oder 6.0) ausgeführt werden. Dabei ist auf eine **genaue Adaptation** (Anpassung) der **Wundränder** zu achten. Bei tiefen Wunden ist vorher eine **subkutane Naht** mit **resorbierbarem** Faden und versenktem Knoten durchzuführen, diese Nahttechniken sind prädisteniert für eine **narbenlose** Wundheilung. Bei unter Spannung stehenden Nähten sollten diese durch Mobilisation der umgebenden Haut entlastet werden. Eine Entlastung ist auch durch das Knüpfen eines Fadens über einen kleinen Tupfer, der für vier bis fünf Tage belassen wird, möglich. Wurde der Verlauf der Hautlinien (s. Abb. 14-1) nicht beachtet, ist oft eine schlechte Wundheilung zu beobachten.

Größere Defekte im Gesicht müssen evtl. durch verschiedene **Lappentechniken** oder **Plastiken** (z.B. Schwenklappen) gedeckt werden. Bei ausgedehnten Skalpierungsverletzungen des Schädeldaches ist eine Drainage am tiefsten Punkt der Verletzung einzulegen (Sekretableitung) und ein Kompressionsverband anzuwickeln. Infektgefährdete Wunden können evtl. mit einem dünnen Betaisodonafilm und Adaptic®-Fettgaze versehen werden, um ein Verkleben der Wunde mit dem Pflasterverband und damit ein späteres Aufreißen zu vermeiden. Die Fäden im Gesicht sind **spätestens** am **fünften oder sechsten Tag** zu entfernen, um eine Entzündungsreaktion durch die Fäden zu vermeiden. Sollte es während der Wundheilung zur **Keloidbildung** (vermehrte Narbenbildung) kommen, kann versucht werden, dieser Keloidbildung mit Volon A-Salbe® (Kortisonsalbe) entgegenzuwirken (zweimal täglich auftragen und 15 Minuten einmassieren), um so eine bessere Wundheilung zu erzielen.

Bei **Lidverletzungen** ist ein **Augenarzt** hinzuzuziehen, da die Gefahr eines **Ektropiums** (anhaltende teilweise Auswärtswendung der Bindehaut) droht.

Da die Wundheilung bei **Kindern** meist schneller abgeschlossen ist als bei Erwachsenen, sollten Platzwunden bei **Kindern** wenn möglich mit Äthoxysklerol® (spezielles Pflaster) oder mit Steristrips® versorgt werden, da diese die bestmögliche Wundheilung ergeben und dem Kind größere Schmerzen ersparen.

Die ausnahmslose Anwendung dieser Materialien wäre bei Erwachsenen mit hohen Kosten verbunden, deshalb wird die Versorgung von Platzwunden mittels Naht bevorzugt.

14.6.2 Frakturen

Die **Diagnose** von Frakturen wird zunächst durch die **Anamnese** (Aufprall, Unfall, Schlägerei) und zweitens durch die **sicheren** (Fehlstellung, Knochenreiben, sichtbare Knochenstücke, abnorme Beweglichkeit) und **unsicheren** (Schmerzen, Funktions-, Sensibilitätsstörungen, traumatisches Ödem bzw. Hämatom) Frakturzeichen gestellt.

Allein durch die **Inspektion** fällt oft schon eine Fehlstellung in der Jochbogenregion, ein Schiefstand des Nasenrückens oder das Absinken eines Auges, sowie ein Monokel- oder Brillenhämatom bei einer Orbitafraktur auf. Durch die **Befragung** des Patienten können **zusätzliche** Informationen (z.B. Doppelbilder sehen) gewonnen werden.

Jedoch bleiben auch **eine Anzahl von Frakturen** (z.B. Nasenbeinfraktur, Impressionsfraktur) unter der Schwellung oder einem Hämatom **verborgen**. Außerdem können manche Schädelfrakturen nur aufgrund von Blut- oder Liquorfluß aus Nase, Mund oder Ohren vermutet werden (Schädelbasisfraktur). Aufschluß können nur **Röntgenaufnahmen** geben, wobei es jedoch oft **spezieller Aufnahmen** bedarf (s.a. Kap. 14.1.3).

Felsenbeinfrakturen und einfache Schädelfrakturen können **konservativ** behandelt werden. Die operative Frakturbehandlung sollte jedoch den jeweiligen Fachdisziplinen überlassen werden, um eine optimale Versorgung zu erzielen.

Gesichtsfrakturen

Das Erkennen und die Behandlung von Gesichtsfrakturen ist äußerst **difizil**. Anamnestisch wird häufig ein Schlag oder Aufprall, z. B. gegen das Armaturenbrett als nicht angeschnallter Beifahrer, angegeben. Der Befund zeigt oft eine massive Schwellung, Deformierung, sowie Blutung aus Nase, Mund und/oder Augen und die oben genannten Hämatome. Eine radiologische Beurteilung ist aufgrund des nahen Beieinanders der Gesichtsknochen schwierig, so daß nur **Spezialaufnahmen** die Fraktur zeigen (s. Kap. 14.3.1).

Unterkieferfraktur

Das Aufzählen aller Frakturarten bleibt der Fachliteratur vorbehalten. Als Beispiel soll hier lediglich die **häufigste** Fraktur, die Unterkieferfraktur (Abb. 14-4 A und B), beschrieben werden.
Ursache: Schlag oder Aufprall (z. B. gegen das Armaturenbrett, bei Schlägereien oder nach Sportunfällen).
Diagnose: Die klinische Diagnose ist meistens durch die Anamnese, sowie durch die Instabilität und die sicheren Frakturzeichen

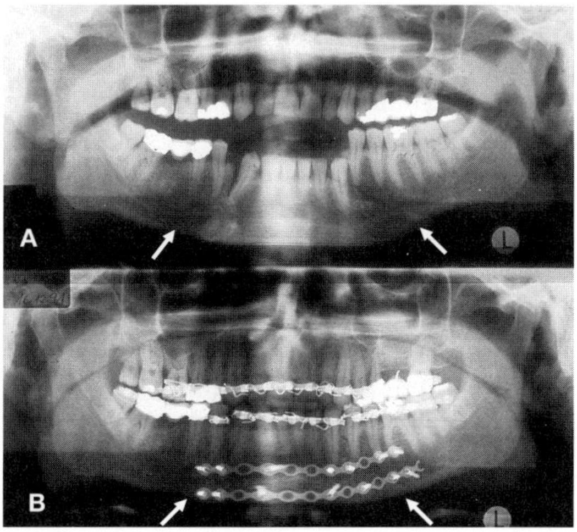

Abb. 14-4 Unterkieferfraktur.
A: Röntgen-Panoramaaufnahme der Fraktur.
B: Versorgung der Fraktur durch Miniplattenosteosynthese.

einfach. Abb. 14-4 A zeigt eine Panoramaaufnahme bei doppelter Unterkieferfraktur.
Therapie: Unterkieferfrakturen werden **meist** mit einer **Miniplattenosteosynthese** (Abb. 14-4 B) versorgt. Bei einer einfachen Unterkieferfraktur kann auch eine Kieferbruchschienung mit intermaxillärer Fixierung (IMF) durchgeführt werden. Dabei wird der Unterkiefer **fest** an den Oberkiefer angehakt und durch feste **Gummizüge** in seiner **fixierten Stellung** gehalten.

Schädel-Hirn-Trauma

(s. Kap. 33.5)

14.7 Angeborene und erworbene Mißbildungen im Halsbereich

14.7.1 Halsfisteln und Zysten

Im Bereich des Halses kommen im Kindes-, manchmal auch erst im Erwachsenenalter angeborene anatomische Mißbildungen zum Vorschein.

Mediale Halsfisteln und -zysten

(s. Kap. 36.5.4)

Laterale Halsfisteln und -zysten

(s. Kap. 36.5.5)

14.7.2 Schiefhals

Eine weitere angeborene Erkrankung ist der sog. Schiefhals (Torticollis oder Caput obstipum). Dieser kommt durch eine bindegewebige, sehnige **Degeneration** des M. sternocleidomastoideus (Kopfwender) zustande (s. Kap. 36.5.3).

14.7.3 Halsrippen- und Skalenussyndrom

Ursache: Anatomisch laufen die den Arm versorgenden Arterien und Venen über die oberste Rippe durch eine Lücke der Skalenusmuskeln. Es kann eine zusätzliche Halsrippe vorhanden oder der Durchtritt der Gefäße durch die Muskellücke eingeengt sein, so daß es bei bestimmten Bewegungen des Armes (Abduktion) zu einer **Kompression** der **Armnerven** (Plexus brachialis) kommt.

14

Symptome: **Gefühlsstörung** sowie eine verminderte Blutzufuhr, die bis zum vollständigen Stillstand des Blutflusses mit **Ischämie** führen kann.
Diagnose: Aufklärung bringt eine Röntgenaufnahme des Thorax, auf der die Halsrippe gut zu erkennen ist. Mit einem Farbdopplergerät oder einer Angiographie ist die Stenose des Gefäßes gut zu erkennen.
Therapie: Behebung der Enge, indem der M. scalenus (Treppenmuskel/Rippenheber) durchtrennt oder die zusätzliche Halsrippe entfernt wird.

14.8 Entzündungen im Halsbereich

14.8.1 Furunkel und Karbunkel

Ursache: Auch im Halsbereich kommt es durch die entzündliche Veränderung von Haarbälgen zu einer abszeßartigen Entzündung, vor allem am **Haaransatz** im Nacken.
Therapie: Eröffnen der Furunkel oder Karbunkel unter Antibiotikaschutz und sekundäre Wundheilung. Bei immer **wiederkehrenden** Furunkeln ist evtl. eine **Epilation** (Entfernung der Haarwurzel) in diesem Bereich angezeigt.

14.8.2 Phlegmone

Ursache: Es kommt zu einer **diffusen** Ausbreitung einer bakteriellen Entzündung auf der **tiefen Halsfaszie**, ausgehend von einer Lymphadenitis (Lymphknotenentzündung), einer Tonsillitis oder einem Furunkel. Durchbricht sie die tiefe Halsfaszie, kommt es zusätzlich zu einer Entzündung des Gefäß-Nervenstranges, wodurch ein **Eintritt** der Erreger in das **Mediastinum** möglich wird.
Symptome: Die klassischen Entzündungszeichen, bei Befall des Mediastinums ist eine **Sepsis** möglich.
Therapie: Sie besteht in einer breiten Spaltung, evtl. bis auf die Gefäßscheide. Antibiotikatherapie. Bei Befall des Mediastinums muß dieses ebenfalls eröffnet und drainiert werden.

14.9 Lymphknotenerkrankungen

14.9.1 Benigne (gutartige) Erkrankungen

Bei Entzündungen im Halsbereich kommt es oft zu einer **unspezifischen** entzündlichen **Vergrößerung** der Lymphknoten im Hals, die sich jedoch rasch nach Rückgang des Infektes zurückbildet (s.a. Kap. 36.5.2).

Außerdem gibt es eine Reihe von **spezifischen Infektionen** der Lymphknoten, wie z. B. bei der Tuberkulose, Sarkoidose, Toxoplasmose, Mononucleosis infectiosa (Pfeiffer-Drüsenfieber), Katzenkrankheit und Aktinomykose (Strahlenpilzkrankheit). Bei einem klinischen Anhalt sollte eine **Feinnadelbiopsie** zur Diagnosestellung durchgeführt werden. Kommt es zur **eitrigen Einschmelzung** des Lymphknotens, so muß dieser **entfernt** werden.

14.9.2 Maligne (bösartige) Erkrankungen

Hodgkin-/Non-Hodgkin-Lymphome

Symptome: Sie befallen sehr häufig primär die Halslymphknoten. Es kommt zu einer Lymphknotenschwellung mit dem klinisch **typischen** Krankheitsbild:
- Nachtschweiß
- Abgeschlagenheit
- Leistungsknick

Diagnose: Bei Verdacht auf eine maligne Erkrankung sollte eine **Lymphknotenbiopsie** zur histologischen Abklärung durchgeführt werden.
Therapie: Konservativ mit Chemotherapie und evtl. Bestrahlung.
Prognose: Die Prognose hängt sehr von der **Art des Lymphoms** ab, da es eine große **Variabilität** von Lymphomen gibt, die verschieden auf die genannte Therapie reagieren (s.a. Literatur der Hämatologie).

Metastasen

Es können auch Metastasen von Schilddrüsen- oder Pharynx-/Larynxkarzinomen in den Halslymphknoten gefunden werden. Häufig kommt es bei einer Lymphknotenbiopsie zur Diagnosestellung eines noch **unentdeckten** Primärkarzinoms in den oben genannten Bereichen. Es muß dann nach dem Primärtumor **gesucht** und dieser, falls möglich, operativ einschließlich der beteiligten Lymphknoten entfernt werden.

Nicht zu vergessen ist hier die **Sonderform** des metastatischen Befalls des supraklavikulären Lymphknotens links (Virchow-Drüse) beim Magenkarzinom.

14.10 Schilddrüsenerkrankungen

(s. Kap. 28.5 bis 28.8)

14.11 Gefäßerkrankungen im Halsbereich

(s. Kap. 29.7)

14.12 Frakturen und Luxationen im Halsbereich

(s.a. Kap. 31.7 und Kap. 33.7.2)

14.12.1 Erkennen und erste Behandlung

Gerade bei Auto- oder Motorradunfällen ist die Halswirbelsäule oft mitbetroffen. Das klinische **Erkennen** einer Luxation oder Fraktur ist sehr **schwierig,** da der Patient meist noch andere Verletzungen hat.

Jeder Patient, der nur geringste Anzeichen einer Halswirbelsäulenverletzung aufweist, sollte so behandelt werden, als habe er eine Fraktur!

Es sollte zumindest sofort eine sog. **Halskrause** (Schanz- oder Henßge-Krawatte) angelegt werden. Die **Reklination** (Zurückbeugen) sowie ein **Hin-** und **Herbewegen** des Kopfes ist **unbedingt** zu **vermeiden**.

14.12.2 Häufigkeit, Ätiologie, Pathogenese

Wie schon oben genannt, kommt es in ca. 10% der Fälle bei Sturz, Auffahrunfall oder Schlag gegen den Schädel zu einem Trauma der Halswirbelsäule. Am häufigsten betroffen sind der **zweite** Halswirbel (**Dens-Fraktur**) und der **fünfte** und **sechste** Halswirbel. Dabei ist es nur in sehr seltenen Fällen eine direkte Gewalteinwirkung, viel häufiger eine indirekte. Der typische Verletzungsmechanismus ist die Überstreckung oder Überbeugung der HWS bei einem Auffahrunfall, die sog. **Peitschenschlagverletzung**. Dabei wird der Kopf in einem rasanten Tempo vor- und zurückgeschleudert und es kommt zu einer Dehnung oder gar zum Einreißen der Haltebänder mit einer evtl. Diskusverletzung und einem Kapseleinriß der kleinen Gelenke.

Bei instabilen Halswirbelsäulenfrakturen oder bei einer Fraktur des Dens und Axis (erster und zweiter Halswirbel), kann es zum plötzlichen Tod durch Einengung oder Abscherung des Rückenmarks kommen!

14

14.12.3 Frakturen und Luxationen

Symptome und Diagnostik: Wie schon oben angesprochen, ist klinisch eine Fraktur oder Luxation im Halswirbelsäulenbereich nur schwer zu erkennen. Vor allem aufgrund der Anamnese nach dem Unfallhergang, eines lokalen Spontanschmerzes unter Stauchung der HWS oder von Schmerzen bei Bewegung des Kopfes sollte die Möglichkeit einer Fraktur bzw. Luxation im HWS-Bereich in Betracht gezogen werden. **Subjektiv** beschreiben die Patienten den Ort des Schmerzes häufig **tieferliegend**, als er aufgrund der **Lokalisation** der Fraktur bzw. Luxation **sein** müßte. Bei der klinischen Untersuchung muß die Halswirbelsäule **ausführlich** abgetastet werden und auf Verschiebung in diesem Bereich sowie auf Druck-, Klopf-, Rüttel- oder Stauchungsschmerz und muskulären Hartspann ist zu achten. Manchmal geben die Patienten Nackenschmerzen oder das Gefühl der Instabilität an. In solchen Fällen sollte der Kopf **keinesfalls** gedreht oder bewegt werden, sondern ist sofort primär mit einer Halskrause zu versorgen. Es erfolgt eine eingehende **neurologische** Untersuchung auf **Nervenausfallerscheinungen** (z.B. Armheberschwäche durch Schädigung des Plexus brachialis). Diagnostisch schließt sich das Röntgenbild in zwei, besser in vier Ebenen an. Bei Verdacht auf eine Dens-Axis-Fraktur ist auf jeden Fall eine Spezialaufnahme durchzuführen. Ist die genaue Beurteilbarkeit der Fraktur bzw. Luxation aufgrund der Spezialaufnahmen nicht möglich oder liegt der Verdacht einer Bandscheibenprotrusion (-vorwölbung) vor, kann zusätzlich eine Computertomographie zur Klärung beitragen.

Therapie: Bei einer **stabilen** Fraktur sowie bei einem **Schleudertrauma** ist eine **konservative** Therapie angezeigt. Schleudertraumen werden ca. für drei bis maximal sechs Wochen mittels einer sog. Schanz-Krawatte oder einer Zervikal-Stütze nach Henßge und krankengymnastischen Übung zur Stabilisierung der dorsalen Muskulatur behandelt.

Luxationen oder **Luxationsfrakturen** sowie einige **instabile** Frakturen, die keine neurologische Symptomatik zeigen, sind mit einer **Extensionsbehandlung** mit Dauerzug am Schädel über eine sog. Crutchfield-Klammer zu versorgen (s.a. Kap. 14.14). Nach sechswöchigem Zug wird eine weitere Ruhigstellung im Thorax-Hals-Gips für vier bis sechs Wochen durchgeführt. Bei einer **instabilen** Fraktur sowie bei neurologischen Ausfällen ist umgehend eine Entlastungs- bzw. eine Stabilisierungsoperation durch den Neurochirurgen auszuführen.

III Pflegerischer Teil

14.13 Grundsätzliches

Erkrankungen im Kopf-Halsbereich sind für die Patienten meist besonders bedrohlich und unangenehm, da diese **Körperregion** besonders **empfindlich** ist, **viele Sinnesorgane** beinhaltet und **für jeden anderen sichtbar** ist. Entzündungen können zu häßlichen Narben führen oder auf die Sinnesorgane übergreifen und somit deren Funktion gefährden. Außerdem befindet sich das Gehirn in unmittelbarer Nähe, so daß sich Infektionen auch darauf auswirken können (s. Kap. 14.3.1).

Relativ häufig sind Staphylokokkeninfektionen, die z.B. Furunkel oder Karbunkel verursachen (s. Kap. 14.3.2). Medikamentös werden sie meist mit Penicillin behandelt. Da es immer wieder zu **Unverträglichkeitsreaktionen** kommt, muß das Pflegepersonal den Patienten in den ersten Tagen regelmäßig nach der Medikamenteneinnahme beobachten. Die Betroffenen bekommen zur **Ruhigstellung** oft ein **Sprechverbot** auferlegt, deshalb ist es notwendig, ihnen zur Verständigung **Alternativen** zu bieten. Ein Block und ein Stift auf dem Nachtschrank sind obligatorisch, vorgefertigte Kärtchen mit verschiedenen Sätzen (ich habe Durst, ich muß zur Toilette, etc.) sind für Patienten, die momentan nicht in der Lage sind zu schreiben, hilfreich. Kärtchen mit Bildern sind für Analphabeten oder Kinder geeignet. Auch die Zeichensprache ist ein hervorragendes Hilfsmittel, bei der Einfallsreichtum und Kreativität gefragt sind.

Tumore im Kopf-/Halsbereich werden meist **spät entdeckt** und haben eine **schlechte** Prognose. Die Versorgung der Patienten erfolgt meist auf einer Hals-Nasen-Ohren- oder auf einer kieferchirurgischen Station. Nach einer operativen Tumorentfernung sehen viele Patienten entstellt aus. Es kann beispielsweise eine ganze Gesichtshälfte fehlen. Menschen, die auf diese Situation **nicht vorbereitet** sind, z.B. Angehörige oder Krankenpflegeschüler, die neu auf der Station sind, können bei dem Anblick **entsetzt sein** und mit **Ekelgefühlen reagieren**. Die Reaktionen wiederum nimmt der Patient wahr und reagiert **unsicher** und **betroffen**. Beim Verbandwechsel sollte deshalb immer ein Schild an der Zimmertür hängen mit der Aufschrift: „Zutritt zur Zeit nicht gewünscht“ oder „Bitte nicht stören“. Vor den Blicken der Mitpatienten ist der Betroffene zu schützen. Um das Selbstwertgefühl des Erkrankten zu stärken, sollte möglichst ein **Psychologe** hinzugezogen werden. Auch für die Angehörigen ist häufig solch eine Hilfe sinnvoll.

Unangenehme Gerüche, die bei Entzündungen und Tumoroperationen auftreten können, sind mit **Duftlampen** und **-ölen** meist wirksam zu bekämpfen (Tab. 14-1). Außerdem beeinflussen sie die Stimmung der Erkrankten. Der Patient ist selbstverständlich um **Einverständnis zu bitten** und bei der **Auswahl** des Duftes mit **einzubeziehen,** es sei denn sein Riechvermögen ist nicht mehr vorhanden. Er muß nach Allergien befragt werden, da die ätherischen Öle aus natürlichen Stoffen bestehen und zu Allergien führen können.

14.14 Präoperative Vorbereitungen

Exemplarisch wird die Pflege bei Luxationsfraktur im Halswirbelbereich mit Versorgung durch Crutchfield-Bügel (Abb. 14-5) beschrieben.

Der Patient soll möglichst **nicht bewegt** werden bis die Fraktur **stabilisiert** ist. Dies geschieht meist sofort nach der Einlieferung ins Krankenhaus bzw. nach der Diagnosestellung. Zum Anlegen des Crutchfield-Bügels

Tab. 14-1 Auswahl von Duftölen und deren Wirkung.

Duftöl	Duft	Wirkung
Bergamottöl	zitronenartig, warm, blumig	anregend, stärkt das Vertrauen in die eigene Kraft
Cajeputöl	frisch, eukalyptusähnlich	ausgleichend, vermittelt ein Gefühl von Sicherheit
Jasminöl	blumig, feminin	anregend, fördert die Unbeschwertheit
Kamillenöl	süßlich, würzig, frisch	beruhigend, schafft inneres Gleichgewicht
Lavendelöl	herb, frisch	wärmend und entspannend, löst körperliche und seelische Verkrampfungen und Schmerzen
Majoranöl	herb, würzig	beruhigend, setzt die Aufnahmebereitschaft der Sinne herab (auch sexuell)
Rosmarinöl	herb, würzig, kampferartig	anregend, hilft bei Schwäche und Antriebslosigkeit, stärkt die Willenskraft
Zimtöl	warm, samtig	entspannend, gibt Gefühl von Geborgenheit, regt zum Träumen an

werden die Haare an den Schläfen großzügig entfernt (Abb. 14-6). Der Eingriff erfolgt in Lokalanästhesie oder unter Vollnarkose. Bei einer Vollnarkose muß der Patient nüchtern sein. Präoperativ ist der Patient auf **Sensibilitätsstörungen** hin zu überprüfen. Das Ergebnis wird im Dokumentationssystem mit Zeitangabe festgehalten.

Je nach Zustand des Patienten und nach der **Ausprägung** bzw. dem **Vorliegen** von **neurologischen Störungen** wird nach dem Anlegen eines Crutchfild-Bügels entschieden, ob die Versorgung **konservativ** oder **operativ** erfolgen soll.

Abb. 14-5 Angelegter Crutchfield-Bügel. Der Bügel wird mit Schrauben in beiden Schläfenbeinen verankert.

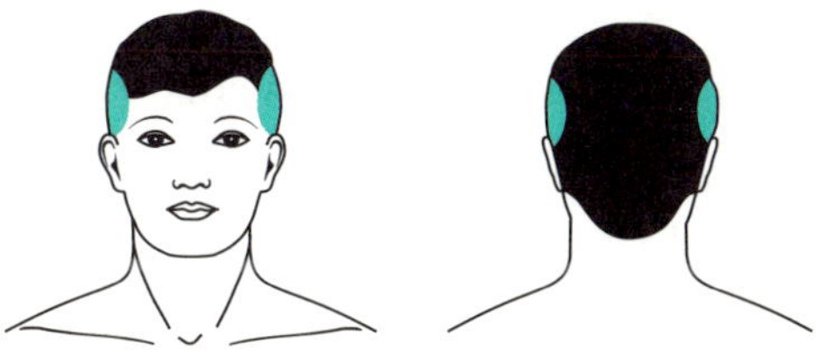

Abb. 14-6 Rasur vor der Anlage eines Crutchfield-Bügels.

14.15 Postoperative Maßnahmen

14.15.1 Überwachung/ Krankenbeobachtung

Die Krankenbeobachtung und Überwachung erfolgt wie üblich (Vitalzeichenkontrolle, auf Nachblutungen achten). **Die Sensibilität der Extremitäten** muß zusätzlich überprüft werden. Dazu ist der Patient aufzufordern, die Zehen, Füße, Finger bzw. Hände zu bewegen. Ist er dazu nicht in der Lage, werden an entsprechenden Stellen **Reize** gesetzt und der Patient gefragt, ob und was er spürt. Hinzu kommt **das Überprüfen der Ausscheidungsfunktion**. Hat der Patient plötzlich Empfindungs- oder Bewegungsstörungen oder ist er nicht in der Lage, den Urin bzw. den Stuhl zu halten, ist der Arzt sofort zu verständigen.

14.15.2 Lagerung/Mobilisation

Die Extension dient der **Ruhigstellung** und der **Reposition**. Der Patient liegt die meiste Zeit flach auf dem Rücken. Deshalb muß besonders auf **Druckstellen** geachtet werden, vor allem dann, wenn **Sensibilitätsstörungen** hinzukommen. Unter den Kopf des Patienten darf ein kleines flaches Kissen liegen. Gefährdete Körperstellen sind weich oder hohl zu lagern. Eine leichte 30° Seitenlagerung (s.a. Kap. 32.10.2 und Abb. 32-7A) kann mit Schaumstoffkeilen oder gefalteten Kopfkissen erreicht werden. Das **Betten** und **Lagern** erfolgt immer mit **mehreren Pflegepersonen, auch** wenn ein **Patientenlifter** benutzt wird. Eine Pflegeperson hat während der Maßnahmen, bei denen der Patient bewegt wird, die Aufgabe, auf die Zugrichtung und das Gewicht zu achten, damit es sich nicht verhakt oder zu pendeln beginnt. Um die **Gefahr des Aufrichtens** zu minimieren, sollte der **Bettbügel** bzw. bei **elektrisch** betriebenen Betten das **Bedienungselement entfernt** werden.

Am zweiten postoperativen Tag kann der Kranke mit isometrischen Spannungsübungen beginnen. Der Zeitpunkt des ersten Aufstehens ist von der weiteren geplanten Therapie abhängig und kann deshalb hier nicht eindeutig festgelegt werden.

14.15.3 Körperpflege/Prophylaxen

Bei der Durchführung der ATLs (Körperpflege, Ausscheiden, etc.) ist der Patient aufgrund der Bewegungseinschränkung durch eine Pflegekraft so weit als erforderlich zu unterstützen. Der Patient sollte jedoch motiviert werden, mögliche Maßnahmen (Gesicht waschen, Zähne putzen) mit Hilfe bzw. selbständig auszuführen. Die **Dekubitus-** und **Pneumoniepropylaxe** stehen im Vordergrund. Durch die mangelnde Bewegung kann es außerdem leicht zur **Obstipation** kommen. Der Patient sollte deshalb reichlich trinken und ballaststoffreiche Kost zu sich nehmen (Joghurt mit Leinsamen und/oder Weizenkleie, viel Obst, Vollkornbrot, etc.). Die Angehörigen sind darüber zu informieren, damit sie entsprechende Kost, anstatt wie sonst oft üblich, Süßigkeiten mitbringen.

14.15.4 Nahrungsaufbau

Der Patient darf am Abend der Operation schon leichte Kost zu sich nehmen. Am folgenden Tag kann er bereits normal essen. Das Essen wird ihm **zubereitet** (Brote schmieren, Fleisch klein schneiden, etc.). Getränke können am besten aus einem **Becher mit Deckel** und **Strohhalm** getrunken werden. Der Nachtschrank muß in die entsprechende Höhe gebracht werden, damit der Patient erst gar nicht in Versuchung kommt sich aufzurichten.

Da der Patient flach auf dem Rücken liegt, kann er häufig das Essen nicht sehen, deshalb sollte es ihm gezeigt werden. Für die Nahrungsaufnahme ist es dem Kranken oft angenehm, wenn der **Teller** auf seiner **Brust** steht. So erreicht er die Nahrung leichter und wird nicht zum Aufrichten angeregt.

In den ersten postoperativen Tagen sollte eine Pflegekraft zugegen oder in der Nähe sein, wenn der Patient ißt. Die Lage bei der Nahrungsaufnahme ist ungewohnt für ihn, es kann zum Verschlucken bzw. zur Aspiration kommen. Dem Patienten ist zu raten, nur kleine Schlucke bzw. Bissen zu nehmen und langsam zu kauen!

Hat der Patient nur etwas Nahrung aspiriert (sog. Verschlucken), ist er zum tiefen Durchatmen und **gezielten Abhusten anzuhalten,** jedoch ohne daß er sich aufrichtet und zu stark bewegt. Den Kopf des Patienten dabei leicht, ohne Druck auszuüben festhalten und ihn durch **Zuspruch** und **genaue Anweisungen** beruhigen. Zellstoff zum Ausspucken sollte immer bereit liegen. Ist die Aspiration größeren Ausmaßes oder der Patient nicht ruhig zu halten, muß sofort ein Arzt gerufen werden, der den Patienten ggf. sediert, absaugt und weitere Maßnahmen (z.B. Intubation, Beatmung) einleitet, damit der Patient nicht gefährdet und die Sauerstoffversorgung gewährleistet ist. **Jedes Aspirationsgeschehen**, egal welchen Ausmaßes, **ist zu dokumentieren**!

14.15.5 Wundpflege/Verbandwechsel

In den ersten Tagen, je nach Wundsekretaustritt, werden die Einstichstellen der Schrauben im Schläfenbereich gesäubert und mit sterilen Schlitzkompressen versorgt. Sind die Wunden **trocken**, können sie **unverbunden** bleiben. Bei der Körperpflege sind sie vor Wasser zu schützen. Infiziert sich eine Einstichstelle (Rötung, Schmerzen, evtl. Eiterbildung) wird eine neue Schraube an einer anderen Stelle eingesetzt und die infizierte anschließend entfernt.

Literaturhinweise

[1] Sobotta, J.: Atlas der Anatomie des Menschen, Bd 1. Urban & Schwarzenberg, München-Wien-Baltimore, 18. Aufl. 1982.

[2] Heberer, G., W. Köle, H. Tscherne: Chirurgie. Springer-Verlag, Stuttgart, 5. Aufl. 1986.

[3] Wiedemann, M., W. Braun, A. Rüter: Leitfaden Unfallchirurgie. Urban & Schwarzenberg, München-Wien-Baltimore, 1. Aufl. 1992.

[4] Häring, R., H. Zilch: Chirurgie mit Repertorium. De-Gruyter-Verlag, 1. Aufl. 1986.

[5] Hegglin, J.: Chirurgische Untersuchung. Georg-Thieme-Verlag, Stuttgart, 3. Aufl. 1983.

[6] Heim, U., J. Baltensweiler: Checklisten der aktuellen Medizin. Checkliste Traumatologie. Georg-Thieme-Verlag, 4. Aufl. 1989.

[7] Gerber, P., O. Wicky: Stadien und Einteilung in der Medizin. In: Aktuelles Wissen Hoechst. Georg-Thieme-Verlag, 1. Aufl. 1990.

[8] Rüter, A., O. Trentz, M. Wagner: Unfallchirurgie. Urban & Schwarzenberg, München-Wien-Baltimore, 1. Aufl. 1995.

[9] Berchtold, R., H. Hammelmann, H. J. Peiper: Chirurgie. Urban & Schwarzenberg München-Wien-Baltimore 1995.

[10] Eibl-Eibesfeldt, B., S. Kessler: Stenger Verbandlehre. Urban & Schwarzenberg München-Wien-Baltimore 1993.

[11] Jünemann, M.: Verzaubernde Düfte. Windpferd Verlagsgesellschaft, Aitrang, 4. Aufl. 1990.

[12] Münch, G., J. Reitz: Lehrbuch für Krankenpflege. De-Gruyter-Verlag, Berlin-New York 1994.

15 Brustwand, Pleura, Lunge und Mediastinum

J. Hoyer, Ch. Albrecht

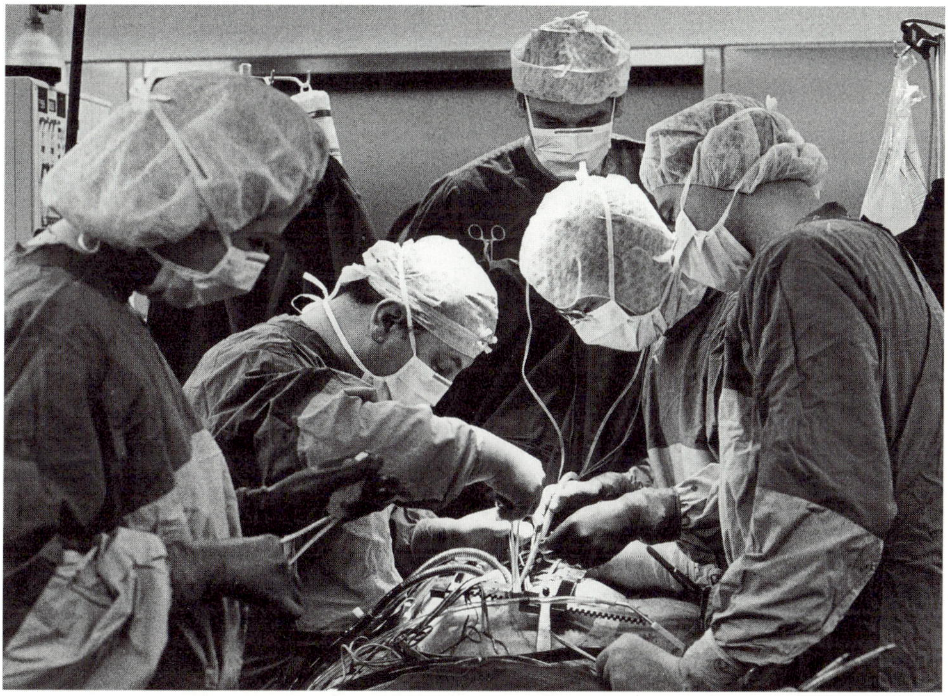

I Allgemeiner Teil

15.1 Anatomie und Physiologie

Der Brustraum wird vorne und seitlich von der Brustwand begrenzt, die sich aus **drei** Schichten zusammensetzt. Eine **oberflächliche** Schicht umfaßt Haut und Unterhautfettgewebe. In ihr verlaufen die **Hautnerven** der einzelnen Dermatome (Innervationsbezirke der Rückenmarkwurzeln), sowie **kleinere** Blut- und Lymphgefäße. Eine **mittlere** Schicht wird von den großen flächenhaften Muskeln M. pectoralis major und minor (großer und kleiner Rückenmuskel) und M. serratus (Sägemuskel) gebildet, wobei der Vorderrand des M. latissimus dorsi (breiter Rückenmuskel) die Grenze zwischen Brust- und Rückenpartie darstellt. In dieser Schicht finden sich **zwei** wichtige **Gefäß-Nerven-Bündel**. Die A. und V. thoracica lateralis (seitliche Brustkorbarterie und -vene) mit dem N. thoracicus longus (langer Brustkorbnerv) sowie die A. und V. thoracodorsalis (Brustkorb-Rücken-Arterie und -Vene) mit dem gleichnamigen Nerven. Eine **tiefe** Schicht umfaßt die **knöchernen** Bestandteile (Rippen, Brustbein), die **Interkostal**-(Zwischenrippen)**muskulatur** und das die jeweilige Rippe am Unterrand **begleitende** Gefäß-Nerven-Bündel (A., V. und N. intercostalis). Die Rippen haben zum einen die Aufgabe, einen **schützenden Käfig** um die leicht verletzlichen, lebenswichtigen Organe zu bilden, die im Brustraum lokalisiert sind, und bewirken zum anderen mit Hilfe der Interkostalmuskulatur durch **Größenveränderung** der Thoraxkavität (-höhle) die **Inspiration** und **Exspiration** bei der Atmung.

Die **Pleura** (Brustfell) überzieht als seröse Membran die Lunge (P. visceralis), das Mediastinum (P. mediastinalis), das Zwerchfell (P. diaphragmatica) und die knöcherne Brustwand (P. costalis). Die nicht die Lunge überziehenden Pleuraanteile werden auch gemeinsam als P. parietalis bezeichnet. Diese geht am Lungenhilus in die P. visceralis über. Der **kapilläre** (haarfeine) **Spalt** zwischen diesen beiden Pleurablättern (P. visceralis und parietalis) ist mit **Flüssigkeit** gefüllt und ermöglicht einerseits ein reibungsloses Gleiten beider Pleuren aufeinander, andererseits durch Adhäsionskräfte (intermolekulare Kräfte, die zwischen zwei eng aneinanderliegenden Stoffen wirksam werden) das Mitführen der Lunge bei den Atembewegungen (-exkursionen) des Thorax. Im Pleuraspalt herrscht je nach Atembewegung ein **Unterdruck** von **–3 bis –10 cmH_2O.** Wird dieser Unterdruck durch Lufteintritt **aufgehoben,** löst sich die Lunge von der Brustwand und **kollabiert,** wobei sie nur noch ein Fünftel ihres ursprünglichen Volumens besitzt. Dieser Vorgang schützt das Lungengewebe bei perforierenden Verletzungen vor größeren Schäden. Darüber hinaus spielt die Pleura eine wesentliche Rolle bei **sekretorischen** sowie **resorptiven** Vorgängen, d.h. sie hat ähnlich dem Peritoneum (Bauchfell) die Fähigkeit, Flüssigkeit abzugeben (z.B. Exsudat) sowie aufzunehmen (z.B. Blut).

Die Lunge besteht aus einem **rechten** und **linken Lungenflügel,** die ihrerseits in makroskopisch gut erkennbare **Lappen** unterteilt sind. Der rechte Lungenflügel setzt sich aus **drei** (Ober-, Mittel- und Unterlappen), der linke aus **zwei** (Ober- und Unterlappen) zusammen. Eine weitere Unterteilung in **Segmente** ist für die endoskopische Orientierung, in besonderen Fällen auch bei operativen Eingriffen von Bedeutung. Die Segmente beider Lungenflügel werden von der Spitze zur Basis mit den Ziffern eins bis zehn bezeichnet. Auf der linken Seite **fehlt** das **siebte** Segment (**Herz!**). Die einzelnen Segmente werden zentral vom zugehörigen Bronchus und der diesen begleitenden Arterie durchzogen. Die Venen verlaufen hingegen zwischen den Segmentgrenzen.

Die Hauptfunktion der Lunge besteht darin, dem venösen Mischblut eine **ausreichende** Menge an **Sauerstoff** (O_2) zuzuführen und das **überschüssige Kohlendioxid** (CO_2) aus ihm zu entfernen. Dieses wird über **drei Teilfunktionen** bewerkstelligt. Die erste Teilfunktion ist die **Ventilation**, die ein ausreichend großes Luftvolumen auf alle Alveolen (Lungenbläschen) zu verteilen hat. Eine weitere Aufgabe ist die **Diffusion** des O_2 und CO_2 durch die alveolo-kapilläre Membran, und letztlich muß die **Durchblutung** der Lungenkapillaren gleichmäßig auf die ventilierten Alveolen **abgestimmt** sein. So können schon Störungen einer einzigen Teilfunktion zu einer erheblichen Beeinträchtigung der gesamten Lungenfunktion führen.

15

Das **Mediastinum** (Mittelfell) umfaßt den Raum zwischen rechter und linker Pleurahöhle und trennt diese **luftdicht** gegeneinander ab. Nur Herz und Thymus sind als vollständige Organe in ihm enthalten. Anderen Strukturen wie Ösophagus, große Gefäße (Aorta), Nerven, Trachea oder Ductus thoracicus (Brustmilchgang) dient es zur Passage in die Hals- und/oder Abdominalregion. Aus praktischen Überlegungen hat sich die Unterteilung in ein **vorderes**, **mittleres** und **hinteres** Mediastinum durchgesetzt, wobei Herz, Aorta, Hohlvene, große Arterien- und Venenäste, Lungenwurzel und Trachea als mittlerer Anteil die Grenze zwischen dem vorderen (Retrosternalraum) und hinteren Mediastinum bilden (Abb. 15-1). Für endoskopische Verfahren im Rahmen der Diagnosefindung ist dieses von Bedeutung. Die klassische Mediastinoskopie (s. Kap. 15.2.3) kann über den prätrachealen Raum lediglich das mittlere Mediastinum erfassen. Das vordere Mediastinum wird nur über eine anteriore (parasternale), das hintere über eine posteriore (paravertebrale) Mediastinotomie erreicht. Beide Vorgehensweisen sind jedoch als diagnostische Instrumente heute auf Grund der immer effektiver gewordenen bildgebenden Verfahren in den Hintergrund getreten. Eine zusätzliche Einteilung in **oberes** und **unteres** Mediastinum ist darüber hinaus von diagnostischem Nutzen (s. Kap. 15.6.3).

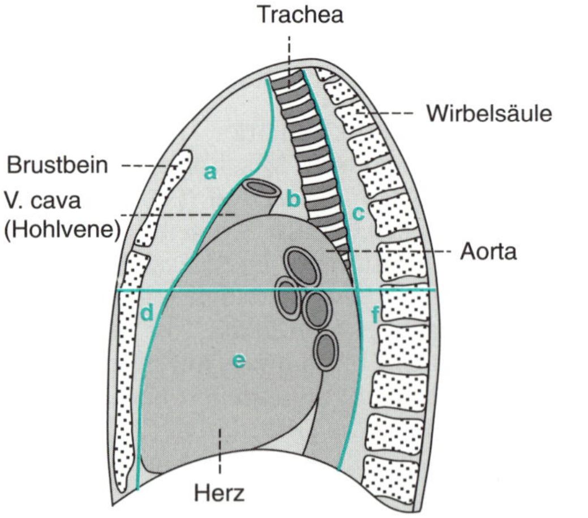

Abb. 15-1 Anatomie der Lunge und regionale Aufteilung (blaue Buchstaben) des Mediastinums (a = vorderes, oberes M., b = mittleres, oberes M., c = hinteres, oberes M., d = vorderes, unteres M., e = mittleres, unteres M., f = hinteres, unteres M.).

15.2 Diagnostik

Sie sollte so ausgerichtet sein, daß sie ihr Augenmerk auf die **häufigste** chirurgische **Erkrankung** der Lunge, das **Bronchialkarzinom**, lenkt, und nicht eher abgeschlossen wird, bis ein solches mit Sicherheit ausgeschlossen ist.

Etwa 75 bis 80% der Bronchialkarzinome sind zum Zeitpunkt ihrer Diagnose nicht mehr kurativ (heilend) zu behandeln, da die Erkrankung zu weit fortgeschritten ist!

15.2.1 Klinische Untersuchung

Anamneseerhebung: Sie sollte insbesondere Rauchgewohnheiten, Gewichts- und Leistungsabfall, sowie die **familiäre** Karzinomsituation erfassen.
Symptome: Einige Krankheitsbilder sind mit charakteristischen Symptomen (Leitsymptome) vergesellschaftet. Diese können bei der Diagnosefindung sehr hilfreich sein. Eine Übersicht ist in Tabelle 15-1 zusammengestellt.
Inspektion: Vor allen Dingen ist nach **Umgehungskreisläufen** in der oberen Körperhälfte (z.B. tumorbedingte obere Einflußstauung) zu fahnden.
Palpation: Begutachtung der zervikalen, klavikulären und axillären **Lymphknoten**.
Auskultation/Perkussion: Sie dienen dem Nachweis von pneumonischen oder pleuralen Prozessen.

15.2.2 Bildgebende Verfahren

Sie haben sich durch ihre enormen qualitativen Fortschritte innerhalb der letzten 15 Jahre zu einer wesentlichen Stütze der Diagnostik im thorakalen Bereich entwickelt.
Röntgen: Thoraxübersicht in zwei Ebenen (a.p. = anterior-posterior und seitlich) und im Stehen. Sie ist bei **jedem** Verdacht auf einen intrathorakalen Prozeß **unverzüglich anzufertigen**.
Computertomographie: Sie sollte erfolgen, falls sich in der Thoraxübersicht pathologische Hinweise ergeben. In ihrer **mediastinalen** Einstellung („Knochenfenster“, Abb. 15-2) können Mediastinum (Lymphknoten), der zentrale Bronchialbaum, sowie Knochenläsionen (Metastasen), in ihrer **parenchymatösen** Einstellung („Lungenfenster“) intrapul-

Tab. 15-1 Tabelle der Leitsymptome.

Symptome	Vorkommen bei
Schmerzen	Pleuramesotheliom, Pancoast-Tumor, maligner Erguß, Pneumothorax, Mediastinitis
Fieber	Pleuraempyem, Pleuramesotheliom, Mediastinitis, Bronchiektasen, Lungenabszeß
Dyspnoe (Atemnot) Zyanose (blau-rote Färbung von Haut und Schleimhaut)	Spannungspneumothorax, Pleuraerguß, Hämatothorax, Chylothorax, Pleuramesotheliom, Bronchiektasien
Schock/Blässe	Hämatothorax, Spannungspneumothorax
Tachykardie (gesteigerte Herzfrequenz größer 100 Schläge pro Minute)	Spannungspneumothorax, Hämatothorax, Mediastinitis
Husten	Bronchialkarzinom, Mediastinitis, Bronchiektasien, Lungenabszeß, Pleuramesotheliom
Heiserkeit	Zentrales Bronchialkarzinom
Stridor (pfeifendes Atemgeräusch durch Einengung der oberen Luftwege)	Struma
Einflußstauung	Bronchialkarzinom, Thymom
Schluckbeschwerden	Struma, Mediastinitis
Auswurf	Bronchiektasien, Lungenabszeß
Hämoptysen (Blutspucken bzw. -husten)	Bronchialkarzinom, Aspergillom, Bronchiektasien
Singultus (Schluckauf)	Bronchialkarzinom
Horner-Symptomen-Komplex (gemeinsames Auftreten von Miosis, Ptosis und Enophthalmus)	Bronchialkarzinom

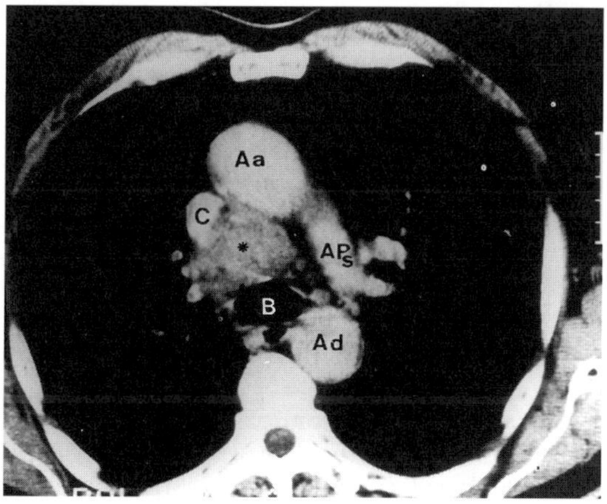

Abb. 15-2 Computertomographie in der mediastinalen Einstellung. Sowohl Gefäße als auch solide mediastinale Gewebevermehrungen sind kontrastgebend: * = retrokavaler Lymphknotentumor, Aa = Aorta ascendens, Ad = Aorta descendens, APs = A. pulmonalis sinistra (linke Lungenarterie), B = Bifurkation, C = V. cava (Hohlvene).

monale Veränderungen von nur wenigen Millimetern Durchmesser beurteilt werden.

Kernspin-/Magnetresonanztomographie: Sie ermöglicht die Anfertigung von Schnitten in der Körperlängsachse und läßt bei der Beurteilung der mediastinalen Strukturen eine bessere **Differenzierung** von Gefäßen und soliden Geweben zu.

Angiographie: Sie dient der Darstellung der großen intrathorakalen Gefäße und ggf. des Herzens, um bei mediastinal- oder zentralsitzenden Lungentumoren, bzw. mediastinalen Lymphknotentumoren, einen **Gefäßeinbruch** auszuschließen.

Bronchographie: Kontrastmitteldarstellung des Bronchialsystems. Nur noch **selten** indiziert, z.B. bei Bronchiektasie zur Festlegung des Resektionsausmaßes.

15.2.3 Invasive (in den Körper eindringende) Methoden

Da zur korrekten Diagnosefindung letztendlich die **histologische** oder **zytologische** Begutachtung unerläßlich ist, lassen sich zur Gewinnung entsprechender Gewebeproben **invasive Maßnahmen** nicht umgehen. Diese sind jedoch alle mit unterschiedlichen **Risiken** behaftet, so daß sich ihre Anwendung am Risikograd orientieren sollte.

Man beginnt immer mit der Methode des geringsten Risikos („Crescendoprinzip“)!

- **1.** Bronchoskopie mit bronchoalveolärer Lavage (Spülung)
- **2.** transthorakale Biopsie, Pleurapunktion
- **3.** Lymphknotenbiopsie
- **4.** Mediastinoskopie
- **5.** Thorakoskopie (videoassistiert)
- **6.** explorative (untersuchende) Thorakotomie

Bronchoskopie: Begutachtung und gezielte Biopsie von pathologischen Veränderungen innerhalb des Bronchialsystems bis zur **Segmentebene.** Transbronchial (durch die Bronchuswand) ist eine blinde Gewebeentnahme bei generalisierten Lungenprozessen, von subkarinalen (unter der Trachealaufzweigung gelegen) Lymphknoten oder von im Lungengewebe gelegenen Befunden unter Durchleuchtung mit dem Bildwandler möglich. Bei zentralen Lungentumoren erfolgt die Bestimmung der Operabilität durch eine Stufenbiopsie im Bereich der Karina. Zusätzlich kann mittels der bronchoalveolären Lavage (BAL) Zellmaterial zur zytologischen und mikrobiologischen Untersuchung gewonnen werden.

Transthorakale Biopsie/Pleurapunktion: Bei pleuralen oder thoraxwandnahen pulmonalen Prozessen sowie bei interpleuraler Flüssigkeitsansammlung.

Nach jeder transbronchialen oder -thorakalen Biopsie bzw. Punktion ist durch eine Thoraxübersicht ein iatrogener (durch ärztliche Einwirkung entstanden) Pneumothorax auszuschließen!

Lymphknotenbiopsie: Tastbare zervikale, supra- oder infraklavikuläre sowie axilläre Lymphknoten liefern wichtige Informationen sowohl zur histologischen Zuordnung als auch zur Operabilität. Es sollten möglichst alle erreichbaren Lymphknoten entnommen werden.

Mediastinoskopie: Sie ist indiziert bei einem computertomographischen Nachweis paratrachealer (der Trachea aufsitzend), tracheobronchialer oder subkarinaler Lymphknoten sowie bei bis an die Thoraxkuppel heranreichenden Prozessen (Pancoast-Tumor). Beim Bronchialkarzinom ist insbesondere der **Nachweis einer Tumorinfiltration** in die kontralateralen (entgegengesetzt liegenden) Lymphknoten von **operationstaktischer Bedeutung.** Prozesse, die retrosternal oder ventral von Aorta und V. cava liegen, können durch die Mediastinoskopie nicht erreicht werden.

Thorakoskopie: Sie wird heute meist im Rahmen der minimal invasiven Chirurgie unter Videokontrolle durchgeführt und ist die **Methode der Wahl** bei Prozessen, die über die Mediastinoskopie **nicht** erreicht werden können, bei generalisierten Lungenveränderungen nach einer erfolglosen bronchoskopischen Biopsie sowie bei Befunden im Bereich der Pleura oder Lungenoberfläche. Bei einer seitengetrennten Beatmung über einen Doppellumentubus läßt sich meist die gesamte Thoraxkavität einsehen. Umfangreiche **Verwachsungen** zwischen P. visceralis und parietalis stellen wegen des hohen Verletzungsrisikos der Lunge eine **Kontraindikation** zur Thorakoskopie dar.

Explorative Thorakotomie: Indiziert bei zentralen bzw. nicht an die Lungenoberfläche heranreichenden und erfolglos bronchoskopierten Prozessen, sowie bei den unter Thorakoskopie aufgeführten Anzeigen, falls eine Verklebung des Pleuraspaltes vorliegt. Die Voraussetzung ist allerdings die **generelle Operabilität** aus anästhesiologischer Sicht. Schließlich kann im Falle eines Malignomnachweises (Schnellschnittuntersuchung) bei Vorliegen der funktionellen Voraussetzung für eine stadiengerechte Lungenresektion (FEV 1; s. Kap. 15.2.5) eine Operation mit kurativer (heilender) Zielsetzung angeschlossen werden.

15.2.4 Tumormarker

Zum Nachweis und zur möglichen histologischen Zuordnung maligner Lungenerkrankungen können in einigen Fällen sog. Tumormarker herangezogen werden. Es handelt sich hierbei um tumorassoziierte Antigene, die serologisch mit Hilfe eines Radioimmunassays nachgewiesen werden. Beim Bronchialkarzinom spielt lediglich der **Anstieg der zwei folgenden Antigene** eine Rolle:

- SCC (Squamous cell carcinoma)-Antigen, kann beim **Plattenepithelkarzinom** erhöht sein (größer 2,6 ng/ml)
- NSE (Neuron specific enolase)-Antigen, kann beim **kleinzelligen Karzinom** erhöht sein (größer 12,5 ng/ml)

Auch wenn die Tumormarker **nicht erhöht** sind, **kann** ein entsprechendes Karzinom **vorliegen.**

15.2.5 Funktionelle kardiopulmonale Diagnostik

Sie trägt hauptsächlich zur Abklärung bei, **ob** und **inwieweit** ein operativer Eingriff **möglich** ist.

Blutgase: Sie ermöglichen die **Differenzierung** einer Partialinsuffizienz von einer Globalinsuffizienz.

- **Partialinsuffizienz:** Arterielle Hypoxämie (paO_2 kleiner 70 mmHg) bei auch unter Belastung normalen CO_2 Werten. Die Partialinsuffizienz stellt a priori **keine** Kontraindikation gegenüber einer parenchymfordernden Lungenresektion dar. Die Entfernung **atelektatischer** (nicht entfalteter Lungenbezirk) **Lungenbezirke,** die zwar durchblutet, aber nicht belüftet werden, z.B. infolge von Tumorobstruktion, kann sogar zu einer Verbesserung des Gasaustausches führen.
- **Globalinsuffizienz:** Arterielle Hypoxämie bei gleichzeitiger Hyperkapnie ($paCO_2$ größer 45 mmHg). Beim Vorliegen einer Globalinsuffizienz ist jegliche Operation mit **Entfernung von Lungengewebe kontraindiziert**, da schon das präoperativ zur Verfügung stehende Lungengewebe **keine ausreichende** Atemleistung ermöglicht.

Spirometrie: Wichtige Untersuchung zur Abschätzung der postoperativ zu erwartenden Funktionseinschränkung, die das Ausmaß an gefahrlos zu resezierendem Lungengewebe festlegt. Bedeutende Meßgrößen sind die **Vitalkapazität** und das **FEV 1** (FEV = forciertes exspiratorisches Volumen in Litern).

- **Vitalkapazität:** Volumen, das nach maximaler Inspiration zeitlich unbegrenzt ausgeatmet werden kann. Sie dient als **Maß** für die **Ausdehnungsfähigkeit** von Lunge und Thorax. Eine Verminderung bedeutet eine restriktive (einschränkende) Funktionsstörung.
- **FEV 1:** Volumen, das nach maximaler Inspiration während der ersten Sekunde ausgeatmet werden kann. Es dient als Maß für den **endobronchialen Strömungswiderstand.** Eine Verminderung kennzeichnet eine obstruktive (verschließende) Funktionsstörung. Es wird insbesondere zur Ermittlung des Resektionsumfangs herangezogen. Bei einem FEV 1 größer 2,5 l sind alle resezierenden Eingriffe bis zur Pneumonektomie möglich. Ein FEV 1 kleiner 0,8 l macht jegliche Resektion von Lungengewebe unmöglich.

Genauere prognostische Aussagen liefert die kombinierte Auswertung von FEV 1 und pulmonaler Perfusionsszintigraphie.

15.3 Operative Eingriffe

15.3.1 Diagnostische Operationen

Mediastinoskopie: In **Rückenlagerung** und **Intubationsnarkose** wird über eine kleine Querinzision im Jugulum (die durch das Brustbein gegebene Verbindung der beiden Schlüsselbein) die vordere Trachealwand dargestellt und das Mediastinoskop nach digitaler (mit Hilfe des Fingers) Präparation entlang der Trachea bis zur Karina vorgeschoben (Abb. 15-3 A). Aus allen auffindbaren Lymphknoten sowie makroskopisch auffälligen Gewebestrukturen werden **Proben** entnommen.

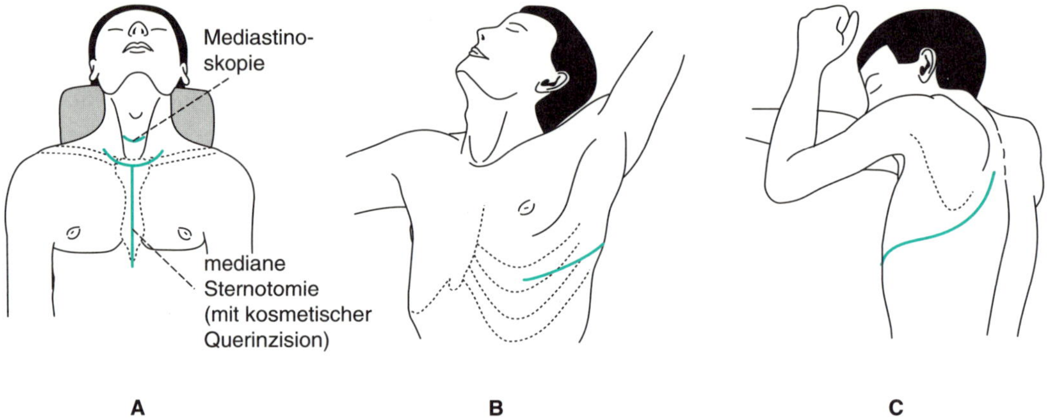

Abb. 15-3 Schnittführungen bei verschiedenen Lungeneingriffen.
A: Bei der Mediastinoskopie und bei der medianen Sternotomie. Gezeigt ist die kosmetisch vorteilhaftere Inzision nach Waterston.
B: Bei der lateralen Thorakotomie (Inzision nicht unter die Mamille).
C: Bei der posterolateralen Thorakotomie.

Eine Wunddrainage ist nicht notwendig. Als schwerwiegende Komplikation kann es zu einer **unstillbaren Blutung** kommen, die eine sofortige Sternotomie (Durchtrennung des Brustbeines) zur Folge hat. Prophylaktisch sollte daher bei jeder Mediastinoskopie eine Operationsfeldabdeckung wie zur medianen Sternotomie vorgenommen werden.

Bei den folgenden Eingriffen hat die Intubation zwecks seitengetrennter Beatmungsmöglichkeit mit einem Doppellumentubus zu erfolgen.

Thorakoskopie (videoassistiert): In **Seitenlagerung** werden über drei bis vier kleine interkostale (zwischen den Rippen) Inzisionen Trokare eingebracht. Ihre Plazierung orientiert sich an der Befundlokalisation. Hierzu wird zunächst die Videokamera eingeführt, und anschließend werden die restlichen Arbeitstrokare plaziert. Alle operativen Maßnahmen erfolgen dann an der **kollabierten** Lunge. Zum Abschluß wird über den untersten Trokar ein **Bülau-Drain** (s. Kap. 15.3.3) eingelegt. Die diagnostische Bedeutung wurde schon im Kap. 15.2.3 erwähnt. Unter therapeutischer Zielsetzung findet sie insbesondere Verwendung bei einem Pneumothorax (Resektion von Lungenblasen) oder bei einer zerviko-thorakalen Sympathektomie (Entfernung des Sympathikus-Grenzstranges). Es kann wiederum eine nicht stillbare Blutung als Komplikation auftreten, mit der Konsequenz einer Thorakotomie.

15.3.2 Zugänge zum Thorax

Mediane Sternotomie: Standardzugang zum **Herzen** und **vorderen Mediastinum**, bzw. zur gleichzeitigen Exposition (Darstellung) beider Lungen (Metastasenchirurgie). In Rükkenlagerung wird das Brustbein mit der oszillierenden Säge längsgespalten (Abb. 15-3 A).

Laterale Thorakotomie: Standardzugang für Eingriffe an der **Pleura**, **Lunge** und dem **hinterem Mediastinum** (Abb. 15-3 B). In Seitenlagerung wird der fünfte Interkostalraum am Oberrand der sechsten Rippe ohne Durchtrennung des M. latissimus und des kompakten Anteils des M. serratus eröffnet. Eine ausreichende Übersicht über das Operationsgebiet ist durch den Einsatz zweier gekreuzter Rippenspreizer möglich.

Posterolaterale Thorakotomie: Wird **nur** noch bei thorakoplastischen Eingriffen oder malignombedingten ausgedehnten Rippenresektionen (Pancoast-Tumor) angewendet. Die Schnittführung verläuft analog der lateralen Thorakotomie, wird jedoch um die untere Schulterblattspitze herum nach dorso-kranial verlängert (Abb. 15-3 C). Die Mm. latissimus und serratus werden durchtrennt, der M. trapezius eingekerbt.

15.3.3 Formen der Lungenresektion und Thoraxdrainage

Atypische Resektion (Keilresektion): Keilförmige **Entnahme** von **Lungengewebe** über zwei gebogene Klemmen mit anschließendem Defektverschluß durch eine fortlaufende Naht oder mittels einem Klammernahtgerät. Sie kommt bei generalisierten Parenchymerkrankungen (z.B. Lungenfibrose), peripheren gutartigen Rundherden (z.B. Hamartom, Tuberkulom) und Metastasen in Betracht.
Segmentresektion: Entfernung von **Einzelsegmenten** oder **Segmentgruppen.** Eine Orientierungshilfe bei der Präparation sind die Segmentvenen oder, nach Durchtrennung des Segmentbronchus, die Belüftungsgrenzen. Sie erfolgt bei spezifischen (Tbc) oder unspezifischen (Bronchiektasen) Entzündungen, größeren gutartigen Tumoren oder bei Metastasen. Ausnahmsweise kann sie auch bei peripheren Karzinomen (kleiner 2 cm bei eingeschränkter Funktionsreserve) durchgeführt werden.
Lobektomie: Anatomiegerechte Entfernung von **einem** oder, **rechts**, **zwei** Lungenlappen (Bilobektomie). Orientierungshilfe bei der Präparation ist der Lappenspalt. Bronchialkarzinome mit einem Abstand von weniger als 2 cm zum Hauptbronchus kommen in Frage. Häufigste Resektionsform beim Bronchialkarzinom.
Pneumonektomie: Entfernung eines **ganzen** Lungenflügels. Die Voraussetzung dafür ist, daß das FEV 1 größer 2,5 l ist. Sie ist bei zentralen Bronchialkarzinomen mit Befall des Hauptbronchus indiziert.

Um eine genaue Tumorklassifikation zu ermöglichen, ist jeder Lobektomie oder Pneumonektomie aufgrund eines Bronchialkarzinoms eine mediastinale Lymphadenektomie (Entfernung der Lymphknoten; LK-Mapping) anzuschließen!

Thoraxdrainage: Nach allen Eingriffen mit Eröffnung der Thoraxhöhle müssen zur **Evakuierung von Luft und Flüssigkeit** (Blut) großlumige Drainagen eingelegt und durch die Thoraxwand nach außen geführt werden. Bei der Thorakoskopie und der Pneumonektomie genügt **ein** Drain, bei allen anderen Eingriffen sind **zwei** Drainagen notwendig. Sie sind zur **kontinuierlichen Aufrechterhaltung** des **interpleuralen Unterdrucks** an ein **System** mit **regulierbarem Sog** anzuschließen und über ein **Wasserschloß zu sichern.** Der Sog wird beispielsweise bei wiederverwendbaren Saugsystemen über die Eintauchtiefe des Heberrohres (Zentimetermarkierung) bestimmt und sollte im allgemeinen zwischen 10 und 20 cmH_2O eingestellt werden (Bülau-Drainage, s.a. Kap. 9.1.4).

Das Drain nach Pneumonektomie darf niemals unter Sog gesetzt werden, da dies eine Verziehung von Herz und Mediastinum in die leere Thoraxkavität zur Folge hätte!

II Spezieller Teil

15.4 Brustwand

15.4.1 Mißbildungen

Die häufigsten Mißbildungen der Brustwand sind:
- die **Trichterbrust** (Pectus excavatum, s.a. Kap. 36.6.1)
- die **Kiel-** oder **Hühnerbrust** (Pectus carinatum)

Ursache: Gestörter Stoffwechsel im Rippenknorpel, der während der Wachstumsphase zur Deformierung führt. Die Veranlagung wird **dominant** vererbt.
Symptome: Belastungsdyspnoe sowie kardiale Reizleitungsstörungen durch eine Herzverlagerung sind selten und kommen nur bei einer ausgeprägten Trichterbrust vor.
Komplikationen: Neben den oben aufgeführten Symptomen tritt bei heranwachsenden Jugendlichen, insbesondere in der Pubertät, eine zunehmende **psychische Belastung** auf. So ist die Indikation zur Operation auch meist aus **kosmetischen** Gründen gegeben.
Therapie: Konservative Maßnahmen sind **erfolglos.** Das operative Vorgehen beinhaltet die Resektion der deformierten Rippenknorpelanteile, die Mobilisierung des Sternums

und eine Abstützung des korrigierten Gebietes durch einen Metallbügel (s.a. Kap. 36, Abb. 36-2 A bis C). Dieser muß nach einem Jahr wieder entfernt werden. Kleinere Trichter lassen sich auch durch subkutane Silikon-Implantate ausgleichen.

15.4.2 Entzündliche Veränderungen

Ursache: Über das Blut eingebrachte bakterielle Infektionen der knöchernen oder knorpeligen Rippenanteile bzw. des Sternums (häufig nach Sternotomie), oder weitergeleitete Infektionen aus Pleurahöhle (Empyema necessitatis, s.a. Kap. 15.5.5) oder Lunge (Tbc). Eine **seltene** Form stellt das **Tietze-Syndrom** dar, bei dem es sich um eine rezidivierende, nicht eitrige aber schmerzhafte Erkrankung der oberen Rippenknorpel handelt und dessen **Ursache unklar** ist. Betroffen sind meist jüngere Frauen.
Symptome: Fieber, Hautrötung, Druckschmerz.
Komplikationen: Chronischer Infekt.
Therapie: Zunächst konservativ mit Antibiotika. Bei Verdacht auf Einschmelzung in den Weichteilen sollten diese operativ entlastet werden.

15.4.3 Tumoren

Ätiologie: Meist handelt es sich um **„sekundär" einwachsende** Prozesse aus der angrenzenden Umgebung wie Haut, Lunge oder Mediastinum bzw. Metastasen (z.B. Mamma-, Bronchialkarzinom, Hypernephrom, Weichteilsarkom). Von den **„primären"** Tumoren, die weniger als 10% aller Knochentumoren ausmachen, zählen zu den **gutartigen**:
- Chondrom
- Osteochondrom
- fibröses Osteom
- eosinophiles Granulom

Bösartige Tumoren sind:
- Chondrosarkom
- Plasmozytom
- Ewing-Sarkom

Symptome: Zunächst tastbare, später deutlich **sichtbare Auftreibung** der betroffenen Knochen- und Knorpelabschnitte. **Schmerzen** sprechen im allgemeinen für einen bösartigen Tumor.
Komplikationen: Gutartige Tumoren rezidivieren häufig. Das Osteosarkom neigt zu früher Metastasierung.

Therapie: Mit Ausnahme des Plasmozytoms und des Ewing-Sarkoms sollten alle „primären" Tumoren vollständig reseziert werden. Die Behandlung des Plasmozytoms sieht Chemotherapie, die des Ewing-Sarkoms Bestrahlung vor.

15.5 Pleura

15.5.1 Pneumothorax

Definition: Lufteintritt in den Pleuraspalt durch Verletzung von Brustwand bzw. Lungenoberfläche mit dem Teil- oder Totalkollaps einer Lungenhälfte (Abb. 15-4). Es wird zwischen **traumatischem**, **iatrogenem** und **spontanem** Pneumothorax unterschieden, die auslösenden Ursachen sind Tabelle 15-2 zu entnehmen.
Symptome: Dyspnoe („Lufthunger"), Schmerzen.
Komplikationen: Bei einer offenen Verbindung zur Außenluft kommt es zur **atemsynchronen** Verlagerung des Mediastinums (**„Mediastinalflattern"**) mit kardialer Funktionsbeeinträchtigung und schwerer respiratorischer Insuffizienz durch Abknicken der V. cava bzw. durch Pendelluft (die respirato-

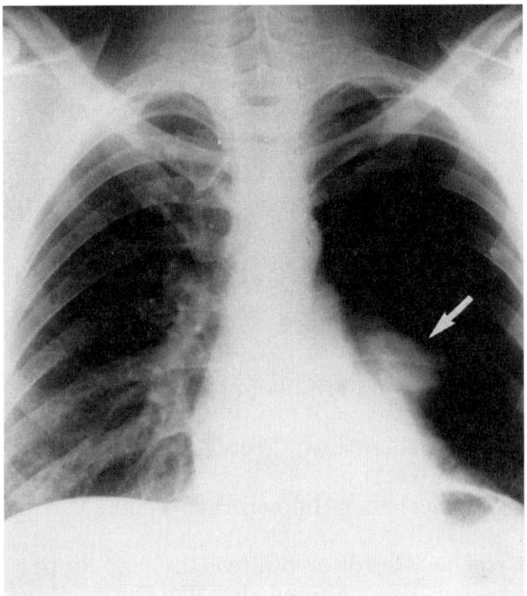

Abb. 15-4 Pneumothorax mit Totalkollaps der linken Lunge (Pfeil).

Tab. 15-2 Ursachen des Pneumothorax.

Pneumothorax	Ursache
– traumatisch	Äußere Gewalteinwirkung mit (offener Pneumothorax) oder ohne (geschlossener Pneumothorax) Perforation der Brustwand
– iatrogen	Ärztliche Maßnahmen (fehlerhafte Punktion der V. subclavia, Mediastinoskopie, Zwerchfellverletzung bei abdominellen Eingriffen usw.)
– spontan	Meist ein geplatztes Lungenbläschen (Bulla) bei vorliegendem Emphysem (Überblähung der Lunge; Abb. 15-5), selten Durchbruch einer infektiösen oder karzinomatösen Kaverne (Hohlraum)

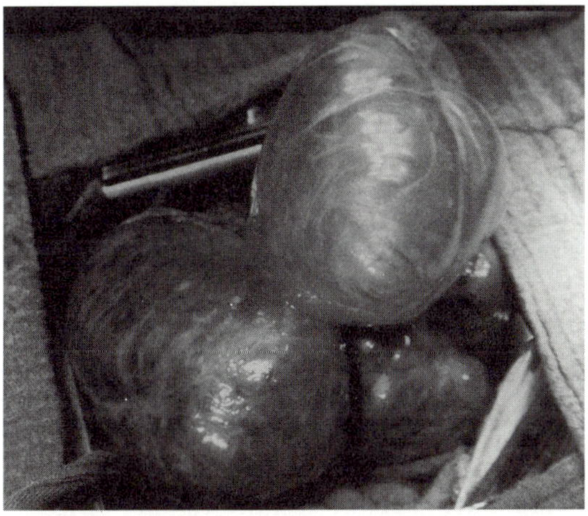

Abb. 15-5 Riesenbullae bei Emphysem als Ursache eines Spontanpneumothorax.

risch zwischen einzelnen Alveolarabschnitten hin- und herströmende, dadurch sauerstoffarme Luft). Tritt ein **Ventilmechanismus** (Luft tritt bei der Inspiration in die Pleurahöhle ein, kann aber bei der Exspiration nicht entweichen) auf, entwickelt sich eine **Mediastinalverschiebung** zur gesunden Seite mit der Folge eines **„Spannungspneumothorax"** (Abb. 15-6). Hier ist die **sofortige** Entlastung **lebensrettend!** Falls keine reguläre Thoraxdrainage durchführbar ist, wird eine **dicke Kanüle** mit einem **eingeschnittenen Fingerling** in Schlüsselbeinmitte in den **dritten Interkostalraum eingestochen.**

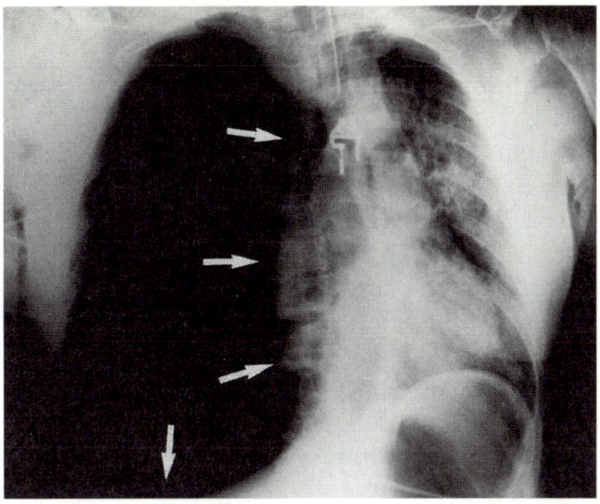

Abb. 15-6 Spannungspneumothorax mit ausgeprägter Mediastinalverschiebung zur Gegenseite (Pfeile). Das gleichseitige Zwerchfell ist ebenfalls nach kaudal verdrängt, die gegenseitige Lunge komprimiert.

Therapie: Bei einem traumatischen Pneumothorax Versorgung der Verletzung und Thoraxdrainage. Der iatrogene und der spontane Pneumothorax werden zunächst mit einer Thoraxdrainage bis zu maximal sieben Tagen behandelt. Bei einem **Mißerfolg** oder einem **Rezidiv** erfolgt die operative **Pleurodese** (Verödung des Pleuraspaltes). Insbesondere darf beim Nachweis eines Pneumothorax **keine Überdruckbeatmung** (Narkose) vorgenommen werden, ohne daß zuvor eine Drainage eingelegt wurde.

15.5.2 Pleuraerguß (Serothorax)

Definition: Ansammlung von Flüssigkeit (mit oder ohne Keimnachweis) im Pleuraspalt. Jeder auf dem Röntgenbild **sichtbare** Erguß beträgt **mindestens 300 ml**.
Ursachen: Entzündliche oder maligne Erkrankungen von Pleura oder Lunge, Herzinsuffizienz, Hypoproteinämie.
Symptome: Zunehmende Dyspnoe.
Komplikationen: Pleuraempyem (s. Kap. 15.5.5), **Schwartenbildung** durch Verklebung der entzündlich verdickten Pleurablätter.
Therapie: Absaugen des Ergusses mit anschließender zytologischer und mikrobiologischer Untersuchung. Bei wiederholtem Nachlaufen des Ergusses ist evtl. die Anlage einer Drainage erforderlich. Die Ursachenbeseitigung steht im Vordergrund. **Stets** muß ein Karzinom **ausgeschlossen** werden.

15.5.3 Hämatothorax

Definition: Ansammlung von **Blut** im Pleuraspalt.
Ursachen: Verletzung von Brustwand (Interkostalarterie, A. thoracica) oder Lunge (iatrogen z.B. bei der Fehlpunktion der V. subclavia; s.a. Kap. 7.3.5).
Symptome: Atemnot, Anämie, Schock.
Komplikationen: Pleuraempyem, Schwartenbildung.
Therapie: Drainage und Kontrolle des Blutverlustes (bei Mengen **über 200 ml/h explorative Thorakotomie**). Größere Hämatome sollten immer operativ ausgeräumt werden, da es sonst leicht zur Schwartenbildung und zur Infektion (Emphyem) kommen kann.

15.5.4 Chylothorax

Definition: Ansammlung von Chylusflüssigkeit im Pleuraspalt.
Ursache: Verletzung des **Milchbrustganges** (Ductus thoracicus) infolge eines Thoraxtraumas oder im Rahmen von thoraxchirurgischen Eingriffen (Ösophagus).
Symptome: Dyspnoe, Zyanose.
Therapie: Zunächst **konservativ** durch mehrtägige **parenterale** und **fettfreie** Ernährung. Bei Fehlschlagen Versuch des **Fistelverschlusses** auf thorakoskopischem Weg.

15.5.5 Pleuraempyem (Pyothorax)

Definition: Eiteransammlung im Pleuraspalt.
Ursachen: „Verschleppte“ Pleuritis (Rippenfellentzündung), Tuberkulose, durchgebrochener Lungen- oder Brustwandabszeß, Infektion nach Lungenresektion durch Bronchusfistel.
Symptome: Schmerzen, Fieber, evtl. lokale Rötung und Schwellung, eine **Spontanperforation nach außen** („Empyema necessitatis“) ist möglich.
Komplikationen: Massive Pleuraschwarte.
Therapie: Drainage und Spülung der Empyemhöhle. **Antibiotika** werden **lokal** verabreicht, da durch eine **systemische** Antibiotikagabe die **Keime** durch die Schwartenbildung meist **nicht** mehr **erreichbar** sind. Frühestens nach vier Wochen kann die Entfernung der Schwarte, möglichst in toto (vollständig), erfolgen (**Dekortikation**). Falls keine Wiederentfaltung der Lunge erzielbar ist, wird eine **Thoraxverkleinerung** durch eine sog. **Jalousieplastik** (Resektion der Rippen zwei bis sechs) durchgeführt.

15.5.6 Pleuramesotheliom

Das diffus wachsende Pleuramesotheliom ist ein **äußerst bösartiger** Tumor, der sich über alle Pleuraanteile ausbreiten kann.
Ursache: In etwa 50% liegt eine **Asbestexposition** (anerkannte Berufskrankheit!) vor.
Symptome: Schmerzen, Dyspnoe (Pleuraerguß).
Komplikation: Tumoreinbruch in Nachbarorgane.
Therapie: Die Resektion der befallenen Pleurabereiche ist **nur im Frühstadium** indiziert, solange es sich nur um vereinzelte kleine Tumoren auf der parietalen Pleura handelt. Im fortgeschrittenen Stadium Pleurektomie zur Beseitigung des Ergusses. Eine Bestrahlungs- und Chemotherapie erfolgt nur unter symptomatischer Zielsetzung.

15.6 Lunge

15.6.1 Angeborene Lungenerkrankungen

Lungenzysten

Ätiologie: Es handelt sich um einen **Parenchymdefekt**, der meist als **solitäre** (einzelne) Zyste vorliegt, die allmählich an Größe zunimmt.
Symptome: Rezidivierende (immer wiederkehrende) Infekte.
Komplikationen: Dyspnoe durch Kompression (Quetschung) des gesunden Lungengewebes bei großer Zyste.
Therapie: Operative Ausschälung der Zyste.

Lungensequestration

Ätiologie: Vaskuläre (die Gefäße betreffende) Erkrankung der zwerchfellnahen **Unterlappenanteile**. Der meist zystisch degenerierte **Sequester** (durch gesundes Gewebe umgebener abgestorbener Teil) hat meist keinen Anschluß an das übrige Bronchialsystem und wird aus einem Seitenast der Aorta versorgt.
Symptome: Rezidivierende eitrige Infekte.
Therapie: Operative Resektion des sequestrierten Lungenanteils evtl. durch Lobektomie.

15.6.2 Entzündliche Erkrankungen

Bronchiektasien

Ursache: Entzündungsbedingte segmentale Zerstörung der Bronchuswand mit **irreversibler Lumenerweiterung** (z. B. bei chronischer Bronchitis).
Symptome: Rezidivierende Infekte, eitriger Auswurf, Dyspnoe und Zyanose.
Komplikationen: Therapieresistenz, Zerstörung des **nachgeschalteten** Lungenabschnittes, Hämoptysen (Bluthusten), ausgeprägte Ateminsuffizienz.
Therapie: Primär **konservativ** mit Sekretolytika, Antibiotika, Atemgymnastik mit **entsprechender Lagerung** zur besseren **Drainage** der betroffenen Lungenabschnitte. Bei unzureichendem Erfolg ist eine Operation, Entfernung der betroffenen Lungensegmente, angezeigt.

Lungenabszeß

Ursache: Eitrige Parenchymeinschmelzung nach Pneumokokkeninfektion, Tuberkulose oder Bronchialkarzinom.
Symptome: Fieber, eitriger Auswurf.
Komplikationen: Intrapulmonal kann es zur **Höhlenbildung** mit **konsekutivem** (nachfolgendem) **Pilzbefall** (Aspergillus) kommen. Pleural ist die Ausbildung eines Pleuraempyems möglich.
Therapie: Antibiotika, bei thoraxwandnaher Lokalisation Punktion und Einlegen eines Spülkatheters unter CT-Kontrolle. Nur bei **persistierender** (fortdauernder) Infektionssymptomatik bzw. bei Pilzbefall erfolgt die Entfernung durch Segment- oder atypische Resektion.

Tuberkulose

Die Tuberkulose hat seit der erfolgreichen Behandlung mit Tuberkulostatika **chirurgisch an Bedeutung verloren.** Ein operatives Vorgehen ist nur noch bei einem Tuberkulom (Differentialdiagnose: Bronchialkarzinom) und einer entzündlichen Bronchusstenose durch tuberkulöse Lymphknoten mit der Folge einer chronischen Retentionspneumonie („destroyed lung") angezeigt. Bei einem Bluthusten (Hämoptysen) größer 400 ml in 24 Stunden erfolgt nach der endoskopischen Lokalisation der Blutungsquelle und evtl. nach einer Angiographie eine Segmentresektion.

15.6.3 Erkrankungen durch Parasiten und Pilze

Im wesentlichen sind es lediglich **zwei Krankheitsbilder,** die **chirurgische Konsequenzen** erfordern. Die Echinokokkuszyste und das Aspergillom.

Echinokokkuszyste (Hydatidenzyste)

Ursache: Infektion mit **Eiern des Hundebandwurms**, deren Aussaat über den kleinen Kreislauf nach Passage der Leber (erster Filter und häufigster Sitz einer Echinokokkuszyste) erfolgt.
Symptome: Uncharakteristisch.
Komplikationen: Spontanruptur mit allergischer Reaktion, Aussaat in nachgeschaltete Organe (z. B. Herz, Gehirn).
Therapie: Operative Ausschälung der Zyste. Eine **Zysteneröffnung** (Verschleppung der Hydatidenflüssigkeit) ist **unbedingt zu vermeiden!**

Aspergillom

Ursache: Vorbestehende Lungenhohlräume werden von Aspergillen befallen und es entwickelt sich ein kugelförmiges Gebilde, ein sog. „Aspergillom" (Abb. 15-7).
Symptome: Uncharakteristisch.

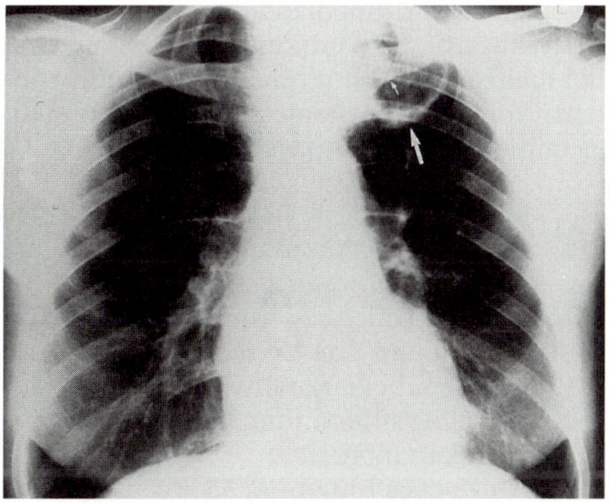

Abb. 15-7 Abszeßhöhle in der linken Lungenspitze (großer Pfeil) mit einem Aspergillom (kleiner Pfeil).

Komplikationen: Hämoptysen.
Therapie: Komplette Entfernung durch atypische oder Segmentresektion.

15.6.4 Tumoren

Gutartige Tumoren

Seltene epitheliale, mesenchymale oder embryonale Tumoren, die meist weitgehend symptomlos bei röntgenologischen Routineuntersuchungen aufgedeckt werden.
- Adenom, Papillom (epithelial), sie können maligne entarten
- Fibrom, Hämangiom (mesenchymal)
- Hamartom, Teratom (embryonal), letzteres kann maligne entarten

Die Operationsindikation ist nur aus differentialdiagnostischen Erwägungen heraus indiziert (Ausschluß eines Bronchialkarzinoms). Bei **intraoperativer Bestätigung** der **Gutartigkeit** („Schnellschnittdiagnose"), sollte die **kleinstmögliche** Resektion erfolgen.

Bösartige Tumoren

Karzinoid

Ursprung: Kulchitzky-Zellen im Bronchialdrüsenepithel.
Eigenschaft: Infiltrierendes Wachstum, jedoch **im allgemeinen nicht metastasierend**.
Therapie: Parenchymsparende Resektion.
Prognose: Gut, die **Fünf-Jahres-Überlebensrate** liegt bei **90%.**

Bronchialkarzinom

Ätiologie: Das Bronchialkarzinom ist die **häufigste** bösartige Erkrankung beim **Mann** und die häufigste Krebstodesursache bei Einwohnern von Industriestaaten. Bei **Frauen** steht es mittlerweile an der **zweiten** Stelle.

95% aller Bronchialkarzinome sind durch das Rauchen verursacht!

Histologische Differenzierung in die **vier** häufigsten **Typen** und ihre **Verteilung:**
- **1.** Plattenepithelkarzinom 35%
- **2.** großzelliges Karzinom 20%
- **3.** Adenokarzinom10%
- **4.** kleinzelliges Karzinom 35%

Symptome: Alle Bronchialkarzinome sind **lange** Zeit **symptomlos!** Erst spät treten Husten, Dyspnoe, Leistungsabfall und Schmerzen auf. Diese sind meist Zeichen eines weit **fortgeschrittenen** Stadiums und stellen in Verbindung mit speziellen **Nervenläsionen** z.B. Infiltration (Eindringen) des Tumors in den N. laryngeus recurrens (rückläufiger Kehlkopfnerv), N. phrenicus (Zwerchfellnerv) oder N. sympathicus einen **Operationserfolg in Frage.** Die meisten kurativ resezierbaren Bronchialkarzinome werden immer noch im Rahmen einer röntgenologischen **Routineuntersuchung** festgestellt (Abb. 15-8).
Komplikationen: Metastasierung in Gehirn, Leber, Skelett und Nebennieren (insbesondere das kleinzellige Karzinom metastasiert rasch). **Atelektasen** (verminderter bzw. fehlender Luftgehalt in den Lungenbläschen) und therapieresistente pneumonische **Infekte** durch tumorbedingten Bronchusverschluß. **Hämoptysen** durch Tumorarrosion (Zerstörung) größerer Gefäße.
Therapie: Für die **ersten drei** histologischen Typen gilt die **Operation** als das Verfahren der Wahl. Die Voraussetzung hierzu ist eine **allgemeine Operabilität** und der **Ausschluß von Fernmetastasen.** Im Anschluß an eine explorative Thorakotomie zur Prüfung der Resezierbarkeit erfolgt die Lobektomie (Bilobektomie) oder Pneumonektomie (evtl. erweiterte Resektion). Das **kleinzellige** Karzinom bleibt meist nur der **Strahlen-** und **Chemotherapie** vorbehalten. Ca. **75%** der Bronchialkarzinome sind zum **Zeitpunkt** ih-

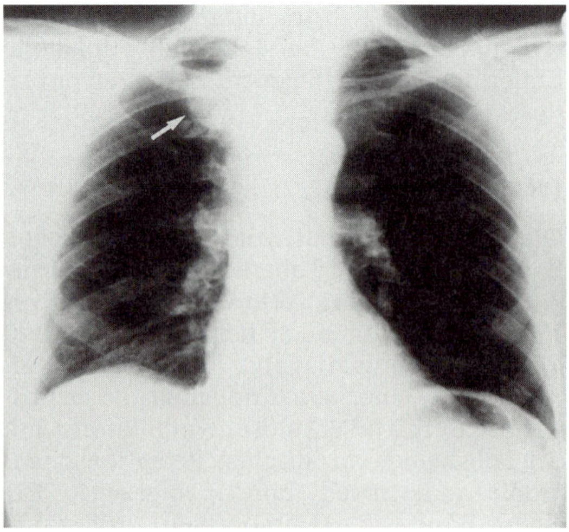

Abb. 15-8 Röntgenbild eines Bronchialkarzinoms (Pfeil) im rechten Lungenoberlappen, Zufallsbefund.

rer Diagnose **nicht mehr kurativ** zu therapieren!
Prognose: Die Fünf-Jahres-Überlebenszeit hängt ganz wesentlich vom Entwicklungsstadium ab und beträgt 10 bis 60%.

Lungenmetastasen

In **Abhängigkeit** vom **Typ** des Primärtumors bietet die operative Entfernung von Lungenmetastasen **befriedigende** Ergebnisse.
Voraussetzung: Der Primärtumor ist radikal entfernt oder kontrolliert. Es gibt keine weiteren Metastasen. Es besteht Operabilität und alle Metastasen können im Gesunden entfernt werden.
Therapie: Entfernung durch isolierte Resektion der Metastasen im Gesunden (Sicherheitsabstand größer 2 cm). Bei Metastasen in beiden Lungen empfiehlt sich die mediane Sternotomie als operativer Zugang.
Prognose: Sie ist abhängig vom **Primärtumor**, dem **Zeitintervall** zwischen seiner radikalen Entfernung und dem Auftreten von Lungenmetastasen, sowie der **Anzahl** an Metastasen. Die Fünf-Jahres-Überlebenszeit beträgt 20 bis 40%.

Sarkome und Lymphome

Sie spielen nur eine **untergeordnete** Rolle (ca. 1% der bösartigen Lungentumoren).
Therapie: Sarkome werden operiert, Lymphome sind sowohl der Operation als auch der Strahlen- und Chemotherapie zugänglich.

15.7 Mediastinum

15.7.1 Entzündliche Erkrankungen

Mediastinitis

Die Mediastinitis ist eine äußerst **ernste** Erkrankung mit einer **Letalität** (Sterblichkeit) **bis zu 50%.**
Formen: Akut und **chronisch.** Die chronische Mediastinitis weist gegenüber der akuten einen wesentlich **milderen Verlauf** auf. Sie entwickelt sich entweder aus der akuten Form oder entsteht primär im Rahmen von chronischen Infektionen (Tbc, Lues, Aktinomykose, etc.) bzw. durch wandernde Fremdkörper (Granatsplitter).

Ursache: Spontane, instrumentelle bzw. iatrogene oder traumatische **Perforation** des Ösophagus oder Tracheobronchialsystem durch:
- Ulkus
- Tumor
- endoskopische Maßnahmen (z.B. Bougierung)
- Nahtinsuffizienzen
- Thoraxtrauma
- Fremdkörper

Um eine Perforation des Bronchialsystems auszuschließen, ist nach einer endoskopischen Fremdkörperextraktion immer eine Thoraxübersicht anzufertigen!

Symptome: Es handelt sich um eine **rasch zunehmende, hochgradige Beeinträchtigung** des **Allgemeinbefindens**. Führend sind hierbei:
- Fieber, Schüttelfrost
- Tachykardie
- Tachypnoe
- Schmerzen
- Husten
- Erbrechen (Reizung des N. vagus)
- Singultus (Reizung des N. phrenicus)

Komplikationen: Ein **Hautemphysem** im Halsbereich oder **mediastinale Luftansammlung** in der Thoraxübersicht („Pneumomediastinum") sind deutliche Hinweise auf eine Perforation. Sepsis, respiratorische Insuffizienz.
Therapie: Sofortige Entlastung bei einem Mediastinalemphysem mittels der kollateralen und bei einem Mediastinalabszeß durch eine anteriore bzw. posteriore Mediastinotomie (Eröffnung des Mediastinums). Bei nachgewiesener Perforation im Ösophagus- bzw. Tracheobronchialbereich umgehender Verschluß durch eine Operation. Parenterale Ernährung sowie die hochdosierte Antibiotikagabe ist durchzuführen.

15.7.2 Myasthenia gravis pseudoparalytica

Ursache: Neurologische Erkrankung aufgrund eines postsynaptischen Defektes, der die neuromuskuläre Übertragung behindert.
Hypothese: Autoimmunmechanismus unter Beteiligung des Thymus (Thymom).
Symptome: Muskuläre Schwäche und rasche Ermüdbarkeit.
Therapie: Operativ transsternale (durch das Sternum) **Thymektomie** (Entfernung der Thymusdrüse). Durch die Operation kann eine

bedrohliche **myastenische Krise** mit Schluck- und Atembeschwerden ausgelöst werden und deshalb ist eine **Intensivüberwachung** angezeigt.
Prognose: Sie ist um so **günstiger**, **je jünger** der Patient ist und **je früher** im Krankheitsverlauf operiert wird. Remissionsrate nach fünf Jahren ca. 90%.

15.7.3 Mediastinaltumoren

Folgende **Formen** kommen vor (die kleinen Buchstaben in Klammer beschreiben die bevorzugte **topographische** Lage der einzelnen Tumorarten (s. Abb. 15-1, blaue Buchstaben):
- Zysten (a und e)
- mesenchymale Tumoren (a bis f) (Abb. 15-9)
- neurogene Tumoren (c und f)
- thymogene Tumoren (a und d)
- endokrine Tumoren (a bis c)
- Lymphadenopathien (b und e)
- Keimzelltumoren (a und d)
- Hernien (d und f)
- Ösophagustumoren (c und f)

Symptome: Sie hängen, ebenso wie die Komplikationen, in erster Linie von der **Lagebeziehung** des Tumors zu den **benachbarten Strukturen** ab. Die meisten mediastinalen Raumforderungen sind zum Zeitpunkt der **Diagnosestellung asymptomatisch**. Trotzdem können den einzelnen Tumoren oftmals spezifische Symptome zugeordnet werden.

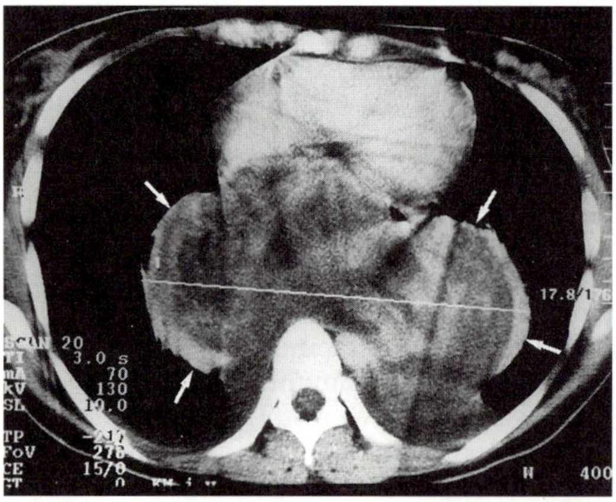

Abb. 15-9 Computertomographie eines riesigen mesenchymalen Tumors (Rhabdomyosarkom, Pfeile). Das Herz ist zwischen Tumor und vorderer Brustwand komprimiert.

Thymom: Obere Einflußstauung durch Kompression der V. cava superior (obere Hohlvene).
Struma, Lymphadenopathie: Husten und/oder **Stridor** durch Kompression oder Infiltration der Trachea.
Ösophaguskarzinom: Schluckstörung durch Kompression oder Infiltration des Ösophagus.
Zentrale Malignome: Nervenläsionen wie z.B. Horner-Syndrom, Zwerchfellparese (-lähmung), Magen-Darmatonie bei Infiltration von N. sympathicus, N. phrenicus bzw. N. vagus.
Neurinome: Interkostalneuralgie (gürtelförmige Schmerzen) durch Irritation der Nn. intercostales (Zwischenrippennerven, Abb. 15-10).
Komplikationen: Sie werden maßgeblich von der Lagebeziehung des Tumors zu seinen benachbarten Strukturen bestimmt.
Therapie: Die therapeutischen Maßnahmen konzentrieren sich zumeist auf die chirurgische Intervention und sehen im einzelnen wie folgt aus (Tab. 15-3).

Ca. 90% aller Mediastinaltumoren sind gutartig!

15.8 Verletzungen des Thorax

15.8.1 Allgemeine Verletzungen

Thoraxtrauma

Definition: Verletzung von Brustwand und/oder intrathorakaler Organe durch äußere Gewalteinwirkung. Unterschieden werden:

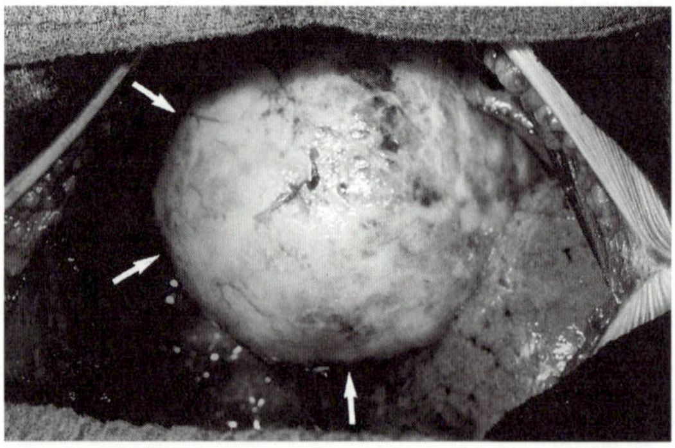

Abb. 15-10 Kleinkindkopfgroßes Neurinom (Pfeile) in der linken Thoraxkavität.

Tab. 15-3 Therapie der verschiedenen Mediastinaltumoren.

Tumor	Therapie
Zystische Tumoren z.B.: – bronchogene-, Pleura-, Perikardzysten (die Zysten stellen den größten Anteil dar)	Komplette Exzision
Mesenchymale Tumoren z.B.: – Lipome – Sarkome (s.a. Abb. 15-9) – Fibrome – Angiome (weniger als 10% aller Mediastinaltumoren, vorwiegend Lipome)	Möglichst komplette Resektion Sarkome bedürfen Chemo- und/oder Radiotherapie
Neurogene Tumoren z.B.: – der Nervenscheide (Neurinom; s.a. Abb. 15-10) – der Interkostalnerven (Neurofibrom = M. von Recklinghausen) – des sympathischen Nervengewebes (Neuroblastom) – des parasympatischen Nervengewebe	Resektion
Thymogene Tumoren z.B.: – Thymom	Operation (möglichst radikale Exstirpation) mit konsekutiver (nachfolgender) Bestrahlung
Endokrine Tumoren z.B.: – Struma	Resektion (s.a. Kap. 28.5 bis 28.8)
Lymphadenopathien z.B.: – M. Hodgkin	Chemo- und/oder Strahlentherapie
Keimzelltumoren z.B.: – Teratom	Exstirpation, evtl. adjuvante (zusätzliche) Bestrahlung
Hernien	Bei der Operation erfolgt eine Reposition und der Verschluß der Bruchlücke
Ösophaguskarzinom	(s. Kap. 17.12)

- **stumpfes** Trauma (es entsteht durch großflächige äußere Gewalteinwirkung und ist vielfach mit Verletzungen anderer Körperregionen kombiniert)
- **Polytrauma** (Ursachen sind z. B. Sturz aus größerer Höhe, Steuerradanprall bei unangeschnalltem Fahrer, Verschüttung)
- **perforierendes** oder **penetrierendes** Thoraxtrauma (es entsteht durch umschriebene, direkte Gewalteinwirkung mit Durchdringung der Brustwand und konsekutiver Verletzung intrathorakaler Organe. Ursachen sind z. B. Messerstich, Schußwaffen)

Da äußere Verletzungszeichen fehlen können, werden lebensbedrohliche Auswirkungen oft unterschätzt oder gar übersehen!

Die **Erstmaßnahmen** am Unfallort orientieren sich weitgehend an der **ABCD-Regel** (s.a. Kap. 11.1.2). Lebensbedrohliche Situationen werden meist durch **Blutverlust** (Verletzung von Herz sowie Interkostal- bzw. Lungengefäßen) oder **respiratorische Insuffizienz** (Aspiration von Blut oder Mageninhalt, Spannungspneumothorax, instabiler Thorax) verursacht. Weitere bedrohliche Komplikationen können sich aus einem **offenen** Pneumothorax entwickeln. Durch das ungehinderte Ein- und Ausströmen der intrathorakalen Luft durch die verletzte Brustwand im Verlauf der Atemexkursionen kommt es zu einer ausgiebigen Rechts-Links-Bewegung des Mediastinums **(Mediastinalflattern)** mit temporärer Behinderung des venösen Blutrückstroms zum Herzen **(kardiale Insuffizienz).** Gleichzeitig wird der überwiegende Teil der Atemluft der unverletzten Lunge ständig mit dem Bronchialsystem der kollabierten Lunge ausgetauscht (Pendelluft). Dadurch sinkt permanent die Sauerstoffaufnahme, die Folge ist eine respiratorische Insuffizienz. Eine ähnliche Entwicklung kann auch beim **instabilen** Thorax eintreten. Als Sofortmaßnahme muß die **Verletzungsstelle** der Brustwand so **steril** als möglich **abgedichtet** werden und ein **Drainageschlauch** oder eine großkalibrige **Kanüle**, mit einem **abgeschnittenen Fingerling**, zur **Vermeidung eines Spannungspneumothorax** (s. a. Abb. 15-6) eingelegt werden.

Spätestens im Krankenhaus sind alle diese erwähnten Möglichkeiten mittels apparativer Untersuchungen umgehend auszuschließen. Das Einlegen einer Thoraxdrainage ist indiziert bei Verdacht auf eine intrathorakale Blutung (Hämatothorax) sowie beim Pneumothorax. Bei Blutungen entscheidet die **evakuierte** (abgelassene) **Blutmenge** über eine Indikation zur Thorakotomie (eine Blutmenge größer 1,5 Liter initial (erstmaliges Ablassen) bzw. größer 100 ml pro Stunde kontinuierlich anhaltend erfordert die Thorakotomie. Zur **sofortigen** Thorakotomie **zwingen folgende Befunde**:
- Totalverschattung einer Thoraxhälfte
- massives Mediastinalemphysem (s. Kap. 15.8.2)
- persistierender Totalkollaps einer Lunge trotz Drainage
- massives Hämoperikard (s. Kap. 15.8.2)

15.8.2 Spezielle Verletzungen

Verletzungen der Brustwand

Ätiologie: Hierbei handelt es sich um **folgende Verletzungstypen**:
- Rippenfraktur (Fraktur/en einer Rippe)
- Rippenbogenfraktur (Fraktur im Bereich des gemeinsamen Knorpels von Rippe acht bis zehn)
- Rippenserienfraktur (Frakturen von mindestens zwei benachbarten Rippen)
- instabiler Thorax (zwei Rippenserienfrakturen der gleichen Rippen auf einer Seite)
- Sternumfraktur

Symptome: Schmerzen in der Umgebung der Frakturstellen bei Palpation, insbesondere aber auch bei den Atemexkursionen. **Tast-** und **hörbares Knirschen** der Fraktur bei der klinischen Untersuchung.

Diagnose: Klinik und Röntgen (spezielle Aufnahmetechnik).

Therapie: Alle Frakturformen können durch schmerzhafte Einschränkung von Atmung und Husten über einen Sekretstau zu einem **gestörten Perfusions-Ventilations-Verhältnis** der Lunge führen. Deshalb ist die **Schmerzausschaltung,** meist in Form einer Blockade des betroffenen Interkostalnerven mit einem Lokalanästhetikum, **vorrangiges Ziel** einer Behandlung. Ein operatives Vorgehen empfiehlt sich, außer bei den unter Kap. 15.8.1 genannten Gründen, lediglich beim instabilen Thorax (Abb. 15-11 A und B), um die sonst notwendige langfristige mechanische Beatmung (innere Stabilisierung) zu vermeiden. Operationsziel ist die **Stabilisierung** der **instabilen Rippenanteile** durch verschiedene Osteosyntheseverfahren:
- Plattenosteosynthese
- Klammerosteosynthese
- Spickdrahtosteosynthese (s.a. Abb. 15-11 B)

Verletzungen von Lunge und Bronchialsystem

Die hauptsächlichsten **Formen** sind:
- Lungenkontusion (-prellung)
- Lungenlazeration (-zerreißung)
- Tracheal- bzw. Bronchialruptur

Lungenkontusion

Ursache: Fortsetzung einer äußeren Gewalteinwirkung auf das Lungengewebe. Durch den intrathorakalen **Druckanstieg** kommt es zur **Zerreißung** der Lungenkapillaren mit nachfolgender **Einblutung** ins Interstitium und die Alveolen.

Symptome: Bei leichter Kontusion meist asymptomatisch. Bei schwerem Trauma Hypoxie (Sauerstoffmangel) und blutiger Auswurf.

Diagnose: Die Thorax-Röntgenaufnahme zeigt unregelmäßige Lungeninfiltrate.

Therapie: Diese erfolgt **konservativ**. Beseitigung der Hypoxie durch tracheo-bronchiale Absaugung, Atemgymnastik und ggf. Schmerzausschaltung bei Brustwandverletzung. Antibiotika zur Infektionsprophylaxe.

Lungenlazeration

Ursache: Zerreißung von Lungengewebe durch **perforierende** oder **penetrierende** Verletzungen der Brustwand (Messerstich, Schuß, frakturierte Rippenanteile).

A

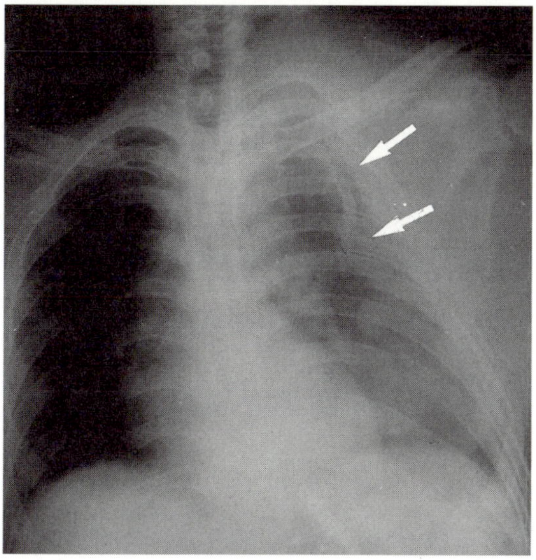

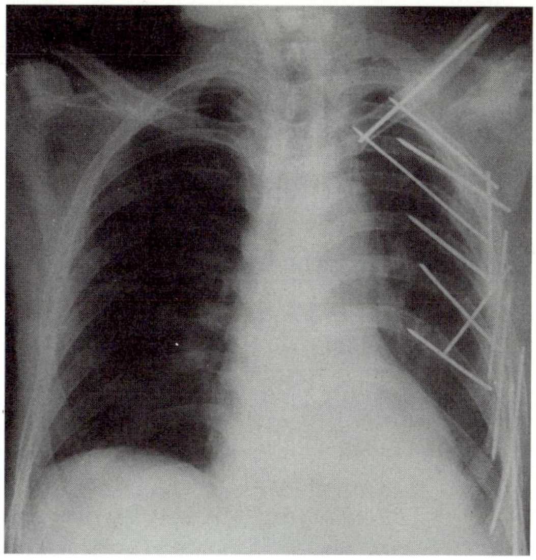

B

Abb. 15-11 Röntgen-Aufnahmen bei Thoraxverletzung und anschließender operativer Versorgung.
A: Instabiler Thorax (Pfeile) links durch Verschüttung unter einer eingestürzten Mauer.
B: Operative Stabilisierung durch Osteosynthese mit Kirschner-Drähten.

Symptome: Dyspnoe und Hypoxie (oftmals in Kombination mit Pneumothorax), Hämoptysen.
Diagnose: Durch die Röntgenaufnahme des Thorax erfolgt der Nachweis eines Hämato- oder Pneumothorax, ggf. muß eine Bronchoskopie zur Lokalisation einer Blutungsquelle durchgeführt werden.
Therapie: Meist konservativ. Operatives Vorgehen nur bei persistierender (fortbestehender) Blutung und therapierefraktärem Pneumothorax (trotz Drainage keine Lungenentfaltung).

Tracheal- und Bronchialruptur

Ursache: Ein- oder **Abrisse** von Trachea oder Hauptbronchien durch erhebliche Gewalteinwirkung.
Symptome: Dyspnoe und Hautemphysem (s.a. Kap. 15.10.1), das sich in Extremfällen vom Kopf bis zum Schambein ausdehnen kann.
Diagnose: Thorax-Röntgen erbringt den Nachweis von Luft im Mediastinum, bei Eröffnung der Pleura zusätzlich Pneumothorax. Mittels einer Bronchoskopie ist die Lokalisation der Verletzung möglich.
Therapie: Als Erstmaßnahme erfolgt die **Entlastung** des Emphysems durch Hautschnitt im Jugulum (Drosselgrube), digitale Erweiterung des Retrosternalraums und **Einlage** einer **großlumigen Drainage** (kollare Mediastinotomie). Baldmöglichst operativer Verschluß der Ruptur.

Verletzungen von Herz und Perikard

Perforierende Verletzungen

Ursache: Schuß- oder Stichverletzung mit **Durchdringung** des Perikards und Verletzung der Herzoberfläche (Epikard, Myokard) mit der Folge eines **Hämoperikards** (Perikarderguß, ausschließlich aus Blut bestehend). Hieraus kann sich eine bedrohliche **Herzbeuteltamponade** entwickeln.
Symptome: Unruhe, Dyspnoe, Schock, gestaute Halsvenen, Tachykardie, verkleinerte Blutdruckamplitude, gedämpfte Herztöne.
Diagnose: Sonographie oder Computertomographie, um Flüssigkeitsansammlungen nachzuweisen; EKG, **Niedervoltage** = extrem kleine Amplitude des QRS-Komplexes im EKG (kleiner 0,6 mV).
Komplikationen: Durch intraperikardiale Drucksteigerung zunehmende **Behinderung** des **venösen Rückstroms**.
Therapie: Sofortige Entlastung durch **Perikardpunktion,** evtl. Einlage eines Drainage-

schlauchs. Bei fortbestehender Blutung (Koronararterie, Herzwandperforation) operative Versorgung der Herzverletzung (u.U. mit Herz-Lungen-Maschine).

Stumpfe Herzverletzung

Ätiologie: Leichte Formen sind:
- **Commotio cordis** (funktionelle Veränderungen, im EKG sichtbar)
- **Contusio cordis** (funktionelle und strukturelle Veränderungen)

Schwere Formen führen zusätzlich zur Zerreißung des Herzbeutels. Je nach Verletzungsausmaß kann es zum **kompletten** Austritt des Herzens kommen (**Luxatio cordis**).

Therapie: Die Therapie der leichten Formen ist vorwiegend **konservativ** ausgerichtet und erfolgt unter kontinuierlicher EKG-Überwachung durch **kardiologisch orientierte** Maßnahmen.

Schwere Formen sind wegen ihrer **bedrohlichen Auswirkung** auf die **Hämodynamik** (Selbststrangulation des Herzens durch Torsion) schnellstmöglich durch operative Reposition des Herzens und Verschluß des Perikards zu beheben. Notfalls ist das zerstörte Perikard durch eine **künstliche** Membran zu ersetzen.

III Pflegerischer Teil

15.9 Präoperative Vorbereitungen

15.9.1 Allgemeines

Allgemein gültige präoperative Pflegemaßnahmen werden im Kap. 8.1 beschrieben. Präoperative Maßnahmen, die der Diagnostik von Lungenerkrankungen bzw. der Operationsvorbereitung dienen s. Kap. 6.

15.9.2 Spezielle Pflegemaßnahmen

Nahrungsabbau/Darmreinigung

In der präoperativen Phase haben die Patienten **absolutes Rauchverbot**, um die bereits geschädigte Lunge nicht weiter zu belasten. Am Vorabend der Operation erhält der Patient leichte Kost (Suppe, Tee, Weißbrot) und ab 22.00 Uhr ist absolute Nahrungskarenz einzuhalten. Da es während des operativen Eingriffes zu keiner Manipulation im Bereich des Darmes kommt, ist es ausreichend ein Abführzäpfchen (z.B. Dulcolax®) oder evtl. ein Klistier zu verabreichen.

Rasurschema

Abhängig vom geplanten Eingriff ist entweder der komplette Oberkörper vom Halsansatz bis zur Leiste einschließlich der Achselhöhlen (zirkuläre Rasur) zu enthaaren (**lateraler Thoraxzugang**) oder die Oberkörpervorderseite einschließlich der Achselhöhlen bei geplanter **Sternotomie** (Abb. 15-12 A und B).

Einüben postoperativer Fähigkeiten

Die Belüftung (Ventilation) der Lunge ist in den ersten 24 Stunden nach dem operativen Eingriff um 25 bis 50% gemindert. Aus diesem Grund muß das **Leistungsvermögen** der **gesunden** Lungenanteile präoperativ **trainiert** werden. Der Patient sollte folgende **Atemtechnik** erlernen:

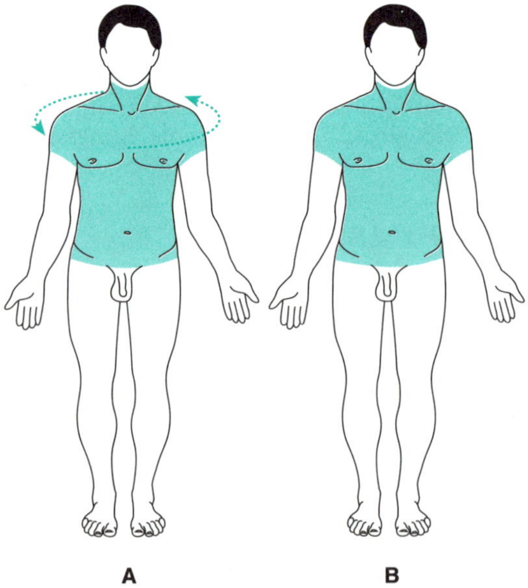

Abb. 15-12 Rasurschema.
A: Bei lateralem Thoraxzugang.
B: Bei Sternotomie.

- Er wird zum betont **langsamen** und **tiefen** Einatmen angehalten. Die erzielte **Wirkung** ist eine **Erweiterung der Bronchialwege**.
- Beim **Ausatmen** darf er **nicht** pressen, sondern muß die Atemluft bei fast **geschlossenen** Lippen ausströmen lassen. **Wirkung**: **Verbesserung der Lungenentlüftung** durch Erhöhung des Strömungswiderstandes bei der Exspiration (Ausatmung).

Daneben kommen Hilfsmittel (Abb. 15-13 A und B) wie **Giebelrohr** (Totraumvergrößerer) oder **Atemtrainer** (Spirometer) zum Einsatz. Beim Üben mit dem Giebelrohr erhält der Patient eine Nasenklemme, um ausschließlich über den Mund zu atmen. Diese Mundatmung ist verantwortlich für die **Erhöhung** des alveolären **CO_2-Partialdruckes,** mit der Folge, daß **Atemantrieb und Ventilation gesteigert** werden. Das Funktionsprinzip eines Atemtrainers verdeutlicht Abb. 15-14 A bis D. Der Umgang und Zweck dieser Hilfsmittel ist dem Patienten genau zu erklären. Zu **regelmäßigen** Übungen ist er anzuhalten und zu motivieren, damit in der postoperativen Phase diese Hilfsmittel gezielt zur Schmerzerleichterung eingesetzt werden können.

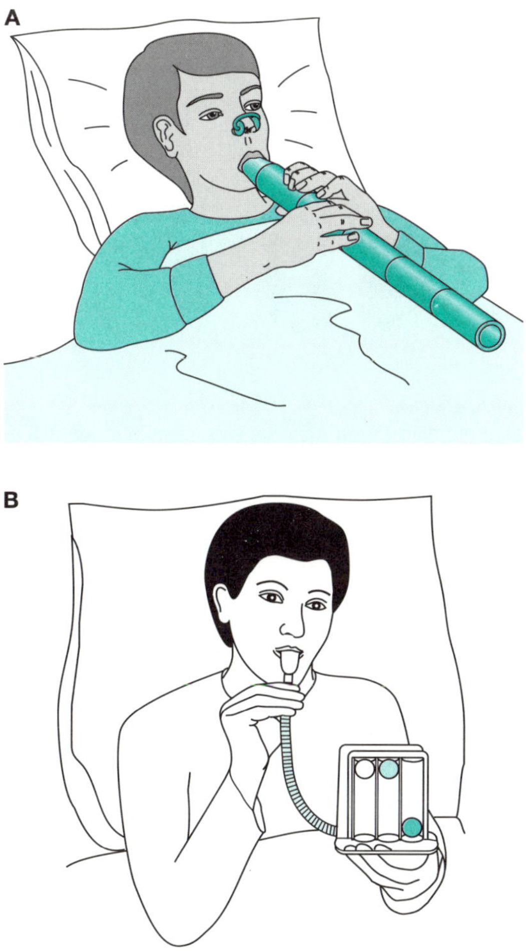

Abb. 15-13 Hilfsmittel zur Unterstützung der Atemfunktion.
A: Giebelrohr.
B: Atemtrainer.

In der postoperativen Phase wird der Patient immer wieder zum Abhusten aufgefordert (Pneumonieprophylaxe). Um diese Maßnahme für den Kranken möglichst annehmbar und schmerzfrei zu gestalten, sollte er präoperativ erlernen, während des Abhustens mit beiden Händen einen **Gegendruck** im Bereich der späteren Wunde auszuüben. Wichtig ist, daß der Patient ein **Gefühl** für die **erforderliche Stärke** des zu leistenden Gegendrukkes bekommt.

Psychische Begleitung

Um den Patienten auf den evtl. notwendigen postoperativen Aufenthalt in der Intensivabteilung vorzubereiten, sollte nach Möglichkeit dem Patienten in der präoperativen Phase die Intensivabteilung mit Bettenplatz und apparativer Ausstattung (Beatmungsgerät, Infusionspumpen, Monitor, etc.) vorgestellt werden, um die Ängste und die Unsicherheit vor dem Unbekannten zu reduzieren. Besonders vorteilhaft ist es für den Patienten, wenn er bei dieser Gelegenheit evtl. auch die betreuende Pflegekraft kennenlernen kann, so daß er **direkt** in der **Aufwachphase** nach der Narkose von einer ihm bereits **vertrauten** Person versorgt wird.

15.10 Postoperative Pflegemaßnahmen

15.10.1 Überwachung/Krankenbeobachtung

In den ersten 24 Stunden nach dem operativen Eingriff erfolgt eine Überwachung des Patienten auf der **Intensivstation,** die sich insbesondere auf Kontrollen von Atmung (evtl. Nachbeatmung) einschließlich Thoraxbewegung, Puls, Blutdruck, zentralem Venendruck

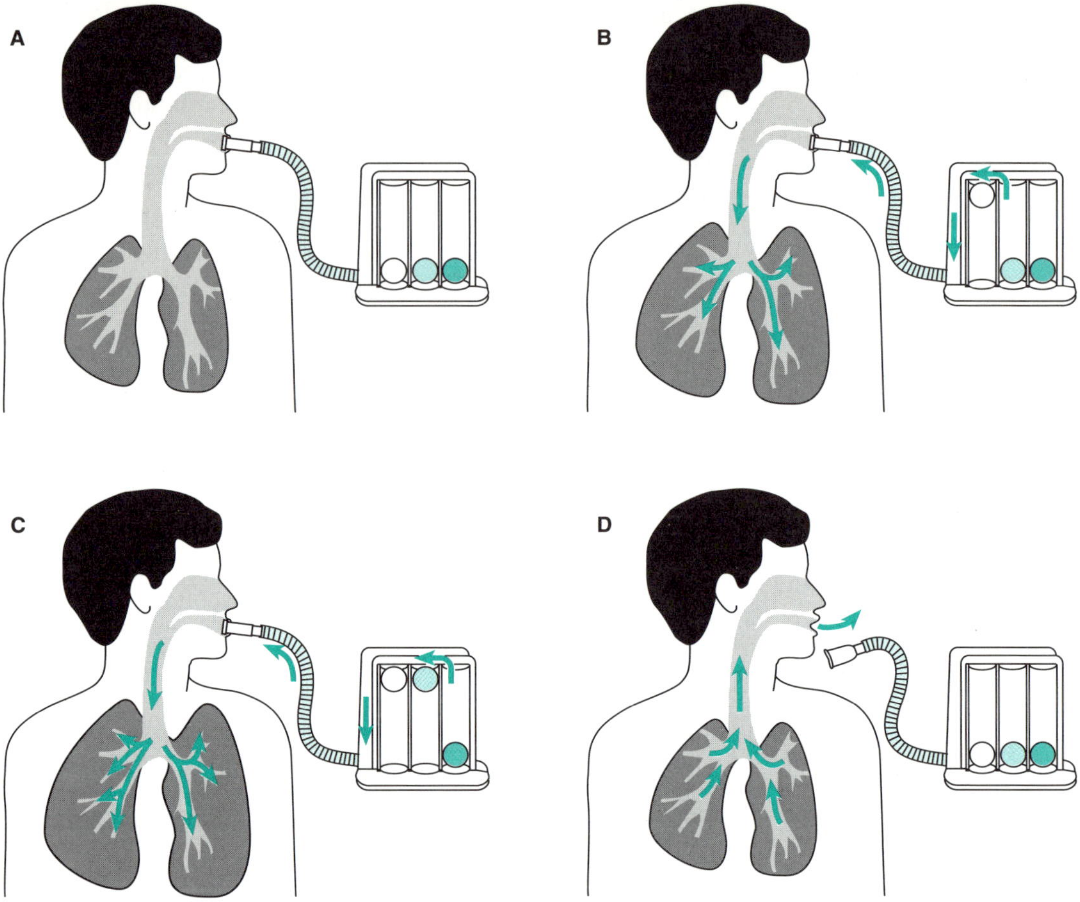

Abb. 15-14 Funktionsweise des Atemtrainers.
A: Der Patient soll mit seinem Mund das Mundstück fest umschließen.
B: Um eine möglichst tiefe Inspiration zu erzielen, soll der Patient mit dem ersten Atemzug versuchen, nur den Ball in der ersten Kammer nach oben zu bewegen (am Ende der Einatmung die Inspirationsstellung kurz halten).
C: Bei allen weiteren Atemzügen soll der Patient so tief wie möglich einatmen, jedoch sollte nicht versucht werden, den Ball der dritten Kammer hochzuziehen (Hyperventilation).
D: Jedes Training sollte ca. zehn Minuten dauern, wobei der Patient nach jeder Inspiration ein Pause einlegen sollte, bevor er die Übung wiederholt.

(ZVD) und dem Aussehen des Patienten (Zyanose) konzentriert.

Bei komplikationslosem Verlauf kehrt der Patient am **ersten** postoperativen Tag in die Allgemeinabteilung zurück, so daß die folgenden beschriebenen Maßnahmen **generell** gelten.

Sauerstoff wird **nur** nach Überprüfung der arteriellen Blutgase und ausschließlich auf **ärztliche Anordnung** verabreicht. Die ärztlichen Angaben müssen **Verabreichungsart** (Maske, Brille bzw. Sonde), **Dauer** (kontinuierlich bzw. intermittierend) sowie die **zu verabreichende Menge** (Liter pro Minute) beinhalten. Das Pflegepersonal sollte während der Sauerstoffverabreichung darauf achten, daß die Inspirationsluft **stets angefeuchtet** und evtl. **angewärmt** wird (vermeidet die Austrocknung der Nasenschleimhaut).

Da die Lunge ein sehr **gut durchblutetes** Organ ist, sind Blutungen in diesem Bereich meist sehr stark und der Patient verliert innerhalb kürzester Zeit sehr viel Blut, das möglichst sofort wieder ersetzt werden muß. Eine **frühzeitige Erfassung** von Blutungen ermöglichen regelmäßige Kontrollen (alle 15 bis

30 Minuten) der oben genannten Parameter, sowie die genaue Beobachtung der Wundsekrete (Bülau-Drainage). Es gilt das Aussehen (serös, blutig, Beimengungen, etc.) sowie die abfließende Menge des Sekretes zu protokollieren. Zusätzlich ist die exakte Überwachung der **Funktionstüchtigkeit** der Bülau-Drainage (Sogeinstellung) kontinuierlich durchzuführen. Die **Sogstärke** ist durch den Arzt festzulegen, in der Regel liegt sie zwischen 15 bis 25 cmH_2O, mit Ausnahme bei der Pneumonektomie. Hier darf aufgrund der Gefahr einer **Mediastinalverschiebung** das Drain **keinesfalls** unter Sog gesetzt werden (s.a. Kap. 15.5.3).

Als weiteres Kriterium der Krankenbeobachtung ist das Auftreten eines **Hautemphysems** (bei Weichteilverletzungen, Pneumothorax, Hautinzision zum Legen einer Bülau-Drainage oder mangelnder Saugleistung einer Bülau-Drainage möglich) zu nennen. Durch die eintretende Luft ins Unterhautfettgewebe kommt es zum typischen **„Knistern"** bei Berührung. Um die Zunahme des Hautemphysems zu kontrollieren, können die **Randzonen** mit einem Stift **markiert** werden. Bei massiver Ausdehnung kann der gesamte Körperstamm und Kopf betroffen sein, besonders prägnant ist die Luftaufblähung jedoch an Augenlidern und Skrotum (Hochlagerung z.B. durch ein Hodenbänkchen; s.a. Kap. 27, Abb. 27-8 A). Das Hautemphysem bildet sich **spontan** zurück.

15.10.2 Körperpflege/Prophylaxen

Aufgrund der Schmerzen und Drainagen ist die **selbständige** Körperpflege für den Patienten in den ersten postoperativen Tagen **erschwert.** Hier braucht der Patient Hilfe bzw. Unterstützung durch die Pflegekraft. Eine **vollständige** Übernahme der Körperpflege durch die Pflegekraft ist **nur** am **Operationstag** selbst notwendig (aufgrund starker Schmerzen).

Die präoperativ eingeübten Fähigkeiten wie z.B. Durchführung der Atemtechnik werden sofort nach dem operativen Eingriff fortgesetzt. Sobald der Patient vollständig wach ist, ist er zum Durchatmen anzuhalten. Zum Abhusten wird der Patient etwa halbstündlich aufgefordert, wobei anfangs die Pflegekraft unterstützende Hilfe leistet, in dem sie die Hände auf die Wunde legt und einen leichten Gegendruck ausübt. Sobald der Patient dazu in der Lage ist, sollte er diese Maßnahme selbständig ausführen. Um das Abhusten zusätzlich zu erleichtern, werden zwei- bis dreimal täglich **Inhalationen** mit sekretlösenden (Sekretolytika z.B. Mista Bronco®) und bronchuserweiternden Medikamenten (Bronchodilatatoren z.B. Sultanol®) durchgeführt. Die Befeuchtung der Raumluft mittels aufgestellten Ultraschallvernebler wirkt ebenfalls sekretlösend.

Um dem Patienten das Durchatmen zu erleichtern bzw. um den Atemrhythmus zu verbessern, können zusätzlich **atemstimulierende Einreibungen** mit einer pflegenden Hautlotion von Nutzen sein, da dadurch eine **Entspannung** des Patienten erreicht wird, die zu einer **ruhigen gleichmäßigen** Atmung führt.

Auf den Einsatz ätherischer Öle oder Salben sollte hierbei verzichtet werden, da es zu allergischen Hautreizungen oder asthmaähnlichen Zuständen durch das Einatmen der ätherischen Dämpfe kommen kann!

Atemstimulierende Einreibungen setzen allerdings voraus, daß der Patient schmerzfrei ist und er sich in einer ruhigen Atmosphäre befindet. Die Atemhilfsmittel (Giebelrohr, Spirometer) kommen zum Einsatz, sobald der Patient zur **aktiven Mitarbeit** in der Lage ist. Die Übungen mit dem Giebelrohr sollte der Patient je nach Befinden **halbstündig** etwa **zehnmal** hintereinander ausführen, das Training mit dem Spirometer erfolgt **stündlich für ca. zehn Minuten**. Da auch Schmerzen die Atmung und Atemübungen behindern, werden Schmerzmittel nach Anweisung des Arztes in der Regel in der postoperativen Phase großzügig verabreicht (Schmerzmittel nach Plan, nicht erst bei Auftreten von Schmerzen).

Übungen mit dem Giebelrohr sind grundsätzlich nur nach ärztlicher Anweisung vorzunehmen, da es aufgrund der Totraumvergrößerung zur vermehrten Einatmung von CO_2 kommen kann. Dies kann zu Schwindel, Übelkeit und unter Umständen auch zur CO_2-Narkose führen; deshalb ist der Patienten während der Übung genau zu beobachten und nicht allein zu lassen!

15.10.3 Lagerung/Mobilisation

Die Lagerung des Patienten erfolgt grundsätzlich **atemerleichternd,** d.h. sobald der Patient aus der Narkose erwacht, wird das Kopfende des Bettes alle 30 Minuten langsam etwas höher gestellt, so daß der Patient am Nachmittag des Operationstages bzw. fünf bis sechs Stunden nach dem Eingriff in **sitzende** Position gekommen ist. Nun beginnt das Umlagern des Patienten, das sich nach der Art des Eingriffes richtet.

- **Lobektomie und Segmentresektion:** Die Lagerung erfolgt ausschließlich auf die **gesunde Seite,** damit sich die **operierte Seite** der Lunge richtig **entfalten** kann. Die Umlagerung geschieht nach Plan im zweistündigen Wechsel unter folgendem Schema: Rückenlage, Seitenlage gesunde Seite, Rükkenlage.
- **Pneumektomie:** Nach diesem Eingriff muß sich die **nicht operierte** Lunge gut **entfalten** können und damit gut belüftet werden. Um dies zu erreichen, erfolgt die Lagerung alle zwei Stunden laut Plan nach folgendem Schema: **operierte Seite,** Rückenlage, operierte Seite.

Die Mobilisation richtet sich nach dem Befinden des Patienten, sollte jedoch **so früh als möglich** beginnen, d.h. am Nachmittag des Operationstages sitzt der Patient kurz auf der Bettkante. Später kann der Patient noch einmal kurz aufstehen (je nach Kreislaufsituation, vorher Blutdruckkontrolle!). Am ersten postoperativen Tag wäre es wünschenswert, wenn der Patient **mindestens zweimal** aufstehen kann (Verhinderung einer Pneumonie), wobei sich die Entfernungen nach der Länge der Absaugschläuche richten. Mittlerweile gibt es jedoch Absaugsystem, die es erlauben, den Patienten für einen bestimmten Zeitraum vom Sog abzunehmen, da der Unterdruck für einige Stunden im System aufrechterhalten wird. Während der Mobilisation ist jedoch darauf zu achten, daß die Drainageleitungen **nicht** abgeknickt werden.

15.10.4 Ernährung/Darmanregung

Da das Einsetzen der Darmtätigkeit in der Regel problemlos erfolgt, darf der Patient am Operationstag spätestens sechs Stunden nach Narkose trinken und am ersten postoperativen Tag je nach Befinden leichte Kost (Suppe, Zwieback, Schleim) zu sich nehmen. Sollte jedoch postoperativ eine Nachbeatmung erforderlich sein, verschiebt sich evtl. die orale Nahrungsaufnahme entsprechend der Beatmungszeit.

15.10.5 Drainagen/Sonden/Katheter

Die intraoperativ eingelegte Magensonde wird spätestens sechs Stunden nach der Narkoseausleitung entfernt, falls keine Übelkeit besteht und keine Nachbeatmung erforderlich ist. Zur Überwachung des zentralen Venendruckes (ZVD) wurde dem Patienten ein zentraler Venenkatheter gelegt, der in der Regel bei komplikationsfreien Verlauf am zweiten bis dritten postoperativen Tag entfernt wird.

Besondere Bedeutung kommt der **Überwachung** und dem **pflegerischen Umgang** mit **Thoraxdrainagen** zu (s. Kap. 9.1.4 und 9.1.8). Thoraxdrainagen können einen positiven oder negativen Einfluß auf die Psyche des Patienten haben.

Positive Auswirkung:
- Die Drainage bringt **Entlastung** (erleichtert das Durchatmen), da sie den Sekretabfluß fördert.
- Sie unterstützt die Heilung.
- Die häufig notwendigen Kontrollen von Thoraxdrainagen auf Funktionstüchtigkeit, bieten die Möglichkeit einer ausführlichen Kontaktaufnahme zwischen Pflegekraft und Patient.

Negative Auswirkungen:
- Patient fühlt sich sehr krank, da das austretende Sekret ihn an die Erkrankung erinnert.
- Er hat evtl. **Angst**, hervorgerufen durch die Apparate, Schläuche und Klemmen.
- Die Angst kann sich verstärken, wenn der Patient **ungenügend informiert** wird oder jemand **unsicher** im Umgang mit dem System ist.
- Aufgrund des kontinuierlichen **Geräuschpegels** des Saugsystems kann der Patient **keinen Schlaf** finden, bzw. er hat das Gefühl, das System überwachen zu müssen.
- Der Patient wagt sich nicht zu bewegen, da ihn die Ableitungen **einengen** bzw. er **befürchtet,** bei unkontrollierten Bewegungen die Ableitungen zu **verschieben** bzw. **herauszuziehen.**

Auf die genannten Aspekte ist bei der Pflegeplanung besonders einzugehen.

15.10.6 Wundversorgung/Verbandwechsel

Der erste Verbandwechsel findet in der Regel nach drei bis vier Tagen postoperativ unter aseptischen Bedingungen statt. Hierbei wird der Hautschnitt mit einer sterilen Wundauflage versehen. Die Eintrittsstelle des Bülau-Drains ist mit einer eingeschnittenen sterilen Wundauflage (Schlitzkompressen) abzudecken und mit elastischen Klebevlies (z.B. Mefix®) zu befestigen. Thoraxdrainagen werden bei der Einlage festgenäht (Tabakbeutelnaht), so daß sie in der Regel fest sitzen. Zusätzlich können sie beim Verbandwechsel mit einem Pflasterzügel fixiert werden, d.h. ein Leukoplaststreifen wird so aufgeklebt, daß die beiden Enden gegenläufig um die Drainage befestigt werden (Abb. 15-15 A bis D).

Bei **Manipulationen** an der Drainage oder einem **Flaschenwechsel** ist die Drainage mit zwei Thoraxklemmen **gegenläufig abzuklemmen.** Die Klemmen müssen immer patientennah aufbewahrt werden.

Um in Notsituationen (z.B. unbeabsichtigte Diskonnektierung des Systems) die Ableitungen der Thoraxdrainage rasch doppelt abklemmen zu können, müssen stets zwei Klemmen griffbereit sein!

Hat sich die Lunge gut entfaltet und fördert die Bülau-Drainage kein Sekret mehr (Beurteilung durch Röntgenkontrolle), wird die Drainage für ca. **24 Stunden abgeklemmt** und die Röntgenkontrolle wiederholt. Haben sich keine Veränderungen eingestellt, kann die Drainage in der Regel entfernt werden. Dies ist alleinige Aufgabe des Arztes. Der Pflegeperson obliegt lediglich die **Assistenz,** d.h. Anreichen des sterilen Materials und Herausziehen des Drains auf Aufforderung des Arztes, da dieser die Tabakbeutelnaht zuziehen muß, um die Eintrittsstelle des Drains zu verschließen. Anschließend wird die Naht mit einer sterilen Auflage bedeckt und zusätzlich mit drei bis vier Heftpflasterstreifen **dachziegelartig** verklebt. Der Verband kann nach 24 Stunden entfernt werden, da die Eintrittsstelle zu diesem Zeitpunkt bereits verschlossen (verklebt) ist. Die weitere Wundabdekkung erfolgt mittels einem Heftplaster mit Wundauflage (z.B. Hansaplast®). Die Fäden des Hautschnittes sowie der Tabakbeutelnaht werden nach acht bis zehn Tagen entfernt.

15.11 Verhaltensregeln für Patienten nach Thoraxeingriffen

Patienten nach Thoraxeingriffen können eine Anschlußheilbehandlung in Anspruch nehmen (Antrag durch den behandelnden Krankenhausarzt stellen). Das Rauchen sollte möglichst unterlassen werden, auf eine ausgewogene vitaminreiche Ernährung ist zu achten. Das begonnene Atemtraining kann auch **zu Hause fortgeführt** werden, um die Lungenfunktion weiterhin zu unterstützen. Da das Leben mit nur einer Lunge bzw. einer verkleinerten Atemfläche auch psychisch verarbeitet werden muß, ist für die Rehabilitationsphase eine positive Lebenseinstellung förderlich. Geeignete Unterstützung kann der Patient bei Krankenkassen oder Gesund-

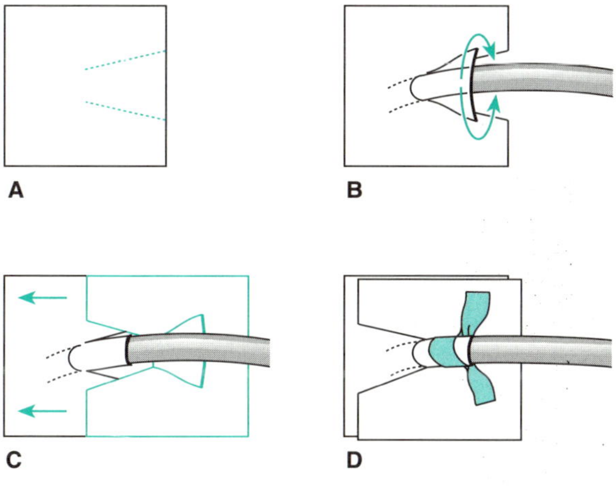

Abb. 15-15 Verband und regelhafte Fixierung der Thoraxdrainage.
A: Zugeschnittener elastischer Fixierverband (z.B. Mefix®).
B: Die beiden eingeschnittenen Enden unterhalb des Drains übereinanderkleben.
C: Gleiches Vorgehen wie bei B, jedoch von der anderen Seite befestigen.
D: Anbringen eines Pflasterzügels (gegenläufig).

heitsstätten finden, die zahlreiche **Atemschulungen** bzw. **Atemkurse** anbieten.

In den ersten Wochen nach der Operation sind die Patienten **infektgefährdet**, so daß Situationen zu vermeiden sind, die zu Erkältungen führen können. Bei einigen Patienten ist eine Umgestaltung des Arbeitsplatzes oder eine Umschulung notwendig (Chemiefacharbeiter bei Umgang mit atemreizenden Gasen).

15.12 Postoperative Pflegeplanung (individuell) bei Bronchialkarzinom (Lobektomie), rechte Lunge

15.12.1 Fallbeispiel Herr W. Weber

Am 15. 04. 1995 wird Herr Wilfried Weber, 58 Jahre alt, mit der Diagnose „Plattenepithelkarzinom" im Bereich der rechten Lunge in die chirurgische Universitätsklinik eingewiesen. Herr Weber ist 180 cm und wiegt 60 kg. Er berichtet, daß er in den letzten zwei Jahren 20 kg Gewicht unfreiwillig abgenommen hat. Er klagt über Atemnot, die ihm das Sprechen mühsam macht. Luftnot habe er schon so lange Zeit, daß er sich an den Beginn nicht mehr erinnern könne. Seit drei Wochen sei sie bei der geringsten Belastung unerträglich geworden. Er sei in seinem Leben selten zum Arzt gegangen. Früher habe er viel geraucht, bis 60 Zigaretten täglich, in den letzten drei Jahren nur noch acht Zigaretten pro Tag und seit Weihnachten habe er das Rauchen komplett aufgegeben.

Seine ihn begleitende Ehefrau berichtet, daß Herr Weber schon seit dem vergangenen Winter unter Appetitlosigkeit leide. Seit er wisse, wie „es um ihn stehe", habe er versucht, alle privaten Angelegenheiten zu regeln, aber er mache sich dennoch Sorgen, wie sie mit allem alleine fertig werden würde. Sollte die geplante Operation, eine Lobektomie, mißlingen, sei es sein größter Wunsch, in Frieden und ohne Schmerzen sterben zu können.

Postoperativ wird Herr Weber für 24 Stunden in der Intensivabteilung betreut. Am Nachmittag des ersten postoperativen Tages wird er nach einem bisher unauffälligen Verlauf in die allgemeine Abteilung zurückverlegt. Herr Weber ist noch mit einem zentralen Venenkatheter und einer Bülau-Drainage versorgt.

15.12.2 Stammblatt

Weber, Wilfried
geb. 26.04.1937
Adresse ...
Krankenkasse ...

Aufn.-Dat.: 15.04.1995 Aufnahmestation: 15

Wiederaufnahme: ☐ ja ☒ nein

Fam.-Stand: verh. Beruf: Fernfahrer

Angehörige: Anette Weber, Ehefrau

Telefonnummer: 0731/372012

☐ Pat. kommt allein ☒ in Begleitung

☐ gehend ☒ sitzend ☐ liegend ☐ RTW

Körperlicher Zustand/psychischer Zustand:
Größe: 180 cm Gewicht: 60 kg
Pat. kommt mit schwerster Atemnot

☒ ansprechbar ☐ benommen ☐ bewußtlos
☐ eingenäßt ☐ eingekotet

Dekubitus (Größe, wo): ∅

Lähmungen: ∅

Bitte beachten:
(z. B.: DK, Diabetiker, bei Tod – Nachricht an: usw.)
∅

Eßgewohnheiten: hat keinen Appetit, mag Kartoffelbrei und Rührei

Trinkgewohnheiten: tägl. 1,5 l Matetee, Orangensaft

Rauchen: seit 1994 nicht mehr

Schlafgewohnheiten: mit erhöhtem Oberkörper und offenem Fenster

Schlafmittel: ∅

Stuhlgang: regelmäßig jeden 2. Tag

Abführmittel: jeden Morgen 2 Teel. Leinsamen in Joghurt

Harnentleerung: entspricht der Trinkmenge, nachts steht er 1x auf

Prothesen: s.u.

Sprachstörungen: ∅

Kontrakturen: ∅

	ja	nein
Brille/~~Kontaktlinsen~~	☒	☐
Hörgerät links/rechts	☐	☒
Schwerhörig	☐	☒
Zahnprothese oben	☒	☐
Zahnprothese unten	☒	☐
Schrittmacher	☐	☒
Gehhilfen	☐	☒
Seelsorger	☐	☒

Wertsachen: Uhr und Ehering hat Ehefrau mit nach Hause genommen

Pflegeabhängigkeit postoperativ

	ja	nein	mit Hilfe
Essen	☒	☐	☐
Anziehen	☒	☐	☐
Toilette	☒	☐	☐
Waschen	☒	☐	☐
Gehen	☒	☐	☐

Wichtige Medikamente (z. B. Insulin/Marcumar, Depot Neuroleptika):
∅

Allergien/Unverträglichkeiten:
hat Pflasterallergie auf Leukoplast

Jetzige Beschwerden:
schwerste Atemnot bei jeder körperlichen Anstrengung und in Ruhe

Soziales Umfeld:
- lebt mit Ehefrau in Mietwohnung
- hat keine Kinder
- hat 2 Brüder und 1 Schwester zu denen und deren Familien er und seine Frau gute Kontakte haben
- sein liebstes Hobby, sein Schrebergarten

Einweisungsdiagnose:
Plattenepithelkarzinom

Aufklärung über Diagnose: ☒ ja ☐ nein

Aufgenommen von: Sr. Dorit Kraus

Datum: 15.04.1995

15.12.3 Pflegeplanung Herr W. Weber

Pflegeproblem	Pflegeziel	Pflegemaßnahmen
1 Ruhen und Schlafen • Pat. kann nachts max. 2 Std. schlafen, Atemnot und Sorgen halten ihn wach	• Pat. kann 3 bis 4 Std. schlafen • Pat. hat weniger Atemnot, kann über seine Sorgen sprechen	• auf Schlafgewohnheiten eingehen (erhöhter Oberkörper, geöffnetes Fenster) • Klingel in Reichweite • Gespräch zur Beruhigung führen
• Pat. findet keine Ruhe durch: – Wundschmerz	• Pat. erfährt Schmerzlinderung	• ausreichende Gabe von Analgeika auf ärztl. Anordnung (Dokumentation) • evtl. Abpolstern der Bülau-Drainage mit Schaumstoff oder kleinem Kissen
– häufige Pflegemaßnahmen (Umlagerung)	• Pat. akzeptiert die vorübergehende Situation	• Pat. über die Notwendigkeit der häufigen Lagerungswechsel informieren
– Geräusche der Bülau-Drainage	• Pat. ist vorwiegend ungestört	• Pat. Ohropax® anbieten
2 Sich bewegen • Bewegungseinschränkung durch: – Wundschmerz – Bülau-Drainage – venösen Zugang	• ist in seiner Beweglichkeit möglichst ungehindert	• s. ATL **1** • Ableitungen sicher und hautschonend fixieren mit Leukoderm® • Infusionszuleitungen verlängern z. B. mit Heidelberger Verlängerung
• Dekubitusgefahr (lt. Norton-Skala 26 Punkte)	• hat intakte Haut	• Beobachten der Haut beim Waschen/Betten • Schützen der Haut mit Hautcreme • postoperatives Lagerungsschema, s. ATL **7**
• Thrombosegefahr	• venöser Rückstrom ist gewährleistet	• AT-Strümpfe beidseits über 24 Std. • Ausstreichen der Beine in Herzrichtung beim waschen und eincremen • zu aktiven Bewegungsübungen (z. B. Füße kreisen) motivieren • ab dem 1. postop. Tag 2 bis 3 × tägl. mobilisieren (vor das Bett stellen, Beine anziehen, einige Schritte laufen, in den Sessel setzen)
3 Sich waschen und kleiden • selbständige Körperpflege unmöglich (durch operativ bedingte Bewegungseinschränkung)	• Pat. fühlt sich körperlich wohl	• Hilfestellung bei der Körperpflege 2 × tgl. (Waschen von Rücken, Genitalbereich, Beine und Füße) • Anreichen der Zahnpflegeutensilien • Hautpflege mit Körperlotion (steht am Bett) • so bald als möglich eigene Kleidung anbieten

15.12.3 Pflegeplanung (Fortsetzung)

Pflegeproblem	Pflegeziel	Pflegemaßnahmen
4 Essen und Trinken • Pat. hat keinen Appetit und nimmt nicht ausreichend Nahrung und Flüssigkeit zu sich, ist körperlich geschwächt	• Pat. ißt und trinkt ausreichend	• Wunschkost (Ei, Kartoffelbrei) anbieten • Mahlzeiten appetitlich anrichten und mehrere kleine Mahlzeiten bereitstellen • Kontrolle der tägl. Nahrungs- und Flüssigkeitszufuhr • Ehefrau bitten, den Pat. zum Essen auffordern und bei der Nahrungsaufnahme unterstützend mitzuwirken
• Gefahr von: – Soor und Parotitis	• intakte Mundschleimhaut	• nach jeder Mahlzeit und zur Nacht Mundpflege lt. Standard (Nummer, Erstellungsdatum) • Lemonsticks® anbieten (Anregung der Speicheldrüsen)
– Dehydration – zusätzlichem Gewichtsverlust	• ausgeglichener Flüssigkeits- und Ernährungszustand	• Flüssigkeitszufuhr 1,5 bis 2 Liter tägl. (Lieblingsgetränke Mate-Tee, Orangensaft anbieten) • Einfuhr dokumentieren • Anbieten hochkalorischer Drinks z. B. Fresubin® 3 × tägl. zu den Hauptmahlzeiten • Diätassistentin zum Beratungsgespräch bestellen • Gewichtskontrolle 1 × wöchentlich
5 Ausscheiden • Pat. klagt über mangelnde Darmentleerung seit der Operation (Obstipation)	• Pat. hat Darmentleerung jeden 2. Tag	• Darmanregung lt. ärztl. Anordnung • jeden Morgen 2 Teelöffel Leinsamen in Joghurt • Mobilisation s. ATL **2** • ausreichende Trinkmenge s.o.
• Pat. verliert Flüssigkeit über Bülau-Drainage	• ausgeglichener Flüssigkeitshaushalt	• Bilanz 1 × in 24 Std. • Dokumentation der Flüssigkeit, die über Drainagen verloren gehen (Menge, Aussehen, etc.)
6 Regulieren der Körpertemperatur • Pat. hat innerhalb der nächsten 3 Tage erhöhte Körpertemperatur (aufgrund des operativen Eingriffes)	• Pat. hat innerhalb der nächsten 3 Tage normale Körpertemperatur	• 3 × tägl. Kontrolle und Dokumentation der Körpertemperatur • Pat. erfrischen (kühle Waschungen) und leichte Decke anbieten • bei Anstieg über 38,5 °C Arzt informieren
7 Atmen (Blutdruck, Puls) • Pat. klagt über Dyspnoe, Gefahr einer/s – Pneumonie	• Pat. kann im Rahmen seiner Möglichkeiten atmen, die Dyspnoe bessert sich innerhalb der nächsten drei Tage	• Schmerzfreiheit s. ATL **1** • Oberkörperhochlagerung (45°) • Atemübungen 3 × tägl. z. B. mit Inhaloc, Triflow, Giebelrohr

15

15.12.3 Pflegeplanung (Fortsetzung)

Pflegeproblem	Pflegeziel	Pflegemaßnahmen
7		• atemunterstützende Einreibungen 2× tgl. mit Körperlotion (Achtung: keine ätherischen Salben anwenden, s. Kap. 15.10.1) • zur Nacht Lagerung im Wechsel (gesunde Seite/Rücken/gesunde Seite)
– Pneumothoraxes – Hautemphysems		• bei Entwicklung eines Hautemphysems oder Zunahme der Dyspnoe Arzt informieren • Funktionstüchtigkeit der Bülau-Drainage regelmäßig überprüfen
8 Für Sicherheit sorgen • Pat. hat Angst vor Wiederauftreten der Dyspnoe	• Pat. kann mit seiner Angst umgehen	• Klingel in Reichweite • sofortige Präsenz des Pflegepersonals beim Klingeln • Möglichkeit der Sauerstoffverabreichung muß jederzeit im Zimmer gewährleistet sein
• Infektionsgefahr durch: – Bülau-Drainage – venösem Zugang – Wunde	• reizlose Einstichstelle • komplikationslose Wundheilung	• Verbandwechsel der Bülau-Drainage • venöser Zugang 1× tägl. lt. Standard • erster steriler VW der Operationswunde 48 Std. postoperativ auf ärztl. Anordnung (Achtung, Pat. reagiert allergisch auf Leukoplast)
9 Sich beschäftigen • Pat. ist geschwächt und möchte in Ruhe gelassen werden	• Pat. hat Ruhe	• keine Aktivitäten aufzwingen • mehrere Pflegemaßnahmen kombinieren, damit häufige Störungen vermieden werden
10 Kommunikation • Pat. hat Schwierigkeit beim Sprechen (Dyspnoe)	• Pat. kann sich verständlich machen	• Ja-Nein-Fragen stellen • Schreibutensilien bereitstellen • Piktogramme benutzen • Zeit lassen zum Reden
11 Sich als Frau, Mann, Kind fühlen		
12 Sinn finden • Pat. macht sich Sorgen, daß seine Frau nicht ohne ihn zurecht kommt	• Pat. kann über seine Sorgen sprechen • Pat. gewinnt Zuversicht	• umfassende Aufklärung durch Arzt und Pflegepersonal über Nachsorgemaßnahmen und Rehabilitation • Angehörige über die Ängste informieren und sie bitten, mit dem Patienten zu sprechen

Literaturhinweise

[1] Heberer, G., F. W. Schildberg, L. Sunder-Plassmann, I. Vogt-Moykopf (Hrsg.): Lunge und Mediastinum. Springer-Verlag, Berlin 1991.

[2] Nohl-Oser, H. CH., G. M. Salzer (Hrsg.): Lungenchirurgie. Georg-Thieme-Verlag, Stuttgart 1985.

[3] Kremer, K., W. Lierse, W. Platzer, H. W. Schreiber, S. Weller: Chirurgische Operationslehre. Bd. 2 Thorax. Georg-Thieme-Verlag, Stuttgart 1991.

[4] Breitner, B.: Chirurgische Operationslehre. Bd II Chirurgie des Thorax. Gschnitzer, F. (Hrsg.), Urban & Schwarzenberg, München-Wien-Baltimore 1989.

[5] Krasna, M. J., M. J. Mack: Atlas of Thoracoscopic Surgery. Quality Medical Publishing, Inc. 1994.

[6] Sabiston, D. C., F. C. Spencewr: Surgery of the Chest. W. B. Saunders Co 1990.

[7] Wells F., B. B. Milstein: Thoracic Surgical Techniques. Baillière Tindall Lim. 1990.

[8] Beattie, E. J., N. Bloom, J. Harvey: Thoracic Surgical Oncology. Churchill Livingstone 1992.

[9] Ferlinz, R.: Lungen- und Bronchialerkrankungen. Georg-Thieme-Verlag, Stuttgart 1974.

[10] Maletzki, W., A. Stegmayer-Petry: Klinikleitfaden Krankenpflege. Jungjohann-Verlag, Neckarsulm-Stuttgart, 1. Aufl. 1993.

[11] Käufer, C.: Chirurgie und Krankenpflege. Bibliomed-Verlag, Melsungen, 2. Aufl. 1991.

[12] Juchli, L.: Pflege. Georg-Thieme-Verlag, Stuttgart, 7. Aufl. 1994.

16 Brustdrüse

E. Muhl, G. Bliemeister

16

I Allgemeiner Teil

16

16.1 Anatomie

Bei der weiblichen Brust (Mamma) handelt es sich um einen **Drüsenkörper,** der symmetrisch zwischen der dritten und sechsten Rippe sowie dem Brustbein und der vorderen Axillarlinie liegt. Die Brustdrüse produziert die Muttermilch. Sowohl die **Milchproduktion** als auch die **Entwicklung des Drüsenkörpers** (fehlt z. B. die Wirkung der Östrogene, kommt es zu einer mangelhaften Entwicklung der Brustdrüse) sind **hormonell** gesteuert. Das Zielorgan des Hormons Prolaktin ist die Milchdrüse, um das Wachstum des Milchgangsystems zu steigern und die Synthese der Milchproteine zu ermöglichen. Da dieses Hormon während der Stillzeit die Milchproduktion unterhält, sind die Prolaktinserumspiegel in der Stillzeit deutlich erhöht. Die Drüse enthält ein **Milchgangsystem,** das in der Brustwarze (Papilla mammae) mit 12 bis 15 Ausführungsgängen endet. Die Brustwarze ist konisch nach außen vorgewölbt und befindet sich in einem dunkel pigmentierten Hautareal, das als **Warzenvorhof** (Areola) bezeichnet wird (Abb. 16-1).

Während der große Brustmuskel (M. pectoralis major) direkt hinter der Brustdrüse liegt, begrenzt der kleine Brustmuskel (M. pectoralis minor) die Achselhöhle nach vorn.

Die Blutversorgung der Mamma erfolgt über die Rami (Äste) mammarii (zur Mamma) mediales aus der Arteria thoracica interna, die an der Thoraxinnenwand verläuft. Außerdem erreichen die Rami mammarii laterales aus dem Stromgebiet der A. axillaris und Arterienäste aus den Interkostalarterien die Brustdrüse. Zur **Beschreibung** von Tumoren der Brust wird diese geometrisch in **vier Quadranten** und **einen** axillären **Ausläufer** eingeteilt. Man spricht von einem oberen und unteren äußeren und von einem oberen und unteren inneren Quadranten. Fast die Hälfte aller Mammakarzinome sind im oberen äußeren Quadranten lokalisiert. Die Quadranten **unterscheiden** sich im **Lymphabfluß.** Die äußeren Quadranten und der axilläre Drüsenausläufer drainieren mit ihren Lymphgefäßen in die Lymphknoten der Achselhöhle und in die unter dem großen Brustmuskel lateral gelegenen Lymphknoten (Rotter-Lymphknoten). Die beiden inneren Quadranten drainieren ihre Lymphknoten in die hinter dem Brustbein gelegenen retrosternalen Lymphknoten und nach infraklavikulär. Die Lymphknoten oberhalb des Schlüsselbeins werden sekundär über den inneren und äußeren Lymphabflußweg erreicht (Abb. 16-2).

Die Achselhöhle wird nach oben durch das axilläre Gefäß-Nervenbündel begrenzt, wobei die Vene das am tiefsten gelegene Gefäß ist. Nach medial stellt der kleine Brustmuskel die Begrenzung dar. Nach dorsal wird die Achselhöhle begrenzt durch den M. latissimus dorsi (breiter Rückenmuskel). Von vorn gesehen verläuft auf diesem Muskel der N. thoracodorsalis (Brustkorb-Rücken-Nerv), der den M. latissimus dorsi innerviert. Der N. thoracicus longus (langer Brustkorbnerv) verläuft durch die Achselhöhle an die obere laterale Thoraxwand zum M. serratus (vorderer Sägemuskel).

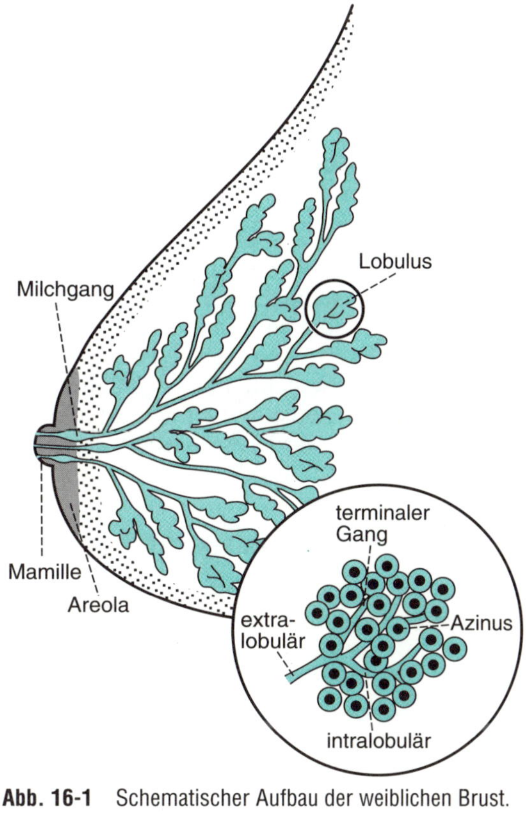

Abb. 16-1 Schematischer Aufbau der weiblichen Brust.

16

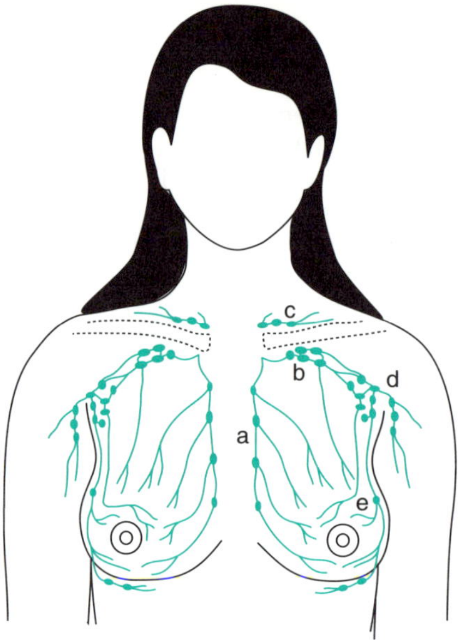

Abb. 16-2 Lymphabflußwege der Mamma.
a) Parasternale Lymphknoten entlang der A. thoracica interna (retrosternal).
b) Infraklavikuläre Lymphknoten.
c) Supraklavikuläre Lymphknoten.
d) Lymphknoten der Achselhöhle.
e) Lateral an der Brustwand und unter dem großen Brustmuskel gelegene Lymphknoten (Rotter-Lymphknoten).

16.2 Klinische Symptome

16.2.1 Bei Entzündungen

Bei einer Mastitis ist der entzündete Bereich der Brust hochschmerzhaft und gerötet. Ist eine **Einschmelzung** im Sinne eines Abszesses vorhanden, kann in diesem Bereich eine **Fluktuation** (Verschieblichkeit) getastet werden, während ansonsten die entzündlich veränderten Bezirke der Brust **deutlich verhärtet** sind.

16.2.2 Bei anderen Brusterkrankungen

Bei anderen Brusterkrankungen kommt es zu Spannungs- und Berührungsschmerzen der Mamillen (z.B. bei der Gynäkomastie) oder zu prämenstruellen Spannungs- und Schmerzempfindungen mit Knoten und Zystenbildung (z.B. bei der fibrös-zystischen Mastopathie, „Mastopathia fibrosa cystica").

16.2.3 Beim Mammakarzinom

Ein Mammakarzinom kann **völlig ohne** klinische Zeichen vorhanden sein. Klinische **Merkmale** eines Karzinoms können sein:
- tastbarer Tumor (Knoten, Verhärtung in der Brust)
- Einziehung der Brustwarze
- Apfelsinenhaut (durch tumorbedingte lokale Lymphabflußstörung)
- Formveränderungen und Hauteinziehungen
- Gewichts- und Hauttemperaturvergleich
- pathologische Sekretion (serös, blutig) aus der Brustwarze

Eine **Sicherung** der Diagnose Karzinom kann **nur** durch histologische Untersuchung erfolgen.

Ein tastbarer Knoten in der Brust ist solange als Karzinom anzusehen, bis das Gegenteil bewiesen ist!

16.3 Diagnostik

16.3.1 Anamnese und klinische Untersuchung

Vor jeder Untersuchung findet eine Befragung des Patienten nach möglichen Symptomen und evtl. vorhandenen Risikofaktoren statt. Die spezielle klinische Untersuchung besteht im **systematischen** Abtasten beider Brüste, der Achselhöhlen, sowie der infra- und supraklavikulären Lymphknoten (Lymphknoten unter- und oberhalb des Schlüsselbeins). Die Inspektion sollte in verschiedenen Haltungen (Arme erhoben, Hände in die Taille gestützt und mit herabhängenden Armen) erfolgen, um Fixierungen der Haut über der Brustdrüse besser zu erkennen. Kleinere Tumoren oder Tumoren in degenerativ, zystisch-veränderten Brüsten entziehen sich oft dem Tastsinn. Durch die fachgerechte **Selbstuntersuchung** (Abb. 16-3 A und B), die jede Frau ab dem 30. Lebensjahr regelmäßig durchführen sollte, werden Neubildungen in der Brust am ehesten festgestellt.

16.3.2 Allgemeine Diagnostik

Vor der Operation eines Mammakarzinoms sind folgende Untersuchungen erforderlich:

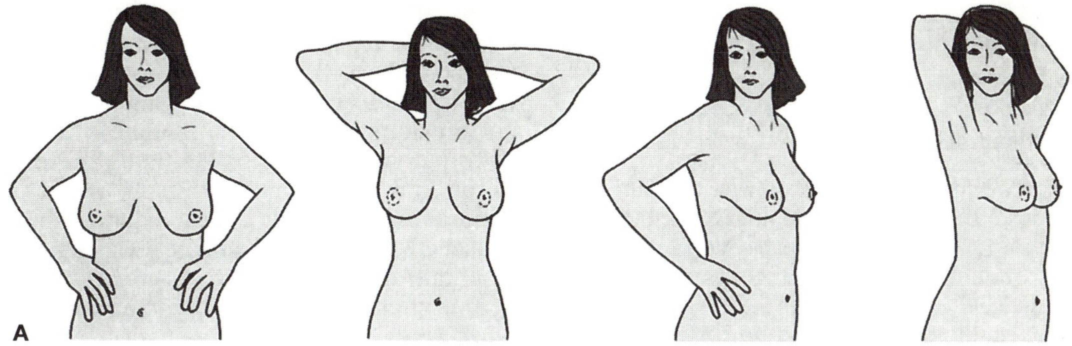

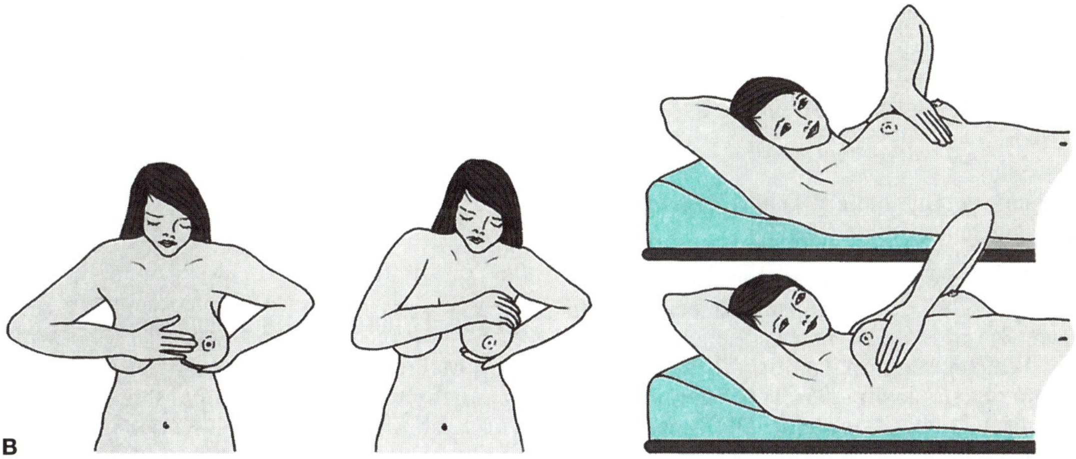

Abb. 16-3 Selbstuntersuchung der Brust.
A: Inspektion vor dem Spiegel. Die Brust wird jeweils mit in der Hüfte abgestützten und über den Kopf erhobenen Armen von allen Seiten betrachtet. Zu beachten sind z.B. Asymmetrien, Hauteinziehungen oder Entzündungszeichen.
B: Palpation im Stehen und Liegen. Immer nach der Menstruation die Brust von der Körperseite her zur Körpermitte hin durchtasten. Die Achsel nach vergrößerten Lymphkoten absuchen.

- Röntgenaufnahme des Thorax in zwei Ebenen (Ausschluß oder Bestätigung von Lungenmetastasen, Veränderungen an Herz und Lunge, die für die Anästhesie von Bedeutung sind)
- EKG
- Laboruntersuchungen (Blutbild, Serumelektrolyte, Kreatinin, Quick, PTT, Thrombozytenzahl, Blutgruppenbestimmung)

16.3.3 Spezielle Diagnostik

Mammographie und Galaktographie

Die Mammographie ist eine Röntgenuntersuchung der Brust, die immer in zwei Ebenen durchgeführt wird. Tumoren zeigen sich als **Verdichtung** im Drüsengewebe und sind evtl. mit strahligen Ausläufern oder mit Mikroverkalkungen, die manchmal nur unter der Lupe im Röntgenbild zu sehen sind, verbunden. Werden solche Tumorzeichen in der Mammographie **sichtbar**, ist immer die **histologische** Klärung anzustreben. Bei der Galaktographie werden die Milchgänge der Brustdrüse mit Kontrastmittel gefüllt und radiologisch dargestellt. Sie ist besonders bei einer pathologischen **Sekretion** aus der Brustdrüse angezeigt und kann evtl. tumortypische Veränderungen bei Karzinomen, die vom Milchgangsystem ausgehen, aufzeigen.

Sonographie

Die Ultraschalluntersuchung der Brustdrüse kann klären, ob es sich bei einem tastbaren

Knoten um gewebedichte Veränderungen oder um flüssigkeitsgefüllte Zysten handelt.

Thermographie

Die Thermographie zeigt **stärker** durchblutete Bezirke in der Brustdrüse an. Es handelt sich um ein sehr **unspezifisches** Verfahren und wird daher kaum noch angewandt. Als ausschließliche Untersuchung ist sie zur Diagnostik ungeeignet, sie kann aber Hinweise auf herdförmige Veränderungen (Screening-Methode) in der Brustdrüse geben, so daß dann die Indikation für weitere Untersuchungen (z.B. Mammographie) gegeben ist.

Computertomographie (CT) und Magnetresonanztomographie (MRT)

Die Computertomographie hat ihre Berechtigung bei der Abklärung **metastasenverdächtiger** Befunde, z.B. in der Leber oder bei der Feststellung von Tumorinfiltrationen der Thoraxwand sowie deren Ausdehnung bei fortgeschrittenen Tumoren. Die Magnetresonanztomographie ist zur Untersuchung von Weichgewebetumoren durchaus geeignet. Durch Gabe spezieller Kontrastmittel, die sich in verschiedenartigen Neubildungen unterschiedlich anreichern (Kontrastmittelkinetik) lassen sich Hinweise auf die Art der vorliegenden Neubildung gewinnen. Sie wird als **ergänzende** Untersuchung zu Mammographie und Sonographie eingesetzt.

Hormonelle Untersuchungen und Tumormarker

Viele Mammakarzinome sind **hormonabhängig**. In diesen Fällen (zwei Drittel aller Mammakarzinome) können ein Östrogen- und/oder ein Progesteronrezeptor (Bindungsstellen für diese Hormone) im Tumorgewebe nachgewiesen werden. Der Tumor wird dann als **rezeptorpositiv** bezeichnet. Dies bedeutet, die Hormone beeinflussen das Tumorwachstum. Durch eine entsprechende antihormonelle Medikation kann das Wachstum solcher Tumoren vermindert werden. Die Ausstattung der Tumorzellen innerhalb eines Tumors mit Rezeptorprotein ist durchaus unterschiedlich, woraus sich das abweichende Ansprechen auf hormonelle Therapien erklärt und auch die Tatsache, daß rezeptorpositive Tumoren rezeptornegative Metastasen (Tochtergeschwülste, Tumorabsiedlungen an anderer Stelle und in anderen Organen) hervorbringen können. Die Bestimmung folgender Laborparameter (Östriol, Östradiol, Progesteron und Prolaktin) ist sinnvoll. Tumorassoziierte Antigene sind Zeichen der immunologischen Auseinandersetzung des Organismus mit dem Tumor. Sie lassen sich im Serum nachweisen. Beim Mammakarzinom (aber auch bei Karzinomen des Magen-Darmtrakts) hat sich das „Carcino-embryonale Antigen" (CEA) als Verlaufsparameter bewährt. Beim Mammakarzinom findet sich in 60% der Fälle ein CEA-Anstieg. Wird im Rahmen einer **Nachsorgeuntersuchung** ein CEA-Anstieg nach operiertem Mammakarzinom entdeckt, muß nach einem **Rezidiv** bzw. nach **Metastasen** gesucht werden.

16.3.4 Ergänzende Untersuchungen

Zur Metastasensuche können eine Skelettszintigraphie und eine Sonographie der Leber durchgeführt werden. Bei Knochenschmerzen bringen gezielte Röntgenaufnahmen der betroffenen Skelettanteile Hinweise auf Metastasen. Nicht zu den Routineverfahren zählt die kranielle Computertomographie. Sie wird nur dann durchgeführt, wenn durch klinische Symptome (z.B. Krampfanfälle, Bewußtseinsveränderung, neurologische Ausfälle wie bei einem Schlaganfall) der Verdacht auf **Hirnmetastasen** gegeben ist.

16.3.5 Aufklärung über das Operationsverfahren und typische Risiken

Die Aufklärung über das erforderliche OP-Verfahren und die damit verbundenen Risiken ist Aufgabe des Arztes. Sie sollte so **frühzeitig** wie möglich erfolgen und, soweit vorhanden, auch das Gespräch über **alternative Behandlungsverfahren** beinhalten. Auf das Risiko einer Nachblutung, über die möglichen Gefahren und Komplikationen bei der Gabe von Blutkonserven, über Wundheilungsstörungen, Infektionen, Verletzungen von Nerven mit Gefühlsstörung und Bewegungseinschränkung des Armes sowie auf eine evtl. Lymphstauung im Arm muß die Patientin hingewiesen werden.

16.4 Therapie

16.4.1 Abhängigkeit des Operationsverfahrens von der Art des Tumors und des Stadiums

Es gibt eine Vielzahl operativer Therapien bei Tumoren der Mamma. Zur **Tumorsanierung** muß die Resektion so **ausgedehnt** wie **nötig** sein. Bei gutartigen Tumoren ist keine Brustamputation, sondern ausschließlich die Tumorentfernung erforderlich. Außerdem sind in der Mammachirurgie ganz besonders **kosmetische** Aspekte (z.B. Symmetrie der Brüste, Erhaltung einer natürlichen Form der Brust) zu berücksichtigen. Die Amputation einer Brust bedeutet für jede Frau einen einschneidenden Eingriff mit der evtl. **Beeinträchtigung** des **Selbstwertgefühls** als Frau. In den letzten Jahren haben sich immer mehr brusterhaltende Verfahren in der Karzinomtherapie durchgesetzt, die bei kleinen Tumoren ohne Nachteil für die Überlebensrate und die Rezidivhäufigkeit angewandt werden können.

16.4.2 Präoperative Markierung

Sind mammographisch gesicherte Tumoren der Brust **nicht** tastbar, ist der Tumor **radiologisch** zu markieren. Hierzu wird direkt vor der Operation ein dünner Draht unter radiologischer Sicht an den Tumor, aber keinesfalls in den Tumor gebracht und ein Röntgenbild angefertigt, das die Lagebeziehung des Drahtes zum Tumor aufzeigt. So können auch nicht tastbare Tumoren vom Chirurgen gezielt entfernt werden.

16.4.3 Intraoperative Diagnostik

Insbesondere bei **nicht** tastbaren Tumoren ist es erforderlich, intraoperativ festzustellen, ob wirklich der radiologisch malignitätsverdächtige Befund **entfernt** wurde. Das vom Chirurgen entfernte OP-Präparat wird mammographisch untersucht und mit der präoperativen Mammographie **verglichen.** Im Anschluß erfolgt der histologische Schnellschnitt. Hierfür wird das Präparat ohne Fixierung auf Eis unverzüglich in die Pathologie gebracht. Das Ergebnis der Untersuchung des Gefrierschnitts ist dem Chirurgen sofort telefonisch zu übermitteln. Der Pathologe teilt mit, ob es sich um ein Karzinom handelt, wie groß der Tumor ist, ob er komplett entfernt wurde und wenn ja mit welchem Sicherheitsabstand. Angepaßt an den Befund des Pathologen wird die Operation dann fortgesetzt. Aus dem Tumorgewebe erfolgt auch der Nachweis der Hormonrezeptoren.

16

16.4.4 Operative Verfahren

Tumorektomie

Der erste Schritt jeder Tumorchirurgie der Mamma ist immer die histologische Abklärung des verdächtigen Befundes mittels einer Tumorektomie. Falls es möglich ist, wird die Entfernung des Tumors mit **einem Saum tumorfreien** Gewebes angestrebt. Nur bei inflammatorischen (entzündlichen, bedeutet hier die ausgedehnte Infiltration der Haut und des Unterhautfettgewebes), großen Tumoren kommt eine Exzisionsbiopsie in Betracht, da die Tumorentfernung zur Sicherung der Diagnose bei **so** ausgedehnten Befunden schon die Entfernung der **gesamten** Brust bedeuten würde. Die Tumorentfernung erfolgt, wann immer möglich, über einen Schnitt am Rand des Warzenvorhofs, da so die besten kosmetischen Ergebnisse erzielt werden (Abb. 16-4). Ergibt die histologische Schnellschnittuntersuchung einen gutartigen Tumor, kann der Eingriff beendet werden. Bei kleinen Mammakarzinomen (bis 3 cm) sind **zusätzlich** über einen Schnitt die **Lymphknoten** der Axilla zu entfernen. Bei Lymphknotenbefall durch den Tumor ist eine

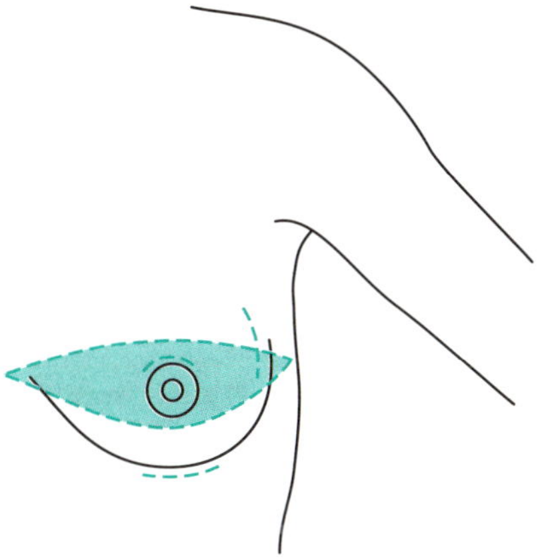

Abb. 16-4 Kosmetisch günstige Schnittführungen bei der Chirurgie der Mamma.

Chemotherapie anzuschließen. Teilweise erfolgt in diesen Fällen auch die zusätzliche Bestrahlung des Restbrustdrüsenkörpers.

16

Quadrantenresektion

Die Resektion des tumorbefallenen Quadranten der Brust ist ein weiteres Verfahren der **brusterhaltenden** Therapie des kleinen Mammakarzinoms. Sie kann sowohl über einen Schnitt am Rand des Warzenvorhofs als auch durch eine über dem Tumor gelegene Schnittführung erfolgen. Auch hier ist eine Lymphknotenentfernung in der Axilla vorzunehmen.

Ablatio simplex und subkutane Mastektomie

Ablatio simplex bezeichnet die Entfernung der **gesamten** Brustdrüse mit ovaler Umschneidung der Brust einschließlich der Mamille. Dieser Eingriff **ohne** Lymphknotenentfernung wird heute nur noch als **Palliativeingriff** (krankheitsmildernd) bei ausgedehnten Tumoren durchgeführt. Als subkutane Mastektomie bezeichnet man die Brustdrüsenentfernung unter Erhaltung der über der Mamma gelegenen Haut. In der Regel wird sie mit einer primären **Implantation** eines **Expanders** zum späteren Einbau einer Prothese kombiniert. Ein Expander ist ein rundliches Kunststoffimplantat, entsprechend der Größe der aufzubauenden Brust, das mit Flüssigkeit (physiologische Kochsalzlösung) gefüllt wird. Nachdem es unter den großen Brustmuskel implantiert wurde, wird es zunächst nur mit einer geringen Flüssigkeitsmenge gefüllt. Über einen Zeitraum von mehreren Wochen wird über eine Punktionsstelle immer mehr Flüssigkeit in den Expander gegeben, bis das **gewünschte Volumen** erreicht ist. Dadurch kommt es zu einer langsamen Dehnung der Haut und des Muskels, um so Platz für die später zu implantierende Brustprothese zu schaffen.

Lymphknotendissektion (-entfernung) der Axilla

Die Lymphknoten der Axilla sind die erste Station der **lymphogenen** Metastasierung des Mammakarzinoms.

Lymphknoten werden bei jedem Mammakarzinom, das mit dem Ziel der Heilung der Patientin operiert wird, entfernt!

Darüber hinaus kann aus der Kenntnis des Tumorbefalls der Lymphdrüsen eine Aussage über die **Prognose** des Tumorleidens und die **Notwendigkeit** zusätzlicher (adjuvanter) Therapie gestellt werden (s.u.). Die Ausbildung eines Lymphödems ist fast unvermeidlich, falls weitere Lymphknotenentfernungen nach kranial vorgenommen werden, deshalb erfolgt die Dissektion der Lymphknoten nur bis in Höhe der V. axillaris. Der N. thoracodorsalis und der N. thoracicus longus sind unbedingt zu schonen, da es bei ihrer Verletzung zu Bewegungseinschränkungen des Armes kommen kann. Die Lymphknotendissektion erfolgt bei den brusterhaltenden Operationsverfahren über einen gesonderten Schnitt. Bei den brustamputierenden Verfahren (s.u.) wird das Lymphknotendissekat enbloc mit der Brust entfernt.

Modifiziert radikale Mastektomie

Die modifizierte radikale Mastektomie ist das Standardverfahren zur Behandlung des Mammakarzinoms in den letzten 30 Jahren, an deren **Ergebnis** bezüglich der **Heilungsrate** sich alle neueren brusterhaltenden Verfahren messen müssen. Es handelt sich um die Amputation der Brust mit ovaler Umschneidung der Brust und enbloc-Entfernung der Lymphknoten der Axilla. Entgegen früherer Radikaloperationen werden die **Brustmuskeln** bei dieser Operation **nicht** entfernt. Es hat sich gezeigt, daß die Entfernung der Brustmuskeln die Prognose der Erkrankung **nicht** verbessert, dafür aber sehr **schlechte** kosmetische Ergebnisse mit sich bringt.

Erweiterte Resektionen

Über die modifizierte radikale Mastektomie hinausgehende Resektionen sind nur dann erforderlich, wenn der Tumor mit ausgedehnten Exulzerationen z.B. in die Muskulatur oder in die Thoraxwand eingebrochen ist. Hierbei handelt es sich um **palliative** Eingriffe.

Plastische Rekonstruktionen zum Wiederaufbau der Brust

Zum Wiederaufbau nach einer Brustamputation stehen im wesentlichen **zwei Verfahren** zur Verfügung (s.a. Kap. 32.5.2):

- Implantation von Expandern unter die Brustmuskulatur, die über eine Punktionsstelle nach und nach bis zur erforderlichen Größe mit Flüssigkeit aufgefüllt werden. Ist die richtige Vordehnung erreicht, kann der Expander durch die endgültige Prothese ersetzt werden.
- Wiederaufbau durch **körpereigene** Muskulatur (M. latissimus dorsi; breiter Rükkenmuskel oder M. rectus abdominis; gerader Bauchmuskel), die zum Brustaufbau an ihrem Gefäß gestielt und verlagert wird.

Bei beiden Verfahren kann in einem weiteren Schritt auch die **Brustwarze rekonstruiert** werden. Hierfür wird Haut z.B. von der anderen Mamille verwendet.

Operative Therapie von Lokalrezidiven

Lokale Tumorrezidive sollten chirurgisch entfernt werden, damit eine histologische Sicherung erfolgen kann, um den der Rezeptorstatus (Östrogen- und Progesteronrezeptor im Tumor, s. Kap. 16.3.3) zu bestimmen (der nicht immer mit dem Primärtumor übereinstimmt) und eine rechtzeitige Systemtherapie (Chemo- oder Hormontherapie) einleiten zu können.

Zusatztherapie durch nichtoperative Verfahren nach Operation des Primärtumors und bei Auftreten von Metastasen

Eine adjuvante (zusätzliche) Therapie wird **ergänzend** zur chirurgischen durchgeführt, um die Ergebnisse bezüglich **Überlebensrate** und **Rezidivfreiheit** zu verbessern. Dazu gehören z.B. die Nachbestrahlung des Restdrüsenkörpers nach brusterhaltender Operation beim Mammakarzinom oder die Chemotherapie bei nachgewiesenen Lymphknotenmetastasen. Bei rezeptorpositiven Karzinomen ist eine adjuvante Behandlung mit Antiöstrogenen (z.B. Tamoxifen) sinnvoll. Die Therapie ist gut verträglich und mit fast keinen Nebenwirkungen verbunden. Sind sowohl der Östrogen- als auch der Progesteronrezeptor positiv und handelt es sich um einen niedrig malignen Tumor, können durch die Hormontherapie bei aufgetretenen Metastasen Remissionsraten zwischen 50 und 80% erreicht werden. Auf die Indikationen solcher Therapien kann hier nicht im einzelnen eingegangen werden. Es ist jedoch festzuhalten, daß die Behandlung des Mammakarzinoms immer eine **interdisziplinäre** Aufgabe von Chirurgen, Strahlentherapeuten und Chemotherapeuten ist.

II Spezieller Teil

16.5 Fehlbildungen

Die symmetrische paarige Anlage der Brustdrüsen entsteht embryonal aus der sog. Milchleiste. Es sind zwar embryonal mehrere Brustdrüsen an beiden Seiten angelegt, jedoch kommen beim Menschen normalerweise nur zwei Mammae zur Ausbildung. Es können aber z.B. weitere Mammae (**Polymastie**, **Mammae aberrantes**, die dann auch an anderer Stelle liegen) und Mamillen (**Polythelie**) unterhalb der normalen Brust an der seitlichen Thoraxwand zur Ausbildung kommen. Weitere angelegte Brustdrüsen sind eher selten. Auch das Fehlen einer oder beider Mammae (**Aplasie, Amastie**) oder der Mamillen (**Athelie**) kommt vor. Solche Veränderungen können sowohl beim Mann als auch bei der Frau auftreten.

Angeborene **Asymmetrien** der beiden Mammae sind dagegen keine Seltenheit. Sie haben **keinen** eigentlichen **Krankheitswert,** können aber, wie auch zu kleine oder zu große Brüste, als **kosmetisch** störend empfunden werden und eine erhebliche **seelische** Belastung darstellen, so daß eine chirurgische Korrektur gerechtfertigt ist. Bei zu großen Brüsten kann das Gewicht der Mammae zu einer **Fehlbelastung** der Wirbelsäule mit **Haltungsschäden** führen und als eine weitere Indikation zur chirurgischen Korrektur im Sinne einer Brustverkleinerung gelten. Zu den Fehlbildungen gehört auch die sog. **Hohlwarze,** die insbesondere beim Stillen Probleme verursachen kann. Es handelt sich um eine Entwicklungsstörung in der Pubertät, in der sich die Brustwarze normalerweise entwickelt.

16

Eine Hohlwarze ist in aller Regel durch die Anamnese von einer eingezogenen Mamille durch einen bösartigen Tumor zu unterscheiden!

16.6 Entzündungen

16.6.1 Akute Mastitis

Hierbei handelt es sich um eine Entzündung der Brustdrüse, die am häufigsten in der Stillperiode bei einem Milchstau auftritt. Sie kann zu entzündlichen Einschmelzungen der Brustdrüse im Sinne eines Abszesses führen. Auch die **Muttermilch** kann bei einer Mastitis **Bakterien** enthalten.

Ursache: Meist liegt eine Staphylokokken- oder Streptokokkeninfektion zugrunde.

Therapie: Bei einer einfachen Mastitis sind neben dem Abstillen die Anwendung lokal entzündungshemmender Umschläge und eine **Antibiotikatherapie** in der Regel ausreichend. Wichtig ist die **Schmerzbehandlung** sowie die **lokale Kühlung.** Ist es zu einer abszedierenden Entzündung gekommen, muß diese unbedingt operativ versorgt werden. Es wird eine Inzision über der fluktuierenden Schwellung vorgenommen, so daß der Eiter abfließen kann. Bei großen Abszessen ist manchmal eine **Gegeninzision** am tiefsten Punkt der Abszeßhöhle nötig, damit der Eiter und das Wundsekret restlos ablaufen können. Damit eine sekundäre Heilung ermöglicht wird, ist die Abszeßhöhle durch das Einlegen einer Drainage offenzuhalten. Nach der Operation sind tägliche Verbandwechsel erforderlich, bei stark eiternden Wunden sogar mehrmals täglich. Hierbei können Spülungen der Wundhöhle mit physiologischer Kochsalzlösung 0,9% oder mit verschiedenen antiseptischen Lösungen wie z.B. Polyvidon Jod hilfreich sein.

16.6.2 Chronische Mastitis

Die chronische Entzündung der Brustdrüse kann nach einer akuten Entzündung entstehen, **meist** ist die Ursache jedoch **unklar.** Ständiges Spannungsgefühl und oft wiederkehrende Sekretion aus der Mamille sind die Symptome. Zusätzlich kommt es zu einer tastbaren Verhärtung des Drüsenkörpers (die Mamma ist druckempfindlich), die in der Mammographie als Verdichtungen darstellbar sind. Die Veränderungen sind manchmal von einem Karzinom **nur schwer** zu unterscheiden und bedürfen dann der histologischen Abklärung.

16.7 Brusterkrankungen beim Mann

Die Entwicklung der Brustdrüse des Mannes bleibt in der Entwicklung im Kindesalter unter hormonellen Einflüssen stehen. Prinzipiell können alle Erkrankungen und Fehlbildungen der Mamma auch beim Mann auftreten. Das Auftreten von Tumoren der Brust ist allerdings **sehr viel seltener**. Hinzuweisen ist noch auf im Adoleszenten- oder Erwachsenenalter auftretende Brustentwicklungen (z.B. die Gynäkomastie) beim Mann. Diese sind immer krankhaft, müssen jedoch nicht unbedingt auf Tumoren der Brust hinweisen.

Ursache: Tritt die Entwicklung der Brustdrüse beidseitig symmetrisch auf, ist in erster Linie an hormonelle Störungen oder an Tumore der Keimdrüsen zu denken. Auch die Einnahme weiblicher Geschlechtshormone führt beim Mann zur Entwicklung der Brustdrüse.

Therapie: Die Therapien sind bei Mann und Frau gleich. Die Möglichkeit der Wahl ist die subkutane Mastektomie.

16.8 Gutartige Tumoren und Zysten

Die Tumoren der weiblichen Brust werden in gutartige und bösartige Tumoren eingeteilt. Eine weitere Einteilung der Tumoren erfolgt nach der **Herkunft** der Tumorzellen (Epithel, Bindegewebe, etc.), nach dem **Zellbild** des Tumors und seiner **Entstehungs-** und **Wachstumsart** in der Brustdrüse.

16.8.1 Zysten

Zysten sind **flüssigkeitsgefüllte** Höhlen in der Brustdrüse, die von Bindegewebe umgeben sind. Sie sind als knotige Veränderungen oft tastbar. In der Ultraschalluntersuchung der Brust können sie **sicher** von soliden Tumoren, die nicht flüssigkeitsgefüllt sind, unterschieden werden. Es handelt sich um gutartige Veränderungen, die durch Degeneration des Brustdrüsengewebes entstehen.

16.8.2 Fibroadenome und Lipome

Fibroadenome entwickeln sich aus Bindegewebe und sind die **häufigsten** gutartigen Tumoren der Brust. In der Mammographie erscheinen sie rundlich, glatt begrenzt und von hoher Dichte. Auch Lipome, gutartige Fettgewebetumoren, kommen an der Mamma vor. Eine Behandlung erfolgt mittels Exstirpation.

16.8.3 Fibrös-zystische Mastopathie

Es handelt sich um eine degenerative Veränderung des Drüsenkörpers, wobei es zu einer Verminderung des normalen Drüsengewebes, das durch Bindegewebe und Zysten ersetzt wird, kommt. Der Drüsenkörper nimmt, sichtbar in der Mammographie, fühlbar beim Tastbefund, an Dichte zu. Diagnostisch erfolgen die Knotenexstirpation und die Biopsie zur Abgrenzung gegen Karzinome. Es handelt sich um eine sehr häufige, gutartige Veränderung, die mit **steigendem Lebensalter** zunimmt. Die **Dichtezunahme** des Drüsenkörpers **erschwert** jedoch die Feststellung eines Mammakarzinoms im Frühstadium, da die Brust sowieso schon knotige Veränderungen aufweist.

16.8.4 Präkanzerosen

Als Präkanzerosen bezeichnet man Gewebeveränderungen, die **zunächst gutartig** sind, **aber maligne** entarten können. In der Mamma können dies z.B. die intraduktale Papillomatose, die multizentrische Adenose und die proliferierende Mastopathie sein. Papillome sind gutartige Tumoren, die aus Drüsengewebe entstehen und bösartig entarten können.

16.9 Karzinome

16.9.1 Epidemiologie

In Europa und Amerika ist das **Mammakarzinom** die häufigste Krebserkrankung der Frau. Etwa eine bis zwei von 1.000 Frauen erkranken jährlich daran. Jede **15. bis 20.** Frau bekommt ein Mammakarzinom. Das Risiko, ein Mammakarzinom zu entwickeln, hängt von verschiedenen Faktoren ab:

Genetische Faktoren

- Familiäre Häufung von Karzinomen.

Umwelt- und Ernährungsfaktoren

- Es gibt große Unterschiede bezüglich der Häufigkeit in den verschiedenen Regionen der Erde (hohe Erkrankungsrate in den europäischen Industrieländern, dagegen niedrige in weniger entwickelten Ländern).
- Rassische Faktoren sind von geringer Bedeutung (z.B. Schwarzafrikaner, die in die USA auswandern und dort aufwachsen, haben dasselbe Risiko, einen Mammatumor zu entwickeln, wie die einheimische Bevölkerung).
- Aufgrund von Untersuchungen in einigen Ländern (Holland, Amerika) wird einer **erhöhten Fettzufuhr** in der Ernährung ein **prädisponierender** Faktor zugeschrieben.
- Auch eine Strahlenbelastung und der Umgang mit krebserregenden (kanzerogenen) Stoffen könnten eine Rolle spielen.

Hormonelle Einflüsse

- Patientinnen mit früher Menarche (erste Regelblutung) scheinen ein höheres Risiko zu haben und häufiger vor der Menopause einen Brustkrebs zu entwickeln.
- Je eher eine Frau eine Schwangerschaft austrägt, um so geringer ist das Risiko.
- Ob Frauen, die gestillt haben, ein geringeres Mammakarzinomrisiko haben, ist umstritten.

Mehrfachkarzinome

- Es ist gesichert, daß Frauen mit einem Mammakarzinom ein höheres Risiko tragen, auch in der anderen Brust ein Karzinom zu entwickeln.

16.9.2 Stadieneinteilung maligner Tumoren der Brust

Entscheidend für die Prognose des Karzinoms ist neben dem Tumortyp das Stadium der Tumorerkrankung. Es wird bestimmt durch die Tumorgröße (T), das Vorhandensein und die etwaige Ausdehnung eines Lymphknotenbefalls (N) und die Metastasierung (M). Die Einteilung nach diesen Kriterien bezeichnet man daher als **TNM-Klassifikation**. Die Feststellung und histologische Sicherung von Tumortyp und Tumorstadium ist erforderlich, um die richtige operative Therapie und eine etwaige erforderliche zusätzlich notwendige Behandlung festzulegen.

16.9.3 Tumorarten

Von den vielen Karzinomtypen der Mamma sollen hier nur einige wichtige Erwähnung finden. Die **Prognose** der einzelnen Karzinomarten ist von der **histologischen Einteilung** (duktales Karzinom, lobuläres Karzinom, etc.) abhängig, aber auch vom sog. **Differenzierungsgrad** (Grading), der eine Aussage über die Anzahl der Mitosen (Zellteilungen im Tumor) und über die Ähnlichkeit des Tumors mit dem Gewebe, aus dem er entstanden ist, macht. Des weiteren ist die Prognose bestimmt vom Rezeptorstatus des Tumors und vom Tumorstadium. Hochdifferenzierte Tumoren mit wenigen Mitosen zeigen eine Fünf-Jahres-Überlebensrate von 95 bis 100%, während schlechter differenzierte Tumorarten eine Überlebensrate von nur ca. 70% aufweisen. Bei einer Tumorgröße von weniger als einem Zentimeter ohne Lymphknotenmetastasen liegt die durchschnittliche Überlebensrate bei 90 bis 95%; ist der Tumor ein bis zwei Zentimeter groß, beträgt sie nur noch 72 bis 75%. Beim Stadium II des Mammakarzinoms (Tumorgröße über 2 cm und Lymphknotenmetastasen) sinkt die Überlebensrate auf 40 bis 45%. Es handelt sich hierbei um Überlebensraten, bei denen nur nach dem Tumorstadium differenziert wurde. Es sind also alle Tumorarten enthalten.

Duktale Karzinome

Es handelt sich um bösartige Tumoren, die vom Milchgangsystem ausgehen und die **häufigsten** Tumoren der weiblichen Brust darstellen. Sie können gut oder schlecht differenziert sein und ein unterschiedliches Grading aufweisen.

Lobuläre Karzinome

Sie entwickeln sich aus den Drüsenläppchen. Das Carzinoma lobulare in situ ist ein Frühstadium dieses Karzinoms. Bei dieser Tumorart kommen besonders **oft Zweitkarzinome** in derselben oder in der anderen Brust vor.

Seltene Karzinome

Die häufigsten bösartigen Karzinome sind das solide duktale Karzinom, das medulläre Karzinom, das invasive lobuläre Karzinom u.a. Karzinome mit günstigerer Prognose sind das tubuläre, das adenoidzystische, das papilläre und das muzinöse (schleimbildende) Karzinom.

16.9.4 Metastasierungswege

Man unterscheidet die Metastasierung über das Lymphsystem (**lymphogene** Metastasierung) von der Verschleppung von Tumorzellen über die Blutbahn (**hämatogene** Metastasierung). Mammakarzinomabsiedlungen sind daher häufig in Lymphknoten, in der Lunge und im Knochen, aber selten auch in der Leber und im Gehirn zu finden.

16.10 Tumornachsorge, postoperative Prothesenversorgung und psychosoziale Betreuung

Beim Mammakarzinom ist, wie bei anderen Patienten mit Karzinomen, auch immer mit einem **Rezidiv** oder dem Auftreten von **Metastasen** zu rechnen. Am häufigsten kommt es zu solchen Rezidiven in den ersten zwei Jahren nach der Entdeckung des Primärtumors.Es ist daher erforderlich, die Patientinnen **regelmäßig** nachzuuntersuchen.

Die Tumornachsorge sollte in den ersten zwei Jahren vierteljährlich, dann halbjährlich, nach dem fünften rezidivfreien Jahr nur noch einmal pro Jahr, stattfinden!

Zu dieser Nachuntersuchung gehört neben der klinischen Untersuchung die Sonographie der Leber, die Mammographie, eine Röntgen- Thoraxaufnahme, die Bestimmung von Tumormarker und eine Knochenszintigraphie. Für das Wohlbefinden und Selbstwertgefühl der Frau nach Brustamputation ist eine adäquate **prothetische Versorgung** sehr wichtig. Wird kein operativer Wiederaufbau der amputierten Brust vorgenommen, können Einlagen für den Büstenhalter oder direkt auf die Haut fixierbare Mammaprothesen rezeptiert werden. Diese sollten in Größe und Form der gesunden Brust entsprechen, guten Tragekomfort bieten, hautfreundlich und nicht zu schwer sein. Bei großvolumigen Brüsten ist für eine derartige prothetische Versorgung manchmal die operative Verkleinerung der gesunden Brust erforderlich. Die

Angst vor einem Rezidiv und oft auch die Brustamputation selbst stellen für die betroffenen Frauen eine große psychische Belastung dar und können die **Lebensqualität** erheblich **beeinträchtigen.** Ärzte und auch Pflegepersonal müssen für diese Probleme **offen sein** und auch hier versuchen zu helfen. Es gibt örtliche Selbsthilfegruppen von Tumorpatienten, die z.T. karitativen Vereinen assoziiert sind und für die Rehabilitation gute Dienste leisten. Krankenversicherungs- und Rentenversicherungsträger (LVA, BfA) übernehmen die Kosten für Kuren bzw. Anschlußheilbehandlungen.

III Pflegerischer Teil

16.11 Präoperative Vorbereitung

16.11.1 Darmreinigung/Nahrungsabbau

Am Vortag der Operation wird der Patientin zwischen 18.00 und 19.00 Uhr zur Darmreinigung ein Klistier verabreicht. Bis zum Mittag kann normale Kost angeboten werden, am Abend vor der Operation bekommt die Patientin Haferschleim. Nahrungs- und Flüssigkeitskarenz gelten ab Mitternacht.

16.11.2 Rasurschema

Am Tag der Operation wird die betroffene Körperseite von der Clavicula einschließlich der Achselbehaarung bis zum Rippenbogen rasiert (Abb. 16-5).

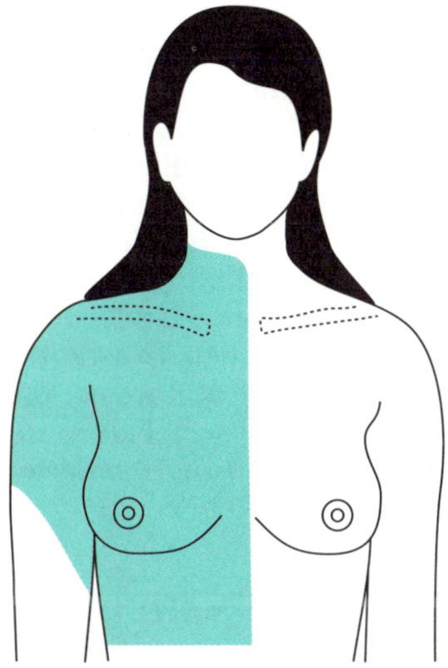

Abb. 16-5 Rasurschema bei Brustoperationen.

16.11.3 Einüben postoperativer Fertigkeiten

Aufgrund des postoperativ auftretenden Wundschmerzes neigen die Patientinnen häufig zur **Schonatmung** (Pneumoniegefahr). Es empfiehlt sich, bereits präoperativ mit den Patientinnen gezielte **Atemtechniken** (sog. Kontaktatmung, s. Kap. 16.14.3) **zu trainieren**.

Zur **Vermeidung** bzw. **Reduzierung** eines sekundär auftretenden **Lymphödems** sollte möglichst schon präoperativ eine **Lymphdrainagebehandlung** mit speziell ausgebildeten Krankengymnasten durchgeführt werden.

Weitere spezielle pflegerische Maßnahmen vor Mamma-Operationen sind nicht erforderlich, es gelten die in Kap. 8.1 beschriebenen Richtlinien.

16.12 Psychische Situation der Patientin vor der Operation

Der Gedanke an eine bevorstehende Brustoperation wird jede Frau in große **Angst** und **Unsicherheit** versetzen. **Fragen** wie:
- Welche Diagnose wird gestellt werden?
- Wird mir die ganze Brust entfernt?
- Wie lautet die Prognose?
- Bin ich danach noch eine ganze Frau?
- Wird mein Partner mich noch lieben können?

und viele andere werden die Erkrankte beschäftigen und stark beunruhigen.

Kaum eine andere Operation betrifft die weibliche Identität so sehr wie eine Brustoperation!

Im pflegerischen Erstkontakt ist dieser Situation, **die** von den Patientinnen **oft als Lebenskrise erlebt wird**, unbedingt Rechnung zu tragen. Es gilt, der Erkrankten mit besonderem Einfühlungsvermögen zu begegnen und sich Zeit zu nehmen um ihre individuellen Ängste zu erfahren. Gleichzeitig kann bei Gesprächen überprüft werden, in wie weit die Patientin ein evtl. bereits stattgefundenes Informationsgespräch über die bevorstehende Operation und deren Folgen verstanden und verarbeitet hat. Bewährt hat sich hier besonders die **Bereichspflege** (s. Kap. 2.3.2). Diese Organisationsform ermöglicht es sowohl der Patientin als auch der betreuenden Krankenschwester, eine tragfähige Beziehung aufzubauen, die die Chance bietet, **Ängste** und **Sorgen offen miteinander zu besprechen**.

Kommt die Patientin mit einer „Verdachtsdiagnose" in die stationäre Behandlung, wird die Zeit, die diagnostische Maßnahmen in Anspruch nehmen, für die Erkrankte eine zusätzliche psychische Belastung bedeuten, die oft in tiefer Verzweiflung, Tränen oder Aggressionen ihren Ausdruck findet. Dem Krankenpflegepersonal fällt hier die Aufgabe zu, zum einen die diagnostischen Maßnahmen so zu **koordinieren,** daß keine **unzumutbaren Wartezeiten** für die Patientin entstehen (s. Kap. 6.4). Zum anderen muß der Patientin im pflegerischen Gespräch vermittelt werden, daß ihre seelische Not verstanden und ernst genommen wird. Viele Erkrankte finden es hilfreich, sich im Arm der Krankenschwester ausweinen zu dürfen oder einige Minuten die Hand gehalten zu bekommen.

Dem Arzt obliegt es, die Patientin über ihre endgültige Diagnose zu informieren (sofern sie präoperativ bereits feststeht), wobei es sich **bewährt hat**, dieses **Gespräch** in **Anwesenheit** der **betreuenden Krankenschwester** und, falls von der Kranken erwünscht, **zusammen mit Angehörigen** zu führen.

Die Gegenwart z.B. des Partners kann für die zukünftige Lebensführung und die Akzeptanz der Diagnose von Bedeutung sein!

Die **individuelle** Situation der Patientin entscheidet auch darüber, ob in der präoperativen Phase bereits **Kontakte** zu **Selbsthilfegruppen** (Telefonnummern können den lokalen Tageszeitungen oder dem Telefonbuch entnommen werden oder beim örtlichen Gesundheitsamt in Erfahrung gebracht werden) vermittelt werden sollen und ob das Kennenlernen zukünftiger Hilfsmittel (Prothesen) hilfreich ist.

Keiner Patientin dürfen Kontakte vermittelt werden, die sie nicht ausdrücklich wünscht. Die Informationen könnten sie überfordern und so die psychische Labilität eher verstärken als sie abbauen.

16.13 Postoperative Maßnahmen

16.13.1 Nahrungsaufbau

Die postoperative Nahrungskarenz beträgt nach Brustoperationen nur wenige Stunden. Sobald die Patientin mobilisiert wurde, kann ihr Tee angeboten werden, am Tag danach leichte Kost, die am zweiten postoperativen Tag durch normale Kost ersetzt wird.

16.13.2 Lagerung

Die Lagerung des Armes der betroffenen Körperseite erfolgt wie in Kap. 16.15 beschrieben, wobei die Patientin in leicht erhöhter Rückenlage (Knierolle anbieten) bequem liegt.

16.13.3 Mobilisation

Die Frühmobilisation beginnt sechs bis acht Stunden nach Operationsende, nachdem der Patientin zuvor Antithrombosestrümpfe angezogen wurden. Nach Brustoperationen ist die **Gefahr der Pneumonie** groß, da die Kranke aufgrund des Wundschmerzes die operierte Seite nur ungenügend ventiliert. In Absprache mit dem Arzt und der Patientin sollte daher auf ausreichende Gaben von Schmerzmitteln geachtet werden. Zusätzlich werden pflegerische Maßnahmen zur Pneumonieprophylaxe durchgeführt z.B. zweimal täglich atemunterstützende Einreibungen (z.B. mit Pflegesalbe), einmal stündlich einen Luftballon aufblasen lassen oder dreimal täglich Atemübungen mit z.B. Inhaloc. Bewährt hat sich die sog. **Kontaktatmung**, bei der die Krankenschwester ihre Hände mit leichtem Druck beidseitig auf den Brustkorb der Patientin legt und diese auffordert, die Hände „wegzuatmen". In diesem Fall wird die Patientin sehr **bewußt** in die **operierte Körperseite** atmen.

16.13.4 Drainagen und Verbände

Durch die intraoperativ eingelegten ein bis zwei Redon-Drainagen wird mittels Sog

Wundsekret abgeleitet, welches hinsichtlich Menge und Farbe zu beobachten ist. Die Ergebnisse bzw. Auffälligkeiten sind im Dokumentationssystem festzuhalten. Die Entscheidung, wann die Drainagen gezogen werden, fällt der Arzt. Der Verbandwechsel erfolgt nach dem aseptischen Prinzip (s. Kap. 5.3.1).

Weitere allgemeine postoperative Maßnahmen sind in Kap. 8.2 beschrieben.

16.13.5 Beratung zur Brustprothese

In der postoperativen Phase wird der Patientin im Rahmen eines Beratungsgespräches die Brustprothese vorgestellt und angepaßt (Beratungen übernehmen Mitarbeiter örtlicher Sanitätsfachgeschäfte oder speziell geschulte krankenhausinterne Mitarbeiter).

Hinweise zur Prothese:
- Die **Auswahl** der Prothese wird von den **Wünschen der Patientin** bestimmt, sie soll sich mit der Prothese sicher und wohl fühlen.
- Die Form der Prothese sollte weitgehend der natürlichen Brust der Patientin entsprechen.
- Das **Gewicht** der Prothese sollte **dem der natürlichen Brust** entsprechen, dadurch werden das statische Gleichgewicht des Oberkörpers erhalten und Verspannungen der Rückenmuskulatur vermieden.
- Die Paßform der Prothese ist so zu bemessen, daß am oberen Brustansatz und am seitlichen Übergang zur Axillafalte ein stufenloser Übergang besteht.
- Die Prothese muß eine schmale Auflagefläche am Rand haben (keine Kante), die eine **gute Hauthaftung** gewährleistet und damit sicherstellt, daß die Patientin z.B. körperlichen Arbeiten und sportlichen Aktivitäten ungehindert nachgehen kann.
- Um einen Wärmestau mit vermehrter Schweißbildung im Hohlraum der Prothese entgegenzuwirken, darf diese **nicht** mit ihrer **ganzen Fläche an** der **Brustwand** anliegen.
- Die Prothese kann in jedem Badeanzug bzw. Bikini mit ausgearbeitetem Büstenteil ohne Einschränkungen getragen werden.
- Ein spezieller Prothesenbüstenhalter soll als sichere Haltevorrichtung für den täglichen Gebrauch empfohlen werden (Sanitätsfachgeschäfte).
- Die Prothese wird mit Wasser und Seife oder einem Feinwaschmittel gereinigt und anschließend mit einem Handtuch trocken getupft (reiben könnte zur Materialbeschädigungen führen).

Die Kosten für das Anpassen und die Anschaffung der Prothese werden von den Krankenkassen übernommen.

16.14 Psychische Situation der Patientin nach der Operation

Mit dem Aufwachen aus der Narkose werden die **präoperativen visionären Ängste** für die brustamputierte Frau **Realität** und bestimmen zunächst den Hauptteil ihrer Gedanken. Es ist Aufgabe der betreuenden Krankenschwester, sich intensiv um die Patientin zu bemühen, sie zu ermutigen, ihre Befürchtungen und Sorgen zu verbalisieren und gemeinsam mit ihr die **vorhandenen Ressourcen** zu ermitteln. Die Patientin muß erkennen, wofür sie „trotzdem“ noch Verantwortung übernehmen kann und wozu sie fähig ist. Indem die **Selbständigkeit** der Patientin **gefördert** wird (z.B. möglichst bald alleine die Körperpflege übernehmen, zu den Mahlzeiten an den Tisch setzen) **steigt** schrittweise ihr **Selbstvertrauen** in eigene Leistungen und Fähigkeiten. Beim ersten Verbandwechsel muß bedacht werden, daß die Patientin **zum ersten Mal** auch **optisch** mit „der fehlenden Brust“ konfrontiert wird und es ist zu akzeptieren, wenn sie zunächst nur einen kurzen Blick auf die Wunde wirft, erschrocken oder deprimiert reagiert.

Vor der Entlassung sollte die Patientin in jedem Fall auf die Existenz von **Selbsthilfegruppen** hingewiesen werden z.B. die der „Brustamputierten Frauen“, bei der sie jederzeit verständnisvolle Gesprächspartnerinnen finden kann. Adressen sind über die Deutsche Krebshilfe (s. Anhang) in Erfahrung zu bringen.

16.15 Lymphödem

Die chirurgische axilläre Lymphknotenentfernung bzw. die Zerstörung der Lymphknoten durch radiologische Maßnahmen führt zu **Unterbrechungen** („Stops“) in den Lymphbahnen. Das Armlymphödem ist Ausdruck der reduzierten Leistungsfähigkeit im Umgehungskreislauf (Abb. 16-6 A und B).

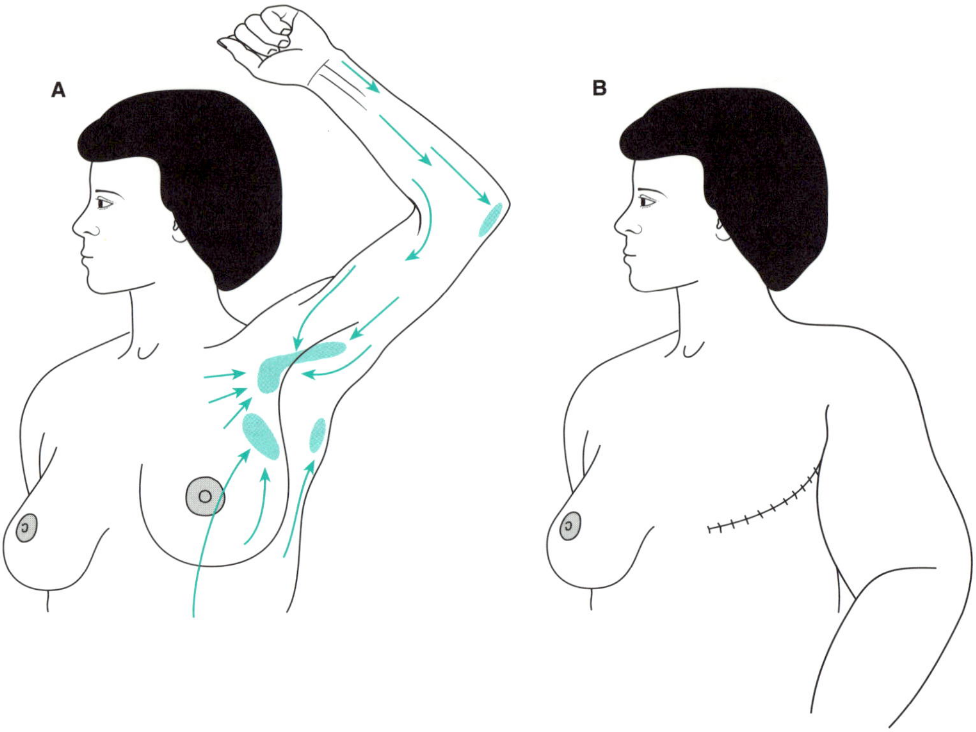

Abb. 16-6 Lymphfluß und Entstehung des Lymphödems.
A: Lymphfluß im Arm.
B: Lymphödementstehung.

Etwa 20 bis 25% aller Patientinnen leiden postoperativ unter den Symptomen:

- Anschwellen des Ober- bzw. auch des Unterarmes
- Spannungs- und Schweregefühl in der betroffenen Extremität
- Mißempfindungen wie Kribbeln oder Taubheitsgefühl
- Bewegungseinschränkung, evtl. verbunden mit brennenden Schmerzen

Nicht zu unterschätzen ist die **psychische Belastung** der Frau durch die **entstellende Verformung** des Armes.

Prophylaktische Maßnahmen werden unmittelbar nach der Operation erstmals durchgeführt. Der Arm der operierten Körperseite wird in **Abduktionsstellung** (vom Körper fort abspreizen) auf Kissen **leicht erhöht** gelagert, um eine Verbesserung des Lymphrückflusses zu erzielen. Die Patientin wird angehalten, so oft es ihr möglich ist, die **Faust** des betroffenen Armes **zu öffnen** und **zu schließen,** um durch diese Pumpbewegungen den oben erwähnten Rückfluß zu unterstützen (Schaumstoffball bereitlegen). Ein- bis zweimal täglich wird der Umfang des Ober- bzw. Unterarmes gemessen, um auf diese Weise den Ausdehnungsgrad des Lymphödems zu dokumentieren.

Alle Maßnahmen, die einen Lymphstau begünstigen könnten, sind unbedingt zu vermeiden!

So darf am betroffenen Arm **nie** der Blutdruck gemessen werden, das Nachthemd der Patientin muß **weite Ärmel** haben die nicht einengen, subkutane und intravenöse Injektionen oder Blutentnahmen erfolgen nur am Arm der **nichtoperierten** Körperseite.

Spezielle Übungen und Maßnahmen zur Prophylaxe des Ödems werden von Krankengymnasten ausgeführt. Bis zum dritten postoperativen Tag werden Bewegungsübungen des Schultergelenkes in alle Richtungen passiv, danach unterstützend aktiv und endlich von der Patientin eigenverantwortlich durchgeführt, um spätere Kontrakturen zu vermeiden. Entsprechend den Ressourcen der Patientin werden die Übungen vorsichtig gesteigert, bis die Kranke wieder in der Lage ist, den betroffenen Arm über den Kopf zu führen und selbständig zu halten. Die Übungen sollten von der Patientin **im Sitzen vor einem Spiegel** durchgeführt werden, um die Körperhaltung und das Gleichgewicht optisch zu kontrollieren.

Vor der **Entlassung** aus dem Krankenhaus wird die Patientin mit folgenden **Instruktionen** (evtl. schriftlich geben) **vertraut gemacht**, um zukünftige Lymphabflußbehinderungen zu umgehen:

- Alle krankengymnastischen Übungen werden zu Hause **regelmäßig** fortgeführt.
- Auf ärztliche Anordnung erfolgt zwei- bis dreimal pro Woche eine ca. 45 Minuten dauernde **Lymphdrainage** (nur von speziell ausgebildeten Lymphtherapeuten!).
- Statt einschnürender Kleidungsstücke sollen Blusen/Pullover mit weiten Ärmeln getragen werden (auch der BH darf nicht einengen).
- **Extreme Wärmezufuhr** (z. B. durch Sauna, Sonnenbaden, heiße Duschen oder Bäder über 29 °C) und **Unterkühlungen** (z. B. durch Eis- oder Alkoholwickel) **müssen vermieden werden**, da beides zu einer vermehrten Durchblutung der Haut und zur Ödemvergrößerung führt.
- Körperliche Beanspruchungen und **gleichförmige** Bewegungen in der Freizeit (z. B. Golf und Tennis spielen, Handarbeiten wie stricken), bei der Hausarbeit (z. B. schwere Lasten wie Getränkekisten heben/tragen, Fenster putzen) oder im Beruf (z. B. Schreibmaschine schreiben) sind zu meiden.

Verletzungen, die am betroffenen Arm zu Blutaustritt führen, können eine Ödembildung verstärken, daher ist zu beachten:

- bei der Nagelpflege die Nagelfalz **nicht schneiden**, sondern **nur zurückschieben**
- bei Gartenarbeit müssen Handschuhe, bei Näharbeiten ein Fingerhut getragen werden
- **keine** Blutentnahmen oder Injektionen an dem betroffenen Arm
- Vorsicht im Umgang mit Haustieren (Katzenkratzer)
- Schnitt- und Brandwunden sowie Insektenstiche möglichst vermeiden
- Ermüdung und Überanstrengungen können das Ödem verstärken
- ausgewogene Mischkost mit wenig Salz
- Alkohol und Nikotin meiden
- Übergewicht auf Normalgewicht reduzieren

Die mit dem Arzt abgesprochenen Kontrolltermine muß die Patientin regelmäßig wahrnehmen. Sollte es zwischen den vereinbarten Kontrollterminen zu einer raschen Verdickung des Armes mit Rötung und Überwärmung kommen, ist der Arzt sofort zu konsultieren, da die **Gefahr eines Erysipels** (s. Kap. 12.8.9) besteht.

16.16 Postoperative Pflegeplanung (individuell) bei Mammakarzinom

16.16.1 Fallbeispiel Frau H. Schmid

Hildegard Schmid ist 52 Jahre alt. Sie wurde mit der Verdachtsdiagnose „Mammakarzinom“ in die Universitäts-Frauenklinik eingewiesen. Bei der Aufnahme ist ihr Verlobter, Herr Winter, anwesend. Frau Schmid ist verwitwet, hat eine verheiratete Tochter, die in der gleichen Stadt mit ihrem Mann und ihren zwei kleinen Kindern lebt. Der Kontakt zwischen ihnen ist gut. Frau Schmid ist berufstätig, sie arbeitet halbtags an der Rezeption eines örtlichen Hotels. Herrn Winter hat sie an ihrem Arbeitsplatz kennengelernt, er ist als selbständiger Versicherungsvertreter häufig Gast in ihrem Hotel gewesen. Seit zwei Jahren leben beide gemeinsam in der Eigentumswohnung von Herrn Winter. Im kommenden Frühjahr wollen sie heiraten.

Frau Schmid hat vor zwei Wochen bei einer Vorsorgeuntersuchung von ihrem Gynäkologen über die Verhärtung in ihrer linken unteren Brust erfahren. Es wurde eine Mammographie und einer Feinnadelbiopsie durchgeführt. Frau Schmid ist über die Verdachtsdiagnose informiert. Sie selbst fühlt sich körperlich gut, äußert jedoch, „sehr aufgeregt“ zu sein. Die Aufnahmebefunde (Blutdruck, Puls, Temperatur, Größe, Gewicht, Blutbefunde) liegen im Normbereich. Zur Familienanamnese sagt Frau Schmid, es habe noch nie eine Krebserkrankung gegeben.

Am nächsten Morgen wird Frau Schmid operiert. Es wird eine Mammaablatio links mit Ausräumung der axillären Lymphdrüsen durchgeführt. Über Nachbehandlungen wurde mit ihr noch nicht gesprochen. Frau Schmid übersteht die Operation ohne Komplikationen, nach einem vierstündigen Aufenthalt auf der Intensivstation wird sie in die allgemeine Abteilung zurückverlegt.

16.16.2 Stammblatt

Schmid, Hildegard
geb. 02.07.1943
Adresse ...
Krankenkasse ...

Aufn.-Dat.: 24.04.1995 Aufnahmestation: 18

Wiederaufnahme: ☐ ja ☒ nein

Fam.-Stand: verw. Beruf: Hotelkauffrau

Angehörige: Holger Winter

Telefonnummer: 07531/896528

☐ Pat. kommt allein ☒ in Begleitung

☒ gehend ☐ sitzend ☐ liegend ☐ RTW

Körperlicher Zustand/psychischer Zustand:
Größe: 172 cm Gewicht: 63 kg
Pat. ist „aufgeregt"

☒ ansprechbar ☐ benommen ☐ bewußtlos
☐ eingenäßt ☐ eingekotet

Dekubitus (Größe, wo): ∅

Lähmungen: ∅

Bitte beachten:
(z. B.: DK, Diabetiker, bei Tod – Nachricht an:)
∅

Eßgewohnheiten:
ißt alles außer Fisch! tägl. 5 Mahlzeiten

Trinkgewohnheiten: 1,5 l tägl. gerne Milchkaffee

Rauchen: nach dem Frühstück 1 Zigarette

Schlafgewohnheiten: offenes Fenster

Schlafmittel: bei „Ärger" 20 Tr. Baldrian

Stuhlgang: jeden 2. Tag

Abführmittel: nein

Harnentleerung: entspricht der Trinkmenge, nachts muß sie nicht aufstehen

Prothesen: s.u.

Sprachstörungen: ∅

Kontrakturen: ∅

	ja	nein
Brille/~~Kontaktlinsen~~	☒	☐
Hörgerät links/rechts	☐	☒
Schwerhörig	☐	☒
Zahnprothese oben	☐	☒
Zahnprothese unten	☒	☐
Schrittmacher	☐	☒
Gehhilfen	☐	☒
Seelsorger	☐	☒

Wertsachen: Uhr / Ring / Kette hat der Verlobte mitgenommen

Pflegeabhängigkeit: postoperativ

	ja	nein	mit Hilfe
Essen	☒	☐	☐
Anziehen	☒	☐	☐
Toilette	☒	☐	☐
Waschen	☒	☐	☐
Gehen	☒	☐	☐

Wichtige Medikamente (z. B. Insulin/Marcumar, Depot Neuroleptika):
∅

Allergien/Unverträglichkeiten:
kann Erdbeeren nicht vertragen

Jetzige Beschwerden:
leichtes Druckgefühl durch die Brustverhärtung links

Soziales Umfeld:
- lebt in Eigentumswohnung mit dem zukünftigen Ehemann
- hat guten Kontakt zu Tochter/Schwiegersohn und Enkelkindern
- ist berufstätig, Tätigkeit macht ihr Spaß, sie will nach der Operation so schnell wie möglich wieder arbeiten

Einweisungsdiagnose:
Verdacht auf Mammakarzinom links

Aufklärung über Diagnose ☒ ja ☐ nein

Aufgenommen von: Sr. Karin Holst

Datum: 24.04.1995

16.16.3 Pflegeplanung Frau H. Schmid

Pflegeproblem	Pflegeziel	Pflegemaßnahmen
1 Ruhen und Schlafen • Pat. hat postoperativen Wundschmerz und findet keine Ruhe *Ressource:* • Pat. kann über ihre Ängste sprechen	• Pat. schläft ruhig und schmerzfrei	• beruhigendes Gespräch führen • angenehme Rahmenbedingungen schaffen (offenes Fenster, Kuschelkissen anbieten) • linken Arm auf Kissen in Abduktionsstellung leicht erhöht lagern • Oberkörper 30 bis 45° hochlagern • Knierolle anbieten • mit Pat. und Arzt ausreichende Gabe von Analgetika besprechen (Dokumentation)
2 Sich bewegen • Bewegungseinschränkung durch: – Schmerzen im Wundbereich – Drainagen	• Pat. bewegt sich schmerzfrei und uneingeschränkt	• Lagerung und Medikamente auf ärztl. Anordnung (s. ATL **1**) • Notwendigkeit der Redon-Drainage erklären • Redonflasche nach 24 Std. leeren bzw. dann, wenn sie halbvoll ist • Ableitungen der Redon-Drainage sicher fixieren
• Thrombosegefahr *Ressource:* • Pat. kann sich selbständig bewegen	• venöser Rückstrom ist intakt	• AT-Strümpfe beidseits über 24 Std. • nach 6 Std. postop. auf die Bettkante setzen • Pat. zum Bewegen der Beine im Bett anregen und anleiten
3 Sich waschen und kleiden • Pat. benötigt Hilfestellung bei der Körperpflege *Ressource:* • Pat. kann mit der rechten Hand: – Gesicht waschen – Zähne putzen – Vorderseite des Oberkörpers waschen – Genitalbereich waschen – Haare kämmen	• Pat. ist von der Hilfe des Pflegepersonals unabhängig	• 2× tägl. bei der Körperpflege behilflich sein (Rücken, Beine, Füße waschen) • Hautpflege nach dem Waschen mit Nivea-Lotion® • am 2. postop. Tag kann die Pat. ihr eigenes Nachthemd anziehen • Nachthemd muß weite Ärmel haben (damit Lymphabfluß gewährleistet ist)
4 Essen und Trinken • Pat. klagt über abgestandenes pelziges Gefühl im Mund *Ressource:* • Pat. kann Mundpflege durchführen	• hat frischen Geschmack • hat intakte Mundschleimhaut	• Mundpflegeset ans Bett stellen und der Pat. entsprechende Erklärungen zur Durchführung geben • für Lippenpflege z.B. Labello® anbieten • 6 Std. postop. darf die Pat. schluckweise schwarzen, ungesüßten, abgekühlten Tee trinken

16

16.16.3 **Pflegeplanung** (Fortsetzung)

Pflegeproblem	Pflegeziel	Pflegemaßnahmen
5 Ausscheiden • Pat. klagt über Druckgefühl in der Blase, hat postoperativ noch keinen Urin ausgeschieden, auf dem Steckbecken kann sie nicht Wasser lassen	• Pat. kann Wasser lassen	• Pat. wird nach der ersten Mobilisation (s. ATL **2**) mit dem Toilettenstuhl in die Toilette gefahren (Kreislaufparameter beachten)
6 Regulieren der Körpertemperatur • Pat. hat erhöhte Körpertemperatur 38,5 °C (aufgrund des operativen Eingriffs)	• Körpertemperatur ist im Normbereich	• auf ärztliche Anordnung erfolgt 2stdl. Temperaturkontrolle/ Dokumentation • leichte Bettdecke anbieten
• Pat. fühlt sich erhitzt und unwohl	• Pat. fühlt sich wohl	• kühlende Körperwäsche mit Pfefferminztee (4 l Wasser und 1 l Tee mit einer Temperatur von 10° weniger als die Körpertemperatur der Pat.) • nach der Waschung mit Körperlotion eincremen
7 Atmen (Blutdruck, Puls) • Pat. gibt an, nicht tief durchatmen zu können = Pneumoniegefahr (aufgrund des Wundschmerzes) *Ressource:* • Pat. kann Atemübungen selbständig durchführen	• Pat. kann uneingeschränkt atmen, bekommt keine Pneumonie	• Schmerzfreiheit entsprechend der ärztlichen Anordnung sicherstellen (s. ATL **1**) • 2× tägl. atemunterstützende Einreibungen mit Körperpflegelotion und Kontaktatmung (s. Kap. 16.11.3) • 3× tägl. Atemübungen mit Triflow, Durchführung der Pat. erklären • Zimmer regelmäßig lüften
8 Für Sicherheit sorgen • Infektionsgefahr durch: – Drainagen – Wunde	• reizlose Einstichstelle • reizlose Wunde	• aseptischer VW lt. Anordnung des Arztes • steriler VW 48 Std. postoperativ auf ärztl. Anordnung
• Pat. klagt über Kribbel-, Taubheits- und Spannungsgefühl im linken Unter- und Oberarm *Ressource:* • Pat. kann rechten Arm uneingeschränkt bewegen	• Lymphabfluß ist gewährleistet	• Lagerung des Armes (s. ATL **1**) • Kleidung (s. ATL **3**) • Pat. bekommt Schaumstoffball in die Hand der betroffenen Seite und soll die Hand so oft wie möglich öffnen und schließen • 2× tägl. Ober- und Unterarmumfang messen/dokumentieren • am Arm der betroffenen Seite darf kein Blutdruck gemessen werden • keine Injektionen und Blutabnahmen am betroffenen Arm • Krankengymnastin anfordern • Pat. über Sinn und Wichtigkeit der Maßnahmen informieren

16.16.3 **Pflegeplanung** (Fortsetzung)

Pflegeproblem	Pflegeziel	Pflegemaßnahmen
9 Sich beschäftigen • Pat. klagt über endlose Krankenhaustage, will beschäftigt sein *Ressource:* • Pat. kann Wünsche hinsichtlich ihrer Beschäftigung äußern	• Pat. ist abgelenkt	• Kreuzworträtselhefte anbieten • Lesematerial geben bzw. von Herrn Winter mitbringen lassen • Radio/TV anbieten • in ruhigen Phasen evtl. mit der Pat. kurzdauernde Spiele (z. B. Dame, Mühle) spielen
10 Kommunikation • Pat. liegt im Einzelzimmer und wünscht sich Ansprache *Ressource:* • Pat. ist kontaktfreudig und geht von sich aus auf Menschen zu	• Pat. hat ausreichend Ansprache	• Telefon ans Bett stellen • großzügige Besuchsregelung • Pat. kann ab 2. postop. Tag in den Tagesraum gehen • Bezugsschwester steht für Gespräche zur Verfügung • evtl. Verlegung in ein 2-Bett-Zimmer
11 Sich als Frau, Mann, Kind fühlen • Pat. fühlt sich in ihrem Frau-Sein beeinträchtigt • Pat. hat Scheu vor sexuellen Kontakten mit ihrem Partner *Ressource:* • Pat. ist aufgeschlossen und offen für Hilfen/Anregungen/Tips • Pat. wünscht sich Kontakt zu Frauen, die in der gleichen Situation sind	• Pat. erlebt keine Identitätsverluste • kann über ihre Scheu vor sexuellen Kontakten sprechen	• Kontakte zu Selbsthilfegruppen vermitteln • Angehörige in klärende Gespräche einbinden • Kontakt zu Sanitätsfachgeschäft herstellen (Prothesenberatung, -anpassung) • alle Fragen offen beantworten • Zeit für Gespräche nehmen • Unterstützung durch Psychologen anbieten
12 Sinn finden • Pat. äußert Befürchtungen, daß sich ein Lymphödem entwickelt und sie ihren Beruf nicht mehr ausüben kann *Ressource:* • Pat. hofft, mit Hilfe ihrer Familie ihre Zukunft bewältigen zu können	• Pat. sieht der Zukunft optimistisch entgegen	• Entstehung des Lymphödems erklären • therapeutische Maßnahmen (z. B. Lymphödemprophylaxe, Nachuntersuchung) über die Krankenhausentlassung hinaus erklären • zum Gespräch mit dem Arbeitgeber motivieren • zukünftigen Ehemann mit einbeziehen, Verständnis für die Sorgen seiner Partnerin wecken/fördern

Literaturhinweise

[1] Schildberg, F. W., E. Kiffner (Hrsg.): Interdisziplinäre Therapie des Mammakarzinoms. Perimed Fachbuch-Verlagsgesellschaft, Erlangen 1989.
[2] Steller, J., A. Valet, K. Goerke: Klinikleitfaden Gynäkologie/Geburtshilfe. Jungjohann-Verlag, Neckarsulm, 3. Aufl. 1994.
[3] Glaus, A., J. Bachmann, H.-J. Senn: Pflege von Tumorkranken. Recom-Verlag, Basel, 2. Aufl. 1993.
[4] Glaus, A., W. F. Jungi, H.-J. Senn: Onkologie für Krankenpflegeberufe. Georg-Thieme-Verlag, Stuttgart-New York, 4. Aufl. 1992.
[5] Földi, M., E. Földi: Das Lymphödem. Gustav-Fischer-Verlag, Stuttgart 1991.
[6] Löser, A.: Das Lymphödem. In: Beilage der Deutschen Krankenpflegezeitschrift, Heft 8, August 1991, 44. Jg.
[7] Schüle, K., S. Trimborn: Rehabilitation nach Mammakarzinom. Pflaum-Verlag, München 1984.
[8] Tausch, A.: Gespräche gegen die Angst. Rowohlt-Verlag, Reinbek 1987.

17 Ösophagus

R. Broll, G. Bliemeister

I Allgemeiner Teil

17

17.1 Anatomie und Physiologie

Die Speiseröhre ist ein schlauchförmiges (tubuläres) Organ von etwa 25 cm Länge, das den Pharynx (Schlund) mit dem Magen verbindet. Sie beginnt in Höhe des Ringknorpels und mündet im Bereich der Kardia in den Magen (Abb. 17-1). Ihre Aufgabe ist es, die Nahrung in den Magen zu transportieren. Am oberen und unteren Ende des Ösophagus sitzt **je ein Verschlußsystem:** den Eingang zur Speiseröhre schließt der obere Ösophagussphinkter (OÖS) ab und **trennt** somit den **Luft- vom Nahrungsweg.** Am anderen Ende **verhindert** der untere Ösophagussphinkter (UÖS) das **Zurückfließen** (Reflux) von Mageninhalt in die Speiseröhre.

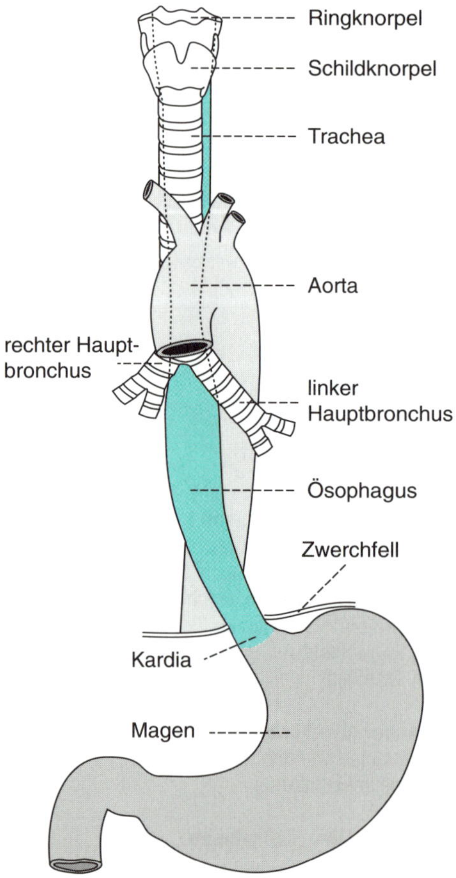

Abb. 17-1 Anatomie der Speiseröhre.

Die Speiseröhre wird in einen zervikalen (Hals), thorakalen (Brustraum) und abdominalen (Bauchraum) Abschnitt unterteilt. Deren unterschiedliche Lokalisationen bedingen, daß sie auch **verschiedenen Drucken** ausgesetzt sind: im Halsabschnitt dem atmosphärischen Druck, im thorakalen Abschnitt dem Wechseldruck der Atmung und im abdominalen Abschnitt dem Bauchdruck.

Im Zwerchfell befindet sich eine **Lücke,** der sog. Hiatus oesophageus, für den Durchtritt der Speiseröhre vom Brust- in den Bauchraum. Wie später noch auszuführen sein wird, ist dies ein **Schwachpunkt**, durch den hindurch der Magen in den Brustraum vordringen kann (Hiatushernie).

Der Wandaufbau des gesamten Gastrointestinaltraktes vom Ösophagus bis zum Rektum gehorcht den **gleichen Bauprinzipien:** Schleimhaut (Mukosa) und Submukosa (bindegewebige lockere Verschiebeschicht unter der Mukosa), Ring- und Längsmuskulatur (Muscularis propria), subseröses Fettgewebe und Bauchfellüberzug (Serosa). Letzterer fehlt allerdings am Ösophagus, außer im abdominalen Abschnitt. Statt dessen ist die Speiseröhre von einer lockeren Bindegewebeschicht, der Adventitia, umgeben. Die Schleimhaut besteht aus einem mehrschichtigen, nicht verhornenden Plattenepithel, das bis in die Grenzzone am Übergang Ösophagus/Magen reicht (Ora serrata) und dort vom nachfolgenden Zylinderepithel der Kardia abgelöst wird. Die Muskulatur setzt sich aus zwei sich schraubenförmig in schräger Richtung überkreuzenden Schichten zusammen, die in Längsrichtung zu einer erheblichen Wandspannung führen. Im Bereich des Halses (obere 10 cm) findet sich willkürlich innervierte quergestreifte Muskulatur im Gegensatz zum distalen Abschnitt, der durch nicht dem Willen unterworfene glatte Muskulatur gekennzeichnet ist. Im mittleren Bereich kommen beide Muskelarten vor.

Entsprechend den **drei Abschnitten** der Speiseröhre **(zervikal, thorakal, abdominell)** erfolgt auch die arterielle Blutversorgung aus Gefäßen dieser Regionen. Der venöse Abfluß kommt über Gefäße der Mukosa und Submukosa zustande und gelangt dann in den oberen zwei Dritteln in die V. cava, im unteren Drittel über die Magenvenen in die Pfortader.

Bei Blockade des venösen Abflusses kommt es zur Erweiterung der mukösen und submukösen Venen und zur Ausbildung der gefürchteten Ösophagusvarizen!

Für die **Innervation** des Organs ist im Halsbereich der N. recurrens, in den übrigen Abschnitten der N. vagus zuständig.

Wie oben bereits angeführt, hat die Speiseröhre die **Aufgabe**, die Nahrung in den Magen zu transportieren. Dazu ist eine den Speisebolus vorwärts treibende (propulsive) Kraft, die **Peristaltik,** notwendig. Vereinfacht kann dies folgendermaßen wiedergegeben werden: zu Beginn steht der **willkürlich** ausgelöste Schluckakt, dem nun **unwillkürliche,** d.h. dem Willen nicht mehr unterworfene, **reflektorische** Vorgänge folgen. Dies ist zum ersten die sog. schluckreflektorische Erschlaffung des oberen Ösophagussphinkters, wodurch die Nahrung in die Speiseröhre gelangt. Hier laufen nun propulsive peristaltische Kontraktionen ab, die den Speisebolus in den Magen transportieren. Vor dem Eingang zum Magen ist im Bereich der Kardia der untere Ösophagussphinkter lokalisiert, der nun ebenfalls reflektorisch erschlafft, wodurch die Speise ungehindert den Mageneingang passieren kann. Dieser Vorgang läuft auch beim Schluckvorgang ohne Nahrungsaufnahme reflektorisch ab. Störungen des Transportes durch morphologische oder funktionelle Ursachen führen zu **typischen Symptomen,** wie Dysphagie (Schluckstörung), Regurgitation (Rückstrom von Speisen) und Sodbrennen.

17.2 Leitsymptome bei Erkrankungen der Speiseröhre

Erkrankungen der Speiseröhre äußern sich durch eine Reihe ganz typischer aber auch allgemeiner Symptome, deren wichtigste dargestellt werden sollen.

Dysphagie: Schmerzlose Behinderung des Schluckaktes.

Odynophagie: Schmerzhafte Behinderung des Schluckaktes.

Beide Symptome sind Ausdruck einer Passagestörung, die sowohl morphologisch (z.B. Tumor) als auch funktionell (gestörte Peristaltik) verursacht sein kann.

Da sich nicht selten hinter der Dysphagie oder Odynophagie ein Speiseröhrenkrebs verbirgt, muß ein Patient mit diesen Symptomen unbedingt einer weiteren diagnostischen Abklärung zugeführt werden!

Regurgitation: Darunter ist das Zurückfließen von bereits verschluckter Nahrung in die Speiseröhre bzw. den Pharynx zu verstehen.

Sodbrennen: Brennende Schmerzen **hinter** dem Brustbein (Sternum) als Zeichen einer Entzündung der Speiseröhre, meist im unteren Abschnitt, verursacht durch zurückfließenden sauren Mageninhalt (gastroösophagealer Reflux).

Globusgefühl: Fremdkörper- und Engegefühl im Schlund, meist ohne Beziehung zum Schluckakt („Kloß im Hals"). Ursache können organische oder funktionelle Erkrankungen im Schlund-Kehlkopf-Speiseröhrenbereich sein. Dieses Krankheitsbild kann jedoch auch **psychischen** Ursprungs sein (Globus hystericus). Auf jeden Fall bedarf dieser Befund einer weiteren Abklärung, da psychogene Erkrankungen eine eher **seltene** Ursache darstellen.

Aufstoßen von Luft (Aerophagie): Dies wird durch **übermäßiges** Verschlucken von Luft verursacht.

Blutung: Ursachen können Krampfadern (Varizen) der Speiseröhre oder ein Ösophagustumor sein.

Erbrechen: Durch mechanische Behinderung der Passage, z.B. Narben, Tumor oder funktionelle Stenose.

17.3 Diagnostik

Von besonderer Wichtigkeit ist immer die **Befragung** des Patienten (Anamnese) und eine gründliche klinische **Untersuchung**. Da der Ösophagus infolge der knöchernen Thoraxwand einer direkten Untersuchung (Palpation) nicht zugänglich ist, muß in erster Linie auf bildgebende Verfahren im Rahmen der diagnostischen Abklärung zurückgegriffen werden.

Folgende **Verfahren** stehen zur Verfügung (s. a. Kap. 6.4).

- Röntgenuntersuchung mit Kontrastmittel („Breischluck"): Mit ihr läßt sich der Ver-

lauf der Speiseröhre und die Oberfläche der Schleimhaut darstellen. Engstellen (Stenosen) oder sonstige Formabweichungen können lokalisiert und die Peristaltik beurteilt werden.
- Endoskopie mit Biopsie: Sie erlaubt eine genaue Beurteilung der Schleimhaut, pathologische Veränderungen können biopsiert und histologisch abgeklärt werden.
- Endosonographie: Mit ihrer Hilfe lassen sich Aussagen über Struktur und Eindringtiefe pathologischer Wandprozesse (Tumor) treffen. Auch nahe der Wand lokalisierte Lymphknoten können beurteilt werden (Lymphknotenmetastasen).
- Computertomographie: Sie gibt Auskunft über die Infiltration von Nachbarorganen, metastatisch befallene Lymphknoten sowie Lungen- und Lebermetastasen.
- Funktionsszintigraphie: Damit läßt sich der Ablauf der Peristaltik beurteilen.
- Ösophagusmanometrie: Durch die Aufzeichnung der intraluminalen Druckänderungen beim Ablauf der Peristaltik können funktionelle Störungen gefunden werden. Sie sollte über 24 Stunden durchgeführt werden (24-Std.-Manometrie).
- Ösophageale pH-Messung: Durch Aufzeichnung des intraluminalen pH-Wertes erlaubt diese Untersuchung den Nachweis von Säurereflux aus dem Magen. Auch sie sollte über 24 Stunden durchgeführt werden (Langzeit-pH-Metrie).

II Spezieller Teil

17.4 Mißbildungen

Die wichtigste Mißbildung ist die **Ösophagusatresie** (angeborener Verschluß der Speiseröhre). Sie wird im Kap. 36.8.1 beschrieben.

17.5 Verletzungen

17.5.1 Rupturen (Zerreißungen)

Hier sind die sog. Spontanruptur, auch Boerhaave-Syndrom genannt, und das Mallory-Weiss-Syndrom zu nennen. In beiden Fällen handelt es sich um eine teilweise oder vollständige Ruptur der Ösophaguswand im distalen Bereich infolge einer massiven **Druckerhöhung** im Organ, meist verursacht durch starkes Erbrechen.

Diagnose: Mittels Röntgenaufnahme des Thorax und Nachweis der Ruptur mit einem wasserlöslichen Kontrastmittel.

Therapie: Sofortige Operation bei größeren Rupturen durch alle Wandschichten, da sonst eine **lebensbedrohliche** Infektion des Mediastinums (Mittelfells) droht.

17.5.2 Perforationen

Sie sind **häufiger** als Rupturen und werden überwiegend (80%) durch Instrumente (Endoskop!) verursacht. Die Diagnostik und Therapie entsprechen derjenigen der Ruptur. Nur kleine Perforationen im zervikalen Abschnitt des Ösophagus können konservativ mit hochdosierter Antibiotikagabe und Nahrungskarenz behandelt werden.

17.5.3 Verätzungen

Sie werden durch **Säure** oder **Lauge,** die versehentlich oder in suizidaler Absicht (Selbstmord!) getrunken wurden, verursacht. Dabei kommt es zu **schweren** Schäden der Schleimhaut bis hin zur Perforation. Meist besteht auch eine entsprechende Schädigung des Magens.

Diagnose: Das Ausmaß der Schädigung kann mittels vorsichtiger Endoskopie beurteilt werden.

Die geschädigte Wand kann mit dem Endoskop leicht perforiert werden!

Therapie: Neutralisierung, bei **Säureverätzung** mit **Milch** oder **Tris-Puffer,** bei **Laugenverätzung** mit **verdünnter Säure,** z.B. Zitronensäure. Parenterale Ernährung, hochdosierte Antibiotikagabe, Schmerzmittel. In besonders schweren Fällen mit Nekrose des Organs muß die Speiseröhre operativ entfernt werden.

Probleme bieten häufig die nach Verätzung später auftretenden **narbigen Stenosen** (Verengungen) der Speiseröhre, die oft einer langwierigen Bougierungsbehandlung (Aufdehnung) bedürfen.

17.6 Ösophagusvarizenblutung

(s. Kap. 26)

17.7 Fremdkörper

Von Kindern verschluckte Fremdkörper bleiben bei entsprechender Größe gelegentlich an den Engstellen der Speiseröhre hängen.
Therapie: Mittels Endoskopie wird die Diagnose gestellt und in gleicher Sitzung der Fremdkörper entfernt.

17.8 Funktionsstörungen

17.8.1 Achalasie

Hierbei handelt es sich um die **Unfähigkeit** der glatten Muskulatur, insbesondere des unteren Ösophagussphinkters, **zu erschlaffen**. Zugrunde liegt eine neuromuskuläre Störung **unbekannter** Ursache. Durch die Engstellung des unteren Sphinkters staut sich die Nahrung in der Speiseröhre, was zu einer z.T. massiven Erweiterung des Organs führt.
Symptome: Dysphagie, Schmerzen, Erbrechen, Zurückfließen von Nahrung (Regurgitation) und Aspiration im Schlaf.
Diagnose: Röntgenuntersuchung, Endoskopie mit Biopsie (Ausschluß eines Karzinoms!) und Manometrie.
Therapie: Zunächst konservativ mittels Kalziumantagonisten und Nitraten, die eine **Senkung** des unteren Sphinkterverschlußdruckes bewirken. Bleibt die medikamentöse Therapie erfolglos, wird eine mehrmalige **pneumatische** Dilatation (Aufdehnung) der Speiseröhre durchgeführt. In seltenen Fällen kann nach einer fehlgeschlagener Dilatationsbehandlung operativ die Muskulatur des Sphinkters und der Kardia durchtrennt werden (Kardiomyotomie nach Gottstein-Heller).

17.9 Divertikel

Unter einem **echten** Divertikel ist die **Aussackung** der gesamten Wandschichten eines Hohlorganes, z.B. der Speiseröhre oder des Dickdarmes zu verstehen. Bei den meisten Ösophagusdivertikeln handelt es sich dagegen um **sog. falsche** oder **Pseudo**-Divertikel, da nur die Schleimhaut durch die Muskularis hindurch prolabiert (vorfällt). Sie sind an drei Abschnitten der Speiseröhre zu beobachten: am Übergang Hypopharynx/Ösophagus (**Hypopharynx-** oder **Zenker-Divertikel**), oberhalb des unteren Ösophagussphinkters bzw. des Zwerchfelles (**epiphrenisches** Divertikel) und in Ösophagusmitte im Bereich der Trachealbifurkation (**epibronchiale** Divertikel). Bei den beiden ersteren handelt es sich um **Pulsationsdivertikel,** verursacht durch einen erhöhten Druck im Inneren des Organs. Epibronchiale Divertikel entstehen dagegen entweder durch den Zug von außen infolge Verwachsungen mit Lymphknoten (Traktionsdivertikel) oder als angeborene Mißbildung bei embryonal ausgebliebener Teilung zwischen Trachea und Ösophagus. Die Mehrzahl aller Divertikel (ca. 70%) sind im Hypopharynx lokalisiert (Zenker-Divertikel) und sollen daher näher besprochen werden.

17.9.1 Hypopharynx- oder Zenker-Divertikel

Das Zenker-Divertikel ist gekennzeichnet durch die Ausstülpung der Schleimhaut an einer muskulären Schwachstelle der Hypopharynxhinterwand, knapp oberhalb des oberen Ösophagussphinkters. Ursächlich liegt wohl eine **Koordinationsstörung** zwischen Pharynxkontraktion einerseits und Öffnung des oberen Sphinkters andererseits vor. Durch den vorzeitigen Verschluß des Sphinkters kommt es zu einem Druckanstieg im Hypopharynx und schließlich zum **Prolabieren** der Schleimhaut an der schwächsten Stelle. Die Divertikel können **z.T.** sehr **groß** werden.
Symptome: Dysphagie, Fremdkörpergefühl, Zurückfließen unverdauter Nahrung aus dem Divertikelsack bis hin zur Aspiration und Pneumonie (Lungenentzündung).
Diagnostik: Röntgenkontrastmitteldarstellung des Divertikels, Endoskopie sowie evtl. Manometrie (Nachweis der Koordinationsstörung).
Therapie: In der Regel **operativ** durch die Abtragung des Divertikelsackes in Kombination mit einer **Myotomie** (Muskeldurchtrennung) des oberen Sphinkters zur Drucksenkung.

17

17.10 Hiatushernie

Das Zwerchfell besitzt einige Lücken, durch die wichtige Organe (Speiseröhre, Aorta) vom Brust- in den Bauchraum ziehen. Diese Lücken sind **Schwachstellen**, da durch sie hindurch Organe, in der Regel aus dem Bauchraum mit seinem höheren Druck, in den Thorax prolabieren können. Die Folge ist eine Hernie (Bruch), deren Bruchsack durch die Lücke hindurch in den Brustraum vordringt und in seltenen Fällen mitsamt seinem Bruchinhalt einklemmt (**Inkarzeration**).

Von klinischer Bedeutung ist jedoch nur die Hiatushernie im Bereich der **Durchtrittstelle** der **Speiseröhre in** den **Bauchraum** (Hiatus oesophageus). Dabei handelt es sich um eine erworbene Verlagerung von unterschiedlich großen Anteilen der Kardia und des Magens in den Thorax. Zu unterscheiden sind drei Formen (Abb. 17-2 A bis D):

1. Axiale Gleithernie: Die Kardia dringt mit den benachbarten Magenanteilen (Fundus) in Richtung des Ösophagus (axial) durch den Hiatus in den Thorax. Sie stellt die häufigste Bruchform (ca. 90%) dar.

2. Paraösophageale Hernie: Die Kardia bleibt am Hiatus fixiert; Teile des Magens prolabieren neben der Kardia durch den Hiatus in den Brustraum. Im Extremfall gelangt der gesamte Magen in den Thorax (**Upside-down-stomach** = Thoraxmagen).

3. Mischhernie: Dabei handelt es sich um eine Kombination von axialer und paraösophagealer Hernie.

Als Ursachen der Hernien sind eine **Bindegewebeschwäche** mit Lockerung des Kardia-Halteapparates im Hiatus und eine **Erhöhung des Druckes** im Bauchraum (Schwangerschaft, Bauchwassersucht), meist in Verbindung mit Fettsucht, zu nennen.

Symptome: Während die axiale Gleithernie meist **klinisch stumm** bleibt und nur per Zufall im Rahmen einer Untersuchung entdeckt wird, neigt die paraösophageale Hernie zur **Einklemmung**. Beim Auftreten von Symptomen stehen bei der axialen Gleithernie brennende Schmerzen (Sodbrennen) hinter dem Brustbein (retrosternal) oder im Epigastrium (Oberbauch) als Zeichen des Refluxes von Mageninhalt in die Speiseröhre (Refluxkrankheit) im Vordergrund. Häufig liegt eine Schwäche des unteren Sphinkters vor, die manometrisch nachgewiesen werden kann. Die paraösophageale Hernie imponiert durch retrosternale Schmerzen, Druck- und Völlegefühl sowie bei einer Einklemmung durch heftige Schmerzen, Erbrechen und Schockzustand. Gelegentlich besteht auch eine Anämie wegen rezidivierender Schleimhautblutungen.

Diagnose: In aller Regel durch eine Röntgenkontrastuntersuchung der Speiseröhre und des Magens in **Kopftieflage** und unter **Ausnutzung der Bauchpresse,** was zu einem Vorfall von Baucheingeweiden durch die Bruchlücke führt. Die Endoskopie gibt Aufschluß über die Schleimhautschäden bei bestehender Refluxkrankheit. Die Ösophagusmanometrie dient zum Nachweis der Sphinkterinsuffizienz.

Therapie: Eine axiale Gleithernie ohne Symptome bedarf keiner Therapie. Ansonsten

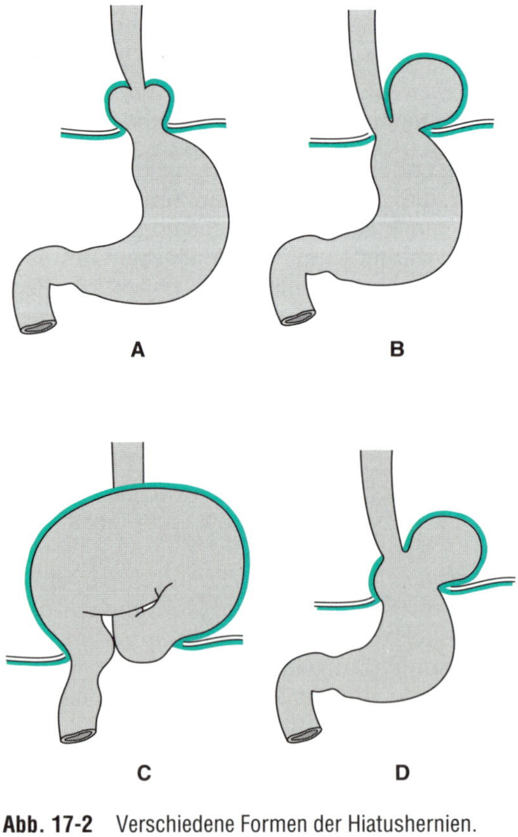

Abb. 17-2 Verschiedene Formen der Hiatushernien.
A: Axiale Gleithernie.
B: Paraösophageale Hernie.
C: Upside-down stomach (Thoraxmagen).
D: Mischhernie.

ist sie abhängig vom **Ausmaß** der Refluxkrankheit. Bei **geringen** bis **mittelschweren** Schleimhautschäden erfolgt eine **konservative** Therapie mit Antazida, H_2-Rezeptorenblockern (Cimetidin, Ranitidin). K^+H^+ ATPase-Hemmer (blockieren die K^+H^+-Protonenpumpe; Omeprazol), evtl. in Kombination mit sphinkterdrucksteigernden Medikamenten (Metoclopramid). Nur bei **schwersten** Refluxfolgen (Ulzera) ist eine **operative** Therapie erforderlich (Fundoplikatio: s.a. Kap. 17.11).

Die paraösophageale Hernie sollte wegen der meist fortschreitenden Hernierung und der Gefahr der Einklemmung operiert werden. Dabei wird der Magen in den Bauchraum zurückverlagert, der Hiatus mit einigen Nähten eingeengt und der Magen sowohl am Zwerchfell als auch an der Bauchvorderwand fixiert (Gastropexie).

Die akute Einklemmung erfordert immer eine sofortige Notoperation!

17.11 Refluxkrankheit

Gelegentlicher und kurzzeitiger Reflux von Mageninhalt in die Speiseröhre ist physiologisch. Kommt es jedoch zu einem unphysiologisch **langen** Kontakt des sauren Mageninhaltes mit der Ösophagusschleimhaut infolge langdauernder Refluxepisoden und ruft dies dann klinische Symptome hervor, so spricht man von der Refluxkrankheit.

Ursächlich sind **verschiedene** Faktoren verantwortlich.

- **Insuffizienz (ungenügende Funktion) des unteren Ösophagussphinkters:** Diese ermöglicht den Reflux von Mageninhalt in die Speiseröhre (Tab. 17-1). Bei der primären Insuffizienz ist die Ursache unbekannt, der Ruhedruck des Sphinkters erniedrigt. Bei der sekundären Insuffizienz liegen organische Störungen oder vorausgegangene operative Eingriffe vor.
- **Zusammensetzung des Refluxes:** Salzsäure aus dem Magen (saurer Reflux), aber auch Gallensäuren und Pankreasfermente aus dem Duodenum (alkalischer Reflux).
- **Kontaktzeit:** Je länger, desto schwerer die Schäden an der Schleimhaut.
- **Gestörte Selbstreinigungsfunktion der Speiseröhre:** Normalerweise löst der Reflux eine Peristaltik aus, die das Refluat (zurückgeflossene Nahrung) in den Magen zurückbefördert. Bei gestörter Peristaltik ist diese **Schutzfunktion** aufgehoben.

Alle diese Faktoren tragen mit zur Entstehung der Refluxkrankheit und -ösophagitis (Abb. 17-3) bei. Die Folge ist eine mehr oder weniger starke Schädigung der Schleimhaut der Speiseröhre **(Refluxösophagitis).** In be-

Tab. 17-1 Ursachen des pathologischen Refluxes.

Primäre Insuffizienz des unteren Ösophagussphinkters
Ursache unbekannt
Sekundäre Insuffizienz des unteren Ösophagussphinkters
– nach Operationen: im Bereich der Kardia, nach totaler Entfernung des Magens – Bindegewebeerkrankungen: Sklerodermie – neurologische Erkrankungen: diabetische und alkoholische Neuropathie – Magenerkrankungen: Magenausgangsstenose, liegende Magensonden – hormonelle Störungen: während der Schwangerschaft – Medikamente: z.B. Anticholinergika (z.B. Atropin®, Buscopan®) – intraabdominelle Druckerhöhung: Schwangerschaft, Aszites, Fettsucht – Nahrungs- und Genußmittel: Fette, Alkohol, Nikotin, Schokolade

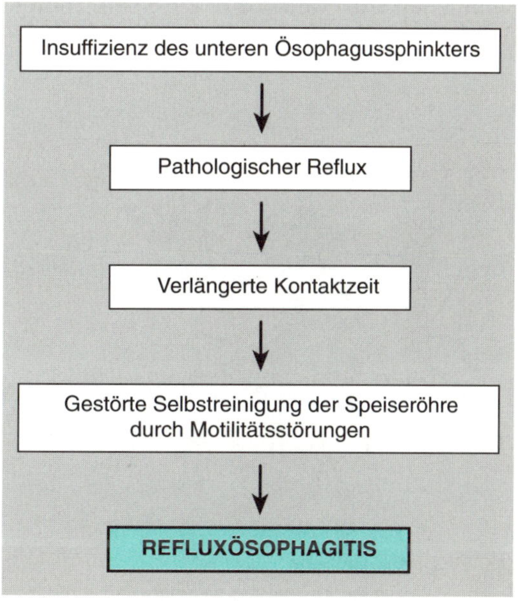

Abb. 17-3 Entstehung der Refluxösophagitis.

17

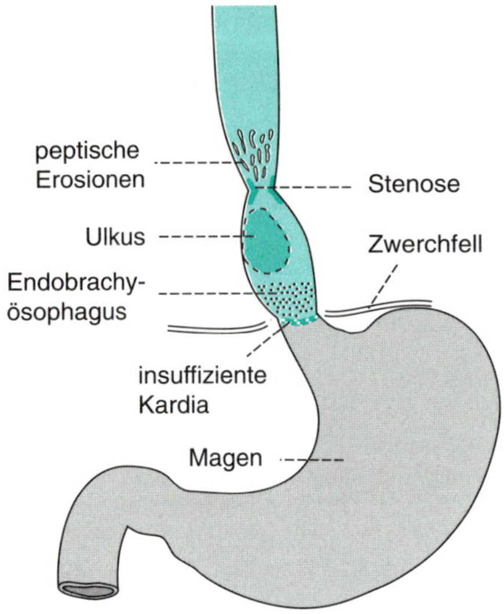

Abb. 17-4 Komplikationen der Refluxösophagitis.

sonders schweren Fällen entstehen in der geschädigten Schleimhaut Ulzera (Geschwüre) mit Blutungen, aus denen sich dann entzündlich-narbige Stenosen (Verengungen) des Ösophagus entwickeln können. Die **schwerwiegendste** Komplikation ist die Entstehung eines Karzinoms nach Umwandlung des Plattenepithels in ein Zylinderepithel (Endobrachyösophagus, Abb. 17-4).

Symptome: Sodbrennen ist das häufigste Symptom, gefolgt von Regurgitationen (Zurückfließen von Nahrung in die Speiseröhre). Geschwüre der Schleimhaut mit rezidivierenden Blutungen führen zu Blutverlust und Anämie (Blutarmut).

Diagnose: Zur Refluxdiagnostik eignet sich die Langzeit-pH-Metrie und die Funktionsszintigraphie. Die Endoskopie mit Biopsie beweist die Ösophagitis. Mit Hilfe der Röntgenkontrastmitteluntersuchung lassen sich Stenosen nachweisen. Motilitätsstörungen sowie die Sphinkterinsuffizienz können mittels der Manometrie diagnostiziert werden.

Konservative Therapie: Allgemeine Maßnahmen wie Gewichtsreduktion, Hochstellen des Bettendes (Vermeidung des nächtlichen Refluxes), fettarme Kost, keine Schokolade, kein Alkohol und Nikotin (senken beide den Ruhedruck des unteren Sphinkters) stehen an erster Stelle. Medikamentös kommen H_2-Rezeptorenblocker zum Einsatz (Cimetidin, Ranitidin), evtl. in Kombination mit motilitäts- und sphinkterdrucksteigernden Präparaten (Metoclopramid). In schweren Fällen kann auch ein K^+H^+ATPase-Hemmer (Omeprazol) gegeben werden.

Operative Therapie: Sie ist angezeigt, wenn eine längerdauernde konservative Therapie keinen **Erfolg** brachte. Hier kommt in erster Linie die **sog. Fundoplikatio** zur Anwendung. Dabei wird der insuffiziente untere Ösophagussphinkter durch eine um den unteren Ösophagus breit angelegte lockere Falte der Magenfundusvorderwand verstärkt bzw. ersetzt (Abb. 17-5 A und B).

Narbige Stenosen werden **bougiert** oder mit Ballonsonden **gedehnt.** Ist es zur Umwandlung des Plattenepithels der Ösophagus-

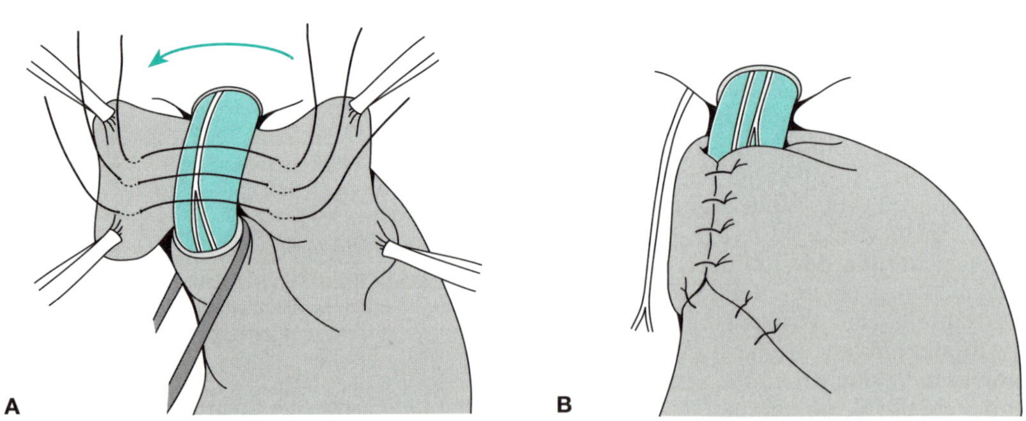

Abb. 17-5 Fundoplikatio.
A: Eine Falte aus der Magenfundusvorderwand wird hinten um den Ösophagus gezogen und vorne vernäht.
B: Die fertiggestellte, locker angelegte Fundoplikatio.

schleimhaut in ein Zylinderepithel (Endobrachyösophagus) gekommen, so sind **regelmäßige** endoskopische Nachuntersuchungen alle ein bis zwei Jahre erforderlich, um **rechtzeitig** ein sich dort entwickelndes Karzinom zu erkennen und zu behandeln (Entfernung des befallenen Abschnittes).

17.12 Tumoren

Tumoren der Speiseröhre sind im Vergleich mit anderen Organen **eher selten**, aber zu **etwa 95% maligne**.

An gutartigen Tumoren sind zu nennen:

- Leiomyome (gehen aus der Muskelschicht hervor; am häufigsten)
- Fibrome (Bindegewebe)
- Lipome (Fettgewebe)
- Hämangiome (Gefäße)

Sie machen sich, allerdings sehr **spät**, durch Schluckstörungen bemerkbar und werden nach Diagnosestellung operativ entfernt. Die Prognose ist sehr gut.

17.12.1 Ösophaguskarzinom

Für die Entstehung des Ösophaguskarzinoms scheinen **Umweltfaktoren,** wie z.B. der Gehalt an Karzinogenen (krebserzeugenden Substanzen) in der Nahrung, von entscheidender Bedeutung zu sein. In den westlichen Ländern wird die Tumorentstehung durch Alkohol und Nikotin gefördert. Der oben angeführte Endobrachyösophagus weist eine **hohe Rate** an **maligner Entartung** auf (ca. 15%), ebenso wie die Achalasie und Laugenverätzungen. Vor allem Männer zwischen dem fünften und siebten Lebensjahrzehnt erkranken an diesem Tumor.

In ca. **80 bis 90%** handelt es sich um **Plattenepithelkarzinome,** der Rest sind Adenokarzinome, aus dem Zylinderepithel hervorgehend. Da die Speiseröhre nicht von Peritoneum (Bauchfell), außer im abdominellen Abschnitt, überzogen ist, **infiltriert** der Tumor relativ **frühzeitig** in die **benachbarten Organe** (Trachea, Bronchien, Aorta, Herzbeutel, Zwerchfell). Die Ausbreitung über den Lymphweg erfolgt im oberen Abschnitt in die Halslymphknoten, im mittleren Abschnitt in die den Ösophagus und die Bronchien umgebenden mediastinalen Lymphknoten und im distalen Abschnitt in die Lymphknoten der Kardia und des Magens. **Fernmetastasen,** die auf dem Blutweg entstanden sind, finden sich in Lunge, Leber, Knochen, Niere und Nebenniere.

Symptome: Diese treten in aller Regel erst **sehr spät** bei **fortgeschrittenem** Tumorstadium auf. Das führende Symptom ist die Dysphagie, wobei anfänglich nur das Schlucken fester Nahrung gestört ist. Durch stetiges Fortschreiten des Tumorwachstums mit einer weiteren Lumeneinengung kann **nur noch flüssige** Nahrung aufgenommen werden, bis auch dies nicht mehr möglich ist. Schmerzen, fauliges Aufstoßen, Regurgitation unverdauter Nahrung und Gewichtsverlust sind späte Symptome. Eine Heiserkeit zeigt den Befall des Stimmbandnerven an, Husten und Pneumonie (Lungenentzündung) sind Zeichen einer Fistel zwischen Speise- und Luftröhre.

Diagnose: Röntgenkontrastmitteluntersuchung und Endoskopie mit Biopsie sichern den Tumor, dessen Ausdehnung und die Histologie. Die Tiefe der Wandinfiltration sowie regionale Lymphknotenmetastasen können am besten mit der Endosonographie bestimmt werden. Die Computertomographie weist Infiltrationen in benachbarte Organe nach und mittels Sonographie können Lebermetastasen bestimmt werden.

Operative Therapie: Nach Möglichkeit sollte der Tumor durch eine subtotale Resektion der Speiseröhre einschließlich der Lymphknoten operativ entfernt werden. Bei distaler Lokalisation des Tumors ist auch der Magen mit zu resezieren. Die Operation kann ausschließlich vom Bauchraum aus durchgeführt werden. Dabei wird die Speiseröhre stumpf aus dem Mediastinum ausgelöst (transmediastinale Ösophagektomie). Es ist aber auch möglich, die Speiseröhre durch gleichzeitiges Eröffnen des Brust- und Bauchraumes zu resezieren. Letztere Methode gestattet zusätzlich eine sorgfältige Entfernung der mediastinalen Lymphknoten (Lymphadenektomie).

Die Nahrungspassage kann durch die Zwischenschaltung (**Interposition**) von Magen (Magenhochzug; Abb. 17-6), Dünndarm oder Dickdarm (Abb. 17-7) wiederhergestellt werden.

Bestrahlungstherapie: Nur Plattenepithelkarzinome sind strahlensensibel. Sowohl **vor** der Operation zur Tumorverkleinerung (neoadjuvant) als auch **nach** der Operation, um verbliebene Tumorreste zu zerstören (adjuvant), kann bestrahlt werden. Bei **Inoperabilität** kann mit Hilfe der Strahlentherapie

17

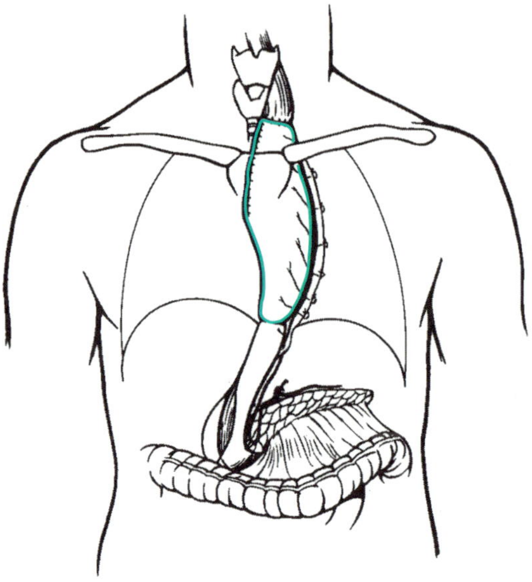

Abb. 17-6 Wiederherstellung der Nahrungspassage durch Magenhochzug.

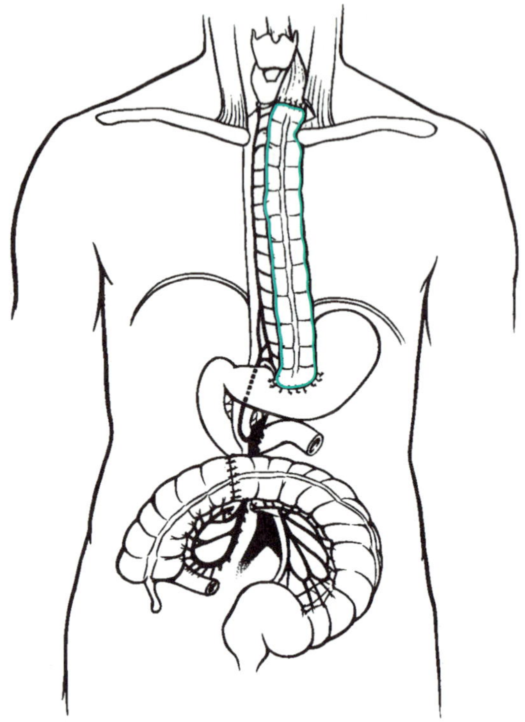

Abb. 17-7 Wiederherstellung der Nahrungspassage durch Zwischenschaltung (Interposition) des Dickdarmes.

versucht werden, den Tumor soweit zu verkleinern, daß die **Nahrungspassage** wieder **möglich** ist. Gelegentlich können Tumoren auch primär ohne vorherige operative Therapie bestrahlt werden. In neuerer Zeit besteht zudem die Möglichkeit, die Strahlungsquelle direkt in das Ösophaguslumen einzubringen und so den Tumor gezielt mit hoher Dosis zu bestrahlen.

Palliative (krankheitsmildernde) Verfahren: Zur Überbrückung einer Tumorstenose kann eine **Endoprothese** (Tubus) eingelegt werden. Ferner ist es möglich, die Passage durch Entfernung des Tumors mittels Laserstrahlen (**Laserkoagulation**) wiederherzustellen. Im Endstadium bleibt oft nur noch die Möglichkeit, eine **Ernährungsfistel** bzw. einen **Ernährungskatheter** in den Magen oder Dünndarm an- bzw. einzulegen, um die Patienten vor dem Verhungern zu schützen.

Insgesamt ist die **Prognose** des Speiseröhrenkrebses mit einer Fünf-Jahres-Überlebensrate von ca. 10 bis 15% **sehr schlecht**, da die meisten Tumoren nicht mehr **kurativ** (heilend) behandelt werden können.

III Pflegerischer Teil

17.13 Pflegerische Maßnahmen bei auftretenden Symptomen

Die Aufgabe der Speiseröhre besteht in dem Transport der oral aufgenommenen Nahrung in den Magen. Dieser Vorgang, der zunächst durch den willkürlich ausgelösten Schluckakt und im folgenden durch reflektorische, dem Willen nicht mehr unterworfenen physiologischen Abläufen gesteuert wird, kann durch morphologische (z. B. Tumore) oder/und funktionelle Ursachen (z. B. gestörte Peristaltik) beeinträchtigt werden. Folgende **Leitsymptome** (s. a. Kap. 17.2) können auftreten:

- Schluckbehinderungen (Dysphagie) mit oder ohne Schmerzen

- Zurückfließen (Regurgitation) von geschluckter Nahrung in die Speiseröhre oder den Rachen, evtl. verbunden mit brennenden Schmerzen (Sodbrennen), als unter dem Brustbein (retrosternal) liegend empfunden
- Erbrechen bzw. Bluterbrechen
- Atembeschwerden (Dyspnoe)

17.13.1 Bei Schluckbehinderungen

Schluckbehinderungen treten **zunächst** bei der Aufnahme **fester Nahrung**, im Verlaufe der Erkrankung und bei Zunahme der Ösophaguseinengung **auch** bei **breiiger** bzw. **flüssiger Kost** auf. Für den Kranken besteht somit die Gefahr des **reduzierten** Ernährungs- bzw. Allgemeinzustandes. Der Patient wird vom Krankenpflegepersonal in seinem Bemühen, ausreichend Nahrung zu sich zu nehmen, unterstützt, indem:

- ihm **weiche** bzw. **pürierte** Kost angeboten wird
- die Nahrung ausreichend Nährstoffe enthält
- die Mahlzeiten auf **sechs bis acht kleine** Portionen über den Tag verteilt werden
- seine Wünsche und Vorlieben berücksichtigt werden
- ihm **ausreichend** Zeit für die Nahrungsaufnahme eingeräumt wird
- die Mahlzeiten evtl. zwischendurch noch einmal in der Mikrowelle erwärmt werden
- er bei der Nahrungsaufnahme **aufrecht** im Bett oder am Tisch sitzt, da die Nahrungszufuhr im Liegen die Schluckbeschwerden vergrößern
- er, um den Schluckvorgang zu erleichtern, **15 Minuten vor** jeder Mahlzeit mit einer **anästhesiehaltigen** Lösung (z.B. Lidocain®) gurgelt oder ein anästhesiehaltiges Dragee (z.B. Lidocain®-Dragee) lutscht

17.13.2 Bei Zurückfließen von geschluckter Nahrung und Schmerzen

Gelegentliches Zurückfließen von Mageninhalt in die Speiseröhre oder den Rachen (Reflux) ist als **physiologisch** anzusehen. Dies kann beispielsweise dann geschehen, wenn unmittelbar nach einer reichhaltigen Nahrungszufuhr in tiefem Bücken die Schuhe zugebunden werden. Ist der Schließmechanismus am Mageneingang krankhaft verändert, kann die Verbindung zwischen Speiseröhre und Magen ständig geöffnet sein, so daß der Rückfluß von Magensaft/-inhalt vermehrt vorkommt. Der Patient klagt zunehmend über brennende Schmerzen (Sodbrennen) unter dem Brustbein. Die pflegerischen Interventionen bestehen in folgenden Maßnahmen:

- Die Nahrungszufuhr erfolgt nur **im Sitzen** und ist auf **sechs bis acht** Mahlzeiten über den Tag verteilt.
- Nach der Nahrungsaufnahme soll sich der Patient **nicht hinlegen**, da sonst der Reflux begünstigt würde, sondern 20 bis 30 Minuten umhergehen.
- Der Patient schläft mit erhöhtem Oberkörper, das Kopfteil des Bettes ist 30 bis 45° erhöht.
- Um ein Abknicken des Oberkörpers zu vermeiden, erlernt der Patient eine **spezielle Bücktechnik** (Abb. 17-8).
- Alkohol, Nikotin und Kaffee fördern die Schwäche des Schließmechanismus und sind zu vermeiden.
- Besteht Übergewicht, muß Reduktionskost angeboten werden, da Adipositas den Reflux begünstigt.
- Die Nahrung ist **eiweißreich** und **fettarm** (viel Milch und Milchprodukte, Kurzgebratenes meiden).
- Die Nahrung ist **ballaststoffreich,** um einer Obstipation entgegenzuwirken.

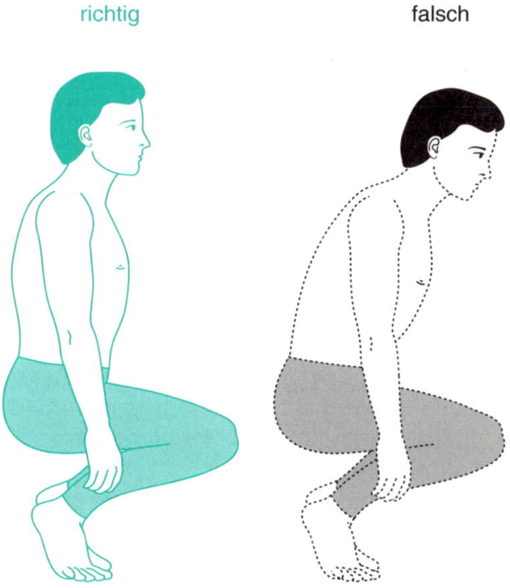

Abb. 17-8 Spezielle Bücktechnik bei Refluxösophagitis.

17

- Ärztlich verordnete medikamentöse **Säurehemmer** (z.B. Tagamet®) werden **15 Minuten vor der Nahrungsaufnahme** eingenommen.
- Bei auftretendem Sodbrennen bzw. Schmerzen kann der Patient auf ärztliche Anordnung zwischen den Mahlzeiten zur Pufferung überschüssiger Magensäure z.B. Maaloxan® (s.a. Kap. 7.1.3) einnehmen.

17.13.3 Bei Erbrechen bzw. Bluterbrechen

Liegt im Bereich der Speiseröhre eine Passagebehinderung vor, kommt es unmittelbar nach der Nahrungsaufnahme zum Erbrechen.

Brötchen oder harte Brotkanten können Blutungen der Speiseröhre provozieren, indem sie Varizen verletzen!

Häufiges Erbrechen führt zu Flüssigkeitsverlust, Elektrolytverschiebung, körperlicher Erschöpfung und ggf. Schleimhautblutungen im Ösophagus. Für das Pflegepersonal ist Erbrechen mit folgenden Aufgaben verbunden:
- **Anzeichen** des bevorstehenden Erbrechens z.B. Schweißausbruch, Blässe, Bradykardie, weite Pupillen **rechtzeitig erkennen.**
- Wenn möglich Kleidung und Bett mit Zellstoff oder anderer Unterlage abdecken.
- Nierenschale und Zellstoff in ausreichender Menge bereithalten.
- Patienten **aufrecht sitzen** lassen, Rücken abstützen, ggf. Nacken und Stirn des Kranken halten.
- Um die **Intimsphäre** des Patienten (Schamgefühl) zu **wahren**, für ausreichenden **Sichtschutz** (Mitpatienten) sorgen.
- Bluterbrechen ist häufig mit **Angst und Erregung** verbunden; der Patient benötigt gerade in dieser Situation Zuwendung, Zuspruch und Begleitung.

Ein Patient, der Blut erbricht, darf niemals alleine gelassen werden (Aspirationsgefahr). Wird eine weitere Pflegekraft oder ein Arzt benötigt, einen Mitpatienten schicken oder die Glocke betätigen!

- Nach dem Erbrechen dem Patienten Gelegenheit geben, den Mund auszuspülen und die Zähne zu putzen. Ist der Patient nicht in der Lage, dies selbständig auszuführen, muß die Pflegekraft Mundpflege laut Standard durchführen.
- Sofern der Patient es wünscht und keine Nahrungskarenz angeordnet ist, sollte ihm Tee angeboten werden.
- Wenn nötig, Kleidungs- und Wäschewechsel vornehmen.
- Auf ärztliche Anordnung werden Antiemetika (z.B. Paspertin®) verabreicht.
- Falls notwendig, **Vitalzeichenkontrolle** (Blutdruck, Puls).
- Tageszeit, Häufigkeit und Begleitumstände des Erbrechens im Dokumentationssystem festhalten.
- Aussehen, Menge, Beschaffenheit, Geruch, Farbe und Beimengungen des Erbrochenen dokumentieren.

17.13.4 Bei Atembeschwerden

Konkrete Maßnahmen bei Atembeschwerden (s. Kap. 15.9 und 15.10).

17.14 Präoperative Vorbereitungen

17.14.1 Allgemeine Maßnahmen

Es gelten die in Kap. 8.1 beschriebenen Richtlinien. Das Rasurschema (Abb. 17-9) für Ösophaguseingriffe reicht vom Halsansatz bis zur oberen Schamgrenze und schließt die Achselhöhlen mit ein.

17.14.2 Spezielle Maßnahmen

Verbesserung des Allgemeinzustandes

Befindet sich der Kranke z.B. in einem reduzierten Ernährungszustand, sollte in Absprache und auf Anordnung des Arztes eine mehrtägige parenterale hyperkalorische Ernährung erfolgen.

Psychische Begleitung

Nicht alle Patienten, die eine Ösophagusresektion erhalten, werden postoperativ auf einer Allgemeinstation betreut. In einigen Fällen wird die **Betreuung auf einer Intensivstation** (z.B. bei schlechtem Allgemeinzustand, Atem- und Kreislaufprobleme, etc.) notwendig. Diese Tatsache ist für den Patienten mit **Angst und Ungewißheit** vor dem Unbekannten verbunden. In der präoperativen

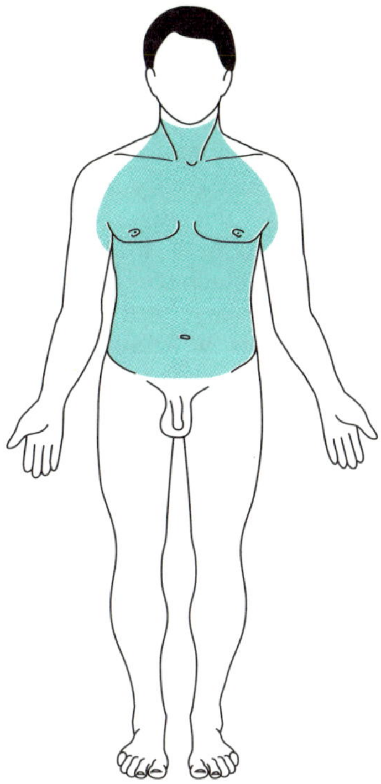

Abb. 17-9 Rasurschema bei Ösophagusresektion.

Phase sollte dem Patienten deshalb die **Möglichkeit** gegeben werden, die **Intensivstation**, den **Bettenplatz mit seinen Einrichtungen** und falls durchführbar die **betreuende Pflegekraft kennenzulernen**.

17.15 Postoperative Maßnahmen

17.15.1 Bei Ösophagusresektion

Lagerung und Mobilisation

Nach der operativen Entfernung der Speiseröhre erfolgt die Lagerung des Patienten in **halbsitzender** Position. Zusätzlich sollte darauf geachtet werden, daß es zu **keiner Überstreckung des Kopfes** kommt (Entlastung der Anastomosennähte). Sechs bis acht Stunden nach Operationsende wird der Patient erstmals mobilisiert, nachdem ihm zuvor Antithrombosestrümpfe angezogen und eine Laparatomiebinde umgelegt wurde. Auf ärztliche Anordnung erfolgt ab dem ersten postoperativen Tag regelmäßig Atemgymnastik.

Sonden und Drainagen

Die intraoperativ gelegte **Magensonde** bleibt drei bis fünf Tage liegen, sie wird an einen intermittierenden Sog angeschlossen und jeweils für 30 Minuten abgeklemmt. Sie darf sich **keinesfalls** verschieben, muß also **gut befestigt** werden (s. Kap. 18, Abb. 18-16). Bei besonders unruhigen Patienten kann es **notwendig** sein, die Magensonde **anzunähen**.

Im Falle einer dislozierten (verschobenen) Magensonde ist das manuelle Zurückschieben strikt zu vermeiden (Magensonde dient als Schienung der Operationsnaht) und umgehend der Arzt zu informieren!

Die Ausscheidungen der im Operationsgebiet plazierten Drainagen (es handelt sich in der Regel um eine Hals- und eine magenwärts plazierte Easy Flow-Drainage) fließen in zwei auf die Bauchhaut des Patienten geklebte Adhäsivbeutel. Das abfließende Blut und ggf. Verdauungssekret (Speichel) wird auf **Menge** und **Aussehen** überprüft und Auffälligkeiten oder Besonderheiten im Dokumentationssystem vermerkt. Der Verbandwechsel erfolgt wie in Kap. 5.3 beschrieben. Kürzungen der Drainagen sowie die Bestimmung des Zeitpunktes des Entfernens der Drainagen fallen in den Aufgabenbereich des Arztes. Treten keine Komplikationen auf, werden die Drainagen am fünften bis sechsten postoperativen Tag entfernt.

Ernährung und Kostaufbau

Über **fünf bis sieben Tage** bekommt der Kranke ausschließlich **parenterale** Ernährung zugeführt. Nach entsprechender röntgenologischer Kontrolle (**Dichtigkeit der Anastomose**) entscheidet der Arzt über den **stufenweisen** Aufbau der Kost:
- ab fünften bis sechsten postoperativen Tag schluckweise Tee trinken
- ab sechsten bis neunten postoperativen Tag Haferschleim, breiige Kost
- danach weiter aufbauend auf sechs bis acht Mahlzeiten pro Tag

Auch nach der Entlassung muß sich der Patient an **grundsätzliche Instruktionen** halten:
- Die Gesamtnahrung wird auf sechs bis acht Mahlzeiten pro Tag verteilt und besteht aus Schonkost (eiweißreich, fettarm, koffeinfrei, kein Alkohol).

- Liegen, ausruhen und schlafen erfolgen ausschließlich mit erhöhtem Oberkörper.

17

17.15.2 Bei Endoprotheseneinlage

Der **zunehmenden Stenosierung** der Speiseröhre wird therapeutisch zunächst mit **Bougierungen** (Erweiterung des sich schließenden Ösophagus mittels Endoskop) begegnet. Führen diese Eingriffe nicht mehr zu dem erwünschten Erfolg, wird die operative Einlage eines Tubus notwendig, wodurch der eingeengte Bereich durchgängig gehalten wird.

Nach der Operation wird der Patient in **Oberkörperhoch-** und **Beintieflagerung** gebettet. Die Mobilisation kann bei körperlichem Wohlbefinden des Kranken sofort beginnen. Die intraoperativ gelegte Magensonde bleibt ein bis zwei Tage liegen, das abfließende Sekret wird auf Menge, Farbe und Beschaffenheit beobachtet und dokumentiert. Über 24 bis 48 Stunden bekommt der Patient parenterale Ernährung zugeführt. Die 24 Stunden nach Operationsende erfolgte Röntgenkontrolle gibt Auskunft darüber, ob schon jetzt flüssige Kost zugeführt werden darf. Ab dem zweiten postoperativen Tag kann der Patient in sitzender Position pürierte Kost zu sich nehmen.

Nach der **Entlassung** sollte der Patient folgende **Hinweise** berücksichtigen:

- 15 Minuten **vor** den Mahlzeiten wird durch Gurgeln mit einer **anästhesierenden Lösung** (z.B. Lidocain®) die gereizte Ösophagusschleimhaut „beruhigt“.
- Die Nahrung wird weiterhin auf **sechs** Mahlzeiten über den Tag verteilt und besteht **ausschließlich** aus **pürierter Kost**.
- Die Mahlzeiten werden langsam und **immer im Sitzen** eingenommen.
- Zu den Mahlzeiten wird **reichlich Flüssigkeit** getrunken, um den Speisebrei möglichst zu verflüssigen und ihn somit gut durchgängig zu machen.
- **Nach** jeder Mahlzeit und der Zufuhr von Getränken **10 bis 20 Minuten umhergehen**, da die Speisepassage ausschließlich durch die Schwerkraft möglich ist.
- Ruhen und schlafen erfolgt in **Kopfhoch-** und **Beintieflage**.
- Sollte sich die Speisepassage verschlechtern, ist **umgehend** der Arzt aufzusuchen.

Literaturhinweise

[1] Berchtold, R., H. Hamelmann, H. J. Peiper, O. Trentz (Hrsg.): Chirurgie. Urban & Schwarzenberg, München-Wien-Baltimore 3. Aufl. 1994.

[2] Classen, M., V. Diehl, K. Kochsiek (Hrsg.): Innere Medizin. Urban & Schwarzenberg, München-Wien-Baltimore, 3. Aufl. 1994.

[3] Juchli, L.: Krankenpflege. Georg-Thieme-Verlag, Stuttgart, 7. Aufl. 1994.

[4] Maletzki, W., A. Stegmayer-Petry: Klinikleitfaden Krankenpflege. Jungjohann-Verlag, Neckarsulm-Stuttgart, 1. Aufl. 1993.

[5] Das neue Lehrbuch der Krankenpflege. Kohlhammer-Verlag, Stuttgart-Berlin, 4. Aufl. 1992.

18 Magen und Duodenum

R. Broll, G. Bliemeister

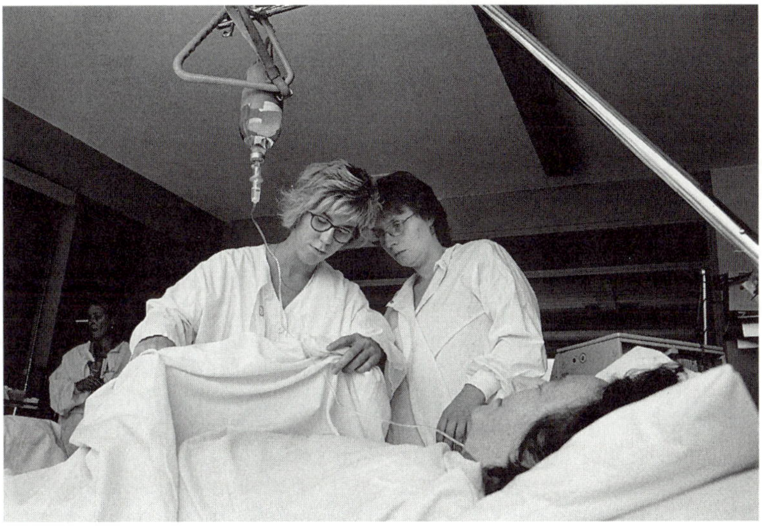

I Allgemeiner Teil

18

18.1 Anatomie und Physiologie

Der **Magen** ist in **drei** Abschnitte gegliedert (Abb. 18-1): **Fundus, Korpus** und **Antrum.** Den Übergang vom Ösophagus zum Magen bezeichnet man als **Kardia** (Magenmund), den Magenausgang als Pylorus (Pförtner). Sowohl am Mageneingang als auch am -ausgang ist ein wirksamer **Verschlußmechanismus** lokalisiert, der insbesondere den Rückfluß (Reflux) von Duodenalsekret in den Magen als auch von Mageninhalt in die Speiseröhre verhindert. An der großen Magenkurvatur setzt das große Netz (Omentum majus), an der kleinen Kurvatur das kleine Netz (Omentum minus) an.

Betrachtet man den Magen hinsichtlich seiner Beziehungen zu den Nachbarorganen (topographische Anatomie), so befindet sich links von ihm die Milz, rechts die Leber, Gallenblase und die Gallengänge. Unterhalb verläuft das Querkolon (Querteil des Dickdarmes), oberhalb schließt das Zwerchfell (Diaphragma) den Bauchraum zum Thorax hin ab, und hinter ihm liegt in der sog. Bursa omentalis (Bauchfelltasche) die Bauchspeicheldrüse (Pankreas). In den Magen führt die Speiseröhre, aus dem Magen der **Zwölffingerdarm** (Duodenum), der sich in **vier** Abschnitte gliedert (s. Abb. 18-1): Pars superior (Bulbus; magennaher Teil), Pars descendens (absteigender Teil), Pars inferior (horizontalis; horizontaler Teil) und Pars ascendens (aufsteigender Teil). In den Zwölffingerdarm münden gemeinsam über die sog. **Papille** (Papilla duodeni major) der Gallen- und Pankreasgang.

Die **Gefäßversorgung** des Magens erfolgt über vier Hauptarterien (Tab. 18-1), welche letztlich alle direkt oder indirekt aus dem Truncus coeliacus (Ast der Bauchaorta) entspringen (s. Abb. 18-1). Die gleich verlaufenden und meist ebenso benannten Magenvenen münden in die Pfortader. Entlang der Arterien finden sich zahlreiche Lymphknoten (s. Tab. 18-1), die insbesondere bei bösartigen Magentumoren von Bedeutung sind (Lymphknotenmetastasen). **Nerval** wird der Magen über den Sympathikus als auch über den Parasympathikus (N. vagus) versorgt (s. Tab. 18-1).

Der Magen hat die Aufgabe, den Speisebrei zu speichern, mit Hilfe seiner Peristaltik zu durchmischen, durch Salzsäure (HCl) und Pepsin anzudauen und zu verflüssigen und schließlich proportioniert in den Zwölffingerdarm zu entleeren. Er ist damit **Reservoir**, **Drüse**, sowie **aktiver Muskel** und wird durch

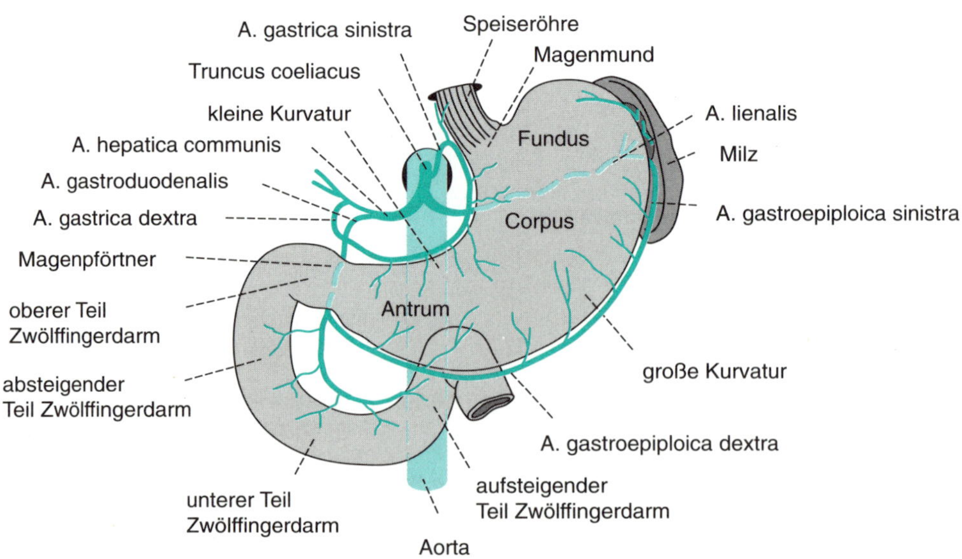

Abb. 18-1 Anatomie des Magens und Zwölffingerdarms.

Tab.18-1 Anatomie des Magens.

Gefäße	Nerven	Lymphknoten
– A. gastrica dextra – A. gastrica sinistra – A. gastroepiploica dextra – A. gastroepiploica sinistra	– Sympathikus – Parasympathikus (= N. vagus)	– Kardiaregion – kleine Kurvatur – große Kurvatur – Pylorusregion

nervale und hormonale Reize gesteuert (Rezeptororgan; Tab. 18-2).

Das Mageninnere ist gekennzeichnet durch **Schleimhautfalten,** die die sog. Magenstraße bilden, welche von der Kardia zum Pylorus führt. In die Magenschleimhaut münden verschiedene Zellen, wobei jeder Zelltyp ein für ihn **spezielles** Sekret produziert. Im einzelnen sind diese in Tabelle 18-3 aufgeführt. Pro Tag werden ca. 1,5 bis 2 Liter Magensekret gebildet. Zum Schutz vor der Einwirkung der aggressiven Salzsäure ist die Magenschleimhaut mit einer Schleimschicht (Muzin) überzogen. Sowohl die Sekretion als auch die Motilität (unwillkürlich gesteuerte Muskelbewegungen) werden vom N. vagus und gastrointestinalen Hormonen geregelt.

Magensekretion und -motilität gliedern sich in drei Phasen (Tab. 18-4):

1. **Kephale Phase (nervöse Phase):** Die Steuerung erfolgt über das Gehirn. Mittels sensorischer Reize (Sehen, Riechen, Schmekken) oder durch eine Hypoglykämie (Unterzucker) kommt es über das Zwischenhirn zur Vagusreizung mit Stimulation der Belegzellen (HCl) und G-Zellen (Gastrin).
2. **Gastrale Phase:** Chemische, mechanische (Dehnung) und thermische Reize der Nahrung auf die Magenwand führen zur Gastrinfreisetzung.
3. **Intestinale Phase:** Nach Übertritt des Speisebreis in das Duodenum bzw. den Dünndarm kommt es durch den Nahrungsreiz zur Freisetzung bestimmter Hormone (Sekretin, Cholezystokinin, Enterogastron). Sie hemmen die Gastrinproduktion und die Motilität des Magens, gleichzeitig stimulieren sie aber die Bikarbonatsekretion des Pankreas.

Tab. 18-2 Physiologie des Magens I.

Aufgabe	Funktion als
– Speicherung	– Reservoir
– Durchmischung	– Muskel
– Verflüssigung und Andauung	– Drüse
– portionierte Abgabe	– Schließmuskel

Tab. 18-3 Physiologie des Magens II.

Zellen	Lokalisation	Sekret	Aufgabe
Belegzellen	Fundus, Korpus	HCl Intrinsic-Faktor	– aktiviert Pepsinogen zu Pepsin – denaturiert Eiweiß – Vitamin-B_{12}-Resorption
Hauptzellen	Fundus, Korpus	Pepsin, Kathepsin	– Eiweißspaltung
Nebenzellen	Kardia, Pylorus	Muzin (alkalischer Schleim)	– Schutz der Zelloberfläche vor Säure
G-Zellen	Antrum	Gastrin	– stimuliert HCl-Sekretion, aktiviert Peristaltik, trophische Wirkung auf Magenschleimhaut
Mastzellen	Fundus	Histamin	– stimuliert Säuresekretion

18

Tab. 18-4 Phasen der Magensekretion.

	Ursache	Folge	Erfolgszellen	Sekretion
1. Kephale Phase	Sensorische Reize: – Sehen – Riechen – Schmecken Hypoglykämie	Vagusreizung	Belegzellen G-Zellen Mastzellen	HCl ↑ Gastrin ↑ Histamin ↑
2. Gastrale Phase	Nahrungsreize: – mechanisch (Dehnung) – chemisch – thermisch	Freisetzen von Aminosäuren, Peptiden aus Nahrungseiweiß Vagusreizung	G-Zellen Belegzellen	Gastrin ↑ HCl ↑
3. Intestinale Phase	Übertritt von Speisebrei in Duodenum und Dünndarm	Freisetzung intestinaler Hormone	Hemmen G-Zellen und Magenmotilität stimulieren Pankreas	Gastrin ↓ Bikarbonatproduktion ↑

18.2 Leitsymptome bei Magenerkrankungen

Die **wichtigsten** Leitsymptome sind: Appetitlosigkeit, Gewichtsverlust, Übelkeit, Erbrechen, Schmerzen (vor, während, nach oder unabhängig von der Nahrungsaufnahme), Blutung in Form von Bluterbrechen (Hämatemesis) oder Teerstuhl (Meläna = Blutstuhl).

- Übelkeit ist häufig Ausdruck einer Drucksteigerung im Magen oder Zwölffingerdarm infolge einer Passagebehinderung im oberen Verdauungstrakt.
- Erbrechen kann durch eine Passagebehinderung im oberen Gastrointestinaltrakt, Stoffwechselstörungen, hormonale Störungen und Infektionen entstehen.
  Die **Zusammensetzung** des Erbrochenen kann **Hinweise** auf die Ursache geben. So sprechen **Nahrungsreste** vom Vortag für eine **Entleerungsbehinderung** des Magens, während **Stuhlbeimengungen** (Miserere) auf einen **Darmverschluß** (Ileus) hinweisen. **Frisches, helles Blut** zeigt eine **akute Blutung** an. Blut, das **länger** im Magen bleibt, verfärbt sich durch die Einwirkung der Magensäure braun-schwarz und zeigt sich als „Kaffeesatzerbrechen". Findet sich **nekrotisches Gewebe** mit Blutbeimengungen im Erbrochenen, so ist an ein **zerfallendes Magenkarzinom** zu denken.
- Blutungen im Bereich des **oberen** Verdauungstraktes treten gewöhnlich als **Bluterbrechen** und **Teerstuhl** in Erscheinung, während **frische Blutbeimengungen** im Stuhl für eine Lokalisation der Blutung im unteren Verdauungstrakt sprechen.

Etwa **90%** aller akuten Magen-Darm-Blutungen stammen aus dem **oberen** Gastrointestinaltrakt. Die häufigsten Ursachen sind: Magen- und Zwölffingerdarmgeschwüre, Ösophagusvarizen (Krampfadern der Speiseröhre), Geschwüre der Speiseröhre und das Magenkarzinom.

Jede akute Blutung aus dem Magen-Darmtrakt erfordert eine sofortige Notfallendoskopie, um die Blutungsquelle zu lokalisieren und, wenn möglich, zu stillen!

Vom Bluterbrechen ist der **Bluthusten** (Hämoptoe) abzugrenzen, der seine Ursache in bronchopulmonalen oder kardialen Erkrankungen findet.

18.3 Diagnostik

Neben der Anamnese und der klinischen Untersuchung stehen eine Reihe von speziellen Untersuchungen zur Verfügung:

- **Endoskopie mit Biopsie:** Wichtigste diagnostische Maßnahme! Damit lassen sich pathologische Veränderungen der Schleim-

haut (Tumoren) nachweisen und lokalisieren. Die gleichzeitige Biopsie dient der histologischen Abklärung.
- **Abdomen-Leeraufnahme:** Wichtig zum Erkennen freier Luft unter dem Zwerchfell bei Magenperforation.
- **Röntgendarstellung des Magens mit Kontrastmittel:** Neben dem Erkennen pathologischer Schleimhautveränderungen dient diese Untersuchung insbesondere zum Nachweis der Wandstarre bei die Magenwand infiltrierenden Prozessen (Tumoren).
- **Sonographie:** Dient insbesondere dem Nachweis pathologischer Prozesse im Bauchraum (Lebermetastasen!).
- **Endosonographie:** Durch Einführen eines Sonographieschallkopfes in den Magen kann die Eindringtiefe eines Tumors in die Wand und der Befall der nächstgelegenen Lymphknoten (Metastasen!) beurteilt werden.
- **Computertomographie:** Sie gibt Auskunft über die Infiltration von Nachbarorganen und Leber- und Lymphknotenmetastasen.
- **Szintigraphie:** Eine nützliche Methode zum Nachweis von Magenentleerungsstörungen.
- **Säuresekretionsanalyse und Hormonbestimmung:** Heute nur noch selten angewandte Methode zur Beurteilung der Magensekretion.
- **Bakteriologie und/oder Urease-Schnelltest:** Damit kann der im Magen beim Ulkusleiden sehr häufig anzutreffende Keim Helicobacter pylori nachgewisen werden.

Einzelheiten zu den genannten Untersuchungsmethoden finden sich im Kap. 6.4.

18

II Spezieller Teil

18.4 Kindlicher Pylorospasmus/ Hypertrophische Pylorusstenose

(s. Kap. 36.13.2)

18.5 Verletzungen

Verletzungen des Magens nach stumpfer Gewalteinwirkung auf den Bauchraum sind **sehr selten**. In der Regel handelt es sich dann um oberflächliche Serosa- (Bauchfell) oder Schleimhauteinrisse. Nur **selten** kommt es zur **vollständigen Ruptur** (Zerreißung) der Magenwand.

Gefährlich können Rupturen des Zwölffingerdarmes in den Retroperitonealraum sein, da sie häufig **zu spät** diagnostiziert werden. Daraus entwickelt sich dann das lebensgefährliche Krankheitsbild der retroperitonealen Phlegmone.

Diagnose: Röntgen, Endoskopie, Sonographie, im Rahmen einer Laparotomie.

Therapie: Kleine Schleimhautblutungen werden endoskopisch gestillt. Bei größeren Verletzungen besteht die chirurgische Therapie in der einfachen **Übernähung** bis hin zur **Resektion** des verletzten Magenabschnittes.

18.6 Verätzungen

Säuren und Laugen können zu Verätzungen der Speiseröhre und des Magens führen. Nicht selten werden diese in suizidaler Absicht getrunken. Auch bei Kindern kommen Verätzungen vor.

Diagnose: Erfolgt mittels Endoskopie, wobei wegen der Perforationsgefahr allergrößte Vorsicht geboten ist.

Therapie: Richtet sich nach dem **Ausmaß** der Verätzung. Kleine Verätzungen werden konservativ mit Nahrungskarenz behandelt. Bei ausgedehntem Befund ist eine Resektion, im Extremfall die totale Entfernung der Speiseröhre und/oder des Magens erforderlich. Die Rekonstruktion des Speiseweges ist durch den Dickdarm möglich (**Koloninterponat**).

18.7 Fremdkörper

Sie werden von Kindern versehentlich verschluckt, passieren jedoch in der Regel, abhängig von ihrer Größe und Form, den Magen- und Darmtrakt problemlos.

Diagnose: Erfolgt durch Endoskopie und/ oder Röntgen.

Therapie: Bei der Endoskopie kann der Fremdkörper meist gleich mit geborgen werden. Nur in ganz seltenen Fällen ist eine operative Entfernung notwendig.

18.8 Entzündungen

18.8.1 Akute erosive Gastritis

Charakterisiert ist die Erkrankung durch punktförmige Blutungen und oberflächliche Schleimhautdefekte (Erosionen). Diese akute Schädigung der Magenschleimhaut ist meist Folge schwerer Verletzungen, Verbrennungen, Sepsis, Blutung, Schock, nach großen Operationen oder nach Einnahme schleimhautschädigender Medikamente.
Symptome: Neben Oberbauchschmerzen finden sich mehr oder weniger starke Blutungen, die zu Hämatemesis bzw. Teerstuhl führen.
Diagnose: Endoskopie.
Therapie: Medikamentös mit Antazida, H_2-Blockern usw. Bei stärkerer Blutung endoskopische Blutstillung durch **Unterspritzung** (mit Kochsalz, Adrenalin, Fibrin usw.), **Elektro-** oder **Laserkoagulation.** Selten ist eine operative Therapie in Form der Übernähung oder gar Resektion nötig.

18.8.2 Chronische Gastritis

Sie ist in der Bevölkerung weit verbreitet und nimmt mit dem Alter zu. Zu unterscheiden sind **drei** Typen:

1. **Autoimmungastritis (Typ A):** Im Fundus und Korpus kommt es zur Atrophie der Drüsen infolge einer Autoimmunerkrankung mit Bildung von Antikörpern gegen Parietalzellen (Belegzellen). Die Atrophie der Belegzellen führt zum Versiegen der Salzsäurebildung (Achlorhydrie) und perniziöser Anämie (wegen des fehlenden Intrinsic-Faktors kann Vitamin B_{12} nicht mehr resorbiert werden).
2. **Gastritis Typ B:** Sie wird überwiegend durch ein Bakterium (Helicobacter pylori) hervorgerufen. Sie beginnt im Antrum und steigt mit zunehmendem Alter Richtung Kardia.
3. **Gastritis Typ C:** Hier handelt es sich um eine chemisch-toxische Gastritis, verursacht durch z. B. Gallereflux aus dem Zwölffingerdarm in den Magen.

Symptome: Meist asymtomatisch. In den Spätstadien Verdauungsbeschwerden und perniziöse Anämie infolge Vitamin B_{12}-Mangel (fehlender Intrinsic-Faktor).
Diagnose: Endoskopie und Biopsie.
Therapie: Konservativ medikamentös einschließlich Vitamin B_{12}-Substitution. Evtl. Diät; die Patienten dürfen in der Regel jedoch die Speisen essen die sie vertragen (s. a. Kap. 18.13.2).

Bei der Gastritis Typ A liegt ein erhöhtes Risiko vor, an Magenkrebs zu erkranken. Deshalb sind jährliche endoskopische Kontrollen ratsam!

18.9 Magen- und Zwölffingerdarmgeschwür

Definition: Das Geschwür (Ulkus) ist ein Defekt, der sämtliche Schichten der Schleimhaut durchsetzt und bis in die Muskelschicht reichen kann. Darin **unterscheidet** er sich von der Erosion, die als eine oberflächliche Schädigung der Schleimhaut definiert ist.
Ätiologie/Pathogenese: Normalerweise besteht ein **Gleichgewicht** zwischen **aggressiven** und **defensiven** Faktoren der Magenschleimhaut (Tab. 18-5). Eine Störung dieses Gleichgewichts durch verschiedene endo- und exogene Faktoren ist die wesentliche Ursache für die Ulkusentstehung (Abb. 18-2 und s. Tab. 18-5).

Normalerweise heilen kleinere Schleimhautläsionen (z. B. nach Biopsie) im gesun-

Tab.18-5 Ulkusentstehung.

Aggressive Faktoren	Defensive Faktoren
Endogen (im Körper): – Säure – Pepsin – Gastrin – Gallereflux – Motilitätsstörungen	– Mikrozirkulation – Schleimsekretion – Bikarbonatsekretion – Schleimhautregeneration – Prostaglandine
Exogen (außerhalb des Körpers): – Rauchen – Medikamente (Antirheumatika, Kortison) – Streß – Helicobacter-Infektion	

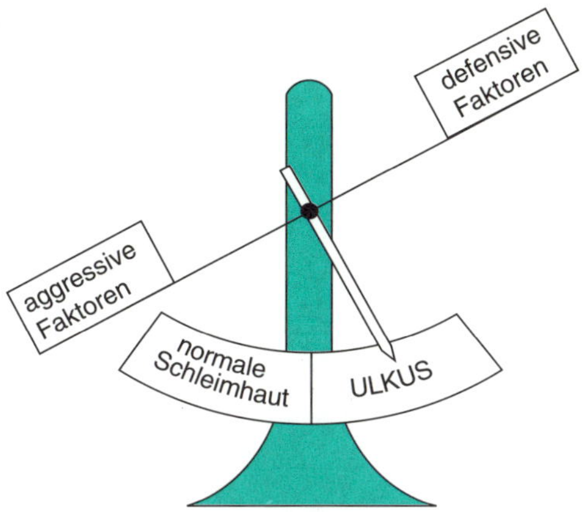

Abb. 18-2 Faktoren der Ulkusentstehung. Bei Überwiegen der aggressiven Faktoren kommt es zur Ulkusbildung.

den Magen innerhalb weniger Tage rasch ab. Durch das **Mißverhältnis** zwischen aggressiven und defensiven Faktoren sind diese Heilungszeiten jedoch beim Ulkuskranken deutlich **verlängert**. Die Folge sind chronische Magen- und Zwölffingerdarmgeschwüre. Wichtig ist die **Unterscheidung** von den akuten Ulzera, die im Gefolge anderer Ursachen (Streß, Schock, Arzneimittel, usw.) auftreten können.

18.9.1 Akutes Ulkus

Streßulkus

Ursächlich liegt eine Minderdurchblutung der Schleimhaut, ein gesteigerter duodenogastraler Reflux oder eine erhöhte Magensäureproduktion vor. Dazu kommt es bei schweren Schockzuständen im Rahmen von ausgedehnten Verletzungen, Sepsis, Peritonitis, großflächigen Verbrennungen oder nach großen operativen Eingriffen. Nicht selten führen diese Streßulzera zu Komplikationen wie Blutung oder Perforation.

Arzneimittelulkus

Medikamente können ebenfalls zu einem Ungleichgewicht zwischen aggressiven und schützenden Faktoren führen. Hier sind in erster Linie die nicht steroidalen Antirheumatika wie Acetylsalicylsäure, Indometacin, Phenylbutazol usw. zu nennen. Aber auch Kortison oder Zytostatika können Ulzera hervorrufen.

18.9.2 Chronisches Magen- und Zwölffingerdarmulkus

Ätiologie/Pathogenese: Beim Magengeschwür spielt die Überproduktion an Magensäure lediglich beim pylorusnahen Ulkus eine Rolle. Statt dessen scheinen Motilitätsstörungen sowie eine bakterielle Besiedelung mit Helicobacter pylori für die Entstehung des Ulkus im übrigen Magen von Bedeutung zu sein. **Bevorzugt** ist es an der **kleinen Kurvatur des Antrums** lokalisiert.

Demgegenüber fällt der Hypersekretion von Magensäure beim Ulcus duodeni die größte Bedeutung zu. Auch die beschleunigte Magenentleerung scheint eine Rolle zu spielen, da hierbei das Duodenum mit Magensäure überladen wird. Das Zwölffingerdarmgeschwür ist **bevorzugt** an der **Vorderwand des Bulbus duodeni** lokalisiert. Es kann einzeln, multipel oder auch zusammen mit Magengeschwüren auftreten.

Symptome: Die häufigsten Beschwerden sind **epigastrische** Schmerzen. Während diese beim Magenulkus meist **keine Beziehung** zur Nahrungsaufnahme aufweisen, findet sich beim Duodenalulkus der **charakteristische** Nüchtern- oder Hungerschmerz mit Linderung durch Nahrungsaufnahme. Über Appetitlosigkeit und Gewichtsverlust wird ebenso geklagt wie über eine Unverträglichkeit bestimmter Nahrungsmittel. Blutungen äußern sich als Bluterbrechen oder Teerstuhl. Nicht selten ist der Blutverlust minimal und bleibt lange Zeit unentdeckt. Kommt es zum **Erbrechen**, so ist an eine durch das Ulkus verursachte **Magenausgangsstenose** zu denken.

Diagnose: Neben Anamnese und körperlicher Untersuchung ist die Gastroskopie mit Biopsie die wichtigste diagnostische Maßnahme. Magensekretionsanalysen sind heute meist bedeutungslos.

Therapie: In aller Regel konservativ durch Medikamente. Operative Eingriffe sind selten, es sei denn, es kommt zu Ulkuskomplikationen (s.a. Kap. 18.9.3).

Konservative Therapie: Sie besteht in einer medikamentösen Behandlung mit ihren **unterschiedlichen Ansatzpunkten:** Hemmung der Säuresekretion, Neutralisation bereits sezernierter Säure, schleimhautschützende Substanzen, antibakterielle Substanzen und Regulatoren der Magenmotilität (Tab. 18-6).

Operative Therapie: Durch die großen Erfolge der medikamentösen Ulkustherapie ist die

18

Tab. 18-6 Medikamentöse Ulkustherapie.

Säurehemmung	Säure-neutralisation	Schleimhaut-schützende Substanzen	Antibakterielle Substanzen	Motilitäts-regulation
H_2-Rezeptor-antagonisten (Cimetidin, Randitidin) H^+K^+-ATPase-Hemmer (Omeprazol) Prostaglandine (Misoprostol) Antimuskarinika (Pirenzepin)	Antazida (Magnesium- bzw. Aluminium-hydroxid, -karbonat, -silikat, -phosphat Kalziumsilikat, -phosphat)	Kolloidales Wismut Sucralfat Prostaglandine	Kolloidales Wismut	Metoclopramid Domperidon Cisaprid

Operation in den **Hintergrund** getreten und **spielt** in erster Linie bei den **Ulkuskomplikationen** wie Blutung und Perforation, im Rahmen von Notfalleingriffen, eine **Rolle**. Lediglich bei rezidivierenden Ulzera trotz adäquater medikamentöser Langzeitbehandlung ist an eine operative Therapie zu denken.

- **Beim Magenulkus:** Da bei rezidivierenden oder nicht abheilenden Ulzera **stets** an ein **Magenkarzinom** zu denken ist, das gelegentlich trotz wiederholter Biopsien nicht erkannt wird, sollte die Indikation zur Magenresektion unter Einschluß des Geschwürs gestellt werden. Die Wiederherstellung der Kontinuität kann in **Billroth-I-** oder **Billroth-II-Technik** (Abb. 18-3 und 18-4) oder durch eine Gastrojejunostomie in Roux-Y-Technik (Abb. 18-5) erfolgen.
- **Beim Duodenalulkus:** Das Verfahren der **ersten Wahl** ist die **selektive proximale Vagotomie** (SPV). Hier werden speziell die zum proximalen Magen ziehenden Vagusäste unter Schonung des präpylorischen Nervenastes durchtrennt (Abb. 18-6). Damit ist die vagale Innervation der Belegzellen (HCl-Produktion) ausgeschaltet. Evtl. kann die Vagotomie mit einer Resektion des Antrums kombiniert werden. Nur selten ist eine Magenresektion in typischer Weise (Billroth I oder Billroth II) nötig.

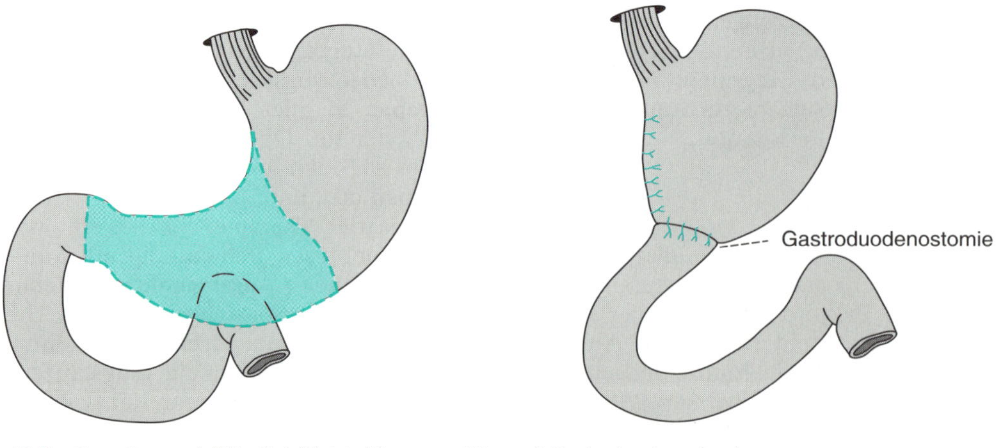

Abb. 18-3 Operation nach Billroth I: Distale Magenresektion mit Gastroduodenostomie.

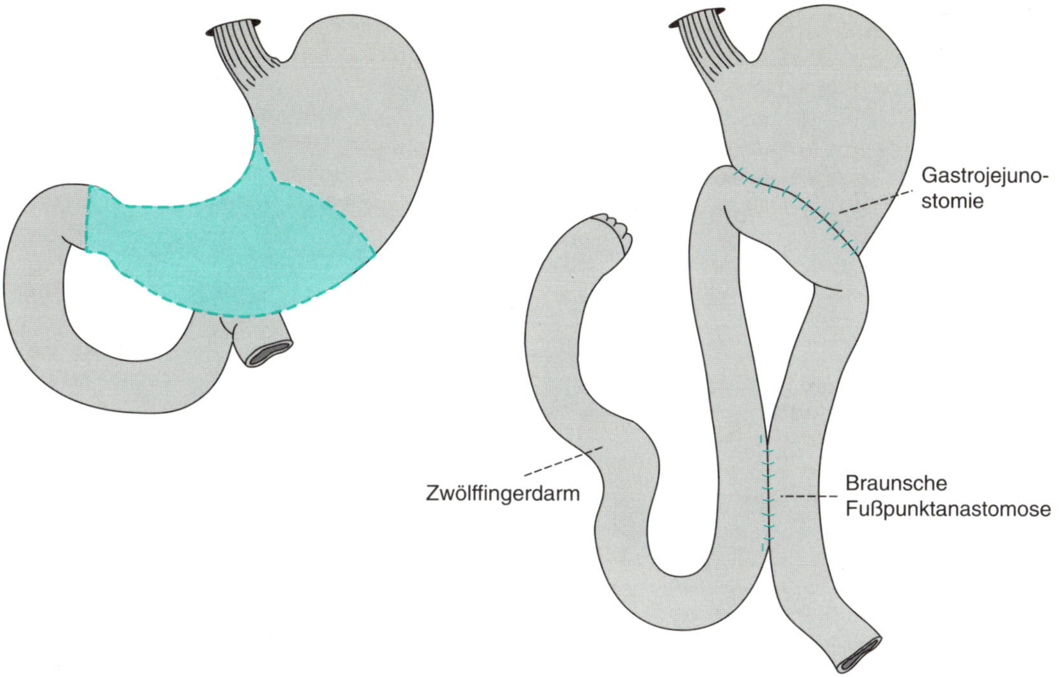

Abb. 18-4 Operation nach Billroth II: Distale Magenresektion mit Gastrojejunostomie antekolisch (vor dem Querkolon) oder retrokolisch (hinter dem Querkolon) und Braunscher-Fußpunktanastomose.

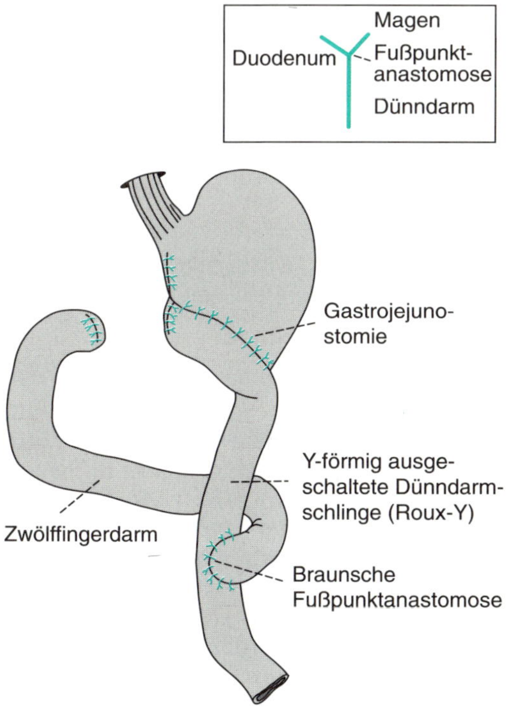

Abb. 18-5 Distale Magenresektion und Rekonstruktion mit einer Y-förmig ausgeschalteten Jejunumschlinge (Roux-Y-Technik) und Braunscher-Fußpunktanastomose.

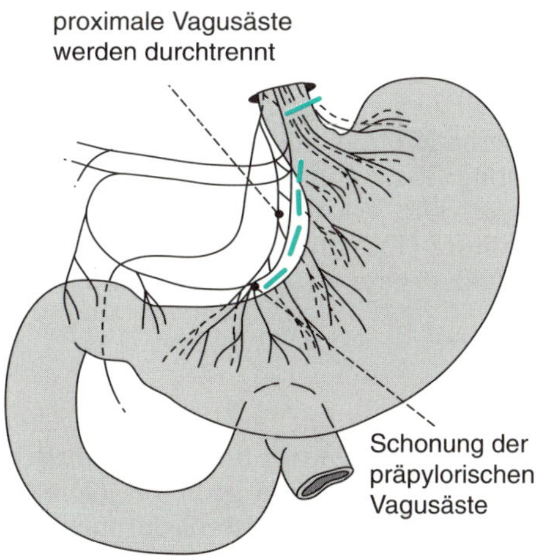

Abb. 18-6 Selektiv proximale Vagotomie (SPV). Die Vagusäste zur Leber, zum Duodenum, Pylorus und präpylorisch sind erhalten.

18.9.3 Komplikationen der Ulkuskrankheit (Abb. 18-7)

Ulkusperforation

Wenn alle Magenwandschichten zerstört sind, tritt Magen- oder Duodenalsaft in die freie

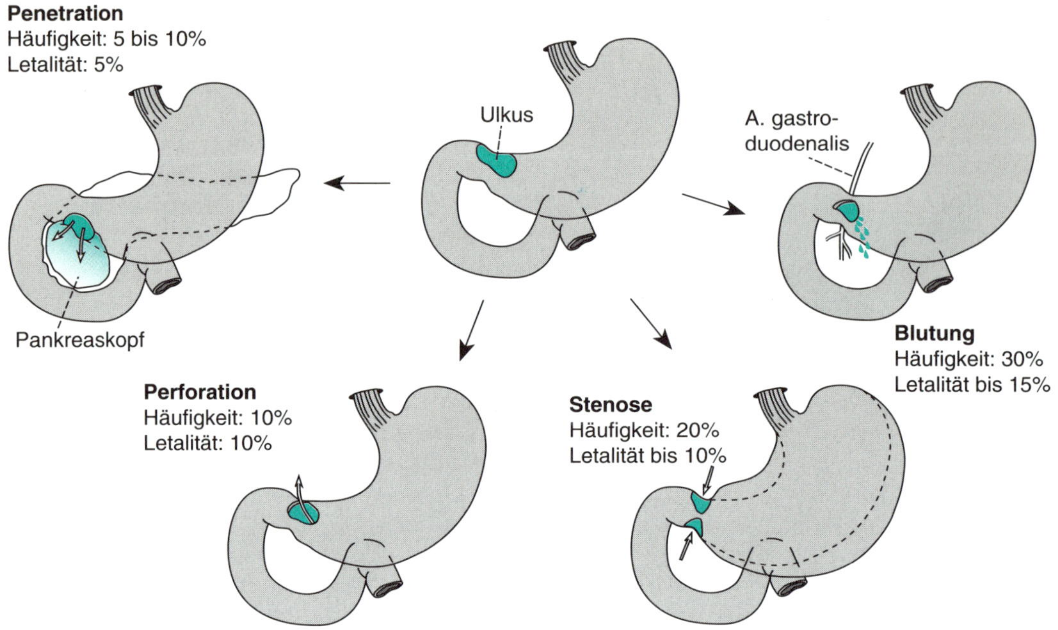

Abb. 18-7 Komplikationen der Ulkuskrankheit (nach Kremer/Schreiber).

Bauchhöhle aus, was eine lokale oder im Extremfall **diffuse Bauchfellentzündung** (Peritonitis, s. Kap. 24.5.1) zur Folge hat.
Symptome: Die Perforation zeigt sich durch einen plötzlich einsetzenden heftigen Schmerz im Oberbauch und Ausbildung einer Abwehrspannung (Peritonitis).
Therapie: Die sofortige Operation mit Ausschneidung (Exzision) und Übernähung des Ulkus oder eine Magenresektion ist angezeigt.

Ulkusblutung

Sie ist neben der Perforation die **gefährlichste** Komplikation. Wird ein größeres Gefäß angedaut (arrodiert), so entsteht daraus eine **lebensgefährliche,** massive Blutung.
Symptome: Leitsymptome sind das akute Bluterbrechen, evtl. mit Blutungsschock oder bei geringer Blutungsintensität Teerstühle und Anämie.
Therapie: An erster Stelle steht die endoskopische Untersuchung: die Blutungsquelle wird lokalisiert und zugleich versucht, eine Blutstillung durch Umspritzung des Gefäßes mit Kochsalzlösung plus Adrenalin oder Fibrin zu erreichen. Gelingt dies, so kann zum nächstmöglichen Zeitpunkt die definitive operative Versorgung erfolgen. Der Patient ist jedoch **bis** zur Operation auf einer **Intensivstation** zu überwachen. Gelingt die endoskopische Blutstillung **nicht**, so ist die unverzügliche **Notfalloperation** unumgänglich. Dabei wird das blutende Gefäß aufgesucht und umstochen. Unter Umständen kann dies mit einer Vagotomie oder Magenresektion kombiniert werden.

Wichtig ist die unverzügliche Bereitstellung einer ausreichenden Anzahl an Blutkonserven!

Ulkuspenetration

Nachdem das Geschwür alle Magenwandschichten durchsetzt hat, dringt es in die unmittelbaren Nachbarorgane (z.B. Pankreas, Kolon) vor, was unter Umständen zur **Pankreatitis** oder zur Ausbildung einer **Fistel** in Hohlorgane (Darm) führt.
Symptome: Auch hier stehen Oberbauchschmerzen ganz im Vordergrund.
Therapie: Resektion des Ulkus, oft unter Mitnahme benachbarter Strukturen. Bei bestehenden Fisteln zum Kolon ist sowohl der Magenabschnitt als auch das entsprechende Kolonsegment zu entfernen.

Magenausgangstenose

Rezidivierende Ulzera in der Nähe des Magenausganges können zur Stenosierung führen. Als Folge wird der Durchtritt des Speisebreis behindert und die Nahrung häuft sich im Magen an. Dadurch wird dieser im Laufe der Zeit teilweise extrem **überdehnt.** Reicht die Kapazität des Magens nicht mehr aus, so kommt es schließlich zum **„Überlauferbrechen".**
Symtome: Rezidivierendes Erbrechen.
Therapie: In Frage kommt die selektive proximale Vagotomie mit Pyloroplastik (Durchtrennung des Pylorusmuskulatur) oder die Magenresektion mit Billroth-I-Rekonstruktion bzw. Antrektomie in Kombination mit einer Vagotomie.

18.10 Krankheiten des operierten Magens

18.10.1 Rezidivulkus

Sowohl nach medikamentöser als auch nach operativer Therapie können sich erneut Ulzera bilden, wobei **Rezidive** nach Zwölffingerdarmgeschwüren **häufiger** als nach Magengeschwüren sind. Auch im Bereich der operativ angelegten Anastomosen können Ulzera auftreten (Anastomosenulkus).
Therapie: Zunächst Versuch einer medikamentösen Therapie. Erst bei Therapieresistenz oder Auftreten von Ulkuskomplikationen ist die Operation angezeigt.

18.10.2 Dumping-Syndrom

Der durch Resektion verkleinerte oder total entfernte Magen kann **Verdauungsstörungen** auslösen, die ca. 10 bis 30 Minuten oder zwei bis drei Stunden nach der Nahrungsaufnahme auftreten können.

Als Dumping-Syndrom (aus dem englischen: dump = hineinplumpsen) bezeichnet man eine **vorzeitige Sturzentleerung** des Mageninhaltes in die abführende Dünndarmschlinge, so daß insbesondere kohlenhydratreiche Nahrung unzureichend verdaut wird (Abb. 18-8).

Zu unterscheiden sind **zwei** Formen, die **besonders** nach Billroth-II-Resektionen und Gastrektomie (totale Magenentfernung) auftreten.

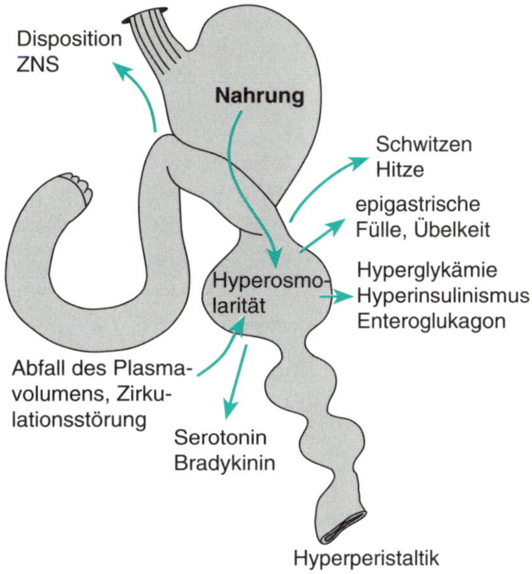

Abb. 18-8 Pathogenetische Faktoren des Dumping-Syndroms (nach Becker/Caspary).

Frühdumping-Syndrom

Eine rasche Entleerung der kohlenhydratreichen Nahrung in die abführende Schlinge verursacht einen Flüssigkeitseinstrom aus dem zirkulierenden Plasmavolumen in die Darmschlinge.
Symptome: Die Beschwerden äußern sich ca. **10 bis 30 Minuten nach** der Nahrungsaufnahme in Form von Schmerzen, Übelkeit, Völlegefühl, Brechreiz und Kreislaufsymptomen (Pulsanstieg, Kollapsneigung, Schwitzen und Schwächegefühl).

Spätdumping-Syndrom

Die Ursache ist eine unphysiologisch rasche Hyperglykämie, die eine vermehrte Insulinfreisetzung zur Folge hat, was wiederum zu einer hypoglykämischen Gegenreaktion führt.
Symptome: Das Spätsyndrom macht sich etwa **zwei bis drei Stunden nach** dem Essen durch Hungergefühl, Schweißausbruch, Schwäche, Herzklopfen, Schwindel und erniedrigten Blutdruck bemerkbar.
Therapie (für beide Formen): Im Vordergrund stehen **diätetische** Maßnahmen: Süßigkeiten und Weißbrot vermeiden, Milchprodukte einschränken und **häufige kleine** Mahlzeiten einnehmen.

Bei Versagen konservativer Maßnahmen ist eine Umwandlungsoperation (Billroth II in Billroth I) oder die Zwischenschaltung (Interposition) einer Dünndarmschlinge angezeigt. Nach totaler Magenentfernung ist **stets** an die **lebenslange** Vitamin-B_{12}-Substitution zu denken, da kein Intrinsic-Faktor mehr gebildet werden kann, der für die Resorption des Vitamins B_{12} notwendig ist.

18.10.3 Magenstumpfkarzinom

Übermäßig häufig findet sich **15** bis **20 Jahre nach** Magenresektion im Restmagen ein Karzinom (Magenstumpfkarzinom). Als Ursache werden chronisch-atrophische Schleimhautveränderungen infolge von Gallereflux und bakterieller Besiedelung angeschuldigt, was jedoch nicht unumstritten ist.
Therapie: Sie besteht, wenn **noch möglich,** in der Magenrestentfernung. Ansonsten sind nur **palliative** Maßnahmen möglich.

Wegen der schlechten Prognose des Magenstumpfkarzinoms sollten Patienten ca. 10 bis 15 Jahre nach einer Magenresektion regelmäßig in ein- bis zweijährigen Abständen endoskopiert werden, um frühzeitig ein Stumpfkarzinom zu erkennen!

18.11 Tumoren

18.11.1 Gutartige Magentumoren

Gutartige Neubildungen können von **allen** Anteilen der Magenwand ausgehen. Am häufigsten sind Polypen (meist aus der Schleimhaut), Leiomyome (Muskulatur), Lipome (Fettgewebe), Neurofibrome (Nervenbindegewebe) und Angiome (Gefäße).
Symptome: Es treten Magenentleerungsstörungen auf, und vor allem kommt es zur Blutung.
Therapie: Meist genügt die **lokale Exzision** des Tumors, selten ist eine größere Exzision notwendig. Polypen können vielfach endoskopisch abgetragen werden.

18.11.2 Magenkarzinom

Auch wenn das Magenkarzinom weltweit seltener wird, so stellt es doch neben dem Kolonkarzinom einen der **häufigsten** gastrointestinalen Tumoren dar. Nach wie vor ist die **Prognose schlecht**, da der Tumor meist **erst** im Spätstadium entdeckt wird. Das Magenkarzinom tritt vornehmlich zwischen dem 50. und 60. Lebensjahr in Erscheinung, jedoch finden sich zunehmend auch **junge** Patienten zwischen dem 30. und 40. Lebensjahr.
Magenfrühkarzinom: Seit die Endoskopie intensiver bei unklaren Magenbeschwerden eingesetzt wird, steigt die Rate an Magenfrühkarzinomen in entsprechenden Zentren auf bis zu 20% an.
Definition: Das Magenfrühkarzinom ist ein Tumor, der auf die Schleimhaut (Mukosa) und die darunter liegende Bindegewebeschicht (Submukosa) beschränkt ist, unabhängig von vorhandenen Lymphknotenmetastasen. Die Prognose des Frühkarzinoms ist sehr gut; die Fünf-Jahres-Überlebenszeit liegt nach adäquater Therapie zwischen **80** und **100%**.
Ätiologie/Pathogenese: Histologisch handelt es sich beim Magenkarzinom in der Regel um ein Adenokarzinom. Daneben findet man in letzter Zeit auch zunehmend ein malignes Non-Hodgkin-Lymphom (Tumoren des lymphatischen Gewebes).

Die Ätiologie des Magenkarzinoms ist nach wie vor **unklar**, jedoch gibt es eine Reihe von **Risikoerkrankungen**, die zur Entstehung des Tumors prädestinieren: die chronisch-atrophische Gastritis (Typ A) und das Adenom. Nicht zu vergessen ist der oben erwähnte Magenstumpf nach Resektion. Diskutiert wird auch der Gehalt an Nitrosamin (karzinogene, stickoxidhaltige, organische Verbindungen) in der Nahrung bzw. seine Produktion im Magen durch Bakterien. Ebenso soll eine genetische Disposition bestehen.

Lokalisiert ist das Magenkarzinom in erster Linie im Bereich des Antrums.

Zur Stadieneinteilung bedient man sich des **TNM-Systems** (T = Primärtumor, N = Lymphknotenmetastasen, M = Fernmetastasen). So ist die Prognose abhängig vom Tiefenwachstum des Tumors in die Magenwand (T-Kategorie), von Lymphknotenmetastasen (N-Kategorie) und von Fernmetastasen z.B. in Leber, Lunge, Peritoneum (M-Kategorie).
Symptome: Typische Zeichen für ein Magenkarzinom gibt es **nicht**; die Symptome sind eher uncharakteristisch und zeigen sich als unklare Oberbauchschmerzen, Druck- und Völlegefühl mit Appetitlosigkeit. Leistungsknick, Gewichtsverlust und Blutungen (Bluterbrechen, Teerstuhl) sind in der Regel Spätsymptome.

Diagnose: Die Diagnose wird in erster Linie durch die endoskopische Untersuchung mit multiplen Biopsien gestellt. Die röntgenologische Untersuchung des Magens mit Kontrastmittel (Abb. 18-9) gibt wichtige Hinweise, nicht nur über die Größe, sondern auch über die Ausdehnung des Tumors (Wandstarre!). Laborwerte oder Tumormarker (CEA, CA 19-9) sind unspezifisch und wenig aussagekräftig.

Therapie: Nur die Operation hat Aussicht auf Erfolg. Je nach Lokalisation, Tumorgröße und histologischem Befund stehen verschiedene Methoden zur Verfügung:

- **subtotale** Entfernung des Magens bei kleinen Tumoren im Bereich des Antrums
- **proximale** Magenresektion unter Mitnahme des distalen Ösophagus bei kleinen Tumoren im Bereich des Fundus bzw. der Kardia (selten)
- **totale** Magenentfernung (Gastrektomie)

Neben der Magenentfernung ist die Entfernung der **regionären Lymphknoten** von großer Wichtigkeit. Sie gibt Auskunft über Lymphknotenmetastasen und ermöglicht eine **korrekte Stadieneinteilung** nach dem TNM-System.

Die Rekonstruktion ist abhängig vom Resektionsausmaß:

- Nach subtotaler Resektion in der Technik nach Billroth II (s. Abb. 18-4) oder mit Hilfe einer nach Roux-Y ausgeschalteten Dünndarmschlinge (s. Abb. 18-5).
- Nach proximaler Magenresektion durch eine Anastomose zwischen Ösophagus und Restmagen (Abb. 18-10), wobei wegen der durchtrennten Innervation des Pylorus (Vagusfasern) eine Pyloroplastik (Erweiterung des Pylorus) notwendig ist.
- Nach totaler Magenentfernung mit einer nach Roux-Y ausgeschalteten Dünndarmschlinge (Abb. 18-11).

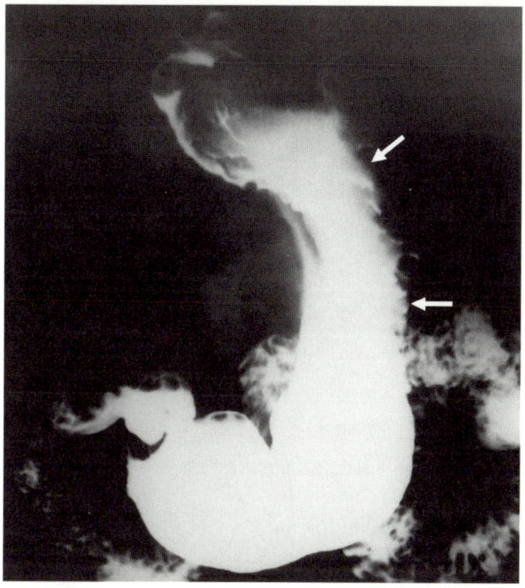

Abb. 18-9 Kontrastmitteldarstellung eines Magenkarzinoms im Röntgenbild.

Daneben gibt es zahlreiche Varianten, insbesondere die der **Ersatzmagenbildung** durch eine zwischengeschaltete (interponierte) **Dünndarmschlinge** (Abb. 18-12).

Wann immer möglich, sollte eine **vollständige** (kurative) Entfernung des Tumors vorge-

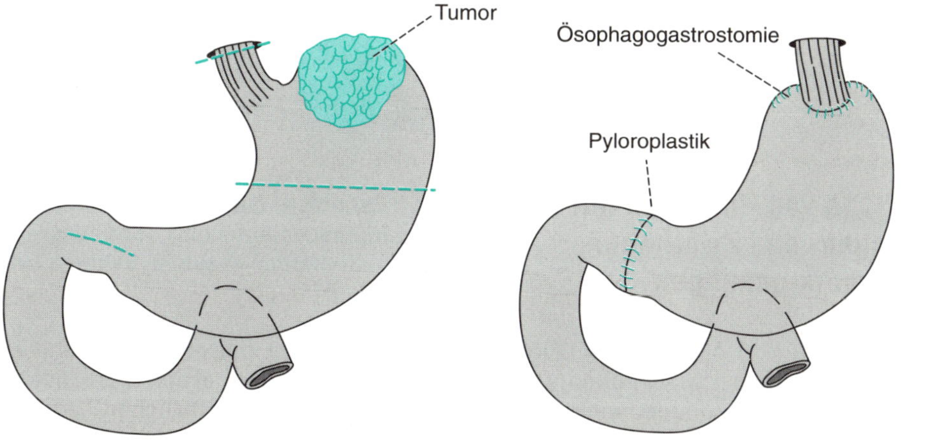

Abb. 18-10 Proximale Magenresektion und Rekonstruktion mittels Ösophagogastrostomie und Pyloroplastik.

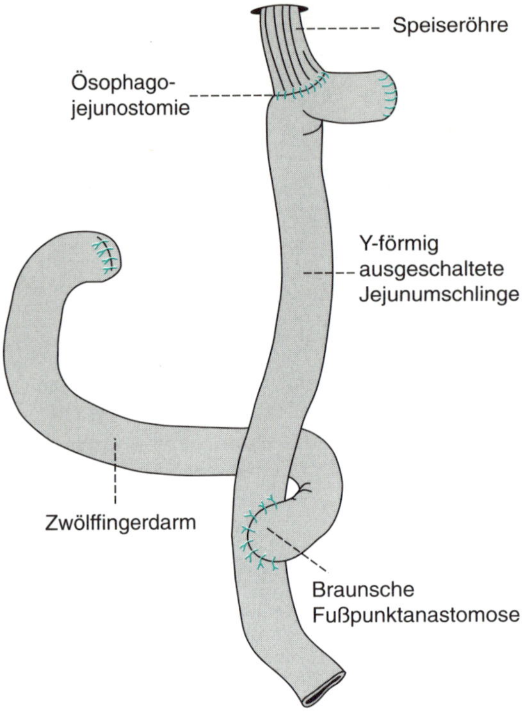

Abb. 18-11 Gastrektomie (totale Magenentfernung) und Rekonstruktion durch eine Y-förmig ausgeschaltete Jejunumschlinge (Roux-Y) mittels Ösophagojejunostomie

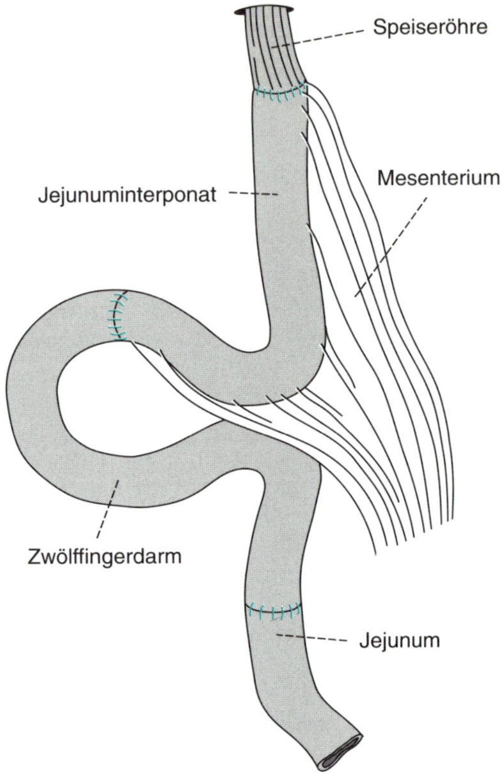

Abb. 18-12 Gastrektomie und Rekonstruktion durch eine interponierte Dünndarmschlinge (Jejunum).

nommen werden, wenn nötig auch unter Mitnahme benachbarter befallener Organe. Ob eine postoperative (adjuvante) Chemotherapie in bestimmten Stadien die Überlebensrate verbessert, wird derzeit in Studien noch erprobt.

An palliativen Maßnahmen ist bei distaler Tumorlokalisation im Antrum die Anlage einer Anastomose zwischen proximalem Magen und einer Dünndarmschlinge (Gastroenterostomie; s. Abb. 18-13 auf der nächsten Seite) möglich. Evtl. kann ein großer Tumor durch eine präoperative (neoadjuvante) Chemotherapie soweit verkleinert werden, daß er nachfolgend operabel wird.

III Pflegerischer Teil

18.12 Pflege von Patienten mit Magen- und Zwölffingerdarmerkrankungen

Die Erkrankungen von Magen und Duodenum sind vielfältig. Für das Krankenpflegepersonal ist es daher besonders wichtig, die **Leitsymptome** (s. Kap. 18.2) zu kennen, um **adäquat** darauf reagieren zu können.

Patienten mit akuten gastrointestinalen Blutungen haben bis zur Endoskopie bzw. bis zur Operation absolute Bettruhe und Nahrungskarenz!

Ein Patient, der beispielsweise Blut erbricht oder blutige Stühle absetzt, ist nicht nur in einer meist lebensgefährlichen Lage, sondern stellt auch durch seine **psychische** Situation (Angst, Ungewißheit, etc.) **große** Anforderun-

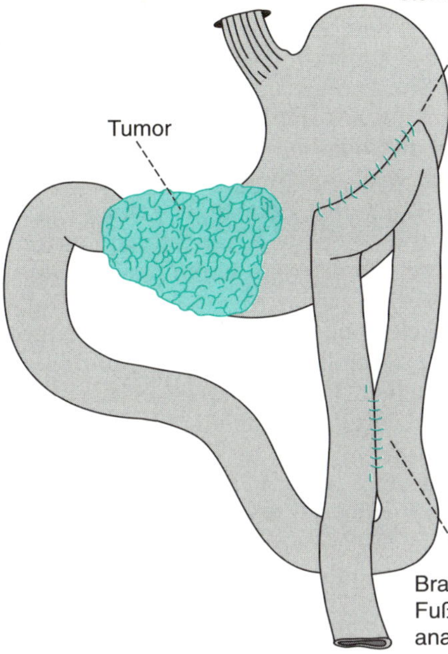

Abb. 18-13 Gastroenterostomie (GE): Die durch den Tumor behinderte Nahrungspassage wird durch eine direkte Verbindung zwischen Magen und Jejunum (Gastrojejunostomie) wiederhergestellt.

gen an das Krankenpflegepersonal. Es sollte jedoch trotz der vielen Maßnahmen, die das Leben eines Patienten sichern (Vitalzeichenkontrolle, Material zur Blutabnahme richten, Erykonzentrate bestellen, Vorbereitungen für die Notfalloperation treffen), **nicht vergessen werden,** mit ihm **beruhigend zu sprechen,** ihm kurz einmal die **Hand zu halten** oder den Mund zu befeuchten.

Bei Patienten mit einer Gastritis ist zu beachten, daß häufig nicht alle Speisen vertragen werden. Deshalb sollte auf entsprechende **Wünsche** der Kranken eingegangen werden.

Wurden Fremdkörper verschluckt oder kam es durch Laugen bzw. Säuren zu Verätzungen, ist darauf zu achten, daß der Patient sich bis zur Diagnosesicherung bzw. bis zur Einleitung der Therapie ruhig verhält. Durch motorische Unruhe **besonders bei Kindern** könnte sich die Situation des Patienten verschlechtern.

Bei Ulkuserkrankungen und bösartigen Magentumoren ist der Kranke psychisch besonders belastet. Auch hier ist die Gesprächsführung ein wichtiges Instrument für das Krankenpflegepersonal, um dem Patienten die Situation zu erleichtern.

18

18.13 Pflegeschwerpunkte bei Magenoperationen

18.13.1 Präoperative Maßnahmen

Der Arzt ist verpflichtet, den Patienten umfassend über die Notwendigkeit und das Ziel der bevorstehenden Operation zu informieren (**Aufklärungsgespräch**). Dabei weist er den Kranken außerdem auf evtl. auftretende Komplikationen während und/oder nach der Operation hin. Nach diesem Gespräch unterzeichnet der Patient die Einwilligungserklärung für die bevorstehende Operation (bei Minderjährigen unterschreiben die Erziehungsberechtigten). Liegt die Zustimmung des Patienten vor, können präoperative pflegerische Maßnahmen erfolgen. Zusätzlich zu den allgemein üblichen Vorbereitungen (s. Kap. 8.1) sind folgende Maßnahmen von Bedeutung:

Körperliche Verfassung des Patienten

Die körperliche Verfassung wird durch den Arzt (Anamnese, körperliche Untersuchung) und durch das Pflegepersonal (**Pflegeanamnese**) festgestellt. Befindet sich der Patient in einem reduzierten Allgemein- bzw. Ernährungszustand, so ist es für einen komplikationslosen Operationsablauf wichtig, den Zustand des Patienten zu bessern; z.B. kann in Absprache mit der Diätassistentin ein **aufbauendes Ernährungsprogramm** aufgestellt werden. Auch **aktive** und **passive Bewegungsübungen,** unter Anleitung und Mitwirkung der Krankengymnasten, könnten dem Patienten zu einem besseren Allgemeinzustand verhelfen. Beide Maßnahmen sind jedoch **zeitaufwendig** und **verlängern** die Liegezeit des Patienten im Krankenhaus.

Nahrungsabbau

Damit der Patient für die Operation „nüchtern" ist wird die Nahrungsaufnahme reduziert. Am Vortag der geplanten Operation erhält der Kranke vormittags leichte Kost, ab Mittag ausschließlich flüssige Kost (Tee, Suppe). Ab **22.00 Uhr** gilt **absolute** Nahrungskarenz, die sich, und das wird dem Patienten ausdrücklich mitgeteilt, auch auf Nikotin und Alkohol bezieht. Nikotin regt die HCl (Salzsäure)-Produktion an, was bei Aspiration z. B. während der Intubation, verheerende Folgen haben kann.

Darmentleerung

Ebenfalls am Vortag des geplanten Eingriffes erfolgt, je nach ärztlicher Anordnung, die Darmentleerung mit Reinigungseinlauf, Klysma oder oralen Laxantien.

Rasur

Die Rasur des Operationsgebietes, einschließlich der sorgfältigen Inspektion und Reinigung des Bauchnabels, erfolgt nach Angabe des Operateurs bzw. dem im Hause üblichen Schema. Idealerweise wird die Rasur **am Tage der** Operation vorgenommen, da so das **Risiko** der **Neubesiedelung** der Haut mit Keimen gering gehalten werden kann (s. Kap. 8.1.7). Das für die Magenoperation übliche Rasurschema siehe in Abbildung 18-14.

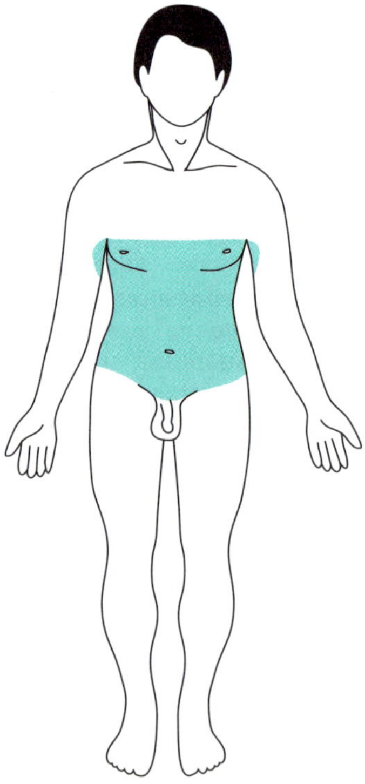

Abb. 18-14 Rasur der Brust-, Bauch-, Achsel- und Schambehaarung.

Legen einer Magensonde

Häufig wird dem Patienten zur Magenentleerung vor der Operation eine Magensonde gelegt. Die Sonde muß an einem **tiefhängenden** Auffangbeutel angeschlossen sein, damit der Mageninhalt abfließen kann. Der ablaufende Magensaft wird auf Menge, Farbe, Beschaffenheit, Geruch und Beimengungen beobachtet bzw. untersucht und die Beobachtungen bzw. Meßergebnisse im Dokumentationssystem vermerkt.

Abgeknickte oder verstopfte Ableitungen führen zu Abflußbehinderungen und evtl. zum Erbrechen. Um dem entgegenzuwirken, wird die Ableitung **regelmäßig** überprüft und mit den Fingern geknetet, damit sich an der Schlauchinnenwand kein Sekret ablagert. Die Magensonde muß **gut fixiert sein** und Komplikationen (z. B. Nasendekubiti) müssen durch entsprechende Pflegemaßnahmen vermieden werden (s. Kap. 18.13.2).

Einüben postoperativer Fertigkeiten

Die postoperative Phase ist für den Patienten mit Schmerzen und körperlichen Einschränkungen verbunden. Um dem Kranken diese Zeit zu erleichtern, plant das Pflegepersonal entsprechende Maßnahmen, die präoperativ mit dem Patienten besprochen oder geübt werden.

Richtiges Atmen: Das Erlernen der richtigen Atemtechnik (ggf. auch Atemtraining z. B. mit Inhaloc) sowie das Üben des korrekten Abhustens, hilft dem Patienten, die postoperativ durch Schmerzen und verminderte Bewegungsmöglichkeiten eingeschränkte Atmung, zu kompensieren.

Gebrauch von Steckbecken und Urinflasche: Nach der Operation vergehen meist einige Tage, ehe der Kranke selbständig die Toilette aufsuchen kann. Das Krankenpflegepersonal macht den Patienten auf diese Situation frühzeitig aufmerksam. Ihm werden die entsprechenden Materialien (Steckbecken, Urinflasche, Toilettenstuhl) gezeigt und deren Benutzung erläutert.

Postoperatives Aufstehen: Dem ersten postoperativen Aufstehen sieht der Patient mit Ängsten und andererseits großen Erwartungen entgegen. Es ist hilfreich für ihn, durch das Krankenpflegepersonal vor der Operation mit der Technik des Enbloc-Aufstehens (Abb. 18-15), vertraut gemacht zu werden.

Die Anleitung des Patienten erfolgt nach den aus Abbildung 18-15 ersichtlichen Einzelschritten.

18.13.2 Postoperative Maßnahmen

Nach der Operation wird der Patient entweder nach dem Aufwachen aus der Narkose auf die Normalstation zurückgebracht oder er bleibt, je nach Ausmaß des Eingriffes und Zustandes, noch einige Tage auf der Intensivstation (z.B. nach Gastrektomie ca. drei Tage). Neben den allgemeinen postoperativen pflegerischen Maßnahmen (s. Kap. 8.2) sind folgende Handlungen und Beobachtungen von Bedeutung.

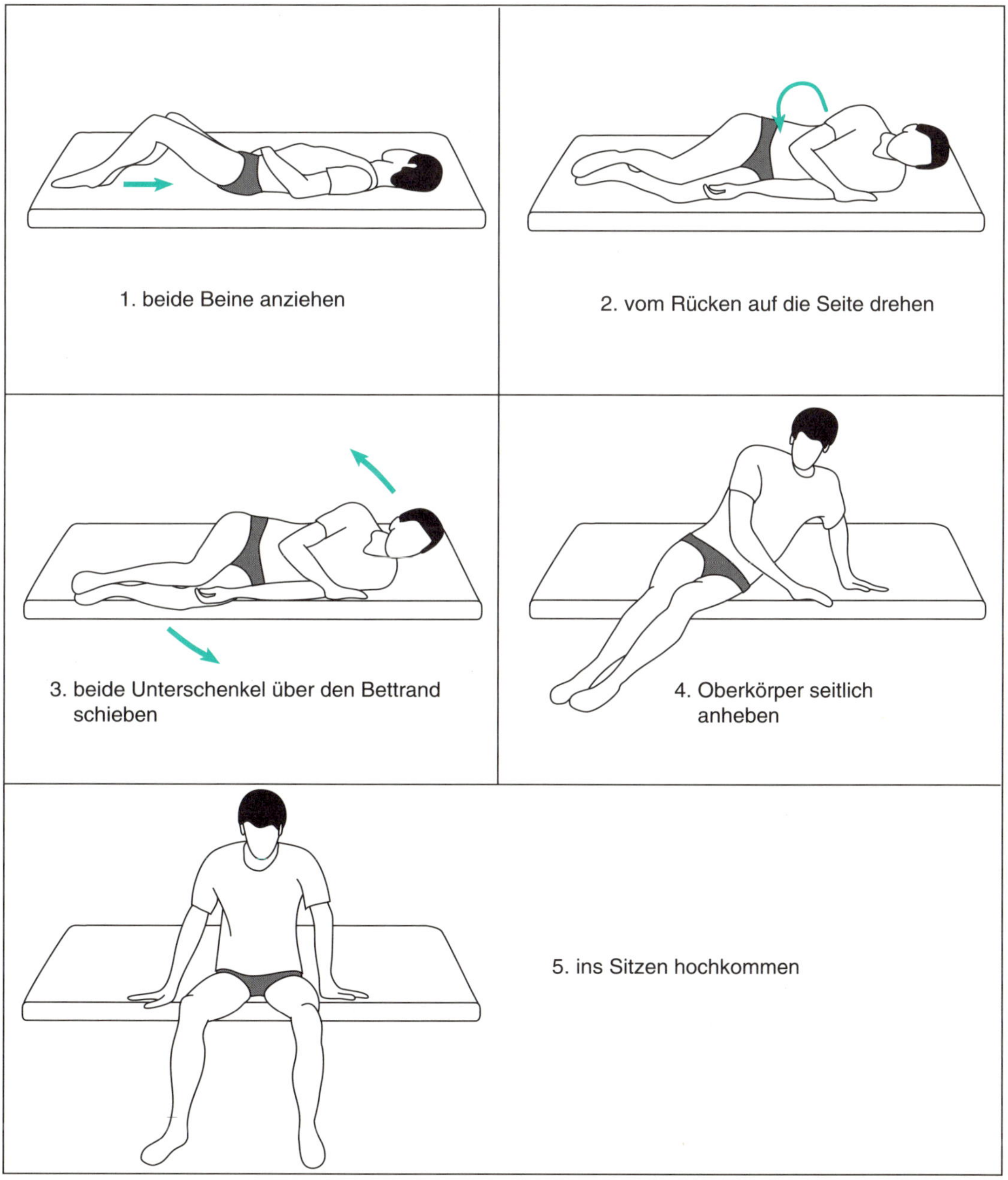

Abb. 18-15 Enbloc-Aufstehen.

18

Lagerung

Die **Entspannung der Bauchdecke** muß durch die postoperative **Lagerung** sichergestellt werden. Der Kranke wird in Rückenlage mit leicht erhöhtem Oberkörper gebettet (ca. 30° Hochlage, so wie es der Kranke als angenehm empfindet). Die Knie sind etwas angewinkelt und werden durch eine Knierolle (ersatzweise gerolltes Kopfkissen oder Wolldecke) unterstützt.

Magensonde

Bekam der Patient präoperativ keine Magensonde gelegt, so geschieht dies zur Entlastung des Operationsgebietes intraoperativ. Die Ableitung des Sekretes erfolgt durch einen am Bett befestigten, tiefhängenden Auffangbeutel oder durch eine intermittierende Saugpumpe. Jegliche **Manipulation** an der Magensonde (das gilt auch für den Patienten), ist zu **vermeiden,** da die **Gefahr einer Verletzung der frischen Anastomosen** besteht.

Das ablaufende Sekret wird bei jeder Pflegetätigkeit am Patienten auf Menge, Farbe, Beschaffenheit, Geruch und Beimengungen überprüft. Die Gesamtmenge pro 24 Stunden und die Beobachtungen nach den genannten Kriterien wird dokumentiert. Die Sekretmenge ist **mit** in die **Flüssigkeitsbilanz** einzubeziehen. Verliert der Patient viel Flüssigkeit über die Magensonde, muß entsprechend substituiert werden.

Größere Blutbeimengungen weisen auf **Nachblutungen** im Operationsgebiet hin. **Kotiger** Geruch ist als Indiz für einen **Dünndarmileus** zu bewerten. Wird die täglich abfließende Sekretmenge nicht geringer, läßt dies Rückschlüsse auf anhaltende Magen-Darm-Motilitätsstörungen zu. In jedem Fall ist der Arzt zu informieren und die Beobachtungen im Dokumentationssystem festzuhalten.

Die Magensonde ist nach dem Einsetzen der Darmfunktion, in der Regel am dritten postoperativen Tag, zu entfernen. Bei Patienten nach Gastrektomie wird vor dem Entfernen der Magensonde die **Anastomosendichtigkeit** mittels Gastrografin-Breischluck überprüft. Diese Kontrolle findet am fünften bis siebten postoperativen Tag statt. Ist die Anastomose intakt, kann die Magensonde entfernt und mit dem Aufbau der Nahrung begonnen werden (s. u.).

Um Komplikationen während des Liegens der Magensonde auszuschalten, sind prophylaktische Maßnahmen erforderlich.

Herausreißen der Magensonde: In der Aufwachphase und bei desorientierten oder verwirrten Patienten besteht die Gefahr, daß sich der Kranke in Verkennung der Situation plötzlich die Sonde herausreißt. Diese Patienten müssen daher engmaschig beobachtet werden (ggf. Sitzwache am Bett), und die Magensonde ist vorsichtshalber besonders sicher zu fixieren: neben der normalen Fixation direkt an der Nase (Abb. 18-16 A) wird sie **zusätzlich** an Wange und/oder Schulter des Patienten befestigt (Abb. 18-16 B). Dabei ist darauf zu achten, daß der Patient genügend **Bewegungsfreiheit** für den Kopf behält und daß die Magensonde nicht gegen die Nasenwand drückt.

Ist der Patient motorisch besonders unruhig, muß **in Absprache** mit dem Arzt eine **zeitlich begrenzte Fixierung** der Handgelenke in Erwägung gezogen werden. Die Dauer und der Grund für die vorübergehende Fixierung des Patienten muß im Dokumentationssystem vermerkt werden.

Nasendekubiti: Ein- bis zweimal täglich wird nach vorheriger Rücksprache mit dem Arzt die Fixierung der Nasensonde gelöst und die

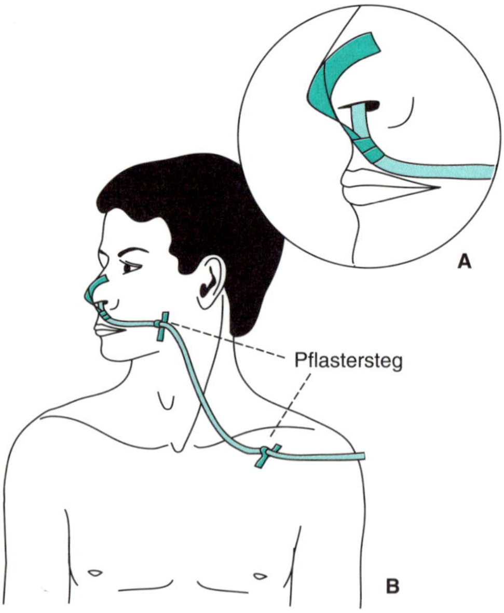

Abb. 18-16 Fixieren der Magensonde.
A: Fixation mittels Pflaster direkt an der Nase.
B: Zusätzliche Fixation an Wange und/oder Schulter.

Magensonde etwas zurückgezogen (ca. 1 cm). Die Pflasterreste sind von Haut und Sonde mit Benzin oder Kochsalzlösung 0,9% zu beseitigen. Borken werden mit Olivenöl oder Borvaseline aufgeweicht und mit Kochsalzlösung 0,9% entfernt. Auf ärztliche Anordnung kann eine Nasensalbe aufgetragen werden. Die Sonde wird danach wieder vorgeschoben und erneut fixiert.

Da Magensonden teilweise zum Schienen von Anastomosen dienen, dürfen sie nur nach Rücksprache vor- oder zurückgeschoben werden!

Soor, Parotitis: Ein- bis zweimal täglich wird die Parotis (Ohrspeicheldrüse) zur Speichelproduktion angeregt. Dies geschieht durch die **Massage** der Wange vor beiden Ohren und durch das **Betupfen** der Wangeninnentaschen vor den beiden Parotisausgängen mit einem in Zitronensaft getränkten Watteträger. Außerdem erfolgt tagsüber zwei- bis dreistündlich eine sorgfältige Mundpflege. Nachts ist dieser Rhythmus zu modifizieren.
Pneumonie: Manche Patienten haben das Gefühl, daß die Magensonde ihre Atmung behindert. Sie atmen deshalb nicht mehr tief genug **(Schonatmung),** was zur Pneumonie führen kann. Deshalb werden je nach Zustand des Patienten in der Regel ein- bis zweimal täglich entsprechende prophylaktische Maßnahmen (inklusive Frühmobilisation) ausgeführt.

Drainagen

Um bei Teil- oder Totalresektion des Magens eine **Anastomoseninsuffizienz** frühzeitig erkennen zu können werden, je nach Größe des operativen Eingriffes, ein bis zwei **Zieldrainagen** intraoperativ in Anastomosennähe plaziert und an einen Auffangbeutel angeschlossen. Zieldrainagen sind bekannt als Robinson- oder Easy Flow-Drainagen (s.a. Kap. 9.1.6). Bei der Robinson-Drainage wird das Sekret in einen am Bett befestigten tieferhängenden Auffangbeutel geleitet. Das Sekret der Easy Flow-Drainage sammelt sich in einem auf die Bauchhaut geklebten Adhäsivbeutel. Das abfließende Blut und ggf. Verdauungssekret wird sorgfältig auf Menge, Geruch und Aussehen überprüft und die Beobachtungen im Dokumentationssystem vermerkt. Die Menge ist **mit** in die **Flüssigkeitsbilanz** einzubeziehen. Anhaltendes oder zunehmendes Abfließen von Blut deutet auf eine Nachblutung hin. **Veränderungen** von Geruch und Aussehen lassen auf eine **undichte** Anastomose schließen. Zieldrainagen werden am vierten bis sechsten postoperativen Tag durch den Arzt entfernt, sofern keine der genannten Komplikationen aufgetreten sind.

Um **Wundsekret** aus dem Unterhautfettgewebe ableiten zu können (Verhinderung von Hämatomen bzw. Schwellungen, die evtl. zu Abszessen führen), wird intraoperativ eine Redon-Saug-Drainage plaziert. Die Beobachtung des Sekrets erfolgt wie oben beschrieben. Die Redonflasche wird einmal täglich gewechselt, bzw. spätestens dann, wenn sie halb voll ist. Die Redon-Drainage ist auf ärztliche Anordnung zu entfernen, in der Regel dann, wenn kein Sekret mehr abfließt.

Wundversorgung

Der postoperativ angelegte Wundverband wird so lange wie möglich belassen, da die **vorzeitige** Manipulation zu **lokaler Reizung** des Wundgebietes führt. Das während der ersten 48 Stunden austretende Wundsekret ist meistens physiologisch bedingt, seltener ein Zeichen einer gestörten Heilung. Der Arzt ist jedoch über alle Beobachtungen zu informieren, außerdem werden sie entsprechend dokumentiert. Unregelmäßigkeiten im Heilungsverlauf, wie der verbandbedingte Schmerz oder das übermäßige Durchfeuchten des Verbandes mit Blut oder Sekret, machen einen außerplanmäßigen Verbandwechsel notwendig. Ein durchfeuchteter Verband macht das Aufsaugen des nachlaufenden Sekrets unmöglich und zieht einen **Sekretstau** nach sich. Zusätzlich besteht die Gefahr der Ansiedelung bzw. Vermehrung pathogener Keime, die in **feuchtem Milieu** einen **idealen Nährboden** finden. Der **erste planmäßige aseptische** Verbandwechsel (s. Kap. 5.3.2) erfolgt ca. **48 Stunden nach** Operationsende. Die Fäden werden am achten bis zehnten postoperativen Tag entfernt.

Anregen der Darmtätigkeit/Mobilisation

Nach Magenoperationen kommt es immer zu einer postoperativen „Darmlähmung“ von ein bis drei Tagen. Der **Zeitpunkt** und die **Art** der **Darmstimulation** wird unterschiedlich gehandhabt. Ab dem zweiten bis dritten postoperativen Tag können auf ärztliche Anordnung Klysmen, Einläufe oder intravenöse Gaben von Prostigmin® oder Bepanthen® (s.a. Kap. 7.1.5) verabreicht werden. Vieles spricht dafür, daß die Darmtätigkeit bei komplikationslosem Verlauf auch **ohne Stimulanz** in Gang kommt. Klagt der Kranke über **Blähungen,** kann ihm mit einem mehrmals am Tag eingeführten **Darmrohr** oder mit feucht-warmen Bauchwickeln Linderung verschafft werden.

Die **frühzeitige** postoperative **Mobilisation** des Patienten wirkt sich ebenfalls positiv auf die Anregung der Darmtätigkeit aus. Sie sollte, je nach Befinden des Kranken, bereits sechs Stunden nach Ende der Operation in Anwesenheit von zwei Krankenpflegekräften bzw. einer Krankenschwester und der Krankengymnastin erfolgen. Der Patient trägt Antithrombosestrümpfe und bekommt die Instruktion, eine Hand **flach** auf das Operationsgebiet zu legen und **mit ihr „Druck“** auszuüben, soweit es für ihn erträglich ist. Er wird zunächst auf die **Bettkante** gesetzt, bei stabilen Kreislaufverhältnissen **aufgestellt** und nach kurzer Zeit (ein bis zwei Minuten) wieder zurück ins Bett gelegt. Am **Morgen nach** der Operation wird er mit Unterstützung **einige Schritte gehen,** wobei auch hier auf **stabile** Kreislaufparameter zu achten ist.

Nahrungsaufbau

Die **Dauer** der postoperativen Nahrungskarenz ist **abhängig** von der **Größe** des operativen Eingriffes und der **voraussichtlichen** Heilungsdauer der Anastomose. Orale Kost wird frühestens mit Normalisierung der Darmfunktion angeboten, der Patient also über eine „gute“ Peristaltik verfügt (erkennbar an „Gluckergeräuschen“ bei Abhören des Bauches in Nabelhöhe mit einem Stethoskop), **nicht** über Brechreiz klagt, und über die Magensonde **keine** nennenswerten Verluste mehr zu beobachten sind. Den Zeitpunkt des oralen Nahrungsaufbaues legt der Arzt fest. Bis dahin werden dem Kranken Infusionen als Flüssigkeits- und Elektrolytersatz zugeführt. Die tägliche Infusionsmenge liegt, je nach ärztlicher Anordnung, bei 2 000 bis 3 000 ml, zuzüglich der Verluste durch Sonden und Drainagen.

Die Nahrungskarenz beträgt nach Vagotomie meistens ein bis zwei Tage, nach Teilresektion des Magens drei bis fünf Tage, nach Totalresektion des Magens sieben bis neun Tage. Bevor mit dem Aufbau der Nahrung nach einer Gastrektomie begonnen werden kann, muß das **Ergebnis** des Gastrografin-Breischluckes (s. o.) abgewartet werden (Anastomosendichtigkeit). Sofern keine Anastomosen angelegt werden, wird in der Regel die orale Nahrungsaufnahme folgendermaßen gesteigert.

Nahrungsaufbau:
Erster Tag: schluckweise Tee über 24 Stunden.
Zweiter Tag: fünf Tassen Tee in 24 Stunden.
Dritter Tag: Tee, Schleim und Zwieback
Vierter Tag: passierte Kost
Fünfter Tag: leichte Kost und danach (je nach Zustand) normale Kost

Beim Nahrungsaufbau mit Tee ist zu beachten, daß in den ersten Tagen **kein Früchte- oder schwarzer Tee** angeboten wird. Diese Teesorten führen bei „leerem“ Magen häufig zu Sodbrennen, Aufstoßen oder Erbrechen.

Mit Beginn des oralen Nahrungsaufbaues erfolgt eine gleichzeitige Reduzierung der täglichen Infusionsmenge, wobei auf eine **exakte** Bilanzierung zu achten ist.

Verhaltensregeln für Patienten nach der Operation

Durch Teil- oder Totalresektion des Magens kann es zu Verdauungsstörungen kommen, die unmittelbar oder aber zwei bis drei Stunden nach den Mahlzeiten auftreten, das sog. **Dumping-Syndrom** (s. Kap. 18.10.2). Jeder am Magen operierte Patient ist vor seiner Entlassung aus dem Krankenhaus ausführlich über diese Störungen zu informieren und über Strategien, die sie vermeiden helfen. Es gilt folgende **Verhaltensregeln** zu beachten:

- Die Gesamtnahrungszufuhr auf sechs bis acht Mahlzeiten pro Tag verteilen.
- Eiweiß- und vitaminreiche und kohlenhydratarme Nahrung essen.
- Süßspeisen, Milch und Zucker meiden.
- Die Mahlzeiten in Ruhe und im Sitzen einnehmen.
- Langsam essen und gut kauen.
- Nahrungmittel weder zu heiß noch zu kalt einnehmen.
- Getränke zu den Mahlzeiten vermeiden.
- Auf das „Mittagschläfchen“ in flacher Lage, unmittelbar nach den Mahlzeiten, verzichten (Refluxgefahr).

– Das Körpergewicht alle ein bis zwei Wochen kontrollieren, das Ergebnis notieren und bei Gewichtsverlust den Hausarzt aufsuchen.

– Nach Gastrektomie injiziert der Hausarzt alle zwei bis drei Monate eine Ampulle Vitamin-B_{12} intramuskulär (Substitutionstherapie).

18.14 Prä- und postoperative Pflegeplanung (generell) bei Magenoperationen

Pflegeprobleme	Pflegeziele	Pflegemaßnahmen
1 Ruhen und Schlafen **prä- und postoperativ** • Angst vor der Operation bzw. Diagnose beunruhigen den Pat. und hindern ihn am Schlafen	• individueller Schlaf-Wachrhythmus	• Pat. alle prä- und postoperativen Maßnahmen erklären • bestmögliche Lagerung gemeinsam mit dem Pat. herausfinden, z. B. Oberkörperhochlagerung und Knierolle
• Pat. hat postoperativen Wundschmerz und findet keine Ruhe	• Pat. ist schmerzfrei	• mit Pat. und Arzt ausreichende Gabe von Analgetika besprechen (Dokumentation)
2 Sich bewegen **postoperativ** • Bewegungseinschränkungen durch: – Schmerzen im Wundbereich – Sonden/Drainagen – Infusionen	• möglichst unbehinderte Beweglichkeit	• s. ATL **1** • Ableitungen sicher und hautschonend fixieren • Auffangbehältnisse spätestens leeren, wenn sie halbvoll sind (Vermeiden von unnötigem Druck/Zug auf den Wundbereich) • Dokumentation von: Menge, Aussehen, Farbe, Konsistenz, Beimengungen, Geruch des Sekrets • Zuleitungen verlängern z. B. mit „Heidelberger Verlängerung“
• Dekubitusgefahr	• intakte Haut	• Beobachten der Haut beim Waschen/Betten • Schützen der Haut mit Pflegesalbe z. B. Linolafett® • 30° Lagerung im Wechsel • Einschätzung mittels Nortonskala
• Thrombosegefahr	• venösen Rückstrom fördern	• AT-Strümpfe über 24 Stunden • Ausstreichen der Beine in Herzrichtung, herzwärts waschen, bei der Körperpflege und beim Eincremen mit Hautpflegemittel • Frühmobilisation: 6 Stunden nach Op-Ende auf die Bettkante setzen (Kreislaufparameter beachten)
• Kontrakturgefahr	• uneingeschränkte Beweglichkeit der Gelenke	• aktive Bewegungsübungen im Bett: z. B. Füße kreisen, Beine anziehen/strecken

18

18.14 (Fortsetzung)

Pflegeprobleme	Pflegeziele	Pflegemaßnahmen
3 Sich waschen und kleiden **postoperativ** • Pat. kann Körperpflege nicht vollständig alleine durchführen (durch Bewegungseinschränkungen)	• übernimmt Körperpflege selbständig	• 2× tägl. bei der Körperpflege behilflich sein • Haut beobachten (Dekubitus) • Haut pflegen z. B. mit Linolafett® • so bald wie möglich eigenes Nachthemd anziehen lassen (steigert Wohlbefinden)
4 Essen und Trinken **präoperativ** (z. B. bei Magenulkus) • Übelkeit und Erbrechen von Blut und Mageninhalt	• größtmögliches Wohlbefinden	• funktionstüchtige Klingel in Patientenreichweite • Nierenschalen und Zellstoff in ausreichender Menge in Patientenreichweite stellen • nach Erbrechen: Mundpflege lt. Standard (Erstellungsdatum, Standard-Nr.) • Dokumentation von: Menge, Aussehen, Farbe, Konsistenz, Geruch, Beimengungen des Erbrochenen • bei Bluterbrechen sofort den Arzt informieren
postoperativ • Gefahr von Soor- und Parotitis (aufgrund der Nahrungskarenz)	• intakte Mundschleimhaut	• tagsüber stündliche Mundpflege lt. Standard, nachts bei Bedarf • Pat. kann Mund mit Eiswürfeln anfeuchten, aber nicht schlucken • Pat. kann Kaugummi ohne Zusätze kauen • Lippenpflege mit Fettsalbe z. B. Labello® • Moronal® auf ärztliche Anordnung
• Nahrungskarenz von 24 Stunden bis zu 9 Tagen (abhängig von Größe des operativen Eingriffes)	• ausreichende Kalorien- und Flüssigkeitszufuhr	• Infusionsprogramm lt. ärztlicher Anordnung • Kostaufbau lt. ärztlicher Anordnung • Ein- und Ausfuhr dokumentieren
5 Ausscheiden **präoperativ** (z. B. bei Magenulkus) • Pat. scheidet mehrmals am Tag Teerstühle aus	• größtmögliches Wohlbefinden	• Intimpflege nach jeder Defäkation ermöglichen • Hautschutz mit zinkhaltiger Salbe (z. B. Penaten-Creme®) im Analbereich durchführen • Dokumentation von: Menge, Aussehen, Geruch, Farbe, Konsistenz, Beimengungen, Häufigkeit des Stuhls

18.14 (Fortsetzung)

Pflegeprobleme	Pflegeziele	Pflegemaßnahmen
5 **postoperativ** • Pat. verliert über Sonden/ Drainagen Flüssigkeit	• hat ausgeglichenen Flüssigkeitshaushalt	• Bilanz 1× in 24 Stunden • Dokumentation aller Flüssigkeiten, die über Sonden /Drainagen verloren gehen (Menge, Aussehen, etc.)
6 Regulieren der Körpertemperatur **postoperativ** • Pat. friert/fröstelt (aufgrund der intraoperativen Auskühlung)	• Körpertemperatur ist im Normbereich	• Patient in vorgewärmtes Bett legen (Achtung: Nachblutungsgefahr!) • ggf. zweite Bettdecke anbieten • kein Heizkissen/Wärmflasche, Verbrennungsgefahr durch eingeschränkte Sensibilität (Narkosenachwirkung)
• der Pat. hat physiologisch erhöhte Körpertemperatur (aufgrund des operativen Eingriffes)		• 3× tägl. Kontrolle der Körpertemperatur, bei Anstieg über 38,5 °C Arzt informieren • Dokumentation
7 Atmen (Blutdruck, Puls) **postoperativ** • Pneumoniegefahr (aufgrund einer Schonatmung, die durch Wundschmerz und eingeschränkte Beweglichkeit entsteht)	• physiologische Atmung	• Schmerzfreiheit s. ATL **1** ermöglichen • Oberkörper 45° hoch lagern • Atemübungen 3× tägl. z. B. mit Inhaloc, Triflo, Giebelrohr • atemunterstützende Einreibungen 2× tägl. mit z. B. Hautöl mit ätherischen Zusätzen • Zimmer regelmäßig lüften • Inhalation 2× tägl. z. B. mit Kamillosan® • Mundpflege stündlich lt. Standard (Erstellungsdatum, Standard-Nr.) • Frühmobilisation s. ATL **2**
8 Für Sicherheit sorgen **postoperativ** • Infektionsgefahr durch: – venöse Zugänge – Drainagen/Sonden	• reizlose Einstichstellen	• venöse Zugänge 1× tägl. VW lt. Standard • sterile Verbandwechsel lt. Anordnung
– Wunde	• reizlose Wunde	• erster steriler VW 48 Stunden nach OP-Ende auf ärztliche Anordnung
– Blasenkatheter	• keimarmer Urogenitaltrakt	• regelmäßige Blasenkatheterpflege und Intimhygiene lt. Standard
• Pat. verliert über Sonden/ Drainagen viel Flüssigkeit	• stabile Kreislaufverhältnisse	• Puls/RR 2× tägl. kontrollieren (Schockzeichen) • Dokumentation

18

18.14 (Fortsetzung)

Pflegeprobleme	Pflegeziele	Pflegemaßnahmen
8 • Pat./Angehörige fühlen sich unsicher im Hinblick auf veränderte Lebensumstände	• Pat./Angehörige können mit veränderten Lebensumständen umgehen	• Pat./Angehörige werden von Pflegepersonal und Diätassistent informiert z. B.: – Streß/Anstrengung vermeiden – ggf. autogenes Training erlernen – Ernährungsberatung z. B. 6 kleine Mahlzeiten tägl. – Gewichtskontrolle – regelmäßig Hausarzt aufsuchen
9 Sich beschäftigen **präoperativ** • Pat. denkt sehr viel über die bevorstehende Operation nach (hat deshalb nur wenig Interesse an Beschäftigung)	• ist vom Nachdenken und Grübeln abgelenkt	• Angehörige bitten, daß sie mehrmals tägl. kommen • zum Lesen, Fernsehen oder Musikhören anregen • den Pat. um kleine Gefälligkeiten bitten, z. B. daß er sein Essenstablett selbständig in den Essenswagen bringt • Gespräche anbieten damit der Pat. seine Bedenken/Ängste aussprechen kann
postoperativ • Pat. ist durch den Wundschmerz beeinträchtigt und liegt am liebsten in seinem Bett ohne sich zu bewegen	• Schmerzminderung • bewegt sich trotz Schmerzen	• Pat. erklären, daß er zur Schmerzminderung beim Aufstehen die Hand auf die Wunde pressen soll und verschiedene Methoden des Aufstehens zeigen (Kinaesthetik) • Pat. soll 2× tägl. mit Hilfestellung aufstehen • zu isometrischen Spannungsübungen anleiten; kontrollieren ob er sie mehrmals tägl. selbständig ausführt
10 Kommunikation **präoperativ** • keine Einschränkung	• ist aufgeklärt, daß es evtl. zu Behinderungen beim Sprechen durch eine Magensonde kommen kann	• Pat. über den Zweck der Magensonde vom Arzt aufklären lassen
postoperativ • beim Sprechen tritt ein Würgereiz auf (bedingt durch die Magensonde)	• kann mit der vorübergehenden unangenehmen Situation umgehen	• künstlichen Speichel in Reichweite stellen • Pat. anleiten tief durchzuatmen, wenn der Würgereiz einsetzt
11 Sich als Frau, Mann, Kind fühlen **postoperativ** • ist auf Hilfe bei der Körperpflege angewiesen • kann in den ersten Tagen nicht zur Toilette gehen	• fühlt sich nicht von anderen beobachtet • kann ungestört ausscheiden	• bei der Körperpflege und beim Ausscheiden den Pat. vor den Blicken der Mitpat. mit einem Paravent abschirmen

18.14 (Fortsetzung)

Pflegeprobleme	Pflegeziele	Pflegemaßnahmen
12 Sinn finden **prä- und postoperativ** • ist bis zum postoperativen Untersuchungsergebnis unsicher, ängstlich, fragt sich „warum gerade ich“	• schöpft Lebensmut, hat Hoffnung auf Besserung	• umfassende Aufklärung durch den Arzt über das Krankheitsbild und die bevorstehende Operation • den Arzt informieren, wenn der Pat. beim Aufklärungsgespräch etwas nicht verstanden hat • für Gespräche Zeit nehmen (Mut machen, Angst nehmen)

Literaturhinweise

[1] Berchthold, R., H. Hamelmann, H.-J. Peiper, O. Trentz (Hrsg.): Chirurgie. Urban & Schwarzenberg, München-Wien-Baltimore, 3. Aufl. 1994.

[2] Classen, M., V. Diehl, K. Kochsiek (Hrsg.): Innere Medizin. Urban & Schwarzenberg, München-Wien-Baltimore, 3. Aufl. 1994.

[3] Mischo-Kelling, M., H. Zeidler (Hrsg.): Innere Medizin und Krankenpflege. Urban & Schwarzenberg, München-Wien-Baltimore, 2. Aufl. 1992.

19 Dünndarm (Jejunum, Ileum)

R. Broll, G. Bliemeister

I Allgemeiner Teil

19

19.1 Anatomie und Physiologie

Der hier zu besprechende Abschnitt des Dünndarmes (Jejunum und Ileum) erstreckt sich von der Flexura duodenojejunals (Übergang vom Zwölffingerdarm zum Jejunum) bis zum Zäkum. Am Eingang zum Zäkum verhindert eine Klappe, die Valvula ileocoecalis (Bauhin-Klappe) den Rückfluß von Dickdarminhalt in den Dünndarm. Die Gesamtlänge des Dünndarmes variiert, je nach Spannungszustand der Wandmuskulatur, zwischen 2,5 bis 3 m, wovon zwei Fünftel dem Jejunum und drei Fünftel dem Ileum zuzurechnen sind. Er liegt vollständig intraperitoneal, d.h. im Bauchraum, und hängt frei beweglich an seinem Gekröse (Mesenterium). Während das Jejunum mehr im Oberbauch lokalisiert ist, füllt das Ileum den Unterbauch bis in das kleine Becken. Bedeckt ist der Dünndarm vom großen Netz (Omentum majus).

Der **Wandaufbau** des Dünndarmes gehorcht wie im gesamten Intestinaltrakt dem **gleichen Prinzip:** Mukosa, Submukosa, Muskularis mit innerer Ring- und äußerer Längsmuskulatur, subseröses Bindegewebe und Serosa (Bauchfell). Die **Oberfläche** der Mukosa wird durch Ausstülpungen **(Zotten) vergrößert,** an deren Basis mehrere Krypten münden. Durch diese Zotten nimmt die Oberfläche um den Faktor 8 bis 10 zu. Eine weitere Vergrößerung der resorbierenden Oberfläche um den Faktor 30 erhält der Dünndarm durchdie 1 µm hohen **Mikrovilli** an der Lumenseite der reifen Darmepithelien (Zylinderzellen), dem sog. Bürstensaum. Insgesamt resultiert daraus eine Oberfläche von ca. 200 m^2.

Die **arterielle** Blutversorgung erfolgt über die A. mesenterica superior, einem Ast der Aorta abdominalis (Bauchaorta), die sich dann in zahlreiche Aa. jejunales und ilei aufteilt. Diese Gefäße sind im Mesenterium durch mehrere querverlaufende Gefäßarkaden miteinander verbunden, so daß ein **reiches** Kollateralnetz vorhanden ist. Der **venöse** Abfluß verläuft über die gleichnamigen Venen. Die entsprechenden **Lymphbahnen** nehmen ihren Ursprung in den Zotten und folgen den Gefäßen im Mesenterium und entlang der versorgenden Arterien, um schließlich in die Cisterna chyli (Sammelstelle der Lymphe des Bauchraumes), dem Ausgangspunkt des Ductus thoracicus (Brustmilchgang), zu münden. Die **vegetative Innervation** erfolgt über sympathische und parasympathische (N. vagus) Fasern.

Die **Aufgaben** des Dünndarmes sind:
- Mischung und Transport der Nahrung durch entsprechende Peristaltik.
- Abbau der Nahrungsbestandteile Eiweiß, Fett und Kohlenhydrate durch entsprechende Enzyme im Bürstensaum des Darmepithels.
- Resorption der gespaltenen Nahrungsbestandteile sowie von Wasser und Elektrolyten.
- Sekretion von sog. Enterohormonen (z.B. Sekretin, Cholezystokinin, Motilin usw.).
- Daneben ist im Dünndarm auch ein hochspezialisiertes Immunsystem lokalisiert.

19.2 Leitsymptome bei Erkrankungen des Dünndarmes

Eine Reihe von Symptomen sind im Zusammenhang mit Erkrankungen des Dünndarmes zu nennen, die jedoch keineswegs als **spezifisch** für diesen Darmabschnitt anzusehen sind.

Bauchschmerzen, Koliken: Sie sind ein sehr **unspezifisches** Symptom und können ebenso von anderen Organen wie der Bauchspeicheldrüse, der Gallenblase usw. ausgelöst werden. Zu unterscheiden sind ein **lokaler** Druckschmerz von der **diffusen** Abwehrspannung bei der Peritonitis (Bauchfellentzündung). **Kolikartige** Schmerzen können Zeichen eines Darmverschlusses (Ileus) sein.

Erbrechen: Dies kann auf eine Passagebehinderung im Bereich des Magen-Darmtraktes hinweisen. Bei einem Dünndarmileus kommt es erst nach längerer Zeit zum Erbrechen, da dieser wegen seiner Dehnbarkeit und großen Länge in der Lage ist, eine enorme Menge an Flüssigkeit zu speichern. Anders liegen die Verhältnisse beim hohen Dünndarmileus. Hier dient nur der Magen und das Duodenum als Reservoir, so daß ein Erbrechen rasch einsetzen kann.

Durchfälle: Sie sind meist die Folge entzündlicher Darmerkrankungen.

Blutungen: Können durch Tumoren oder Gefäßmißbildungen in der Darmwand verursacht werden; auch bei der Invagination (Darmwandeinstülpung) kommt es zu einem Blutabgang.

Meteorismus: Übermäßige Gasansammlung im Gastrointestinaltrakt, insbesondere beim Darmverschluß.

Malassimilation: Darunter ist eine schlechte Verwertung der aufgenommenen Nahrung zu verstehen, verursacht durch die ungenügende Verdauung (**Maldigestion**) infolge eines Ferment- oder Enzymmangels und/oder der reduzierten Resorption (**Malabsorption**) bei Darmwanderkrankungen.

19.3 Diagnostik

Die diagnostische Abklärung von pathologischen Befunden im Bereich des Dünndarmes ist **schwierig**, da er einer **direkten** Untersuchung mittels Endoskopie wegen seiner Länge **nicht zugänglich ist**. Eine ganze Reihe von Untersuchungsmethoden stehen zur Verfügung.

- **Röntgenuntersuchung:** Abdomenleeraufnahme zum Nachweis freier Luft bei Perforation eines Hohlorgans oder Spiegelbildungen beim Darmverschluß. Selektive Darstellung der Dünndarmpassage mit Kontrastmittel und Luft.
- **Endoskopie:** Diese gelingt von oral her nur bis zum Duodenum, von anal her im Rahmen einer Koloskopie bis in das terminale (endständige) Ileum. Intraoperativ kann eine **Blutungsquelle** durch Enteroskopie, d.h. durch das Einführen eines Endoskopes in den Darm bei offenem Bauch, lokalisiert werden.

Wenn möglich ist immer eine Biopsie zu entnehmen!

- **Sonographie und Computertomographie:** Damit lassen sich evtl. pathologische Prozesse in der Darmwand lokalisieren. Das CT gibt darüber hinaus Auskunft über mögliche Infiltrationen eines Tumors in Nachbarorgane. Beide Verfahren eignen sich auch zum Nachweis von Lebermetastasen.
- **Angiographie:** Durch die selektive Darstellung eines bestimmten Gefäßes können Blutungsquellen lokalisiert und oft gleichzeitig während der Untersuchung gestillt werden. Tumoren sind an einer pathologischen Gefäßdarstellung erkennbar.
- **Stuhluntersuchung:** Auf okkultes (nicht sichtbares) Blut, Fettgehalt, Parasiten, etc.
- **Funktionsteste:** Prüfung der Resorptionsleistung mit dem Xylose-Test. Mit dem Schilling-Test läßt sich die Vitamin-B_{12}-Resorption testen.

II Spezieller Teil

19.4 Mißbildungen

Angeborene Mißbildungen wie Atresien, Stenosen, Lageanomalien des Dünndarmes usw. werden im Kap. 36.13 besprochen.

19.5 Meckel-Divertikel

Es kommt bei ca. 1 bis 2% der Bevölkerung vor und wird im Kap. 36.13.4 beschrieben.

19.6 Invagination

Sie findet sich gehäuft im Kindesalter und wird deshalb ebenfalls im Kap. 36.13.5 erwähnt.

19.7 Verletzungen

Verletzungen des Dünndarmes treten nach stumpfem Bauchtrauma (Schlag gegen das Abdomen) oder nach Stichverletzungen (penetrierendes Bauchtrauma) auf. Ursachen sind meist ein Verkehrsunfall, häufig mit multiplen anderen Körperverletzungen (Polytrauma) kombiniert, oder Messerstichverletzungen. Im schlimmsten Fall kann es zu einem **Abriß** des Mesenteriums (Gekröse) kommen, mit der Folge eines **teilweisen** oder **totalen** Ausfalls der **Darmdurchblutung**, da in ihm die den Darm versorgenden Gefäße verlaufen.

Symptome: Es gibt keine **typischen** Zeichen für eine Verletzung des Dünndarmes. Im Vordergrund stehen Symptome wie Schockzustand, Abwehrspannung und Schmerzen, aufgrund der intraabdominellen Blutung, der Perforation oder sehr spät der Peritonitis.

Diagnose: Zum Nachweis der Blutung eignet sich die Sonographie, in Zweifelsfällen auch die Peritoneallavage (s.a. Abb. 6.4.6). Bei der letztgenannten Methode wird der Bauchraum über einen Katheter mit Kochsalzlösung gespült. Ist diese beim Rücklauf blutig verfärbt, so liegt eine intraabdominelle Blutung vor. Die Röntgenaufnahme des Abdomens weist bei einer Perforation freie Luft unter dem Zwerchfell nach.

Beim bewußtlosen, verletzten Patienten wird sehr leicht eine Darmläsion übersehen, da er keine Angaben über Schmerzen machen kann. Deshalb muß in diesem Fall immer eine sonographische Untersuchung des Abdomens durchgeführt werden!

Therapie: Die sofortige Eröffnung des Bauchraumes (Laparotomie) mit Blutstillung, der Übernähung von Perforationsstellen oder ggf. der Resektion von Darmsegmenten ist durchzuführen.

Die **Prognose** hängt entscheidend davon ab, ob die Verletzung **rechtzeitig** diagnostiziert und therapiert wurde. Im Stadium der Peritonitis ist sie sehr schlecht.

19.8 Fremdkörper

Meist verschlucken spielende Kinder versehentlich Fremdkörper wie Geldstücke, Murmeln o.ä. In der Regel passieren sie **problemlos** den Gastrointestinaltrakt und werden auf natürlichem Wege wieder ausgeschieden. Nur in den seltensten Fällen verhaken sich spitze Fremdkörper in der Darmwand (**bevorzugt** am unteren Duodenalknie, der Flexura duodenojejunalis und an der Bauhin-Klappe am Übergang Ileum/Zäkum).

Symptome: Meist symptomlos; erst nach einer Perforation des Fremdkörpers durch die Darmwand oder beim Darmverschluß kommt es zu Symptomen wie Erbrechen, Bauchschmerzen, Abwehrspannung usw.

Diagnose: Wichtig ist die Anamnese (aktuelle Krankheitsgeschichte). Ein röntgendichter Fremdkörper (z.B. Metall) kann mit Hilfe der Röntgenaufnahme des Abdomens lokalisiert und die Passage mit weiteren Kontrollaufnahmen beobachtet werden.

Therapie: Eine chirurgische Therapie ist in den **seltensten** Fällen notwendig. Meist genügt die Gabe von **einhüllender**, **faserreicher** und **peristaltikanregender** Nahrung (Kartoffelbrei, Sauerkraut), um den Fremdkörper auf natürlichem Wege loszuwerden. Bei Ileuszustand oder Zeichen der Perforation ist **unverzüglich** zu operieren.

19.9 Dünndarmblutung

Ursache kann ein blutender Tumor sein (s. Kap. 19.12). Auch bei entzündlichen Erkrankungen kann es zur Blutung kommen. Der Blutverlust ist hier aber eher chronisch und gering.

Anders verhält es sich, wenn eine arteriovenöse Gefäßveränderung (Angiodysplasie) in der Darmwand vorliegt, die dann zu rezidivierenden massiven Blutungen führt. Zur Diagnosestellung ist im akuten Blutungsstadium die Angiographie hilfreich. Ansonsten muß mittels intraoperativer Endoskopie nach der Blutungsquelle gefahndet werden. Die Therapie besteht in der **Resektion** des befallenen Dünndarmsegmentes.

19.10 Durchblutungsstörungen des Dünndarmes (Mesenterialinfarkt)

Die den Dünndarm versorgenden Aa. jejunales und Aa. ilei sind im Bereich des Mesenteriums untereinander durch querverlaufende Gefäßarkaden verbunden, so daß **kleinere Gefäßverschlüsse** in der **Peripherie** über entsprechende **Umgehungskreisläufe kompensiert** werden können. Durchblutungsstörungen treten erst dann auf, wenn mehrere größere Gefäße verschlossen sind, was dann zur **Nekrose** (Untergang) des betroffenen Darmsegmentes führt. Kommt es dagegen zum Verschluß des Hauptgefäßes, der A. mesenterica superior, ist die **Totalnekrose** des gesamten Dünndarmes die Folge. Daneben kann auch der venöse Abfluß blockiert sein. Zu unterscheiden sind also arterielle und venöse Gefäßverschlüsse unterschiedlicher Ursache (Tab. 19-1), die aber beide zur Nekrose der Darmwand führen (**Mesenterialinfarkt**).

Davon abzugrenzen ist die Durchblutungsstörung ohne Gefäßverschluß, die sog. **nicht-**

Tab. 19-1 Ursachen von Dünndarmdurchblutungsstörungen.

Arterielle Embolie	Herzrhythmusstörung (Vorhofflimmern), Herzklappenfehler, Entzündung des Endokards, künstliche Herzklappen, Herzfehler
Arterielle Thrombose	Arteriosklerose des betroffenen Gefäßes
Venöse Thrombose	Primäre Thrombose, Entzündungen im Bauchraum (Peritonitis, Pankreatitis), nach Operationen, nach Bauchverletzung, Abflußbehinderung (Pfortaderthrombose), verstärkte Blutgerinnungsneigung (Antibabypille, Tumoren)
Gefäßerkrankungen	Z.B. Panarteriitis nodosa (Gefäßwandentzündung)
Mechanische Ursachen	Eingeklemmte Hernien (mit Darmsegment im Bruchsack), Darmverdrehung (Volvulus)
Nicht-okklusiv	Herzinsuffizienz, Hypotonie (Schock), Digitalis

okklusive Darmdurchblutungsstörung, die **vorwiegend ältere** Patienten mit Herzmuskelschwäche (Herzinsuffizienz), Digitalismedikation, Hypotonie und Arteriosklerose der Gefäße betrifft. Hier kommt es zu einer Engstellung der Darmgefäße mit nachfolgender Mangeldurchblutung und schließlich einer Darmnekrose.

Als häufigste Ursache ist die arterielle Thrombose mit ca. 50 bis 60% zu nennen, gefolgt von der arteriellen Embolie mit ca. 20 bis 40%. Demgegenüber ist die venöse Thrombose und die nicht-okklusive Darmdurchblutungsstörung eher selten.

Symptome: Beim akuten arteriellen Gefäßverschluß unterscheidet man **drei Stadien:**

- **schmerzhaftes Initialstadium:** plötzlich einsetzende, heftige Bauchschmerzen, Hyperperistaltik, blutige Durchfälle, Erbrechen (ca. sechs Stunden)
- **schmerzfreies Intervall:** Ausbildung eines paralytischen Ileus (ca. sieben bis zwölf Stunden)
- **Endstadium:** Zeichen der Peritonitis (Schmerzen, Abwehrspannung, Schockzustand), Darmnekrose

Diagnose: Leider wird die Diagnostik sehr häufig verzögert und der Patient dann verspätet oder zu spät operiert, da das sog. **schmerzfreie Intervall** Arzt und Patient in **falscher** Sicherheit wiegt.

Deshalb ist es sehr wichtig, an dieses Krankheitsbild zu denken und den Patienten rechtzeitig einer entsprechenden Diagnostik und Therapie zuzuführen!

Spezielle Laborparameter existieren nicht, eine Laktaterhöhung kann evtl. ein Hinweis sein. Die Abdomenübersichtsaufnahme ist zunächst uncharakteristisch und dient eher dem Ausschluß der Perforation eines Hohlorganes (Magen, Darm mit freier Luft unter dem Zwerchfell); später finden sich dann **Spiegel** als Zeichen des paralytischen Ileus. Die **wichtigste** Untersuchung ist die **selektive** Darstellung der Eingeweidearterien mittels Angiographie. Im peritonitischen Endstadium muß **unverzüglich** ohne weitere diagnostische Maßnahmen operiert werden.

Therapie: Liegt eine arterielle Embolie als Ursache vor und wurde diese rechtzeitig diagnostiziert, so erholt sich der Dünndarm nach der Entfernung des Embolus (Embolektomie) in aller Regel wieder. Bestehen aber bereits nekrotische Darmareale, so müssen diese reseziert werden. Mitunter muß nach sechs bis zwölf Stunden das Abdomen noch einmal eröffnet werden (**Second-look-Operation**), um die Durchblutung des verbliebenen Darmes zu überprüfen und sekundär nekrotisch gewordene Abschnitte zu resezieren. Ist der **gesamte** Dünndarm befallen, besteht **keine** Chance auf ein Überleben.

Die **Prognose** hängt entscheidend vom **Ausmaß** des nekrotischen Darmes und dem **Zeitpunkt** der Operation ab. Es versterben immer noch ca. 60 bis 70% der Patienten wegen der zu spät gestellten Diagnose dieser Erkrankung. Für das Überleben ist auch die **Länge** des verbleibenden Dünndarmes entscheidend, die **nicht unter 20 cm** liegen darf. Aber auch nach ausgedehnten Resektionen leiden die Patienten häufig unter einer gestörten Nahrungsresorption (**Malabsorptionssyndrom**) und sind im **Extremfall** auf eine lebenslange künstliche Ernährung angewiesen.

19.11 Entzündliche Erkrankungen

Die wichtigste entzündliche Erkrankung des Dünndarmes ist der Morbus Crohn (Enteritis regionalis). Sie wird im Kap. 20.5.3 beschrieben.

An weiteren entzündlichen Erkrankungen sind die **Darmtuberkulose** und der **Typhus ab-**

19

dominalis zu nennen. Beide Krankheitsbilder gehören heute in unseren Breiten zu den **Raritäten.** Infolge der Darmwandentzündung kann es zu Blutungen, Perforationen oder Stenosen kommen, die dann operativ durch die Resektion des befallenen Segmentes entfernt werden müssen.

19.12 Dünndarmtumoren

Obwohl der Dünndarm 75% der Länge und 90% der Oberfläche des gesamten Gastrointestinaltraktes einnimmt, sind Tumoren des Dünndarmes **sehr selten** und machen nur etwa 1 bis 5% der Neubildungen im Gastrointestinaltrakt aus. Sie sind je nach Ursprungsgewebe (Epithel, Bindegewebe usw.) unterschiedlich in den drei Abschnitten des Dünndarmes, nämlich Duodenum, Jejunum und Ileum, verteilt. Da aus anatomischer Sicht das Duodenum (Zwölffingerdarm) Teil des Dünndarmes ist, in diesem Buch das Duodenum aber aus klinischen Erwägungen zusammen mit dem Magen in Kap. 18 beschrieben wurde, sei es erlaubt, die Tumoren des **gesamten** Dünndarmes hier zusammengefaßt zu beschreiben.

19.12.1 Gutartige Tumoren

Sie können von **allen Schichten** der Darmwand ausgehen (Tab. 19-2):

- Leiomyome (Muskulatur)
- Lipome (Fettgewebe)
- Neurinome (Nervengewebe)
- Hämangiome (Gefäße)
- Adenome (Schleimhaut)
- Fibrome (Bindegewebe)

Symptome: Meist **unspezifisch,** am häufigsten kommt es zu chronischen Blutungen, seltener zum Darmverschluß, Perforation oder zur Invagination.

Diagnose: Oft sehr schwierig zu stellen. Die Sonographie, eine Röntgenkontrastmitteluntersuchung und bei akuter Blutung die Angiographie sind hilfreich.

Therapie: Resektion des befallenen Dünndarmabschnittes (Segmentresektion, End-zu-End-Anastomose Abb. 19-1 A und B).

19.12.2 Bösartige Tumoren

Nur ca. **1% aller malignen Tumoren** des Gastrointestinaltraktes sind im Dünndarm lokalisiert. Die wichtigsten malignen Tumoren faßt Tab. 19-2 nach ihren Ursprungsgeweben zusammen.

Adenokarzinome stellen die häufigsten malignen Tumoren des Dünndarmes dar und sind hauptsächlich im Duodenum und Jejunum lokalisiert. Demgegenüber kommen Sarkome mehr im Ileum, weniger häufig im Jejunum vor, ebenso wie Karzinoid-Tumoren. Am seltensten sind die malignen Lymphome, die dann gehäuft im Ileum zu finden

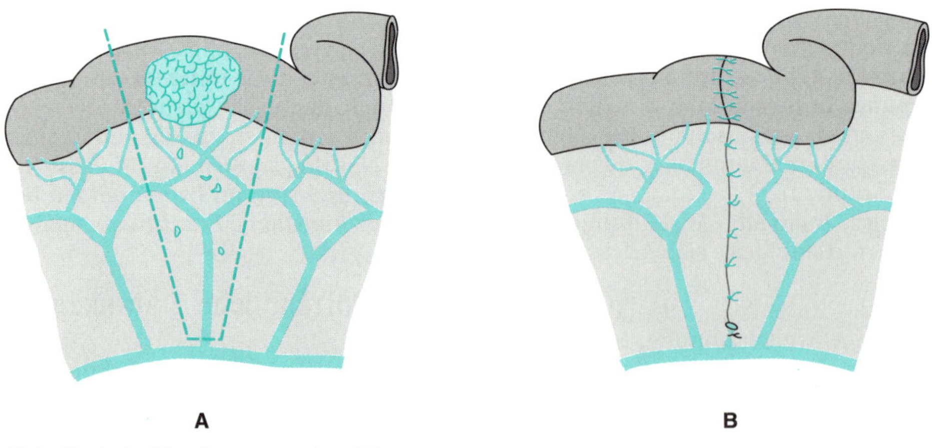

A

B

Abb. 19-1 Typische Dünndarmsegmentresektion.
A: Resektion des vom Tumor befallenen Dünndarmsegmentes mit dem zugehörigen Mesenterium.
B: End-zu-End-Anastomose.

Tab. 19-2 Tumoren des Dünndarmes.

Gewebeursprung	Gutartiger Tumor	Bösartiger Tumor
Epithel	Adenom	Adenokarzinom
Bindegewebe	Fibrom	Fibrosarkom
Glatte Muskulatur	Leiomyom	Leiomyosarkom
Fettgewebe	Lipom	Liposarkom
Gefäße	Hämangiom	Hämangiosarkom
	Lymphangiom	Lymphangiosarkom
Nervengewebe	Neurofibrom	Neurofibrosarkom
	Schwannom	Malignes Schwannom
Lymphgewebe		Malignes Lymphom
Enterochromaffine Zellen des Darmes		Karzinoid

sind. Insgesamt ist **das Ileum** der am meisten befallene Abschnitt des Dünndarmes.

Symptome: Maligne Tumoren des Dünndarmes machen erst in **fortgeschrittenen** Stadien Symptome wie abdominale Schmerzen, Verstopfung (Obstipation), Blutung, Erbrechen oder Gelbsucht (Ikterus) bei einer Lokalisation des Tumors im Bereich der Gallengangmündung (Papilla vateri). Bei einem Verschluß derselben durch den Tumor kommt es zum Aufstau der Galle und letztlich zum Ikterus.

Eine **Besonderheit** stellt der **Karzinoid-Tumor** dar, der neben den genannten Krankheitszeichen ein spezielles Karzinoid-Syndrom aufweist, das sich durch plötzliche Rötung der Haut (Flush) der oberen Körperhälfte, Durchfälle, Leibschmerzen und Atemnot anzeigt. Ursache ist die Bildung von verschiedenen auf die Gefäßwand (vasoaktiven) und die glatte Muskulatur wirkenden Substanzen wie Serotonin, Bradykinin und Histamin durch den Tumor und der plötzlichen Ausschüttung in die Blutbahn. Normalerweise werden diese Substanzen in der Leber abgebaut; erst bei einem Ausfall der Leber infolge massiver Karzinoid-Metastasen kommt es zum sog. Karzinoid-Syndrom.

Diagnose: Nicht selten werden Dünndarmtumoren **erst** im Rahmen einer **Notfalloperation** wegen einer Perforation (Darmwanddurchbruch), einer massiver Blutung oder eines Dünndarmverschlußes (Ileus) diagnostiziert. Ansonsten stehen die Röntgenuntersuchung mit Kontrastmittel, die Endoskopie mit Biopsie (Duodenum), die Sonographie, die Computertomographie (Infiltration von Nachbarorganen, Metastasen) und die Angiographie (bei akuter Blutung und zum Nachweis pathologischer Gefäßstrukturen) als diagnostische Maßnahmen zur Verfügung.

Im Falle des Karzinoids kann das Abbauprodukt des Serotonins im Urin (5-Hydroxyindolessigsäure) nachgewiesen werden.

Leider werden die meisten Tumoren erst in **späten Stadien** mit bereits begonnener Lymphknotenmetastasierung, Infiltration in die Nachbarorgane (z. B. Dickdarm) und teilweise schon ausgebildeten Fernmetastasen (meist Leber) diagnostiziert.

Therapie: Diese ist entsprechend der Lokalisation unterschiedlich. Bei Tumoren des Jejunums und Ileums wird das befallene Dünndarmsegment mitsamt dem Mesenterium entfernt (Segmentresektion, s. Abb. 19-1 A und B). Liegt der Tumor im Duodenum, so muß dieses meist mitsamt dem Pankreaskopf, der Gallenblase und dem distalen Gallengang sowie zwei Drittel des Magens reseziert werden (Whipple-Operation; s.a. Kap. 23.6.1). In weit fortgeschrittenen Fällen kommt oft nur noch eine Umgehungsanastomose zur Umgehung des Tumors und Aufrechterhaltung der Darmpassage in Frage (Abb. 19-2 A und B). Maligne Lymphome werden chirurgisch und/oder mit Chemotheapie behandelt, da es sich um eine Systemerkrankung des lymphatischen Gewebes handelt.

Insgesamt ist die **Prognose** trotz aller therapeutischen Bemühungen **sehr schlecht** und nur in frühen Tumorstadien besteht **Aussicht auf Heilung.**

19

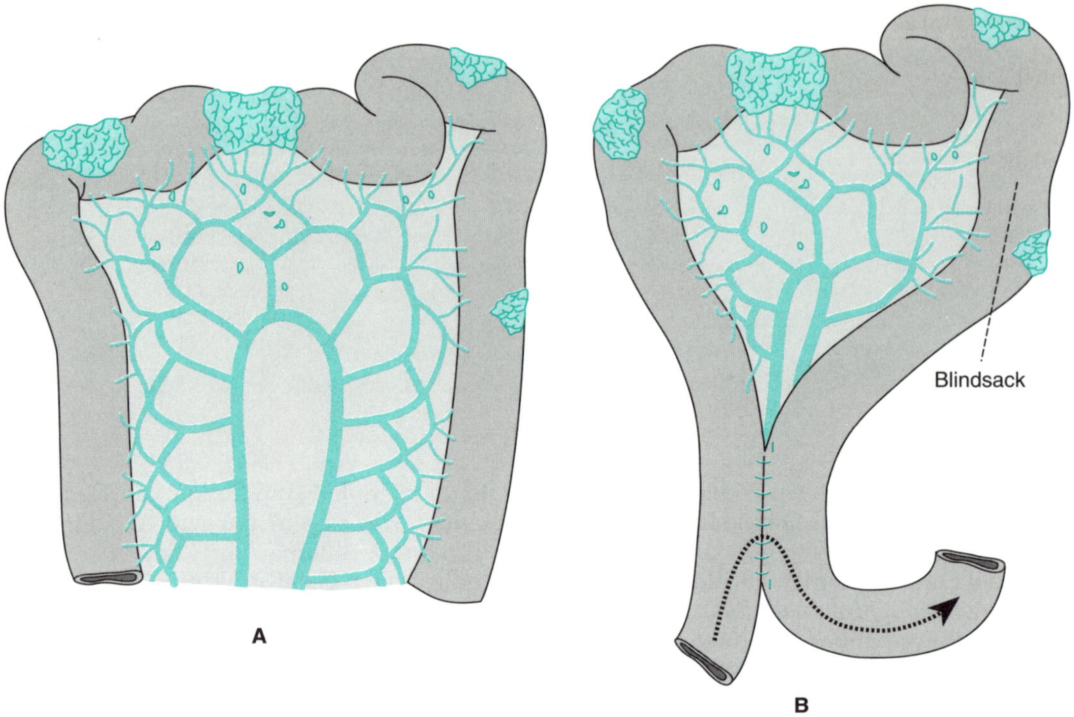

Abb. 19-2 Umgehungs-(Bypass-)Operation
A: Passagebehinderung durch einen Tumor.
B: Seit-zu-Seit-Anastomose unter Inkaufnahme eines Blindsackes.

III Pflegerischer Teil

19.13 Pflegemaßnahmen bei auftretenden Symptomen

Die im Zusammenhang mit Dünndarmerkrankungen auftretenden Symptome sind **unspezifisch,** da sie auch im Rahmen anderer Organerkrankungen beobachtet werden können. Leitsymptome (s.a. Kap. 19.2) können **Bauchschmerzen mit kolikartigem Charakter** verbunden mit **Meterorismus** und **Erbrechen** (Hinweis auf einen Ileus), **Durchfälle** (entzündliche Darmerkrankungen) oder **Blutungen** (Gefäßmißbildungen oder Tumoren in der Dünndarmwand) sein.

19.13.1 Bauchschmerzen/Koliken/Meteorismus

Die Pflege bzw. Linderung von Bauchschmerzen (Tenesmen), die im Rahmen von Durchfällen auftreten, sind im Kap. 20.10.4 näher erläutert.

Solange Bauchschmerzen, Koliken und/oder Meteorismus (Blähungen) diagnostisch nicht abgeklärt sind, dürfen dem Patienten nur auf ausdrückliche ärztliche Anordnung Schmerzmittel (Analgetika oder Spasmolytika) verabreicht werden!

Die Beschwerden können jedoch durch eine **bauchdeckenentspannende Lagerung** (mit Knierolle) gemildert werden. Die Auflage einer leichten **Wärmflasche** (maximal zu einem Drittel mit 60 bis 70 °C warmen Wasser gefüllt) oder eines **feucht-warmen Leibwickels** (s. Kap. 20.10.4) wirkt ebenfalls schmerzlindernd. Ein in den Enddarm eingeführtes **Darmrohr** führt zum Abgang von Blähungen und damit zur Entlastung des

Patienten. Entblähend wirken auch Kümmel- oder Fencheltee, blähend dagegen kohlesäurehaltige Getränke und Kaffee.

19.13.2 Durchfälle

(s. Kap. 20.10)

19.13.3 Blutungen

Blutungen im Dünndarm können als Komplikation des Duodenalulkus (s. Kap. 18.9.3), bei arteriovenösen Gefäßveränderungen (s. Kap. 19.9) oder bei entzündlichen Darmerkrankungen (Morbus Crohn, Colitis ulcerosa, s. Kap. 20.5) auftreten. Bei den aufgezählten Erkrankungen ist bzw. kann die **Verabreichung von Transfusionen** notwendig werden. Die Durchführung und Überwachung einer Transfusion ist im Kap. 7.5.4 ausführlich dargestellt.

19.13.4 Erbrechen

(s. Kap. 17.13)

19.14 Präoperative Vorbereitungen

19.14.1 Allgemeines

Resektionen am Dünndarm werden nur sehr **zurückhaltend** vorgenommen, da eine Entfernung des Dünndarmes von mehr als zwei Drittel mit erheblichen **Stoffwechselstörungen** verbunden ist. Eine **ausreichende** orale Nahrungsaufnahme ist **ohne** Dünndarm **nicht möglich.** Resektionen am Dünndarm werden notwendig bei stenosierenden Entzündungen (Morbus Crohn), bei irreversibler Ischämie und bei Strangulationsileus. Es gelten die in Kap. 8.1 beschriebenen Richtlinien zur Operationsvorbereitung.

19.14.2 Spezielle Maßnahmen

Nahrungsabbau/Darmreinigung

Am Vortag des operativen Eingriffes erhält der Patient mittags leichte Kost, abends Tee und Suppe, ab 20.00 Uhr besteht absolute Nahrungskarenz. Spezielle Maßnahmen zur Reinigung des Dünndarmes sind nicht erforderlich. Am Nachmittag vor der Operation bekommt der Patient auf ärztliche Anordnung ein Klistier, um so die unteren Darmabschnitte zu reinigen.

Rasurschema

Das Rasurschema bei Dünndarmoperationen reicht von den Brustwarzen bis einschließlich der Schambehaarung (s. Kap. 20, Abb. 20-9 A).

Einüben postoperativer Fähigkeiten

(s. Kap. 18.13.1)

19.15 Postoperative Maßnahmen

19.15.1 Primäre Betreuung

Nach Dünndarmoperation wird der Patient je nach Länge des zu resezierenden Dünndarmanteils zunächst in einer **Intensivabteilung** (bei komplikationslosem Verlauf ca. vier bis sieben Tage) betreut. Bei der **Verlegung** in die **Allgemeinstation** ist es für das dort tätige Pflegepersonal wichtig, ausführlich über den postoperativen Heilungs- und Genesungsverlauf informiert zu werden. Die medizinische ärztliche Übergabe sollte durch die Weitergabe pflegerisch relevanter Informationen unterstützt werden. Hierfür eignet sich am besten ein sog. **pflegerisches Übergabeprotokoll** (Abb. 19-3), das folgende **Aspekte** aufzeigen sollte:

- Bewußtseinslage sowie Atmungsfunktion des Patienten
- Nahrungsaufnahme und Kostform
- Selbständigkeit des Patient (bereits wieder selbständig oder benötigt er noch Hilfestellung z.B. bei der Körperpflege)
- Mobilisationsstufe
- Ausscheidung (spontan, Blasenkatheter, Enterostoma)
- Sonden, Drainagen, Katheter
- besondere Pflegeprobleme bzw. Beobachtungen

19.15.2 Weiterversorgung

Nahrungsaufbau/Darmanregung

Die orale Nahrungszufuhr richtet sich nach dem voraussichtlichen **Heilungsverlauf** der **Anastomosen.** Diese gelten im **Dünndarm** ab dem **fünften postoperativen Tag** als abgeheilt. Bis dahin bleibt die intraoperativ gelegte Ma-

Datum: 27. 10. 1994 Name: Meier Erwin Eingriff: Dünndarmteilresektion Tag nach OP: 5

Bewußtseinslage	wach/orientiert/kooperativ	X
	bewußtseinsgetrübt/sediert	
	bewußtlos	
Atmung	spontan	X
	unterstützt durch Sauerstoff l/min	
	Trachealkanüle: Art Größe seit	
Nahrungsaufnahme	parenteral	X
	enteral	
Kostform	ab heute löffelweise Tee	
	Sondenernährung: Art Menge	
Selbständigkeit	vollständig	
	teilweise	X
	Hilfestellung bei: der Körperpflege (Rücken, Beine waschen)	
Mobilisation	noch nicht mobilisiert	
	Bettkante	
	Stuhl	X
	Spaziergang	
	Besonderheiten	
Ausscheidung Urin	spontan	X
	Katheter: BDK seit entfernt am 3. postop. Tag	
Stuhl	Pat. hatte noch keinen Stuhlgang Enterostoma	
Drainagen	Art: Redon entfernt am 1. postop. Tag Bemerkung:	
Katheter	Art: ZVK Bemerkung: unauffällige Einstichstelle	
Sonden	Art: Magensonde Bemerkung:	
Besondere Pflegeprobleme	leichte Rötung am Nasenflügel (Magensonde), Dekubitusprophylaxe	
Besondere Beobachtungen	Pat. fühlt sich körperlich sehr schwach und wünscht keinen Besuch außer dem der Ehefrau	

Abb. 19-3 Beispiel eines pflegerischen Übergabeprotokolls der Intensivstation an die weiterbetreuende Allgemeinstation nach einer Dünndarmteilresektion.

gensonde liegen, um die Wundheilung der Anastomosen zu begünstigen. Das ablaufende Sekret wird hinsichtlich seiner Menge, Beschaffenheit oder Farbe dokumentiert. Auf ärztliche Anordnung wird ca. am fünften postoperativen Tag die Magensonde entfernt und mit der Verabreichung flüssiger Nahrung begonnen.

- Erster Tag: löffelweise Tee
- Zweiter Tag: Erhöhung der Teemenge auf 500 bis 700 ml über 24 Stunden
- Dritter Tag: Schleim, klare Suppe, Zwieback, später mit Fett angereicherte Suppen
- Vierter Tag: passierte Kost
- Fünfter Tag: leichte Kost

Eine weitere Voraussetzung für die orale Nahrungszufuhr ist eine **wiedereinsetzende Darmfunktion** (Peristaltik). Ist eine medikamentöse Stimulierung des Darmes notwendig, liegt die Entscheidung über die Art (Suppositorium, Klysma, Einlauf, medikamentös) beim Arzt.

Bis zum Beginn der oralen Nahrungsaufnahme erhält der Patient eine ausreichende Kalorien- und Flüssigkeitszufuhr über die ärztlich angeordnete Infusionstherapie. Diese ist mit dem Beginn der flüssigen Nahrungsaufnahme entsprechend zu reduzieren.

Mobilisation

Die Mobilisation orientiert sich an den bereits erreichten **Mobilitätsstufen** während des Aufenthaltes in der Intensivabteilung und der jeweiligen körperlichen Verfassung des Patienten. Ziel sollte jedoch immer sein, den Patienten möglichst schnell zur Selbständigkeit zu verhelfen.

Für die weiterführende Betreuung (Wundversorgung, Pflege von Drainagen, Kathetern, Sonden) gelten die in Kap. 8.2 und Kap. 20.12 beschriebenen postoperativen Maßnahmen.

19.16 Ernährungshinweise für Patienten nach Dünndarmresektion

Abhängig von der **Resektionslänge** und dem **Resektionsort** ist nach Dünndarmentfernungen das Auftreten des sog. **„Kurzdarmsyndromes“** zu beobachten. Unter dieser Bezeichnung werden die Symptome der ungenügenden Aufnahme der Nahrungsbestandteile aus dem Verdauungstrakt zusammengefaßt (Malabsorptionssyndrom). Zu ihnen gehören u.a. Gewichtsabnahme, wäßrige Durchfälle, Steatorrhoe (Fettstühle). Im weiteren Verlauf können u.a. perniziöse Anämie, Tetanie, Osteopathie, Nachtblindheit und Oxalsäure-Nierenstein-Diathese auftreten.

Da eine ausschließlich parenterale Ernährung die kompensatorische Anpassung des Darmes an das Operationsergebnis verhindert und darüber hinaus zur Atrophie der Darmschleimhaut führt, ist die zügige orale Nahrungsaufnahme postoperativ von großer Wichtigkeit für den Kranken!

Entsprechend der Verträglichkeit bekommt der Patient ab ca. dem fünften postoperativen Tag (Arztanweisung beachten!) Tee (s. Kap. 19.15.2). Ab ca. dem **zehnten postoperativen Tag** werden dem Patienten über den Tag verteilt **sechs bis acht** (ggf. zehn) **kleine, ballaststoffreiche** Mahlzeiten angeboten, **laktosehaltige** Nahrungsmittel (z.B. Milchprodukte) sind zu **meiden,** da sie Durchfälle provozieren können. Die Fettzufuhr richtet sich nach Resektionsort und -ausmaß und der Verträglichkeit des Patienten. Sie sollte immer mit einer Diätassistentin abgesprochen werden.

Um die **Resorption** der Nahrungsbestandteile **zu verbessern** kann z.B. mit Loperamid (Imodium®/Antidiarrhoikum) versucht werden, die **Passagezeit** des Nahrungsbreies und damit seine Kontaktzeit im Darm zu **verlängern.**

Ausgedehnte Dünndarmresektionen machen den Einsatz einer **Duodenalsonde** notwendig, über die mittels portabler Perfusionspumpen kontinuierlich **Elementardiäten** (s. Kap. 7.4) verabreicht werden können. Kann der individuelle Kalorienbedarf des Patienten über die Duodenalsonde nicht abgedeckt werden, muß parallel dazu eine parenterale Ernährung erfolgen. Bei **distaler** Dünndarmresektion besteht die **Gefahr der Urolithiasis** (Bildung von Harnsteinen in der Niere und/oder den ableitenden Harnwegen), der **diätetisch entgegengewirkt** werden kann, indem der Patient oxalsäurereiche Lebensmittel (z.B. Rhabarber, rote Rüben, Spinat, Petersilie, Sellerie, Erdbeeren, Bohnen, Himbeeren, Stachelbeeren) meidet. Die orale Substitution mit Vitamin B_{12}, Folsäure, Zink, Vitamin A, D, K erfolgt entsprechend der

19

ärztlichen Anweisung und in Absprache mit der Diätassistentin. Ernährungshinweise können über entsprechende Selbsthilfegruppen (s. Anhang) bezogen werden.

Literaturhinweise

[1] Berchtold, R., H. Hamelmann, H. J. Peiper, O. Trentz, (Hrsg.): Chirurgie. Urban & Schwarzenberg, München-Wien-Baltimore, 3. Aufl. 1994.

[2] Classen, M., V. Diehl, K. Kochsiek (Hrsg.): Innere Medizin. Urban & Schwarzenberg, München-Wien-Baltimore, 3. Aufl. 1994.

[3] Paetz,B.: Chirurgie für Pflegeberufe. Georg-Thieme-Verlag, Stuttgart-New York, 18. Auflage 1994.

[4] Juchli, L.: Pflege. Georg-Thieme-Verlag, Stuttgart, 7. Aufl. 1994.

[5] Maletzki, W., A. Stegmayer-Petry: Klinikleitfaden Krankenpflege. Jungjohann-Verlag, Neckarsulm-Stuttgart, 1. Aufl. 1993.

[6] Das neue Lehrbuch der Krankenpflege. Kohlhammer-Verlag, Stuttgart-Berlin, 4. Aufl. 1992.

[7] Goebell, H.: Gastroenterologie. Urban & Schwarzenberg, München-Wien-Baltimore 1992.

20 Kolon, Rektum, Anus

20

A. Herold, T. Schiedeck, G. Bliemeister

I Allgemeiner Teil

20.1 Anatomie und Physiologie

Der Dickdarm (Kolon) hat eine Länge von 80 bis 120 cm und beginnt an der Mündung des Dünndarmes in das Zäkum (Ileozäkalklappe). Er verläuft **gegen** den Uhrzeigersinn durch den Bauchraum bis zum After und wird in folgende **Abschnitte** unterteilt:

- Blinddarm (Zäkum)
- aufsteigender Teil des Dickdarmes (Colon ascendens)
- Querteil des Dickdarmes (Colon transversum)
- absteigender Teil des Dickdarmes (Colon descendens)
- s-förmiger Teil des Dickdarmes, Sigma (Colon sigmoideum)
- Mastdarm (Rektum)

Das Colon transversum und sigmoideum liegen **intraperitoneal** (im Bauchraum), Colon ascendens, descendens und Rektum liegen zum Teil **extraperitoneal** (außerhalb des Bauchraumes).

Die **arterielle** Blutversorgung erfolgt vom Zäkum bis zur Flexura coli sinistra (linke Dickdarmbiegung) aus der A. mesenterica superior (obere Gekrösearterie) über die Hauptäste A. ileocolica (Dünndarm-Dickdarm-Arterie), A. colica dextra (rechte Dickdarmarterie) sowie A. colica media (mittlere Dickdarmarterie), unterhalb der linken Flexur über die A. mesenterica inferior (untere Gekrösearterie) mit den Hauptästen A. colica sinistra (linke Dickdarmarterie), Aa. sigmoidiae (Sigmaarterien) und A. rectalis superior (obere Mastdarmarterie). Der Analkanal sowie das tiefe Rektum wird von unten über die

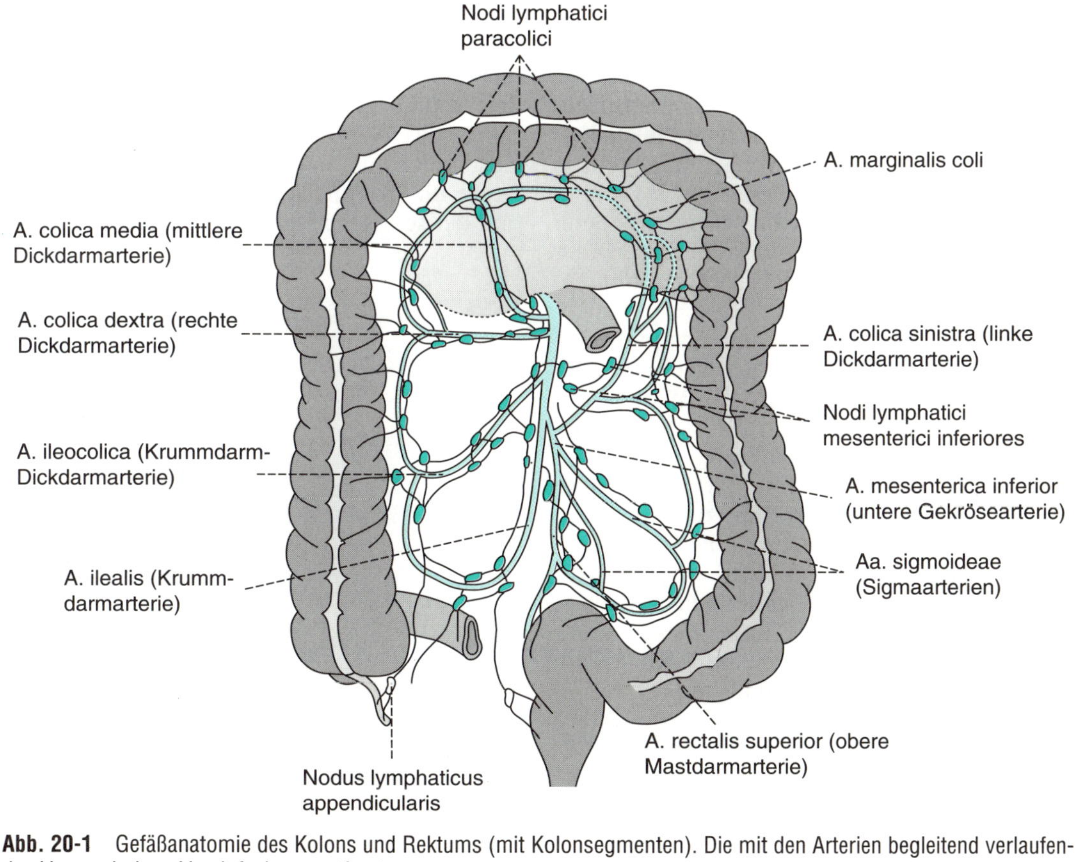

Abb. 20-1 Gefäßanatomie des Kolons und Rektums (mit Kolonsegmenten). Die mit den Arterien begleitend verlaufenden Venen sind zur Vereinfachung entfernt.

20

A. rectalis inferior (untere Mastdarmarterie) und A. rectalis media (mittlere Mastdarmarterie) als Äste der A. ilica interna (innere Beckenarterie) versorgt. **Begleitend** zu diesen arteriellen Gefäßen (Abb. 20-1) verlaufen die **venösen** Abflußgefäße sowie die **Lymphbahnen**. Dies ist von **entscheidender Bedeutung** für die Chirurgie bösartiger Tumoren, da die Ausbreitung von Kolonkarzinomen überwiegend in den abführenden Lymphwegen erfolgt, und diese daher bei der Operation mitentfernt werden.

Die Kolonwand besteht von innen nach außen aus unterschiedlichen **Schichten** (Abb. 20-2):

- Mukosa (Schleimhaut)
- Muscularis mucosae (dünne Schicht glatter Muskulatur)
- Submukosa (Verschiebeschicht unter der Schleimhaut)
- Muscularis propria (innere und äußere Muskelschicht)
- Serosa (peritonealer Überzug, Bauchfell)

Der Dickdarm wird ähnlich der Gefäßversorgung vom **autonomen Nervensystem** versorgt.

- Kranial der linken Flexur parasympathisch über den N. vagus (X. Hirnnerv) aus dem Hirnstamm.
- Distal der linken Flexur parasympathisch aus dem Plexus sacralis und dem Plexus hypogastricus inferior (Nervengeflechte).
- Die sympathischen Nervenfasern stammen aus den Segmenten Th 11 bis L 2 aus dem Rückenmark und verlaufen peripher mit den parasympathischen Fasern zusammen zum Kolon.

Das Zusammenspiel zwischen Sympathikus und Parasympathikus reguliert wichtige Abläufe wie z. B. die **Motilität** (Motorik) des Darmes, **Miktion** (Wasserlassen), die **Defäkation** (Stuhlgang), **Genitalreflexe** u.a.

Die Appendix vermiformis (Wurmfortsatz) findet sich am **kaudalen** (unteren) Pol des Zäkums, hat eine Länge von 8 bis 10 cm und wird von der A. appendicularis (Wurmfortsatzarterie) aus der A. ileocolica versorgt. Vielfältige **Lageanomalien** (s. Kap. 20.5.1) können bei der an sich einfachen Appendizitis zu **ernsthaften** Komplikationen führen.

Der Analkanal wird vom analen Sphinkterapparat (Abb. 20-3), bestehend aus dem M. sphincter ani internus (innerer Afterschließmuskel, Verlängerung der Darmringmuskulatur), dem dreigeteilten M. sphincter ani externus (äußerer Afterschließmuskel) und dem M. puborectalis als mittleren Anteil des M. levator ani (Afterheber) gebildet. Der **„Internus“** ist der **unwillkürlichen**, der **„Externus“** der **willkürlichen Innervation** (Versorgung durch das Nervensystem) unterworfen. Das Zusammenspiel der Schließmuskeln mit dem **Reservoir** (Sammelstelle) der Rektumampulle und der sehr sensiblen Analkanalschleimhaut

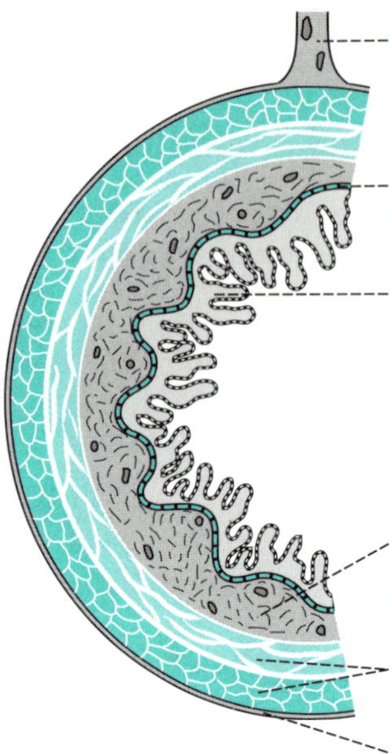

Abb. 20-2 Mikroskopischer Aufbau der Darmwand.

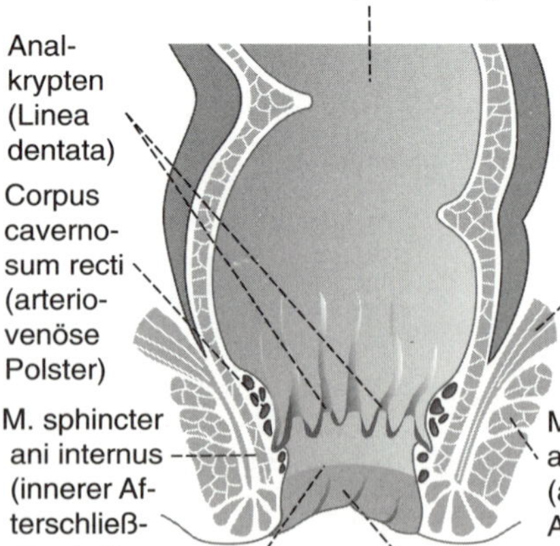

Abb. 20-3 Anatomie des Analkanals.

gewährleistet die anale **Kontinenz** (Fähigkeit zum reflektorischen und willkürlichen Zurückhalten von Darminhalt bzw. zu dessen Entleerung). Am Übergang von der Rektumschleimhaut (Zylinderepithel) auf die Analkanalschleimhaut (Plattenepithel, Anoderm) findet sich die Linea dentata (Trennlinie zwischen Anoderm und Rektumschleimhaut). Oberhalb von ihr liegen **arterio-venöse Polster** (Corpus cavernosum recti), die vor allem für die **Feinkontinenz** verantwortlich sind. Bei pathologischer Vergrößerung spricht man von **Hämorrhoiden**. Die Linea anocutanea (Grenzlinie zwischen Afterkanal und Haut) ist der Übergang vom Anoderm zur äußeren Haut.

Die Hauptfunktion des Dickdarmes ist die **Stuhleindickung** durch Wasser- und Elektrolytresorption. Die Ampulle des Rektums ist durch seine **Reservoirfunktion** mitverantwortlich für die anorektale Kontinenz. Da auch der Dünndarm zur Resorption befähigt ist, kann das **gesamte** Kolon entfernt werden z.B. bei Colitis ulcerosa (schwere Entzündung der Dickdarmschleimhaut).

20.2 Leitsymptome

Die verschiedenen Dickdarmerkrankungen können durch **unterschiedliche** Symptome gekennzeichnet sein:
- Änderung der Stuhlgewohnheiten, Obstipation (Verstopfung), Diarrhoe (Durchfall)
- Stuhl- und Windverhalt
- Blut-, Schleim- und Eiterabgang
- Schmerzen unterschiedlichster Ausprägung und Intensität
- Störungen der analen Kontinenzfunktion

20.3 Diagnostik

Neben der ausführlichen Anamnese steht die klinische Untersuchung am Anfang jeder Diagnostik bei Erkrankungen des Dickdarmes: Palpation und Auskultation des Abdomens, Inspektion und Palpation des Anus sowie digitale rektale Untersuchung (Austastung des Enddarms mit dem Finger) sind ohne zusätzliche Hilfsmittel möglich. Zur gezielten Beurteilung stehen weitere Untersuchungsmethoden zur Verfügung.
- Röntgen (Abdomen-Leeraufnahme in Rükken- und Linksseitenlage, Kontrastmitteleinlauf mit Barium oder Gastrografin)
- Selektive Angiographie der A. mesenterica superior und inferior
- Sonographie des Bauchraumes
- Endosonographie des Analkanals, Rektums und Kolons
- Endoskopie: Proktoskopie, Rektoskopie, Koloskopie (partiell und total) einschließlich der endoskopischen Biopsiegewinnung
- Computer-/Kernspintomographie
- Stuhluntersuchungen auf pathogene Keime sowie auf Blut (Haemoccult)
- Blutuntersuchungen: Tumormarker (z.B. CEA, CA 19-9)

Spezielle Untersuchungen:
- Anorektale Manometrie (Druckmessung) z.B. bei Inkontinenz
- Beckenbodenelektromyographie einschließlich der Messung der Leitgeschwindigkeit des N. pudendus (Schamnerv) z.B. bei neurologischer Beckenbodenfunktionsstörung
- Defäkographie (Röntgen während des Stuhlgangs) z.B. bei sog. „Outlet-Obstipation" (chronische Verstopfung durch „Auslaß"-Störung)
- Fäkoflowmetrie (Messung der Stuhlportion pro Zeiteinheit) z.B. bei Defäkationsproblemen
- Transitzeitbestimmungen (Passagezeit von Markern durch den Dickdarm) z.B. bei chronischer Obstipation
- Urologische Untersuchungen (Urogramm, Zystoskopie)
- Gynäkologische Untersuchung

II Spezieller Teil

22.4 Verletzungen des Dickdarmes

Verletzungen des Dickdarms liegen **zwei** unterschiedliche **Entstehungsmechanismen** zugrunde:

- **Indirekt:** Scherkräfte oder Quetschungen über festen Widerlagern (Wirbelsäule) führen meist zu Einrissen der Darmwand. Sie sind meist an den Übergangsbereichen von beweglichen in fixierte Darmabschnitte lokalisiert (z. B. am Zäkalpol oder am Sigma) und kommen in der Mehrzahl der Fälle bei **stumpfen** Bauchtraumata im Rahmen von Unfällen vor.

- **Direkt, perforierend:** Diese sind Folge von Schuß- oder Messerstichverletzungen, verschluckten Fremdkörpern wie z. B. Zahnstochern (Durchspießung von innen) oder iatrogene Maßnahmen (z. B. endoskopische Polypabtragung). **Letztere** sind die häufigste Ursache perforierender Dickdarmverletzungen.

Gerade beim vorgeschädigten, entzündlich veränderten (Kolitis, Morbus Crohn, Divertikulitis) oder überdehnten Darm (Ileus) ist die Darmwandperforation eine gefürchtete Komplikation. Daneben sind immer wieder auch **Verletzungen im Rahmen pflegerischer Maßnahmen** (Fiebermessen, Einlauf, Darmrohr) beschrieben, die entweder auf mangelnde anatomische Kenntnisse (Bohren in die falsche Richtung) zurückzuführen sind oder besondere postoperative Bedingungen (sehr tiefe, frisch angelegte Darmanastomosen) nicht berücksichtigen.

Symptome: Die Symptomatik ist abhängig vom Ausmaß und von der Dauer der Schädigung. Das klinische Bild reicht vom **leichten** Druckschmerz bis hin zum Bild des **akuten Abdomens** (s. Kap. 24) mit septischen Komplikationen als Folge einer Bauchfellentzündung (Peritonitis).

Diagnostik: Sie entspricht der des unklaren bzw. akuten Abdomens und umfaßt neben laborchemischen Untersuchungen (Blutbild, Elektrolyte im Serum, Blutkörperchensenkungsgeschwindigkeit) bildgebende Verfahren wie Sonographie und Röntgen-Abdomenübersicht in Rücken- und Linksseitenlage oder im Stehen.

Therapie: Eine konservative Behandlung (parenterale Ernährung, Antibiose) ist sehr selten. Die operativen Maßnahmen sind abhängig von der **zugrundeliegenden Schädigung**, deren **Ausmaß** und evtl. **Folgeerkrankungen** wie z. B. der Bauchfellentzündung. In der Mehrzahl der Fälle ist eine **Resektion** (Entfernung) des betroffenen Dickdarmabschnittes erforderlich. Dabei dürfen **tumorchirurgische Prinzipien** (ausreichender Sicherheitsabstand, Mitentfernung des Lymphabflußgebietes) z. B. bei einer Kolonperforation als Folge eines endoskopisch abgetragenen bösartigen Polypen **nicht außer acht** gelassen werden. Eine ausgedehnte Bauchfellentzündung kann neben der Beseitigung der verletzten Darmanteile und der vorübergehenden oder endgültigen Anlage eines künstlichen Darmausganges eine mehrtägige **Spülbehandlung** notwendig werden lassen.

20.5 Entzündliche Erkrankungen des Dickdarmes

20.5.1 Appendizitis (Wurmfortsatzentzündung)

Anatomische Grundlagen und Pathogenese: Die Appendix vermiformis (Wurmfortsatz) befindet sich im **Bereich** des **Zäkalpoles** am **Übergang** des Dünndarmes zum Dickdarm. Gewöhnlich liegt der Wurmfortsatz im rechten Unterbauch frei in der Bauchhöhle, jedoch sind davon abweichend viele Lagevarianten (Abb. 20-4 A bis G) möglich, die **diagnostisch** erhebliche **Schwierigkeiten** bereiten können.

Die frühere Meinung, es handle sich bei der Appendix vermiformis um ein **unbedeutendes** Anhängsel, ist heute **weitgehend widerlegt**, da er als lymphatisches Organ wichtige **immunologische** Aufgaben erfüllt (Infektabwehr, Prägung weißer Blutkörperchen). Dementsprechend wird heute die Indikation zur operativen Entfernung dieses Organes weitaus zurückhaltender gestellt.

Die Ursache der Wurmfortsatzentzündung ist in allen Einzelheiten **noch unklar**. Eine wichtige Rolle spielen die Gefäßversorgung des Darmes sowie eine Schwellneigung der hier reichlich vorhandenen Lymphdrüsen. Man nimmt an, daß es infolge einer immunologischen Abwehrreaktion, z. B. aufgrund eines **intestinalen** (im Verdauungstrakt lokalisierten) **Infektes**, zu einer **Schwellung** der Lymphdrüsen, ähnlich wie bei einer Mandelentzündung, kommt. Das kleine Organ kann sich nicht ausdehnen und infolge der begrenzten Gefäßversorgung kann die Durchblutung nicht gesteigert werden. Es kommt zur **Überdehnung** und **Minderdurchblutung.** Daraus resultiert eine Schädigung der Darmwand. Die im Dickdarm immer vorhandenen Bakterien können nun die Darmwand durchwandern und komplizieren die Situation durch Infektion und Abszeßbildung.

Symptome/Diagnostik/Therapie/Komplikationen: (s. Kap. 36.13.6).

Besonderheiten: In seltenen Fällen finden sich Tumoren (Adenome oder Karzinome) im Be-

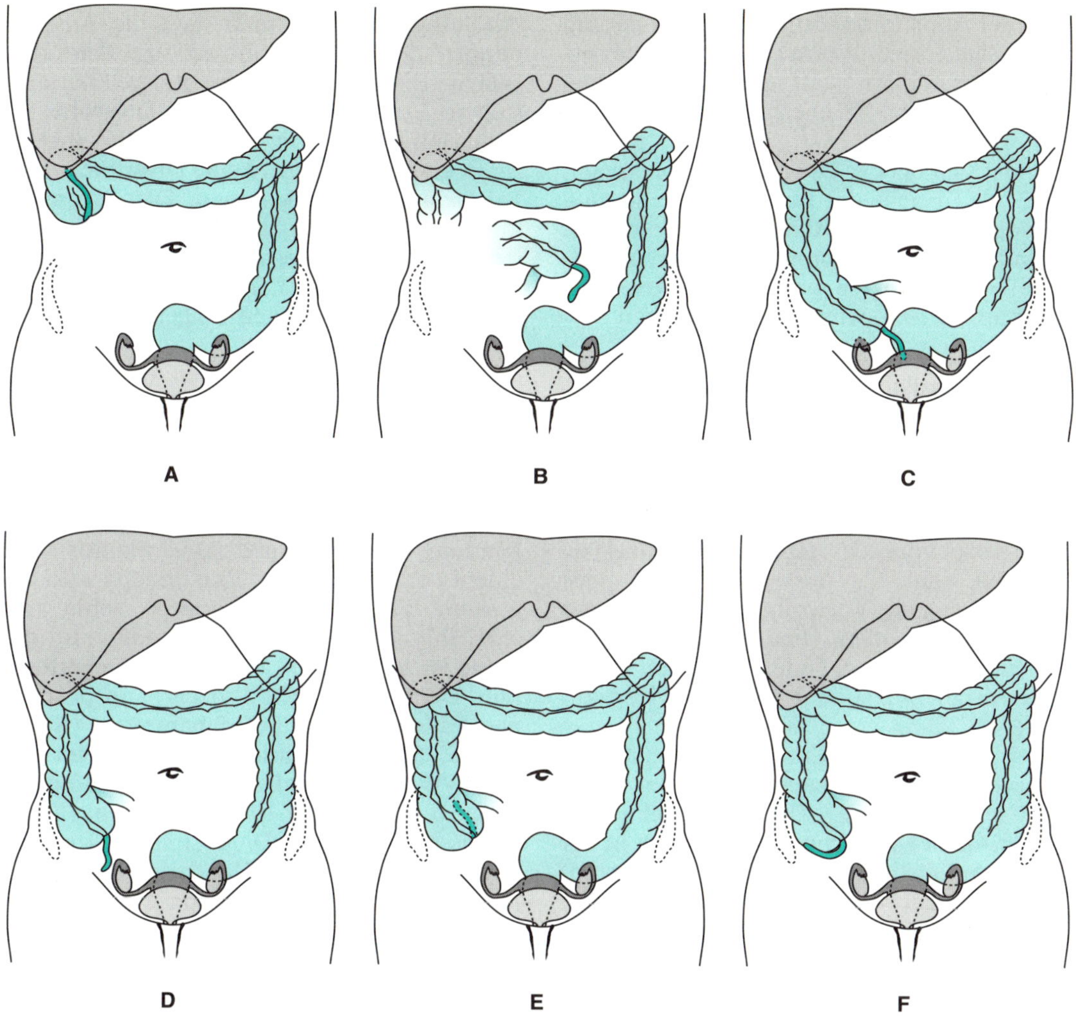

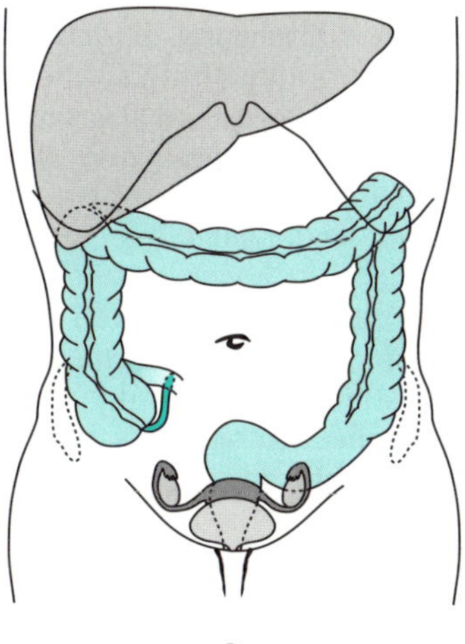

Abb. 20-4 Lagevarianten des Wurmfortsatzes.
A: Subhepatisch.
B: In der freien Bauchhöhle bei mobilem Zäkum.
C: Im kleinen Becken zwischen Rektum und Blase bzw. Uterus und Rektum.
D: In der Verlängerung der Taenia libera (das von der Bauchhöhle aus sichtbare Längsmuskelfaserbündel des Dickdarmes).
E: Hinter dem Zäkum (retrozäkal).
F: Seitlich des Zäkums (laterozäkal).
G: Mediozäkal und dorsal des terminalen Ileums.

reich der Appendix vermiformis bzw. sie sind die Ursache der Wurmfortsatzentzündung. Diese müssen dann nach tumorchirurgischen Gesichtspunkten (Sicherheitsabstand) entfernt werden.

Findet sich bei der Operation keine Appendizitis als Ursache der Beschwerden, so muß ein sog. **Meckel-Divertikel** (Aussackung des Dünndarmes mit versprengtem Embryonalgewebe) **ausgeschlossen** werden. Das Divertikel (s.a. Kap. 36.13.4) wird dann abgetragen.

20.5.2 Divertikulose und Divertikulitis

Ätiologie/Pathogenese: In den westlichen Industrienationen finden sich fast bei jedem Zweiten über Sechzigjährigen Divertikel, d.h. **Aussackungen** im Bereich des Dickdarmes. Es ist besser vom sog. **„falschen Divertikel"** zu sprechen, denn die Aussackung wird meist nicht durch eine Vorwölbung der gesamten Darmwand, sondern hauptsächlich durch Schleimhaut gebildet. Treten Divertikel in **größerer** Anzahl auf, spricht man von Divertikulose (Abb. 20-5).

Es ist eine typische Erkrankung des **älteren** Menschen, deren Ursache in einer ausgeprägten **einseitigen** Ernährung mit **fehlenden Ballaststoffen** zu suchen ist. Dies führt in der Regel zu Obstipationsproblemen (Verstopfung). Der Darm versucht den eingedickten Stuhl durch eine erhöhte Peristaltik weiterzubefördern. Die daraus resultierende Druckerhöhung im Darminnern läßt die Ausstülpungen der Schleimhaut an sog. **Schwachstellen** (Eintrittsöffnung der Blutgefäße) entstehen. Am **häufigsten** sind die Divertikel im Sigma und im Colon descendens lokalisiert. Im Rektum finden sich **keine** Divertikel.

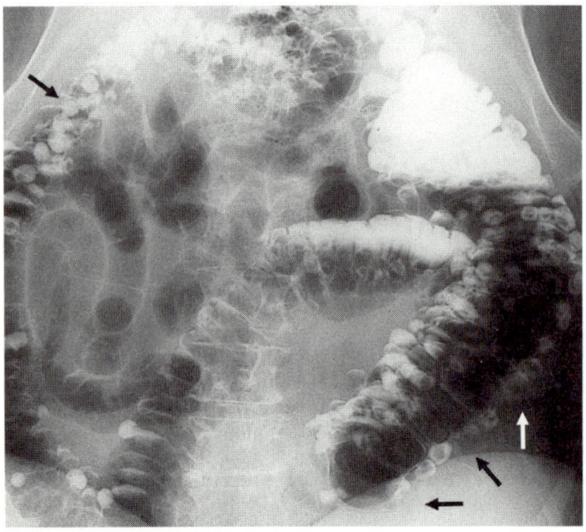

Abb. 20-5 Multiple Kolondivertikel (Pfeile) im Gesamtkolon (Röntgenkontrasteinlauf).

Folgen und Komplikationen: Die Divertikulose selbst verursacht keine Beschwerden, jedoch sind **stuhlregulierende** Maßnahmen notwendig, um ein Fortschreiten zu verhindern und die möglichen Folgen der Erkrankung zu vermeiden.

Kommt es zu einer weiteren Eindickung des Stuhls in den Divertikeln wird dieser mitunter **steinhart.** Die mechanische Irritation (Reizung) der Divertikelwand kann nun einerseits zu einer **Divertikelblutung** führen, andererseits entwickelt sich häufig eine Entzündung der Darmwand **(Divertikulitis).** Bei einem Fortschreiten der Entzündung wird die gesamte Divertikelwand, die ohnehin nur sehr dünn ist, völlig durchlässig und die Folge ist letztendlich eine **Divertikelperforation.** Der entzündliche Prozeß kann in seltenen Fällen sogar auf **Nachbarorgane** (Blase, inneres Genitale, Dünndarm) übergreifen und deren Wand ebenfalls zerstören. Auf diese Weise entstehen **Fistelverbindungen** (Kurzschlüsse) zwischen Dick- und Dünndarm oder auch zwischen Dickdarm und Blase. Durch immer wiederkehrende Divertikulitisschübe wird die Darmwand schließlich verändert, vernarbt mit der Zeit und führt dann zu Einengungen (Kolonstenosen).

Symptome: Die Patienten klagen über Schmerzen im linken Unterbauch. Nicht selten wird über peranalen Blutabgang berichtet. Hat bereits eine Perforation stattgefunden, dehnen sich die Schmerzen auf den gesamten Bauchraum aus und sind von einer Abwehrspannung begleitet (akutes Abdomen, s.a. Kap. 24). Fieber findet sich fast regelhaft.

Diagnostik: Sie entspricht der des akuten Abdomens und stützt sich auf die klinische Untersuchung, Laborbestimmungen, Röntgendiagnostik und Endoskopie. Sonographisch läßt sich evtl. **freie abdominelle** Flüssigkeit nachweisen, dies würde auf eine Perforation oder einen Abszeß hindeuten. Oftmals ist der Bauch jedoch durch **Luft überbläht,** so daß die Ultraschallbedingungen sehr schlecht sind. Falls kein Verdacht einer Perforation vorliegt, sollte, insbesondere bei peranalem Blutabgang, endoskopisch ein **Tumorausschluß**

durch eine Koloskopie vorgenommen werden. Dies erfordert eine **entsprechende Vorbereitung** (Abführen, Spülen; s.a. Kap. 6.4.7). Ist eine endoskopische Diagnostik nicht durchführbar, wird auf die radiologische Möglichkeit eines Kontrasteinlaufes (s.a. Kap. 6.4.2) zurückgegriffen. Es muß jedoch bei akut entzündlichen Prozessen im Darm in höherem Maß mit der Komplikation einer Perforation gerechnet werden. Aus diesem Grund darf im Falle eines Kontrasteinlaufes **nur wasserlösliches** Kontrastmittel verwendet werden (s. Kap. 24.3.4).

Therapie: Die Divertikulose wird **konservativ** mit stuhlregulierenden Maßnahmen (ballaststoffreiche Ernährung, ausreichende tägliche Flüssigkeitszufuhr, körperliche Aktivität, milde Abführmittel) behandelt.

Auch die Divertikulitis wird zunächst konservativ behandelt. Dies bedeutet parenterale Ernährung (Infusionstherapie) und Nahrungskarenz. Zusätzlich wird, insbesondere bei Fieber, eine antibiotische Abdeckung notwendig. Sind die akuten Symptome abgeklungen, beginnt ein schrittweiser Kostaufbau. Je nach **Ausprägung** des Befundes ist dem Patienten eine **Resektion** der divertikeltragenden Darmabschnitte im **symptomfreien Intervall** zu empfehlen.

Eine Indikation zu **sofortiger** Operation (Darmresektion) ergibt sich immer dann, wenn eine Perforation zur Entzündung des Bauchfells **(Peritonitis)** geführt hat (s.a. Kap. 24.5.1) oder eine **anhaltende Blutung,** die durch konservative Maßnahmen nicht zu beherrschen ist, vorliegt. Das Ausmaß des Eingriffes hängt vom jeweiligen Befund ab, in besonders ausgeprägten Fällen muß evtl. ein künstlicher Darmausgang (Stoma) angelegt werden. Bei ausgedehnter Peritonitis muß auf einen Verschluß des Abdomens verzichtet werden und eine regelmäßige Spülungsbehandlung des Bauchraumes (Lavage) erfolgen.

20.5.3 Morbus Crohn (Ileitis terminalis)

Ätiologie/Pathogenese: Als Morbus Crohn wird eine Entzündung der Darmwand bezeichnet, deren Ursache bislang **nicht** genau bekannt ist. Zwei **Altersgipfel**, einer zwischen dem **20. und 30.** und ein weiterer nach dem **60. Lebensjahr** sind für die Erkrankung charakteristisch. Die entzündlichen Veränderungen durchsetzen die gesamte Darmwand und erklären so die für die Krankheit kennzeichnenden **Fistelbildungen** zwischen einzelnen Darmschlingen oder Nachbarorganen (Blase und Dünn- oder Dickdarm, Vagina/Uterus und Dünn- oder Dickdarm oder auch Darm und Haut). Grundsätzlich kann der Morbus Crohn den **gesamten Verdauungstrakt** vom Mund bis zum Anus befallen. Der Dickdarm kann abschnittsweise oder total betroffen sein. In zwei Drittel aller Fälle sind Dünn- und Dickdarm gleichzeitig betroffen. Häufig manifestiert sich die Erkrankung primär im Bereich des Anorektums als perianales Fistelleiden. Diese oft sehr **ausgedehnten Fisteln** (sog. „Fuchsbausystem“) heilen auch nach chirurgischer Therapie **nur sehr zögerlich** ab und **rezidivieren** (treten wieder auf) häufig. Mit der Zeit können sie so zu einer **kompletten** Zerstörung des Kontinenzorganes führen.

Folgen und Komplikationen: Die Folge der oft chronischen Fistelungen sowie der rezidivierenden entzündlichen Schübe ist die Ausbildung von sog. **Konglomerattumoren** (entzündlich verbackene Darmschlingen, die oftmals durch Fisteln miteinander verknüpft sind). Als weitere typische Komplikation kann hier wie auch bei der Divertikulitis, die Stenosierung bestimmter Darmabschnitte auftreten. Außerdem kommt es zu einer Abszeßbildung, entweder intraabdominal (in der Bauchhöhle) oder perianal (in der Umgebung des Afters) durch blind endende Fisteln.

In ca. 2% aller Fälle entwickelt sich auf dem Boden dieser chronischen Entzündungen ein maligner Tumor.

Symptome: Die Patienten klagen häufig über Durchfälle, die von Appetitlosigkeit, Gewichtsverlust, krampfartigen Bauchbeschwerden und leichtem Fieber begleitet werden. Die oben beschriebenen anorektalen Fisteln zählen zu den **sicheren** Hinweisen auf die Erkrankung. In der Regel verläuft die Erkrankung in **Schüben**. Bei jungen Patienten bereitet besonders der akute Schub Schwierigkeiten in der **Abgrenzung** von der Appendizitis. Ist die Erkrankung weit fortgeschritten, so steht ein durch entzündliche Stenosen bedingter Darmverschluß (Ileus) oder das durch eine Perforation hervorgerufene akute Abdomen im Vordergrund der Symptomatik.

Diagnostik: Neben der Anamnese basiert die Sicherung der Diagnose auf histologischen Untersuchungen an **Gewebeproben,** die im Rahmen einer Endoskopie entnommen werden. Neben laborchemischen und immunologischen Bestimmungen stellt der Kolonkontrasteinlauf eine Untersuchungstechnik dar, um Fisteln und Stenosen nachzuweisen. Hinzu kommen Spezialuntersuchungen wie Computer- (CT) und Magnetresonanztomographie (NMR).

Therapie: Der Morbus Crohn ist **chirurgisch nicht heilbar** und wird daher konservativ (medikamentös) durch die Gabe von Kortison (Nebenwirkungen: Vollmondgesicht, Osteoporose), Salazosulfapyridin, und Immunsuppressiva behandelt. Bei einigen der Erkrankten ist eine vorübergehende ballaststoffarme Ernährung (z.B. **Astronautenkost**) hilfreich. Daneben ist eine **psychsomatische** Behandlung der Patienten sehr wichtig.

Operiert wird nur, wenn die konservative Therapie ausgereizt ist und/oder Komplikationen (Ileus, Perforation, Fistelungen) auftreten. Das Ausmaß des Eingriffes sollte immer **möglichst klein** gehalten werden, da mit einem Rezidiv der Erkrankung und erneuten Eingriffen gerechnet werden muß. Gerade bei ausgedehnten Veränderungen im Anorektalbereich ist die Anlage eines künstlichen Darmausganges selten zu umgehen.

20.5.4 Colitis ulcerosa

Ätiologie/Pathogenese: Die Ursache der Colitis ulcerosa ist **weitgehend unklar,** neben **autoimmunologischen** Vorgängen (Bildung von Antikörpern gegen den eigenen Organismus) scheint eine **psychosomatische** Komponente bedeutsam zu sein. Häufig geht die Colitis ulcerosa auch mit **anderen immunologischen** Erkrankungen (z.B. Morbus Bechterew, Morbus Reiter, Uveitis, Erythema nodosum) einher.

Die Erkrankung ist gekennzeichnet durch eine schwere, ulzerierende Entzündung der Dickdarmschleimhaut, die meist im Rektum oder Sigmabereich beginnt, sich jedoch auch über das gesamte Kolon erstrecken kann. Zwischen den entzündlich veränderten Darmabschnitten finden sich **Inseln** mit **gesunder** Schleimhaut, die dann als sog. Pseudopolypen imponieren (hervortreten). Wenn die entzündlichen Veränderungen abheilen, entsteht eine narbige Atrophie (Gewebeveränderung). Nach **langjährigem** Krankheitsverlauf bleibt oft nur ein **funktionsloser Narbenschlauch** anstelle eines funktionierenden Dickdarmes zurück.

Symptome: Typischerweise klagen die Patienten über blutig-schleimigen Durchfall, der häufig mit krampfartigen Bauchschmerzen und Fieber verbunden ist. Die Erkrankung verläuft in **wechselhaften Schüben.** Phasen des Wohlbefindens lösen ausgeprägte hochfieberhafte Entzündungsschübe ab. Aufgrund der ausgedehnten Entzündungen und der damit verbundenen Reparationsvorgänge findet sich ein hoher Eiweißumsatz, der vom Organismus meist nicht mehr gedeckt werden kann. Ein wichtiges Kennzeichen der Erkrankung stellen daher **Anämie** (chronischer Blutung aus großen Entzündungsgebieten) und **Eiweißmangel** (Hypoproteinämie) dar.

Diagnostik: Die Diagnose der Colitis ulcerosa wird nach anfänglich klinischem Verdacht mit Hilfe der Endoskopie und histologischer Proben gestellt. Gerade im Spätstadium liefert auch die Röntgendiagnostik eindeutige Bilder. Erkennbar wird das sog. **Fahrradschlauchphänomen** (vernarbter Darm ohne die markante Fältelung).

Probleme bereitet oftmals die Abgrenzung zum Morbus Crohn. Dies gelingt selbst in komplett resezierten Darmabschnitten trotz diffiziler histologischer Untersuchungstechnik nicht immer mit hinreichender Sicherheit.

Folgen und Komplikationen: Immerwährende Entzündungsschübe können einerseits die Darmwand nahezu vollständig zerstören und so durchlässig für die Durchwanderung von Bakterien machen. Die Folge ist dann eine Entzündung des Bauchraumes, zunächst nur lokal, evtl. mit Abszeßbildung, später dann diffus (Peritonitis). Andererseits führen die entzündlichen Veränderungen direkt zu einer **Zerstörung der Nerven** in der Darmwand. Dadurch verliert der Darm seine Beweglichkeit, er wird **amotil** (unbeweglich) und dehnt sich aus. Die entstehende extreme **Dilatation** (Erweiterung) des Darmes ist mit der großen Gefahr der Perforation verbunden. Außerdem erhöht sich am überblähten Darm ebenfalls die Durchlässigkeit für Bakterien und deren Giftstoffe, die so in die freie Bauchhöhle und in den Blutkreislauf gelangen können. In seiner Gesamtheit wird dieses Krankheitsbild dann als **toxisches Megakolon** bezeichnet. Die Colitis ulcerosa ist zudem mit einem **relativ hohen Krebsrisiko** behaftet.

Je länger die Erkrankung besteht, desto höher ist die Wahrscheinlichkeit, daß sich ein Kolonkarzinom entwickelt!

Nach 25 Jahren ist dies bei ca. 40% der Patienten der Fall. Dies ist auch der Grund, weshalb nach langjähriger Colitis ulcerosa bei funktionslosem Darm die Indikation zur vollständigen Entfernung des Dickdarmes gestellt wird, obwohl keine entzündlichen Veränderungen mehr vorliegen.

Therapie: Wie beim Morbus Crohn ist die Therapie auch hier zunächst konservativ, d.h. medikamentös und diätetisch. Eine psychosomatische Begleittherapie ist ebenfalls sehr wichtig.

Operative Maßnahmen werden meistens durch Komplikationen notwendig. Da meist der gesamte Darm betroffen ist, ist die **komplette Entfernung** des vollständigen Dickdarmes (**Proktokolektomie**) mit der Anlage eines künstlichen Darmausganges eine nicht seltene Folge. Allerdings sind die Patienten, **anders als** beim Morbus Crohn, durch diesen Eingriff **geheilt**. Hat sich der Patient von diesem Eingriff erholt und bestehen keine Anzeichen für entzündliche Veränderungen im Dünndarm, ist also ein Morbus Crohn ausgeschlossen, so besteht die prinzipielle Möglichkeit, diese Patienten später mit einem sog. **Pouch** (Dünndarmreservoir) zu versorgen und so die Kontinenz **wiederherzustellen**.

20.6 Mißbildungen

20.6.1 Invagination

(s. Kap. 36.13.5)

20.6.2 Morbus Hirschsprung (Megacolon congenitum)

(s. Kap. 36.13.7)

20.7 Tumoren des Dickdarmes

20.7.1 Gutartige (benigne) Tumoren

Ätiologie/Pathogenese: Eine in das Darmlumen hineinragende, sich über das Niveau der Schleimhaut erhebende Gewebevermehrung wird im allgemeinen als **Polyp** bezeichnet. Hier lassen sich **drei** Gruppen einteilen.

- **Neubildungen (neoplastische Polypen):** Adenom, familiäre Polyposis coli (Ausbildung zahlreicher Polypen), Leiomyom, Lipom, Neurofibrom, Hämangiom und Karzinoid.
- **Mißbildungen:** hamartomatöse Polypen, juveniles (im Jugendalter auftretendes) Adenom, Peutz-Jeghers-Syndrom (einfach-dominant erbliche Erkrankung).
- **Entzündliche Polypen:** Pseudopolypen bei entzündlicher Darmerkrankung.

Am **häufigsten** findet man Adenome, die sich besonders durch ihre **bösartige** Entartung (Weiterentwicklung) auszeichnen (Adenom-Karzinom-Sequenz).

Je größer das Adenom, desto größer das Karzinomrisiko, d.h. aus einem Adenom größer als 2 cm entsteht mit 50%iger Wahrscheinlichkeit ein Karzinom (bösartiger Schleimhauttumor)!

Nach ihrem Aussehen lassen sich die Adenome in **tubuläre** (schlauchförmige) und **villöse** (zottenförmige) sowie in **tubulo-villöse** Adenome einteilen. Des weiteren unterscheidet man **breitbasig aufsitzende** sowie **gestielte** Adenome.

Je nach ihrer Anzahl kommen sie einzeln (solitär) bzw. zu mehreren (multiple) im gesamten Kolon vor. Finden sich **mehr als 100 Adenome** spricht man von **familiärer Adenomatosis coli,** welche **autosomal** (nicht geschlechtsgebunden) **dominant** vererbt wird. Aufgrund der großen Anzahl an Adenomen kann von einer sicheren Karzinomentwicklung ausgegangen werden, so daß als Therapie nur eine komplette Entfernung von Kolon und Rektum (Proktokolektomie) in Frage kommt.

Symptome: Alle Polypen sind **primär** völlig **asymptomatisch** und werden daher häufig nur **zufällig** entdeckt. Ab einer bestimmten Größe kommt es zu Schleimhauterosionen, so daß rektale Blut- und Schleimabgänge auffallen.

Diagnostik: Zum sicheren Nachweis bzw. Ausschluß von kolorektalen Polypen ist der gesamte Dickdarm endoskopisch zu inspizieren. Hierbei sollte **jeder** Polyp **abgetragen** werden. Nicht endoskopisch abtragbare, breitbasige Polypen sind **operativ** zu entfernen (**Malignomprophylaxe**).

Als Alternative zur Endoskopie bietet sich die röntgenologische Untersuchung mittels Kolonkontrasteinlauf an. Hierbei können Polypen zwar erkannt, aber nicht gleichzeitig abgetragen werden, weshalb der Endoskopie der Vorzug zu geben ist.

Therapie: Sämtliche Polypen sind zu entfernen. Bei gutartigen Adenomen sind anschließend **jährliche** Kontrolluntersuchungen empfehlenswert. Bei bereits bösartiger Veränderung ist eine „Karzinom-Operation" (s. Kap. 20.7.2) erforderlich.

Nur durch die konsequente Abtragung sämtlicher Adenome läßt sich eine Malignomprophylaxe durchführen!

20.7.2 Bösartige (maligne) Tumoren

Ätiologie/Pathogenese: Der Dickdarmkrebs (kolorektales Karzinom) ist einer der häufigsten bösartigen Tumoren, der in den letzten Jahren eine deutliche **Zunahme** zeigt. Umweltfaktoren, Ernährung sowie erbliche Veranlagung sind hierfür verantwortlich. Meistens sind Patienten **jenseits des 60. Lebensjahres** betroffen. Bis auf wenige Ausnahmen entwikkelt sich das Dickdarmkarzinom aus einem adenomatösen Polypen (Adenom, s.a. Kap. 20.7.1).
Der überwiegende Teil dieser Tumoren (70%) ist im Rektum und Sigma angesiedelt, während im Colon ascendens, transversum und descendens ca. je 10% zu finden sind. Bei 3 bis 4% aller Patienten sind gleichzeitig **zwei** Karzinome **(synchrones Auftreten)** anzutreffen. Entsprechend der Eigenart sämtlicher bösartiger Tumoren **metastasieren** Kolonkarzinome bevorzugt entlang der abführenden Lymphwege bzw. über die abführenden venösen Blutgefäße sowie auch direkt in das umgebende Gewebe einwachsend.

Entsprechend ihrer Ausdehnung werden kolorektale Karzinome nach der **TNM-Klassifikation** (Tab. 20-1) eingeteilt: T (lokaler Tumor), N (Lymphknotenbefall) und M (Fernmetastasierung).

Symptome: Das Dickdarmkarzinom wächst lange Zeit **asymptomatisch** bevor erste Symptome auftreten. Änderung der Stuhlgewohnheiten, Wechsel zwischen Verstopfung und Durchfall, Blutbeimengungen im Stuhl, unspezifische Bauchschmerzen, Leistungsknick, Gewichtsabnahme und Müdigkeit führen den Patienten zum Arzt. Gelegentlich können jedoch auch bereits Komplikationen des Tumors wie z.B. ein Darmverschluß (Ileus) oder eine Darmperforation mit Bauchfellentzündung die ersten Tumorhinweise sein. Jeder Verdacht auf ein Kolonkarzinom wird

Tab. 20-1 TNM-Klassifikation bei Kolon-, Rektumkarzinomen

Klassifikation	Beschreibung
T_1	Tumor infiltriert Submukosa
T_2	Tumor infiltriert Muscularis propria
T_3	Tumor infiltriert durch die Muscularis propria hindurch
T_4	Tumor infiltriert durch das Peritoneum oder direkt in Nachbarorgane
N_1	Metastasen in ein bis drei Lymphknoten
N_2	Metastasen in drei oder mehr Lymphknoten
N_3	Metastasen an benannten Gefäßen
M_1	Fernmetastase z.B. Lunge oder Leber

bis zum Beweis des Gegenteils aufrechterhalten.

Diagnostik: Im Rahmen der Voruntersuchung hat die **regelmäßige Stuhluntersuchung** auf **okkultes Blut** ihren **festen Stellenwert** (Haemoccult-Test). Zur weiteren Abklärung stehen folgende Untersuchungen zur Verfügung: genaue Anamnese (Befragung), Untersuchung des Abdomens, rektale, digitale Palpation, Rekto-, Koloskopie oder Kolonkontrasteinlauf und Biopsie zur histologischen Sicherung.

Zum **Ausschluß** bereits vorhandener Metastasen sind Sonographie, Röntgenuntersuchung des Brustraumes, in speziellen Fällen Computer- und Kernspintomographie erforderlich. Allgemeine Blutuntersuchungen sowie die Bestimmung von Tumor-Markern z.B. CEA (Carcinoembryonales Antigen) können hilfreich sein.

In neuerer Zeit kann mit Hilfe der Rektum- und Kolonendosonographie (endoluminale Sonographie) bereits präoperativ in mehr als 90% aller Fälle das Tumorstadium mit großer Sicherheit bestimmt werden.

Therapie: Nur durch eine **radikale** chirurgische Entfernung des bösartigen Tumors ist eine **definitive** Heilung möglich d.h., der vom Tumor befallende Darmabschnitt wird mit entsprechendem resektionsfreien Rand einschließlich der Lymphabflußwege entfernt. Bedingt durch die arterielle Blutversorgung des Kolons resultieren hieraus typische Resektionsverfahren entsprechend dem Sitz des Tumors (Abb. 20-6). **Beispiel:** Bei einem Karzinom im Colon ascendens erfolgt eine **He-**

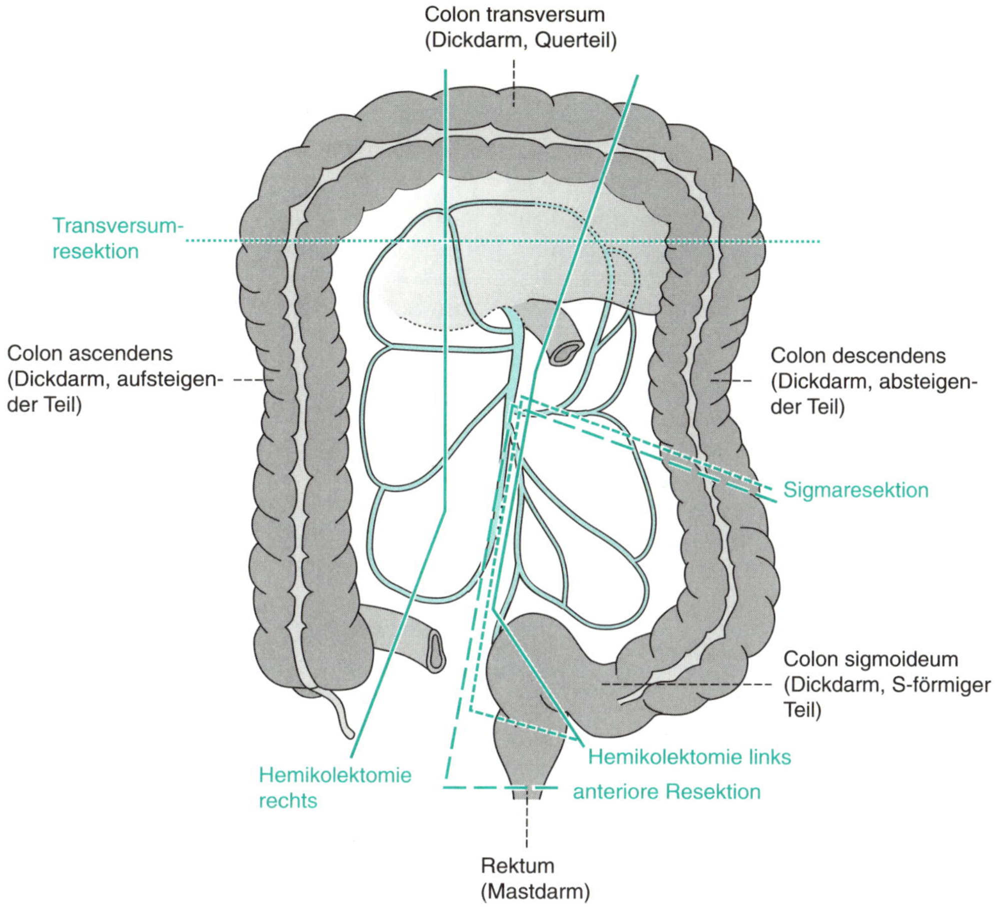

Abb. 20-6 Operationsverfahren beim Kolonkarzinom.

mikolektomie rechts, das bedeutet, Zäkum, Colon ascendens, Flexura coli dextra (rechte Dickdarmbiegung) sowie ein Drittel des Colon transversum werden entfernt. Gleichzeitig erfolgt die Mitentfernung der Lymphabflußwege, so daß die A. ileocolica, A. colica dextra und der rechte Ast der A. colica media mitherausgenommen werden. Die **Darmwegsamkeit** (Passage) wird dann durch eine End-zu-End-Anastomose des terminalen Ileum (Ende des Krummdarmes) mit dem Colon transversum (Querteil des Dickdarmes) wiederhergestellt. Sind umgebende Organe bereits vom Tumor infiltriert, so werden diese zusammen mit dem Primärtumor (Enbloc-Resektion) entfernt. Weitere Operationsverfahren sind:

- **Hemikolektomie links**
- **Sigmaresektion**
- **Transversumresektion**
- **anteriore Resektion**

Die Eröffnung des Tumors intraoperativ ist strengstens zu vermeiden, da alleine die Tumoreröffnung eine statistische Rezidivrate von 50% beherbergt!

Ergänzend zu den Operationsverfahren in Abb. 20-6 ist für schließmuskelnahe große Karzinome eine abdomino-perineale **Rektumexstirpation** erforderlich, d.h. das gesamte Rektum ist einschließlich des Analkanals und der umgebenden Schließmuskeln kombiniert von der Bauchhöhle und vom Damm her zu entfernen. Der Patient muß deshalb mit einer **endständigen** Kolostomie im linken Unterbauch versorgt werden.

Bei kleinen Tumoren im Rektum (T_1, gelegentlich T_2) kann eine lokale transanale (durch den After) Tumorexzision ohne Lymphknotenentfernung erfolgen, da in diesem Tumorstadium Lymphknoten nur in unter 5% der Fälle bereits befallen sind.

Muß ein Kolonkarzinom **notfallmäßig** operiert werden (z.B. bei einer Perforation oder einem Ileus), sollte ebenfalls die oben erwähnte Operationstechnik Anwendung finden, um die komplette Ausräumung des Tumors zu gewährleisten. Ist eine **einzeitige** Operation **nicht** vertretbar, muß man aufgrund der Komplikation auf ein **zwei-** oder **dreizeitiges Verfahren** zurückgreifen. Zweizeitig bedeutet z.B. Resektion des Tumors und somit der Perforationsstelle und direkte End-zu-End-Naht der Darmenden sowie Anlegen eines Schutzstomas, um **Komplikationen** im Bereich der Anastomose seitens der entzündlichen Veränderungen **vorzubeugen.** In einer zweiten Operation wird dann das Stoma wieder beseitigt. Dreizeitige Operation bedeutet: in einer ersten Operation, z.B. beim Darmverschluß erfolgt nur die Anlage eines doppelläufigen Stomas, um primär die Darmpassage wieder herzustellen. In zweiter Sitzung wird dann die Verschlußursache, nämlich der Tumor, beseitigt. In dritter Sitzung wird dann das Stoma wieder zurückverlegt.

In den letzten beiden Jahren wurde zunehmend auch die **laparoskopische**, **minimal-invasive** Operationstechnik am Kolon eingesetzt. So läßt sich die Appendix mit dieser Technik gut entfernen. Auch Kolonresektionen sind damit durchführbar. Der Vorteil liegt vor allem in der wesentlich **rascheren Rekonvaleszenz** (Genesung) mit deutlich **geringeren** Schmerzen für den Patienten. Gutartige Kolonveränderungen, z.B. ein Rektumprolaps oder große Adenome, stellen eine gute Indikation dar. Karzinome werden **nur** in Ausnahmefällen (z.B. laparoskopische abdomino-perineale Rektumexstirpation) derzeit so behandelt. Hier müssen große Studien den Wert dieser Operationstechnik in Zukunft noch belegen.

Prognose: Je nach Ausdehnung des Tumors, d.h. die Größe entsprechend dem TNM-Stadium sinkt die **Fünf-Jahres-Überlebensrate** von **90%** bei T_1 bis T_2, N_0 und M_0 auf unter **5%** bei T_1 bis T_4, N_1 bis N_3 und M_1 Tumorbefall.

Sind bei Patienten bereits **Leber-** und **Lungenmetastasen** vorhanden, so ist eine Entfernung dieser **nur sinnvoll,** wenn es sich um **einzelne** (maximal drei bis fünf) isolierte Absiedlungen handelt.

Um die Langzeitprognose zusätzlich zu verbessern, sind Chemo- sowie Strahlentherapie in ausgewählten Fällen sinnvoll.

20.7.3 Stomaanlage

Einen künstlichen Darmausgang nennt man Stoma. Die Anlage eines Stomas kann vorübergehend (**temporär**) oder auf Dauer (**permanent**) erforderlich sein. Ein Stoma wird zum Schutz distaler Darmabschnitte (**protektiv**) oder nach Entfernung des Schließmuskels (z.B. bei Karzinomen) auch endgültig (**definitiv**) angelegt. Hat der künstliche Ausgang zwei Öffnungen (**doppelläufig**), so sind dies der zuführende (**orale**) und abführende (**aborale**) Schenkel. Liegt nur eine Öffnung vor, handelt es sich um einläufiges (**endständiges**) Stoma. Je nach **Ort der Anlage** wird der Ausgang **genannt**:
- Ileostomie (Anlage im unteren Dünndarm)
- Coecostomie (Stoma im Zäkum)
- Transversostomie (Stoma im Querdarm)
- Sigmoidostomie (Stoma im Krummdarm)

Kolostomie steht allgemein für künstlichen Ausgang im Dickdarm.

20.8 Erkrankungen des Anus

20.8.1 Analatresie

(s. Kap. 36.13.9)

20.8.2 Hämorrhoiden

Ätiologie/Pathogenese: Hämorrhoiden sind weiche **knotenartige** Vergrößerungen des arterio-venösen Schwellkörpers (Corpus cavernosum recti) im oberen Analkanal. Je nach Ausprägung unterscheidet man **vier** Stadien.
- **Stadium I:** Vergrößerte Polster, die auch beim Pressen **nicht vor** den Analkanal vorfallen.
- **Stadium II:** Knoten, die beim Pressen **vor** die Analöffnung treten (prolabieren), sich dann aber wieder **spontan retrahieren** (zurückziehen).
- **Stadium III: Dauerhaft** prolabierte Knoten vor der Analöffnung, die nur **manuell** reponiert werden können.
- **Stadium IV:** Knoten wie im Stadium III, diese lassen sich aber durch Manipulation **nicht** mehr **reponieren,** man spricht von einem partiellen (teilweisen) Analprolaps.

Die Entstehung von Hämorrhoiden ist noch nicht abschließend geklärt, jedoch scheinen jahrelanges Pressen bei chronischer Obstipation, ballaststoffarme Ernährung sowie hormonelle und erbliche Faktoren zu dieser Erkrankung zu führen. Aufgrund der arteriellen Gefäßversorgung durch die A. rectalis superior treten die Hauptknoten meist bei **3**, **7** und **11** Uhr in **Steinschnittlage** (SSL) auf. Im Hinblick auf die Behandlung unterscheidet man asymptomatische Hämorrhoiden vom eigentlichen Hämorrhoidalleiden. Nur das Hämorrhoidalleiden ist **behandlungsbedürftig**.

Symptome: Geringe, hellrote (arterielle) Blutungen, knotige Veränderungen vor dem Analkanal, Fremdkörpergefühl, Schleimabsonderung, Juckreiz, selten Schmerzen.

Diagnostik: Mit Inspektion, Palpation, Prokto- und Rektoskopie lassen sich Hämorrhoiden vom erfahrenen Untersucher sicher diagnostizieren. Differentialdiagnostisch sind maligne Tumoren, Marisken sowie die Analvenenthrombose zu unterscheiden.

Therapie: Entsprechend der obigen Stadieneinteilung wird das Hämorrhoidalleiden wie folgt therapiert.

Stadium I: Konservativ mit ballaststoffreicher Kost, kein Pressen beim Stuhlgang und lokalen Salben- und Zäpfchenanwendungen (z.B. Posterisan®).

StadiumII: Sklerosierung (Verödung) mit 5%igem Phenolmandelöl oder **Gummibandligatur** (ein kleiner Gummiring wird mit Hilfe eines speziellen Applikators über die Hämorrhoiden gestülpt, hierdurch wird sie an der Basis abgeschnürt, stirbt ab und fällt einschließlich des Gummibandes nach einigen Tagen meist unbemerkt ab).

Stadium III und IV: Operation mit folgenden Verfahren.

- Hämorrhoidektomie nach Milligan-Morgan: ovaläre Exzision der Hämorrhoidalknoten mit Durchstechungsligatur (Unterbindung) an der Basis. Die Wunde verbleibt zur Sekundärheilung offen.
- Hämorrhoidektomie nach Ferguson: wie Milligan-Morgan, jedoch mit adaptierender (anpassender) Naht des Anoderms (Schleimhaut).
- Submuköse Hämorrhoidektomie nach Parks: über eine Tennisschlägerinzision (-einschnitt) wird der Hämorrhoidalknoten unterhalb dem für die anale Sensibilität wichtigen Anoderm ausgeschält und ebenfalls an der Basis ligiert. Das nach distal verschobene Anoderm wird über einen T-förmigen Verschluß wieder in den Analkanal hinein angehoben.
- U-Läppchen-Plastik nach Fansler-Arnold: bei sehr großen Hämorrhoiden (Stadium IV) wird das Anoderm U-förmig an der Linea dentata inzidiert und nach außen weggeklappt. Das subanodermal liegende Hämorrhoidalpolster radikal entfernt und das nach außen geschlagene U-Läppchen mit Einzelknopfnähten wieder in den Analkanal reponiert (eingeschlagen).

20.8.3 Perianalvenenthrombose (perianale Thrombose/Hämatom)

Ätiologie/Pathogenese: Diese wurden früher **fälschlicherweise** als **äußere** Hämorrhoiden bezeichnet. Bei körperlicher Anstrengung oder starker Betätigung der Bauchpresse kommt es zur **Ruptur** (Riß) von **subkutanen Venen** und **Einblutungen** in die Perianalhaut im Bereich der Linea anocutanea.

Symptome: An der Linea anocutanea findet sich ein äußerst schmerzhafter, bläulich-livider, prall gespannter, plötzlich auftretender und sehr schmerzhafter Knoten. Dieser kann von Erbs- bis Pflaumengröße reichen.

Therapie: Im **akuten** schmerzhaften Stadium ist die sofortige **chirurgische Exzision** in Lokalanästhesie die Therapie der Wahl. Kommt der Patient erst einige Tage später zum Arzt und das Hämatom befindet sich bereits im **Stadium der Organisation**, d.h. es bestehen keine wesentlichen Schmerzen mehr, so kann mit **konservativen** Maßnahmen wie feuchtkalten Umschlägen und analgetischen Salben (z.B. Dolo-Posterine®) sowie Sitzbädern mit desinfizierenden Zustzen (z.B. Betaisadona-Lösung®) ebenfalls eine Abheilung erreicht werden. Häufig entwickeln sich dann hieraus **hypertrophe perianale Hautfalten**, die als Marisken bezeichnet werden.

20.8.4 Marisken

Ätiologie/Pathogenese: Marisken sind 0,5 bis 2 cm lange perianale Hautläppchen, die meist belanglos sind, jedoch die **anale Hygiene erschweren** und hierdurch bei mangelnder Ausführung zum Ekzem mit Juckreiz führen.

Symptome: Eine bis mehrere schmerzlose Hautfalten bis Hautbürzel an der Analöffnung ohne Blut- oder Schleimabgang.

Therapie: **Nur** bei Beschwerden ist eine chirurgische **Exzision** in Lokalanästhesie erforderlich.

20

20.8.5 Analfissur

Ätiologie/Pathogenese: Die Analfissur ist ein **sehr schmerzhafter,** längsverlaufender **Einriß** der Analkanalhaut (Anoderm), die akut oder chronisch auftritt. Durch mechanische Belastungen von hartem Stuhlgang, gelegentlich begleitet von lokalen Entzündungen sowie einem meist erhöhten Sphinktertonus werden diese Einrisse verursacht. Meist finden sie sich bei **6** Uhr in **Steinschnittlage.** Bei chronischen Fissuren bildet sich kranial an der Linea dentata eine hypertrophe Analpapille (kleine Gewebewucherung) sowie distal eine fibrotische (bindegewebige) Hautfalte, eine sog. Vorposten- oder Wachpostenfalte.
Symptome: Der Patient klagt über einen brennenden Schmerz mit gelegentlichem Sphinkterkrampf sowie kleinen hellroten Blutspuren, die sich meist nur am Toilettenpapier finden.
Diagnose: Allein durch Inspektion der Afteröffnung läßt sich die Diagnose stellen. Aufgrund der Schmerzhaftigkeit ist manchmal eine Oberflächenbetäubung bzw. Lokalanästhesie erforderlich. **Differentialdiagnostisch** sind ein Analkarzinom sowie entzündliche Veränderungen bei Morbus Crohn auszuschließen.
Therapie: Die **akute** Fissur wird ausschließlich **konservativ** mit einem Analdehner (fingerförmiger Plastikkegel), der vom Patienten mehrfach täglich angewandt wird, und zusätzlichen Salben und Zäpfchen behandelt. Bei starken Schmerzen ist die **subkutane Infiltration** (Unterspritzung) mit einem Lokalanästhetikum sinnvoll. Die **chronische** Fissur wird chirurgisch **exzidiert** und sämtliches entzündliches sowie narbiges Gewebe entfernt, das Anoderm wenn möglich verschlossen bzw. zur sekundären Heilung offenbelassen. Die früher geübte **Sphinkterdehnung** (z.B. mit vier Fingern über einige Minuten) sowie auch die **Sphinkterotomie** (operative Durchtrennung des Schließmuskels) nach Parks bzw. Eisenhammer mit Durchtrennung der distalen Anteile des M. sphinkter ani internus sollte mit **Zurückhaltung** durchgeführt werden, um eine **Schließmuskelschwäche zu vermeiden.**

20.8.6 Abszeß und Fistel

Ätiologie/Pathogenese: Ursache von Abszeß (**akutes** Stadium) und Fistel (**chronisches** Stadium) ist die **Entzündung** der **Proktodealdrüsen** (schleimabsondernde Epithelgänge), die an der Linea dentata im intersphinktären Raum (zwischen innerem und äußerem Sphinkter) liegen. Entsprechend den vorgegebenen anatomischen Verhältnissen kann sich die Entzündung dann auf vorgegebenen Wegen ausbreiten. Dies führt zu den typischen Lokalisationen von Abszessen bzw. Verläufen von Fisteln. Man **unterscheidet** subkutane, subanodermale, intersphinktäre, ischiorektale und pelvirektale Abszesse sowie subanodermale, intersphinktäre, transsphinktäre, suprasphinktäre und extrasphinktäre Fisteln (Abb. 20-7).
Symptome: Anorektale Abszesse verursachen heftige Schmerzen mit Schwellung, Rötung, lokaler Fluktuation (Verschieblichkeit), seltener Fieber und Schüttelfrost. Aber auch weitere Anzeichen wie Unterbauchschmerzen, Harnverhalt und allgemeines Krankheitsgefühl können auf einen Abszeß hinweisen, der unter Umständen oberflächlich noch nicht zu sehen ist. Die **Analfistel** tritt durch eine **eitrige Sekretion** aus einer kleinen oberflächlichen Öffnung im Analbereich in Erscheinung.

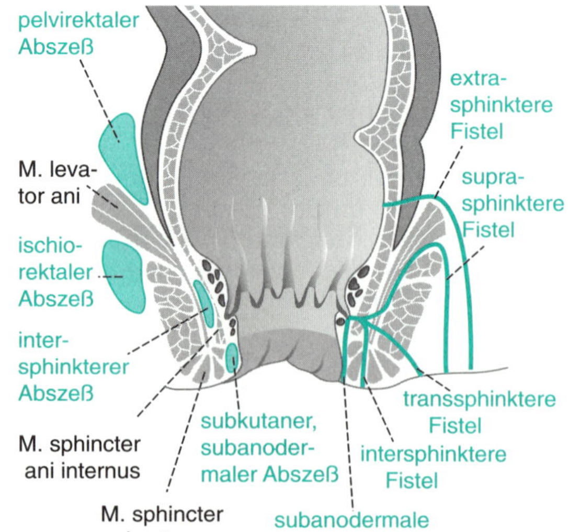

Abb. 20-7 Abszeß- und Fistellokalisationen.

Diagnostik: Durch gezielte Anamnese und perianale Inspektion ist der Analabszeß meist sicher zu diagnostizieren. Aufgrund der Schmerzen sind **weiterführende** Untersuchungen, falls erforderlich, **meist nur** in **Narkose** möglich. Bei der Analfistel findet man eine oder mehrere äußere, punktförmige Fistelöffnungen, die mit speziellen Sonden bis in den Analkanal sondiert werden können. Gelingt dies nicht, ist die Injektion von Luft oder Methylenblau in die äußere Fistelöffnung hilfreich, um so die innere Öffnung zu erkennen. Durch Endosonographie und Kernspintomographie können verdeckte Abszesse und Fisteln dargestellt werden.

Therapie: Ein Analabszeß wird **grundsätzlich gespalten** und ausreichend **drainiert.** Läßt sich bei der Abszeßspaltung die Fistelverbindung zum Analkanal finden, so wird die Fistel primär operiert oder zuerst mit einem Faden markiert und später chirurgisch versorgt.

Entsprechend dem Verlauf der Analfistel ist die geeignete operative Maßnahme zu wählen:

- **Distale** Fisteln, die nur einen kleinen Anteil der Sphinktermuskulatur umfassen, können **ohne Einbuße** der Kontinenz komplett gespalten werden.
- Fistelgänge, die wesentliche **Muskelanteile** durchbohren, werden im nichtentzündlichen Stadium exstirpiert und die innere Fistelöffnung mit einem U-förmigen Verschiebeläppchen verschlossen.
- **Extrasphinktäre** Fisteln (nur 3%) sind meist ursächlich auf eine entzündliche Darmerkrankung (Colitis ulcerosa oder Morbus Crohn) zurückzuführen. Hier besteht die Therapie in einer breiten **Eröffnung** nach **außen**. Ist hierdurch keine Abheilung möglich, kann ebenfalls eine Fistelexstirpation mit Läppchenplastik indiziert sein.

Eine **Sonderform** der anorektalen Fistel stellt die rekto- bzw. anovaginale Fistel (Mastdarm-Scheiden-Fistel) dar. Diese wird analog obiger Prinzipien diagnostiziert und therapiert.

20.8.7 Sinus pilonidalis (Haarnestgrübchen/ Steißbeinzyste/Steißbeinfistel)

Ätiologie/Pathogenese: Es handelt sich um einen subkutanen Haut-/Epitheleinschluß mit Haaren im Bereich der Rima ani (Afterrinne) über der Steißbeinspitze. Betroffen sind daher meist junge, **stark behaarte** Männer. Es besteht **keine** Verbindung zum Rektum oder Analkanal.

Symptome: Im entzündungsfreien Stadium findet man nur eine meist winzige, oberflächliche Öffnung. Im Stadium der Entzündung zeigen sich Schmerzen, Schwellung und Rötung.

Diagnostik: Allein die klinische Untersuchung ist ausreichend. In Zweifelsfällen kann eine Sonographie Hinweise auf einen **subkutanen Flüssigkeitsverhalt** geben.

Therapie: Spaltung und radikale Exzision sämtlicher Fistelgänge und Haarbüschel. Bei ausgedehnten Befunden kann zur Deckung des Defektes ein **Hautverschiebelappen** erforderlich werden.

20.8.8 Rektumprolaps (s.a. Kap. 36.13.10)/ Analprolaps (s.a. Kap. 20.8.2)

Ätiologie/Pathogenese: Das Rektum stülpt sich mit all seinen Wandschichten durch den Analkanal hindurch nach außen und führt bei jahrelangem Bestehen zusätzlich zur **Sphinkterinkontinenz**.

Symptome: Der Patient bemerkt anfangs blutig-schleimige Absonderungen sowie eine erschwerte oder gestörte Defäkation. Im späteren Stadium tritt die Inkontinenz in den Vordergrund.

Diagnostik: Die Inspektion der Analregion während der Bauchpresse zeigt meist das bis zu 15 cm vorfallende Rektum. Die Palpation demonstriert den deutlich erniedrigten Sphinktertonus. Zur Planung des operativen Vorgehens sind **Beckenbodenfunktionsuntersuchungen** sinnvoll, um begleitende **zusätzliche** Erkrankungen z.B. Rektozele (Aussakkung der Mastdarmvorderwand), Descensus perinei (Beckenbodentiefstand), Inkontinenz zu erkennen und mitzubehandeln.

Therapie: Das Therapieziel ist die **Fixierung** des vorfallenden Rektums in der **Kreuzbeinhöhle.** Dies wird am besten über eine abdominelle **Rektopexie** (Pexie = Fixierung) mit oder ohne Kunststoff bzw. mit und ohne zusätzliche Kolonresektion erreicht.

Ist bei den meist **älteren** Patienten eine große Operation nicht **zumutbar**, kann eine **transanale Raffung der Rektumwand** (Operation nach Rehn-Delorme) empfohlen werden. Früher empfohlene zirkuläre Kunststoffring- oder Bandverstärkungen sind meist ungenügend und daher nicht empfehlenswert.

20.8.9 Gutartige Tumoren

Condylomata accuminata (spitze Feigwarzen)

Ätiologie: Es handelt sich hierbei um **virusbedingte** peri- und intraanal liegende warzenähnliche Papillome, die meist sexuell übertragen werden und häufig mit einer HIV-Infektion gemeinsam auftreten.
Therapie: Konservativ mit Podophyllin (Condylox®). Operativ chirurgische bzw. elektrochirurgische Abtragung.

Condylomata lata (breite Feigwarzen)

Diese stellen eine **Lueserkrankung** im **Stadium II** mit breiten, knotigen Veränderungen perianal dar. Sie sind meist schmierig, eitrig belegt und infektiös. Die Therapie besteht in der Behandlung der zugrundeliegenden Lues.

20.8.10 Analkarzinom

Ätiologie/Pathogenese: Beim Analkarzinom handelt es sich in den überwiegenden Fällen um ein **Plattenepithelkarzinom**. Seltener sind Basalzellkarzinome, ein infiltrierendes Adenokarzinom oder ein malignes Melanom anzutreffen. Man unterscheidet das **Analrand-** vom **Analkanalkarzinom**, wobei das Analrandkarzinom die **bessere** Prognose zu haben scheint. Aufgrund der Lymphabflußwege des Analkanals metastasieren diese Malignome primär in die iliacalen (im Becken gelegene) sowie auch in die inguinalen (in der Leiste gelegene) Lymphknoten. Im Frühstadium kann ein kleiner, harter Hautbezirk mit unregelmäßiger Oberfläche ein kleines Karzinom darstellen. Im **Spätstadium** finden sich **riesige**, **blumenkohlartig wachsende,** in das **umgebende Gewebe** (Beckenboden, Vagina) **infiltrierende** Tumoren.
Symptome: Je nach Größe und Sitz des Tumors kann die Symptomatik äußerst vielfältig sein. Blut- und Schleimabgang, Juckreiz, oberflächliche Hautveränderungen (z.B. Rötung, Erhabenheit, Rauhigkeit), Schmerzen, Kontinenzstörungen, Fremdkörpergefühl und Fistelbildungen treten auf.
Diagnostik: Durch Inspektion, Palpation und Rektoproktoskopie läßt sich der Primärtumor vermuten. Mit Hilfe einer Probeexzision wird die maligne Veränderung histologisch gesichert. Differentialdiagnostisch sind hierbei alle anderen Analerkrankungen vom Ulkus bis zu einfachen Hämorrhoiden abzugrenzen. Eine Computertomographie ist zur Beurteilung der iliacalen, inguinalen und paraaortalen Lymphknoten unerläßlich.
Therapie: Ein bis zu 2 cm großes Analrandkarzinom kann **ohne Tangierung** (Berührung) des analen Schließmuskelsystems exzidiert werden. Aufgrund einer sehr guten Fünf-Jahres-Überlebensrate von 50 bis 80% hat sich in den letzten Jahren eine primäre kombinierte Radio-/Chemotherapie als Therapie der Wahl durchgesetzt. Nur bei verbleibendem Resttumor ist anschließend eine radikale abdomino-perineale Exstirpation notwendig.

20.8.11 Inkontinenz

Die Fähigkeit, Stuhl oder Gase voneinander zu unterscheiden, sie zurückzuhalten und unter Kontrolle willkürlich abzusetzen, wird als Kontinenz bezeichnet. Das Spektrum reicht von der gelegentlichen Wäscheverschmutzung bis zur völligen Unfähigkeit, festen Stuhl zu halten. Als grobe **Einteilung** gilt:
- **Inkontinenz I°:** Unfähigkeit Winde zurückzuhalten
- **Inkontinenz II°:** Unvermögen flüssigen Stuhl zurückzuhalten
- **Inkontinenz III°:** normalgeformter Stuhl kann nicht zurückgehalten werden

Die **Ursachen** einer Inkontinenz sind äußerst **vielfältig**: Mißbildungen des zentralen Nervensystems, Spina bifida, Querschnittlähmungen, Verletzungen des Beckenbodens durch Unfälle bzw. Geburtsschäden, Rektumprolaps, tiefsitzendes Rektumkarzinom, Analkarzinom, Folge von operativen gynäkologischen und chirurgischen Eingriffen sowie auch altersbedingte Sphinkterschwäche.
Diagnostik: Die Diagnose läßt sich alleine anhand der Anamnese sicher stellen. Zur **Auswahl** der **geeigneten** konservativen oder operativen Therapie sind jedoch **ausführliche** Untersuchungen erforderlich: anorektale Manometrie, Beckenbodenelektromyographie, Endosonographie, in Einzelfällen Computer- und Magnetresonanztomographie.
Therapie: Bei **bestimmten** Indikationen ist eine **konservative** Therapie mit stuhlregulierenden Maßnahmen, Beckenbodengymnastik, Elektrostimulation und auch Biofeedback-Therapie (hörbare und sichtbare Rückkopplung) möglich.

An operativen Möglichkeiten steht die Rekonstruktion der einzelnen Muskelanteile zur Verfügung. Durch verschiedene **Raffungen** (post-anal-repair, pre-anal-repair) wird eine Verstärkung der Muskulatur erreicht. In speziellen Fällen sind **Sphinkterersatzplastiken** des M. gracilis (schlanker Muskel), M. glutaeus (Gesäßmuskel) erfolgreich. In neuerer Zeit werden mit durch Schrittmacher elektrostimulierte Grazilisverpflanzungen auch in desolaten (aussichtslosen) Fällen gute Funktionsergebnisse erzielt. Als Ultima ratio (letzte Lösung) verbleibt die Anlage einer **Kolostomie** (künstlicher Ausgang).

III Pflegerischer Teil

20.9 Auffallende Symptome

Die bei Dickdarmerkrankungen zu beobachtenden Symptome bestehen in **Durchfällen**, **Verstopfung**, in manchen Fällen auch **im Wechsel** zwischen beiden Extremen. Die Patienten berichten über **veränderte** Stuhlgewohnheiten, über den Abgang von Blut, Schleim oder Eiter, klagen über Stuhl- bzw. Windverhalt sowie Schmerzen bei der Stuhlausscheidung. Als Folge häufiger Durchfälle treten Symptome des Wasser- und Elektrolytverlustes auf: Erschöpfung, Durstgefühl, belegte Zunge, Oligurie (verminderte Harnausscheidung), Mattigkeit, in Falten abhebbare Haut, reduzierter Allgemeinzustand, Blutdruckabfall und Tachykardie.

20.10 Pflegemaßnahmen bei unklaren Durchfällen

20.10.1 Entlastung des Darmes/ Ernährung

Zur Ruhigstellung des Darmes kann auf ärztliche Anordnung eine **ein bis drei Tage** dauernde **Nahrungskarenz** verordnet werden, auf die anschließend ein **langsamer Nahrungsaufbau** mit leicht verdaulicher, pürierter, dem Geschmack und Wunsch des Patienten angepaßter Kost folgt.

Um den durch Durchfälle entstandenen Flüssigkeitsverlust auszugleichen, wird dem Patienten **ausreichend** Flüssigkeit in Form von **Tee**, **Bouillon mit Kochsalzzusätzen** oder **mit Elektrolyten angereicherte Speziallösungen** per os angeboten (z.B. Drittellösung: ein Drittel dünner schwarzer Tee, ein Drittel Mineralwasser, ein Drittel Orangensaft mit einem Teelöffel Kochsalz bezogen auf 1000 ml), oder Glukose-Elektrolyte-Solution (GES-45-Lösung®). In Absprache mit dem Arzt erfolgt auf dessen Anordnung hin die parenterale Zufuhr von Infusionen (Elektrolyt- und Glukoselösungen mit Kalium- und Natriumzusätzen).

20.10.2 Überwachung

Die Krankenbeobachtung konzentriert sich auf regelmäßige Kontrollen der Vitalzeichen, auf die Bewußtseinslage des Kranken und die **Anzahl** und das **Aussehen** der Ausscheidungen. Alle Werte werden entsprechend dokumentiert.

20.10.3 Körperpflege/Prophylaxen

Nach jeder Defäkation wird dem Kranken die **Intimtoilette** ermöglicht (möglichst mit weichem Waschlappen und Wasser, da Toilettenpapier oder Zellstoff die empfindliche Analregion zusätzlich reizen würden). Die Haut wird trocken und sauber gehalten, um die Dekubitusgefahr zu minimieren. Aufgrund der Nahrungskarenz ist die Mundpflege regelmäßig durchzuführen und die Mundschleimhaut zu inspizieren, gleichzeitig sind Maßnahmen zur Parotitisprophylaxe (z.B. Kaugummi kauen) zu treffen. Medikamente zur Soorprophylaxe (z.B. Moronalsuspension®) werden auf ärztliche Anordnung verabreicht.

20.10.4 Unterstützung durch physikalische Maßnahmen

Die im Zusammenhang mit den Durchfällen auftretenden krampfartigen Bauchschmerzen (**Tenesmen**) können durch die Auflage einer leichten **Wärmflasche** (maximal zu einem Drittel mit 60 bis 70° warmem Wasser gefüllt) oder einem **feucht-heißem Bauchwickel** (Abb. 20-8

20

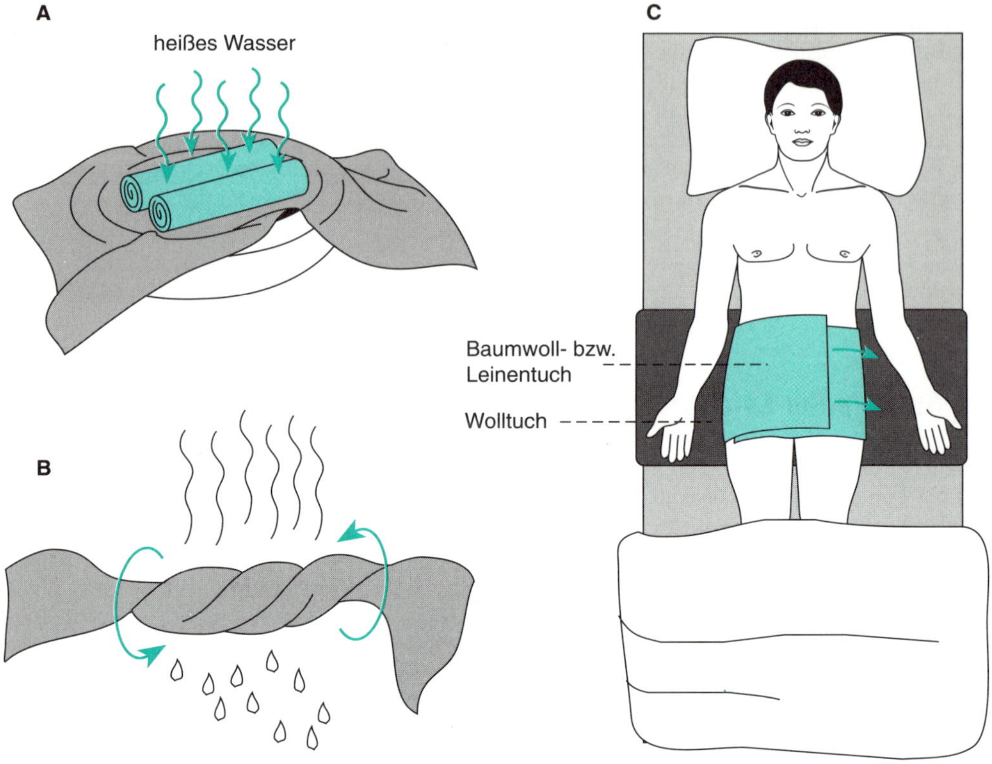

Abb. 20-8 Feucht-heißer Kamillenwickel bei Bauchschmerzen (Tenesmen).
A: Übergießen der Wickeltücher mit dem Kamillensud.
B: Baumwoll- bzw. Leinentuch und Handtuch kräftig auswringen.
C: Anlegen des Wickels.

A bis C) evtl. mit Kamillenzusatz gelindert werden. Die **krampflösende** Wirkung der Kamille kann durch die feuchte Wärme verbessert werden. Kamillenblüten werden mit einem Liter kochendem Wasser aufgegossen. Nachdem der Aufguß fünf bis zehn Minuten gezogen hat (der Aufguß sollte möglichst heiß bleiben), wird ein Tuch aus Baumwolle oder Leinen in ein Handtuch eingeschlagen und mit dem heißen Kamillensud übergossen. Anschließend werden die beiden Tücher ineinander gerollt und kräftig ausgewrungen. Das heiße Leinentuch wird nun um den Bauch des Patienten gelegt und ein Wolltuch, ebenfalls eng anliegend um den Bauch geschlungen, hilft, die Wärme möglichst lange zu speichern. Zusätzlich können zur Wärmespeicherung rechts und links neben den Bauch jeweils eine Wärmflaschen eingelegt werden. Der Wickel wird nach **15 bis 30 Minuten entfernt** und der Patient sollte im Anschluß an die Behandlung eine **halbe Stunde ruhen**.

Keine Wärmeanwendung bei diagnostisch noch ungeklärten Bauchschmerzen oder -krämpfen (Appendizitis)!

20.11 Präoperative Vorbereitungen

20.11.1 Allgemeines

Im Mittelpunkt der pflegerischen Aufmerksamkeit stehen die Entleerung und Reinigung des zu operierenden Darmabschnittes. Hierfür ist ein **Zeitlimit von drei bis vier Tagen einzuplanen**. Daneben haben die in Kap. 8.1 beschriebenen Maßnahmen Gültigkeit. Ist die Anlage einer Kolo- oder Ileostomie vorgesehen, wird für den Patienten ein Vorgespräch bei einer Stomatherapeutin vereinbart (s. Kap. 10.1.7).

20.11.2 Spezielle Maßnahmen

Nahrungsabbau

Am ersten bis dritten präoperativen Tag erhält der Patient **schlacken- und ballaststoffarme** Kost z.B. Suppen, Weißbrot, Zwieback, Milchspeisen, Naturjoghurt oder Eierspeisen. Am vierten präoperativen Tag bekommt der Kranke **ausschließlich flüssige** Nahrung z.B. Tee, Mineralwasser oder Brühe angeboten. Am Tag der Operation bleibt der Patient spätestens ab Mitternacht nüchtern. Alternativ kann auf ärztliche Anordnung für vier Tage präoperativ eine ausschließlich parenterale Ernährung durchgeführt werden.

Dieser **ausführliche Nahrungsabbau** ist jedoch bei folgenden Eingriffen **nicht notwendig**:
- Hämorrhoidektomie
- Resektion einer Perianalvenenthrombose
- operative Versorgung einer Analfissur oder eines Analprolaps

Es ist ausreichend, dem Patienten am Vortag ausschließlich ballaststoffarme, flüssige Kost (Tee, Suppe) zu verabreichen.

Darmreinigung

Die komplette Darmentleerung und -reinigung kann auf verschiedene Weise erreicht werden, sie erfolgt entsprechend den hausinternen Anweisungen.

Zwei Tage vor der Operation erhält der Patient orale Abführmittel z.B. Abführtee oder Liquedepur®. Liquedepur® wird von vielen Patienten als äußerst „aggressiv" empfunden, da es zu **erheblichen Bauchschmerzen** führt. Bei Patienten, die nicht an Abführmittel gewöhnt sind, sollte es **gar nicht** oder **nur in der Mindestdosierung** verabreicht werden. Am Vortag des operativen Eingriffes wird ein Reinigungseinlauf vorgenommen, gleichzeitig trinkt der Patient entsprechend der ärztlichen Anordnung zwei bis sechs Liter hochmolekulare Flüssigkeit in kurzer Zeit (ein Liter sollte in 45 Minuten getrunken sein).

Wird die Flüssigkeit zu langsam getrunken, erfolgt statt des Spüleffektes die Resorption im Darm!

Bei Übelkeit kann dem Patienten ein antiemetisches Medikament (z.B. Paspertin®) Erleichterung bringen. Sind die Ausscheidungen wäßrig-klar, ist die Darmreinigung abgeschlossen.

Als Alternative bietet sich die **orthograde Darmspülung** an, die in Kap. 8, Tab. 8-1 ausführlich beschrieben wird. Alle genannten Maßnahmen zur Reinigung des Darmes stellen für den Kranken eine **physische** und **psychische Belastung** dar. **Entlastung** erfährt der Patient, wenn z.B. der Reinigungseinlauf in einem separaten Behandlungsraum durchgeführt werden kann, wenn ein Sichtschutz an seinem Bett aufgestellt wird und er einen Nachtstuhl ans Bett geschoben bekommt, falls er befürchtet, die Toilette nicht rechtzeitig erreichen zu können. Die massive Flüssigkeitszufuhr und -ausfuhr kann zu **Herzkreislaufbeeinträchtigungen** führen. Der Kranke ist daher auf Schwindel, Blässe, Unwohlsein, Puls- und Blutdruckverhältnisse zu überwachen.

Bei **kleineren** Eingriffen wie z.B. der Hämorrhoidektomie sind **ausgiebige** Abführmaßnahmen **nicht erforderlich,** evtl. erhält der Patient 60 Minuten vor dem Eingriff ein Klistier zur Darmentleerung.

Rasurschema

Die Rasur bei Darmeingriffen erfolgt am vorderen Körperstamm von der Axillarlinie bis einschließlich der Schambehaarung. Ist ein **sakraler** Zugangsweg zum Operationsgebiet geplant, muß zusätzlich am hinteren Körperstamm vom Lumbalbereich einschließlich der Oberschenkel und die perianale Region enthaart werden (Abb. 20-9 A und B).

20.12 Postoperative Maßnahmen

20.12.1 Überwachung

Je nach hausinterner Regelung bzw. Möglichkeit wird der operierte Patient 24 Stunden in einer Überwachungseinheit betreut. Bei der Verlegung in die Allgemeinstation ist ein Übergabeprotokoll (s. Kap. 19, Abb. 19-3) für das Pflegepersonal hilfreich.

20.12.2 Lagerung/Mobilisation

Die Lagerung des Kranken erfolgt nach dem Prinzip der **Bauchdeckenentspannung** in leicht erhöhter Rückenlage mit Knierolle und ggf. Fußkasten (nach Hämorrhoidenopera-

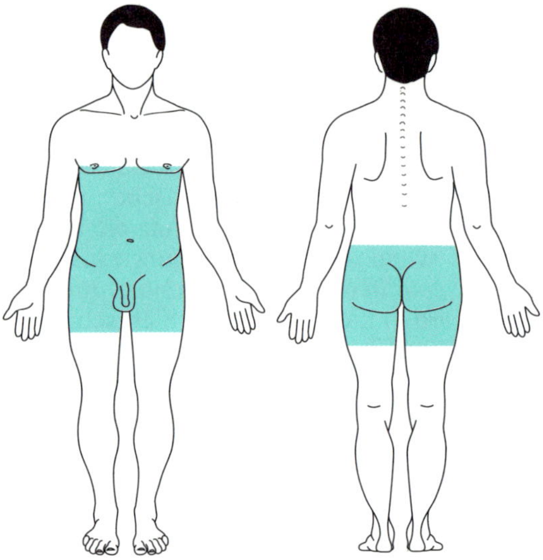

Abb. 20-9 Rasurschema bei Darmeingriffen.
A: Bei abdominellem Zugang.
B: Bei sakralem Zugang.

tionen und Operationen mit sakralem Zugang in Seiten- bzw. Bauchlage). Die Mobilisation kann, nachdem der Patient **Antithrombosestrümpfe** und eine **Laparatomiebinde** erhalten hat, bereits **sechs bis acht Stunden nach** Operationsende beginnen. In jedem Fall richtet sich der Umfang der Mobilisation nach den Ressourcen des Betroffenen.

20.12.3 Körperpflege/Prophylaxen

Je nach Befindlichkeit des Patienten und unter **Berücksichtigung seiner Ressourcen** benötigt der Kranke in den ersten ein bis drei postoperativen Tagen Unterstützung und Hilfeleistung bei der Ausführung seiner Körperpflege. Das Waschen des Rückens, des Genitalbereiches und der unteren Extremitäten sollte, unter Einbeziehung der entsprechenden prophylaktischen Maßnahmen in den ersten zwei postoperativen Tagen vollständig vom Krankenpflegepersonal übernommen werden.

20.12.4 Nahrungsaufbau

Zur **Entlastung** des operierten Darmes und der **frischen Anastomosen** erfolgt, je nach Größe des chirurgischen Eingriffes, für **vier bis sechs Tage** absolute **Nahrungskarenz** mit kompletter parenteraler Ernährung (s. Kap. 7.2 und Kap. 7.3). Die dem Patienten zugeführten Infusionen werden in der täglichen Bilanzierung berücksichtigt. Während der Nahrungskarenz ist auf ausreichende Mundpflege (Soor- und Parotitisgefahr) zu achten.

Der **Nahrungsaufbau** ist abhängig von der Größe des chirurgischen Eingriffes und der voraussichtlichen Dauer der Anastomosenheilung. Er erfolgt mit dem schluckweisen Anbieten von Tee (ca. sechster postoperativer Tag) und erfährt eine langsame Steigerung auf Schleim, Brei und Zwieback (ca. achter postoperativer Tag). Im weiteren Verlauf (ca. zehnter postoperativer Tag) wird passierte Kost (Kartoffelpüree, Rührei, etc.), ab dem elften postoperativen Tag kann bei komplikationslosem Verlauf leichte (nicht blähend, leicht verdaulich) Kost angeboten werden. Voraussetzung für den Beginn des Nahrungsaufbaus ist eine **wiedereinsetzende Darmperistaltik** (Wind- und Stuhlgang). Gleichzeitig mit dem oralen Nahrungsaufbau werden die parenteral verabreichten Infusionslösungen schrittweise reduziert (Arztanordnung beachten).

Bei kleineren Eingriffen (Hämorrhoiden, Analfissur, -prolaps) kann der Patient bereits am Abend des Operationstages wieder essen und trinken. Eine gezielte **Obstipationsprophylaxe** (Weizenkleie, Leinsamen) ist durchzuführen, damit der Stuhl weich bleibt (Schmerzvermeidung bei der Darmentleerung).

20.12.5 Darmtätigkeit

Die Anregung der Darmtätigkeit erfolgt **frühestens** am **fünften postoperativen Tag** und nur auf Anordnung des Arztes. Er legt ebenfalls die **Methode** der Darmanregung fest. Wird sie unsachgemäß oder zu früh durchgeführt, ist die Anastomosenheilung gefährdet. Die **Heilung der Anastomose** ist im Bereich des Dickdarmes nach **ca. sieben bis neun Tagen** abgeschlossen. Ist bei den Patienten präoperativ eine orthograde Darmspülung durchgeführt worden, setzt **die Darmtätigkeit erst am sechsten bis achten postoperativen Tag** wieder ein. Auf ärztliche Anordnung kann ein Schmerzmittel den Wundschmerz im Analbereich lindern.

Bei allen tiefen Rektumoperationen sind manipulierende Maßnahmen am Enddarm wie z.B. Einläufe, rektale Temperaturmessung, Klysmen oder die Gabe von Zäpfchen strikt untersagt bis der Arzt diese Anordnung aufhebt!

20.12.6 Sonden/Drainagen/Katheter

Die Magensonde kann bereits am Abend des Operationstages gezogen werden, sofern keine nennenswerten Sekrete mehr gefördert werden (Dokumentation!). Die intraoperativ gelegten Redon-Drainagen (eine bzw. zwei) werden, je nach geförderter Sekretmenge 24 bis 72 Stunden nach dem Operationsende durch den Arzt entfernt (Sekretmenge dokumentieren). Der intraoperativ gelegte Blasenverweilkatheter bleibt nach Kolonoperationen ein bis zwei Tage liegen, nach **Rektumoperationen** sollte er jedoch wegen **evtl.** auftretender postoperativer **Miktionsbeschwerden erst am fünften oder sechsten postoperativen Tag** entfernt werden. Während der Liegedauer des Blasenkatheters ist die tägliche Bilanzierung mit entsprechender Dokumentation durchzuführen.

20.12.7 Wundversorgung/Verbände

Die Wundversorgung erfolgt nach den in Kap. 5.3 beschriebenen Grundsätzen. Evtl. intraoperativ gelegte Drainagen (Penrose) werden nach ärztlicher Angabe gekürzt und danach entfernt. Das abfließende Sekret wird hinsichtlich seiner Farbe, Beschaffenheit und Beimengungen beobachtet, die Gesamtmenge wird dokumentiert. War die Anlage einer Kolo- bzw. Ileostomie notwendig, so sind entsprechende Pflegemaßnahmen durchzuführen (s. Kap. 10.1.7). Die Fäden werden am achten bis zehnten postoperativen Tag durch den Arzt entfernt.

Ist die Darmoperation mittels eines **sakralen** Eingriffes vorgenommen worden, wird dem Patienten im postoperativen Verlauf zunächst zweimal, später einmal täglich ein ca. 38 bis 40 °C warmes **Sitzbad** mit **desinfizierenden Zusätzen** (z.B. Kamille, Rivanol) ermöglicht. In die Sitzbadewanne wird ein Luftring gelegt, die Dauer des Bades beträgt ca. 10 bis 20 Minuten. Der Wundbereich muß, insbesondere nach dem Sitzbad und jeder Defäkation, sorgfältig **trocken** gehalten werden. Da **Toilettenpapier** oder **Zellstoff** die empfindliche Analschleimhaut **irritiert** und ggf. **Nachblutungen** auslösen können, erfolgt dies ausschließlich durch abtupfen (kein rubbeln) mit **weichen Waschlappen** bzw. **Handtüchern**. Zu empfehlen ist auch die Anwendung von Feuchttoilettenpapier mit Kamillenzusatz (z.B. Hakle feucht mit Kamille®).

20

20.12.8 Entlassungsberatung und Verhaltensregeln für Patienten nach Darmeingriffen

Vor der Entlassung aus dem Krankenhaus wird für den Patienten ein Gespräch mit einer **Diätassistentin** vereinbart, die ihm genaue **Instruktionen** im Hinblick auf eine dem Krankheitsbild angemessene **Ernährung** geben wird. Der Patient wird auf die Wichtigkeit der konsequenten Obstipationsprophylaxe (Leinsamen, Weizenkleie, ausreichende Flüssigkeitszufuhr, körperliche Bewegung) aufmerksam gemacht, um den Stuhl weich und geschmeidig zu halten.

Der Patient wird ferner auf zukünftige **veränderte Stuhlentleerungsgewohnheiten** aufmerksam gemacht:

- Nach Teilentfernung des Dickdarmes (**Hemikolektomie**) ist die Konsistenz des Stuhles **weichlich**, die Entleerungshäufigkeit liegt bei zwei- bis dreimal täglich.
- Die Sigmaresektion hat **keinen** Einfluß auf die Qualität der Entleerung.
- Bei Totalentfernung des Kolons (**Kolektomie**) ist der Stuhl **wäßrig**, da er aus Dünndarminhalt besteht. Hier besteht die Gefahr des erheblichen **Elektrolyt-** und **Flüssigkeitsverlustes**, dem mit **angemessener Ernährung** zu begegnen ist (s. Kap. 20.9).

Literaturhinweise

[1] Durst, J., J. W. Rohen: Chirurgische Operationslehre. Schattauer-Verlag, Stuttgart-New York 1991.

[2] Gschnitzer, F., E. Kern, L. Schweiberer: Chirurgische Operationslehre. Breitner Bd. 4 Urban & Schwarzenberg, München-Wien-Baltimore 1994.

[3] Kremer, K., W. Lierse, W. Platzer, H. W, Schreiber, S. Weller: Chirurgische Operationslehre Bd. 6. Georg-Thieme-Verlag, Stuttgart 1992.

[4] Brune, J. B., K. Schönleben: Laparo-endoskopische Chirurgie. Hans Marseille-Verlag, München 1993.

[5] Keighley, M. R. B., N. S. Williams: Surgery of the Anus, Rektum and Colon. WB Saunders, London 1993.
[6] Fielding, L. P., S. M. Goldberg: Rob & Smith's Operative Surgery: Surgery of the Colon, Rectum and Anus. Butterwerth-Heinemann Ltd., London 1993.
[7] Paetz,B.: Chirurgie für Pflegeberufe. Georg-Thieme-Verlag, Stuttgart-New York, 18. Auflage 1994.
[8] Juchli, L.: Pflege. Georg-Thieme-Verlag, Stuttgart, 7. Aufl. 1994.
[9] Maletzki, W., A. Stegmayer-Petry: Klinikleitfaden Krankenpflege. Jungjohann-Verlag, Neckarsulm-Stuttgart, 1. Aufl. 1993.
[10] Das neue Lehrbuch der Krankenpflege. Kohlhammer-Verlag, Stuttgart-Berlin, 4. Aufl. 1992.
[11] Sitzmann, F. (Hrsg.): Pflegehandbuch Herdecke. Springer-Verlag, Berlin-Heidelberg 1993.
[12] Thüler, M.: Wohltuende Wickel. Maya Thüler-Verlag, Worb, 5. Aufl. 1986.

21 Leber

H.-P. Bruch, U. Markert, Ch. Albrecht

I Allgemeiner Teil

21

21.1 Anatomie und Physiologie

Die Leber ist das **größte parenchymatöse** Organ des Menschen. Beim Erwachsenen wiegt sie ca. 1500 g. Sie liegt unter der rechten Zwerchfellkuppel und wird durch die Rippen gut geschützt. Der linke Leberlappen reicht über die Regio epigastrica bis unter das linke Zwerchfell (Abb. 21-1).

Die **Oberfläche** der Leber ist völlig **glatt.** Man unterscheidet eine dem Zwerchfell zugewandte Oberseite (Facies diaphragmatica) von einer dem Bauchraum und den Nachbarorganen zugewandten Unterseite (Facies visceralis). Da die Leber sehr weich und formbar ist, verursachen die Nachbarorgane auf ihrer Oberfläche Eindrücke, sog. **Impressionen**. Sowohl der Ösophagus, der Magen und das Duodenum, die rechte Niere und Nebenniere als auch das Querkolon hinterlassen je eine Impression. Fest mit der Leber verwachsen und von einem gemeinsamen Peritoneum (Bauchfell) umgeben liegt die **Gallenblase** (s.a. Kap. 22.1) unter dem **rechten** Leberlappen.

Die viszerale Fläche wird von wichtigen Strukturen H-förmig unterteilt (Abb. 21-2). Die Linie V. cava/Gallenblase unterteilt die Leber in einen **rechten** (Lobus dexter) und einen **linken Lappen** (Lobus sinister). Vor der quer verlaufenden Leberpforte liegt der Lobus quadratus (kleiner viereckiger Lappen), dahinter der Lobus caudatus (kleiner Spieghel-Lappen).

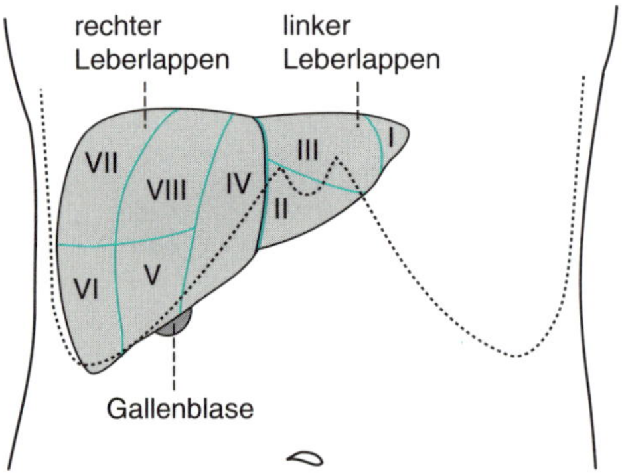

Abb. 21-1 Segmenteinteilung der Leber von ventral. Die einzelnen Segmente sind mit römischen Ziffern I bis VIII gekennzeichnet.

Auf der Facies diaphragmatica befindet sich eine dreieckige Fläche ohne Peritonealüberzug, die Area nuda. In diesem Bereich ist die Leber mit dem rechten Zwerchfell verwachsen. Des weiteren ist die Leber an verschiedenen **Bändern fixiert:**

- Lig. falciforme (bindegewebige Bauchfellduplikatur, die zwischen den beiden Leberlappen beginnt und von der Vorderseite der Leber bis zum Nabel zieht).
- Lig. teres hepatis (verschlossene Nabelvene, verläuft im äußeren Rand des Lig. falciforme).
- Lig. venosum (verschlossener Ductus venosus Arantii; in der Fetalzeit bestehende Verbindung zwischen der Nabelvene und der unteren Hohlvene).

Die Leber wird von **zwei Gefäßsystemen** mit Blut versorgt. Zur Ernährung und Sauerstoffversorgung der Leber dient die **arterielle** Durchblutung über die Leberarterie (A. hepatica), die aus dem Truncus coeliacus (erster Ast der Bauchaorta) entspringt und die Leber über das Lig. hepatoduodenale erreicht. Dieses Ligament verbindet die Leberpforte (Eintrittstelle der Gefäße und Gallengänge) mit dem Zwölffingerdarm. In ihm verlaufen A. hepatica, V. portae und die extrahepatischen Gallengänge.

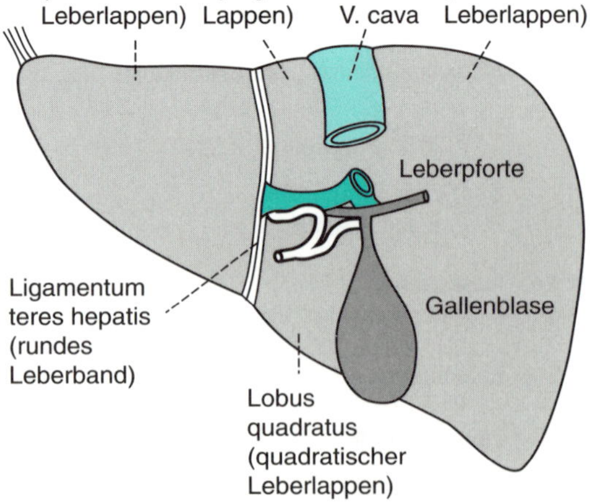

Abb. 21-2 Ansicht der Leber von hinten.

Um ihre **Stoffwechselleistung** für den Gesamtorganismus erbringen zu können, benötigt die Leber auch eine **venöse** Versorgung **über die Pfortader.** Dieses Gefäß entsteht hinter der Bauchspeicheldrüse aus dem Zusammenfluß von V. mesenterica superior und inferior mit der Milzvene und sammelt das gesamte venöse Blut aller nichtpaarigen Bauchorgane (Magen, Darm, Milz, Bauchspeicheldrüse). Das Blut wird in der Leber **gereinigt,** die im Darm resorbierten Nährstoffe werden **weiterverarbeitet** und **gespeichert.** Auch die Pfortader verläuft im Lig. hepatoduodenale. Sie teilt sich in der Leberpforte in mehrere große Äste auf, die die Lebersegmente (s. römische Ziffern Abb. 21-1) keilförmig mit Blut versorgen. Mit jedem Pfortaderast verläuft ein Ast der A. hepatica und ein Gallengang (sog. **Lebertrias**). Die Gallengänge vereinigen sich in jedem Leberlappen zu jeweils einem Hauptgang, Ductus hepaticus dexter bzw. sinister, die die Leber in der Leberpforte verlassen und sich 2 bis 3 cm danach zum Ductus hepaticus communis vereinen (s.a. Kap. 22.1). Ebenfalls über die Leberpforte erreichen die Leber Lymphgefäße sowie Äste des N. vagus und des Sympathikus.

Das venöse Blut, das die Leber verlassen soll, sammelt sich in einem von der Lebertrias **völlig getrennten** Gefäßbaum, dessen Äste vorn/unten (ventral/kaudal) beginnen und sich in Nähe der Area nuda zu mehreren Lebervenen vereinen. Diese münden direkt in die V. cava inferior.

Die Leber bewältigt **mannigfaltige Stoffwechselaufgaben** (Tab. 21-1). Um all diese Leistungen erbringen zu können, besitzen die Leberzellen eine Vielzahl von **Enzymsystemen.** Beim Untergang von Leberzellen werden diese Enzyme (z.B. GOT, GPT, γGT, AP, LDH, Aldolase, Sorbitdehydrogenase) freigesetzt und ihre freie Menge kann im Blut gemessen werden. Ein Anstieg der Leberenzyme spricht für einen gesteigerten Zelluntergang.

Eine der wichtigsten Leberfunktionen ist die **Entgiftung** des Organismus. Hierbei werden körpereigene (z. B. Bilirubin) und körperfremde (z. B. Medikamente) Substanzen an Gallensäuren gebunden (glukuronidiert) und mit der Gallenflüssigkeit ausgeschieden. Im Darm wird ein Teil der Gallensäuren wieder resorbiert (sog. enterohepatischer Kreislauf). Gelingt dies nicht (z. B. beim Kurzdarmsyndrom), gehen die Gallensäuren verloren, und es kommt zu einer Störung der Nährstoffresorption.

Tab. 21-1 Funktionen der Leber.

Bereich	Funktion
Fettstoffwechsel	Cholesterinsynthese, Triglyzeridsynthese, Speicherung, Gallensäureexkretion für die Fettresorption im Darm
Zuckerstoffwechsel	Glykogensynthese und -speicherung
Eiweißstoffwechsel	Synthese von Albumin, Globulinen, Transferrin
Blutgerinnung	Synthese der Faktoren II, VII, II, IX und X, Protein C, Heparin u.a.
Gallensäureexkretion	Gallensäureproduktion (aus Cholesterin) und -exkretion Bilirubinausscheidung Entgiftung
Blut	Erythropoese in der Jugend „Blutspeicher"

21.2 Leitsymptome bei Lebererkrankungen

Bei Lebererkrankungen können die folgenden typischen Symptome beobachtet werden:
- **Ikterus** (Gelbsucht): Bedingt durch eine Störung der Bilirubinausscheidung (s.a. Kap. 22.2.1) aufgrund von Entzündungen (z. B. infektiöse Hepatitis) oder Zirrhose.
- **Oberbauchschmerzen:** Verursacht durch eine Größenzunahme der Leber bei schnell wachsenden Tumoren oder Infektionen. Die Schmerzfasern der Nerven befinden sich in der Leberkapsel (bindegewebige Hülle mit Peritoneum) und werden durch eine Dehnung gereizt.
- **Hautveränderungen** bei Leberzirrhose: Spider naevi (Gefäßspinnen), Lacklippen, Lackzunge, Palmarerythem (gerötete Handflächen), Weißnägel, Kratzspuren bei einem bestehenden Ikterus.
- **Blutgerinnungsstörung:** Es kommt zu einem gehäuften Auftreten von Hämatomen als Zeichen der Leberfunktionsstörung (es werden nicht mehr genügend Gerinnungsstoffe gebildet).

- **Aszites** (mäßig eiweißhaltige Flüssigkeit im freien Bauchraum): Er ist Zeichen des Albuminmangels (Minderproduktion) und der Druckerhöhung im venösen Blutsystem der Leber (Rechtsherzinsuffizienz, Lebervenenthrombose, Zirrhose).

21.3 Diagnostik

Wie bei vielen Organen stehen auch bei der Leber die Anamnese und die körperliche Untersuchung an erster Stelle der Diagnostik (Tab. 21-2 und 21-3). Da die Leber ein Organ mit sehr vielen Stoffwechselaufgaben ist, lassen sich Krankheitsprozesse auch an vielen **Laborparametern** nachweisen (Tab. 21-4).
Weitere wichtige diagnostische Verfahren sind:
- Sonographie (Beurteilung des Leberparenchyms, z.B. Verfettung, Zirrhose, Darstellung von Zysten, Tumoren oder Metastasen)
- Computertomographie/Kernspintomographie (Raumforderungen in der Leber)
- Angiographie (Leberdurchblutung, Flußrichtung des Blutes, pathologische Gefäßstrukturen bösartiger Tumoren)
- Biopsie (Nachweis/Ausschluß von Tumoren)
- Laparoskopie (direkte Betrachtung der Leberoberfläche und der Gallenblase, evtl. gezielte Biopsie)
- Leberszintigraphie (Funktionstest)
- Bromsulfaleintest (Exkretionstest)
- Hepatitisserologie (infektiöse Hepatitis)
- Komplementbindungsreaktion (Echinokokkose, Amöbiasis)
- Alpha-Fetoprotein (Marker für maligne Lebertumoren)

Die Verfahren zur Darstellung der Gallenwege werden in Kap. 22.3 näher beschrieben.

Tab. 21-2 Wichtige Faktoren bei der Anamnese von Lebererkrankungen.

Frage nach	Grund
Schwäche, Übelkeit, Speisenunverträglichkeit	Allgemeine Zeichen einer Lebererkrankung
Gelbfärbung, Stuhlentfärbung, brauner Urin, Juckreiz	Klinische Zeichen eines Ikterus
Alkoholkonsum, Drogenabusus, Medikamenteneinnahme, Industriegifte	Kontakt mit Lebergiften
Bluttransfusion, Gelbsucht im Bekanntenkreis, Reisen	Risiko der Hepatitisinfektion
Schmerzen im (rechten) Oberbauch	Zeichen derLebervergrößerung

Tab. 21-3 Wichtige Punkte der körperlichen Untersuchung beim Leberkranken.

Achten auf	Veränderung/Grund
Hautfarbe	Gelbfärbung/Ikterus
Sklerenfarbe	Gelbfärbung/Ikterus
Kratzspuren	Bilirubinanstieg/Juckreiz
Spider naevi	Typische Hautveränderung durch Lebererkrankungen
Milzgröße	Milzvergrößerung/Zirrhose
Aszites	Zirrhose
Leberoberfläche	Knotige Veränderung/Metastasen, Zirrhose

Tab. 21-4 Labordiagnostik bei Lebererkrankungen.

Gruppe	Laborwerte
Leberenzyme	GOT, GPT, γGT, AP, LDH
Fettstoffwechsel	Cholesterin
Eiweißstoffwechsel	Serumelektrophorese
Blutgerinnung	Quickwert, Faktoren II, VII, IX, X
Entzündungsparameter	Blutbild, Thrombozyten, Blutsenkungsgeschwindigkeit
Ausscheidungsfunktion	Bilirubin, Bromsulphthaleintest

21.4 Leberzysten

Ätiologie/Pathogenese: Wie in allen parenchymatösen Organen können auch in der Leber **echte** Zysten von **Pseudozysten** unterschieden werden. Echte Zysten besitzen eine epithelbeschichtete Wand, Pseudozysten nicht. Tabelle 21-5 gibt Auskunft über die Ätiologie verschiedener Leberzysten. Die klinisch wichtigste Leberzyste ist die Echinokokkuszyste (s.a. Kap. 21.4.1).
Symptome: Leberzysten bleiben oft **sehr lange symptomlos** und werden häufig als Zufallsbefund entdeckt. Bei einer starken Größenzunahme können sie durch die **zunehmende Kapselspannung** der Leber zu Oberbauchschmerzen führen oder Nachbarorgane in ihrer Funktion beeinträchtigen (z.B. Passagestörung durch Druck auf das Duodenum mit nachfolgendem Erbrechen und dem Bild eines chronischen hohen Ileus). Zusätzlich treten in Abhängigkeit von der Ätiologie weitere Symptome auf (s. Tab. 21-5).
Diagnose: Die Diagnose erfolgt mittels Sonographie und/oder Computertomographie. Selten sind große Zysten durch die Bauchdecke tastbar, eine Zystenleber erscheint bei der Untersuchung als Hepatomegalie (Lebervergrößerung). Vor jeder therapeutischen Maßnahme an einer Zyste sollte mit Hilfe einer Komplementbindungsreaktion (KBR) eine Echinokokkose ausgeschlossen werden.

Tab. 21-5 Einteilung der Leberzysten.

Zystenarten	Ursachen
Echte Zysten	Angeboren – Proliferationszysten (Profilation = Gewebewucherung) – Lymphzysten – Retentionszysten (Zyste aufgrung von einem verschlossenen Ausführungsgang an einem Organ)
Pseudozysten	Traumatisch nach Einblutung Degenerativ bei Zirrhose Entzündlich bei Amöben, Tuberkulose, Echinokokken Neoplastisch bei primären Lebertumoren, Metastasen

Therapie: Eine Therapie ist nur bei Beschwerden notwendig. Eine **Punktion** ist meist möglich und **diagnostisch sinnvoll** (Differenzierung des Zysteninhaltes: Hämatom, Galle, Serom; mikrobiologische Untersuchung), **therapeutisch** aber oft **erfolglos**, da sich die Zyste wieder auffüllt.

Keine Zystenpunktion vor Ausschluß einer Echinokokkose. Durch die Punktion einer Echinokokkenzyste kann der Bandwurm im gesamten Bauchraum verteilt werden!

Ziel des operativen Vorgehens ist die (offene oder laparoskopische) **Entdachung der Zyste** (sehr selten). Hierbei wird der an der Leberoberfläche gelegene Anteil der Zystenwand entfernt. Gallenwege oder Blutgefäße, die mit der Zyste Verbindung haben, sind zu unterbinden. Zur Vermeidung eines Rezidivs kann ein Anteil des großen Netzes in die Zystenhöhle eingenäht werden (Abb. 21-3).
Komplikationen: Zu den möglichen Komplikationen zählen Nachblutung, Infektion, Cholaskos (Galle in der freien Bauchhöhle, Peritonitisgefahr), Auftreten eines Rezidivs sowie ein Ileus.

21.4.1 Echinokokkose der Leber

Ätiologie/Pathogenese: Beim Menschen treten im wesentlichen **zwei verschiedene** Echinokokkusarten, nämlich **E. cysticus** (unilocularis = **Hundebandwurm**) und **E. alveolaris** (multilocularis = **Bandwurm des Rotfuchses**) auf. Sie verursachen die Mehrheit aller therapiebedürftigen Leberzysten. Hauptwirte der Echinokokken sind Hund und Fuchs, die **Übertragung** erfolgt durch die **Aufnahme von Eiern** des Bandwurmes (Waldbeeren, Hundespeichel). Der Mensch ist nur **Zwischenwirt**.

In mehr als 90% aller Fälle ist ausschließlich die Leber befallen. Wird sie passiert, kann es zur **Ausbreitung** der Erkrankung in **andere Organe** (z.B. Lunge, Gehirn) kommen. Das Wachstum des Echinokokkus alveolaris erfolgt **infiltrativ** wie bei einem malignen Tumor (**schlechte** Prognose), während E. cysticus **verdrängend** wie ein benigner Tumor (**gute** Prognose) wächst. Es kann Jahre dauern, bis nach einer erfolgten Infektion erstmals Beschwerden auftreten.

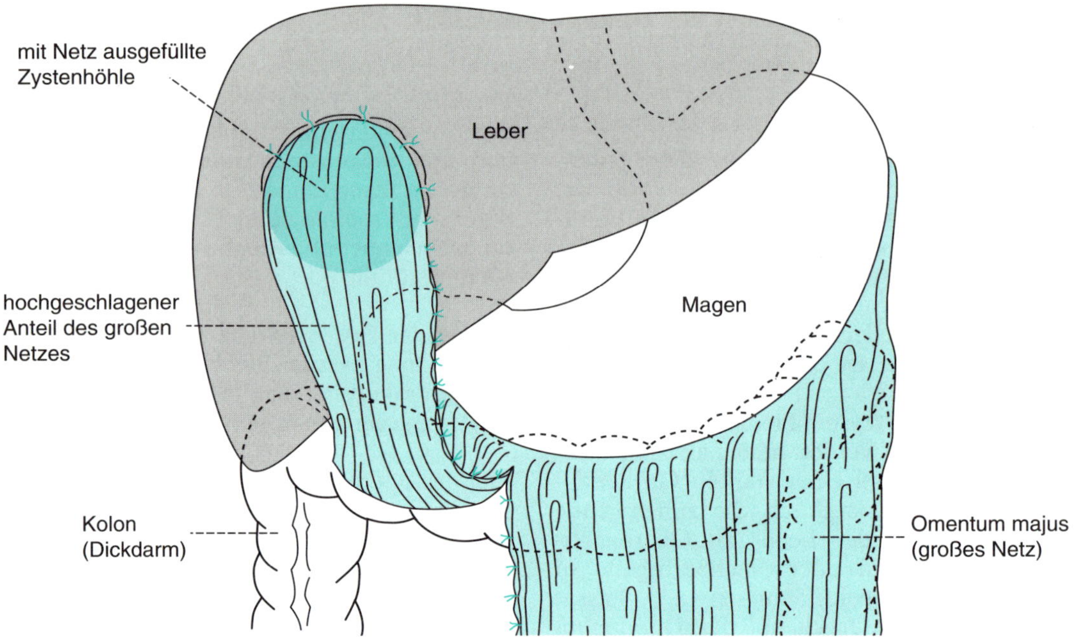

Abb. 21-3 Netzplombe einer entdachten Leberzyste.
Nach Abtragung der oberflächlichen Zystenwand wurde ein Teil des großen Netzes zur Rezidiv- und Blutungsprophylaxe hochgeschlagen und in der Zystenhöhle fixiert.

Symptome: Es kommt zu Oberbauchschmerzen. Gelegentlich ist eine höckerig veränderte Leber tastbar. Infiziert sich die Zyste mit Bakterien (z. B. über die Gallenwege), treten Fieber und allgemeine Infektzeichen auf, die die Grunderkrankung verschleiern.

Diagnose: Den Nachweis von Antikörpern gegen Echinokokken liefert die serologische Untersuchung durch eine Komplementbindungsreaktion. In letzter Zeit stehen weitere Labortests zur Verfügung (Casoni-Intrakutantest, Hauttest). Die Sonographie und die Computertomographie zeigen die Zyste, gelegentlich können **Tochterzysten** mit weiteren Larven im Inneren oder die **typische Dreischichtung** der Wand (fibröse Außenwand, Proteinschicht, eigentliche Zystenwand) nachgewiesen werden (Abb. 21-4).

Therapie: Einzige Heilungsaussicht bietet die chirurgische Beseitigung der Zyste. Eine medikamentöse Therapie (Mebendazol = Vermox®) kann das Fortschreiten der Erkrankung nur bremsen. Ist eine radikale Operation nicht möglich, führt die Erkrankung häufig zum Tod.

Bei der Operation ist eine Eröffnung der Zyste(n) **unbedingt** zu vermeiden, da es sonst zu einer Aussaat des Echinokokkus in den Bauchraum kommt. Der **diffuse Befall** des Abdomens ist chirurgisch nicht mehr zu sanieren und würde das **Todesurteil** für den

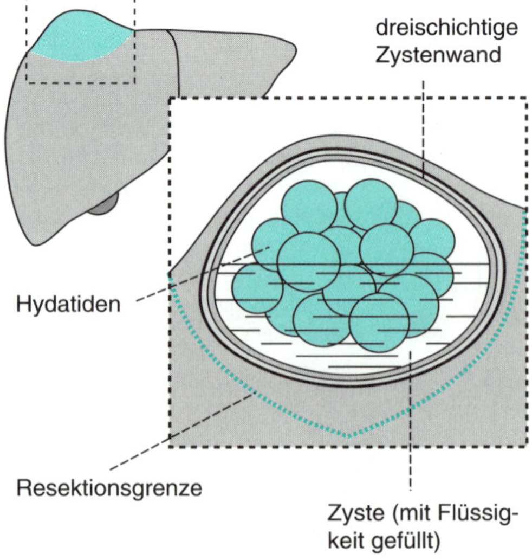

Abb. 21-4 Echinokokkuszyste (E. alveolaris).

Patienten bedeuten. Des weiteren besteht bei der peritonealen Aussaat die Gefahr eines anaphylaktischen Schocks.

Um dieses Risiko zu senken, wird zu Beginn der Operation durch die Injektion von hyperosmolaren Lösungen in die Zyste (40% Glukose, 10% NaCl) versucht, die Larven abzutöten. Beim E. cysticus ist es möglich, die Zyste danach im ganzen („in toto") **auszuschälen** (zu exstirpieren), Zysten des E. alveolaris müssen durch eine **Lebersegment-** oder **-teilresektion** (Technik; s. Kap. 21.6.3) entfernt werden (Abb. 21-5). Bei einem diffusen Leberbefall kann die **Lebertransplantation** die einzige Rettung darstellen.

Komplikationen: Zu den wichtigsten Komplikationen zählen die peritoneale Aussaat, Blutung, Infektion, ein Rezidiv (ca. 10% der Fälle) sowie der postoperative Ileus.

Prognose: Die Prognose bei Befall der Leber mit E. cysticus ist **gut,** die solitären Zysten sind meist chirurgisch zu sanieren. Die postoperative Letalität beträgt ca. 4%. Rezidive treten in 10% der Fälle auf. Bei einem diffusen Befall der Leber oder anderer Organe durch E. alveolaris ist die Prognose **infaust.** Bei 75% der Patienten läßt sich das Fortschreiten der Erkrankung medikamentös zeitweilig aufhalten, eine Heilung ist nicht möglich.

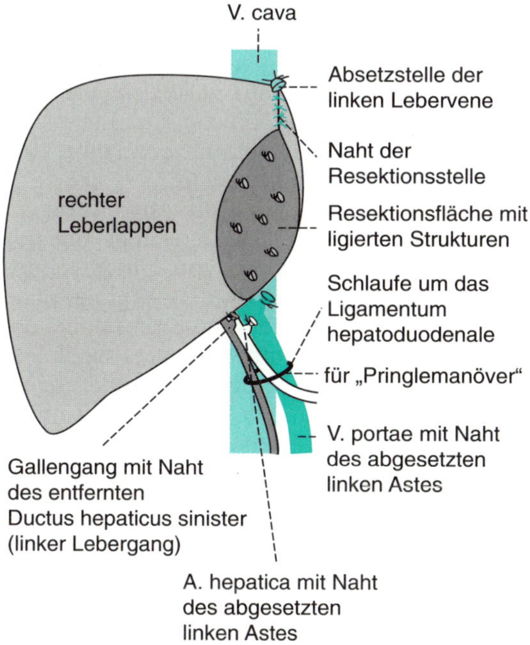

Abb. 21-5 Leberteilresektion links.

21.5 Leberabszeß

21

Ätiologie/Pathogenese: Leberabszesse sind **selten**. Bei 100.000 Krankenhausaufenthalten werden sie nur acht- bis sechzehnmal beobachtet. Männer und Frauen sind gleich häufig betroffen. In zwei Drittel aller Fälle treten die Abszesse **solitär** (einzeln) auf, nur in etwa 1% ist die Leber diffus befallen.

Man unterscheidet zwischen **primären** und **sekundären** Leberabszessen. Bei den primären Prozessen handelt es sich entweder um einen direkten Parasitenbefall der Leber (Amöben, Echinokokken) oder um eine Keimeinwanderung aus dem Darm über die Gallenwege (Keimaszension). **Seltener** entstehen primäre Leberabszesse durch **hämatogene Streuung.**

Sekundäre Leberabszesse treten meist infolge schwerer **extrahepatischer** (außerhalb der Leber gelegener) **Infektionen** (Cholezystitis, Appendizitis, Divertikulitis, Harnweginfekt, Endokarditis) auf. Das **Erregerspektrum** richtet sich nach der Grunderkrankung (Tab. 21-6), die Streuung erfolgt hämatogen. Oft handelt es sich um infizierte Zysten oder Tumornekrosehöhlen. Gelegentlich finden sich auch tuberkulöse Absiedlungen in der Leber.

Der häufigste Leberabszeß ist der sekundäre Abszeß durch eine Keimeinschwemmung über die Pfortader!

Symptome: Oberbauchschmerzen (**rechts stärker als links**), septische Temperaturen und eine hohe Leukozytose stehen im Vordergrund.

Tab. 21-6 Die häufigsten Erreger bei Leberabszessen.

Erregerarten
E. coli
Klebsiellen
Enterokokken
Streptokokken
Proteus vulgaris
Pseudomonas aeruginosa
Staphylococcus aureus

21

Ohne eine Therapie entwickelt sich eine generalisierte Sepsis. Die Symptome sekundärer Abszesse werden **oft** durch die der Grunderkrankung **verschleiert**.

Diagnose: Der wichtigste Schritt zur Diagnose eines Leberabszesses ist, im Rahmen einer schweren allgemeinen Infektion auch dieses Krankheitsgeschehen **überhaupt in Betracht zu ziehen.** Röntgenübersichtsaufnahmen des Thorax und Abdomens können eine Lebervergrößerung (Hepatomegalie) und einen Zwerchfellhochstand rechts zeigen. Oft findet sich auch ein symptomatischer Pleuraerguß rechts.

Der Abszeß kann durch Sonographie und CT dargestellt werden und eine bei diesen Untersuchungen gezielt vorgenommene Punktion ermöglicht die Gewinnung von Untersuchungsmaterial für die Mikrobiologie (Erregernachweis, Resistenzbestimmung!).

Therapie: Die Therapie hängt von der Anzahl, Größe und Lokalisation der Abszesse sowie von der Erregerart und der Beschaffenheit des Punktates ab. Einzelne Abszesse mit dünnflüssigem Inhalt können unter radiologischer Kontrolle (Sonographie, Computertomographie) punktiert und drainiert werden.

Multiple Abszesse oder Abszesse mit dickflüssigem Inhalt sind auf diese Weise nicht ausreichend zu behandeln. Sie müssen **operativ ausgeräumt** werden. Die schwere Zerstörung eines Leberanteils durch multiple Abszesse führt zu einer Teilresektion des Organes.

Außer der Operation ist eine gezielte Antibiotikagabe (Erreger- und Resistenznachweis durch Probepunktion) und eine Therapie der Grunderkrankung notwendig.

Prognose: Die Prognose hängt von verschiedenen Faktoren ab:

- Alter (schlechte Prognose für sehr alte und sehr junge Patienten)
- Ursache (Abszesse biliärer Genese haben eine ungünstige Prognose)
- Anzahl (multiple Abszesse haben eine schlechtere Prognose als einzeln vorkommende)

Insgesamt liegt die Letalität trotz verbesserter Antibiotika und früherer Diagnosestellung durch den Einsatz neuer Geräte **immer noch** bei 10%.

21.6 Lebertumoren

21.6.1 Primäre Lebertumoren

Ätiologie/Diagnose: Aus jeder Zellart der Leber (Leberzellen, Gallengangzellen, Bindegewebezellen) können benigne oder maligne Tumoren hervorgehen. Die häufigsten primären Lebertumoren sind in Tabelle 21-7 aufgelistet.

Benigne Lebertumoren erlangen **selten Krankheitswert.** Beim Leberadenom kann es infolge eines starken Wachstums zur Ruptur und Blutung kommen. Leberadenome und FNH (follikuläre noduläre Hyperplasie = knotige Gewebevermehrung in der Leber, gutartig) sind überwiegend bei Frauen zu finden. Bei beiden Erkrankungen wird eine **Wachstumsstimulation** (Anregung) durch die Einnahme von **Kontrazeptiva** (hormonelle Verhütungsmittel) angenommen. Die Unterscheidung muß zur Not histologisch erzwungen werden, da die FNH nie, das Leberadenom aber regelmäßig entartet und somit eine Operationsindikation darstellt.

Das größte Problem ist die **Abgrenzung** zu **malignen** Prozessen. Diese gelingt oft nur durch eine Kombination von Untersuchungen (Sonographie, CT, NMR, Angiographie, Feinnadelbiopsie, Alpha-Fetoprotein), bei denen sich **maligne** Tumoren **anders** darstellen und verhalten als benigne Veränderungen. Kann das Vorliegen eines bösartigen Tumors durch apparative Untersuchungen nicht ausgeschlossen werden, muß operativ (offen oder laparoskopisch) Untersuchungsmaterial für die Histologie gewonnen werden.

Bei den malignen Lebertumoren nimmt das **Leberzellkarzinom** die wichtigste Stelle ein. Es entsteht häufig aufgrund einer **Hepatitis B** oder einer **Leberzirrhose**. Die anderen malignen Lebertumoren sind eine Rarität.

Tab. 21-7 Beispiele zu primären Lebertumoren.

Maligne Tumoren	Benigne Tumoren
Leberzellkarzinom	Leberadenom
Cholangiokarzinom	Follikulärnoduläre Hyperplasie (FNH)
Hepatoblastom	Gallengangadenom
Sarkom	Hamartom
Leiomyosarkom	Hämangiom
Hämangiosarkom	Teratom
Fibrosarkom	

Symptome: Allgemeine Tumorzeichen (Müdigkeit, Leistungsknick, Gewichtsverlust) sind oft die ersten Hinweise auf ein Lebermalignom. Oberbauchschmerzen können bei starker Größenzunahme auftreten, gelegentlich rupturiert ein Tumor und führt zu einer Massenblutung. Zentral sitzende Lebertumoren können durch den Verschluß von Blutgefäßen und Gallenwegen zu Cholangitiden (Gallenwegentzündungen), Ikterus (Gelbsucht) und Leberfunktionsstörungen führen.
Therapie: Die **einzige** Therapie eines primären Lebermalignoms besteht in der operativen **Entfernung** (Lebersegment- oder -teilresektion), die jedoch oft durch die begleitende Zirrhose (s. Ätiologie) erschwert oder unmöglich gemacht wird. Der zirrhotische Umbau der Leber (Verlust von funktionierendem Lebergewebe und Ersatz durch narbiges Bindegewebe aufgrund verschiedener Grunderkrankungen) führt meist zu einer **Mangelfunktion** des Organs, der die **weitere Reduktion** von intaktem Lebergewebe durch eine Teilresektion **verbietet**, da ansonsten ein Leberversagen mit sofortiger Todesfolge droht. Erfolgversprechende **palliative** (krankheitsmildernde) Therapiemöglichkeiten **gibt es nicht.**
Prognose: Schlecht. Selbst bei primär radikal entfernten Tumoren beträgt die Überlebensrate nach fünf Jahren nur 15%.

21.6.2 Metastasen in der Leber

Ätiologie/Pathogenese: Metastasen in der Leber sind **zwanzigmal** häufiger als primäre Lebertumoren. Sie stammen meist von Karzinomen des Magens, des Kolons oder der Bauchspeicheldrüse. Prinzipiell können aber alle Malignome Metastasen in der Leber bilden. Die Zellen erreichen die Leber über den Blutweg.
Symptome: Metastasen werden in der Regel im Rahmen der Tumornachsorge gefunden. Manchmal sind sie der **erste** Hinweis auf einen **malignen Prozeß** im Körper. Schmerzen treten selten auf, jedoch kann es bei einer zentralen Lokalisation oder diffusen Metastasierung zu einem Ikterus, einer Cholangitis und einer Leberfunktionsstörung bis hin zum Leberversagen kommen.
Diagnose: Sie wird wie bei den primären Lebertumoren gestellt (s.a. Kap. 21.6.1). Bei **bekanntem** Primärtumor erübrigt sich in der Regel eine Histologiegewinnung (Ausnahme: geplante Operation). Existiert für den Primärtumor ein **Tumormarker** (z.B. Ca 19-9 = karzinomassoziiertes Antigen mit besonderer Spezifität für das duktale Pankreaskarzinom), so findet sich bei einer Lebermetastasierung ein **Anstieg** des Serumspiegels für diesen Marker.
Therapie: Solitäre (einzelne) oder wenige, auf einen Leberlappen begrenzte Metastasen des Kolonkarzinoms werden operativ entfernt (s.a. Kap. 21.6.3). Auch bei einzelnen Metastasen von bösartigen Weichteiltumoren oder von endokrinen Tumoren besteht eine Operationsindikation. Bei anderen Tumoren (z.B. Pankreaskarzinom) kommt es durch eine Operation nicht zu einer Verbesserung der Prognose. Als **alternative** Behandlungsverfahren stehen je nach Tumorart **Chemotherapie** und **Bestrahlung** zur Verfügung. Da die Leber wesentlich höhere Dosen von Chemotherapeutika toleriert als andere Organe und höhere Dosen auch bessere Behandlungsergebnisse erbringen, wurde eine **spezielle Technik der Medikamentenapplikation,** die Leberperfusion, entwickelt. Hierzu wird ein Port-Katheter® (s.a. Kap. 7, Abb. 7–2B) in die Leberarterie eingelegt. Zuvor muß die Gallenblase entfernt werden, da sie bei der Gabe von hohen Dosen der Chemotherapeutika oft nekrotisch wird.

Das Portgehäuse ist am Rippenbogen plaziert. Nun können hohe Medikamentendosen direkt in die Leber infundiert werden. Als Entgiftungsorgan baut die Leber einen Teil der Medikamente gleich ab. Der andere Teil wird über einen Katheter, der bei jedem Therapiezyklus über die V. saphena magna in die Lebervene einzuführen ist, abgeleitet und von einem Dialysegerät wieder aus dem Blut gefiltert. In den Gesamtorganismus gelangt auf diese Weise nur **ein Bruchteil** der in der Leber wirksamen Medikamente.

21.6.3 Operationsverfahren

Der operative Zugang bei einer Leberteilresektion erfolgt entweder über eine mediane Laparotomie (Bauchmittelschnitt) oder über einen Rippenbogenrandschnitt. Danach wird die Leber vom Zwerchfell gelöst und die Haltebänder werden durchtrennt. Durch den **Ausschluß von Metastasen** in dem **Leberanteil,** der belassen werden soll, wird nochmals geprüft, ob die eigentliche Resektion durchführbar ist.

Es hat sich bewährt, bei Leberresektionen den **anatomischen Segmentgrenzen** zu folgen. In diesem Bereich sind die wenigsten Blut- und Gallenwege zu unterbinden. Folgende **Eingriffe** haben sich etabliert:
- Segmentresektion: Entfernung einzelner Segmente unter Schonung der Durchblutung der Restleber
- Hemihepatektomie links (Entfernung der linken Leberhälfte): Segmente I bis IV (s.a. Abb. 21-5)
- erweiterte Linksresektion: Segmente I bis V, VIII
- Hemihepatektomie rechts (Entfernung der rechten Leberhälfte): Segmente V bis VIII
- erweiterte Rechtsresektion: Segmente IV bis VIII, evtl. I

Da **20% funktionsfähiges** Lebergewebe zum Überleben ausreichen, können bis zu **sechs** Lebersegmente entfernt werden. Voraussetzung hierfür ist die **intakte** Restfunktion der verbleibenden Leberanteile. Eine normale Leberfunktion kann angenommen werden, wenn alle Syntheseparameter (Quickwert, Albumin, Cholesterin, Transferrin, Haptoglobin) und alle Entgiftungsparameter (z.B. Bilirubin) der Leber im Normbereich liegen. Um die **Ausscheidungsfunktion** der Leber zu testen, kann der **Bromsulfaleintest** durchgeführt werden. Bromsulfalein wird intravenös verabreicht, von der Leber direkt aus dem Blut resorbiert und über die Galle ausgeschieden. Nach 45 Minuten müssen 95% des Bromsulfaleins aus dem Blut verschwunden sein, andernfalls liegt eine Exkretionsstörung (Störung der Ausscheidungsfunktion) vor.

Die Leber besitzt eine außergewöhnlich große **Regenerationspotenz**. **Zwei** Monate nach der Resektion des **halben** Organs ist die **verbliebene** Hälfte bis zur **normalen** Lebergröße angewachsen (hypertrophiert).

Das größte Problem bei Eingriffen an der Leber ist die **Blutung**. Die Leber besitzt drei getrennte Gefäßbäume (aus der A. hepatica, der V. portae und in die V. cava). Deshalb wird bei ausgedehnteren Lebereingriffen zuerst ein Zügel (Kunststoffschlaufe) um das Lig. hepatoduodenale gelegt. Bei Bedarf kann die Schlaufe mit einer Klemme zugezogen („Pringle-Manöver") und so die Leberdurchblutung unterbrochen werden. Dieses Verfahren erlaubt ein blutsparendes Operieren. Im warmen Zustand toleriert die Leber eine Ischämiezeit von 45 Minuten.

Eine Leberresektion ist immer mit dem Einbringen von Drainagen in den Bauchraum verbunden. Diese sind **frühzeitig**, **aber** erst nach Abklingen der Blut- und Gallesekretion zu entfernen. Nach Eingriffen an der Leber kann der Kostaufbau mit dem Einsetzen der Peristaltik erfolgen. Tritt postoperativ eine **Gallefistel** auf, sollte die Nahrungskarenz bis zu deren Sistieren eingehalten werden. Die Nahrungsaufnahme regt die Gallenproduktion an, mehr Galle führt zu höheren Drucken im Gangsystem und höhere Drucke verhindern den selbständigen Verschluß eines offenen Gallenganges.

21.7 Leberverletzungen

Ätiologie/Pathogenese: Bei den Leberverletzungen sind perforierende (Schuß, Stich, Punktion, Einspießung von gebrochenen Rippen) und stumpfe Verletzungen (Gurt-, Lenkrad- oder Dezellerationstrauma) zu unterscheiden. Da die Leber sehr gut durchblutet ist, führt **jede** Parenchymverletzung zu einer **Blutung**. Bleibt die Kapsel intakt, bildet sich ein **subkapsuläres** (unter der Kapsel) **Hämatom** mit der Gefahr der zweizeitigen Leberruptur. Reißt die Kapsel sofort mit, kommt es zur Blutung in den freien Bauchraum.

Patienten mit einem subkapsulären Leberhämatom müssen engmaschig überwacht werden. Kommt es zur zweizeitigen Ruptur (24 bis 48 Stunden nach einem Trauma), kann eine lebensbedrohliche Blutung in die freie Bauchhöhle auftreten!

Symptome: Neben dem durch das Trauma verursachten Schmerz steht bei den meisten Patienten mit Leberverletzung ein **Volumenmangelschock** (Blutdruckabfall, Pulsbeschleunigung, Abfall des zentralen Venendruckes) klinisch im Vordergrund. Mitverletzungen von Kopf, Thorax und Extremitäten sind häufig.

Diagnose: Schockzustand und Unfallanamnese sind wichtige Hinweise auf eine Leberverletzung. Eine sofort durchgeführte Sonographie des Abdomens zeigt **freie intraabdominelle Flüssigkeit** (Blut). Die Leberverletzung selbst kann oft nicht nachgewiesen werden. Erfolgt ein Volumenersatz durch Infusionen, um die Kreislaufsituation stabil zu halten, kommt es im Blutbild zu einem Verdünnungseffekt und damit zu einem Hämoglobin- und Hämatokritabfall. In zweifelhaften Fällen (wenig freie abdominelle Flüssigkeit, stabiler Kreislauf) kann eine **Abdominallavage** (Bauchspülung; s.a. Kap. 6.4.6) Aufschluß über die Herkunft der Flüssigkeit (Blut, Urin, Darminhalt, Galle, Aszites) geben.

Therapie: Bei stabilen Kreislaufverhältnissen ist eine **konservative** Therapie unter **engmaschiger Überwachung** auf einer Intensivstation möglich (selten). Bei instabilem Kreislauf oder Bedarf an Blutkonserven muß operiert werden. Zugang der Wahl ist eine mediane Laparotomie, die eine gute Übersicht über das gesamte Abdomen erlaubt. Häufig finden sich bei Leberverletzungen noch **weitere Organläsionen** im Bauchraum.

Ziel der Operation ist die Blutstillung. Hier stehen die **organerhaltenden** Verfahren (Naht, Klebung, Tamponade) an erster Stelle. Nur in **Ausnahmefällen** (schwere Lappenverletzung mit Minderdurchblutung, unstillbare Blutung aus großen Lebergefäßen) kommt eine **Resektion** in Frage. Nach erfolgreicher Blutstillung und evtl. Therapie weiterer Verletzungen sind Drainagen unter- und oberhalb der Leber einzulegen, um Blut oder austretende Gallenflüssigkeit abzuleiten. Fließt Galle aus den Drainagen, sind diese bis zum Stillstand des Galleflusses zu belassen. Ansonsten können die Drainagen frühzeitig (nach 48 Stunden) entfernt werden. Die weitere Therapie ist identisch mit der bei Leberteilresektionen und wird hauptsächlich von den Begleitverletzungen bestimmt.

Komplikationen: Zu den Komplikationen zählen Nachblutung, Infektion, Ileus, Bilhämie (Übertritt von Galle ins Blut), Hämobilie (Übertritt von Blut in die Gallenwege) sowie sehr selten AV-Fisteln (verletzungsbedingter Kurzschluß zwischen arteriellem und venösem Kreislauf).

21.8 Lebertransplantation

Die **erste** Lebertransplantation (s. a. Kap. 30.8) wurde 1963 durchgeführt. Zu unterscheiden ist zwischen der **orthotopen** Transplantation (heute Verfahren der Wahl), bei der das eigene Organ entfernt und durch ein Spenderorgan an gleicher Stelle ersetzt wird, und der **heterotopen** (auxiliären) Transplantation, bei der zusätzlich zur eigenen Leber fremde Leberteile implantiert werden (selten).

Die Neuentwicklung von Medikamenten zur **Immunsuppression** (Unterdrückung der Abstoßungsreaktion) in den letzten Jahren (Kortison, Cyclosporin, Azathioprin, Muromonab-CD3) hat die Operationsergebnisse **deutlich** verbessert. Die Einjahresüberlebensrate beträgt 70 bis 80%, einzelne Patienten leben bereits über **zehn Jahre** mit einer transplantierten Leber.

Indikation: Prinzipiell kommen alle Patienten mit einer **terminalen Leberinsuffizienz** (Organversagen im Endstadium) für eine Lebertransplantation in Frage. Wegen der **geringen** Zahl an **Spenderorganen** und des allgemein großen Aufwandes für eine Lebertransplantation werden aber fast **nur** Patienten in die Wartelisten aufgenommen, bei denen die **transplantierte** Leber nicht wieder der **gleichen Noxe** wie die eigene Leber ausgesetzt ist. **Ausschlußkriterien** sind zum Beispiel Alkoholismus, Drogenabhängigkeit, HIV-Infektion, generalisiertes Tumorleiden und aktive Virushepatitis. Typische Indikationen sind primäre Lebertumoren ohne Metastasen, biliäre Zirrhose, primär sklerosierende Cholangitis (Entzündung der Gallenwege), Trauma oder Lebervenenthrombose (Budd-Chiari-Syndrom).

Operationtechnik: Die orthotope Lebertransplantation besteht aus folgenden wichtigen Operationsschritten:

- Freipräparation und Durchtrennung der drei Stukturen des Lig. hepatoduodenale (A. hepatika, V. portae, D. choledochus).
- Umleiten des venösen Blutes aus der unteren Körperhälfte (entnommen aus einer V. femoralis) und aus der V. portae über einen extraanatomischen (außerhalb des Körpers befindlichen) Bypass und eine Pumpe in eine V. axillaris (Achselvene) und damit zum rechten Herzen und in den Lungenkreislauf.
- Verschluß der V. cava inferior (untere Hohlvene) ober- und unterhalb der Leber mit Klemmen, Durchtrennen des Gefäßes und Entfernen der Leber.
- Einbringen der neuen Leber und Anastomosieren der großen Hohlvene ober- und unterhalb der Leber. Anastomose der Pfortaderenden von Spenderorgan und Empfänger, Spülen der Leber mit Humanalbumin, um Luft und die Konservierungslösung aus dem Organ zu entfernen. Die Spüllösung

wird über einen in der V. cava belassenen Katheter abgesaugt.
- Anschluß der A. hepatica, Beenden des extraanatomischen Bypasses, Freigabe der Leberdurchblutung.
- Anschluß des Choledochus (direkte Naht zwischen Spender- und Empfängercholedochus oder Choledochojejunostomie nach Y-Roux), Ende der Operation.

Komplikationen und Prognose: Zu den Hauptkomplikationen gehören die Blutung (bis zum Verbluten) und die **Organabstoßung** mit Leberversagen. Die Letalität schwankt je nach Grunderkrankung zwischen 15 und 40%.

III Pflegerischer Teil

21.9 Allgemeines

Patienten mit einer Lebererkrankung sind **selten akut** durch das Krankheitsgeschehen beeinträchtigt, sondern die Betroffenen sind häufig **Langzeitpatienten**, **chronisch Kranke** und **Leidende**. Meist stehen die Erkrankungen in engem Zusammenhang mit **Lebensgewohnheiten** (Ernährung, Alkohol, Medikamente). Zu den auftretenden Symptomen bei Lebererkrankungen zählen:
- Ikterus (Pflege; s. Kap. 22.9.1)
- Oberbauchschmerzen (Pflege; s. Kap. 22.9.2)
- Hautveränderungen wie **Sternnävus** (zentrale Arteriolen mit spinnenartigen Gefäßchen), **Caput medusae** (Gefäßschlängelungen im Bauchbereich), **Petechien** (punktförmige Hautblutungen), **Palmar-** und **Plantarerythem** (symmetrische rotflächige Verfärbung an der Innenhand bzw. Fußsohle)
- evtl. Aszites (Bauchwassersucht)

Größtenteils werden Patienten mit Lebererkrankungen (Zirrhose, Hepatitis) in inneren Abteilungen therapiert und versorgt (s. entsprechende Fachliteratur). In chirurgischen Abteilungen sind primär Patienten zur Entfernung von Zysten, Tumoren oder Metastasen (nur in Ausnahmefällen) sowie nach Leberverletzungen zu finden. Vor allem bei **Leberverletzungen** ist eine **genaue** Krankenbeobachtung (Vitalzeichen, Bewußtsein) notwendig, da die Gefahr des **hypovolämischen** Schocks (Tachykardie, Blutdruckabfall, Sinken des Hämoglobinwertes) besteht.

21.10 Präoperative Vorbereitungen

21.10.1 Allgemeine präoperative Maßnahmen

Da die Leber aufgrund ihres Gefäßreichtums (Pfortaderverzweigungen, Leberarterie, Lebervene) ein sehr **blutreiches** Organ ist, kommt es bei Leberresektionen zu einer starken Blutung aus der Schnittfläche. Um den Blutverlust intraoperativ ausgleichen zu können, muß präoperativ eine **genügend große Anzahl** von Blutkonserven bereitgestellt werden.

Weitere allgemeine präoperative Maßnahmen (s. Kap. 8.1).

21.10.2 Spezielle präoperative Maßnahmen

Nahrungsabbau/Darmentleerung

Der Nahrungsabbau ist in folgenden Schritten durchzuführen: am Abend erhält der Patient flüssige Kost (Tee und Suppe), ab **22.00 Uhr** besteht absolute Nahrungskarenz sowie Rauchverbot. Am Vorabend der Operation ist ein Reinigungseinlauf durchzuführen.

Rasurschema

Die Körperrasur wird von den Brustwarzen bis einschließlich des Schambeins durchgeführt (Abb. 21-6).

Einüben postoperativer Fähigkeiten

Aufgrund postoperativ bedingter Schmerzen kommt es bei den Patienten häufig zur **Schonatmung** und damit verbundenen **Schwierigkeiten beim Abhusten** von Sekret. Somit besteht die Gefahr einer Pneumonie. Um dem Patienten das Abhusten zu erleichtern, ist es sinnvoll, dies mit dem Patienten präoperativ zu üben. Die Übung kann folgendermaßen aussehen: In Oberkörperhochlagerung versucht der Patient mit beiden Hände im Bereich der späteren Operationswunde einen **Gegendruck** zu erzeugen. Um ein Gefühl für die Stärke des Druckes zu entwickeln, wird der Patient aufgefordert, einige Male kräftig

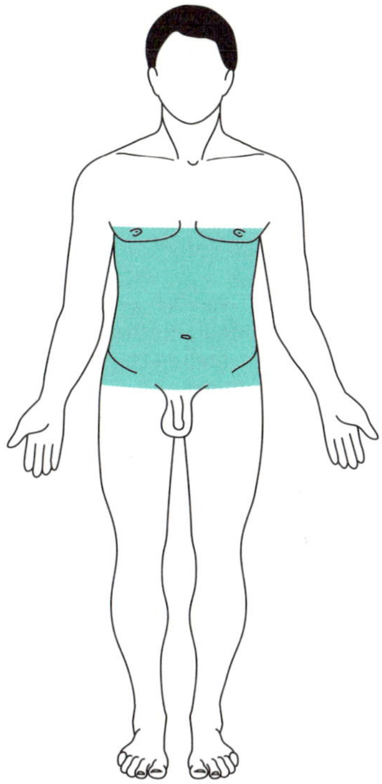

Abb. 21-6 Rasurschema bei Leberoperationen.

zu husten. Gleichzeitig sollte der Patient zur Unterstützung der Atemgymnastik die Anwendung eines Atemtrainers (z.B. Triflow®) erlernen (s.a. Kap. 15; Abb. 15-14 A bis D).

21.11 Postoperative Maßnahmen

21.11.1 Primäre postoperative Versorgung

Aufgrund des langen blutreichen Eingriffes wird der Patient primär auf der **Intensivstation** betreut. Hier erfolgt:
- evtl. Nachbeatmung und Monitoring (EKG, arterielle Druckmessung, zentraler Venendruck, Temperaturkontrolle)
- Kontrolle der Serumwerte (Elektrolyte, Blutbild, Gerinnung)
- Flüssigkeitsbilanzierung und parenterale Ernährung
- Überwachung des Glukose- und Albuminstoffwechsels

Da bei operativen Eingriffen an der Leber häufig Gerinnungsstörungen auftreten, muß der Wundbereich häufig kontrolliert werden, um evtl. Nachblutungen sofort zu erkennen!

21.11.2 Weiterführende Betreuung und Pflege

In der Regel wird der Patient am zweiten postoperativen Tag in die Allgemeinstation zurückverlegt. Zur gezielten Weitergabe aller pflegerelevanten Aspekte eignet sich ein **Übergabeprotokoll** (s. Kap. 19; Abb. 19-3).

21

Nahrungsaufbau/Darmanregung

Die intraoperativ eingelegte Magensonde zur Verhinderung einer Aspiration während der Narkose wird nach ca. 24 bis 48 Stunden je nach Fördermenge gezogen. Der Kostaufbau beginnt ab dem **zweiten** oder **dritten postoperativen Tag** mit der teelöffelweisen Verabreichung von Tee (abhängig vom Zustand des Patienten). Liegt eine gute Darmfunktion vor (evtl. nach Darmstimulierung am dritten postoperativen Tag), kann die orale Nahrungszufuhr gesteigert werden und zwar:
- Tee
- Haferschleim
- leicht verdauliche Kost

Körperpflege/Prophylaxen

Während der ersten postoperativen Tage benötigt der Patient Hilfe bzw. Unterstützung bei der Körperpflege. Aufgrund der Nahrungskarenz bis zum dritten postoperativen Tag ist dem Patienten möglichst **alle zwei** Stunden (bei Bedarf auch häufiger) **Mundpflege** anzubieten bzw. durchzuführen. Dabei ist besonders eine gezielte Parotitisprohylaxe (Massage der Wangeninnentaschen, Kaugummi kauen) zu integrieren. Je nach Befinden des Patienten müssen auch Maßnahmen zur Verhütung von Pneumonie, Dekubitus und Thrombose (s.a. Kap. 8.2.6) durchgeführt werden.

Drainagen/Verbände

Um Infektionen im Wundgebiet zu vermeiden, wird ein täglicher Verbandwechsel nach aseptischem Prinzip (s. Kap. 5.3.2) vorgenommen. Die Menge des Drainagesekretes aus Penrose- und Redon-Drainagen sowie die Beurteilung des Wundgebietes sind in der Patientendokumentation zu vermerken. Auffälligkeiten müssen dem Arzt sofort mitgeteilt werden. Die Entfernung der Fäden erfolgt ca. acht bis zehn Tagen nach dem Eingriff. Die

Redon-Drainage wird je nach Fördermenge 24 bis 48 Stunden postoperativ entfernt, die Penrose-Drainage am dritten Tag etwas herausgezogen und gekürzt und je nach Fördermenge am vierten bzw. fünften postoperativen Tag entfernt.

Lagerung/Mobilisation

Die Lagerung sollte möglichst **schmerzfrei** erfolgen. Hilfreich kann eine Knierolle sein, da dies eine **Entspannung** der **Bauchdecke** hervorruft und die Schmerzen aufgrund der Entspannung auf ein für den Patienten erträgliches Maß absinken können. Zusätzliche Schmerzmittelverabreichung erfolgt nach ärztlicher Anordnung.

21.12 Verhaltensregeln für Patienten nach Leberoperationen

Im allgemeinen sollten Patienten nach Leberoperationen auf eine gesunde Ernährung achten. Vor allem ist folgendes zu berücksichtigen:
- evtl. **eiweiß-** und **kochsalzarme** Ernährung
- absoluter **Verzicht** auf Alkohol
- **Vorsicht** bei Medikamenteneinnahme
- vitaminreiche Kost
- regelmäßige Überprüfung der Laborparameter in Absprache mit dem Arzt

Literaturhinweise

[1] Berchtold, R., H. Hamelmann, H.-J. Peiper: Chirurgie, Urban & Schwarzenberg, München-Wien-Baltimore, 1990.

[2] Classen, M., V. Diehl, K. Kochsiek: Innere Medizin, Urban & Schwarzenberg, München-Wien-Baltimore, 1991.

[3] Durst, J., J. W. Rohen: Chirurgische Operationslehre, Schattauer-Verlag, Stuttgart-New York, 1991.

[4] Gerlach, U., N. van Husen, H. Wagner, W. Wirth: Innere Medizin für Krankenpflegeberufe, 3.Auflage, Georg-Thieme-Verlag, Stuttgart-New York, 1989.

[5] Kremer, K., V. Schumpelick, G. Hierholzer: Chirurgische Operationen, Georg-Thieme-Verlag, Stuttgart-New York, 1992.

[6] Kremer, K., W. Lierse, W. Platzer, H. W. Schreiber, S. Weller: Chirurgische Operationslehre, Bd. 5, Georg-Thieme-Verlag, Stuttgart-New York, 1993.

[7] Schumpelick, V., N. Bleese, U. Mommsen: Chirurgie, Ferdinand-Enke-Verlag, Stuttgart, 1985.

[8] Seeliger, H. P. R., G. Schröter: Medizinische Mikrobiologie: Labordiagnostik und Klinik, Urban & Schwarzenberg, München-Wien-Baltimore, 1990.

[9] Silbernagl, S., A. Despopoulos: Taschenatlas der Physiologie, Georg-Thieme-Verlag, Stuttgart-New York, 1979.

[10] Maletzki,W., A. Stegmayer-Petry: Klinikleitfaden Krankenpflege. JungjohannVerlag, Stuttgart-Neckarsulm, 1. Aufl. 1993.

[11] Käufer, C.: Chirurgie und Krankenpflege. Bibliomed-Verlag, Melsungen, 2. Aufl. 1991.

[12] Juchli, L.: Pflege. Georg-Thieme-Verlag, Stuttgart, 7. Aufl. 1994.

22 Gallenblase und Gallenwege

H.-P. Bruch, U. Markert, Ch. Albrecht

I Allgemeiner Teil

22

22.1 Anatomie und Physiologie

Die Gallenwege der Leber vereinen sich in der Nähe der Leberpforte zu einem rechten und einem linken Hauptgang (**Ductus hepaticus dexter und sinister**). Sie verlassen die Leber getrennt (s.a. Kap. 21.1) und vereinen sich nach einer Strecke von 1 bis 2 cm im Lig.

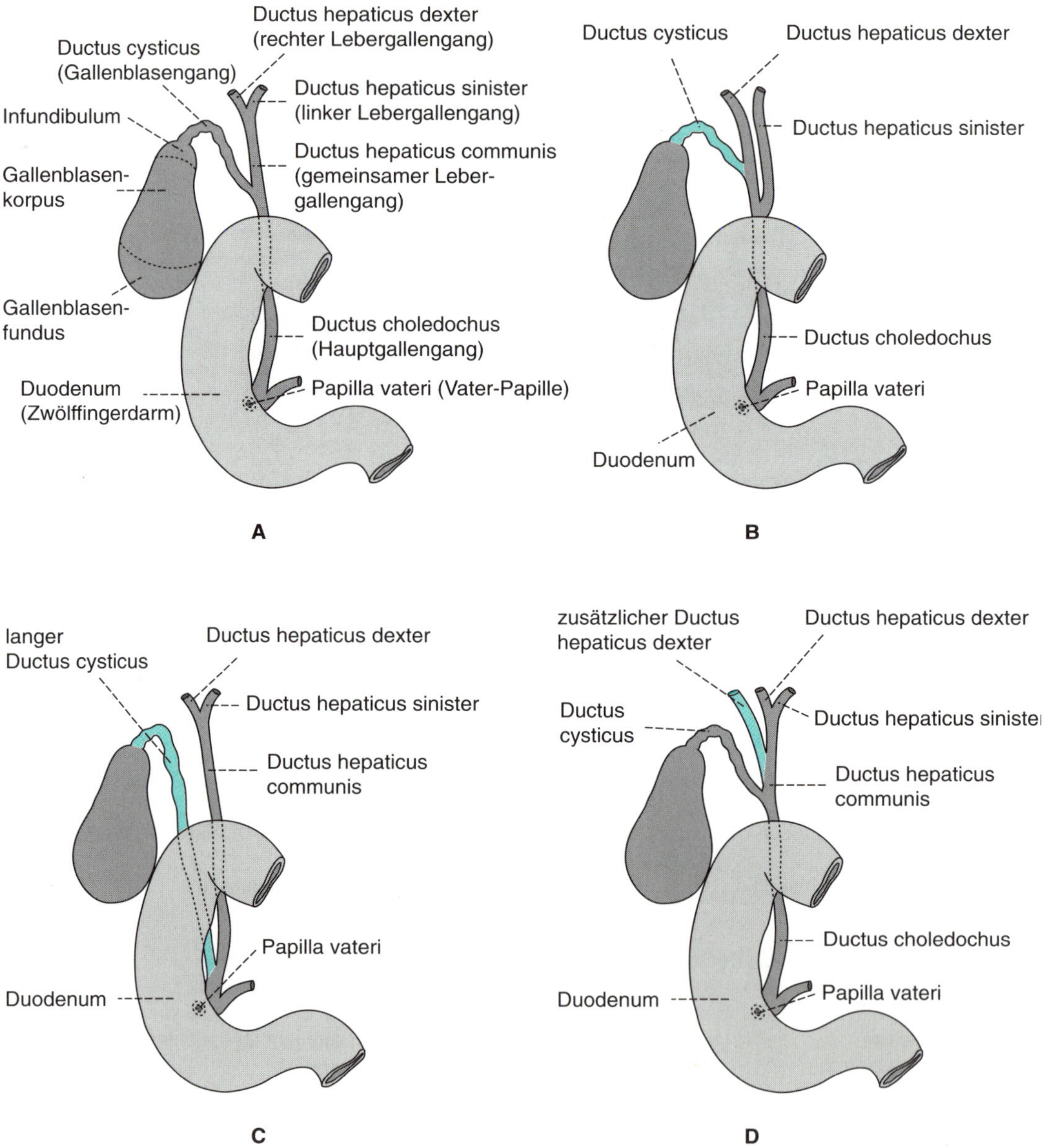

Abb. 22-1 Anatomie der Gallenwege.
A: Normale Anatomie.
B: Einmündung des Ductus cysticus (Gallenblasengang) in den Ductus hepaticus dexter (rechter Lebergallengang).
C: Langer paralleler Verlauf des Ductus cysticus und des Ductus choledochus (Hauptgallengang).
D: Zusätzlicher Ductus hepaticus dexter.

hepatoduodenale zum **Ductus hepaticus communis**, dem gemeinsamen Gallengang. Nach einer variablen Strecke, dem Ductus hepaticus communis (Abb. 22-1 A bis D) mündet der **Ductus cysticus** (Gallenblasengang) ein. Die gemeinsame Endstrecke zum Darm wird **Ductus choledochus** (Hauptgallengang) genannt. Dieser hat eine durchschnittliche Breite von 6 bis 8 mm und zieht nun hinter dem Bulbus duodeni (erster Abschnitt des Zwölffingerdarms) in den Pankreaskopf (Caput pancreatis). Er **mündet** in der **Papille** zusammen mit dem Pankreasgang in den absteigenden Teil des Zwölffingerdarms (Pars descendens duodeni). Es gibt eine **Vielzahl von Papillenvarianten** (s. Abb. 22-1 A bis D).

Die Gallenblase selbst liegt unter dem **rechten** Leberlappen verborgen. In gefülltem Zustand ist sie 8 bis 12 cm lang und 4 bis 5 cm breit. Sie wird eingeteilt in **Fundus, Korpus** und **Hals** (s. Abb. 22-1 A bis D). Der Gallenblasenhals geht in den unterschiedlich langen Gallenblasengang (Ductus cysticus), der sich normalerweise mit dem Ductus hepaticus communis vereint, über. Es gibt eine Vielzahl von Varianten (s. Abb. 22-1 A bis D), deren **Kenntnis chirurgisch** eine **wichtige Rolle** spielt. Nachbarorgane der Gallenblase sind die Leber, der Bulbus duodeni und das Querkolon. Erkrankungen der Gallenblase (Entzündungen und Tumoren) können auf diese Organe übergreifen.

Im Lig. hepatoduodenale ziehen außer dem Ductus choledochus noch die Pfortader (sie sammelt das venöse Blut der Bauchorgane, s. Kap. 21.1) und die A. hepatica (Leberarterie). Ein **Ast dieser Arterie** versorgt die Gallenblase. Auch in seinem Verlauf gibt es eine **Vielzahl** von **Varianten** (Abb. 22-2 A bis D), die chirurgisch bedeutsam sind. Die **Venen** der Gallenblase münden direkt in die Pfortader. Die **nervale** Versorgung erfolgt über den N. phrenicus und sympathisch aus dem Plexus coeliacus.

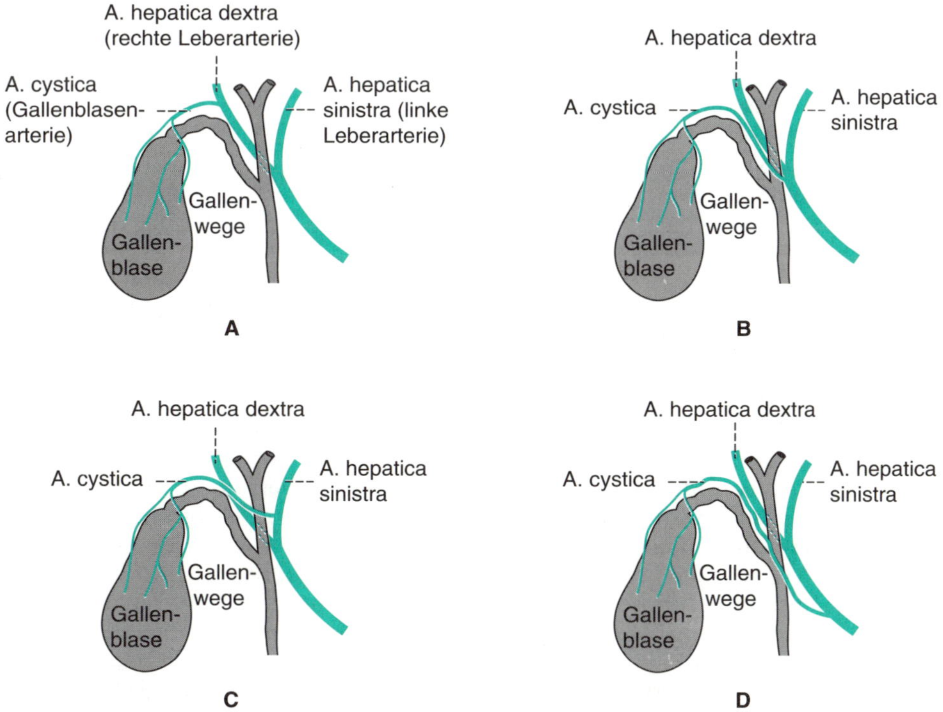

Abb. 22-2 Varianten der Anatomie der Gallengefäße.
A: A. cystica (Gallenblasenarterie) entspringt aus der A. hepatica dextra (rechte Leberarterie), Verlauf hinter den Gallenwegen.
B: A. cystica entspringt aus der A. hepatica communis (gemeinsame Leberarterie).
C: A. cystica entspringt aus der A. hepatica sinistra (linke Leberarterie).
D: A. cystica entspringt tief aus der A. hepatica communis und kreuzt die Gallenwege zur Gallenblase.

Gallenwege und Gallenblase bilden ein ausgeklügeltes **System**, das die **Speicherung** der **Gallenflüssigkeit** und deren **Transport** von der Leber zum Darm reguliert. Hierbei wird die kontinuierlich in der Leber gebildete Galle (Lebergalle) durch einen Sphinktermechanismus (Schließmuskel, glatte Muskulatur) in die Gallenblase geleitet.

Die Leber produziert **ca. 800 bis 1500 ml** Galle pro Tag. Die Gallenflüssigkeit besteht zu 97% aus Wasser, die restlichen 3% setzen sich aus Gallensäuren, Gallenfarbstoff, Cholesterin, Kalzium und Lipiden zusammen. In der Gallenblase wird dieser Flüssigkeit durch einen aktiven Mechanismus Kochsalz (NaCl) entzogen. Um die Osmolarität (Menge der gelösten Teilchen pro Liter Lösung in Mol) aufrechtzuerhalten, folgt Wasser dem Salz. In der eingedickten Restgalle machen die gelösten Bestandteile nun bis zu 20% aus.

Je mehr die Galle eingedickt wird, desto höher ist das Risiko der Gallensteinbildung!

Die eingedickte Galle wird in der Gallenblase gespeichert, bis diese durch einen **äußeren Reiz** zur **Kontraktion** veranlaßt wird. Nahrung, speziell Sahne, Fett, Kaffee und Alkohol, und Cholezystokinin (Hormon aus dem Zwölffingerdarm) stellen solche Reize dar, und deshalb werden diese Stoffe als galletreibende Mittel (**Cholagoga**) bezeichnet.

Gleichzeitig mit der Kontraktion der Gallenblase erschlafft der M. sphincter ampullae hepatopancreaticae (Oddi-Schließmuskel) der ansonsten die Gallenwege an der Papille verschließt. Der Weg in den Darm ist nun frei, der **Rückfluß** der Galle in die Leber wird durch **Klappen** verhindert. Im **Darm** sind besonders die **Gallensäuren unentbehrlich** zur **Aufnahme** von **Fetten** und **fettlöslichen Vitaminen** (A, D, E, K) aus der Nahrung. Der **Gallenfarbstoff** (Bilirubin) als Abfallprodukt des Hämoglobinabbaus aus den roten Blutkörperchen wird mit dem Stuhl ausgeschieden (**Braunfärbung!**). Nach Entleerung der Gallenblase zieht sich der M. sphincter Oddi wieder zusammen und verschließt die Gallenwege, um ein Eindringen von Speisebrei und Bakterien aus dem Zwölffingerdarm ins Gallensystem zu verhindern.

22.2 Leitsymptome der Erkrankungen des Gallensystems

Folgende Symptome treten im Zusammenhang mit Erkrankungen des Gallensystems regelmäßig auf:

- **Koliken:** Hierbei handelt es sich um krampfartige, äußerst schmerzhafte Beschwerden im rechten Oberbauch. Sie entstehen, wenn sich die **glatte Muskulatur** der Gallenblase und Gallenwege stark zusammenzieht, z. B. um ein Hindernis im Gangsystem zu überwinden.
- **Fieber** und **diffuser rechtsseitiger Oberbauchschmerz:** Diese Symptome treten in Verbindung mit Entzündungen der Gallenblase (Cholezystitis) oder der Gallengänge (Cholangitis) auf.
- **Ikterus, Stuhlentfärbung** und **bierbrauner Urin** (s. Kap. 21.2.1)

22.2.1 Ikterus

Der Gallenfarbstoff (Bilirubin) ist ein wichtiger Kontrollparameter für die Funktion des Leber-Gallensystems!

Bilirubin ist ein **Abbauprodukt** des Blutfarbstoffes Hämoglobin. Durch den ständigen Umsatz von roten Blutkörperchen muß er kontinuierlich entsorgt werden. Ist das Leber-Gallensystem in seiner Funktion gestört, kommt es zu einem **Anstieg des Bilirubins** im Blut. Der Farbstoff wird dann in alle Gewebe eingelagert und verursacht eine **Gelbsucht** (Ikterus). Typische Zeichen des Ikterus sind Gelbfärbung von **Haut** und **Skleren** sowie ein durch den Farbstoff hervorgerufener **Juckreiz.**

Ein Ikterus ist hinsichtlich seiner Ätiologie in **drei Untergruppen** (Tab. 22-1) einzuteilen.

- **Prähepatischer** Ikterus (die Ursache liegt **vor** der Leber): Aufgrund einer Hämolyse (Blutzerfall), z.B. durch Antikörper (Wärmeautoantikörper), Fehltransfusion (falsche Antikörper des AB0-, bzw. des Rhesussystems) oder einer künstlichen Herzklappe (mechanische Zerstörung der Blutzellen) besteht ein Überangebot an Bilirubin, das die Leber nicht mehr verarbeiten kann.
- **Intrahepatischer** Ikterus (die Ursache liegt **in** der Leber): Funktionsstörung der Leber, z. B. durch eine Entzündung (Hepatitis = infektiöse Gelbsucht), Zirrhose oder durch Metastasen ausgelöst.

Tab. 22-1 Ätiologie des Ikterus.

Art des Ikterus	Ursache
Physiologischer Neugeborenenikterus	– kurzlebige Erythrozyten und Minderfunktion der Leber sind Ursache des passageren (vorübergehenden) Ikterus
Hämolytischer (prähepatischer) Ikterus	– hämolytische Anämien – Herzklappenersatz – Fehltransplantation – Malaria
Hepatozellulärer (intrahepatischer) Ikterus	– familiäres Hyperbilirubinämiesyndrom – infektiöse Hepatitis (z.B. Virushepatitis) – toxische Hepatitis (z.B. Vergiftung) – medikamentöse Hepatitis (z.B. Halothanhepatitis) – Stauungsleber (bei Herzmuskelschwäche)
Cholestatischer (posthepatischer, mechanischer) Ikterus	– biliäre Zirrhose – bakterielle Infektionen – Gallensteine – Tumoren (Leber, Pankreas, Gallenwege) – Leberzysten, Echinokokkus, Abszeß

– **Posthepatischer** Ikterus (Ursache liegt **hinter** der Leber): In diesem Fall hat die Leberzelle den Gallenfarbstoff korrekt verarbeitet, im Bereich der intra- oder extrahepatischen Gallenwege liegt aber ein Abflußhindernis vor. Es kommt zum Rückstau der Galle (**Cholestase**) und zum Übertritt des Gallenfarbstoffes zurück in die Blutbahn. Der posthepatische Ikterus ist der für die Chirurgie **bedeutsamste**, die häufigsten Ursachen zeigt Abbildung 22-3.

Während beim prä- und intrahepatischen Ikterus **noch** Gallenflüssigkeit gebildet und in den Darm ausgeschieden wird, ist beim posthepatischen Ikterus die **Gallenausscheidung unterbrochen**. Damit kommt auch die **Verdauungsfunktion** der Galle **zum Erliegen** und Fett und fettlösliche Vitamine werden

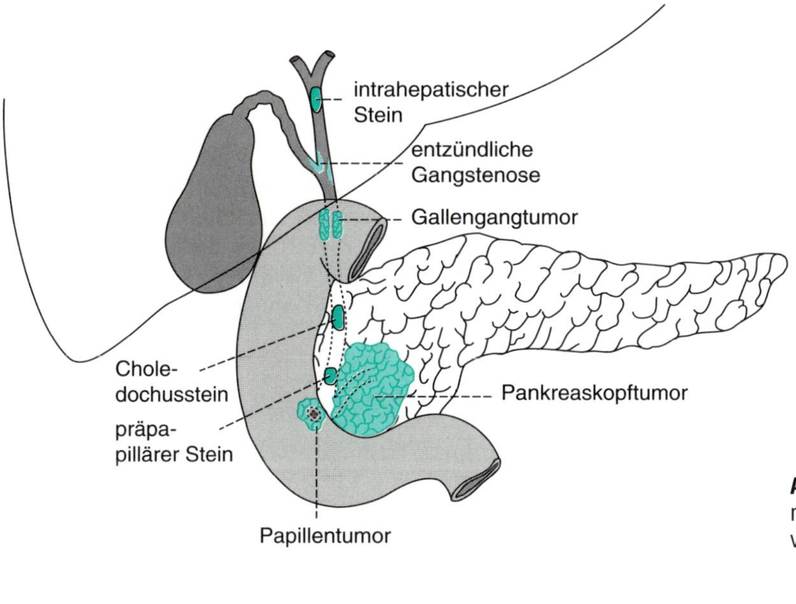

Abb. 22-3 Multiple Verschlußmöglichkeiten der Gallenwege von proximal nach distal.

aus dem Speisebrei nicht mehr aufgenommen, sondern mit dem Stuhl ausgeschieden. Da auch der **Gallenfarbstoff fehlt**, hat der **Stuhl** eine **weißlich-fettige** Farbe. Bei länger bestehendem Ikterus treten **Mangelerscheinungen** wie z.B. die Störungen der Blutgerinnung durch Vitamin-K-Mangel auf. Steigt die Konzentration des Gallenfarbstoffes im Blut hoch genug an, wird ein Teil über die Nieren ausgeschieden und es tritt eine bierbraune Verfärbung des Urins auf. Weitere klinischen Zeichen des posthepatischen Ikterus sind:
- Gelbfärbung der Haut
- Gelbfärbung der Skleren
- generalisierter Juckreiz
- evtl. kolikartige Schmerzen

Entwickelt sich ein posthepatischer Ikterus **langsam** (Tumor), treten **keine** Schmerzen auf. Kommt es hingegen zu einem **plötzlichen** Auftreten eines Abflußhindernisses (Gallenstein), leiden die Patienten unter **starken**, **kolikartigen** Schmerzen.

22.3 Diagnostik

Anamnese und Klinik (z.B. schmerzfreier/schmerzhafter Ikterus) geben erste Hinweise auf das Vorliegen einer Erkrankung der Gallenwege. Durch Laboruntersuchungen (s. Kap. 21, Tab. 21-4) lassen sich Leber- und Gallenerkrankungen differenzieren. Des weiteren kommen folgende **Untersuchungsverfahren** zum Einsatz:
- Sonographie (Darstellung der Gallenblase, Größe, Wandentzündung, Gallensteine, Gallenaufstau, Gangerweiterung).
- Computertomographie (**nur** bei Tumorverdacht indiziert).
- ERC(P), endoskopische retrograde Choledocho-(Pankreato)-graphie. Hierzu wird ein Endoskop durch den Magen in den Zwölffingerdarm vorgeschoben und die Papille (Mündung von Gallen- und Pankreasgang) aufgesucht. Durch den Arbeitskanal des Endoskops wird ein kleiner Kunststoffkatheter in das Gangsystem vorgeschoben. Nach Kontrastmittelgabe über diesen Katheter sind unter Durchleuchtung die Gallen- und Pankreasgänge zu sehen. Die Untersuchung zeigt alle **Abflußhindernisse** im Gallen- und Pankreasgangsystem und ermöglicht **gelegentlich** auch eine **sofortige Therapie** (Steinentfernung, Einlage einer Gallengangdrainage).
- PTC (perkutane transhepatische Cholegraphie). Die Untersuchung verläuft wie die ERC, ist aber **risikoreicher** und **invasiver.** Eine Darstellung der Pankreasgänge ist **nicht** möglich.
- Darstellung der Gallenwege durch Gabe eines intravenösen Kontrastmittels (i.v.-Galle), das über die Galle ausgeschieden wird. Diese Untersuchungsmethode ist weitgehend von der ERCP verdrängt.
- Abdomenleeraufnahme (Darstellung von Luft in den Gallenwegen (**Aerobilie**) und kalkhaltigen Gallensteinen).

II Spezieller Teil

22.4 Angeborene Anomalien

Angeborene Anomalien des Gallensystems mit Krankheitswert sind **selten**. Man unterscheidet zwischen angeborenen **extra-** und **intrahepatischen Stenosen** (Atresien, s. Kap. 36.14.1) bzw. Erweiterungen der Gallengänge (idiopathische Choledochuszyste, s. Kap. 36.14.2).

22.5 Entzündungen

Entzündungen des Gallensystems entstehen fast ausschließlich in Zusammenhang mit Abflußhindernissen. Gallensteine, in denen sich häufig Bakterien nachweisen lassen, zählen zu den Hauptverursachern. Entzündungen der Umgebung und aufsteigende Entzündungen aus dem Zwölffingerdarm sind seltener die Ursache einer Cholangitis (Gallenwegentzündung) oder Cholezystitis (Gallenblasenentzündung).

22.5.1 Cholangitis (Gallenwegentzündung)

Ätiologie/Pathogenese: Die Cholangitis beschreibt eine Entzündung der intra- und extrahepatischen Gallenwege. Ursächlich liegt meist ein **Abflußhindernis** vor. Mit zunehmender Entzündung wird die Gallenflüssigkeit **immer dickflüssiger** und es kommt zu einen „Circulus vitiosus" (Teufelskreis), da die eingedickte Galle die Engstelle überhaupt nicht mehr passieren kann. Zusätzlich kommt es zu einer Schwellung der Gallengangwände, die das Lumen weiter einengt.

Symptome: Eine akute Cholangitis führt zu **rechtsseitigen Oberbauchschmerzen** und **Fieber**, gelegentlich auch zu **Schüttelfrost**. Häufig tritt auch ein **Ikterus** mit all seinen klinischen Zeichen auf.

Diagnose: Klinik und Laborveränderungen (Entzündungsparameter, Bilirubinanstieg) sind erste **Wegweiser.** Sonographisch oder endoskopisch (ERC) gelingt meist der Nachweis eines Abflußhindernisses. Typischerweise tritt die Cholangitis bei Gallensteinen (40%) und nur selten bei stenosierenden Tumoren (10%) auf. In der Röntgenübersicht des Abdomens oder im CT läßt sich gelegentlich Luft (Aerobilie) in den Gallenwegen nachweisen.

Therapie: Wichtigste Maßnahme ist die **Beseitigung** des Abflußhindernisses, z.B. durch endoskopische Steinentfernung, Papillotomie (Erweiterung der Papille mit Hilfe eines elektrischen Messers im Rahmen der ERC) oder Operation. Die Gabe gallengängiger Antibiotika (z.B. Rocephin®) unterstützt die Therapie ebenso wie die Verabreichung von Medikamenten, die die glatte Muskulatur der Gallenwege entspannen (z.B. Buscopan®).

Prognose: Die Entzündung kann **aufsteigen** und zu **Leberabszessen** führen. Bei länger bestehender Cholangitis kommt es durch die Entzündung und die nachfolgende Vernarbung und Einengung der Gallenwege (s. Abb. 22-3) zur Leberschädigung, die bis zur **Zirrhose** reichen kann. Die schwere Cholangitis hat auch heute noch eine Letalität von 8%.

Eine **Sonderform** der Cholangitis stellt das Krankheitsbild **der primär sklerosierenden Cholangitis** dar. Es tritt in jedem Lebensalter auf, die Ursache ist **nicht** bekannt. Die Sklerosierung (Vernarbung) führt zu ausgeprägten Einengungen der Gallenwege (s. Abb. 22-3) mit entsprechenden Stauungszeichen. Eine wirkungsvolle Therapie ist nicht bekannt, gelegentlich werden die Stenosen operativ beseitigt. Letzten Endes bringt nur eine **Lebertransplantation** Aussicht auf Heilung.

22.5.2 Cholezystitis (Gallenblasenentzündung)

Akute Cholezystitis

Ätiologie/Pathogenese: Ursache der akuten Gallenblasenentzündung ist meist eine **Steineinklemmung** (ca. 90% aller Fälle) im Gallenblasenhals oder im Ductus cysticus. Hierdurch kann die Gallenflüssigkeit nicht mehr aus der Blase abfließen. Es kommt zu einer primär serösen Entzündung. Die Gallenblasenwand resorbiert (nimmt auf) den Gallenfarbstoff und sezerniert (gibt ab) Flüssigkeit in die Blase. Hierdurch wird die Gallenblase ausgedehnt. Es entsteht ein **Gallenblasenhydrops**, der immer noch seröse (klare, nicht eitrige) Flüssigkeit enthält und noch **keine bakterielle Besiedlung** aufweist. Dies erfolgt innerhalb weniger Stunden bis Tage. Die Bakterien (in der Regel aus dem Darm, seltener aus dem Blut) finden in der Gallenblase einen idealen Nährboden und vermehren sich rasch. Folge ist eine Gallenblasenvereiterung (**Empyem**). Gelegentlich tritt eine Cholezystitis ohne erkennbare Ursache im Rahmen einer längeren Intensivtherapie auf („Intensivgalle"). Pathologisch kommen hier hauptsächlich **zwei Mechanismen** in Frage.

- **Lange parenterale Ernährung:** Es fehlt der Kontraktionsreiz, die Gallenflüssigkeit dickt ein, Bakterien steigen auf, die Folge ist eine Entzündung.
- **Schockgallenblase:** Durch Medikamente (besonders durch hohe Adrenalindosen), niederen Blutdruck, schlechte Sauerstoffsättigung oder Schock verursachte Ischämie (Minderdurchblutung) der Gallenblase. Sie führt zur Entzündung und/oder Nekrose.

Symptome: Der akute Verschluß des Gallenblasenausgangs führt zu einer Wanddehnung und damit zum typischen rechtsseitigen Oberbauchschmerz.

Die einzelnen Stadien der Erkrankung (Hydrops, Empyem) lassen sich klinisch nicht differenzieren. Sie werden unter dem Begriff „akute Galle" zusammengefaßt!

Des weiteren treten die typischen Entzündungszeichen (Fieber, Schwäche, Krankheitsgefühl) auf. Ist der **Gallengang nicht beteiligt**, tritt **kein Ikterus** auf.

Diagnose: Im Blutbild finden sich die Zeichen einer Entzündung (Leukozytose, Linksverschiebung). Die Blutkörperchensenkungsgeschwindigkeit (BSG) ist stark beschleunigt. Leberwerte und Bilirubin können normal sein, wenn die abführenden Gallengänge steinfrei sind. Im Sonogramm kann die verdickte Gallenblasenwand, evtl. begleitet von einem entzündlichen Flüssigkeitssaum um die Gallenblase herum, nachgewiesen werden.
Therapie: Die akute Cholezystitis kann **primär** mit der Verabreichung von Antibiotika, der Anwendung fiebersenkender Maßnahmen und einer Nahrungskarenz **konservativ** behandelt werden (s.a. Kap. 22.8). Im weiteren Verlauf schließt sich ein Nahrungsaufbau mit Gallenschonkost an. Bei erfolgreicher konservativer Therapie sollte eine **Cholezystektomie** (Entfernung der Gallenblase) im **beschwerdefreien** Intervall erfolgen. Das Risiko der Letalität ist in diesem Stadium geringer (0,5%) als bei einer akuten Infektion (5%). Diese ist vor allem bei einer gleichzeitig bestehenden **Cholezystolithiasis** (Steingallenblase) indiziert.

Liegt ein Gallenblasenhydrops oder ein Empyem vor, kann die Operation **nicht** länger **aufgeschoben** werden. Sie muß **notfallmäßig** durchgeführt werden.
Komplikationen: In 10% der Fälle kommt es zu einer **Perforation** der Gallenblase, die mit einer **galligen Oberbauchperitonitis** (Bauchfellentzündung) einhergeht. Es muß dann im Rahmen einer notfallmäßigen Operation die Gallenblase entfernt werden (s.u.). Liegt eine **frische** Peritonitis vor (nicht älter als 24 Stunden) genügt das **Spülen** des Oberbauches mit Ringer- oder physiologischer Kochsalzlösung. Bereits vorhandene Fibrinbeläge (durch die Entzündung verursachte Fibrinausschwitzung) müssen sorgfältig entfernt werden. Eine **ältere** Peritonitis, die den gesamten Bauchraum betrifft, muß **offen** bleiben.

Chronische Cholezystitis

Ätiologie/Pathogenese: Heilen Entzündungsschübe immer wieder aus und wird keine Operation durchgeführt, entwickelt sich eine chronische Gallenblasenentzündung. Die Wand der Gallenblase **verschwielt** und schrumpft („Schrumpfgallenblase"). Gelegentlich **lagert** sie **Kalk ein** („Porzellangallenblase").

Symptome: Im Intervall oft keine, im akuten Schub wie bei der akuten Cholezystitis. Durch Vernarbung des Gallenganges kann dort eine Stenose entstehen, die zum Ikterus führen kann.
Diagnose: Sonographie, Labor und Computertomographie (CT). Beweisend ist nur die Histologie.
Therapie: Cholezystektomie. Bei Stenosen des Gallenganges muß gelegentlich eine Drainage eingelegt werden. Im Extremfall wird eine sog. **biliodigestive Anastomose** notwendig. Diese dient der Drainage des Gallenwegsystems in das Intestinum (Eingeweide, Darm). Die Art der biliodigestiven Anastomose richtet sich nach dem Grundleiden. Folgende **Varianten** (Abb. 22-4 A und B) sind möglich:
- End-zu-Seit-Anastomose zwischen Ductus hepaticus (Ende) und hochgezogener Dünndarmschlinge (Seite).
- End-zu-Seit-Anastomose zwischen Ductus hepaticus (Ende) und ausgeschalteter Dünndarmschlinge (Seite).

22.6 Steinleiden

22.6.1 Cholezystolithiasis

Ätiologie/Pathogenese: Das Gallensteinleiden ist eine **Wohlstandserkrankung**. Etwa jeder sechste Mann und jede dritte Frau in Mitteleuropa sind betroffen. Die Steine entstehen dann, wenn der Löslichkeitskoeffizient (Fähigkeit einer Flüssigkeit, einen Stoff zu lösen) der Stoffe in der Gallenblase durch die Eindickung überschritten wird. Man kann **verschiedene** Gallensteine unterscheiden. In unseren Breiten enthalten 60% aller Steine überwiegend **Cholesterin**, 27% sind **Mischsteine** und 13% enthalten soviel **Kalzium**, daß sie radiologisch nachgewiesen werden können. Die **Risikofaktoren**, die zum Entstehen von Gallensteinen führen können, sind:
- genetische Faktoren
- Übergewicht, Fastenkuren
- hormonelle Faktoren
- Diabetes mellitus
- Hyperlipidämie
- Morbus Crohn
- Insulintherapie
- parenterale Ernährung

In diesem Zusammenhang sei an den **Merksatz** mit den **fünf „F"** erinnert (fat, fair, fourty,

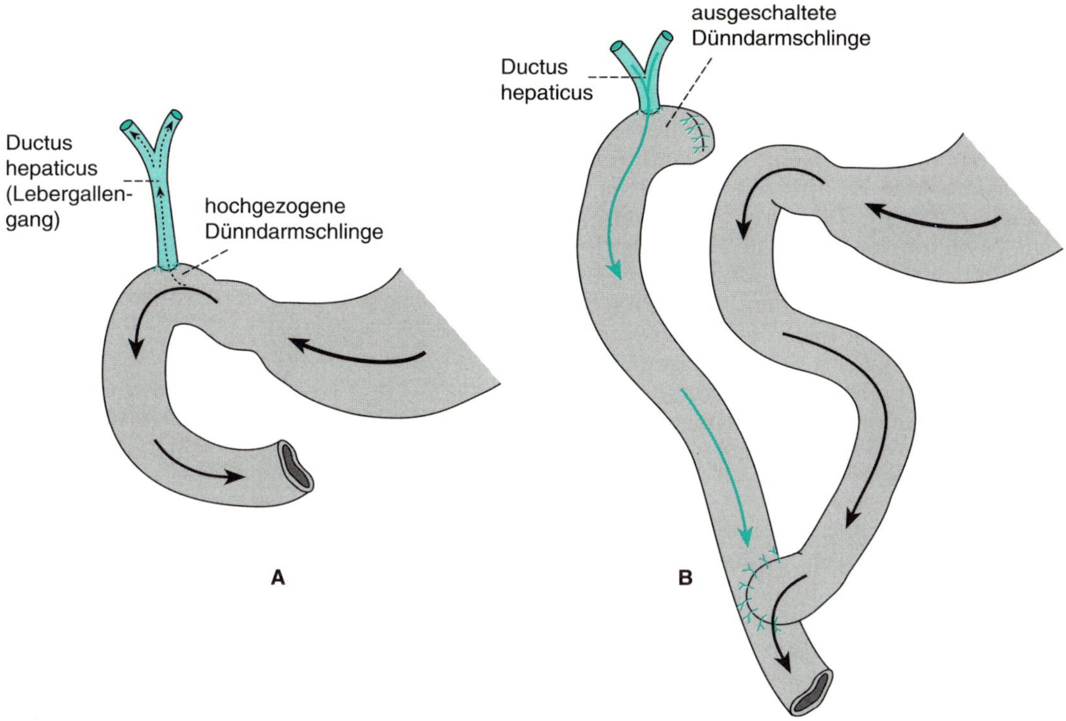

Abb. 22-4 Biliodigestive Anastomosen.
A: End-zu-Seit-Anastomose zwischen Ductus hepaticus (Ende) und hochgezogener Dünndarmschlinge (Seite). Anteile des vorbeiziehenden Speisebreis können in die Gallenwege aufsteigen (Pfeile) und Entzündungen hervorrufen.
B: End-zu-Seit-Anastomose zwischen Ductus hepaticus (Ende) und ausgeschalteter Dünndarmschlinge (Seite). Es kommt kein Speisebrei an der Anastomose vorbei (Pfeile) und eine aufsteigende Cholangitis ist seltener.

female, fertile). Bei diesen Frauen ist das Risiko für die Steinentstehung besonders groß.

Gallensteine entstehen fast immer in der Gallenblase und **wandern** dann manchmal durch den Ductus cysticus in die Gallengänge. Steine, die primär im Gallengangsystem entstehen, sind eine Rarität.

Die **Gallensteingröße variiert** zwischen wenigen Millimetern (Gallengries) und einigen Zentimetern. Der größte Stein, der je entfernt wurde, wog 6,5 Kilogramm.

Symptome und Komplikationen: Gallensteine verursachen **primär keine Beschwerden**. Viele Gallensteine sind in heutiger Zeit Zufallsbefunde bei einer Sonographie des Abdomens. Sie erlangen erst Krankheitswert, wenn Beschwerden oder Komplikationen (Entzündung, Gangverschluß, Perforation, Penetration) auftreten. Die Beschwerden können jedoch von Patient zu Patient sehr **unterschiedlich** sein.

Ein typisches Beschwerdebild ist die **Gallenkolik**. Sie entsteht, wenn ein Hindernis (Stein) den Ausgang der Gallenblase verschließt oder den Hauptgallengang blockiert. Dann versucht die glatte Muskulatur der Wand durch **heftige Kontraktionen,** dieses Hindernis zu überwinden. Dadurch entstehen die typischen, **wellenartigen** starken Schmerzen.

Gelegentlich **bricht** ein Gallenstein direkt durch die **Gallenblasenwand** und gelangt dann entweder in den freien Bauchraum (**Perforation**) oder in den Darm (**Penetration**). Im Darm kann ein großer Gallenstein an einer Engstelle weiter distal einen Ileus (Darmverschluß) verursachen.

Manchmal tritt auch ein Ikterus auf, obwohl kein Gallenstein im Gallengang nachweisbar ist. In diesem Fall drückt ein großer Gallenblasenstein, der im Gallenblasenhals sitzt, auf den Ductus hepaticus communis und führt so zu einem Verschluß (Mirrizzi-Syndrom).

22

Diagnose: Laborwerte, Sonographie, bei einem Ikterus ERC(P), evtl. CT.

Therapie: Die Therapie der symptomatischen (beschwerdeverursachenden) Gallensteine ist die **Cholezystektomie**. Sie kann **offen** durch einen Schnitt am Rippenbogenrand rechts oder **laparoskopisch** (durch eine Bauchspiegelung) erfolgen. Letzteres Verfahren ist heute Methode der Wahl. Die beiden Techniken unterscheiden sich allerdings nur durch den Zugang zum Abdomen. Das Vorgehen im Bauchraum ist meist gleich. Zunächst werden die A. cystica (Gallenblasenarterie) und der Ductus cysticus durchtrennt. Wegen der vielen anatomischen Varianten (s. Abb. 22-1 A bis D und 22-2 A bis D) ist höchste **Vorsicht** geboten.

Die A. cystica und der Ductus cysticus müssen vor der Durchtrennung eindeutig identifiziert sein. Eine Verwechslung mit den anderen in dieser Region liegenden Stukturen ist fatal, da Pfortader und Leberarterie nicht durchtrennt werden dürfen (Lebernekrose, Leberversagen)!

Danach kann die Gallenblase aus dem Leberbett ausgelöst werden (Abb. 22-5). Nach einer elektiven (geplanten) Operation muß keine Drainage eingelegt werden. Liegen entzündliche Veränderungen vor, muß der Bauchraum mit einer freien intraabdominellen Drainage (Easy Flow-Drainage, Abb. 22-6) versorgt werden. Bei offener Operation wird zusätzlich eine Redon-Drainage in die Bauchdecke eingelegt.

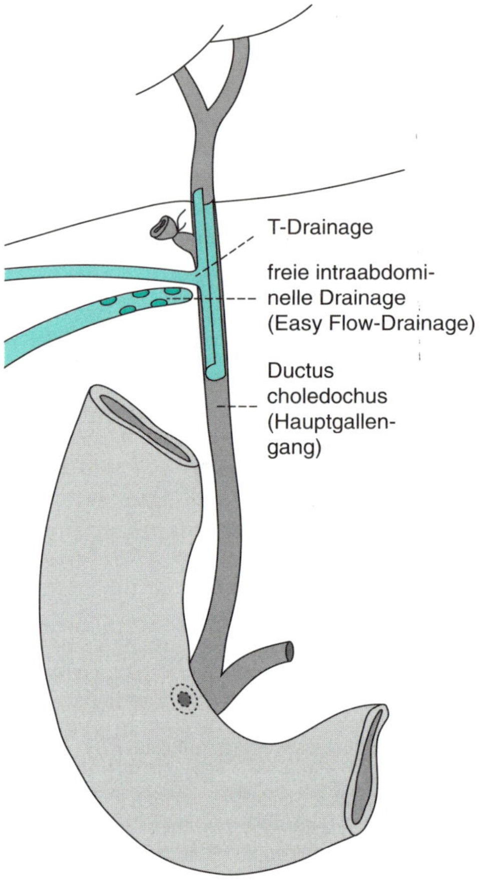

Abb. 22-6 Drainagen nach Gallenblasenentfernung und Choledochusrevision.

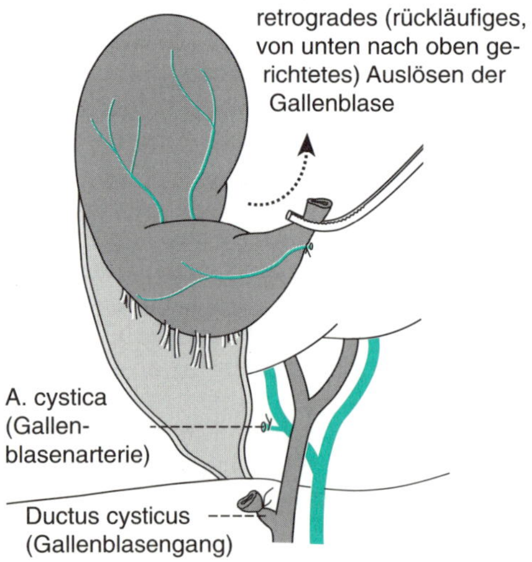

Abb. 22-5 Technik der Cholezystektomie.

Komplikationen: Nach der Operation können **Infektion, Nachblutung** oder **Wundheilungsstörung** auftreten. Die geplante Gallenblasenentfernung ist kaum mit einem Risiko (Letalität 0,5%) verbunden. Selten werden Gallengänge oder große Gefäße bei der Operation verletzt. Diese müssen dann rekonstruiert werden. Bei Notfalleingriffen sind die Risiken ungefähr zehnmal höher.

Prognose: Die Gallenblase kann in der Regel **folgenlos** entfernt werden. Gelegentlich tritt aber ein sog. **„Postcholezystektomiesyndrom"** auf. Unter diesem Begriff werden alle **unklaren** Beschwerdezustände nach einer Cholezystektomie zusammengefaßt (Speiseunverträglichkeit, Oberbauchschmerzen, etc.).

22.6.2 Choledocholithiasis

Ätiologie/Pathogenese: Sie ist mit der der Cholezystolithiasis identisch. Die Steine entstehen in der Gallenblase und wandern durch den Ductus cysticus in die Gallenwege.
Symptome: Koliken und Ikterus sind die typischen Symptome der Choledocholithiasis. Gelegentlich tritt gleichzeitig auch eine **Pankreatitis** auf, wenn der Stein an der Papille auch den Abfluß aus dem Pankreasgang blockiert (s. Kap. 23.5.2).
Therapie: Gallensteine aus den Gallenwegen können heute gewöhnlich **im Rahmen einer ERC** entfernt werden. Hierzu gibt es spezielle Instrumente, die durch das Endoskop in den Gallengang vorgeschoben werden können (Ballonkatheter, Faßzange, etc.).

Gelingt dies nicht, müssen die Steine operativ entfernt werden. Meist wird dies dann mit einer Cholezystektomie verbunden. Nach der Entfernung der Gallenblase wird der Choledochus eröffnet, gespült, evtl. mit einem Endoskop inspiziert und geröntgt (Choledochusrevision). Nach Entfernung aller Steine wird die eröffnete Stelle vernäht und eine **T-Drainage** (s. Abb. 22-6) eingelegt. Sie ermöglicht eine Röntgenkontrolle nach der Operation sowie eine Spülbehandlung bei vergessenen Steinen. Zur weiteren postoperativen Versorgung der T-Drainage s. Kap. 22.10.3.
Komplikationen: Sie sind ähnlich denen der Cholezystektomie, treten aber **häufiger** auf. Hinzu kommt die Möglichkeit der **Nahtinsuffizienz** am Choledochus.

Die ERC hat folgende Risiken: Perforation, Blutung, Mißlingen, Pankreatitis. Auch sie geht mit einer Letalität von 1% einher.

22.7 Tumoren des Gallensystems

22.7.1 Gallenblasenkarzinom

Das Gallenblasenkarzinom ist das **fünfthäufigste** gastrointestinale Karzinom. 1% aller Steinträger erkranken daran. Die Symptomatik besteht aus Oberbauchschmerzen, schmerzlosem Ikterus und Gewichtsabnahme. Die Diagnose wird mittels Computertomographie, Sonographie und ERC gestellt.

Der Tumor greift frühzeitig auf die Gallenwege und die Leber über. Er ist **nach Diagnosestellung nur noch in 20% der Fälle operabel**. Die Fünf-Jahres-Überlebenszeit ist mit 5% sehr schlecht. Wirkungsvolle **adjuvante** (unterstützende) Therapien stehen **nicht** zur Verfügung. **Palliativ** (zur Linderung der Beschwerden) kommt beim Verschluß der Gallenwege die endoskopische oder perkutane (durch die Haut) **Einlage von Drainagen** in Frage.

22.7.2 Gallengangkarzinom

Ätiologie, Symptome, Diagnose: Das echte Gallengangkarzinom ist **seltener** als das Gallenblasenkarzinom. Die Symptomatik ist ähnlich, der Ikterus tritt jedoch früh auf. Computertomographie, Sonogramm und ERC weisen den Tumor nach.
Therapie: Wegen des frühen Ikterus ist die **Rate** der **operablen** Befunde **höher** als beim Gallenblasenkarzinom (33%). Nach einer radikalen Operation liegt die Fünf-Jahres-Überlebensrate bei 25%. Bei **inoperablen** Tumor leben die Patienten allerdings nur noch **wenige Monate** nach der Diagnosestellung. Ansonsten gilt gleiches wie beim Gallenblasenkarzinom.

Die operative Therapie besteht in der **radikalen Resektion** der Gallenwege. Die Verbindung zwischen dem Gallensystem und dem Darm muß dann durch eine sog. biliodigestive Anastomose wiederhergestellt werden (s.a. Abb. 22-4 A und B). Die Eingriffe sind schwierig, die Anastomosen auf Dauer komplikationsträchtig, da sie zur Verengung (Stenose) neigen und häufig aufsteigende Cholangitiden zulassen.
Differentialdiagnose: Differentialdiagnostisch kommen Papillen-, Pankreaskopfkarzinom sowie Tumoren aus der Leber in Frage.

III Pflegerischer Teil

22

22.8 Allgemeine Maßnahmen bei auftretenden Symptomen

Folgende Symptome sind bei Erkrankungen der Gallenblase sowie der Gallenwege charakteristisch (s.a. Kap. 22.2) und erfordern pflegerische Interventionen:
- Ikterus/Juckreiz der Haut
- Schmerzen im rechten Oberbauch/Koliken
- Fieber/Schüttelfrost
- Übelkeit/Erbrechen

Die nachstehenden Maßnahmen sind vor allem bei einer konservativen Therapie akuter Gallenerkrankungen angezeigt.

22.8.1 Ikterus/Juckreiz

Das auffälligste Symptom der verschiedenen Gallenerkrankungen ist die Gelbsucht (Ikterus), besonders **deutlich** an der **Lederhaut der Augen** (Skleren) und der **Haut** zu erkennen, verbunden mit **anhaltendem** Juckreiz der Haut. Die Gelbfärbung entsteht durch eine hohe Gallenfarbstoffkonzentration im Blut, Ablagerungen von Gallensäuren in der Haut sind für den Juckreiz verantwortlich. Der Stuhl ist hell bis weiß und der Urin dunkel gefärbt. Folgende Maßnahmen können den Patienten **Erleichterung** verschaffen:
- Linderung des Juckreizes durch vom Arzt verordnete juckreizstillende Medikamente, z.B. Aufbringen von Puder auf die Haut (Fenistil®-Puder)
- mehrmaliges Duschen bzw. kühlende Waschungen evtl. mit kleiehaltigen Präparaten können hilfreich sein (**warme** Vollbäder und Wickel sind zu **vermeiden**)
- Patienten **Beschäftigung/Ablenkung** anbieten (z.B. Radio, Fernsehen, Spiele, Zeitschriften, Gespräche)

22.8.2 Schmerzen im rechten Oberbauch/ Koliken

Kommt es zu einer Gallensteineinklemmung im Gallengang oder in der Gallenblase, äußert sich dies beim Patienten mit Schmerzen im rechten Oberbauch ausstrahlend in die rechte Schulter und in den Rücken. Die Schmerzen verlaufen krampfartig, da die Peristaltik des Gallengangs bzw. der Gallenblase versucht, das Hindernis weiterzubefördern. Für die Patienten sind nachstehende Regeln und Maßnahmen einzuleiten:
- Bettruhe
- Nahrungskarenz (Schmerzen treten häufig nach **fettreichen** Mahlzeiten auf, da Fett die Kontraktion der Gallenblase anregt)
- Verabreichung ärztlich verordneter Analgetika und Spasmolytika (häufig per Infusion)
- Überwachung und Dokumentation der Infusionstherapie
- evtl. **physikalische** Schmerzlinderung durch Auflegen warmer Bauchwickel zur lokalen Entspannung (s.a. Kap. 20.10.4, Abb. 20-8)
- zusätzlich Lagerungshilfsmittel (z.B. Knierolle) zur entspannten Lagerung
- Hilfestellung bzw. Übernahme der Aktivitäten des täglichen Lebens (Körperpflege, Mundhygiene, Hilfe bei der Ausscheidung, etc.)
- Durchführung von Thrombose-, Dekubitus- und Pneumonieprophylaxe

22.8.3 Fieber/Schüttelfrost

Aus dem Darm aufsteigende Bakterien (z.B. Escherichia coli) können eine Entzündung der Gallenblase (bei Steinleiden) verursachen und damit hohes Fieber (höher 38,5 °C) und Schüttelfrost hervorrufen. Bei den Patienten sind folgende Interventionen angezeigt:
- **engmaschige** Temperaturkontrollen
- auf **ausreichende** Flüssigkeitszufuhr achten (2 bis 2,5 Liter)
- Austrocknungszeichen wie stehende Hautfalten beachten
- Überwachung von Atmung, Herzkreislauftätigkeit und Bewußtsein
- bei starken Schweißabsonderungen **häufige Körperwaschungen** und Wäschewechsel vornehmen
- bei Schüttelfrost den Arzt informieren; während des **Temperaturanstieges** die Wärmezufuhr **erhöhen** (zweite Decke, Wärmflasche) und nach Erreichen der **maximalen** Temperatur Wärmespender wieder **entfernen**
- Wadenwickel auf ärztliche Anordnung
- bei kalten Waschungen **Zugluft vermeiden** (Erkältungsgefahr)
- nach Temperaturabfall dem Patienten Ruhe ermöglichen
- evtl. Zimmer **abdunkeln** (grelles Licht vermeiden)

22.8.4 Übelkeit/Erbrechen

Aufgrund der starken Schmerzen während der Gallenkolik kommt es **reflektorisch** zu Übelkeit und Erbrechen (s.a. Kap. 17.13.3), der Patient ist wie folgt zu unterstützen:
- bei Übelkeit/Erbrechen Patienten möglichst **aufrecht** sitzen lassen
- Nierenschale und Zellstoff reichen bzw. in erreichbare Nähe stellen
- Klingel in erreichbare Nähe
- Zahnprothesen evtl. entfernen
- Patienten nach Erbrechen Möglichkeit zur **Zahn-** und **Mundhygiene** geben
- evtl. **Wäsche-** und **Kleiderwechsel** sowie Körperreinigung durchführen
- Durchführung von Soor- und Parotitisprophylaxe
- Vitalzeichenkontrolle
- gebrauchtes Material entsorgen und frisches bereitstellen
- Dokumentation von Menge, Konsistenz, Farbe, Geruch und Beimengungen des Erbrochen

22.9 Präoperative Vorbereitungen

Allgemeine präoperative Maßnahmen werden in Kap. 8.1 beschrieben.

22.9.1 Nahrungsabbau/Darmreinigung

Am Vorabend der Operation erhält der Patient zum Abendessen flüssige Kost (z.B. Milchsuppe) und Tee (nach individuellen Wünschen). Ab 22.00 Uhr besteht absolute Nahrungskarenz und Rauchverbot. Zur Darmreinigung wird dem Patienten ein Klistier verabreicht.

22.9.2 Rasurschema

Die Rasur des Hautgebietes erfolgt zwischen vorderer Axillarlinie bis einschließlich oberer Schambehaarung (s. Kap. 21, Abb. 21-6).

22.9.3 Einüben postoperativer Fähigkeiten

Um dem Patienten die Angst vor dem ersten postoperativen Aufstehen zu nehmen, sollte mit ihm das **Enbloc-Aufrichten** eingeübt werden (s.a. Kap. 18, Abb. 18-15). Gleichzeitig ist dem Patienten zu veranschaulichen, daß beim Husten oder Niesen zur Schmerzverringerung mit beiden Händen ein Gegendruck im Bereich der Operationsnarbe hilfreich ist. Dies kann auch für das erste postoperative Aufstehen genutzt werden. Während der Patient mit den Händen diesen Gegendruck im Operationsbereich erzeugt, unterstützt ihn eine Pflegekraft am Rücken und eine zweite Pflegekraft unterfaßt die Knie und dreht den Patienten auf die Bettkante.

22.10 Postoperative Maßnahmen

Allgemeine postoperative Maßnahmen werden in Kap. 8.2 beschrieben. Die Besonderheit nach operativen Eingriffen am Gallensystem ist der **Umgang** und die **Überwachung** der intraoperativ eingelegten **T-Drainage**.

22.10.1 Lagerung/Mobilisation

Nach der Operation äußert der Patient häufig Schmerzen im operierten Bereich. Neben der Gabe ärztlich verordneter Schmerzmittel kann auch die Einlage einer Knierolle schmerzerleichternd wirken, da hierbei eine Entspannung der Bauchmuskulatur erreicht wird. Zur Verbesserung der Atmung empfiehlt es sich, eine **30° Oberkörperhochlagerung** vorzunehmen.

Die Mobilisation des Patienten erfolgt als **Frühmobilisation**, d.h., das erste Aufstehen erfolgt **bereits am Operationstag,** wenn der Patient zeitlich, örtlich und zur Person orientiert ist, **frühestens** jedoch **sechs Stunden nach** Operationsende. Dabei ist selbstverständlich die individuelle Situation des Patienten zu berücksichtigen.

Die frühe Mobilisationsstufe umfaßt das **Sitzen** an der **Bettkante** sowie das **Stehen vor** dem **Bett**. Während der Mobilisation ist der Patient genau auf Anzeichen einer Kreislaufschwäche (Blässe, Angabe von Schwindel) zu beobachten. Der Patient sollte während des Stehens geradeaus blicken und falls keine Anzeichen einer Kreislaufschwäche auftreten, ist er aufzufordern, einige **Bewegungsübungen** (Knie hochziehen, Füße bewegen) zu machen.

22.10.2 Nahrungsaufbau/Darmanregung

Die intraoperativ eingelegte Magensonde (Verhinderung einer Aspiration von Magensaft während der Operation) wird je nach Fördermenge 12 bis 48 Stunden nach Operationsende entfernt. Am zweiten bis dritten postoperativen Tag ist die Darmtätigkeit falls notwendig durch Verabreichen eines Klistiers anzuregen. Nach **Einsetzen** der Darmtätigkeit (Patient hat Stuhlgang) darf er **schluckweise** Tee trinken (maximal 300 ml in 24 Stunden). Wird die orale Teezufuhr vom Patienten gut vertragen (keine Übelkeit, kein Erbrechen), **erhöht** sich die Trinkmenge am **folgenden** Tag auf ca. 1000 ml in 24 Stunden. Die Zufuhr der parenteralen Ernährung (Infusionslösungen) ist entsprechend der oralen Zufuhr laut ärztlicher Anordnung zu reduzieren. Etwa am **vierten bis fünften postoperativen Tag** beginnt der **Kostaufbau** mit leicht verdaulicher Kost, d.h. in der Regel erhält der Patient Hafer-, Schleimsuppe, Breispeisen, passierte Kost bis zum Erreichen der Vollkost.

22.10.3 Überwachung der Drainagen

Bedingt durch die intraoperative Manipulation kann eine **Schwellung** (Ödem) an der Papilla vateri auftreten. Dadurch kommt es zu einer Behinderung des Abflusses der Gallenflüssigkeit und damit verbunden zu einem **Gallenrückstau** in der Leber. Um dies zu vermeiden, wird nach Eröffnung des Ductus choledochus (Hauptgallengang) eine T-Drainage eingelegt, die die Gallenflüssigkeit **nach außen** in einen Sekretauffangbeutel ableitet.

Mit Fördermengen bis ca. 1000 ml pro 24 Stunden ist in den ersten ein bis zwei Tagen zu rechnen. Mit Abnahme des Ödems an der Papilla vateri kann die Gallenflüssigkeit ins Duodenum (Zwölffingerdarm) abfließen, so daß sich die Sekretmenge nach außen verringert.

Damit die Gallenflüssigkeit gut abfließen kann, wird der Sekretauffangbeutel postoperativ unterhalb des Patienten am Bett befestigt. Die Füllmenge des aufgefangenen Sekretes ist am Beutel mit Datum und Uhrzeit zu vermerken. Erst bei vollständiger Füllung des Beutels erfolgt ein Wechsel unter Einhaltung aseptischer Verbandprinzipien (geschlossenes System, s.a. Kap. 9.1.7).

Aufgrund des erhöhten Infektionsrisikos, ist die Anzahl der Beutelwechsel gering zu halten!

Bei einer Fördermenge von 300 ml pro 24 Stunden (ca. dritter bis vierter postoperativer Tag) wird nach Anweisung des Arztes **schrittweise** das **Aufhängeniveau** des Sekretauffangbeutels verändert. Je nach Befindlichkeit des Patienten ist der Beutel zuerst in Matratzenhöhe, dann in Leberhöhe und zuletzt in Nachttischhöhe zu befestigen (Abb. 22-7A bis C). Bleibt der Patient **beschwerdefrei** und läßt die Gallenabsonderung nach, wird durch die T-Drainage Kontrastmittel verabreicht und eine Röntgenaufnahme des Gallenganges angefertigt. Zeigt die Aufnahme einen **ungehinderten Abfluß,** so kann die Drainage entfernt werden, meist geschieht dies am achten bis zehnten Tag nach dem Eingriff durch den Arzt. Der Drainagekanal verschließt sich spontan und ist nach aseptischen Prinzipien zu verbinden. In den **ersten 24 Stunden nach** Drainageentfernung sollte der Patient möglichst **Bettruhe** einhalten und der Verband häufig kontrolliert werden, da Galle nachfließen kann. Größere Mengen sind sofort dem Arzt mitzuteilen.

22.10.4 Wundpflege/Verbandwechsel

Der erste postoperative Verbandwechsel erfolgt nach aseptischem Prinzip (s. Kap. 5.3.2) 48 Stunden nach Operationsende, falls keine Auffälligkeiten (stark durchgebluteter Verband, ungewöhnlich starke Schmerzäußerungen des Patienten) beobachtet wurden. Die zusätzlich eingelegte **Penrose-Drainage** (Zieldrainage) wird ca. am **dritten** postoperativen Tag etwas herausgezogen und gekürzt und **24 Stunden nach** Entfernen der T-Drainage gezogen (ärztliche Aufgabe!). Die Penrose-Drainage wird mit einem sterilen Adhäsivbeutel (z.B. Coloplast®) versehen. Beobachtungen zum aufgefangenen Sekret (Menge, Beimengungen, Farbe und Geruch) sind zu dokumentieren. Die Einstichstelle des T-Drains ist mit einem eingeschnittenen sterilen Pflaster zu versehen, eine zusätzliche Fixierung des Drains ist in der Regel nicht notwendig, da dieser intraoperativ mit einem Hautfaden befestigt wurde. Die Fäden des Hautschnittes werden nach ca. acht bis zehn Tagen postoperativ entfernt.

22.11 Verhaltensregeln für Patienten nach Gallenoperation

In der Regel unterliegen Patienten nach Gallenoperationen **keinerlei** Einschränkungen. Wurde eine Cholezystektomie vorgenommen,

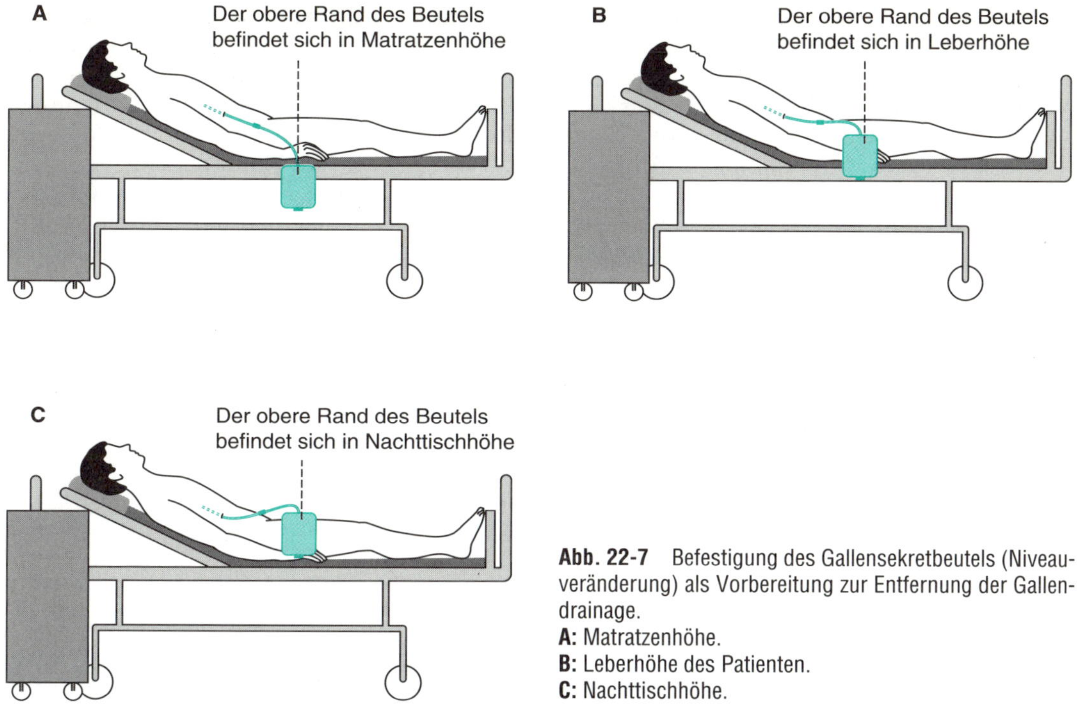

Abb. 22-7 Befestigung des Gallensekretbeutels (Niveauveränderung) als Vorbereitung zur Entfernung der Gallendrainage.
A: Matratzenhöhe.
B: Leberhöhe des Patienten.
C: Nachttischhöhe.

kann der Patient essen, was er verträgt. Führte ein **Steinleiden** zur Gallenoperation, wird der Patient auf eine evtl. **Gewichtsreduzierung** hingewiesen, sowie auf **fettarme** Ernährung, da es sich häufig um Cholesterinsteine handelt, die durch vermehrte Fettaufnahme entstehen können.

22.12 Pflegemaßnahmen bei extrakorporaler Stoßwellenlithotripsie (ESWL)

Die Steinzertrümmerung mittels Stoßwellen wurde 1980 für Harnleitersteine eingeführt. Weiterentwicklungen dieser Therapieart haben dazu geführt, daß auch Gallensteine auf diese Weise behandelt werden können. Für diese Therapie eignen sich nur **kalkfreie**, im Röntgenbild nicht darstellbare (röntgennegative) **Solitärsteine** mit einem **Durchmesser von 3 cm**. Eine Narkose ist hierzu nicht notwendig. Allerdings muß vorher sichergestellt sein, daß der Ductus cysticus (Gallenblasengang) offen ist, so daß die zertrümmerten Fragmente spontan abgehen können.

Die ESWL wird dann in Erwägung gezogen, wenn eine **endoskopische** Extraktion (Entfernung) **mißlungen** ist oder ein **erhöhtes Operationsrisiko** vorliegt. Am Vorabend der ESWL kann der Patient normale Kost zu sich nehmen, allerdings erhält er ein **entblähendes** Mittel (z.B. Paractol® oder Lefax®), da **Darmgase** die ESWL **beeinträchtigen** können. Nach der Behandlung sind die Vitalzeichen des Patienten 24 Stunden zu überwachen, um rechtzeitig eine evtl. auftretende **Schocksymptomatik** zu erkennen.

Die Vorteile der extrakorporalen Stoßwellenlithotripsie liegen eindeutig in der Vermeidung **offener** Operationen. Der Patient ist in der Regel nach der Behandlung beschwerdefrei, so daß der Krankenhausaufenthalt **24 Stunden später** beendet ist. Bei Rezidivsteinen ist dieses Verfahren ohne Gefährdung des Patienten **mehrfach** wiederholbar.

22.13 Präoperative Pflegeplanung (individuell) bei Cholelithiasis

22.13.1 Fallbeispiel Frau E. Clausen

Frau Ella Clausen wird am zweiten Weihnachtstag mit der Verdachtsdiagnose Cholelithiasis vom Hausarzt ins Krankenhaus überwiesen. Bei der Aufnahme klagt Frau Clausen über in Wellen auftretende krampfartige Schmerzen im rechten Oberbauch, die bis in die Schulter ausstrahlen. Seit dem Morgen hat sie mehrfach erbrochen. Ihre Skleren sind gelblich, ihre Körpertemperatur liegt bei 38,3 °C rektal. Auf Nachfragen erzählt Frau Clausen, daß sie am ersten Weihnachtstag Gänsebraten und Rotkohl zu Mittag gegessen hätte. Wenige Stunden nach dem Essen seien die Schmerzen erstmalig aufgetreten und hätten im Verlaufe des Nachmittages an Intensität zugenommen. Nach der Untersuchung im Krankenhaus bestätigt sich die Einweisungsdiagnose. Frau Clausen wird dahingehend informiert, daß es sich um einen eingeklemmten Gallenstein handelt, der nach Abklingen der akuten Symptome operativ entfernt werden müßte. Frau Clausen darf vorläufig keine orale Nahrung zu sich nehmen, deshalb erhält sie zur Flüssigkeitszufuhr eine Braunüle am linken Handrücken.

Soziales Umfeld: Frau Clausen ist 62 Jahre alt, verheiratet und seit zwei Jahren Rentnerin. Vor ihrer Rente hat sie als Verkäuferin in einem großen Schuhgeschäft gearbeitet. Sie hätte gerne noch einige Jahre gearbeitet, aber ihr Mann, der 15 Jahre älter ist, bedurfte nach einem leichtem Schlaganfall ihrer Unterstützung. Sie hat zwei verheiratete Töchter, die mit ihren Familien in der nächsten Stadt leben.

22.13.2 Pflegeplanung Frau E. Clausen

Pflegeproblem	Pflegeziel	Pflegemaßnahmen
1 Ruhen und Schlafen • Pat. hat starke Koliken und Angst vor der bevorstehenden Operation *Ressource:* • Pat. kann ihre Beschwerden verständlich äußern	• Pat. ist schmerzfrei und kann schlafen • Pat. ist beruhigt	• feucht-warme Wickel im Oberbauchbereich (zur lokalen Entspannung) auflegen • Spasmolytikagabe (z.B. Buscopan®) nach Anordnung des Arztes • bestmögliche Lagerung mit der Pat. gemeinsam herausfinden (Knierolle, Oberkörperhochlagerung) • Pat. alle prä- und postoperativen Maßnahmen erklären • vor dem Schlafen mit der Pat. über ihre Ängste sprechen, ihr Mut machen und sie beruhigen
2 Sich bewegen • Pat. ist in ihrer Bewegung eingeschränkt durch: – schmerzhafte Koliken – Infusionen • Thrombosegefahr *Ressource:* • Pat. kann regelmäßigen Lagewechsel selbständig durchführen und zur Toilette gehen	• Pat. ist in Beweglichkeit schmerzfreier • ungehinderte Bewegung • venöser Rückfluß ist gewährleistet	• s. ATL **1** • Infusionsleitung durch Heidelberger Verlängerungen verlängern • AT-Strümpfe über 24 Std. • Ausstreichen der Beine herzwärts beim Waschen und beim Eincremen

22.13.2 Pflegeplanung (Fortsetzung)

Pflegeproblem	Pflegeziel	Pflegemaßnahmen
3 Sich waschen und kleiden • Pat. wünscht keine komplette Körperpflege, da die Schmerzen z.Zt. zu stark sind *Ressource:* • Pat. kann sich selbständig waschen, wenn sie schmerzfrei ist	• Pat. fühlt sich mit ihren Bedürfnissen respektiert	• Pat. die Möglichkeit einräumen, sich regelmäßig zu erfrischen (z.B. feuchten Waschlappen 30 Sek. in der Mikrowelle erwärmen und Pat. zum Erfrischen anbieten) • 2× tägl. Körperpflege anbieten, darauf achten, das die Pat. vorher Schmerzmedikamente erhalten hat
4 Essen und Trinken • Pat. klagt über heftigen Durst (hat für 48 Std. absolute Nahrungskarenz) • Pat. muß häufig erbrechen (durch Koliken) *Ressource:* • Pat. akzeptiert die Nahrungskarenz und kann Mundpflege selbständig und zuverläßlich durchführen	• Pat. ist nicht durstig, Flüssigkeitszufuhr ist ausreichend • intakte Mundschleimhaut • größtmögliches Wohlbefinden	• Infusionsprogramm lt. ärztl. Anordnung • Pat. kann Mund mit Eiswürfel anfeuchten (nicht schlucken) • Lippen- und Mundpflege führt Pat. selbständig durch • funktionstüchtige Klingel in Reichweite sowie Nierenschale und Zellstoff in ausreichender Menge (Dokumentation von Menge, Aussehen, etc.) • nach Erbrechen Mundpflege ermöglichen
5 Ausscheiden • Pat. hat Blähungen	• Pat. kann Luft entweichen lassen	• bei Bed. Darmrohr für 10 Min. einlegen • Zimmer häufiger lüften (3 bis 4× pro Schicht)
6 Regulieren der Körpertemperatur • Pat. hat erhöhte Temperatur (38,1 °C) • Pat. hat Schüttelfrost, beim anschließenden Fieberabfall schwitzt die Pat. stark	• Pat. hat normale Temperatur und trockene intakte Haut • Pat. fühlt sich wohl	• 3× tägl. Temperaturkontrolle • bei Anstieg über 38,5 °C Arzt informieren • Antibiotikagabe nach ärztl. Anordnung (zur Behebung der Entzündung) • Nachthemd und Bettwäschewechsel nach Bed. • während des Fieberanstieges zweite Bettdecke anbieten, nach Erreichen der maximalen Temperatur Wärmespender wieder entfernen • Vitalzeichenkontrolle während der Phase des Wärmeanstieges und der Wärmeabgabe (Dokumentation des Fieberverlaufes)

22

22.13.2 **Pflegeplanung** (Fortsetzung)

Pflegeproblem	Pflegeziel	Pflegemaßnahmen
6		• kühlende Ganzkörperwäsche mit Pfefferminztee anbieten (s.a. Kap. 16.16.3), bei der Waschung Zugluft vermeiden • nach Temperaturabfall Pat. Ruhe ermöglichen, evtl. Raum abdunkeln • zusätzliche Flüssigkeit anbieten (Fleischbrühe, Tee) • Haut beobachten (Dekubitus)
7 Atmen (Blutdruck, Puls) • Pat. hat Schonatmung (aufgrund der Schmerzen) • Pneumoniegefahr *Ressource:* • Pat. kann Atemtraining selbständig durchführen	• Pat. kann uneingeschränkt atmen	• Schmerzfreiheit auf ärztl. Anordnung sicherstellen (s. ATL **1**) • Pat. Umgang mit Atemtrainer und Häufigkeit des Atemtrainings erklären • 1 × pro Schicht kontrollieren, ob die Pat. Atemübungen richtig ausführt, nur in schmerzfreien Intervallen die Pat. zu den Übungen anregen
8 Für Sicherheit sorgen • Pat. fühlt sich gangunsicher (aufgrund der wellenartig auftretenden Schmerzen) • Pat. hat Braunüle am linken Handrücken (Infektionsgefahr) *Ressource:* • Pat. meldet sich, wenn sie zur Toilette muß	• Pat. fühlt sich sicher • reizlose Einstichstelle	• Pat. zur Toilette begleiten • 1 × tägl. VW lt. Standard
9 Sich beschäftigen • Pat. ist mit ihren Symptomen beschäftigt und möchte ihre Ruhe	• Pat. hat Ruhe	• Wunsch der Pat. wird soweit als möglich akzeptiert • die Angehörigen darüber informieren
10 Kommunikation • Pat. hat keine Einschränkungen		
11 Sich als Mann, Frau, Kind fühlen • Pat. schämt sich wegen ihrem Blähbauch	• Pat. weiß, daß dieser Zustand vorübergehend ist	• Pat. informieren, daß die Blähungen postop. besser werden • häufiger lüften (s. ATL **5**) • Mitpat. informieren
12 Sinn finden • Pat. macht sich Sorgen, daß der Ehemann mit der Haushaltsführung überfordert ist • Ungewissheit über Dauer des Krankenahusaufenthaltes vergrößert ihre Sorge	• Pat. ist zuversichtlich	• Pat. anbieten, daß Ehemann zu allen Mahlzeiten im Krankenhaus essen kann • mit den Töchtern über die Situation reden

22.13.2 Pflegeplanung (Fortsetzung)

Pflegeproblem	Pflegeziel	Pflegemaßnahmen
12 *Ressource:* • Ehemann kümmert sich liebevoll um seine Ehefrau		• Pat. und Ehemann die Möglichkeit erklären, daß Ehemann als Begleitperson mitaufgenommen werden kann (Rooming in) • Information über geplanten chirurgischen Eingriff und voraussichtliche Dauer des Aufenthaltes • Pat. und Ehemann in Aussicht stellen, daß nach Krankenhausentlassung bei Bed. eine Haushaltshilfe angefordert werden kann

Literaturhinweise

[1] Berchtold, R., H. Hamelmann, H.-J. Peiper: Chirurgie. Urban & Schwarzenberg, München-Wien-Baltimore 1990.

[2] Classen, M., V. Diehl, K. Kochsiek: Innere Medizin. Urban & Schwarzenberg, München-Wien-Baltimore 1991.

[3] Durst, J., J. W. Rohen: Chirurgische Operationslehre. Schattauer-Verlag, Stuttgart-New York 1991.

[4] Gerlach, U., N. van Husen, H. Wagner, W. Wirth: Innere Medizin für Krankenpflegeberufe. Georg-Thieme-Verlag, Stuttgart-New York, 3. Aufl. 1989.

[5] Kremer, K., V. Schumpelick, G. Hierholzer: Chirurgische Operationen. Georg-Thieme-Verlag, Stuttgart-New York 1992.

[6] Kremer, K., W. Lierse, W. Platzer, H. W. Schreiber, S. Weller: Chirurgische Operationslehre, Band 5. Georg-Thieme-Verlag, Stuttgart-New York 1993.

[7] Schumpelick, V., N. Bleese, U. Mommsen: Chirurgie. Ferdinand Enke-Verlag, Stuttgart 1985.

[8] Silbernagl, S., A. Despopoulos: Taschenatlas der Physiologie. Georg-Thieme-Verlag, Stuttgart-New York 1979.

[9] Maletzki, W., A. Stegmayer-Petry: Klinikleitfaden Krankenpflege. Jungjohann-Verlag, Neckarsulm-Stuttgart, 1. Aufl. 1993.

[10] Käufer, C.: Chirurgie und Krankenpflege. Bibliomed-Verlag, Melsungen, 2. Aufl. 1991.

[11] Juchli, L.: Pflege. Georg-Thieme-Verlag, Stuttgart, 7. Aufl. 1994.

23 Pankreas

U. Markert, H.-P. Bruch, Ch. Albrecht

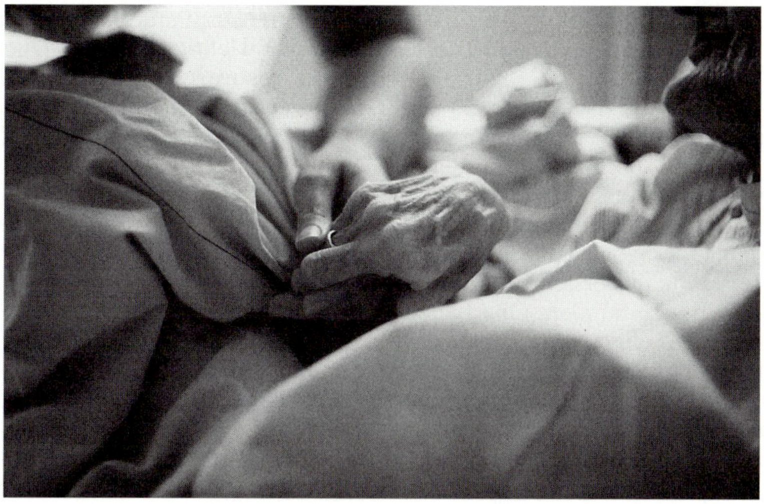

I Allgemeiner Teil

23

23.1 Anatomie und Physiologie

Das Pankreas (Bauchspeicheldrüse) ist das **zentrale** Organ des oberen Verdauungstraktes. Es liegt **ausschließlich retroperitoneal,** also außerhalb der Bauchhöhle und ist in der Bursa omentalis (Netztasche) links durch die Treitz-Faszie, rechts durch die Todd-Faszie fixiert.

Die Bauchspeicheldrüse ist 15 bis 20 cm lang, wiegt durchschnittlich 70 bis 90 Gramm und läßt sich in **fünf Abschnitte** unterteilen (Abb. 23-1): Kopf, Isthmus, Processus uncinatus, Korpus und Schwanz. Sie erstreckt sich vom rechten Oberbauch (der Pankreaskopf liegt auf der Höhe des ersten bis zweiten Lendenwirbelkörpers) zum linken Oberbauch (der Pankreasschwanz liegt auf Höhe des zwölften Brustwirbelkörpers).

Die Drüse wird in ganzer Länge vom **Ductus pancreaticus** (Ductus Wirsungianus, Bauchspeicheldrüsengang) durchzogen. Dieser entsteht im Pankreasschwanz und verläuft dann nahezu im Zentrum des Organs, etwas mehr dorsal (rückenwärts) gelegen nach rechts. Er verdickt sich zunehmend und mündet zuletzt im Pankreaskopf dorsal des Ductus choledochus (Hauptgallengang) im Bereich der Papilla vateri ins Duodenum (Zwölffingerdarm). Der Pankreasgang hat **viele Seitenäste,** der **wichtigste** ist der Ductus pancreaticus accessorius (Ductus Santorini). Er zweigt im rechten Drittel der Drüse vom Ductus pancreaticus ab und mündet dann in einer Nebenpapille zwischen Pylorus (Magenpförtner) und der Hauptpapille in das Duodenum. In 10% der Fälle ist der Ductus Santorini als eigenständiger Gang ohne Verbindung zum Ductus pancreaticus angelegt (Abb. 23-2 A bis D).

Das Pankreas hat zu folgenden **Organen direkten Kontakt:**

- Der Pankreaskopf wird fest vom **duodenalen „C"** umschlossen (s.a. Abb. 23-1). Hier bestehen enge gefäßtopographische Beziehungen. Der Ductus choledochus zieht in

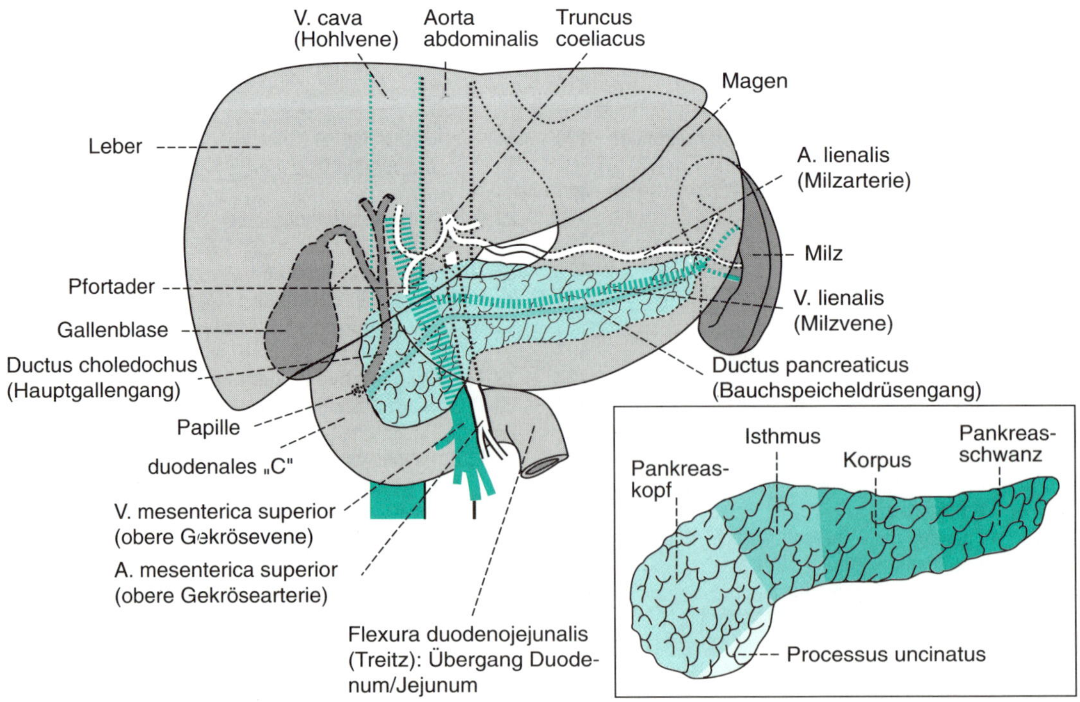

Abb. 23-1 Anatomie des Pankreas.

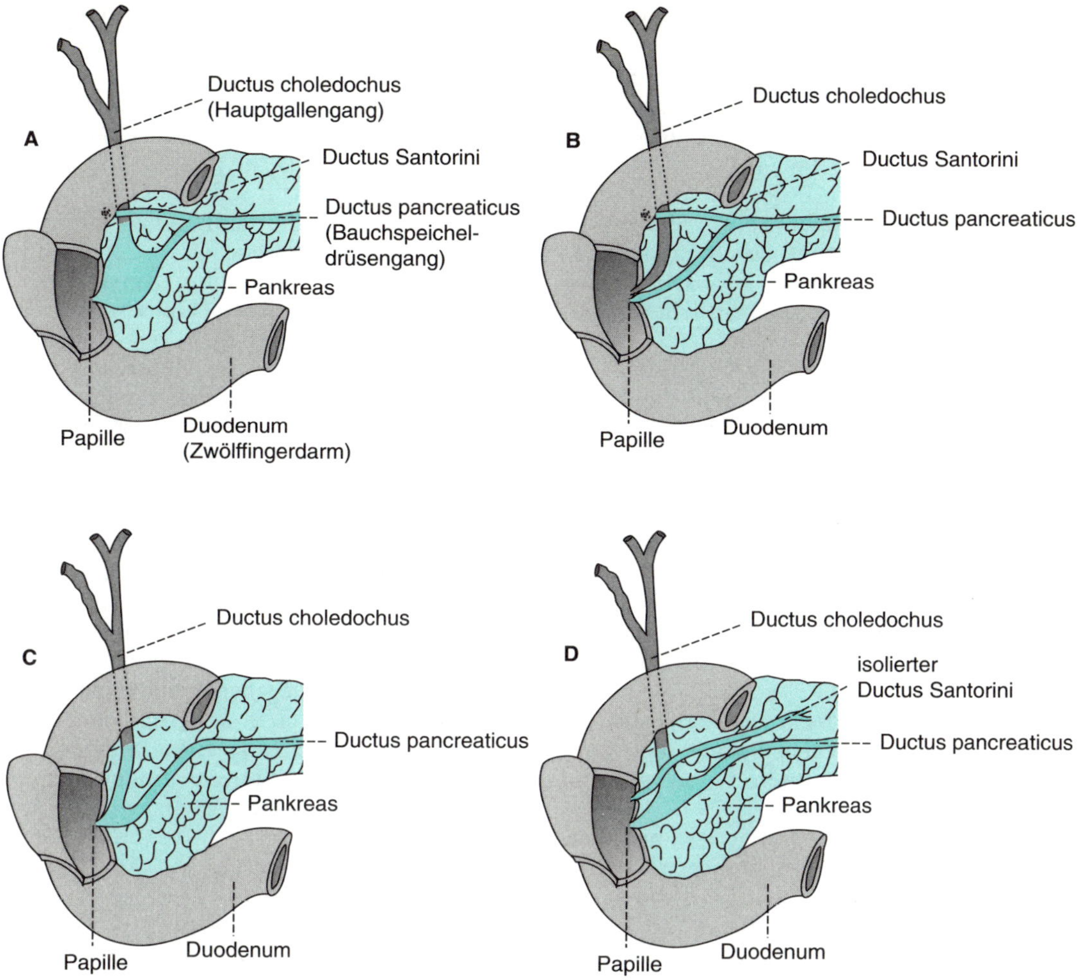

Abb. 23-2 Gang- und Papillenvarianten des Pankreas.
A: Große gemeinsame Ampulle von Ductus choledochus (Hauptgallengang) und Ductus pancreaticus (Bauchspeicheldrüsengang). Nebenpapille des Ductus Santorini.
B: Getrennter Verlauf der beiden Hauptgänge (Ductus choledochus und pancreaticus). Nebenpapille des Ductus Santorini.
C: Kurzstreckiger gemeinsamer Verlauf der beiden Hauptgänge (Ductus choledochus und pancreaticus), keine Nebenpapille.
D: Langstreckiger gemeinsamer Verlauf der beiden Hauptgänge (Ductus choledochus und pancreaticus), völlig isolierter Ductus Santorini mit Nebenpapille.

seinem distalen Anteil durch den Pankreaskopf, wobei es **verschiedene** anatomische **Varianten** vom **rein retropankreatischen** bis zum **rein intrapankreatischen** Verlauf (ausschließlich hinter dem Pankreas bzw. komplett im Pankreas gelegen) gibt. Der Ductus choledochus mündet (meistens) gemeinsam mit dem Pankreasgang an der Papille in den absteigenden Anteil des Duodenums (Pars descendens duodeni), der ebenfalls retroperitoneal (hinter dem rückseitigen Bauchfell) liegt. Der Verlauf der beiden Gänge im Papillenbereich ist sehr variantenreich (s. Abb. 23-2 A bis D).

- Ventral (bauchwärts) des Pankreas liegt die **Bursa omentalis** (Netztasche), eine peritoneale Verschiebefalte, deren Vorderwand durch Magen und Querkolon gebildet wird. Erkrankungen des Pankreas können direkt auf diese beiden Organe übergreifen.

- Der Pankreasschwanz endet im **Bereich des Milzhilus;** diese enge Beziehung führt gelegentlich zu Pankreasverletzungen bei der Splenektomie (Entfernung der Milz).
- Auf der Rückseite des Pankreas liegen **Anteile des Plexus coeliacus** (parasympathisches Nervengeflecht), der die abdominellen Organe parasympathisch innerviert. Irritationen dieses Plexus durch Erkrankungen des Pankreas führen zu **hartnäckigen Schmerzen** und sind gelegentlich diagnostisch wegweisend.
- Dorsal im Bereich des Isthmus findet sich eine **Inzision** (Kerbe), verursacht durch den Stamm der A. mesenterica superior (obere Gekrösearterie). Rechts davon vereinen sich ebenfalls direkt hinter dem Pankreas die **großen intestinalen Venen** (Vv. lienalis, mesenterica superior und inferior) zur **Pfortader.** Am Oberrand der Drüse zieht die A. lienalis (Milzarterie) zur Milz, auf der Rückseite findet sich die V. lienalis (Milzvene), die eine Impression in Schwanz und Korpus hinterläßt.
- Des weiteren überdeckt das Pankreas die **großen retroperitonealen Gefäße**, die Aorta, die V. cava inferior (untere Hohlvene) und die Nierengefäße.

Die **arterielle** Gefäßversorgung ist **uneinheitlich** und stammt aus den **umliegenden** Gefäßen. Der Pankreaskopf wird aus Ästen der A. hepatica communis (gemeinsame Leberarterie) über die A. gastroduodenalis (Magen-Zwölffingerdarmarterie), die Aa. supraduodenalis und retroduodenalis versorgt. Diese anastomosieren mit Ästen aus der A. mesenterica superior (Aa. pancreaticoduodenales inferiores anterior und posterior). Korpus und Schwanz werden aus Ästen der A. lienalis versorgt. Der **venöse** Abfluß erfolgt über die Äste der Pfortader.

Das Pankreas besitzt **zwei** voneinander **unabhängige Aufgabenbereiche**. Man unterscheidet zwischen einer **exokrinen** und einer **endokrinen** Funktion. Die exokrine Drüsenfunktion dient durch Abgabe eines enzymreichen Sekretes in den Darm hauptsächlich der Verdauung, die endokrine Funktion steuert durch Abgabe von Hormonen ins Blut den Blutzuckerspiegel.

Zur weiteren Aufspaltung der im Magen vorverdauten Nahrung bildet die Bauchspeicheldrüse **ein bis zwei Liter Pankreassekret** am Tag. Dieser Pankreassaft enthält:

- Proenzyme zur Eiweißspaltung (**Trypsinogen** und **Chymothrypsinogen**). Die inaktiven (noch unwirksamen) Enzymvorstufen werden erst im Darm durch Anteile der Gallenflüssigkeit und des Dünndarmsekretes aktiviert. Erfolgt die Aktivierung bereits im Pankreas, verdaut sich die Drüse selbst. Folge ist eine akute Pankreatitis mit einer Pankreas(teil)nekrose
- Enzyme zur Zuckerspaltung (**Amylasen**)
- Enzyme zur Fettspaltung (**Lipasen**)
- **Bikarbonationen** (HCO_3^-) zur Pufferung der Magensäure, da die Pankreasenzyme nicht in einem sauren Milieu arbeiten

Vagusreize erhöhen die Sekretionsmenge des Pankreas. Hormone (Sekretin und Pankreozymin) aus dem Duodenum erhöhen die Konzentration von Enzymen und Bikarbonat im Pankreassekret.

Außerdem produziert das Pankreas noch **Insulin** (B-Zellen), **Glukagon** (A-Zellen), **Somatostatin** (D-Zellen) und **pankreatisches Polypeptid** (PP-Zellen). Diese Hormone werden in den Kreislauf abgegeben (endokrine Funktion) und regeln unter anderem den Blutzuckerspiegel. Näheres zu Erkrankungen des endokrinologischen Systems findet sich in Lehrbüchern der Inneren Medizin.

23.2 Leitsymptome bei Pankreaserkrankungen

Erkrankungen der Bauchspeicheldrüse gehen mit **vier** typischen **Symptomenkomplexen** einher:

- Schmerz
- Ikterus (Gelbsucht)
- Diabetes mellitus (Zuckerkrankeit)
- Insuffizienz der Nährstoffverdauung

Bei **akuten** Erkrankungen (speziell bei **Entzündungen**), aber auch durch ein **Tumorwachstum** im Pankreas kommt es zu einer Reizung des hinter dem Pankreas gelegenen Plexus coeliacus. Dies verursacht unangenehme, **gürtelförmig in den Rücken ausstrahlende** Schmerzen. Entzündungen können auch auf den Bauchraum übergreifen und die Zeichen einer Peritonitis hervorrufen.

Ebenfalls als Folge des Tumorwachstums, jedoch auch bei entzündlicher Schwellung oder durch Zysten kann es zu einem **Verschluß** des durch den Pankreaskopf ziehenden Ductus choledochus kommen. Dies führt bei akuten Prozessen zu schmerzhaften

(**Koliken!**), bei chronischen Prozessen zum **schmerzfreien Ikterus** durch Aufstau der Galle in der Leber (s.a. Kap. 21.2 und Kap. 22.2.1).

Als **Folge** chronischer Entzündungen kommt es zu einer Vernarbung des Organs (**Pankreasfibrose**). Dieses Geschehen greift letzten Endes auch auf die Langerhans-Inselzellen über. Die Insulinproduktion geht zurück und es entsteht ein **sekundärer,** oft insulinpflichtiger **Diabetes mellitus.**

Der gleiche Mechanismus bewirkt auch einen Rückgang der exokrinen Pankreasfunktion. Es wird immer weniger Sekret gebildet. **Folge** ist, daß Nährstoffe, speziell **Fette, nicht mehr verdaut** werden. Dadurch können sie von der Darmwand nicht aufgenommen werden. Es kommt zu **Fettstühlen** (weißlicher, fettig glänzender Stuhlgang), Zunahme des Stuhlgewichtes, Vitaminmangelerscheinungen (z.B. Störung des Kalziumhaushaltes durch Mangel an fettlöslichem Vitamin D, Gerinnungsstörung durch Vitamin-K-Mangel) und Gewichtsabnahme bis zur Kachexie (Auszehrung). Die Pankreasenzyme können medikamentös ersetzt werden (z.B. durch Kreon®).

23.3 Diagnostik

Das Pankreas ist ein der körperlichen Untersuchung **nicht direkt zugängliches** Organ. Erst im Rahmen schwerer pathologischer Veränderungen (Bildung von großen Zysten, Wachstum großer Tumoren) läßt sich ein Tastbefund erheben. Die vom Patienten angegebenen Schmerzen lassen sich durch Palpation verifizieren (überprüfen). Gelegentlich findet sich bei ausgedehnten Pankreatitiden (Bauchspeicheldrüsenentzündungen) ein **Peritonismus** (Abwehrspannung). Meist imponiert der Bauch jedoch als sog. **„Gummibauch"** (sehr schmerzhaftes, jedoch eindrückbares Abdomen). Als **Zeichen** mit besonders **schlechter Prognose** gilt eine **Rötung, Schwellung** und **Induration** (Verhärtung) **in den Flanken** (Grey-Turner-Zeichen), verursacht durch ein Eindringen von Pankreasenzymen, Blut und Bakterien in die Weichteile.

Die Labordiagnostik ist Tabelle 23-1 zu entnehmen. Folgende apparative Untersuchungen sind im Rahmen von Erkrankungen des Pankreas üblich.

- Röntgen-Abdomenübersicht a.p. (anteriorer-posteriorer Strahlengang) und in Linksseitenlage: Verkalkungen des Pankreas, Meteorismus (übermäßige Gasansammlung im Magen-Darmtrakt), Spiegel im Rahmen eines paralytischen Ileus (Darmverschluß).
- Sonographie (oft schwierig wegen Luftüberlagerung): Organgröße und Form, Ödem, Nekrose, Tumor, Steine.
- Computertomographie (mit Kontrastmittel): Ähnlich wie Sonographie, oft dieser überlegen.
- Kernspintomographie: Derzeit nur bei endokrinen Tumoren Vorteile gegenüber dem CT.

Tab. 23-1 Labordiagnostik bei Pankreaserkrankungen.

Verfahren	Parameter	Pathologisch verändert bei
Blutdiagnostik	– Amylase, Lipase	Pankreatitis, Verletzung
	– Blutbild	Leukozytose bei Pankreatitis, Anämie bei Tumoren
	– Kalzium	erniedrigt bei Pankreatitis
	– Bilirubin	erhöht im Rahmen der biliären Pankreatitis
	– GOT, GPT, LDH, γGT, alkalische Phosphatase	Cholestaseparameter
Funktionstests	– Chymotrypsin im Stuhl – Sekretin-Pankreozymin-Test – Pankreolauryltest	Tests zur Bestimmung der Organfunktion (meist im Rahmen der chronischen Pankreatitis)
Hormonbestimmung	– Insulin – Glukagon – Somatostatin	Ausschluß/Nachweis von endokrinen Tumoren
Tumormarker	– CA 19-9 – CEA	Tumormarker beim Pankreaskarzinom

23

- ER(C)P, endoskopische retrograde (Cholangio)-Pankreatikographie: Die Darstellung des Gangsystems zeigt Tumoren, Steine, Veränderungen (Stenosen) bei chronischer Pankreatitis.
- Angiographie (Mesenterico-coeliacographie und Portosplenographie): Darstellung der oft schwierigen Gefäßverhältnisse vor Operationen, Differenzierung von Tumoren.
- Endosonographie: Darstellung von pathologischen Veränderungen im Pankreas durch einen Ultraschallkopf, der mit dem Endoskop in den mit Wasser gefüllten Magen eingebracht wird (besseres Auflösungsvermögen).

II Spezieller Teil

23.4 Mißbildungen

23.4.1 Pankreas anulare (Abb. 23-3 A bis C)

Definition: Durch eine **Fehlentwicklung** in der **Embryonalphase** bildet sich ein ringförmiger Drüsenanteil (Abb. 23-3 A) um den absteigenden Teil des Duodenums (Pars descendens duodeni).
Symptome: Die Erkrankung kann symptomlos bleiben. Häufig kommt es aber im Säuglings-, seltener im Erwachsenenalter zu einer **Stenose** (Einengung) des Duodenums. Die Folge sind Völlegefühl, galliges Erbrechen und ein hoher Ileus.
Diagnostik: Die Röntgenübersichtsaufnahme des Abdomens zeigt typischerweise **zwei Spiegel** (Magen und Bulbus duodeni). Mit Sonographie und CT läßt sich die Organmißbildung nachweisen. Die ER(C)P dient zum Nachweis des pathologisch veränderten Gangsystems der Drüse.
Therapie: Eine Indikation zur Operation besteht **nur** bei **Symptomatik.** Die Entfernung des Drüsenrings hat sich wegen vieler postoperativer Komplikationen (z.B. Pankreatitis, Pankreasfistel) nicht bewährt. Deshalb wird für den Speisebrei eine **Umgehungspassage** angelegt (Abb. 23-3 B und C). Hierbei gibt es folgende Möglichkeiten:
- **Duodenoduodenostomie** (Seit-zu-Seit-Anastomose zwischen der Duodenalvorderwand oberhalb und unterhalb der Stenose)
- **Duodenojejunostomie** (Seit-zu-Seit-Anastomose zwischen proximalem Duodenum und einer hochgezogenen Jejunalschlinge)
- **Resektion** nach Billroth II (s. Kap. 18, Abb. 18-4)
- Proximale **Duodenopankreatektomie** (s. Kap. 23.6.1)

Nachbehandlung: Bei der Duodenoduodenostomie und der Duodenojejunostomie wird das Operationsgebiet für ein bis zwei Tage drainiert. Nahrungskarenz ist wie bei allen Operationen am Dünndarm für drei bis fünf Tage erforderlich. Danach kann ein langsamer Kostaufbau erfolgen. Da die Anastomosen in den ersten postoperativen Tagen noch sehr verschwollen sein können und damit die Passage nicht möglich ist, muß die Magensonde früh postoperativ belassen werden, um den Magen zu entlasten. Sie kann entfernt werden, wenn sie weniger als 300 ml Sekret pro 24 Stunden fördert.

Die Nachbehandlung der Resektion nach Billroth II und der proximalen Duodenopankreatektomie ist in den entsprechenden Kapiteln beschrieben.

23.4.2 Ektopes Pankreasgewebe

Definition: Ektopes Pankreasgewebe liegt **außerhalb** der Bauchspeicheldrüse in **anderen Organen.** Auch hierbei handelt es sich um eine embryonale Fehlentwicklung.
Lokalisation: Magen, Speiseröhre, Meckel-Divertikel, Dünndarm, Appendix, Dickdarm, Peritoneum, Leber, Lunge, Milz, Mesenterium, Netz, Gallenblase.
Symptome: Die Erkrankung bleibt meist symptomlos. Durch eine **Entzündung** können **Cholezystitis** oder **Appendizitis vorgetäuscht** werden. Im Darm gelegenes Pankreasgewebe kann zu Blutungen oder zu einem Ileus führen.
Diagnostik: Sie wird meist zufällig gestellt.
Therapie: Eine Resektion ist **nur** bei bestehender **Symptomatik** notwendig.

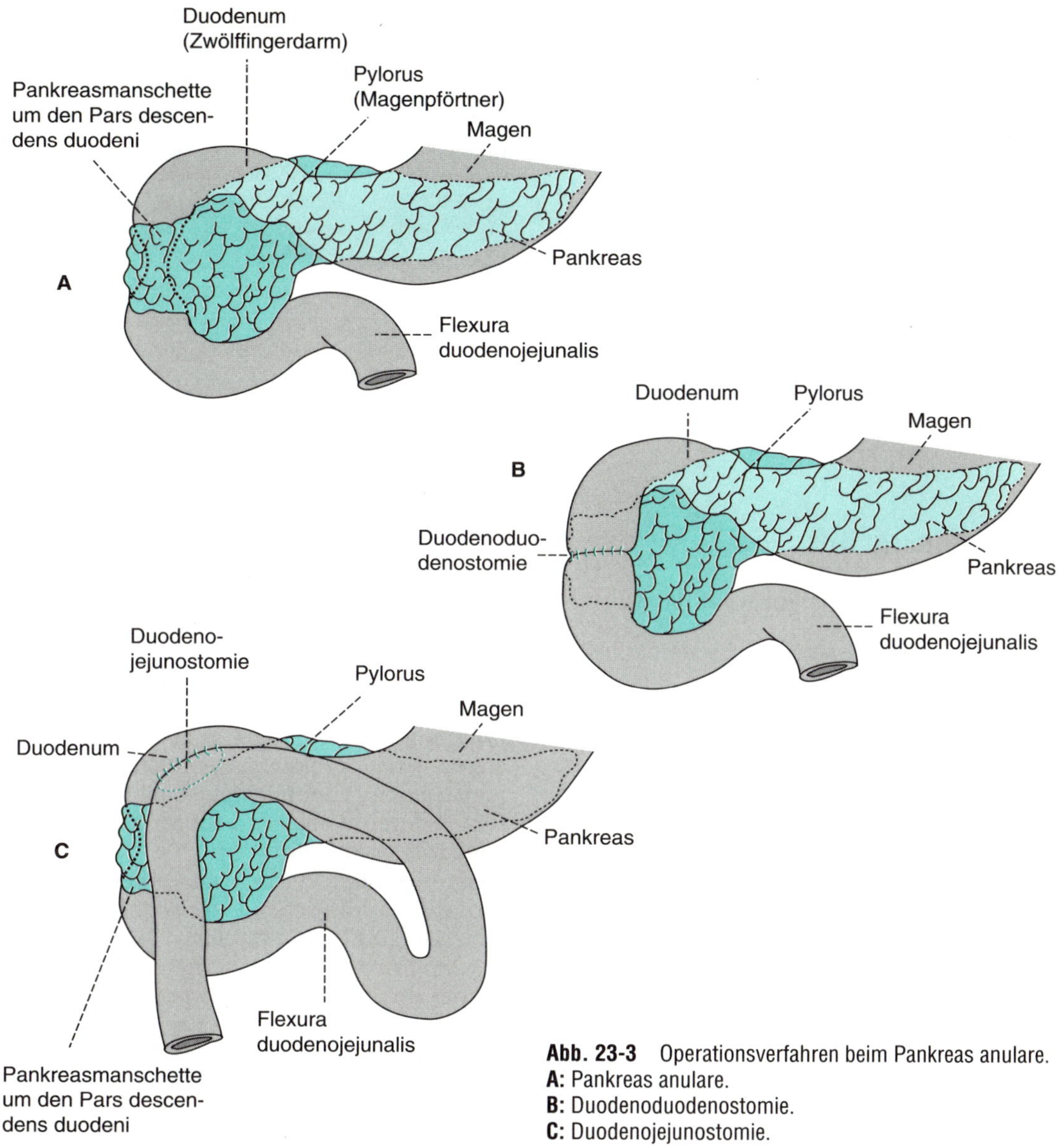

Abb. 23-3 Operationsverfahren beim Pankreas anulare.
A: Pankreas anulare.
B: Duodenoduodenostomie.
C: Duodenojejunostomie.

23.4.3 Pankreas divisum

Das Pankreas entwickelt sich aus einer (größeren) dorsalen und einer (kleineren) ventralen Anlage. Kommt es während der Embryonalentwicklung **nicht** zu einer **Vereinigung,** entsteht ein Pankreas divisum (ca. 1% der Bevölkerung). Der größere dorsale Drüsenanteil wird dann vom kleinen Ductus Santorini drainiert, während der kleine ventrale Anteil sein Sekret über den Ductus pancreaticus und die Papilla vateri ins Duodenum abgibt. Das Pankreas divisum verursacht selten Beschwerden, kann aber mit **rezidivierenden akuten Pankreatitiden** einhergehen. Die Therapie der akuten Pankreatitis ist im Kap. 23.5.2 beschrieben.

23.4.4 Zystische Pankreasfibrose (Mukoviszidose)

Die Mukoviszidose ist eine **erbliche** Erkrankung, bei der ein **zähflüssiges** Mukoprotein (Schleimanteil in vielen Körperflüssigkeiten) das Abfließen von Sekreten hemmt. Dies führt u.a. zu rezidivierenden pulmonalen Infekten

23

sowie zur Ausbildung von Bronchiektasen (Erweiterungen der Bronchien). Manchmal tritt schon bei Säuglingen, bedingt durch das sehr **zähe** Mekonium ein **Mekoniumileus** auf (sehr schlechte Prognose). Am Pankreas kommt es durch das zähflüssige Pankreassekret zu einem Aufstau mit **zystischer Degeneration** des Organs. Dies kann bis zur völligen **Pankreasinsuffizienz** führen, die dann medikamentös kompensiert werden muß. Die Prognose wird jedoch hauptsächlich durch die Lungenkomplikationen und den Darmverschluß sowie durch gelegentlich synchron (gleichzeitig) auftretende Darmmißbildungen (z.B. Doppelanlage von Darmabschnitten, Rektumatresie) bestimmt.

23.5 Pankreatitis

23.5.1 Einteilung der Pankreatitiden

Bei der Bauchspeicheldrüsenentzündung kann man verschiedene Formen unterscheiden (revidierte Marseille-Klassifikation von 1984).

- **akute** Pankreatitis
- **chronische** Pankreatitis mit totaler Nekrose, mit segmentaler oder diffuser Fibrose bzw. mit oder ohne Verkalkungen

Als **Sonderform** gilt die **chronisch-obstruktive** Pankreatitis. Hier kommt es hinter einer Engstelle zur Aufweitung des Pankreasganges und zur Organfibrose (Vernarbung) sowie zur Organatrophie (Schwund).

23.5.2 Akute Pankreatitis

Ätiologie und Pathogenese: Als Ursache für die akute Bauchspeicheldrüsenentzündung kommen verschiedene Faktoren in Frage. An erster Stelle stehen **Erkrankungen** der **Gallenwege** (Steine, Tumoren), gefolgt von **Alkohol- und Nahrungsexzessen**. Auch nach einer ER(C)P kann eine akute Pankreatitis durch das in die Drüse eingespritzte Kontrastmittel auftreten. Weitere Ursachen sind in Tabelle 23-2 aufgeführt.

Gallengangsteine (Choledocholithiasis) und entzündliche Schwellung der Papille sowie Tumoren verursachen einen **Aufstau** des Pankreassekrets. Hierdurch kommt es zu einer **Druckerhöhung** im Gangsystem und zur **mechanischen Schädigung** der **Zellen**. Die ebenfalls aufgestaute Gallenflüssigkeit dringt retrograd (entgegen der üblichen Flußrichtung) in die Bauchspeicheldrüse ein und aktiviert dort die Proenzyme. Dies führt zur **Selbstverdauung** der Drüse. Vom Darm aus eindringende Bakterien unterhalten den Entzündungsprozeß.

Tab. 23-2 Ursachen der akuten Pankreatitis.

Mechanismus	Ursachen
– mechanisch	Gallengangsteine, Papillenstenose, Tumoren
– toxisch	Alkohol, Medikamente, Kontrastmittel
– infektiös	Mumps, Hepatitisviren
– hormonell	Hyperparathyreoidismus, Diabetes mellitus

Symptome: Klinisch manifest wird eine akute Bauchspeicheldrüsenentzündung durch den charakteristischen, **akut auftretenden** Oberbauchschmerz, der häufig gürtelförmig in den Rücken ausstrahlt. Die weiteren Symptome sind Tabelle 23-3 zu entnehmen. Durch die Entzündung kommt es zum Einstrom von eiweißreicher Flüssigkeit und Blut ins Retroperitoneum. Diese Flüssigkeit geht dem Kreislauf verloren. Folge sind Blutdruckabfall, Tachykardie und Schock.

Diagnostik: Bei Verdacht auf eine Pankreatitis nach der klinischen Untersuchung werden Amylase und Lipase im Serum sowie Amylase im Urin bestimmt. Eine **Erhöhung** der Werte ist fast 100%ig beweisend. Sonographisch kann neben der Pankreasvergröße-

Tab. 23-3 Symptomatik der akuten Pankreatitis.

Symptom	Häufigkeit
– Schmerzen	100%
– Schmerzausstrahlung in den Rücken	50%
– Übelkeit, Erbrechen	75 bis 85%
– Meteorismus	70 bis 80%
– elastische Bauchdeckenspannung	50%
– palpabler Oberbauchtumor	10%
– Ikterus, Subikterus	20%
– Fieber	60 bis 80%
– Bluterbrechen	3%
– Blutstühle	4%
– Schock	40 bis 60%
– Oligurie (verminderte Harnausscheidung), Anurie (keine Harnausscheidung)	20%

rung (Schwellung durch Ödem) um das Organ freie Flüssigkeit nachgewiesen werden. Gelegentlich sind auch Fettgewebe- oder Organnekrosen zu sehen. Zu deren Darstellung eignet sich jedoch die Computertomographie (mit Kontrastmittel) besser. Damit läßt sich auch das Verhältnis der Nekrosestraßen zur Fascia gerota (Trennschicht zwischen Dickdarm und Nieren auf beiden Körperseiten) beurteilen. Ist die Faszie durchbrochen, besteht eine Operationsindikation.

Eine ER(C)P ist im akuten Stadium nur bei sehr strenger Indikationsstellung und hochgradigem Verdacht auf eine Choledocholithiasis erlaubt (sonographischer Nachweis von Gallensteinen und Sekretaufstau im Ductus choledochus sowie erhöhte Cholestaseparameter und erhöhtes Bilirubin)!

Sie dient dann **nicht nur** der **Diagnostik**, sondern auch der **Therapie** (endoskopisches Entfernen der Gallensteine aus dem Ductus choledochus).

Differentialdiagnose: Die **zentrale** Lage des Pankreas und die oft **diffuse Klinik** der akuten Pankreatitis bedingen eine **Reihe** von Differentialdiagnosen, die bedacht und ausgeschlossen werden müssen: Magenperforation, Perforation eines Duodenalgeschwürs, Penetration eines Duodenalgeschwürs in das Pankreas (dann sind auch die **Enzymwerte** erhöht!), Ileus, akute Cholezystitis, Aortenaneurysma, Appendizitis, Ureterkolik, Lungenembolie, Herzinfarkt.

Therapie: Die primären Maßnahmen bei einer akuten Pankreatitis sind **strengste** Nahrungskarenz, parenterale Ernährung und Ausgleich der Flüssigkeitsbilanz, Legen einer Magensonde, strikte Bettruhe und Schmerzmedikation (s.a. Kap. 23.10.1). Dadurch wird die Bauchspeicheldrüse ruhiggestellt; alle **Parameter,** die die **Sekretproduktion** anregen, sind **ausgeschaltet.** Eine zusätzliche Ruhigstellung des Pankreas kann auch medikamentös durch Somatostatin erfolgen. In klinischen Studien wird derzeit der Nutzen dieses Verfahrens getestet.

Routinemäßig gehört zur Therapie einer Pankreatitis auch die **prophylaktische Antibiotikagabe,** da schon nach kurzer Zeit Keime durch die Dickdarmwand dringen und das peripankreatische Ödem bzw. die Nekrosen infizieren. Regelhaft tritt dann Fieber auf.

Liegt als Ursache der Pankreatitis eine Choledocholithiasis vor, muß notfallmäßig das Gallengangsystem mittels ER(C)P saniert werden.

Falls möglich, sollten die Patienten intensivmedizinisch überwacht werden (**Schockgefahr!**). Die regelmäßige Kontrolle der Atem-, Kreislauf- und Ausscheidungsfunktion sowie des zentralvenösen Druckes ist notwendig. Die **Verlaufskontrolle** der Erkrankung erfolgt klinisch (Schmerzen, Vitalparameter), laborchemisch (Amylase, Lipase, Leukozyten) und sono-, computertomographisch (Organ- und Fettgewebenekrosen). Tritt unter der konservativen Therapie keine Besserung oder gar eine Verschlechterung des Krankheitsbildes auf (Organversagen, Schock, Pankreasnekrose, Durchbruch der Fascia gerota, Nachweis einer Infektion der Nekrosestraßen durch Punktion), so müssen die **Nekrosen operativ** ausgeräumt werden.

Hierzu stehen sowohl der transabdominelle Zugang durch die Bursa omentalis als auch der rein retroperitoneale Zugang von den Flanken aus ohne Eröffnung des Abdomens zur Verfügung. Alle erreichbaren, nicht mehr festsitzenden Nekrosen werden entfernt.

Festsitzende Nekrosen sollten wegen der erheblichen Blutungsneigung belassen und drainiert werden!

Eventuell muß die Wunde offengelassen und täglich revidiert werden. Auch das Einlegen von **Drainagen** (einfache Silikonschläuche als Zuleitung, Easy Flow-Drainagen als Ableitung) zur **kontinuierlichen Spülung** hat sich bewährt. Alle weiteren Komplikationen werden entsprechend intensivmedizinischer Richtlinien therapiert (z. B. akutes Nierenversagen mit einer Dialyse, akutes Lungenversagen mittels Beatmung).

Nach Normalisierung der Enzymwerte kann mit einem langsamen Kostaufbau begonnen werden. Fett, Alkohol und alle anderen, das Pankreas anregende Stoffe sollten zunächst vermieden werden.

Folgen und Komplikationen: Die akute Pankreatitis ist eine **schwere Allgemeinerkrankung**. Die möglichen extrapankreatischen **Folgen** sind:

- Schock, verbunden mit einem akuten Nierenversagen und/oder einer Ateminsuffizienz
- kardiale Komplikationen

- Stenose des Ductus choledochus
- Blutungen im Magen-Darmtrakt
- Einengung benachbarter Hohlorgane (Magen, Kolon, Duodenum)
- Fettgewebenekrosen
- pankreatische Enzephalopathie („Gehirnfunktionsstörung")
- Hautmanifestationen (Grey-Turner-Zeichen)
- Augenveränderungen bis zur Blindheit (durch Thrombosen)
- Diabetes mellitus

Die **Letalität** liegt auch bei optimaler Therapie bei **10%**. Als Todesursachen kommen Totalnekrose des Organs, akutes Nieren- und Lungenversagen, Volumenmangelschock und Sepsis in Frage.

Im Rahmen einer **ödematösen** Pankreatitis kommt es meist zu einer „restitutio ad integrum" (**völlige Heilung**). Nach einer **hämorrhagisch-nekrotisierenden** Pankreatitis **verbleiben Schäden** im Organ. Mögliche Folgen sind Diabetes mellitus (durch Insuffizienz der B-Zellen), exokrine Insuffizienz (Störung der Verdauungsfunktion), Zysten, Spätabszesse und Gangstenosen.

23.5.3 Chronische Pankreatitis

Ätiologie/Pathogenese: Im Gegensatz zur akuten Pankreatitis handelt es sich bei der chronischen Pankreatitis um eine **meist durch Alkohol** ausgelöste, ständig fortschreitende Erkrankung der Bauchspeicheldrüse. Weitere Ursachen sind Tabelle 23-4 zu entnehmen.

Durch die **anhaltende** Entzündung des Organs kommt es zu einem ständigen **Untergang** von **Azinuszellen** (diese bilden das Pankreassekret). Sie werden durch Bindegewebe ersetzt, es entstehen **Narben** und eine **Organfibrose.** Durch die Narben kommt es zu Einengungen im Gangsystem des Pankreas. Dies verursacht einen **Sekretstau**, der die Pankreatitis weiterhin unterhält, selbst wenn die ursächliche Noxe ausgeschaltet wird. Die Erkrankung hat sich dann zu einem sog. **„Selbstläufer"** entwickelt.

Pankreassekret, das nicht mehr abfließen kann, sammelt sich in Nekrosehöhlen innerhalb des Organs oder tritt im Bereich oberflächlicher Nekrosen in die Umgebung aus. Es entstehen **Pankreaspseudozysten**, die sehr groß werden können und durch Verdrängung zu Irritation (Reizung) benachbarter Organe führen (s.a. Kap. 23.8). In den gestauten Pankreasgängen können sich **Pankreasgangsteine** (ähnlich den Gallensteinen) und Wandverkalkungen bilden, die radiologisch nachweisbar sind. Auch sie unterhalten den Krankheitsprozeß weiter.

Tab. 23-4 Ursachen der chronischen Pankreatitis.

Ursache	Häufigkeit
– Alkoholabusus	größer 70%
– unklar/idiopathisch	ca. 25%
– Arteriosklerose	selten
– hereditär (erblich)	"
– Gallenwegerkrankungen	"
– Hyperparathyreoidismus	"
– Hyperlipidämie	"
– posttraumatisch	"
– Pancreas divisum	"
– chronisch-obstruktive Pankreatitis	"

Symptome: Erstsymptom ist bei der chronischen wie bei der akuten Pankreatitis meist der Schmerz, der zunächst intermittierend (wechselnd), dann oft tage- und wochenlang andauernd, im Oberbauch auftritt und in den Rücken ausstrahlt. 5% aller chronischen Pankreatitiden verlaufen jedoch beschwerdefrei. Übelkeit, Völlegefühl und Meteorismus sind ebenfalls erste klinische Anzeichen. Im späteren Stadium treten dann Gewichtsverlust, Steatorrhoe (Fettstühle), rezidivierender Ikterus (durch narbige Choledochusstenose) und Diabetes mellitus auf. Nach jahrelangem Verlauf kommt es **zunächst** zur **exokrinen**, später auch zur **endokrinen Insuffizienz** mit den bereits oben beschriebenen Folgen. Die Pankreatitis ist dann ausgebrannt.

Eine chronische Pankreatitis kann mit rezidivierenden akuten Schüben einhergehen, die von einer „einfachen" akuten Pankreatitis **nicht zu unterscheiden** sind.

Diagnostik: Im **Frühstadium** ist die Diagnose **schwer** zu stellen. Die Klinik ist **unspezifisch** und **Funktionsstörungen** des Organs liegen noch **nicht** vor. Mit zunehmender Krankheitsdauer und beginnender/manifester Insuffizienz der Drüse wird die Diagnose eindeutig. Folgende Untersuchungsmethoden stehen zur Verfügung:

- Die Sonographie des Abdomens kann eine unregelmäßige Organstruktur mit Erweiterungen des Ganges sowie Zysten und Verkalkungen zeigen.

- In einer Röntgenaufnahme des Abdomens lassen sich Verkalkungen und gelegentlich auch Pankreasgangsteine nachweisen.
- Die ER(C)P weist Gangstenosen, Gangerweiterungen und Steine nach.
- Alle bisher beschriebenen Phänomene sind auch mit Hilfe der Computertomographie zu diagnostizieren.
- Mit Hilfe von Funktionstests (Pankreolauryltest, Sekretin-Pankreozymin-Test, Glukosetoleranztest, Chymothrypsin im Stuhl) kann die Organinsuffizienz bewiesen werden.

Therapie: Die primäre Therapie ist konservativ.

Die wichtigste Maßnahme ist die Ausschaltung der Noxe (absolute Abstinenz)!

Die Ernährung muß fettarm und kalorienreich sein. Falls nötig (anhaltender Gewichtsverlust), können der Nahrung mittelkettige Triglyzeride beigemengt werden, da diese Fette keine Lipase zur Verdauung benötigen.

Ein Diabetes mellitus wird mit Insulin eingestellt (s. Lehrbücher der Inneren Medizin), die Verdauungsleistung durch die orale Gabe von Pankreasenzymen sichergestellt (s.a. Kap. 23.10.2).

Akute Schübe einer chronischen Pankreatitis werden wie eine akute Pankreatitis behandelt. Eine Schmerztherapie ist meistens notwendig. Sie muß ausreichend dosiert, jedoch streng überwacht werden, um die **Entwicklung von Abhängigkeiten** zu **vermeiden**.

Es gibt eine Reihe von Indikationen für eine operative Therapie der chronischen Pankreatitis, sie sind in Tabelle 23-5 aufgeführt. Die resezierenden Verfahren (Anwendung vor allem bei segmentalem Befall zum Schutz der Restdrüse und bei nicht beherrschbaren Schmerzen) werden in Kap. 23.6 näher beschrieben.

Komplikationen/Folgen: Neben der Pankreasinsuffizienz sind **folgende** Komplikationen zu erwarten:
- Ausbildung von Pseudozysten und narbigen Choledochus- und Duodenalstenosen
- Milzvenenthrombose mit Hyperspleniesmus (Milzvergrößerung)
- Abszesse (sekundär infizierte Zysten) und Blutungen

Prognose: Selbst bei Einhalten aller Therapieregeln ist die **Lebenserwartung** der Betroffenen durch Fortschreiten der Erkrankung, diabetische Komplikationen, notwendige Operationen und erhöhte Infektneigung **eingeschränkt**. Wird die verursachende Noxe nicht

Tab. 23-5 Operationsindikationen bei chronischer Pankreatitis.

Indikation	Operation
Pankreasgangstenosen Pankreasgangsteine	Nach Versagen der konservativen und endoskopischen Therapie Seit-zu-Seit-Pankreatikojejunostomie Alternative bei segmentalem Befall: Organteilresektion links oder rechts, um ein Fortschreiten der Erkrankung zu verhindern
Pseudozysten (symptomatisch)	Zystojejunostomie bzw. Zystogastrostomie
Abszesse	Ausräumung
Choledochusstenose	Nach Versagen der endoskopischen Therapie Hepatikojejunostomie
Duodenalstenose	Umgehungsanastomose z.B. Gastrojejunostomie oder Duodenojejunostomie
Milzvenenthrombose (mit Hypersplenismus)	Splenektomie
Blutungen	Notfalloperation und Blutstillung
Chronische Schmerzen (konservativ nicht beherrschbar)	Pankreaskopf- bzw. Pankreasschwanzresektion je nach Hauptlokalisation der pathologischen Veränderungen

ausgeschaltet, ist die **Prognose schlecht** und der **Verlauf rasant**.

23.5.4 Chronisch-obstruktive Pankreatitis

Die chronisch-obstruktive Pankreatitis stellt eine **Sonderform** der Pankreatitis dar. Hier kommt es distal einer Engstelle im Pankreasgang (Stein, Narbe, Tumor) zu einer Gangerweiterung und Organfibrose durch Stauung. Pankreasgangsteine treten in diesem Bereich fast nie auf und die Organveränderungen sind nach Beseitigung der Ursache im Gegensatz zur echten chronischen Pankreatitis oft reversibel. Dies liegt evtl. daran, daß außer der Stauung **keine Noxe** auf das Organ einwirkt.

23.6 Pankreastumoren

23.6.1 Pankreaskarzinom

Epidemiologie/Ätiologie: Das Pankreaskarzinom ist der zahlenmäßig am häufigsten auftretende Tumor des Pankreas. **Männer** sind **öfter** betroffen als **Frauen** (das Verhältnis beträgt 2,5 zu 1,5). Der **Altersgipfel** der Erkrankung liegt zwischen 60 und 70 Jahren. Insgesamt hat die Inzidenz (Häufigkeit des Neuauftretens) des Pankreaskarzinoms in den letzten Jahren zugenommen. Es macht 3% aller Malignome und 10% aller Karzinome des Verdauungstraktes aus.

Ein **Zusammenhang** zwischen Alkoholkonsum und Pankreaskarzinom sowie zwischen Pankreatitis und Karzinom konnte **bislang nicht** bewiesen werden. Allerdings scheinen Raucher und Frauen mit Cholelithiasis häufiger betroffen zu sein.

Symptome: Die Klinik des Pankreaskarzinoms ist sehr **unspezifisch**. Die häufigsten Symptome sind:
- Gewichtsverlust
- Bauch- oder Rückenschmerzen
- Übelkeit, Erbrechen
- Ikterus
- Durchfall oder Obstipation
- Schwäche, Anorexie (Magersucht)
- Thrombose (paraneoplastisch)

Sie treten erst sehr **spät bei** relativ **großen** Tumoren in Erscheinung. Dies erklärt die **schlechte** Prognose des Pankreaskarzinoms.

Diagnostik: Die Diagnose des Pankreaskarzinoms ist **schwierig.** Eine solide (nicht flüssigkeitsgefüllte) Raumforderung läßt sich zwar sowohl in der Sonographie wie auch im CT, im NMR und in der Endosonographie (Ultraschalluntersuchung mit einem endoskopisch in den Magen eingebrachten Schallkopf) nachweisen.

Dieser Nachweis **sagt** allein noch **nichts** über die **Dignität** (Gut- oder Bösartigkeit) des Tumors aus. Die häufigste Differential- und auch Fehldiagnose ist eine Organveränderung durch chronische Pankreatitis. Des weiteren kommen seltene, teilweise gutartige Geschwülste z.B. endokrine Tumoren (Gastrinom, Insulinom) und Lymphome als Differentialdiagnose in Frage. Die **Sicherung der Diagnose** gelingt trotz vieler Bemühungen (Punktionsversuch von außen, sehr schwierig; Zytologiegewinnung bei der ERCP) **nur in ca. 50%** der Fälle. Hilfreich ist oft die ER(C)P, die mit der Darstellung von völligen Verschlüssen der Pankreasgänge (und beim Pankreaskopfkarzinom auch des Choledochus) die höchste Vorhersagewahrscheinlichkeit (Treffsicherheit) für das Pankreaskarzinom hat (80%).

Besteht zum Zeitpunkt der Untersuchung bereits ein Ikterus (häufig), so kann gleichzeitig eine **innere Drainage** (z.B. ein Pigtail-Katheter) in den Choledochus eingelegt werden, um eine Abflußmöglichkeit für die Gallenflüssigkeit zu schaffen.

Ein perioperativ bestehender Ikterus erhöht die Komplikationsrate (schlechte Abwehrlage, überforderte Leberfunktion) und muß deshalb präoperativ beseitigt werden!

Gelegentlich kann man in der präoperativ unverzichtbaren Angiographie aufgrund unterschiedlicher Durchblutungsmuster des Tumors einige endokrinologische Geschwülste vom Pankreaskarzinom abgrenzen. Gelingt dies alles nicht, muß die **Differenzierung operativ** erfolgen (s.u.).

Finden sich bei den üblichen präoperativen diagnostischen Untersuchungsverfahren (Sonographie, Abdomen-CT, Angiographie, ER(C)P, Gastroskopie und Endosonographie, Koloskopie) **Metastasen** (typisch sind Lymphknotenmetastasen im Retroperitoneum, im Bereich der großen Gefäße und in der Leberpforte sowie in den Leberfiliae), so läßt sich dort oft leichter eine Punktionszytologie gewinnen. Der **Nachweis** von Metastasen eines Pankreaskarzinoms **schließt** eine Operation

aus, da der Krankheitsverlauf (Tod innerhalb weniger Monate) nicht mehr aufgehalten werden kann. Die **Lebensqualität** ist dann **ohne** Pankreasresektion **besser**.

Operative Therapie: Aussicht auf Heilung eines Pankreaskarzinoms besteht ausschließlich durch eine Operation, aber **nur 20% aller Pankeaskarzinome** sind zum Zeitpunkt der Diagnosestellung **noch operabel**. Das Pankreaskarzinom ist meist sehr bösartig und schnellwachsend, so daß nur **ausgedehnte** Resektionen Aussicht auf Erfolg haben. Ist die Diagnose präoperativ nicht gesichert, muß **intraoperativ** vor Beginn der Resektion eine **Punktionszytologie** erfolgen (einfacher, da der Tumor jetzt tastbar und gut zu treffen ist), die sofort untersucht wird. Erst bei nachgewiesener Malignität und nochmaligem Ausschluß von Metastasen wird eine Resektion durchgeführt.

Es haben sich mehrere Operationsverfahren etabliert, die alle sehr komplex sind. Sie sind abhängig von der Lage des Tumors. Als Zugangswege kommen die mediane Laparotomie oder die quere Oberbauchlaparotomie in Frage.

Für Karzinome des Pankreaskopfes, des Isthmus und des Processus uncinatus sowie für Papillen-, Duodenal- und distale Choledochuskarzinome (die Häufigkeitsverteilung dieser Tumoren ist der Abb. 23-4 A zu entnehmen) ist die **Whipple-Operation** (partielle Duodenopankreatektomie) das Standardverfahren (s. Abb. 23-4 A und B). Gelegentlich findet sie auch bei der chronischen Pankreatitis Anwendung.

Im Rahmen dieser Operation werden die distalen zwei Drittel des Magens, das komplette Duodenum, die Gallenblase, die Gallenwege von der Hepatikusgabel bis zur Papille und Pankreaskopf, Isthmus, Processus uncinatus sowie Anteile des Korpus entfernt (s. Abb. 23-4 A). Sämtliche Lymphknoten im Bereich der zu- und abführenden Gefäße der genannten Organe werden ebenfalls reseziert. Die Operation ist **schwierig** und geht mit einer **Letalität** von **10 bis 20%** einher.

Nach Entfernung des Präparats muß der **Gastrointestinaltrakt rekonstruiert** werden. Hierzu sind über 50 Verfahren beschrieben (Abb. 23-4 B kann nur als ein mögliches Beispiel dienen). Die Anastomose zwischen Pankreasschwanz und Darm ist technisch schwierig. Sie muß **nicht zwingend** ausgeführt werden. Man kann die Pankreasschnittfläche auch durch Nähte verschließen. Dann kommt es zu einem Sekretstau und einer obligaten, **nicht therapiepflichtigen,** chronischen Pankreatitis im Restorgan. Die exokrine Funktion kommt bald zum Erliegen, die endokrine (Insulinproduktion) bleibt jedoch noch über Jahre erhalten. So kann ein Diabetes mellitus vermieden werden.

Bei Karzinomen des **Pankreaskorpus** und **-schwanz** genügt eine **Linksresektion** des Organs unter Mitnahme der Milz und aller umliegenden Lymphknoten. Hierbei sind **keinerlei Anastomosen** notwendig.

In einigen Fällen wird aufgrund der Tumorausdehnung (großer Tumor oder multiple im Pankreas verteilte Tumoren) eine komplette **Duodenopankreatektomie** notwendig (Kombination der oben beschriebenen Verfahren). Die **Letalität** dieses Eingriffs ist **höher** und die **Prognose** postoperativ wegen des schwer einstellbaren Diabetes mellitus (da keinerlei körpereigene Insulinproduktion mehr vorhanden ist, können Blutzuckerspitzen nicht abgefangen werden) noch **schlechter** als bei der partiellen Duodenopankreatektomie.

So **verschieden** wie die Operations- und Rekonstruktionsverfahren ist auch die Nachbehandlung. Allgemein **üblich** sind jedoch **folgende** Maßnahmen:

- Nahrungskarenz für fünf Tage, danach radiologische Kontrolle der Magenanastomose durch einen Gastrografin-Schluck
- Belassen der Magensonde für mindestens diesen Zeitraum; vorsichtiger Kostaufbau bei dichter und durchgängiger Anastomose
- hochkalorische Ernährung bis zum völligen Kostaufbau
- fünf bis sieben Mahlzeiten täglich
- Ersatz von Pankreasenzymen (z. B. Kreon®)
- Drainage des Operationsgebietes
- Belassen der Drainagen bis zum Sistieren (Nachlassen) der Sekretion
- Bestimmen von Amylase und Lipase in der Drainageflüssigkeit (bei deren Nachweis liegt eine Pankreasfistel vor)

Entleeren sich große Mengen enzymhaltigen Sekrets früh postoperativ, so ist eine **Reoperation** angezeigt, da die aggressiven Verdauungssäfte die durch die Operation freigelegten Blutgefäße andauen. Es besteht **Verblutungsgefahr.**

Für **nicht** mehr **operable** Karzinome und deren Komplikationen steht eine Reihe von **palliativen** operativen und endoskopischen

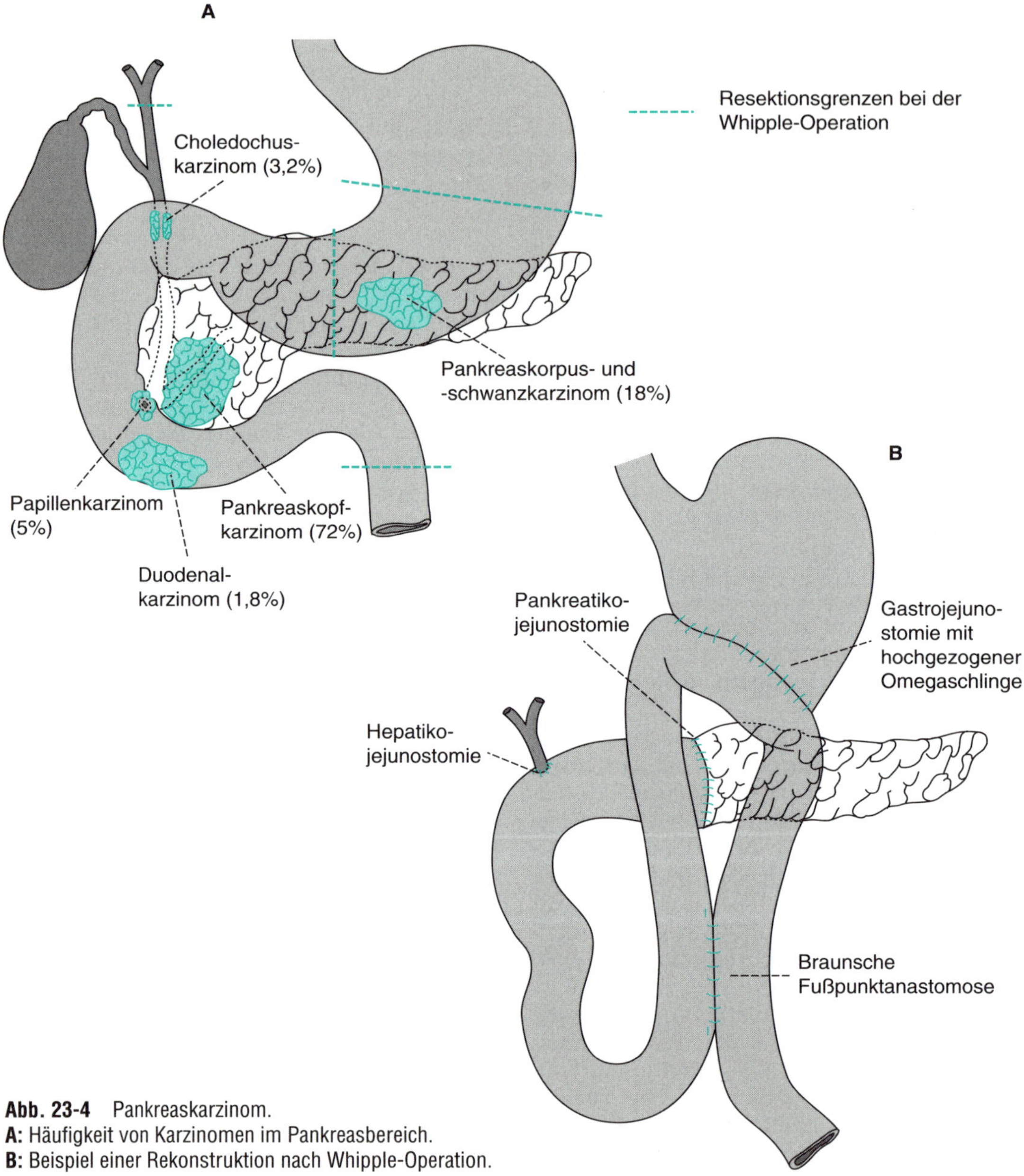

Abb. 23-4 Pankreaskarzinom.
A: Häufigkeit von Karzinomen im Pankreasbereich.
B: Beispiel einer Rekonstruktion nach Whipple-Operation.

Maßnahmen zur Verfügung, die in Tabelle 23-6 aufgeführt sind.

Komplikationen: Anastomoseninsuffizienz (Magen, Pankreas, Galle), Pankreasfistel, Pneumonie, Peritonitis, Blutungen aus großen Gefäßen (Gefäßwand wird von frei in der Bauchhöhle befindlichem Pankreassekret angedaut), Letalität 10 bis 20%.

Adjuvante/neoadjuvante Therapie: Eine wirkungsvolle Chemotherapie für das Pankreaskarzinom gibt es nicht. Es sind derzeit verschiedene Studien in Arbeit, die eine Kombinationstherapie (Operation, prä-, intra- oder postoperative Bestrahlung und Chemotherapie) untersuchen. Gesicherte Ergebnisse liegen noch nicht vor.

Auch eine Bestrahlung allein ist beim Pankreaskarzinom nicht wirkungsvoll. Die **Bestrahlung** wird jedoch zur **Therapie** von **Schmerzen** des Plexus coeliacus eingesetzt.

Tab. 23-6 Palliative Therapiemöglichkeiten beim Pankreaskarzinom.

Ursache	Therapie
Ikterus	– endoskopische Drainageeinlage – Drainage nach außen durch transhepatische Punktion – operative Anlage einer Choledochojejunostomie
Ileus	– Gastroenterostomie
Pankreasaufstau	– Pankreatikojejunostomie (selten!), evtl. endoskopische Drainage

Prognose: Die Prognose des Pankreaskarzinoms ist **schlecht**. **Etwa 80%** aller Patienten sind **nicht** operabel. Die mittlere Überlebenszeit für diese Patienten (einschließlich der palliativ Operierten) beträgt fünf bis sechs Monate.

Die mittlere Überlebenszeit nach Whipple-Operation beträgt 12 bis 20 Monate, die Fünf-Jahres-Überlebensrate nur ca. 5%.

23.6.2 Andere Pankreastumoren

Pankreastumoren können in exokrine und endokrine Tumoren (s.a. Kap. 28.14) eingeteilt werden. Sie alle sind in Tabelle 23-7 aufgeführt. Die operative Therapie der Malignome unterscheidet sich nicht wesentlich von der des Pankreaskarzinoms, **benigne** Tumoren können gelegentlich **organerhaltend** ausgeschält werden.

23.7 Pankreasverletzungen

Ätiologie/Pathogenese: Verletzungen der Bauchspeicheldrüse sind **selten**. Man unterscheidet zwischen Schuß- und Stichverletzungen sowie stumpfen Traumen. In unseren Breiten überwiegen Verletzungen durch ein stumpfes Bauchtrauma. Hier ist das Pankreas in 1 bis 2% der Fälle mitbeteiligt. Typisch ist eine **Ruptur** (Zerreißung) des Organs vor der Wirbelsäule in Höhe der Lendenwirbelkörper (LWK) 1/2.

Symptome: Das klinische Bild ist eher **unspezifisch**. Anhaltende abdominelle Beschwerden und erhöhte Enzymwerte sind wegweisend. Starke **Blutungen** sind eher **selten.**

Diagnostik: Die Diagnosestellung ist schwierig, da häufig Begleitverletzungen (z.B. Frakturen, Thoraxtrauma, Schädel-Hirn-Trauma) die Klinik verfälschen. Erhöhte **Amylase**- und **Lipasewerte** im Serum sowie **anhaltende Bauchschmerzen** geben oft Stunden und Tage nach dem Trauma die ersten **Hinweise**. Gelegentlich kann die Sonographie ein Hämatom oder freie Flüssigkeit um das Organ nachweisen. Bei entsprechendem Verdacht kann eine ER(C)P Gangverletzungen zeigen. Im CT (am besten mit Kontrastmittel) gelingt oft der Nachweis der Verletzung und der umliegenden Organnekrosen (durch Selbstverdauung). Wird zur Abklärung der meist geringen Menge freier intraabdomineller Flüssigkeit eine Abdominallavage (s. Kap. 6.4.6) durchgeführt, sind **erhöhte** Amylase- und Lipasewerte in der **Lavageflüssigkeit** beweisend für eine Pankreasverletzung.

Therapie: Es sind **verschiedene Verletzungsgrade** zu unterscheiden. Die einfache Kontusion (Prellung) ohne Parenchymverletzung führt zu einer Pankreatitis und wird wie eine solche behandelt. Bei Parenchymrupturen ohne Gangverletzung wie auch bei Parenchymverletzungen mit Gangbeteiligung oder vollständigen Organabrissen muß operiert werden. Ziel ist es, durch Gangrekonstruktionen, Teilresektionen und Pankreatikojejunostomien (Anastomosen zwischen einer nach

Tab. 23-7 Einteilung der seltenen Pankreastumoren.

Benigne	Maligne
– Fibrom – Lipom – Chondrom – Leiomyom – benignes Schwannom	– Fibrosarkom – Liposarkom – Chondrosarkom – Leiomyosarkom – malignes Schwannom
Karzinoid	
– benignes Gastrinom (selten) – benignes Insulinom (95%) – Vipom – Glukagonom – Dermoidzyste – Dermoid – Teratom – seröses Zystadenom (-sarkom) eher benigne	– malignes Gastrinom (häufig) – malignes Insulinom (5%) – muzinöses Zystadenom (-sarkom) eher maligne

23

Y-Roux ausgeschalteten Dünndarmschlinge und dem Pankreas) einen möglichst **großen Anteil** des Organs **funktionsfähig** zu erhalten und die dort produzierten Enzyme in den Darm abzuleiten. Die Nachbehandlung besteht in einer mindestens drei- bis viertägigen Nahrungskarenz und erfolgt ansonsten wie bei der akuten Pankreatitis.

Komplikationen: Als Folgen einer Pankreasverletzung können auftreten: Zysten, Fisteln, Blutung, Hämatom, Abszeß, Ileus.

23.8 Pankreaszysten

Ätiologie/Pathogenese: Es werden **echte** Zysten und **Pseudo**zysten verschiedener Ätiologie unterschieden. Echte Zysten (**mit** Epithelauskleidung) sind entweder angeborene Degenerationen (Entartungen) oder Zystadenome (benigner zystischer Tumor). Gelegentlich kommt ein Zystenpankreas (Organ diffus mit echten Zysten durchsetzt) zusammen mit der zystischen Degeneration anderer parenchymatöser Organe (Zystennieren, Zystenleber) vor.

Pseudozysten (**ohne** Epithelauskleidung) entstehen als Ansammlung von Pankreassekret in Hohlräumen innerhalb des Pankreas (z.B. in Nekrosehöhlen nach Pankreatitis oder nach Traumen) oder peripankreatisch. Selten bestehen nachweisbare Verbindungen zum Gangsystem des Pankreas.

Symptome: Kleine Zysten bleiben oft **symptomlos. Große** Zysten sind gelegentlich als Oberbauchtumor tastbar und verursachen Beschwerden durch **Verdrängungserscheinungen** (z.B. Impression des Magens oder des Kolons).

Diagnostik: Sonographie oder CT weisen die Zysten nach.

Therapie: Nur **symptomatische** Zysten müssen behandelt werden. Primär bietet sich eine Punktion an. Es besteht eine gewisse Spontanheilungsrate. Beim Rezidiv werden frische Zysten nach außen drainiert (Sonographie- oder CT-gesteuert bzw. operativ). Ältere Zysten können wegen der dann festeren Wand mit dem Abdominaltrakt verbunden werden, um Abfluß zu schaffen (Gastrozystostomie oder Zystojejunostomie). Zysten, die der Magenwand anliegen, können auch **endoskopisch transgastral drainiert** werden. Hier wird im Rahmen einer Magenspiegelung ein Katheter durch die Magenwand in die Zyste eingelegt. Der Katheter verbleibt im Magen und das Pankreassekret kann kontinuierlich ablaufen. Hat sich die Zyste entleert und sind die Wände verklebt, kann der Katheter wieder endoskopisch entfernt werden. Gelegentlich kommt es auch zu einem Spontanabgang.

Prognose: Die Zysten sind gut zu therapieren. Im Vordergrund steht bei rezidivierendem Auftreten die **Behandlung der Grunderkrankung**.

III Pflegerischer Teil

23.9 Auftretende Symptome

(s.a. Kap. 23.2)

Häufig sind es **Gallenwegsteine**, die den Pankreassaftabfluß behindern, so daß es zum Sekretaufstau kommt, der eine **Selbstandauung** des Pankreas verursachen kann. Eine ebenso häufige Ursache ist der **chronische Alkoholabusus**, wodurch das Pankreasgewebe geschädigt wird. Es kommt zu folgenden Symptomen, die eine pflegerische Intervention notwendig machen.

Bei **akuten** Prozessen:

- Oberbauchschmerzen (gürtelförmig in den Rücken ausstrahlend)
- Temperaturerhöhung
- Übelkeit/Erbrechen/Darmparesen

Bei **chronischen** Verläufen:

- Diabetes mellitus (Zuckerkrankheit)
- Insuffizienz der Nährstoffverdauung

23.10 Pflegemaßnahmen

23.10.1 Bei akuter Pankreatitis

Das Ziel der therapeutischen Maßnahmen ist die **Ruhigstellung** des Pankreas, die **Linderung** der Schmerzen sowie die akute Entzündung zum **Abklingen** zu bringen. In erster Linie wird dem Patienten Bettruhe und Nahrungskarenz verordnet. Während dieser Zeit erfolgt eine **parenterale** Ernährung (s.a. Kap. 7.2 und Kap. 7.3) laut ärztlicher Anordnung mit 50%iger Glukose und Altinsulin (Blutzuckerkontrolle) sowie Elektrolytlösungen. Der Patient erhält ca. 2500 bis 3000 kcal.

Zur Schmerzlinderung und Senkung der Temperatur werden ärztlich verordnete Medikamente (Analgetika und Antibiotika) verabreicht. Unterstützend kann eine Eisblase aufgelegt werden. Spezielle Pflegemaßnahmen (Waschungen, Wäschewechsel, etc.) sind bei Fieber/Fieberschüben erforderlich (s. Kap. 22.8.3). Die medikamentöse Schmerztherapie kann durch eine schmerzlindernde Lagerung unterstützt werden, indem der Patient eine Knierolle zur Entspannung der Bauchdecke erhält.

Das **Allgemeinbefinden** des Patienten ist aufgrund des schweren Krankheitsbildes **stark herabgesetzt**, so daß die **Aktivitäten des täglichen Lebens** (ATLs) in der **Akutphase durch die Pflegekraft** ausgeführt werden müssen, d.h. Übernahme bzw. Hilfestellung bei der Körperpflege, Durchführung von Pneumonie-, Thrombose-, Dekubitus-, Soor- und Parotitisprophylaxe.

Zur Entlastung des Magens wird dem Patienten eine Magen- oder Duodenalablaufsonde gelegt. Der pflegerische Umgang mit Sonden wird im Kap. 9.2 näher beschrieben. Über die eingelegte Sonde verliert der Patient **viel Flüssigkeit**, die entsprechend **ausgeglichen** werden muß. Zur besseren Übersicht, empfiehlt es sich, ein **Ein- und Ausfuhrprotokoll** (Abb. 23-5) zu führen. Zusätzlich sind aufgrund des hohen Flüssigkeitsverlustes über die Duodenalsonde regelmäßige **Kontrollen** der **Serumelektrolyte** erforderlich. Ist die Verabreichung von Elektrolyten nötig (Angaben zu Art, Menge und Verabreichungsart ist Aufgabe des Arztes), so hat das Pflegepersonal folgende Aufgaben:

- Kontrolle der Infusionstherapie (Elektrolytzusätze)
- Beobachtung des Patienten

Da der Patient nicht essen und auch nicht trinken darf, muß ihm so oft wie möglich (mindestens alle zwei Stunden, bei Bedarf öfter), die Gelegenheit zur Mundhygiene angeboten werden, z.B. häufiges Mundspülen mit Tee, Anbieten von getränkten Wattestäbchen (Zitronenstäbchen) oder künstlichem Speichel (Glandosane®).

Künstlicher Speichel sollte nicht so häufig angewendet werden, da er Mundtrokkenheit hervorruft bzw. verstärkt!

Aufgrund der Erkrankung besteht die Gefahr, daß es reflektorisch zum **paralytischen Ileus** (s.a. Kap. 24.5.2) kommt. Zur Anregung der Darmperistaltik kann ein **Darmrohr** drei- bis viermal täglich für 30 Minuten gelegt werden (evtl. abgehenden Stuhl in Zellstoff oder Urinflasche ableiten). Häufig ist es auch ausreichend, eine **feucht-warme Auflage** auf den Bauch zu legen. Zusätzlich können auf ärztliche Anordnung peristaltikstimulierende Medikamente der Infusion beigefügt werden (z.B. Bepanthen® und Prostigmin®).
Nach Abklingen der akuten Phase (ca. drei bis zehn Tage schmerzfrei) kann der allmähliche Nahrungsaufbau mit Tee und Zwieback hin zur leichten Kost beginnen. Alkohol, Fett und Kaffee sind unbedingt zu meiden.

23.10.2 Bei chronischer Pankreatitis

Die chronische Pankreatitis ist eine **in Schüben** verlaufende Entzündung der Bauchspeicheldrüse, so daß **rezidivierende** Oberbauchschmerzen meist nach Alkoholgenuß und/oder fettreicher Nahrungsaufnahme auftreten. Mit zunehmender Krankheitsdauer nehmen die Schmerzen ab („Ausbrennen" der Pankreatitis; s.a. Kap. 23.5.3). Später treten dann Fettstühle (weißlich fettig glänzender Stuhl bei exokriner Schädigung) oder ein Diabetes mellitus (bei endokriner Schädigung) auf.

Maßnahmen zur Schmerzlinderung:
- fettarme, kalorienreiche Ernährung in mehreren kleinen Mahlzeiten (fünf bis sechs pro Tag)
- absolute Alkoholabstinenz
- Verabreichung ärztlich verordneter Analgetika
- Patienteninformation und -anleitung über die Diät (kein Kaffee, Fett und Alkohol)
- feucht-warme Wickel (s.a. Kap. 20, Abb. 20-8 A bis C)

Maßnahmen bei Diabetes mellitus:
- Einstellen des Blutzuckers (Insulindosis) sowie damit verbundene Kontrollen
- Ernährungs- und Diätberatung anbieten
- evtl. Schulung zur Insulinverabreichung

Datum 5. 03. 1994

	6.00–7.00	7.00–8.00	8.00–9.00	9.00–10.00	10.00–11.00	11.00–12.00	12.00–13.00	13.00–14.00	14.00–15.00	15.00–16.00	16.00–17.00	17.00–18.00	18.00–19.00	19.00–20.00	20.00–21.00	21.00–22.00	22.00–23.00	23.00–24.00	24.00–1.00	1.00–2.00	2.00–3.00	3.00–4.00	4.00–5.00	5.00–6.00
Einfuhr																								
per os																								
Infusionen																								
Glukoselösung	1000	=	=	=	=	=	=	=	1000	=	=	=	=	=	=	=	1000	=	=	=	=	=	=	=
Ringerlösung																	500	=	=	=	=	=	=	=
Ausfuhr																								
Urin	50	50	50	50	50	60	70	80	90	100	60	70	80	90	100	110	60	60	90	90	60	70	90	80
Gesamt								**460**								**1160**								**1770**
Sekretablaufsonde	100	100	100	100	100	100	100	100	100	100	100	100	100	100	100	50	50	50	50	50	50	50	50	50
Gesamt								**800**								**1550**								**1950**
Einfuhr	E: 1000								E: 2000								E: 3500							
Ausfuhr	A: 1260								A: 2710								A: 3270							
Bilanz	**–260**								**–710**								**–220**							

Abb. 23-5 Ein- und Ausfuhrprotokoll (farbige Schrift entspricht handschriftlichem Eintrag).

Maßnahmen bei Störungen der Nährstoffverwertung:
- Gabe von Enzymen z.B. Kreon®-Granulat nach ärztlicher Anordnung
- Ernährungsberatung

Keine Kohlenhydratbeschränkung, da sich der Patienten infolge der Erkrankung im reduzierten Ernährungszustand befindet!

23.11 Präoperative Vorbereitungen

Die ärztliche Aufklärung erfolgt bezüglich des evtl. auftretenden Diabetes mellitus, der notwendigen Alkoholabstinenz und Diät. Allgemeine präoperative Maßnahmen s. Kap. 8.1.

23.11.1 Nahrungsabbau/Darmentleerung

Am Vorabend der Operation erhält der Patient flüssige Kost und bekommt den Hinweis, daß er **ab 22.00 Uhr absolute** Nahrungskarenz einhalten sowie auf das Rauchen verzichten muß, um Komplikationen während der Narkose vorzubeugen (z.B. Aspirationspneumonie, Atemstörungen usw.). Zur Darmentleerung wird präoperativ ein Reinigungseinlauf durchgeführt.

23.11.2 Rasurschema

Die Rasur erfolgt von des Achseln bis zur oberen Schambehaarung (s. Kap. 21, Abb. 21-6).

23.11.3 Psychische Vorbereitung und Betreuung des Patienten

Da der Patient mit einem Aufenthalt in der Intensivabteilung rechnen muß, sollte er präoperativ die **Gelegenheit** erhalten, die Intensivstation, den Bettenplatz und die Umgebung, Geräte und falls möglich das Personal kennenzulernen. Diese Maßnahmen helfen dem Patienten, Angst und Unsicherheit zu reduzieren.

23.12 Postoperative Maßnahmen

23.12.1 Primäre Versorgung

Aufgrund der unterschiedlichsten Eingriffsmöglichkeiten am Pankreas können keine allgemeingültigen Aussagen über postoperative Pflegemaßnahmen gemacht werden. Der Patient verbleibt in der Regel nach dem recht lange dauernden operativen Eingriff für **ca. acht Tage** auf der **Intensivstation** (engmaschige Vitalzeichenkontrollen, Nachbeatmung, parenterale Ernährungstherapie).

23.12.2 Übernahme des Patienten auf die Allgemeinstation

Überwachung/Krankenbeobachtung

Nach jeder Pankreasresektion sind **engmaschige Blutzuckerkontrollen** erforderlich, da mit einer endokrinen Insuffizienz zu rechnen ist. Diese äußert sich in Form einer Hyperglykämie, die mit Altinsulin (nach ärztlicher Anordnung) behandelt wird. Nach einer **Pankreasteilresektion** regelt sich der Blutzuckerhaushalt **meist innerhalb weniger Tage oder Wochen**.

Körperpflege/Prophylaxen

Nach dem Aufenthalt in der Intensivabteilung (ca. acht Tage) ist die Unterstützung bei den ATLs dem **Allgemeinbefinden** sowie dem **bereits erreichten Mobilitätsgrad** des Patienten entsprechend anzupassen. Alle Prophylaxen sind bei Bedarf durchzuführen.

Lagerung/Mobilisation

Lagerung und Mobilisation erfolgen nach den bereits in Kap. 22.10.1 beschriebenen Richtlinien.

Nahrungsaufbau/Darmanregung

Der Zeitpunkt des Nahrungsaufbaus richtet sich nach der Art des Eingriffs sowie dem postoperativen klinischen Verlauf, d.h. die orale Nahrungsaufnahme beginnt zwischen dem vierten und achten postoperativen Tag und zwar steigernd mit Tee, Hafersuppe, Brei, leicht Kost (s.a. Kap. 8, Tab. 8-5).

Drainagen/Wundverband

Die Redon-Drainage wird zwischen dem ersten und zweiten postoperativen Tag gezogen, die eingelegte Penrose-Drainage zwischen dem vierten und sechsten Tag gekürzt und sechs bis acht Tage nach dem Eingriff entfernt. Die Fäden werden nach acht bis zehn Tagen postoperativ gezogen.

23

Psychische Begleitung bei palliativen Eingriffen

(s. Kap. 8.3)

23.13 Verhaltensregeln für Patienten nach Pankreaseingriffen

In der Regel bestehen für den Patienten **keine Nahrungsmittelbeschränkungen**, d.h. er sollte testen, welche Nahrungsmittel ihm bekommen. Hinweise auf die **Wirkungsweise** einiger Nahrungsmittel können hilfreich sein, z.B.:
- abführend (Pflaumensaft, Sauerkrautsaft, Bohnen)
- blähend (Eier, Zwiebeln, kohlensäurehaltige Getränke, Hülsenfrüchte)
- blähungshemmend (Joghurt)
- stopfend (Schokolade, Weißbrot)

Zusätzlich sollte der Patient auf Alkohol verzichten. Besteht ein Diabetes mellitus, ist auf die für den Patienten bestimmte Diät und Insulinmenge hinzuweisen, evtl. ist er, falls er es wünscht, bei der **Diätberatung** anzumelden.

Literaturhinweise

[1] Akovbiantz, A., H. Denck, K.-J. Paquet, C. E. Zöckler (Hrsg.): Das Pankreaskarzinom. In der Zeitschrift: Chirurgische Gastroenterologie mit interdisziplinären Gesprächen. 5. Jg., Ausgabe-Nr. 3 1989.

[2] Berchtold, R., H. Hamelmann, H.-J. Peiper: Chirurgie. Urban & Schwarzenberg, München-Wien-Baltimore, 3. Aufl. 1994.

[3] Böttger, Th. u.a.: Prognostisch relevante Faktoren beim duktalen Pankreaskarzinom. In der Zeitschrift: Der Chirurg 1989, 60. Jg. S. 521 bis 528.

[4] Büchler, M. u.a.: Role of Octreotide in the prevention of postoperative complications following pancreatic resection. In: The American Journal of Surgery 1992, 163 Jg., S. 125.

[5] Classen, M., V. Diehl, K. Kochsiek: Innere Medizin. Urban & Schwarzenberg, München-Wien-Baltimore, 3. Aufl. 1994.

[6] Durst, J., J. W. Rohen: Chirurgische Operationslehre. Schattauer-Verlag, Stuttgart-New York 1991.

[7] Gerlach, U., N. van Husen, H. Wagner, W. Wirth: Innere Medizin für Krankenpflegeberufe. Georg-Thieme-Verlag, Stuttgart-New York, 3. Aufl. 1989.

[8] Hausegger, K. W. u.a.: Lymphoepitheliale Zyste am Pankreasschwanz, ein Fallbericht. In der Zeitschrift: Fortschritte auf dem Gebiet der Röntgenstrahlen und der neueren bildgebenden Verfahren 1993, 159. Jg., S. 200 bis 202.

[9] Hollender, L. F., H.-J. Peiper (Hrsg.): Pankreaschirurgie. Springer-Verlag, Berlin-Heidelberg-New York 1988.

[10] Klöppel, G. u.a.: Klassifikation exokriner Pankreastumoren. In der Zeitschrift: Der Pathologe 1982, 3. Jg., S. 319 bis 328.

[11] Kremer, K., V. Schumpelick, G. Hierholzer: Chirurgische Operationen. Georg-Thieme-Verlag, Stuttgart-New York 1992.

[12] Kremer, K., W. Lierse, W. Platzer, H. W. Schreiber, S. Weller: Chirurgische Operationslehre Bd. 4. Georg-Thieme-Verlag, Stuttgart-New York 1993.

[13] Rothmund, M. u.a.: Aktuelle Aspekte der neuen Stadieneinteilung beim Pankreaskarzinom und ihre klinische Konsequenz. In der Zeitschrift: Der Chirurg 1989, 60. Jg., S. 24 bis 28.

[14] Schumpelick, V., N. Bleese, U. Mommsen: Chirurgie. Ferdinand Enke-Verlag, Stuttgart 1985.

[15] Silbernagl, S., A. Despopoulos: Taschenatlas der Physiologie. Georg-Thieme-Verlag, Stuttgart-New York 1979.

[16] Maletzki, W., A. Stegmayer-Petry: Klinikleitfaden Krankenpflege. Jungjohann-Verlag, Neckarsulm-Stuttgart, 1. Aufl. 1993.

[17] Käufer, C.: Chirurgie und Krankenpflege. Bibliomed-Verlag, Melsungen, 2. Aufl. 1991.

[18] Juchli, L.: Pflege. Georg-Thieme-Verlag, Stuttgart-New York, 7. Aufl. 1994.

[19] Paetz, B.: Chirurgie für Krankenpflegeberufe. Georg-Thieme-Verlag, Stuttgart-New York, 17. Aufl. 1990.

24 Akutes Abdomen

G. Müller, Ch. Albrecht, G. Bliemeister

I Allgemeiner Teil

24

24.1 Definition

Unter dem Begriff „akutes Abdomen" versteht man Krankheitszustände, die durch rasches Auftreten und mehr oder weniger starke Bauchschmerzen gekennzeichnet sind. Die Bezeichnung stellt bestenfalls eine Globaldiagnose, einen relativ **unscharfen Sammelbegriff für unterschiedliche Krankheitsursachen,** dar. Er läßt jedoch erkennen, daß es sich um einen **Notfall** handelt, wobei sich „akut" **nicht nur** auf den **zeitlichen Ablauf,** sondern auch auf den **eiligen Behandlungszwang** bezieht.

Dem Faktor Zeit kommt in der Krankheitsentstehung und auch in der Planung von Diagnostik und Therapie große Bedeutung zu: Eine Behandlung muß um so rascher erfolgen, je akuter und bedrohlicher sich die Symptomatik darstellt!

Es ist daher das **superakute** Abdomen, bei dem Entscheidungen **innerhalb von Minuten** getroffen werden müssen, vom akuten Abdomen im engeren Sinne zu unterscheiden. Hier liegt keine **unmittelbare** Lebensbedrohung vor, ein Therapieentscheid ist innerhalb von Stunden erforderlich. Beim **unklaren** Abdomen besteht **kein kurzfristiger** Behandlungszwang; die Entwicklung zum akuten Abdomen ist jedoch jederzeit zu bedenken (Tab. 24-1). Eine Entscheidung über die Schwere der Erkrankung und Dringlichkeit der Maßnahmen ermöglichen die sog. Leitsymptome.

Tab. 24-1 Definition des akuten Abdomens.

Definition	Therapiebeginn	Zeitgrenze	Beispiele
Superakut	Sofort	Minuten	– Milzruptur – rupturiertes Aortenaneurysma – mesenteriale Embolie
Akut	Dringlich	Stunden	– Perforation – Peritonitis – Appendizitis – Darmverschlingung
Unklar	Baldigst	24 bis 48 Stunden	– Enteritis – Adnexitis – Divertikulitis – Subileus

24.2 Leitsymptome

Schmerzen, Störungen der Darmfunktion und Beeinträchtigung des Allgemeinbefindens kennzeichnen das Krankheitsbild des akuten Abdomens (Tab. 24-2).

24.2.1 Schmerz

Der **abdominelle** Schmerz ist das **wichtigste** Leitsymptom. Daher steht die ausführliche **Schmerzanamnese** und **-analyse** im Mittelpunkt der Diagnostik. Schmerzlokalisation und Schmerzcharakter, Intensität, zeitlicher Ablauf und Veränderungen geben wichtige Hinweise auf Krankheitsursachen und Schwere der Erkrankung. Hilfreich ist hierbei die Einteilung in **viszerale** und **somatische** Schmerzen. Viszerale Schmerzimpulse gehen von den Eingeweiden (lat. Viscera) infolge von Kapselspannung, Dehnung bzw. spastischer Kontraktion und Durchblutungsstörungen aus. Sie werden im autonomen Nervensystem fortgeleitet und vom Patienten als **dumpf** und **bohrend**, **kolik-** oder **krampfartig** und **schlecht lokalisierbar** empfunden. Somatische Schmerzen dagegen entstehen durch direkte Reizung sog. somatosensibler Nervenfasern der Bauchdecke, meist durch Entzündung. Sie werden als **scharf** und **brennend** sowie gut **lokalisierbar** beschrieben. Da die Mitbeteiligung des Bauchfells bzw. der Bauchwand bei einer zunächst auf das ab-

Tab. 24-2 Übersicht der auftretenden Leitsymptome.

Symptome	Funktionsstörung	Beeinträchtigung des Allgemeinbefinden
– Lokalisation – Charakter – Intensität – Zeitablauf	– Erbrechen – Stuhlverhalt – Windverhalt – Peristaltikstörung	– Übelkeit – Fieber – Schockzeichen – Angst

dominelle Organ begrenzten Affektion (Reizung) für ein Fortschreiten der Erkrankung spricht, muß der **Übergang** vom viszeralen zum somatischen Schmerzcharakter als **Alarmsymptom** gewertet werden (Abb. 24-1 A und B).

Wegen der **Verschaltung** von viszeralen und somatosensiblen Nervenfasern im Rükkenmark werden Schmerzimpulse innerer Organe auf die **Körperoberfläche** übertragen. So weisen erkrankte Organe des Bauchraumes häufig eine typische Schmerzausstrahlung auf, die wegweisend für die Diagnose sein kann (Abb. 24-2 A und B).

24.2.2 Störungen der Organfunktion

Der Transport von Speisebrei/Darminhalt ist eine wichtige Funktion der abdominellen Hohlorgane Ösophagus, Magen, Dünn- und Dickdarm. Durch eine Reizung des Bauchfelles einerseits, oder Verlegung des Hohlorgans andererseits können typische Leitsymptome ausgelöst werden.

Erbrechen

Reflektorisches Erbrechen begleitet schwere Gallen- und Nierenkoliken, die Pankreatitis und häufig auch die akute Appendizitis. Bei Unwegsamkeit des Darmes entwickelt sich durch Ansammlung der Sekrete das sog. **Überlauferbrechen**. Im Gegensatz zum reflektorischen Erbrechen empfindet der Patient dadurch eine **Erleichterung**. Die Beurteilung des Erbrochenen (gallig, sauer, blutig, fäkulent) gibt Hinweise auf die Lokalisation des Verschlusses. Nicht selten geht dem Erbrechen ein Schluckauf (Singultus) voran, der reflektorisch durch Reizung des Bauchfellüberzugs des Zwerchfells entsteht.

Störungen der Peristaltik, Stuhl- und Windverhalt

Störungen der Darmtätigkeit (Peristaltik) lassen sich einfach durch Auskultation mit dem Stethoskop erkennen. Kollernde, gurrende oder metallisch klingende **Darmgeräusche,**

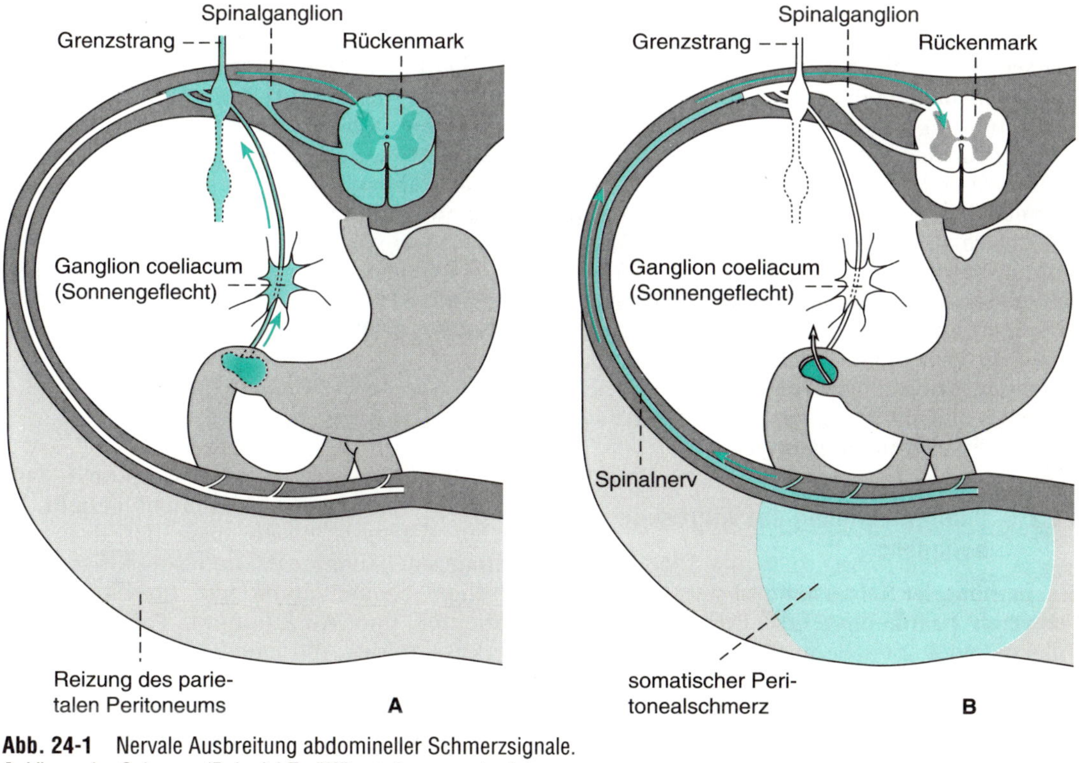

Abb. 24-1 Nervale Ausbreitung abdomineller Schmerzsignale.
A: Viszeraler Schmerz (Beispiel Zwölffingerdarmgeschwür).
B: Somatischer Schmerz (Beispiel perforiertes Zwölffingerdarmgeschwür mit Bauchfellreizung).

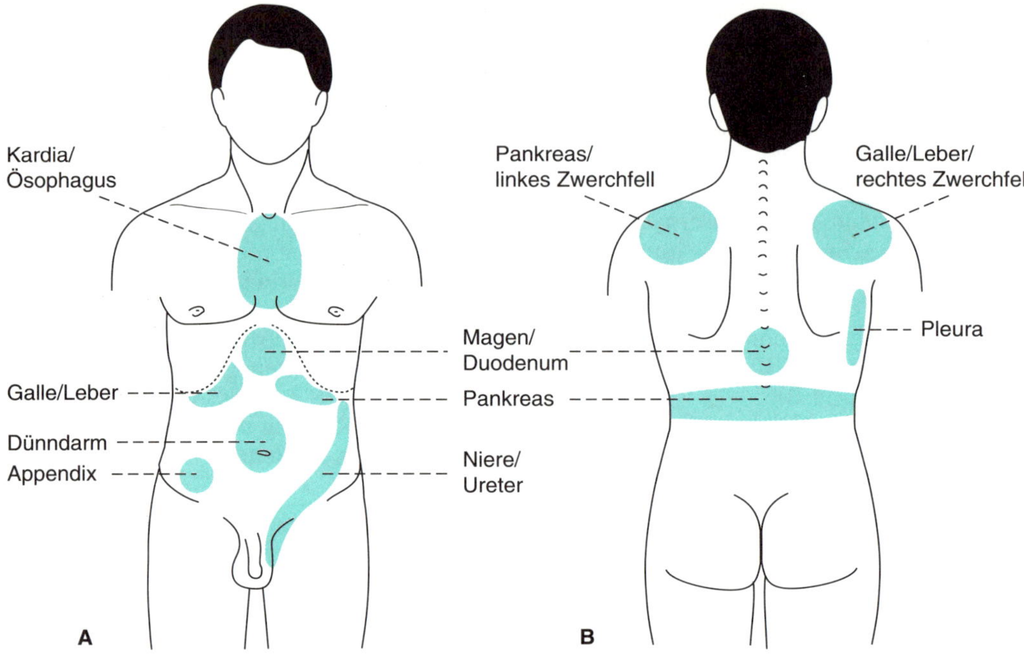

Abb. 24-2 Schmerzausstrahlung bei Erkrankungen intraabdomineller Organe.
A: Brust und vordere Bauchwand.
B: Rücken.

gelegentlich sogar Durchspritzgeräusche, sind Leitsymptome einer Verlegung des Darmes (Verwachsungen, Fremdkörper, Entzündungen, Tumore) im Sinne eines **mechanischen** Ileus. **Fehlende** Darmgeräusche („Totenstille") weisen dagegen auf eine Lähmung des Darmes bei einem **paralytischen** Ileus hin. Die übermäßige Ansammlung von Darmgasen, insbesondere entlang des Dickdarmes, läßt ebenfalls eine Funktionsbeeinträchtigung erkennen und wird als **Meteorismus** bezeichnet. Nur der **tiefe Dickdarmverschluß** geht mit einem **Stuhl-** und **Windverhalt** einher. Ein Patient mit Dünndarmverschluß kann dagegen durchaus Stuhlgang haben.

24.2.3 Beeinträchtigung des Allgemeinbefindens

Ein **peritonealer Reizzustand** ist stets mit einem **schweren Krankheitsgefühl** verbunden. Das Allgemeinbefinden kann sich rasch bis zum Schock verschlechtern. Übelkeit (reflektorisch, peritoneale Reizung), Tachykardie (Pulsbeschleunigung) mit fadenförmigem, leicht unterdrückbarem dünnen Puls, Kaltschweißigkeit, Exsikkose (Flüssigkeitsverluste durch Erbrechen oder Flüssigkeitsverschiebungen in den Darm bei Ileus), Fieber (Einwanderung von Bakterien) und Angst sind mögliche Symptome. Sie **fehlen** gerade in der **Anfangsphase** des akuten Abdomens, so daß die **Lebensbedrohlichkeit** des Krankheitsbildes **leicht verkannt** werden kann.

Patienten mit akutem Abdomen müssen engmaschig überwacht werden, Schocksymptome erfordern eine sofortige Behandlung!

24.3 Diagnostik

Mit dem **Nachweis** der Leitsymptome wird die Diagnose „akutes Abdomen" **gestellt.** In vielen Fällen läßt sich nach der Krankenbefragung (Anamnese) und sorgfältigen klinischen Untersuchung mit Inspektion des Patienten und Auskultation, Palpation und Perkussion des Abdomens bereits die Krankheitsursache vermuten. Die körperliche Untersuchung gibt den entscheidenden Hinweis, ob eine sofortige Operation erforderlich ist, oder noch zugewartet werden kann, ferner welche weiteren diagnostischen Maßnahmen veranlaßt werden müssen. Hierbei sind EKG, Lungenübersichtsaufnahme sowie die Bestimmung von Blutbild, Elektrolyten und Gerinnung Routinemaßnahmen und dienen der Operationsvorbereitung. Bei weiteren Untersuchungen ist neben dem diagnostischen Nutzen der entstehende Zeitverlust zu bedenken. Keinesfalls darf eine **dringliche** Therapie durch **unnötige Diagnostik verzögert** werden (Tab. 24-3).

24.3.1 Anamnese

In der Krankenbefragung steht zunächst die ausführliche Schmerzanamnese und Schmerzanalyse im Mittelpunkt. Lokalisation und Ausstrahlung, Schmerzcharakter und -intensität werden in ihrem zeitlichen Ablauf erfragt. Weitere „**Pflichtfragen**" betreffen Erbrechen (Art des Erbrochenen, Übelkeit, Appetitlosigkeit), die Funktion von Stuhl (Obstipation, Diarrhoe, Blutbeimengungen) und Urin (Harnfarbe, Harndrang, Schmerzhaftigkeit) sowie Fieber (axilläre oder rektale Messung). Weitere Fragen beziehen sich auf die Atmung und das Herzkreislaufsystem (Atemnot, Belastbarkeit, Thoraxschmerz), eine orientierende gynäkologische Anamnese (Zeitpunkt, Ablauf und Schmerzhaftigkeit der Regelblutung, evtl. bestehende Schwangerschaft) sowie die Einnahme von Medikamenten (Art, Dosis, Drogenabusus, Allergien).
Die Erhebung der Anamnese ist **unerläßlich,** auch wenn die **Gesamtsituation** noch so **dringlich** erscheint. Unter Umständen müssen auch Angehörige und Begleitpersonen befragt werden (**Fremdanamnese**).

24.3.2 Klinische Untersuchungen

Die Untersuchung des Patienten beginnt mit der **Inspektion** (Beobachtung). Beurteilt werden hierbei Atmung, Hautfarbe (Blässe, Zyanose, Ikterus), Schmerzreaktionen (Unruhe, Schonhaltung, Verkrampfung). Im Bereich des Abdomens interessieren Narben (frühere operative Eingriffe), Darmbewegungen, Pulsationen, Auftreibungen, Bauchwandbrüche, Hautveränderungen.

Palpation (Abtastung) und **Perkussion** (Beklopfen) folgen im Untersuchungsablauf. Geprüft wird die Klopf- und Druckschmerzhaftigkeit der Bauchdecke, die Tastbarkeit einer Resistenz (Tumor, Abszeß, verdickte Darmschlinge, vergrößertes Organ). Eine Schmerzäußerung bei plötzlichem Loslassen (**Loslaßschmerz**) wird als Hinweis auf eine **fortgeschrittene** Bauchdeckenreizung gewertet. Leisten-, Schenkel- oder Narbenbrüche müssen ausgeschlossen werden. Die Nierenlager sind auf Klopfschmerzhaftigkeit zu überprüfen. Die Untersuchung des Enddarmes mit dem behandschuhten Finger (**rektale Untersuchung**) ist bei jedem akuten Abdomen **obligat** (Enddarm stuhlgefüllt, Schmerzen, Resistenzen, Blut am Fingerling).

Die **Auskultation** des Abdomens mit dem Stethoskop läßt wichtige Rückschlüsse auf die Funktion des Darmes zu. An mehreren Stellen des Bauchraumes wird nach dem **Vorhandensein** von Darmgeräuschen gefahndet und der **Peristaltikcharakter** beurteilt (Totenstille bis Hyperperistaltik, plätschernde, klingende und sog. Durchspritzgeräusche). Zur Untersuchung gehört auch die Auskultation der Lunge (Pneumonie als Begleiterkrankung bei Affektionen des Bauchraumes) und des Herzens.

Bei Frauen im gebärfähigen Alter sind Bauchschmerzen sehr häufig durch entzündliche Veränderungen der Adnexe (Eierstökke) verursacht, so daß eine **frauenärztliche** Untersuchung angezeigt ist.

Tab. 24-3 Diagnostik bei akutem Abdomen.

Anamnese	Klinische Untersuchung	Laborbefunde	Bildgebende Verfahren
– Schmerzanalyse – Funktionsstörungen – Vorgeschichte – Medikamente	– Inspektion – Palpation – Perkussion – Auskultation – rektale Untersuchung – Temperaturmessung	– Blutbild – Serumelektrolyte – Gerinnung – Amylase, Lipase – Bilirubin – Leberenzyme – Serumlaktat	– Abdomenübersicht im Stehen – Thoraxübersicht – Sonographie – Kontrastuntersuchung – Computertomographie, Kernspintomographie – Angiographie

24

24.3.3 Laborbefunde

Die Diagnose eines akuten Abdomens erfolgt in den allermeisten Fällen aufgrund von Anamnese und klinischer Untersuchung. Zur Operationsvorbereitung sind Blutgruppe, Blutbild (Hämoglobin und Hämatokrit, Leukozyten, Thrombozyten), Elektrolyte (Natrium, Kalium, Chlorid, Kalzium), Blutzucker, Kreatinin, Gerinnung (Quick), evtl. eine Blutgasanalyse unentbehrlich. Im Rahmen des Notfall-Labors sollten ferner bestimmt werden: Leukozyten, Amylase, Bilirubin, CK, CKMB, LDH, GOT, GPT, Laktat (s.a. Kap. 6.3). Die Untersuchung des Urins (Sediment, Teststreifen) ist obligatorisch. Die mögliche **Bedeutung pathologischer Laborwerte** geht aus Tabelle 24-4 hervor.

24.3.4 Röntgendiagnostik

Bei jedem Kranken mit akutem Abdomen gehört die Abdomen-Leeraufnahme zur Standarddiagnostik. Sie dokumentiert die **drei klassischen Hauptzeichen objektiv,** nämlich:
- freie Luft (Folge der Perforation eines Hohlorgans)
- Darmspiegel (Flüssigkeitsansammlungen im Darm bei Ileus)
- Verkalkungen (Gallen-, Harnleiter-, Nierensteine)

Die Abdomen-Leeraufnahme (-übersichtsaufnahme) wird im Liegen sowie in Linksseitenlage mit horizontalem Strahlengang (alternativ im Stehen bzw. halbsitzend) durchgeführt (Abb. 24-3 A und B). Zur Beurteilung **freier Luft,** die sich vornehmlich unter den Zwerchfellkuppeln ansammelt, ist auch eine **Thoraxaufnahme** erforderlich.

In bestimmten Fällen ist eine **Ergänzung** der Diagnostik durch Kontrastmitteluntersuchungen erforderlich. So ist ein **Ausscheidungsurogramm** nötig, wenn bei vorliegender Harnabflußstörung das Abflußhindernis (z.B. Harnleiterkonkrement) nachgewiesen werden soll. Die orale Verabreichung von **wasserlöslichem** Kontrastmittel (**„Gastrografin-Schluck"**) vermag Perforationen im oberen Gastrointestinaltrakt (Magen, Duodenum, oberer Dünndarm) zur Darstellung zu bringen oder weist einen Stopp der Passage bei mechanischem Ileus nach. Bei noch erhaltener Durchgängigkeit des Darmes (Krankheitsbild „Subileus") erleichtert die abführende Wirkung des Kontrastmittels die konservative Behandlung. Liegt die Ursache des akuten Abdomens im Dickdarm (Dickdarmtumor, Divertikulitis), zeigt ein Einlauf mit wasserlöslichem Kontrastmittel (**„Gastrografin-Kolon-Kontrasteinlauf"**) rasch den Befund. Die Indikation zur **Angiographie** darmversorgender Gefäße (A. mesenterica superior, ggf. Truncus coeliacus mit Leberarterie) ergibt sich bei vermuteter Durchblutungsstörung aufgrund einer Verlegung der Strombahn durch Embolie (verschleppte Thromben aus dem Herzen) oder Thrombose auf dem Boden einer Arteriosklerose. Bei pathologischem Befund wird die sofortige Laparotomie (Eröffnung der Bauchhöhle) und Thrombektomie (Thrombusentfernung), ggf. mit Entfernung geschädigter Darmanteile, erforderlich. Bei Nachweis funktioneller Durchblutungsstörungen (Gefäßspasmen im Rahmen einer sog. Non-occlusive-disease) kann über den liegenden Angiographiekatheter eine Infusionsbehandlung mit durchblutungsfördernden Medikamenten vorgenommen werden.

Bei starken Darmblutungen, insbesondere aus dem endoskopisch nicht zugänglichen Dünndarm, ermöglicht die Angiographie der Intestinalgefäße eine Lokalisation der Blutungsquelle.

Die diagnostische Abklärung des akuten Abdomens durch ein Computertomogramm (CT) ist nur in **seltenen** Fällen **erforderlich,** da die sonographische Untersuchung meist ausreichende Hinweise gibt. Unerläßlich ist sie bei der akuten Pankreatitis (Ausmaß der Organschwellung und Organnekrosen), vermu-

Tab. 24-4 Laborbefunde bei akutem Abdomen.

Bestimmungsparameter	u.a. verändert bei
Hämoglobin (Hb), Hämatokrit (Hk)	intraabdomineller oder gastrointestinaler Blutung
Leukozyten	Entzündung, Darmischämie
Kalium, Natrium, Chlorid	Darmverschluß
Kalzium	Pankreatitis
Bilirubin	Gallenabflußstörung
Amylase, Lipase	Pankreatitis
GOT; GPT	Hepatitis, Leberzellschaden
Laktat	Darmischämie

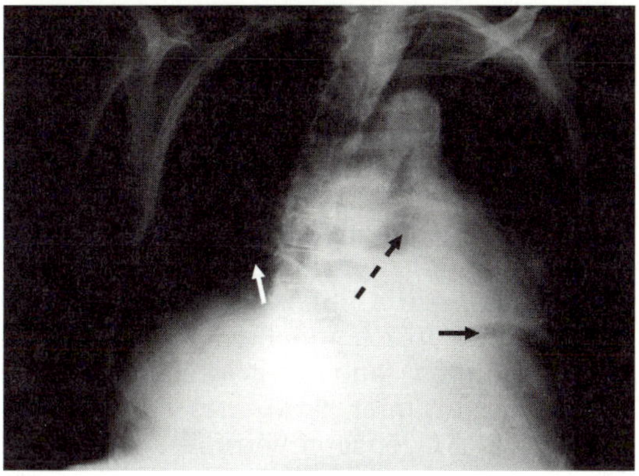

A

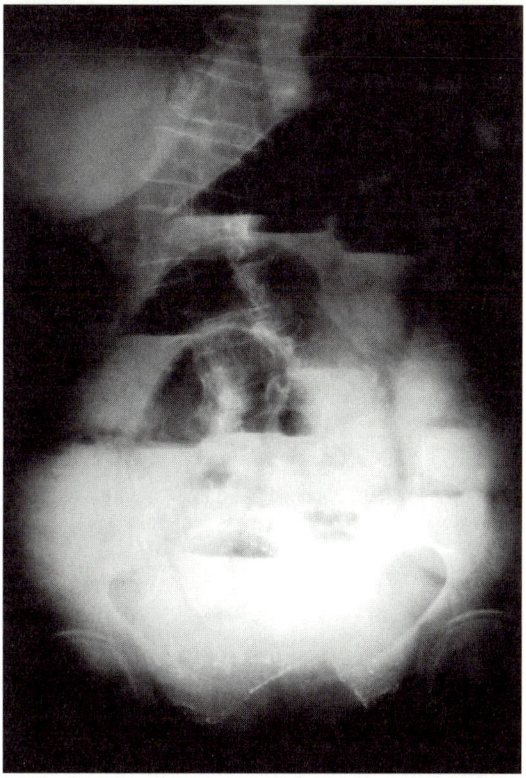

B

Abb. 24-3 Röntgendiagnostik beim akuten Abdomen.
A: Abdomenübersichtsaufnahme im Stehen: Freie Luft (Pfeil) nach Perforation eines Magengeschwürs unter dem Zwerchfell. Nebenbefund: Zwerchfellbruch (Hiatushernie) mit Verlagerung von Magenanteilen in den Thorax (gestrichelter Pfeil).
B: Abdomenübersichtsaufnahme im Stehen: Multiple Spiegelbildungen bei Ileus.

tetem Bauchaortenaneurysma (Größe und Lage der pathologischen Aortenerweiterung, Hinweise auf freie oder gedeckte Ruptur), evtl. bei großen, insbesondere retroperitoneal gelegenen Tumoren und Abszessen.

Sieht man von der Abdomen-Leeraufnahme ab, sind **radiologische** Untersuchungsmethoden mehr oder weniger **zeitaufwendig**, so daß die **Indikation** in Abhängigkeit von der Dringlichkeit **streng** zu stellen ist. Auch ist zu bedenken, daß eingebrachte Kontrastmittel nachfolgende Untersuchungen stören können.

24.3.5 Sonographie

In der Hand des Geübten vermag die Ultraschalluntersuchung des Abdomens **wichtige** Hinweise auf die **Entstehungsursache** des akuten Abdomens zu geben. Obgleich die Untersuchungsbedingungen (nicht vorbereiteter Patient) **ungünstig** sind, sind Raumforderungen, Konkremente (Steine) und Flüssigkeitsansammlungen zu identifizieren. So ermöglicht die Untersuchung der Leber- und Gallenwege den Nachweis von Gallensteinen (Cholezystolithiasis, Choledocholithiasis), einer Erweiterung der Gallenwege (Gallengangsteine, Pankreaskopftumoren) oder von Lebermetastasen. Eine aneurysmatische Erweiterung der Bauchschlagader ist meist gut zu erkennen, ebenso eine Abflußbehinderung der Nieren (Erweiterung des Nierenbeckens, Nierensteine). Freie Flüssigkeit im Abdomen gibt Hinweise auf eine Blutung, Organperforation oder Entzündungsreaktion. Flüssigkeitsgefüllte Darmschlingen sind gut zu erkennen (Ileus), nicht immer entzündlich verdickte Darmabschnitte (Appendizitis, Enteritis regionalis, Morbus Crohn, Divertikulitis; Abb. 24-4). **Luft/Gas** (freie Luft, gasgefüllte Darmschlingen) **erschweren** die Ultraschalluntersuchung bzw. machen eine **Beurteilung unmöglich**.

24.3.6 Endoskopie

In der Diagnostik des akuten Abdomens ist die Endoskopie eher **selten** indiziert. Die Spiegelung von Ösophagus, Magen und Duodenum (Ösophagogastroduodenoskopie) ist bei vermuteter Schleimhautentzündung,

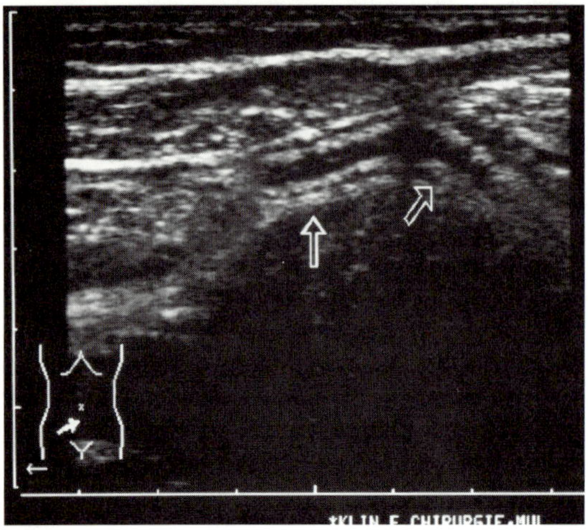

Abb. 24-4 Sonographie des Abdomens: Verdickung der Appendix (Kokardenphänomen, Pfeile) bei akuter Appendizitis.

Magen- oder Zwölffingerdarmgeschwür (Ulkus) oder oberer gastrointestinaler Blutung sinnvoll. Bei kolikartigen Schmerzen und sonographischem Nachweis von erweiterten Gallenwegen bietet sich die ERCP (endoskopische retrograde Cholangio-Pankreatikographie) zur weiteren Diagnostik der vermuteten Gallengangsteine an. In gleicher Sitzung kann die zur Kontrastmitteleinspritzung kanülierte Papille (Ausführungsgang des Hautgallenganges in den Zwölffingerdarm) zur Verbesserung des Galleabflusses bzw. Steinentfernung durch Schnitt erweitert werden (endoskopische Papillotomie).

Aufgrund der **Schmerzhaftigkeit** der Untersuchung ist die Koloskopie bei akutem Abdomen **nicht** durchführbar und allenfalls bei Blutungsverdacht im Enddarmbereich indiziert.

24.3.7 Laparoskopie

Meist läßt sich aufgrund der klinischen Untersuchungen die Globaldiagnose „akutes Abdomen“ stellen, aus der die Indikation zur Operation abgeleitet werden muß. Die **eigentliche** Ursache der Erkrankung bleibt jedoch **zunächst unklar,** so daß der erforderliche Eingriff als **Probelaparotomie** (explorative Laparotomie) begonnen wird. Der Einsatz der Laparoskopie stellt eine **weniger belastende** Alternative dar. Die meist über die Nabelgrube eingebrachte Optik ermöglichst eine **Rundumsicht** im gesamten Abdomen. Die Ursache des Krankheitsbildes (Entzündung, Perforation, Tumor, Durchblutungsstörungen, Verwachsungsstrang) kann in den meisten Fällen gefunden werden. Liegt eine akute Cholezystitis oder Appendizitis vor, ist die definitive chirurgische Behandlung (Appendektomie, Cholezystektomie) fast immer laparoskopisch möglich. In geeigneten Fällen können auch Verwachsungsstränge durchtrennt oder perforierte Zwölffingerdarm- oder Magengeschwüre übernäht werden, ohne daß hierzu eine Laparotomie erfolgen muß.

24.4 Diagnostische Besonderheiten

24.4.1 Atypischer Krankheitsverlauf

Im Kindesalter sowie bei Schwangeren, alten und adipösen Patienten muß mit einer atypischen Symptomatik gerechnet werden!

Nicht selten gehen **Infektionserkrankungen** bei **Kindern** mit heftigen Bauchschmerzen einher. Die Appendizitis (s.a. Kap. 36.13.6) zeigt einen rascheren Verlauf. Neben den Krankheitsbildern des Erwachsenenalters müssen bei Kindern **Mißbildungen**, **Darminvaginationen** (Einstülpung, s.a. Kap. 36.13.5) und **Volvulus** (Verdrehungen) als Ursache in Betracht gezogen werden.

Sehr alte Patienten mit schlaffen Bauchdecken äußern trotz hoch akutem Abdominalbefund **geringere** Bauchschmerzen. Bei adipösen Kranken ist die schmerzbedingte Abwehrspannung **weniger leicht** festzustellen. In der Schwangerschaft werden die Darmschlingen durch die Gebärmutter nach oben verlagert, so daß das Schmerzmaximum bei der nicht seltenen Schwangerschaftsappendizitis an **ungewöhnlicher** Stelle angegeben wird.

24.4.2 Differentialdiagnostische Überlegungen

Bei der Ursachenforschung des akuten Abdomens müssen auch Erkrankungen außerhalb der Abdominalhöhle bedacht werden!

Erkrankungen des Retroperitoneums, urologische und gynäkologische Erkrankungen

Blutungen im Bereich des Retroperitoneums (z. B. bei Gerinnungsstörungen), retroperitoneale Abszesse (ausgehend von der Wirbelsäule oder dem Harntrakt) sowie urologische Erkrankungen zeigen häufig das Bild des akuten Abdomens. So ist an Steinerkrankungen von Niere und Harnleiter, die Pyelonephritis (Nierenbeckenentzündung) oder auch an eine Harnsperre mit Überdehnung der Blase zu denken. Gleiches gilt für Affektionen der Eierstöcke und Eileiter (Adnexitis, stielgedrehte Ovarialzysten, Eileiterschwangerschaft, Tuboovarialabszeß).

Internistische Erkrankungen

Durch **atypische** Schmerzausstrahlung **täuschen** Erkrankungen der Lungen, Pleura und des Herzens ein akutes Abdomen vor. Durch entsprechende Untersuchungen müssen eine Lungen- (Pneumonie) oder Rippenfellentzündung (Pleuritis), die Lungenembolie, Angina pectoris sowie der Herzinfarkt ausgeschlossen werden. Diabetische und urämische Patienten entwickeln aufgrund ihrer Stoffwechselstörung gelegentlich heftige Bauchschmerzen (Pseudoperitonitis diabetica).

II Spezieller Teil

24.5 Erkrankungen des gesamten Abdomens

Obwohl die Ursache des akuten Abdomens **stets** in der **Erkrankung** eines **einzelnen Organs** zu finden ist, kommt es doch vielfach durch Reizung des Bauchfells zu einer raschen Verschlimmerung der Symptomatik, so daß von einer Erkrankung des gesamten Abdomens gesprochen werden kann.

24.5.1 Diffuse Peritonitis

Ätiologie: Die **entzündliche** Erkrankung des **Bauchfells** wird als Peritonitis bezeichnet. Sie entsteht bakteriell meist durch Austritt von Keimen aus den abdominellen Hohlorganen infolge von Perforation, Ruptur oder Durchwanderung (Wandnekrose bei Durchblutungsstörung), postoperativ (Keimeinschleppung und Anastomoseninsuffizienz) sowie selten auf dem Blutweg (hämatogen). Durch den Austritt von Verdauungssekreten kann es zu einer **chemisch-toxischen** Peritonitis kommen (Magensaft, Galle, Pankreassekret).

In Abhängigkeit von der **Ausdehnung** spricht man von einer **lokalen** (z. B. Unterbauchperitonitis bei perforierter Appendizitis) oder einer **diffusen** Peritonitis, wenn alle **vier Abdominalquadranten** einbezogen sind.

Symptome: Das Krankheitsbild ist durch heftige Schmerzen, Abwehrspannung mit „brettharten Bauchdecken“, Schonhaltung (angezogene Beine), Erbrechen, Fieber und Pulsbeschleunigung gekennzeichnet. Eine Leukozytose ist typisch.

Therapie: Der **lebensbedrohliche** Zustand macht die umgehende Laparotomie erforderlich. Hierbei muß zunächst die Peritonitisursache beseitigt werden (z. B. perforierte Appendix). Anschließend ist eine ausgiebige Reinigung des Bauchraumes (**Lavagebehandlung**) von Eiter und bakterienhaltigen Fibrinbelägen wesentlich. Diese Maßnahme muß ggf. über Tage mehrmals wiederholt werden, ehe die Bauchhöhle endgültig verschlossen werden kann.

24.5.2 Ileus

Der Ileus, die Passagestörung von Dünn- und/oder Dickdarm, zählt zu den **gefährlichsten** Erkrankungen des Abdomens. Man unterscheidet den mechanischen Ileus, bei dem der Darmverschluß durch **Verlegung des Lumens** oder **äußere Kompression** entsteht, vom paralytischen oder funktionellen Ileus, einer **Lähmung** des Darmes als unspezifische Reaktion auf schwerste lokale oder systemische Schädigungen.

Mechanischer Ileus

Ätiologie: Durch verschluckte Fremdkörper, große Gallensteine, Kotsteine, Würmer, aber

24

auch durch große Polypen und Tumoren kann es zu einer Verlegung des Darmlumens kommen. Ein Passagehindernis entsteht auch durch Kompression des Darmlumens von außen infolge von Verwachsungssträngen (Bridenileus), Darmeinklemmungen (innere und äußere Hernien), Zysten oder Tumore. Ein mechanischer Ileus entwickelt sich auch, wenn beim Volvulus eine Darmschlinge um ihre mesenteriale Achse verdreht und die versorgenden Blutgefäße stranguliert werden.

Symptome: Kolikartige Bauchschmerzen, Erbrechen, Stuhl- und Windverhalt (**nicht immer**), klingend-plätschernde Darmgeräusche und Schockzeichen charakterisieren das Krankheitsbild.

Diagnose: In der Röntgenübersichtsaufnahme finden sich die mit **Flüssigkeit** und **Luft** überdehnten Darmschlingen mit der typischen **Spiegelbildung**.

Therapie: Die Behandlung des mechanischen Ileus besteht in der dringlichen Operation mit dem Ziel, die Passage durch Beseitigung oder Umgehung des mechanischen Hindernisses wieder herzustellen.

Paralytischer Ileus

Ätiologie: Diffuse entzündliche Prozesse des Bauchraumes (Peritonitis), Affektionen des Retroperitonealraumes (Koliken bei Harnleitersteinen), Durchblutungsstörungen der Mesenterialgefäße, Stoffwechsel- und Elektrolytstörungen (Diabetes mellitus, Urämie, Hypokaliämie) und Verletzungen (stumpfes Bauchtrauma, Wirbelsäulenverletzungen) führen zu einer Darmlähmung.

Eine **Sonderform** des paralytischen Ileus ist die **postoperative Darmatonie** (meist zwei bis drei Tage).

Symptome: Im Gegensatz zum mechanischen Ileus sind **keine** Darmgeräusche hörbar („Totenstille"), auch **fehlt meist** der Schmerz.

Therapie: Sie richtet sich nach den Ursachen: Bei vorliegender Peritonitis besteht eine absolute Operationsindikation. Bei funktionellen Störungen ist der Ausgleich der Elektrolytstörungen sowie die medikamentöse Anregung des Peristaltik die Therapie der Wahl, gelegentlich allerdings ist die explorative Laparotomie zur Ursachenklärung und Dekompression (Druckentlastung) des überdehnten Darmes unumgänglich.

24.5.3 Intraabdominelle Blutung

Sowohl die Blutung in die Abdominalhöhle selbst als auch gastrointestinale Blutungen (Blutungsverluste ins Darmlumen) stellen eine abdominelle **Notfallsituation** dar. Beide gehen mit Zeichen des **hämorrhagischen Schocks** (s.a. Kap. 11.2.1) einher.

Blutung in die Bauchhöhle

In den meisten Fällen ist ihre Ursache ein stumpfes Bauchtrauma (s. Kap. 24.5.4), doch ist bei jüngeren Frauen auch an eine Eileiterschwangerschaft mit Ruptur (Zerreißung) des Eileiters oder bei älteren Patienten an ein rupturiertes Aortenaneurysma zu denken. Die jeweils typische Vorgeschichte, z.B. Unfall, Regel-Anamnese, Rückenschmerzen, heftige Bauchschmerzen und Schockzeichen, sowie der sonographische Nachweis von freier abdomineller Flüssigkeit führen zur umgehenden notfallmäßigen Laparotomie.

Gastrointestinale Blutung

Bluterbrechen und **Teerstuhl** sind Zeichen der sog. oberen gastrointestinalen Blutung aus Speiseröhre, Magen oder Zwölffingerdarm (s.a. Kap. 26.5 und 26.6 sowie Kap. 18.9.3). Die notfallmäßige endoskopische Untersuchung (Ösophagogastroduodenoskopie) sichert die Diagnose und ermöglicht die Blutstillung durch Unterspritzung der blutenden Läsionen (Ösophagusvarizen, Magen-, Duodenalulkus). Gelingt die Blutstillung auf diesem Wege nicht, ist eine Notoperation mit Umstechung der Blutungsquelle erforderlich.

Blutungen aus Dünn- und Dickdarm (untere gastrointestinale Blutung) mit **transanalem Blutabgang** verlaufen meist weniger dramatisch. Als Ursache kommen entzündliche Erkrankungen (Morbus Crohn, Colitis ulcerosa), Divertikel (Meckel-Divertikel, Kolondivertikulose), Polypen und Karzinome, Gefäßmißbildungen der Darmschleimhaut oder blutende Hämorrhoiden in Betracht (s.a. Kap. 20).

24.5.4 Bauchverletzung

Ein akutes Abdomen kann durch **offene**, **penetrierende** und **stumpfe** Verletzungen des Bauchraumes entstehen.

Penetrierende Abdominalverletzung

Durch Schuß-, Stich- oder Pfählungswunden an Bauchdecke, Rücken oder Damm können die Bauchhöhle eröffnet und innere Organe verletzt worden sein. Auch bei **harmlos** aussehenden äußeren Wunden und **fehlender** Blutungssymptomatik muß daher eine **Untersuchung des Bauchraumes** durch explorative Laparotomie oder Laparoskopie erfolgen, um eine Eröffnung von Hohlorganen mit der Gefahr der nachfolgenden Peritonitis auszuschließen.

Stumpfe Bauchverletzung

Durch stumpfe Gewalteinwirkung gegen Bauch- und Brustraum (Prellung, Einklemmung, Sturz) kann es zu Quetsch- und Rißverletzungen an inneren Organen kommen. Am **häufigsten** sind **Zerreißungen** von **Milz, Leber** und **Darm** mit abdomineller Blutung bzw. Austritt von Darminhalt. Die Indikation zur notfallmäßigen Operation wird aufgrund des klinischen Befundes (typischer Verletzungsmechanismus, äußere Verletzungszeichen, Abdominalschmerz, Schockzeichen) bei sonographischem Nachweis freier abdomineller Flüssigkeit gestellt.

24.5.5 Perforation von Hohlorganen

Ätiologie: Der **Austritt** von **Magen-** oder **Darminhalt** und **Luft** aus den durch Perforation entstandenen **Leckstellen** des Magen-Darmtraktes führt fast **schlagartig** zum Bild eines akuten Abdomens. Durch Krankenbefragung kann häufig die Ursache entsprechend dem Ort des Schmerzbeginns wahrscheinlich gemacht werden. Am häufigsten ist die Perforation eines Magen- oder Zwölfingerdarmgeschwürs (s.a. Kap. 18.9.3), seltener die Ruptur eines Dickdarmdivertikels. Weniger dramatisch ist der Krankheitsverlauf, wenn die Perforationsöffnung z.B. durch das große Netz zunächst wieder abgedichtet wird (**gedeckte** Perforation).
Symptome: Heftigste messerstichartige Schmerzen, stärkste Abwehrspannung und bretthart gespannte Bauchdecke.
Diagnose: Sie wird durch den röntgenologischen Nachweis freier Luft unter dem Zwerchfell in der Abdomenübersichtsaufnahme gesichert.
Therapie: Da die diffuse Peritonitis als **lebensgefährliche** Komplikation droht, besteht eine **absolute** Operationsindikation mit Übernähung oder (Teil-) Entfernung des perforierten Organs.

24

24.6 Weitere häufige Ursachen des akuten Abdomens

24.6.1 Akute Appendizitis (s.a. Kap. 20.5.1 und Kap. 36.13.6)

Ätiologie: Die akute Wurmfortsatzentzündung ist sicherlich die häufigste entzündliche Ursache des akuten Abdomens. **Abweichungen** vom normalen Verlauf sind **nicht selten** bei Kindern, Greisen, Schwangeren, Diabetikern oder bei atypisch liegender Appendix. Nicht immer ist das Krankheitsbild von anderen Abdominalerkrankungen wie der akuten Gastroenteritis, den Morbus Crohn, der Adnexitis (Eierstockentzündung), der Gallenblasenentzündung oder dem Harnweginfekt **abzugrenzen.**
Symptome: Typischerweise beginnt die Erkrankung mit Schmerzen in der Magengrube, die sich später in den rechten Unterbauch verlagern. Übelkeit und Erbrechen werden häufig geklagt.
Diagnose: Typische Untersuchungsbefunde sind **Druck-** und **Klopfempfindlichkeit** mit Abwehrspannung im rechten Unterbauch, der sog. **Loslaßschmerz** bei Palpation der Gegenseite, eine **Temperaturdifferenz** von etwa 0,8 °C bei axillärer und rektaler Messung sowie eine **Leukozytose.** Der sonographische Nachweis des meist wandverdickten Wurmfortsatzes ist nahezu beweisend für eine Appendizitis (s. a. Abb. 24-4).
Therapie: Nur bei gering ausgeprägter Symptomatik ist abwartendes Beobachten angezeigt, ansonsten besteht, um den Komplikationen der perforierten Appendizitis zuvorzukommen, die Indikaton zur Operation auch in allen unklaren Fällen. Die Entfernung des entzündeten Wurmfortsatzes wird typischerweise über einen Schnitt im rechten Unterbauch, aber auch laparoskopisch vorgenommen.

24.6.2 Akute Cholezystitis (s.a. Kap. 22.5.2)

Ätiologie: Auf dem Boden des Gallensteinleidens (Cholezystolithiasis) entwickelt sich meist durch Verschluß des Ausführungsganges eine Stauung (Gallenblasenhydrops) mit nachfolgender Infektion der Gallenblase.

Symptome: Das Krankheitsbild ist durch drückende, zum Teil kolikartige Schmerzen im rechten Oberbauch, Druckschmerzhaftigkeit und Abwehrspannung am Rippenbogen rechts, Fieber und Leukozytose charakterisiert.

Diagnose: Sonographisch finden sich **typische** Veränderungen wie **Verdickung** und **Dreischichtung** der Gallenblasenwand.

Therapie: Da die Nekrose der Gallenblasenwand mit Perforation und galliger Peritonitis als Komplikation gefürchtet wird, besteht die Indikation zur **dringlichen Entfernung** der Gallenblase (offene oder laparoskopische Cholezystektomie). Unter bestimmten Umständen allerdings (gering entzündete, kaum vergrößerte Gallenblase, Risikopatient) kann die Cholezystitis zunächst konservativ durch Antibiotika behandelt und die Gallenblase später (im Intervall) entfernt werden.

24.6.3 Akute Pankreatitis (s.a. Kap. 23.5.2)

Ätiologie: Wird die gemeinsame Mündung von Gallenwegen und Bauchspeicheldrüsenausführungsgang in den Zwölffingerdarm z.B. durch einen Gallenstein vorübergehend verlegt, kann sich durch Sekretrückstau eine akute Bauchspeicheldrüsenentzündung entwickeln (**biliäre** Pankreatitis). Eine Pankreatitis entsteht häufig auch durch Alkoholmißbrauch (**äthyltoxische** Pankreatitis).

Symptome: Der Kranke klagt über mehr oder minder heftige dumpfe Oberbauchschmerzen, die gürtelförmig bis in den Rücken ausstrahlen. Oft besteht ein Aszites und ein Pleuraerguß sowie ein paralytischer Ileus.

Diagnose: Der Nachweis einer **Erhöhung** der **Amylase** und **Lipase im Serum** führt zur Diagnose. Bei schwerem Verlauf ist eine computertomographische Untersuchung des Bauchraumes erforderlich, mit der zwischen der **leichteren ödematösen** Pankreatitis (Organschwellung) und der prognostisch **ungünstigen**, **hämorrhagisch nekrotisierenden** Pankreatitis (Gewebeuntergang) unterschieden werden kann.

Therapie: Die Behandlung ist zunächst **konservativ** und zielt auf die **Ruhigstellung** der Bauchspeicheldrüse (Nahrungskarenz, Magensonde, medikamentöse Blockade der Magensäure- und Bauchspeicheldrüsensekretion). Die **Verschlechterung des Allgemeinbefindens** (Verschlechterung von Lungen- und Nierenfunktion, Auftreten von Fieber oder Peritonitiszeichen) in Verbindung mit dem Nachweis von Organnekrosen im Computertomogramm macht jedoch ein operatives Vorgehen nötig: Ausräumung der abgestorbenen Anteile der Bauchspeicheldrüse (Sequesterotomie), Abszeßdrainage, Spülung der Abdominalhöhle zur Entfernung von Abbauprodukten, Toxinen und Enzymen. Liegt eine biliäre Pankreatitis vor, muß das Abflußhindernis, der Gallengangstein, entfernt werden. Die Methode der Wahl ist hierbei die endoskopische Papillotomie und Steinextraktion, bei deren Versagen die offene Cholezystektomie und Choledochusrevision.

24.6.4 Akute Divertikulitis (s.a. Kap. 20.5.2)

Ätiologie: Divertikel sind **Aussackungen** der Schleimhaut durch Lücken der muskulären Darmwand hindurch. Sie finden sich u.a. am Dickdarm, vor allem im Bereich der Sigmaschlinge. **Stuhlgefüllte** Divertikel können zu einer lokalen Entzündung, der Divertikulitis, führen, die infolge der dünnen Wandung rasch auf die Umgebung übergreift und zur Fistelbildung und Perforation führen kann.

Symptome: Das Krankheitsbild geht mit Schmerzen im linken Unterbauch (**„Linksappendizitis“**), Fieber und Leukozytose einher. Abszesse, Divertikelperforationen (s.a. Kap. 24.5.5) und Fistelbildungen (zur Blase) können als Komplikationen auftreten.

Therapie: Die **unkomplizierte** Divertikulitis wird zunächst **konservativ** unter Nahrungskarenz mit Antibiotika behandelt. Kommt es zur freien oder gedeckten Perforation, besteht die Gefahr der Peritonitis und somit eine notfallmäßige Operationsindikation (Dickdarmteilresektion, evtl. mit Anlage eines Anus praeters).

24.6.5 Mesenterialinfarkt (s.a. Kap. 29.8.1)

Ätiologie: Verschlüsse der darmversorgenden Arterien führen innerhalb weniger Stunden zum Mesenterialinfarkt mit **ischämischer Schädigung** der Darmwand bis zur kompletten **Nekrose** mit nachfolgender Keimdurchwanderung (**Durchwanderungsperitonitis**). Ursachen sind die Mesenterialarterienembolie (Gerinnselverschleppung meist aus dem Her-

zen) sowie die Mesenterialarterienthrombose (lokale Gerinnselbildung auf dem Boden einer vorbestehenden Arteriosklerose).
Symptome: Anfänglich bestehen heftige Bauchschmerzen, begleitet von einer typischen Erhöhung des Serumlaktats und einer Leukozytose. Nach einer Phase relativer Beschwerdefreiheit (**„stummes Intervall"**) treten Zeichen der Durchwanderungsperitonitis auf. Gelegentlich werden schleimig-blutige Durchfälle beobachtet.
Therapie: Der notfallmäßige Eingriff hat die Wiederherstellung normaler Durchblutungsverhältnisse zum **frühestmöglichen** Zeitpunkt zum Ziel, bevor es zum Gewebeuntergang gekommen ist (Gerinnselentfernung durch Embolektomie/Thrombektomie). Bei fortgeschrittener Darmschädigung ist die Darmresektion unumgänglich. Nach 24 Stunden sollen die Durchblutungsverhältnisse durch eine erneute Laparotomie kontrolliert werden (sog. „second look-Operation").

24.6.6 Abdominelles Aortenaneurysma (s.a. Kap. 29.9.2)

Ätiologie: Aussackungen der Bauchschlagader (Aneurysmen), vorzugsweise zwischen den Nierenarterienabgängen und der Aortenbifurkation gelegen, bergen das Risiko der Aneurysmaruptur in sich.
Symptome: Nicht immer gehen diesem Ereignis Rücken- und Bauchschmerzen als Vorzeichen (symptomatisches Bauchaortenaneurysma) voran.
Therapie: Das **hochdramatische** Krankheitsbild erfordert **unverzügliches** operatives Handeln, da es durch Einblutungen in das Retroperitoneum oder die freie Bauchhöhle innerhalb von Minuten zu einem massiven **Blutungsschock** kommen kann. Bei der Laparotomie wird die Bauchschlagader abgeklemmt und das geplatzte aneurysmatische Aortenrohr durch eine Kunststoffprothese ersetzt.

III Pflegerischer Teil

24.7 Auffallende Symptome

Die Diagnose „akutes Abdomen" beschreibt einen **Sammelbegriff** für die **unterschiedlichsten** Krankheitsbilder, die sich im Bauchraum abspielen können. Es handelt sich meist um eine mit Schmerzen einhergehende **akut-bedrohliche** Situation, die sofortiges Handeln des Arztes erfordert, d.h. Diagnosestellung und Therapie (in der Regel chirurgisches Vorgehen) **innerhalb** eines **begrenzten** Zeitraumes.
Die häufigsten Ursachen eines akuten Abdomen sind:
- Entzündungen von Bauchorganen (z.B. Gallenblase, Pankreas, Adnexe usw.)
- Perforation von Hohlorganen (z.B. Magen, Gallenblase usw.)
- Steineinklemmungen (z.B. Nieren-, Gallensteine)
- Zirkulationsstörungen (z.B. Mesenterialinfarkt)
- stumpfes Bauchtrauma (z.B. Milzruptur)
- Blutungen in die freie Bauchhöhle oder im Magen-Darmtrakt (z.B. rupturiertes Bauchaortenaneurysma oder gastrointestinale Blutung)
- Komplikation: Ileus (s. Kap. 24.10)

Das akute Abdomen zeichnet sich durch folgende Leitsymptome aus, wobei jedoch zu beachten ist, daß **nicht alle** aufgeführten Symptome zusammen bei **jeder Ursache** auftreten:
- Bauchschmerzen als Dauerschmerz oder kolikartig auftretend
- bretthartier Bauch, hervorgerufen durch die Abwehrspannung der Bauchmuskulatur als Zeichen einer Reizung des Bauchfells
- Übelkeit und Erbrechen bzw. Brechreiz
- Kreislaufsymptome, evtl. Schock (niedriger Blutdruck, hohe Pulsfrequenz)
- Temperaturerhöhung

24.8 Präoperative Vorbereitungen

24.8.1 Allgemeine Maßnahmen

Da die Symptome häufig keinen **eindeutigen** Hinweis auf ein **bestimmtes** Krankheitsbild ergeben, werden folgende diagnostische Maßnahmen eingeleitet:
- Anamneseerhebung (Arzt)

- Blutentnahmen (präoperativer Status variiert von Krankenhaus zu Krankenhaus, ärztliche Anordnungen beachten), Vorbereitung und Assistenz durch Pflegekraft
- EKG zum Ausschluß eines Herzinfarktes (Arzt oder Pflegekraft)
- Sonographie zum Ausschluß von z.B. Nieren- bzw. Gallensteinen, Pankreatitis (Arzt)
- Verabreichung entblähender Mittel vor einer Sonographie (z.B. Sab simplex®, Lefax®, Paractol® nach ärztlicher Anordnung)
- Abdomenübersicht im Stehen auf Spiegelbildung im Darm (Arzt), Patient wird zu **allen diagnostischen** Maßnahmen außerhalb der Station **von einer Pflegekraft begleitet**

24.8.2 Pflegerelevante Richtlinien

Die im folgenden beschriebenen Handlungsweisen gelten für jegliche Symptomatik, die auf ein akutes Abdomen schließen lassen.

Überwachung/Krankenbeobachtung

Der Patient erhält einen Blasenverweilkatheter zur Kontrolle der Urinausscheidung. Aufgrund des Erbrechens wird dem Patienten eine Magenablaufsonde gelegt, die mit einem Sekretauffangbeutel versehen wird. Das aufgefangene Magensekret ist auf Menge, Farbe, Konsistenz, Beimengungen und Geruch zu überwachen. Alle erhobenen Werte sind zu dokumentieren. Handelt es sich um **Bluterbrechen**, kann der **Magen** (nach ärztlicher Anordnung) **gespült** werden, um für eine geplante Gastroskopie **bessere Sichtverhältnisse** zu schaffen. Dies geschieht mit isotonischer Kochsalzlösung (0,9%). Bei Patienten mit akutem Abdomen wird in regelmäßigen Abständen der Blutdruck, Puls und Temperatur gemessen, sowie Bewußtsein und Allgemeinzustand überprüft. Um eine angemessene Flüssigkeitssubstitution durchführen zu können, sind **alle Ausscheidungen** (Blasenkatheter, Magensonde und Darm) zu **messen** und eine **Tagesbilanz** zu erstellen.

Die Ausscheidungen aus Sonde und Darm sind zusätzlich auf Blutbeimengungen hin zu beobachten, so daß Blutungen im oberen Gastrointestinalbereich **frühzeitig** erkannt und behandelt werden können.

Jegliche Schmerzäußerung des Patienten ist dem Arzt sofort mitzuteilen. Vor Abklärung der genauen Ursache erhält der Patient jedoch **keine stark sedierenden Analgetika**, damit es zu **keiner Verschleierung** von Symptomen kommt. Diese Situation muß besondere Berücksichtigung in der Pflegeplanung finden. Wird nach Abklärung der Diagnose ein chirurgischer Eingriff nötig, sind die allgemein üblichen präoperativen Maßnahmen durchzuführen (s.a. Kap. 8.1). Ist ein sofortiger operativer Eingriff notwendig, erfolgt die präoperative Rasur und Desinfektion des Operationsgebietes im Operationssaal.

Körperpflege/Prophylaxen

Der Patient hat **Bettruhe**, so daß er **Hilfe** bzw. **Unterstützung** bei der Verrichtung der ATLs benötigt (z.B. Waschen und Kleiden, Mundpflege, Durchführung von Thrombose-, Pneumonie-, Dekubitusprophylaxe).

Ernährung/Darmtätigkeit

Patienten mit akutem Abdomen müssen **absolute Nahrungskarenz** einhalten, da ein sofortiger operativer Eingriff nötig werden kann. Um einen evtl. hohen Flüssigkeitsverlust (Erbrechen, Verluste über Magen- bzw. Dünndarmsonden) zu vermeiden, erhält der Patient Infusionen. Die Darmtätigkeit wird durch peristaltikstimulierende Medikamente angeregt (z.B. Prostigmin® und Bepanthen® nach ärztlicher Anordnung).

24.9 Postoperative Maßnahmen

Um Komplikationen schnell erfassen und beheben zu können, werden die Patienten je nach Art des Eingriffs auf der Intensivstation überwacht und evtl. über einen längeren Zeitraum nachbeatmet und parenteral ernährt. So wird bei Patienten z.B. nach einer Peritonitis, mehrmals eine **intraoperative Bauchspülung** (Lavage) notwendig, um eine vollständige Säuberung des Bauchraumes zu erreichen.

Die weitere postoperative Versorgung (s.a. Kap. 8.2) sowie die Verlegung in die Allgemeinabteilung orientiert sich am Heilungs- und Genesungsprozeß des Patienten.

24.10 Komplikation paralytischer Ileus

24.10.1 Pflegerische Maßnahmen bei konservativer Therapie des paralytischen Ileus

Während ein **mechanischer** Ileus eine **absolute** Indikation zur sofortigen Operation stellt, (es gelten die in Kap. 8.1 beschriebenen allgemeinen pflegerischen Maßnahmen zur Operationsvorbereitung), wird bei einem **paralytischen** Ileus möglichst ein **konservativer** Therapieversuch unternommen (Ausnahme: die Ursache des Ileus ist ein Mesenterialarterienverschluß oder es liegt bereits eine Peritonitis vor).

Überwachung/Krankenbeobachtung

Die sich in den Darm absondernden Sekrete von Magen, Galle und Pankreas können aufgrund des Krankheitsbildes **nicht mehr rückresorbiert** werden, so daß, verstärkt durch Erbrechen, sehr schnell ein **Volumenmangel** auftreten kann, der Oligurie (verminderte Harnausscheidung) und einen **hypovolämischen** Schock nach sich ziehen kann. Aus diesem Grunde sind regelmäßige Kontrollen von Blutdruck, Puls und Bewußtseinslage sowie die Überwachung der zum Ausgleich des Flüssigkeitsverlustes und der Serumelektrolyte angeordneten **Infusionstherapie** mit **exakter Bilanzierung** der Ein- und Ausfuhr notwendig.

Körperpflege/Prophylaxen

Da der Kranke **strenge Bettruhe** einhalten muß, ist die Übernahme der ATLs (Waschen und Kleiden, Hilfe bei der Darmentleerung, Prophylaxen, etc.) durch eine Pflegekraft notwendig. Aufgrund der absoluten **Nahrungskarenz** ist dem Patienten häufig die Möglichkeit zur **Mundhygiene** anzubieten. Besonders wichtig ist die **Pneumonieprophylaxe**, da die Atmung infolge eines evtl. auftretenden Zwerchfellhochstandes eingeschränkt ist, und es rasch zur Entwicklung von Atelektasen (mangelnde bzw. fehlende Blähung der Alveolen) und einer Pneumonie kommen kann.

Sonden/Drainagen

Auf ärztliche Anordnung erhält der Patient eine Magen- bzw. Duodenalablaufsonde, über die das gestaute Sekret aufgrund des Heberprinzipes ablaufen kann. Muß der Patient trotzdem Erbrechen, kann mit einer großlumigen Spritze versucht werden, das Sekret abzuziehen.

Einfache Magen- bzw. Duodenalsonden dürfen nicht an einen kontinuierlichen Sog angeschlossen werden, da dies zu Schleimhautläsionen führen würde!

Eine weitere Möglichkeit ist, dem Patienten eine **spezielle** Magen- bzw. Duodenalsonde (z.B. Argyle-Salem-Doppellumensonde) zu legen, an die eine **Pumpe zur Dauersaugung** angeschlossen werden kann (Abb. 24-5 A und B). Bei der kontinuierlichen Absaugung ist folgendes zu beachten:

- Es dürfen nur Sonden angewendet werden, die zur Saugung geeignet sind (doppelläufige Sonden z.B. Salem-Doppellumensonde).
- Das **Belüftungslumen** darf **nicht** verschlossen sein und das freie Ende des Belüftungsschlauches muß oberhalb der Mittellinie des Patienten (oberhalb des Flüssigkeitsspiegels im Magen) befestigt sein, ansonsten kommt es zum Rückfluß von Magen- bzw. Duodenalsekret aus dem offenen Ende des Belüftungsschlauches.
- Das Sammelgefäß ist immer **unterhalb** des Flüssigkeitsspiegels des Magens zu plazieren (verhindert Rückfluß von Sekret).
- Bei einer Verstopfung des Hauptlumens durch Magen- bzw. Dünndarminhalt kann die Sonde **durch** den **Belüftungsschlauch angespült** werden, die Saugung muß **nicht** unterbrochen werden.
- Um nach einer Spülung die korrekte Funktionsfähigkeit einer einwandfreien Absaugung zu gewährleisten, ist in den Belüftungskanal Luft (ca. 30 ml) zu injizieren ohne die Saugung zu unterbrechen.
- Die Saugleistung der Pumpe (ca. 30 bis 40 mmHg) soll **kontinuierlich** überwacht werden.

Der **Dünndarminhalt** ist erkennbar an seiner **schmutzig-braunen** Farbe und seinem **kotigen** Geruch. Die Menge, Farbe, Beschaffenheit und Geruch werden entsprechend dokumentiert. Um eine exakte Bilanzierung zu erreichen wird dem Patienten ein Blasenverweilkatheter gelegt. Um den Abgang von Blähungen zu begünstigen kann ein Darmrohr (mechanischer Reiz) eingelegt werden.

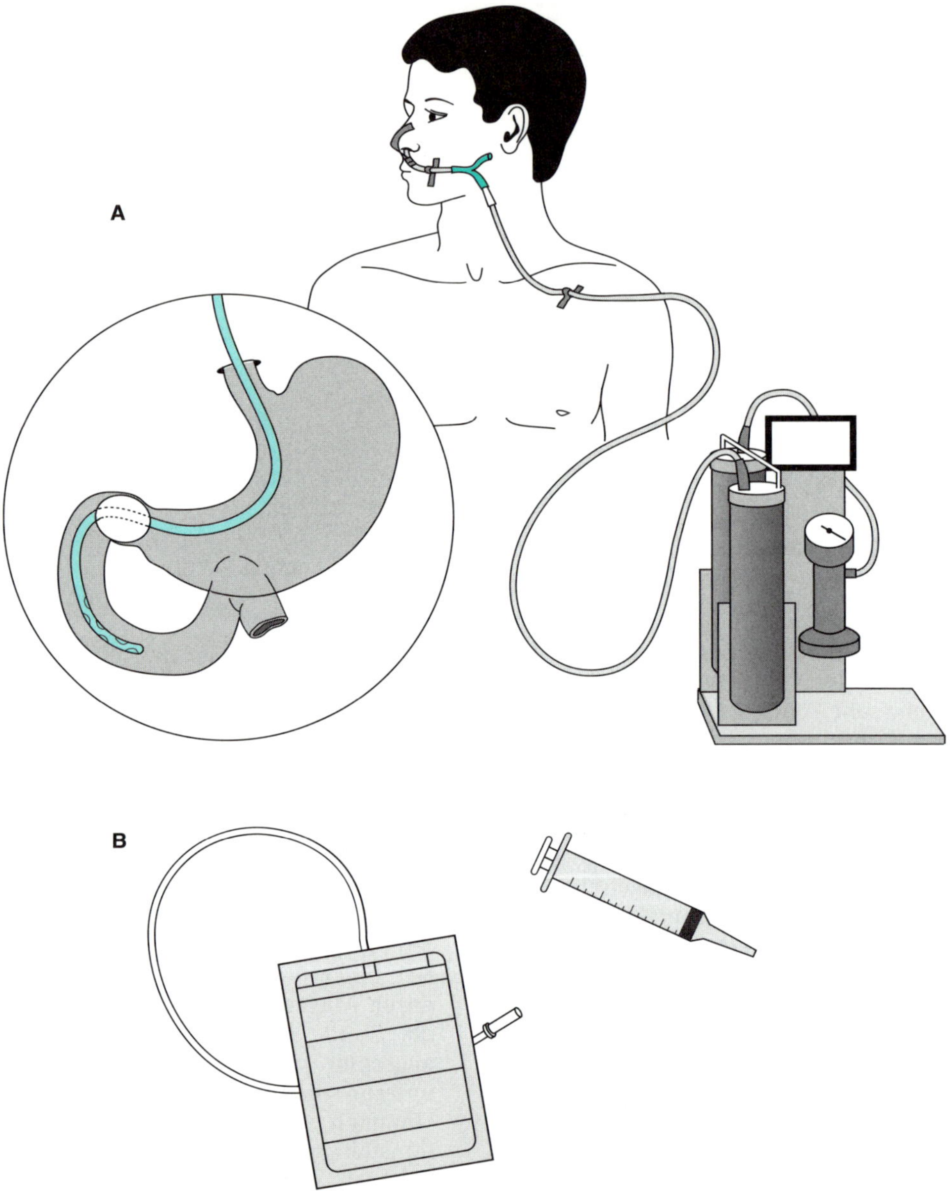

Abb. 24-5 Möglichkeiten, Magen- bzw. Duodenalsekret bei einem Ileus abzusaugen.
A: Mittels einer Duodenalsonde (doppellumig) und Absaugpumpe.
B: Bei einer einfachen Magen- oder Duodenalsonde mit einem Sekretbeutel und/oder einer großlumigen Spritze.

Einläufe werden **nur** auf **ärztliche Anordnung** durchgeführt.

Ernährungstherapie/Medikamente

Da ein operativer Eingriff **jederzeit** notwendig werden kann (konservative Therapie erfolglos), ist eine **absolute Nahrungskarenz** einzuhalten (Infusionstherapie, parenterale Ernährung). Zusätzlich kann versucht werden, die **Peristaltik medikamentös zu stimulieren**, in dem auf ärztliche Anordnung den Infusionen z. B. Prostigmin® oder Bepanthen® beigefügt wird.

Literaturhinweise

[1] Heberer, G., W. Köhle, H. Tscherne: Chirurgie. Lehrbuch für Studierende der Medizin und Ärzte. Springer-Verlag, Berlin-Heidelberg-New York, 2. Aufl., 1979.

[2] Reifferscheit, M.: Chirurgie. Georg-Thieme-Verlag, Stuttgart, 4. Aufl. 1977.

[3] Beger, H. G., E. Kern: Akutes Abdomen. Georg-Thieme-Verlag, Stuttgart-New York 1987.

[4] Säuberli, H., F. Largiader: Das akute Abdomen. Entscheidungshilfe für Diagnostik und Therapie. Verlag Hans Huber, Bern-Stuttgart-Toronto 1986.

[5] Maletzki, W. , A. Stegmayer-Petry: Klinikleitfaden Krankenpflege. Jungjohann-Verlag, Neckarsulm-Stuttgart, 1.Aufl. 1993.

[6] Käufer, C.: Chirurgie und Krankenpflege. Bibliomed-Verlag, Melsungen, 2. Aufl. 1991.

[7] Juchli, L.: Pflege. Georg-Thieme-Verlag, Stuttgart, 7. Aufl. 1994.

[8] Produktinformation: Klinische Anwendung der Argyle-Salem-Duodenal-Sonde. Sherwood Medical.

25 Milz

U. Markert, A. Heuwinkel

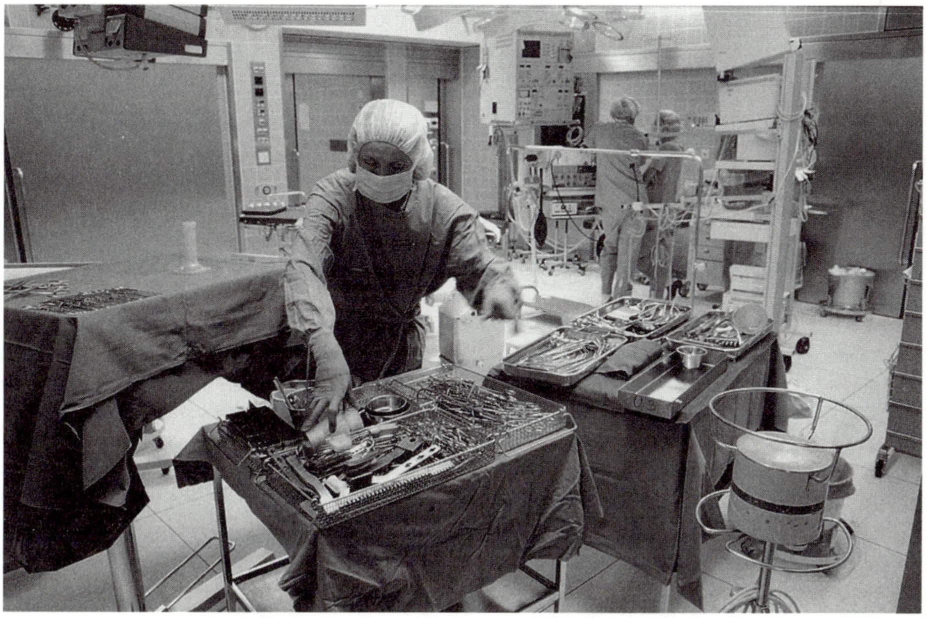

I Allgemeiner Teil

25

25.1 Anatomie und Physiologie

Die Milz gehört zu den **intraperitonealen** (intraabdominellen) parenchymatösen Organen (Abb. 25-1). Sie liegt im **linken** Oberbauch (Regio hypochondriaca sinistra), verborgen hinter der neunten bis elften Rippe. Sie ähnelt in ihrer Form einer Kaffeebohne und ist beim Erwachsenen durchschnittlich 4 cm dick, 7 cm breit, 11 cm lang und 150 bis 200 Gramm schwer. Ihr Anteil am Körpergewicht beträgt nur ca. 0,2%, für ihre Durchblutung beansprucht sie aber ungefähr 5% des Herzminutenvolumens.

Die Milz hat **engen** räumlichen **Kontakt** zu einer Reihe **weiterer** Organe, die bei einer pathologischen Vergrößerung der Milz (Splenomegalie) in **Mitleidenschaft** gezogen werden können. Die konvexe Oberfläche des Organs liegt direkt unter dem Zwerchfell (Diaphragma). Hier findet sich ein Aufhängeband zur hinteren Wand der Bauchhöhle (Lig. phrenicolienale). Die konkave „Innenseite" wird durch den Milzhilus (Milzstiel) in eine vorde-

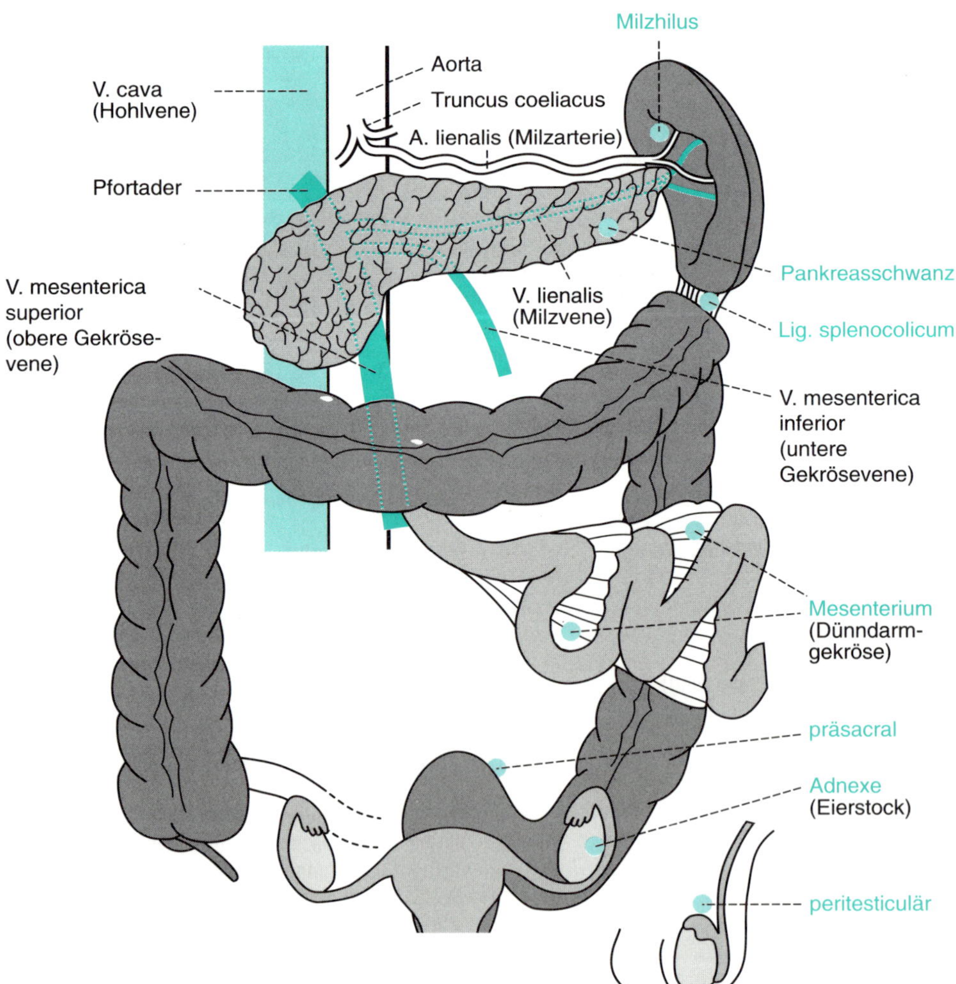

Abb. 25-1 Anatomie der Milz; mögliche Lokalisation (blaue Schrift) von Nebenmilzen.

re und eine hintere Hälfte geteilt. Die hintere hat Kontakt zur linken Niere und Nebenniere sowie zur Bauchspeicheldrüse (Pankreas), die vordere (über das Lig. gastrolienale) zum Magen und zur linken Flexur (Krümmung) des Kolons (Teil des Dickdarms). Der untere Milzpol sitzt dem Lig. phrenicocolicum (bindegewebige Verbindung zwischen der linken Krümmung des Dickdarmes und dem Zwerchfell) direkt auf (s. Abb. 25-1) und ist über das Lig. colicolienale (bindegewebige Brücke zwischen Dickdarm und unterem Milzpol) direkt mit dem Dickdarm verbunden. Die **enge Verbindung** zu **Magen** und **Darm** macht deutlich, daß es durch einen **Zug** an diesen Organen intraoperativ zu einer **Milzverletzung** kommen kann.

Die **Durchblutung** erfolgt über die Milzarterie (A. lienalis), die aus dem Truncus coeliacus (Ast der Aorta) entspringt und am Oberrand des Pankreas geschlängelt zur Milz zieht. Im Milzhilus (Milzpforte) teilt sie sich in mehrere Segmentarterien auf und gibt einige kleine Arterien zum Magen (Aa. gastrici breves) ab. Die Milzvene entsteht im Hilus aus mehreren Ästen und verläuft hinter dem Pankreas zum Pankreaskopf, wo sie sich mit den Mesenterialvenen zur Pfortader vereinigt (s. Abb. 25-1).

Bis zu 20% aller Patienten haben eine **Nebenmilz** (entwicklungsgeschichtlich bedingt). Sie kann in **direkter** Nachbarschaft der Milz, aber auch **weit entfernt,** jedoch stets in der linken Hälfte der Abdomens liegen (Abb. 25-1, blaue Schrift).

Die Milz wird von sympathischen und parasympathischen Fasern innerviert, die hauptsächlich die Durchblutung regeln.

Die Milz (Abb. 25-2) ist von einer **festen Bindegewebehülle** umgeben (Milzkapsel). Ein Querschnitt durch die Milz macht deutlich, daß das Organ durch nach innen ziehende Ausläufer der Kapsel (Bindegewebetrabekel) in mehrere (normalerweise vier) **Segmente** unterteilt ist. Jedes Segment hat eine **eigene** Blutversorgung.

Die Unterbindung von einzelnen Segmentarterien und -venen ermöglicht eine Milzteilentfernung ohne wesentliche Blutungsgefahr!

Zwischen den Bindegewebetrabekeln liegt das eigentliche Milzgewebe, das aus der **roten** und **weißen Pulpa** besteht. Die rote Pulpa

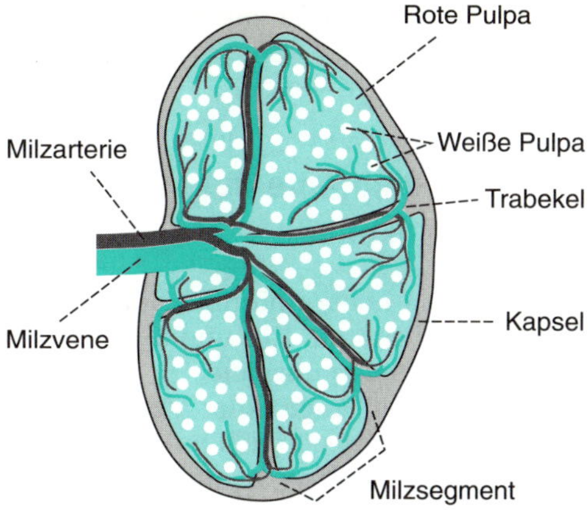

Abb. 25-2 Schematischer Querschnitt durch die Milz.

macht den Großteil der Milzmasse aus. Sie besteht aus zahlreichen Blutgefäßen und den Retikulumzellen (sternförmige Zellen, die das Grundgerüst aller lymphatischen Organe wie z.B. Milz, Lymphknoten und Tonsillen bilden). Innerhalb der roten Pulpa sind stecknadelkopfgroße weiße Knötchen zu erkennen (Milzfollikel, Milzknötchen). Ihre Gesamtheit wird als weiße Pulpa bezeichnet. Die Knötchen ähneln in ihrem Aufbau den Lymphknoten.

Die Milz dient als **Speicher** für **Blutzellen.** Ständig befindet sich dort ein Fünftel aller Lymphozyten und ein Drittel aller Thrombozyten. Mit dem Blut gelangen Fremdkörper und Krankheitserreger in die Milz und werden dort teilweise von den Abwehrzellen des retikuloendothelialen Systems aufgenommen und abgebaut (**Phagozytose**). Andere Fremdstoffe regen die Abwehrzellen in der Milz (Plasmazellen) zur **Bildung** von **Antikörpern** an.

Außerdem spielt die Milz (rote Pulpa) bei der **Blutreinigung** eine wichtige Rolle. Sie erkennt alte Erythrozyten (rote Blutkörperchen) und Thrombozyten (Blutplättchen) und baut sie ab. Zudem kann sie Erythrozyten von Verschmutzungen reinigen und so wieder voll funktionsfähig machen (**„picking"-Funktion**).

Während der Embryonalphase findet in der Milz auch **ein Teil** der Blutbildung statt. Diese Funktion erlischt bis zur Geburt. Kommt es jedoch später im Rahmen einer Knochenmarkerkrankung zu einer Anämie, kann die

Milz wieder **Ort** der **Hämatopoese** (Blutbildung) werden. Dann sollte sie unter **keinen** Umständen entfernt werden.

25

25.2 Leitsymptome bei Milzerkrankungen

Die wichtigsten Leitsymptome bei Milzerkrankungen sind die **akute** Blutung und die Milzvergrößerung (**Splenomegalie**).

Die Blutung ist Folge einer Verletzung des Organes. Meist tritt sie nach äußerer Gewalteinwirkung auf. Selten kommt es bei stark vergrößerten Milzen zu einer Milzruptur ohne Trauma. Die Blutung ist meist **lebensbedrohlich** und führt zu einem Volumenmangelschock (Blutdrucksenkung, Pulsbeschleunigung, Abfall des zentralen Venendrukkes).

Zu einer Milzvergrößerung kommt es bei entzündlichen oder hämatologischen Erkrankungen. Eine große Milz kann die umliegenden Organe beeinträchtigen. Häufigstes Problem der Splenomegalie ist das **Hyperspleniesyndrom** (s. Kap. 25.8).

25.3 Diagnostik

Die **normal große** Milz ist **nicht** zu tasten und entzieht sich somit der körperlichen Untersuchung. Eine tastbare Milz ist pathologisch vergrößert. Zur Diagnostik einzelner Milzerkrankungen stehen eine Reihe von Untersuchungsmethoden zur Verfügung:
- Blutbild (Nachweis einer Anämie, Thrombozytopenie, Leukopenie oder von überalterten roten Blutkörperchen)
- Sonographie (Milzgröße, Zysten, Abszeß, Verletzung)
- Computertomographie (Zysten, Abszeß, Tumor, Infarkt)
- Angiographie (Infarkt, Verschluß der Milzvene)
- Szintigraphie (Milzgröße, Lage von Nebenmilzen, Abbau von Blutzellen, Infarkt)

25.4 Operative Technik

25.4.1 Splenektomie (Milzentfernung)

Die elektive (geplante) Splenektomie beinhaltet die Entfernung der Milz und sämtlicher Nebenmilzen. Bei einer notfallmäßigen Milzentfernung (Milzruptur) kann eine evtl. vorhandene Nebenmilz belassen werden. Die Nebenmilz wird nach dem Wegfall des Hauptorganes physiologisch mehr belastet. Diese Mehrbelastung löst einen Wachstumsreiz aus und führt zur Hypertrophie (Vergrößerung). Dadurch kommt es zu einer **erwünschten** teilweisen **Übernahme** der **Milzfunktion** durch die Nebenmilz.

Die Milz ist ein weiches, leicht verletzliches Organ. Bei allen Operationen an der Milz ist deshalb besonders auf die Möglichkeit der **Blutungskontrolle** zu achten. Diese erreicht man entweder durch die Darstellung der großen Blutgefäße der Milz im Milzstiel von vorne (ventrale Präparation) oder nach der Durchtrennung der Haltebänder der Milz und Herausheben des Organs von hinten. **Vene** und **Arterie** sind **stets getrennt** zu unterbinden. Hierbei muß darauf geachtet werden, daß der Pankreasschwanz nicht verletzt wird.

Außer den beiden Blutgefäßen im Milzhilus müssen auch die Blutgefäße zum Magen und im Lig. colicolienale unterbunden werden. Danach kann die Milz problemlos entfernt werden. Zur Blutungskontrolle wird die Milzloge kurzfristig ein bis zwei Tage drainiert. Ein längeres Belassen der Drainage erhöht das Infektionsrisiko.

Die **Risiken** der Splenektomie beinhalten:
- Blutung
- Pankreasverletzung
- Pankreasfistel
- subphrenischer Abszeß (Abszeß in der Milzloge)
- Magenverletzung

25.4.2 Milzerhaltende Operationstechniken

Seitdem bekannt ist, daß die Entfernung der Milz mit schwerwiegenden Folgen für den Patienten einhergehen kann (s.a. Kap. 25.5), wurden eine ganze Reihe von Operationstechniken entwickelt, die den **Erhalt** der Milz ermöglichen sollen. Stets steht auch hier die Blutungskontrolle aus der Milz im Vordergrund.

Bei einer Verletzung der Milz gibt es **außer** der Splenektomie **folgende Möglichkeiten** der **Blutstillung:**
- Naht (schwierig, da Gewebe sehr weich)
- Koagulation (Verkochen der Gewebes durch Laser oder Strom)
- Kryochirurgie (Vereisung des Gewebes)

- **Einpacken** der Milz in ein Netz aus resorbierbarem Material (Blutstillung durch Kompression)
- Milzteilresektion im Segmentspalt (**keine** wesentliche Blutungsgefahr, da die Segmente einzeln durchblutet werden)
- Auflage von **Hämostyptika** (mit gerinnungsfördernden Substanzen getränkte Kunststoffe)

Bei nichtmalignen Erkrankungen können diese Techniken ebenfalls im Rahmen einer Milzteilresektion eingesetzt werden.

25.5 Folgen des Milzverlustes

Wird die Milz entfernt, werden ihre **Aufgaben** nach einiger Zeit **teilweise** vom Knochenmark und den lymphatischen Organen übernommen. Dementsprechend sind **passagere** (vorübergehende) und **bleibende Folgen** des Milzverlustes (Tab. 25-1) zu unterscheiden.
Die wichtigsten bleibenden Folgen sind:
- erhöhte Infektgefahr (besonders bei Kindern)
- Adynamie (Müdigkeit, Muskelschwäche)
- verminderte Stoffwechselleistung der Leber (Abnahme der Leberdurchblutung über die Pfortader um 25%)

Um Thrombosen vorzubeugen, ist für die Zeitdauer der Thrombozytose nach einer Splenektomie eine Prophylaxe mit Acetylsalicylsäure, Heparin oder Marcumar angezeigt.

25

Wegen der erhöhten Infektgefahr sollte mindestens fünf Tage vor einer geplanten Milzentfernung eine Pneumokokkenimpfung (gefährlichster Keim nach einer Splenektomie: Streptococcus pneumoniae) durchgeführt werden!

Bei **Kindern** ist nach der Splenektomie eine **Infektionsprophylaxe** mit Penicillin zu erwägen.

Schwerwiegendste Folge des Milzverlustes ist das **OPSI- Syndrom** (overwhelming post splenectomy infection-Syndrom). Hierbei handelt es sich um eine **fulminant** verlaufende **Sepsis**. Die häufigsten Verursacher sind Pneumokokken und Meningokokken. Die Letalität liegt zwischen 50 und 70%.

Tab. 25-1 Folgen des Milzverlustes.

Zeitraum des Auftretens	Folge
Direkt postoperativ	Blutung, lokaler Infekt, Pankreasfistel, Magenperforation
Passager (früh postoperativ)	Thrombozytose (Gefahr der Thrombose) Leukozytose
Spät postoperativ	Ileus, „Splenosis peritonei“ (Anwachsen und Vermehren von einzelnen Milzzellen im Peritoneum)
Auf Dauer bestehend	Erhöhtes Infektionsrisiko (OPSI-Syndrom, s. Kap. 25.5), Leistungsminderung, Minderdurchblutung der Leber

II Spezieller Teil

25.6 Primäre Milzerkrankungen

25.6.1 Milzzysten

Ätiologie/Pathogenese: Milzzysten sind insgesamt **selten.** Ungefähr zwei Drittel aller Milzzysten sind **parasitär** bedingt, meist verursacht durch einen **Echinokokkenbefall** (Hundebandwurm). Angeborene (embryonale) und erworbene Zysten (nach Trauma, Einblutung oder Infarkt) machen nur 35% aller Fälle aus.
Symptome: Zysten führen nur wegen ihrer **Größe** und der dadurch bedingten Beeinträchtigung der Nachbarorgane zu Beschwerden. Speziell zu nennen wäre hier zum einen

die Impression (Eindrückung) des Magens, die zu **Völlegefühl** und **Erbrechen** führen kann, zum anderen die Behinderung der Stuhlpassage im Dickdarm, die zum **Subileus** führt.

Diagnose: Zysten lassen sich sonographisch und computertomographisch darstellen. Gelegentlich sind sie tastbar. Ein Echinokokkenbefall ist **serologisch** (durch Antikörperbestimmung) nachzuweisen.

Therapie: Bei parasitären Erkrankungen ist die Splenektomie Therapie der Wahl. Nichtparasitäre Zysten werden nur operiert, wenn sie Beschwerden verursachen. Hierbei genügt eine Zystenentfernung (Enukleation) oder eine Milzteilresektion.

25.6.2 Milzinfarkt

Pathogenese: Der Milzinfarkt entsteht durch eine **Minderdurchblutung** von Milzsegmenten meist im Zusammenhang mit hämatologischen Erkrankungen und einer Splenomegalie.

Symptome: Das Beschwerdebild reicht vom „stummen Infarkt" (sonographischer Zufallsbefund) bis hin zu massiven Oberbauchschmerzen.

Diagnose: Angio- oder szintigraphisch läßt sich die Nichtdurchblutung einzelner Milzsegmente nachweisen. Gelegentlich ist bei der Auskultation ein **perisplenisches Reibegeräusch** zu hören (vergleichbar dem Perikardreiben beim Herzinfarkt).

Therapie: Die Schmerztherapie sowie die klinische Überwachung stehen im Vordergrund. Eine Operation wird **nur** bei Komplikationen durchgeführt.

Komplikation: Abszeß oder Blutung.

25.6.3 Milzabszeß

Pathogenese: Der Milzabszeß entsteht im Rahmen einer Bakteriämie (Krankheitserreger im Blutkreislauf). Bevorzugt betroffen sind minderdurchblutete Milzregionen (Infarktareale, Zysten). Die am häufigsten nachzuweisenden Keime sind Staphylococcus aureus, Streptokokken und Salmonellen.

Symptome: Es kommt zu Fieber, Schüttelfrost, evtl. auch zu einer Sepsis und Oberbauchschmerzen.

Diagnose: Anamnese und Klinik sowie der Nachweis durch Sonographie und Punktion (Sonographie- oder CT-gesteuert) sichern die Diagnose.

Therapie: Die erforderlichen Maßnahmen umfassen eine **Punktion** mit anschließender Drainage sowie die **gezielte** Antibiotikatherapie. Bei einer bedrohlichen Sepsis, multiplen Abszessen oder der erfolglosen konservativen Therapie wird häufig eine Splenektomie notwendig.

25.7 Erkrankungen mit sekundärer Milzbeteiligung

Es gibt eine Vielzahl **hämatologischer** Erkrankungen, die sekundär zu einer Milzvergrößerung führen. Die Indikation zur Entfernung der Milz ergibt sich **nur,** wenn:

- Ein Hyperspleniesyndrom besteht (s.a. Kap. 25.8).
- Die Grunderkrankung durch die Milzentfernung günstig beeinflußt wird.
- Der Nachweis oder Ausschluß des Milzbefalls eine Änderung der Therapie der Grunderkrankung zur Folge hätte.

Gelegentlich kommt es bei **infektiösen** Erkrankungen (Malaria, Mononukleose = Pfeiffer-Drüsenfieber) zu einer Splenomegalie. Diese besteht in der Regel nur für kurze Zeit. Eine Operationsindikation ergibt sich hier **ausschließlich** bei einer (**drohenden**) **Milzruptur** (s.a. Kap. 25.9).

Selten finden sich in der Milz Metastasen eines bösartigen Tumors. Hier ergibt sich nur eine Operationsindikation (zur Splenektomie), wenn:

- Die Milzmetastasen die **einzigen** nachgewiesenen sind und eine Heilung möglich erscheint.
- Die Metastasen zentral **nekrotisch** und sekundär **bakteriell infiziert** sind.
- Eine Milzruptur droht.

Eine evtl. Operationsindikation bei den einzelnen Erkrankungen ist Tab. 25-2 zu entnehmen.

25.8 Hyperspleniesyndrom

Das Hyperspleniesyndrom (Hypersplenismus) wird ausgelöst durch eine **Zunahme** von **funktionstüchtigem** Milzgewebe. Zur Milzvergrößerung führen hauptsächlich hämatologische Erkrankungen, Infektionen, angeborene Speichererkrankungen und venöse Blutabflußstörungen. Die Folgen dieser Veränderung sind unabhängig von der Grunderkran-

Tab. 25-2 Indikationen zur Splenektomie bei Splenomegalie (* Bei allen Erkrankungen ohne Angabe einer OP-Indikation besteht diese nur in Ausnahmefällen bei extremer Splenomegalie oder schwerem Hyperspleniesyndrom).

Einteilung	Erkrankung	OP-Indikation
Infektionen	Mononukleose, Typhus, Sepsis, Malaria, Syphilis, Tuberkulose u.v.a.	Nein (nur bei Ruptur)
Systemerkrankungen	Morbus Boeck	*
	Lupus erythematodes	*
	Felty-Syndrom	Ja
Störung der Hämodynamik	Milzvenenthrombose	*
	Portale Hypertension	*
	Herzinsuffizienz	*
Hämatologische Erkrankung	Chronische Hämolyse	*
	Sichelzellanämie	*
	Hereditäre Sphärozytose	Ja
	Osteomyelofibrose	Ja
	Polycythämia vera	*
	Leukämie (CLL)	Ja
	Maligne Lymphome	„Staging laparotomy" (Lymphknoten-, Milz- und Leberbiopsie zur Feststellung der Ausbreitung der Erkrankung)
	Autoimmunhämolytische Anämien	Nur, falls konservative Therapie erfolglos
Speicherkrankheiten	Morbus Gaucher	Ja
	Morbus Niemann-Pick	*
	Amyloidose	*
Primärer Hypersplenismus		Nur bei Symptomatik

kung, die zur Milzvergrößerung (Splenomegalie) geführt hat (s. Tab. 25-2).

Bedingt durch die Funktionszunahme kommt es zu einem **vermehrten Abbau** von **Blutzellen.** Hierbei sind die roten Blutzellen (Anämie), die weißen Blutzellen (Leukopenie) und die Blutplättchen (Thrombozytopenie) in individuell wechselnden Kombinationen betroffen.

Symptome: Anämie und/oder **Leukopenie** und/oder **Thrombozytopenie** sind die typischen Zeichen des Hyperspleniesyndroms. Die Folgen sind Kreislaufschwäche, erhöhte Infektanfälligkeit und gehäufte Blutungen. Das Knochenmark wird durch den Mangel an peripheren Blutzellen zur vermehrten Blutbildung angeregt. Oft verursacht auch die große Milz aufgrund der Raumforderung und der Verdrängung umliegender Organe Beschwerden.

Diagnose: Der Nachweis der Zellarmut erfolgt im peripheren Blutbild, die Splenomegalie läßt sich palpatorisch und sonographisch erfassen. Der vermehrte Abbau von Blutzellen in der Milz ist am besten mit Hilfe von radioaktiv markierten Blutzellen durch eine Szintigraphie nachzuweisen. Bei dieser Untersuchung können auch **weit entfernte Nebenmilzen** durch die Anreicherung radioaktiven Materials gefunden werden.

Therapie: Außer der Therapie der jeweiligen **Grunderkrankung** kommt symptomatisch nur eine Splenektomie in Frage. Als Operationsindikationen gelten hierbei Schmerzen durch die Milzvergrößerung, ständige Infekte, wiederholte Blutungen und häufig notwendige Transfusionen.

25.9 Milzruptur

Ätiologie/Pathogenese: Die Milzruptur kann **einzeitig** (gleichzeitige Verletzung von Kapsel und Parenchym) oder **zweizeitig** im Laufe einiger Tage (zuerst Parenchymverletzung, später kommt es dann wegen der Druckerhöhung durch eine Einblutung zu einer **Kapselruptur)** auftreten. Sie geht meist mit einer starken Blutung einher und stellt ein **lebensbedrohliches** Ereignis dar.

Als Ursache für eine Milzruptur kommen stumpfe Bauchtraumen (z. B. Gurttrauma beim Autounfall, Fahrradlenkertrauma bei Kindern), aber auch penetrierende Verletzungen (Schuß, Stich, Punktion) in Frage. Frakturen der achten bis elften Rippe links können durch die indirekte Gewalteinwirkung, aber auch durch das direkte Einspiessen von Knochenteilen in die Milz zu Blutungen führen.

Bei einer **bereits** pathologisch **vergrößerten** Milz genügen schon **leichte** Verletzungen (Bagatelltraumen), um eine Milzruptur zu verursachen.

In diesem Zusammenhang sind Patienten mit einer entzündlich bedingten Splenomegalie (Malaria, Mononukleose) besonders gefährdet!

Ein Sonderfall der Milzruptur ist die **iatrogene** Verletzung der Milz bei Operationen durch den **Zug** an benachbarten Organen oder **Hakendruck**. Hier ist eine sofortige Blutstillung anzustreben.

Symptome: Die Milzruptur verursacht Schmerzen im linken Oberbauch, die gelegentlich bis in die Schulter ausstrahlen. Der Blutverlust führt zu einem Blutdruckabfall und Pulsanstieg bis hin zum Schock. Bei der zweizeitigen Ruptur treten diese Symptome **Stunden bis Tage nach** einem Unfall **plötzlich** auf.

Diagnose: Außer der Anamnese und Klinik (Kreislaufsituation!) sind die Sonographie und evtl. eine Lavage (Spülung des Bauchraumes; s. a. Kap. 6.4.6) zum Nachweis der intraabdominellen Blutung maßgebend.

Therapie: Bei einer **kreislaufwirksamen** Blutung ist eine **sofortige** Operation unumgänglich. Bei der Verletzung einer primär gesunden Milz sollte der Versuch der **Milzerhaltung** unternommen werden (s. a. Kap. 25.4.2). Die Milzerhaltung darf jedoch nicht risikoreicher als die Splenektomie sein. Läßt sich keine Blutungskontrolle erreichen, muß die Milz entfernt werden. Ein Versuch der Organerhaltung bei vorgeschädigter Milz schlägt meist fehl.

Muß eine traumatisch oder iatrogen (durch ärztliche Maßnahmen) geschädigte Milz entfernt werden, sollten Nebenmilzen **belassen** werden. Existieren keine, besteht die Möglichkeit der **Autotransplantation** von Milzgewebe. Hierbei wird ein Teil der Milz nach der Splenektomie in kleine Stücke geschnitten und in einen Streifen des großen Netzes (Omentum majus) eingeschlagen. Dieses Paket wird in die Milzloge verlagert. In ca. **50% der Fälle** kommt es zu einer Hypertrophie der Milzpartikel, die dann auch wieder einen Teil der Milzfunktion übernehmen können. Leider treten bei dieser Technik postoperativ **gehäuft** Infektionen und Bridenilei (Darmverschluß durch bindegewebige, evtl. entzündliche Verwachsungsstränge) auf.

Bei einer **nicht kreislaufwirksamen** Blutung, speziell bei Kindern, kann ein **konservativer** Therapieversuch erfolgreich sein. Hierbei muß der Patient jedoch unter strenger intensivmedizinischer Überwachung verbleiben. Die freie Blutmenge im Abdomen ist regelmäßig sonographisch zu kontrollieren. Bei einer ständigen Zunahme der freien abdominellen Flüssigkeit oder bei drohender Kreislaufinstabilität (Schock, ständig notwendige Blutübertragungen) muß operiert werden. Die Voraussetzung für einen konservativen Therapieversuch ist eine **ausreichende Zahl großvolumiger** venöser **Zugänge** sowie die **ständige Bereitstellung** von Blutkonserven.

III Pflegerischer Teil

25.10 Grundsätzliches

Die Ursachen der Milzerkrankungen können, wie bereits aus dem medizinischen Teil dieses Kapitels ersichtlich wurde, sehr vielfältig sein. Daraus resultiert, daß die **pflegerischen Aufgaben** auch immer auf die **Grunderkrankung abgestimmt** sein müssen, d. h. Milzoperation ist nicht gleich Milzoperation.

Ist die Indikation zu einer Splenektomie beispielsweise eine drohende Spontanruptur bei einer **infektiösen** Erkrankung, wie Malaria, Mononukleose (Pfeiffer-Drüsenfieber) oder Tuberkulose (sehr selten), sind **hygienische** Vorkehrungen und besonders die **Meldepflicht** zu berücksichtigen.

Das Bundesseuchengesetz regelt die Meldepflicht. Danach sind bestimmte übertragbare Krankheiten innerhalb von 24 Stunden, von dem Arzt, der Pflegekraft oder der Hebamme, an das zuständige Gesundheitsamt zu melden!

Die Tuberkulose ist bei Verdacht einer Erkrankung, bei Erkrankung und bei Tod zu melden, die Malaria bei Erkrankung und Tod.

Hat der ins Krankenhaus eingelieferte Patient einen Unfall erlitten, so kann es bedeuten, daß eine Splenektomie als **Notfalloperation** notwendig ist oder, wenn die Symptome nicht eindeutig sind, der Patient zur **weiteren Abklärung** auf Station verlegt wird. In beiden Fällen befindet sich der Patient in einer **Streßsituation** (plötzlicher Unfall, Sorge um evtl. mitbeteiligte Personen, Wunsch, daß Angehörige verständigt werden, etc.). Den Sorgen und Wünschen sollte auf jeden Fall Beachtung geschenkt werden. Oft beruhigt sich der Patient schon, wenn man die Telefonnummer von seinen Angehörigen notiert und ihm verspricht diese anzurufen, sobald er an die Operationsabteilung übergeben wurde.

Patienten, die zur weiteren Überwachung auf die Station verlegt werden, bedürfen einer regelmäßigen **Vitalzeichenkontrolle** und einer umfassenden **Krankenbeobachtung**, um auftretende **Schockzeichen** sofort erfassen zu können.

25.11 Präoperative Vorbereitungen

Kommt der Patient als Notfall ins Krankenhaus (meist in die chirurgische Ambulanz) und ist eine sofortige Operation indiziert, wird umgehend mit den Operationsvorkehrungen begonnen. Der Patient ist vorzubereiten, wie für eine normale Bauchoperation. Zu dem Rasurschema s. Kap. 18, Abb. 18-14. Wichtig ist es, **sofort abzuklären**, wann der Patient **das letzte Mal gegessen hat**. Meistens fragt der Anästhesist zwar danach, aber die Situation des Patienten kann sich schnell verschlechtern (Bewußtlosigkeit), so daß er beim Eintreffen des Anästhesisten evtl. nicht mehr antworten kann.

Während der gesamten Vorbereitungszeit ist eine regelmäßige Vitalzeichenkontrolle notwendig und **auftretende Zustandsveränderungen** des Patienten sind **kurz und präzise** zu dokumentieren und bei der Übergabe an die Operationsabteilung darzustellen.

Ist die Operation planbar, so darf der Patient am Vorabend des Eingriffes ab 22.00 Uhr nichts mehr essen und trinken. Die Operationsvorbereitungen sind wie üblich (Rasur, Körperpflege, etc.) vorzunehmen. Bei Patienten mit Infektionskrankheiten, sind die entsprechenden hygienischen Regeln einzuhalten. Auf den **Verdacht** bzw. auf die **Bestätigung** einer **Infektionskrankheit** ist das Operations- und Anästhesiepersonal bei der Übergabe des Patienten **aufmerksam** zu machen.

Nach Anordnung sind evtl. schon präoperativ Thromboseprophylaxen vorzunehmen (Antithrombosestrümpfe, Heparin s.c.). Postoperativ entsteht in 75% der Fälle innerhalb von 24 Stunden eine Thrombozytose, die sich meist aber innerhalb eines Monats normalisiert.

25.12 Postoperative Maßnahmen

25.12.1 Überwachung/Krankenbeobachtung

Der Patient ist postoperativ **engmaschig** zu überwachen (Blutdruck, Puls), da eine **Nachblutungsgefahr** besteht (in ca. 2% der Fälle ist eine Relaparotomie nötig). Er ist darüber aufzuklären und entsprechend anzuleiten, daß eine Erhöhung des abdominellen Drucks vermieden werden muß, d.h. Husten, Niesen, Lachen sind möglichst zu unterlassen bzw. so vorsichtig wie möglich zu vollziehen. Hilfreich ist es für den Patienten, beim Niesen und Husten die flache Hand auf den Bauch bzw. die Wunde zu drücken, um so einen Gegendruck auszuüben.

Die **Beobachtung** des **Verbandes** sowie die **Sekretmenge** und **-farbe** in den Auffanggefäßen der Drainagen geben ebenfalls Hinweise auf eine evtl. **beginnende** Nachblutung. Beobachtungen diesbezüglich müssen dokumentiert und an den Arzt weitergegeben werden.

25

Bei den postoperativen Komplikationen stehen die **Infektionen** an der ersten Stelle (pulmonale Erkrankungen, Wundinfektionen, subphrenische Abszesse, Entzündungen der Harnwege, etc.), da der **Verlust der Milz** immer eine **erhöhte** Infektionsgefahr birgt. Die pflegerischen Maßnahmen dienen vor allem der Verhinderung der Komplikationen, d.h. Pneumonieprophylaxe, asepische Wundversorgung, Intimpflege, evtl. Blasenkatheterpflege stehen ganz im Vordergrund. Treten Entzündungszeichen bzw. septische Symptome auf, ist sofort der zuständige Arzt zu verständigen, da es sich um den Beginn des OPSI-Syndroms handeln könnte (s. Kap. 25.5).

25.12.2 Lagerung/Mobilisation

Das erste Mal wird der Patient meist am **zweiten** postoperativen Tag mobilisiert (auf die Bettkante setzen, kurz vor das Bett stellen). Der Patient ist in der Regel sehr **schnell wieder selbständig**. Es hängt aber immer von der Grunderkrankung und dem Blutverlust bei einer Milzruptur ab.

25.12.3 Körperpflege/Prophylaxen

Die Körperpflege soll der Patient so weit es geht **selbständig** übernehmen, ohne sich dabei zu **überanstrengen**. In der Regel wird er am ersten postoperativen Tag die Mundpflege selbst ausführen und das Gesicht, die Brust und die Arme waschen. Die anderen Maßnahmen übernimmt an diesem Tag das Pflegepersonal. Die Thromboseprophylaxe wird am Operationstag nach Anordnung vorgenommen. Die Intensität aller anderen Prophylaxen orientiert sich an dem postoperativen Zustand des Patienten, wobei die **Pneumonieprophylaxe** im **Vordergrund** steht (erhöhte Infektanfälligkeit nach Splenektomie).

Hat der Patient einen **Blasenkatheter,** sollte dieser möglichst einige Stunden nach der Operation, je nach Ansprechbarkeit des Patienten, **spätestens** jedoch am Morgen des **ersten** postoperativen Tages entfernt werden.

25.12.4 Wundpflege/Verbandwechsel

Der Verbandwechsel erfolgt in der Regel in den ersten beiden postoperativen Tagen aseptisch (s.a. Kap. 5.3.2), mit trockenen Mullkompressen und Mefix® oder hautfreundlichem Pflaster zum Fixieren. Dann läßt die Wundsekretabsonderung meist nach und es ist nur noch ein **steriles Pflaster mit Wundauflage** notwendig, das täglich oder zweitäglich gewechselt wird. Ab dem vierten postoperativen Tag kann die Wunde auch ohne Verband bleiben, falls es den Patienten nicht stört. Die Redon-Drainagen werden am zweiten postoperativen Tag entfernt, die Fäden zwischen dem zehnten und zwölften postoperativen Tag.

25.12.5 Nahrungsaufbau

Der Nahrungsaufbau erfolgt nach dem ersten Stuhlgang, der ca. drei Tage postoperativ eintreten sollte. Kommt es nicht zu einer spontanen Stuhlentleerung, so kann je nach Anordnung, mit einem Klistier oder medikamentös nachgeholfen werden. Das Aufbauschema der Nahrung entspricht dem bei normalen Bauchoperationen (s. Kap. 18.13.2).

25.13 Hinweise für den Patienten bei der Entlassung

Der Patient muß wissen, daß er ohne Milz **infektanfälliger** ist (**Kinder unter drei Jahren** sind besonders betroffen). In der ersten Zeit sollte er sich von Menschen, die unter einer Erkältungskrankheit leiden, fernhalten. Außerdem muß er möglichst viel trinken (ca. drei Liter täglich), um einer Blasenentzündung vorzubeugen. Bei Infektionen mit **Fieber über 38°C** sollte der Patienten sofort zum Hausarzt gehen, da dies ein Zeichen für das OPSI-Syndrom sein könnte.

Wurden milzerhaltende Operationstechniken (s. Kap. 25.4.2) eingesetzt und/oder konnten die Nebenmilzen erhalten werden, übernehmen die **verbleibenden Teile** nach einer gewissen Zeit **teilweise die Funktionen der Milz**, somit **sinkt** im postoperativen Verlauf die Infektanfälligkeit der Patienten.

Als **Spätkomplikation** ist wie bei jeder Bauchoperation der **Ileus** zu fürchten (s. Kap. 24.5.2). Der Patient sollte über die Symptome aufgeklärt sein, damit er sich frühzeitig an seinen Hausarzt wenden kann und die **Krankheitszeichen nicht als Lappalie** fehldeutet.

Literaturhinweise

[1] Berchtold, R., H. Hamelmann, H.-J. Peiper: Chirurgie, Urban & Schwarzenberg, München-Wien-Baltimore, 1990.
[2] Classen, M., V. Diehl, K. Kochsiek: Innere Medizin, Urban & Schwarzenberg, München-Wien-Baltimore, 1991.
[3] Durst, J., J. W. Rohen: Chirurgische Operationslehre, Schattauer-Verlag, Stuttgart-New York. 1991.
[4] Jecklin, E.: Arbeitsbuch Anatomie und Physiologie, 7. Aufl. 1992, S 153, Gustav-Fischer-Verlag.
[5] Kremer, K., V. Schumpelick, G. Hierholzer: Chirurgische Operationen, Georg-Thieme-Verlag, Stuttgart-New York, 1992.
[6] Kremer, K., W. Lierse, W. Platzer, H. W. Schreiber, S. Weller: Chirurgische Operationslehre, Bd. 5, Georg-Thieme-Verlag, Stuttgart-New York, 1993.
[7] Lüdtke, F.-E., S. C. Mack, P. Schuff-Werner, E. Voth, W. Peitsch: Gründe für die autologe Replantation von Milzgewebe nach der Milzzerreißung. In: Häring, R. (Hrsg.): „Postoperative Folgezustände“. Ueberreuter Wissenschaft, Wien, 1988.
[8] Schulz, C., H.-H. Schauwecker, E. S. Bücherl: Das Infektionsproblem nach Splenektomie. In: Häring, R. (Hrsg.): „Postoperative Folgezustände“, Ueberreuter Wissenschaft, Wien, 1988.
[9] Schumpelick, V., N. Bleese, U. Mommsen: Chirurgie, Ferdinand Enke-Verlag, Stuttgart, 1985.
[10] Seufert, R. M.: Folgezustände nach Milzexstirpation. In: Häring, R. (Hrsg.): „Postoperative Folgezustände, Ueberreuter Wissenschaft, Wien, 1988.
[11] Studt, H. H.: Allgemeine Infektionslehre. Kohlhammer-Verlag, Stuttgart-Berlin-Köln-Mainz, 8. Aufl. 1991.
[12] Maletzki, W., A. Stegmayer-Petry: Klinikleitfaden Pflege. Jungjohann-Verlag, Ulm-Neckarsulm-Lübeck, 2. Aufl. 1995.

26 Portale Hypertension

A. Schoucair, Ch. Albrecht

I Allgemeiner Teil

26

26.1 Anatomie und Physiologie

Die **Pfortader** führt Blut aus dem Magen (V. coronaria ventriculi), der Milz (V. lienalis) und dem Dünn- und Dickdarm (V. mesenterica superior und inferior) zur Leber (Abb. 26-1).

Es bestehen aber auch folgende **venöse Verbindungen** zwischen dem **Pfortaderstromgebiet** und dem **Niederdrucksystem** der Hohlvenen (V. cava superior und inferior):

- Entlang der kleinen Magenkurvatur, in der Wand der Kardia und des unteren Ösophagus zu den Azygosvenen, die durch den Brustkorb verlaufen und in die obere Hohlvene (V. cava superior) münden.
- Von der Kardia über den Fundus zum Milzhilus über die V. umbilicalis (Nabelvene), die von der Leber im Lig. teres hepatis (rundes Leberband) zum Nabel verläuft, zur vorderen Bauchwand.

Der normale **Pfortaderdruck** beträgt **3 bis 8 mmHg.** Da alle zur Pfortader führenden Venen sowie die Pfortader selbst **keine Klappen** besitzen, fließt das Blut bei einer ausreichenden Erhöhung des Pfortaderdruckes über die oben genannten Kollateralen unter Umgehung der Leber direkt in die Hohlvenen. Die Pfortader trägt etwa zu zwei Drittel zur Duchblutung der Leber bei, das restliche Drittel stammt aus der Leberarterie (A. hepatica propria). Die gesamte Leberdurchblutung beträgt etwa 1,5 Liter pro Minute.

26.2 Leitsymptome

Das Leitsymptom der portalen Hypertension ist der **Aszites** bedingt aufgetriebene Bauch (Bauchwassersucht). Dieser tritt jedoch erst in einem **fortgeschrittenen Stadium** auf. Oft bemerkt der Patient die allmähliche Zunahme seines Leibumfanges nicht oder er führt sie auf eine Zunahme seines Körpergewichtes zurück. Der Aszites kann so massiv werden, daß der Patient **Luftnot** bekommt. Die anderen Folgen der portalen Hypertension (Ösophagus-, Magenfundusvarizen, Splenomegalie, Hyperspleninismus und Enzephalopathie) können erst durch weitergehende Untersuchungen erfaßt werden und sind daher nicht als Leitsymptome aufzufassen.

26.3 Pathophysiologie und Ursachen der portalen Hypertension

Unter „portaler Hypertension" ist die **Erhöhung** des Pfortaderdruckes auf **über 10 bis 12 mmHg** zu verstehen. Das Pfortaderblut gelangt dann unter Umgehung der Leber direkt

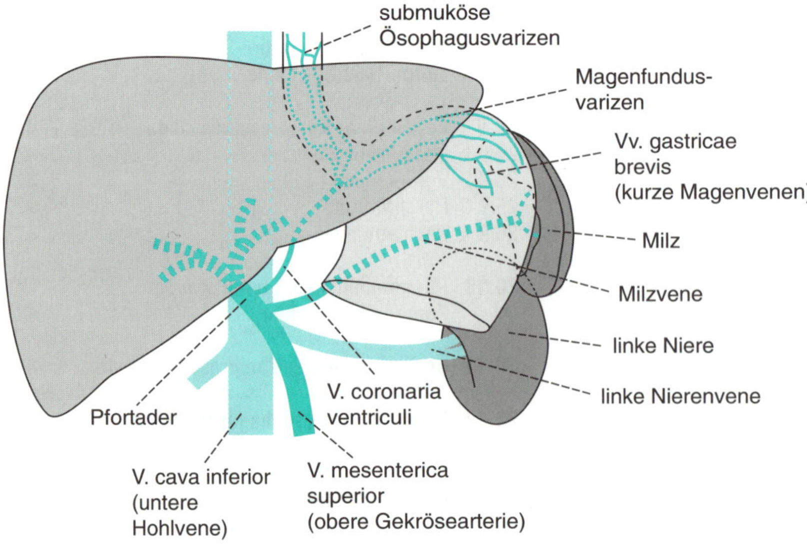

Abb. 26-1 Pfortaderstromgebiet mit Kollateralen zum distalen Ösophagus und Magenfundus.

in den großen Kreislauf und wird **nicht mehr entgiftet.** Ursache der Pfortaderdruckerhöhung ist in der Regel eine Steigerung des Widerstandes im Verlauf des Blutflusses zur Leber, in der Leber selbst sowie von der Leber über die Lebervenen in die untere Hohlvene und den rechten Vorhof. Eine dementsprechende Einteilung der Ursachen findet sich in Tabelle 26-1.

Eine **Pfortaderthrombose** stellt oft die **prähepatische** Ursache dar. Im Neugeborenenalter kann dies die Folge einer Entzündung der Nabelgefäße sein. Im Erwachsenenalter kommt es zu einer Entzündung der Pfortader z.B. bei Appendizitis (Wurmfortsatzentzündung), Sigmadivertikulitis (Entzündungen von Ausstülpungen im Dickdarm) oder Cholangitis (Entzündung der Gallenwege) und führt so zur Thrombose. Weiterhin können tumoröse oder entzündliche Pankreasprozesse die Pfortader komprimieren und ebenfalls deren Thrombose verursachen. Die sehr seltene isolierte Milzvenenthrombose bringt eine massive Splenomegalie (Milzvergrößerung) mit sich.

Der **intrahepatisch** bedingte Pfortaderhochdruck ist die **häufigste** Ursache der portalen Hypertension und etwa 90% dieser Patienten in Europa zeigen eine **Leberzirrhose** (bindegewebeartige Umwandlung der Leber). Diese ist wiederum in den meisten Fällen durch **übermäßigen Alkoholgenuß** bedingt. Umgekehrt entwickeln etwa 40% der Patienten mit einer Leberzirrhose eine portale Hypertension.

Tab. 26-1 Ursachen der portalen Hypertension.

	Ursachen
Prähepatisch	– Pfortaderthrombose (Nabelgefäßinfektion, angeborene Atresie oder Stenose, Entzündung der Pfortader, tumoröse oder entzündliche Pankreasprozesse) – Milzvenenthrombose
Intrahepatisch	– Leberzirrhose (alkoholtoxisch, posthepatisch, biliär, M. Wilson) – Schistosomiasis (Bilharziose) – myeloproliferative Erkrankung (M. Hodgkin, chronisch myeloische Leukämie, Myelosklerose) – Sarkoidose – venookklusive Erkrankung (Verschluß der intrahepatischen Venen) – Zytostatika
Posthepatisch	– Budd-Chiari-Syndrom (Verschluß der großen Lebervenen) – Pericarditis constrictiva

Weltweit führt jedoch die **Schistosomiasis** (Bilharziose, eine Infektion durch Saugwürmer) zur portalen Hypertension. Der **Parasit** lebt in den Mesenterialgefäßen und dessen Eier gelangen über die Pfortader in die Leber. Dort lösen sie eine granulomatöse (knötchenförmige) entzündliche Reaktion aus, die den intrahepatischen Widerstand erhöht.

Sowohl die **myeloproliferativen** Erkrankungen (Überproduktion an Knochenmarkzellen) als auch die **Sarkoidose** (Lymphknotenerkrankung) können zum Pfortaderhochdruck führen.

Unter der **venookklusiven** Erkrankung ist der Verschluß der intrahepatischen Venen zu verstehen. Dieser ist auf ein **Alkaloid** (giftige stickstoffhaltige Verbindung) in Pflanzen zurückzuführen, die zur Teebereitung in Jamaika und in Indien benutzt werden.

Die **Langzeitexposition** (einer Wirkung ausgesetzt sein) mit bestimmten **Zytostatika** (Methotrexat, 6-Mercaptopurin, Azathioprin) kann ebenfalls zur intrahepatischen Widerstandserhöhung führen.

Das **Budd-Chiari-Syndrom** bezeichnet den Verschluß der großen Lebervenen und bildet die häufigste Ursache der **posthepatisch** bedingten portalen Hypertension. Insbesondere bei malignen Systemerkrankungen mit gesteigerter Gerinnbarkeit des Blutes kann es hierzu kommen. Auch die **Pericarditis constrictiva** (Herzbeutelentzündung) ist als Ursache der posthepatischen Widerstandserhöhung zu erwähnen.

Die massive Erhöhung des durch die Pfortader fließenden Blutvolumens kann zur portalen Hypertension führen. Dies kann z.B. posttraumatisch oder postoperativ bei pathologischen arterioportalen Fisteln (Verbindung zwischen Arterie und Pfortader) der Fall sein.

26.4 Diagnostik

Die diagnostischen Maßnahmen sollen klären, inwieweit ein Patient **von den Folgen** der portalen Hypertension **bedroht** ist und ob eine **operative** Therapie **in Frage** kommt. Hierzu sind folgende Untersuchungen durchzuführen:

- Labor: Bestimmung der Leberenzyme (GOT, GPT, γ-GT, alkalische Phosphatase, Cholinesterase), Albumin, Elektrophorese, Quick, PTT, PTZ, Antithrombin III, Thrombozyten, Ammoniak.
- Endoskopie: Die Ösophagogastroskopie gilt als die **Standarduntersuchung,** um sowohl Ösophagus- als auch Magenfundusvarizen, letztere durch Inversion (Umkehrung) des Endoskopes nachzuweisen. Diese Untersuchung hat die Röntgenkontrastmitteldarstellung des Ösophagus und Magens nahezu verdrängt.
- Ultraschall des Abdomens: Es kann die Leberzirrhose, die Milzgröße, das Ausmaß des Aszites und die Pfortaderthrombose dargestellt werden.
- Lebersequenzszintigraphie: Zeigt das Verhältnis Pfortader/A. hepatica bei der Durchblutung der Leber an.
- Zöliako- und Mesenterikographie mit indirekter Darstellung der Milzvene und Pfortader (indirekte Splenoportographie): Die Röntgenkontrastmitteldarstellung des Pfortaderstromgebietes ist für die operative Planung **unverzichtbar** (Fragestellung: Pfortaderthrombose, Stenose des Abganges der A. hepatica). Dabei ist die Phase entscheidend, wenn das in den Magen-Leber-Milz-Arterienstamm (Tr. coeliacus und A. mesenterica superior) gespritzte Kontrastmittel die entsprechenden Organe (Magen, Darm und Milz) durchflossen hat und in den Pfortaderkreislauf (V. portae, V. mesenterica superior und V. lienalis) gelangt. Daher wird dieses Verfahren auch als **indirekte** Splenoportographie im Gegensatz zur **direkten** (hier wird das Kontrastmittel in die Milz gespritzt) bezeichnet.

Um die **Belastungsfähigkeit** des Patienten (die überwiegende Mehrheit hat eine Leberzirrhose) abzuschätzen, wurde von Child folgende **Klassifikation** vorgeschlagen (Tab. 26-2).

Die **Prognose** für eine Shunt-Operation (s. Kap. 26.6.2) ist für Patienten der Gruppe **Child A** als **günstig,** für die Gruppe **Child B** als **begrenzt** und für die Gruppe **Child C** als **ungünstig** zu bewerten.

Tab. 26-2 Child-Klassifikation.

Punktezahl	jeweils 1 Punkt	jeweils 2 Punkte	jeweils 3 Punkte
Gesamtbilirubin	< 34 µmol/l	34 bis 51 µmol/l	> 51 µmol/l
Albumin	> 35 g/l	30 bis 34 g/l	< 30 g/l
Aszites	keiner	mäßiger	massiver
Enzephalopathie	keine	leichte	fortgeschrittene
Ernährungszustand	sehr gut	gut	schlecht
Ges›amtpunktezahl	Child A: 5 bis 7	Child B: 8 bis 10	Child C: 11 bis 15

II Spezieller Teil

26.5 Folgen der portalen Hypertension

Die Folgen äußern sich in den vier **klassischen Symptomen** der portalen Hypertension:

- Ösophagus- und Magenfundusvarizen (Krampfadern)
- Splenomegalie (vergrößerte Milz) und Hypersplenismus (verringerte Zellzahl im Blut bei gleichzeitiger Erhöhung im Knochenmark)

- Aszites (Bauchwassersucht)
- Enzephalopathie (nichtentzündliche Hirnveränderung)

26.5.1 Ösophagus- und Magenfundusvarizen

Unabhängig davon welche Ursache zur portalen Hypertension führt, ist allen Formen gemeinsam, daß es zu einer mehr oder weniger stark ausgeprägten **Umkehrung des Blutflusses** in der Pfortader kommt. Die in Kap. 26.1 angeführten venösen Verbindungen zu den Hohlvenen **erweitern sich** unter der enormen **Volumenbelastung** und es bilden sich Ösophagus- und Magenfundusvarizen.

Die unmittelbar unter der Schleimhaut gelegenen Ösophagusvarizen sind das dominierende Symptom der portalen Hypertension.

Etwa **70% der Patienten** mit einer Leberzirrhose haben Ösophagusvarizen. Bei der **Hälfte** dieser Patienten kommt es zu einer Blutung aus den leicht verletzlichen Varizen. Die **erste** Blutung ist für etwa die **Hälfte** der Patienten **tödlich.** Refluxösophagitis (Entzündung der Ösophagusschleimhaut) und Ulzeration (Geschwüre) sowie Valsalvamanöver (erhöhter Druck im Brustraum mit vermindertem venösem Abfluß) begünstigen eine Varizenruptur (Zerreißung).

26.5.2 Splenomegalie und Hypersplenismus

Die portale Hypertension führt **vor allen** Dingen im **Kindesalter** durch den Rückstau des Blutes über die Milzvene zur Milzvergrößerung. Hypersplenismus liegt dann vor, wenn die Leukozytenkonzentration unter 5000 pro Mikroliter (µl) und die Thrombozytenkonzentration unter 100.000 pro µl liegen. Splenomegalie und Hypersplenismus müssen jedoch **nicht parallel** einhergehen. Insbesondere die Thrombopenie (verminderte Thrombozyten) gefährdet die Patienten bei einer Blutung zusätzlich.

26.5.3 Aszites (Bauchwassersucht)

Grundsätzlich bildet sich dann Aszites, wenn es zu einem **Ungleichgewicht** zwischen dem **kolloidosmotischen** (der hauptsächlich durch das Eiweiß im Blut bedingte und in das Gefäß gerichtete Druck) und dem **portalen Druck** kommt. Die Aszitesausbildung ist jedoch nur zum Teil direkt durch die portale Hypertension bedingt. Dies wird durch die Beobachtung belegt, daß besonders bei den posthepatischen Widerstandserhöhungen der Aszites sehr ausgeprägt, bei den prähepatischen Formen jedoch nur selten anzutreffen ist. Sowohl die durch die Leberzirrhose bedingte **Hypalbuminämie** (vermindertes Albumin) als auch der durch die erhöhte Rückresorption von Natrium ausgelöste **sekundäre Hyperaldosteronismus** (Nebennierenerkrankung) tragen zur Aszitesbildung bei.

26.5.4 Enzephalopathie

Bei der portalen Hypertension gelangt Pfortaderblut unter Umgehung der Leber direkt in den großen Kreislauf und ist daher nicht entgiftet. Die neuropsychiatrischen Störungen können sowohl als akute reversible Episoden, als auch als chronisch irreversible Beeinträchtigungen auftreten. Das Ausmaß der Enzephalopathie geht nicht mit der Höhe des durch die Leberfunktionsstörung nicht mehr ausgeschiedenen Ammoniaks einher, d.h., ein hoher Ammoniakwert führt nicht zwangsläufig zur Enzephalopathie, sondern diese kann auch **ohne Erhöhung des Ammoniaks** auftreten. Dennoch kann eine Eiweißreduktion in der Nahrung die Symptome beeinflussen.

26.6 Therapie der portalen Hypertension

Ziel der operativen Therapie ist die Stillung der akuten, konservativ **nicht beherrschbaren** Varizenblutung, eine **Rezidivblutung** durch drucksenkende Verfahren oder durch eine Sperroperation zu vermeiden und schließlich beim **therapierefraktären** (auf die Therapie nicht ansprechend) Aszites Abhilfe zu verschaffen.

26.6.1 Akute Varizenblutung

Drei Bedrohungen gehen von einer Varizenblutung aus:
- **hämorrhagischer Schock** (Blutungsschock)
- **Leberausfallkoma** (Überlastung der Leber durch die massive Stickstoffaufnahme infolge des blutgefüllten Darmes sowie durch die direkte Schädigung aufgrund eines Sauer-

stoffmangels einer zirrhotisch umgebauten Leber mit verminderter Durchblutung)
- **Delirium tremens** (bei alkoholtoxisch bedingter Leberzirrhose)

Die durchzuführenden Maßnahmen leiten sich aus diesen Bedrohungen direkt ab.

Konservative Therapie der akuten Varizenblutung

Unmittelbar im Vordergrund steht die zügige Schockbekämpfung durch **Volumensubstitution.** Aufgrund der häufig anzutreffenden Thrombopenie und den durch die Leberschädigung erniedrigten Gerinnungsfaktoren sollte nach Möglichkeit auf **Frischblut,** das maximal lebensfähige Thrombozyten und Gerinnungsfaktoren enthält, zurückgegriffen werden. Dann erfolgt die **endoskopische Blutstillung**, in der Regel durch Sklerosieren (Verödung) der blutenden Varize durch Unterspritzen mit Aethoxysklerol (Verödungsmittel).

Eine Alternative stellt bei Versagen der Endoskopie die **Ballontamponade** mit einer **Sengstaken-Blakemore-Sonde** bei Ösophagusvarizen oder einer **Linton-Nachlaß-Sonde** bei Magenfundusvarizen dar (s.a. Kap. 26.8). Die Sengstakensonde besitzt zwei unterschiedlich große Ballons an einer Sonde, von denen einer in der Kardia, der zweite im Bereich des Ösophagus plaziert wird. Der erste Ballon „verankert“ die Sonde in der Kardia, der zweite Ballon soll den Ösophagus mit einem **Kompressionsdruck von etwa 35 mmHg tamponieren.** Damit es nicht zu Druckschäden am Ösophagus kommt (Ulzerationen, Perforationen), darf diese Sonde nicht länger als 24 bis 48 Stunden liegen. Die Lintonsonde besitzt dagegen nur einen birnenförmigen Ballon, der den Magenfundus komprimieren soll.

Während an der Linton-Nachlaß-Sonde ein Zug von etwa 500 g zwingend erforderlich ist (Wirkprinzip), kann die Sengstaken-Blakemore-Sonde auch ohne Zug angewendet werden!

Weitere Möglichkeiten der Blutstillung sind die **intravenöse Gabe** von Vasopressin und Glycylpressin (synthetisch hergestellte Hormone des Hypophysenhinterlappens), die **endoskopische Laserkoagulation** (Blutstillung mittels Laser) und die **perkutane transhepatische Katheterisierung** der V. coronaria ventriculi (ein Verfahren, bei dem die Leber durch die Haut punktiert, ein Katheter bis in die V. coronaria ventriculi vorgeschoben und diese dann gezielt verödet wird). Das am meisten eingesetzte und das **erfolgreichste** Verfahren mit einer initialen (anfänglichen) Blutstillung von 80 bis 95% bleibt die endoskopische Sklerosierung.

Des weiteren ist eine **Komaprophylaxe** durchzuführen. Hierzu muß die Aufnahme von Giftstoffen aus dem Darm in das Blut verringert werden, damit sich die **Stickstoffbelastung** der Leber in Grenzen hält. Dies kann durch die Reinigung des Darmes mittels Einläufen sowie der Gabe von darmkeimvermindernden Medikamenten (z.B. Neomycin, Lactulose) erreicht werden.

Mit dem drohenden **Delirium tremens** ist noch Tage nach dem Blutungsereignis zu rechnen. Sowohl die entsprechende intensive Überwachung als auch die medikamentöse Therapie sind in diesen Fällen gefordert.

Operative Therapie der akuten Varizenblutung

Bei einer konservativ nicht beherrschbaren Varizenblutung kommt der notfallmäßig angelegte **Shunt** (Kurzschlußverbindung zwischen dem Pfortaderstromgebiet und der unteren Hohlvene) zum Zuge. Die **verschiedenen Verfahren** werden unter Kap. 26.6.2 erläutert. Die **Operationsletalität** ist mit etwa **30% hoch** und ist durch die schlechte Ausgangssituation der Patienten zu erklären.

26.6.2 Elektive (geplante) operative Therapie der portalen Hypertension

Die operative Therapie der Patienten mit portaler Hypertension besteht im Anlegen einer Kurzschlußverbindung (Shunt) zwischen dem Pfortaderstromgebiet und dem Niederdruckgebiet der unteren Hohlvene (porto-systemisch). Das Blut fließt dann nicht über die, den Patienten gefährdenden Ösophagus- und Magenfundusvarizen, sondern über den Shunt und der **Druck** im Pfortaderstromgebiet wird **gesenkt.** Man unterscheidet **komplette** Shunts, die das gesamte Pfortaderblut ableiten, von **inkompletten** Shunts, die nur den Druck im Pfortaderstromgebiet, besonders im Bereich des distalen Ösophagus und des Magenfundus senken, jedoch eine **teilweise portale Durchblutung** der Leber aufrechterhalten. Grundsätzlich verringert ein Shunt den Pfortaderdruck auf Kosten der Leberdurchblutung mit dem Risiko der Enzephalopathie.

Die Indikation zur **elektiven** (geplanten) Shuntanlage ist daher abhängig von den Ergebnissen der präoperativen Untersuchungen, damit das operative **Risiko** und der zu erwartende **Vorteil** für den Patienten **abgeschätzt** werden kann. Generell ist die vorbeugende (prophylaktische) Anlage eines Shunts bei einem Patienten mit portaler Hypertension und Ösophagusvarizen ohne Blutung abzulehnen, da die Operation diesen Patienten keinen Vorteil bietet. Die Indikation (Anzeige) zur Shuntanlage besteht dagegen bei Patienten, die einmal eine Varizenblutung erlitten haben und der **Child-Klassifikation Child A oder B** (s. Tab. 26-2) **zuzuordnen** sind. Die Operation sollte dann frühestens zwei Wochen nach der Blutung (im Intervall) durchgeführt werden. Patienten mit einer Thrombose der Pfortader (prähepatischer Block) oder die nach der Thrombose eines angelegten Shunts erneut bluten, sind einer **Sperroperation** zu unterziehen. Hierbei werden lediglich die zum Ösophagus ziehenden Venen oder die Varizen **direkt unterbrochen.** Sperroperationen „sperren" also den Blutzufluß zum Ösophagus, verändern aber nicht den Pfortaderdruck (Tab. 26-3).

Komplette Shunts

Der technisch einfache **portokavale** Shunt (Abb. 26-2 A) bietet sich im Notfall an. Hierbei wird die Pfortader durchtrennt und mit der V. cava inferior anastomosiert. Die portale Leberdurchblutung ist also **vollständig** unterbrochen. Dies erklärt die erhöhte Enzephalopathierate und die Fünf-Jahres-Überlebensrate von etwa 50%.

Beim **mesenterikokavalen** Shunt nach Drapanas (Abb. 26-2 B) wird eine **Kunststoffprothese** aus Polytetrafluorethylen (PTFE) als Querverbindung (deshalb H-Shunt) zwischen der V. mesenterica superior und der V. cava inferior implantiert. Dies bietet sowohl bei der Pfortaderthrombose sowie bei der Thrombose eines zuvor angelegten Shuntes Vorteile. Nachteil ist die deutlich erhöhte Thromboserate von 30%. Die Fünf-Jahres-Überlebensrate dagegen beträgt etwa 70%.

Der **zentrale splenorenale** Shunt nach Linton (Abb. 26-2 C) kann auch bei der Pfortaderthrombose angelegt werden. Die Milz wird exstirpiert (entfernt) und die Milzvene (die durchgängig sein muß) mit der linken Nierenvene anastomosiert. Die Thromboserate dieses Shuntes ist aufgrund der Gefahr der Gefäßabknickung und des kleinen Gefäßdurchmessers **deutlich erhöht** (40 bis 50%).

Der **portokavale** Shunt **mit Arterialisation** nach Adams und Matzander (Abb. 26-2 D) bietet dagegen theoretische Vorteile. Zusätzlich zur Verbindung der Pfortader mit der V. cava inferior wird eine Vene (V. saphena magna vom Oberschenkel) zwischen dem

Tab. 26-3 Operationsverfahren bei der portalen Hypertension.

Shuntarten	Indikation	Kontraindikation	Drucksenkung	Thromboserate	Enzephalopathie
Komplette Shunts					
Portokaval	Child A, B	Pfortaderthrombose	sehr gut	1 bis 2%	ca. 15%
Mesenterikokaval (H-Shunt)	Pfortaderthrombose	Mesenterialvenenthrombose	gut	30%	ca. 15%
Splenorenaler Shunt (Linton)	Splenomegalie	Milzvenenthrombose	mäßig	40 bis 50%	ca. 15%
Portokaval mit Arterialisation	Child C	Intrahepatischer arterioportaler Blutfluß	sehr gut	1 bis 2%	< 15%
Inkomplette Shunts					
Splenorenaler Shunt (Warren)	Child B, C, Zustand nach Oberbauchoperation	Milzvenenthrombose	gut	10%	< 15%

26

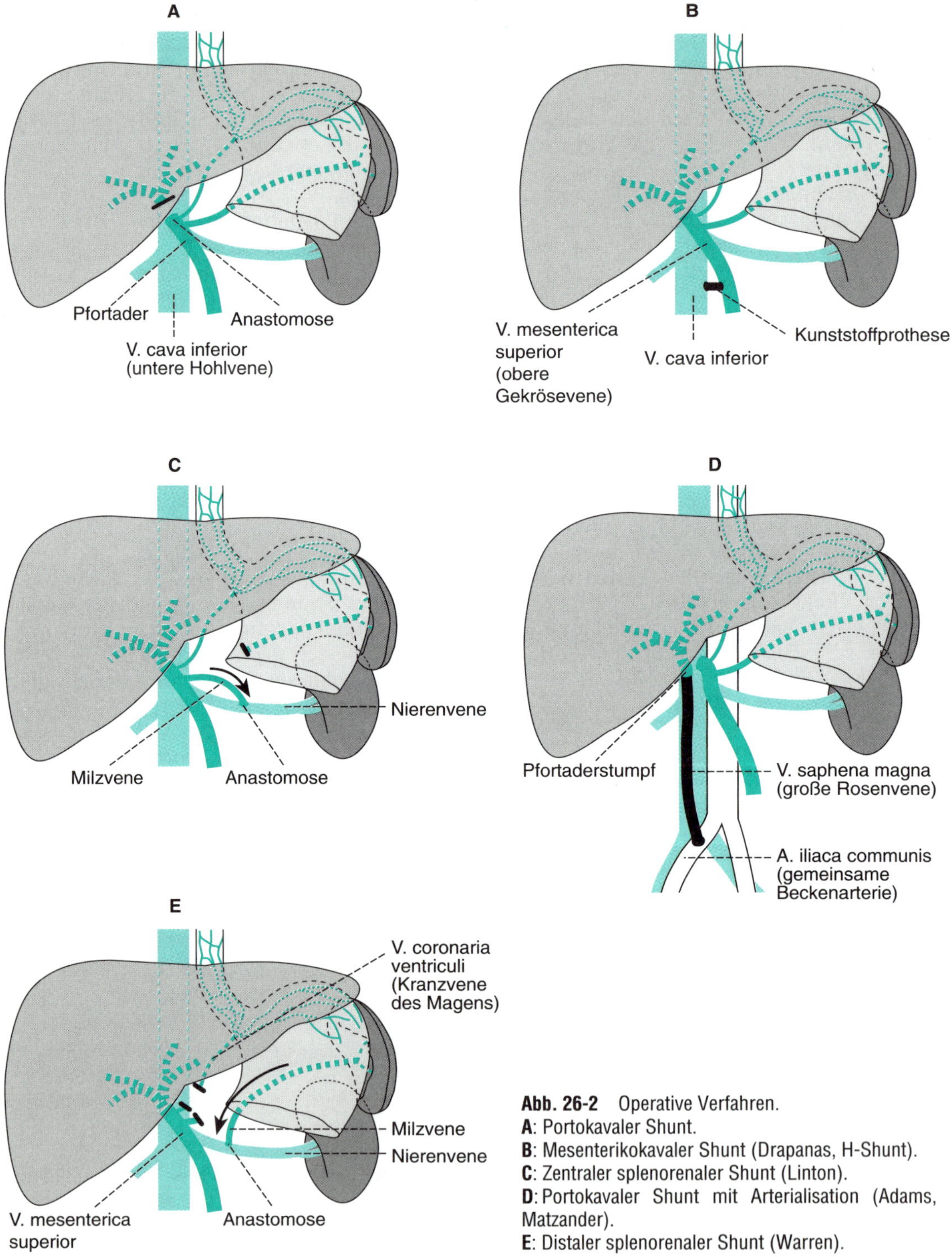

Abb. 26-2 Operative Verfahren.
A: Portokavaler Shunt.
B: Mesenterikokavaler Shunt (Drapanas, H-Shunt).
C: Zentraler splenorenaler Shunt (Linton).
D: Portokavaler Shunt mit Arterialisation (Adams, Matzander).
E: Distaler splenorenaler Shunt (Warren).

Pfortaderstumpf und der rechten Beckenarterie (A. iliaca communis) interponiert (dazwischengesetzt), um die Leber mit sauerstoffreichem Blut (Arterialisation) zu versorgen. Dadurch ist die Rate der Enzephalopathie deutlich geringer als bei den anderen Verfahren. Der Blutfluß in der Leber darf sich jedoch nicht durch arterioportale Kurzschlüsse (Verbindungen zwischen den kleinen Leberarterien und den Pfortaderästen) umgekehrt haben. Auch ein zu hoher Druck und Blutfluß im interponierten Venensegment muß vermieden werden, da es sonst zur Schädigung der Leber und zum massiven Aszites kommen kann.

Inkomplette Shunts

Die portale Leberdurchblutung bleibt beim inkompletten Shunt zum Teil erhalten. Dies ist beim **distalen splenorenalen** Shunt nach Warren (Abb. 26-2 E) der Fall. Die Milzvene wird mit der linken Nierenvene anastomosiert. Die Pfortader leitet das Blut aus der V. mesenterica superior weiterhin in die Leber (die V. coronaria ventriculi wird allerdings unterbunden).

Sperroperationen

Die wichtigsten Sperroperationen sind:
- Das Dekongestionsverfahren (nach Hassab), bei dem die obere Magenhälfte und der Ösophagus skelettiert, d.h., alle Gefäße unterbunden werden und die Milz entfernt wird.
- Die Ösophagustranssektion (nach Sugiura-Futagawa) mit transthorakaler (durch den Brustraum) Unterbindung von Ösophagusgefäßen.
- Die maschinelle Blutsperre (nach Kivelitz), bei der mit einem Klammernahtinstrument die Ösophagusvarizen unterbrochen werden.
- Die Kardia- und Fundusentfernung (nach Stelzner).

Da die Letalität dieser Verfahren zwischen 11 und 86% liegt und damit sehr unterschiedlich ist, und der Pfortaderhochdruck nicht gesenkt wird, ist die Indikation **streng** zu stellen.

26.6.3 Operative Therapie des Aszites

Ein Aszites bei portaler Hypertension, der sich nicht mit medikamentöser Behandlung beherrschen läßt, kann durch das **Einpflanzen eines Katheters** (nach Le Veen) behoben werden. Das eine Katheterende befindet sich in der **freien Bauchhöhle,** das andere Katheterende wird über die V. jugularis in die **obere Hohlvene** eingebracht. Damit kann der Aszites vom Bauchraum in die obere Hohlvene abfließen. Der Katheter selbst wird subkutan implantiert und besitzt ein Ventil, damit der Aszites nur in einer Richtung fließt. Durch eine **zusätzliche Ballonpumpe** (Denver-Ventil) kann der Patient den Aszites **aktiv** weiterbefördern.

26.7 Nachsorge

Die Nachsorge der Patienten fordert eine engmaschige Kontrolle, um die Gefahr einer Rezidivblutung rechtzeitig zu erkennen. Auf die Zeichen einer Enzephalopathie ist ebenfalls zu achtet; ggf. muß das Nahrungseiweiß reduziert werden und die Gabe von Medikamenten (Lactulose, Neomycin) erfolgen. Eine **enge** Zusammenarbeit zwischen Hausarzt, Gastroenterologen, Neurologen und Chirurgen ist für den Patienten in diesen Fällen von großem Vorteil.

III Pflegerischer Teil

26.8 Konservative Therapie mit Kompressionssonden

Die folgenschwere Komplikation der portalen Hypertension ist die **akute Ösophagusvarizenblutung**. Eine Maßnahme zur Blutstillung ist die **Einlage** von Ösophaguskompressionssonden, die durch luft- oder wassergefüllte Ballons den Stillstand der Blutung herbeiführen. Die genaue Lokalisation der Blutungsquelle geschieht durch die endoskopische Untersuchung (Ösophagogastroskopie), so daß sich die Wahl der Kompressionssonde nach diesem Befund richtet. Es werden **zwei**

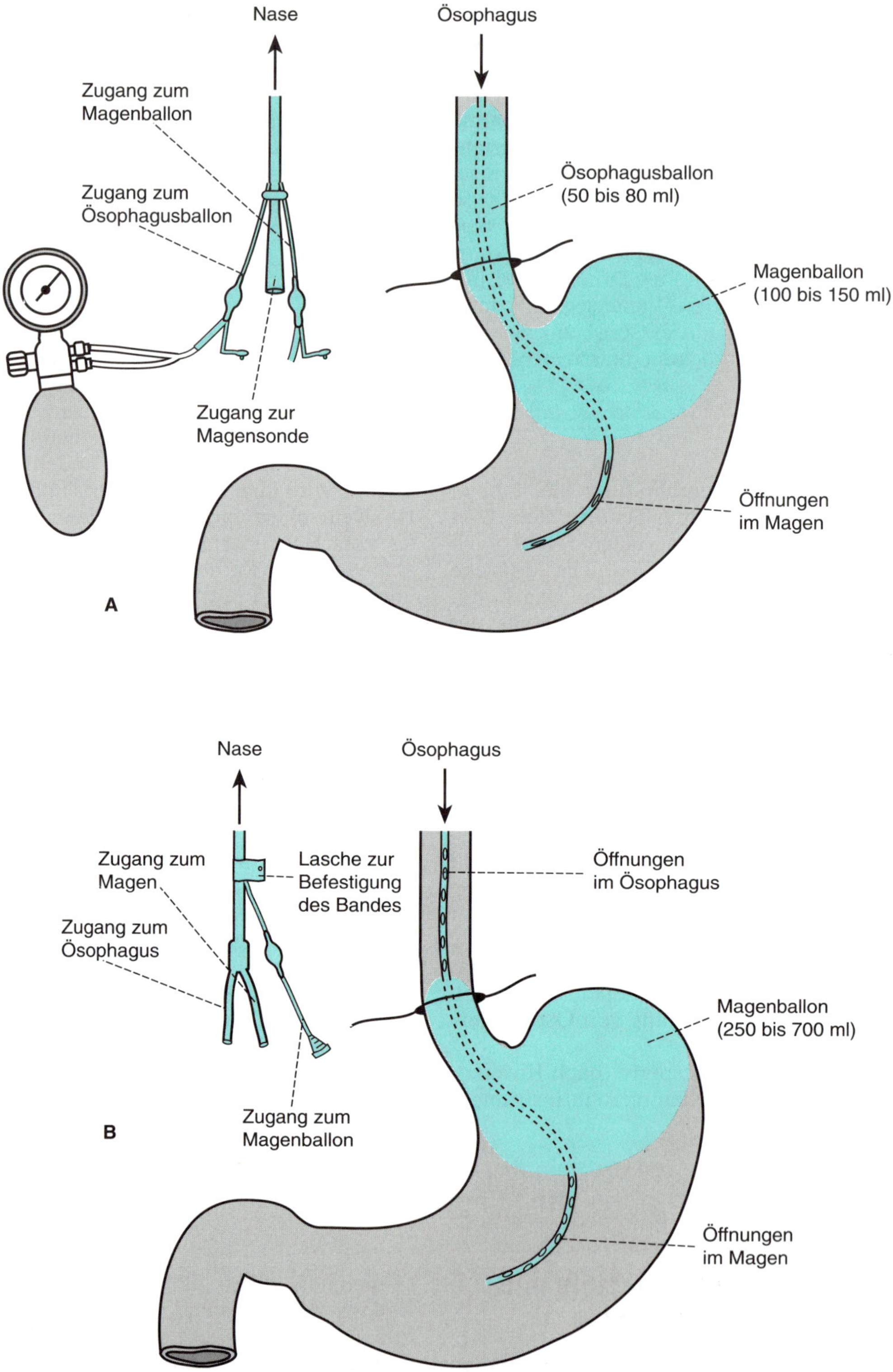

Abb. 26-3 Kompressionssonden.
A: Sengstaken-Blakemore-Sonde mit Druckmanometer.
B: Linton-Nachlaß-Sonde.

Sondentypen unterschieden (Abb. 26-3 A und B):
- Sengstaken-Blakemore-Sonde
- Linton-Nachlaß-Sonde

26.8.1 Sengstaken-Blakemore-Sonde

Hierbei handelt es sich um eine dreilumige Sonde. Ein Lumen dient zum Aufblasen des Ösophagusballons (50 bis 80 ml), ein Lumen zum Aufblasen des Magenballons (100 bis 150 ml) und ein Lumen endet mit seitlichen Öffnungen als Sonde im Magen. Die Sonde hat eine Länge von ca. 100 cm für Erwachsene und ca. 65 cm für Kinder.

Die Sengstaken-Blakemore-Sonde wird **bevorzugt** bei Blutungen, die **nahe am Mageneingang** lokalisiert sind eingesetzt, da bei ihr der Ösophagus- und Magenballon näher beieinanderliegen. Eine abgewandelte Variante ist die Sengstaken-Sonde, bei der die beiden Ballons etwas weiter auseinanderliegen.

26.8.2 Linton-Nachlaß-Sonde

Ist die Blutungsquelle im **Magenfundusbereich** lokalisiert, werden die Varizen mit der Linton-Nachlaß-Sonde komprimiert. Sie ist, wie die Senkstaken-Sonde, dreilumig, d.h. ein Lumen mit fünf seitlichen Öffnungen führt in den Magen, ein Lumen bildet mit sechs seitlichen Öffnungen den Zugang zum Ösophagus und ein Lumen ist mit dem Magenballon, der ein Fassungsvermögen von 250 bis 750 ml hat, verbunden. Wie **stark** der Ballon gefüllt werden muß, richtet sich nach dem **Ausmaß** der Varizen (Form, Größe, Ausdehnung). Zusätzlich befindet sich an der Sonde eine Lasche zum Anbringen eines **Gewichtszuges**, um die **Kompressionswirkung** der Sonde durch Zug zu **unterstützen**.

26.9 Legen einer Kompressionssonde

26.9.1 Materialvorbereitung

- Sonde (Art nach Anordnung des Arztes)
- Händedesinfektionsmittel
- sterile und unsterile Handschuhe
- Schutzkittel/-schürze
- 50 und 100 ml Spritze
- drei Klemmen (Spitzen der Klemmen mit Gummi- oder Plastikschlauch bezogen)
- Druckmanometer mit Sondenverbindungsstück
- Laryngoskop und Magillzange
- Absauggerät und sterile Absaugkatheter in verschiedenen Größen
- anästhesierendes Rachenspray und anästhesierendes Gel (z.B. Xylocain-Spray® und Xylocain-Gel®)
- Watteträger
- Gefäß mit Wasser
- Zungenspatel
- Nierenschale
- Sekretauffangbeutel mit Aufhängevorrichtung
- Moltexunterlage und Zellstoff
- Schaumstoff oder Watte zur Polsterung des Nasenlochs
- Pflaster und Schere
- Abwurfbehälter
- Rolle mit Befestigungsvorrichtung und Band
- Gewichte (500 bis 1000 g)

26.9.2 Vorbereitung des Patienten

Die Aufklärung über die Maßnahme erfolgt durch den Arzt. Jedoch erhält der Patient auch vom Pflegepersonal **gezielte** Informationen über die Vorgehensweise sowie über **Verhaltensmaßnahmen**. Das Gespräch soll beruhigen und evtl. bestehende Ängste nehmen. Zum Legen der Sonde wird der **Oberkörper** des Patienten **hochgelagert** und zur Verbesserung der Sicht ist evtl. vorhandenes Blut in der Mundhöhle abzusaugen. Auf ärztliche Anordnung ist eine Sedierung möglich.

26.9.3 Durchführung

Das Legen einer Ösophaguskompressionssonde fällt prinzipiell in den **Aufgabenbereich des Arztes.** Bevor die Sonde eingeführt wird, sind die Manschetten auf **Dichtigkeit** zu **überprüfen.** Die Pflegekraft füllt den jeweiligen Ballon mit Luft und hält ihn in das vorbereitete Gefäß mit Wasser. Treten keine Luftblasen aus, ist die Sonde in Ordnung. Anschließend wird die Luft wieder entfernt. Dabei ist darauf zu achten, daß sich die Ballons ganz **eng** an die Sonde anlegen. Sind die Zugänge zu den Ballons ohne Kennzeichnung, werden diese deutlich markiert (z.B. **Pflasterfähnchen** mit der Beschriftung Ösophagus/Magen anbringen).

Da Kompressionssonden im Durchmesser größer sind als z.B. Magensonden, ist es für den Patienten angenehmer, die Nasenschleimhaut mit einem anästhesierenden Nasen- und Rachenspray zu betäuben. Der Arzt führt die Sonde, die mittels einem anästhesierenden Gel gleitfähig gemacht wurde, ein. Die Pflegekraft **leitet** den Patienten **zur Mitarbeit an**, in dem sie ihn auffordert, tief und ruhig durchzuatmen und die Sonde beim Vorschieben zu schlucken. Die Sonde wird ca. 50 cm (Markierung) vorgeschoben. Bei evtl. auftretenden Schwierigkeiten können Laryngoskop und Magillzange für das Einbringen in den Ösophagus hilfreich sein.

Anschließend erfolgt unter Anweisung des Arztes die **Füllung** des Magenballons bei der **Sengstaken-Blakemore-Sonde** mit **100 bis 150 ml** bzw. bei der **Linton-Nachlaß-Sonde** mit **250 bis 700 ml Wasser** oder **Luft** und der Zugang zum Magenballon wird mit der vorbereiteten Klemme abgeklemmt. Um ein versehentliches Öffnen der Klemme zu vermeiden, wird diese mit Leukoplast umwickelt. Danach zieht der Arzt die Sonde soweit zurück, daß der Magenballon an der Kardia anliegt. Es kann jetzt kein Blut aus dem Ösophagus in den Magen fließen und gleichzeitig werden evtl. vorhandene Magenfundusvarizen komprimiert. Über ein **Druckmanometer** am Zuleitungsschlauch des Ösophagusballons (s. Abb. 26-3 A) wird der Ballon gefüllt und abgeklemmt. Der Druck sollte **35 bis 45 mmHg** (entspricht ca. **50 bis 80 ml Luft)** betragen.

Die Nasenöffnung, in der sich die Sonde befindet, wird zum Schutz vor Druckulzera mit **Watte** oder **Schaumstoff abgepolstert** und die Sonde mit Heftpflaster an der Nase fixiert. Je nach Anordnung kann die Sonde unter Zug gesetzt werden. In diesem Fall ist eine Markierung mittels Pflasterfähnchen anzubringen, um **Lageveränderungen** sofort zu erkennen. Zuletzt ist der Zugang zur Magensonde mit einem Sekretauffangbeutel zu verbinden.

26.9.4 Nachbereitung

Der Patient ist in eine bequeme Lage zurückzubringen (bei unter Zug stehender Sonde in Rückenlage). Das gebrauchte Material wird entsorgt. Es erfolgt die Dokumentation der Maßnahme in der Patientenkurve sowie die Vorbereitung eines Überwachungsprotokolls (Abb. 26-4).

26.10 Pflegemaßnahmen bei liegender Kompressionssonde

Die Ösophagusvarizenblutung ist meist ein akutes Geschehen, wobei der Patient aufgrund des plötzlichen hohen Blutverlustes in einen **hypovolämischen Schockzustand** geraten kann. Um diesen Zustand möglichst zu verhindern oder schnell zu beheben, sind in erster Linie **Überwachungsmaßnahmen** angezeigt.

- Vitalzeichenkontrolle (Blutdruck, Puls, Atmung, zentrale Venendruckmessung)
- Ein- und Ausfuhrkontrolle mit Bilanzierung (einschließlich Stuhl und Magensondensekret)
- Kontrolle der Bewußtseinslage wegen einer evtl. Sedierung
- Beobachten des Aussehens: Gelbfärbung der Haut und Skleren (Ikterus), Blaufärbung (Zyanose), Schweiß
- Stuhl (Teerstuhl), Urinfarbe (braun und schaumig)
- Haut- und Schleimhautblutungen infolge von Gerinnungsstörungen
- Anzeichen einer evtl. beginnenden psychischen Unruhe (Delirium tremens)

Aufgrund des schweren Krankheitsbildes und der Immobilität ist der Patient **nicht in der Lage,** die Aktivitäten des täglichen Lebens selbst durchzuführen, so daß diese vom Pflegepersonal übernommen werden müssen.

- Körperpflege, insbesondere Mund- und Nasenpflege
- Pneumonieprophylaxe
- Thrombose- und Kontrakturenprophylaxe
- Soor- und Parotitisprophylaxe
- Linderung des Juckreizes (z.B. mit Fenistil-Puder®)

Die eingelegte Ösophaguskompressionssonde übt auf Mund- und Rachenschleimhaut einen Reiz aus, der zur **vermehrten** Produktion von **Speichel** führt. Aufgrund des **geblockten** Ösophagus- und Magenballons, ist der Patient nicht in der Lage, den Speichel **zu schlucken.** Ist die Sonde zudem noch unter Zug gesetzt, werden die Patienten häufig sediert, damit sie die Sonde tolerieren. Damit ist dem Patienten die Möglichkeit genommen, den entstandenen Speichel auszuspucken und die **Gefahr** der **Aspiration** als **sehr hoch** einzuschätzen.

Je nach Intensität des Speichelflusses ist mindestens alle 30 Minuten, bei Bedarf öfter, der Speichel abzusaugen!

26.11 Überwachung der Kompressionssonde

Über den Zugang zum Magen können nach ärztlicher Anweisung **Spülungen** durchgeführt werden, um das im Magen befindliche Blut herauszuspülen (z.B. Eiswasserspülungen) und/oder Medikamente (z.B. Humatin®) zur **Darmsterilisation** zugeführt werden, um eine **Ammoniakvergiftung** zu verhindern.

Spülungen dürfen niemals über die Zuleitung zum Ösophagus durchgeführt werden (Aspirationsgefahr)!

Der Druck im Ösophagusballon ist in den **ersten zwei Stunden** nach Einlegen der Sonde auf Konstanz **zu überprüfen** (Druckmanometer). Zur Verhinderung von Druckulzera an der Ösophagusschleimhaut muß der Druck **alle sechs Stunden** für etwa **fünf Minuten** auf Null abgelassen werden (s.a. Abb. 26-4). Bei einer liegenden Sonde mit Zug sind die Gewichte **alle sechs Stunden** für **fünf bis zehn Minuten** zu entfernen, um ischämischen Schleimhautschäden vorzubeugen. Mehrere Kontrollspülungen während dieser Zeit geben Aufschluß über den Stillstand der Blutung. Ist **kein** Blut mehr zu aspirieren, bleibt die Sonde mit gefülltem Magenballon noch ca. 24 Stunden liegen (ohne Zug!).

26.12 Entfernen der Ösophaguskompressionssonde

Eine Ösophaguskompressionssonde soll **nicht** länger als **drei Tage** liegen. Ist nach einer Überprüfung des Magensekretes kein Blut nachweisbar, wird die Sonde vom Arzt entfernt.

Im Anschluß ist der Nasen- und Rachenraum des Patienten umfassend abzusaugen und eine **gründliche Mundpflege** durchzuführen. Es erfolgt die Dokumentation der Maßnahme.

Ösophaguskompressionssonden bestehen aus Weichgummi und sind bei sachgemäßer Pflege mehrfach zu verwenden. Die Sonden werden nach Gebrauch in eine desinfizierende Lösung eingelegt, gesäubert, die **Ballons auf Dichtigkeit** überprüft und anschließend zur Sterilisation gegeben.

26.13 Komplikationen

Folgende Komplikationen können auftreten:
- Aspirationspneumonie (Patient kann Speichel nicht schlucken)
- Verschluß des Kehlkopfdeckels bei Nichtintubierten aufgrund einer Lageveränderung der Ösophaguskompressionssonde, insbesondere des Ösophagusballons (Obstruktion der oberen Luftwege)
- Würgereiz und Erbrechen bei einem Eintritt des Magenballons in den unteren Ösophagus durch zu starken Zug

Name: Weber Max — Sengstaken-Sonde ☒
Geb.: 27.01.1948 — Linton-Nachlaß-Sonde ☐

Datum/Uhrzeit		Liegedauer in Stunden	Ösophagusballon Druck in mmHg	Ösophagusballon Entlastung min/Std.	Luftfüllung des Magenballons in ml	Spülflüssigkeit Blutig	Spülflüssigkeit Klar	Teerstuhl	Magensekret	Bemerkung	HZ
5.7.94	15.00	1 Std.	45 mmHg	keine	150 ml	×	–	150 ml	200 ml	Pat. unruhig	Sr. M.P.
5.7.94	21.00	7 Std.	35 mmHg	5 Min.	150 ml	×	–	50 ml	200 ml	Pat. schläft	Sr. K.Z.
6.7.94	3.00	13 Std.	35 mmHg	5 Min.	150 ml	×	–	50 ml	200 ml	Pat. schläft	Sr. K.Z.
6.7.94	9.00	24 Std.	35 mmHg	5 Min.	150 ml	–	×	–	150 ml	Pat. wach	Sr. C.P.
6.7.94	15.00	30 Std.	25 mmHg	5 Min.	150 ml	–	×	–	150 ml	Pat. unruhig	Sr. M.P.
6.7.94	21.00	36 Std.	25 mmHg	5 Min.	150 ml	×	–	50 ml	150 ml	Pat. sediert	Sr. K.Z.

Abb. 26-4 Überwachungsprotokoll (farbige Schrift entspricht handschriftlichen Eintragungen).

- Druckulzera der Schleimhäute im Bereich des Ösophagus und Fundus des Magens
- Gefahr der erneuten Blutung beim Entfernen der Sonde
- Perforation bei unsachgemäßer Anwendung

Literaturhinweise

[1] Durst, J., J. W. Rohen: Bauchchirurgie mit topographischer Anatomie und gastroenterologischer Onkologie. Schattauer-Verlag, Stuttgart-New York 1990.

[2] Kremer, K., W. Lierse, W. Platzer, H. W. Schreiber, S. Weller: Chirurgische Operationslehre, Bd. 5, Peritoneum, Staging-Laparotomie, Leber, Pfortader, Milz. Georg-Thieme-Verlag, Stuttgart-New York 1993.

[3] Vosschulte, K., F. Kümmerle, H.-J. Peiper, S. Weller: Lehrbuch der Chirurgie. Georg-Thieme-Verlag, Stuttgart-New York 1982.

[4] Häring, R., H. Zilch: Chirurgie mit Repetitorium. Walter de Gruyter, Berlin-New York 1992.

[5] Way, L. W.: Current Surgical Diagnosis & Treatment. Prentice Hall International Inc., London 1991.

[6] Juchli, L.: Krankenpflege. Georg-Thieme-Verlag, Stuttgart-New York 1994.

[7] Kristel, K. H.: Besonderheiten pflegerischer Maßnahmen „Ösophaguskompressionssonden". In: Die Schwester/Der Pfleger, Bibliomed-Verlag, 22. Jg. 11/1983.

27 Hernien

U. Markert, G. Bliemeister

I Allgemeiner Teil

27

27.1 Anatomie

Für das Verständnis der Hernienchirurgie sind die folgenden anatomischen Strukturen von Bedeutung (Abb. 27-1).

Der **Leistenkanal** beginnt am inneren Leistenring latero-kranial (seitlich-oben) und zieht parallel zum Leistenband nach mediokaudal (zur Mitte unten), wo er am äußeren Leistenring austritt. Durch den Leistenkanal ziehen die **Blutgefäße des Hodens** und der **Samenkanal** (Ductus deferens). Alle Strukturen werden vom M. cremaster (Hodenheber) umhüllt. Der **Leistenkanal** wird durch folgende **Strukturen begrenzt:** kranial (kopfwärts) liegen die Unterränder der Mm. obliquus internus et transversus abdominis (schräger und querer Bauchdeckenmuskel), dorsal (zum Rücken hin gelegen) die Fascia transversalis (innere Bauchwandfaszie), kaudal (unten) das Leistenband (Lig. inguinale, hinterer Anteil) und ventral (bauchwärts) die Externusaponeurose (Ausläufer der Bindegewebehülle des M. obliquus externus abdominis = äußerer schräger Bauchdeckenmuskel) sowie das Leistenband (vorderer Anteil).

Die gesamte Bauchhöhle ist vom **Peritoneum** (Bauchfell) ausgekleidet, das sich mit dem **Bruch nach außen** stülpt. Auf dem Peritoneum liegt als innerste Bauchwandschicht im Leistenbereich die Fascia transversalis (Ausläufer der Bindegewebehülle des Muskulus transversus abdominis). Davor befindet sich die Externusaponeurose, die nach kaudal in das Leistenband übergeht.

In der Umgebung der Leistenregion liegen eine **Reihe** von **Gefäßen** und **Nerven**, die bei einem operativen Eingriff **geschont** werden müssen. So verlaufen im subkutanen Fettgewebe bzw. im Leistenkanal der N. ilioinguinalis (Darmbein-Leisten-Nerv), der N. iliohypogastricus (Darmbein-Unterbauch-Nerv) und der Ramus genitalis (Ast) des N. genitofemoralis (Schamgegend-Oberschenkel-Nerv). Sie sind für die **Sensibilität** im Bereich des Mons pubis (Schamhügel), des Skrotum und der medialen (inneren) Oberschenkelseite zuständig. Wenn möglich, sollten sie erhalten werden. **Verletzungen** sowie die **narbige Ummauerung** dieser Nerven können zu **anhaltenden unangenehmen Schmerzen** führen.

In der Tiefe unter dem Leistenband ziehen die V. und A. femoralis (Oberschenkelvene und -arterie) zum Bein. Von ihnen gehen folgende Äste ab:

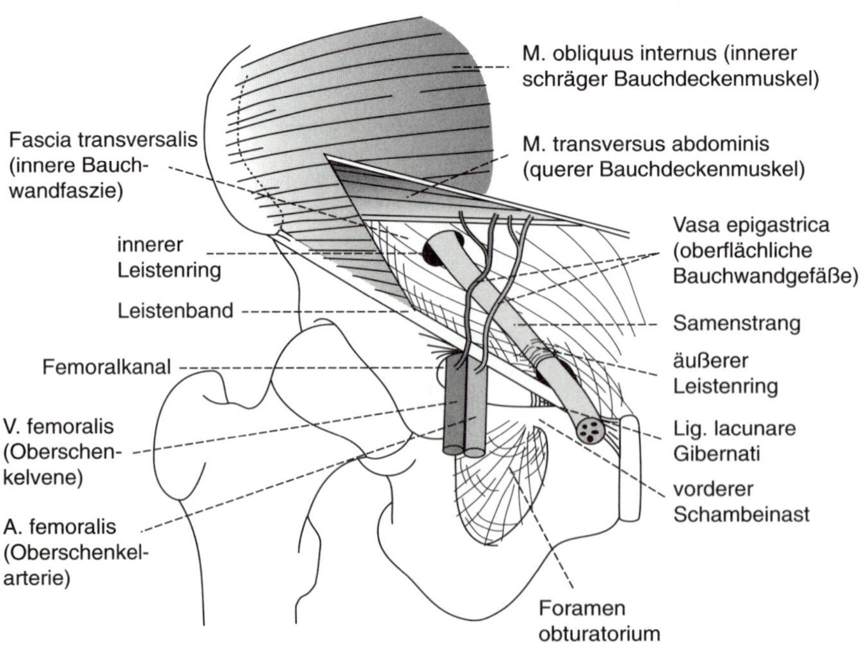

Abb. 27-1 Anatomie der Leistenregion.

- Die Vasa epigastrica superficialis (oberflächliche Bauchwandgefäße), die nach kranial in die Bauchdecke ziehen. Direkte Hernien liegen immer medial dieser Gefäße.
- Die Vasa circumflexa superficialis (oberflächliche Darmbeingefäße), die nach lateral zum Beckenkamm ziehen.

Diese Gefäße dienen der anatomischen Orientierung und müssen geschont werden, um unangenehme Blutungen zu vermeiden, die die Operation behindern.

Zusätzlich zu den bisher beschriebenen Strukturen ist bei der Schenkelhernie der **Femoralkanal** als Durchtrittspforte für die Hernie von Bedeutung. Er wird ventral vom Leistenband, medial vom Lig. lacunare Gimbernati, lateral von der V. femoralis und dorsal vom vorderen Schambeinast begrenzt. Die Schenkelhernie tritt meist direkt neben der V. femoralis auf. **Kleinere** Hernien sind wegen ihrer tiefen Lage zunächst äußerlich **nicht sichtbar.**

27.2 Leitsymptome in der Hernienchirurgie

Bei den Symptomen und der Therapie von Hernien, müssen prinzipiell **zwei** Zustände unterschieden werden:
- die **einfache**, elektiv zu versorgende Hernie
- die **inkarzerierte** Hernie, die einen Notfall darstellt

Nicht inkarzerierte Hernien sind meist **symptomlos** oder gehen mit **mäßigen** Schmerzen einher, die besonders dann auftreten, wenn der **Bruchinhalt** durch die Bruchlücke **prolabiert** (vorgefallen) ist. Diese Schmerzen lassen sich auch auslösen, indem die Muskulatur im Bereich der Bruchpforte (je nach Lokalisation) angespannt wird (**Diagnostik!**). Selten sind Probleme, die durch die Raumforderung des Bruchsackes entstehen, z. B. beim Druck der Schenkelhernie auf die V. femoralis (Oberschenkelvene) mit entsprechender Stauung.

Die inkarzerierte Hernie weist hingegen eine **typische Klinik** auf:
- starker, akut aufgetretener Schmerz
- zunehmende Schwellung des Bruchsackes
- Druckschmerz im Bereich des Bruchsackes
- bei Darmeinklemmung Ileussymptomatik mit Stuhlverhalt, Erbrechen und intraabdominellen Koliken

Besteht die Inkarzeration länger, kommt es zur **ischämischen Nekrose** der eingeklemmten Organe mit nachfolgender **Perforation** (Durchbruch) und **Peritonitis** (Entzündung des Bauchfells).

27.3 Diagnostik

Die Diagnose einer Hernie erfolgt in der Regel im Rahmen der Anamneseerhebung und der körperlichen Untersuchung. Oft führen den Patienten immer wiederkehrende Schmerzen zum Arzt. Bei den äußeren Hernien berichten die Patienten zudem über wechselnde Schwellungszustände im Bereich der betroffenen Region. Alle weiteren, im Kap. 27.2 beschriebenen Symptome sind eher selten.

Bei der körperlichen Untersuchung läßt sich die **Bruchpforte tasten**. Durch Erhöhung des intraabdominellen Druckes (Pressen, Husten, Hüpfen, Anheben des Oberkörpers ohne Zuhilfenahme der Arme) kann man das Hervortreten des Bruchsackes provozieren.

Leisten- und Schenkelhernien sind prinzipiell im Stehen zu untersuchen, da sie in dieser Stellung besser sichtbar werden!

Die Auskultation (Abhören mit dem Stethoskop) der Hernie kann Auskunft darüber geben, ob sich Darmanteile im Bruchsack befinden (**Darmgeräusche**). Findet sich bei einer Leistenhernie eine Vergrößerung des Skrotums (Hodensack), so kann mittels einer **Diaphanoskopie** (Durchleuchten des Skrotums mit einer starken Lampe) eine Skrotalhernie von einer Hydrozele („Wasserbruch") unterschieden werden. Das Licht kann die **nur** mit **klarer Flüssigkeit** gefüllte **Hydrozele** durchdringen, einen mit Strukturen gefüllten Bruchsack jedoch nicht (s.a. Kap. 36.17.2).

Von den apparativen Untersuchungsmethoden können Sonographie und Computertomographie bei der Herniendiagnostik hilfreich sein. Sie sind jedoch in den meisten Fällen nicht notwendig, um die Hernie zu diagnostizieren, sondern werden (und hier speziell die Sonographie) vor einer Operation zum **Ausschluß anderweitiger intraabdomineller Erkrankungen** eingesetzt. Nur bei den **seltenen** Hernien (s. Kap. 27.7) kommen sie **regelmäßig** zum Einsatz, da diese sich durch ihre Lage oft der körperlichen Untersuchung entziehen.

Da Hernien nicht nur durch bereits bestehende (präformierte) Bauchwandlücken entstehen, sondern gelegentlich auch ein erhöhter intraabdomineller Druck ursächlich in Frage kommt, wird in vielen Kliniken bei Patienten ab 40 Jahren eine **Koloskopie** zum **Ausschluß** eines **Kolonkarzinoms** durchgeführt. Das Kolonkarzinom ist in diesem Alter die häufigste Ursache für eine Dickdarmstenose, die zu geblähten Darmschlingen und damit zu einem erhöhten Bauchinnendruck führen kann.

Typische Laboruntersuchungen gibt es in der Hernienchirurgie **nicht.** Im Rahmen der elektiven Hernienchirurgie beschränken sich die Blutuntersuchungen auf Blutbild, Gerinnung und Serumelektrolyte (für die Narkose). **Weitere Untersuchungen** sind **nur** bei **Risikopatienten** angezeigt, z. B.:
- Herzenzyme bei Patienten mit Herzinfarkt in der Anamnese
- Laktat, Leberwerte und Myoglobin bei Patienten mit Zeichen einer mesenterialen Ischämie (gelegentlich Differentialdiagnose der inkarzerierten Hernie)

27.4 Prinzipien der Hernienchirurgie, Definitionen

Bei einem durchschnittlichen chirurgischen Krankengut müssen sich 20 bis 25% der Fälle einer Hernienoperation unterziehen. Es ist mit ungefähr **150.000 Neuerkrankungen** pro Jahr in der Bundesrepublik Deutschland zu rechnen und damit sind Hernienoperationen die häufigsten chirurgischen Eingriffe.

Ätiologie: Hernien treten an **schwachen** Stellen der Bauchwand auf. Diese können anatomisch **präformiert** (Schenkel- bzw. Leistenkanal) oder **sekundär** (Narbenbruch) entstanden sein. Förderlich für die Entstehung einer Hernie sind ein erhöhter intraabdomineller Druck (z. B. bei chronischer Obstipation, Tumoren, Blechbläsern, Emphysem, Aszites), eine Bindegewebeschwäche, Schwangerschaft und Adipositas.

Definitionen: Im folgenden werden zunächst eine Reihe von Begriffen erläutert, die für das Verständnis der Hernienchirurgie unverzichtbar sind.
- **Hernie:** Ausstülpung des Peritoneum parietale (Bauchfell) durch eine Lücke in der Bauchwand.
- **Reponible Hernie:** Sie läßt sich **jederzeit** durch die Bruchpforte ins Abdomen zurückdrücken.
- **Irreponible Hernie:** Hernie, die sich **nicht** mehr ins Abdomen zurückdrängen läßt. Hierfür kommen verschiedene Ursachen in Frage (Verwachsungen mit der Umgebung, Verwachsungen zwischen Bruchsack und Bruchinhalt, zu große und lange bestehende Hernie, Inhalt findet in der Bauchhöhle keinen Platz mehr). **Schmerzfrei!**
- **Inkarzerierte Hernie:** Eingeklemmte, nicht mehr reponible Hernie. Die Einklemmung führt zur Durchblutungsstörung (**Ischämie**) des Bruchsackinhaltes und damit zu **starken Schmerzen**. Ist ein Darmsegment eingeklemmt, kommt es zum **Ileus**. Die Einklemmung muß notfallmäßig beseitigt werden (manuelle oder operative Reposition).
- **Reposition:** Dieser Ausdruck bezeichnet das **Zurückbringen** des Bruchinhaltes in die Bauchhöhle. Bei der reponiblen Hernie gelingt dies durch Druck von außen (manuelle Reposition). Bei der inkarzerierten Hernie kann dieses Manöver nach Gabe von Schmerzmitteln zur Entspannung der Muskulatur im Bereich der Bruchpforte ebenfalls erfolgreich sein. Sind die Versuche vergeblich, muß die Reposition offen (operativ) erfolgen.
- **Bruchsack:** Hülle des Bruches (ausgestülptes parietales Peritoneum).
- **Bruchhüllen:** Gewebeschichten, die den Bruchsack umhüllen.
- **Bruchinhalt:** Inhalt des Bruchsackes (z. B. Darm, Netz, Blase).
- **Bruchpforte:** Dieser Ausdruck beschreibt die Randstrukturen der Bauchwandlücke, durch die der Bruch nach außen dringt.
- **Gleithernie:** Ein Teil des Bruchsackes wird vom viszeralen Peritoneum eines prolabierten Organs gebildet.
- **Hernienrezidiv:** Hernie, die nach operativer Versorgung erneut auftritt.

Jede Hernie sollte operativ versorgt werden. **Konservative Maßnahmen**, die zur Heilung führen, **gibt es nicht**. Von dieser Regel gibt es nur wenige Ausnahmen. Diese betreffen **ausschließlich** nicht inkarzerierte Hernien:
- Nabelhernie des Neugeborenen
- lokale Inoperabilität (z. B. Infektion der Haut im Operationsgebiet, Abheilung bzw. Sanierung abwarten)

- allgemeine Inoperabilität (z. B. schwerste Herzinsuffizienz, Operationsrisiko größer als Inkarzerationsrisiko)
- Rektusdiastase (Auseinanderweichen beider Rektusscheiden), Operation nur bei Beschwerden

Liegt eine Inkarzeration vor, muß die Operation sofort nach der Diagnosestellung erfolgen, um eine ischämische Schädigung des Bruchinhaltes zu vermeiden!

Häufigkeit: Die **Leistenhernie** (LH) macht **75% aller** Hernien aus. 90% aller LH treten beim Mann auf. 10% aller Hernien sind Narbenhernien, je 5% sind Schenkelhernien (75% bei Frauen), Nabelhernien und seltene Hernien (nach Schumpelick u.a.).

II Spezieller Teil

27.5 Leistenhernie (Hernia inguinalis)

Ätiologie/Pathogenese/Anatomie: Es sind **zwei Arten** der Leistenhernie (Abb. 27-2) zu unterscheiden. Zum einen gibt es die **indirekte**, **laterale**, durch den Leistenkanal austretende (**angeborene**) Hernie. Sie ist die **häufigste** Hernienform bei **Kindern**. In diesem Fall ist sie **angeboren,** da sich der Processus vaginalis peritonei, eine Peritonealausstülpung, die während der Embryonalzeit entsteht und den Hoden umhüllt, nicht verschlossen hat.

Der Bruchsackhals (Übergang zwischen Bruchsack und normalem Peritoneum) liegt im Bereich des inneren Leistenringes, der Bruchsack folgt dem Samenstrang und tritt als Vorwölbung im Bereich des äußeren Leistenringes zutage. Diese Hernie folgt also einer **vorbestehenden** Schwachstelle der Bauchwand.

Davon abzugrenzen ist die **direkte**, **medial** der epigastrischen Gefäße durch die Bauchwand tretende (**erworbene**) Hernie. Sie entsteht durch **Ausdünnung** der Bauchwand in diesem Bereich infolge von Bindegewebeschwäche, aber typischerweise auch nach der Rekonstruktion einer lateralen (seitlich gelegenen) Leistenhernie oder einer Femoral-/Schenkelhernie.

Die Therapie von medialer und lateraler Hernie unterscheidet sich nur in Spezialfällen, auf die hier nicht näher eingegangen werden soll.

Symptome: Typisch ist der rezidivierende, bei Inkarzeration der akute Leistenschmerz, der sich bei Entspannung der Bauchdeckenmuskulatur bessert. Weitere Symptome sind in Kap. 27.2 aufgeführt.

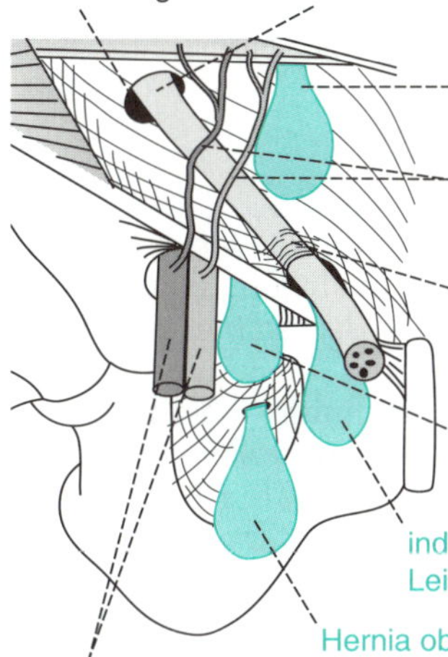

Abb. 27-2 Lage der verschiedenen Leistenhernien.

Diagnose: Die Diagnose erfolgt klinisch (s. Kap. 27.3).

Differentialdiagnose: Als Differentialdiagnose kommen vor allem Hydrozelen, Skrotal- und Hodentumoren sowie selten auch Varikozelen (Krampfaderbruch) oder Spermatozelen (Samenbruch) in Frage.

Therapie: Die Therapie der Leistenhernie ist die Operation. Nur in Ausnahmefällen (lokale oder allgemeine Inoperabilität) können nicht inkarzerierte Leistenhernien konservativ behandelt werden. **Weder** das **Tragen eines Bruchbandes** noch die **Injektion sklerosierender** (narbenbildender) **Flüssigkeiten** führt jedoch zu einer Heilung.

Zur Operationsvorbereitung gehören Aufklärung, Anästhesievorbereitung (EKG, Rönt-

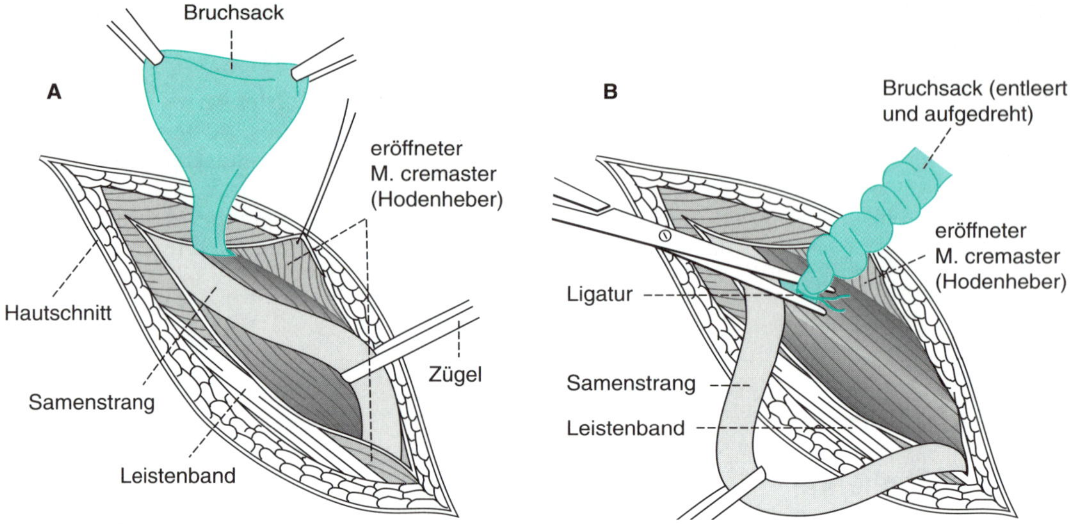

Abb. 27-3 Operation der Leistenhernie.
A: Bruchsackpräparation.
B: Bruchsackabtragung.

gen-Thorax und Routinelabor) sowie Rasur der Scham- und Genitalregion (s. a. Kap. 27.9).

Die Operation gliedert sich in **zwei Schritte.** Der erste Schritt (Abb. 27-3 A und B) ist nach Anlage eines Hautschnittes oberhalb des Leistenbandes parallel zum Leistenkanal die Freilegung des Bruchsackes, die Reposition des Bruchinhaltes und die Abtragung (Resektion) des Bruchsackes.

Der zweite Schritt besteht in der **Wiederherstellung** (Rekonstruktion) der **Bauchdekken**, speziell der Hinterwand des Leistenkanals. Hierzu haben sich eine Reihe von Verfahren etabliert (Abb. 27-4 A bis C). Als **Standard** gilt derzeit das **Shouldiceverfahren** (s. Abb. 27-4 A), das durch eine **Doppelung** der Fascia transversalis eine hohe Bauchdeckenfestigung erreicht. Weitere gängige Verfahren sind die Rekonstruktionen nach Bassini (s. Abb. 27-4 B) und McVay (s. Abb. 27-4 C). Nach Wiederherstellung der Leistenkanalhinterwand wird die Externusaponeurose verschlossen und die Haut genäht. Auf eine Drainage kann meistens verzichtet werden.

Bei der Operation der inkarzerierten Leistenhernie ist es besonders wichtig, im Rahmen des ersten Schrittes den **Inhalt des Bruchsackes** genau zu **inspizieren**, bevor er in die Bauchhöhle zurückfällt. Nur so kann entschieden werden, ob die eingeklemmten Organe bereits **irreparabel geschädigt** sind und **reseziert** werden müssen oder nicht. Die Resektion abgestorbener Organanteile erfolgt nach den Regeln der Allgemeinchirurgie entweder durch den bereits vorhandenen Zugang zur Leiste oder durch eine **zusätzliche** mediane Laparotomie.

Die postoperative Nachsorge (s. a. Kap 27.10) besteht in einer ein- bis zweitägigen Nahrungskarenz (bis zum Einsetzten der Peristaltik) sowie dem Tragen eines Suspensoriums und der Hochlagerung des Hodens mit Hilfe einer Unterlage aus Watte (s. a. Kap. 27.10.1). Zur Vermeidung eines Hämatoms kann direkt postoperativ ein Sandsack auf die Wunde gelegt werden. **Längere** Bettruhe ist **nicht nötig,** jedoch sollten die Patienten erlernen, aus dem Bett aufzustehen, ohne die Bauchdeckenmuskulatur zu beanspruchen.

Normale körperliche Betätigung ist nach drei bis vier Wochen, schwere Belastung frühestens nach drei Monaten erlaubt, um ein Rezidiv zu vermeiden!

Komplikationen: Als Frühkomplikationen nach Leistenhernienoperation können Blutung, Infektion, Harnverhalt, Durchblutungsstörung des Hodens, Wundheilungsstörung und Frührezidiv durch operationstechnische Fehler auftreten. Als Spätkomplikationen sind Hodenatrophie (0,7%), Rezidiv (bis 10%, bei Rezidivoperationen noch höher), Fadenfistel durch

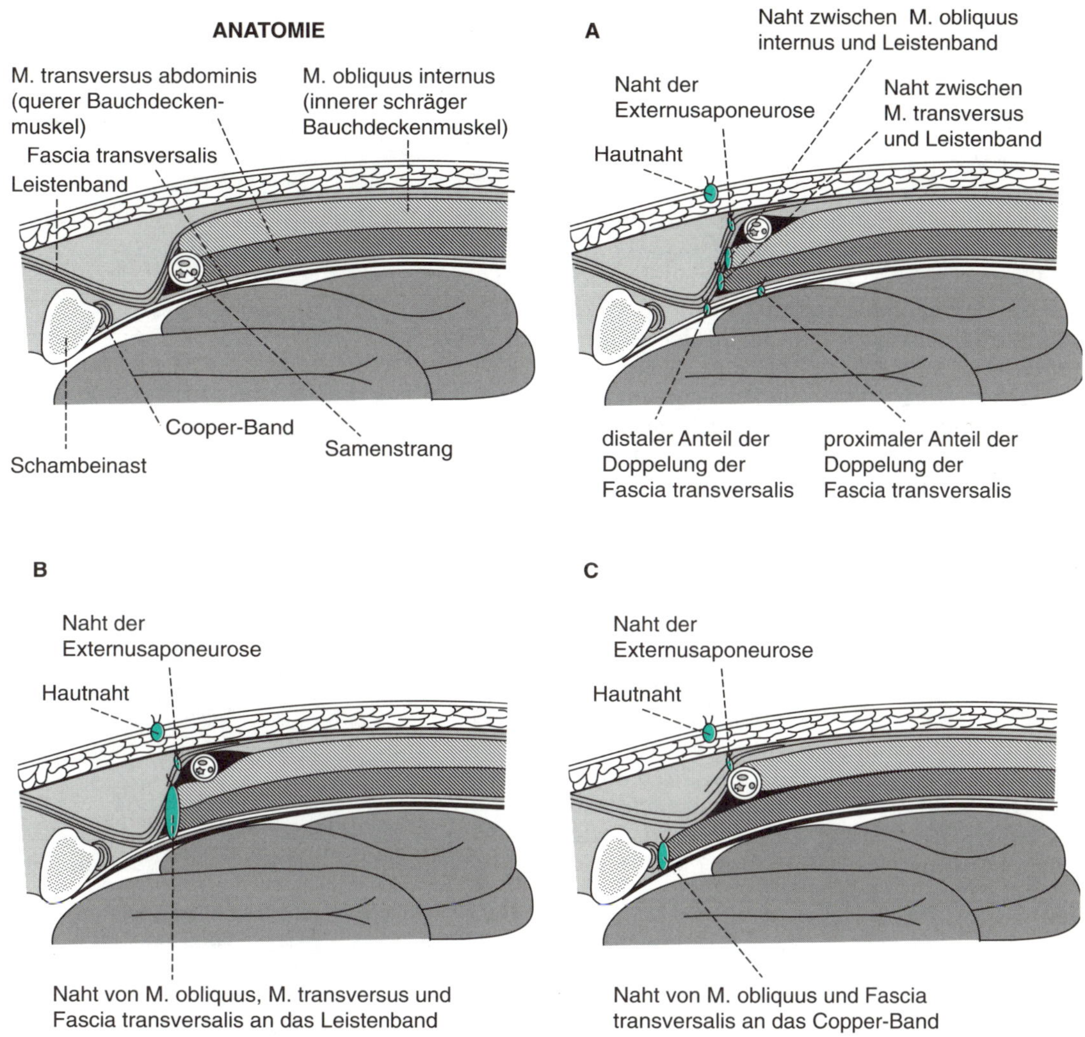

Abb. 27-4 Anatomie und Operationsverfahren bei der Leistenhernie.
A: Reparation nach Shouldice.
B: Reparation nach Bassini.
C: Reparation nach McVay.

Abstoßung von nicht resorbierbarem Nahtmaterial und das inguinale Schmerzsyndrom (Nervenschädigung/-reizung) zu befürchten. Die **Letalität** der **elektiven** (geplanten) Operation liegt **nahe Null**, die bei **Inkarzeration** zwischen ca. **2 bis 5%**.

27.6 Schenkelhernie (Hernia femoralis)

Ätiologie/Pathogenese: Die Schenkelhernie (s.a. Abb. 27-2) macht 5% aller Hernien aus. Sie tritt **hauptsächlich** bei der **Frau** auf (75%). Sie ist **rechts häufiger als links** und kommt in 20% der Fälle beidseitig vor. Die Pathogenese ist **unklar.** Eine wichtige Rolle spielen auch hier ein erhöhter intraabdomineller Druck und eine Bindegewebeschwäche. **Multiparae** (Vielgebärende) sind häufiger betroffen als Nulliparae (Nichtgebärende), **Adipöse** häufiger als Schlanke. Als weitere Prädispositionsfaktoren (begünstigende Faktoren) gelten rascher Gewichtsverlust und bereits erfolgte Leistenbruchoperationen.

Symptome: (s. Kap. 27.2 und 27.5).

Diagnose: (s. Kap. 27.3 und 27.5).
Differentialdiagnose: Differentialdiagnostisch müssen benigne (gutartige) und maligne (bösartige) Weichteiltumoren, Lymphknotenpakete und variköse (krampfadrige) Veränderungen der V. saphena magna (große Rosenvene) in Betracht gezogen werden.
Therapie: Operationsindikation und -vorbereitung **entsprechen** der der Leistenhernie (s. Kap. 27.5). Als **Zugangswege** eignen sich sowohl der **inguinale** Schnitt (wie bei der Leistenhernie) als auch ein **femoraler** Schnitt (unter dem Leistenband, parallel zu diesem). Zunächst erfolgt wieder die Präparation, Versorgung und Resektion des Bruchsackes, danach schließt sich die Rekonstruktion/Neukonstruktion der Abdominalwand im Bereich der Bruchlücke an. Auch hier gibt es eine Reihe verschiedener Verfahren, die je nach Zugangsweg angewandt werden. Für den inguinalen Zugang kommen die Rekonstruktionen nach Moschkowitz, Lotheisen/McVay oder Shouldice, für den femoralen Zugang die Methoden nach Bassini, Fabrizius oder Salzer in Frage. Die Verfahren sind schematisch in den Abbildungen 27-5A bis C und 27-6A bis C dargestellt. Alle Verfahren **engen** die **Durchtrittsstelle** der **Femoralgefäße** ein. Es ist wichtig, darauf zu achten, daß der **venöse Abstrom** des Beines über die V. femoralis **nicht beeinträchtigt** wird.

Inkarzerierte Schenkelhernien sollten nicht von femoral aus operiert werden, da dieser Zugang eine Resektion von inkarzeriertem Gewebe nur schwer erlaubt. Hier hat sich der inguinale Zugang bewährt!

Ansonsten gilt das im Kap. 27.5 Gesagte. Die Nachbehandlung entspricht ebenfalls im wesentlichen der nach Leistenhernienoperationen.
Komplikationen: Folgende Komplikationen können nach der operativen Versorgung der Schenkelhernie auftreten: Nachblutung, Infektion, Rezidiv, venöse Stauung des Beines der betroffenen Seite, Wundheilungsstörun-

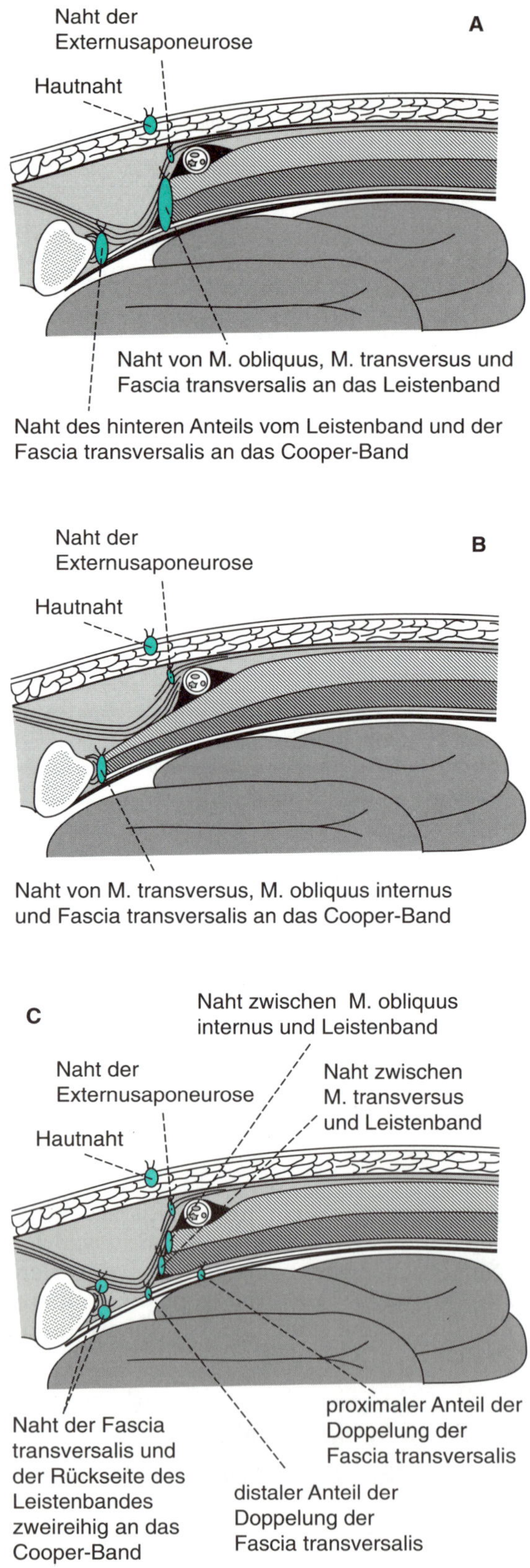

▷

Abb. 27-5 Operationsverfahren bei Schenkelhernien (Reparationen von inguinal aus).
A: Reparation nach Moschkowitz.
B: Reparation nach Lotheisen/McVay.
C: Reparation nach Shouldice.

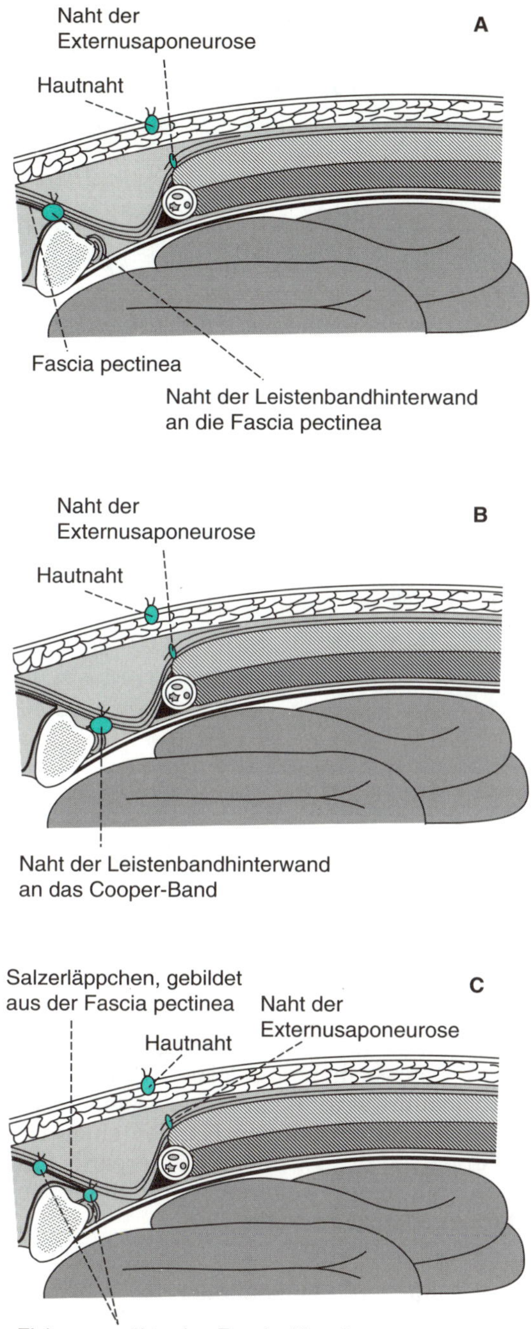

Abb. 27-6 Operationsverfahren bei Schenkelhernien (Reparationen von femoral aus).
A: Reparation nach Bassini.
B: Reparation nach Fabrizius.
C: Reparation nach Salzer.

gen. Die **Letalität** liegt wegen der hohen Inkarzerationsrate und den oft sehr alten Patienten bei **nahezu 10%**.

27.7 Seltene Hernien

Außer den beiden beschriebenen Hernien gibt es eine ganze Reihe weiterer, insgesamt jedoch selten auftretender Hernien, auf die im Rahmen dieses Buches nicht im einzelnen eingegangen werden kann. Die **Hernienlokalisationen** sind in Tabelle 27-1 aufgelistet. Auch für diese Hernien gelten die in der Einleitung genannten allgemeinen Richtlinien der Hernienchirurgie. So **einfach** die Diagnose bei Narben- und Nabelhernien aufgrund der meist **sichtbaren** Vorwölbung noch ist, so **schwierig** wird sie bei den anderen, seltenen Hernien. Diese sind in der Regel **äußerlich unauffällig.** Das erste klinische Zeichen ist oft die Inkarzeration und aufgrund ihrer Rarität werden sie erst spät als Differentialdiagnose in Betracht gezogen. Dies erklärt die teilweise hohe Letalität dieser Hernien (bis 10%).

Von den seltenen Hernien ist die **Hernia obturatoria** (Beckenhernie; s.a. Abb. 27-2) noch die häufigste. Bei ihr tritt der Bruchsack hinter dem queren Schambeinast durch das Foramen obturatorium aus. Durch Druck auf die dort liegenden Nerven verursacht sie Schmerzen. Der Bruchsack liegt unter dem M. pectineus (Teil des Beckenbodens) und ist von außen nicht zu erkennen. Die korrekte Diagnose wird oft nur im CT oder intraoperativ gestellt. Eine Inkarzeration ist häufig. Die Bruchlücke wird vom Bauchraum aus verschlossen.

27.8 Addendum (Ergänzung)

In letzter Zeit werden zunehmend **Verfahren** entwickelt, Hernien **transabdominell** und **präperitoneal minimal invasiv** (laparoskopisch) zu versorgen. Prinzipiell ist das bei allen elektiven Hernienoperationen möglich. Die ersten Ergebnisse sind ermutigend, die laparoskopische Hernienchirurgie ist jedoch noch **kein** Standardverfahren. Sollte sie sich durchsetzen, bleiben zwar Diagnostik und präoperative Vorbereitung sowie Indikationsstellung davon unberührt, im Rahmen der **Nachbehandlung** wird jedoch mit einer **schnelleren Heilung** und einer **kürzeren Entlastungsphase** gerechnet

Tab. 27-1 Seltene Hernien.

Hernienlage	Beschreibung
Nabelhernie	Bruchpforte ist die ehemalige Durchtrittsstelle der Nabelschnurgefäße durch die Bauchwand (s.a. Kap. 36.12.3)
Omphalozele (Nabelschnurbruch)	(s. Kap. 36.12.1)
epigastrische Hernie	Bruchpforte liegt in der Mittellinie des Abdomens zwischen Xyphoid und Nabel
Rektusdiastase	Lücke zwischen der Rektusmuskulatur in der Mittellinie des Abdomens
Narbenhernie	Als Bruchpforte kommen alle Narben abdomineller Operationen in Frage
perineale Hernien	Brüche, die durch Muskellücken im Beckenboden austreten
Hernia ischiadica	Sie verläßt den Bauchraum durch das Foramen ischiadicum majus
Hernia obturatoria	Sie verläßt den Bauchraum durch das Foramen obturatum
Spieghel-Hernie	Sie entspringt im Bereich der vorderen Bauchwand an der Kreuzungsstelle der Linea semicircularis und semilunaris (Muskelaponeurosen)
Zwerchfellhernie	Verlagerung von Bauchorganen in den Brustraum durch eine Bruchpforte im Zwerchfell (s.a. Kap. 36.11.1)
Lumbalhernie	Die Hernie tritt im Rückenbereich zwischen der zwölften Rippe und dem Beckenkamm durch die Muskulatur

III Pflegerischer Teil

27.9 Präoperative Vorbereitungen

27.9.1 Allgemeine Maßnahmen

Die Vorbereitungen zur Herniotomie richten sich nach der aktuellen ärztlichen Diagnose. Eine **reponible** Hernie kann zu einem **beliebig** bestimmbaren **Zeitpunkt** operiert werden, bei Verdacht auf eine **inkarzerierte** Hernie jedoch besteht **dringender** ärztlicher **Handlungsbedarf**, da hier das Hinauszögern der Operation für den Patienten lebensbedrohliche Konsequenzen hätte (gangränöser Darm, Peritonitis).

Die präoperative Überwachung bezieht sich auf Symptome die auf eine plötzliche Einklemmung des Darmes hinweisen: plötzlich einsetzende Schmerzen im Unterbauch mit gleichzeitiger druckschmerzhafter, praller Bruchvorwölbung und lokaler Rötung!

Die pflegerischen Maßnahmen bestehen in der **Flachlagerung** des Patienten **unter 30° erhöhter Beinlagerung.** Zur Entspannung der Bauchdecke wird dem Patienten eine Knierolle eingelegt. Der Kranke bleibt **ab sofort nüchtern**, da bei einem erfolglosen ärztlichen Repositionsversuch eine **Notfall-Herniotomie** durchgeführt wird. Beim Husten oder Niesen sollte der Patient mit den Händen einen **Gegendruck** auf die betroffene Körperpartie ausüben, um einer weiteren Vorwölbung des Darmes entgegenzuwirken.

27.9.2 Spezielle Maßnahmen

Rasurschema

Am Morgen des Operationstages erfolgt die Rasur. Sie beinhaltet eine Handbreite oberhalb des Nabels einschließlich dem oberen Drittel der Oberschenkel (Abb. 27-7).

Weitere spezielle pflegerische präoperative Maßnahmen sind nicht zu beachten, es gelten die in Kap. 8.1 beschriebenen Richtlinien.

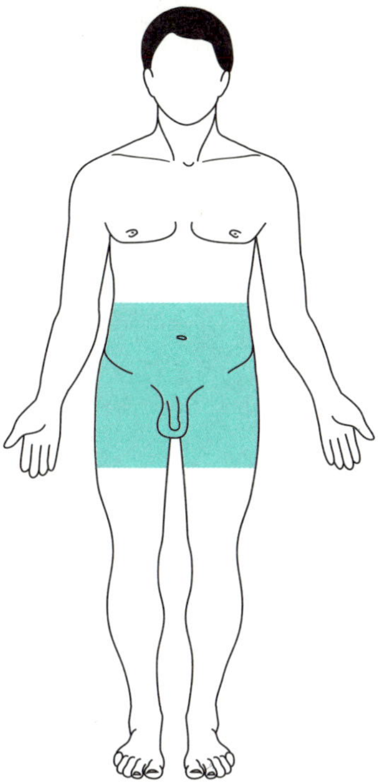

Abb. 27-7 Rasurschema bei Herniotomie.

27.10 Postoperative Maßnahmen

Neben den in Kap. 8.2 beschriebenen allgemeinen postoperativen Maßnahmen werden nach einer Herniotomie/Hernioplastik folgende **Regeln** beachtet.

27.10.1 Lagerung

Der Kranke wird bequem in Rückenlage (Kopfende 30° erhöht) gelagert. Zur Entspannung der Bauchmuskulatur wird eine Knierolle eingelegt.

Ein kleiner **Sandsack** kann auf ärztliche Anordnung direkt auf den Wundverband gelegt werden, um einem **Hämatom entgegenzuwirken.**

Bei männlichen Patienten kann es in der postoperativen Phase zu einer **Hodenschwellung** kommen. Um sie zu verhindern, wird der Hoden auf ein aus Watte gefertigtes **„Hodenbänkchen"** gelagert bzw. ein **Suspensorium** (Bruchband) angelegt (Abb. 27-8 A und B).

27.10.2 Mobilisation

Die Mobilisation des Patienten beginnt sechs bis acht Stunden nach Ende der Operation, ohne daß der Patient dabei die Bauchmuskulatur anspannt (**Rezidivgefahr**) und nachdem ihm eine **Laparotomiebinde** fest umgelegt wurde. Da jede **ruckartige** Bewegung **vermieden werden muß,** legt der Patient bei der Mobilisation, beim Umhergehen, beim Husten oder Niesen beide Hände flach und fest auf das Operationsgebiet.

27.10.3 Nahrungsaufbau

Nach Angaben des Arztes hat der operierte Patient **ein bis zwei Tage Nahrungskarenz** einzuhalten. In dieser Zeit ist auf entsprechende

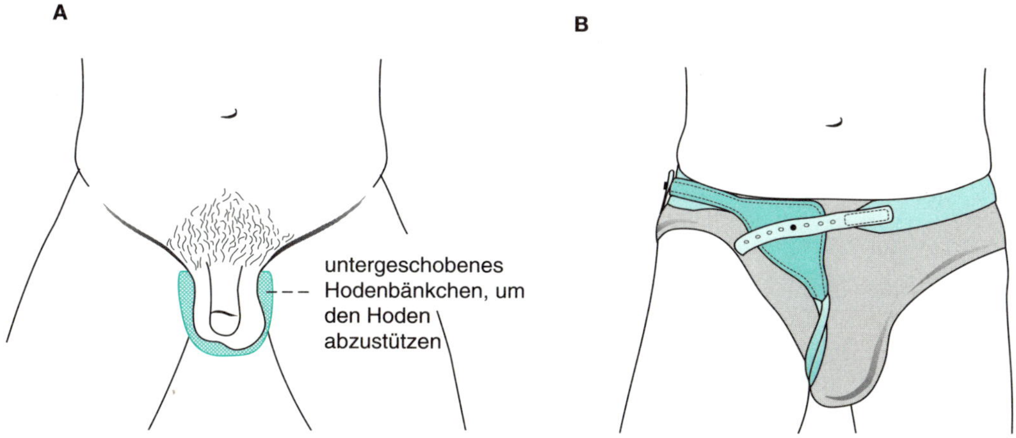

Abb. 27-8 Maßnahmen zur Vermeidung einer postoperativen Hodenschwellung nach Herniotomie.
A: Lagerung des Hodens auf einem Hodenbänkchen.
B: Anlegen eines Suspensoriums (Bruchband).

zweistündliche Mundpflege zu achten. Mit dem Einsetzen der Peristaltik erfolgt schrittweise der Nahrungsaufbau, wobei **blähende** Speisen zu vermeiden sind. In der weiteren postoperativen Phase (und auch nach der Entlassung) ist auf weichen Stuhlgang zu achten um eine **Obstipation auszuschließen,** da diese das Rezidivrisiko erhöhen würde.

27.10.4 Wundversorgung/Drainagen

Das in die intraoperativ eingelegten Redon-Drainagen abfließende Sekret wird auf Menge und Farbe hin beobachtet und die Ergebnisse entsprechend dokumentiert. Redonentfernung, Verbandwechsel und das Entfernen der Fäden erfolgt nach ärztlicher Angabe.

27.11 Verhaltensregeln für den Patienten nach der Operation

Drei bis vier Wochen nach der Operation kann der Patient allen normalen körperlichen Betätigungen nachgehen, allerdings sind **schwere körperliche Belastungen frühestens zwölf Wochen nach** der Operation gestattet, um das Rezidivrisiko auszuschließen. Die Wiederaufnahme der beruflichen Arbeit richtet sich nach der Schwere der Tätigkeit, evtl. ist an eine Umschulungsmaßnahme zu denken. Da der Patient auch weiterhin auf eine angepaßte Ernährung achten sollte, ist ihm auf Wunsch ein Gespräch mit einer Diätassistentin (Ernährungsberatung) zu vermitteln.

Literaturhinweise

[1] Berchtold, R., H. Hamelmann, H. J. Peiper, O. Trentz (Hrsg.): Chirurgie. Urban & Schwarzenberg, München-Wien-Baltimore, 3. Aufl. 1994.

[2] Durst, J., J. W. Rohen: Chirurgische Operationslehre. Schattauer-Verlag, Stuttgart-New York 1991.

[3] Ger, R.: Laparoskopische Hernienoperation. In der Zeitschrift: Der Chirurg 1991, Jg. 62, S. 266.

[4] Heberer, G. u.a.: Chirurgie. Springer-Verlag, Berlin-Heidelberg-New York 1980.

[5] Heberer, G., L. Schweiberer: Indikation zur Operation. Springer-Verlag, Berlin-Heidelberg-New York 1981.

[6] Bassini, E.: Neue Operationsmethode zur Radikalbehandlung der Schenkelhernie. Archiv für klinische Chirurgie 1894, 47, 1.

[7] Baumgartl, F. u.a.: Spezielle Chirurgie für die Praxis, Bd. II, Teil 3. Georg-Thieme-Verlag, Stuttgart 1972.

[8] Saegesser, M.: Spezielle chirurgische Therapie. Verlag Hans Huber, Bern-Stuttgart-Berlin, 8. Aufl. 1972.

[9] Schumpelick, V.: Hernien. Ferdinand Enke-Verlag, Stuttgart, 2. Aufl. 1990.

[10] Schumpelick, V. u.a.: Operation der Leistenhernie. In der Zeitschrift: Der Chirurg 1991, Jg. 62, S. 641.

[11] Kremer, H. u.a.: Chirurgische Operationslehre Bd. 7/1. Georg-Thieme-Verlag, Stuttgart 1993.

[12] Littmann, I.: Chirurgische Operationslehre. Schattauer-Verlag, Stuttgart-New York 1976.

[13] Rob, C.: Operative Surgery. Alimentary Tract and abdominal Wall, Butterworths, London-Boston1983.

[14] Amid, P. K. u.a.: The femoral canal: the key to femoral herniorrhaphy. In der Zeitschrift: International Surgery 1990, Jg. 75, S. 69.

[15] Paetz, B.: Chirurgie für Pflegeberufe. Georg-Thieme-Verlag, Stuttgart-New York, 18. Aufl. 1994.

[16] Juchli, L.: Pflege. Georg-Thieme-Verlag, Stuttgart, 7. Aufl. 1994.

[17] Maletzki, W., A. Stegmayer-Petry: Klinikleitfaden Krankenpflege. Jungjohann-Verlag, Neckarsulm-Stuttgart, 1. Aufl. 1993.

[18] Das neue Lehrbuch der Krankenpflege. Kohlhammer-Verlag, Stuttgart-Berlin, 4. Aufl. 1992.

[19] Zelder, O.: Lehrbuch der Chirurgie für Krankenpflegeberufe. Ferdinand Enke-Verlag, Stuttgart 1993.

[20] Karavias, T., M. Mischo-Kelling: Chirurgie und Pflege. Schattauer-Verlag, Stuttgart 1994.

28 Endokrine Chirurgie

P. Kujath, G. Bliemeister

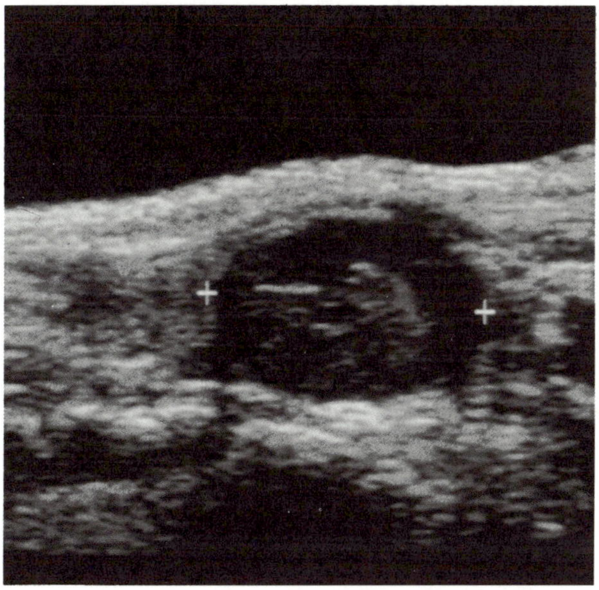

I Allgemeiner Teil

28.1 Schilddrüse

28.1.1 Anatomie und Physiologie

Die Schilddrüse (Abb. 28-1) besteht aus **zwei seitlichen Lappen,** die in der Mittellinie vor der Trachea (Luftröhre) über einen schmalen **Isthmus** (schmale Gewebebrücke) miteinander **verbunden** sind. 80% aller Patienten haben zusätzlich einen **Pyramidallappen** (Lobus pyramidalis), der sich in variabler Ausprägung auf der linken Seite vom Isthmus ausgehend nach kranial (oben) erstreckt. Die Schilddrüse umfaßt vorne und seitlich die Luftröhre mit dem unteren Teil des Kehlkopfes und liegt in einem Bett, das bis an die Speiseröhre reicht. Das normale Gewicht der Drüse liegt zwischen 20 und 30 g. Das Organ ist von einer dünnen **Faszienschicht** (Fascia colli superficialis und colli praetrachealis) umhüllt. Seine **ausgeprägte Blutversorgung** erhält das Organ über zwei paarig angelegte Arterien:

- die obere Polarterie (A. thryreoidea superior)
- die untere Schilddrüsenarterie (A. thyreoidea inferior)

Gelegentlich ist eine **zusätzliche** Arterie (A. thyreoidea ima) angelegt, die in der Mittellinie von unten her in die Drüse eintritt. Der **venöse Abfluß** erfolgt über charakteristische **Kapselvenen,** die über die oberen Polvenen, die mittleren Venen (Kocher-Seitenvenen) und die hintere Schilddrüsenvene zur V. jugularis (Halsvene) verlaufen. Die **Beziehung** der Schilddrüse **zum N. recurrens**, dem

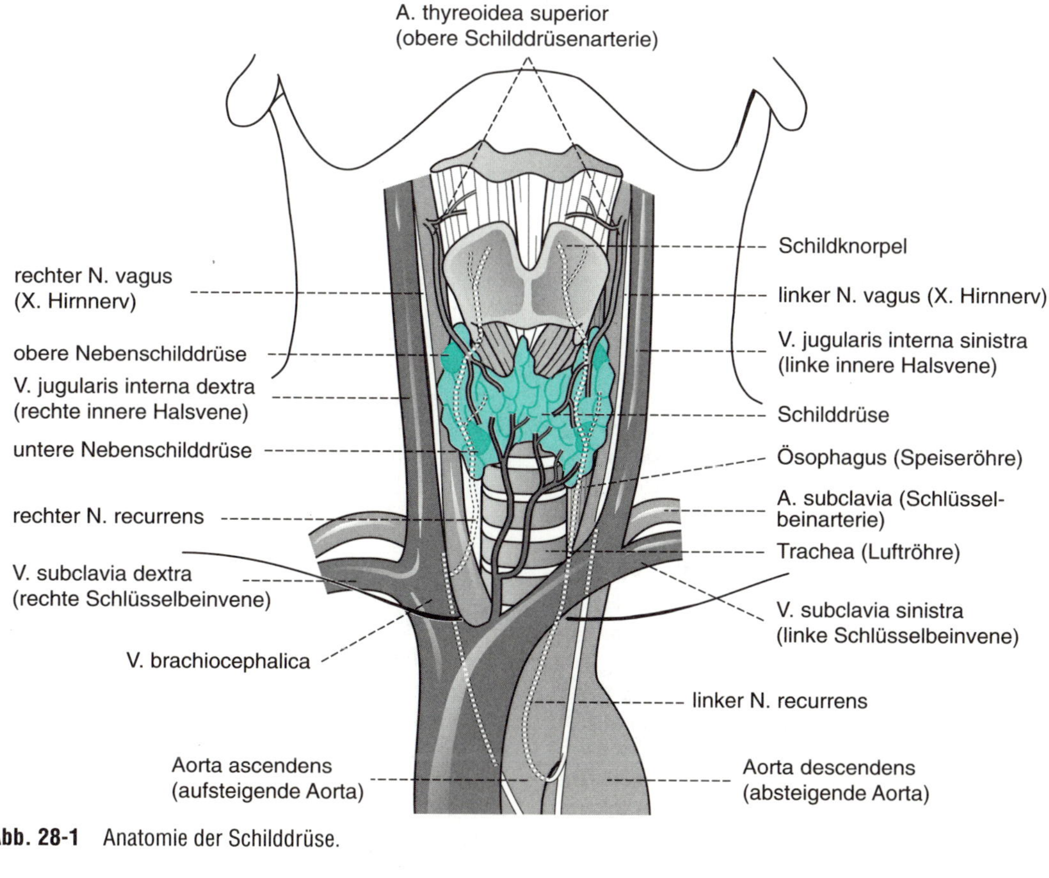

Abb. 28-1 Anatomie der Schilddrüse.

N. laryngeus superior (oberen Kehlkopfnerv), dem **zervikalen Anteil des Sympathikus** und den **Nebenschilddrüsen** ist für die Schilddrüsenchirurgie von **großer Bedeutung**. Der N. laryngeus recurrens (rückläufiger Kehlkopfnerv) entspringt aus dem N. vagus (zehnter Hirnnerv), zieht sich rechts um den Truncus brachiocephalicus (Arm-Kopf-Arterienstamm), links um die Aorta und steigt wieder in einer Rinne zwischen Luft- und Speiseröhre hinter der Schilddrüse auf, wo der Nerv zum Kehlkopf eintritt. Der N. recurrens versorgt die inneren Kehlkopfmuskeln. Eine **einseitige** Verletzung des Nervs bewirkt eine **schlaffe Lähmung** des Stimmbandes der gleichen Seite, mit der Folge einer rauhen Stimmqualität.

Die beidseitige vollständige Stimmbandlähmung bedingt eine Unfähigkeit der Stimmbandkoordination vor allem beim Atmen, so daß ein schwerer Stridor entsteht, der zur Tracheotomie zwingt!

Der N. laryngeus superior versorgt die cricothyreoidale Muskulatur (innere Kehlkopfmuskulatur). Verletzungen führen zu Veränderungen der Stimmqualität und auch zu Schluckbeschwerden. Schädigungen des zervikalen Sympathikus können ein Horner-Syndrom hervorrufen, das durch die **Trias** (Dreiheit) Miosis (Pupillenverengung), Ptosis (Lidsenkung) und Enophthalmus (Zurücksinken des Augapfels) gekennzeichnet ist.

Die Schilddrüse hat die Aufgabe, die **jodhaltigen Hormone** Trijodthyronin (T_3) und Tetrajodthyronin (Thyroxin, T_4) zu bilden. Hierzu wird Jodid (Jod-Ionen), das über den Darm vom Blut aufgenommen wurde, in der Schilddrüse gespeichert und an das dort synthetisierte Thyreoglobulin gebunden. Bei Bedarf können daraus T_3 und T_4 abgespalten und an die Blutbahn abgegeben werden. Diese Syntheseschritte werden durch das thyreoglobulinstimulierende Hormon (TSH) aus der Hypophyse aktiviert. Die TSH-Produktion wird wiederum von dem aus dem Hypothalamus stammenden thyreotropen Releasing-Hormon (TRH) reguliert. Die Freisetzung von TRH und TSH unterliegt einer negativen Rückkoppelung durch die Blutkonzentration von T_3 und T_4 (Abb. 28-2). Die Schilddrüsenhormone haben **vielfältige Wirkungen** auf den **Stoffwechsel der Körperzellen**, wodurch das gesamte Wachstum und die Entwicklung des Körpers, der Sauerstoffverbrauch und die Wärmeregulation beeinflußt werden.

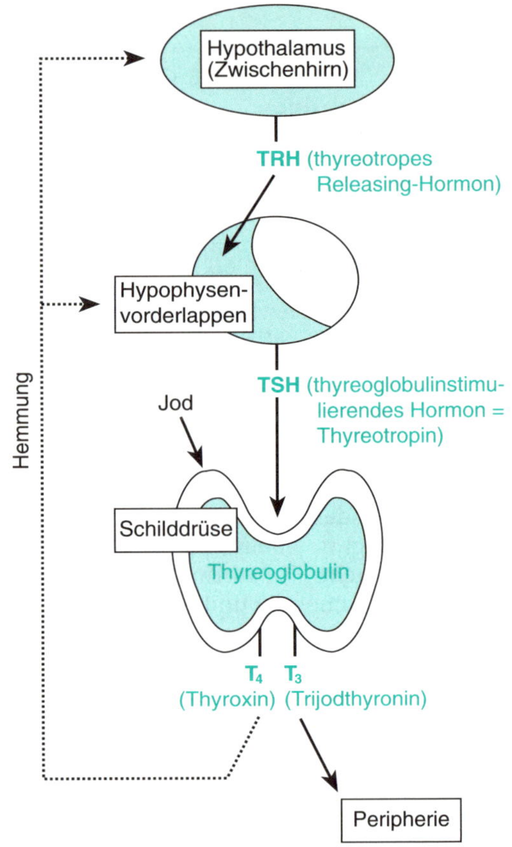

Abb. 28-2 Hormoneller Regelkreislauf der Schilddrüse.

In der Schilddrüse finden sich außerdem parafollikuläre Zellen (sog. **C-Zellen**). Diese produzieren **Kalzitonin,** einen Gegenspieler des Parathormons aus den Nebenschilddrüsen. Kalzitonin **senkt** die Kalziumkonzentration des Blutes durch Blockierung der Kalziumfreisetzung aus den Knochen.

28.1.2 Leitsymptome bei Erkrankungen der Schilddrüse

Das Leitsymptom der meisten Schilddrüsenerkrankungen ist die **Struma** („Kropf"). Darunter ist **jede Vergrößerung** der Schilddrüse zu verstehen. Sie kann eher diffus teigig oder auch knotig derb sein. Zumeist handelt es sich um eine kompensatorische Organvergrößerung bei bestehendem Jodmangel.

Im Falle einer Überfunktion der Schilddrüse (**Hyperthyreose**) findet man außerdem die typischen allgemeinen Symptome (s. Kap. 28.7.1).

Bei einer Unterfunktion der Schilddrüse (**Hypothyreose**) besteht meistens **keine** Struma. **Typische** Symptome sind: die teigige Verdickung der Haut (Myxödem), struppiges Haar, vergrößerte Zunge (Makroglossie), Inaktivität und Kälteintoleranz. Eine angeborene Hypothyreose führt **ohne exogene Zufuhr** von Thyroxin zur **Idiotie** und zum **Kleinwuchs** (Kretinismus).

Dieses Krankheitsbild ist wegen der Screening-Untersuchungen im Neugeborenenalter und wegen der Jodprophylaxe in Endemiegebieten heute kaum noch zu sehen!

28.1.3 Diagnostik

- **Inspektion und Palpation:** Bestimmung der Größe und Lage der Schilddrüse.
- **Sonographie:** Sie dient der genauen Ermittlung der Schilddrüsengröße, Knoten und Zysten können erkannt werden.
- **Szintigraphie:** Sie eignet sich zur weiteren Bestimmung der Lokalisation und zur Abklärung von Funktionsstörungen (z. B. autonom-aktiver Knoten).
- **Trachea-Zielaufnahmen:** Diese sind bei großen Strumen mit klinisch sichtbaren Atembehinderung indiziert.
- **Laborwerte:** Die **wichtigsten** Parameter sind $\mathbf{T_3}$, $\mathbf{T_4}$ und **TSH** im Serum. Bei Funktionsstörungen werden auch Schilddrüsenantikörper bestimmt und der TRH-Stimulationstest durchgeführt. Präoperativ sollten außerdem ein Blutbild, ein Gerinnungsglobaltest und die Blutgruppe des Patienten vorliegen.
- **Feinnadelpunktion mit zytologischer Untersuchung:** Ist bei Verdacht auf ein Malignom angezeigt.
- **Computer- oder Magnetresonanztomographie:** Beide Verfahren kommen nur unter strenger Indikation (z. B. Ausmaß und evtl. Infiltration eines Tumors) zum Einsatz.

28.2 Nebenschilddrüse

28.2.1 Anatomie und Physiologie

Die vier Nebenschilddrüsen (s. Abb. 28-1) entwickeln sich aus der dritten und vierten Branchialtasche (embryonale Entwicklungsstufe). Sie befinden sich an der Hinterfläche der Schilddrüse, wobei die Abkömmlinge der vierten Branchialtasche jeweils am oberen Schilddrüsenpol liegen. Die Zellen der Nebenschilddrüsen bilden und speichern das **Parathormon**, das bei Bedarf in die Zirkulation abgegeben wird. Parathormon reguliert über **drei Organsysteme** (Skelett, Nieren, Darm) die **Konzentration** von **ionisiertem Kalzium** im **Serum:** aus Knochen wird Kalzium freigesetzt, in der Niere wird die Kalziumausscheidung vermindert und die Phosphatausscheidung erhöht und im Darm wird indirekt über die vermehrte Bildung von Vitamin D_3 die Kalziumabsorption gefördert. Jedes Absinken der Kalziumkonzentration im Serum (Hypokalziämie) bewirkt eine vermehrte Sekretion von Parathormon. Bei einer überschießenden Reaktion wird Kalzitonin aus dem Schilddrüsengewebe freigesetzt, das den Kalziumabbau aus dem Skelett blockiert und somit für eine ausreichende Mineralisation des Knochens sorgt. Die **Entfernung aller** Nebenschilddrüsen bedingt einen **Hypoparathyreoidismus** (Unterfunktion der Nebenschilddrüse).

28.2.2 Leitsymptome bei Erkrankungen der Nebenschilddrüse

Eine Unterfunktion der Nebenschilddrüse (Hypoparathyreoidismus) äußert sich in einer **chronischen Hypokalzämie**. Diese kann zu **Tetanien** (Übererregbarkeit des Nervensystems mit tonischen Muskelkrämpfen) sowie zu Zahn- und Nagelanomalien (Fehlbildungen), Katarakt (grauer Star), Augenlinsentrübung und intrazerebralen (im Gehirn liegenden) Verkalkungen führen. Ein Hypoparathyreoidismus ist selten angeboren oder familiär bedingt. Häufiger tritt er als **Folge** einer **Strumaresektion** oder aufgrund einer **Bestrahlungstherapie** im Halsbereich auf.

Eine Überfunktion der Nebenschilddrüsen (**Hyperparathyreoidismus**) ist gekennzeichnet durch einen **überhöhten** Kalziumspiegel (Übelkeit, Müdigkeit, Reizbarkeit bis zu Krampfanfällen und Koma) sowie durch die überhöhte Kalziumfreisetzung aus dem Skelett (Knochenschmerz, Osteoporose). Außerdem finden sich Nierenverkalkungen und Nierensteine. Ein Hyperparathyreoidismus kann sporadisch als Folge eines Parathyreoidea-Adenoms (einfach oder multipel) auftreten; ein **Erkrankungsgipfel** liegt zwischen 40 und 50 Jahren.

28.2.3 Diagnostik

Wiederholte Kalzium- und Phosphatbestimmungen im Serum und im Urin geben erste Hinweise bei der Diagnostik. Entscheidend für den Nachweis eines Parathyreoidea-Adenoms ist die **anhaltende** Erhöhung des Parathormons sowie eine Ultraschalluntersuchung und ein Isotopenscanning zur exakten Lokalisation.

28.3 Nebenniere

28.3.1 Anatomie und Physiologie

Die Nebennieren sind **paarig** angelegt und sitzen der Niere kappenförmig am oberen Pol auf. Sie besitzen eine dreieckige Konfiguration (äußere Form) und messen etwa 6,25 cm^3. Jedes einzelne Organ wiegt ca. 3 bis 6 g. Das Organ liegt unter der Retroperitonealfaszie und wird von Fett umgeben. Die **rechte** Nebenniere ist von der Unterfläche der Leber bedeckt und weist eine **enge Lagebeziehung** zur **V. cava inferior** (untere Hohlvene) auf. Die **linke** Nebenniere liegt **dorsal** des Pankreasschwanzes und der Milzgefäße. Die Nebennieren beziehen ihre arterielle Blutversorgung über das Zwerchfell, direkt aus der Aorta und aus der Nierenarterie. Der venöse Abfluß der rechten Nebenniere geht direkt in die V. cava inferior, die linke Nebenniere hat meist eine direkte venöse Drainage in die linke Nierenvene.

Die Nebenniere besteht aus **zwei Teilen:**

- Das **Nebennierenmark** leitet sich in der Entwicklungsgeschichte von der Neuralleiste ab und produziert in seinen hormonaktiven (sog. chromaffinen) Zellen die **Katecholamine.**
- Die **Nebennierenrinde** leitet sich entwicklungsgeschichtlich vom Urogenitaltrakt ab und produziert die **Steroidhormone** (Rinde = lat. cortex, daher Kortison).

In den chromaffinen Zellen des Nebennierenmarks werden aus den Aminosäuren Tyrosin und Phenylalanin die Hormone **Adrenalin, Noradrenalin** und **Dopamin** gebildet. Diese wirken auf die nervalen Rezeptoren (Alpha- und Beta-Rezeptoren) vieler Organe, so daß es zu einer Erregung oder Hemmung, insbesondere von glatter Muskulatur, kommt. Außerdem ist eine Beeinflussung von Stoffwechselvorgängen und zentralnervösen Erscheinungen möglich (z.B. Anregung der Verdauungsdrüsen, Erhöhung des Blutzuckerspiegels, Fettabbau, Schweißdrüsensekretion, Hunger, Durst und Erregbarkeit). Katecholamine werden nicht nur im Nebennierenmark gebildet, sondern auch in versprengten (ektopen) chromaffinen Zellen sowie im Gehirn und in den Nervenendigungen des Sympathikus. Die **Abbauprodukte** der Katecholamine sind die **Homovanillinsäure** (HVS) und die **Vanillinmandelsäure** (VMS).

In der Nebennierenrinde (NNR) wird aus dem Cholesterin eine große Anzahl von Steroiden synthetisiert; hierzu sind mehrere spezifische Enzyme notwendig. Diese NNR-Hormone lassen sich **nach ihrer Funktion** in **drei Gruppen** gliedern:

- **Glukokortikoide:** Sie fördern die Neubildung von Glukose aus Eiweiß (Glukoneogenese) und haben einen hemmenden (antiphlogistischen) Einfluß auf alle Entzündungsvorgänge. Wichtigster Vertreter ist das **Kortisol** (Hydrokortison). Die Kortisolsekretion weist einen ausgeprägten Tagesrhythmus mit einem Gipfel am frühen Morgen auf.
- **Mineralokortikoide:** Sie regulieren den Salz-Wasser-Haushalt des Körpers mittels Retention von Natrium und Abgabe von Kalium. Wichtigster Vertreter ist das **Aldosteron**, das auch eine starke schockbekämpfende Wirkung hat.
- **NNR-Androgene:** Sie entsprechen den gonadalen Androgenen und fördern das Längenwachstum und die Skelettreifung in der Pubertät sowie die Ausprägung von männlichen Geschlechtsmerkmalen (beim Mädchen Entwicklung von Scham- und Axillarbehaarung).

Die Steuerung der Glukokortikoide und Androgene erfolgt über das adrenokortikotrope Hormon (**ACTH**) der Hypophyse sowie über den kortikotropen Releasing-Faktor (**CRF**) aus dem Zwischenhirn (Hypothalamus). Nur die Erhöhung der Glukokortikoide hat einen hemmenden Effekt auf die ACTH-Sekretion im Sinne eines Reglermechanismus. Die Regulation der Aldosteronsekretion erfolgt hauptsächlich über den juxtaglomerulären Apparat (Struktur für die Autoregulation der

Niere). Bei einer Veränderung des Plasmavolumens und dem Abfall des Serumnatriums kommt es zum Anstieg der Reninsekretion in der Niere. Renin führt zur Freisetzung von Angiotensin, welches wiederum eine vermehrte Aldosteronfreisetzung herbeiführt. Daneben wird die Aldosteronabgabe auch durch ACTH stimuliert.

In einer **Streßsituation** wird vermehrt ACTH ausgeschüttet, die Kortisolsekretion kann dann bis auf den zehnfachen Wert ansteigen.

28.3.2 Leitsymptome bei Erkrankungen der Nebenniere

Eine **Unterfunktion** des Nebennierenmarks macht sich klinisch über lange Zeit nicht bemerkbar, die Synthese der Katecholamine in den anderen Organen (z.B. im peripheren Nervengewebe des Sympathikus) scheint ausreichend zu sein. Zu einer Unterfunktion des Nebennierenmarks kann es bei **Schockzuständen**, z.B. bei ausgedehnten Verbrennungen, kommen.

Zu einer **vermehrten Ausscheidung** von Katecholaminen kommt es bei Tumoren des Nebennierenmarks oder des ektopen Markgewebes (**Phäochromozytom**) sowie bei Tumoren des paraganglionären Sympathikusgewebes (**Neuroblastom**). Die typischen Symptome der Überfunktion des Nebennierenmarks finden sich beim Phäochromozytom (s. Kap. 28.13.1).

Eine chronische **Nebennierenrinden-Insuffizienz** (Morbus Addison) äußert sich in allmählichem Kräfteverfall, Gewichtsverlust, niedrigem Blutdruck und hypoglykämischen Episoden (zu niedrige Blutzuckerwerte im Serum). Typisch ist außerdem eine bronzefarbene Pigmentierung der Haut. Eine **krisenhafte Verschlechterung** der NNR-Funktion (sog. Addison-Krise) führt in Folge eines massiven Blutdruckabfalls und einer Hyperkaliämie (zu hohes Serumkalium) mit Herzrhythmusstörungen rasch zum Tode. Diese Krisen können **bei Belastungen** des Addison-Patienten auftreten (z.B. bei chirurgischen Eingriffen) oder auch bei einer **akuter Schädigung** der Nebenniere durch Blutung oder schwersten Schock.

Häufigstes Krankheitsbild bei einer **Nebennierenrinden-Überfunktion** ist das **Cushing-Syndrom**. Im klassischen Fall findet sich ein gerötetes Vollmondgesicht, Stammfettsucht mit typischen Striae (bläulich-rötliche Streifenbildung in der Haut), Hirsutismus (verstärkte Gesichts- und Körperbehaarung), Hypertonie (Bluthochdruck), Osteoporose (Verminderung von Knochengewebe) und eine diabetische Stoffwechsellage. Das Cushing-Syndrom ist in 20 bis 25% der Fälle durch ein NNR-Adenom (einseitig) oder NNR-Karzinom bedingt, in den übrigen Fällen durch die gesteigerte Sekretion von ACTH (zumeist als Folge eines Adenoms der Hypophyse).

Bei der Langzeitbehandlung eines Patienten mit Kortison kann es zu einem iatrogenen (durch die medikamentöse Therapie entstandenem) Cushing-Syndrom kommen!

Die **autonome** (selbständige) **Überproduktion** des Mineralokortikoids **Aldosteron** führt zu einem **Conn-Syndrom**. Die klinischen Symptome sind Hypertonie, Kaliummangel mit Muskelschwäche und typischen EKG-Zeichen sowie Polyurie (übermäßige Harnausscheidung). Ursache des Conn-Syndroms ist zum größten Teil ein NNR-Adenom (gelegentlich auch beidseitig oder multipel auftretend), selten auch ein NNR-Karzinom.

Erwähnt sei noch die **Überproduktion von Androgenen**, die zu einer **Verstärkung** der **männlichen Geschlechtsmerkmale** (Virilisierung) führt. Beim Heranwachsenden kommt es zu verfrühten Zeichen der Pubertätsentwicklung und zur Beschleunigung der Skelettreifung. Zu einer Überproduktion von Androgenen kann es bei vorwiegend virilisierenden Adenomen und Karzinomen der NNR kommen. Des weiteren gibt es eine angeborene Störung der Kortikoidsynthese, das **adreno-genitale Syndrom.** Als Folge eines **Enzymdefektes** werden aus den Vorstufen der Kortikoide zu viele Androgene gebildet, so daß schon das weibliche Neugeborene ein virilisiertes äußeres Genitale aufweisen kann; ebenso kann es bei beiden Geschlechtern zu einem lebensbedrohlichen Salzverlust kommen.

28.3.3 Diagnostik

Die **quantitative Bestimmung** der **Katecholamine** und ihrer **Abbauprodukte** (HVS und VMS) im 24-Stunden-Urin erlaubt zumeist die Diagnose eines **Nebennierenmarktumors**. Zur genauen Lokalisation eignen sich Computertomographie und Arteriographie. Präoperativ muß außerdem ein i.v.-Urogramm vorliegen. Mögliche **versprengte Tumornester** können mit Hilfe einer **Szintigraphie** nachgewiesen werden; hierbei reichert sich radioaktives Meta-Jodbenzyl-Guanidin spezifisch im sympathischen oder chromaffinen Gewebe an.

Entscheidend für die **NNR-Diagnostik** sind die **Hormonanalysen**. Die fraglichen Hormone lassen sich im Plasma und evtl. im Urin nachweisen, die Abbauprodukte der Steroide im Harn geben weitere Hinweise. **Funktionstests** mit Dexamethason und ACTH erlauben Rückschlüsse auf den hormonellen Reglermechanismus. Zur Lokalisation der oft kleinen Tumoren eignen sich am besten die Computertomographie und die Szintigraphie mit radioaktivem Cholesterol.

28.4 Endokrines Pankreas

28.4.1 Anatomie und Physiologie

Die Bauchspeicheldrüse (Pankreas) besteht zum überwiegenden Teil aus **exokrinen Drüsen**, die die **Verdauungsenzyme** u.a. **Lipase** und **Amylase** sezernieren. Das **endokrine** Gewebe besteht aus sog. **Langerhans-Inseln**, in deren **Beta-Zellen** das **Insulin** produziert wird. Von Bedeutung sind ferner die **Alpha-Zellen**, die das **Glukagon**, einen **Gegenspieler** des Insulins, bilden. Insulin ist ein anaboles (engergieaufbauendes) Hormon; seine Sekretion wird während der Nahrungsaufnahme stimuliert und während der Nahrungspausen gedrosselt. Insulin fördert die Aufnahme von Glukose und Aminosäuren in die Zellen und sorgt damit für die Verbrennung von Kohlenhydraten zur Energiegewinnung und für die Synthese von Körpereiweiß. Die Bildung von Glukose aus den Glykogenspeichern der Leber (Glukoneogenese) sowie der Fettabbau werden gehemmt.

Zwischen den Mahlzeiten bestreitet der Körper seinen Energiebedarf über die Glukoneogenese, damit die Versorgung des überwiegend Glukose verwertenden Gehirns sichergestellt ist. Diese Umschaltung erfolgt durch Absinken der Insulinsekretion und Steigerung der Glukagonausschüttung; aber auch Katecholamine und Kortison können bei niedrigem Blutzucker regulierend eingreifen.

28.4.2 Leitsymptome bei Erkrankungen des endokrinen Pankreas

Erst wenn **80 bis 85%** der **Beta-Zellen** des Pankreas **zerstört** sind, kommt es zum absoluten Insulinmangel und damit zum **klassischen** Krankheitsbild des **Diabetes mellitus** (Typ I, d.h. insulinabhängig). Schon im Altertum wurde die Ausscheidung eines „Zuckerrohrharns"oder „Honigharns", in dem sich Insekten tummelten, beschrieben. Im 19. Jahrhundert wurde der Zusammenhang zwischen Pankreasentfernung und Diabetes mellitus entdeckt.

Der **Typ-I-Diabetes** ist die **häufigste** Stoffwechselerkrankung des **Kindes** und im **Jugendalter**; Typ I und Typ II (relativer Insulinmangel) zusammen machen etwa 2 bis 5% der Erkrankungsrate in der Gesamtbevölkerung aus.

Die führenden **Symptome** sind: starker Durst, Polyurie (häufiges Wasserlassen), Polydipsie (riesige Trinkmengen), Mattigkeit, Gewichtsabnahme trotz Heißhunger. Werden die Symptome nicht erkannt, kommt es zur Exsikkose, begleitet von Bewußtseinsstörungen (Präkoma) oder Bewußtlosigkeit (Koma) mit angestrengter tiefer Atmung (Kußmaul-Atmung), Blutdruckabfall, Azetongeruch, bisweilen auch von Bauchschmerzen (Pseudoperitonitis diabetica). Die **Spätkomplikationen** des Diabetes mellitus bestehen in einer allgemeinen Mikroangiopathie (Veränderungen kleinster Blutgefäße), die sich am schnellsten an der Netzhaut (**Retinopathie**), an den Nieren (**Nephropathie**) und am peripheren Nervensystem (**Neuropathie**) bemerkbar machen.

Nach einer Diabetesdauer von 20 bis 25 Jahren kommt es zu vorzeitigen arteriosklerotischen Veränderungen an den großen Gefäßen (**Makroangiopathie**), die zum Herzinfarkt und vor allem zu schweren Durchblutungsstörungen an den Extremitäten führen können.

Wird in den Beta-Zellen des Pankreas **zu viel Insulin** gebildet, treten Symptome der Unterzuckerung (**Hypoglykämie**) auf. Neben seltenen angeborenen Störungen ist die häufigste Ursache hierfür ein gutartiger **Beta-Zell-Tumor** (Inselzelladenom). **Frühsymptome** der Hypoglykämie sind Heißhunger, Schweißausbruch und Zittrigkeit. Meist kommt es dann sehr plötzlich zu den verschiedensten psychischen und neurologischen Störungen (z.B. kann das Bild eines Schlaganfalls entstehen), schließlich Bewußtseinsverlust und Krampfanfälle. Diese bedrohlichen Hypoglykämien können auch bei der Behandlung des Diabetes in Folge zu hoher Insulindosierung entstehen.

28.4.3 Diagnostik

Die Diagnose eines Diabetes mellitus Typ I ist leicht zu stellen durch den Nachweis von Glukose, meist auch Azeton, im Urin und stark erhöhter Glukosekonzentration im Serum (meist zwischen 300 und 800 mg/dl).

Bei Verdacht auf einen hypoglykämischen Anfall ist sofort Blut abzunehmen, um die Unterzuckerung zu dokumentieren!

Der Nachweis des Hyperinsulinismus ist etwas aufwendiger. Bei Verdacht auf ein Inselzelladenom empfehlen sich Ultraschall, Computertomographie und evtl. selektive Angiographie, ggf. die explorative Laparotomie.

II Spezieller Teil

28.5 Operationsverfahren bei Schilddrüsenerkrankungen

28.5.1 Enukleation

Ein solitärer (einzelner) Knoten der Schilddrüse kann enukleiert werden, d.h. der Knoten wird nach operativer Freilegung der Schilddrüse aus dem umgebenden Schilddrüsengewebe herauspräpariert. Da Knotenbildungen in der Schilddrüse meist multipel auftreten, wird die **Indikation** zur Enukleation nur sehr **selten** gestellt.

28.5.2 Subtotale Resektion der Schilddrüse

Bei der Hyperthyreose erfolgt die Resektion der Schilddrüse beidseitig auf einen Rest von 1 bis 2 g.

28.5.3 Strumaresektion

Die Lagerung zur Operation erfolgt mit angehobenem Oberkörper (30 bis 45°). Die **Reklination** (Rückwärtsbiegung) des Kopfes wird durch ein Kissen unter den Schultern verbessert. Der zurückgelagerte Kopf sollte auf einer festen Unterlage (Kopfstütze) abgestützt werden. Der operative Zugang erfolgt über einen **Kocher-Kragenschnitt** (Zervikotomie) 1 bis 2 cm über dem Jugulum (die durch das Brustbein gegebene Verbindung der beiden Schlüsselbeine). Haut und Platysma (mimische Halsmuskulatur) werden durchtrennt und nach kranial abpräpariert. Es erfolgt die Spaltung der geraden Halsmuskulatur exakt in der Mittellinie sowie die schichtgerechte Freilegung der Schilddrüse. Nach der Darstellung der oberen Polgefäße evtl. unter Einsatz von sog. Kletterfäden (durchgreifende Nähte, mit denen die Schilddrüse nach kaudal oder medial gezogen werden kann) schließt sich die doppelte Ligatur (Unterbindung) der A. und V. thyreoidea superior sowie die einfache Unterbindung der Kocher-Seitenvenen an. Nach der vollständigen Mobilisierung der Schilddrüse mit dem unteren Pol sollte die **Identifikation** des **N. laryngeus recurrens** möglich sein. Es folgt die Präparation und Unterbindung des Isthmus. Nach Resektion der Schilddrüse bis auf einen physiologischen Rest mit anschließender Kapselnaht gleichförmige Operation der anderen Seite. Bei den **Schilddrüsenmalignomen** ist in der Regel eine **vollständige Entfernung** der gesamten Schilddrüse (Thyreoidektomie) **unvermeidlich**. Dies ist zum ersten aus tumorchirurgischen Gründen, zum zweiten wegen der notwendigen Nachbehandlung mit Radiojod erforderlich. Je weniger jodspeicherndes Gewebe vorhanden ist, desto besser ist die Radiojodwirkung auf Metastasen oder Resttumorgewebe. Nach **Thyreoidektomie** muß eine **lebenslange Substitution** mit **Schilddrüsenhormon** (Thyroxin) erfolgen.

28.5.4 Regionäre Lymphadenektomie

Bei **papillärem** Schilddrüsenkarzinom kann vom Kocher-Kragenschnitt aus eine Entfernung der regionären Lymphknoten erfolgen. Die Lymphbahnen verlaufen längs der großen Gefäße hinter dem M. sternocleidomastoideus (Kopfwender).

28.5.5 Palliative Tumorresektion

Bei **anaplastischen** Schilddrüsenkarzinomen im fortgeschrittenen Stadium kann eine palliative Tumorresektion vorgenommen werden. Dabei wird das **Tumorgewebe so weit als möglich entfernt**, **ohne** daß infiltrierende Organstrukturen wie Kehlkopf, Ösophagus oder die großen Gefäße mit entfernt werden.

28.5.6 Komplikationen bei den Operationsverfahren

Nach jeder Schilddrüsenoperation muß mit **zwei akuten** postoperativen Komplikationen immer gerechnet werden.

- **Arterielle Nachblutung:** In gut 2% der Operationen muß mit einer Nachblutung von unterschiedlichem Ausmaß gerechnet werden. Bei der frühen Nachblutung handelt es sich meist um arterielle Blutungen aus der Restschilddrüse. **Dramatischer** verlaufen die **Nachblutungen** aus den **Polgefäßen.** Hierbei kommt es auch bei gutem Abfluß über die Redon-Drainage in der frühen postoperativen Phase zu lebensbedrohlichen **Kompressionen der Trachea** mit **schwerer Luftnot,** so daß eine **Reoperation** erforderlich ist.
- **Einseitige Rekurrensparese:** Nach jeder Schilddrüsenoperation sollte zwischen dem vierten und sechsten postoperativen Tag eine **Kehlkopfspiegelung** vorgenommen werden. Es muß eine HNO-Untersuchung durchgeführt werden, da in bis zu 5% Rekurrensparesen auftreten können. Langzeituntersuchungen haben ergeben, daß sich etwa **ein Drittel** der Rekurrensparesen **spontan zurückbildet** und ein weiteres Drittel auf Dauer nahezu symptomlos bleibt. Bei Beschwerden ist eine weitere ambulante Betreuung durch den Hals-Nasen-Ohrenarzt angezeigt.
- **Beidseitige Rekurrensparese:** Infolge einer Lähmung der Kehlkopfmuskulatur kann es zu einem erheblichen **Stridor** (pfeifendes Atemgeräusch bei der Ein- und/oder Ausatmung) mit Atemnot kommen. Diese Komplikation tritt nicht immer direkt bei der Extubation auf, sondern kann auch **bis zu 48 Stunden nach** der Tubusentfernung **interventionsbedürftig** werden.

Nach einer Strumaresektion ist eine engmaschige postoperative Kontrolle notwendig (siehe oben genannte Komplikationen)!

28.5.7 Nachsorge

Jede operierte Schilddrüse bedarf unbedingt einer **konsequenten** Nachsorge. Nach jeder Strumaresektion ist die Form der **Rezidivprophylaxe** (Schilddrüsenhormone, Jod) zu klären. Bei der malignen Struma muß durch einen endokrinologischen-nuklearmedizinischen Fachkollegen die weitere Behandlung (Radiojod, Schilddrüsensubstitution, Fahndung nach Restgewebe) festgelegt werden.

28.6 Jodmangel-Struma

Die Struma wird allgemein in drei Klassen eingeteilt:

- Struma **I. Grades:** nicht sichtbarer, aber gut tastbarer Kropf
- Struma **II. Grades:** sichtbare Vergrößerung der Schilddrüse
- Struma **III. Grades:** Vergrößerung der Schilddrüse mit Einengung der Trachea (zumeist besteht hier die Gewebevergrößerung aus vielen kolloidhaltigen Knoten von unterschiedlicher Größe)

Ab **Grad II** besteht die **Indikation zur Strumaresektion**. Kommt es nach vorangegangener Schilddrüsenoperation erneut zum Auftreten eines Kropfes, spricht man von einer Rezidivstruma. Aufgrund der Voroperation ist ein **Rezidiveingriff** mit **vermehrten postoperativen Komplikationen** verbunden. So ist z.B. das Risiko einer Läsion des N. recurrens **zehnmal höher** als beim Primäreingriff.

Eine **Sonderform** ist die **endothorakale Struma**, die es in verschiedenen Ausprägungen gibt (Einwachsen in das Mediastinum, ektopes Gewebe mit und ohne Verbindung zur Struma).

28.7 Hyperthyreose

28.7.1 Immunhyperthyreose (Basedow-Struma)

Als Ursache der Basedow-Struma (Abb. 28-3) wird eine **Autoimmunerkrankung** angenommen. Sie ist charakterisiert durch die Symptome:

- **Struma** (Vergrößerung der Schilddrüse)
- **Exophthalmus** (hervortretende Augäpfel)
- **prätibiales Myxödem** (kissenartige, gelbliche-rosarote Anschwellungen an den Unterschenkelstreckseiten)

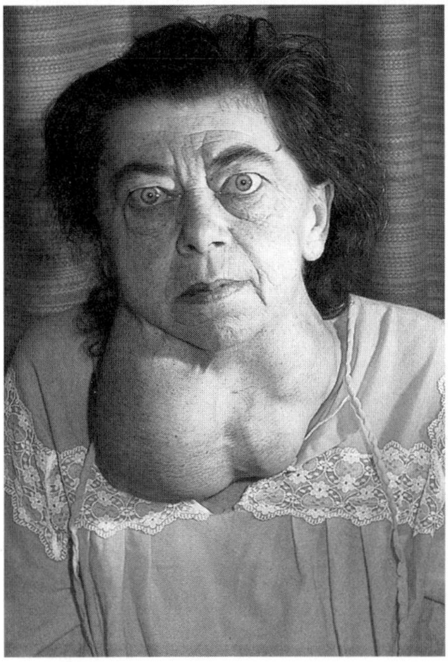

Abb. 28-3 Typisches Aussehen bei einer Basedow-Struma mit Exophthalmus (Hervortreten der Augäpfel).

Das **gemeinsame** Auftreten dieser **drei Symptome** wird auch als **Merseburger Trias** bezeichnet. Die Schilddrüsenüberfunktion ist gekennzeichnet durch Nervosität, Gereiztheit, Gewichtsverlust, Schwitzen, Wärmeintoleranz, Müdigkeit („Symptome wie bei der Examensangst"). Mit zunehmender Dauer der Erkrankung werden Herz und Skelettmuskulatur dauerhaft geschädigt.

Die **Behandlung** basiert auf **drei Säulen**:
- medikamentöse Therapie mit einem Thyreostatikum (z.B. Favistan®)
- Zerstörung von Schilddrüsenzellen mittels Radiojod
- operative Entfernung von Schilddrüsengewebe (Strumaresektion)

In manchen Kliniken wird bei der Basedow-Struma präoperativ **zur Blockade** der Hyperthyreose eine Jod-Kali-Behandlung (Lugollösung, dreimal täglich zehn Tropfen) für zehn Tage vorgenommen (sog. plummern). Danach besteht die **absolute** Notwendigkeit der Operation, da sonst eine **hyperthyreote Krise** droht.

28.7.2 Toxisches Adenom

Unter einem toxischen oder autonomen Adenom ist ein **gutartiger** Knoten in der Schilddrüse zu verstehen, der **unabhängig** vom Regelkreislauf Hormon ausschüttet und damit die **Symptome** der **Hyperthyreose auslöst**. Diese Adenome sind mit Hilfe der Szintigraphie gut nachzuweisen. Selten handelt es sich um einen einzigen Knoten. Bei einer Operation müssen alle autonomen Bezirke entfernt werden.

28

28.8 Tumoren der Schilddrüse

Die Tumoren der Schilddrüse zeigen in der geweblichen Ausprägung und in ihrem biologischen Verhalten eine ungemeine Vielfalt.

28.8.1 Schilddrüsenadenome

Die Adenome wachsen langsam, sie können multipel oder solitär auftreten. Teilweise handelt es sich um toxische Adenome (s. Kap. 28.7.2). Die anderen stellen sich in der Szintigraphie als **hormonell inaktiver** Bezirk, sog. **„kalter Knoten"** dar. Bei jedem kalten Knoten muß abgeklärt werden, ob es sich evtl. doch um ein Malignom handelt. Bestehen nach Sonographie und Zytologie noch Zweifel, ist eine Operation mit Schnellschnittuntersuchung notwendig. Bei unauffälligem intraoperativem Befund wird nur der kalte Knoten entfernt.

28.8.2 Schilddrüsenkarzinome

Die Schilddrüsenkarzinome sind selten und machen etwa 1% aller Malignome aus. Man unterscheidet drei Arten von differenzierten Karzinomen sowie ein undifferenziertes (anaplatisches) Karzinom.

Papilläres Karzinom

Das papilläre Karzinom ist mit einem Anteil von etwa der Hälfte aller Schilddrüsentumoren der **häufigste** bösartige Tumor in diesem Bereich. Es metastasiert in die Halslymphknoten. Bei **früher Behandlung** ist die **Prognose gut**.

Follikuläres Karzinom

Das follikuläre Karzinom betrifft etwa 30% der malignen Schilddrüsentumoren. Die **Metastasierung** erfolgt auf **hämatogenem** Wege. Die **Prognose** ist **relativ gut** und vom invasiven (sich ausbreitenden) Charakter des Tumors abhängig.

C-Zell-Karzinom (medulläres Schilddrüsenkarzinom)

Das C-Zell-Karzinom bildet eine **Sonderform.** Es geht **nicht** von den thyroxinproduzierenden Schilddrüsenzellen aus, sondern entsteht aus **den C-Zellen**, die für die Produktion von Kalzitonin verantwortlich sind. Die **Prognose** des C-Zell-Karzinoms ist **schlechter** als die des papillären und follikulären Karzinoms. Die Zehn-Jahres-Überlebensrate liegt zwischen 40 und 50%.

Anaplastisches Karzinom

Das anaplastische Karzinom macht etwa 10 bis 15% der Schilddrüsenmalignome aus. Es ist einer der **bösartigsten** Tumoren des Menschen überhaupt. Es tritt hauptsächlich bei älteren Menschen auf. Nach raschem Wachstum und Verdrängung von Trachea und Ösophagus treten sehr schnell **pulmonale** (in der Lunge liegende) **Metastasen** auf. Die **Prognose** ist **extrem schlecht**.

28.9 Operationsverfahren bei Erkrankungen der Nebenschilddrüse

Zur Operation des Hyperparathyreoidismus wird die Schilddrüse freigelegt und alle Nebenschilddrüsen inspiziert. Die intraoperative **Identifikation** von Nebenschilddrüsen ist **nicht immer leicht**. Noch am Operationstisch kann vermeintlich entferntes Fettgewebe oder Lymphknoten in einem Wasserbad geprüft werden.

Fettgewebe und Lymphknoten schwimmen, hingegen sinkt Nebenschilddrüsengewebe im Wasser!

Während der Operation wird von dem Nebenschilddrüsengewebe umgehend eine **Schnellschnittuntersuchung** gemacht, um festzustellen, ob es sich um ein **Adenom** oder eine **Hyperplasie** handelt. Bei Vorliegen eines Adenoms genügt die Entnahme, um postoperativ normale Kalziumwerte zu erreichen. Hingegen müssen bei der Hyperplasie dreieinhalb Epithelkörperchen entfernt werden. Es ist auch möglich, alle vier Epithelkörperchen zu entfernen und die Hälfte eines Epithelkörperchens in die Unterarmmuskulatur zu transplantieren.

28.9.1 Komplikationen

Eine schwerwiegende Komplikation bei Entfernung aller Nebenschilddrüsen ist die **Hypokalzämie.** Frühsymptome sind Angstgefühle, Hyperventilation und Parästhesien. Später treten Krämpfe auf.

28.10 Tumoren der Nebenschilddrüse

Karzinome der Nebenschilddrüsen sind **selten** und werden durch radikale Resektion einschließlich des Schilddrüsenlappens entfernt. Bei einer **Infiltration** des **N. recurrens** muß dieser **mit entfernt** werden.

28.11 Operationsverfahren bei Erkrankungen der Nebennieren

Für eine Operation an den Nebennieren stehen zwei Zugangswege, der posteriore (vom Rücken her) oder der transabdominale (durch die Bauchdecke) Zugang zur Auswahl. Der **posteriore** Zugang geht mit einer **geringeren Komplikationsrate** einher als der transabdominale (ventrale) Zugang. Der Patient wird in Bauchlage gebracht, Füße, Becken und Schultergürtel werden durch Kissen gepolstert, die Arme nach vorne abgewinkelt. Die Schnittführung erfolgt nach Spaltung des M. latissimus dorsi (breiter Rückenmuskel) auf das Bett der zwölften Rippe, die subperiostal ausgeschält und reseziert wird. Die Pleura wird vom Zwerchfell nach kranial abgeschoben, das Zwerchfell mit dem Sperrer abgedrängt und die Nebenniere freigelegt. Rechts sollte die V. cava identifiziert und links eine Darstellung der Nierenvene vorgenommen werden. Um eine **Hormonausschüttung** der Nebennieren zu **vermeiden**, empfiehlt sich die **schonende** Entfernung der Organe. Massive **Adrenalinfreisetzungen** bei der Entnahme können **intraoperativ** zu **hypertensiven Krisen** (Blutdruckkrisen) führen. Einzelne Gefäße können ligiert oder geklippt werden. Wichtig ist die gesicherte Ligatur der rechten Nebennierenvene, die direkt in die V. cava (Hohlvene) mündet. In das Wundgebiet wird eine

Drainage (Easy Flow- oder Robinson-Drainage) eingelegt und im Anschluß daran erfolgt der Verschluß der lumbosakralen Faszie. Die sog. Blutungsdrainage kann am ersten postoperativen Tag gezogen werden.

Das Vorgehen beim ventralen Zugang über die Mittellinieninzision, ermöglicht die **Freilegung beider Nebennieren.** Die rechte Nebenniere wird freigelegt, indem die rechte Kolonflexur und das Duodenum (Zwölffingerdarm) mobilisiert werden. Nach vollständiger Mobilisierung des Duodenums wird die V. cava freigelegt. Der rechte Leberlappen wird nach kranial (oben) gehalten und die Nebenniere dargestellt. Nach Ligatur der Nebennierenvene kann das Organ entfernt werden. Die Freilegung der linken Nebenniere erfolgt durch die Präparation des großen Netzes und Mobilisierung der linken Flexur, die nach kaudal (unten) abgedrängt wird. Der Pankreasschwanz wird mobilisiert und die Nebenniere freigelegt. Die Entfernung des Organs erfolgt nach der Ligatur der linken Nebennierenvene, die in die linke Nierenvene einmündet. Um extraadrenale Phäochromozytome freizulegen, ist unter Umständen eine Freilegung von Aorta und V. cava indiziert.

28.11.1 Komplikationen

Wesentliche Beachtung für Patienten in der postoperativen Phase nach **Adrenalektomie** ist der **Überwachung der Kreislaufverhältnisse** zu widmen. Es können sowohl **hypertone** als auch **hypotone** Störungen auftreten. Der posteriore Zugang bietet den Vorteil, daß bei diesen Patienten am ersten postoperativen Tag mit dem Nahrungsaufbau begonnen werden kann und das sie vollständig mobilisiert werden können. Für den transabdominalen Zugang gelten die gleichen Bedingungen wie bei der Laparotomie.

28.12 Tumoren des Nebennierenmarks

28.12.1 Phäochromozytom

Das Phäochromozytom (Abb. 28-4) ist ein **gutartiger** Tumor des Nebennierenmarks, der unabhängig von einem Regelkreislauf **fortwährend Katecholamine produziert**. Es handelt sich um eine runde oder ovoide Geschwulst, die von einer bindegewebigen Kapsel umschlossen ist. Der Tumor kann beidseitig auftreten (in ca. 10% aller Fälle), gelegentlich auch außerhalb der eigentlichen Nebenniere (**extraadrenale** Lokalisation). Bei 5 bis 10% der Betroffenen liegt ein **familiär vererbtes** Leiden vor. Aufgrund der genetischen Disposition findet sich bei 10% der Phäochromozytompatienten ein kalzitoninproduzierendes medulläres Schilddrüsenkarzinom oder die Recklinghausen-Neurofibromatose. Als typisches Symptom der Katecholaminüberproduktion bestehen fast **immer** ein **schwerer Hypertonus** (Bluthochdruck), außerdem Kopfschmerzen, starkes Schwitzen, Blässe, Nervosität, gelegentlich Herzrhythmusstörungen. Alle diese Symptome können sich einzeln oder kombiniert, oft **anfallsartig** bemerkbar machen. Therapie der Wahl ist die operative Entfernung des Phäochromozytoms. Um schwere **intraoperative Blutdruckkrisen zu vermeiden,** sollten alle Patienten mit **Alpha-Blockern** (Dibenzyran 20 bis 40 mg pro Tag über eine Woche) präoperativ **vorbereitet** werden. Die Operation muß in enger Zusammenarbeit mit Kardiologen, Anästhesisten und Chirurgen geplant und durchgeführt werden.

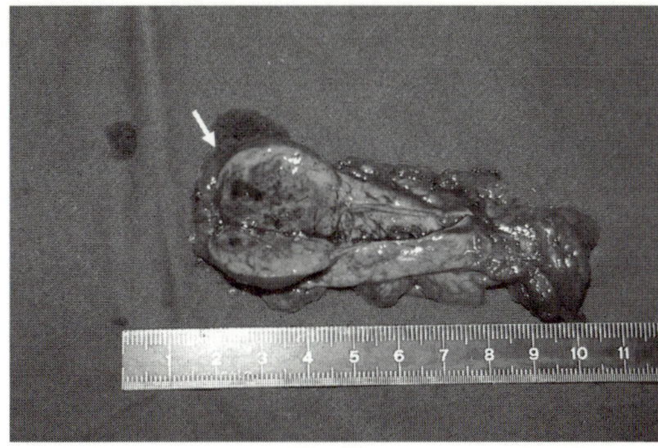

Abb. 28-4 Phäochromozytom einer 28 Jahre alten Patientin vom Durchmesser 2,5 cm (Pfeil); links davon Anteile der Nebenniere (goldgelb) und anhängendes Fettgewebe.

28.12.2 Phäochromoblastom

Zu den **malignen** Phäochromoblastomen gehören ca. 10% der chromaffinen Tumoren. Sie können intraadrenal (im Bereich der Nebenniere) und extraadrenal liegen. Sie können infiltrierend wachsen sowie Metastasen setzen. Die **Symptome** sind **anfangs dieselben** wie beim **Phäochromozytom**. Erst im fortgeschrittenem Stadium der Erkrankung kommen weitere Symptome wie Schmerzen, Anämie, Gewichtsverlust hinzu. Die **Prognose** ist **schlecht.**

28.12.3 Neuroblastom

Neuroblastome (s.a. Kap. 36.8.3) sind maligne Tumoren des peripheren sympathischen Nervengewebes. Der **Primärtumor** findet sich oft im **Nebennierenmark.** Eine Metastasierung erfolgt in der Regel frühzeitig. Neuroblastome machen etwa 10 bis 15% aller soliden malignen Tumoren des Kindesalters aus. Nach der **Pubertät** kommen sie praktisch **nicht** mehr vor.

28.13 Tumoren der Nebennierenrinde

28.13.1 Nebennierenrinden-Adenome

Als gutartige Tumoren zeigen Adenome ein **langsames Wachstum** und **gute Abgrenzung** zum übrigen Organgewebe. Es können aber auch, insbesondere beim Conn-Syndrom, multiple Mikroadenome auftreten. Einseitige Adenome verursachen meistens ein Cushing-Syndrom. Bei solitären Adenomen ist evtl. die alleinige Tumorentfernung ausreichend.

28.13.2 Karzinome

Auch für die Nebennierenrinden-Karzinome gilt, daß sie, entsprechend der **jeweiligen Hormonüberproduktion, verschiedene** klinische **Symptome** hervorrufen können (s. Kap. 28.3.2). Ihr Wachstum ist jedoch sehr viel schneller infiltrierend und der Tumor kann riesige Ausmaße annehmen. Die **Prognose** ist **schlecht**.

28.13.3 Metastasen

Die Nebenniere ist **häufig** Sitz von metastatischen Ablagerungen aus anderen Organen, insbesondere von **Bronchial-** und **Mammakarzinom.**

28.14 Operationsverfahren bei Erkrankungen des endokrinen Pankreas

In der Bauchspeicheldrüse werden vielfache Hormone gebildet und sezerniert. Die hormonaktiven Zellen können gutartige Adenome bilden, die zu entsprechenden Krankheitsbildern führen. Am häufigsten sind die **Insulinome** (Hypoglykämie), die **Gastrinome** (gastrinbedingte, peptische Ulzera/Zollinger-Ellison-Syndrom), **Glukagonome** und **Karzinoide** (5-Hydroxytryptamin).

Die Strategie bei Operationen gutartiger Pankreastumoren besteht in der **vollständigen Entfernung** des Tumors. Dazu muß nach einer Laparotomie die Bauchspeicheldrüse freigelegt werden. Das große Netz wird vom Colon transversum abpräpariert und mit dem Magen nach kranial gelegt. Die gesamte Bauchspeicheldrüse ist vollständig zu mobilisieren und digital zu palpieren. Auch bei **freiliegendem** Pankreas ist die **Lokalisation nicht** immer **leicht,** da die Tumoren, insbesondere Insulinome, oft sehr klein sind. Die intraoperative Ultraschalluntersuchung kann hilfreich sein. Die nachgewiesenen Tumoren werden aus dem umgebenden Gewebe entfernt (enukleiert).

28.14.1 Komplikationen

Hauptkomplikationen nach Operation endokriner Pankreastumoren sind die **unvollständige Entfernung** oder das **Übersehen** von **weiteren Herden.** Dies erfordert meist einen Zweiteingriff. Gelegentlich können nach Entfernung größerer Tumoren **Pankreasfisteln** auftreten, die sich jedoch meist spontan wieder verschließen.

28.15 Tumoren des endokrinen Pankreas

Maligne Tumoren des endokrinen Pankreas **metastasieren früh** und haben eine **schlechte Prognose.**

III Pflegerischer Teil

28.16 Präoperative Vorbereitungen bei Schilddrüsenoperationen

28.16.1 Nahrungsabbau/Darmreinigung

Am Vortag der Operation kann der Patient normale Kost zu sich nehmen, ab Mitternacht gilt Nahrungs- und Flüssigkeitskarenz. Die Darmreinigung erfolgt durch ein Klistier am Vorabend.

28.16.2 Rasurschema

Das Operationsgebiet wird am Tag des Eingriffes rasiert (Abb. 28-5). Dabei sind die Haare zwischen Kinn und Axillarlinie, bei Männern auch der **Bart** sowie die **Brustbehaarung** bis zu den **Mamillen** zu entfernen.

28.16.3 Ergänzende Maßnahmen

Zu den in Kap. 8.1 beschriebenen allgemeinen präoperativen Maßnahmen sowie zu den oben genannten Vorbereitungen ist bei geplanten Strumektomien folgendes zu beachten:

Auf ärztliche Anordnung wird von einem HNO-Konsiliararzt eine **Stimmbandprüfung** (Laryngoskopie) vorgenommen, um evtl. **postoperativ** auftretende **Störungen** bei der **Lautgebung** besser mit dem **präoperativen Zustand vergleichen** zu können.

Unmittelbar vor der Operation sind die Kopfhaare des Patienten mit einer Op-Haube abzudecken. Hat der Patient längere Haare, werden sie vorher fest in zwei seitlichen Zöpfen zusammengebunden, um perioperative Druckstellen auszuschließen.

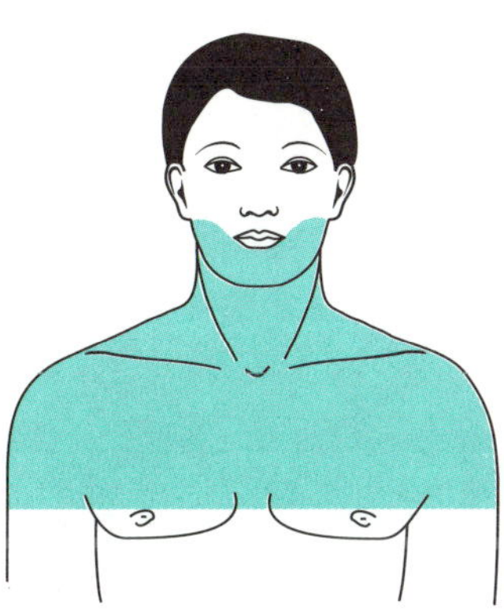

Abb. 28-5 Rasurschema bei Schilddrüsenoperation.

28.17 Postoperative Maßnahmen

28.17.1 Beobachtungsmaßnahmen

Auf ärztliche Anordnung erfolgen in **zeitlich festgelegten Intervallen** Kontrollen von Blutdruck, Puls und Atmung, um postoperative Komplikationen rechtzeitig erkennen zu können. Zu den Komplikationen gehören:

- **Nachblutungen nach außen:** Sie sind am **stark** durchbluteten Wundverband, an der **raschen Füllung** der Redon-Drainagen (Abb. 28-6) und an Veränderungen der Vitalzeichen **(Schockzeichen)** erkennbar. Es gilt, Menge und Aussehen des Wundsekretes in den Drainageflaschen zu überprüfen und entsprechend zu dokumentieren. Ferner werden Blutdruck und Puls im Abstand von 10 bis 15 Minuten überprüft und dokumentiert. Schwitzen, Angst, veränderte Bewußtseinslage z.B. Apathie, Somnolenz und motorische Unruhe des Patienten sind ebenfalls Anzeichen für einen größeren Blutverlust und sofort dem behandelnden Arzt mitzuteilen.

Als Anzeichen einer beginnenden Schocksymptomatik können folgende Werte gelten: systolischer Blutdruck unter 90 mmHg, Pulsfrequenz höher 120 Schläge pro Minute!

- **Nachblutungen in das Wundgebiet, also nach innen:** Diese machen sich durch **Zunahme** des **Halsumfanges**, **Atemnot**, **Atemgeräusche** (während der erschwerten Einatmung treten Pfeifgeräusche auf, da die oberen Luftwege durch die Blutung eingeengt sind, inspiratorischer Stridor), und veränderte Vitalzeichen (Tachykardie, Hypotonie) bemerkbar. Alle erhobenen Werte bzw. Beobachtungen sind unverzüglich dem behandelnden Arzt mitzuteilen und entsprechend zu dokumentieren.
- **Rekurrensparese** (s.a. Kap. 28.5.6): Sie kann **ein-** oder **beidseitig**, **vorübergehend** oder **andauernd** sein und **bis zu 48 Stunden nach** Operationsende auftreten. Auslöser

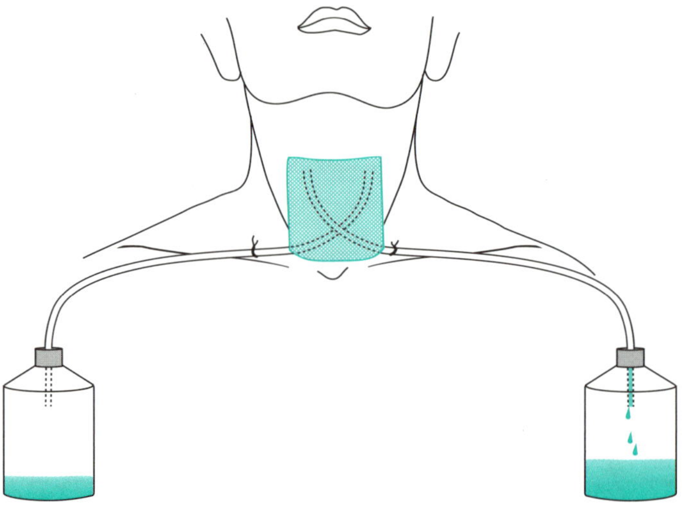

Abb. 28-6 Intraoperativ eingelegte Redon-Drainagen.

sind intraoperative Verletzungen oder lokale Wundödeme. Zu beobachten ist die **zunehmende Heiserkeit** des Patienten, der darüber hinaus über **Sprechschwierigkeiten** klagt, die bis zur **Stimmlosigkeit** reichen können. Das betreuende Krankenpflegepersonal hat die Aufgabe, mit dem Patienten regelmäßig kurze Gespräche zu führen und ihn aufzufordern, sog. **stimmhafte Wörter** (mit vielen Vokalen) zu sprechen z.B. Anna, Oma, Amerika oder Alabama. Auf diese Weise können die genannten Symptome erfaßt werden. Ihr Auftreten ist sofort dem Arzt bekanntzugeben.

- **Hypoparathyreodismus:** Durch intraoperative Verletzungen oder Entfernung der Nebenschilddrüsen können die Patienten Kribbelgefühle wie Ameisenlaufen im Mundbereich und an den Fingern erleben (**Parästhesien**). Bei allen Überwachungsmaßnahmen ist der Patient danach zu fragen, ferner wird er gebeten, ihr Auftreten sofort mitzuteilen. **Tetanische Krämpfe** mit **Pfötchenstellung** im Bereich der Finger und Hände sind umgehend dem Arzt mitzuteilen. Auf seine Anordnung wird serologisch der Kalziumspiegel ermittelt. Liegt dieser unter dem Normwert, so wird Kalzium entsprechend den ärztlichen Anordnungen medikamentös substituiert.

28.17.2 Lagerung/Mobilisation

Sobald der Patient wach, ansprechbar und in allen Qualitäten orientiert ist, wird er mit erhöhtem Oberkörper (**Kopfende des Bettes ca. 45°**) halbsitzend gelagert. Auf diese Weise kann das Wundsekret besser ablaufen und die Atmung wird erleichtert. Um eine **schmerzhafte Überdehnung** des Operationsgebietes nach hinten zu **vermeiden,** wird dem Kranken eine Nackenrolle oder ein kleines gerolltes Kissen angeboten (Abb. 28-7).

Durch die intraoperative Lagerung kommt es postoperativ häufig zu Verspannungen im Nackenbereich bzw. zu Kopfschmerzen. Hier können **Einreibungen** mit kampferhaltigen Salben oder **leichte Massagen** Linderung verschaffen.

Die Mobilisation erfolgt entsprechend der Befindlichkeit des Kranken und unter Berücksichtigung **stabiler** Vitalzeichen **sechs bis acht Stunden nach** Operationsende. Vor dem Aufstehen ist das Kopfende des Bettes senkrecht zu stellen, um das Ein- und Aussteigen zu erleichtern. Der Patient wird instruiert,

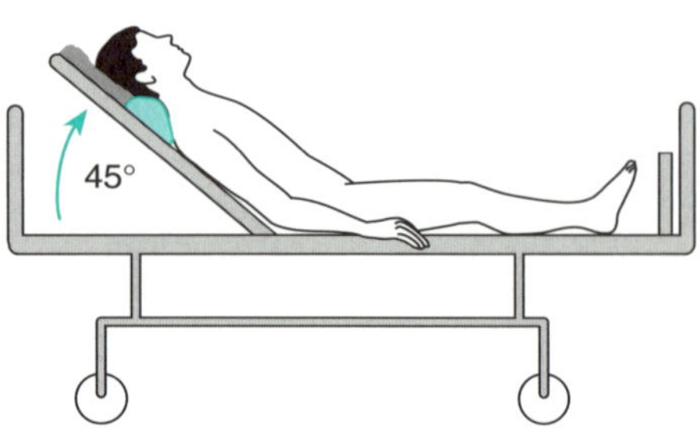

Abb. 28-7 Lagerung nach Schilddrüsenoperationen.

seinen **Kopf achsengerecht** und **leicht auf die Brust gebeugt** zu halten.

Zur Unterstützung der achsengerechten Kopfhaltung hält die betreuende Krankenschwester entweder eine Hand stützend an den Hinterkopf des Patienten, oder der Kranke wird angehalten, mit einer Hand seine Haare hoch über seinen Kopf zu ziehen, wobei gleichzeitig der Hinterkopf von dem Krankenpflegepersonal gestützt wird. Das Aufstehen bzw. das Hochrutschen im Bett kann auch durch ein schmal gefaltetes und quer unter den Nacken des Patienten gelegtes Handtuch erleichtert werden, indem der Patient mit jeder Hand einen Handtuchzipfel greift und gleichzeitig nach vorne zieht.

Um dem Patienten bewegungsabhängige Schmerzen zu ersparen, wird der Kranke darauf hingewiesen, alle **seitlichen Drehbewegungen nicht** mit dem Kopf durchzuführen, sondern nur aus der Hüfte heraus mit dem Oberkörper und dabei mit seinen beiden Händen seitlich den Kopf zu stützen.

28.17.3 Körperpflege/Prophylaxen

Dem operierten Patienten ist bei der Körperpflege Hilfestellung zu geben, da Beugebewegungen Schmerzen auslösen können. Das Waschen des Genitalbereiches, des Rückens und der unteren Extremitäten wird vollständig vom Krankenpflegepersonal übernommen.

Während der ersten drei Tage nach der Operation wird dafür Sorge getragen, daß die **Atemluft** mittels Luftbefeuchter **feucht** gehalten wird, um Hustenreize durch trockene Zimmerluft zu verhindern. Zusätzlich kann der Patient ein- bis zweimal täglich mit Aqua destillata inhalieren, einmal stündlich unter Anleitung 15- bis 20mal tief ein- und ausatmen und einmal stündlich einen Luftballon aufblasen.

28.17.4 Nahrungsaufbau

Entsprechend dem Befinden des Patienten kann er schon am **Abend des Operationstages**, spätestens jedoch am ersten postoperativen Tag Tee zu sich nehmen. **Hämatome** im Wundbereich können den Schluckakt **vorübergehend** beeinträchtigen oder behindern.

Die ersten Schlucke Tee dürfen nur in Gegenwart einer betreuenden Krankenpflegekraft getrunken werden, die den Schluckreflex auf seine Unversehrtheit hin überprüfen kann!

Der weitere Nahrungsaufbau kann zügig erfolgen, allerdings sollte dem **Wunsch** vieler Patienten **nach Breikost** nachgekommen werden, um ihnen den Schluckakt nicht unnötig zu erschweren. Auf ärztliche Anordnung kann 20 Minuten vor den Mahlzeiten ein Schmerzmittel verabreicht werden.

28.17.5 Wundversorgung/Drainagen

Der Verbandwechsel ist täglich nach aseptischen Prinzipien (s.a. Kap. 5.3.2) durchzuführen. Die liegenden Redon-Drainagen (s.a. Abb. 28-6) werden am ersten bzw. zweiten postoperativen Tag je nach Sekretfördermenge durch den Arzt entfernt. Die Fäden können am fünften bis sechsten Tag nach der Operation entfernt werden.

28.18 Entlassungshinweise

Sofern keine Komplikationen auftreten, erfolgt die Entlassung des Patienten am fünften bis sechsten postoperativen Tag, nachdem zuvor die Fäden entfernt wurden und durch einen HNO-Konsiliararzt die **Nachkontrolle der Stimmbänder** hinsichtlich ihrer Unversehrtheit erfolgte. Ärztlicherseits wird der Patient auf die evtl. notwendige weitere medikamentöse Behandlung hingewiesen (**z.B. Jodidprophylaxe**) und es werden Termine für die ambulante Schilddrüsenfunktionskontrolle (erstmals etwa vier Wochen nach der Operation) verbindlich abgesprochen.

Gerade Patientinnen sind häufig über das **kosmetische** Ergebnis der Operation besorgt. Ihnen wird gesagt, daß die ohnehin nur sehr schmale Narbe zunehmend blasser und nach ca. eineinhalb Jahren nicht mehr sichtbar sein wird. Durch die geschickte Auswahl der Kleidung wie z.B. hochgeschlossene Blusen, Pullover, etc. in Kombination mit modischen Tüchern, Schals oder Halsschmuck kann der **Operationsbereich** in der Übergangsphase **optisch kaschiert** werden.

28

28.19 Postoperative Pflegeplanung (individuell) nach Strumektomie

28.19.1 Fallbeispiel Frau Y. Sandmann

Frau Yvonne Sandmann, 28 Jahre alt, leidet seit ca. zwei Jahren an einer euthyreoten Struma, die ihr zunehmend Beschwerden bereitet. So hat sich z. B. ihr Halsumfang deutlich vergrößert, vor vier Wochen bemerkte sie erstmals, daß sie nach der ersten Unterrichtsstunde (Frau Sandmann ist Realschullehrerin) heiser wurde. Zur Zeit der Krankenhausaufnahme kann sie sich sprachlich nur noch unter großen Schwierigkeiten verständlich machen. Beunruhigt haben sie die seit einer Woche bestehenden Schluckbeschwerden. Sie blickt der geplanten Strumektomie mit großem Vertrauen entgegen und verspricht sich die Linderung bzw. das Verschwinden ihrer Symptome.

Soziales Umfeld: Frau Sandmann ist ledig und wohnt in der Einliegerwohnung im Hause ihrer Großeltern. Während ihres Krankenhausaufenthaltes werden diese sich um ihre zwei Katzen kümmern. Frau Sandmann hat einen großen Freundes- und Bekanntenkreis, die alle versprochen haben, sie im Krankenhaus zu besuchen bzw. regelmäßig anzurufen.

28.19.2 Pflegeplanung Frau Y. Sandmann

Pflegeproblem	Pflegeziel	Pflegemaßnahmen
1 Ruhen und Schlafen • Pat. findet keine Ruhe (postoperativer Wundschmerz)	• Pat. schläft erholsam in ausreichenden Ruhephasen und ist schmerzfrei	• Oberkörperhochlagerung (45°), zusätzlich Nackenrolle oder gerolltes kleines Kissen anbieten • mit Pat. und Arzt ausreichende Gabe von Analgetika und ggf. Schlafmedikation besprechen (Dokumentation)
2 Sich bewegen • Pat. hat Angst, ihre Liegeposition zu verändern (aufgrund der Befürchtung, die Redon-Drainagen könnten herausrutschen)	• Pat. traut sich Bewegungen zu und ist angstfrei	• Redonableitungen sicher und hautschonend fixieren • Pat. informieren, daß die Drainagen nicht herausrutschen können, da sie intraoperativ angenäht wurden • Pat. motivieren, mit kleinen Bewegungsabläufen (z.B. Arme heben) zu beginnen und den Bewegungsumfang allmählich zu steigern
• Pat. will sich nicht bewegen (aufgrund der Schmerzen im Wundbereich)	• Pat. bewegt sich ausreichend	• Schmerzmedikation s. **ATL 1** • AT-Strümpfe über 24 Std.
• Thrombosegefahr	• venöser Rückstrom ist intakt	• Frühmobilisation 6 Std. nach Op-Ende auf die Bettkante setzen (Kreislaufparameter beachten) • ab 1. postop. Tag aktive Bewegungsübungen regelmäßig mit den nicht eingeschränkten Extremitäten im Bett durchführen (z. B. Beine anziehen, strecken, Füße kreisen, etc.) • der Pat. vor dem ersten Aufstehen die Vorgehensweise genau erklären (s. Kap. 28.17.2)

28.19.2 **Pflegeplanung** (Fortsetzung)

Pflegeproblem	Pflegeziel	Pflegemaßnahmen
3 Sich waschen und kleiden • Pat. ist bei der tägl. Körperpflege eingeschränkt • Pat. fühlt sich unwohl und gehemmt im Kliniknachthemd	• Pat. wäscht sich selbständig • Pat. fühlt sich wohl, ist zufrieden mit ihrem äußeren Erscheinungsbild	• 2× tägl. bei der Körperpflege behilflich sein • Übernahme des Waschens von Rücken, Genitalbereich und der unteren Extremitäten bis zum 3. postop. Tag • Hautpflege auf Wunsch der Pat. mit eigener Hautlotion • sobald wie möglich eigenes Nachthemd mit weit ausgeschnittener Halsöffnung anziehen lassen (steigert Wohlbefinden)
4 Essen und Trinken • Pat. klagt über Durst und unangenehmen Geschmack im Mund	• Pat. hat angenehmen Geschmack, ist nicht durstig und hat intakte Mundschleimhaut	• Pat. auf die notwendige Nahrungskarenz von 6 Std. postop. hinweisen • in diesem Zeitraum stündliche Mundpflege mit Kamillentee ermöglichen • Pat. feuchtet den Mund mit Eiswürfeln an und führt Lippenpflege selbständig durch (Labello® im Nachttisch)
• evtl. treten Schluckschwierigkeiten bei der Nahrungsaufnahme am 1. postop. Tag auf (aufgrund des Hämatoms im Wundbereich)	• Pat. kann ungehindert Schlucken	• vor der ersten Nahrungsaufnahme Schluckakt auf Unversehrtheit überprüfen (s. Kap. 33.15.7) • zur Nahrungsaufnahme am 1. postop. Tag Kopfende des Bettes auf 80° erhöhen • Pat. bekommt breiige Kost, Kartoffelbrei mit Spinat, da sie dies besonders gerne ißt
5 Ausscheiden • Pat. kann kein Wasser lassen, klagt über Druckgefühl im Unterbauch (seit Op-Ende sind 8 Std. vergangen)	• Pat. entleert spontan die Blase	• Pat. zur Toilette begleiten • Wasserhahn in der Nähe der Pat. „plätschern“ lassen • warmes Wasser über die Unterarme der Pat. rieseln lassen falls ein Waschbecken in der Nähe ist • der Pat. kleine Schüssel mit warmen Wasser anbieten, damit sie die Finger eintauchen kann • Pat. ausreichend Zeit lassen (evtl. Toilettentüre schließen, damit sich Pat. ungestört fühlt) • wenn die oben genannten Maßnahmen keinen Erfolg haben, Spasmolytika (z. B. Doryl®) auf ärztl. Anordnung injizieren

28

28.19.2 Pflegeplanung (Fortsetzung)

Pflegeproblem	Pflegeziel	Pflegemaßnahmen
6 Regulieren der Körpertemperatur • Pat. hat physiologisch erhöhte Körpertemperatur (37,8 °C)	• Pat. hat normale Körpertemperatur	• 3× tägl. Kontrolle der Körpertemperatur rektal bis zum 3. postop. Tag (Dokumentation) • bei Anstieg über 38,5 °C Arzt informieren
7 Atmen (Blutdruck, Puls) • Pat. hat das Gefühl, nicht durchatmen zu können	• Pat. ist aufgeklärt, daß das Gefühl am 2. bis 3. postop. Tag nachläßt	• Atemluft in den ersten zwei postop. Tagen anfeuchten • Pat. inhalieren und unter Anleitung 10- bis 20mal tief durchatmen lassen • Pat. vor allem vor dem Schlafen nochmals über das „normale" Empfinden aufklären und beruhigen • Pat. sagen, daß immer jemand da ist, den sie rufen kann • Klingel in Reichweite befestigen
8 Für Sicherheit sorgen • Pat. ist infektgefährdet durch: – Drainagen – Wunde	• Pat. hat reizlose Einstichstellen und Wunde	• erster aseptischer VW lt. Anordnung 48 Std. nach Op-Ende
• Gefahr der Nachblutung	• Pat. hat keine Nachblutung	• in den ersten 6 Std. regelmäßige Kontrolle der Drainageflüssigkeiten (Dokumentation von Menge, Aussehen, Besonderheiten) • bei stdl. Fördermenge von über 100 ml Arzt informieren • Äußerungen über zunehmende Atemnot (Nachblutung) ernst nehmen und den Arzt informieren
9 Sich beschäftigen • Pat. empfindet keine Einschränkung		
10 Kommunikation • Pat. klagt über nicht abklingende Heiserkeit (Rekurrensparese durch Wundödem), kann nur mit Mühe sprechen	• Pat. kann uneingeschränkt kommunizieren	• bei jeder Pflegemaßnahme kurzes Gespräch mit Pat. führen, dabei auf zu- bzw. abnehmende Heiserkeit achten • Pat. auffordern, stimmhafte Wörter zu sprechen („Anna", „Amerika", etc.) • Sprechschwierigkeiten dokumentieren, Arzt informieren • vor Entlassung Termin mit HNO-Konsiliararzt vereinbaren
11 Sich als Frau, Mann, Kind fühlen • Pat. ist etwas besorgt über das kosmetische Ergebnis der Operation	• Pat. ist beruhigt	• Patient über Dauer der Wundheilung und über die Phasen der Narbenentwicklung informieren • Pat. beraten, wie sie die Narbe kaschieren kann (Tücher, Schals, etc.)

28.19.2 Pflegeplanung (Fortsetzung)

Pflegeproblem	Pflegeziel	Pflegemaßnahmen
12 Sinn finden • Pat. ist nicht eingeschränkt *Ressourcen:* • Pat. ist kooperativ, möchte möglichst schnell entlassen werden • Pat. freut sich auf ihr weiteres Leben ohne Einschränkung beim Sprechen und Schlucken		

Literaturhinweise

[1] Berchtold, R., H. Hamelmann, H.-J. Peiper, O. Trentz (Hrsg.): Chirurgie. Urban & Schwarzenberg, München-Wien-Baltimore, 3. Aufl. 1994.

[2] Claassen, M., V. Diehl, K. Kochsiek (Hrsg.): Innere Medizin. Urban & Schwarzenberg, München-Wien-Baltimore, 3. Aufl. 1994.

[3] Mischo-Kelling, M., H. Zeidler (Hrsg.): Innere Medizin und Krankenpflege. Urban & Schwarzenberg, München-Wien-Baltimore, 2. Aufl. 1992.

[4] Geisler, L.: Innere Medizin II. Kohlhammer-Verlag, Stuttgart-Berlin 1992.

[5] Juchli, L.: Krankenpflege. Georg-Thieme-Verlag, Stuttgart, 7. Aufl. 1995.

[6] Gerlach, U., N. v. Husen, H. Wagner, W. Wirth: Innere Medizin. Für Fachberufe im Gesundheitswesen. Georg-Thieme-Verlag, Stuttgart 1994.

29 Gefäßchirurgie

H. Wenk, Ch. Albrecht

I Allgemeiner Teil

29

29.1 Anatomie und Physiologie

Zum Verständnis der Pathophysiologie von Gefäßerkrankungen sowie ihrer Behandlungsmöglichkeiten ist die Kenntnis der Anatomie Voraussetzung. Arterien und Venen weisen einen **typischen dreischichtigen Wandaufbau** auf. Die Innenwand der Gefäße ist von einer flachen Zellschicht, den sog. Endothelzellen, ausgekleidet. Diese Endothelzellen spielen eine wichtige Rolle für die **Fließeigenschaften** des Blutes. Verletzungen der Endothelzellen führen zu einer Freisetzung von Substanzen, die das Gerinnungssystem aktivieren und damit zur Entstehung von lokalen Verschlußprozessen beitragen können.

Die mittlere Schicht wird als **Media** bezeichnet und besteht sowohl aus Bindegewebefasern, elastischen Fasern und Muskelzellen. Diese Schicht ist entscheidend für die **Elastizität** des Gefäßes auf der einen Seite, zum anderen finden hier auch die wichtigen **Regulationsmechanismen** wie Eng- oder Weitstellung von Gefäßen statt. Die Entstehung der Arteriosklerose ist wesentlich durch das Nachlassen der Elastizität der Mediaschicht im Alter mitbedingt.

Die äußere Schicht ist eine bindegewebige Hüllschicht, die als **Adventitia** bezeichnet wird.

Im **Gegensatz** zu den Arterien ist bei den Venen die sog. Media, also die mittlere Gefäßschicht, wesentlich **schwächer** ausgebildet. Dies hat zur Folge, daß die Venen die auch einen größeren Durchmesser als die Arterien aufweisen, eine dünnere Wand haben, deren Regulationsfähigkeit weit **geringer** ist.

29.2 Pathophysiologie arterieller Verschlußerkrankungen

Bedingt durch **Alterungsvorgänge** jedes Organismus findet sich mit zunehmendem Lebensalter eine sog. „Physiosklerose“ der Arterien: Die Elastizität der arteriellen Gefäße läßt nach und die Reagibilität, also die Anpassungsfähigkeit des Gefäßes an unterschiedliche Durchblutungsbedingungen des Gefäßsystems, verringert sich. Durch eine Vergrößerung des Querschnittes sowie ein Nachlassen der Elastizität resultiert eine **Erhöhung der Blutdruckamplitude** sowie eine **Zunahme der Wandspannung** der Gefäße im Alter.

Über diese physiologischen Mechanismen hinausgehende Veränderungen werden als **„Arteriosklerose“** bezeichnet. Diese arteriosklerotischen Veränderungen, von denen meist **ältere** Patienten betroffen sind, müssen gegen **entzündliche** Gefäßprozesse abgegrenzt werden. Entzündliche Gefäßerkrankungen betreffen meist **jüngere** Patienten.

Arteriosklerotische Veränderungen beginnen mit Einlagerungen von Fetten in die Gefäßinnenschicht (**Intima**). Aus diesen Fetteinlagerungen entstehen Ablagerungen (**Plaques**), die sich bis in die mittlere Gefäßschicht (Media) hinein entwickeln. Diese Plaques bilden Geschwüre, worin sich Gerinnsel ablagern können. Werden diese Gerinnsel mit dem Blutstrom fortgeschwemmt, kommt es zu einer **Embolie.** Vergrößern sich die Gerinnsel, ist eine sog. **wandständige Thrombose,** die den Innendurchmesser der Arterie weiter einengt, zu erwarten. Schließlich tritt ein **kompletter** Verschluß des arteriellen Gefäßes mit entsprechenden Durchblutungsstörungen in den abhängigen Organen ein.

Bestimmte Regionen des arteriellen Gefäßsystems sind hinsichtlich dieses pathophysiologischen Ablaufes **besonders** gefährdet. Dies sind vor allem **Gefäßaufzweigungen,** da hier der normalerweise geschichtete (laminare) Blutstrom abreißen kann und Turbulenzen entstehen (Abb. 29-1). Neben Gefäßaufzweigungen sind auch besonders **kurvenreich** verlaufende Gefäße, wie z. B. die Herzkranzarterien hiervon betroffen.

Ein weiterer Arteriosklerose-Risikofaktor sind der **Bluthochdruck** sowie **Durchblutungsstörungen** der Gefäßwand selbst. Auch die Blutplättchen (Thrombozyten) spielen eine wichtige Rolle. Bei einer verstärkten Abschilferung von Gefäßendothelzellen kann es zu Blutplättchenanlagerungen kommen, die durch die Freisetzung biochemisch aktiver Substanzen ein Wachstum der Muskelzellen in der Gefäßmedia verursachen.

Entzündliche Arterienerkrankungen treten meist als **Autoimmunerkrankungen** auf und betreffen häufig jüngere Leute. Es findet sich ein regional häufiges Auftreten in verschiedenen Bevölkerungsgruppen, darüber hinaus

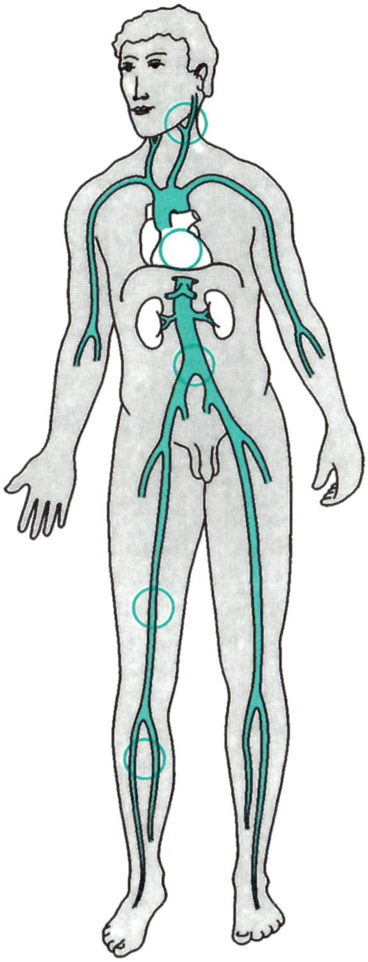

Abb. 29-1 Bevorzugte Lokalisation der Arteriosklerose.

Tab. 29-1 Charakteristika des akuten arteriellen Verschlusses.

Pain	Schmerz
Paleness	Blässe
Paresthesia	Gefühlsstörung
Pulselessness	Pulsverlust
Paralysis	Bewegungsunfähigkeit
Prostration	Erschöpfung, Schock

sind jedoch auch vielfältige Substanzen als Auslöser für eine entzündliche Arterienerkrankung bekannt. So findet sich die sog. **Endangitis obliterans** (eine Form der arteriellen Verschlußerkrankung mit einer Entzündung der Gefäßinnenschicht) vielfach bei jugendlichen Rauchern. Embolische arterielle Verschlüsse entstehen durch Verschleppung von Gerinnseln nach einer arteriellen Thrombose oder durch Embolien aus dem Herzen, z.B. bei Rhythmusstörungen. Sehr selten finden sich arterielle Embolien bei venösen Thrombosen, da hierzu Defekte des Herzseptums eine Voraussetzung sind.

29.3 Symptome bei arterieller Verschlußerkrankung

Die Symptomatik der arteriellen Verschlußerkrankung ist von der **Entstehungsgeschichte** abhängig. Arterielle Embolien mit kompletter Verlegung der Gefäßstrombahn sind durch einen **plötzlich** einsetzenden, starken Schmerz gekennzeichnet. Die Körperregion hinter dem arteriellen Verschluß ist **kalt** und **blaß,** ein Puls ist hinter dem Verschluß **nicht** mehr zu tasten. Charakterisierend für den akuten arteriellen Verschluß sind die **sechs „P"** (Tab. 29-1).

Der chronische Arterienverschluß zeigt dagegen eine **mildere** Symptomatik, die sich in **vier** Stadien (Tab. 29-2) einteilen läßt. Das **Stadium I** ist eine Einengung oder ein Verschluß eines Gefäßes ohne klinische Symptome. Im **Stadium II** finden sich Symptome, die auf die Einengung oder den Verschluß des Gefäßes zurückzuführen sind. Dies äußert sich z.B. bei der arteriellen Verschlußerkrankung der unteren Extremitäten im sog. **Schaufenstergang** (Claudicatio intermittens), was bedeutet, daß nach einer bestimmten Gehstrecke Schmerzen meistens in der Wade, den Patienten zum Anhalten zwingen. Bei symptomatischen Einengungen der Halsarterien können demgegenüber vorübergehende neurologische Ausfälle auftreten, die jedoch komplett reversibel sind. Im **Stadium III** zeigen sich Beschwerden auch ohne Belastung, d.h., bei Extremitätenverschlüssen sind die Patienten permanent Schmerzen ausgeliefert. Im **Stadium IV** schließlich ist der Strukturstoffwechsel soweit gestört, daß ein Gewebeuntergang daraus resultiert. Bei Verschlüssen der Extremitätenarterien sind die typischen

Tab. 29-2 Stadien der arteriellen Verschlußerkrankung.

Stadium I	Beschwerdefrei, Stenose oder Verschluß hämodynamisch noch nicht wirksam. Die Durchflußreserve reicht auch bei Belastung für eine volle Kompensation.
Stadium II	Claudicatio intermittens als Ausdruck der Belastungsinsuffizienz (a = Gehstrecken >200 m; b = Gehstrecken < 200 m).
Stadium III	Ruheschmerz, Dauerinsuffizienz. Die Restdurchblutung unterschreitet den Blutbedarf.
Stadium IV	Gewebetod infolge Anoxie (Nekrose, Gangrän).

Gewebeuntergänge (Nekrosen) an den Zehen, also an den Körperpartien, die am weitesten vom Verschlußprozeß entfernt sind, zu sehen.

29.4 Diagnostik arterieller Verschlußerkrankungen

Die Diagnostik bei arteriellen Verschlußprozessen setzt eine standardisierte Untersuchungstechnik voraus. Am **wichtigsten** ist die **körperliche Untersuchung** mit Inspektion, Prüfung auf Kälte, Gefühlsstörungen und Einschränkungen der Bewegungsfähigkeit. Die Erhebung des **Pulsstatus** ist darüber hinaus von großer Bedeutung. Hinter Einengungen oder Verschlüssen von Arterien findet sich ein abgeschwächter oder ganz fehlender Puls. Neben der Pulsstatuserhebung spielt die **Blutdruckmessung** an den betroffenen Extremitäten eine Rolle. Da Einengungen von Gefäßen zu Veränderungen des Blutstromes führen, lassen sich Wandrauhigkeiten und Einengungen auch auskultieren. Vor allem bei mittelgradigen Einengungen sind charakteristische Strömungsgeräusche feststellbar.

Dopplersonographie: Genauere Auskunft über das **Strömungsprofil** als die Auskultation („Abhören") liefert die Dopplersonographie. Sie wird mit einer speziellen Sonde, die mit einem Sende- und einem Empfängerkristall ausgestattet ist, durchgeführt. Mittels eines Kontaktgels kann die Sonde an die Körperoberfläche angekoppelt und im Winkel von 45° zur Gefäßachse aufgesetzt werden. Mit dieser Methode läßt sich die Strömungsgeschwindigkeit der korpuskulären (festen) Blutbestandteile feststellen. Natürlicherweise **steigt** die Strömungsgeschwindigkeit in einer Einengung **an**, um **hinter** der Einengung **stark abzufallen**. Dieses Phänomen liefert charakteristische Flußkurven und kann auch hörbar gemacht werden. Neben der Beurteilung der Blutströmungsqualität läßt sich mit der Dopplersonde auch der **Blutdruck hinter** einer Einengung oder einem Gefäßverschluß **exakt messen.** Hierzu wird eine handelsübliche Blutdruckmanschette am Arm oder am Bein angelegt und die Dopplersonde über dem Gefäß plaziert. Die Blutdruckmanschette wird über den systolischen Blutdruck aufgepumpt und anschließend der Manschettendruck langsam reduziert. Wenn die Dopplersonde eine Blutströmung registriert, kann dies als arterieller Blutdruck hinter dem Verschlußprozeß gewertet werden.

Darüber hinaus kann die Dopplersonographie zur genauen **Ortung** von arterio-venösen Kurzschlußverbindungen (Fisteln) eingesetzt werden. Auf dem venösen Sektor eignet sie sich zum **Ausschluß** einer Venenthrombose sowie zum **Nachweis** einer **intakten** Venenklappenfunktion.

Angiographie: Eine invasive Untersuchungsmethode zum Nachweis von Veränderungen am arteriellen oder venösen Gefäßsystem ist die Angiographie. Invasiv bedeutet, daß hierzu die intakte Körperoberfläche verletzt, d.h. ein Blutgefäß mit einer Nadel punktiert werden muß. Eine Möglichkeit der Angiographie besteht in der Direktpunktion des zu untersuchenden Gefäßabschnittes. Ist dieser schwer zugänglich oder ist die Punktion mit einem zu **hohen Risiko** verbunden, kann die Angiographie auch in der sog. **Kathetertechnik** durchgeführt werden. Hierzu wird eine gut zugängliche Arterie z.B. die Leistenarterie (A. femoralis) oder die Ellenbogenarterie (A. cubitalis) punktiert. Über die Punktionskanüle läßt sich dann ein Katheter bis zu dem Ort vorschieben, der für die Angiographie interessant ist. Diese Untersuchungstechnik ermöglicht eine **komplikationsarme** Darstellung auch **schwer zugänglicher** Arterien wie z.B. der Eingeweide- oder der Halsarterie, ohne daß große Mengen an Kontrastmittel verabreicht werden müssen. Die Gefäßdarstellung (Angiographie) kann in konventioneller Technik durchgeführt werden. Dies bedeutet, daß sich die mit Kontrastmittel gefüllten Gefäße auf einem normalen Röntgenfilm darstellen. Eine neuere Technik ist die sog. **digitale Subtraktionsangiographie** (DSA), bei der computergesteuert das Nativ-Röntgenbild vom Arteriogramm subtrahiert wird, so daß sich bei idealer Subtraktionstechnik lediglich die Blutgefäße abbilden und das knöcherne Skelett sozusagen „ausradiert" (subtrahiert) wird. Hierdurch können Gefäßunregelmäßigkeiten **genauer**, aber mit **geringerem** Kontrastmittelbedarf dargestellt werden. Von Nachteil ist jedoch, daß bei fehlender Abbildung des Skelettsystems wichtige **Bezugspunkte** zur Orientierung und genauen Lokalisation fehlen können.

Computertomographie (CT) und Kernspintomographie (MRT): Zur Beurteilung der großen Körperarterie (Aorta) eignen sich Schnittbildverfahren wie die Computertomographie (CT) und die Kernspintomographie (Magnetresonanztomographie; MRT). Insbesondere bei einer Erweiterung der Arterien (Aneurysmen) ist mit diesen Untersuchungsmethoden eine genaue **Einschätzung des Befundes** möglich. Ferner wird die Computertomographie dazu benötigt, bei Einengungen bzw. Verschlüssen von Arterien **Gewebeuntergänge in abhängigen Organen** nachzuweisen oder auszuschließen. Dies gilt besonders für das Gehirn bei Einengungen der Halsarterien.

Neben diesen speziellen gefäßchirurgischen, klinischen und apparativen Untersuchungen sind die körperliche Untersuchung sowie die üblichen nichtapparativen und apparativen diagnostischen Methoden der Risikoabklärung von Bedeutung. Es sollte immer bedacht werden, daß Patienten mit arterieller Verschlußerkrankung häufig eine **Kombination von Risikofaktoren** (Nikotinabusus, Bluthochdruck, Stoffwechselstörungen) aufweisen. Somit sind die Röntgenuntersuchung des Brustkorbes (Lungenkrebs, Lungenentzündung), das EKG (koronare Herzerkrankung, Herzinfarkt) sowie verschiedene Laboruntersuchungen (Blutzucker, Fettstoffwechselstörung, Gicht) wichtig.

II Spezieller Teil

29.5 Akuter Arterienverschluß

Der akute arterielle Verschluß wird am häufigsten durch eine **arterielle Embolie** hervorgerufen. Sie entsteht durch die Verschleppung von Blutgerinnseln, die sich vielfach bei Herzerkrankungen (z.B. Herzrhythmusstörungen, Herzklappenfehlern, Herzinfarkt) lösen. Diese Gerinnsel werden mit dem Blutstrom fortgeschwemmt und bleiben typischerweise an **Gefäßaufzweigungen** hängen, da es hier zu einer Verringerung des Gefäßinnendurchmessers hinter der Aufzweigung kommt. Die **plötzliche Mangeldurchblutung** führt zu Schmerzen, Blässe, Gefühlsstörungen, Pulsverlust, Bewegungsunfähigkeit und Erschöpfung der von dieser Arterie abhängigen Körperpartie. Eine Embolie kann durch Thromben (Gerinnsel), Tumorpartikel oder auch durch Fremdkörper (z.B. Katheterfragmente) entstehen.

Neben der arteriellen Embolie ist die sog. **akute arterielle Thrombose** die zweithäufigste Ursache für den akuten Arterienverschluß. Die akute arterielle Thrombose entsteht an einem **vorbestehenden** Gefäßwandschaden. Im Gegensatz zur Embolie tritt hier das Gerinnsel am Verschlußort selbst auf. Akute arterielle Verschlüsse können darüber hinaus auch **bei Verletzungen** vorkommen. Nennenswert ist die Einengung bzw. der Verschluß des Gefäßes durch große Blutergüsse oder bei Knochenbrüchen. Natürlich kann die Arterie auch selbst geschädigt sein. Ist das Gefäß durchtrennt, kommt es als Selbstschutz zum Einrollen der Gefäßinnenhaut, mit der Folge eines kompletten Verschlusses. Auch Aufsplitterungen der Gefäßwände (Dissektion) durch Einrisse der Innenhaut aufgrund von Verletzungen oder degenerativen (rückbildenden) Gefäßerkrankungen können zu Verschlüssen von Arterien führen. Auch

29

hier sind oftmals die Gefäßaufzweigungen betroffen.

Die **Sofortmaßnahmen** zur Behandlung eines akuten arteriellen Verschlusses bestehen in der **Schmerzausschaltung** durch Gabe eines stark wirksamen Schmerzmittels. Befindet sich der Verschluß in einer Extremität, so sollte diese tiefgelagert und gepolstert werden, um einen weiteren Durchblutungs- und Wärmeverlust zu vermeiden. Die Gabe von Heparin (Liquemin) verhindert, daß oberhalb des akuten arteriellen Verschlusses eine Gerinnselbildung auftritt.

Ist die arterielle Embolie klinisch **eindeutig** zu diagnostizieren, ist die **sofortige Operation** (Abb. 29-2 A bis G), zumindest innerhalb von sechs Stunden ab Symptombeginn anzustreben. Bei bestehenden Zweifeln an der Diagnose ist **baldmöglichst** eine Angiographie durchzuführen.

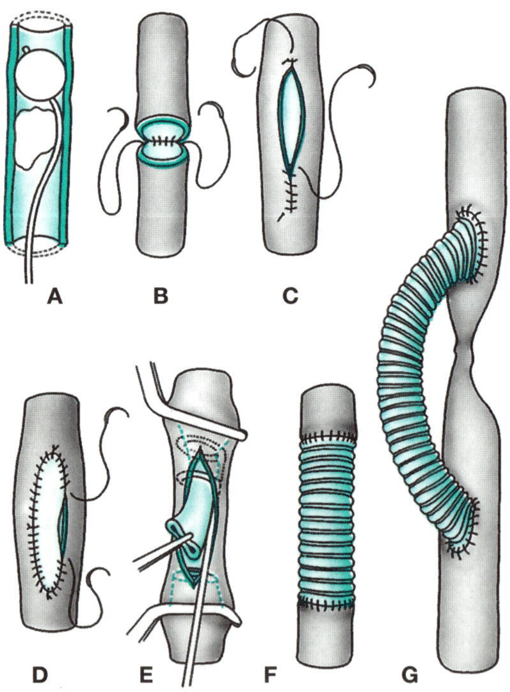

Abb. 29-2 Operationsverfahren der Arterienrekonstruktion.
A: Embolektomie mit dem Fogarty-Katheter.
B: Direktnaht (End-zu-End-Anastomose).
C: Gefäßnaht (seitlich).
D: Streifenplastik.
E: Ausschälplastik (Thrombendarteriektomie).
F: Gefäßersatz mit Kunststoff (Interposition).
G: Bypass mit Kunststoffprothese.

Es ist darauf zu achten, daß es zu keiner Zeitverzögerung kommt, da ansonsten der Gewebeuntergang mit einer evtl. nachfolgenden Amputation befürchtet werden muß!

Erstes Behandlungsziel ist die **Entfernung** des Embolus zur **Wiederherstellung** der Durchblutung. Hierzu wird die arterielle Strombahn an einer gut zugänglichen Stelle, dies ist in der Regel die Leisten- oder die Ellenbogenarterie freigelegt. Das verschlossene Gefäß kann dann mit einem flexiblen Ballonkatheter (Fogarty-Katheter; Abb. 29-2 A), der in mehreren Größen erhältlich ist, vom Embolus befreit werden. Ein spritzender Zustrom aus dem entsprechenden Gefäß dokumentiert während der Operation die Entfernung des Embolus. Das eröffnete Gefäß ist durch eine Gefäßnaht mit feinem Nahtmaterial zu verschließen. In der Regel wird das Gefäß durch eine Direktnaht (Abb. 29-2 B und C) verschlossen, bei zu befürchtender Einengung durch die Naht ist eine Streifenplastik (Abb. 29-2 D) möglich. **Während** und **nach** der Operation ist die Gabe von **Heparin** sehr wichtig, da die Manipulationen zur Entfernung des Embolus auf die Gefäßwandinnenhaut einen starken **Reiz zur Gerinnselbildung** ausübt.

Ist der akute arterielle Verschluß nicht durch einen Embolus, sondern durch eine akute Gerinnselbildung bei einem vorbestehenden Gefäßwandschaden entstanden, so sollte dieser während derselben Operation mitbehandelt werden. Es bietet sich eine **Ausschäl-** (Abb. 29-2 E) oder eine **Erweiterungsstreifenplastik** (Patchplastik) mit einem Venen- oder einem Kunststoffstreifen an, für die eine direkte Freilegung des erkrankten Gefäßabschnittes erforderlich ist. Ein **Gefäßersatz** mit Kunststoff ist nur **selten** erforderlich (Abb. 29-2 F und G), er wird häufiger bei chronischen Leiden eingesetzt.

29.6 Chronischer Arterienverschluß (arterielle Verschlußerkrankung)

Die arterielle Verschlußerkrankung entsteht zu **90%** durch die sog. **Arteriosklerose.** Lediglich **10%** sind durch **entzündliche** Erkrankungen der Blutgefäße bedingt. Die arterielle Verschlußerkrankung befällt bevorzugt bestimmte Körperregionen, so daß verschiedene Lokalisationen zu unterscheiden sind. Man spricht vom **Unterschenkel-**, vom **Oberschenkel-**, vom **Becken-** und vom **Schultergürteltyp.** Der Schultergürteltyp betrifft sowohl die Hals- als auch die Armarterie, also die Gefäße, die aus dem Aortenbogen entspringen. Die arterielle Verschlußerkrankung wird darüber hinaus durch ihre Art beschrieben; sie kann **kurz-** oder **langstreckig, inkomplett** (Gefäßeinengung) oder **komplett** (Gefäßverschluß) sein. Nach ihren funktionellen Folgen ist die arterielle Verschlußerkrankung in vier Stadien eingeteilt (s. Tab. 29-2). Hierbei findet sich im **Stadium I kein** klinisches Symptom, im **Stadium II** eine **Belastungsinsuffizienz,** im **Stadium III** eine **Dauerinsuffizienz** (Ruheschmerz), und im **Stadium IV** ist ein **Gewebeuntergang** festzustellen.

Operationen stellen bei der arteriellen Verschlußerkrankung immer nur eine „symptomatische Therapie" dar. Das bedeutet, daß die **Grunderkrankung** mit der Operation **nicht** behoben ist, sondern lediglich die **Symptome** des Patienten **beseitigt** oder **gelindert** sind. Für den Gliedmaßenbereich ergibt sich eine Notwendigkeit zur Operation in den Stadien III und IV. Im Stadium II (Belastungsschmerz) wird dann operiert, wenn die Patienten durch die arterielle Verschlußkrankheit persönlich oder beruflich sehr stark belastet sind.

Prinzipiell stehen zur Behandlung der arteriellen Verschlußerkrankung mehrere Operationsmethoden zur Verfügung. Zum einen ist es üblich, bei einem verschlossenen oder eingeengten Gefäß eine Ausschälplastik (s. Abb. 29-2 E) durchzuführen. Dazu wird mit einem speziellen Instrument (Dissektor) die Gefäßwand in ihrer mittleren Schicht (Media) aufgetrennt und die Gefäßinnenhaut mit dem Kalkplaque oder dem Gerinnsel entfernt. Alternativ kann auch ein Ringdesobliterator eingesetzt werden. Da das Gerinnsel (Thrombus) zusammen mit der Gefäßinnenhaut (Endothel) entfernt wird, heißt diese Methode **Thrombendartiektomie** (TEA; s. Abb. 29-2 E).

Ist diese Methode zu aufwendig oder zu risikoreich, kann der verschlossene Gefäßabschnitt durch einen **Bypass** überbrückt werden. Für die Bypassoperation eignet sich eine **körpereigene** Vene (V. saphena magna) oder eine **künstliche** Arterie aus Polytetrafluorethylen (PTFE, Teflon® oder Dacron®). Gefäßprothesen aus PTFE sind gegossen, solche aus Dacron gestrickt oder gewebt. Die unterschiedlichen Herstellungsverfahren haben verschiedene biologische Verhaltensweisen im Körper zur Folge. Für die klinische Anwendung hat sich gezeigt, daß sich die PTFE-Prothese besonders für den Ersatz kleinerer Arterien im Ober- und Unterschenkelbereich eignet. Für den Gefäßprothesenersatz im Bereich der Hauptarterie (Aorta) und der Bekkenarterie eignen sich sowohl Dacron- als auch PTFE-Prothesen.

Sind operative Maßnahmen an den Blutgefäßen nicht mehr möglich oder sinnvoll, kann durch eine **Ausschaltung des Sympathikusnerven** eine Besserung erreicht werden. Insbesondere bei Erkrankungen der kleineren Arterien kommt die sog. Sympathektomie als mögliche Operationsmethode in Frage, wobei zur Behandlung von Erkrankungen im Bereich der Armarterie die **thorakale** und im Bereich von Verschlüssen der unteren Extremitäten die **lumbale Sympathektomie** ausgeführt wird. Die Beschwerden können durch eine Erweiterung der kleinen Gefäße mittels einer Ausschaltung des Sympathikus gebessert werden.

Liegt ein Stadium IV mit Gewebeuntergang vor, muß bei Extremitätenverschlüssen nach Anwendung der gefäßchirurgischen Operationsmethode das untergegangene Gewebe durch Amputation entfernt werden. Die Amputation sollte so **klein wie möglich** ausfallen, um die Funktion der Extremität nach Möglichkeit zu erhalten. Auf der anderen Seite muß sie in einem Abschnitt erfolgen, der so gut durchblutet ist, daß **Wundheilungsstörungen nicht** zu befürchten sind.

29.7 Supraaortale Äste (Aortenbogenabgänge)

29.7.1 Stenosen der Arteria carotis

Einengungen der Halsarterien sind häufig und treten in über der Hälfte der Fälle an der Aufzweigung in die innere und äußere Halsarterie auf. Operiert werden müssen Einengungen der Halsarterie, wenn sie zu Symptomen wie flüchtige Lähmungen an Armen oder Beinen, Sprach- oder Sehstörungen führen. Durch die Operation kann das **Risiko** des **drohenden Schlaganfalles gesenkt** werden. Ist bereits ein Schlaganfall aufgetreten, ist die Einengung der Halsarterie zur Vermeidung eines erneuten Schlaganfalles zu beseitigen.

Ist die Einengung noch beschwerdefrei, wird sie nur operiert, wenn sie hochgradig ist oder wenn sich in der Einengung Gerinnsel abgelagert haben. Dies ist mit der Angiographie sehr genau nachweisbar.

Die Einengung der Halsarterie wird durch eine Ausschälplastik beseitigt und zusätzlich wird das Gefäß mit einer Streifenplastik (Dacron) versorgt.

29.7.2 Stenosen und Verschlüsse der Arteria subclavia

Einengungen oder Verschlüsse der Armarterien treten aufgrund der Gefäßanatomie und der daraus entstehenden Besonderheiten des Blutflusses **links** viel **häufiger** als rechts auf, da die linke Unterschlüsselbeinarterie (A. subclavia) nahezu rechtwinkelig aus dem Aortenbogen entspringt (Abb. 29-3). **Einengungen** der A. subclavia können durch den Röntgenfacharzt, der in Kathetertechnik (s. Kap. 29.4) über eine Punktion der Ellenbogenarterie eine Ballondehnung des Gefäßes durchführt, behandelt werden. **Verschlüsse** der A. subclavia eignen sich jedoch **nicht** für diese Ballondehnung (Embolierisiko). Diese Gefäßveränderungen werden nur operiert, wenn eine Mangeldurchblutung des Armes vorliegt. Häufig findet sich jedoch eine Symptomatik, die der Einengung der Halsarterie ähnelt. Dies liegt daran, daß auch die A. subclavia ein Gefäß (A. vertebralis; Wirbelarterie) abgibt, das zur **Blutversorgung des Gehirnes** beiträgt (s. Abb. 29-3). Bei abgangsnahen Verschlüssen der A. subclavia kann diese A. vertrebralis durch eine **Flußumkehr** die Durchblutung des Armes sicherstellen und es kommt durch den beschriebenen Anzapfmechanismus zu einer Mangeldurchblutung im Gehirn. Diese Mangeldurchblutungen werden als sog. **„Subclavian-Steal-Syndrom"** bezeichnet. Findet sich ein solcher Zustand, ist die Notwendigkeit zur Operation gegeben. Während früher Ausschälplastiken des Subclaviaverschlusses durchgeführt wurden, die mit einer Eröffnung der Brusthöhle sowie einem Bypassverfahren zwischen der Halsarterie und der A. subclavia verbunden waren, wird heute die Verpflanzung der A. subclavia in die gleichseitige Halsarterie vorgenommen. Dies hat den **Vorteil**, daß die Brusthöhle **nicht eröffnet** werden muß und nur **eine** Gefäßnaht erforderlich ist. Darüber hinaus ist **kein** Kunststoffprothesenmaterial erforderlich. Der Eingriff ist dennoch **risikoreich,** da im Operationsgebiet **wichtige Nerven** und **Lymphgefäße,** die verletzt werden können, verlaufen.

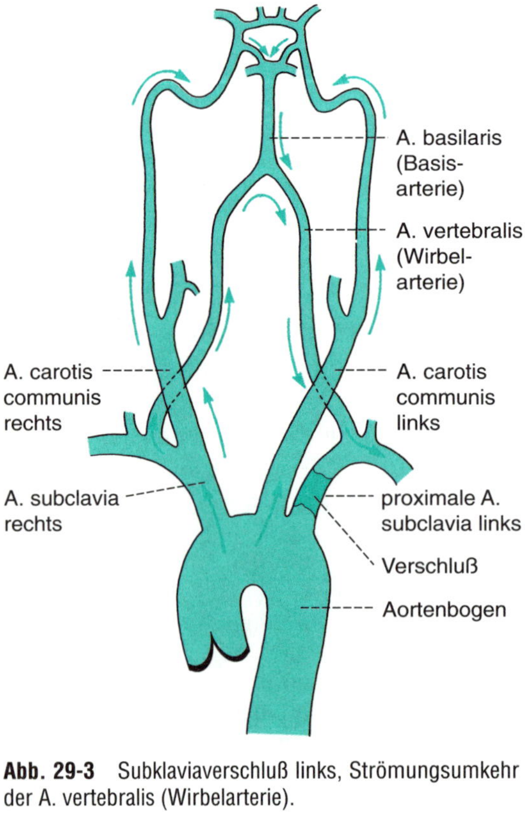

Abb. 29-3 Subklaviaverschluß links, Strömungsumkehr der A. vertebralis (Wirbelarterie).

29.7.3 Aortenbogensyndrom

Das sog. Aortenbogensyndrom hat seine Bezeichnung daher, daß alle **vier Äste** des Aortenbogens (beide Halsarterien und beide Oberarmarterien) in den arteriellen Verschlußprozeß **miteinbezogen** sind. Hierbei ist zu beachten, daß die rechte Hals- und Oberarmarterie gemeinsam als Truncus brachiocephalicus aus dem Aortenbogen entspringen.

Neben der Arterienverkalkung spielen beim Aortenbogensyndrom auch entzündliche Arterienveränderungen eine besondere Rolle. In diesem Zusammenhang ist die **Arterienwandentzündung bei jungen Frauen** (Takayasu's disease) zu nennen. Diese Erkrankung tritt **gehäuft** in der **fernöstlichen** Bevölkerung und **selten** in **Mitteleuropa** auf. Auch angeborene Gefäßanomalien sind anzutreffen. Zur Behandlung stehen die beiden Operationsmethoden, Ausschälplastik und Bypassverfahren zur Verfügung. Ausschälplastiken sind beim Aortenbogensyndrom **sehr** risikoreich und bei entzündlichen Arterienveränderungen häufig auch **technisch nicht** durchführbar, da die Auftrennung der Gefäßwandschichten (Dissektion) nicht gelingt. Deshalb wird zumeist auf das Bypassverfahren, bei dem eine Kunststoffprothese mit vorgefertigten Aufzweigungen in den Aortenbogen eingenäht wird, ausgewichen. Die Plazierung der Prothese erfolgt im aufsteigenden Teil des Aortenbogens (Aorta ascendens). Der Einsatz einer Herz-Lungen-Maschine ist in der Regel nicht erforderlich. Für den Eingriff muß der Brustkorb eröffnet werden, der geeignete Zugang ist durch eine Längsspaltung des Brustbeines (mediane Sternotomie; s.a. Kap. 15.3.2 und Abb. 15-3 A) zu erreichen.

29.8 Eingeweidearterien

29.8.1 Mesenterialgefäße und Truncus coeliacus

Die Eingeweide der Bauchhöhle werden durch den Truncus coeliacus sowie die A. mesenterica superior (obere Gekrösearterie) und die A. mesenterica inferior (untere Gekrösearterie) versorgt. Der Tr. coeliacus entspringt direkt unterhalb des Zwerchfells aus der Aorta und teilt sich relativ frühzeitig in eine Arterie zur Versorgung der Leber, eine zur Versorgung des Magens und eine zur Versorgung der Milz und der Bauchspeicheldrüse. Unterhalb des Tr. coeliacus entspringt die A. mesenterica superior, die den Dünndarm und einen Großteil des Dickdarmes mit Blut versorgt, ferner einen größeren Ast zur Versorgung der Bauchspeicheldrüse abgibt. Dieser Ast hat Verbindung mit der Leberarterie über die A. gastroduodenalis (Magen-Zwölffingerdarmarterie). **Diese Arterie** hat nicht nur gefäßchirurgische Bedeutung, vielmehr spielt sie auch eine **wichtige Rolle** bei der **Blutungskomplikation** von **Zwölffingerdarmgeschwüren** (s. Kap. 18.9.3). Die A. mesenterica inferior versorgt den unteren Teil des Dickdarmes sowie den Mastdarm. Auch zwischen der A. mesenterica superior und der A. mesenterica inferior bestehen Gefäßverbindungen (Anastomosen), die wichtigste ist die sog. Riolan-Anastomose. Ein Verschluß der A. mesenterica inferior kann somit durch die A. mesenterica superior ausgeglichen werden. Auch Verschlüsse oder Einengungen im Bereiche des Tr. coeliacus können bei **Flußumkehr** in der A. gastroduodenalis durch die A. mesenterica inferior ausgeglichen werden. Die **guten Verbindungen** (Anastomosen) zwischen den **drei Eingeweidearterien** haben zur Folge, daß sich Symptome bei chronischen Einengungen oder Gefäßverschlüssen nur **sehr spät** zu erkennen geben.

Die häufigste Ursache organischer Verschlußprozesse ist die Arteriosklerose. Allerdings spielen auch entzündliche Erkrankungen der Arterien und Erkrankungen der mittleren Gefäßwandschicht eine Rolle. Besonders im Bereich des Tr. coeliacus können Einengungen durch **Kompression** des Gefäßes **von außen** durch die Zwerchfellschenkel für eine Mangeldurchblutung der Oberbauchorgane verantwortlich sein. Diese Patienten klagen über **Oberbauchschmerzen nach** der Nahrungsaufnahme.

Der **akute** Gefäßverschluß einer Eingeweidearterie kann **fatale** Folgen haben, da in diesem Fall die Verbindungsarterien (Anastomosen) keine Zeit haben, um eine ausreichende Ersatzblutversorgung zu gewährleisten. Insbesondere beim akuten Verschluß der A. mesenterica superior kommt es, wenn nicht **sofort** eine operative Entfernung des Gerinnsels erfolgt, zum Gewebeuntergang des gesamten Dünndarmes und von Teilen des Dickdarmes. Dieses ist mit dem Leben **nicht** vereinbar.

Bei chronischen Gefäßeinengungen oder Verschlüssen kann dagegen eine typische Belastungsinsuffizienz (Stadium II; s. Kap. 29.3) resultieren. Die Patienten haben typischerweise nach dem Essen Leibschmerzen, da für die **Verdauungsleistung** des Darmes das **Blutangebot zu gering** ist. Dieses Krankheitsbild wird als Morbus Ortner bezeichnet.

Für Korrektureingriffe an den Eingeweidearterien ist immer eine große Eröffnung der Leibeshöhle, entweder längs in der Mittellinie oder quer im Bereich des Oberbauches, erforderlich!

Findet sich im Bereich des Tr. coeliacus eine Kompression durch einen Zwerchfellschenkel, so wird dieser durchtrennt und das Krankheitsbild ist damit behoben. Bei abgangsnahen Verschlüssen des Tr. coeliacus kann darüber hinaus ein Bypass von der Aorta auf den Tr. coeliacus eingenäht werden. Eine weitere technische Variante ist die Einpflanzung der Milzarterie in die Aorta, so daß dann nach Flußumkehr in der Milzarterie die Leber- und Magenarterie mit Blut versorgt werden. Einengungen an der A. mesenterica superior werden ebenfalls durch Bypassimplantationen korrigiert. Auch Patchplastiken (Streifenplastiken) zur Erweiterung von eingeengten Gefäßabgängen, meistens ist der Ursprung der A. mesenterica superior aus der Aorta betroffen, sind möglich.

29.8.2 Nierenarterien

Die Nierenarterien entspringen aus der Bauchaorta zwischen A. mesenterica superior und A. mesenterica inferior. Einengungen oder Verschlüsse der Nierenarterie sind klinisch sehr bedeutsam, denn sie führen zu einer **Einschränkung** der Nierenfunktion und zum **Bluthochdruck**, da der Blutdruck zu einem wesentlichen Teil über Hormone aus der Niere reguliert wird. Einengungen oder Verschlüsse der Nierenarterien können durch Gefäßverkalkung sowie durch Gefäßveränderungen im Bereiche der mittleren Arterienwandschicht (Media) verursacht werden. Auch degenerative arterielle Veränderungen mit Erweiterung der Arterie (Aneurysma) sind bekannt.

Ob eine Einengung der Nierenarterien operativ korrigiert werden muß, entscheidet die weiterführende Diagnostik. Aufgrund eines urologischen Konsiles wird eine Ausscheidungsurographie durchgeführt und ein Nierenfunktionstest angeschlossen. Die Gefäßdarstellung (Angiographie) ist zur Diagnostik besonders wichtig, denn die Nierenarterien können durch eine selektive Katheterangiographie seitengetrennt dargestellt werden.

Ob ein evtl. bestehender Bluthochdruck durch eine Nierenarterieneinengung hervorgerufen wurde, kann durch das **seitengetrennte Messen** der **Plasmareninaktivität** (Hormonbestimmung) bewiesen werden.

Auch die chirurgischen Eingriffe an den Nierenarterien erfordern einen großen Bauchschnitt vom Rabenschnabelfortsatz des Brustbeines bis zum Schambein. Da die Nieren und die Aorta hinter der Bauchhöhle liegen, muß der Dünndarm aus dem Bauch herausverlagert werden, um die Nierenarterien zu erreichen. Zur Beseitigung der Einengung kommt die Ausschälplastik (Thrombendarteriektomie; TEA; s. Abb. 29-2) in Betracht. Darüber hinaus sind Bypassoperationen sinnvoll, wobei für den Nierenarterienersatz am besten die körpereigene Vene (V. saphena magna) zur Anwendung kommt. Sind die Einengungen sehr **kurzstreckig,** werden sie entfernt und die Nierenarterie wird **direkt** in die **Aorta eingenäht.** Dieses Operationsverfahren kommt insbesondere bei einer Verlängerung der Nierenarterien in Betracht. Sind beide Nierenarterien betroffen, kommt eine sog. Brückenplastik in Frage. Hierbei wird das Venentransplantat mit der Aorta verbunden und dann an beide Nierenarterien angeschlossen. **Ausnahmsweise** ist eine solche Rekonstruktion auch mit einer Kunststoffprothese möglich.

Die Behandlungsergebnisse der Nierenarterieneinengungen sind sehr gut. Bei 80 bis 90% der Patienten kann mit einer **Normalisierung des Bluthochdruckes** gerechnet werden.

Häufig werden heute Einengungen der Nierenarterienabgänge auch vom Röntgenfacharzt mit einer Ballondehnung behandelt. Da bei dieser radiologischen Maßnahme jedoch nicht auszuschließen ist, daß die Gefäßinnenhaut verletzt wird und es dadurch zu einem plötzlichen Verschluß der Nierenarterie kommt, sollte dieser röntgenfachärztliche Eingriff nur in **Operationsbereitschaft** durchgeführt werden.

29.9 Bauchaorta und Beckenarterien

29.9.1 Aortoiliacale Verschlüsse (Beckenverschlußtyp)

Da die Nierenarterien sehr gut durchblutet sind, finden sich Verschlußprozesse im Bereich der Aorta meist **erst unterhalb** der Nierenarterien. Diese Verschlüsse sind relativ häufig. Etwa **30%** der Gefäßkranken leiden unter einer arteriellen Durchblutungsstörung in diesem Bereich. Als chirurgische Therapie kommt für kurzstreckigere Verschlüsse eine TEA (Thrombendarteriektomie; Ausschälplastik) in Betracht. Darüber hinaus können diese Verschlußprozesse **sehr gut** mit einem **Bypass** versorgt werden. Hierzu stehen entsprechende Bypässe aus Dacron und PTFE in verschiedenen Größen zur Verfügung. Zur

Versorgung der Aortenaufzweigung sind **vorgefertigte Bifurkationsprothesen** (Y-Prothesen) erhältlich. Die Vorteile der Bypassimplantation sind die Zeitersparnis und die leichtere technische Ausführbarkeit.

Der Ersatz der Bauchaorta und der Beckenarterie durch eine Gefäßprothese ist eine große Operation und erfordert einen ausgedehnten Zugang mit einer großen Eröffnung der Bauchhöhle vom Rabenschnabelfortsatz des Brustbeins bis zum Schambein. Sind lediglich die Beckenarterien vom Verschlußprozeß betroffen, kann auch der retroperitoneale Zugang gewählt werden. Die Eröffnung des Bauchfells selbst ist hierbei nicht notwendig. Nach Durchtrennung der Bauchwandmuskulatur wird der Bauchfellsack zur Mitte hin abgeschoben, so daß die Beckenarterie freigelegt werden kann. Besonderes Augenmerk ist auf die **Schonung des Harnleiters** zu richten, der die Beckenarterien **in Höhe** ihrer Aufgabelung in die äußere und innere Beckenarterie überkreuzt.

Ist die gesamte Beckenstrombahn verschlossen, muß der Bypass im Bereich der Leistenarterie angeschlossen werden. Hierzu ist die Leistenarterie unterhalb des Leistenbandes nach einem Längsschnitt freizulegen. Nach Möglichkeit sollte aber dieser Anschluß vermieden werden, da die **Überschreitung** des Leistenbandes auf die Gefäßprothese erhebliche **Scherkräfte** ausübt, was zu **Spätkomplikationen** führen kann.

29.9.2 Aortenaneurysmen

Ein Aneurysma ist eine **Aussackung** einer Arterie mit **Verlust der Stabilität** der Wand. Am häufigsten lassen sich Aneurysmen durch eine arteriosklerotische Wandschwächung erklären. Es gibt jedoch auch angeborene Aneurysmen, Aneurysmen nach Unfällen mit Gefäßverletzungen und Aneurysmen durch Infektion der Gefäßwand. Infektionen der Gefäßwand entstehen durch eine Verschleppung von Keimen z.B. bei infizierten Herzklappen oder bei Gallenblasenentzündung. Deshalb ist auch die Besiedelung mit **Salmonellen** besonders häufig.

Durch Enzyme werden aus den Leukozyten die elastischen Bindegewebeanteile vermehrt abgebaut, so daß eine Wandschwächung resultiert. Aufgrund der Fließeigenschaften des Blutes können Aneurysmen auch in Gefäßeinengungen entstehen. Findet

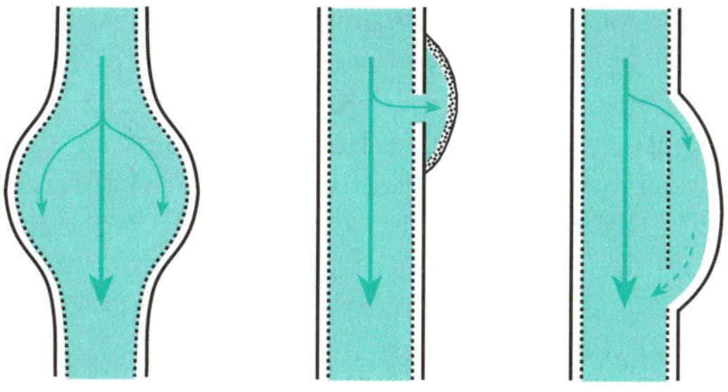

Abb. 29-4 Grundtypen der Aneurysmen.
A: Aneurysma verum (echtes).
B: Aneurysma spurium (falsches).
C: Aneurysma dissecans (aufgesplitterte Arterienwand).

sich eine **Aufsplitterung** der Arterienwand, spricht man von einem **dissezierenden** Aneurysma. Diese sind jedoch seltener als die sog. wahren Aneurysmen, bei denen eine Aussackung der gesamten Wand festzustellen ist (Abb. 29-4 A bis C).

Aneurysmen können prinzipiell **an allen** Arterien des menschlichen Körpers auftreten, **klinisch** sind jedoch die Aneurysmen der Hauptarterie (**Aorta**) am **bedeutungsvollsten.** Die chirurgische Behandlung des Aneurysmas ist wichtig, da ein Aneurysma platzen (**rupturieren**) kann. Die zweite Komplikationsmöglichkeit ist das Auftreten eines Gefäßverschlusses durch Gerinnselbildung oder Gerinnselabschwemmung.

Die Symptome des Aortenaneurysmas bestehen in Rücken- und Bauchschmerzen, im Stadium der Ruptur liegt meistens ein Blutungsschock vor. Aneurysmen können durch Sonographie und Computertomographie sicher diagnostiziert werden.

Die operative Versorgung eines Aneurysmas richtet sich nach der **Lokalisation** und dem **Aussehen** des Aneurysmas. Aneurysmen mit einem Stiel können **abgetragen** und die Gefäßwand **direkt vernäht** werden. Solche Aneurysmen finden sich oft im Bereich des aufsteigenden Schenkels des Aortenbogens (Aorta ascendens). Ansonsten werden die Aneurysmen durch einen Gefäßersatz mit einem **Kunststofftransplantat** behandelt. Hierzu wird die Aorta ober- und unterhalb des Aneurysmas abgeklemmt, anschließend eine Gefäßprothese eingenäht und der Aneurysmasack über der Gefäßprothese wieder verschlossen. Dies **verhindert**, daß andere Organe in **Kontakt** mit der Kunststoffprothese kommen, was zu Komplikationen führen könnte. Sind die Beckenarterien in das Aneurysma nicht miteinbezogen, wird eine sog. Rohrprothese verwendet. Bei Ausdehnung des Aneurysmas in die Beckenetage wird eine Y-Prothese implantiert (Abb. 29-5 A bis C). Dieses Vorgehen findet bei Auftreten von Aneurysmen an anderen Arterien ebenfalls Anwendung. Für Aneurysmen der Beinarterien oder auch der Eingeweidearterie werden Operationen mit körpereigenen Venen durchgeführt.

29.9.3 Extraanatomische Operationsverfahren

Liegen Veränderungen an der aortalen Strombahn oder der Beckenstrombahn vor, sollte die **Gefäßrekonstruktion** immer **dort** angestrebt werden, wo sich die Gefäßveränderung befindet. Da jedoch Operationen an der Aorta durch den erforderlichen großen Zugang eine erhebliche Belastung des Patienten darstellen, sind für Patienten mit besonders hohem Operationsrisiko auch Ausweichoperationen angegeben. Da bei diesen Operationen der **Gefäßersatz nicht** dort erfolgt, wo der **Gefäßverschluß** vorliegt, spricht man von „extraanatomischen Rekonstruktionen". Bei einem einseitigen Verschluß einer Beckenarterie kann z.B. eine Bypassoperation von der durchbluteten zur nichtdurchbluteten Leistenarterie durchgeführt werden. Dieser Bypass nennt sich **femoro-femoraler** Bypass oder, da Blut von der einen zur anderen Körperseite geleitet wird, „Crossover-Bypass". Bei einer Mangeldurchblutung an beiden Leistenarterien, kann auch die Achselarterie angezapft werden. Man nennt dieses Bypassverfahren **subclavio-** bzw. **axillo-femoralen** Bypass. Auch beide Beine können auf diese Weise wieder mit Blut versorgt werden, man bezeichnet es dann als **axillo-bifemoralen** Bypass (Abb. 29-6). Sowohl der femoro-femorale als auch der axillo-femorale Bypass wird im **Unterhautfettgewebe** verlegt, so daß Körperhöhlen für diese Gefäßprothesenimplantation **nicht** eröffnet werden müssen. Da diese Bypässe im Unterhautgewebe liegen, können sie nur einen **begrenzten Durchmesser** aufweisen. Auf der anderen Seite sind diese Gefäßprothesen vergleichsweise lang,

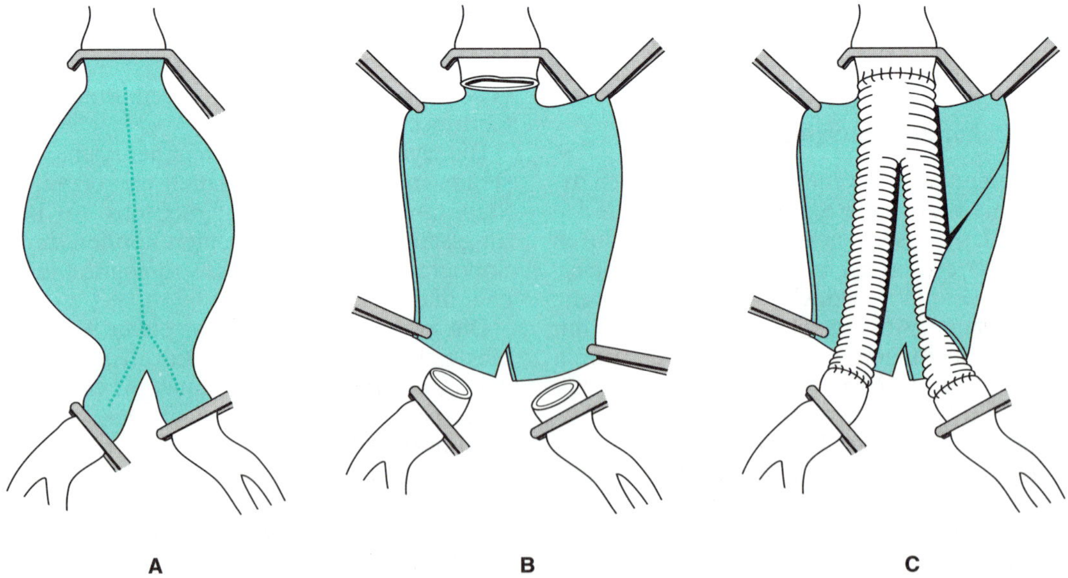

Abb. 29-5 Operationstechnik bei Bauchaortenaneurysma.
A: Nach Anlage zentraler und distaler Klemmen erfolgt die Längsspaltung des Aneurysmas.
B: Das Aneurysma ist bis auf die Hinterwand exstirpiert.
C: Nach Fertigstellung der zentralen und distalen Anschlußstellen wird das Transplantat in die Aneurysmaaußenwand eingescheidet.

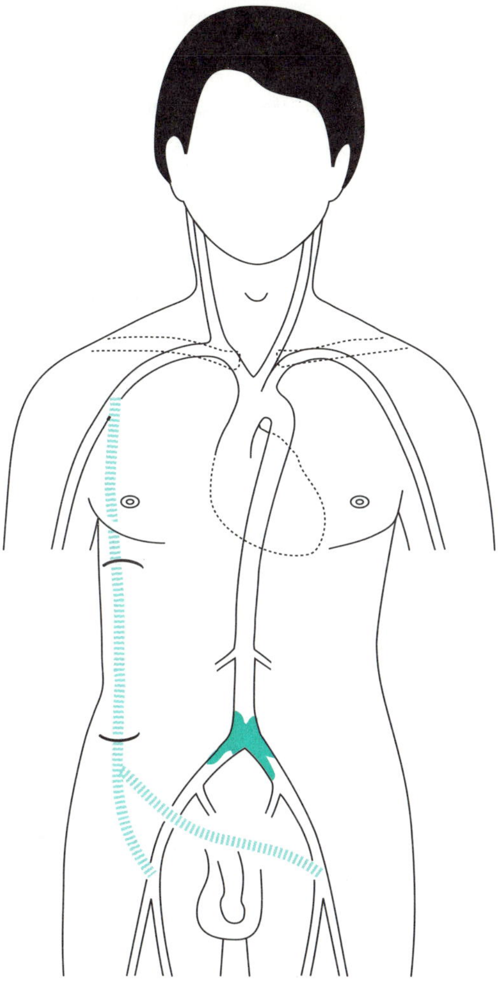

Abb. 29-6 Axillo-bifemoraler extraanatomischer Bypass.

so daß **ungünstige** Fließeigenschaften für das Blut resultieren. Die **Infektionsraten** sind aufgrund der Lage dicht unter der Haut **höher** als bei normalen Gefäßrekonstruktionen. Aus all diesen Gründen sollten extraanatomische Umleitungen nur **ausnahmsweise** durchgeführt werden.

29.10 Oberschenkel- und Unterschenkelarterien

Die arterielle Verschlußerkrankung vom Oberschenkeltyp ist sehr häufig. Jeder **zweite** Patient mit einer sog. **Claudicatio intermittens** (Schaufensterhinken) hat eine Gefäßerkrankung im Oberschenkelbereich. Dies ist dadurch bedingt, daß die Transportarterie für den Unterschenkel (A. femoralis superficialis) durch eine **muskuläre Enge,** den sog. **Adduktorenkanal,** hindurchtreten muß. Verschlüsse dieser Arterie kommen somit außerordentlich **oft** vor. Die Versorgungsarterie des Oberschenkels (A. profunda femoris) kann jedoch die Durchblutung des Beines weitgehend übernehmen. Es resultiert somit bei einem Oberschenkelverschluß meistens eine arterielle Verschlußerkrankung im Stadium II. Eine gefäßchirurgische Operation ist bei diesen Patienten dann erforderlich, wenn die Versorgungsarterie des Oberschenkels eine Einengung aufweist. Als Operationsverfahren bietet sich die sog. **Profundaplastik** an. Nach einem Längsschnittes unterhalb des Leistenbandes werden die gemeinsame Leistenarterie (A. femoralis communis), die Transportarterie (A. femoralis superficialis) und die Versorgungsarterie des Oberschenkels (A. profunda femoris) freigelegt. Der am häufigsten durchgeführte Eingriff ist die Ausschälplastik, verbunden mit einer Streifenplastik (Kunststoff- oder Venenpatch). Über kleine Arterien findet der Blutstrom in den meisten Fällen Anschluß an die Kniekehlenarterie oberhalb des Kniegelenkspaltes. Ist dieser Anschluß nicht gewährleistet, muß eine Ausschälplastik der A. femoralis superficialis durchgeführt werden. Als **bessere Alternative** hat sich die Einpflanzung eines Bypasses herausgestellt. Muß der Bypass aufgrund der Verschlußlokalisation den Kniegelenkspalt und somit das Gelenk überschreiten, ist er mit einer körpereigenen Vene durchzuführen. Die **Venenbypässe** haben gegenüber den Kunststoffprothesen vor allem bei **Langzeitbeobachtungen bessere Ergebnisse,** da sie über eine **funktionsfähige** Gefäßinnenhaut (Endothel) verfügen. Es muß darauf geachtet werden, daß die körpereigene Vene vor der Implantation **umgedreht** wird, da die Vene Klappen aufweist und ein Blutstrom gegen die geschlossenen Venenklappen nicht möglich ist.

Finden sich auch Verschlüsse der Unterschenkelarterien, muß die Länge des Bypasses so gewählt werden, daß eine offene Arterie im Bereiche des Unterschenkels erreicht wird. Man spricht dann von einem **femorocruralen** Bypass. Da die Unterschenkelarterien jedoch ein kleines Gefäßlumen aufweisen und somit der Blutstrom im Vergleich zum Oberschenkel oder auch zur Beckenetage schlechter ist, sind die Mißerfolgsquoten dieser Bypassverfahren höher. Um den Blutstrom zu steigern, kann im Bereich des Gefäßanschlusses im Unterschenkel eine Vene mit in die Gefäßnaht einbezogen werden. Es entsteht eine arterio-venöse Fistel, die die Durchgängigkeitsrate dieser Gefäßanschlüsse steigert.

Sind gefäßrekonstruktive Maßnahmen nicht mehr erfolgversprechend, kann eine Durchtrennung des Sympathikusnerven eine Weitstellung der kleinen Ersatzgefäße erreichen. Dies führt häufig zu einer Verbesserung der Durchblutung.

29.11 Arterienverletzungen

Verletzungen der Arterien können ganz unterschiedliche Ursachen haben. Es können **scharfe** von **stumpfen** Arterienverletzungen unterschieden werden. Scharfe Verletzungen entstehen durch Schnitt, Stich oder Schuß, stumpfe Verletzungen sind meistens durch Prellungen oder Kompression, z.B. durch Blutergüsse, hervorgerufen. Bei einer Schnitt- oder Stichverletzung mit einer Wunde der Körperoberfläche findet sich meistens eine **stark spritzende** Blutung. Aufgrund der Verletzung kann es jedoch auch zum **Einrollen** der Gefäßinnenhaut (Intima) kommen, was einen **Gefäßverschluß** zur Folge hat.

Als Sofortmaßnahme ist die behelfsmäßige Blutstillung (Abb. 29-7) notwendig. Es sollte **keine** Abschnürung des Gefäßes **oberhalb** der Verletzung durchgeführt werden, da hierbei meistens eine **zusätzliche** Gefäßverletzung die Folge ist. Ideal ist die Kompression der Wunde nach Anlage eines keimfreien Verbandes. Hierzu eignet sich z.B. eine Blutdruckmanschette. Wegen der erheblichen Flüssigkeitsverluste bei arteriellen Blutungen ist eine großzügige Flüssigkeitsgabe sicherzustellen.

Patienten mit Gefäßverletzungen müssen sofort in eine Klinik transportiert werden, um eine zügige Versorgung der Gefäßverletzung anzustreben!

Als **Toleranzgrenze** für das abhängige Gewebe gelten im allgemeinen **fünf bis sechs Stunden.** Wird diese Zeitspanne überschritten, ist mit einem **dauerhaften** Schaden zu rechnen.

Im Rahmen der operativen Versorgung ist immer die Wiedervereinigung der Gefäßstümpfe durch eine direkte Naht anzustreben. Ist dies nicht möglich, muß ein Gefäßtransplantat eingenäht werden. Hierzu eignet sich die körpereigene Vene (V. saphena magna). Liegen sowohl Knochen- und Gefäß-

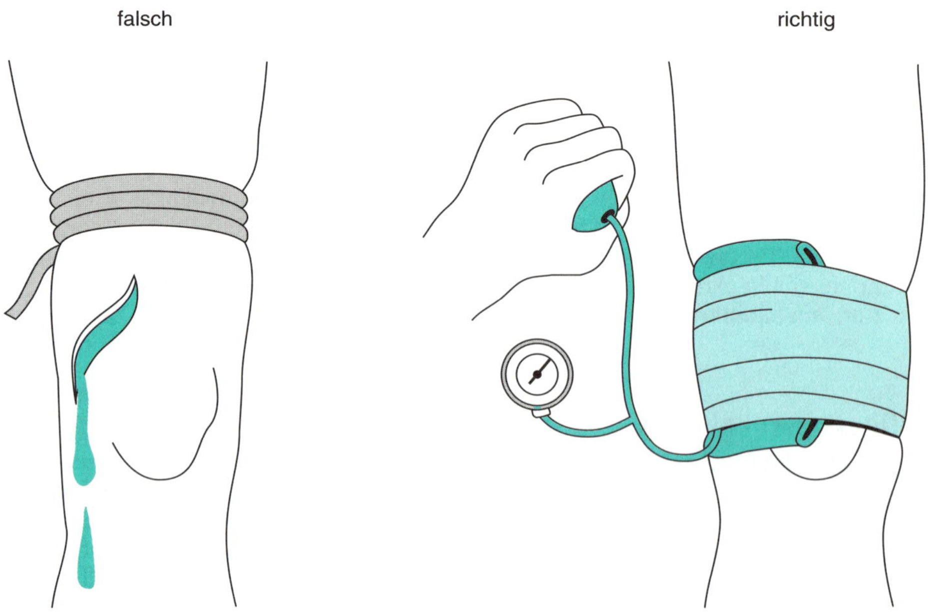

Abb. 29-7 Provisorische Blutstillung.

verletzungen vor, sollte **zuerst** der Knochen versorgt werden, um eine **Längenbestimmung** der Extremität vornehmen zu können. Dann wird entschieden, ob das Gefäß **End-zu-End** wiedervereinigt werden kann, oder ob eine **Venenzwischenschaltung** erforderlich ist. Bei einer kompletten Gliedmaßenabtrennung ist das amputierte Glied **trokken** und **gekühlt,** am besten mit Eiswürfeln, zusammen mit dem Patienten in ein entsprechendes chirurgisches Zentrum zu transportieren, in dem **Replantationen** (operative Wiedervereinigung) von Gliedmaßen möglich sind (s.a. Kap. 32.8). Bei der Abtrennung im Hand- oder Fingerbereich ist heute unter Verwendung mikrochirurgischer Techniken eine beachtliche Erfolgschance gegeben.

29.12 Periphere Aneurysmen

Aneurysmen sind Aussackungen von Arterien und können überall am arteriellen System auftreten. Auf die besondere Bedeutung von Bauchaortenaneurysmen wurde bereits hingewiesen (s. Kap. 29.8.2). Zu unterscheiden sind **zentrale** von **peripheren** Aneurysmen, wobei die zentralen Aneurysmen die Aorta und die großen aortalen Äste betreffen. Die peripheren Aneurysmen finden sich an den Gliedmaßen. Darüber hinaus gibt es Aneurysmen der Eingeweidearterien und der Nierenarterien. Als **Ursachen** sind zu erwähnen:
- arteriosklerotische Aneurysmen (Bauchaorta)
- traumatische Aneurysmen durch Gefäßverletzung (falsche Aneurysmen; s. Abb. 29-4 B)
- mykotische Aneurysmen (infektiöser Gefäßwandprozeß)
- poststenotische Aneurysmen (z.B. durch erhöhten Wanddruck)
- angeborene Aneurysmen

Während beim Bauchaortenaneurysma die **Blutungskomplikation** im Vordergrund steht, ist es beim peripheren Aneurysma der **akute Verschluß** durch Verschleppung von Gerinnselmaterial aus dem Aneurysmasack in die peripheren Gefäßabschnitte. Das Risiko eines nichtbeherrschbaren Verschlusses der kleinen Unterschenkelarterien (z.B. beim Kniegelenkaneurysma) erklärt die Wichtigkeit der chirurgischen Behandlung. Ideal ist die Entfernung des aneurysmatragenden Gefäßabschnittes und der Ersatz durch eine körpereigene Vene (V. saphena magna).

Von besonderer Bedeutung sind auch die sog. „mykotischen Aneurysmen" (der Ausdruck „mykotisch" stammt vom Erstbeschreiber Osler, die Bezeichnung „infiziert" ist jedoch genauer). Diese entstehen durch eine **Infektion** der Gefäßwand. Früher war die Hauptursache des mykotischen Aneurysmas die bakterielle Endokarditis (bakterielle Besiedlung der Herzklappen). Heute sind aufgrund von **Gallenblasenentzündungen Salmonellen** die häufigsten Krankheitserreger.

Sind Eingeweidearterien betroffen, so ist die Entfernung des Aneurysmas mit einer End-zu-End-Wiedervereinigung der Arterienstümpfe möglich. Ansonsten muß eine körpereigene Vene zwischengeschaltet werden. Allerdings entziehen sich kleinere Aneurysmen häufig dem klinischen Nachweis. Erst spezielle Untersuchungsverfahren wie Angiographie und Computertomographie sind geeignet, diese Aneurysmen nachzuweisen. Sie stellen somit oftmals einen **Zufallsbefund** dar.

Aneurysmen, die durch einen Unfall entstehen, sind von den wahren und disseziierenden Aneurysmen (s. Kap. 29.8.2) abzugrenzen. Diese Aneurysmen haben meistens eine scharfe oder stumpfe Gefäßverletzung zur Ursache. Sie werden dann als falsche Aneurysmen bezeichnet und sind dadurch gekennzeichnet, daß sie nicht von **regelrechter** Gefäßwand, sondern lediglich von **umgebendem Bindegewebe** ausgekleidet sind. Man spricht auch von einem sog. „pulsierenden Hämatom". Durchbricht ein falsches Aneurysma eine benachbarte Venenwand, so entsteht eine sog. „traumatische arterio-venöse Fistel". Diese, wie auch das falsche Aneurysma, bedarf der operativen Behandlung. Solche Aneurysmen finden sich **nach Messerstichverletzungen in der Leiste,** bei Fleischern häufig berufsbedingt entstanden. Darüber hinaus gibt es falsche Aneurysmen auch am Übergang des Aortenbogens in die absteigende Aorta nach Verkehrsunfällen, da hierbei die Aorta gegen die Wirbelsäule abgeschert wird und einreißen kann.

29.13 Venenerkrankungen

29.13.1 Phlebothrombose

Eine Phlebothrombose ist eine **Verlegung** des Venenstromgebietes durch eine Gerinnselbildung. Am häufigsten findet sich dieses Krankheitsbild in den **Beckenbeinvenen**. Man erkennt eine **Anschwellung** des Beines, eine vermehrte Füllung der Unterhautvenen, eine **Blaufärbung** der Haut und manchmal eine **Überwärmung.** Zur Sicherung der Diagnose ist eine Gefäßdarstellung erforderlich, die auf dem venösen Sektor als Phlebographie bezeichnet wird. Hierzu erfolgt die Punktion einer Fußrückenvene, um das venöse Gefäßsystem des entsprechenden Beines darstellen zu können.

Eine vielversprechende Behandlungsmöglichkeit bei tiefer Beinvenenthrombose ist die **medikamentöse Auflösung** des Gerinnsels durch verschiedene Medikamente. Hierzu kann Actilyse®, Streptokinase oder Urokinase verwendet werden. Ist diese Behandlung nicht durchführbar (z. B. kurz nach einer vorausgegangenen Operation oder Entbindung), muß eine operative Behandlung erfolgen. Hierzu wird die Leistenvene über einen Längsschnitt unterhalb des Leistenbandes freigelegt und das Gerinnsel mit einem Ballonkatheter entfernt. **Erfolg oder Mißerfolg** der medikamentösen oder operativen Behandlung **hängen** ganz wesentlich vom **Zeitpunkt** der Diagnosestellung **ab**. Kommt es zur Überschreitung von **einer Woche,** ist die komplette Ausräumung der Gerinnsel meist **nicht** mehr möglich, da sie dann zu fest an der Wand anhaften.

Die Dringlichkeit der Behandlung einer tiefen Beckenbeinvenenthrombose ist deshalb gegeben, da dieses Krankheitsbild als Komplikation die **Lungenembolie** in sich birgt. Das Lungenembolierisiko steigt, je weiter die Thrombose in Richtung auf die großen Gefäße fortschreitet. Findet sich eine Thrombose in der **unteren Hohlvene,** so ist die Operationsindikation als **dringend** einzustufen. Es kann jedoch auch ein **Filter**, der wie ein Schirm aussieht, in die untere Hohlvene eingesetzt werden, um das Embolierisiko auszuschalten. Dieser sog. Cava-Schirm ist über eine große Halsvene vom Röntgenfacharzt so einzubringen, daß die Operation bei sehr gefährdeten Patienten umgangen werden kann.

Nach einer erfolgreichen Behandlung einer tiefen Beckenbeinvenenthrombose ist eine gerinnungshemmende medikamentöse Behandlung angezeigt. Hierzu bietet sich Marcumar an. Die Medikation ist **individuell** zu dosieren und über ca. **ein halbes Jahr** zu verabreichen.

War eine erfolgreiche Behandlung nicht möglich, kann als Spätfolge einer tiefen Venenthrombose das sog. postthrombotische Syndrom auftreten. Dieses **postthrombotische Syndrom** äußert sich in einer Schwellung des Beines mit Erweiterung der Unterhautvenen, da der Abfluß über das tiefe Venensystem nicht mehr möglich ist. Diese Unterhautvenen können zu sog. **sekundären Varizen** (Krampfadern) umgewandelt werden und es kommt zu den typischen bräunlich-weißlichen Hautveränderungen. Auch **Geschwüre,** die sich typischerweise an der Innenknöchelseite ausbilden, sind zu befürchten. Die Ursache liegt in der Stauung des venösen Blutes sowie der schlechten Gewebeernährung.

Der chirurgischen Behandlung des postthrombotischen Syndroms sind Grenzen gesetzt. Kompressionsstrumpfhosen und entsprechende Lymphdrainagenbehandlungen können Erleichterung bringen. Bei Verschlüssen im Bereich der Beckenetage kann eine Umgehungsoperationen, die sog. femoro-femorale Venenumleitung nach Palma, Erleichterung bringen.

29.13.2 Thrombophlebitis

Die Thrombophlebitis ist eine **oberflächliche** Entzündung einer **Unterhautvene.** Sie tritt zum einen bei bestehenden Krampfadern, zum anderen jedoch auch als Hinweis auf andere Grunderkrankung (z. B. bösartige Tumoren) auf. Die Behandlung der Thrombophlebitis ist nur sehr selten chirurgisch. Meistens reicht es, entzündungshemmende Substanzen z. B. Voltaren-Gel® zu verabreichen und einen Kompressionsverband (s. Kap. 5.1.5 und Abb. 5-9) anzulegen.

29.13.3 Varikosis (Krampfadern)

Krampfadern (Varizen) treten auf, wenn die **Klappen** in den Venen des Unterhautgebietes **zerstört** werden. Es kommt zu einer Störung des **herzwärtsgerichteten** Blutstromes und zu einem **Versacken** des Blutes in den abhängigen Körperpartien. Die Folgen sind schmerzhafte Schwellungen vor allem der Unterschenkel. Darüber hinaus entstehen Hautveränderungen mit bräunlich-gelber Verfärbung bis hin zu Geschwüren im Innenknöchelbereich. Ist der Hauptstamm der Unterhautvene (V. saphena magna) betroffen, oder sind die

Verbindungsgefäße zwischen dem oberflächlichen und tiefen Venensystem defekt, so ergibt sich die Möglichkeit der operativen Behandlung (Abb. 29-8). Vor **jeder** Operation muß die **Durchgängigkeit** des **tiefen Venensystems** nachgewiesen werden, um den venösen Rückfluß des Blutes aus der Extremität zu gewährleisten.

Die Standardoperation bei Krampfadern ist die **Venexhairese** (Herausnahme der Krampfader). Nach einem Schnitt im Innenknöchelbereich werden die Unterhautvene und im Bereich der Leiste die Einmündung der oberflächlichen Vene in das tiefe Venensystem dargestellt. In diesen Abschnitt münden auch andere Venen aus dem Bauch- und Beckenbereich in das tiefe Venensystem ein. Man spricht vom Venenstern. Dieser gesamte Venenstern ist zu durchtrennen. Durch Einführung einer flexiblen Sonde in die Krampfader kann die Vene aus dem Unterhautfettgewebe herausgezogen werden. Die Vene kann über den Leisten- oder über den Knöchelschnitt geborgen werden. Da die Vene regelhaft von einem **Hautnerven begleitet** wird, empfiehlt sich die Herausnahme der Vene über den Knöchelschnitt, da hierbei **Nervenverletzungen seltener** zu befürchten sind. Im Anschluß an die Krampfaderoperation ist eine Nachbehandlung mit einer Kompressionsstrumpfhose nach Maß erforderlich. Diese Behandlung sollte ein halbes Jahr erfolgen.

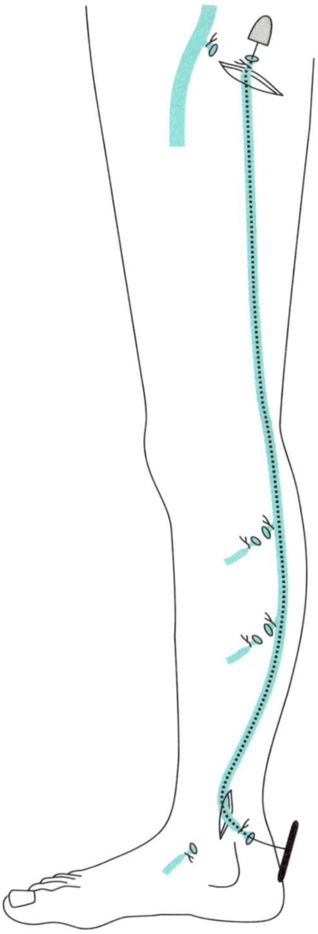

Abb. 29-8 Operationstechnik bei Krampfadern.

III Pflegerischer Teil

29.14 Pflege von Patienten mit Operationen am arteriellen Gefäßsystem

29.14.1 Allgemeine präoperative Vorbereitungen

(s. Kap. 8.1)

29.14.2 Spezielle präoperative Vorbereitungen

Diagnostik

Präoperativ kann eine **Angiographie** notwendig sein. Die besonderen Pflegemaßnahmen nach dieser Untersuchung sind im Kapitel 6.4.2 beschrieben.

Nahrungsabbau

Am Abend vor der Operation erhält der Patient leichte Kost. **Sechs bis acht Stunden vor** dem geplanten Eingriff ist die Nahrungs- und Flüssigkeitsaufnahme unbedingt zu unterlassen.

Darmentleerung

Wird die Gefäßoperation in Allgemeinanästhesie durchgeführt, ist das Abführen mittels Klysma ausreichend. Es ist **keine** Darmentleerung notwendig, wenn der Gefäßeingriff in **Spinalanästhesie** durchgeführt wird.

Rasurschemen

Bei **intraabdominalen** Gefäßoperationen ist das Operationsgebiet von der Axilla bis zur Mitte des Oberschenkels zu rasieren. Die Rasur vom Bauchnabel ausgehend unter Mitentfernung der Schambehaarung ist bei **leistennahen** Eingriffen angezeigt. Sind Gefäßoperationen an den **unteren Extremitäten** geplant, ist die Rasur der betreffenden Extremität zirkulär von der Leiste bis zum Knie oder von der Leiste bis zum Knöchel (abhängig von geplanter Schnittführung) durchzuführen (Abb. 29-9 A bis D).

Lagerung

Sowohl prä- als auch postoperativ erfolgt eine **Beintieflagerung**, um eine bessere Blutversorgung in den unteren Abschnitten zu gewährleisten.

Grundsätzlich dürfen dem Patienten mit arterieller Verschlußkrankheit keine Kompressionsverbände oder -strümpfe angelegt werden, da hierbei die Gefahr der zusätzlichen Strombahneinengung besteht!

Einüben postoperativer Fähigkeiten

Nach Operationen am Gefäßsystem können spezielle **gymnastische Übungen** zur Verbesserung der Durchblutung und zur Förderung des venösen Rückflusses hilfreich sein. Da die Patienten präoperativ häufig **starken Schmerzen** ausgesetzt sind, ist es ihnen nicht möglich, dieses Gefäßtraining **präoperativ einzuüben**. Jedoch sollte dem Patienten in einem Informations- und Beratungsgespräch sowohl die Bedeutung dieser Übungen erläutert als auch mögliche Beispiele theoretisch erklärt werden.

29.14.3 Spezielle postoperative Maßnahmen

Überwachung

Da es nach Gefäßoperationen zum sofortigem Wiederverschluß des Gefäßes kommen kann, muß die **Durchblutung** in den **distalen Abschnitten** des operativ versorgten Gefäßgebietes beobachtet werden. Das bedeutet,

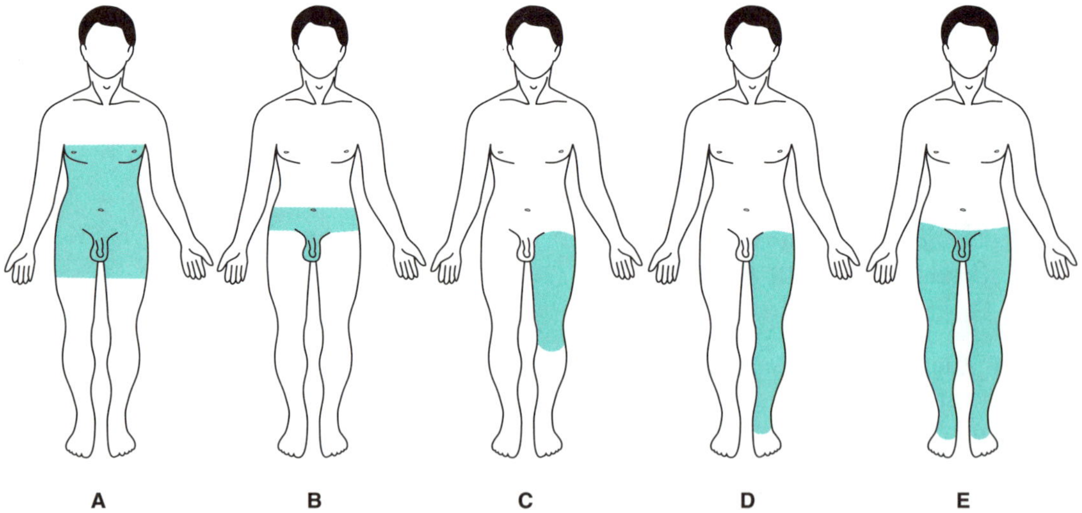

Abb. 29-9 Rasurschemen bei Gefäßeingriffen.
A: Intraabdominelle Gefäßoperation (Rasur von der Achsel bis zur Mitte beider Oberschenkel).
B: Leistennahe Eingriffe (vom Bauchnabel abwärts einschließlich der Schambehaarung).
C: Eingriff an der unteren Extremität (zirkulär von der Leiste bis zum Knie).
D: Eingriff an der unteren Extremität (zirkulär von der Leiste bis zum Knöchel).
E: Bei Varizenoperationen (zirkulär die gesamte Extremität, einschließlich der Schambehaarung).

Kontrolle der **Hauttemperatur** sowie der **Fuß- und Beinpulse.** Sollte es zu einem erneuten Gefäßverschluß kommen, ändert sich die **Beweglichkeit** (eingeschränkt), die **Sensibilität** (herabgesetzt), die **Hautfarbe** (bläulich) und die **Hauttemperatur** (kalt). Dazu äußert der Patient **starke Schmerzen**, die über das Maß des Wundschmerzes hinausgehen. Aufgrund dieser Symptomatik ist eine sofortige Reoperation notwendig. Neben diesen Beobachtungsmaßnahmen sind regelmäßige Blutdruckmessungen erforderlich, da Blutdruckwerte **über 180 mmHg** (systolisch) die frischen Gefäßnähte belasten und gesenkt werden müssen (blutdrucksenkende Medikamente nach Anordnung des Arztes!). Niedrige Blutdruckwerte (**unter 100 mmHg** systolisch) hingegen begünstigen einen Wiederverschluß des operierten Gefäßes durch eine raschere Thrombusbildung.

Lagerung

Bei der Lagerung von gefäßoperierten Patienten ist darauf zu achten, zusätzliche **Druckbelastungen** und **Gefäßabknickung** im operierten Gebiet **zu vermeiden**, da dies zur Verminderung der Durchblutung beiträgt. Aus diesem Grund werden Patienten nach Gefäßoperationen mit leicht erhöhtem Oberkörper (30°) und flach liegenden Beinen gelagert. Um eine Gefäßabknickung im Bereich des Beckens zu vermeiden, ist es am günstigsten, die leichte Oberkörperhochlagerung durch die Schrägstellung des Bettes herbeizuführen (Abb. 29-10 A). An den unteren Extremitäten erreicht man eine Verbesserung der Durchblutung, durch leichte Beintieflagerung und Warmhalten der Beine mittels Watteverband (Abb. 29-10 B). Jeglicher Druck auf das operierte Gefäßgebiet, wie z.B. das Legen der Bettdecke auf die Zehen ist zu vermeiden. Die Bettdecke wird besser über das Bettende gelegt oder es wird ein Bettbogen ins Bett gestellt.

Keine Hochlagerung der Beine ohne ärztliche Anordnung bei Patienten mit arterieller Verschlußkrankheit!

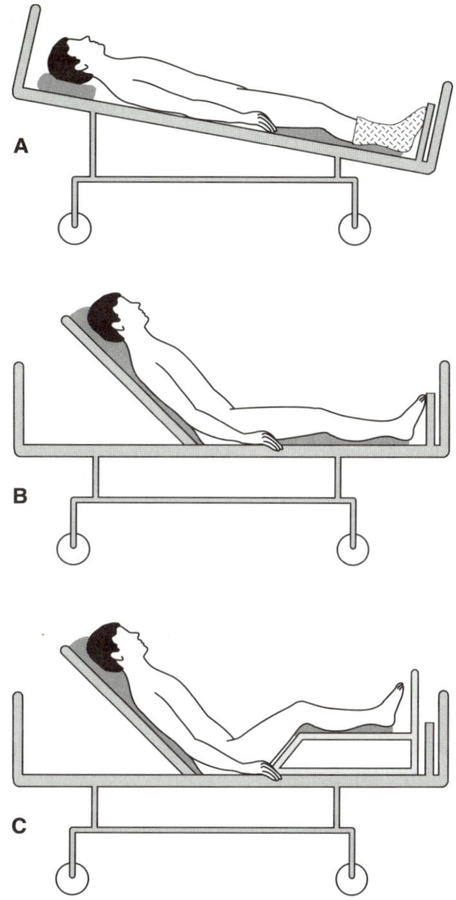

Abb. 29-10 Lagerungsarten bei Gefäßerkrankungen.
A: Beintieflagerung bei arterieller Gefäßoperation an den unteren Extremitäten.
B: Oberkörperhochlagerung bei intraabdominaler Gefäßoperation.
C: Lagerung nach Varizenoperation.

Anregen der Darmtätigkeit und Nahrungsaufbau

Nach abdominellen Gefäßeingriffen wird die Darmtätigkeit mit mildwirksamen Abführmethoden, z.B. der peristaltikstimulierenden Substanz Lactulose angeregt, da auch durch **starkes Pressen** ein **hoher Druck** auf die frischen **Gefäßnähte** ausgeübt wird. Am Operationstag erhält der Patient nach völligem Erwachen aus der Narkose (zeitlich, örtlich und zur Person orientiert) schluckweise Tee. Nach Einsetzen der Darmtätigkeit (meist am nächsten Tag) kann dem Patienten leichte Kost verabreicht werden.

Mobilisation

Die Mobilisation des Patienten erfolgt nach dem Prinzip, „Gefäße nicht abknicken". Für den Patienten bedeutet das, Liegen, Stehen und Gehen ist erlaubt, aber **längeres Sitzen ist zu vermeiden.** Der Beginn der Mobilisation richtet sich nach der Art des Eingriffes: Patienten mit Gefäßeingriffen an den unteren Extremitäten dürfen meistens am ersten postoperativen Tag, Patienten nach abdominellen Gefäßeingriffen am zweiten bis dritten postoperativen Tag aufstehen. Das spezielle Gefäßtraining kann jetzt mit der Krankengymnastin aktiv eingeübt werden.

Wundbehandlung und Verbände

Die Wundbehandlung erfolgt nach dem aseptischen Prinzip des Verbandwechsels, wobei die Fäden nach ca. 10 bis 14 Tagen und die Redon-Drainagen nach ein bis zwei Tagen postoperativ entfernt werden.

Beratung

Während des Klinikaufenthaltes sollte der Patient die Möglichkeit erhalten, an einer Ernährungsberatung (Informationen zur Gewichtsreduktion, zur Ernährungsumstellung, etc.) teilzunehmen.

29.14.4 Verhaltensregeln für Patienten nach Gefäßoperationen

Folgende Richtlinien sollten die Patienten beachten:
- **Ausschalten** von **Risikofaktoren** (z.B. Rauchen, Adipositas, Bewegungsmangel, Ernährungsfehler).
- Adressen von Selbsthilfegruppen anbieten (s. Anhang).
- Durchführung durchblutungsfördernder Maßnahmen (z.B. Gymnastik, Schwimmen, Radfahren usw.).
- Das Tragen einengender Kleidungsstücke vermeiden (z.B. starker Gummizug an Strümpfen).
- Sorgfältige Durchführung der Haut- und Körperpflege, besonders auf **gutes Abtrocknen** zwischen den **Hautfalten** und Eincremen der Haut zur Vermeidung von rissiger Haut hinweisen.
- Vorsicht bei der Pediküre, denn **Verletzungen** können zu **Hautdefekten** und im weiteren Verlauf zu **Hautnekrosen** führen.
- Nicht barfuß laufen (Verletzungsgefahr).
- Marcumar- oder Antikoagulantienausweis **immer** mitführen.
- Patienten darauf hinweisen, diesen bei jedem Arzt- bzw. Zahnarztbesuch vorzulegen.

29.15 Pflegeschwerpunkte bei venösen Gefäßerkrankungen

29.15.1 Bei Thrombophlebitis

Ursachen, Symptome und Therapie (s. Kap. 29.13.2).

Handelt es sich um eine Thrombophlebitis aufgrund einer Venenverweilkanüle, ist diese **sofort zu entfernen.** Anschließend sind Alkoholumschläge oder Einreibungen mit heparinhaltigen Salben zu empfehlen (z.B. Heparin Gel®). Thrombophlebitiden aufgrund bestehender Krampfadern werden ebenfalls mit oben genannten Maßnahmen behandelt. Die Patienten brauchen **keine Bettruhe** einhalten, sondern sollen zum **aktiven** Gehen angehalten werden. Unterstützend wird ein **Kompressionsverband** vom Arzt verordnet. Beim Sitzen und Liegen ist eine Beinhochlagerung empfehlenswert.

29.15.2 Bei Phlebothrombose

Ursachen, Symptome und Therapie (s. Kap. 29.13.1).

Wird eine tiefe Bein- oder Beckenvenenthrombose festgestellt, hat der Patient **absolute Bettruhe.** Zur Durchführung der ATLs ist der Patient auf die Mithilfe des Pflegepersonals angewiesen, z.B. Unterstützung bei der täglichen Körper- und Mundpflege.

Die betroffene Extremität ist geschwollen. Sie wird auf einer **Schaumstoffschiene hochgelagert** und mit Alkoholumschlägen behandelt (ca. acht bis zehn Tage). Zur Beurteilung der Ödemzu- bzw. -abnahme werden tägliche **Umfangmessungen** an Wade, Knie und Oberschenkel vorgenommen (Meßstellen mit wasserfestem Filzstift markieren). Die anschließende Mobilisation erfolgt nur mit Kompressionsverband, angepaßtem Kompressionsstrumpf bzw. Kompressionsstrumpfhose.

Eine gefürchtete **Komplikation** der Phlebothrombose ist die **Lungenembolie.** Hierbei löst sich ein Thrombus (Blutgerinnsel) aus dem Venensystem und wird über das rechte Herz zur Lungenarterie (A. pulmonalis) transportiert. Die Folge ist eine mehr oder weniger ausgedehnte Minderdurchblutung der Lunge

durch den Embolus. Die Ausprägung der Symptome sind je nach **Ausmaß** der Embolie unterschiedlich:
- oberflächliche beschleunigte Atmung, plötzliche Atemnot
- starker atemabhängiger Thoraxschmerz
- Tachykardie und Blutdruckabfall (Kreislaufschock)
- erhöhter zentraler Venendruck (ZVD), massive Halsvenenstauung
- Unruhe und Angst des Patienten
- nach einigen Tagen Husten mit blutigem Auswurf

Pflegerische Sofortmaßnahmen:
- unverzügliche Benachrichtigung des Arztes
- Oberkörperhochlagerung
- Patienten Ruhe und Sicherheit vermitteln
- Sedierung und Schmerzmittelverabreichung nach ärztlicher Anordnung
- Sauerstoffzufuhr nach ärztlicher Anordnung
- Schockbehandlung
- Reanimationsbereitschaft
- Verlegung des Patienten auf die Intensivstation

Falls nach dem akuten Ereignis die Verlegung auf eine Intensivstation nicht notwendig ist, werden trotzdem **alle Pflegemaßnahmen** (ATLs) vorerst **von der Pflegeperson übernommen** (z. B. Körperpflege, Prophylaxen, Hilfe bei der Nahrungsaufnahme). Zur Darmentleerung erhält der Patient prophylaktisch Stuhlweichmacher (z. B. Bifiteral®) verabreicht, da jegliche Anstrengung zu vermeiden ist.

Der Patient muß strenge Bettruhe einhalten, eine Mobilisation erfolgt nur nach Arztanordnung!

Bei einer vom Arzt evtl. angeordneten intravenösen Antikoagulantientherapie sind die Überwachung sowie die Protokollierung der Infusionstherapie weitere Aufgaben des Pflegepersonals.

29.15.3 Bei Varikosis

Ursachen, Symptome und Therapie (s. Kap. 29.13.3).

Präoperative Vorbereitung

Vor der geplanten Operation wird zur bildlichen Darstellung der Extremitätenvenen eine Phlebographie durchgeführt. Die pflegerischen Maßnahmen sind im Kap. 6.4.2 beschrieben. Zur Durchführung allgemeiner präoperativer Maßnahmen s. Kap. 8.1.

Die Rasur erfolgt an der gesamten Extremität einschließlich der Schambehaarung (s. Abb. 29-9 E). Anschließend wird der **Varizenverlauf** vom Arzt auf der Haut **nachgezeichnet.**

Postoperative Pflegemaßnahmen

Die Lagerung des Patienten umfaßt eine Oberkörperhochlagerung sowie die Hochlagerung der Beine mit einem leichten Knieknick (s. Abb. 29-10 C).

Nach einer Varizenoperation werden die Patienten **so schnell wie möglich** mobilisiert, d.h. noch **am Abend** des Operationstages erfolgt ein **erster kurzer Spaziergang.** Eine vollständige Mobilisation findet dann am ersten postoperativen Tag statt. Die Patienten dürfen nur mit angelegtem Kompressionsverband aufstehen und dieser muß **ganztägig** etwa **für zwei bis drei Monate** getragen werden. Langes Stehen oder Sitzen ist zu vermeiden.

Um den Patienten nach der Entlassung das Anlegen eines Kompressionsverbandes zu erleichtern, werden Kompressionstrümpfe oder -strumpfhosen **nach Maß** angefertigt, da diese gut sitzen müssen und keine Einschnürungen verursachen dürfen.

Verhaltensmaßnahmen für den Patienten nach der Entlassung

- Beine häufig hochlagern
- langes Stehen vermeiden
- Sonnenbäder vermeiden (Wärme hat gefäßerweiternde Wirkung)
- Durchführung von Kneipp-Güssen
- keine schweren Lasten tragen

29.15.4 Ulcus cruris

Die schwerste Komplikation der Varikosis ist das Ulcus cruris („offenes Bein"), das sich meist erst bei älteren Patienten manifestiert. Es handelt sich hierbei um ein **Geschwür,** das unmittelbar **oberhalb des Fußinnenknöchels** lokalisiert ist. Behandeln läßt sich ein Ulcus cruris z. B. mit desinfizierenden Fußbädern (z. B. Betaisodonalösung®) und Hydrokoloidverbänden (s. Kap. 5.1.7). Nach dem Fußbad ist auf gutes Abtrocknen der Haut und der Zehenzwischenräume zu achten.

Bei ausgeprägten Ulcus-cruris-Wunden kann sich die Therapie äußerst **schwierig** gestalten und die Behandlungsdauer recht **langwierig** sein. Es gibt, je nach Klinik, verschiedene konservative Behandlungsmethoden. Bei Mißlingen der konservativen Therapie kann evtl. eine **Hauttransplantation** Erfolg bringen.

Literaturhinweise

[1] Heberer, G., R. van Dongen: Gefäßchirurgie. Springer-Verlag, Berlin-Heidelberg-New York 1987.

[2] Heberer, G., H. M. Becker, F.-W. Schildberg: Akute und chronische arterielle Verschlußkrankheiten. In: Heberer, G., W. Kohle, H. Tscherne (Hrsg.): Chirurgie. Springer-Verlag, Berlin-Heidelberg-New York 1986.

[3] Rudowski, G.: Angiologie. Perimed-Verlag, Erlangen 1988.

[4] Vollmar, J.: Eingriffe am Gefäßsystem. In: Vosschulte, K., F. Kümmerle, H. J. Peiper, S. Weller (Hrsg.): Lehrbuch der Chirurgie. Thieme-Verlag, Stuttgart-New York 1982.

[5] Vollmar, J.: Rekonstruktive Chirurgie der Arterien. Thieme-Verlag, Stuttgart 1975.

[6] Wenk, H.: Möglichkeiten und Grenzen der Gefäßchirurgie im hohen Alter. In: Schutz, R. M. (Hrsg.): Praktische Geriatrie 13. Kallweit-Lübeck 1993.

[7] Maletzki, W., A. Stegmayer-Petry: Klinikleitfaden Krankenpflege. Jungjohann-Verlag, Neckarsulm-Stuttgart, 1. Aufl. 1993.

[8] Käufer, C.: Chirurgie und Krankenpflege, Bibliomed-Verlag, Melsungen, 2. Aufl. 1991.

[9] Juchli, L.: Krankenpflege. Georg-Thieme-Verlag, Stuttgart-New York, 7. Aufl. 1994.

30 Transplantation

J. Hoyer, Ch. Albrecht

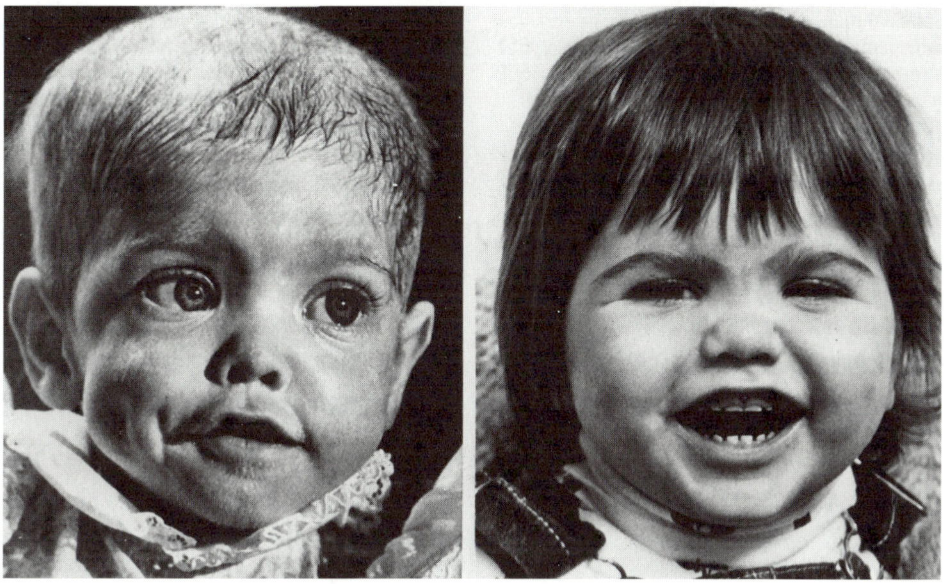

30

30.1 Transplantation von Organen und Geweben

Durch Transplantation können **funktionslose** oder erheblich **funktionseingeschränkte** Organe oder Gewebe, die auf keine andersartige Therapie mehr ansprechen, **ersetzt** werden. Neben der Transplantation von Knochen-, Knorpel- und Sehnengewebe sowie Hornhaut, hat insbesondere die Transplantation von **komplexen** Organen die medizinischen Möglichkeiten der letzten 20 Jahre **nachhaltig beeinflußt.**

Wenngleich sich die Transplantation von durchblutetem Gewebe im genetisch identischen System bis ca. 200 anno Christi zurückverfolgen läßt (Stiellappenplastik durch Sushruta in Indien), so war die Möglichkeit einer Organtransplantation **operationstechnisch** erst nach **Einführung der Gefäßnaht** durch Carrel und Guthrie (1902) gegeben.

Die Transplantation von Geweben bzw. Organen wird je nach genetischem Verwandtschaftsgrad und anatomischer Lokalisation in verschiedene Kategorien eingeteilt.

- **Autologe Transplantation:** Verpflanzung innerhalb **desselben** Organismus (z.B. Haut, Knochen, Inselzellen der Bauchspeicheldrüse).
- **Isogene Transplantation:** Verpflanzung innerhalb eines **genetisch identischen** Systems (z.B. eineiige Zwillinge).
- **Allogene Transplantation:** Verpflanzung zwischen Individuen der **gleichen Spezies** (z.B. von Mensch zu Mensch).
- **Xenogene Transplantation:** Verpflanzung zwischen Individuen **unterschiedlicher** Spezies (z.B. vom Affen zum Mensch).
- **Orthotope Transplantation:** Verpflanzung an die **anatomisch normale Position,** im allgemeinen nach vorheriger Entfernung des funktionslosen Organes (z.B. Hornhaut, Gehörknöchelchen, Herz, Lunge, Leber).
- **Heterotope Transplantation:** Verpflanzung an eine **andere** anatomische Position (z.B. Niere, Pankreas).

Die Transplantation bedingt in Abhängigkeit von ihrem genetischen Verwandtschaftsgrad unterschiedliche immunologische Konsequenzen.

30.2 Immunologische Grundlagen und Immunsuppression

30.2.1 Histokompatibilitätsantigene (Gewebe- bzw. Transplantationsantigene)

Definition: Es handelt sich um **Oberflächenstrukturen** auf allen kernhaltigen Körperzellen, die von einem Komplex genetischer Orte (Loci) auf dem Chromosom 6 gesteuert werden. Da Histokompatibilitätsantigene zuerst auf Leukozyten nachgewiesen wurden, faßte man sie unter der Bezeichnung human leucocyte antigen **(HLA)-System** zusammen. Bisher konnten vier Genorte identifiziert werden, welche mit den Buchstaben A, B, C und D bezeichnet wurden, und die **jeweils zwei genetisch fixierte Merkmale** (Allele) kodieren. Die Gesamtheit dieser Merkmale bestimmt den HLA-Typ (Gewebetyp) eines Individuums. Bis jetzt konnten 24 unterschiedliche Merkmale auf dem A-, 49 auf dem B-, 11 auf dem C- und 44 auf dem D-Locus nachgewiesen werden. Bedeutungsvoll für die praktische Anwendung sind lediglich die des A-, B- und D-Locus, da nur bei ihnen ein Einfluß auf die immunologische Akzeptanz eines Transplantates nachgewiesen werden konnte. Je **mehr** Histokompatibilitätsantigene **übereinstimmen**, um so **günstiger** kann die Transplantatprognose (wahrscheinliche Überlebenszeit des Transplantates) bewertet werden. Aus der Möglichkeit der **vielfältigen Kombinationen** dieser sechs Antigene resultiert die **Schwierigkeit,** Transplantationen zwischen genetisch nicht verwandten Individuen mit einem identischen HLA-Muster zu realisieren.

30.2.2 HLA-Typisierung (Gewebetestung)

Serologischer bzw. **molekulargenetischer** Nachweis der individuellen Histokompatibilitätsantigene auf Lymphozyten mittels monoklonaler Anti-HLA-Antikörper. Hierbei handelt es sich um Antikörper, die von einem einzigen Zellklon (Zellstamm), meist einem Zelltyp der B-Lymphozyten-Reihe, gebildet werden. Sie lassen sich heute weitgehend gentechnologisch herstellen. Da der Grad an Übereinstimmung dieser Antigene zwischen

Spender und Empfänger bei bestimmten Organtransplantationen ganz wesentlich deren Prognose beeinflußt, ist die HLA-Typisierung eine wichtige **Ausgangsuntersuchung.** So ist die Funktionswahrscheinlichkeit eines Nierentransplantates mit einer völligen Übereinstimmung aller sechs Antigene nach einem Jahr beispielsweise um 20% größer als die eines Transplantates ohne jegliche Übereinstimmung. Dieses **gilt besonders** für die Transplantation von **Niere** und **Pankreas.**

30.2.3 Präformierte zytotoxische Antikörper

Diese Antikörper sind gegen eine Vielzahl oder gegen einzelne ganz spezifische Histokompatibilitätsantigene gerichtet und entstehen meist infolge einer Schwangerschaft, einer Bluttransfusion oder einer früheren Transplantation. Dem **Ausschluß** einer derartigen **Vorsensibilisierung** von seiten des **Empfängers** kommt eine **große Bedeutung** zu, da bei **Nichtbeachtung** Transplantate innerhalb **kürzester** Zeit **abgestoßen** werden, ohne daß dieses durch Maßnahmen jeglicher Art zu verhindern wäre. Daher muß in regelmäßigen Abständen das Serum der auf eine Transplantation wartenden Patienten auf das Auftreten solcher Antikörper untersucht werden. Andererseits ist unmittelbar vor jeder Transplantation eine Kreuzprobe zwischen den Lymphozyten des Spenders und dem Serum des Empfängers durchzuführen.

Eine positive Kreuzprobe ist eine absolute Kontraindikation zur Transplantation, da eine hyperakute und unbeherrschbare Abstoßung die Folge wäre!

30.2.4 Transplantatabstoßung

Im Gegensatz zu nicht durchbluteten Geweben (Hornhaut, Gehörknöchelchen, Sehnen) kommt es bei der Transplantation von durchbluteten Organen stets zu einem **direkten Kontakt** des **Transplantates** mit **Bestandteilen** des **empfängereigenen Immunsystems.**

Die Histokompatibilitätsantigene auf den Zelloberflächen transplantierter Gewebe werden von bestimmten Zellformen des Empfängerorganismus (Makrophagen, Monozyten) als **fremd** erkannt und von ihnen einer speziellen Lymphozytenpopulation, den **Helfer-T-Zellen,** nach entsprechender Aufbereitung präsentiert. Mit Hilfe löslicher Substanzen (Lymphokine, Interleukine) werden von diesen Signale weitergegeben, die zum einen die Neubildung von gegen die Fremdzellen (Zielzelle) gerichteten natürlichen Killerzellen, zytotoxischen T-Lymphozyten sowie antikörperproduzierenden B-Lymphozyten bewirken, zum anderen eine konsekutive (nachfolgende) Vermehrung dieser Zellen (Proliferation) unterhalten. Alle aus dieser Entwicklung hervorgegangenen Zellen reagieren auf ihre ganz spezifische Art mit den Zielzellen des Transplantates und zerstören diese im Rahmen einer **Abstoßungsreaktion** (Abb. 30-1).

Mehrere Formen einer solchen Abstoßungsreaktion sind zu unterscheiden:

- **Akute zelluläre Abstoßung**, vermittelt durch natürliche Killerzellen, Monozyten, Makrophagen, zytotoxische T-Lymphozyten (meist gut zu therapieren).
- **Akute humorale Abstoßung**, vermittelt durch antikörperproduzierende B-Lymphozyten (schwer zu therapieren).

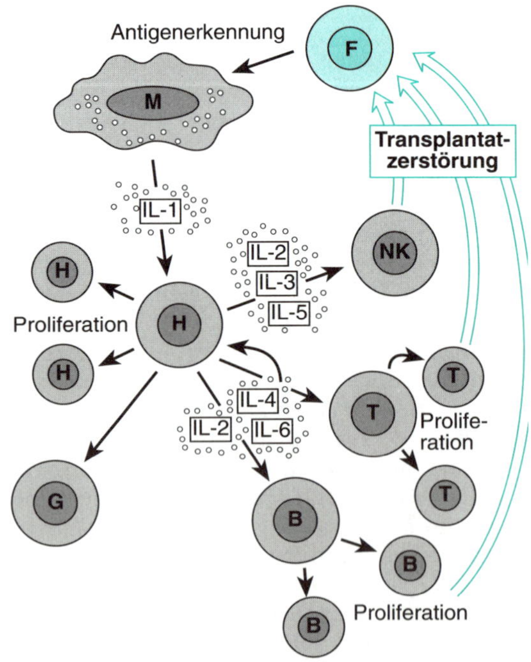

Abb. 30-1 Vereinfachte Übersicht der Transplantatabstoßung (F = Fremdzelle, M = Makrophage, H = Helfer-T-Zelle, G = Gedächtniszelle, NK = natürliche Killerzelle, T = zytotoxischer T-Lymphozyt, B = B-Lymphozyt, IL = Interleukin).

- **Hyperakute Abstoßung**, vermittelt durch präformierte zytotoxische Antikörper (Organzerstörung in kürzester Zeit).
- **Chronische Abstoßung** als Folge von wiederkehrenden akuten zellulären und/oder humoralen Reaktionen (letztendlich nicht therapierbar).

Abstoßungsreaktionen sind die natürliche Folge jeder Organtransplantation im nichtautologen bzw. nichtisogenen System!

30.2.5 Immunsuppression

Zur **Verhinderung** einer Abstoßungsreaktion bzw. zur **Minimierung** ihrer schädigenden Auswirkungen auf das Transplantat erhält jeder Organempfänger eine prophylaktische Behandlung mit die Immunantwort unterdrückenden Medikamenten (**Immunsuppressiva**). Heute werden hierzu routinemäßig die folgenden Substanzen verwendet.

Proliferationshemmer

Azathioprin (Imurek®), ein Purinanalogon, inhibiert (verhindert) die Nukleotidsynthese und unterbindet die Proliferation immunkompetenter Zellen. Seine **Nebenwirkung** besteht in einer möglichen Knochenmarkdepression.
Dosierung: 1 bis 3 mg pro kgKG pro Tag. **Regelgröße** für die Applikation ist eine **Leukozytenzahl** höher als 3000/mm³.

Induktionshemmer

Cyclosporin (Sandimmun®), ein Pilzmetabolit, verhindert die Freisetzung von Interleukin-2 durch Helfer-T-Zellen und hemmt so spezifisch die Reifung zytotoxischer Effektorzellen, welche die unmittelbare immunologische Wirkung an der Fremdzelle (Transplantat) entfalten. Seine **Nebenwirkung** besteht in einer Nieren- und Leberschädigung bei Überdosierung.
Dosierung: 2 bis 5 mg pro kgKG pro Tag. **Regelgröße** für die Dosierung ist der Cyclosporin-**Talspiegel im Blut** (höher als 80 und niedriger als 200 µg/ml).

Kortikosteroide

Sie verhindern durch Blockierung von Interleukin-1 frühzeitig die Antigenerkennung und werden in Kombination mit den vorherigen Substanzen eingesetzt. Die **Nebenwirkungen** sind vielfältig (verzögerte Wundheilung, Osteoporose, Glaukom, Magenulkus, Diabetes mellitus, Psychose usw.).
Dosierung: Individuell. Als **Dauermedikation** wegen der vielfachen Nebenwirkungen (s.o.) **möglichst** vermeiden.

Eine Übersicht über die spezifischen Angriffspunkte dieser drei Standardmedikamente innerhalb der immunologischen Reaktionskette gibt Abbildung 30-2.

Polyklonale und monoklonale Antikörper

Diese im Tier (Pferd, Kaninchen, Maus) durch spezifische Sensibilisierung mit menschlichen Lymphozyten (ALG = Anti-Lymphozyten-Glo-

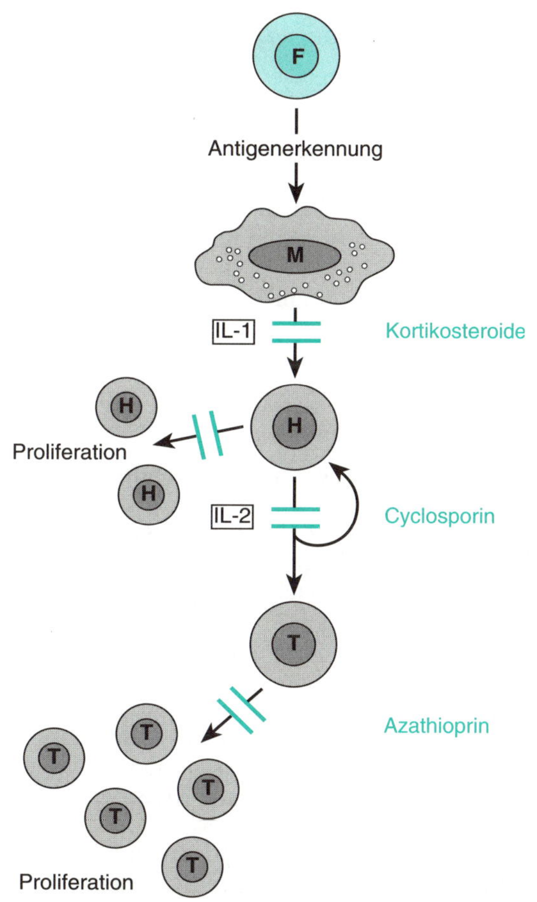

Abb. 30-2 Angriffsorte der Immunsuppressiva in der Reaktionskette der Transplantatabstoßung (F = Fremdzelle, M = Makrophage, H = Helfer-T-Zelle, T = zytotoxischer T-Lymphozyt, IL = Interleukin).

bulin) oder Thymozyten (ATG = Anti-Thymozyten-Globulin) gewonnenen **Globuline** kommen bis auf wenige Fälle vorwiegend zur **Therapie von Abstoßungsreaktionen** zum Einsatz. Sie werden intravenös appliziert und zerstören sowohl T- und B-Zellen (ALG) als auch nur T-zellabhängige (ATG) immunkompetente Zellpopulationen. Die monoklonalen Antikörper (z.B. OKT 3®) wirken selektiv (auswählend) auf bestimmte T-Zell-Subpopulationen (Zellen mit dem Oberflächenmerkmal CD 3).

Ihre **Nebenwirkungen** bestehen sowohl in der Möglichkeit einer anaphylaktischen Reaktion (Tiereiweiße!) als auch in einer Zunahme der Infektgefährdung z.B. Virusinfektion durch das Cytomegalovirus (CMV) durch maximale Reduktion der Immunpotenz.

In besonderen Fällen werden diese Globuline auch prophylaktisch eingesetzt (Mehrfachtransplantation, zytotoxische Antikörper).

30.3 Der Organspender

Die Gewinnung der zur Transplantation verwendeten Organe erfolgt aus zwei möglichen Ressourcen:
- vom lebenden Spender (**Lebendspende**)
- vom verstorbenen Spender (**postmortale Spende**)

30.3.1 Lebendspende

Es kommen **nur genetisch verwandte** Spender in Betracht (Eltern, Geschwister). In Ausnahmefällen und unter der Voraussetzung einer absoluten Freiwilligkeit kann auch ein Nichtverwandter berücksichtigt werden (Lebensgefährte, Freund/in).

Wenngleich auch in jüngster Zeit an einigen wenigen Zentren Teile von Leber, Pankreas, und sogar von Darm und Lunge bei Lebendspendern entnommen wurden, beschränken sich die meisten Transplantationszentren **ausnahmslos** auf die **Niere**, da dieses Organ paarig vorliegt.

Um die Nierenspende von einem Lebenden zu akzeptieren, müssen einmal bestimmte Voraussetzungen erfüllt und zweitens bestimmte Voruntersuchungen erfolgt sein.

Voraussetzungen:
- Blutgruppenverträglichkeit
- mindestens 50%ige Übereinstimmung der Histokompatibilitätsantigene
- Ausschluß von gravierenden Erkrankungen (Malignome, chronische Infekte, Systemerkrankungen)
- kein Hinweis auf eine Nierenerkrankung
- kein Bluthochdruck
- altruistische (selbstlose) Motivation
- ausführliche Aufklärung über mögliche Risiken
- Volljährigkeit

Voruntersuchungen:
- seitengetrennte Nierenfunktionsszintigraphie
- angiographische Darstellung der Nierengefäße

Die beiden letzten Informationen sind für die Seitenauswahl von Bedeutung. Die **Vorteile** der Lebendspende liegen vor allem in der **besseren Langzeitprognose** der transplantierten Organe, einer **sorgfältigen Operationsplanung** und der **Vermeidung längerer Wartezeiten**.

30.3.2 Postmortale Organspende

Der weitaus größte Anteil der transplantierten Organe stammt von Spendern, die an einem **primären Hirntod** verstorben sind.

Unter Hirntod versteht man den **vollständigen** und **irreversiblen** Ausfall **aller Hirnfunktionen,** wobei mittels maschineller Beatmung und anderer intensivmedizinischer Maßnahmen die Herzkreislauffunktion artifiziell (künstlich) noch über einen **begrenzten** Zeitraum aufrechterhalten werden kann.

Die Feststellung des Hirntodes und seine Dokumentation folgen einer Empfehlung des wissenschaftlichen Beirates der Bundesärztekammer gemäß der 1986 veröffentlichten Richtlinien und sind **unabdingbare Voraussetzung** zu jeglicher Organentnahme. Sie sind von **zwei Ärzten** durchzuführen, die selbst an der Organentnahme oder Transplantation **nicht beteiligt** sein dürfen.

Bis zu einer endgültigen gesetzlichen Regelung muß für eine Organentnahme darüber hinaus entweder eine schriftliche Erklärung des Verstorbenen (**Spenderausweis**) oder die Einwilligung seiner Angehörigen vorliegen (sog. **Einwilligungslösung**).

Bei jedem unnatürlichen Tod ist außerdem noch vor einer geplanten Organentnahme die Einschaltung der Staatsanwaltschaft und evtl. eines Rechtsmediziners unerläßlich.

30.4 Organisation von Organentnahme und Transplantation

In der Bundesrepublik Deutschland gibt es derzeit **42 Zentren,** an welchen Organtransplantationen durchgeführt werden. Jedes Zentrum betreut eine Anzahl ihm geographisch zugeordneter Krankenhäuser. Durch ständige Kommunikation mit diesen bemüht es sich um eine Organgewinnung bei hier verstorbenen Patienten, die die Voraussetzungen zur Organentnahme erfüllen. Diese verantwortungsvolle Tätigkeit wird von dem **Transplantationskoordinator** des zugehörigen Zentrums wahrgenommen. In den einzelnen Krankenhäusern sollen darüber hinaus **Transplantationsbeauftragte** die Meldung jedes möglichen Spenders garantieren.

30.4.1 Funktioneller Ablauf

Nach Feststellung des Hirntodes und nach Ausschluß medizinischer Kontraindikationen wird zunächst die Erlaubnis zur Organentnahme eingeholt (Spenderausweis, Angehörige, Staatsanwalt). Dann erfolgt die Meldung an das zuständige Transplantationszentrum. Dieses entsendet seinen Transplantationskoordinator, der die Voraussetzungen zur Organentnahme überprüft und die **organkompetenten chirurgischen Teams anfordert.** Unter Beachtung der üblichen Operationskriterien (strenge Asepsis, regelrechte Narkose) werden von diesen die für eine Transplantation in Frage kommenden bzw. freigegebenen Organe sorgfältig entnommen. Um schädigende Einflüsse weitgehend auszuschalten, werden die Organe zumeist im Organismus des Spenders verbleibend (in situ) mit entsprechenden **konservierenden** Lösungen (Eurocollins-, UW-, HTK-Lösung) **durchspült** und **abgekühlt**. Die entnommenen Organe werden zum Transport in sterile Umhüllungen verpackt und bei **4 °C** bis zur Transplantation **auf Eis** gelagert. Die Zeit, in der die Organe konserviert werden, wird als **kalte Ischämiezeit** bezeichnet und sollte prinzipiell so **kurz wie möglich** gehalten werden. Die zeitliche Toleranz der kalten Ischämie ist **organabhängig.** Eine Niere kann bis zu 50 Stunden konserviert werden, die Lunge sollte spätestens nach zwölf Stunden transplantiert sein.

Parallel zur Organentnahme werden die Histokompatibilitätsantigene bestimmt und an die übernationale **Vermittlungszentrale Eurotransplant in Leiden** (Niederlande) gemeldet. Hier wird aus der Liste aller bei Eurotransplant gemeldeten Transplantationsanwärter per Computer der am besten übereinstimmende Empfänger ermittelt. Als wichtige **objektive Auswahlkriterien** gelten Histokompatibilität (Übereinstimmung der Antigene) und Wartezeit. **Sonderlisten** erfassen daneben äußerst dringliche Patienten oder solche mit einer hohen Konzentration an präformierten zytotoxischen Antikörpern (höher 85%).

Im Eurotransplant-Verbund sind die Niederlande, Belgien, Luxemburg, Österreich und die BRD zusammengeschlossen.

Nach der getroffenen Auswahl wird das Organ entsprechend seiner Ischämietoleranz per Auto, Linien- oder Sonderflugzeug bzw. Helikopter vom Entnahmezentrum zum Transplantationszentrum des Empfängers befördert.

30.5 Gesellschaftliche Aspekte der Transplantation

Von seiten der Gesellschaft ergeht ein ständiger **Auftrag** an die Medizin, modernere, sicherere und effektivere Methoden zur Diagnostik sowie Behandlung von Krankheiten zu entwickeln und allen ihren Mitgliedern zur Verfügung zu stellen. Im Gegenzug hat die Gesellschaft die **Pflicht**, die Verwirklichung ihres Auftrages durch **Bereitstellung** der hierzu notwendigen **Ressourcen** zu ermöglichen. Bisher beschränkte sich die Realisierung dieses Prinzips weitgehend auf finanzielle Unterstützungen. Die Transplantationsmedizin hat es so z.B. in den letzten 20 Jahren ermöglicht, Patienten mit chronischem Organversagen aus der Hoffnungslosigkeit heraus in eine erfolgreiche Rehabilitation zu führen. Neben **finanziellen Möglichkeiten** benötigt aber gerade sie, in Form menschlicher Organe, **biologische Materialien**, die weder synthetisch und in beliebiger Menge produziert, noch von den Krankenversicherungsträgern bereitgestellt werden können. Außerdem ist im Vergleich zur Blutwäsche (Hämodialyse) die **Nierentransplantation** die **erfolgreichere** und auch **volkswirtschaftlich günstigere** Alternative, die darüber hinaus noch in der Lage ist, eine **wirkliche Rehabilitation** und **Resozialisierung** zu bewerkstelligen. Damit nun jedes Mitglied unserer Gesellschaft ggf. diese Behandlungsform auch für sich in Anspruch nehmen kann, muß es dies durch seine eigene Bereitschaft zur Organspende ermöglichen.

Organspende ist die moralische Pflicht eines jeden, der die uneingeschränkten Möglichkeiten einer modernen Medizin auch für sich in Anspruch nehmen möchte!

30.6 Transplantationsgesetz

Eine durch den Gesetzgeber festgeschriebene Verfahrensordnung soll **rechtsverbindlich** folgende Punkte regeln:
- **Informationspflicht** der Öffentlichkeit über Organspende und Transplantation durch die Gesundheitsbehörden.
- Zulässigkeit der Organentnahme bei Verstorbenen mit Vorschriften zu Todesfeststellung und Einwilligungsverfahren.
- **Gerechte** Verteilung der Organe.
- Zulässigkeit der Entnahme bei lebenden Personen.
- Organisation von zentralen Einrichtungen zur Kontrolle der Patientenregistrierung, der Organallokation (-zuweisung) und der Qualitätssicherung.
- Festlegung **struktureller Merkmale** für Transplantationszentren. So muß beispielsweise jährlich eine Mindestzahl an Transplantationen durchgeführt werden können, damit die praktische Routine, die für die Qualität jeder Behandlung notwendige Voraussetzung ist, erhalten bleibt (z.B. 30 Nierentransplantationen). Die hierzu notwendigen Räumlichkeiten, Kommunikationssysteme und Institute müssen vorhanden, und das Personal verfügbar sein.
- Verpflichtung zur Zusammenarbeit und Meldung geeigneter Verstorbener an das zuständige Transplantationszentrum.
- **Strafvorschriften** für Zuwiderhandlungen (z.B. bei der Entnahme von Organen gegen den Willen der Angehörigen bzw. des Verstorbenen; für den kommerziellen Handel mit Organen).

Dieses schon seit 1976 geforderte Gesetz mit bundeseinheitlicher Gültigkeit soll möglicherweise 1995 verabschiedet werden. Nach dem derzeitigen Entwurf wird hierin z.B. festgeschrieben, daß, wie bisher, zur Organentnahme bei Verstorbenen eine Einwilligung des Betroffenen oder seiner direkten Angehörigen vorliegen muß.

Ein **kommerzieller Handel** mit Organen wird in der Bundesrepublik Deutschland **seit 1994 strafrechtlich** verfolgt.

II Spezieller Teil

Das zunächst weitgehend auf die Niere zugeschnittene **Behandlungskonzept** der Organtransplantation hat sich mittlerweile dank zunehmender Erfolge weltweit auch bei anderen Organen als eine **etablierte** Therapie bestätigt.

Aufschluß über die organbezogene Anzahl der bisher durchgeführten Transplantationen und deren Prognose anhand der Ein-Jahres-Überlebenszeit gibt Tabelle 30-1.

30.7 Nierentransplantation

Die erste erfolgreiche Nierentransplantation wurde am 31.12. 1954 an eineiigen Zwillingen von Murray in Boston durchgeführt.

Indikationen: Chronische Niereninsuffizienz auf dem Boden einer Glomerulonephritis, Pyelonephritis, diabetogene Nephropathie, polyzystische Nierendegeneration (Zystenniere), Wegener-Granulomatose (nekrotisierende Granulomatose der oberen Luftwege und der Lungen), eines Alport- (Nephropa-

Tab. 30-1 Übersicht über die bisher durchgeführten Transplantationen und deren Prognose anhand der Ein-Jahres-Überlebenszeit.

Organanzahl (geschätzt)	Ein-Jahres-Überlebenszeit (%)
Niere ca. 300.000	85
Herz ca. 40.000	85
Leber ca. 30.000	75
Pankreas ca. 5000	65
Herz/Lunge ca. 2000	50
Lunge ca. 800	65

thie-Taubheits-Syndrom) oder Goodpasture-Syndroms (Autoimmunerkrankung, bei der Antikörper gegen die Basalmembranen des eigenen Nieren- und Lungengewebes gebildet werden) u.a.

Kontraindikationen: Malignome, chronische therapieresistente Infekte, Nierenerkrankungen mit hoher Rezidivneigung (z.B. IgA-Nephritis, sekundäre Amyloidose, steroidrefraktäres nephrotisches Syndrom), operationspflichtige koronare Herzerkrankung, HIV-Nachweis.

Operation: Heterotope Implantation einer Niere in die kontralaterale Fossa iliaca (konkave Innenseite der Darmbeinschaufel). **Gefäßanatomie!** Die Nierengefäße werden End-zu-Seit mit den Vasa iliaca externa (äußeren Beckenvenen) anastomosiert (Abb. 30-3). Der Ureter wird direkt mit der Blasenschleimhaut anastomosiert. Eine kurzstreckige Raffung der Blasenmuskulatur über dem distalen Ureterabschnitt soll die fehlende Sphinkterfunktion ersetzen (Antirefluxplastik).

Postoperative Behandlung: Sie umfaßt einmal die spezifische Unterdrückung der Immunantwort durch immunsupprimierende Medikamente (s. Kap. 30.2.5), zum anderen beinhaltet sie **allgemeine** Therapiemaßnahmen wie z.B.:
- perioperative Infektionsprophylaxe, insbesondere Antimykotika (gegen Pilzinfekte)
- Antazida (Steroidwirkung)

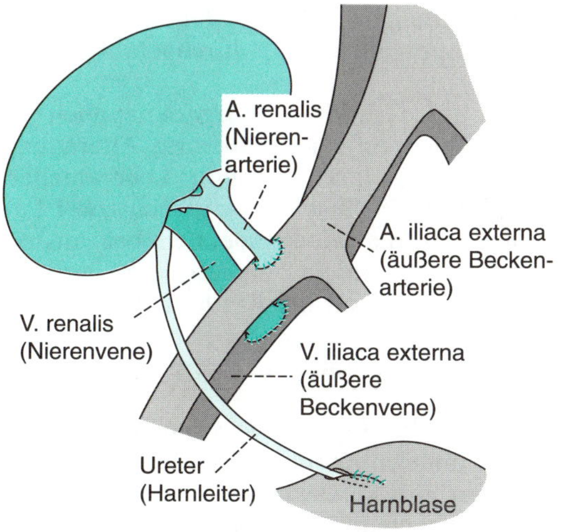

Abb. 30-3 Schema einer Nierentransplantation in die rechte Fossa iliaca (konkave Seite der Darmbeinschaufel).

- H_2-Rezeptorantagonisten (Streßulkusprophylaxe)
- Antihypertensiva (Medikamente zur Behandlung einer Hypertonie)
- Hämodialyse (bei initialer Nichtfunktion)

Transplantatkontrollen: Zur **ständigen** Überprüfung der Funktion und zur **Früherkennung** möglicher Komplikationen haben sich **folgende Untersuchungen** bewährt:
- Kreatinin bzw. Kreatininclearance zur Beurteilung der aktiven Nierenleistung
- Duplex-Sonographie* (Messung der Durchblutungswiderstände)
- Harnproteinanalyse zur Beurteilung des Ausmaßes einer tubulären oder glomerulären Schädigung durch Abstoßung, Infekt oder nierenschädigende Medikamente
- Feinnadelaspirationsbiopsie (FNAB)* zur zytologischen Kontrolle des Nierengewebes
- Zytokinmessung (Interleukine) zur Kontrolle der immunologischen Aktivität
- bei Verdacht auf Abstoßung Stanzbiopsie aus dem Transplantat

Die mit * versehenen Parameter sind insbesondere bei funktionslosem Transplantat von Bedeutung.

Komplikationen und ihre Behandlung (Tab. 30-2):

Bei schweren Infektionen sollte die Immunsuppression reduziert, bei bedrohlichen (Pneumonie) muß sie sofort abgesetzt werden!

Prognose: Nach **Ersttransplantationen** funktionieren nach **einem Jahr** noch ca. **85%** und nach **zehn Jahren** noch **50%** der Transplantate. Nach Mehrfachtransplantationen nehmen diese Ergebnisse deutlich ab. Transplantate von **Lebendspendern** weisen mit über 90% nach einem Jahr und über 80% nach fünf Jahren das **beste** Langzeitüberleben auf.

30.8 Lebertransplantation

Die erste klinische Lebertransplantation wurde am 6. 05. 1963 von Starzl in Denver durchgeführt.

Indikationen: Biliäre Zirrhose, posthepatische Zirrhose, Budd-Chiari-Syndrom (Lebervenenthrombose), Virushepatitiden, biliäre Atresie (Kinder), sklerosierende Cholangitis (Entzündung der Gallenwege), toxisches Le-

Tab. 30-2 Komplikationen und ihre Behandlung.

Infolge der Transplantation	Infolge der Immunsuppression
Operationstechnische Komplikationen wie Nachblutung, Thrombosen oder Embolien der Nierengefäße, Urinleck, Lymphozele, Nierenarterienstenose. **Therapie:** Operation.	Infektion durch Pilze und Bakterien, insbesondere die für den Immungesunden harmlosen Keime (opportunistische Erreger wie z. B. Aspergillus, Legionella, Pseudomonas, Nocardia) können beim Immunsupprimierten wegen mangelhafter Therapiemöglichkeiten zu ernsthaften Problemen führen. **Therapie:** Antibiotika, Antimykotika nach Austestung.
Akutes Nierenversagen bedingt durch längere Schockphase beim Spender oder durch zu lange warme bzw. kalte Ischämiezeiten. **Therapie:** Dialyse (meist reversibel).	Infektion durch Viren, insbesondere Cytomegalie (CMV) und Herpes simplex (HSV). **Therapie:** Ganciclovir (Cymeven®), CMV-Hyperimmunglobulin (Cytotect®, Cytoglobin®).
Abstoßungen hyperakut, akut oder chronisch (s. Kap. 30.2.4). **Therapie:** Hochdosiert Kortikosteroide (250 mg als Bolus intravenös) über mehrere Tage. Bei Nichtansprechen erfolgt Einsatz von poly- bzw. monoklonalen Antikörpern in Abhängigkeit von der histologischen Diagnose. Bei der akuten Abstoßung vom vaskulären Typ kann evtl. eine Plasmaseparation (Plasmapherese = Elimination von Immunkomplexen durch Trennung von Plasma und Blutzellen) erfolgreich sein.	Malignomentstehung durch Schwächung der immunologischen Selbstkontrollmechanismen. Je nach Dosierung der Immunsuppressiva kann das Inzidenzrisiko (Erkrankungswahrscheinlichkeit) um das 50fache erhöht sein. **Therapie:** Behandlung nach onkologischen Gesichtspunkten. Bei Kurabilität (Heilbarkeit): Absetzen der Immunsuppressiva, um ein Rezidiv zu vermeiden. Bei Inkurabilität (Unheilbarkeit): Aus psychischen Gründen im allgemeinen Erhaltung des Transplantates.
Rekkurierende Erkrankung (Wiederauftreten der Grundkrankheit im Transplantat) Membrano-proliferative Glomerulonephritis, IgA-Nephritis, Amyloidose, Oxalose, steroidrefraktäres nephrotisches Syndrom, sowie die diabetogene Nephropathie (Kimmelstiel-Wilson-Syndrom) zählen hierzu. **Therapie:** Meist erfolglos.	Steroidnebenwirkungen wie z.B. Cushing-Syndrom, Steroiddiabetes, gastrointestinale Blutung, aseptische Knochennekrose, Osteoporose; seit Einführung von Cyclosporin sind diese Komplikationen deutlich rückläufig. **Therapie:** Steroidreduktion.

berversagen, Stoffwechselerkrankungen (Kinder).

Die folgenden Indikationen sind wegen der **hohen Rezidivrate** sehr **zurückhaltend** zu bewerten: alkoholtoxische Zirrhose, Malignome.

Kontraindikationen: Extrahepatische Malignome, chronische therapieresistente Infektionen, akute Varizenblutung, hepatorenales Syndrom, HIV-Nachweis.

Operation: Prinzipiell kann die Leber sowohl **orthotop** als auch **heterotop** implantiert werden. Am häufigsten wird die orthotope Transplantation praktiziert. Nach Entfernung der funktionslosen Leber des Empfängers (Hepatektomie) wird das Transplantat anatomisch **korrekt** an ihre Stelle plaziert. Es werden zwei Anastomosen der V. cava (Hohlvene) supra- und infrahepatisch, sowie jeweils eine Anastomose der V. porta (Pfortader), der A. hepatica (Leberarterie) bzw. des Truncus coeliacus und des Ductus choledochus (Hauptgallengang) durchgeführt (Abb. 30-4).

Eine auf Grund der **Organknappheit** in letzter Zeit häufiger praktizierte Alternative ist die Transplantation von **Leberanteilen** (Split-liver). Sie macht es möglich, **zwei** Patienten mit **nur einer Spenderleber** ausreichend zu behandeln. Insbesondere bei der Lebendspende und bei Kindern ist dies eine geeignete Methode, die aber ausschließlich erfahrenen Operateuren vorbehalten sein sollte.

Zur Regulierung des venösen Rückstroms aus der unteren Körperhälfte, der durch Ausklemmen von V. cava und V. porta zeitweilig unterbrochen ist, wird von den meisten Operateuren ein veno-venöser Bypass verwendet. Hierbei wird das Blut aus V. cava

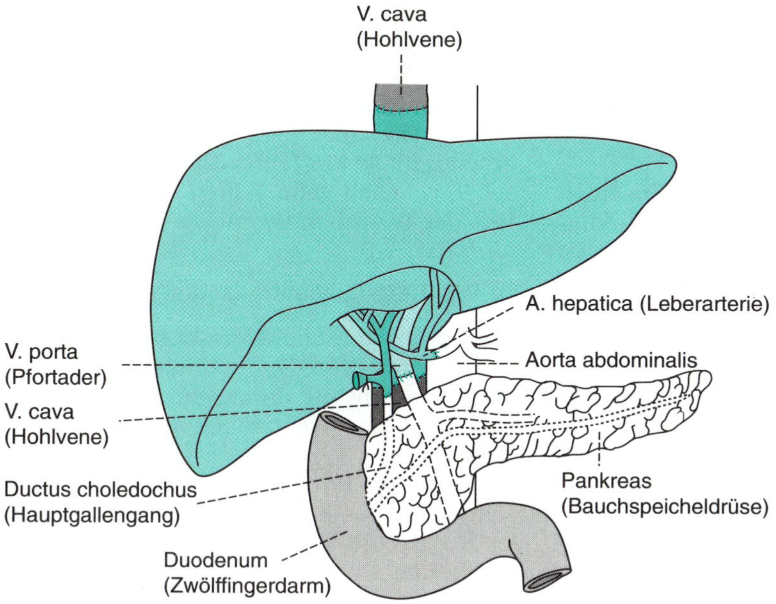

Abb. 30-4 Schema der orthotropen Lebertransplantation.

und V. porta unter Verwendung einer Rollerpumpe in die V. axillaris (Achselvene) geleitet.

Die heterotope Lebertransplantation (auxiliäre Lebertransplantation) ist indiziert, wenn die Entfernung der zirrhotischen Leber **operationstechnisch unmöglich,** der Patient durch ein **hohes Blutungsrisiko** gefährdet ist oder es sich um ein **akutes** und **möglicherweise reversibles** Leberversagen handelt.

Das Transplantat wird meist **unterhalb der empfängereigenen** Leber an die entsprechenden Strukturen angeschlossen, und es kann im Fall einer Erholung der eigenen Leberfunktion wieder entfernt werden.

Postoperative Behandlung: Sie entspricht weitgehend der nach Nierentransplantation.

Transplantatkontrollen: Die Funktionskontrolle erfolgt vorwiegend mittels leberbezogener laborchemischer Parameter: SGOT, SGPT, γGT, GLDH, CHE, AP, Bilirubin, Gerinnungswerte. Erfahrungen mit der FNAB sind beschrieben aber begrenzt. Bei Verdacht auf Abstoßung Gewebeentnahme aus dem Transplantat.

Komplikationen und ihre Behandlung:

- Blutungen auf Grund mangelhafter Syntheseleistung der Leber. **Therapie:** Frischblut, Gerinnungsfaktoren.
- Initiale Nichtfunktion bei vorgeschädigtem Transplantat oder hyperakuter Abstoßung (äußerst selten). **Therapie:** Sofortige Retransplantation.
- Abstoßungen (s. Kap. 30.7), bei Therapieversagen Retransplantation.
- Infektionen (s. Kap. 30.7).

Prognose: Die Funktionsrate liegt nach **einem Jahr** mit **ca. 75%** etwas niedriger als bei Nierentransplantierten, liegt aber nach **zehn Jahren** ebenfalls bei **50%.**

30.9 Herz- und Lungentransplantation

30.9.1 Herztransplantation

Die erste klinische Herztransplantation wurde am 3.12. 1967 von Barnard in Kapstadt durchgeführt.

Indikationen: Dilatative Kardiomyopathie, ischämische Kardiomyopathie (sog. ausgebrannte koronare Herzerkrankung), Linksherzhypoplasie (Kinder).

Kontraindikationen: Malignome, chronische therapieresistente Infektionen, HIV-Nachweis.

Operation: Ähnlich der Leber, gibt es auch hier prinzipiell zwei technische Varianten.

- **Orthotope Transplantation (Regel):** Unter Einsatz der Herz-Lungen-Maschine erfolgt die Entfernung des kranken Herzens unter

Belassung beider Vorhofanteile, die die Einmündungen der V. cava und der Lungenvenen beinhalten. Anastomosiert wird auf Höhe beider Vorhöfe, der Aorta ascendens und dem Stamm der Lungenarterie (Abb. 30-5).
- **Heterotope Transplantation (auxiliäre Herztransplantation):** Das Transplantat wird unmittelbar auf das Empfängerherz aufgesetzt (**Huckepack-Herz**). Die adäquaten Herzanteile (Vorhöfe, Aorta, Pulmonalarterie) werden miteinander anastomosiert, wobei die Pulmonalarterie mittels einer Dacron-Prothese verlängert werden muß. Dieses Verfahren dient insbesondere einer Linksherzentlastung (assist device). Auch hier kann das Transplantat nach einer funktionellen Erholung des Empfängerherzens wieder entfernt werden.

Postoperative Behandlung: Wie bei der Nieren- und Lebertransplantation.

Transplantatkontrollen: Im wesentlichen stützt sich die Funktionsbeurteilung auf regelmäßige EKG-Kontrollen, Echokardiographie, Szintigraphie und Immunzytologie. Bei Verdacht auf Abstoßung transvenöse Endomyokardbiopsie.

Komplikationen und ihre Behandlung:
- Initiale Nichtfunktion bei vorgeschädigtem Transplantat. **Therapie:** Sofortige Retransplantation (Überbrückung evtl. mit einem Kunstherz).
- Akute Abstoßung. **Therapie:** (s. Kap. 30.7).
- Therapieresistente oder chronische Abstoßung. **Therapie:** Retransplantation.

Prognose: Die **Ein-Jahres-Überlebenszeit** liegt bei **85%**, nach **zehn Jahren** leben noch ca. **40%** der Transplantierten.

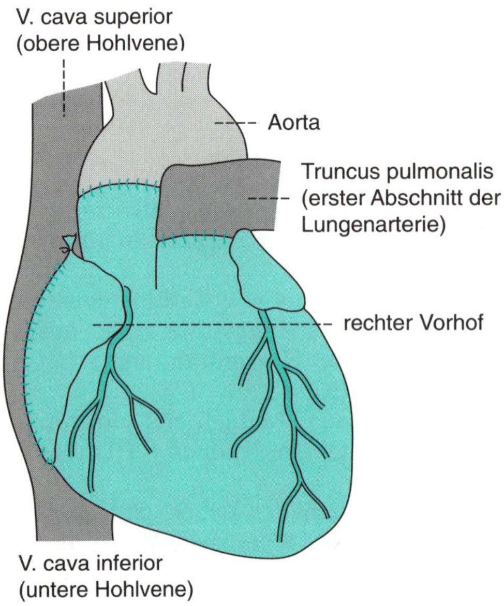

Abb. 30-5 Schema der orthotropen Herztransplantation.

30.9.2 Herz-Lungentransplantation

Die erste klinische Herz-Lungentransplantation wurde von D. A. Cooley am 31. 08. 1968 in Houston durchgeführt. Transplantiert wird das Herzen mit beiden Lungen **„enbloc“.**

Indikationen: Primär pulmonale Hypertonie, Herzerkrankungen mit sekundärer pulmonaler Hypertonie (Eisenmenger-Syndrom).

Operation: Unter Einsatz der Herz-Lungen-Maschine wird der gesamte Herz-Lungen-Block bis auf den die Cavaeinmündungen tragenden Anteil des rechten Vorhofs entfernt. Hierbei ist auf die **Erhaltung des N. vagus** (zehnter Hirnnerv) zu achten. Anastomosiert wird auf Höhe des rechten Vorhofs, der Aorta, sowie der Trachea.

Prognose: Deutlich **geringere** Überlebenszeiten als bei der isolierten Herz- oder Lungentransplantation.

30.9.3 Lungentransplantation

Eine Lunge wurde erstmals von J. D. Hardy am 11. 06. 1963 an der Universität von Mississippi transplantiert. Sie wird heute als **ein-** oder **doppelseitige** Transplantation durchgeführt.

Indikationen: Eine **einseitige** Transplantation kommt bei fibrosierende Lungenerkrankungen, oder der Sarkoidose in Frage. **Doppelseitige** Transplantation werden beim Emphysem, bei α1-Antitrypsin-Mangel, obliterierender (verschließender) Bronchiolitis, generalisierten Bronchiektasen, zystischer Fibrose (Mukoviszidose) oder Lymphangioleiomyomatosis durchgeführt.

Operation: Die einseitige Lungentransplantation erfolgt in Ausnahmefällen, die doppelseitige obligaterweise unter Einsatz der Herz-Lungen-Maschine. Anastomosiert wird auf Höhe des linken Vorhofs, der Pulmonalarterie und des Hauptbronchus.

Postoperative Behandlung: Wie bei Niere, Leber und Herz.

Transplantatkontrollen: Vorwiegend über engmaschige Röntgenkontrollen, Immunzytologie. Bei Verdacht auf Abstoßung Bronchoskopie mit Lavage und transbronchialer Biopsie.
Komplikationen und ihre Behandlung:
- Pneumonische Infektionen. **Therapie:** Gezielte und sofortige Antibiotikagabe, evtl. Beatmung.
- Akute Abstoßung. **Therapie:** (s. Kap. 30.7).
- Initiale Nichtfunktion durch bronchio-alveoläres Ödem bei vorgeschädigtem Transplantat, therapierefraktäre Abstoßung. **Therapie:** Da die **Verfügbarkeit** transplantabler Lungen äußerst **problematisch** ist (Nichtraucher, keine lange Beatmungszeit, kurze Ischämiezeit) und auch eine Größenübereinstimmung vorliegen muß, ist die Möglichkeit einer raschen Retransplantation nicht gegeben.

Abstoßungen nach Leber-, Herz- und Lungentransplantation sind immer lebensbedrohlich, da es keine alternative Behandlungsmethoden gibt!

Prognose: Die **Ein-Jahres-Überlebenszeit** beträgt **65%**, die **Zehn-Jahres-Überlebenszeit 55%.**

30.10 Pankreastransplantation

Die erste klinische Pankreastransplantation wurde am 17.12. 1966 durch Kelley in Minneapolis durchgeführt.
Indikation: Typ-I-Diabetiker mit dialysepflichtiger Niereninsuffizienz.
Operation: Es bestehen zwei konzeptionell unterschiedliche Verfahren. Transplantation mit **Erhaltung der exokrinen Pankreasfunktion** (Drainageoperation). Der Pankreassaft wird in die Blase oder den Darm abgeleitet. Transplantation mit **Blockierung der exokrinen Funktion.** Die Blockierung wird durch Okklusion (Verschluß) des Pankreasganges mittels eines weitgehend inerten (weitgehend reaktionslos auf Gewebe) Kunststoffs (Prolamin, Neopren) erreicht.

Das Pankreas kann einmal als **komplettes** Organ mit einer anhängenden Duodenalmanschette oder auch als **segmentales** Organ (Korpus und Schwanz) transplantiert werden. Implantiert wird heterotop in die Fossa iliaca. Die Gefäßanastomosen befinden sich venös zwischen V. porta des Transplantates und V. iliaca (Beckenvene) des Empfängers bzw. arteriell zwischen Truncus coeliacus des Transplantates und der A. iliaca (Beckenarterie) des Empfängers. Bei einer Drainageoperation wird zusätzlich eine Anastomose zwischen der Duodenalmanschette des Transplantates und der Blase bzw. einer ausgeschalteten Dünndarmschlinge angelegt.
Postoperative Behandlung: Immunsuppression und Infektionsprophylaxe wie bei der Nierentransplantation. Zusätzlich sind jedoch **rheologische** (Fließeigenschaften flüssiger Substanzen betreffend) Maßnahmen zur Thromboseprophylaxe (Heparin, HAES) notwendig, sowie die Minimierung der exkretorischen Pankreasfunktion während der ersten Woche mit Somatostatin (hemmt die Pankreassaftproduktion).
Transplantatkontrollen: Blutzucker, C-Peptid, Amylase im Urin (bei Blasenableitung), Nierenfunktion. Bei Verdacht auf Abstoßung FNAB, zystoskopische Biopsie (bei Blasenanastomose).
Komplikationen und ihre Behandlung:
- Venöse Thrombosierung des Transplantates (das Pankreas ist ein Organ mit geringer Durchblutung). **Prophylaxe:** Ausreichende Antikoagulation (PTT höher 50 Sekunden).
- Blutung durch Antikoagulation. **Prophylaxe:** Sorgfältige intraoperative Blutstillung, Vermeidung einer exzessiven Antikoagulation (PTT größer 100 Sekunden). **Therapie:** Operation.
- Pankreassaft sezernierende Hautfisteln mit schlechter Heilungstendenz. **Therapie:** Operation.
- Transplantat-Pankreatitis. **Therapie:** Chirurgische Peritoneallavage.
- Pseudozysten (zum Teil mit gigantischen Ausmaßen). **Therapie:** Meist Spontanheilung durch Ruptur in die Bauchhöhle; ansonsten Evakuierung (Entleerung) durch Punktion.
- Nahtinsuffizienz im Bereich der Blasen- oder Darmanastomose (Andauung durch Pankreasenzyme). **Therapie:** Sofortige Operation.
- Entzündungen von Blase oder Harnröhre durch Pankreasenzyme bei Oligo- (verminderter Harnproduktion) oder Anurie (keine Harnausscheidung). **Therapie:** Symptomatisch.

Die **Einschwemmung** von isolierten und kryopreservierten (Konservierung bei extrem tiefen Temperaturen bis –196 °C) **Langerhans-Zellen** aus allogenem (fremdem) Pankreasgewebe in die V. porta oder A. lienalis (Milzarterie) ist

noch nicht so ausgereift, als daß sie eine Alternative zur Pankreastransplantation darstellen könnte. Insbesondere sind hier die **immunologischen** Probleme **nicht** zufriedenstellend gelöst.

30.11 Gewebetransplantation

30.11.1 Transplantation der Kornea (Hornhaut des Auges)

Indikation: Hornhauttrübung jeglicher Ursache bei intakter Netzhaut.
Operation: Exzision eines zentralen Hornhautscheibchens (Trepanation) aus der kranken Kornea und Einnähen eines gleich großen Transplantates an die gleiche Stelle unter dem Operationsmikroskop.
Prognose: Da es kaum Abstoßungen gibt, **günstig**.

30.11.2 Transplantation von Gehörknöchelchen

Indikation: Mittelohrschwerhörigkeit (meist auf Grund chronischer Entzündungen).
Operation: Nach Beseitigung der entzündlichen Veränderungen erfolgt die Rekonstruktion der Schalleitungskette mittels konservierter allogener Materialien.
Prognose: Da eine Abstoßung **unwahrscheinlich** ist, **günstig**.

30.11.3 Transplantation von Sehnen, Knochen und Nerven

Sie werden in unterschiedlichem Umfang transplantiert. Wenngleich beim Sehnen- und Knochenersatz die Ergebnisse den Erwartungen entsprechen, sind die **Erfolge** bei der allogenen und selbst bei der autologen Nerventransplantation **gering.**

III Pflegerischer Teil

30.12 Allgemeine Aspekte zur Betreuung von Transplantationspatienten

In der Bundesrepublik Deutschland werden jährlich ca. 2500 Nieren, 400 Lebern und 300 Herzen mit Erfolg transplantiert, der **Bedarf an diesen Organen** liegt jedoch weitaus **höher.** Dabei ist zu bedenken, daß es für **Leber** und **Herz** noch **keinen künstlichen Ersatz** gibt, so daß die Wartezeit auf ein Spenderorgan **begrenzt** ist. Weitaus seltener sind die Transplantationen von Pankreas (Erfolgsrate noch nicht sehr günstig) und Lunge (Langzeitergebnisse bisher schlecht) im Gegensatz zu den häufig mit großem Erfolg ausgeführten Gewebetransplantationen von Hornhaut oder Gehörknöchelchen. Transplantationen von Leber, Herz, Lunge und Pankreas werden nur an speziellen **Transplantationszentren** durchgeführt.

Die präoperative Betreuung und Vorbereitung der Patienten, die auf eine Transplantation (Niere, Leber, Herz, etc.) warten, läßt sich nicht in ein **allgemeingültiges Schema** pressen. Nicht für alle Patienten ist es möglich, erst zur eigentlichen Transplantation nachdem ein passendes Spenderorgan zur Verfügung steht, in die Klinik aufgenommen zu werden. So kann beispielsweise ein **längerer präoperativer Klinikaufenthalt** während der Wartezeit auf das betreffende Organ **notwendig** sein (z.B. Betreuung von Herzpatienten auf einer entsprechenden Intensivabteilung). Auch die diagnostischen Vorbereitungen nehmen je nach zu transplantierendem Organ unterschiedlich Zeit in Anspruch.

Auch die postoperative Betreuung und Pflege läßt sich nicht in ein Schema einordnen. So sind die verschiedenen Organtransplantationen mit **unterschiedlich hohen Anforderungen** an das Pflegepersonal und die Patienten verbunden. Bei den Transplantationen variiert:
- das **Ausmaß** der **Pflegeintensität**
- der **Einsatz apparativer** Überwachung (Monitor, Infusomaten, Perfusoren, Beatmungsgerät, arterielle Blutdruckmessung, Pulmonaliskatheter, Herzzeitvolumenmessung, etc.)
- die **unterschiedlich lange** postoperative **Aufenthaltsdauer** in der Intensiv- bzw. Transplantationsabteilung
- die **Anzahl** der notwendigen Pflegekräfte

– die **Einsatzbereitschaft** und **Belastbarkeit** des Pflegepersonals

Nachfolgend wird die pflegerische Versorgung von Transplantationspatienten am Beispiel der Nierentransplantation dargestellt.

30.13 Präoperative Vorbereitungen (Nierentransplantation)

Patienten, die auf eine Nierentransplantation warten, brauchen sich meist **keinem längeren** präoperativen Krankenhausaufenthalt zu unterziehen. Nachdem laut Typisierung eine Spenderniere für einen bestimmten Empfänger bereitsteht, wird der Patient sofort in die Klinik einbestellt.

30.13.1 Information/Aufklärung

Nach Ankunft des Patienten ermittelt die zuständige Pflegekraft während eines **Aufnahmegespräches** (Pflegeanamnese) die notwendigen Informationen für die Pflegeplanung. Im Anschluß daran wird der Patient über die Gegebenheiten der Station (z. B. Aufenthaltsraum, Toiletten, Duschräume, etc.) aufgeklärt. In einem weiteren Gespräch, am günstigsten zusammen mit Arzt und Pflegekraft erhält der Patient Auskunft über die intraoperativ zu legenden Ableitungen (Redon-Drainagen, Blasenspülkatheter, Magensonde).

30.13.2 Diagnostische und therapeutische Maßnahmen

Es muß eine Röntgenaufnahme des Thorax, ein EKG (elementare Operationsvorbereitungen) und eine Sonographie des Abdomens (Darstellung von Lage der funktionsuntüchtigen Niere/n und Gefäßen, um Spenderniere/n optimal anpassen zu können) angefertigt werden. Außerdem sind die aktuellen Serumwerte zu bestimmen und Blutkonserven auf Abruf zu bestellen.

Bei Zeichen der Überwässerung kann das präoperative Legen eines zentralen Zuganges notwendig sein. Je nach Serumwerten, Abstand zur letzten Dialyse und ZVD findet eine **vorgeschaltete** Dialyse, **evtl. verkürzt,** statt. Wird ein sehr **hoher Kaliumwert** bestimmt, sind evtl. **zusätzliche** Maßnahmen (Resoniumeinlauf, Glukose-/Insulintherapie) zur Senkung des Kaliumwertes im Serum notwendig.

30.13.3 Pflegemaßnahmen

Der Patient erhält die Möglichkeit zum Duschen. Die Rasur erfolgt beidseitig vom Nabel bis zur Leiste (Abb. 30-6). Zur Darmreinigung erhält der Patient ein Abführzäpfchen (z. B. Glycerin® oder Dulcolax®). Vom Zeitpunkt der Klinikaufnahme bis zum Beginn der Transplantation vergehen meist nur **wenige Stunden,** so daß ein gezielter Nahrungsabbau nicht erfolgen kann. Bis zum Beginn des Eingriffes darf der Patient jedoch nichts mehr essen und trinken. Außerdem wird ein **Hygieneabstrich** aus Mund-, Rachen- und Harnröhrenschleimhaut abgenommen, um die **Keimflora** zu bestimmen, die evtl. postoperativ, aufgrund der einzunehmenden Immunsuppressiva, zu Infekten führen kann.

Der **Shuntarm** ist in Watte einzuwickeln und deutliche zu kennzeichnen.

Zum Schutz des Shunts dürfen keine Manipulationen (Blutdruckmessen, Legen eines Venenverweilkatheters) am Shuntarm vorgenommen werden!

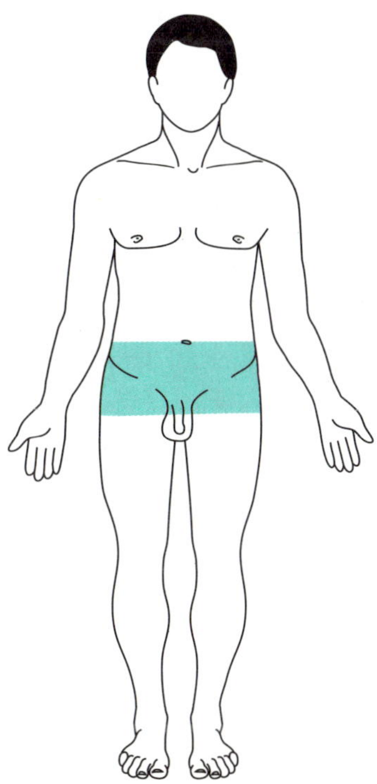

Abb. 30-6 Rasurschema bei Nierentransplantation.

Wird der Patient dann zur Operation abgerufen, werden gleichzeitig die transplantationsrelevanten Medikamente mitgegeben (Antibiotika, Immunsuppressiva), da die medikamentöse Therapie **intraoperativ** begonnen wird.

30.13.4 Vorbereitung des Patientenplatzes

Für die postoperative Betreuung des Patienten ist ein **Bettenplatz** mit folgenden **Geräten** auszustatten:
- Monitor, Blutdruckmeßgerät, Thermometer
- Sauerstoffgerät (fahrbar oder per Wandanschluß) einschließlich Sauerstoffmaske, -sonde und steriles Aqua destillata zur Anfeuchtung der Atemluft, falls möglich Heizung zur Erwärmung der Atemluft
- Infusomat/Perfusor
- Utensilien zum Messen des zentralen Venendruckes (Meßleiste/-system)
- frischbezogenes Bett
- Mundpflegeset

30.14 Postoperative Pflegemaßnahmen (Nierentransplantation)

30.14.1 Überwachung/Krankenbeobachtung

Atmung und Bewußtseinslage

Da eine postoperative **Nachbeatmung** bei Nierentransplantationen **nur** in **Ausnahmefällen** erforderlich ist, kann der Patient aus dem Operationssaal **direkt** in die Allgemeinabteilung übernommen werden. Große Transplantationszentren besitzen meist eine eigene Allgemeinstation, kleinere Kliniken speziell ausgestattete Zimmer für Transplantationspatienten.

Die Kontrolle der Atmung (Frequenz und Atemtiefe) sowie die Ansprechbarkeit des Patienten wird in den ersten zwei Stunden nach Operationsende alle 15 Minuten, danach stündlich dokumentiert. Auf Anordnung des Arztes wird dem Patienten zur **Unterstützung** der Atemfunktion **Sauerstoff** über eine Sonde oder Maske verabreicht.

Herzkreislauffunktion

In der ersten postoperativen Phase wird der Patient an einen EKG-Monitor zur Überwachung der Herzfrequenz und des EKG (Rhythmusstörungen können im Rahmen einer postoperativen Hypo- bzw. Hyperkaliämie auftreten) angeschlossen. Im Abstand von 15 bis 30 Minuten sind Blutdruckkontrollen durchzuführen, da sich sowohl eine **Hypertonie** (Gefährdung der Anastomosennähte) als auch eine **Hypotonie** (verminderte Nierendurchblutung schränkt die Aufnahme der Harnausscheidung ein) **ungünstig** auf das **Transplantat** bzw. das **Transplantationsergebnis** auswirken kann. Zusätzlich sind die Blutdruckverhältnisse ausschlaggebend für den Fortbestand einer **einwandfreien** Funktionstüchtigkeit des Shunts. Deshalb muß dieser anfangs halbstündlich, später stündlich überprüft werden, indem mit einem Stethoskop das Strömungsgeräusch abgehört oder die **Pulsation** (sog. „schwirren“) getastet wird.

Ist kein Strömungsgeräusch hörbar oder keine Pulsation tastbar, muß von einem Verschluß des Shunts ausgegangen werden, der sofort operativ revidiert werden muß (Dialysezugang bei Abstoßung des Transplantates)!

Nierenfunktion

Zu Beginn wird die **Harnausscheidung stündlich** dokumentiert und eine Bilanzierung der Ein- und Ausfuhr erfolgt ca. drei- bis vierstündlich. In regelmäßigen Intervallen ist die Messung des zentralen Venendruckes (ZVD) vorzunehmen. Die **einzuführende** Infusionsmenge (Lävulose und isotonische Kochsalzlösung im Wechsel) richtet sich nach **Ausscheidung** und **ZVD. Toleranzgrenzen** im Bereich der Bilanz (positiv/negativ) und ZVD werden vom Arzt **vorgegeben.** In der Regel setzt die Diurese sofort nach Transplantation ein, hierbei beobachtet man häufig eine **Polyurie**, die dann mittels Infusionen aufgefangen werden muß. Daneben kann auch weiterhin eine **Anurie** bestehen, die nach etwa acht Stunden rückläufig ist.

Bei Abnahme der Urinproduktion bzw. das Sistieren der Urinausscheidung ist sofort der Arzt zu informieren (Hinweis auf Abstoßungsreaktion)!

30.14.2 Körperpflege/Prophylaxen

Je nach Befindlichkeit sollte der Patient ca. sechs bis acht Stunden nach Operationsende die Möglichkeit zur Körperpflege (Gesicht waschen, Zähne putzen und Mund spülen, Haare kämmen) erhalten. Während der postoperativen Phase wird so schnell wie möglich versucht, dem Patienten seine Selbständigkeit zurückzugeben, d.h. bei Verrichtung der ATLs gibt die Pflegeperson Hilfestellung bzw. wirkt unterstützend mit.

Zur Thromboseprophylaxe bekommt der Patient für ca. fünf Tage Heparin über einen Perfusor (10.000 I.E. über 24 Stunden), anschließend erhält er einmal täglich subkutan z.B. Fragmin®. Aufgrund der verabreichten Immunsuppressiva ist der Patient einer **erhöhten** Infektneigung ausgesetzt, so daß eine **Soorprophylaxe** mit Moronal-Suspension® (dreimal täglich 5 ml) oder Moronal-Dragées® (dreimal täglich ein Dragée unzerkaut nach den Mahlzeiten einnehmen) durchgeführt wird.

30.14.3 Lagerung/Mobilisation

Die Lagerung nach der Transplantation richtet sich nach den **Bedürfnissen** des Patienten, in der Regel jedoch schmerzerleichternd mittels Einlegen einer Knierolle und leichter Oberkörperhochlage (ca. 30°). **24 Stunden** nach Transplantation erfolgt die **Erstmobilisation** (Bettkante, Stehen vor dem Bett), wobei auf die individuellen Bedürfnisse des Patienten eingegangen wird.

30.14.4 Drainagen/Sonden/Katheter

Nach der Transplantation liegen drei Redon-Drainagen im Wundgebiet, die ca. 48 Stunden postoperativ je nach Fördermenge gezogen werden (Dokumentation von Menge und Aussehen des Sekretes). Außerdem liegt eine Magensonde (postoperatives Erbrechen), ein zentralen Venenkatheter (Flüssigkeitssubstitution, die parenterale Ernährung ist nicht notwendig) und ein **Blasenspülkatheter** (Dauerspülung mittels isotonischer Kochsalzlösung verhindert das Festsetzen von Blutkoageln in der Blase). Der Spülkatheter wird am **dritten** postoperativen Tag **entfernt**, nicht vorher, da ein **Aufstau** in der Blase die **Anastomose gefährdet.**

30.14.5 Nahrungsaufbau

Sechs Stunden nach Transplantationsende kann der **erste** Trinkversuch mit Tee erfolgen. Gelingt der Versuch, d.h. es kommt nicht zu Übelkeit oder Erbrechen, wird ein Teil der Infusionszufuhr durch orale Teezufuhr ersetzt und die **Magensonde entfernt**. Am zweiten postoperativen Tag werden rektale Abführmaßnahmen eingeleitet, falls es nicht schon zum Stuhlgang gekommen ist. Anschließend kann der Patient Vollkost zu sich nehmen und die intravenöse Verabreichung der Immunsuppressiva wird auf die orale Einnahme umgestellt (dreimal täglich im **Abstand von acht Stunden**).

30.14.6 Wundversorgung

Der Verbandwechsel ist täglich unter aseptischen Kautelen durchzuführen, die Fäden werden am 14. postoperativen Tag entfernt.

30.14.7 Besondere Hygienemaßnahmen

Bei Nierentransplantationen findet **keine Umkehrisolation** statt, **Besucher** müssen lediglich **Mundschutz** und **Schutzkittel** tragen und es sind **keine Blumen** erlaubt. Verläßt der Patient die Station, um in anderen Abteilungen des Hauses untersucht zu werden, **trägt auch er** einen Mundschutz. Um die Keimübertragung möglichst gering zu halten, wird ein **täglicher Bettwäschewechsel** während des Klinikaufenthaltes vorgenommen.

30.14.8 Psychische Betreuung

Besondere Konzentration ist der psychischen Betreuung des Patienten zu widmen, da er aufgrund der jahrelangen körperlichen Einschränkungen vor der Transplantation (regelmäßige Dialysebehandlungen, körperliche Erschöpfung, etc.) sehr **sensibel**, leicht **verletzbar** und rasch **erregbar** ist. Patienten nach Transplantation registrieren jeden Handgriff, so daß bei jeder Pflegehandlung die sorgfältige Information des Patienten nötig ist. Äußerungen (Erklärungen, Gespräche) der Pflegenden sollten klar, verständlich und überlegt sein. Da der Patient in das neue Organ **besondere Erwartungen** setzt, kann ihn eine mehrstündige bis tagelange Anurie in tiefe **Depression** stürzen, die sich oftmals in **Aggressionen** gegen die Pflegekraft äußern kann. Evtl. wird das Hinzuziehen eines Psychologen erforderlich, häufig helfen jedoch intensive Gespräche zwischen Patient und Pflegekraft.

30

30.15 Komplikation Abstoßungsreaktion

Ist die **Diurese rückläufig**, kann dies ein Hinweis auf eine Abstoßungsreaktion sein, so daß primär die **Trinkmenge** entsprechend zu **reduzieren** ist. Steigen die Serumwerte Kalium und Kreatinin an, wird eine Dialyse durchgeführt. Anschließend bekommt der Patient einen Blasenverweilkatheter zur besseren Bilanzierung. Die Behandlung der Abstoßungsreaktion kann mit verschieden **wirksamen** Medikamenten durchgeführt werden, die allerdings **erhebliche Nebenwirkungen** zeigen (z.B. Fieberschübe über 40 °C, hypertone Krisen, erhöhte Neigung zum Lungenödem), so daß der Patient für diese Behandlung **intensivpflichtig** ist. Die Behandlung erfolgt etwa über 10 bis 14 Tage bis eine Diuresesteigerung erfolgt. Bei Nichtreaktion kann zusätzlich eine Behandlung mit Kortison erfolgen. Während dieser Phase benötigt der Patient intensive psychische Betreuung.

30.16 Verhaltenshinweise für die Patienten nach der Entlassung

Um den Patienten nach einer erfolgreichen Transplantation auch nach dem Krankenhausaufenthalt zu unterstützen, sollte eine Entlassungsberatung mit der Angabe gezielter Richtlinien stattfinden. Dazu zählen:
- **meiden** von **Menschenansammlungen** (Kino, Theater, Supermarkt, etc.) für ca. vier bis sechs Wochen
- tägliche Temperaturkontrolle (Temperaturen über 38 °C dem Arzt mitteilen)
- tägliche Gewichts- und Ausfuhrkontrolle
- Einfuhr entsprechend der am Vortag gemessenen Ausfuhr
- Beobachtung von **Flüssigkeitseinlagerungen**
- **regelmäßige** Einnahme der Immunsuppressiva
- Einhalten **hygienischer** Maßnahmen (täglicher Wäschewechsel, gute Mundpflege)
- besondere Einschränkungen im Eßverhalten sind **nicht** erforderlich

30.17 Postoperative Pflegeplanung (individuell) nach Nierentransplantation

30.17.1 Fallbeispiel Herr K. Schütt

Herr Klaus Schütt ist 41 Jahre alt und seit zehn Jahren Dialysepatient. Er kommt zum zweiten Mal zur Nierentransplantation ins Krankenhaus. Die erste Transplantation wurde vor zwei Jahren durchgeführt, jedoch führte vier Monate später eine massive Abstoßungsreaktion zum Entfernen des transplantierten Organs. Bei der Aufnahme wirkt Herr Schütt äußerst nervös und angespannt. Er erklärt, daß er seine ganze Hoffnung in dieses neue Spenderorgan setze, da er keine weiteren Dialysen ertragen könne. Herr Schütt wird nach einer komplikationslos verlaufenden Operation auf die Transplantationsstation übernommen.

Soziales Umfeld: Herr Schütt ist seit 20 Jahren verheiratet und hat eine 15jährige Tochter und einen elfjährigen Sohn. Er ist seit elf Jahren leitender Angestellter einer großen Firma, die ihn für die notwendigen Dialysen (dreimal wöchentlich) freistellt.

30.17.2 Pflegeplanung Herr K. Schütt

Pflegeproblem	Pflegeziel	Pflegemaßnahmen
1 Ruhen und Schlafen • Pat. findet keine Ruhe, da er beunruhigt ist, ob die neue Niere funktionstüchtig ist	• Pat. ist erleichtert, schläft stundenweise ruhig und entspannt	• Pat. Zuhörbereitschaft signalisieren und/oder beruhigendes Gespräch führen • Pat. ehrlich informieren, keine Halbwahrheiten verbreiten • dem Pat. vorschlagen, gemeinsam kurze Entspannungsübungen (autogenes Training, Meditation) durchzuführen • Pat. evtl. Musikkassetten anbieten
2 Sich bewegen • Pat. ist in seiner Bewegung eingeschränkt durch: – Schmerzen im Wundbereich – Infusionen	• Pat. ist schmerzfrei und kann sich möglichst ungehindert bewegen	• mit Pat. und Arzt ausreichende Gabe von Analgetika besprechen (Dokumentation) • Infusionssystem mit Heidelberger-Verlängerung verlängern • am 1. postop. Tag je nach Befindlichkeit des Pat. zügig mobilisieren (Bettkante, Stehen vor dem Bett, kurzer Spaziergang um das Bett, Sitzen im Sessel)
3 Sich waschen und kleiden • Pat. äußert das Bedürfnis, sich 6 Std. nach der Operation zu erfrischen	• Pat. fühlt sich wohl und erfrischt	• Pat. ermöglichen, Gesicht, Oberkörper und Hände zu waschen, Haare zu kämmen • frisches Nachthemd anziehen • die Pflegeutensilien des Pat. verwenden
• Pat. kann sich am 1. und 2. postop. Tag nicht komplett alleine waschen (Wundschmerz)	• Pat. erhält die erforderliche Körperhygiene	• Pat. 2 × tägl. bei Körperpflege behilflich sein (Rücken, Beine, Genitalbereich) • Pat. möchte Haut mit eigener Hautlotion pflegen und eigenes Deo benutzen
4 Essen und Trinken • Pat. klagt über unangenehmen Geschmack im Mund (aufgrund der Nahrungskarenz), möchte sehr gerne Tee trinken	• intakte Mundschleimhaut • größtmögliches Wohlbefinden • Pat. akzeptiert, daß er noch keinen Tee trinken darf	• Pat. führt selbständig alle 2 Std. Mundpflege durch (Pfefferminztee) und feuchtet den Mund zusätzlich mit Eiswürfeln an • Lippenpflege mit Bepanthen-Salbe® • Pat. weiß, daß er 6 Std. postop. schluckweise Tee trinken darf
• Pat. hat leichten Druckschmerz (aufgrund der liegenden Magensonde) und fühlt sich beeinträchtigt	• Pat. toleriert die Magensonde, weiß, daß sie nach erster oraler Teezufuhr entfernt wird	• Magensonde entfernen, wenn keine Übelkeit bzw. Erbrechen nach erster oraler Teezufuhr auftritt (Rücksprache mit dem Arzt) • Pat. Möglichkeit geben, Nase zu reinigen (Watteträger mit Bepanthen-Lösung® anbieten, evtl. Nasensalbe)

30.17.2 **Pflegeplanung** (Fortsetzung)

Pflegeproblem	Pflegeziel	Pflegemaßnahmen
4		• nach Rücksprache mit dem Arzt kann nach oraler Flüssigkeitszufuhr ohne Schwierigkeiten eine Teilmenge der zu verabreichenden Infusionen durch Tee ersetzt werden
5 Ausscheiden • Pat. hat am 1. und 2 postop. Tag physiologisch bedingte Polyurie	• Pat. hat ausgeglichenen Flüssigkeitshaushalt	• dreistdl. Bilanz und ZVD-Messung (s. Plan) • ausgeschiedene Flüssigkeit auf ärztl. Anordnung ersetzen (Ringer/Glukose 5% im Wechsel, s.a. Kap. 30.14.1) • Bilanzvorgabe des Arztes beachten • Pat. darauf hinweisen, daß Polyurie zum gegenwärtigen Zeitpunkt normal ist
6 Regulieren der Körpertemperatur • Pat. hat physiologisch erhöhte Körpertemperatur (37,5 °C)	• Körpertemperatur im Normbereich	• 3× tägl. Kontrolle der Körpertemperatur • bei Anstieg über 38,5 °C Arzt informieren (Dokumentation)
7 Atmen (Blutdruck, Puls) • Pat. hat RR-Werte systolisch zwischen 120 bis 170 mmHg (Hypotonie bedingt einen Shuntverschluß, s. **ATL 8**; Hypertonie gefährdet die Anastomosen des Transplantates)	• RR-Werte im ärztl. festgelegten Bereich	• dreistdl. Kontrolle lt. ärztl. Anordnung • Überwachungsprotokoll führen (Über- bzw. Unterschreitung der festgelegten Werte ist sofort dem Arzt mitzuteilen)
• Pneumoniegefahr (aufgrund Schonatmung und Infektanfälligkeit)	• Pat. atmet normal und hustet Sekret ab	• Oberkörperhochlagerung 45°, evtl. Knierolle, damit Pat. gut durchatmen kann • 2× tägl. atemunterstützende Einreibung mit Pflegesalbe, evtl. Vibrax • ab 1. postop. Tag mind. 3× tägl. Atemübungen mit Triflow, Pflegekraft überprüft die korrekte Durchführung • Pat. anhalten und motivieren, die Atemübungen selbständig auszuführen
8 Für Sicherheit sorgen • Pat. hat erhöhtes Infektionsrisiko (aufgrund verabreichter Immunsuppressiva)	• Pat. ist vor Infektionen geschützt	• Einhalten hygienischer Vorsichtsmaßnahmen • Besucher tragen Mundschutz und Schutzkittel • Pat. trägt beim Verlassen der Station Mundschutz (s.a. Kap. 30.14.7) • im Zimmer keine Blumen aufstellen

30.17.2 **Pflegeplanung** (Fortsetzung)

Pflegeproblem	Pflegeziel	Pflegemaßnahmen
8 • Gefahr von Soor	• intakte, belagfreie Mundschleimhaut	• Pat. auf die Wichtigkeit einer gründlichen Mundpflege hinweisen (mind. 3× tägl. durchführen) • zur Infektionsprophylaxe zusätzlich lt. ärztl. Anordnung 3× tägl. Moronal-Suspension®
• allgemeine Infektionsgefahr durch: – venösen Zugang – Wunde	• reizlose Einstichstelle und Wunde	• erster steriler VW der Wunde 48 Std. nach Op-Ende lt. ärztl. Anordnung, VW der Einstichstelle 1× tägl. lt. Standard
– Blasenspülkatheter	• intakte Schleimhaut	• DK-Pflege lt. Standard 2× tägl. • Intimhygiene, vor allem nach der Defäkation
• Gefahr des Shuntverschlusses (aufgrund einer Hypotonie)	• Shunt ist intakt	• stdl. Kontrolle des Shunts durch Palpation oder Abhören des Strömungsgeräusches (bei Verdacht des Verschlusses sofortige Benachrichtigung des Arztes) • s. **ATL 7**
9 Sich beschäftigen • Pat. erlebt keine Einschränkungen		
10 Kommunikation *Ressource:* • Pat. kann alle Wünsche, Bedürfnisse und Empfindungen verbalisieren		
11 Sich als Frau, Mann, Kind fühlen • Pat. wünscht, daß bestimmte Pflegemaßnahmen durch männliches Pflegepersonal ausgeführt werden (Waschen, DK-Pflege)	• Pat. ist zufrieden und fühlt sich in seinen Bedürfnissen akzeptiert	• durch Dienstplangestaltung Wünsche des Pat. möglichst berücksichtigen • Ehefrau bitten, diese Pflegemaßnahmen zu übernehmen
12 Sinn finden • Pat. äußert Angst, daß das neue Organ wieder versagt • Pat. hat beschlossen, bei Abstoßung keine weiteren Dialysen zu akzeptieren *Ressourcen:* • Pat. ist im Hinblick auf Prognose zwischen Bangen und Hoffen • Pat. nimmt jede angebotene Unterstützung an • Pat. hat Ehefrau und zwei Kinder, die ihm zur Seite stehen, ihn motivieren und Zuspruch geben	• Pat. kann über seine Ängste sprechen und weiß, daß seine Sorgen und Ängste ernst genommen werden	• Angehörigen die Ängste mitteilen (häufige Besuche ermöglichen) • Ansprechpartner stehen ständig zur Verfügung und nehmen sich Zeit für Gespräche • alle Fragen offen beantworten • Unterstützung durch Psychologen anbieten • evtl. Kontakt zu Betroffenen herstellen (Pat. mit zweiter Transplantation), falls Pat. dies wünscht

30

Literaturhinweise

[1] Pichelmayr, R.: Transplantationschirurgie. Allgemeine und spezielle Operationslehre Bd. III, Springer-Verlag, Berlin-Heidelberg-New York 1981.

[2] Toledo-Pereyra, L. H.: Basic Concepts in Organ Procurement, Perfusion and Preservation for Transplantation. Academic Press, New York-London-Paris-San Diego-San Francisco-São Paulo-Sydney-Tokyo-Toronto 1982.

[3] Thomson, A. W., Th. E. Starzl: Immunosuppressive Drugs; Developments in anti-rejection therapydit. Edward Arnold, London-Boston-Melbourne-Auckland 1994.

[4] Morris, P. J.: Kidney Transplantation. Ornne & Stratton Inc., London-Orlando-San Diego-New York-Toronto-Montreal-Sydney-Tokyo 1984.

[5] Thoinson, A. W., G. R. D. Catto: Immunology of Renal Transplantation. Edward Arnold, London-Boston-Melbourne-Auckland 1993.

[6] Kremer, B., Ch. E. Broelsch, D. Henne-Bruns: Atlas of Liver, Pancreas, and Kindney Transplantation. Georg-Thieme-Verlag, Stuttgart 1994.

[7] Cooper, D. K. C., D. Novitzky: The Transplantation and Replacement of Thoracic Organs. Kluwer Academic Publishers, Dordrecht-Boston-London 1990.

[8] Groth, C. G.: Pancreatic Transplantation. W. B. Saunders Company, Philadelphia-London-Toronto-Montreal-Sydney-Tokyo 1988.

[9] Land, W., J. B. Dossetor: Organ Replacement Therapy: Ethics, Justice, Commerce. Springer-Verlag, Berlin-Heidelberg-New York 1991.

[10] Strenge, H, B. Strauß, C. Strauch: Ein neues Herz. Medizinische und psychosoziale Aspekte der Herztransplantation. Huber-Verlag, Bern 1994.

[11] Maletzki, W., A. Stegmayer-Petry: Klinikleitfaden Krankenpflege. Jungjohann-Verlag, Neckarsulm-Stuttgart, 1. Aufl. 1993.

[12] Käufer, C.: Chirurgie und Krankenpflege. Bibliomed-Verlag, Melsungen, 2. Aufl. 1991.

[13] Juchli, L.: Pflege. Georg-Thieme-Verlag, Stuttgart, 7. Aufl. 1994.

[14] Dreikorn, K.: Leben mit der neuen Niere. Georg-Thieme-Verlag, Stuttgart 1983.

[15] Pichlmayr, I. und R.: Lebenschance Organtransplantation. Trias Thieme Hippokrates Enke, Stuttgart 1991.

31 Traumatologie

J. van Randenborgh, Ch. Albrecht

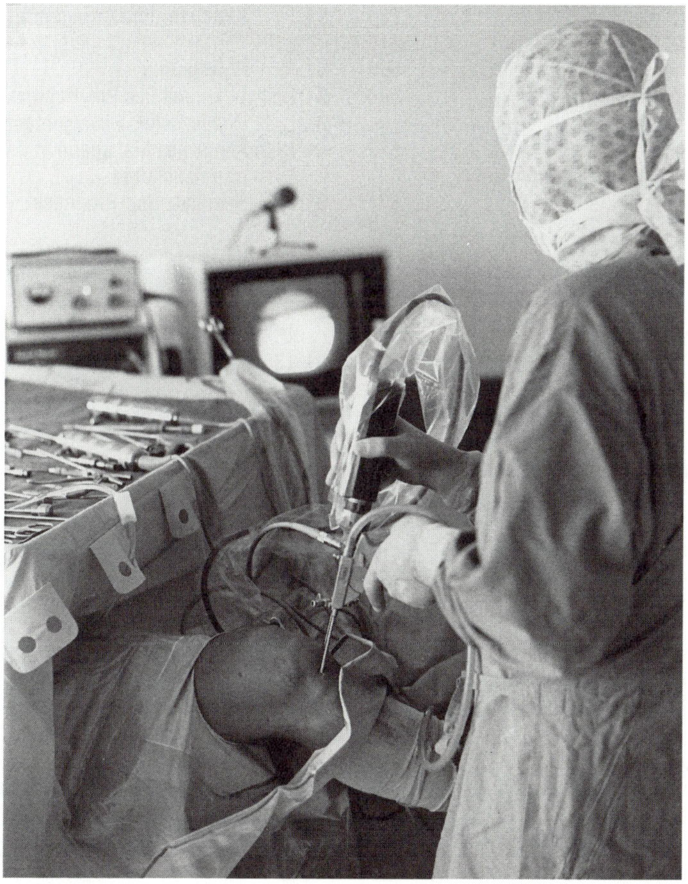

I Allgemeiner Teil

Die **Industrialisierung** und **Motorisierung** der Menschheit sowie die **Zunahme des Breitensports** bei immer längerer Freizeit der arbeitenden Bevölkerung führen zu einer **erhöhten Unfallgefahr** und einem **vermehrten Auftreten von Verletzungen.** Die Traumatologie beschäftigt sich mit der Diagnostik (Untersuchung), Therapie (Behandlung) und Rehabilitation (Wiederherstellung) **direkter** oder **indirekter Folgen** äußerer Gewalteinwirkungen auf den menschlichen Organismus. Diese Verletzungen können durch einen direkten Stoß, Schlag oder Anprall, aber auch durch Schnitt-, Schuß-, Stich- sowie thermische Einwirkung, Strahlen oder Chemikalien hervorgerufen werden. In der allgemein-chirurgischen Versorgung werden ca. 30% der Patienten wegen Unfall- und Verletzungsfolgen behandelt. Während die Verletzungen der Extremitäten meist leicht an Schwellung, Hämatom, offenen Verletzungen, Fehlstellungen der Knochen und Gelenke und eingeschränkter bzw. aufgehobener Funktion der betroffenen Gliedmaßen zu erkennen sind, bleiben die **Schäden** an den **großen Körperhöhlen**, wie Schädel-, Brust- und Bauchraum, äußerlich auf den **ersten Blick verborgen.** Neben der klinischen Untersuchung wird eine ausgedehnte apparative Diagnostik notwendig.

Frakturen der langen Röhrenknochen können zu Blutverlusten von bis zu zwei Litern in das sich bildende Hämatom führen. Bei Beckenfrakturen sind bis zu fünf Liter Blutverlust möglich. Addieren sich hierzu Blutverluste aus Verletzungen innerer Organe wie der Lunge, der Leber, der Milz, der Nieren oder des Darmes, so ist die Entwicklung ausgeprägter Schockzustände unvermeidlich.

Um Schockzustände zu vermeiden, ist die erste Sofortmaßnahme am Unfallort daher die Schockprophylaxe mit Flüssigkeits- und Volumensubstitution nach der Anlage einer venösen Infusion!

Im folgenden soll insbesondere die Entstehung, die Diagnostik und die Therapie, sei sie konservativ oder operativ, der Verletzungen des Stütz- und Bewegungsapparates, der Wirbelsäule und des Beckens dargestellt werden.

31.1 Anatomie und Physiologie des Knochens

31

Die Deckknochen des menschlichen Schädels sowie das Schlüsselbein gehen unmittelbar aus dem embryonalen Bindegewebe (Mesenchym) hervor. Man spricht von **desmaler Ossifikation.** Alle anderen Knochen entwickeln sich aus einem zunächst knorpelig angelegten Skeletteil, der im Laufe der Entwicklung von innen heraus verknöchert. Unter dem gleichzeitigen Abbau des vorbestehenden Knorpels entsteht die endgültige Knochensubstanz (**chondrale Ossifikation**). Um ein Wachstum des Knochens oder seine Verformung zu ermöglichen, ist ein ständiges **Gleichgewicht** zwischen knochenbildenden Zellen (**Osteoblasten**) und den knochenabbauenden Zellen (**Osteoklasten**) notwendig. Die Osteoblasten bilden das Osteoid, die Grundsubstanz des Knochens sowie die im Osteoid eingelagerten Kollagenfibrillen. Im Osteoid werden Kalzium und organische Phosphate in Form von Hydroxylapatitkristallen eingelagert, die dem Knochen seine **hohe Festigkeit** verleihen. Neben dem Zahnbein und dem Zahnschmelz ist der endgültig entstandene Lamellenknochen die härteste Substanz des Körpers. Sie besitzt eine Druckfestigkeit von 15 kg/mm^2 bei einer etwas geringeren Zugfestigkeit von 10 kg/mm^2. Der Kalksalzgehalt des Knochens ist von seiner Belastung abhängig.

Eine Ruhigstellung im Gipsverband oder die Entlastung des Knochens führt zu einer raschen Entkalkung und damit zur erhöhten Brüchigkeit (Osteoporose)!

Das **Knochenwachstum** wird **angeregt** durch **Hormone** des **Hypophysenvorderlappens** (somatotropes Hormon) und das **Schilddrüsenhormon** Thyroxin. Die **Hormone** der **Nebennierenrinde** (Aldosteron, Adrenalin) sowie die **Geschlechtshormone** (Testosteron, Progesteron) **hemmen** hingegen das Knochenwachstum. Das Parathormon der Epithelkörperchen der Schilddrüse aktiviert die Osteoklastentätigkeit und führt so zum Knochenabbau mit gleichzeitigem Anstieg des Kalziumspiegels im Blut. Das Kalzitonin, gebildet in der Schilddrüse, stimuliert die Osteoblasten und fördert so den Einbau von Kalzium in den Knochen. Neben den genannten Hormonen spielen auch **Vitamine** eine wichtige Rolle in der Knochenbildung. So wird dem **Vitamin A** eine koordinierende Wirkung zwischen Osteoblasten und Osteoklasten beim Knochenumbau zugeschrieben. Das **Vitamin C** ist für die Bildung der Knochengrundsubstanz durch Bindegewebezellen unerläßlich. **Vitamin D** fördert die Resorption von Kalzium aus dem Darm und beschleunigt so die Verkalkung des Osteoids. Gleichzeitig fördert es die Einsprossung von Blutgefäßen in den Knorpel.

Anatomisch unterscheidet man am endgültigen Röhrenknochen die beiden gelenktragenden Enden, die **Epiphysen** genannt werden, sowie die dazwischen liegende **Diaphyse.** Zwischen Epi- und Diaphyse liegt am wachsenden Knochen die noch knorpelige **Epiphysenfuge.** Die Epiphysenfuge ist für das **Längenwachstum** des Röhrenknochens verantwortlich. So können Verletzungen der Epiphysenfugen am jugendlichen Knochen zur Störung des Längenwachstums des Knochens führen.

Am Querschnitt des Röhrenknochens findet sich im Bereich der Epiphysen ein knorpeliger Überzug, der den Gelenkflächen entspricht. Im Bereich der Diaphysen bis an die Gelenkfläche reichend, ist der Knochen von einer mesenchymalen bindegewebigen Schicht, der **Knochenhaut** (Periost), umgeben. Das Periost ist **stark durchblutet** und **sehr schmerzempfindlich.** Das Periost bildet bei Knochenbrüchen neuen Knochen (Kallus), der sekundär von Osteoblasten und Osteoklasten zu den endgültigen Lamellenknochen umgewandelt wird. Unter dem Periost liegt die Substantia compacta, die harte Knochensubstanz, die auch **Kortikalis** genannt wird. Die Kortikalis begrenzt die zentral gelegene Markhöhle des Knochens, in der sich im Bereich der Diaphysen das **fettreiche gelbe Knochenmark** befindet. Im Bereich der Epiphysen wird der Knochen im Markraum durch die schwammartige **Substantia spongiosa** verstärkt. Die Substantia spongiosa ist entsprechend der am Knochen auftretenden Druck- und Zugspannung trabekulär (bälkchenförmig) ausgebildet. Sie bietet so im Sinne der Leichtbauweise des Skeletts ein Maximum an Stabilität bei einem Minimum an Material. In den Lakunen (Lücken) der Substantia spongiosa findet sich das **rote, blutbildende Knochenmark.** Die Kortikalis und die Spongiosa sind im Gegensatz zum Periost nicht von schmerzleitenden Nervenfasern durchsetzt. Ihre Durchblutung erfolgt über das Periost sowie durch die im Markraum intramedullär verlaufenden Blutgefäße (Abb. 31-1).

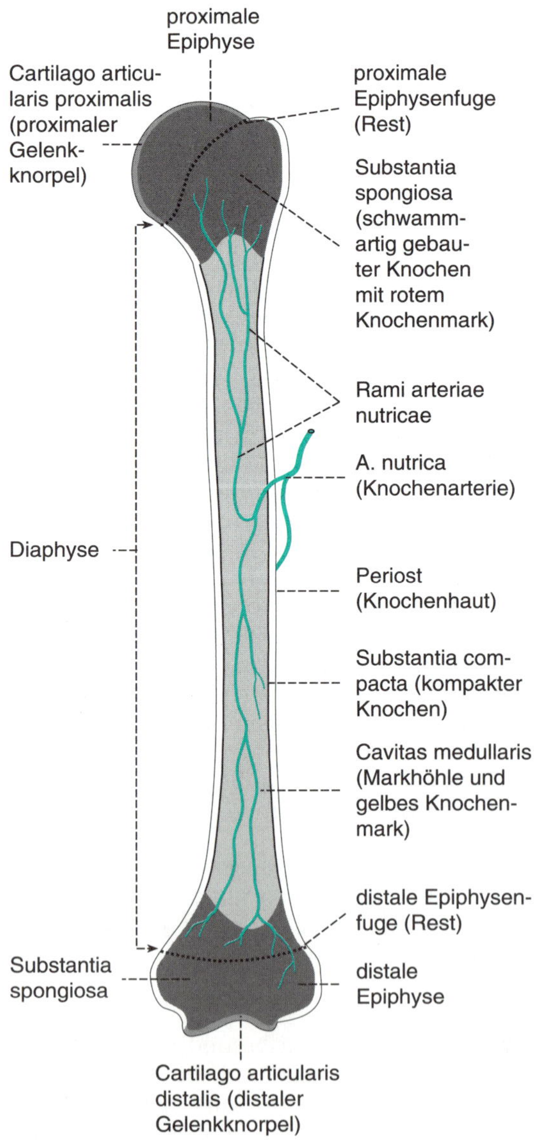

Abb. 31-1 Anatomie des Knochens (Beispiel: Oberarmknochen).

31.2 Pathophysiologie

31.2.1 Der Knochenbruch und seine Formen

Unter einem Knochenbruch (Fraktur) ist die **vollständige Durchtrennung** des Knochens durch direkte oder indirekte Gewalteinwirkung, die die Eigenelastizität des Knochens überschreitet, zu verstehen. Hierdurch entstehen **mindestens zwei** oder auch **mehr Bruchfragmente** (Bruchstücke). **Sonderformen** stellen der Grünholzbruch und der Wulstbruch bei Kindern dar, bei denen die gebrochene Kortikalis durch das dicke und feste Periost geschient werden, so daß größere Verschiebungen der Frakturfragmente gegeneinander verhindert werden. Bei der **Fissur** (haarfeiner Riß des Knochens) und der **Infraktion** (Spaltbruch) handelt es sich ebenfalls um **unvollständige** Unterbrechungen der Knochenstruktur. Entsprechend ihrem Entstehungsmechanismus werden Frakturen **untergliedert** in traumatische Brüche, Ermüdungsbrüche und pathologische Brüche.

31

Traumatische Frakturen (Abb. 31-2A bis F)

Sie entstehen **direkt** durch **einmalig einwirkende Gewalt** (Stoß/Schlag/Schuß) oder **indirekt** durch Biegung, Stauchung, Scherung, Torsion (Drehung) oder Abriß des Knochens, hervorgerufen durch Sehnen- oder Bänderzug. Die traumatischen Frakturen lassen sich folgendermaßen beschreiben:

- **Quer- oder Schrägbrüche** mit quer- oder schrägverlaufender, einfacher Frakturlinie.
- **Biegungsbrüche** mit Zugspanung auf der konvexen und Druckspannung auf der konkaven Seite des gebogenen Knochens. Hier bildet sich häufig ein **Biegungskeil** aus, dessen Basis als Folge der Druckspannung immer auf der konkaven Seite des gebogenen Knochens liegt.

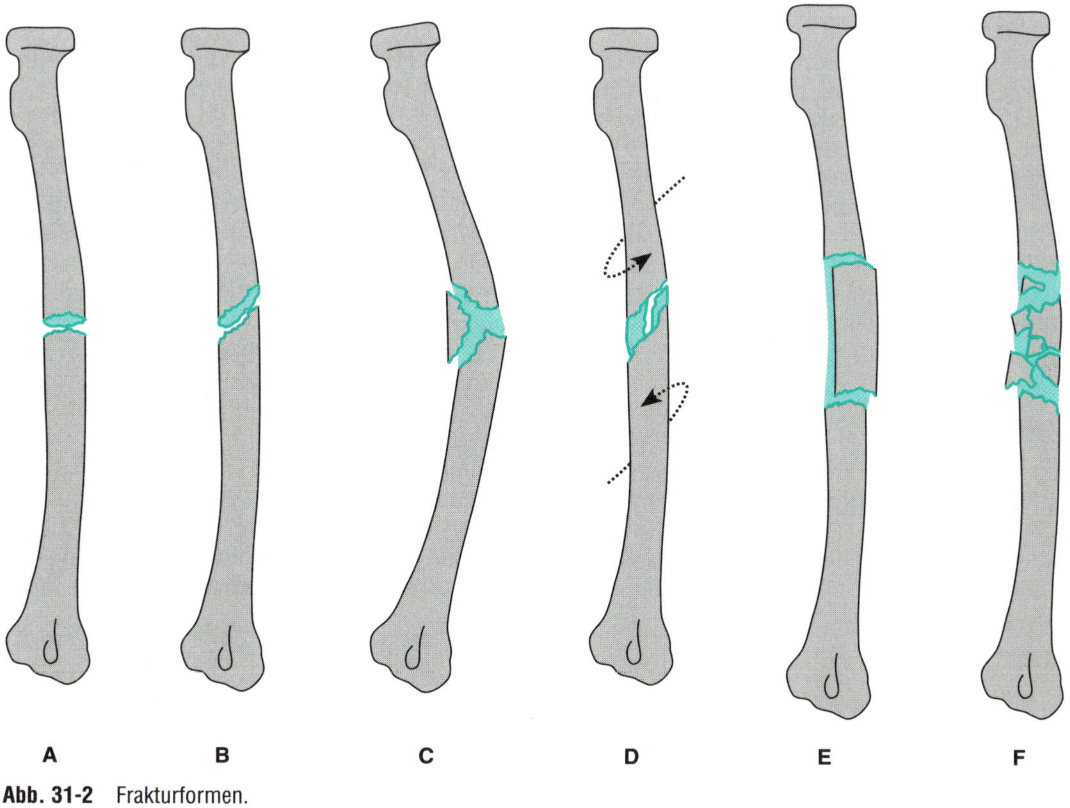

Abb. 31-2 Frakturformen.
A: Querfraktur.
B: Schrägfraktur.
C: Biegungsbruch.
D: Drehbruch.
E: Etagenbruch.
F: Trümmerbruch.

- **Spiral- oder Drehbrüche** sind durch Drehkräfte auf den an einem Ende fixierten Röhrenknochen (typische Skifahrerverletzung: Rotation des Oberkörpers gegen die durch die Skier an der Erde fixierte untere Extremität) hervorgerufen. Die spiralförmig verlaufende Frakturlinie ist abhängig von der einwirkenden Gewalt, sie wird bei höherer Gewalt kürzer.
- **Stück- oder Etagenbrüche** entstehen bei breitflächig ansetzender Gewalt (z. B. breite Autostoßstange gegen den fixierten Unterschenkel des Fußgängers).
- **Mehrfragment-** (vier bis sechs Fragmente) und **Trümmerbrüche** (mehr als sechs Fragmente) mit zahlreichen Bruchstücken, die nicht mehr im Weichteilverband fixiert sind und so ihre Gefäßversorgung verlieren können.
- **Kompressionsbrüche** gehen aus einer Stauchung des spongiösen Knochens (z. B. nach einem Sturz am Wirbelkörper, am Schienbeinkopf oder am Fersenbein) hervor.
- **Abrißfrakturen** sind durch Zugkräfte von Sehnen oder Bändern hervorgerufen. Die Frakturlinie steht senkrecht zur ansetzenden Kraft. Diese Frakturen führen zu einer großen Dislokation (Verschiebung) der Frakturfragmente z. B. Olecranonfraktur (Ellenbogenhakenbruch), Patellafraktur oder Abrißfraktur am Beckenkamm).
- **Ketten- oder Serienfrakturen** beschreiben Brüche an mehreren Knochen einer Extremität, zugleich als Folge ein- und desselben Traumas z. B. Fersenbein-, Tibiakopf- und Acetabulumfraktur (Hüftpfannenbruch) des Beckens nach einem Sturz aus dem Fenster auf das ausgestreckte Bein.

Ermüdungsbrüche

Sie entstehen **ohne äußere Gewalteinwirkung** als Folge sich wiederholender Mikrotraumen (z. B. Marschfrakturen des Mittelfußknochens oder des Schenkelhalses nach längeren Fußmärschen).

Pathologische Frakturen

Sie entstehen **ohne adäquate Gewalteinwirkung** am **vorgeschädigten** Knochen. Als Ursache kommen gut- oder bösartige Knochentumoren, Knochenmetastasen oder Knochenerkrankungen (z. B. Osteoporose, Osteomalazie, Plasmozytom) in Betracht.

Offene Frakturen

Kommt es neben der Durchtrennung des Knochens zu einer **begleitenden Verletzung der Weichteile** mit **direkter** Verbindung des Knochens zur **Außenwelt,** sprich man von offenen Frakturen.

Wegen der möglichen Keimbesiedlung sind offene Frakturen besonders infektionsgefährdet und müssen als traumatologischer Notfall behandelt werden!

Bei der Erstversorgung ist auf streng keimfreies Arbeiten zu achten. Die sofortige Antibiotikagabe ist zu empfehlen. Offene Frakturen werden in **drei Typen** untergliedert.
- **Offene Fraktur I. Grades:** Kleine Hautdurchspießung durch stilettartiges Knochenfragment von innen.
- **Offene Fraktur II. Grades:** Größerer Weichteil- und Hautdefekt durch von außen einwirkende Gewalt.
- **Offene Fraktur III. Grades:** Sie ist gekennzeichnet durch schwerste Weichteilschädigung mit großen Haut- oder Muskeldefekten, Quetschungen und Zerreißungen der Muskulatur sowie begleitenden Verletzungen der Blutgefäße und Nerven.

31.2.2 Verschiebungen der Bruchstücke

Durch die von außen einsetzende Gewalt und den an den Fragmenten ansetzenden Muskelzug kann es zu folgenden **verschiedenen Bruchfragmentverschiebungen** (Dislokationen) kommen (Abb. 31-3 A bis D):
- Verschiebung **zur Seite** (Dislocatio ad latus). Hierbei werden die Bruchstücke in seitlicher Richtung zueinander verschoben.
- Verschiebung der Bruchstücke **in Längsrichtung** (Dislocatio ad longitudinem) **mit Verkürzung** (Dislocatio cum contractione) oder **unter Verlängerung** (Dislocatio cum distractione) des gebrochenen Knochens.
- Verschiebungen **mit Achsknickung** (Dislocatio ad axim).
- Verschiebung **mit Drehfehlstellung** (Dislocatio ad peripheriam). Diese Drehfehler lassen sich radiologisch nur schwer nachweisen. Klinisch werden sie an der Drehfehlstellung im Vergleich zur gesunden Gegenseite erkannt.

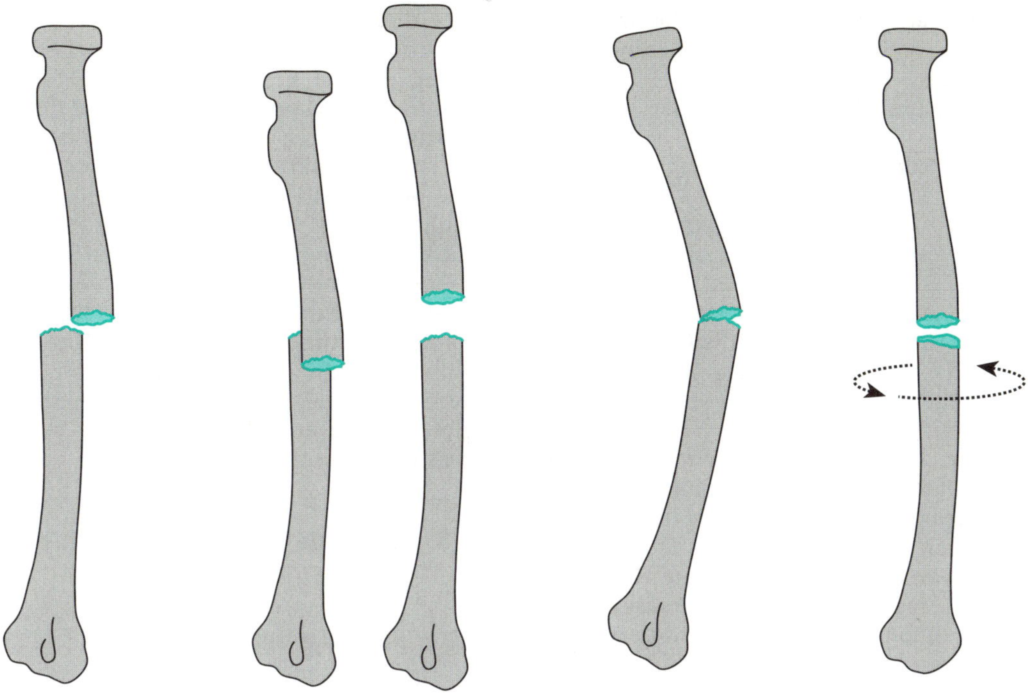

Abb. 31-3 Bruchfragmentverschiebung.
A: Verschiebung zur Seite (ad latus).
B: Verschiebung in Längsrichtung mit Verkürzung (cum contractione) bzw. Verlängerung (cum distractione).
C: Verschiebung mit Achsknickung (ad axim).
D: Verschiebung mit Drehfehlstellung (ad peripheriam).

31.2.3 Kompartmentsyndrom

Das Kompartmentsyndrom ist ein **häufiges,** aber **wenig bekanntes** und **leicht fehlgedeutetes** Krankheitsbild. Nach Prellung oder Quetschung der Muskulatur entwickelt sich eine Schwellung des Muskels, die zusammen mit dem Bluterguß als Folge des Bruches zu einer erheblichen **Drucksteigerung** in der unnachgiebigen, durch Muskelfaszien begrenzten **Muskelloge,** führt. Es kommt zur **Selbstkompression** der Muskulatur und der in der Muskelloge verlaufenden Gefäße und Nerven. Die Patienten klagen zunächst über brennende, bohrende, teils krampfartige **Schmerzen** mit **zunehmender Tendenz,** später entwickeln sich Mißempfindung, motorische Muskelschwäche, passiver Dehnungsschmerz der Muskulatur sowie Schmerzlosigkeit im spätesten Stadium. Bei der Untersuchung des Patienten zeigt sich die Haut gerötet und es können Spannungsblasen sichtbar sein. Die Muskulatur ist hart und wirkt geschwollen. Die Sicherung der Diagnose erfolgt durch die **Messung des Gewebedruckes** in der jeweiligen Muskelloge. Am häufigsten sind die vordere Muskelloge des Unterschenkels (Tibialis-anterior-Loge) sowie die tiefe Muskelloge der Fingerbeuger im Bereich des Unterarmes vom Kompartmentsyndrom betroffen. Die **Therapie** des Kompartmentsyndroms besteht in der raschen **Spaltung der Muskelfaszien.** Bei einer gleichzeitigen Fraktur ist die operative Stabilisierung der Fraktur anzustreben.

31.2.4 Frakturheilung

Die **Knochenneubildung** zur Frakturheilung kann vom **Endost,** von Populationen des Havers-Systems der Substancia compacta und dem **Periost** ausgehen. Für die **ungestörten Frakturheilungen** sind **drei Bedingungen erforderlich**:

- ausreichende **Durchblutung** der Frakturfragmente
- **direkter Kontakt** der Frakturfragmente
- konsequente **Ruhigstellung** der Fraktur

Unter den idealen Bedingungen einer anatomischen Reposition wird der Bruchspalt direkt von Osteonen (Baueinheit des Knochengewebes) längst durchzogen und die Fraktur verzahnt (**Kontaktheilung**). Bleiben zwischen den stabil fixierten Fragmenten minimale Spalten bestehen, werden diese von Endost und Periost mit Geflechtknochen aufgefüllt und sekundär zu lamellärem Knochen umgebaut (**Spaltheilung**). Kontakt- und Spaltheilung stellen die **primäre** Knochenheilung dar.

Bei einer konservativen Bruchbehandlung mit Gipsverband ist eine absolute Ruhigstellung der Fragmente nicht zu gewährleisten. Im Bereich der Frakturenden und dem Frakturhämatom kommt es zur Ausbildung eines bindegewebigen, teils knorpeligen Zwischengewebes, dem Kallus, der zunächst zu Faserknochen umgewandelt wird. Dies bezeichnet die **sekundäre** Knochenheilung.

Der Verlauf der Bruchheilung läßt sich im Röntgenbild gut verfolgen. Bei stabil operativ versorgten Knochenbrüchen (**Osteosynthesen**) fehlt an der Frakturstelle die Resorption des gebrochenen Knochens, eine reaktive Kallusbildungen (Reizkallus) ist nicht nachweisbar. Die Fraktur wird allmählich unscharf und verschwindet vollständig, ohne daß sich eine Kallusbildung zeigt. Da die meisten Osteosynthesen nicht endgültig stabil sind, sondern Mikrobewegungen zwischen den Frakturenden erlauben, entwickelt sich ein Reizkallus, der die Fraktur dann vollständig fixiert.

Störungen der Frakturheilung ergeben sich, wenn **einer** oder **mehrere** der folgenden Faktoren vorliegen:

- Instabilität durch mangelnde Ruhigstellung.
- Knochennekrosen infolge unzureichender Durchblutung der Fragmente.
- Fehlender Knochenkontakt aufgrund von Defekten oder dem Einschlagen von Haut, Muskeln, Sehnen oder Faszien in den Frakturspalt (Weichteilinterpositionen).
- Infektion durch Keimbesiedelung offener Frakturen bzw. sekundäre Keimbesiedelung intra- oder postoperativ.

Unter diesen Bedingungen kommt es nicht oder nur zur unvollständigen Knochenneubildung. Ist die Fraktur **nach vier Monaten noch nicht knöchern ausgeheilt,** wird dies als **verzögerte** Heilung (Delayed Union) bezeichnet. Ist die Frakturheilung **nach sechs Monaten ausgeblieben,** spricht man von Falschgelenkbildung (**Pseudarthrose**). Bei einer guten Gefäßversorgung und fehlender Stabilität im Frakturbereich entsteht eine kallusreiche, hypertrophe Pseudarthrose. Eine Stabilisierung der Fraktur führt zur raschen Knochenheilung. Ist die Instabilität mit der Minderdurchblutung der Fragmente gekoppelt, ergibt sich die atrophische, avitale Pseudarthrose ohne sichtbare Kallusbildung.

31.3 Diagnostik von Frakturen und Weichteilverletzungen

31.3.1 Klinische Untersuchung

Alle gängigen Untersuchungsmethoden sind im Kap. 6.2 beschrieben.

31.3.2 Apparative Untersuchungstechniken

(s.a. Kap. 6.4)

Diagnostische **Sicherheit** bei einem Frakturverdacht läßt sich nur durch das **Röntgenbild** erzielen. Hierzu sind Aufnahmen in zwei zueinander senkrecht stehenden Ebenen mit Abbildung der benachbarten Gelenke notwendig. Nur so gelingt es, den dreidimensionalen Knochen exakt abzubilden und evtl. vorhandene Frakturen und Fehlstellungen zu diagnostizieren.

Beim mehrfachverletzten (polytraumatisierten) und bewußtlosen Patienten sind primär neben den frakturverdächtigen Körperteilen auch Röntgenaufnahmen des Schädels, des Thorax, des Beckens und der Wirbelsäule anzufertigen!

Bei Unklarheiten der nativen Röntgenaufnahmen in zwei Ebenen sind **Spezialaufnahmen** wie Schrägaufnahmen, Serienaufnahmen, Tomographien (Schichtaufnahmen) oder gehaltene Aufnahmen der Gelenke notwendig. **Weiterreichende Fragestellungen** lassen sich mit Hilfe der neuen Untersuchungsverfahren wie **Computertomographie** oder **Kern-**

spintomographie beantworten. Diese Verfahren haben die konventionelle Arthrographie (Gelenkdarstellung mit Kontrastmittel) verdrängt. Da die diagnostische Abklärung, insbesondere kindlicher Frakturen, schwierig sein kann, sollten konventionelle Röntgenaufnahmen der **Gegenseite** in gleicher Projektion bei Frakturverdacht durchgeführt werden.

An **invasiver** Diagnostik stehen die **Gelenkpunktion** und die **Gelenkspiegelung** (Arthroskopie) zur Verfügung. **Nervenschädigungen** lassen sich **elektromyographisch** nachweisen. **Gefäßverletzungen** werden am schnellsten mit dem **Dopplerultraschallgerät** oder angiographisch aufgespürt.

31.4 Therapie

31.4.1 Allgemeine Frakturbehandlung

Primäres Behandlungsziel eines Unfallverletzten mit Knochenbrüchen ist es, die **vitalen Funktionen zu erhalten.** Bedroht sind insbesondere mehrfachverletzte und alte Menschen. Im Vordergrund der Erstbehandlung vom Unfallort zum Krankenhaus steht daher die Vermeidung eines Schockes, das Freihalten der Atemwege sowie die Aufrechterhaltung von Kreislauf und Atmung. Die Bewußtseinslage des Patienten ist zu beurteilen. Größere Blutungen, offene Wunden oder offene Frakturen werden steril verbunden. Beim bewußtlosen Patienten ist die stabile Seitenlagerung zur Verhinderung einer Aspiration anzustreben.

Erst nach Sicherung der vitalen Funktion erfolgt die Versorgung der verletzten Extremitäten. **Gebrochene Gliedmaßen** sind möglichst in **achsgerechter** Stellung zu schienen. Hierzu haben sich luftgefüllte Kunststoffschienen bewährt. **Luxierte Gelenke** sollten am Unfallort von einem **sachkundigen Arzt reponiert** werden, für eine Ruhigstellung des Gelenkes ist zu sorgen.

Nachdem im Krankenhaus eine Verletzung der großen Körperhöhlen wie Bauch, Brustkorb und Kopf ausgeschlossen bzw. therapiert wurden, erfolgt die Behandlung der Knochenbrüche nach den drei **Grundgesetzen** von Böhler:

1. Einrichten der Fraktur (Reposition): Die verschobenen Bruchstücke werden in ihre Ausgangsposition zurückgebracht und sind durch Zug und Gegenzug sowie durch seitlichen Druck und Drehung so einzurichten, daß das periphere Fragment auf das zentrale Fragment ausgerichtet wird. Eine Schmerzausschaltung und Muskelrelaxation erleichtern die Reposition. Diese ist besonders rasch bei drohender Perforation (Durchspießung) der Knochenfragmente durch die Weichteile sowie bei Gefäß- oder Nervenverletzungen durchzuführen. Bei einer **geschlossenen Brucheinrichtung** können leichte Seitenverschiebungen und Verkürzungen toleriert werden. **Dreh- und Achsfehler** sowie **unzureichender Knochenkontakt,** z.B. durch Interposition von Weichteilen, dürfen **nicht bestehen** bleiben. Es ist dann eine **offene operative Reposition** und **Fixierung erforderlich.** Die Reposition primär eingekeilter Frakturen am Oberarmkopf und Oberschenkelhals bei ausreichender anatomischer Stellung ist kontraindiziert, da hierdurch die konservative Therapie der Fraktur behindert würde.

2. Ruhigstellung der Fraktur (Retention, Fixation): Die eingerichteten Bruchstücke müssen bis zu ihrer endgültigen Heilung in ihrer Stellung gehalten werden. Hierzu haben sich Gipsverbände oder Streckverbände (Extensionen) bewährt.

3. Übungen (Rehabilitationen): Während der Ruhigstellung der eingerichteten Bruchstücke müssen **möglichst viele Gelenke** der verletzten Extremität und des Körpers, unter Vermeidung von Schmerzen, **aktiv bewegt** werden, um so einen Muskel- bzw. Knochenschwund und die Versteifung der Gelenke zu vermeiden. Man spricht auch von **funktioneller** Übungsbehandlung.

Diese drei Grundsätze von Böhler lassen sich auf konservative oder operative Weise erreichen.

Die beste Methode der Frakturbehandlung ist diejenige, die mit dem geringsten Risiko für den Patienten in kürzester Zeit die Stabilität und Funktion der verletzten Extremität wieder herstellt!

31.4.2 Konservative Frakturbehandlung

Nach der Reposition der Fraktur müssen die eingerichteten Bruchfragmente in ihrer Position gehalten werden, um so die knöcherne Heilung zu sichern. Permanenter **Muskelzug** sowie die **Schwerkraft** wirken diesem Bestreben besonders bei schrägen oder gesplitterten

Brüchen entgegen. Die durch die Reposition erreichte gute Stellung kann auf folgende Weise aufrechterhalten werden.

Gipsverband (s.a. Kap. 5.1.6)

Er kommt bei Frakturen in Frage, die **nicht zur Fragmentverschiebung neigen.** Zu unterscheiden ist der mit Watte oder anderen Materialien gepolsterte (s.a. Kap. 5 Abb. 5-11) vom ungepolsterten Gipsverband, bei dem nur eine Papierbinde zwischen Oberhaut und Gips liegt. Druckgefährdete **Knochenvorsprünge** wie das Ellenköpfchen, der Ellenbogen oder das Wadenbeinköpfchen sind in jedem Fall zu **unterpolstern**, um so Nervenschädigungen durch Druck zu vermeiden. Jeder Gipsverband sollte die **beiden benachbarten Gelenke in Funktionsstellung miteinbeziehen**. Bei einer evtl. resultierenden Teilversteifung gewährleistet die Funktionsstellung des Gelenke ein höchstmögliches Maß an Funktionstüchtigkeit. **Ausnahmen** bilden die handgelenknahe Radiusfraktur, die durch einen Unterarmgips ruhiggestellt wird, und die unverschobene Knöchelfraktur, bei der ein Unterschenkelgipsverband ausreichend ist. Bei **frischen** Verletzungen darf wegen der zu erwartenden **Weichteilschwellung kein zirkulärer Gips** angelegt werden. Ist dieser zur Retention der eingerichteten Fraktur dennoch erforderlich, so ist der Gipsverband bis auf den letzten Faden zu spalten und dann mit elastischen Binden zu fixieren. Bei **fehlender Spaltung** des zirkulären Gipses kann die Weichteilschwellung sonst zu **Durchblutungsstörungen** mit **Drucknekrosen von Haut oder Nerven** führen. Anstelle des herkömmlichen Gipsverbandes wird heute gelegentlich auch ein Kunststoffverband wie Baycast®, Hexcelite® oder Light cast II® verwendet.

Nach der Anlage des Gipsverbandes ist in jedem Fall die sorgfältige **Kontrolle** von Hauttemperatur, Hautfarbe, Motorik und Sensibilität an Fingern oder Zehen notwendig. Klagt der Patient über Schmerzen im Bereich des Gipsverbandes, Klopfen unter dem Gips, Schwellneigung der Füße oder der Zehen, Kälte- oder Hitzegefühl im Bereich der betroffenen Gliedmaßen, Steifheit der Finger- oder Zehengelenke oder treten blaurote Verfärbungen, fahle Blässe der Haut oder Gefühllosigkeit an den entsprechenden Körperteilen auf, so ist der zirkuläre Gips zu spalten oder durch einen neuen zu ersetzen. Der Patient muß über **derartige Komplikationen aufgeklärt werden** und er ist anzuhalten, auch bei Auftreten geringster Beschwerden **sofort** den Arzt aufzusuchen.

Die **Dauer** der Ruhigstellung ist abhängig von der Heilungszeit des betroffenen Knochens sowie vom Patientenalter. Die in Tabelle 31-1 angegebenen Ruhigstellungszeiten sind **Richtwerte,** die **individuell** nach oben oder unten variieren können.

Ein spezieller Nachteil der Gipsbehandlung ist die Unmöglichkeit der Weichteilinspektion. Frakturen, die mit größerer Weichteilverletzung einhergehen, sollten daher nicht im Gipsverband ruhiggestellt werden.

Extensionen (s.a. Kap. 5.5)

Bei Frakturen, die aufgrund stärkeren Muskelzuges oder wegen schräger bzw. gesplitterter Bruchflächen zur Dislokation neigen, ist zur **Neutralisation** der **dislozierenden Muskelkräfte** die Anlage eines Dauerzugverbandes (Extension) notwendig. Der Zug erfolgt über einen in den Knochen eingebrachten Kirsch-

Tab. 31-1 Durchschnittliche Zeit der knöchernen Bruchheilung beim Erwachsenen (nach Ehalt).

Knochen	Wochen
Schlüsselbein	4
Oberarm (infratuberkulär)	4 bis 5
Oberarmschaft	6 bis 8
Oberarm (supracondylär)	4 bis 6
Olecranon	3 bis 4
Speichenköpfchen	3 bis 4
Vorderarmschaft	12
Speiche oder Elle allein	8 bis 12
Speichenbruch an typ. Stelle	3 bis 4
Kahnbein	12 bis 16
Mittelhandknochen	4
Finger	3 bis 4
Wirbel	12 bis 16
Becken	4 bis 10
Schenkelhals	12 bis 20
Oberschenkelschaft	12 bis 16
Kniescheibe	4
Unterschenkel mit Verschiebung	12 bis 16
Schienbein allein	8 bis 14
Wadenbein allein	4 bis 6
Knöchel	6 bis 12
Mittelfuß	4 bis 6
Zehenglieder	2 bis 3

ner-Draht oder Steinmann-Nagel (korrosionsfreie, starre Drähte oder Nägel aus Edelstahl), die körperfern der Fraktur durch die Haut in den Knochen eingebohrt werden. Im Säuglings- und Kleinkindesalter können zur Extension auch **Klebeverbände** Anwendung finden. Die Extension von Oberschenkelbrüchen erfolgt oberhalb des Kniegelenkes (supracondylär) oder über die Tuberositas tibiae (Schienbeinhöcker). Unterschenkelbrüche werden am Fersenbein extendiert (Abb. 31-4 A und B), Oberarmbrüche können durch eine Olecranon-Drahtextension ruhiggestellt werden.

Für die Extensionsbehandlung sind besonders verstellbare Betten notwendig. So muß bei Frakturen der unteren Extremität das Kopfende abgesenkt werden können, so daß der Körper des Patienten als **Gegenzug** wirken kann. Die verletzte Extremität ist auf Schienen oder Kissen zu lagern. Zur Anlage des Streckverbandes haben sich variable Extensionsvorrichtungen, z. B. das Lochstabsystem von Braun, bewährt. Der Zug wird von dem durch den Knochen eingebrachten Nagel über einen Draht oder ein Seil über

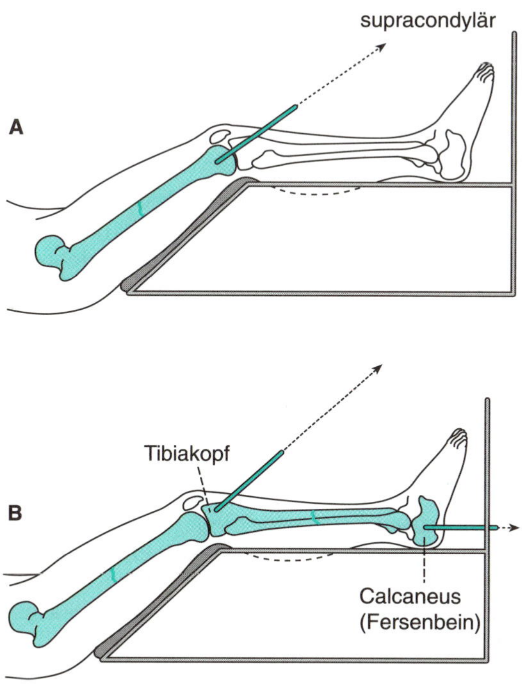

Abb. 31-4 Extension an der unteren Extremität.
A: Extension beim Obersschenkelbruch.
B: Extension beim Unterschenkelbruch.

Rollen an das Bettende geleitet und mit einem **bestimmten Gewicht** belastet, das an der unteren Extremität in der Regel **einem Achtel oder Zehntel des Körpergewichtes** entspricht. Der Zug sollte in **Richtung der Achse** des verletzten Körperabschnittes verlaufen.

Bei der Frakturbehandlung mit einer Extension ist die **regelmäßige Überwachung** der Lagerung, der Durchblutung, der Nageldurchtrittsstellen durch die Haut sowie der nervalen Versorgung der verletzten Extremität notwendig. Die Extensionsanordnung mit Zugrichtung und Zuggewicht ist täglich zu kontrollieren. Durch laufende Röntgenkontrollen ist sicherzustellen, daß der Dauerzug nicht zum Auseinanderweichen der Bruchstellen führt, da sonst eine Fehlgelenkbildung (Pseudarthrose) möglich ist.

Spezielle **Nachteile** der Extensionsbehandlung (s. a. Kap. 5, Tab 5-2) sind die **lange Bettlägerigkeit** mit der **Gefahr thromboembolischer Komplikationen,** der **Entwicklung von Pneumonien** und der **Ausbildung von Dekubitalgeschwüren.** Durch eine langdauernde Extension kann der Kapselbandapparat der mitextendierten Gelenke gelockert werden. Überdehnungsschäden an Nerven und Gefäßen sowie Schienendruckschäden sind möglich. Bei **korrekter Pflege** ist die **Gefahr der Knocheneiterung** durch die eingebrachten Bohrdrähte eher als **gering** zu beurteilen.

31.4.3 Operative Frakturbehandlung

Die operative Wiedervereinigung von zwei Knochenfragmenten mittels **Metall** oder **Kunststoff** wird **Osteosynthese** genannt. Diese operativen Verfahren sowie die verwendeten Instrumente, Schrauben, Platten und Nägel wurden von der Arbeitsgemeinschaft für Osteosynthese (AO) perfektioniert und standardisiert.

Ziel der Osteosynthese ist es, die äußere Fixation, sei es durch Gipsverband oder Extension, überflüssig zu machen. Hierdurch werden **Immobilisationsschäden,** der größte Nachteil konservativer Frakturbehandlungen, **vermieden**. Ein weiterer Vorteil der Osteosynthese ist die **perfekte Adaptionsmöglichkeit** (Anpassung) der **Knochenfragmente**. Dies ist besonders bei Gelenkfrakturen von entscheidender Bedeutung. Durch die Osteosynthese gelingt es, die Thromboembolierate nach Frakturen zu senken. Die Pflege, insbesondere polytraumatisierter Patienten, wird durch die operative Versorgung erleichtert. Die Osteosynthese birgt aber auch einige **Gefahren.** Durch den operativen Eingriff werden die **geschlossenen in offene** Frakturen umgewandelt, so daß eingedrungene Keime zur **iatrogenen** (vom Arzt verursachten) Knocheninfektion (**Ostitis**) führen können. Fehlerhafte Osteosynthesen und falsche operative Zugänge können ein **zusätzliches Weichteiltrauma mit Durchblutungsstörungen** der Knochenfragmente bewirken. Da meistens ein **Zweiteingriff** zur Metallentfernung erforderlich wird, ist auch das **Risiko der doppelten Narkose und Operation** nicht zu vernachlässigen. Operativ versorgt werden sollten alle Brüche, die sich konservativ nicht behandeln lassen. Hierzu gehören insbesondere offene Frakturen, Gelenkfrakturen, aber auch Abrißfrakturen des Olecranons, Patella-, Schenkelhals- und Oberschenkelfrakturen, Unterarmbrüche sowie Frakturen beim Polytraumatisierten, um so die Pflege zu erleichtern.

Die Osteosynthesen werden nach ihrer Belastbarkeit in **belastungs-, übungs-** oder **lagerungsstabil** eingeteilt. Für lagerungsstabile Osteosynthesen kommen hauptsächlich Kirschner-Drähte oder Drahtcerclagen zum Einsatz, sie müssen zusätzlich im Gips ruhiggestellt werden. In diesem Fall **addieren** sich die Nachteile der operativen und der konservativen Therapie.

Voraussetzungen für die operative Frakturversorgung ist ein geschultes Operationsteam, ein vollständiges operatives Instrumentarium, metallurgisch geprüfte, korrosionsfreie Implantate, aseptische Operationsbedingungen und gewebeschonendes Operieren.
Im wesentlichen werden heute **drei Verfahren zur Osteosynthese** verwandt:
- Die **innere Schienung** des Knochens durch intramedulläre Kraftträger, z. B. Marknägel oder Verriegelungsnägel.
- Eine **extramedulläre Kompression** der Fraktur durch Schrauben, Platten oder Drähte.
- Ein **äußerer Spanner** (Fixateur externe), bei dem ein außerhalb der Haut fixiertes System durch in den Knochen eingebrachte Schrauben oder Nägel die Fraktur fixiert.

Der **optimale Zeitpunkt zur Operation** liegt **innerhalb von sechs Stunden** nach der Verletzung, da bis zu diesem Zeitpunkt die Weichteilschwellung noch nicht ausgeprägt ist. Bei einer ausgeprägten Schwellung oder einem Hämatom ist die operative Versorgung zwischen dem **vierten und sechsten Tag nach Abschwellung** (Trauma) durchzuführen.

Intramedulläre Kraftträger

Hierunter ist die operative Versorgung mittels in den Knochenmarkraum eingebrachter **Nägel,** die wie der typische Küntscher- oder AO-Nagel von kleeblattförmigem Querschnitt und innen ausgehöhlt sind oder wie der Ender-Nagel solide und elastisch sein können, zu verstehen. Für die **Nagelung geeignet** sind Schaftfrakturen am Ober- und Unterschenkel im mittleren Schaftdrittel. Bei knie- oder sprunggelenknahe gelegenen Frakturen ist eine zusätzliche Verriegelung durch eine in den Nagel eingebrachte Schraube durchzuführen, um so die Rotation der Frakturfragmente gegeneinander zu vermeiden.

Der Patient wird auf dem Extensionstisch gelagert und der gebrochene Röhrenknochen unter dem Bildwandler reponiert. Nach Aufweiten des Markraumes mit dem Spiralbohrer wird ein Marknagel in entsprechender Länge eingeschlagen. Nach Abklingen der postoperativen Schmerz- und Schwellungsphase ist eine **frühzeitige Mobilisation** der Extremität **möglich.** Eine mit Marknagel versorgte Osteosynthese ist normalerweise **belastungsstabil.**

Schraubenosteosynthesen

Hierbei kommen zwei Arten von Schrauben zur Anwendung, die **Spongiosa-** und die **Kortikalisschraube,** die sich in Gewindebreite und Steilheit des Schraubengewindes unterscheiden (Abb. 31-5 A und B).

Die Kortikalisschraube wird als Zugschraube bei der Versorgung von **schrägen oder spiraligen Schaftfrakturen** eingesetzt. Als Zugschraube faßt die Kortikalisschraube nur das hintere Knochenfragment in einem Gewindeloch, während sie in der schraubenkopfnahen Kortikalis (Gleitloch) gleiten kann. Beim Anziehen der senkrecht zur Frakturebene stehenden Schraube kommt es zur Kompression der beiden Fragmente und so zur Stabilisierung der Fraktur.

Die Spongiosaschraube wird hauptsächlich in **spongiösen Knochen** oder bei **dünner Kortikalis** angewendet. Das Gewinde der Kortikalisschraube ist breiter, die Gewindestei-

A

B

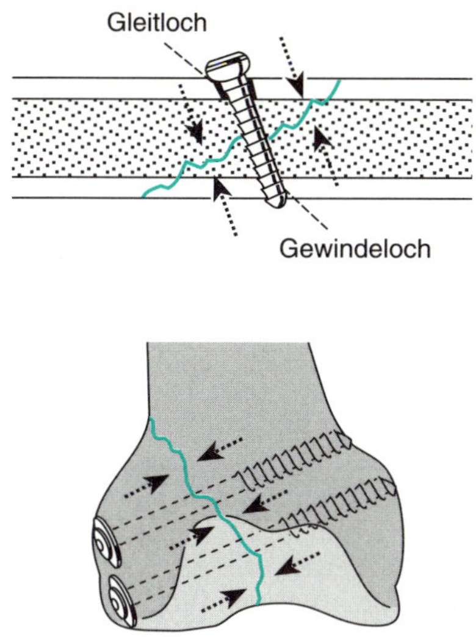

Abb. 31-5 Kortikalis- und Spongiosaschraube.
A: Kortikalisschraube als Zugschraube am Schaft des Röhrenknochens.
B: Spongiosaschraube als Zugschraube in der Spongiosa des Femurcondylus.

gung höher, so daß sie im weichen Knochengewebe besser faßt. Auch die Spongiosaschraube kann als Zugschraube verwendet werden. Voraussetzung ist, daß sie auch dann nur im schraubenkopffernen Fragment Knochengewebe faßt. Da die Haltekraft einer Schraube von ihrem Durchmesser und dem Knochendurchmesser abhängig ist, ist es verständlich, daß Schrauben in verschiedenen Größen (Mini-, Klein-, Normal- und Großfragmentschrauben) erhältlich sind.

Plattenosteosynthesen

Sie kommen vor allem **im Bereich der Schäfte der langen Röhrenknochen** zur Anwendung. Je nach Stärke des frakturierten Knochens gibt es schmale und breite gerade Platten, Halbrohr- und Drittelrohrplatten, T- oder L-Platten und Kleinfragmentplatten. Entsprechend einer Schablone werden die Platten nach Reposition der Fraktur an den Schaft des gebrochenen Röhrenknochens angepaßt. Hierbei ist die Plattenlänge so zu wählen, daß außerhalb der beiden Frakturenden möglichst drei Schraubenlöcher mit Kortikalisschrauben fixiert werden können. Je nach mechanischer Funktion wird unterschieden in

- **Schutz- oder Neutralisationsplatten:** Meist werden Platten mit halb- oder drittelrohrförmigem Querschnitt verwendet. Aufgabe der Platte ist der Schutz der durch Zugschraube versorgten Fraktur. Sie neutralisiert in der Mobilisationsphase des Patienten alle schädlichen Kräfte und Drehmomente, die auf die Fraktur einwirken und die Stellung der nur mit Zugschraube osteosynthetisch versorgten Fraktur verändern könnten.
- **Dynamische Kompressionsplatten** (Abb. 31-6 A bis C): Diese gestatten ein Gleiten des Knochens durch exzentrische Bohrun-

A

B

C

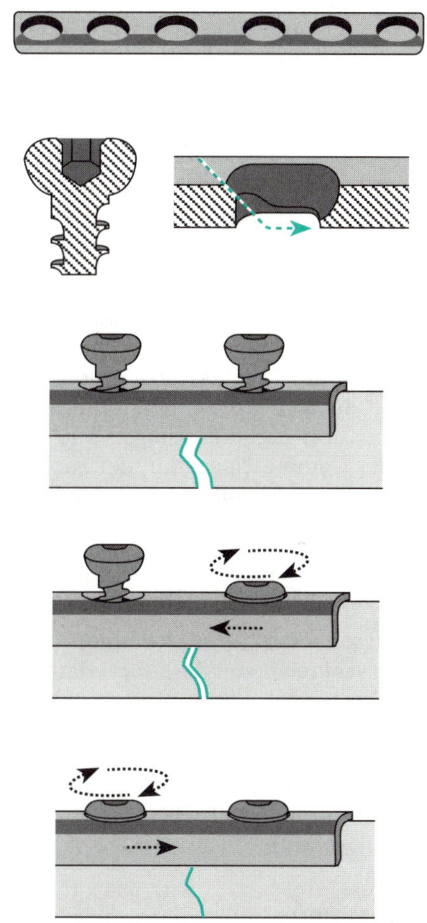

Abb. 31-6 Dynamische Kompressionsplatte und ihre Funktion.
A: Sechs-Loch-Platte in der Aufsicht.
B: Andrehen der Schraube.
C: Der Frakturspalt gerät nach Anziehen der Schraube unter Kompression.

gen der Schraubenlöcher auf den Frakturspalt zu. Beim Andrehen der Schrauben kommt es zur Kompression im Frakturspalt.
- **Abstützplatte:** Sie werden bei Tibiakopffrakturen nach Aufrichtung und Anhebung der Gelenkfläche und erfolgter Spongiosatransplantation zur Abstützung des Ergebnisses verwandt. Die Platten sind T- oder L-förmig, als Sonderformen stehen die Condylenplatte, die „Löffel- oder Kleeblattplatte" zur Verfügung.
- **Winkelplatten:** Sie bestehen aus einer Klinge und einem plattenähnlichen Schaft, wobei zwischen Klinge und Schaft ein fester Winkel besteht. Die Klinge kann in den Oberschenkelhals oder in die Femurcondylen eingetrieben werden. Diese Platten finden Verwendung bei gelenknahen Frakturen des proximalen oder distalen Oberschenkels.

Mit Platten versorgte Osteosynthesen sind normalerweise **übungsstabil.**

Kombinierte Osteosyntheseverfahren

Hierzu gehört die dynamische **Hüftschraube** (DHS) und die dynamische **Condylenschraube** (DCS). Sie stellen **Kombinationen** aus Schraube und Platte dar. Sie dienen, wie die Winkelplatten, zur Osteosynthese **proximaler** und **distaler Oberschenkelfrakturen.** Eine Kombination aus Marknagel und Schraube stellt der **Gamma-Nagel** dar, der zur Osteosynthese **per-** und **subtrochantärer Oberschenkelfrakturen** geeignet ist.

Zuggurtungsosteosynthese

Bei diesem Verfahren kommen **Kirschner-Drähte senkrecht zum Frakturverlauf** zum Einsatz. Die beiden Frakturenden werden dann durch eine Drahtschlinge unter Kompression gesetzt. Dieses Verfahren wird bei Abrißfrakturen des Olecranons, Kniescheibenbrüchen und Frakturen des Innen- oder Außenknöchels angewandt.

Fixateur externe

Werden ober- und unterhalb einer Fraktur Steinmann-Nägel oder Schanz-Schrauben (Nägel und Schrauben aus Edelstahl mit langem Stiftteil) in den Knochen eingebracht und diese mit einem Rohrsystem außerhalb des Körpers miteinander verbunden, so bezeichnet man dies als äußere Fixation. Der Fixateur externe kann als Klammerfixateur, als v-förmiger Fixateur oder als Rahmenfixateur angebracht werden. Da lediglich die Schrauben von außen in den Knochen eingebracht sind, ist die **Traumatisierung des Knochen- und Weichteilgewebes gering.** Bei offenen Frakturen zweiten und dritten Grades, bei Frakturen mit ausgedehnten Weichteil-Kontusionsschäden oder bei Infektionen der Haut eignet sich der Fixateur externe besonders. Neben der **Stabilisierung** ermöglicht der Fixateur externe eine **axiale Kompression** und findet daher auch bei gelenkversteifenden Operationen (Arthrodesen) des Knie- oder Sprunggelenkes Verwendung.

Spickdrahtosteosynthesen

Durch Kirschner-Drähte läßt sich eine Fraktur lediglich **adaptionsstabil** versorgen. In jedem Fall ist eine weitere Fixation, sei es durch Gipsverband, sei es durch zusätzliche Osteosyntheseverfahren, notwendig. Ein wichtiges Indikationsgebiet sind Epiphysenfrakturen des Kindes, da dadurch die Epiphysenfuge kaum geschädigt wird, aber auch Frakturen der Finger und der Zehen des Erwachsenen.

Verbundosteosynthesen

Im Rahmen pathologischer Frakturen oder Knochentumoren kann zur Auffüllung der entstandenen Knochendefekte die Einbringung von Knochenzement (Sulfix®, Pallakos®) notwendig sein. Zusätzlich wird die Fraktur mit metallischen Implantaten stabilisiert. Um bei jungen Menschen eine **dauerhafte Stabilität** zu gewährleisten, ist die gleichzeitige **Anlagerung von Knochenspongiosa** notwendig.

Spongiosaplastik oder Knochentransplantation

Ergeben sich im Rahmen einer osteosynthetischen Versorgung einer Fraktur **Trümmer-** oder **Defektzonen**, so ist die Knochentransplantation (Spongiosaplastik) erforderlich. Hierzu kann entweder **körpereigene** (autologe) oder **fremde** (homologe) menschliche Spongiosa verwendet werden. Die Spongiosa wird üblicherweise aus dem **vorderen** oder **hinteren Beckenkamm** entnommen. In **Aus-**

nahmefällen ist auch eine Entnahme aus dem Trochantermassiv, dem Tibiakopf oder der proximalen Ulna möglich. Der Beckenring wird durch die Spongiosaentnahme nicht in seiner Stabilität beeinträchtigt. Ist es notwendig, größere spongiöse Blöcke zu transplantieren, so werden diese an der seitlichen Beckenschaufel entnommen.

II Spezieller Teil

31.5 Gelenkverletzungen

Die menschlichen Gelenke ähneln sich in ihrem Aufbau. Die beiden mit Gelenkknorpel überzogenen Knochenenden, das eine **konkav,** das andere **konvex,** bilden das Gelenk. Zwischen den Knochenenden besteht ein **Gelenkspalt,** in dem bei einigen Gelenken **Zwischenknorpelscheiben** (Menisci) vorkommen. Nach außen ist das Gelenk durch eine zweischichtige Gelenkkapsel abgeschlossen. Die **innere** Schicht wird **Synovialis** genannt und produziert die **Synovia**, die Gelenkflüssigkeit. Nach **außen** besteht die Gelenkkapsel aus einem **fibrösen Anteil.** Der Gelenkkapsel liegt der eigentliche Bandapparat auf, der die beiden Knochenenden miteinander fest und stabil verbindet.

31.5.1 Prellung (Kontusion)

Die Gelenkprellung entsteht durch **direkte stumpfe Gewalteinwirkung,** sei es durch Aufprall, Sturz, Schlag, Stoß oder Stauchung. Die lokale Schädigung des Gewebes und der Blutgefäße führt zur **Weichteilschwellung.** Ist die Gelenkinnenhaut (Synovia) mitverletzt, entsteht ein **blutiger Gelenkerguß.** Der Patient klagt über druckschmerzhafte Weichteilschwellung und schmerzhafte Bewegungseinschränkung. Nach radiologischem Frakturausschluß besteht die **Therapie** in der Schmerzlinderung, Hochlagerung und Ruhigstellung des Beines sowie der Anwendung kühlender Umschläge. Ein Gelenkerguß muß diagnostisch **punktiert** werden, um zu prüfen, ob er blutig oder serös ist.

31.5.2 Zerrung und Dehnung (Distorsion)

Durch **indirekte Gewalteinwirkung** kommt es zur **Überdehnung** oder **Auffaserung** des Kapselbandapparates. Der Kapselbandapparat wird aber nicht vollständig zerstört. Der Patient klagt über einen **isolierten Schmerz** im Bereich der gedehnten Bandstruktur. Distorsionen kommen häufig am Sprung- und Kniegelenk vor. Es kann zur Weichteil- und zur Kapselschwellung mit Hämatomverfärbung kommen. Regelmäßig besteht eine schmerzhafte Bewegungseinschränkung sowie ein Dehnungsschmerz der betroffenen Kapselanteile. Die **Banddehnung** wird **schmerzhafter als** der **Bandriß** empfunden. Die **Therapie** entspricht der Gelenkprellung, bei ausgedehnten Befunden ist eine Ruhigstellung des Gelenkes im Gipsverband oder in einer **Orthese** (Stützschiene) für zwei bis vier Wochen sinnvoll.

31.5.3 Bandriß (Ligamentruptur)

Durch erhebliche **indirekte Gewalteinwirkung** kann es zur Ruptur oder zum knöchernen Ausriß des Bandes kommen. Meist ist **nicht eine einzelne** Bandstruktur, sondern **mehrere Bänder betroffen.** Ausgedehnte Bandverletzungen führen zu Instabilität des Gelenkes mit Subluxation oder Luxationsstellung im Gelenk. Klinisch ist eine vermehrte Aufklappbarkeit des Gelenkes nachweisbar. Ein Gelenkerguß ist bei Bandrupturen seltener, da das entstandene Hämatom in die Weichteile abfließen kann. Bandrupturen finden sich vor allem am oberen Sprunggelenk, am Knie- und am Daumengrundgelenk. Die **Therapie** besteht in der operativen **Bandnaht.**

31.5.4 Verrenkung (Luxation)

Luxationen beschreiben die **völlige Kontaktlosigkeit der beiden Gelenkflächen.** Bei unvollständigem Kontakt der Gelenkflächen spricht man von Subluxationen. Luxationen werden in **traumatische** Luxationen, die als **Folge von Unfällen** auftreten und immer mit ausgedehnten Bandzerreißungen einhergehen und in **habituelle** (gewohnheitsmäßige) Luxationen, die durch **angeborene Gelenkfehlstellungen** hervorgerufen werden, unterschieden. **Sichere** Zeichen der Luxation sind Fehlstellung, federnde Fixation im Gelenk, leere Gelenkpfanne und ein dislozierter (verschobener) Gelenkkopf. **Unsichere** Zeichen der Luxation sind Schmerzen, Schwellung und eine Funktionsstörung.

Nach Ausschluß knöcherner Begleitverletzungen sowie Gefäß- und Nervenverletzungen erfolgt unter Schmerzausschaltung die rasche Einrichtung (Reposition) des Gelenkes unter Zug und Gegenzug. Nach der Reposition ist die **Kontrolle** von **Durchblutung, Motorik** und **Sensibilität** notwendig. Wegen der begleitenden Bandverletzungen sollten traumatische Kniegelenkluxationen operativ versorgt werden. Schulterluxationen lassen sich in der Regel konservativ behandeln. Die habituelle Luxation der Schulter (s.a. Kap. 34.7.3) wird durch die operative Korrektur der Gelenkfehlform kausal (ursächlich) therapiert.

31.5.5 Gelenkknorpelverletzungen

Direkte Traumen führen zu **Fissuren, Kontusionen** (Quetschungen) und **Impression** (Einbruch) des Knorpels. **Indirekte Gewalteinwirkungen** können eine **knorpelige** (chondrale) oder eine **kombiniert knöchern-knorpelige** (osteochondrale) **Abscherung** des Knorpels bewirken. Der Patient klagt bei stärkeren Verletzungen über Schmerzen und Schwellung des Gelenkes, deren Ursache ein Gelenkerguß sein kann sowie über eine gelegentlich auftretende Streckhemmung. Der Erguß kann als Folge der synovialen Verletzung Blut, als Folge knöcherner Verletzung Fettaugen enthalten. **Knorpelfragmente** lassen sich im Röntgenbild wegen des fehlenden knöchernen Anteils **nicht nachweisen,** nur knochentragende Knorpelfragmente sind im Röntgenbild darstellbar. Die Diagnose osteochondraler (knöcherner und knorpeliger) Gelenkverletzungen erfolgt mit dem **Arthroskop**, einer Optik, die in das Kniegelenk eingeführt wird und so **direkten Einblick auf** die Knorpelflächen gestattet.

Größere osteochondrale Fragmente werden operativ refixiert, kleinere entfernt. Die Nachbehandlung besteht in einer antiphlogistisch analgetischen Medikation (z.B. Voltaren®, Imbun®, Tolyprin®). Nach Abklingen des postoperativen Kniegelenkergusses kann eine Mobilisation des Kniegelenkes unter Entlastung des verletzten Gelenkabschnittes für vier bis zwölf Wochen erfolgen.

31.6 Frakturen der oberen Extremität

31.6.1 Schlüsselbeinfrakturen (Clavicula)

Ursache: Die Schlüsselbeinbrüche gehören zu den **häufigsten** Frakturen, vor allem bei **Kindern** und **Jugendlichen**. Sie entstehen im mittleren Drittel des Knochens als Folge der indirekten Belastung bei einem Sturz auf die Schulter oder auf die ausgestreckte Hand. Direkttraumen führen zu Frakturen im lateralen (seitlichen) Claviculabereich. Durch den Zug des M. sternocleidomastoideus (Kopfwender) weicht das mediale Fragment (mittlerer Anteil) nach kranial (oben) aus. Bei einer starken Dislokation kann es zu **Hautschädigungen** sowie zur **Verletzung des Nervenplexus** des Armes und der armversorgenden Gefäße kommen.
Diagnose: Klinisch zeigt sich die Schulter der frakturierten Seite **herabhängend,** der Abstand zwischen Halsmitte und Oberarmkopf ist verkürzt. Häufig ist eine Stufen- oder Knickbildung tastbar. Das Röntgenbild bestätigt die Diagnose.
Therapie: Die Therapie ist üblicherweise **konservativ** mit drei- bis vierwöchigem redressierendem (die Schulter nach hinten ziehenden) **Rucksackverband.** Eine **Indikation zur Plattenosteosynthese** ergibt sich **nur** bei offenen Frakturen, bei Durchspießungsgefahr der Haut oder begleitenden Gefäß-Nerven-Verletzungen.

31.6.2 Schulterblattfrakturen (Scapula)

Ursache: Die Scapula ist durch einen starken Muskelmantel geschützt, so daß Frakturen **selten** sind und nur durch direkte Gewalteinwirkung oder einen Sturz auf die Schulter auftreten. **Unterschieden** werden Frakturen des Schulterblattkörpers, Frakturen des Acromions, Abrißfrakturen des Processus coracoideus sowie Frakturen des Schulterblatthalses mit und ohne Gelenkbeteiligung.
Diagnose: Klinisch besteht ein typischer **Druck-** und **Stauchungsschmerz.** Die Bewegung im Schultergelenk ist schmerzhaft eingeschränkt. Die Diagnosesicherung erfolgt durch Röntgenaufnahmen in zwei Ebenen,

bei Gelenkbeteiligung ist eine Computertomographie sinnvoll.
Therapie: Frakturen des Scapulakörpers und unverschobene Brüche des Scapulahalses sind durch die Ruhigstellung im **Mitella**- oder **Gilchrist-Verband** bis zum Abklingen der akuten Schmerzsymptomatik zu behandeln. Dann erfolgt eine funktionelle Übungsbehandlung. Abrißfrakturen des Processus coracoideus und des Acromions sollten mit Schrauben oder einer Zuggurtungsosteosynthese versorgt werden. Dislozierte Brüche der Schulterblattpfanne mit Beteiligung der Gelenkfläche werden durch Plattenosteosynthese versorgt.

31.6.3 Oberarmkopffrakturen (Humerus)

Ursache: Es handelt sich um eine der häufigsten Frakturen insbesondere des **alten** Menschen. Durch indirekte Gewalteinwirkung mit Sturz auf die Hand oder den Ellenbogen kommt es zur Fraktur im Bereich der ehemaligen, proximalen Epiphysenfuge des Oberarmes, dem Collum chirurgicum. Je nach Stellung des Armes beim Sturz werden **Adduktions-** und **Abduktionsfrakturen** unterschieden. Trümmer- und Luxationsfrakturen des Oberarmkopfes sowie der Abriß des Tuberculum majus (großer Oberarmhöcker) sind komplizierend möglich.
Diagnose: Es tritt eine Schwellung sowie die schmerzhafte Bewegungseinschränkung der betroffenen Schulter auf. Gelegentlich sind bizarre **Hämatomverfärbung** vom Oberarm bis zum Unterarm oder zur Thoraxwand zu sehen. Die Diagnosesicherung erfolgt durch Röntgenaufnahmen in zwei Ebenen.
Therapie: Grundsätzlich erfolgt die Therapie **konservativ** durch eine **Ruhigstellung** im **Desault-Verband** für drei bis fünf Tage bis zum Abklingen der Schmerzen, dann frühfunktionelle Übungsbehandlungen mit Pendeln der Schulter (nach Pöhlchen). Das **Schultergelenk** darf im Desault-Verband **nicht länger als zwei, maximal drei Wochen immobilisiert werden**, da sonst die Gelenkkapselschrumpfung zur **Schultersteife** führt. Dislozierte Frakturen sind in Kurznarkose durch axialen Zug zu reponieren. Eine Indikation zur Operation stellen nichtreponierbare Luxationsfrakturen, gelenknahe Frakturen, die sich wegen einer Weichteilinterposition nicht reponieren lassen oder Tuberculum-majus-Abrißfrakturen mit erheblicher Fragmentverschiebung unter das Schulterdach dar, ferner alle Frakturen mit Nerven- oder Gefäßkomplikationen.

31.6.4 Oberarmschaftbrüche

Ursache: Sie entstehen meist indirekt durch einen Sturz auf den Ellenbogen oder die Hand. Gelegentlich werden sie auch durch starken Muskelzug wie beim Speerwerfen, Ringen oder Fingerhakeln verursacht. Zu unterscheiden sind **Schräg-**, **Biegungs-**, **Torsions-** und **Trümmerbrüche**. Die häufigste Begleitverletzung ist die **Schädigung des N. radialis,** der die Oberarmschaftmitte an der Hinterseite von medial nach lateral kreuzt.
Diagnose: Meist finden sich die typischen Frakturzeichen mit Verkürzung, abnormer Beweglichkeit und Knochenreiben. Als Folge des Muskelzuges kann es zu Rotationsfehlstellungen kommen. Die Diagnosesicherung erfolgt durch Röntgenaufnahmen in zwei Ebenen.
Therapie: Meist konservativ. Nach der Reposition erfolgt die **Ruhigstellung** im Desault-Verband im Oberarm-Brace mit Schulterkappe, einem steifen, im Umfang verstellbaren Kunststoffverband, der Bewegungen in der Schulter zuläßt. Grobe Drehfehler und Achsknicke sollten korrigiert werden. Eine Operationsindikation besteht bei offenen Frakturen, Verletzung des N. radialis, drohenden Pseudarthrosen und fehlendem Knochenkontakt wegen Muskelinterposition (Fragmentdiastase). Die Osteosynthese erfolgt mittels einer breiten Platte, die nach dem Hautschnitt am lateralen (seitlichen) oder dorsalen (hinterseitigen) Oberarm eingebracht wird.

31.6.5 Ellenbogennahe Oberarmbrüche

Ursache: Sie entstehen indirekt durch einen Sturz auf die Hand oder durch einen direkten Schlag, Stoß oder Sturz auf den Ellenbogen. Häufig treten Begleitverletzung der A. brachialis (Armarterie) auf. Es besteht die **Gefahr des Kompartmentsyndroms** (s.a. Kap. 31.2.3). Zu unterscheiden sind außerhalb des Gelenkes verlaufende (**supracondyläre**) Frakturen und durch das Gelenk verlaufende (**transcondyläre**) Brüche, die sich häufig T- oder Y-förmig darstellen. Besonders im Kindesalter kommen Abrisse des Epicondylus radialis vor.

Diagnose: Es kommt zu Schmerzen, Schwellung, Fehlstellung und abnormer Beweglichkeit. Der Epicondylus radialis wird durch den Zug der Unterarmstrecker weit nach distal dislozieren. Bei Frakturen mit Gelenkbeteiligung (interartikulären Frakturen) besteht eine Instabilität des Ellenbogengelenkes mit Aufklappbarkeit. Die sofortige **Überprüfung** der Funktion des **N. ulnaris, des N. medianus** und des **N. radialis** sowie der **arteriellen Gefäße** ist wegen häufig begleitender Gefäß-Nervenverletzungen notwendig. Die Sicherung der Diagnose erfolgt durch Röntgenaufnahmen in zwei Ebenen.
Therapie: Extraartikuläre (außerhalb des Gelenkes liegende) supracondyläre Frakturen (Frakturlinie oberhalb der Humeruscondylen) können **konservativ** durch eine **Ruhigstellung** im **zirkulären Oberarmgips** für vier bis sechs Wochen therapiert werden. Transcondyläre Frakturen (Frakturverlauf zwischen beiden Humeruscondylen) mit Bruch der Condylen, Epicondylen oder des Capitulum humeri sind **operativ** zu reponieren und mit Kirschner-Drähten, Zugschrauben oder Rekonstruktionsplatten **zu versorgen.** Transcondyläre Frakturen mit Gelenkbeteiligung haben trotz operativer Versorgung häufig **Bewegungseinschränkungen** oder **Versteifungen** des Ellenbogens zur Folge.

31.6.6 Olecranonfrakturen

Ursache: Die Olecranonfraktur verläuft **immer intraartikulär.** Sie entsteht durch einen Sturz auf den Olecranon oder durch die massive **Überstreckung** des Ellenbogengelenkes. Der Zug der Bizepssehne führt zum Auseinanderweiten der Frakturfragmente.
Diagnose: Trotz erheblicher Schwellung oder massivem Gelenkerguß ist der Frakturspalt fast immer tastbar. Der Arm läßt sich durch Einschränkung der Trizepsfunktion nicht gegen Widerstand strecken. Radiologische Aufnahmen in zwei Ebenen sichern die Diagnose.
Therapie: Nur bei den selten vorkommenden unverschobenen Brüchen ist die konservative Therapie indiziert. Prinzipiell erfolgt eine übungsstabile Zuggurtungsosteosynthese mit stufenloser Reposition der ulnaren Gelenkfläche. Bei Olecranontrümmerfrakturen ist eine Plattenosteosynthese sinnvoll. Nach der Osteosynthese ist eine **frühzeitige Übungsbehandlung** einzuleiten, um **Streck-** und **Beugedefizite** im Ellenbogen **zu verhindern.**

31.6.7 Radiusköpfchenfrakturen

Ursache: Radiusköpfchenfrakturen entstehen durch einen Sturz auf den gestreckten Arm bei proniertem (gedrehtem) Unterarm. Hierdurch schlägt das Capitulum humeri des Oberarms wie ein Meißel auf das Radiusköpfchen und schert dessen vorderen lateralen Anteil ab (Meißelfraktur). Unterschieden werden **Meißel-**, **Trümmer-** und **Halsfrakturen** des Radiusköpfchens.
Diagnose: Bei der Untersuchung besteht ein lokaler Druckschmerz über dem Radiusköpfchen und die Unterarmdrehung bei gebeugtem Ellenbogen ist sehr schmerzhaft. Die Diagnosesicherung erfolgt durch Röntgenaufnahmen in zwei Ebenen.
Therapie: Meißelfrakturen ohne Gelenkstufenbildung werden bis zur Schmerzfreiheit **kurzfristig** ruhiggestellt, dann erfolgt eine **frühfunktionelle Übungsbehandlung.** Bei einer erheblichen Stufenbildung ist die offene Reposition und Fixierung durch eine interfragmentäre Minischraube notwendig. Mißlingt der Versuch, Trümmerfrakturen operativ zu rekonstruieren, ist die **Radiusköpfchenresektion** mit ersatzloser Entfernung durchzuführen.

31.6.8 Unterarmschaftbrüche (Radius, Ulna)

Ursache: Isolierte Ulnafrakturen in der Schaftmitte treten am ehesten durch einen direkten Schlag (**Parierfrakturen**) auf. Bei indirekter Gewalt mit Biegebelastung bricht der Radius im mittleren Drittel, die Ulna im Übergang vom mittleren zum distalen Drittel. Der Muskelzug von Bizeps oder Pronator quadratus kann zu einer **erheblichen** Fragmentdislokation führen.
Diagnose: Die Patienten klagen über eine Schwellung mit Druckschmerz sowie eine schmerzbedingte Bewegungseinschränkung bei Schraubbewegungen im Unterarm. Radius- und Ulnafrakturen zeigen die typischen Frakturzeichen. Die Diagnosesicherung erfolgt durch ein Röntgenbild in zwei Ebenen, wobei beide Gelenkflächen zwischen Radius und Ulna, als ellenbogen- und handgelenknah, dargestellt werden müssen.
Sonderformen: Die **Monteggia-Fraktur** stellt eine Kombination aus Ulnaschaftbruch mit ellenbogengelenknaher Radiusköpfchenluxation dar. Bei der **Galeazzi-Fraktur** ist ein Ra-

diusschaftbruch kombiniert mit einer Luxation des handgelenknahen Ulnaendes.
Therapie: Ein **konservatives** Vorgehen ist nur bei **kindlichen** Unterarmschaftbrüchen indiziert, da es sich meist um **Grünholzfrakturen** handelt. Diese lassen sich in Narkose durch Zug und Gegenzug reponieren. Anschließend wird die Fraktur im **zirkulären Oberarmgips** für acht bis zehn Wochen ruhiggestellt. Alle verschobenen Brüche des Erwachsenen werden offen reponiert und durch eine Plattenosteosynthese versorgt. Eine lange konservative Ruhigstellung führt zum **Schrumpfen** der **Membrana interossea** (bindegewebigen Verbindung zwischen Elle und Speiche) und **behindert** so die **freie Drehbewegung** des Unterarmes.

31.6.9 Handgelenknahe Radiusbrüche an typischer Stelle (loco typico)

Ursache: Handgelenknahe Radiusfrakturen (Abb. 31-7 A und B) stellen mit **25%** aller Frakturen den **häufigsten Knochenbruchtyp** dar. Bei einem Sturz auf die nach handrückenwärts gebeugte Hand kommt es zum Einstauchen sowie zur Verschiebung nach dorsal des handgelenknahen Fragmentes (Colles-Fraktur). Gleichzeitig reißt in der Hälfte der Fälle der Griffelfortsatz der Elle ab. Unterschieden wird zwischen **intra-** und **extraartikulären** Frakturen, wobei die intraartikulären Frakturen häufig Mehrfragmentbrüche darstellen.
Diagnose: Klinisch imponiert eine deutliche Weichteilschwellung des Handgelenkes. In der Seitenansicht ist eine gabelrückenförmige Fehlstellung (**Fourchette-Stellung**) zu erkennen. Bei direkter Aufsicht auf das Gelenk wirkt die Hand zum Handgelenk bajonettartig versetzt (**Bajonett-Fehlstellung**). Röntgenaufnahmen des Handgelenkes mit gleichzeitiger Darstellung der Handwurzelknochen in zwei Ebenen sichern die Diagnose. Begleitende Verletzungen der Handwurzelknochen sind auszuschließen.
Therapie: Die Reposition des nach dorsal (handrückenwärts) abgekippten handgelenknahen Fragmentes erfolgt unter Zug und Gegenzug am Ellenbogen, am besten in Rükkenlage des Patienten unter Aushängen der Fraktur über eine **Fingerextension mit Mädchenfängern** (Geflecht aus Bast oder Maschendraht, das über die Finger gestülpt wird).

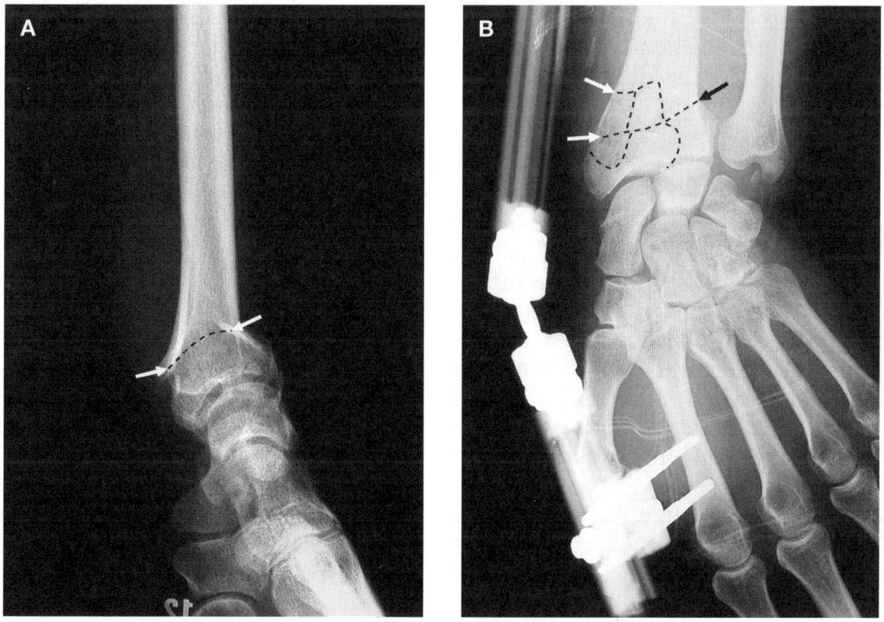

Abb. 31-7 Handgelenknahe Radiusfraktur (Typ Colles) mit Gelenkbeteiligung.
A: Die Fraktur (Pfeile) in seitlicher Ansicht.
B: Die Fraktur (Pfeile) nach Reposition und Stabilisation durch äußere Spannung im anterior-posterior (a.p.) Strahlengang.

Die Ruhigstellung erfolgt zunächst durch eine dorsale Unterarmgipsschiene oder einen gespaltenen, zirkulären Unterarmgipsverband, der von den Fingergrundgelenken bis zum Ellenbogen reicht und für vier Wochen belassen wird. Engmaschige **radiologische Verlaufskontrollen** sind notwendig, um ein **Abgleiten** der Frakturenden nicht zu übersehen. Der gespaltene Gips oder die Gipsschiene ist nach Abschwellung in der Regel sieben Tage nach Trauma in einen zirkulären Gips umzuwandeln. Bei abrutschgefährdeten Frakturen oder Mehrfragmentfrakturen kann die primäre Spickdrahtosteosynthese das Spätergebnis verbessern. Bei **schweren Trümmerbrüchen mit Gelenkbeteiligung** ist die Anlage eines **äußeren Spanners** sinnvoll.

Eine Sonderform der handgelenknahen Radiusfrakturen ist die **Smith-Fraktur,** bei der der Patient auf die handflächenwärts gebeugte Hand stürzt. Das distale Radiusfragment weicht bei diesen Frakturen handflächenwärts ab, man spricht auch von einer Beugefraktur (**Flexionsfraktur**) des distalen Radius. Smith-Frakturen werden in der Regel operativ mit einer kleinen T-Platte von der Beugeseite des Handgelenkes her operativ versorgt.

Als Folge brüsker Repositionsmanöver, häufiger Nachreposition oder unsachgemäßer Nachbehandlung kann es zur **Sudeck-Dystrophie** (s. Kap. 34.7.5), einer Stoffwechselstörung von Knochen und Weichteilen, mit erheblicher Funktionsstörung im Bereich des Handgelenkes kommen.

31.6.10 Frakturen der Hand

Kahnbeinfrakturen (Naviculare)

Ursache: Das Kahnbein ist von allen Handwurzelknochen am **häufigsten** von Frakturen betroffen. Kahnbeinbrüche entstehen durch einen Sturz auf die überstreckte, radial abduzierte Hand, gelegentlich auch durch einen direkten Schlag. Da die **Gefäßversorgung des Kahnbeins** sehr **verletzlich** ist, kommt es gehäuft zu **Pseudarthrosen.**
Diagnose: Klinisch bestehen eine Schwellung und ein umschriebener Druckschmerz im Bereich der Tabatière (über der Handgelenk-Radial-, Dorsalseite ein Grübchen zwischen zum Daumen gehörigen Sehnen), der auch bei Zug und Stauchung des gestreckten Zeigefingers auftritt. Bei Verdacht auf eine Kahnbeinfraktur sind Röntgenaufnahmen der Handwurzelknochen in zwei Ebenen sowie navikulare Serienaufnahmen anzufordern.
Therapie: Die **konservative** Therapie erfolgt im **Oberarmgips mit Daumeneinschluß** für zwölf Wochen. Aufgrund der hohen Gefahr der Kahnbeinpseudarthrose sehen sich einige Chirurgen zur primären operativen Verschraubung der Frakturen und einer Knochenspantransplantation veranlaßt.

Mittelhandfrakturen

Ursache: Sie entstehen meist durch einen Sturz auf die Hand, wobei eine **Stauchung basisnahe Frakturen, Biege-** und **Drehmechanismen Schaftfrakturen** verursachen. Direkte Gewalteinwirkung führt üblicherweise zu köpfchennahen Brüchen der Mittelhandknochen.
Diagnose: Klinisch imponieren eine Handrückenschwellung, Zug- und Stauchungsschmerzen an den Fingern des betroffenen Strahles sowie eine Verkürzung und Drehfehler des frakturierten Fingers. Die Diagnosesicherung erfolgt durch Röntgenaufnahmen in zwei Ebenen.
Therapie: Frakturen des **zweiten bis vierten** Strahls werden nach exakter Reposition im **Unterarmgips** oder im **Iselin-Gips** in Funktionsstellung der Finger ruhiggestellt. Insbesondere Drehfehler müssen korrigiert werden. Luxationsfrakturen der Basis des ersten Mittelhandknochens im Daumensattelgelenk (Bennett-Frakturen) und Frakturen des fünften Strahls sind in der Regel **operativ** durch Spickdrahtosteosynthesen, Minischrauben oder Miniplattenosteosynthesen zu versorgen.

Fingerfrakturen

Ursache: Sie entstehen durch Stauchung, Distorsion oder Quetschung. Häufig kommt es zum basisnahen knöchernen **Sehnenausriß.**
Diagnose: Schwellung und Fehlstellung mit Verkürzung und Drehfehler kennzeichnen das klinische Bild. Zur Diagnostik wird ein Röntgenbild in zwei Ebenen angefertigt.
Therapie: Brüche der Fingerglieder sind **meist konservativ** zu behandeln. Frakturen des zweiten bis vierten Strahls werden wie Mittelhandbrüche auf Fingerschienen mit einem Unterarmgipsverband für drei bis vier

Wochen ruhiggestellt. Eine **Operationsindikation** kann sich bei **Gelenkfrakturen** ergeben.

31.7 Frakturen der Wirbelsäule

Die Wirbelsäule besteht aus sieben Halswirbeln, zwölf Brustwirbeln und fünf Lendenwirbeln sowie fünf fusionierten (zusammengewachsenen) Kreuzbeinwirbeln mit den anhängenden vier bis sechs Steißbeinwirbeln. Wirbelkörper, Wirbelfortsätze, Bandscheiben und Bandverbindung sowie der muskuläre Apparat bilden zusammen ein **funkionelles System.** Die Wirbelsäule hat als Stützorgan **statische,** als Teil des Bewegungsapparates **dynamische** Funktion. Außerdem dient sie dem **Schutz des Rückenmarks.** Auf die Wirbelsäule einwirkende Druckkräfte werden von den Wirbelkörpern, den Bandscheiben und den kleinen Wirbelgelenken aufgenommen, während die Zugkräfte von den vorderen (Ligg. flava) und den hinteren Längsbändern (Ligg. interspinalia) neutralisiert werden. Bewegungen spielen sich im sog. Bewegungssegment, das sich aus vorderem Längsband, Bandscheibe, kleinen Wirbelgelenken und deren Kapsel sowie den Ligg. flava und interspinalia zusammensetzt, ab. Besondere **Schwachstellen** der Wirbelsäule sind die **Übergänge** von **bewegungsreichen zu bewegungsarmen** Wirbelsäulenabschnitten, wie der Halswirbelsäulen (HWS)/Brustwirbelsäulen (BWS)-Übergang, der Brustwirbelsäulen/Lendenwirbelsäulen (LWS)-Übergang und der LWS/Sacrum-Übergang.

In Abhängigkeit vom Grad der Verletzung der Strukturen des Bewegungssegmentes unterteilt man in **primär stabile** und **instabile** Frakturen. Primär stabil sind isolierte Bandscheibenverletzungen, isolierte Wirbelkörperbrüche ohne Bandscheibenbeteiligung bei intakter Deckplatte und Hinterkante sowie isoliert einseitige Wirbelbogen- oder Gelenkfortsatzbrüche ohne Bandscheibenbeteiligung. Von primär instabilen Brüchen spricht man bei Verletzung der **dorsalen** Wirbelsäulenstrukturen. So führen Wirbelhinterkantenfrakturen, doppelseitige Wirbelbogen- und Gelenkfortsatzfrakturen sowie Verletzungen der hinteren Bandkomplexe zur Instabilität. Auch die Luxation und Subluxation der Wirbelkörper gegeneinander, alle Verletzungen mit neurologischen Ausfällen und Verletzungen von zwei aufeinanderfolgenden Bewegungssegmenten gelten als instabil.

Wirbelverletzungen entstehen hauptsächlich **indirekt** durch übermäßige **Stauchung, Biegung** oder **Drehung** des Rumpfes oder des Halses.

Nach tetanischen, eklamptischen (generalisierte Krampfanfälle während der Schwangerschaft) oder epileptischen Anfällen ist auch an Wirbelsäulenverletzungen zu denken!

Wirbelsäulenverletzungen werden unterschieden in

- **Bänder- und Bandscheibenverletzungen:** Diese reinen Weichteilverletzungen sind radiologisch **nicht** darstellbar, sie lassen sich nur **indirekt** durch Luxation der Wirbelkörper gegeneinander **nachweisen.** Diese Verletzungen können durch Kernspintomographie dargestellt werden.
- **Frakturen der Wirbelkörper:** Hierbei wird in Vorderkantenbrüche, die frühfunktionell behandelt werden dürfen, Kompressionsbrüche mit oder ohne Beteiligung der Deckplatte und der Bandscheibe sowie Kompressionsbrüche mit Beteiligung der Hinterkante unterschieden. Bei **letzteren** besteht die **Gefahr der Rückenmarkverletzung.**
- **Frakturen der Bögen und Gelenkfortsätze** (mit und ohne Luxation).
- **Reine Wirbelluxation:** Eine **seltene** Verletzung, die praktisch nur in der Halswirbelsäule vorkommt.
- **Frakturen der Quer- und Dornfortsätze.**
- **Kombinationsverletzungen:** (z.B. Luxationsfrakturen).

Wirbelsäulenverletzungen sind **klinisch** häufig **stumm.** So sind Patienten mit stabilen Wirbelkörperbrüchen unter Umständen **beschwerdefrei**, sogar **gehfähig**. Oftmals werden Wirbelsäulenfrakturen beim polytraumatisierten Patienten übersehen. Die klinische Untersuchung umfaßt Druck-, Klopf-, Rüttel- und Stauchungsschmerz. Muskulärer Hartspann läßt auf eine Wirbelsäulenverletzung schließen. Es ist eine ausführliche neurologische Untersuchung zum Ausschluß von **Wurzelreizsyndromen, Cauda-equina-Symptomatik** (Verletzung des Nervenfaserbündels unterhalb des Rückenmarkes, d.h. unterhalb LWK 2) oder **Querschnittsymptomatik** (s.a. Kap. 33.7.5) zu fordern. Die Progredienz (Fortschreiten) neurologischer Beschwerden läßt die Wirbelsäulenverletzung zum **dringenden Notfall** werden.

Radiologisch sind Röntgenbilder in zwei Ebenen sowie Zielaufnahmen für die Wirbelbögen und Gelenkfortsätze zwingend (Abb. 31-8 A und B). An der Halswirbelsäule sind ggf. Funktionsaufnahmen durchzuführen. Der Frakturverlauf läßt sich am besten in der Computertomographie, Band- und Bandscheibenverletzungen am besten kernspintomographisch darstellen. Bei neurologischen Ausfällen sollte eine Lumbalpunktion, ggf. eine Myelographie (Darstellung des Rückenmarkes mit Kontrastmittel) durchgeführt werden.

Die **Therapie stabiler** Frakturen ist im wesentlichen **konservativ.** Nach Abklingen der akuten Schmerzsymptomatik erfolgt nach wenigen Tagen die krankengymnastische Übungsbehandlung zur Kräftigung der Rükkenmuskulatur. Nach drei bis vier Wochen sind Steh- und Gehübungen im Bewegungsbad, nach fünf bis acht Wochen die Vollbelastung möglich. Die konservative Aufrichtung keilförmig deformierter Lendenwirbelkörper im dorsalen Durchhang ist umstritten, da es trotz guter Aufrichtung zu einem späteren Zusammensinken des aufgerichteten Wirbelkörpers kommen kann. **Luxationen** und **Luxationsfrakturen** der Halswirbelsäule erfordern eine sofortige **Reposition** und **Extensionsbehandlung** mit der Crutch-Field-Klemme (s. Kap. 14, Abb. 14-5). Nach erreichter Reposition kann das Ergebnis durch Halofixateur externe (spezielle Form des Fixateur externe am Hals/Kopf, s.a Kap. 5, Abb. 5-19 A und B) stabilisiert werden.

Eine zwingende **Indikation zur Operation** ergibt sich aus dem **erstmaligen Auftreten neurologischer Störungen,** bei **Progredienz** diskreter neurologischer Störungen oder bei **unvollständigem Querschnitt-** und **Cauda-equina-Syndrom**. **Instabile** Frakturen ohne neurologische Symptomatik sollten zur Verkürzung der Immobilisationszeit und zur Vermeidung bleibender Instabilitäten sowie statischer Beschwerden **operativ** versorgt werden. Die operative Versorgung besteht entweder in einer temporären Stabilisierung durch Drahtcerclagen oder Harrington-Stäben in der Spondylodese (Verschraubung von zwei oder mehreren Wirbelkörpern gegeneinander durch Schrauben oder Plattenosteosynthese) oder durch einen Fixateur intern.

31.8 Beckenverletzungen

Dem Becken als zentralem Baustein der Statik des menschlichen Skelettes obliegt es, die

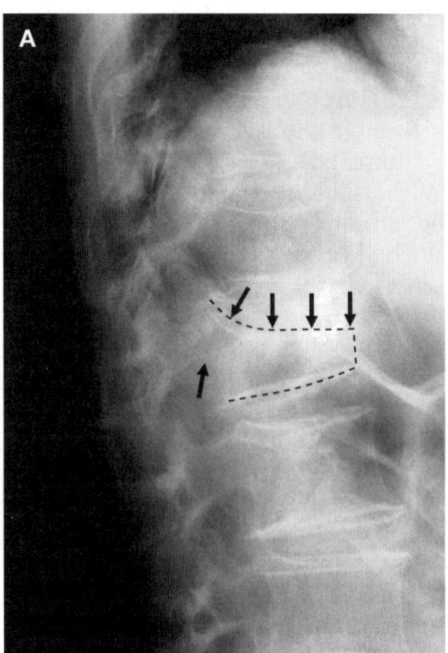

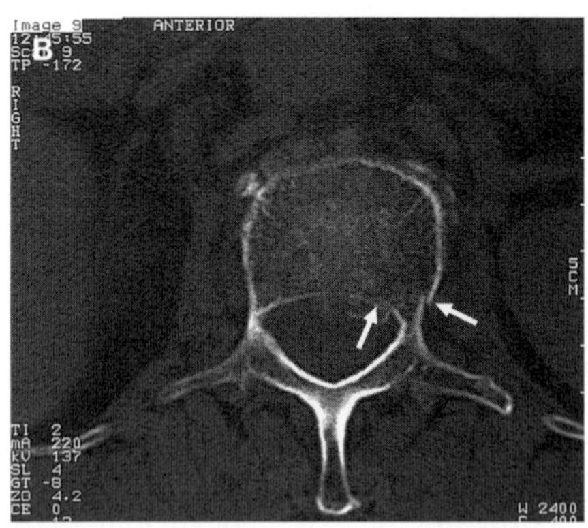

Abb. 31-8 LWK-II-Kompressionsfraktur.
A: Im seitlichen Strahlengang (Pfeile).
B: Computertomographisch zeigt sich eine Beteiligung der Wirbelkörperhinterkante und Wirbelbögen (Pfeile), die Fraktur gilt als instabil.

durch das Körpergewicht entstehenden Kräfte auf die unteren Extremitäten zu übertragen. Der Beckenknochen differenziert sich in Darmbein, Sitzbein und Schambein. Sie bilden zusammen mit dem Kreuzbein und dem kräftigen Bandapparat zwischen Beckenschaufel und Kreuzbein den Beckenring. Beckenfrakturen (Abb. 31-9) werden unterteilt in **Beckenrandbrüche,** bei denen die Kontinuität des Beckenringes intakt bleibt und die Statik nicht beeinträchtigt wird, **Beckenringverletzungen** und die **Verletzungen der Hüftpfanne** (Acetabulum).

31.8.1 Beckenrandfrakturen

Zu den Beckenrandbrüchen gehören die Frakturen der Darmbeinschaufel, des freien Kreuzbeinanteils, des Steißbeins, des isolierten Sitzbein- oder Schambeinastes sowie die Abrißfrakturen durch Muskel- oder Bandzug, die vor allem bei jugendlichen Sportlern auftreten können.

Ursache: Beckenschaufelverletzungen entstehen häufig durch direkte Gewalteinwirkung, z.B. bei einem Sturz aus großer Höhe oder einem Verkehrsunfall. Steiß- und Sitzbeinverletzungen entwickeln sich nach dem direkten Sturz auf das Gesäß, Beckenschaufelfrakturen sind oft mit **Verletzungen der Organe im Becken** kombiniert, deshalb ist eine entsprechende Untersuchung angezeigt.

Diagnose: Klinisch besteht ein Beckenkompressionsschmerz mit druckschmerzhafter Weichteilschwellung oder ein Hämatom bei Beckenschaufelverletzungen. Sitz- und Steißbeinverletzungen lassen sich durch eine rektale Untersuchung nachweisen. Röntgenaufnahmen des Beckens in zwei Ebenen sowie Ala- und Obturatoraufnahmen (Spe-

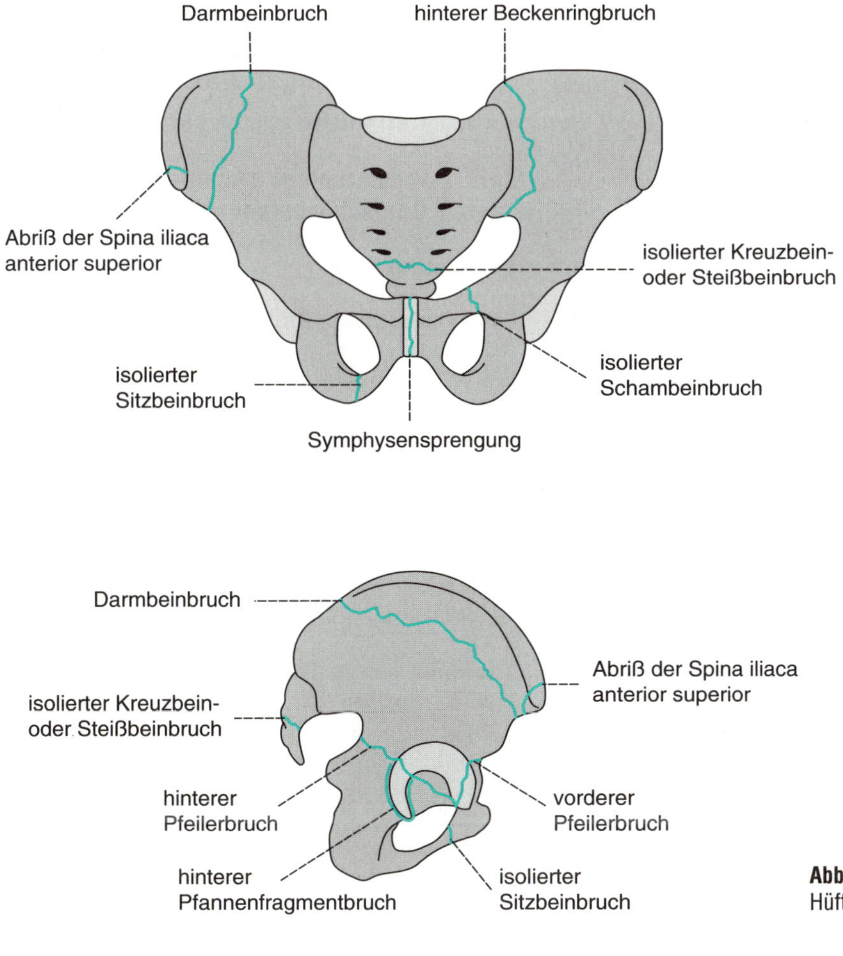

Abb. 31-9 Becken- und Hüftpfannenfrakturen.

zialaufnahmen des Beckens) sichern die Diagnose.
Therapie: Sie ist bei Beckenschaufel-, Steißbein- und Sitzbeinverletzungen **ohne Stabilitätsverlust konservativ.** Bei Abrißfrakturen mit **großer Fragmentdiastase** ist eine Schraubenosteosynthese zu erwägen.

31.8.2 Beckenringfrakturen

Ursache: Sie entstehen durch Kompression des Beckenringes von vorne, hinten, seitlich oder schräg durch Sturz, Einklemmung, Verschüttung oder Verkehrsunfall. **Unterschieden** werden vordere **Ringbrüche** (Bruch von Sitz- und Schambein), kombinierter vorderer und hinterer **Vertikalbruch** (Malgaigne-Fraktur), **Schmetterlingsbrüche** mit beidseitigem vorderen Ringbruch sowie **Symphysensprengungen.** Klafft die Symphyse mehr als 2 cm, so ist diese Verletzung immer kombiniert mit einer Zerreißung im Bereich der Ileosacralfuge.
Diagnose: Klinisch bestehen ein bimanueller Beckenkompressionsschmerz, lokaler Druckschmerz und eine **funktionelle Beinlängenverkürzung** bei einer schmerzhaften Bewegungseinschränkung im Hüftgelenk. Beckenringbrüche gehen häufig mit **Verletzungen** von **Blase** und **Urethra** einher. Es kann zu erheblichen Blutverlusten mit entsprechender Schocksymptomatik kommen. Die Frakturen werden durch Röntgenaufnahmen in zwei Ebenen gesichert.
Therapie: Vordere Beckenringbrüche werden **konservativ** durch fünf- bis sechswöchige Bettruhe behandelt. Kombinierte vertikale vordere und hintere Beckenringbrüche lassen sich **ebenfalls konservativ** therapieren. Da der Muskelzug der geraden Bauchmuskulatur zum Abweichen der frakturierten Beckenschaufel nach kopfwärts führt, werden diese Frakturen **auch operativ** durch Montage eines Fixateur externe und/oder einer Verplattung der Ileosacralfuge versorgt. Die Symphysensprengung ist **konservativ** in der **Rauschfuß-Schwebe,** einer besonderen Form eines Kompressionsverbandes, in acht bis zehn Wochen zu behandeln. Operativ bietet sich eine Plattenosteosynthese über die Symphyse hinweg an.

31.8.3 Acetabulumfrakturen

Ursache: Frakturen der Hüftpfanne entstehen durch laterale Kompression oder durch Stauchung auf den Oberschenkel. Sie treten als Kettenfrakturen in Kombination mit Patella-, Oberschenkel- und gleichzeitigen Pfannenrandfrakturen, insbesondere nach **Anpralltraumen** gegen das Armaturenbrett des Autos (dashboard injury) auf. Acetabulumfrakturen werden nach Judet und Letournell in **fünf** verschiedene **Subtypen** untergliedert.
Diagnose: Klinisch besteht ein typischer Trochanterdruck- und -klopfschmerz bei einer **starken Bewegungseinschränkung** im Hüftgelenk. Die Fraktur wird durch Röntgenaufnahmen des Beckens in drei Ebenen sowie durch Ala- und Obturatoraufnahmen gesichert. Zur besseren räumlichen Vorstellung der komplexen Gelenkverletzung hat sich die Computertomographie bewährt.
Therapie: Nur **selten** sollten dislozierte Frakturen **konservativ** durch Entlastung von wenigstens drei Monaten behandelt werden. Bei größeren Diastasen ist zur Rekonstruktion der Hüftgelenkpfanne die **operative** Reposition mit einer Platten- und Schraubenosteosynthese durchzuführen.

31.9 Verletzungen der unteren Extremität

31.9.1 Frakturen des proximalen Oberschenkels (Femur)

Hüftkopffrakturen

Ursache: Hüftkopffrakturen entstehen durch direkte oder indirekte Gewalteinwirkungen. Sie treten in der Regel als **Begleitverletzungen** bei Hüftgelenkluxationen auf. Hierdurch kommt es zu osteochondralen Impressionen oder Knochenabsprengungen. Die Frakturen werden eingeteilt nach Pipkin.
Diagnose: Klinisch besteht eine Hüftgelenkluxation mit Beinfehlstellung, Schmerzen und fehlender Gelenkfixation. Röntgenaufnahmen in zwei Ebenen sichern die Diagnose.
Therapie: Erstes Therapieziel muß die **sofortige Reposition** der Hüftluxation sein. Abhängig von der Fragmentdislokation kann eine konservative Behandlung oder die Verschraubung des abgesprengten Fragmentes erfolgen. Bei **älteren** Menschen ist der Gelenkersatz durch **Totalendo-** (s.a. Kap. 34, Abb. 34-2 B) oder **Hüftkopfprothese** zu erwägen.

Schenkelhalsfrakturen

Schenkelhalsfrakuren werden nach ihrer **Lokalisation** in **mediale,** d.h. innerhalb der Gelenkkapsel gelegene, **intermediäre** und **laterale,** d.h. außerhalb der Gelenkkapsel gelegene Frakturen unterschieden (Abb. 31-10). Die medialen Schenkelhalsfrakturen sind wiederum in **Abduktions-** und **Adduktionsfrakturen** unterteilbar. Abduktionsfrakturen führen in der Regel zur Einstauchung der Bruchfragmente, während Adduktionsfrakturen sich selten verkeilen aber zum Abrutschen der Fragmente gegeneinander neigen.

Für die Prognose lassen sich nach Pauwels **drei Schweregrade** unterscheiden (Abb. 31-11 A bis C). Pauwels I-Frakturen weisen eine Bruchebene im Vergleich zur Horizontalen bis zu 30°, Pauwels II-Frakturen bis 50° und Pauwels III-Frakturen über 50° auf.

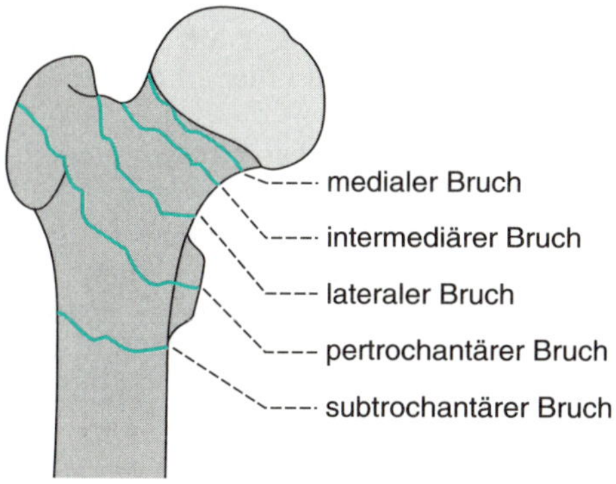

Abb. 31-10 Verlauf der Frakturen am hüftgelenknahen Oberschenkel.

Je flacher der Frakturverlauf, desto eher ist eine konservative Therapie möglich, da sich die Fraktur unter Belastung einstaucht!

Ursache: Mediale Schenkelhalsfrakturen sind eine typische Fraktur des **alten Menschen** nach einem Sturz auf die Hüfte. Bei jungen Menschen mit wenig osteoporotischem Knochen treten sie nach erheblicher Gewalteinwirkung auf.

Diagnose: Klinisch klagen die Patienten über eine **fehlende Belastbarkeit** der Hüfte und es besteht ein Trochanterklopfschmerz. Das frakturierte Bein ist **verkürzt** und **außenrotiert.** Die Diagnosesicherung gelingt durch Röntgenaufnahmen in zwei Ebenen. Falls der Frakturverlauf schwer zu beurteilen ist, empfehlen sich konventionelle Tomographien (Schichtaufnahmen).

Therapie: Stabil eingestauchte Adduktionsbrüche des Schenkelhalses vom Typ Pauwels-I sind **konservativ** mit Bettruhe bis zur Schmerzfreiheit und anschließend steigender Belastung zu behandeln.

Instabile mediale und intermediäre Schenkelhalsfrakturen werden bei Patienten über 65 Jahren durch Totalendoprothese, mit Ersatz von Hüftkopf und -pfanne oder Duokopf-Prothese versorgt. Beim jungen Menschen unter 65 Jahren ist die **Erhaltung des Femurkopfes unbedingt anzustreben.** Die Osteosynthese kann mit Spongiosaschrauben, Winkelplatte oder dynamischer Hüftschraube erfolgen. Relativ häufig kommt es auch bei jungen Menschen zur **Femurkopfnekrose** oder **Schenkelhalspseudarthrose,** so daß dann ein alloplastischer Gelenkersatz (Gelenkersatz

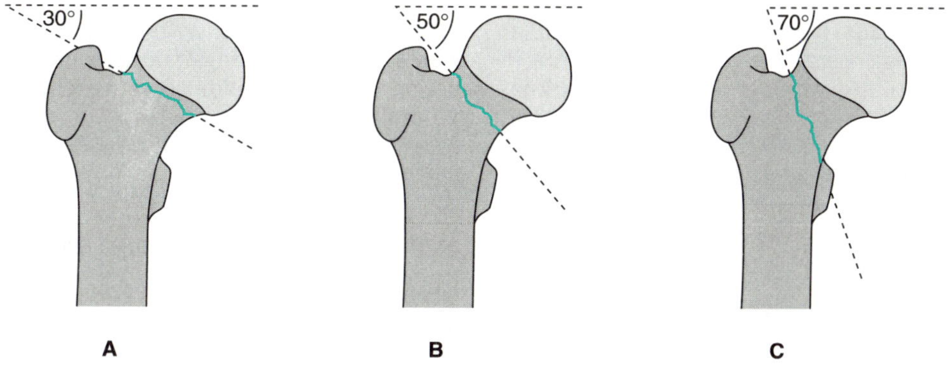

Abb. 31-11 Einteilung der Schenkelhalsfrakturen nach Pauwels.
A: Pauwels I. **B:** Pauwels II. **C:** Pauwels III.

durch körperfremdes Material wie Metall oder Kunststoff) notwendig wird.

31

Frakturen im Trochanterbereich (per- und subtrochantäre Frakturen)

Ursache: Diese Frakturen (s.a. Abb. 31-10) entstehen durch den direkten Sturz auf die Hüfte oder indirekt bei einer Außenrotation des Beines, ähnlich wie die Schenkelhalsfrakturen.
Diagnose: Die **Schmerzsymptomatik** entspricht der der Schenkelhalsfrakturen.
Therapie: Die Therapie der per- und subtrochantären Frakturen ist in der Regel **operativ.** Nach der Reposition wird die Fraktur durch eine Winkelplatte, dynamische Hüftschraube, elastischen Federnagel (nach Ender) oder Gammanagel stabilisiert. Nur die **intramedullären** (im Knochenmark liegenden) **Kraftträger** führen zur postoperativen **Belastungsstabilität.**

31.9.2 Oberschenkelschaftfrakturen

Ursache: Sie entstehen durch große direkte oder indirekte Gewalteinwirkung, durch Biegekräfte, Torsionskräfte oder Stauchung.
Diagnose: Üblicherweise liegen die typischen Frakturzeichen mit Funktionsverlust, Schwellung, abnormer Beweglichkeit und Krepitation (Knochenreiben) vor. Durch die begleitenden **Muskelzerreißungen** kann es zu **erheblichen Blutverlusten** bis zu 2,5 Liter kommen. Röntgenaufnahmen des Oberschenkels in zwei Ebenen mit gleichzeitiger Darstellung von Hüft- und Kniegelenk sichern die Diagnose.
Therapie: Die konservative Behandlung mittels einer Tibiakopfextension ist möglich, setzt aber eine **Immobilisierung** für ca. **zwölf Wochen** voraus. Daher wird meist die Indikation zur Osteosynthese gestellt. Frakturen in der Schaftmitte werden mit einem Marknagel, Mehrfragment- oder Trümmerbrüche mit einem Verriegelungsnagel oder einer Plattenosteosynthese versorgt. Bei **offenen** und **kontaminierten** Frakturen ist die Anlage eines **Fixateur externe notwendig.**

31.9.3 Distale Oberschenkelfrakturen (supra- und diaconyläre Frakturen)

Ursache: Diese Frakturen entstehen meist durch ein direktes Trauma, wie z.B. Knieanpralltrauma bei einem Verkehrsunfall. Sie sind daher häufig mit **Hüftpfannenverletzungen** kombiniert.
Diagnose: Es bestehen die typischen Frakturzeichen. Bei diacondylären Frakturen ist zusätzlich ein Kniegelenkerguß nachweisbar. Die Diagnosesicherung erfolgt durch Röntgenbilder in zwei Ebenen.
Therapie: Bei Frakturen ohne Gelenkbeteiligung ist eine konservative Therapie mit Tibiakopfdrahtextension für sechs bis zehn Wochen möglich. In der **Regel** sollte die Therapie aber, ebenso wie bei den Frakturen mit Gelenkbeteiligung, **operativ sein.** Nur so gelingt die **korrekte anatomische Reposition** der Gelenkstrukturen. Die Osteosynthese erfolgt entweder durch Spongiosaschrauben, eine 90°-Winkelplatte oder eine dynamische Condylenschraube.

31.9.4 Kniescheibenfrakturen

Ursache: Sie entstehen durch den Sturz auf das Knie oder einen Schlag auf die Kniescheibe bei **angespanntem** Oberschenkelmuskel.
Diagnose: Klinisch kann das Knie nicht aktiv gestreckt und das gestreckte Bein nicht hochgehoben werden. Bei typischen Querfrakturen ist ein Auseinanderweichen der Fragmente zu tasten. **Unterschieden** werden osteochondrale Absprengungen, Polabrisse, Quer-, Längs-, Schräg- und Mehrfragmentbrüche sowie Trümmerfrakturen. Röntgenaufnahmen der Kniescheibe in drei Ebenen mit tangentialer Patellaaufnahme sichern die Diagnose.
Therapie: Sie erfolgt **operativ** durch eine Zuggurtungsosteosynthese, bei Längsfrakturen durch Verschraubung. Ist bei ausgeprägten Trümmerfrakturen eine Rekonstruktion nicht möglich, so kann die Kniescheibe entfernt werden. Nur bei **Längsfrakturen ohne Dislokation** ist auch eine **konservative** Therapie im **Tutor,** einer Kniegelenkstütze aus Gips oder Kunststoff ohne Einschluß benachbarter Gelenke, möglich.

31.9.5 Schienbeinkopfbrüche (Tibiakopf)

Ursache: Sie entstehen durch eine Stauchung in Richtung der Achse, die mit einem Biegemoment verbunden ist, so daß die Gelenkrollen des Oberschenkelknochens den Tibiakopf einstauchen. Unterschieden wird in

Spaltbrüche ohne Verschiebung und **Depressionsbrüche** mit Absenkung des Fragmentes. Bei **Impressionsbrüchen** kommt es zum Einstauchen des Gelenkknorpels und der Spongiosa.

Diagnose: Es besteht eine schmerzhafte Bewegungseinschränkung des Kniegelenkes mit einer Schwellung am Tibiakopf. Häufig lassen sich **Achsfehlstellungen** des Beines sowie ein **Kniegelenkerguß** nachweisen. Röntgenaufnahmen des Kniegelenkes in zwei Ebenen und die konventionelle Schichtuntersuchung (Tomographie) zeigen das Ausmaß der Fraktur.

Therapie: Bei **fehlender** Fragmentdislokation und **stufenlosen** Gelenkflächen sowie bei **alten** Menschen ist die **konservative** Therapie möglich. Nach ca. dreiwöchiger Ruhigstellung im gespaltenen zirkulären Oberschenkelliegegips ist die Weiterbehandlung auf einer Bewegungsschiene oder die Entlastung mit zwei Gehstützen angezeigt. Die Dauer der Entlastung beträgt zwölf Wochen. Bei Depressions- und Impressionsfrakturen ist die **operative** Therapie mit Wiederherstellung der **Kongruenz** (Übereinstimmung) der **Gelenkflächen** notwendig. Der imprimierte (eingedellte) Knorpel wird angehoben und mit Spongiosa vom Beckenkamm unterfüttert. Die Osteosynthese erfolgt mittels Spongiosazugschrauben oder t-förmigen Abstützplatten.

31.9.6 Unterschenkelschaftfrakturen

Ursache: Unterschenkelschaftfrakturen kommen als häufige Verletzung bei Jugendlichen und aktiven Erwachsenen vor. Sie entstehen durch direkte Gewalteinwirkung, z.B. Stoßstangenverletzungen oder direkte Gewalt bei feststehendem Unterschenkel.

Diagnose: Normalerweise bestehen alle sicheren und unsicheren Frakturzeichen. Das Röntgenbild in zwei Ebenen mit der Darstellung der benachbarten Gelenke sichert die Diagnose.

Therapie: Bei **geschlossenen** Unterschenkelschaftfrakturen ist jederzeit die Entwicklung eines **Kompartmentsyndroms** (s. a. Kap. 31.2.3) möglich, deshalb ist eine entsprechende Beobachtung notwendig.

Unkomplizierte Brüche von Schien- und Wadenbein können **konservativ** behandelt werden. Nach einer Ruhigstellung von zwei Wochen in der dorsalen Oberschenkelgipsschiene kann die zunehmende Belastung des Beines nach Anlage eines anmodellierten zirkulären Oberschenkelgipsverbandes oder eines Sarmiento-Unterschenkelgipses mit Abstützung des Gipses an beiden Femurcondylen erfolgen. **Dislozierte** Frakturen, **Schräg-** und **Spiralbrüche** sollten nach Anlage einer Calcaneus-Drahtextension **reponiert** werden. Es erfolgt die Lagerung auf einer Braun-Schiene im gespaltenen Oberschenkelgips. Querbrüche der Tibia im mittleren Drittel können durch eine Marknagelung behandelt werden. Mehrfragment- oder Trümmerbrüche sind durch einen Verriegelungsnagel oder eine Plattenosteosynthese operativ zu versorgen. Bei **offenen** Unterschenkelfrakturen ist die Anlage eines Fixateur externe indiziert. **Isolierte** Wadenbeinbrüche entstehen durch ein direktes Anpralltrauma in der Schaftmitte. Die Ruhigstellung im Gips oder eine Operation ist **nicht notwendig.** Eine elastische **Bandage** wirkt schmerzlindernd.

31.9.7 Distale Tibiafrakturen (Pilon tibial)

Ursache: Sie entstehen durch eine axiale Stauchung der distalen Tibiagelenkfläche, z.B. durch einen Sturz aus großer Höhe. Das Sprungbein (Talus) wird in das untere Ende des Schienbeins eingestaucht.

Diagnose: Neben den üblichen diagnostischen Frakturkriterien fällt eine **starke Weichteilschwellung** über dem Sprunggelenk und dem distalen Unterschenkel auf. Es besteht eine Bewegungseinschränkung im oberen Sprunggelenk. Die Diagnosesicherung besteht in Röntgenaufnahmen in zwei Ebenen, ggf. einer Tomographie.

Therapie: Konservatives Vorgehen ist zunächst im gespaltenen Oberschenkelliegegips, später durch Unterschenkelgips möglich. Eine **exakte Wiederherstellung** der **Gelenkfläche** läßt sich aber **nur operativ** durch die Stabilisierung mittels Schrauben und Platten erreichen. Eine Belastung ist frühestens acht bis zwölf Wochen postoperativ möglich.

31.9.8 Sprunggelenkfrakturen

Ursache: Sprunggelenkfrakturen entstehen meist durch indirekte Gewalteinwirkung, z.B. Umknicken des Fußes im Sinne eines **Supinationstraumas**, meist mit einer Drehung nach innen, oder als **Pronationsverletzung** mit gleichzeitiger Torsion (Drehung). Hier-

31

durch kommt es zur **Überbeanspruchung** des medialen inneren (Lig. deltoideum) und lateralen äußeren (Lig. fibulo-talare anterius und posterius sowie Lig. fibulo-calcaneare) **Bandapparates.** Die Bandverbindung (Syndesmose) zwischen Schien- und Wadenbein kann zerreißen und es kann zur Abscherung des Innen- oder Außenknöchels kommen. Nach Weber werden **drei typische Verletzungsmuster** der Knöchelgabel unterschieden (Abb. 31-12A bis C).

Typ Weber A: Der Außenknöchel ist unterhalb der Syndesmose gebrochen, die Syndesmose selbst ist unverletzt. Häufig besteht an der Innenseite nur eine Bänderzerrung, ein Bruch des Innenknöchels oder eine Ruptur des Lig. deltoideum ist möglich.

Typ Weber B: Die Außenknöchelfraktur liegt in der Höhe der Syndesmose, die Syndesmose kann mitverletzt sein. Ein gleichzeitiger Innenknöchelbruch bzw. die Zerreißung des Lig. deltoideum ist möglich. Gelegentlich finden sich dreieckförmige Ausbrüche an der Tibigelenkflächenhinterkante (hinteres Volkmann-Dreieck).

Typ Weber C: Der Außenknöchelbruch liegt oberhalb der Syndesmose bzw. des Gelenkspaltes. Die Syndesmose und Teile der Membrana interossea, der bindegewebigen Verbindung zwischen Tibia und Wadenbein, sind zerrissen. Meist sind Innenknöchelfrakturen und Abrisse des hinteren Volkmann-Dreieckes Begleitverletzungen.

Diagnose: Typischerweise bestehen eine Schwellung und die schmerzhafte Bewegungseinschränkung im oberen Sprunggelenk. Das obere Sprunggelenk kann luxiert oder subluxiert sein. Röntgenaufnahmen in zwei Ebenen sichern die Diagnose. Zum Ausschluß einer **hohen Fibulafraktur** unterhalb des Fibulaköpfchens (Maisonneuve-Fraktur) ist die **Abbildung** des **gesamten Wadenbeines** erforderlich.

Therapie: Eine konservative Therapie ist nur bei verschobenen Weber-A-Frakturen sinnvoll. Es erfolgt zunächst die Ruhigstellung durch eine dorsale Unterschenkelgipsschiene; nach Abschwellung wird ein Unterschenkelgehgips für vier bis sechs Wochen angelegt. Bereits die **geringe Stufenbildung** von **weniger als 1 mm** stellt eine **folgenschwere Gelenkinkongruenz** dar, die leicht zur **Arthrose** führt. Daher müssen alle **dislozierten** Knöchelbrüche **operativ** behandelt werden. Hierbei wird die Fibula anatomisch korrekt rekonstruiert und die Osteosynthese erfolgt mit

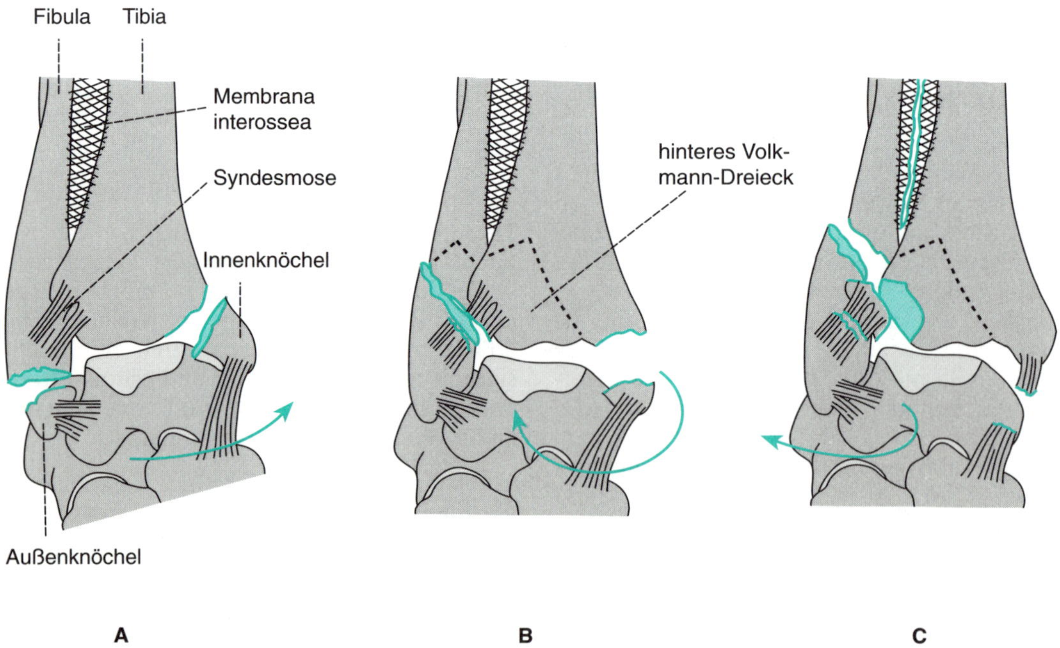

Abb. 31-12 Einteilung der Knöchelfrakturen nach Weber und Danis.
A: Weber-A-Fraktur. **B:** Weber-B-Fraktur. **C:** Weber-C-Fraktur.

einer Ein-Drittel-Rohr-Platte und einer interfragmentären Zugschraube. Die Zerreißung der Syndesmose wird genäht und es folgt die Fixation der Fibula gegen die Tibia mit einer Kortikalisschraube, die in diesem besonderen Fall auch Syndesmosenstellschraube genannt wird. Die Rekonstruktion der Tibiagelenkfläche unter Fixation des Volkmann-Dreieckes ist nur dann notwendig, wenn das dislozierte Fragment mehr als ein Fünftel der tragenden Gelenkfläche übersteigt. Die Osteosynthese des Innenknöchels erfolgt durch eine Spongiosaschraube oder durch Zuggurtung.

31.9.9 Frakturen der Fußwurzel

Talusfrakturen (Sprungbein)

Ursache: Sie entstehen durch direkte Gewalt bei einem Sturz aus großer Höhe oder Auffahrunfällen. Bei fußrückenwärts gebeugtem Fuß schert die Tibiakante den Talushals, bei fußsohlenwärts gebeugtem Fuß die hintere Tibiakante den Processus posterior des Talus (früherer Fortsatz des Sprungbeines) ab.
Diagnose: Üblicherweise finden sich Schwellung und Hämatom unterhalb des oberen Sprunggelenkes. Das obere und untere Sprunggelenk sind in ihrer Beweglichkeit eingeschränkt. Die Diagnosesicherung erfolgt durch Röntgenaufnahmen in zwei Ebenen. Evtl. ist eine Tomographie bzw. zur Operationsplanung eine Computertomographie notwendig.
Therapie: Unverschobene Brüche sind im **Gipsverband** 12 bis 16 Wochen **ruhigzustellen. Dislozierte** und **luxierte** Frakturen werden reponiert und durch eine Schraubenosteosynthese fixiert. Die Dauer der Entlastung beträgt auch nach der Operation 12 bis 16 Wochen. Kleine osteochondrale Fragmente werden refixiert, kleinste Fragmente ersatzlos entfernt. Da das Talustrauma häufig zur gleichzeitigen **Unterbrechung der Gefäßversorgung** des Sprungbeines führt, ist mit dem Absterben (Nekrose) des Sprungbeines in ca. 50% zu rechnen.

Calcaneusfrakturen (Fersenbein)

Ursache: Auch Fersenbeinfrakturen entstehen durch massive Gewalteinwirkung, sei es durch einen Sturz aus großer Höhe oder durch Auffahrunfälle. Der **härtere Talus** wird hierbei in das **weichere Fersenbein eingestaucht**.
Diagnose: Neben Schmerz und Schwellung besteht ein deutlicher Calcaneus-Druckschmerz. Der Rückfuß ist verkürzt und verbreitert. Die beiden Gruben neben der Achillessehne sind verstrichen. Röntgenaufnahmen in zwei Ebenen, Tomographie oder Computertomographie sichern die Diagnose.
Therapie: Eine **konservative** Behandlung durch Ruhigstellung und Entlastung für 12 bis 16 Wochen ist **möglich.** Nach Abklingen der Schmerzen ist in der zweiten Woche die aktive Übungsbehandlung des oberen Sprunggelenkes angezeigt. Die **Mobilisation** wird durch einen **Allgöwer-Gehapparat** (orthopädische Gehhilfe zur Entlastung des Sprunggelenkes und des Fersenbeines) erleichtert. **Operativ** ist eine Spickdrahtosteosynthese oder Plattenosteosynthese bei Calcaneustrümmerfrakturen möglich. Abrißfrakturen werden durch Zuggurtungsosteosynthese versorgt.

31.9.10 Mittelfußfrakturen

Ursache: Mittelfußfrakturen entstehen durch direkte Gewalteinwirkung oder indirekt durch Umschlagen des Fußes. Hierbei kommen typische **Abrißfrakturen** der Basis des fünften Mittelfußknochens, hervorgerufen durch den Zug der Sehne des M. peronaeus brevis (kurzer Wadenbeinmuskel), vor.
Diagnose: Es kommt zu einer Schwellung im entsprechenden Mittelfußbereich sowie zu Schmerzen beim Auftreten. Diagnosesicherung durch Röntgenbilder in zwei Ebenen.
Therapie: Unverschobene Brüche sind **konservativ** durch eine Entlastung für drei bis sechs Wochen zu behandeln. Frakturen des ersten und fünften Mittelfußknochens werden in der Regel durch Osteosynthese mit Schrauben oder kleinen Platten versorgt, da diese Mittelfußknochen für die Statik des Fußes von wesentlicher Bedeutung sind. Abrißfrakturen der Basis des fünften Mittelfußknochens lassen sich gut mit einer Zuggurtungsosteosynthese therapieren.

31.9.11 Zehenfrakturen

Ursache: Sie entstehen meist durch ein direktes Anpralltrauma.
Diagnose: Röntgenaufnahmen in zwei Ebenen.

Therapie: Frakturen und Luxationen werden manuell reponiert und im **Heftpflasterdachziegelverband** ruhiggestellt. Hierbei hat es sich bewährt, die gesunde Nachbarzehe als Leitschiene zu verwenden. Eine **Immobilisation** im Unterschenkelgehgips oder eine **operative** Versorgung ist **nur** bei Frakturen und Luxationen im **Großzehengrundgelenk** notwendig. Diese Frakturen sollten mit Schrauben oder einer kleinen Platte stabilisiert werden.

31.10 Sehnen- und Muskelverletzungen

Sehnen bestehen aus **kollagenem** Fasergewebe. Sie beziehen ihre Ernährung über den Muskel, das Periost und durch Diffusion aus dem umgebenden Gewebewasser. Als **minderernährtes Gewebe** neigen sie zu frühzeitigen **degenerativen** Veränderungen, insbesondere bei Überbeanspruchung, rezidivierenden Mikrotraumen sowie chronischen Entzündungen. Zu unterscheiden sind **offene** Sehnenverletzungen, hervorgerufen durch Stich oder Schnitt sowie **geschlossene** Sehnenverletzungen, die durch Quetschungen oder degenerative Veränderungen verursacht werden. Eine gesunde Sehne kann durch Muskelkontraktion nicht reißen, es kommt eher zum Abriß des Sehnenansatzes am Knochen (Abrißfrakturen).

31.10.1 Verletzungen der Rotatorenmanschette (Muskeln, Sehnen und Bänder, die das Schultergelenk umgeben und stabilisieren)

Ursache: Die **wichtigste Komponente** der Rotatorenmanschette ist die **Supraspinatussehne,** die beim Führen des Armes 60 bis 100° vom Körper weg zwischen Oberarmkopf und Acromionrand gequetscht wird. Als Folge eines Sturzes kann es zur akuten Ruptur der Supraspinatussehne kommen, meist sind die Rupturen aber Folge chronischer Entzündungsprozesse.

Diagnose: Bei der **Teilruptur** der Supraspinatussehne ist die **Abduktion** zwischen 60 und 110° schmerzhaft **eingeschränkt** möglich, bei einer **vollständiger** Ruptur ist die Abduktion zwischen 60 und 100° **unmöglich.** Röntgenaufnahmen in zwei Ebenen zeigen knöcherne Ausrisse oder Verkalkungen im Bereich des Sehnenansatzes. Die Diagnosesicherung erfolgt durch eine Schultergelenkarthrographie, bei der es zum Kontrastmittelaustritt im Bereich der Ruptur kommt.

Therapie: Frische vollständige Rupturen werden **operativ** versorgt, bei **älteren** Verletzungen ist häufig **nur** die **Glättung** des entstandenen **Defektrandes** möglich. Bei Teilrissen ist konservativ eine krankengymnastische Übungsbehandlung die Therapie der Wahl.

31.10.2 Riß der Bizepssehne

Ursache: Die lange Bizepssehne ist im Sulcus intertubercularis des Oberarmes dauernder Traumatisierung ausgesetzt, so daß es bei einer degenerativ veränderten Sehne bei geringsten Traumen spontan zum Riß kommen kann. Die Patienten klagen über **akut einsetzende Schmerzen** bei aktiver Beugung des Armes mit **anschließender Funktionsbehinderung.**

Diagnose: Die Sehnenruptur läßt sich leicht klinisch diagnostizieren. Bei einem Riß im Bereich des Oberarmkopfes findet sich der zurückgezogene Muskelbauch oberhalb der Ellenbeuge. Die Beugekraft im Ellenbogen ist vermindert.

Therapie: Der Sehnenriß im Bereich des Oberarmkopfes wird **nur** bei **jüngeren Sportlern operativ** behandelt. In allen anderen Fällen erfolgt eine funktionelle Therapie mit Training der verbleibenden gesunden Muskulatur, da die Funktion des langen Bizepssehnenkopfes durch den kurzen Muskelkopf des Bizeps und den M. coracobrachialis (Rabenschnabelfortsatz-Oberarm-Muskel) übernommen werden kann.

31.10.3 Ruptur der Quadrizepssehne und des Ligamentum patellae

Ursache: Zur Ruptur kommt es meist bei Sportlern (Tennisspielern) durch **Überbelastung** bei **bestehender degenerativer** Veränderung. Gelegentlich finden sich auch traumatisch bedingte Abrißfrakturen mit Abriß des Patellarandes bzw. Ausriß der Tuberositas tibiae (Schienbeinhöcker).

Diagnose: Während sich bei einer Quadrizepssehnenruptur ein **Tiefstand** der Kniescheibe findet, steht die Patella beim Riß des Lig. patellae (Kniescheibenband) dagegen **hoch**. Das Knie kann **nicht aktiv** gestreckt oder von der

Unterlage **hochgehoben** werden. Meist ist eine deutlich tastbare Delle vorhanden. Röntgenaufnahmen in zwei Ebenen schließen die knöcherne Beteiligung aus.
Therapie: Die **Operation** mit transossärer (durch den Knochen gestochener) Naht sollte **möglichst frühzeitig** erfolgen. Bei **alten** Verletzungen kommt ein **plastischer Sehnenersatz** in Frage. Postoperative Ruhigstellung des Kniegelenkes für sechs Wochen in Tutor oder Orthese.

31.10.4 Achillessehnenruptur

Ursache: Es handelt sich um einen subkutanen degenerativen Sehnenriß **ohne adäquates Trauma,** der häufig nach dem Laufen, Springen oder einen Skisturz auftritt.
Diagnose: Die Patienten berichten über ein krachendes, knallendes oder peitschenartiges **Geräusch** mit **plötzlich** einsetzenden, akuten **Schmerzen.** In Bauchlage ist über der Achillessehne eine Delle tastbar und der Achillessehnenreflex ist nicht auslösbar. Der Einbeinzehenstand wird unmöglich. Die Diagnose läßt sich sonographisch sichern.
Therapie: Operativ durch Adaption der Sehnenanteile mit **anschließender** Ruhigstellung im **Gipsverband in Spitzfußstellung.** Innerhalb von sechs Wochen wird die Spitzfußstellung durch Umgipsen in eine Rechtwinkelstellung des oberen Sprunggelenkes übergeführt. Neuerdings werden auch transkutane Sehnennähte und eine gipsfreie Nachbehandlung beschrieben.

31.10.5 Muskelrisse

Ursache: Sie entstehen durch die direkte **Quetschung** oder durch übermäßige plötzliche **Muskelkontraktion** (Sprint, Krampf). Es kann zur deutlichen **Hämatombildung** mit Drucksteigerung in den Faszienlogen kommen.
Diagnose: Es besteht eine Hämatomverfärbung, unter der sich gelegentlich eine Muskellücke tasten läßt. Die Diagnosesicherung gelingt auch sonographisch nicht immer.
Therapie: Kleinere Muskelrisse werden durch langsam aufbauende Übungsbehandlung therapiert. Bei vollständigen Rupturen mit einem kompletten Ausfall der Muskelfunktion ist die operative **Adaption** der Muskelstümpfe anzustreben.

31.11 Knochen- und Gelenkinfektionen

Knochen- und Gelenkinfektionen stellen eine **schwerwiegende** Erkrankung dar. Zu unterscheiden sind **hämatogene** (Keimübertragung durch das Blut) von den **exogenen** (von außen herangetragenen) **posttraumatischen** oder **postoperativen** Knocheninfektionen. Hämatogene Infektionen entstehen durch Einschwemmung von Staphylokokken, Pneumokokken oder Streptokokken von einem Infektionsherd in die gut durchbluteten Markräume, subperiostal und in die Gelenkhäute. Diese Infektionen treten vor allem bei Säuglingen, Kindern und Jugendlichen auf. Bei exogenen, posttraumatischen oder postoperativen Infektionen dringen die Erreger von außen über offene Verletzungen oder Operationswunden ein, breiten sich im Wundgebiet und dem hier bestehenden Bluterguß aus und gelangen so zum Knochen oder in die Markhöhlen der Röhrenknochen, wo sie eine **Markraumphlegmone** (eitrige Entzündung des Knochenmarkraumes) verursachen können. Als Erreger für exogene Knocheninfektionen kommen vor allem Staphylokokken in Betracht, aber auch gramnegative Hospitalkeime wie Proteus und Pseudomonas spielen eine zunehmende Rolle. **Wegbereiter** einer Knocheninfektion sind ausgedehnte Weichteilverletzungen, mangelnde Asepsis bei operativen Eingriffen, unzureichende Ruhigstellung der Frakturen sowie allgemeine Resistenzminderung.

Die typischen **Entzündungszeichen** mit Rötung, Schwellung, Überwärmung und Schmerz können sich **akut** oder **schleichend** entwikkeln. Ein symptomarmer Verlauf wird vor allem nach prophylaktischer Antibiotikagabe bei Knochenoperationen beobachtet. Die infizierte Wunde sollte **umgehend eröffnet** und das infizierte Hämatom oder Serom entfernt werden. Nach Abnahme eines mikrobiologischen Abstriches erfolgt die Hochlagerung und Ruhigstellung der betroffenen Extremität. Bei großen Abzeßhöhlen ist eine ausgedehnte Wundausschneidung (Dèbridement) von Knochen und Weichteilen mit Anlage einer **Spül-Saug-Drainage** unumgänglich. Ergänzend zu den chirurgischen Maßnahmen ist die Antibiotikagabe entsprechend dem ausgetesteten Antibiogramm zu empfehlen. Bei **chronischen** Knocheninfektionen sind die akuten Entzündungszeichen **nicht immer** nachweisbar. Die Weichteile sind mehr oder weniger entzündet, es findet sich ein Fistelgang mit kontinuierlicher Sekretion. Röntgenologisch ist die Knochenstruktur meist **stark verdichtet,** und es lassen sich abgestorbene Knochenfragmente (**Sequester**) nachweisen. Gleichzeitig sind häufig **Pseudarthrosen** (Falschgelenkbildungen) nachweisbar. Die Therapie chronischer Knocheninfektionen besteht im ausgedehnten Knochen- und Weichteildébridement mit der Entfernung sämtlicher Sequester.

Die Stabilisierung der meist ausgedehnten Knochendefekte erfolgt durch einen Fixateur externe, nie durch einen Marknagel, da durch den Marknagel eine Keimverschleppung in den gesamten Markraum erfolgen würde!

Bei einer **Abzeßbildung** oder **Markphlegmone** ist die Anlage einer Spül-Saug-Drainage angezeigt. Zur lokalen antibiotischen Therapie lassen sich antibiotikagetränkte Kugelketten (Refobacin-Pallacos-Ketten) einlegen. Die entstandenen Defekte werden nach dem Abklingen des Infektes durch eine **Spongiosaplastik** aufgefüllt.

Gelenkinfektionen können wie Knocheninfektionen hämatogen entstehen. In der Mehrzahl der Fälle haben sie ihre Ursache in direkten Verletzungen mit Eröffnung des Gelenkes durch Stich, Schnitt, Injektion oder Punktion. Die eingetretenen Keime breiten sich in der Gelenkflüssigkeit rasch aus. Die Ausbreitung wird durch die **Bewegung** des Gelenkes **begünstigt.** Es bildet sich **zunächst** ein **Gelenkerguß,** im fortgeschrittenen Stadium ein **Gelenkempyem** (Eiteransammlung im Gelenk). Bleibt die Infektion nicht allein auf das Gelenk begrenzt, so kann es zur **Phlegmone** der subchondralen Spongiosa des Kapselbandapparates und des periartikulären (das Gelenk umgebene) Weichteilgewebes kommen. Man spricht dann von **Panarthritis.** Heilt die akute Arthritis nicht aus, so entwickeln sich chronische Infektionen mit Fisteleiterung.

Die infizierte Gelenkflüssigkeit ist **umgehend abzuleiten** und es erfolgt das Einlegen einer Spül-Saug-Drainage für wenigstens 36 Stunden. Kann der Infekt so nicht beherrscht werden, ist die **Gelenkeröffnung** mit einer **radikalen** Entfernung der Gelenkinnenhaut (Synovia) notwendig. Schwerste Gelenkinfekte lassen sich nur durch **Arthrodesen** (operative Gelenkversteifung) oder **Gelenkresektionen** beherrschen.

31.12 Polytrauma

31.12.1 Definition des Polytraumas

Das Polytrauma ist definiert als eine **gleichzeitig entstandene lebensbedrohliche Verletzung** von mindestens **zwei von vier** Körperregionen oder Organsystemen (Schädel, Thorax, Abdomen, Bewegungsapparat) bzw. als besonders **schwere Mehrfachverletzung** der **Region Bewegungsapparat** (Wirbelsäule, Bekken, vier Extremitäten). Der Schweregrad der Gesamtverletzung bestimmt die posttraumatische Rehabilitationsdauer oder die Sterblichkeit des Patienten. Zur Beurteilung des Schweregrades sind verschiedene Score-Systeme entwickelt worden, am weitesten verbreitet ist der **Injury Severity Score** (ISS). Der ISS wurde 1974 von S. P. Baker entwickelt und hat sich seither auf der ganzen Welt zur Beschreibung von polytraumatisierten Patienten durchgesetzt. Dieses System teilt den **Körper in sechs Regionen,** Kopf und Hals, Gesicht, Thorax, Abdomen, Extremitäten und Beckengürtel sowie Haut und Weichteile ein. Je nach **Schweregrad** der Verletzungen werden jeder Körperregion Punkte zwischen 0 (harmlos) bis 6 (**meist tödliche Verletzungen**) zugeordnet. Die Punktzahlen der drei schwerstverletzten Körperregionen werden ins Quadrat erhoben und addiert. Als **schwerstverletzt** gilt die Person, deren Injury Severity Score mehr als **15 Punkte** ergibt.

Verursacht wird das Polytrauma durch die Einwirkung hoher Energie auf den menschlichen Körper. Als Unfallursache kommen in erster Linie Verkehrsunfälle in Betracht, gefolgt von Stürzen aus großer Höhe bei Arbeits- oder Sportunfällen oder im Rahmen von Suizidversuchen. Die in Amerika häufig beschriebenen Schußverletzungen spielen in Europa eine untergeordnete Rolle.

31.12.2 Präklinisches Management

Das **Zeitintervall** zwischen Unfallereignis und Beginn der Rettungsmaßnahmen beeinflußt wesentlich die **Prognose** des polytraumatisierten Patienten. Die Entwicklung eines gut koordinierten Rettungssystems mit speziell ausgebildeten Notärzten, die mit Ambulanz oder

Helikopter an den Unfallort gebracht werden, konnte in Deutschland die Überlebensrate von Polytraumatisierten deutlich steigern. Der Notarzt muß am Unfallort lebensbedrohliche Zustände **rasch erkennen** und behandeln können. Hierzu verschafft er sich einen **Überblick** über den Bewußtseinszustand des Patienten, Atmung und Kreislauffunktion. Entsprechend dieser **Erstbeurteilung** sind lebensrettende Sofortmaßnahmen (z.B. Legen von venösen Zugängen zum Blutvolumenersatz, ggf. eine Intubation sowie die Einlage von Thoraxdrainagen bei Thoraxverletzungen) einzuleiten (s.a. Kap. 11 und Kap. 7). Offene Verletzungen werden zum Schutz sekundärer Verschmutzung und Kontamination steril abgedeckt. Um Schäden des Rückenmarks durch evtl. vorhandene Wirbelfrakturen oder Luxationen zu verringern, ist die Anlage einer **Halskrawatte** zu empfehlen. Der Patient sollte auf einer **Schaufeltrage** oder **Vakuummatratze** transportiert werden.

Die Erstbehandlung des polytraumatisierten Patienten sollte in einem Krankenhaus mit traumatologischer Zentrumsfunktion erfolgen, da die Versorgung höchste Anforderungen an das Krankenhaus in personeller, apparativer und organisatorischer Hinsicht stellt!

So setzt die Behandlung ein eingespieltes Team von Pflegekräften, Chirurgen, Anästhesisten und entsprechend dem Verletzungsmuster Neurochirurgen, Kiefer-, Herzchirurgen oder Urologen voraus. Neben Blutbank, Labor, Röntgenabteilung mit Computertomographie und Angiographie müssen ein Operationssaal sowie ein Intensivpflegebett zur Verfügung stehen, um eine umfassende Behandlung des Verletzten zu gewährleisten.

31.12.3 Klinisches Management des Polytraumatisierten

Die Behandlung des polytraumatisierten Patienten gliedert sich in verschiedene Zeitphasen. Die erste Phase ist die **Akut-** oder **Reanimationsphase,** sie erstreckt sich auf die **ersten drei Stunden** nach dem Unfall und dient der Stabilisierung von Atmung und Kreislauf. Beim schwerverletzten Patienten ist die **frühzeitige Intubation** und **Beatmung** anzustreben. Sie sollte nicht erst bei einer Ateminsuffizienz und Bewußtlosigkeit erfolgen. Zur Stabilisierung des Kreislaufs ist der **Ersatz verlorenen Blutvolumens** erforderlich. Hierzu müssen großlumige, peripher venöse Zugänge eingelegt werden. Zum Volumenersatz eignen sich **kolloidale** oder **kristalloide** Lösungen (s.a. Kap. 7.3). Die Volumenzufuhr wird nach Kreislaufstabilisierung entsprechend der Urinausscheidung gesteuert. **Blut** wird initial nur transfundiert, wenn bei massiver Blutung Erythrozyten als **Sauerstoffträger** benötigt werden. Da getestetes Blut in der Regel erst 20 bis 30 Minuten nach Einlieferung in die Klinik zur Verfügung steht, muß in solchen Fällen **Universalspenderblut** der Gruppe **0 Rh negativ** eingesetzt werden.

Die akute Diagnostik erfolgt nach der Sicherung der Vitalfunktionen. Sie umfaßt eine orientierend klinisch neurologische Untersuchung mit Beurteilung der Schädel-Hirn- und Rückenmarkfunktion. Als erste apparative Untersuchung findet eine Sonographie des Abdomens, der Pleurahöhlen und des Perikards statt. Sie dient der Erkennung von Massenblutungen aus Milz, Leber oder Nieren. Wird eine Massenblutung diagnostiziert, ist die sofortige operative Versorgung notwendig. Die Sonographie hat die früher durchgeführte Peritoneallavage (s. Kap. 6.4.6) weitgehend abgelöst. Gleichzeitig können sonographisch das Perikard und die Pleurahöhlen beurteilt werden. Sonographisch gesicherte Flüssigkeitsansammlungen in den Pleurahöhlen sind beim Polytraumatisierten verdächtig auf Blut, so daß bei größeren Mengen eine Thoraxdrainage zu erfolgen hat. Bei Blutverlusten von mehr als 200 ml pro Stunde über die liegende Thoraxdrainage ist die explorative Thorakotomie zu erwägen.

Anschließend sollte eine Röntgenuntersuchung des Thorax durchgeführt werden. Diese Untersuchung weist Rippenfrakturen, Pneumothorax, richtige Trachealtubuslage, Flüssigkeitsansammlungen in der Pleurahöhle sowie größere Lungenparenchymverletzungen (Kontusion) nach. Röntgenuntersuchungen des restlichen Skelettsystems sind erst nach Ausschluß unmittelbar lebensbedrohlicher Zustände notwendig. Bei Verdacht auf eine intrakranielle Verletzungen ist nach Ausschluß oder Behandlung von Massenblutungen intraabdominell oder intrathorakal eine Computertomographie des Schädels durchzuführen. Die Behandlung erfolgt entsprechend dem Befund (s. Kap. 33.5 und 33.6).

An die Reanimationsphase schließt sich die **Primärphase** an, die bis **zur 72. Stunde nach** dem akuten Ereignis dauern kann. Jetzt erfolgt die weiterführende Diagnostik. Zur radiologischen Untersuchung gehört bei jedem polytraumatisierten Patienten neben der Röntgenaufnahme des Thorax eine Beckenübersicht, eine Röntgenaufnahme des Schädels sowie Röntgenaufnahmen der gesamten Wirbelsäule in zwei Ebenen. Entsprechend der klinischen Untersuchung ist eine Röntgenaufnahme der Extremitäten zu fordern. Bei Verdacht auf instabile Wirbelsäulenverletzung ist eine Computertomographie der Wirbelsäule anzuschließen. Bei Verdacht auf Gefäßläsion ist eine Angiographie durchzuführen.

Die **absolute** Indikation zur Operation liegt bei instabilen Beckenringverletzungen mit massiver Blutung, Gefäßverletzungen, Hohlorganverletzungen (Magen, Darm), offenen Frakturen oder Gelenken, instabilen Wirbelsäulenverletzungen, Augenverletzungen sowie bei Logensyndromen (Kompartmentsyndrom; s. Kap. 31.2.3) vor. Eine **relative** Operationsindikation besteht bei geschlossenen Frakturen der langen Röhrenknochen sowie bei instabilen Beckenringverletzungen. Ziel der Primärversorgung, insbesondere bei Femurschaftfrakturen, ist die rasche Mobilisation des Patienten sowie die funktionelle Nachbehandlung der verletzten Extremität. Sie erleichtert die Intensivpflege, verhindert das Risiko sekundärer Komplikationen und führt zu funktionell besseren Ergebnissen.

Auf die Primärphase folgt die **Sekundär-** oder **Regenerationsphase**, die bis zum **zehnten Tag nach** dem Trauma dauert. In dieser Phase ist das Überleben des Patienten durch das Auftreten sekundärer Komplikationen oder kombinierter Organversagen gefährdet. Als **Folge** der **Schwächung** der **Immunabwehr** in der posttraumatischen Phase kommt es häufig zu septischen Komplikationen. 20% aller Polytraumatisierter versterben in dieser Phase. In der Sekundärphase sollten zeitaufwendige rekonstruktive Eingriffe am Mittelgesicht, Kiefer, der Schädelbasis oder bei komplexen Gelenkverletzungen vorgenommen werden.

Der Übergang von der Sekundär- zur **Tertiärphase** ist fließend. Der Patient ist nicht weiter intensivpflichtig. In dieser Phase können aufgeschobene Eingriffe wie Arthroskopien, Bandrekonstruktionen, Spongiosaplastiken oder plastische Rekonstruktionen der Haut durchgeführt werden. Die Tertiärphase geht nahtlos in die **Rehabilitation** über.

31.12.4 Resultate und Prognose

Durch die grundlegende Organisation des Rettungswesens, die Konzentration der Behandlung auf Zentrumskrankenhäuser sowie strenge Anwendung diagnostischer und therapeutischer Stufenpläne konnte die **Letalität** des Polytraumatisierten in den letzten Jahren **von 50 auf ca. 10% gesenkt** werden. Von diesen 10% versterben 50% am Unfallort, 30% in der Akut- und Reanimationsphase und die verbleibenden 20% während des stationären Aufenthaltes an den Folgen einer Sepsis oder eines Multiorganversagens.

Neben der Senkung der Letalität ist es auch zu einer **erheblichen Verbesserung** der Rehabilitationsmöglichkeiten für die polytraumatisierten Patienten gekommen. Nach **Abschluß** der Rehabilitation können etwa **40% der Polytraumatisierten** in ihrem **alten Beruf** ohne Einschränkung arbeiten. Bei weiteren 20% ist dies nur mit gewissen Einschränkungen möglich. Ca. 40% der Patienten können ihrem angestammten Beruf nicht weiter nachgehen. Insgesamt erreichen ca. 75% aller Polytraumatisierter nach fünf Jahren die vollständige Arbeitsfähigkeit.

III Pflegerischer Teil

31.13 Konservative Frakturbehandlung

Obwohl die operative Frakturbehandlung durch **Vorteile** wie z.B. die Möglichkeit der **frühzeitigen** aktiven Bewegung und damit verbunden, die wesentlich **kürzere** Liegedauer des Patienten gekennzeichnet ist, läßt sich eine konservative Frakturbehandlung manchmal nicht vermeiden. Als konservative Therapiemaßnahmen sind **Gipsbehandlung** oder **Extensionstherapie** bekannt.

Pflegeschwerpunkte bei:
- Gipsverbänden (s. Kap. 5.1.6)
- Extensionen (s. Kap. 5.5)

31.14 Operative Frakturbehandlung

31.14.1 Präoperative Vorbereitungen

Grundsätzlich gelten die im Kap. 8.1 beschriebenen präoperativen Maßnahmen. Zusätzlich müssen, je nach Operationsverfahren, die notwendige **Lagerungsmaterialien** vorbereitet werden (z.B. Schienen, Extensionszubehör; s.a. Kap. 5.4 und Kap. 5.5).

Nahrungsabbau/Darmreinigung

Bei Eingriffen an den Extremitäten ist sechs bis acht Stunden vor der Narkose die Nahrungs- und Flüssigkeitszufuhr einzustellen, Abführmaßnahmen sind nicht erforderlich. Vor Eingriffen an der Wirbelsäule ist ein Reinigungseinlauf notwendig. Am Abend vor der Operation erhält der Patient leichte Kost (z.B. Suppe, Weißbrot, Brei), die Nahrungs- und Flüssigkeitsaufnahme ist sechs bis acht Stunden vor der Narkose einzustellen. Bei allen Eingriffen ist sechs bis acht Stunden vor Beginn auch auf das Rauchen zu verzichten.

Rasurschema

Die Rasur erfolgt nach **Information** über den jeweilig **geplanten Hautschnitt**, so daß an dieser Stelle keine allgemeingültigen Rasurschemata angegeben werden können.

Einüben postoperativer Fähigkeiten

Werden nach dem operativen Eingriff **Gehhilfen** (Abb. 31-13 A bis D) benötigt, ist es für den Patienten hilfreich, wenn er präoperativ unter krankengymnastischer Anleitung das **Gehen mit Gehhilfen einüben** kann (s.a. Kap. 34.10.4). Dabei ist außerdem zu beachten, daß Gehilfen **individuell** für jeden Patienten anzupassen sind. Abb. 31-14 A und B zeigen die **richtige Anpassung** von Gehstöcken bzw. eines Gehwagens (Eulenburg), der hauptsächlich bei betagten Patienten zum Einsatz kommt.

31

31.14.2 Postoperative Pflegemaßnahmen

Überwachung/Krankenbeobachtung

Neben den allgemeinen Überwachungsparametern (Blutdruck, Puls) sind **Schmerzen** in jedem Fall als **Alarmsignal** anzusehen, wenn sie über den üblichen Wundschmerz hinausgehen und sich als langandauernd erweisen. Die Schmerzen können Zeichen einer ungünstiger Lagerung, eines drückenden Verbandes oder eines Druckschmerzes aufgrund ungenügender Polsterung (Gips) sein. In jedem Fall ist der Arzt zu verständigen.

Zur Verhinderung von Komplikationen (Kompartmentsyndrom) ist die Durchblutung der Extremitäten in regelmäßigen Abständen zu kontrollieren. Dabei sind die **Sensibilität,**

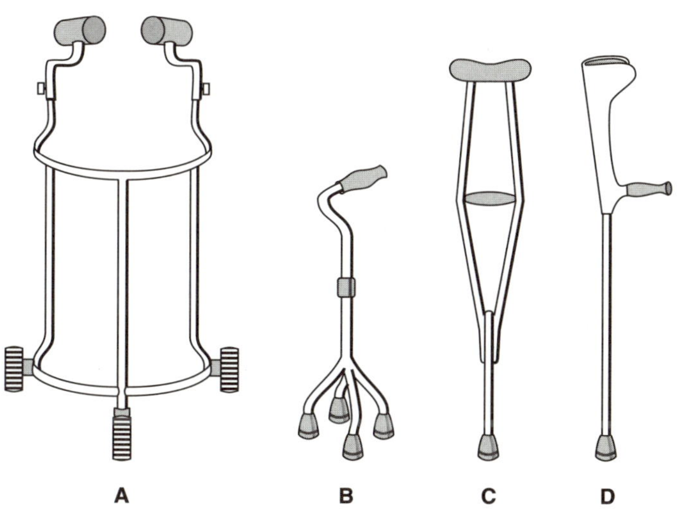

Abb. 31-13 Verschiedene Gehhilfen.
A: Gehwagen (Eulenburg).
B: Vierpunktstütze.
C: Achselstütze.
D: Unterarmgehstütze.

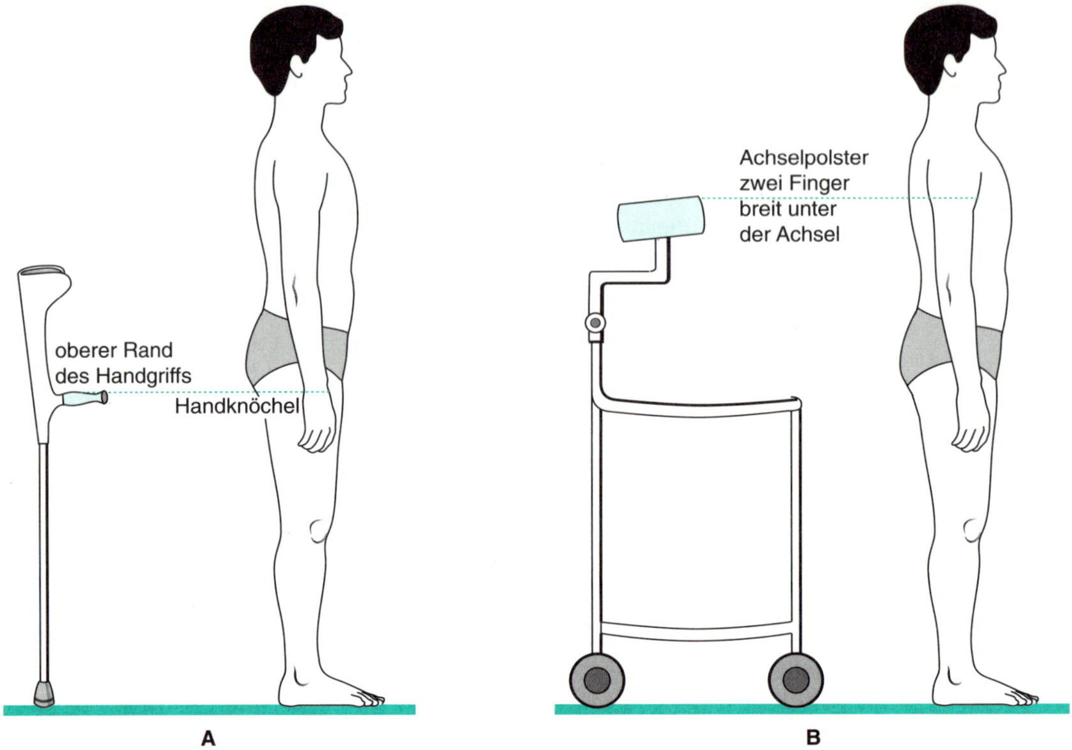

Abb. 31-14 Korrekte Anpassung von Gehhilfen.
A: Unterarmgehstütze (der Handgriff der Stütze befindet sich auf gleicher Höhe wie die Handknöchel, die Unterarmstütze sollte drei bis vier Finger breit unter dem Ellenbogen sein).
B: Gehwagen (der Patient wird aufgefordert, die Schultern locker hängen zu lassen, zwei Finger breit unter der Achsel werden die Polster fixiert und zudem sind diese ganz an den Oberkörper anzulegen).

die **Hautfarbe** und **-temperatur** sowie die **Beweglichkeit** vor allem von **Fingern** und **Zehen** zu überprüfen. Auffällige Veränderungen sind sofort dem Arzt mitzuteilen und zu dokumentieren (s.a. Kap. 5.1.4). Besondere Aufmerksamkeit sollte auch der regelmäßigen Überwachung der **Körpertemperatur** (Wundinfekt, Osteomyelitis) zukommen.

Körperpflege/Prophylaxen

Zur Durchführung der Körperpflege benötigt der Patient evtl. Hilfe oder Unterstützung. Wurde der Patient beispielsweise nach einer Oberschenkelschaftfraktur mit einem Marknagel oder einer Plattenosteosynthese versorgt, so benötigt er Hilfe bzw. Unterstützung beim Waschen des Rückens und der Intimpflege. Bei **Bettruhe** ist besonders auf die Durchführung von Pneumonie-, Thrombose-, Dekubitus-, Kontrakturen- und Spitzfußprophylaxe (s.a. Kap. 8.2.6) zu achten.

Lagerung/Mobilisation

Nach Osteosynthese ist besonders die Informationen bezüglich der Lagerung sowie der Mobilisation **mit** und **ohne** Belastung oder **Teilbelastung** bedeutsam.

Die Lagerung des Patienten ist abhängig von der Lokalisation der Fraktur und dem angewandten Osteosyntheseverfahren (z.B. Lagerung nach Versorgung einer Oberschenkelhalsfraktur mit einer Totalendoprothese s. Kap. 34, Abb. 34-9; Lagerung nach Versorgung einer pertrochantären Oberschenkelfraktur mit dynamischer Hüftschraube oder Endernagel in Schaumstoffschiene in leichter Abduktionsstellung und Rotationsmittelstellung). Die notwendigen Schienen und Verbände werden **bereits im Operationssaal** eingebettet bzw. angelegt.

Ohne spezielle ärztliche Anordnung erfolgt keine Veränderung der Lagerung, da es dabei evtl. zu Verschiebungen der achsengerechten Frakturstellen kommen kann!

Patienten mit operativen Eingriffen an den **oberen** Extremitäten können in der Regel am **ersten** postoperativen Tag mobilisiert werden. Dabei ist zu beachten, daß die betroffene Extremität **hochgelagert** wird (Verhinderung der Ödembildung im Wundbereich), z.B. Hochhängen des Arms mittels Binde an den Infusionsständer. An den **unteren** Extremitäten wird **nach Anordnung** des Arztes mobilisiert, d.h. hier gelten die Hinweise zur Belastung des betroffenen Beines. Folgende **Belastungsgrade** sind zu **unterscheiden:** Beistellen (das operierte Bein darf nicht belastet werden), Teil- (der Patient erlernt mittels einer Waage, das operierte Bein um eine bestimmte Kilogramm-Angabe zu belasten) und Vollbelastung (gesamtes operiertes Bein kann belastet werden). Der **Umfang** der Mobilisation richtet sich nach **folgenden Kriterien:**
- Schweregrad der Verletzung
- Röntgenbefund
- Verlauf der Operation
- Stabilität der gewählten Osteosynthesemethode
- Alter und Körpergewicht des Patienten

Bewegungsübungen werden in den ersten postoperativen Tagen zunächst an der gesunden Extremität ausgeführt, **Spannungsübungen** an der betroffenen Extremität jedoch sofort nach der Operation (Anspannen und Entspannen der Muskulatur, z.B. Fuß anziehen und strecken).

Mit der Bewegungsaufnahme (frei bewegen ohne Belastung) darf erst begonnen werden, wenn der Arzt nach der postoperativen Röntgenkontrolle die Erlaubnis erteilt!

Osteosyntheseverfahren im Becken- oder Wirbelsäulenbereich erfordern evtl. eine **längere** Bettruhe, so daß die Mobilisation **nur** in Absprache mit dem Arzt erfolgen kann.

Nahrungsaufbau/Darmanregung

Nach dem völligen Erwachen aus der Narkose (ca. sechs Stunden nach Operationsende) kann der Patient normale Kost zu sich nehmen. Eine Anregung der Darmperistaltik ist in der Regel nicht erforderlich, da keine Manipulationen am Darm vorgenommen wurden.

Wundversorgung/Drainagen

Verbandwechsel werden nach dem **aseptischem** Prinzip durchgeführt (s.a. Kap. 5.3 und Kap. 5.3.2). Hierbei ist besonders auf Blutungen, Schwellungen und Druckschmerzhaftigkeit im Wundbereich zu achten. Wurde ein Fixateur externe angelegt, so sind die **Eintrittstellen** der Fixationsstäbe in die Haut auf Verkrustungen, Verklebungen oder Entzündungszeichen hin zu beobachten.

Redon-Drainagen werden je nach Sekretfördermenge nach 24 bis 48 Stunden postoperativ entfernt. Das Wundsekret ist auf Menge, Farbe bzw. Beimengungen hin zu überwachen, die Ergebnisse sind entsprechend zu dokumentieren. Die Fäden werden nach ca. 10 bis 14 Tagen gezogen. Verbandwechsel und Wundbeobachtungen sind ebenfalls in der Patientendokumentation zu vermerken.

31.15 Pflegeschwerpunkte bei der Betreuung von Patienten mit Osteomyelitis

Wird durch die Operation eine **primär geschlossene** Fraktur zu einer **offenen,** kann sich durch Eindringen von Erregern eine Infektion entwickeln (Osteomyelitis = Entzündung des Knochenmarks). Das infizierte Osteosynthesematerial ist operativ zu entfernen und gleichzeitig wird eine Saug-Spül-Drainage (Abb. 31-15) eingelegt.

31.15.1 Pflegemaßnahmen

Die Osteomyelitis ist ein schweres Krankheitsbild, das mit **hohem Fieber** einhergeht und für den Patienten **absolute Bettruhe** erforderlich macht, so daß er auf Unterstützung bei den ATLs angewiesen ist. Während der Fieberphase müssen in der Regel die ATLs (Körperpflege, Hilfe beim Ausscheiden, Unterstützung bei der Nahrungsaufnahme, etc.) von der Pflegekraft **vollständig** übernommen werden. Spezielle Maßnahmen bei Fieber/

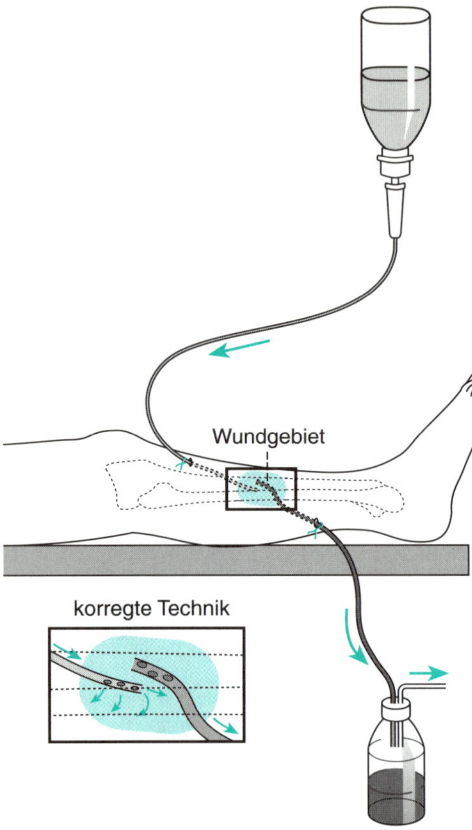

Abb. 31-15 Saug-Spül-Drainage.

Schüttelfrost (s.a. Kap. 22.8.3). Während der Fieberphasen ist die Kontrolle von Temperatur, Blutdruck und Puls regelmäßig durchzuführen. Nach Abklingen des Fiebers orientiert sich die Unterstützung durch die Pflegekraft an der Befindlichkeit des Patienten (z.B. Hilfe bei der Intimpflege). Durch die ärztlich verordnete **Immobilität** nimmt das Thrombose-, Pneumonie- und Dekubitusrisiko wieder **zu**, so daß hier entsprechende Prophylaxemaßnahmen von der Pflegekraft durchgeführt werden müssen, unter Berücksichtigung der individuellen Ressourcen des Patienten.

31.15.2 Saug-Spül-Drainage und Wundversorgung

Nach Einbringen der Drainage, erfolgt die **kontinuierliche** Spülung des Wundgebietes z.B. mit Ringerlösung. Dabei sollte die **Einlaufgeschwindigkeit gleich** bleiben, da das System bei unregelmäßiger Geschwindigkeit zur **Verstopfung** neigt. Die Spülflüssigkeit wird bilanziert, Beimengungen und Aussehen der Spülflüssigkeit sind zu dokumentieren. In regelmäßigen Abständen sollte die Überprüfung der Durchgängigkeit des Systems sowie der Sogwirkung vorgenommen werden.

Liegen **drei** aufeinanderfolgende **Abstrichergebnisse ohne** pathologischen **Befund** vor, kann die Saug-Spül-Drainage entfernt werden. Dabei wird das Spülsystem zu Beginn stundenweise abgeklemmt und beobachtet. Sind keine nennenswerten Sekretmengen zu verzeichnen, können die Zu- und Ableitungsschläuche entfernt werden, die Eintrittsstellen sind steril zu verbinden.

Die Wundbehandlung während des Spülintervalls erfolgt nach den Regeln des **septischen** Verbandwechsels (s. Kap. 5.3.3) und ist mindestens einmal täglich durchzuführen (bei Bedarf öfter).

31.15.3 Hygienemaßnahmen

Patienten mit Osteomyelitis sind septisch und deshalb von Patienten mit aseptischen Wunden zu isolieren (s.a. Kap. 4.6.4). Alle benötigten Gegenstände zur Saug-Spül-Drainage (Zu- und Ableitungssysteme und Sekretauffanggefäß) sind **einmal in 24 Stunden** durch neues Sterilgut auszutauschen. Abstriche aus dem Wundgebiet sowie Proben der Spülflüssigkeit sind zweimal wöchentlich bakteriologisch zu untersuchen.

31.15.4 Psychische Situation

Die plötzliche Einschränkung der evtl. schon wiedererreichten Bewegungsfreiheit durch die erneute Bettruhe birgt die Gefahr der Langeweile und stellt den Patienten vor das Problem der fehlenden sinnvollen Beschäftigung. Mögliche Hilfen können sein:
- Gesellschaftsspiele mit Mitpatienten
- Zeitungen, Zeitschriften, Bücher
- Radio, Kassettenrekorder, Fernseher durch Angehörige mitbringen lassen

Der septische Krankheitsverlauf führt zu einem längeren Krankenhausaufenthalt (über mehrere Wochen bis Monate), der den Patienten häufig vor **psychosoziale Probleme** stellt (z.B. Trennung von Familie, Arbeitsplatz, Beschäftigung), die **besondere Berücksichtigung** in der **Pflegeplanung** finden sollten.

31.16 Postoperative Pflegeplanung (individuell) bei operativer Versorgung einer offenen Oberschenkelfraktur

31.16.1 Fallbeispiel Herr H.-W. Baumann

Hans-Werner Baumann wurde auf dem Weg zur Arbeit als Fahrradfahrer an einer großen Verkehrsampel von einem Auto angefahren. Seinen Angaben nach nahm ihm der Autofahrer die Vorfahrt, so daß er in hohem Bogen über die Straße flog. Bei Aufprall auf die Straße verspürte er plötzlich einen stechenden Schmerz im rechten Oberschenkel. Er konnte das Bein nicht mehr bewegen und aus einer Wunde oberhalb des Knies blutete es stark. Der Rettungswagen lieferte Herrn Baumann mit einer offenen Oberschenkelfraktur des rechten Beines ins Krankenhaus ein. Unmittelbar nach der Aufnahme wurde die Fraktur operativ versorgt.

Soziales Umfeld: Herr Baumann ist am 08. 08. 1960 geboren, verheiratet und arbeitet als Journalist bei der örtlichen Tagespresse. Er hat einen einjährigen Sohn und lebt mit seiner Frau, einer Sozialpädagogin (zur Zeit in Erziehungsurlaub), im Haus seiner Schwiegereltern. Herr Baumann raucht täglich ca. 20 Zigaretten und trinkt viel Kaffee (1,5 Liter täglich).

31.16.2 Pflegeplanung Herr H.-W. Baumann

Pflegeproblem	Pflegeziel	Pflegemaßnahmen
1 Ruhen und Schlafen • Pat. hat postoperativen Wundschmerz und kann nicht einschlafen • Pat. findet keine Ruhe (aufgrund der hohen Raumtemperatur)	• Pat. ist schmerzfrei und kann ruhig schlafen	• evtl. Schiene zusätzlich polstern • mit Pat. und Arzt ausreichende Gabe von Analgetika besprechen (Dokumentation) • Zimmer vor Nachtruhe 10 Min. lüften • Raumtemperatur auf 15 °C regulieren • Pat. vor dem Einschlafen nochmals die Möglichkeit geben, sich zu erfrischen (Gesicht und Hände mit kaltem Wasser waschen lassen) • auf Wunsch erhält Pat. leichte Decke zur Nacht • auf Wunsch des Pat. zur Nacht einen mit Lavendelöl benetzten Duftstein am Kopfende des Bettes befestigen
2 Sich bewegen • Pat. ist durch die Schienenlagerung und Redon-Drainagen in seiner Bewegung eingeschränkt	• Pat. kann sich möglichst uneingeschränkt bewegen	• Ableitungen sicher fixieren
• Thrombosegefahr	• venöser Rückfluß ist gewährleistet	• AT-Strumpf linkes Bein • aktive und passive Bewegungsübungen mit dem gesunden Bein
• Dekubitusgefahr (lt. Norton-Skala 27 Punkte)	• Haut ist intakt	• Lagerung des Pat. auf Fell, Schaumstofflagen oder Gelkissen • Bett mit einem Haltegriff versehen und den Pat. auffordern, regelmäßig das Gesäß anzuheben • Hautbeobachtung beim Waschen (Dokumentation von Besonderheiten) • Hautpflege mit Pflegelotion z. B. Bepanthen®

31

31.16.2 Pflegeplanung (Fortsetzung)

Pflegeproblem	Pflegeziel	Pflegemaßnahmen
3 Sich waschen und kleiden • Pat. kann sich nicht vollständig alleine waschen und geniert sich, daß er Hilfestellung in Anspruch nehmen muß *Ressource:* • Pat. kann Gesicht und Oberkörper selbst waschen • Pat. kann Mundpflege selbständig durchführen • Pat. kann sich selbst rasieren	• Pat. akzeptiert seine körperliche Abhängigkeit	• 2× tägl. bei der Körperpflege behilflich sein (Rücken, Gesäß, untere Extremitäten waschen) • Intimsphäre beachten (Sichtschutz und nach Möglichkeit von einem Pfleger waschen lassen)
4 Essen und Trinken • Pat. ist ungehalten, daß er nicht in ausreichender Menge Kaffee bekommt *Ressource:* • Pat. kann selbständig essen und trinken • Pat. kann seine Wünsche und Bedürfnisse äußern	• Pat. ist zufrieden	• in der Küche zusätzlich Kaffee für den Pat. bestellen • Pat. bitten, daß Angehörige löslichen Kaffee mitbringen • darauf achten, daß Pat. heißes Wasser in einer Thermoskanne zur Verfügung hat
5 Ausscheiden • Pat. klagt über Obstipation • Pat. hat Schwierigkeiten im Bett und in Gegenwart des Mitpat. das Steckbecken zu benutzen • Pat. ist die Geruchsentwicklung äußerst peinlich	• Pat. entleert regelmäßig den Darm • Pat. ist in seinem Schamgefühl nicht beeinträchtigt	• morgens 1 Eßl. Milchzucker im Joghurt anbieten • Flüssigkeitszufuhr auf 2,5 l erhöhen (evtl. Flüssigkeitsprotokoll führen) • Leinsamen und Weizenkleie ans Bett stellen • Pat. ungestörte Darmentleerung ermöglichen, indem Mitpat. gebeten wird, das Zimmer zu verlassen • nach der Stuhlentleerung Zimmer ausreichend lüften • Pat. Gelegenheit geben, sich die Hände zu waschen • Intimpflege anbieten bzw. ermöglichen
6 Regulieren der Körpertemperatur • Pat. hat normale Körpertemperatur		
7 Atmen (Blutdruck, Puls) • Pat. hat keine Probleme beim Atmen, Blutdruck und Puls sind im Normbereich		

31.16.2 Pflegeplanung (Fortsetzung)

Pflegeproblem	Pflegeziel	Pflegemaßnahmen
8 Für Sicherheit sorgen • Pat. ist infektgefährdet durch: – Drainagen – Wunde	• reizlose Einstichstellen • reizlose Wunde	• Verbandwechsel lt. Standard (Dokumentation von Menge, Aussehen, etc.) • erster steriler VW 48 Std. nach Op-Ende auf ärztl. Anordnung • hygienische Arbeitsweise beachten
• Pat. klagt über Druckschmerz im Bereich der Ferse *Ressource:* • Pat. kann Schmerzen äußern	• Pat. ist schmerzfrei und hat intakte Haut	• Schmerzäußerungen des Pat. immer ernst nehmen • zusätzliche Polsterung anbringen (z. B. Wattemäuschen) • Arzt informieren und Dokumentation
9 Sich beschäftigen • Pat. kann sich mit Game-boy und Radiokassetten beschäftigen, hat aber das Bedürfnis dabei zu rauchen *Ressource:* • Pat. kann sich beschäftigen, unangenehme Situationen und Schmerzen ertragen	• Pat. akzeptiert die momentane Situation	• Pat. erklären, daß er sich in einem rauchfreien Krankenhaus befindet, in dem Ausnahmen nicht gestattet werden • Pat. Raucherentwöhnungsprogramm des Krankenhauses anbieten
10 Kommunikation • Pat. ist nicht eingeschränkt		
11 Sich als Frau, Mann, Kind fühlen • s. **ATL 3** und **ATL 5**		
12 Sinn finden *Ressource:* • Pat. kehrt nach der Genesung in sichere Verhältnisse zurück		

Literaturhinweise

[1] Beske, F.: Lehrbuch für Krankenpflegeberufe. Georg-Thieme-Verlag, Stuttgart, 6. Aufl. 1990.

[2] Böhler, L.: Die Technik der Knochenbruchbehandlung. Maudrich, Wien 1943.

[3] Engelhardt, G. H.: Unfallheilkunde für die Praxis. De Gruyter-Verlag, Berlin, 2. Aufl. 1990.

[4] Gschnitzer, F., E. Kern, L. Schweiberer: Chirurgische Operationslehre. In. Breitner (Hrsg): Traumatologie Bd. VIII bis XI, Urban und Schwarzenberg, München-Wien-Baltimore, 2. Aufl. 1990.

[5] Häring, R., H. Zilch: Lehrbuch Chirurgie. De Gruyter-Verlag, Berlin, 3. Aufl. 1991.

[6] Heberer, G., W. Köhle, H. Tscherne: Chirurgie. Springer-Verlag, Berlin, 6. Aufl. 1993.

[7] Heim, K., J. Baltensweiler: Checkliste Traumatologie. Georg-Thieme-Verlag, Stuttgart, 3. Aufl. 1989.

[8] Juchli, L.: Krankenpflege: Praxis und Therapie der Gesundheitsförderung und Pflege Kranker. Georg-Thieme-Verlag, Stuttgart, 6. Aufl. 1991.

[9] Kuner, E., V. Schlosser: Traumatologie. Georg-Thieme-Verlag, Stuttgart, 4. Aufl. 1988.

[10] Müller, M., M. Allgöwer, R. Schneider, H. Willenegger: Manual der Osteosynthese. Springer-Verlag, Berlin, 3. Aufl. 1992.

[11] Schumpelick, V., N. Bleese, U. Mommsen: Chirurgie. Enke-Verlag, Stuttgart, 3. Aufl. 1993.

[12] Sobotta, J., H. Becker: Atlas der Anatomie des Menschen. Urban & Schwarzenberg, München-Wien-Baltimore, 17. Aufl. 1976.

[13] Spier, W., R. Härter, G. Kern: Checkliste Gipstechnik. Georg-Thieme-Verlag, Stuttgart 1987.

[14] Das Neue Lehrbuch der Krankenpflege, Kohlhammer-Verlag, Stuttgart, 4. Aufl. 1992.

[15] Maletzki, W., A. Stegmayer-Petry: Klinikleitfaden Krankenpflege. Jungjohann-Verlag, Neckarsulm-Stuttgart, 1. Aufl. 1993.

[16] Käufer, C.: Chirurgie und Krankenpflege. Bibliomed-Verlag, Melsungen, 2. Aufl. 1991.

[17] Juchli, L.: Pflege. Georg-Thieme-Verlag, Stuttgart, 7. Aufl. 1994.

32 Plastische Chirurgie

M. Schrader, Ch. Albrecht

32

I Allgemeiner Teil

32.1 Einleitung

Aus einem 4000 Jahre alten ägyptischen Papyrus haben wir früheste Berichte über plastisch-chirurgische Operationsmethoden; in der Schrift Samhita des indischen Chirurgen Susruta aus dem Jahre **800 vor Christus** wird ein aus der Stirn gedrehter, gestielter **Hautlappen** zur Wiederherstellung der Nase, die Ehebrüchigen zur Strafe amputiert wurde, beschrieben. Im **15. Jahrhundert** wurden in Europa erstmals von der sizilianischen Familie Branca **plastisch-chirurgische** Methoden praktiziert, die im 16. Jahrhundert von dem Italiener Tagliacozzi aufgenommen und weiter verfeinert wurden. Im ersten Weltkrieg führte der Stellungskrieg zu schwersten Gesichtsverletzungen, zu deren Behandlung spezialisierte Lazarette eingerichtet wurden. Diese können als **erste ausschließlich** plastisch-chirurgische **Zentren** angesehen werden. Die plastische Chirurgie der Hand erfuhr während des zweiten Weltkrieges und der darauffolgenden Jahre eine besondere Entwicklung. Nach dem 95. Ärztetag 1992 ist die plastische Chirurgie ein Fachgebiet, das sich der **Heilung** aller **angeborenen** sowie durch **Krankheit**, **Verletzung**, **Alter** und **Krebs** erlittenen **äußeren Defekte,** den **Form-** und **Funktionsstörungen,** widmet. Mit dem Begriff „plastisch“ wird zum einen ausgedrückt, daß **formgestaltend** operiert wird, zum anderen, daß für die Gestaltung **besondere Techniken und Methoden,** wie die Transplantation körpereigener Gewebe, oder körperfremder Substanzen (Implantate) verwendet werden. Nach dem Heidelberger Chirurgen und Krebsforscher K. H. Bauer (1890 bis 1978) „gehören zur plastischen Chirurgie jene Operationen, bei denen die Wiederherstellung von Form und Funktion von vornherein als rekonstruktiver Hauptzweck feststeht“. Für dieses Buch wurden einige Kapitel der plastischen Chirurgie ausgewählt, bei denen die **prä-**, **intra-** und **postoperative** Betreuung der Patienten besonders **wichtig** für den **Erfolg** der Behandlung ist.

32.2 Diagnostik in der plastischen Chirurgie

Die allgemeine und spezielle Anamnese hat in der plastischen Chirurgie neben der Erfassung der Daten zu Erkrankungen, die Aufgabe, besonders bei angeborenen und erlittenen Deformitäten (Mißbildungen) den **psychischen Leidensdruck** zu erfassen. Bei Ausbildung einer Makromastie in der Pubertät wird z.B. versucht, die Brüste durch schlechte Körperhaltung zu verbergen, sportliche Aktivität wird abgelehnt und die spontane Kontaktaufnahme eingeschränkt, aus diesen Störungen kann sich eine psychische Ausnahmesituation entwickeln.

Bei Inspektion, Palpation und Funktionsprüfung finden besondere Berücksichtigung:
- die **Analyse** der **frischen Wunde** (Unterscheidung nach Schnitt-, Quetsch-, Riß- und Bißwunden und deren kombinierte Formen evtl. mit Feststellung von Funktionsstörungen)
- die **Analyse** der **angeborenen** und **erlittenen Deformitäten** (z.B. Syndaktylien angeborene Verwachsung von Fingern oder Zehen, nach Amputation einer Brust wegen Mammakarzinom der Narbenverlauf und das Fehlen des großen Brustmuskels, oder die Folgen einer Bestrahlung mit chronischen Veränderungen der Haut mit Atrophie und vermehrten erweiterten Gefäßen)
- die **Analyse** von **Defekten** (z.B. bei Dekubitalulzera, Feststellen der fehlenden Gewebeschichten, mit Einteilung der Tiefe nach Graden)
- die **Analyse** von **Funktionsstörungen** (insbesondere in der plastischen Chirurgie der Hand und der Extremitäten mit Messung der aktiven Gelenkbeweglichkeit, Prüfung der Sensibilität und Durchblutung)

Die **Prüfung** der **Durchblutung** in der Umgebung des Defektes bzw. der Wunde und in den für die Entnahme von Hauttransplantaten oder Lappenplastiken in Frage kommenden Arealen spielt eine entscheidende Rolle. Palpation und Doppler-Sonographie haben zunächst als nichtinvasive Techniken den Vorrang. Zur Beurteilung der peripheren Strombahnen werden Angiographien erforderlich.

Mit Hilfe der Magnetresonanztomographie (MRT) wird es zunehmend möglich, nichtknöcherne Funktionsstrukturen wie Sehnen, Sehnenscheiden und Muskeln darzustellen und dadurch Erkrankungen zu diagnostizieren.

Zu jeder Untersuchung gehört aus **klinischer** und **forensischer** (gerichtlicher) Sicht die **Fotodokumentation**.

32.3 Hautplastiken

Zur plastischen Wiederherstellung werden **je** nach **Art** und **Tiefe** der Defekte bei Verbrennungen, mechanischen Verletzungen und nach Hauttumorentfernung **Hauttransplantate** und/oder **Lappenplastiken** verwendet. Die Haut (Epidermis und Korium) wird in **verschiedener Dicke** frei transplantiert. Biologische Voraussetzung dafür ist, daß die Zellen von Epidermis und Korium durch Diffusion (freie Stoffaufnahme aus der Gewebeflüssigkeit) aus dem Wundbett solange überleben können, bis **Gefäße** aus dem Wundbett in das Transplantat **eingewachsen** sind.

Spalthauttransplantate (dünne, halbdicke, dreivierteldicke) werden mit speziellen Messern oder Preßluftdermatomen (chirurgisches Schneideinstrument) entnommen. Es können großflächige Transplantate entnommen werden, da aus dem verbliebenem Korium eine spontane Epithelisierung der Entnahmestelle eintritt. Zur Vergrößerung der Transplantate können mit speziellen Geräten diese zu **Netzen** (mesh-graft) geschnitten werden. Nach Entnahme eines **Vollhauttransplantates** (bevorzugt aus den Leisten) muß die Entnahmestelle primär durch Wundrandannäherung und Naht verschlossen werden. Die Anwendung **spezieller Verbandtechniken** für das Einheilen der freien Hauttransplantate und die **Epithelisierung** der Entnahmeflächen ist wesentlich.

32.3.1 Z-Plastik

Durch einfache **z-förmige Inzision** entstehen **zwei** Haut-/Unterhautlappen bzw. Läppchen, die **gegeneinander** ausgetauscht werden. Es wird dadurch möglich, nach Exzision von Narben Kontrakturen im Gesicht, Hals und an den Extremitäten zu lösen und Defekte auszugleichen.

32.3.2 Lappenplastiken

Die Klassifizierung der Lappen, die aus mehreren Gewebeschichten bestehen, erfolgt im wesentlichen nach deren Durchblutung. Wir unterscheiden danach Lappen mit **„zufälligem Gefäßmuster"** und **„axial über einen Gefäßstiel"** durchblutete. Die Begriffe **defektnah** und **defektfern** bezeichnen die **Distanz** zwischen dem Defekt und Entnahmeort des mit „zufälligem Gefäßmuster" oder dem mit „axialem Gefäßstiel" versehenen Lappens.

Es gibt folgende Typen:

- **Haut-Unterhautlappen mit zufälligem Gefäßmuster:** z.B. Bauchhautlappen als defektferner Lappen zur Deckung von Defekten an der oberen Extremität
- **Kutan-Subkutan axial gestielt:** z.B. Leistenlappen, als Gefäßstiel dient die A. circumflexa ilium superficialis (oberflächliche herumbiegende Darmbeinarterie) als defektferner Lappen zur Deckung von Defekten an der Hand
- **Faszio-kutan axial gestielt:** z.B. M. tensor fascia latae (Schenkelbindenspanner) Insellappen, als Gefäßstiel ein Ast der A. circumflexa femoris lateralis (seitliche herumbiegende Oberschenkelarterie) wird zur Deckung von Dekubitalulzera der Rollhügel verwendet
- **Myo-kutan axial gestielt:** z.B. M. latissimus dorsi (breiter Rückenmuskel) Insellappen, als Gefäßstiel A. thoracodorsalis (Brustkorb-Rückenarterie), wird zur Rekonstruktion von Defekten der weiblichen Brust verwendet)

Axial gestielte Lappen können auch als **freie** Lappen mit mikrovaskulärem Anschluß (Anastomosen) an Gefäße (Arterien und Venen), die sich in Nähe des zu deckenden Defektes befinden, angewendet werden.

32.4 Thermische Verletzungen

32.4.1 Ätiologie

Verbrennungen (s.a. Kap. 13.4) entstehen auf der Basis thermischer und nichtthermischer Genese. Die thermischen Verletzungen können verursacht sein durch:
- **direkte** Verbrennung (offenes Feuer) ca. 51%
- **indirekte** Verbrennung (z.B. brennende Kleidung)
- **Verbrühung** (z.B. heißes Wasser) ca. 16%
- **Kontaktverbrennung** (z.B. glühendes Metall) ca. 6%

Die Haut besitzt über ihren Gefäßplexus die Fähigkeit, die Temperatur zu regulieren **(thermoregulativer Plexus)**. Wird diese Fähigkeit, die Temperatur zu senken, überstiegen, erhöht sich die Zelltemperatur über den Punkt hinaus bis zu dem Zellen überleben können; es kommt zur **lokalen Zelldesintegration** (-zerstörung). Eine Temperatur über **51 °C** für kurze Zeit führt schon zur Zerstörung der Epidermis (Oberhaut) mit der Folge einer Koagulationsnekrose (Gerinnungsnekrose).

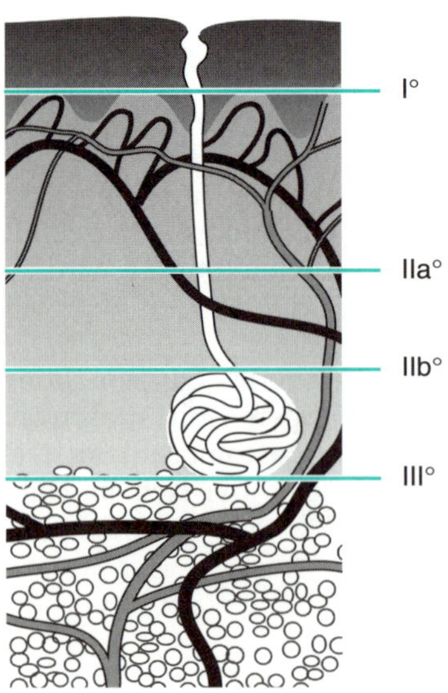

Abb. 32-1 Schichten der Haut mit ihrem Gefäßplexus und Einschätzung der Tiefe der Hautschädigung in Verbrennungsgrade.

Tiefe und Art der thermischen Schädigung sind abhängig von der Temperatur und der Dauer der Einwirkung!

Während bei **hohen** Temperaturen auch bei **kürzester** Einwirkungsdauer **irreversible** Schädigungen eintreten, **variieren** bei **niedrigeren** Temperaturen die Schädigungen in Abhängigkeit von der Einwirkungsdauer. Unabhängig von den Ursachen treten typische **makro-** und **mikroskopische** lokale Reaktionen auf. Diese werden nach der Tiefe der Hautwunde in **drei Grade** eingeteilt (Abb. 32-1).

Bei **Grad I** besteht lediglich ein Erythem, Rötung der Haut durch Gefäßerweiterung. Darüber hinaus wird entsprechend der Einteilung der freien Hauttransplantate in Spalt- bzw. Vollhauttransplantate zunehmend zwischen Schädigungen in **teilweiser** Dicke **Grad IIa** und **IIb** und **voller** Dicke der Haut bei **Grad III** unterschieden.

32.4.2 Pathophysiologie

Lokale Pathophysiologie der Verbrennungswunde

Direkt nach der Verbrennung kommt es zu einem **Stillstand des Blutflusses** im Bereich des verbrannten Areals. Dieser Stillstand wird bedingt durch eine **lokale** Thrombose. Als weitere sofort auftretende Schädigung kommt es zu einer stark **erhöhten Kapillarpermeabilität** (-durchlässigkeit), die einem biphasischen (in zwei Zyklen ablaufenden) Muster folgt. Die Initialphase dauert 20 Minuten und ist dann gefolgt von einer zweiten, sehr viel stärker ausgeprägten Phase, die ihr Maximum zwölf Stunden nach der Verbrennung erreicht. Als vasoaktiv (den Gefäßtonus beeinflußend) wirkend werden mehrere Mediatoren (Vermittler) wie Histamin und Stickoxidradikale diskutiert. Als Folge der erhöhten Kapillarpermeabilität entsteht ein **Flüssigkeitsverlust** vom **Intra-** in den **Extravasalraum**.

Symptome der einzelnen Stadien

Grad I: Rötung der Haut ohne Blasenbildung. Die Rötung entsteht durch **Hyperämie** (vermehrte Blutfülle), die als Folge von Stoffwechselvorgängen erst einige Stunden nach der Hitze- oder Strahleneinwirkung ihr Maximum erreicht. Es kommt zur Vasodilatation mit erhöhtem **Flüssigkeitsaustritt**, was als **epidermales Ödem** beobachtet wird. Die Kapillaren sind fragil (brüchig), und es kommt beim mechanischen Trauma zu kleineren Blutungen in die Haut.

Grad IIa: Neben der hyperämischen Rötung bestehen Blasen, die **zwischen Epidermis** und **Korium** (Lederhaut) entstehen. Durch Hyperämie der Hautgefäße ist der Flüssigkeitsverlust bis zu 15mal höher als die „Perspiratio insensibilis“ (Verdampfung) ungeschädigter Haut. **Maximum** des Hautödems: **Gesicht** nach **12 bis 24 Stunden**, **Rumpf** und **Extremitäten** nach **48 Stunden.**

Grad IIb: Bei einer Verbrennung, die vom II. in den III. Grad übergeht, ist das Gewebe **tief rot** gefärbt durch **paravasal** (außerhalb der Gefäße) liegende **Erythrozyten** und **Hämoglobin.**

Grad III: Die Wunde kann infolge der **Denaturierung** (zerstörende Strukturveränderung) der Haut weiß sein. Sie ist trocken und kalt, wegen der unsichtbaren Evaporation (Verdampfung). In der Haut und knapp subkutan sind die Gefäße thrombosiert. Größere thrombosierte Gefäße schimmern durch den Verbrennungsschorf hindurch, weil das subkutane Fett durch Verflüssigung der Lipide durchsichtig gelb ist. Es besteht anfänglich ein geringerer Flüssigkeitsverlust durch vergleichsweise geringere Hyperämie in der subkutanen Fettschicht.

Allgemeine Pathophysiologie, Verbrennungsschock

Die **Gefahr** für das Auftreten des Verbrennungsschocks entsteht **gleichzeitig** mit dem Trauma. In der Haut, im Unterhautgewebe aber auch in den nicht direkt betroffenen Muskeln und Organen wie Niere, Leber und Gehirn, entsteht eine erhöhte Gefäßpermeabilität, diese wird schockbedingt durch das Auftreten von Mediatoren wie Histamin, Bradykinin, Interleukinen und Stickoxidradikalen zurückgeführt. Folge ist ein sich in den Organen ausbildendes Ödem und der Verlust von Wasser und Elektrolyten mit dem Wundsekret und dem interstitiellen Ödem. Das **Exsudat** kann bis zu **drei Liter pro m^2 verbrannter Fläche pro Tag** betragen.

Durch Evaporation können vier Liter pro m^2 Wundfläche pro Tag H_2O verloren gehen; Proteine und auskristallisierte Salze verbleiben im Wundschorf und wirken dort hygroskopisch (wasseranziehend). **Hämatokritanstiege** (aufgrund des Flüssigkeitsverlustes) auf über 60% können gemessen werden. Der drohende Volumenmangelschock mit frühzeitigem Nierenversagen fordert die sofortige Flüssigkeitssubstitution.

Systemische Reaktionen, die bis zum **Multiorganversagen** führen können, lassen sich als **Kaskade** darstellen (Abb. 32-2).

Der gesamte Organismus des Schwerbrandverletzten kann durch Störungen der Lungenfunktion mit Einschränkung der Sauerstoffaufnahme und Kohlendioxidabgabe (**Lungendiffusionsstörung**) bedingt durch die Entwicklung eines interstitiellen Ödems betroffen sein.

Die **Herzleistung** nimmt bei unzureichender Flüssigkeitszufuhr **ab**; mit Verschlechterung der Herz-Kreislaufsituation **sinkt** auch die **Nierendurchblutung**, so daß es zu der gefürchteten Einschränkung der Urinausscheidung kommen kann. Curling beschrieb bereits vor 100 Jahren **Streßulzera** bei Brandverletzten, die auf eine Minderdurchblutung des Magen-Darmtraktes zurückzuführen sind.

Verbrennungskrankheit

Die Verbrennungskrankheit beginnt bei **mittelschweren** und **schweren** Verbrennungen, nach Überwindung des Schocks häufig **nach** dem **vierten Tag** bedingt durch die Vielzahl der geschilderten pathophysiologischen und speziellen biochemischen Veränderungen, die in ihrer Komplexität gesetzmäßig ablaufen. Die **lokale Infektion** mit der durch sie bedingten **drohenden Sepsis** gehören zu den **gefährlichsten** Faktoren der Krankheit.

32.4.3 Allgemeine und lokale Therapie-Sofortmaßnahmen

Lokale Maßnahmen

Ziel ist die Minimierung des Verbrennungstraumas. **Kühlen** ist innerhalb der **ersten 20 bis 45 Minuten** nach einer Verbrennung zu empfehlen. Nur in dieser Zeitspanne kann durch Kühlen mit Leitungswasser auf das **„Nachbrennen“** und die **Schmerzen** eingewirkt werden.

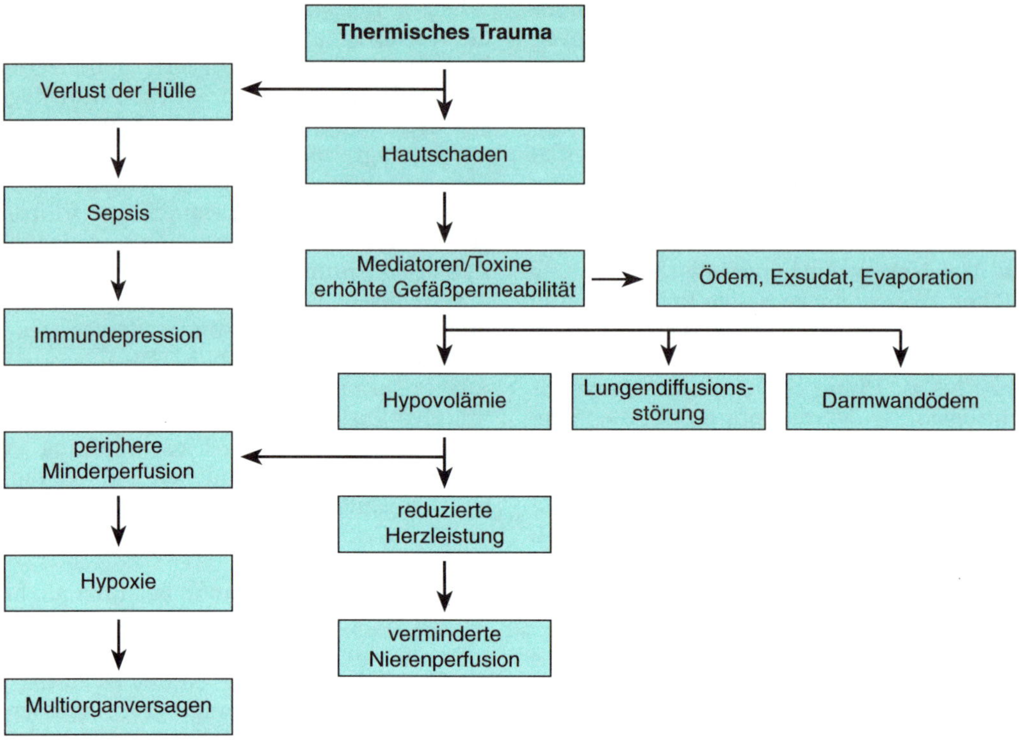

Abb. 32-2 Kaskade zur Darstellung möglicher, systemischer Schädigungen des Organismus (modifiziert nach Grabosch und Günnewig).

Allgemeine Therapie

Eine der ersten Voraussetzungen für die Therapie ist die **Einschätzung der Tiefegrade** der Verbrennung und deren **Ausdehnung** an der **Körperoberfläche** nach der **Neuner-Regel** (Tab. 32-1; s.a. Kap. 13, Abb. 13-2), sie führt zur Triage d.h., Auswahl nach Schwere der Verletzung und Dringlichkeit der Versorgung. Die Einschätzung der Ausdehnung ist nötig zur Errechnung des **notwendigen Flüssigkeitsersatzes.**

Tab. 32-1 Neuner-Regel. Aussage über den prozentualen Anteil der verbrannten Körperoberfläche.

Region	Prozent	vorne	hinten
Kopf	9%		
Arm (rechts/links)	je Seite	4,5%	4,5%
Stamm		18%	18%
Bein (rechts/links)	je Seite	9%	9%
Genitale	1%		

Der sofortige Beginn mit dem Flüssigkeitsersatz ist entscheidend für das Überleben des Schwerbrandverletzten!

Diese Triage erfolgt nach der Klassifikation der Brandverletzung, entsprechend Tiefe, Ausdehnung und Lokalisation, sie führt zu nachfolgender Einteilung und Organisation der Behandlung. Die nachfolgenden **Angaben** gelten **nur** für **Erwachsene.**

Geringe Verbrennungen: Schädigung II. Grades mit Ausdehnungen unter 5% der Körperoberfläche*. Schädigung III. Grades mit Ausdehnung unter 1% der Körperoberfläche*. **Organisation:** Ambulante ärztliche, chirurgische Behandlung ist bei Verletzten ohne zusätzliche Risikofaktoren ausreichend.

Mittelschwere Verbrennungen: Schädigungen II. Grades mit Ausdehnung unter 20% der Körperoberfläche*. Schädigung III. Grades mit Ausdehnung unter 10% der Körperoberfläche*. **Organisation:** Die Aufnahme ins Krankenhaus mit speziellen Einrichtungen ist anzustreben. Transplantationen mit auto-

loger (eigener) bzw. homologer (fremder) Haut sind notwendig. Das * bedeutet, daß Gesicht, Hände, Füße, äußere Genitalien nicht von der Verbrennung betroffen sind.
Schwere Verbrennungen: Schädigung II. bis III. Grades des Gesichtes, der Hände, Füße und äußeren Genitalien. Schädigung III. Grades von mehr als 10% der Körperoberfläche. Elektrische Verbrennungen mit Polytrauma und Zusatzverletzung, Verbrennung bei Risikopatienten (Kardio- und Nephropathie, Diabetes mellitus). Inhalationstrauma.
Organisation: Behandlung in einer Einheit oder einem Zentrum für Brandverletzte.

Therapie in einer Einheit oder einem Zentrum für Brandverletzte

Die **Initialphase** der Therapie kann folgendermaßen eingeteilt werden:
- **erster** Tag (Tag des Wassers)
- **zweiter** Tag (Tag der Bilanz und der Onkotik)
- **dritter** Tag (Tag der Normalisierung und Operation)
- **vierter** Tag (Tag der Kalorien)

Flüssigkeitsersatz

Unter der Verwendung von Ringerlaktatlösung werden am ersten Tag der Verbrennung (0. bis 24. Stunde) 4 ml Ringerlaktat pro kg KG pro % Verbrennung infundiert. **Beispiel:** Zu verabreichende Flüssigkeitsmenge für einen 70 kg schweren Patienten mit Verbrennung II. bis III. Grades von 40% der Körperoberfläche: $70 \times 40 \times 4 = 11.200$ ml (Gesamtmenge). Die Hälfte der Gesamtmenge (5600 ml) wird in den ersten acht Stunden verabreicht, die restlichen 5600 ml werden innerhalb der nächsten zwölf Stunden infundiert.
Einfache notwendige **Kontrollparameter** sind:
- **Diurese:** 30 bis 50 ml pro Stunde
- **Hämatokrit:** maximal 65% (alle zwei Stunden gemessen)
- **Sensorium (Bewußtsein):** Unruhe und Eintrübung sind evtl. Vorzeichen eines Hirnödems

Operation

Bei **zirkulären** Verbrennungen der Extremitäten und des Thorax mit Ausbildung von **Kompartmentsyndromen** (Extremitäten) und Behinderung der Atmung (Hals, Thorax) besteht die absolute Indikation zur **Escharotomie** (Inzision des Verbrennungsschorfes zur mechanischen Entlastung) bzw. **Fasziotomie** (Schnitt zur Spaltung z.B. der Unterarmfaszie beim Kompartmentsyndrom, s.a. Kap 31.2.3).

Kalorienzufuhr

Der Schwerverbrannte hat einen deutlich **erhöhten Kalorienbedarf,** der schon bei einer **Verbrennungsfläche** von **25 bis 30%** auf das **eineinhalb-** bis **zweifache** des Basisbedarfs (Umsatz) ansteigt. **Bevorzugt** erfolgt die **Ernährung** über den **Magen-Darmtrakt** (enteral) mit dem Ziel, die physiologische Nahrungsaufnahme durch die Darmwand zu erhalten, die Darmbakterien im Gleichgewicht zu halten und früh eine regelmäßige Darmentleerung zu erreichen. Die Ernährung über Magensonde garantiert die **portionsweise** Abgabe der Nahrung in den Dünndarm. Beachtet werden muß, daß bei intubierten Patienten die Nahrung nicht in den Mund zurückläuft und dadurch in die Atemwege gerät und eine Pneumonie (Lungenentzündung) erzeugt wird.
Der Nährstoffbedarf beträgt beim Gesunden, aufgeschlüsselt nach den verschiedenen Nährstoffarten für:
- Zucker (Kohlenhydrat) 6,8 bis 9,8 g pro kg KG pro Tag
- Eiweiß (Protein) 1,5 bis 2,5 g pro kg KG pro Tag
- Fett, die Menge wird nach Gesamtenergiebedarf abzüglich Zucker und Eiweißzufuhr bestimmt (s.a. Kap. 7.2 und Kap. 7.4)

Der Nahrung müssen **Vitamine** und **Mineralstoffe** beigegeben werden (z.B. Multibionta® dreimal eine Ampulle täglich, Vitamin C zusätzlich 500 mg täglich, Vitamin-B-Komplex eine Ampulle täglich).

32.4.4 Wundbehandlung

Aufgrund des hohen Risikos der **Kreuzinfektion** in einer Einheit wird die **geschlossene** Behandlung mit antimikrobiellen Salben (z.B. Povidon-Jod-Komplex = Betaisodona®, Silbersulfadiazin mit Ceriumnitrat = Flammacerium®) durchgeführt. Die möglichst **frühzeitige** plastisch-chirurgische Intervention mit tangentialer (flacher) Exzision und freier Hauttransplantation wird grundsätzlich favorisiert. Für die **Einheilung** freier Hauttransplantate ist der **Schutz** vor **mechanischer** Schädigung mit **Verbänden** und an den Extremitäten die **Ruhigstellung** für fünf Tage mit **Hochlagerung** erforderlich. Die **Funktionsstellung** der Gelenke ist zu beachten. Die krankengymnastisch-physikalische Behandlung der Gelenke und Hände beginnt in den ersten Tagen. Die frühe **Kompressionsbehandlung** mit nach Maß angefertigten Kleidungsstücken wird prophylaktisch gegen die **Ausbildung hypertropher Narben** auch nach Hauttransplantationen angewendet.

Früh sekundär müssen **funktionell beeinträchtigende Narben** unabhängig von ihrer Topographie plastisch-chirurgisch mit speziellen Techniken korrigiert werden. Die Korrektur ästhetisch störender Narben sollte erst nach ihrer **vollständigen** Ausreifung zwölf Monate nach Verletzung erfolgen.

32.5 Formverbessernde und -wiederherstellende Operationen an der weiblichen Brust

32.5.1 Makromastie

Ätiologie: Untersuchungen von Patientinnen mit Makromastie decken häufig **komplexe Langzeitverläufe** auf, die nicht selten bereits in der **Pubertät** beginnen. Krankheitswert erreicht die Makromastie bei einem **Gewicht** von **mehr als 600 Gramm**, wenn man annimmt, daß eine „normale Brust“ 400 Gramm wiegt. Man spricht von Makromastie, da sowohl eine **Hypertrophie**, das heißt eine **Zellvolumenzunahme** als auch eine **Hyperplasie**, also eine **Zunahme der Zellzahl** vorliegt. In allen Fällen entsteht mit der Makromastie, wegen der zunehmenden Schwere, eine **Ptose** (Senkung der Brust). **Unterschieden** werden:
- Pubertätsmakromastie
- Graviditätsmakromastie
- Makromastie nach wiederholten Fehlgeburten
- lipomatöse (Vermehrung des Fettgewebes) Formen

Die gemessenen Volumina (Gewicht der einzelnen Brust) werden zu den **somatischen** Beschwerden in **Relation** gesetzt und unter Berücksichtigung von Körpergröße und -gewicht bewertet. Der Krankheitswert der Entwicklungsstörungen oder deren Folgen müssen, wenn sie feststellbar sind, durch eine **psychiatrisch/psychosomatische** Untersuchung gesondert ermittelt werden. Dabei findet Berücksichtigung, daß:
- der Brust eine **zentrale Bedeutung** für die **Identitätsfindung** der Frau in ihren entscheidenden Entwicklungsphasen zukommt
- die Brust mit der Sensibilität der sie bedeckenden Haut und der Mamille eine **individuell unterschiedliche** sexuelle Funktion hat
- die Brust mit der Milchproduktion **mütterliche Funktion** besitzt

Auch psychische Veränderungen allein können zur Anerkennung einer Erkrankung und damit zur Übernahme der Kosten der prophylaktischen plastisch-chirurgischen Behandlung führen. Die Operationsindikation wird danach in Abhängigkeit von den geschlechtsspezifischen Aufgaben des Organs „weibliche Brust“ gestellt.

Symptome: Sie sind gekennzeichnet zum einen durch **körperliche Beschwerden** mit Kopfschmerzen, Verspannung im Bereich der Halswirbelsäule und Schulterregion und Schmerzen in den Mammae selbst, zum anderen durch gravierende **psychische Störungen** mit **Verlust des Selbstwertgefühls**. Die persönliche Entfaltung wird negativ beeinflußt, sportliche Betätigung und spontane Kontaktaufnahme sind erschwert.

Diagnostik: Die spezielle Anamnese gibt Auskunft über das Alter, zu dem die deutliche Vergrößerung der Brüste einsetzte, darüber hinaus, ob eine familiäre Häufung der Erkrankung vorliegt. Die Palpation des vergrößerten Drüsenkörpers kann wegen auffälliger Befunde zur Durchführung einer Sono- oder Mammographie führen mit dem Ziel, evtl. vorhandene **bösartige Veränderungen** feststellen zu können. Es sollte eine standardisierte Messung von Größe und Form der Brüste und Warzenhöfe verbunden mit Fotodokumentation erfolgen.

Therapie: Das Konzept der **Reduktionsmammaplastik** beinhaltet die **Reduktion** und **Neuformung** von Drüsen- und Fettgewebe und eine **Transposition** (Umlagerung) der entsprechend verkleinerten Areola (Warzenhöfe) mit Papilla mammaria (Brustwarzen) nach kranial (oben). Die Transposition der Mamille kann in **verschiedener** Weise durchgeführt werden:
- **1.** am Drüsenkörper gestielt

- **2.** an dermalem und subdermalem Gefäßplexus gestielt
- **3.** am Drüsenkörper und dermal/subdermalem Gefäßplexus gestielt
- **4.** als freies Transplantat

Die Wahl des Operationsverfahrens wird ganz wesentlich durch die Größe der Mammae, den Grad der Ptose und das Alter der Patientin bestimmt. Bei **sehr großen** Mammae kann die **Stillfähigkeit nicht immer erhalten** werden, d.h., die unter erstens und drittens angegebenen Techniken der Mamillentransposition mit sicherer Erhaltung der Laktationsfähigkeit (Milchbildungsfähigkeit) sind nicht anwendbar.

Bei den bewährten Operationstechniken werden am **Tag vor** der Operation die zu führenden Inzisionen mit einer Schablone **markiert** (Abb. 32-3 A). Das postoperative Ergebnis zeigt Abb. 32-3 B. Die **Sensibilität** der Mamillen wird bei den Techniken **1 bis 3** grundsätzlich **erhalten**, kann aber gemindert sein. Bei der **freien** Mamillentransposition geht sie **immer verloren**. Deshalb wird diese Technik nur in **speziellen** Fällen, insbesondere bei alten Patientinnen mit sehr großen Mammae angewendet. Die eingehende Aufklärung über operative Möglichkeiten und Risiken ist notwendig. Das **Ergebnis** nach einer Reduktionsmammaplastik kann erst nach **vollständiger** Konsolidierung (Abheilung) der Narben, **ca. ein Jahr nach** der Operation, **endgültig beurteilt** werden.

32.5.2 Wiederaufbau nach Ablatio mammae (Brustamputation)

Ätiologie: Die Rekonstruktion einer Brust nach Ablatio wegen Mammakarzinom ist heute ein **fester Bestandteil** im **Gesamtkonzept** der Behandlung des Mammakarzinoms. Mit vor und nach der Behandlung durchgeführten psychologischen Verlaufskontrollen konnte die **Verbesserung der Lebensqualität** durch den Brustwiederaufbau nachgewiesen werden.

Indikation: Der Wunsch nach einer Brustrekonstruktion entsteht durch Befindlichkeitsstörungen der Patientinnen selbst und durch Störungen der Partner. Die Patientinnen gaben **folgende Gründe** an:

- ständiges Gefühl „verstümmelt“ und „minderwertig“ zu sein
- langdauernde Angst, Lustlosigkeit, funktionelle Beschwerden und Schlafstörungen
- Distanzierung/Rückzug vom Partner
- Unfähigkeit, über die Krankheit und deren Folgen zu sprechen
- Angst vor Trennung und Scheidung
- Beziehungen des Partners außerhalb der Partnerschaft
- Symptombildungen des Partners (Alkoholabusus, funktionelle Beschwerden)

37% aller Betroffenen wünschen den Wiederaufbau zur Bewältigung der Krebserkrankung, 37% zur Wiedergewinnung ihrer Körperintegrität und ein Drittel der Patientinnen

32

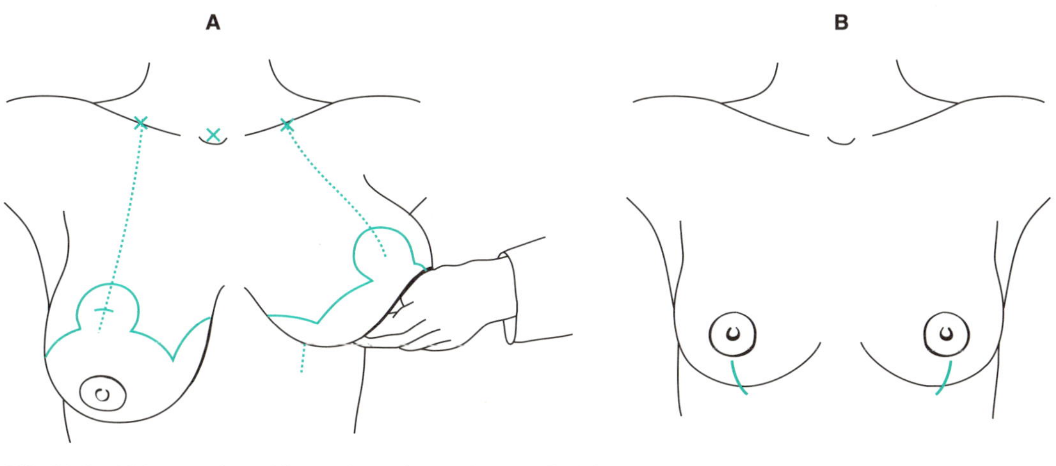

Abb. 32-3 Makromastie und Ptose. Operationstechnik zur Reduktion.
A: Präoperative Vorzeichnung der Schnittführung im Stehen.
B: Postoperatives Ergebnis.

wollen die Amputation sozusagen „wettmachen“.

Die **zeitliche** Indikation zum Wiederaufbau ist **abhängig** von **Grad** und **Ausbreitung** des **Karzinoms,** von der **Anamnese** und den **Begleiterkrankungen** der Patientin sowie ganz wesentlich von der **Stärke des Leidensdruckes**, der durch den Organverlust und den damit empfundenen Zerfall des Körperbildes entsteht. An Zentren, an denen die **brusterhaltende** Therapie im Vordergrund steht, wird in den Fällen, in denen wegen Tumorausdehnung eine Ablatio indiziert ist, häufig die **sofortige** Rekonstruktion angestrebt. Um eine gesicherte pathohistologische Diagnose zu haben, die wesentlich für die prognostische Beurteilung ist, wird der Beginn des Wiederaufbaus **fünf bis acht Tage nach** der Amputation empfohlen. Als **frühe** Rekonstruktion wird diejenige bezeichnet, die **ein bis zwei Monate nach** der letzten Chemotherapie und/oder **drei bis sechs Monate nach** der Bestrahlung erfolgt. Als **späte** Rekonstruktion müssen die Verfahren bezeichnet werden, die das zeitliche Intervall zwischen Mastektomie und Rekonstruktion davon abhängig machen, daß in den **ersten zwei bis drei Jahren** die meisten Lokalrezidive beobachtet werden. In diesen Fällen wird befürchtet, daß eine früh durchgeführte Brustrekonstruktion ein Rezidiv **maskieren** (verdecken) könnte.

Diagnostik: Vor Beginn der Rekonstruktion der Brust ist eine **Defektanalyse** durchzuführen. Als Folge der am häufigsten durchgeführten modifiziert radikalen Ablatio mammae nach Patey besteht eine **horizontale Narbe** mit Defekt an Haut und Subkutangewebe in vertikaler Richtung. Bei schräg von medial nach lateral/kranial aufsteigender Narbe z.B. nach Halsted-Operation liegt ein **horizontaler Haut-**, **Subkutan-** und **Muskeldefekt** an der Thoraxwand vor. Eine **Nachbestrahlung** kann einen Hautschaden in Form einer chronischen **Strahlendermatitis** hinterlassen haben. Bei einer Strahlentherapie muß mit Komplikationen bei der Wundheilung innerhalb des ersten Jahres danach gerechnet werden.

Therapie: Die Rekonstruktion sollte möglichst durch ein einfaches **komplikationsarmes** Verfahren erreicht werden, wenn ein ausreichendes ästhetisches Ergebnis dadurch erzielt werden kann. Die vollständige Wiederherstellung der Brust ist nicht erreichbar; der plastisch-chirurgisch geschaffene Ersatz kann zum Angleichen des Dekolleté führen und eine Brustform erzeugen, die in bekleidetem Zustand der Patientin mit weitgehender Symmetrie der Brust zu einem harmonischen Aussehen führen kann.

Es muß über ein- oder mehrschrittiges Vorgehen, Besonderheiten der Operationsverfahren mit möglichen Komplikationen und Narbenverläufe aufgeklärt werden. Die **Einschätzung** des **Endergebnisses** durch die Patientin wird ganz wesentlich von ihren **Erwartungen** abhängen.

Die **Formung** einer **neuen** Brust sollte soweit wie irgendmöglich unter Verwendung der **sensiblen Thoraxhaut** erfolgen. Mit der Dehnung der Haut und Unterhaut durch Expander kann in den meisten Fällen dieses Ziel erreicht werden, mit dieser Technik können auch weitere Narben vermieden werden. Die frühe epifasziale oder submuskuläre Implantation eines zunächst leeren Kunststoffimplantates (Expanders), das durch wiederholte Injektionen von Kochsalzlösungen aufgefüllt wird, wirkt sich durch rasch eintretende Formverbesserung günstig auf den Gesamtverlauf aus. Prinzipiell stehen **zwei** Verfahren zur Wahl:

- der Wiederaufbau mit **alloplastischen** (Fremdmaterial) Implantaten
- der Wiederaufbau mit **körpereigenem** Gewebe

Bei einer Brustrekonstruktion mit alloplastischen Implantaten sollten **folgende Prinzipien** beachtet werden:

- Die **Erhaltung** der **Sensibilität der Haut** im Mastektomiebereich. Sie kann durch die Dehnung der Haut und Unterhaut mittels eines Expanders (erster Schritt des Wiederaufbaus) und den Ersatz des Drüsen- und Fettgewebes im Raum zwischen Haut- und Muskelfaszie durch Mammaimplantat (zweiter Schritt des Wiederaufbaus) erreicht werden. Besteht ein Defekt an Haut, Unterhaut und Muskel mit vertikaler Narbe, ist häufig der Ersatz durch gestielte Lappenplastiken erforderlich.
- **Herstellung der Symmetrie** durch Neuformung der ptotischen oder übergroßen kontralateralen Brust mit Rekonstruktion der Areola und Papilla mammaria (dritter Schritt des Wiederaufbaus).

Für die Rekonstruktion mit körpereigenem Gewebe können gestielte myo-kutane Lappen aus der Bauchwand verwendet werden.

Eine Verfeinerung dieses Verfahrens stellt die freie Gewebetransplantation mit mikrovaskulären Anastomosen z.B. im Axillabereich dar.

32.6 Dekubitalulkus

Dekubitalulzera sind eine **relativ häufige Komplikation** bei **chronisch** Kranken und **zentralnervös gestörten** Patienten.

Ätiologie: Primärer verursachender (kausaler) Faktor der Dekubita ist die durch das Eigengewicht des Patienten bewirkte **Druckbelastung**. Diese führt zur mechanischen Kompression (Quetschung) der Arteriolen und Venolen von Haut und Unterhautfettgewebe, wodurch es bei wiederholter und zulange dauernder Einwirkung zu einer **chronischen Mangeldurchblutung** mit **Nekrose** von Haut und Subkutangewebe und der Bildung von Ulzera kommt (Abb. 32-4).

Eine Gewichtsbelastung von 200 g/cm² bedingt eine totale Anoxie (völlig unzureichende Sauerstoffkonzentration) des Gewebes. Bei Querschnittgelähmten bestehen beim Sitzen auf 5 cm dicken Schaumgummikissen an der Haut über den Sitzbeinen Druckwerte über 150 mmHg, was bedeuten würde, daß bei nicht ständigem Lagewechsel Ulzera zwangsläufig entstehen müßten. **Sekundäre** Faktoren, die zur Steigerung (**Potenzierung**) der Druckwirkung beitragen können, sind in Tabelle 32-2 aufgeführt. Bei **Paraplegikern** besteht darüber hinaus durch den **Sensibilitätsverlust** eine besondere Gefährdung. Die Häufigkeit der Entstehung von Dekubita wird bei ihnen mit bis zu 90% angegeben.

Lokalisation von Dekubitalgeschwüren: Häufigste Lokalisationen sind die klinisch bekannten **„harten"** Stellen, an denen sich nur

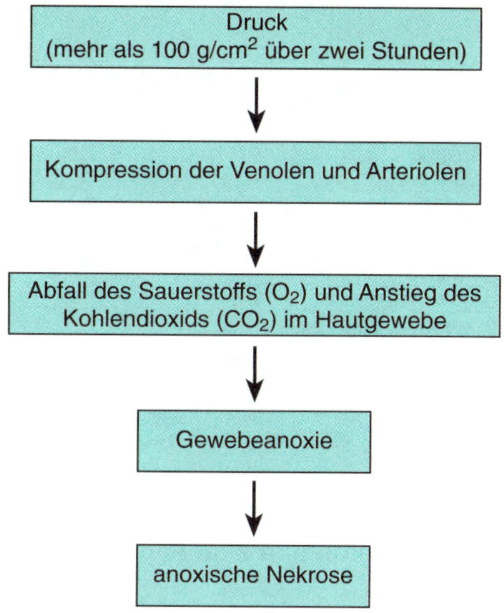

Abb. 32-4 Dekubitusentstehung durch das Gewicht des Körpers.

eine unterschiedlich stark ausgeprägte Schicht von subkutanem Fettgewebe zwischen Haut und Skelett befindet (Tab. 32-3).

Symptome: Dekubitalulzera werden entsprechend ihrer klinischen Zeichen in Stadien eingeteilt.

- **Stadium 1:** Einfaches Erythem über der Druckzone, reversibel.
- **Stadium 2:** Rötung, Schwellung, Induration (Verhärtung), gelegentlich Blasen und Desquamation (Abschuppung, Abstoßung) der Epidermis, noch reversibel bei sofortiger Therapie.
- **Stadium 3:** Zerstörung und Ulzeration der Haut, freiliegendes Fettgewebe, bei geringer Ausdehnung und adäquater (angemessener) Therapie noch reversibel, sonst kommt

Tab. 32-2 Sekundär dekubitogen wirkende Faktoren.

Potenzierung der dekubitogenen Druckeinwirkung durch:	Verlängerung der Druck-Einwirkungszeit durch:
– Anämie – Hypotonie (Schock) – Hypovolämie – Hypoxämie (Lungenkrankheiten) – Gewebeperfusionsminderung (Herzinsuffizienz) – Stoffwechselsteigerung (Fieber) – schlechte Ernährung und Kachexie (Auszehrung) – Infektion	– Alter – Lähmungen (Sensibilitätsverlust bei Paraplegikern) – schwere Polytraumatisierung (Gewebeschock) – Schädel-Hirn-Trauma mit Bewußtlosigkeit – Depression, Katatonie (psychisches Krankheitsbild) – Narkose – dämpfende Medikamente

Tab. 32-3 Lokalisationen der Dekubitalulzera nach ihrer Häufigkeit.

Region	Prozentualer Anteil
Gesäßregion	27%
Kreuzbeinregion	24%
Region um den großen Rollhügel (Trochanter major)	20%
Fersenregion	8%
vordere Knieregion	4%
vordere Unterschenkelregion	4%
vorderer oberer Darmbeinstachel	4%
Wadenregion	3%
übrige Regionen	6%

es zur Infektion und zum Fortschreiten des Ulkus.

- **Stadium 4:** Nekrose von Haut- und Unterhautfettgewebe bis auf die Faszie reichend, meist irreversibel.
- **Stadium 5:** Kombinierte Nekrose von Haut, Fett und Muskel, irreversibel.
- **Stadium 6:** Beteiligung des Skelettes in Form von Periostitis (Knochenhautentzündung), Osteitis (Knochenentzündung), irreversibel.
- **Stadium 7:** Zusätzlich zu der Schädigung des Stadiums 6 sind Osteomyelitis (Knochenmarkentzündung), septische Arthritis, Frakturen, Sepsis verbunden mit tödlichem Ausgang (Exitus letalis) möglich.

Therapie: Entsprechend den Stadien unterteilt sich die Therapie in **konservative** und **chirurgische** Maßnahmen.

- **Stadium 1 bis 3:** Druckentlastung, Dekubitusprophylaxe, Druckbefreiung, Wundbehandlung bis zur Heilung durch Epithelisierung (s. a. Kap. 32.10).
- **Stadium 4:** Chirurgische Behandlung (s. u.) nach konservativem Therapieversuch.
- **Stadium 5 und 6:** Baldmöglichst chirurgisches Vorgehen.
- **Stadium 7:** Dieses Stadium sollte in einer modernen Klinik nie erreicht werden, es kommt jedoch vereinzelt, vor allem bei Tetraplegikern (Lähmung aller vier Extremitäten), vor.

Indikation zur Operation: Eine Operation ist **beginnend** bei **Stadium 4** angezeigt, wenn die Oberfläche des Ulkusgrundes und die Ränder überwiegend mit frischen und sauberen Granulationen gedeckt sind und an den Rändern eine beginnende Epithelisierung festgestellt werden kann.

Allgemeine Prinzipien der derzeit bestmöglichen Behandlung:

- Exzision des Ulkus einschließlich des narbigen Gewebes am Ulkusrand und -boden.
- Abtragen und Glätten der Skelettunterlage zur Entfernung osteitischen Gewebes und Entfernung vorstehender Knochenanteile.
- Wiederherstellung der Haut und einer ausreichenden Unterhautfettschicht als Verschiebeschicht, Abdecken des Knochens mit durchblutetem Muskelgewebe.

Es hat sich die Deckung der Dekubitalulzera mit einem **gestielten Muskellappen** unter Verwendung des **M. glutaeus maximus** (großer Gesäßmuskel) bewährt. Ulzera an den Trochanteren (Rollhügeln) werden bevorzugt durch den faszio-kutanen Tensor faszia lata Insellappen stabil gedeckt.

Bei den nicht seltenen Mehrfachulzera müssen verschiedene Lappen kombiniert werden. Der **Erfolg** der operativen Maßnahmen hängt von der **vorbereitenden** allgemeinen Behandlung, die das Ziel hat, die **katabole** (abbauende) Stoffwechsellage zu beherrschen, und von der **Lagerung** bevorzugt in einem Klinitronbett (Luftkissenbett), ab.

32.7 Dringliche Handchirurgie

Der funktionelle **Wert** der Hand als **Greif-** und **Tastorgan** ist abhängig vom **ungestörten Zusammenspiel** von Muskeln, Sehnen, Gelenken und Nerven. Von großer Bedeutung ist die **Intaktheit** der **vier Qualitäten** der Hautempfindung mit **Berührungssinn, Schmerz-, Kälte-** und **Wärmeempfindung.** Werden die spezifischen Rezeptoren aller vier Qualitäten gereizt, so entsteht das Tastempfinden, das es z.B. möglich macht, in der Hosentasche mit den Fingern einen Gegenstand als Münze bestimmen zu können. Viel zu oft werden scheinbare **Bagatellverletzungen** primär **unsachgemäß** versorgt, so daß es zu einem vermeidbaren Verlust motorischer und sensibler Funktionen und zu Regreßansprüchen kommt. Die **sekundäre** Wiederherstellung ist in vielen Fällen trotz aufwendiger Operationsverfahren **nicht** mehr möglich.

32.7.1 Versorgung von Wunden

Voraussetzung ist die **genaue** Kenntnis der Anatomie und der spezifischen Zeichen der gestörten Funktionen. **Übersteigt** die Schwere der Verletzung dic Erfahrung der Erstbehandelnden und/oder **Fehlen** die räumlichen und instrumentellen Ausstattungen (Mikrochirurgie) muß der/die Patient/in nach Anlage eines sterilen Verbandes und Schienung der Hand in Funktionsstellung in eine **handchirurgische Klinik** überwiesen werden. Beschränkt sich die Wunde auf die Haut, so muß die Wundrandexzision so sparsam erfolgen, daß eine **Naht ohne Spannung** erreicht werden kann. Verlaufen Schnittwunden sagittal (senkrecht) über Gelenke, sollten sie besonders an der Beugeseite nur unter **Anlage von Hilfsschnitten** wie z.B. der Z-Plastik vernäht werden. Es kommt sonst durch Kontraktur der Narbe zur Einschränkung der **Gelenkbeweglichkeit** (Abb. 32-5). Zur Erweiterung von Wunden an der Hohlhand werden **s-** oder **wellenförmige** Schnitte verwendet (s.a. Abb. 32-5). Bei Hautdefekten muß deshalb schon primär der Wundverschluß durch Lappenplastiken oder freie Hauttransplantation erfolgen.

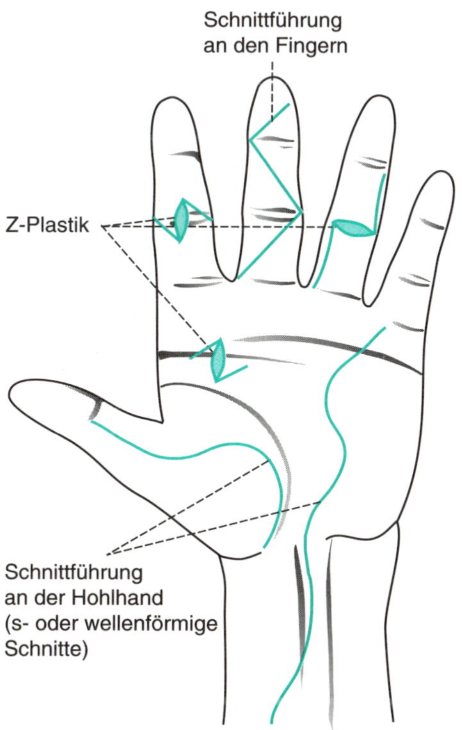

Abb. 32-5 Schnittführungen an den Fingern und der Palma manus (Hohlhand).

Die Versorgung muß immer die primäre Wundheilung zum Ziel haben, da jede Sekundärheilung durch Ödembildung und Fibrosierung zu Bewegungseinschränkung führen kann!

32

Nach allen Wundversorgungen an der Hand, auch wenn kein Knochenbruch vorliegt, soll die **Ruhigstellung** durch eine **Gipsschiene** erfolgen. Bevorzugt wird die **„Intrinsic-plus-Stellung“** mit leichter Überstreckung im Handgelenk, maximaler Beugung in den Grundgelenken und nur unwesentlicher Beugung in den Fingergelenken.

32.7.2 Strecksehnenverletzungen

Ätiologie: Die **offene** Strecksehnenverletzung ist **häufiger** als die **geschlossene.** Geschlossene Sehnenrupturen entstehen durch verminderte Reißfestigkeit der Sehne wie z.B. bei rheumatischen Erkrankungen. Diese geschlossenen Rupturen finden sich am häufigsten an den Endgliedern der dreigliedrigen Finger. Eine geschlossene Ruptur der langen Daumenstrecksehne kann nach Brüchen des Radius (Speiche) auftreten.
Symptome und Diagnose: Sichtbare Veränderungen und eine **Funktionsprüfung** führen zur Diagnose (Tab. 32-4).
Therapie: Frühe degenerative Veränderungen und Verklebung der Sehnenstümpfe mit deren Umgebung müssen vermieden werden und zwingen zur sofortigen Rekonstruktion. Art der Nahttechnik und Dauer der Immobilisation (Tab. 32-5).

Beträgt das **Streckdefizit** an den **dreigliedrigen** Fingern **mehr als 30°,** so sollte die **operative** Revision mittels Naht der Streckaponeurose (Strecksehne) und sechswöchiger Immobilisation durchgeführt werden. Liegt das Streckdefizit **unter 30°**, wird eine **Immobilisierung** mit Stack-Schiene für **zehn bis zwölf Wochen** empfohlen. Bei geschlossener Ruptur der langen Daumenstrecksehne muß die Umlagerung der Sehne des M. extensor indicis (Zeigefingerstrecker) zur Funktionswiederherstellung vorgenommen werden.

32.7.3 Beugesehnenverletzungen

Ätiologie: Zum Verständnis der Versorgung durchtrennter Beugesehnen ist es wichtig, die **Zoneneinteilung nach Nigst** (Abb. 32-6) zu kennen. Die **Wiederherstellung** durchtrennter Beugesehnen am Daumen (Zone 6) und den

32

Tab. 32-4 Symptome und Diagnose bei Wunden mit Sehnenverletzungen an der dorsalen Seite der Hand.

Lokalisation der Wunde	Sichtbare Veränderung	Funktionsprüfung	Diagnose
Endgelenk oder Mittelglied	Endglied hängt, Überstreckung im Mittelgelenk	Endglied nicht streckbar	Durchtrennung der Streckaponeurose (-Sehnenplatte) oder knöcherner Abriß am Fingerendglied (Phalanx distalis), Schwanenhalsdeformität
Mittelglied	Beugestellung im Mittelgelenk, Streckung bzw. Überstreckung im Endgelenk	Versuch der aktiven Streckung verstärkt Beugung im Mittel- und Streckung im Endgelenk	Durchtrennung des Tractus intermedius der Streckaponeurose mit Herabgleiten der Tractus laterales über die Gelenkachse nach palmar (hohlhandseitig), Knopflochdeformität
Mittelgelenk oder distales Grundglied	Mittel- und Endglied hängen	Mittel- und Endgelenk nicht streckbar	Durchtrennung aller drei Zügel der Streckaponeurose
Grundgelenk	Finger hängt im Grundgelenk, Mittel- und Endgelenk gestreckt	Streckung im Grundgelenk unmöglich	Durchtrennung der Strecksehne distal des Connexus intertendineus (Sehnenverbindung des Fingerstreckers), die Mm. interossei (hohlhandseitige Zwischenknochenmuskeln) bewirken die Streckung von Mittel- und Endgelenk
Handrücken	Hängen des Fingers im Grundgelenk nur angedeutet	Streckung im Grundgelenk behindert	Durchtrennung der Strecksehne proximal des Connexus intertendineus
Daumengrundglied	Endglied hängt	Endglied nicht streckbar	Durchtrennung der Streckaponeurose
Daumengrundgelenk	Grund- und Endglied hängen, dorsale (hintere) Begrenzung der Tabatiére (Grübchen zwischen den Sehnen des langen und kurzen Daumenstreckers) fehlt	Grund- und Endglied nicht streckbar	Durchtrennung der Sehnen des M. extensor pollicis longus (langer Daumenstrecker) und des M. extensor pollicis brevis (kurzer Daumenstrecker)
Handgelenk radial (zur Speiche hin)	Palmare Begrenzung der Tabatière fehlt	Daumen nach radial nicht abduzierbar (seitwärts wegführend)	Durchtrennung der Sehnen des M. abductor pollicis longus (kurzer Daumenabspreizer) und des M. extensor pollicis brevis

dreigliedrigen Fingern (Zone 2) im Bereich Endglied bis zum körpernahen Rand der Sehnenkanäle, früher auch als „Niemandsland“ bezeichnet, gehört auch heute noch zu den **Problemen in der Handchirurgie**, denen durch ein spezielles Vorgehen begegnet werden muß. Der Unterschied in der Prognose zur Rekonstruktion von Strecksehnen liegt in den **anatomischen** Gegebenheiten und vielfach in den **biologischen Vorgängen** der Sehnenheilung, die ganz wesentlich von der segmental (abschnittsweisen) verschiedenen Gefäßversorgung der Beugesehnen abhängig sind.

Im **Niemandsland** (Zone 2 und 6) ist eine **primäre** Sehnenheilung nach handchirurgischer Sehnennaht **möglich**, in den **übrigen** Zonen (Zone 1 = End- und Mittelglied, 3 = Mittelhand, 4 = Karpalkanal, 5 = Unterarm, 7 = Daumenballen) verläuft die Heilung **sekundär**.

Symptome und Diagnose: (Tab. 32-6)

Therapie: Der **Erfolg** der Beugesehnenrekonstruktion im Bereich der osteo-fibrösen Kanäle (Zone 2 und 6) ist von folgenden **Aspekten abhängig**:

– Dem **Zeitpunkt** der Operation: (eine primäre Beugesehnennaht ist innerhalb von

Tab. 32-5 Therapie der durchtrennten Streckaponeurosen und Strecksehnen.

Lokalisation der Durchtrennung	Operatives Vorgehen	Art der Ruhigstellung	Dauer der Ruhigstellung
Endgelenk, distales Endglied	Zwei bis drei U-Nähte	Temporäre Kirschner-Draht-Arthrodese in Streckstellung, palmare Fingergipsschiene	Kirschner-Draht nach sechs Wochen entfernen, Gipsschiene für sechs Wochen zum Schutz
Mittelgelenk	Einzelknopf- oder U-Nähte	Temporäre Kirschner-Draht-Arthrodese des Mittelgelenkes in Streckstellung, palmare Fingergipsschiene	Kirschner-Draht nach fünf Wochen entfernen, vier Wochen Gips
Mittelglied	U-Nähte mit Faden 5.0	Temporäre Endgelenksarthrodese in Streckstellung, palmare Gipsschiene mit Beugestellung des Grund- und Mittelgelenkes	Nach sechs Wochen Kirschner-Draht und Gips entfernen
Grundgelenk	Einzelne U-Nähte	Palmare Unterarmgipsschiene unter Einschluß des verletzten Fingers	Vier Wochen
Handrücken	Schnürsenkelnaht (Bunnell), modifizierte Kirchmayr-Naht	Palmare Hand-Unterarmgipsschiene unter Einschluß aller dreigliedrigen Finger in Funktionsstellung	Vier Wochen

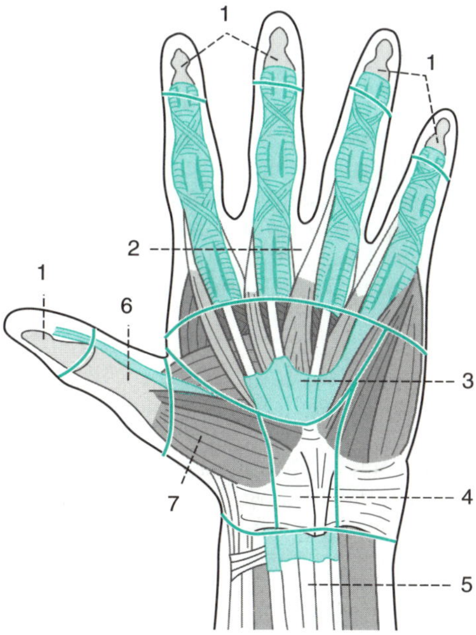

Abb. 32-6 Zoneneinteilung der Hand (nach Nigst). Zone 2 und 6 = Niemandsland, Zone 1 = End- und Mittelglied, Zone 3 = Mittelhand, Zone 4 = Karpalkanal, Zone 5 = Unterarm, Zone 7 = Daumenballen).

24 Stunden nach dem Unfall möglich, eine primärverzögerte Naht wird am 2. bis 14. Tag nach dem Unfall und eine sekundäre Naht ab 15. Tag nach dem Unfall durchgeführt).

- Dem **Alter** des **Verletzten** und der **Schwere** der **Begleitverletzungen.**
- Der **Sorgfalt** und dem **Können** der Operierenden: (Anwendung versenkter atraumatischer Sehnennähte unter Lupenbrillensicht).
- Einer **konsequenten** kontrollierten bis zum Ende der sechsten Woche reichenden **„dynamischen Nachbehandlung"**.

Chirurgisches Vorgehen bei Beugesehnenverletzungen in den Zonen 1 bis 7:

- **Zone 1**: Primäre Naht, wenn distaler Stumpf 1 cm lang, sonst Wiederanheftung am Knochen (Reinsertion).
- **Zone 2**: Primäre Naht beider Sehnen, möglichst mit Verschluß der Beugesehnenscheide.
- **Zone 3**: Vorgehen wie bei 2, evtl. Resektion des Ringbandes A 1, Immobilisierung aller Finger in Intrinsic-plus-Stellung (s. Kap. 32.7.1) für drei Wochen.
- **Zone 4**: Vorgehen wie bei 2 unter Erhaltung eines Teiles des Retinaculum flexorum (queres Handgelenkband).

Tab. 32-6 Symptome und Diagnostik bei Beugesehnenverletzungen.

Lokalisation	Symptome	Diagnose
Zone 1	Das Endglied ist gestreckt und kann nicht aktiv gebeugt werden	Durchtrennung der Sehne des M. flexor digitorum profundus (tiefer Fingerbeuger)
Zone 2 bis 5	End-, Mittel- und Grundglied sind gestreckt, können aktiv nicht gebeugt werden	Durchtrennung der Sehnen der Mm. flexores digitorum superficialis und profundus (oberflächlicher und tiefer Fingerbeuger)
Zone 6 bis 7	Endglied des Daumens gestreckt, Endgelenk aktiv nicht beugbar	Durchtrennung der Sehnen des M. flexor pollicis longus (langer Daumenbeuger)

- **Zone 5**: Vorgehen wie bei 2.
- **Zone 6 und 7**: Primäre Naht der Sehne des M. flexor pollicis longus (langer Daumenbeuger) unter Erhaltung des Ringbandes im Bereich des Daumengrundgelenkes oder Reinsertion mit z-förmiger Verlängerung der Sehne proximal.

Prognose: Unter Einhaltung der oben genannten Kriterien können in über **80%** der Fälle **sehr gute Ergebnisse** erzielt werden.

32.7.4 Nervenverletzungen, Sensibilität und Greiffunktionen

Ätiologie: Nervenverletzungen sind oft Folge **kleinster** Verletzungen, wie z.B. Stichwunden. Sie führen meist zu **Funktionsstörungen**, die in der Regel nur **unvollkommen** zu beheben sind.

Symptome: Die klinischen Symptome bei Durchtrennung von Nerven an der Hand unterscheiden sich **je nach** deren **Höhe** dadurch, daß bei mehr **körpernah** gelegener Durchtrennung **sensible** und **motorische** Fasern und bei Verletzung an den **Fingern sensible** Fasern **alleine** betroffen sind. Je nach Schwere und Art des auf den Nerven einwirkenden Traumas kann er in verschiedenen Maßen geschädigt sein.

- **Neurapraxie: Vorübergehender** Verlust der Leitfähigkeit des Nervens ohne bleibende Schädigung.
- **Axonotmesis:** Unterbrechung der Achsenzylinder bei unverletztem Bindegewebegerüst. Da die Endoneuralrohre unverletzt geblieben sind, kann die **Regeneration ohne** Behinderung ablaufen.
- **Neurotmesis:** Durchtrennung der Achsenzylinder und des Bindegewebegerüstes, sie entspricht der **kompletten** Durchtrennung eines peripheren Nerven.

Diagnose: Zur Prüfung der **Sensibilität** der Fingerbeeren genügt die Berührung und Identifizierung des Fingers bei **geschlossenen** Augen. Die Prüfung des **Gefühles** erfolgt durch das **Zwei-Punkte-Unterscheidungsvermögen nach Weber**, wobei an der gesunden Fingerkuppe bei leichter Berührung mit zwei Spitzen, die einen Abstand von 4 mm voneinander haben, sicher als zwei voneinander getrennte Punkte erkannt werden können. Die Prüfung der **Motorik** bei Wunden an der Hand (Verletzung der Äste der von den Nn. medianus und ulnaris versorgten kleinen Handmuskeln) erfolgt durch Spreizen, Abduktion und Zusammenführen der dreigliedrigen Finger zur Mittellinie der Hand bei aufgelegter Hand und durch Versuch, die Daumenspitze dem Grundgelenk des fünften Fingers zu nähern.

Der Vergleich zur gesunden Hand kann pathologische Befunde verdeutlichen!

Therapie: Nach Durchtrennung gehen alle Achsenzylinder und Markscheiden **innerhalb** des **distalen** (körperfernen) Abschnittes **zu Grunde**. Eine primäre Heilung gibt es nicht. Die Axone (Fortsatz der Nervenzelle) im distalen Nervenstumpf unterliegen der Waller-Degeneration (Durchtrennung eines Nervs führt zur Degeneration des peripheren Anteils), die nach 24 Stunden einsetzt und am 25. Tag vollständig ist. Im **proximalen** (körpernahen) Stumpf gehen die Nervenfasern bis zum **nächstfolgenden** Internodus (Ranvier-Schnürring) zu Grunde. Eine erfolgversprechende primäre mikrochirurgische Ver-

sorgung verletzter Nerven ist an **folgende Bedingungen** geknüpft:
- glatte Verletzung
- keine wesentliche Quetschung der Nervenstümpfe
- Fehlen von schweren Begleitverletzungen
- eine mikrochirurgisch atraumatische Annäherung durch epiperineurale Nähte (Koaptation) der Nervenstümpfe
- Vorhandensein aller personeller, apparativer und instrumenteller Voraussetzungen zur Durchführung der Operation mit Operationsmikroskop

Die Indikation zur Nervennaht wird gestellt, wenn die Koaptation der Nervenstümpfe **spannungsfrei** erfolgen kann. Bei einer Distanz zwischen den Nervenstümpfen, die durch kurzstreckige Stumpfmobilisierung nicht überwunden werden kann, soll die mikrochirurgische Naht nicht durchgeführt werden. In solchen Fällen ist eine **sekundäre autologe Nerventransplantation** erforderlich. Nach erfolgter Nervenrekonstruktion kann nach einem Intervall von drei Wochen bei komplikationslosem Verlauf mit einem Vorwachsen der Achsenzylinderregenerate von 1 mm (manche plastischen Chirurgen schätzen bis zu 3 mm) am Tag gerechnet werden. Eine kontinuierliche **Elektrostimulation** der nicht innervierten (nicht mit Nerven versorgten) Muskulatur sollte mehrmals täglich erfolgen (Tens-Gerät).

32.7.5 Frakturen der Hand

(s. Kap. 31.6.10)

32.7.6 Infektionen der Hand

Ätiologie: Die Hand als lebenswichtiges Tast- und Greiforgan ist ungeschützt häufig Eintrittspforte für Infektionserreger. Meist handelt es sich um Stichverletzungen, die rasch verkleben. Die häufigsten Erreger sind **Staphylo-** und **Streptokokken**. Es werden **oberflächliche** und **tiefe Panaritien** unterschieden.
Oberflächliche (lokalisierte) Eiterungen an Fingern und Hand:
- **Paronychie** (Eiterung Nagelwall)
- **Panaritium subunguale** (Eiterung Nagelbett)
- **Panaritium cutaneum** (Eiterung in der Haut)
- **Panaritium subcutaneum** (Eiterung des unter der Haut gelegenen Fettgewebes)

Tiefe (fortschreitende) Eiterung an Fingern und Hand:
- **Kragenknopfpanaritium** (tiefe Fingereiterung mit schmaler Verbindung in die Haut)
- **Panaritium tendineum** (Fingereiterung mit Sehnenscheideninfektion)
- **V-Phlegmone** (Eiterung des ersten und fünften Sehnenscheidensackes)
- **Thenarphlegmone** (Eiterung des Daumenballens)
- **Panaritium ossale/articulare** (Infektion der Knochen und Gelenke)

Symptome: Nach eingetretener Infektion entsteht ein **pulssynchroner**, **pochend-klopfender** Schmerz am infizierten Finger. Bei fortgeschrittener Infektion wird der Finger zur Entspannung in leichter Beugestellung der Gelenke gehalten. Seine **aktive** Beweglichkeit ist schmerzhaft **eingeschränkt.**

Diagnostik: Die Ausbreitung der Infektion wird durch Inspektion an der Streckseite und zusätzlich vorsichtige Palpation des Fingerstrahles entlang des Verlaufes der Beugesehnen je nach Auftreten von Schmerzen diagnostiziert. Es muß in allen Fällen eine **Röntgenaufnahme** in drei Ebenen angefertigt werden, auch um mögliche **Fremdkörper** feststellen zu können.

Therapie: Unabhängig von Sitz und Tiefe der Infektion gelten übergeordnet folgende **Regeln:**
- **optimale** Anästhesie (nur bei auf Endglied und -gelenk beschränkte Infektion Leitungsanästhesie des Fingers sonst stets Plexus- oder Allgemeinanästhesie)
- **niemals Blutleere** (Auswickeln der Extremität mit einer flach-breiten Gummibinde, genannt Esmarchbinde), **immer Blutsperre**
- Schnittführung nach handchirurgisch-funktionellen Prinzipien (s. Abb. 32-5)
- sofortige komplette Ausräumung des Eiter- und darüber hinaus Nekroseherdes mit Abstrich (Keim- und Resistenzbestimmung), Einlegen von Laschen, um frühzeitige Wundrandverklebung zu verhindern, täglich Handbäder
- bei tiefen Panaritien, nach subtiler (mit großer Sorgfalt) Ausräumung der Nekrosen, Einlegen von Saug-Spül-Drainagen (s.a. Kap. 31.15.2)
- bei Wiederauftreten klopfender Schmerzen sofortige Revision durch erneute Operation
- in **allen** Fällen **Tetanus-Prophylaxe** (s.a. Kap. 12.9.3)

- in allen Fällen **Ruhigstellung** mit Gipsschienen unter Einschluß des infizierten Fingers in „Intrinsic-plus-Stellung" (s. Kap. 32.7.3)
- **stationäre** Aufnahme, beginnend bei **ausgedehntem Panaritium subcutaneum** und bei allen tiefen Panaritien
- primäre antibiotisch systemische Behandlung nur bei ausgedehnten Befunden ohne Abstrich, antibiotische Therapie nach Keimtestung und Resistenzbestimmung bei Wiederauftreten der Infektion und bei Panaritium ossale/artikulare

Bei Berücksichtigung aller genannten Prinzipien lassen sich ausgeprägte Funktionseinschränkungen der erkrankten Hände weitgehend vermeiden!

32.7.7 Fehlbildungen der Hand

Angeborene Handfehlbildungen treten bei 0,17% der lebend Geborenen auf. Die **Polydaktylie** (Vielfingrigkeit) ist die häufigste. Während sie bei Weißen in 1 auf 3000 Geburten beobachtet wird, ist das Verhältnis bei Schwarzen zehnmal höher mit 1 auf 300. Bei Letzteren überwiegt die Verdoppelung des Kleinfingers, bei den Weißen die des Daumens. Die **Ursachen** für das **rassische Gefälle** sind **unbekannt**. Etwa 40% der Polydaktylien treten doppelseitig auf. Die verschiedenen Formen zeigen in hohem Grade Erblichkeit mit unterschiedlicher Ausprägung.
Therapie: Die Operation, besonders der Doppeldaumen, sollte am Ende des ersten Lebensjahres erfolgen in einem Alter, in dem Lernen durch Begreifen wichtig ist.

Dic zwcithäufigstc Handfchlbildung ist die **Syndaktylie**, bei der eine **fehlende** Trennung von Fingern vorliegt. Am häufigsten betroffen ist der dritte Zwischenfingerraum. In der schwarzen Bevölkerung ist die Syndaktylie sehr viel seltener als bei der weißen. In 20 bis 40% wird eine Erblichkeit beobachtet. Das männliche Geschlecht ist vorwiegend befallen. **Therapie:** Die plastisch-operative Trennung sollte besonders früh erfolgen, wenn zwei ungleich lange Finger miteinander verbunden sind.

Die sehr seltene **Spalthand** (1 auf 90.000 lebend Geborene) ist wegen ihrer Auffälligkeit eine bereits in früheren Jahrhunderten häufig beschriebene und auf Bildern gezeigte Fehlbildung.

Therapie: Das Ziel der frühen funktionsverbessernden Operation durch Spezialisten besteht in der Spaltverschmälerung, der Trennung der häufig gleichzeitig bestehenden Syndaktylien, der Entfernung quer in der Mittelhand liegender Knochen und möglicherweise Osteotomien zur Korrektur von Achsenabweichungen.

Bei allen Handfehlbildungen muß der **Aufklärung der Eltern** über die Fehlbildung selbst und die Möglichkeiten und Grenzen der operativen Behandlung **breiter Raum** gegeben werden, da die Eltern in der Nachbehandlungsphase die wesentlichen Verbündeten der operativ und krankengymnastisch Behandelnden sind.

32.8 Replantation abgetrennter Körperteile

Ätiologie: Die **Mikrochirurgie** hat der Behandlung frischer Handverletzungen neue Möglichkeiten eröffnet, so die Replantation abgetrennter Extremitäten- bzw. Körperteile. Als Replantation wird das **Wiederannähen** vollständig (**arteriell und venös**) nichtdurchbluteter Amputate bezeichnet. Eine **absolute** Indikation zur Replantation besteht bei Abtrennung:
- des Daumens
- mehrerer dreigliedriger Finger
- im Bereich der Mittelhand
- im distalen Unterarm

Erfolge bis zu 80% werden nach glatten Abtrennungen erreicht.
Diagnostik: Genaue Befunderhebung an **Stumpf** und **Amputat** auch mit Röntgenuntersuchung. Feststellung, ob am Amputat **zusätzliche** Schädigungen wie Quetschzonen, Hautdefekte oder Ausriß von Funktionsstrukturen (Bänder, Sehnen) bestehen, sie schränken den Replantationserfolg ein. Der **Beginn** der Operation muß in **Abhängigkeit** von der **Höhe der Abtrennung**, gemessen **in Stunden nach** dem Unfall, **erfolgen**:
- fünf bis sechs Stunden proximal des Handgelenkes
- acht bis zehn Stunden proximale Hälfte der Mittelhand
- 20 Stunden distale Hälfte der Mittelhand und Finger

Das Amputat muß zum Transport in **sterile** Kompressen gehüllt und in einen sicher zu verschließenden Beutel gelegt werden. Dieser kommt in einen zweiten Beutel, der teilweise mit Wasser und Eisstückchen angefüllt ist.

Der direkte Kontakt zwischen Eis und Schmelzwasser und dem Amputat ist zu vermeiden, da die Berührung mit Eis einen Kälteschaden hervorruft und der Kontakt mit Wasser zur Quellung der Gefäßinnenwand (Intima) und damit zu einer Thrombosierung führt!

Therapie: Die Replantation erfolgt von **innen nach außen,** d.h. die **Osteosynthese** steht an **erster** Stelle, gefolgt von der **Rekonstruktion** der Sehnen. Es folgen dann die mikrochirurgischen Nähte an Arterien, Venen und Nerven. Postoperativ muß eine **stündliche Kontrolle** der wiederangenähten Fingerstrahlen erfolgen und bei klinischem Verdacht auf eine venöse oder arterielle Thrombose die Reoperation durchgeführt werden.

III Pflegerischer Teil

32.9 Verbrennungen

32.9.1 Erstmaßnahmen am Unfallort

Die Behandlung des Brandverletzten beginnt in den **ersten Minuten** am Unfallort. Die Brandwunden sind **sofort** mit **kaltem Wasser** zu kühlen, da dies ein weiteres Vordringen der thermischen Schädigung in **tiefergelegene** Hautschichten verhindert und zur Schmerzlinderung beiträgt. Brennende Kleidung wird mit Decken, Kleidungsstücken und durch Wälzen des Verletzten am Boden erstickt, schwelende Kleidung mit Leitungswasser gelöscht (kühlt gleichzeitig die Brandwunde). Angebrannte Kleidungsstücke sollten möglichst vorsichtig entfernt werden, **Stoffreste** die mit der Haut **verklebt** oder **„verbacken"** sind, sind jedoch zu **belassen,** um keine zusätzlichen Hautschädigungen durch gewaltsames Abreißen hervorzurufen. Gleichzeitig ist zu beachten, daß der Verletzte bei ausgedehnten Verbrennungen durch die Kaltwasserbehandlung **nicht unterkühlt** (nie mit Eiswasser kühlen, vorsichtig bei der Anwendung von Schnee, in Wolldecken einwickeln, nicht verbrannte Körperteile erwärmen).

In der Regel sind Brandwunden zunächst steril und werden nur mit **keimfreien** Verbänden (z.B. mit Brandwundentücher oder -verbandpäckchen) abgedeckt. Bei ausgedehnten Verbrennungen können zur Abdeckung auch saubere Handtücher oder Bettücher verwendet werden. Sind die Verbrennungen durch **Chemikalien** hervorgerufen, sollte hier mit **reichlich** Wasser gespült werden (insbesondere bei Augenverletzungen). Kleidungsstücke, die mit Chemikalien in Berührung gekommen sind, müssen entfernt werden.

Das Auftragen von Puder, Salben, Mehl oder Öl ist unbedingt zu unterlassen, da dies sehr häufig zu Infektionen und Verklebungen der Wunden führt!

Dem Notarzt obliegt in erster Linie die **Verhinderung** eines **Volumenmangelschocks**. Bei Verbrennungen kommt es zu hohen Flüssigkeitsverlusten, die schnell substituiert werden müssen (Verabreichung von Elektrolytlösungen). Desweiteren erfolgt die Schmerzbekämpfung durch Gabe stark wirkender Analgetika. Anschließend entscheidet der Notarzt über den Transport in ein **Schwerbrandverletztenzentrum** oder in das nächstgelegene Krankenhaus. Die Einweisung in ein Schwerbrandverletztenzentrum kann durch die **regionale Rettungsleitstelle** oder direkt über die **zentrale Anlaufstelle** für die Vermittlung von Betten für Schwerbrandverletzte in Hamburg erfolgen. Die Zentrale in Hamburg (Tel. 040/2472-8837/8838) ist rund um die Uhr erreichbar.

32.9.2 Pflegeschwerpunkte bei Brandverletzten

Überwachung/Krankenbeobachtung

In der ersten Phase nach dem Entstehen einer Verbrennungskrankheit sind **engmaschige Vitalzeichenkontrollen** (Blutdruck, Puls, ZVD, Überwachung von Bewußtseinslage und Atmung) sowie die **exakte Flüssigkeitsbilanzierung** erforderlich, um einer

Schocksymptomatik frühzeitig begegnen zu können.

Raumanforderungen und Hygienemaßnahmen

Durch die Brandverletzung hat der Patient die **Schutzfunktion** seiner Haut **verloren**, so daß Infektionskeime ungehindert in den geschwächten Organismus eindringen können. Aufgrund dieser Tatsache ist als besondere Infektionsprophylaxe die **Umkehrisolation** (s.a. Kap. 4.6.4) durchzuführen. Der Patient wird in einem Einzelzimmer untergebracht und alle Arbeitsmaterialien sind zu desinfizieren bzw. soweit als möglich zu sterilisieren und im Zimmer aufzubewahren. Jedoch sollte **keine Materiallagerung**, sondern nur der pflegerische **Tagesbedarf** im Zimmer bereitgehalten werden. Dies gilt ebenso für persönliche Dinge des Patienten. Betreten wird der Raum des Patienten ausschließlich mit **sterilem Kittel**, **Mundschutz** und **Kopfhaube**. Alle Tätigkeiten am Patienten sind mit **sterilen Handschuhen** durchzuführen (gilt für alle Personen, auch für Besucher). In regelmäßigen Abständen erfolgen **Infektionskontrollen** durch Abstriche (Rachenabstriche vom Personal, Umgebungsabstriche, Wundabstriche vom Patienten).

Um ein Auskühlen und Energieverlust des Patienten zu verhindern, muß die **Raumtemperatur** ständig **ca. 32 °C** und die **Luftfeuchtigkeit ca. 72%** betragen. Erreicht wird dies durch eine Klimaanlage oder zusätzlich aufgestellte Heizquellen und Vernebler oder Verdunstungsgefäße (tägliche Desinfektion).

Wundbehandlung

Es wird zwischen **zwei** Möglichkeiten der Wundbehandlung unterschieden:
- offene Wundbehandlung bei großflächigen Verbrennungen
- geschlossene Wundbehandlung bei kleineren Verbrennungswunden

Hauttransplantate stellen noch **zusätzliche** besondere **Anforderungen** an die Wundversorgung. Unabhängig von der Art der Wundbehandlung ist immer für eine **ausreichende Schmerzmittelverabreichung vor jeglicher Manipulation** zu sorgen.

Maßnahmen zur offenen Wundbehandlung:
- evtl. Entfernen von Körperhaaren und Wundabstrich (Keimbestimmung)
- bis zum vierten Tag ca. in vier- bis sechsstündlichem Abstand Auftragen antiseptischer Oberflächentherapeutika (z. B. Flamazine®, Polyvidon-Jod-Präparate), die das Wachstum von Mikroorganismen verhindern bzw. verringern

Maßnahmen bei der geschlossenen Wundbehandlung:
- Abtragen von Hautnekrosen
- alle ein bis zwei Tage Anlegen eines Verbandes mit antiseptischen Salben oder Salbenkompressen (z. B. Branolind®), dies dient der Heilung und hält die Verbrennungsoberfläche geschmeidig

Maßnahmen bei Hauttransplantaten:
- Verbände in den ersten 24 Stunden in **regelmäßigen** Abständen **anfeuchten** (isotonische Kochsalzlösung)
- die transplantierten Hautbezirke sind zur ungehinderten Heilung ruhigzustellen (Lagerung und Kontrakturenprophylaxe)
- Verband solange wie möglich belassen, um das Anwachsen der Transplantate durch Manipulationen nicht zu gefährden
- bei übermäßiger Wundsekretion wird in den ersten Tagen nur das Polstermaterial unter aseptischen Bedingungen ausgetauscht

Körperpflege/Prophylaxen

Je nach Verletzung und Zustand des Patienten kann die Reinigung im Bett oder im **Duschbad** vorgenommen werden. Hierbei können die alten Verbände schonend entfernt werden. Die Wassertemperatur ist individuell auf den Patienten abzustimmen. Abwaschen und Reinigen erfolgt mit **desinfizierender Flüssigseife** (z. B. Betaisodonaseife®) und das Abduschen mit **klarem Wasser.** Das Reinigungsduschbad wird in der Regel zweimal täglich durchgeführt. **Vollbäder** sind sehr **kreislaufbelastend** und sollten in der ersten Phase **nicht** durchgeführt werden. Das Duschbad wird am Anfang durch die Pflegekraft, später nach Anleitung durch den Patienten selbst durchgeführt. Das **Abtrocknen** wird mit **sterilen Handtüchern** durchgeführt und der Patient bekommt ein **frisches Bett** mit steriler Auflage.

Besonders hervorzuheben sind die notwendigen Maßnahmen zur **Pneumonie-** (s. u.) und **Kontrakturenprophylaxe**. Hier ist auf die achsengerechte bzw. die Lagerung in Funk-

tionsstellung zu achten. Daneben können je nach Zustand des Patienten (Schmerzen, psychische Verfassung) passive oder aktive Bewegungsübungen nach krankengymnastischer Anleitung durchgeführt werden. **Beispiele** hierfür sind:
- Füße kreisen, strecken und anziehen
- Beine und Arme beugen und strecken
- Hände öffnen und schließen

Lagerung

Große Verbrennungswunden neigen in der Akutphase zu **starker Wundsekretion** von ca. zwei bis acht Liter täglich. Aus diesem Grund ist auf die Auswahl eines **zweckmäßigen** Bettes zu achten. Als geeignet haben sich Betten mit vier **sterilen Schaumstoffauflagen** von jeweils 2 cm Dicke erwiesen. Die Schaumstoffauflagen ermöglichen eine **Weichlagerung** und **Wundsekrete** können durch den Schaumstoff **durchsickern** und aufgefangen werden. Abgedeckt werden die Schaumstoffauflagen mit sterilen Badetüchern oder Bettlaken. Um ein Verkleben der Wunden mit dem Laken zu verhindern, werden sterile **Metalline®-Auflagen** aufgelegt. Feuchte Tücher sind sofort, das komplette Bett mindestens **einmal täglich zu wechseln.** Während der **ersten Phase** besteht für den Patienten aufgrund instabiler Kreislaufverhältnisse die Gefahr eines Schocks, so daß der Patient **nicht gelagert** werden kann, sondern ausschließlich in Rückenlage bleibt. Zur **Druckentlastung** an Hinterkopf, Fersen, Ellenbogen werden speziell **zugeschnittene** Schaumstoffpolster untergelegt. In der **Kreuzbeingegend** wird ein ausreichend großes **Loch** in den Schaumstoff geschnitten. Die **Extremitäten** sind zur **Vermeidung** von **Ödembildung** und zur **Verbesserung** des **venösen Rückstromes** auf Schaumstoffschienen **hochzulagern**. Sind Verbrennungen im Gesicht vorhanden, wird auch eine **Hochlagerung des Oberkörpers** (Pneumonieprophylaxe) vorgenommen, da Ödeme an Hals und Gesicht die Atemwege behindern und damit eine ausreichende Atemfunktion eingeschränkt werden kann. Hat sich die Kreislaufsituation stabilisiert, erfolgt **zwei-** bis **vierstündlich** die **Umlagerung** des Patienten, wobei auf schmerzhafte Handgriffe bzw. festes Zupacken verzichtet werden sollte (Umlagerung erfolgt weniger schmerzhaft, wenn Bettlaken zur Hilfe genommen werden).

Ernährung

Eine parenterale Ernährung ist in der Regel nur kurzfristig notwendig (Durchführung der Soor- und Parotitisprophylaxe). Anschließend bekommt der Patient **Wunschkost** mit zusätzlichen **Eiweiß**- und **Vitaminzulagen**.

32.9.3 Psychische Betreuung

Durch thermische oder chemische Einflüsse wird die Haut in mehr oder minder großem Ausmaß und Tiefe verletzt. Für jeden Menschen bedeutet intakte Haut nicht nur **Integrität**, **physischen** wie **psychischen** Schutz, sondern auch **Abgrenzung zur Umwelt.** Während dieser Phase tauchen beim Patienten Ängste wegen bleibender, entstellender Narben auf. Daneben werden dem Patienten **prognostische Fragen** bewußt, die sich z.B. um folgende Aspekte drehen:
- nicht ausgeschlossene Funktionseinschränkungen
- berufliche Probleme
- mögliche Umschulungsmaßnahmen
- finanzielle Einbußen
- evtl. Einschränkungen der weiteren Lebensführung und -qualität

Diese Probleme müssen in der individuellen Pflegeplanung Berücksichtigung finden. Der Patient benötigt somit ein **hohes Maß** an Informationen und Zuwendung vom therapeutischen Team unter Einbezug von Angehörigen oder nahestehender Bezugspersonen möglichst schon während der Intensivbehandlung.

32.10 Dekubitalulzera

32.10.1 Allgemeines

Nach einer Untersuchung bekommen **4 bis 10% aller stationären** Patienten einen Dekubitus. Die **Vermeidung von Dekubiti** fällt in den **Aufgabenbereich** des **Krankenpflegepersonals**. Ein Dekubitus entsteht durch anhaltenden Druck an einer bestimmten Hautstelle (lokale Minderdurchblutung), was nach einer bestimmten Druckverweildauer zum Absterben von Zellen führt (s.a. Kap. 32.6).

Hautzellen sterben bei kontinuierlicher Druckeinwirkung mit Unterbrechung der Sauerstoffversorgung nach ca. zwei Stunden ab,

extrem hohe Druckintensität oder bestehende Risikofaktoren setzten diese Zeitspanne erheblich herab!

Ein Dekubitus kann **überall** an Körperstellen (Tab. 32-7) entstehen, an denen **Knochen** nur durch **wenig Unterhautfettgewebe gepolstert** sind. Je nach seiner Ausdehnung wird er in unterschiedliche Stadien eingeteilt (s. Kap. 32.6).

Risikofaktoren/-patienten

Für alle Patienten sind die größten Risikofaktoren der **Auflagedruck** gepaart mit der **Druckverweilzeit**. Diese beiden Faktoren sind von der Mobilität des Patienten abhängig.

Je größer der Mobilitätsgrad des Patienten, um so kleiner ist für ihn das Dekubitusrisiko!

Weitere Risikofaktoren sind alle **Krankheiten,** die zu **Immobilität** führen, z.B.:
- Sensibilitätsstörungen
- Lähmungen
- Bewußtlosigkeit
- Behinderungen der Bewegung

zusätzliche Faktoren sind z.B.:
- reduzierter Allgemeinzustand
- Stoffwechselerkrankungen
- Fieber
- Inkontinenz
- Adipositas
- Durchblutungsstörungen

Die oben genannten Risikofaktoren (s.a. Tab. 32-2) spielen nicht in **jeder Altersklasse die gleiche Rolle.** Krankheiten, die z.B. mit Lähmungen einhergehen (Apoplex, multiple Sklerose usw.) stellen für den jugendlichen Patienten ein gleich hohes Dekubitusrisiko wie für den älteren Patienten, Fieber hingegen stellt ein höheres Dekubitusrisiko für den alten Patienten dar. Mit **zunehmendem Alter erhöht** sich das Dekubitusrisiko generell.

32.10.2 Dekubitusprophylaxe

Die Dekubitusprophylaxe beginnt mit der **Einschätzung der Gefährdungsstufe**. In den fünfziger Jahren wurde von der Krankenschwester Doreen Norton eine Skala, die nach ihr benannte **Norton-Skala** (s. Kap. 8, Tab. 8-4), entwickelt. In der **ursprünglichen** Form enthielt die Skala **fünf Faktoren** (körperlicher Zustand, geistiger Zustand, Aktivität, Beweglichkeit, Inkontinenz), von denen jeder einzelne wiederum in **vier verschiedene Stadien** unterteilt war (geringe bis hohe Gefährdung nach Punkten eins bis vier, wobei vier einer geringen und eins einer hohen Gefährdung entspricht). Zwischenzeitlich ist diese Skala um **vier Faktoren erweitert** worden (Zusatzerkrankung, Hautzustand, Alter, Motivation/Kooperation) und bildet ein wichtiges Instrument zur Einschätzung der Dekubitusgefährdung und der daraus resultierenden Pflegemaßnahmen. Nach der Einschätzung erfolgt die **Planung** der **Dekubitusprophylaxe.** Sie bezieht sich in der Hauptsache auf:
- Verminderung des Auflagedruckes und Verkürzung der Druckverweilzeit
- Verbesserung der Hautdurchblutung
- Minderung der Risikofaktoren soweit als möglich

Lagerungsmethoden

Die Verminderung des Auflagedruckes sowie die Verkürzung der Druckverweilzeit kann durch verschiedene Lagerungen, und zwar durch die Weichlagerung, die Superweichla-

Tab. 32-7 Gefährdete Körperegionen für die Entstehung eines Dekubitus bei verschiedenen Liegepositionen.

Rückenlage	Seitenlage	Bauchlage
– Hinterkopf – Ellenbogen – Schulterblätter – Dornfortsätze (Wirbelsäule) – Kreuzbein-Steißbeinregion – Fersen – Zehenspitzen (Bettdecke)	– Ohrmuschel – Jochbein – Ellenbogen – seitliche Rippenanteile – Trochanter major – Knie (innen, außen) – Fußknöchel (außen, innen)	– Ohrmuschel – Jochbein – Sternum – Schulter – Beckenknochen – Kniescheibe – Schienbein, Zehen

gerung und Umlagerung erreicht werden. So werden die gefährdeten Körperstellen möglichst zu 100% vom Druck entlastet. **Weichlagerung** kann beispielsweise durch das Einlegen einer **Antidekubitusmatratze** erreicht werden, die allerdings nur eine **begrenzte** druckreduzierende Eigenschaft hat und zum Einsatz kommt, wenn das Dekubitusrisiko **gering** ist oder Patienten aufgrund ihrer Erkrankung **nicht** umgelagert werden können oder dürfen. Ist die alleinige Weichlagerung auf der Antidekubitusmatratze nicht ausreichend, muß der Patient zusätzlich zweistündlich umgelagert werden, 30°- und 135°-Seitenlage, T-Lagerung, V-Lagerung (Abb. 32-7 A bis D).

- **30°-Seitenlagerung** (Abb. 32-7 A): Die Druckentlastung gefährdeter Körpergebiete wird bei dieser Lagerungsvariante mittels einer Körperdrehung um 30° auf die rechte oder linke Seite erreicht. Dabei sind dem Patienten Kissen oder andere Hilfsmittel (Schaumstoffkeile, etc.) in den Rücken zu legen, damit er nicht in die Rückenlage zurückkippt. Es wird hierbei keine gleichmäßige Druckverteilung angestrebt, sondern es erfolgt eine **Verlagerung des Auflagedruckes** von empfindlichen auf weiche, nicht so druckempfindliche Körperstellen.
- **135°-Lagerung** (Abb. 32-7 B): Dies ist für den Patienten eine sehr **bequeme Lagerung**, die besonders bei Dekubitalgeschwüren im

32

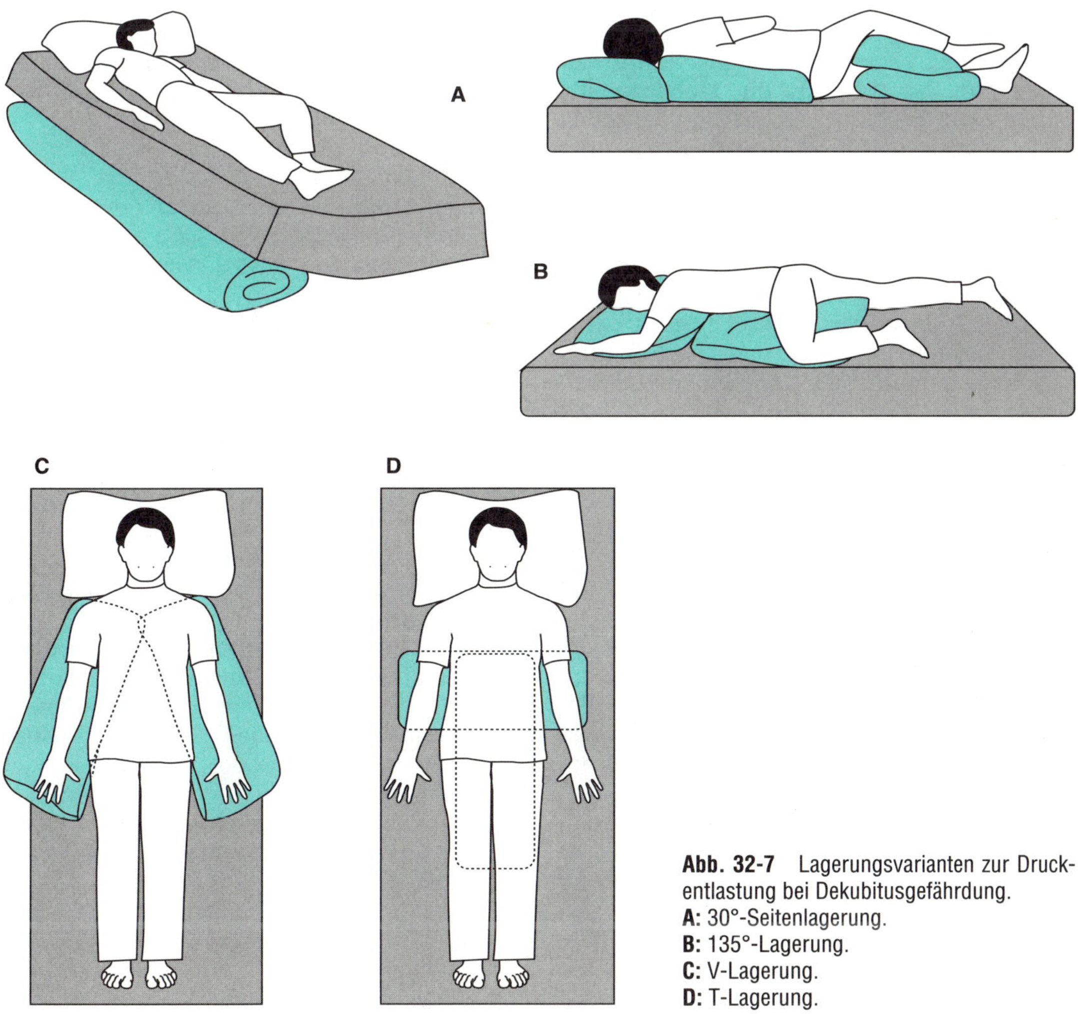

Abb. 32-7 Lagerungsvarianten zur Druckentlastung bei Dekubitusgefährdung.
A: 30°-Seitenlagerung.
B: 135°-Lagerung.
C: V-Lagerung.
D: T-Lagerung.

32

Rückenbereich geeignet ist. Dem Patienten wird ein Kissen unter den Oberkörper gelegt, so daß der Beckenkamm im vorderen Körperteil nicht schwer aufliegt.

- **V-Lagerung** (Abb. 32-4 C): Die V-Lagerung kommt zum Einsatz bei Dekubitusgefährdung oder Dekubitalgeschwüren im Bereich der **Dornfortsätze an der Wirbelsäule.** Das Prinzip beruht auf der **Hohllagerung.** Es werden zwei nicht prall gefüllte Federkissen benötigt, die zu sog. „Schiffchen" geformt werden. Jedes Kissen sollte nunmehr 20 × 80 cm breit sein. Beide Kissen werden v-förmig unter den Rücken des Patienten gelagert, wobei der dritte Halswirbelkörper auf dem oberen Ende der Spitze des Vs liegt, **Hals** und **Kopf liegen frei.** Der Kopf wird durch ein extra Kissen unterstützt, die Arme können auf den Kissenenden seitlich gelagert werden. So erreicht man eine Hohllagerung der Wirbelsäule und der Oberkörper ist überdehnt.
- **T-Lagerung** (Abb. 32-4 D): Das Ziel dieser Lagerung ist ebenfalls die **Hohllagerung,** und zwar bei einer Dekubitusgefährdung im Bereich der **Schulterblattspitzen** oder dem **unteren Rippenrand im Rücken**. Auch hierzu werden zwei Kissen zu Schiffchen geformt und so übereinandergelegt, daß sie sich t-förmig überkreuzen. Der Patient wird so auf den Kissen plaziert, daß die Wirbelsäule auf dem senkrecht nach unten liegendem Kissen liegt und die Schulterblattspitzen und/oder der Rippenrand freiliegen.

Ein Patient, der laut Norton-Skala ein **hohes Dekubitusrisiko** hat, sollte eine **Superweichlagerung** erfahren. Dies kann mit einer Schaumstoffwaffelmatratze oder im Klinitron®-Bett erfolgen.

Körper-/Hautpflege

Die Hautdurchblutung läßt sich am besten durch Mobilisation verbessern, d.h. der Patient ist so bald wie möglich zu **Bewegungsübungen** anzuregen (Füße kreisen lassen, Beine anziehen, Gesäß für kurze Zeit anheben usw.) bzw. aktiv zu mobilisieren (z.B. selbständige Wechsel der Liegeposition, in den Sessel bzw. auf die Bettkante setzen, kurze Spaziergänge usw.).

Zusätzlich spielen **Körperpflege** sowie gute **Hautbeobachtung** und **Hautpflege** eine wichtige Rolle. Die Ganzkörperwäsche wird möglichst mit alkalifreier Seife gewaschen, Parfümseifen können Allergien auslösen, Deoseifen enthalten Desinfektionsmittel, die zusätzlich schädigen. Bei Diabetikern ist aufgrund der alkalischen Verschiebung des Hautmilieus auf die Verwendung von Seifen zu verzichten. Die **Verschmutzungen** der Haut durch **Urin** oder **Stuhl** aufgrund einer evtl. Inkontinenz sind **sofort** zu entfernen, da eine **lange Kontaktzeit** der Ausscheidungen mit der Haut **negative** Auswirkungen auf den **Säureschutzmantel** der Haut hat. Die Haut ist immer gut zu trocknen und mit rückfettenden Hautpflegeprodukten zu behandeln. Dabei ist zu beachten, daß bei normaler bis trockener Haut ausschließlich **Wasser in Öl-Päparate** (Wasser ist in die Öltröpfchen eingebracht) angewendet werden (z.B. pH-5-Eucerin®). Bei diesen Mitteln wird die Haut mit einem Fettfilm überzogen, der den Feuchtigkeitsverlust der Haut vermindert, der Wasseranteil erhält die Atmungsaktivität und Wärmedurchlässigkeit der Haut.

Der hohe Wasseranteil bei Öl in Wasser-Präparaten (Öl schwimmt im Wasser) läßt die Haut aufquellen und trocknet sie aus; deshalb sollten diese Mittel keine Anwendung bei der Hautpflege bei dekubitusgefährdeten Patienten finden!

Reine Fettpräparate (z.B. Vaseline) sind aufgrund der verursachenden **Verschließung der Hautporen** (Hautatmung wird eingeschränkt bzw. verhindert) abzulehnen. Auch folgende, zum Teil immer noch angewendete Maßnahmen sind aus dem Prophylaxeprogramm zu streichen.

- Einreibungen mit **Alkohol** (z.B. Franzbranntwein): Entfettung und Austrocknung der Haut.
- Anwendung von **hyperämisierenden Salben** (z.B. ätherische Öle, menthol-, kamperhaltige Salben, Arnikalösung) zur Förderung der Hautdurchblutung: nur **kurzfristige** durchblutungsfördernde Wirkung in der obersten Hautschicht, nicht als Prophylaxemaßnahme geeignet, Schädigung der Hautflora, Gefahr einer Dermatitis bei Arnikalösung.
- **Eisen und Fönen**: keine Zunahme der Hautdurchblutung (Meßergebnis durch Laser-Doppler-Flowmetrie) und Zunahme der Keimbesiedelung der Haut durch mechani-

sche Verteilung (Eisen) und den Wirbeleffekt (Fönen).
- Einsatz von sog. **„Gerbemitteln"** (z. B. Mercurochrom®, Pyoktaninlösung): Gerbung der „lebenden" Haut ist **nicht möglich,** Mittel führen zum Elastizitätsverlust der Haut und schädigen die normale Hautflora, Frühsymptome (Rötung) einer Dekubitusentstehung sind aufgrund der Hautverfärbung (Mercurochrom, Pyoktaninlösung) **nicht** mehr **erkennbar.**
- **Massagen:** bisher kein wissenschaftlicher Nachweis über die Effektivität dieser Methode.

Da **Ernährungsstörungen** als dekubitogener Faktor betrachtet werden, gilt es, diese **auszuschalten**. Die Ernährung sollte vitamin- und eiweißreich sein, alle Spurenelemente und Mineralstoffe enthalten. Auf eine aureichende Flüssigkeitszufuhr ist zu achten, da Flüssigkeit den Spannungszustand der Haut erhält.

32.10.3 Dekubitusbehandlung

Für die Dekubitusbehandlung existieren **zahlreiche Schemen** (klinikinterne **Standards**), die im Rahmen dieses Kapitels nicht alle erwähnt und beschrieben werden können. Hat sich trotz aller prophylaktischer Maßnahmen ein Dekubitus entwickelt, sollten jedoch **folgende Grundsätze** immer Berücksichtigung finden.
- Durch eine **konsequente** vollständige **Druckentlastung** ist die Gewebeminderdurchblutung und damit auch die Sauerstoffversorgung wiederherzustellen.
- Bestehen bereits **nekrotische** Beläge auf dem Dekubitusulkus, so sind Maßnahmen der **Wundreinigung**, die **enzymatische Auflösung** von Nekroseteilen in wasserlösliche Aminosäuren sowie die **chirurgische Entfernung** der Nekrosen (Nekrektomie) durchzuführen (ärztliche Anordnungen beachten).
- Besteht bereits eine Infektion, so ist die **Sanierung** mittels einer gezielten **Antibiotikatherapie** anzustreben. Dabei ist zu beachten, daß **keine lokalen** Antibiotika angewendet werden, da diese die körpereigene Abwehr schädigen sowie Resistenzbildung und lokale Nebenwirkungen möglich sind.
- Durchführung von geeigneten **Wundverbänden** (feuchtes Milieu erhaltend, bakterienundurchlässig, nicht klebend und damit erneut traumatisierend für Granulationsgewebe, luftdurchlässig, einfache Handhabung). Bewährt hat sich beispielsweise die Anwendung von **Hydrokolloidverbänden** (s.a. Kap. 5.1.7).

Der Patient sollte grundsätzlich, auch wenn dieser gepolstert ist, nicht auf dem Verband gelagert werden, da damit eine erneute Druckerhöhung provoziert wird!

- **Reduzierung** bzw. **Ausschaltung** von **dispositionierenden** Faktoren (Immobilität verringern, Flüssigkeitszufuhr nach Bilanz regulieren und korrigieren, Verbesserung des Allgemeinzustandes durch hochkalorische Ernährung, Temperatursenkung bei Fieber, Therapie von Diabetes mellitus, Anämie, etc.).

Auch bei der Dekubitusbehandlung ist eine **sorgfältige,** auf den Patienten **abgestimmte Pflegeplanung** vorzunehmen, um auszuschließen, daß eine Behandlung mit **„Hausmitteln"** vorgenommen wird, mit denen **„individuelle Erfahrungen"** gemacht wurden. Besonders wichtig ist in der Dekubitusbehandlung, aber auch in der Prophylaxe die konsequente **einheitliche Arbeitsweise** aller Pflegenden sowie die **ausführliche Dokumentation** aller durchgeführten Maßnahmen (rechtliche Absicherung bei Regreßansprüchen durch den Patienten). Bei ausgeprägten Dekubitalulzera empfiehlt sich eine Fotodokumentation (tägliche Aufnahme, um den Heilungsverlauf zu belegen).

Literaturhinweise

[1] Zellweger, G.: Die Behandlung der Verbrennungen. Deutscher Ärzteverlag, Köln 1981.

[2] Hoch, J., G. M. Lösch: Rekonstruktive Maßnahmen an der Brust nach Operation und Bestrahlung. In: Das Mammakarzinom. Hrsg.: J. Durst. Edition Medizin, VCH Verlagsgesellschaft mbH, Weinheim 1991.

[3] Buddeberg, C., E. Constam: Psychosoziale Aspekte der Mammarekonstruktion nach Mastektomie. Schweiz, Rundschau Medizin. (Praxis) 73, Nr. 16, S. 507 (1984).

[4] Lösch, G. M., M. Schrader: Plastische Chirurgie. In: Repetitorium der Chirurgie mit topographischer Anatomie Band 1, Allgemeiner Teil, Hrsg.: Durst, J., Kieninger, G., Rohen, J. W. F. K. Schattauer Verlag, Stuttgart-New York 1985.

[5] Olbricht, I.: Die Brust, Organ und Symbol weiblicher Identität. Rowohlt-Verlag, Reinbek bei Hamburg 1989.

[6] Seiler, W. O., H. B. Stähelei: Zur Verhütung und Therapie von Dekubitalulzera. In der Zeitschrift: Fortsch. Med. 14, 675 (1979).

[7] Schrader, M., G. M. Lösch: Dringliche Handchirurgie. In: Repetitorium der Chirurgie mit topographischer Anatomie Bd. 4, Spezieller Teil. Hrsg.: Durst, J., Kieninger, G., Rohen, J. W. F. K. Schattauer Verlag, Stuttgart-New York 1985.
[8] Nigst, H.: Erkrankungen der Sehnen und Sehnenscheiden. In: Handchirurgie, Bd. 1, Allgemeines, Wahloperationen. Hrsg.: H. Nigst, D. Buck-Gramcko, H. Millesi, Thieme Verlag, Suttgart-New York 1981.
[9] Juchli, L.: Pflege. Georg-Thieme-Verlag, Stuttgart, 7. Aufl. 1994.
[10] Grabosch, A., M. Günnewig: Die Pflege des Brandverletzten. Springer-Verlag, Berlin-Heidelberg 1991.
[11] Maletzki, W., A. Stegmayer-Petry: Klinikleitfaden Krankenpflege. Jungjohann-Verlag, Neckarsulm-Stuttgart 1. Aufl. 1993.
[12] Bienstein, C., G. Schröder, u.a.: Dekubitus, Prophylaxe und Therapie. Deutscher Berufsverband für Krankenpflege, Eschborn, 2. Aufl. 1992.

33 Neurochirurgie

G. Nowak, G. Bliemeister

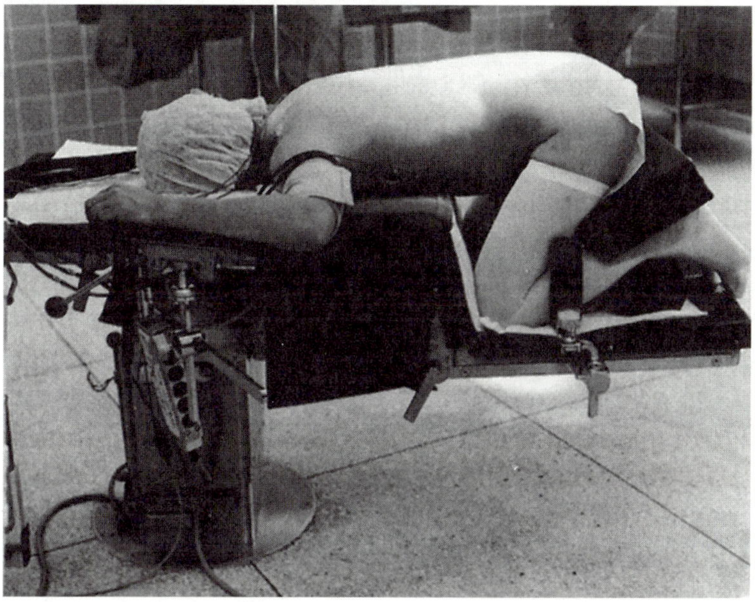

33

I Allgemeiner Teil

33.1 Anatomie und Physiologie

Das Gehirn (Gewicht beim Erwachsenen ca. 1200 bis 1400 g) ist anatomisch in Großhirn, Zwischenhirn, Hirnstamm und Kleinhirn unterteilt. Am **Großhirn,** bestehend aus **zwei** vom äußeren Aspekt identischen **Hemisphären,** werden **folgende Hirnlappen** (Abb. 33-1) unterschieden:
- Stirnlappen (Lobus frontalis)
- Schläfenlappen (Lobus temporalis)
- Scheitellappen (Lobus parietalis)
- Hinterhauptlappen (Lobus occipitalis)

Die Oberfläche der einzelnen Hirnlappen wird durch Windungen weiter unterteilt.

Das **Zwischenhirn** (Dienzephalon) setzt sich aus **verschiedenen Arealen** zusammen:
- **Epithalamus,** bestehend aus der Zirbeldrüse (Glandula pinealis) und der hinteren Querverbindung (Kommissur; Commissura posterior).
- **Thalamus,** ein sich beiderseits vom dritten Ventrikel (Hirnkammer) befindlicher großer Ganglienzellkomplex.
- **Hypothalamus,** steht durch den Hypophysenstiel mit der Hirnanhangsdrüse (Hypophyse) in Verbindung.

Der Begriff **Hirnstamm umfaßt** das verlängerte Rückenmark (Medulla oblongata), die Brücke (Pons) sowie das Mittelhirn (Mesenzephalon), das dorsal durch die Vierhügelplatte (Lamina quadrigemina) begrenzt ist.

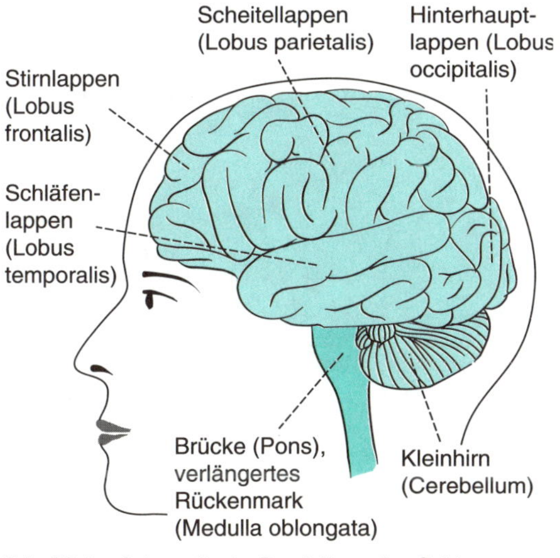

Abb. 33-1 Schematische Darstellung des Gehirnes.

Das **Kleinhirn** (Cerebellum) sitzt dem Hirnstamm dorsal auf und ist mit diesem über die drei Kleinhirnstiele (Pedunculus cerebellaris) verbunden. Kleinhirn und Hirnstamm liegen in der **hinteren Schädelgrube** und werden durch das Kleinhirnzelt (Tentorium) vom Großhirn **getrennt**. Die äußere Struktur des Kleinhirnes läßt zwei durch enge Querfurchen überzogene Hemisphären sowie in der Mitte den unpaarig angelegten Kleinhirnwurm (Vermis) erkennen.

An der **Basis** des Gehirns verlaufen die **Hirnnerven,** die den Schädel durch **verschiedene** Öffnungen verlassen (Tab. 33-1).

Das Hirngewebe **(Parenchym)** umgibt von allen Seiten die Hirnkammern (Ventrikel), die vom Ventrikelependym (einschichtiges Epithel der Hohlräume des zentralen Nervensystems) ausgekleidet und mit dem extrazellulären Raum des Gehirnes in offener Verbindung stehen. Das Hirnwasser **(Liquor cerebrospinalis)** wird über die in allen Hirnkammern befindlichen Plexus choroidei (Adergeflechte) gebildet (Volumen beim Erwachsenen ca. 400 bis 500 ml pro Tag). Von den Seitenventrikeln gelangt der Liquor über Öffnungen (Foramina Monroi) in den dritten Ventrikel und von dort durch den Aquädukt (Wasserleitung) in den vierten Ventrikel (Abb. 33-2). Die Öffnungen des vierten Ventrikels (Foramina Luschkae und Magendi) stellen die **Verbindung** zum **spinalen** Liquorraum her. Hier zirkuliert der Liquor bis zum kaudalen (unteren) Ende des mit Häuten ausgekleideten Spinalkanales und gelangt wiederum **intrakraniell** auf die Außenseite des Gehirns in den **Subarachnoidalraum.** Die Resorption des Hirnwassers erfolgt aus dem hemisphäralen (über den Großhirnhälften befindlichen) Subarachnoidalraum in das venöse Blutsystem über die sog. Paccionischen Granulationen (Ausstülpung der Spinnwebenhaut nach Paccioni benannt).

Gehirn und Rückenmark sind von **drei** Häuten umgeben: **Pia mater** (weiche Hirnhaut), **Arachnoidea** (Spinnwebenhaut) und **Dura mata** (harte Hirnhaut). Zwischen der Dura und den umgebenden Knochenstrukturen befindet sich der **Epiduralraum**. Der **Subduralraum** wird von Dura und Arachnoidea

33

Tab. 33-1 Übersicht über die Hirnnerven.

Hirnnerv	Name	Funktion
I	N. olfactorius	Riechen
II	N. opticus	Sehen
III	N. oculomotorius	Augenmuskeln/Pupille
IV	N. trochlearis	Augenmuskel
V	N. trigeminus	Sensibilität im Gesicht, in der Nase, Mundhöhle und an der Kornea, Kaumuskulatur
VI	N. abducens	Augenmuskel
VII	N. facialis	Mimische Gesichtsmuskeln, Tränendrüsen, Geschmack vorderer Teil der Zunge
VII	N. vestibulo-cochlearis	Gleichgewicht/Gehör
XI	N. glossopharyngius	Schlundmuskeln, Speichelsekretion, Geschmack hinterer Zungenteil, Würgereflex
X	N. vagus	Schlund- und Kehlkopfmuskeln, Eingeweide in Brust- und Bauchraum
XI	N. accessorius	M. sternocleidomastoideus (Kopfwender), M. trapezius (Schultergürtel)
XII	N. hypoglossus	Zungenmuskulatur

begrenzt. Unterhalb der Arachnoidea liegt der mit Liquor ausgefüllte **Subarachnoidalraum**.

Blutversorgung

Die Blutversorgung des Gehirns erfolgt im wesentlichen über die **rechte** und **linke innere Kopfarterie** (A. carotis interna) sowie die **rechte** und **linke Wirbelarterie** (A. vertebralis). Die A. carotis interna tritt beidseitig an der Schädelbasis durch den Karotiskanal in den Schädelinnenraum ein und teilt sich in eine mittlere (A. cerebri media) und vordere Hirnarterie (A. cerebri anterior) t-förmig auf. Die **beiden Karotiskreisläufe**, die über eine vordere Verbindung (Ramus communicans anterior) miteinander in Kontakt stehen, sind für die Blutversorgung des Großhirnes, des Zwischenhirnes sowie bestimmten Anteilen des Mittelhirnes verantwortlich.

Die seitlich an der Wirbelsäule verlaufenden Vertebralarterien treten erst über dem Atlasbogen durch die Dura und vereinigen sich zur Hirnstammarterie (A. basilaris). Der sog. **vertebrobasiläre Kreislauf** (hinterer Hirnkreislauf von den Wirbelarterien gespeist) versorgt das verlängerte Rückenmark, das Kleinhirn, die Brücke, beide Hinterhauptlappen sowie Anteile des Mittelhirnes mit Blut.

Der vordere und hintere Hirnkreislauf kommuniziert über Verbindungsäste (Rami communicantes posteriores) miteinander und mün-

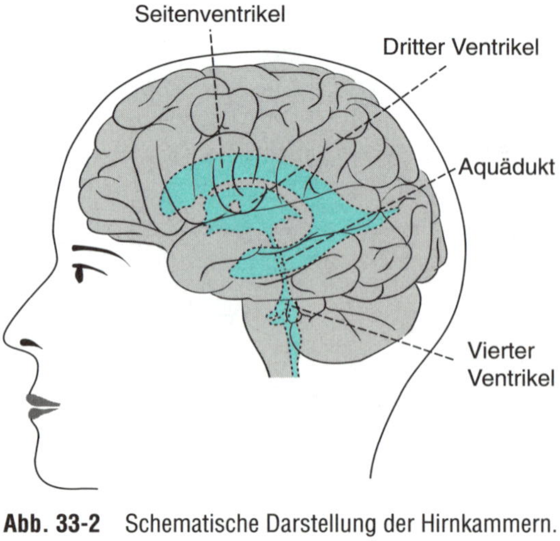

Abb. 33-2 Schematische Darstellung der Hirnkammern.

det in ein basales Ringgefäßsystem (Circulus Willisi).

Das venöse Blut wird in einem **äußeren** und **inneren Venensystem** gesammelt. Von der Hirnoberfläche gelangt das Blut über feine kortikale Venen zu den sog. Brückenvenen, die in den Sinus sagittalis (Blutleiter) superior münden. Von den tiefer gelegenen Hirnstrukturen sammelt sich das Blut in den inneren Hirnvenen, die mit dem Sinus sagittalis inferior in den Sinus rectus münden. Sinus sagittalis superior und Sinus rectus vereinigen sich im Sinus confluens, der in der Mittellinie unter der Hinterhauptschuppe liegt. Von dort aus teilt sich die venöse Blutbahn in die paarigen Sinus transversus, sigmoidei und jugulares, um über die **Vv. jugulares internae** (innere Hals- bzw. Drosselvenen) **aus** dem **Schädelinneren abzuströmen.**

Die **Gehirndurchblutung** ist mit ca. 800 bis 1000 ml pro Minute relativ **konstant (Autoregulation)** und beträgt damit ein Fünftel bis ein Sechstel des Herzminutenvolumens.

Blutversorgung des Rückenmarkes

Die beiden Vertebralarterien geben kurz vor dem Zusammenfluß zur Basisarterie (A. basilaris) zwei Gefäße ab, die sich zur vorderen Rückenmarkarterie (A. spinalis anterior) vereinen. Dieses Gefäß verläuft ventral am Rückenmark. Oberhalb vom dritten Brustwirbelkörper beteiligen sich Äste der A. subclavia (Truncus thyreocervikalis) und unterhalb Äste aus der Aorta (Aa. spinales) an der Blutzufuhr.

Intrakranieller Druck

Unter physiologischen Bedingungen herrscht intrakraniell beim Erwachsenen in **liegender Position** ein Druck von **7 bis 13 mmHg** (ICP = intracranial pressure). Der intrakranielle Druck im Kindesalter ist entsprechend geringer und variiert je nach Lebensalter von 2 bis 10 mmHg. Kurz andauernde **Druckanstiege** sind beim Husten, Niesen, Pressen oder extremer körperlicher Anstrengungen zu verzeichnen.

33.2 Intrakranielle Drucksteigerung

Der in sich nahezu geschlossene intrakranielle/intraspinale Raum wird von **drei Kompartimenten** (Teilvolumina) ausgefüllt:

- neurale Strukturen (Gehirn und Rückenmark)
- Blut (arterielles und venöses System)
- Liquor (Hirnkammern und Subarachnoidalraum)

Die **Vermehrung** eines Kompartimentes **bedingt** eine **Verminderung** oder **Kompression** der restlichen **Teilvolumina,** da die äußere knöcherne Hülle **nicht dehnbar** ist. Der intravasale Raum sowie der Liquor- und Extrazellularraum sind durch die **Blut-Hirn-Schranke** getrennt. Diese Schranke ist nur für Partikel von weniger als zwei Nanometer Durchmesser durchlässig.

Intrakranielle **Raumforderungen** (Tumoren, Blutungen) verursachen durch ihr eigenes Volumen eine **Steigerung** des intrakraniellen Druckes (ICP), der zunächst nur durch eine Kompression des Liquorraumes und des venösen Reserveraumes ausgeglichen werden kann. Sind diese Kompressionsmöglichkeiten erschöpft, so steigt bei einer weiteren Zunahme der intrakraniellen Raumforderung der intrakranielle Druck konstant an (Abb. 33-3). Erschwerend kommt hinzu, daß innerhalb der Tumoren die Blut-Hirn-Schranke fehlt und sich nach Blutungen lokale Schrankenstörungen bilden. Ein dadurch entstehendes **perifokales Hirnödem** (Umgebungsödem, das um einen Tumor oder eine Blutung liegt) **vermehrt** die raumfordernde Wirkung. Schwere Schädel-Hirnverletzungen, länger andauernde Hypoxie (Sauerstoffmangel) und schwere Vergiftungen (Intoxikation)

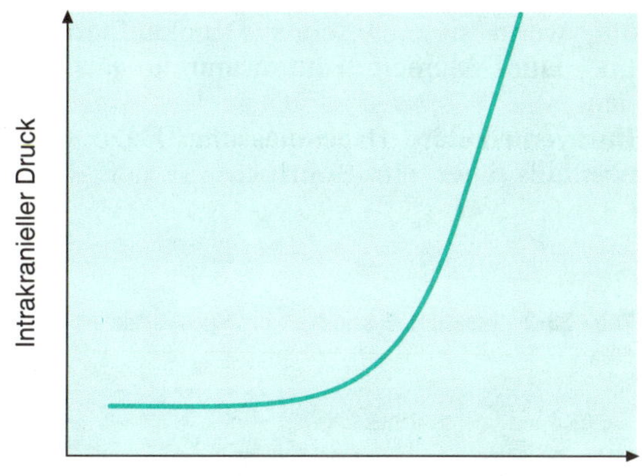

Abb. 33-3 Druckvolumenkurve: Nach Aufbrauchen der intrakraniellen Reserveräume steigt bei zunehmender Raumforderung der Druck exponentiell an.

bedingen ein **generalisiertes** Hirnödem (Tab. 31-2). Im **Extremfall**, wenn sich intrakranieller Druck (ICP) und mittlerer arterieller Blutdruck (MAP) annähern, **sistiert** die Hirndurchblutung.

Symptomatik bei erhöhtem ICP: Kopfschmerzen, Leistungsabfall, Übelkeit, Erbrechen, Stauungspapille (nur bei länger anhaltender intrakranieller Drucksteigerung nachweisbar), zunehmende Bewußtseinstrübung bis zum tiefsten Koma, Sistieren der Hirndurchblutung.

Diagnostik: Bildgebende Verfahren (NMR, CCT) lassen intrakranielle Raumforderungen (Tumoren, Blutungen, Kontusionen) und das Vorliegen eines fokalen oder generalisierten Hirnödems gut erkennen, erlauben aber nur bedingt Rückschlüsse auf den intrakraniellen Druck.

Der entscheidende klinische Parameter ist die Bewußtseinslage des Patienten. Speziell bei komatösen Patienten mit Hirnödem, die maschinell beatmet und bei denen eine antiödematöse Therapie vorgenommen wird, ist ein konstantes Messen (Monitoring) des intrakraniellen Druckes unbedingt anzustreben!

Epidurale Druckmessung: Über ein Bohrloch an der Schädelkalotte wird auf die Dura ein Druckaufnehmer eingesetzt. Es bestehen zwei Möglichkeiten der Druckmessung, über **Dehnungsmeßstreifen** oder über die **Kompression** einer **luftgefüllten Kapsel.**

Die epidurale Druckmessung kann bei jedem Patienten vorgenommen werden. Grobe Ungenauigkeiten treten vor allem dann auf, wenn sich zwischen Druckaufnehmer und Dura kleinere Blutansammlungen bilden.

Intraventrikuläre Druckmessung: Dazu wird ebenfalls über ein Bohrloch (in der Regel hochfrontal vor der Kranznaht und ca. 2,5 cm parasagittal, neben der Pfeilnaht) ein Katheter in das Vorderhorn eines Seitenventrikels vorgeschoben. Der Katheter wird an einen Druckaufnehmer angeschlossen. Die **Vorteile** der intraventrikulären Druckmessung liegen in der **Zuverlässigkeit.** Ferner bietet sich die Möglichkeit, den ICP durch Ablassen von Liquor zu senken. Die intraventrikuläre Druckmessung ist jedoch in der Traumatologie (Kompression der Seitenventrikel, Verlagerung des Ventrikelsystems) oft **nicht problemlos** möglich.

Tab. 33-2 Ursachen des fokalen bzw. generalisierten Hirnödems.

Art des Hirnödems	Ursachen
Hirnödem (fokal)	Tumoren, Infarkte, Blutungen
Hirnödem (generalisiert)	Schädel-Hirn-Trauma, Hypoxie, Entzündungen, Intoxikationen

33.3 Diagnostik

Zum ersten Schritt in der Diagnostik gehören immer eine genaue Anamneseerhebung und eine exakte Untersuchung des Patienten mit Erhebung des aktuellen **neurologischen Status.**

Apparative Diagnostik:

- **Röntgen-Nativaufnahmen:** Direkte Abbildung des Skelettes (Wirbelsäule, Schädel). **Anwendung:** Brüche und Fehlstellung, Knochenzerstörung durch Tumoren oder Entzündungen.
- **Myelographie:** Röntgenaufnahmen des Wirbelsäulenkanales nach Kontrastmittelgabe in den Liquorraum (Lumbalpunktion). **Anwendung:** Bandscheibendiagnostik, enger Spinalkanal, Einengung von Nervenwurzeln, Tumoren und Gefäßmißbildungen im Bereich des Spinalkanales.
- **Angiographie:** Gefäßdarstellung der Wirbelsäulen- oder Gehirngefäße mittels Kathetertechnik unter Kontrastmittelgabe. **Anwendung:** Darstellung der Gefäßversorgung von Tumoren, Gefäßmißbildungen (Aneurysma, Angiom).
- **Computertomographie:** Röntgenuntersuchung vom Kopf (kranial) oder der Wirbelsäule (spinal). Die Absorption von Röntgenstrahlen in den unterschiedlichen Geweben wird gemessen und mit Hilfe eines Computers in einem Bild dargestellt (weiß = sehr dichtes Gewebe, z.B. Blut und Knochen, schwarz = weniger dichtes Gewebe, z.B. Liquor oder Fett). Die Untersuchung kann vor (nativ) und nach intravenöser Kontrastmittelgabe vorgenommen werden. **Anwendung:** Blutungen, Tumoren und Infarkte des Gehirnes und im Bereich der Wirbelsäule, Bandscheibendiagnostik.

- **Kernspintomographie:** Das Verhalten der unterschiedlichen Gewebe in einem Magnetfeld wird gemessen und von einem Computer in einem Bild dargestellt (keine Röntgenstrahlen!). **Anwendung:** Durchblutungsstörungen des Gehirnes, Tumoren und Entzündungen im Bereich des Gehirnes und des Rückenmarkes.
- **Dopplersonographie:** Ultraschallwellen werden von außen über einen Schallkopf auf Gefäße (Arterien) gerichtet und dadurch entstehende Frequenzänderungen (Schwingungen) als Schall (Töne) wiedergegeben. **Anwendung:** Gefäßdiagnostik bei Einengung und Verkalkung der Halsarterien.
- **Transkranielle Dopplersonographie:** Untersuchung der Hirngefäße durch die intakte Schädeldecke.
- **Elektroenzephalographie (EEG):** Ableitung der Hirnstromkurven über Kopfhautelektroden. **Anwendung:** Diagnostik von Anfallsleiden, Hirntodbestimmung.
- **Elektromyographie (EMG):** Ableitung der elektrischen Aktivitätsmuster der Muskulatur über Haut- oder Nadelelektroden. **Anwendung:** Erkrankungen der Muskel- und der Nervenleitung.

II Spezieller Teil

33.4 Mißbildungen

33.4.1 Spaltmißbildungen (Status dysraphicus)

Unvollständiger Verschluß des **Neuralrohres,** Störungszeitpunkt etwa vierte Gestationswoche (Schwangerschaftswoche).

Bogenschlußstörung (Wirbelkörper)

Fast immer ein **Zufallsbefund** in der Röntgen-Nativdiagnostik, keine pathologische Bedeutung.

Dermalsinus (Fistelgang mit Verbindung zur Dura)

Er findet sich häufig im Zentrum eines umschriebenen vermehrt behaarten Hautareals (lumbosacral; Übergang der Lendenwirbelsäule zum Steißbein).
Symptome: Gelegentlich tritt eine Sekretion auf und es kann zur Infektion mit einer Entzündung der Rückenmarkhäute führen.
Diagnostik: Kernspintomographie.
Therapie: Operativ (Exzision der Fistel, Duraplastik).

Meningozele

Eine Aussackung der harten und weichen Rückenmarkhäute, die lumbosacral auftritt. Meningozelen sind fast immer von Haut überzogen. Unter der Zele verbirgt sich ein Wirbelbogenspalt.
Therapie: Resektion der Zele, Duraplastik.

Meningomyelozele

Darunter ist eine **Ausstülpung** von **Rückenmarkhäuten** und **neuralem** Gewebe zu verstehen, die im Bereich des gesamten Spinalkanales lokalisiert sein kann. Voraussetzung ist eine breite Spaltbildung der Wirbelsäule. Die Zele ist meist **nur** von dünnen Arachnoidalmembranen überzogen, teilweise findet sich eine freiliegende Neuralplatte (Hauptlokalisation: lumbosakral und thorakolumbal).

Nahezu immer resultiert diese Fehlbildung in einer **Funktionsstörung** des Rückenmarkes mit einer distal der Lokalisation ausgebildeten **kompletten** oder **inkompletten** Querschnittlähmung.
Therapie: Operativer Verschluß des Hautdefektes durch eine Verschiebeplastik. Die Duraplastik erfolgt durch Rückenfaszie (keine künstliche Dura, da dies zu einer Infektion führen kann!).
Operationszeitpunkt: Innerhalb der ersten 24 Stunden nach der Geburt (**Infektion!**).

Tethered cord (gefesseltes Rückenmark)

Der Konus endet unter dem LWK-1-Niveau, das Filum terminale (rudimentärer Endfaden des Rückenmarkes) ist verkürzt. Findet sich häufig nach Myelomeningozele.

Therapie: Durchtrennung des Filum terminale, Lösung des Rückenmarkes.

Enzephalozele

Heute sehr **selten** zu sehende Mittellinienmißbildung (intrauterine Schalldiagnostik), meist okzipital oder frontobasal gelegen (im Bereich vom Hinterhaupt oder an der Basis des Stirnbeines).
Therapie: Abtragung nach CCT- oder NMR-Diagnostik.

33.4.2 Hydrozephalus

Beim Säugling

Einem Hydrozephalus (Ventrikelerweiterung) liegt in der Regel eine **Liquorabflußbehinderung** zugrunde. Damit kommt es zur Steigerung des Liquordruckes. Bevor sich die Schädelnähte verschließen (erstes Lebensjahr), führt ein zunehmender Hydrozephalus zum pathologischen **Wachstum des Kopfumfanges.** Es entsteht ein Makrozephalus, der Kopfumfang kreuzt die Perzentilen (statistisch: Wachstumslinien, denen z.B. 50 oder 90% der Säuglinge folgen).

Ätiologisch liegt im Säuglings- und Kleinkindesalter meist eine Fehlbildung (Zelen, Aquäduktstenose) oder Zustand nach Entzündung (Meningitis) vor. Nach Frühgeburten kommt es häufig zu periventrikulären Blutungen (Unreife des Gefäßsystems), die in der Folge eine Liquorabflußbehinderung nach sich ziehen. Ferner können Zysten und Tumoren in der hinteren Schädelgrube im Kindesalter den Liquorfluß behindern.
Diagnostik: Kopfumfangmessung, Sonnenuntergangphänomen (Verschwinden der Kornea hinter dem Unterlid), Drucksymptomatik (s. Kap. 31.2), Ultraschalldiagnostik bei noch offenen Fontanellen, Computertomographie, Kernspintomographie.
Konservative Therapie: Eine Behandlung mit Diamox® zur Reduktion der Liquorproduktion ist meist erfolglos.
Operative Therapie: Einsetzen eines **Shunts** (Kathetersystems), um den Liquor vom **Seitenventrikel** in den **Peritonealraum** (Bauchraum) oder zum **rechten Herzvorhof** abzuleiten.

Beim Erwachsenen

Hier handelt es sich um eine pathologische Ventrikelerweiterung, bedingt durch eine Liquorabflußstörung, eine Verlegung des Liquorweges oder um eine Resorptionsstörung. Beim Erwachsenen kann ein **normotensiver** Hydrozephalus (Normaldruck-Hydrozephalus) auftreten. Dieser **Spezialfall** ist eine Ventrikelerweiterung mit nur gelegentlich auftretender intrakranieller Drucksteigerung und kommt eher **selten** vor.
Ursachen:
- Zustand nach Subarachnoidalblutung
- Zustand nach Schädel-Hirn-Trauma
- Tumoren (mittelliniennah und hintere Schädelgrube)
- postoperativ
- nach abgelaufenen Entzündungen
- Aquäduktstenosen

Symptomatik: Progredienter (zunehmender) geistiger Abbau, Gangataxie (unsicherer Gang), Harninkontinenz.
Diagnostik: Bildgebende Verfahren (CCT oder NMR), intrakranielle Druckmessung, lumbaler Infusionstest (Applikation von Flüssigkeit (Ringerlösung) in den Liquorraum und Messung der Druckverhältnisse).
Therapie: Ventilgesteuerte Liquordrainage über ein Kathetersystem in den Peritonealraum oder in den rechten Herzvorhof.
Shuntkomplikationen:
- Verstopfung des Drainagesystems (Blut, Eiweiß)
- Infektion, Ventilsepsis
- Überdrainage: Ausbildung von Schlitzventrikeln und Entlastungsergüssen (im CCT sieht man ein enges Ventrikelsystem und Flüssigkeitsansammlungen über den Hirnoberflächen im Subduralraum)

33.4.3 Kraniostenosen

Von Knocheninseln ausgehend erfolgt das Schädelwachstum auf die Schädelnähte zu. Der **vorzeitige Verschluß** der **Schädelnähte** führt zu einer Deformierung oder Asymmetrie des Schädels. Die vorzeitige **Verknöcherung** (Synostose) mehrerer Schädelnähte beengt den intrakraniellen Raum und hat eine Behinderung des Gehirnwachstums zur Folge und kann über eine länger anhaltende intrakranielle Drucksteigerung zur **Atrophie** (Verkümmerung) der **Sehnerven** führen. Defor-

mierungen der Schädelkalotte führen häufig auch zu Verformungen im Bereich der Schädelbasis und des Gesichtsschädels (Orbitaabstand).
Mögliche **Schädeldeformitäten** sind:
- Kahnschädel (Sagittalnahtsynostose)
- Kurzschädel (Kranznahtsynostose)
- Turmschädel (Synostose der Sagittal- und der Kranznaht)

Diagnostik: Äußerer Aspekt des Schädels, Röntgen-Nativaufnahmen des Schädels (CCT, NMR).
Therapie: Eine operative Korrektur sollte möglichst im ersten Lebensjahr erfolgen.

33.5 Schädel-Hirn-Trauma

33.5.1 Frakturen

Frakturen im Bereich der Schädelkalotte, die im Niveau nur unwesentlich verschoben sind, bedürfen in der Regel **keiner** operativen Korrektur.

Als Begleitverletzung kann immer ein Epiduralhämatom auftreten!

Impressionsfrakturen

Wenn die Impression mehr als eine Kalottenstärke beträgt, wird eine operative **Anhebung** vorgenommen (eingedrücktes Knochenstück wird in das Niveau der Schädelkalotte verbracht). Häufig liegt **unter** dem **Imprimat** (ins Schädelinnere verschobenes Bruchstück) eine **Duraverletzung** vor.

Schädelbasisfrakturen

Symptomatik: Monokel- und/oder Brillenhämatom, Blutung und Liquorfluß aus Nase und Ohr, Hörverlust, Hämatotympanon (Blut im Innenohr), Fazialisparese (Lähmung der Muskeln des N. facialis), Gefäßverletzung im Bereich der Basis (Carotis-sinus-cavernosus-Fistel).
Therapie: Es werden **nur** Sinus-cavernosus-Fisteln, die mit einer **Augensymptomatik** einhergehen, behandelt. Hierzu zählen das Hervortreten des Augapfels (Protrusio bulbi), Abnahme der Sehkraft sowie die Störung der Augenbewegung. Der Verschluß der Fistel erfolgt über einen Katheter.

Offene Schädel-Hirnverletzungen

Jede Schädel-Hirnverletzung mit **Außenluftkontakt** des Liquorraumes ist eine **offene** Verletzung. Beweisend sind im CCT oder in seitlichen Röntgenaufnahmen intrakraniell (im Schädelinneren) darstellbare Lufteinschlüsse (Infektionsgefahr).
Komplikationen: Hirnabszeß oder Liquorfistel können auftreten. Bei der Liquorfistel ist ein operativer Verschluß des Duraeinrisses nötig.

Perforierende Verletzungen

Ursachen: Schußverletzungen, Eindringen von Fremdkörpern durch alle Schichten (Kopfschwarte, Kalotte, Dura).
Therapie: Bei der perforierenden Hirnverletzung ist neben dem operativen Verschluß eine **breite antibiotische Behandlung** angezeigt, da eine **offene** Verbindung (hohes Infektionsrisiko) zum **Schädelinnenraum** besteht.

Gedeckte Schädel-Hirnverletzungen

Sie entstehen durch einen kräftigen Schlag oder Stoß gegen den Kopf oder im Rahmen eines Sturzes. Sie sind weitaus **häufiger** als offene Verletzungen. An der **Stelle** der **Gewalteinwirkung** findet sich nicht selten ein **Kontusionsherd** („Coup“) an der Gehirnoberfläche, auf der **gegenüberliegenden** Seite der „Contre-coup-Herd“, der sich meist deutlich größer darstellt (Beschleunigung, Abbremsung, Druckwelle). Betroffen sind sehr oft die Pole der Stirn, Schläfen- und Hinterhauptlappen.

Die entscheidende Symptomatik des Schädel-Hirn-Traumas ist die Bewußtseinslage des Verunfallten!

Ein schweres Schädel-Hirn-Trauma resultiert immer in einem **Bewußtseinsverlust,** wodurch die neurologische Beurteilung des Patienten für Nichtgeübte deutlich erschwert wird. Zu der **primären Hirnschädigung** können sich bald **sekundäre Schäden** wie mangelnde Sauerstoffversorgung (Hypoxie), intrakranielle Drucksteigerung (Hämatome, Hirnschwellung) **addieren.**

Sekundäre und Spätkomplikationen nach Schädel-Hirnverletzungen

Besonders nach **ausgedehnten** Schädelbasisfrakturen mit einer Zertrümmerung von knöchernen Schädelbasisanteilen kann es zum Teil **noch nach Jahren** zu einer **Liquorfistel** kommen. Es besteht die Gefahr einer **Meningitis** (Hirnhautentzündung). Diagnostisch wird der Defekt durch ein Dünnschicht-CT gesichert und die sekundäre operative Deckung (Duraperiostlappen) ist dann unumgänglich.

Wurde im Rahmen eines schweren Schädel-Hirn-Traumas Hirngewebe zerstört, so bildet sich eine Hirnnarbe, die als Ausgangspunkt **(Fokus)** eines späteren **Krampfleidens** (Epilepsie) dienen kann. Eine medikamentöse Behandlung (Antiepileptika) oder in Ausnahmen eine operative Resektion (Entfernung) der Narbe sind angezeigt.

Seltenere, sowohl in den ersten Wochen nach einem Schädel-Hirn-Trauma als auch noch nach mehreren Jahren auftretende Komplikationen sind ein **Hirnabszeß** (eingedrungene Fremdkörper!) und **Pneumozelen** (intrakranielle, an Größe zunehmende Luftansammlung). Pneumozelen treten immer im Kombination mit einer Liquorfistel auf.

Einteilung des gedeckten Schädel-Hirn-Traumas

Grad I (leicht): Die Bewußtlosigkeit dauert **bis zu fünf Minuten,** Amnesie (Erinnerungslücke), Übelkeit, Erbrechen, **völlige** Genesung innerhalb einer Woche.

Grad II (mittelschwer): Bewußtlosigkeit **5 bis 30 Minuten,** Substanzschädigung des Gehirns, meistens völlige Ausheilung innerhalb eines Monats.

Grad III (schwer): Die Bewußtlosigkeit hält **bis zu 30 Minuten an,** es tritt immer eine **Substanzschädigung** auf, Defektheilung.

Grad IV (schwerstes): Langanhaltende Bewußtlosigkeit, die auch nach einer Überwindung mit schweren neurologischen Ausfällen verbunden ist. Häufig Pflegefälle, apallisches Syndrom (Fehlen jeglicher Ansprechbarkeit).

International gebräuchlich ist die Einteilung des Schädel-Hirnverletzten nach seiner Reaktionslage entsprechend den Werten der **Glasgow-Koma-Skala** (s.a. Kap. 11.3.1). Diese Einteilung wird auch auf den meisten Notarztprotokollen verwendet und liefert einen raschen Überblick über die Reaktionslage des Patienten (Augen öffnen, verbale Antwort, motorische Antwort).

Diagnostik: Neurologische Untersuchung (Bewußtseinslage!), kranielles Computertomogramm (CCT), Röntgenuntersuchung der Halswirbelsäule (HWS) und/oder des Schädels, Monitoring (Überwachung) des intrakraniellen Druckes (s. Kap. 33.6.1), **Pupillenkontrolle** (bei beginnender Einklemmungssymptomatik einseitig erweiterte Pupille).

Der **Zeitpunkt** der diagnostischen Maßnahmen ist **entscheidend** vom Zustand des Verletzten abhängig. Nach der Stabilisierung des Kreislaufes und der Sicherung einer suffizienten (ausreichenden) Atmung (Intubation), sollte bei einem primär bewußtlosen Patienten, bei dem im Verlauf des Transportes die vitalen (lebensnotwendigen) Parameter stabil bleiben, die **CCT-Diagnostik im Vordergrund** stehen. Eine zeitaufwendige Röntgendiagnostik kann, nachdem die intrakranielle Situation geklärt ist, anschließend erfolgen.

33.5.2 Traumatisch bedingte intrakranielle Blutungen

Epiduralhämatom

Eine **arterielle** Blutung **zwischen** Dura und Schädelknochen, die häufig nach einer Verletzung der **mittleren Hirnhautarterie** (A. meningea media) nach einer Fraktur oder als Blutung aus dem Frakturspalt (Abb. 33-4) entsteht. Etwa 50% der Epiduralhämatome sind im Bereich der Schläfenregion (temporal) gelegen und erstrecken sich zum Teil bis zur Schädelbasis in der mittleren Schädelgrube. Nur in ca. der Hälfte der Fälle findet sich ein **bewußtseinsklares Intervall.** Eine epidurale Blutung bedeutet **primär nicht unbedingt** eine Hirnschädigung, diese kann aber **sekundär** durch die intrakranielle Drucksteigerung und Verlagerung der Hirnstrukturen mit einer Einklemmung am Tentoriumschlitz (Bereich der schlitzförmigen Öffnung des Kleinhirnzeltes) **erfolgen.**

Bei den atypisch (nicht temporal) gelegenen Epiduralhämatomen sind infratentorielle (unterhalb des Tentoriumschlitzes in der hinteren Schädelgrube) Blutungen meist mit einer sehr rasch progredienten Symptomatik (Ausfall der Vitalfunktion: Atmung, Kreislauf, Herzfrequenz) verbunden.

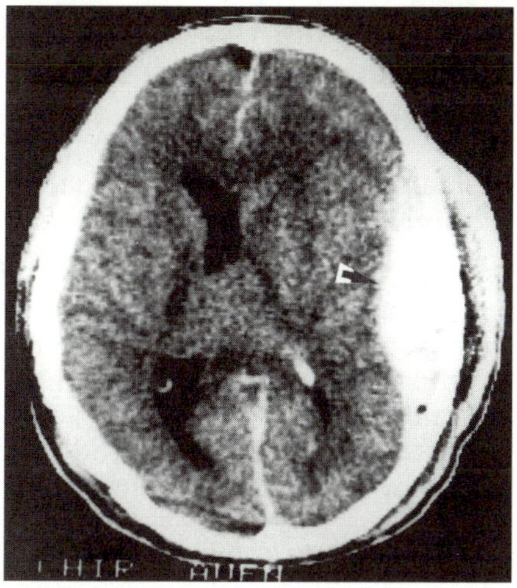

Abb. 33-4 Kranielles Computertomogramm mit rechtsseitigem Epiduralhämatom (Pfeil) und deutlicher Verlagerung der Mittellinienstrukturen.

Diagnostik: CCT, (Röntgenaufnahme des Schädels).

Therapie: Eine **rasche** operative **Entlastung** ist durchzuführen.

Die **Prognose** hängt im wesentlichen vom neurologischen Status des Patienten **vor** der operativen Entlastung ab. Eine epidurale Blutung (ohne primäre oder sekundäre Hirnschädigung), die **rechtzeitig** erkannt und therapiert wurde, ist meist mit einer kompletten Genesung **innerhalb weniger** Tage verbunden.

Akutes Subduralhämatom

Eine Blutung in den Subduralraum, **zwischen** Dura und Arachnoidea. Diese traumatische Blutung entsteht bei Verletzungen oder Abrissen von **Brückenvenen** und/oder einer **Blutung** aus den **Kontusionsherden.** Sie breitet sich rasch im **gesamten** Subduralraum einer Hemisphäre aus. Im **Gegensatz** zum Epiduralhämatom liegt beim akuten Subduralhämatom häufig schon am Unfallort eine **tiefe Bewußtlosigkeit** vor. Eine zunehmende Raumforderung mit Mittellinienverlagerung bewirkt in Verbindung mit einer durch die primäre Hirnschädigung rasch auftretenden Hirnschwellung innerhalb von kurzer Zeit eine **Einklemmungssymptomatik.**

Diagnostik: Neurologischer Status (primär tiefe Bewußtlosigkeit), CCT.

Therapie: Eine ausgedehnte **Trepanation** (Aufbohren des Schädelknochens) mit Hämatomentlastung sowie eine evtl. Duraerweiterungsplastik ist angezeigt. Kontrolle mittels Hirndruckmessung. Die Blutungsquelle ist **nicht** immer auffindbar.

Prognose: Abhängig vom neurologischen Status vor der operativen Entlastung und dem Alter des Patienten. Die Letalität liegt **über 50%.** Wird die akute subdurale Blutung überlebt, verbleiben meist **neurologische Ausfälle**.

33.5.3 Traumatisch bedingte intrazerebrale Blutungen

Diese Blutungen entstehen aus lokalen Kontusionsherden, nehmen in der Regel im posttraumatischen Verlauf an **Größe** zu und werden von einem **perifokalen Ödem** (Umgebungsschwellung) begleitet. Die Gefährdung des Patienten tritt meist durch die damit verbundene intrakranielle Drucksteigerung auf.

Die Behandlung (operativ, konservativ) richtet sich nach der intrakraniellen Raumforderung und dem intrakraniellen Druck. **Multiple** kleinere **Kontusionen** in der primären CCT-Untersuchung sollten computertomographisch **nach 12 bis 24 Stunden kontrolliert** werden, vor allem wenn keine kontinuierliche Überwachung des intrakraniellen Druckes möglich ist.

Spätere CCT-Kontrollen ergeben an der Stelle der vorherigen Kontusionsherde immer einen Substanzdefekt.

Chronisches Subduralhämatom

Mehrzeitige, meist kleinere Einblutungen zwischen Dura und Arachnoidea, häufig **nach Bagatelltraumen, die vier bis sechs Wochen zurückliegen.** Besonders gefährdet sind **ältere** Patienten. Diese kleineren Einblutungen werden **organisiert**, mit **Membranen umgeben** und sind zum Teil mehrfach **gekapselt.** Es kommt aus diesen Membranen immer wieder zu erneuten kleineren Einblutungen, so daß allmählich die intrakranielle Raumforderung zunimmt und zu erheblichen Mittellinienverlagerungen führen kann.

Diagnostik: Sie stützt sich auf die Anamnese (Trauma) verbunden mit einem charakteristischen Verlauf mit Verlangsamung, Kopfschmerzen und allmählich einsetzender Halb-

seitensymptomatik (Gefühlsstörungen oder Lähmungen einer Körperhälfte). Im Computertomogramm sind hypodense (weniger dicht als Hirngewebe) extrazerebrale Raumforderungen, zum Teil mit Spiegelbildung und Kammern, gelegentlich auch frische, hyperdense (dichter als Hirngewebe) Blutanteile in der hypodensen Raumforderung nachweisbar.
Therapie: Entlastung mit Ausspülung des Hämatoms und Einlage einer Drainage über mehrere Tage. CCT-Kontrollen sind angezeigt, da eine **Rezidivneigung** besteht.

33.5.4 Traumatisches Hirnödem

Die Aufrechterhaltung einer adäquaten (ausreichenden) zerebralen Durchblutung (CBF = cerebral blood flow) bei wechselnden Durchblutungsdrucken wird durch die Autoregulation des Gehirnes gewährleistet. Hirnverletzungen führen zu Veränderungen der zerebrovaskulären Reaktivität (Veränderung der Gefäßweite der Hirngefäße), Veränderungen der Blutgaspartialdrucke (lokale Gewebe-pO_2 und -pCO_2) und Störungen der Autoregulation.

Nahezu jede Schädigung der Hirnsubstanz (Trauma, Blutung, Infarkt, Tumor) ist in der Akutphase mit der Ausbildung eines **fokalen** oder **globalen Hirnödems** verbunden.

Nach schweren und schwersten Schädel-Hirnverletzungen kommt es an verschiedenen Stellen zur Störung der Hirndurchblutung **(Mikrozirkulation).** Es entsteht eine lokale **Hypoxie** (Sauerstoffunterversorgung), die wiederum eine **Azidose** (Ansäuerung) im Gewebe zur Folge hat. Zentrale Störungen der Atmung sowie eine intrakranielle Drucksteigerung, die mit multiplen mikrozirkulatorischen Störungen verbunden sind, resultieren in einer generalisierten traumatischen Hirnschwellung, was wiederum eine Erhöhung des intrakraniellen Druckes und die Minderung der zerebralen Durchblutung zur Folge hat. Beim **Ausbleiben** einer hirndrucksenkenden Behandlung kann der intrakranielle Druck (ICP) innerhalb kurzer Zeit auf das Niveau des mittleren arteriellen Blutdruckes (MAP) ansteigen und die **Hirndurchblutung** kommt **gänzlich zum Erliegen.**

33.6 Versorgung von hirnverletzten Patienten auf der Intensivstation

33.6.1 Monitoring nach einer schweren Hirnverletzung

- **Arterieller Blutdruck:** Kontinuierlich über einen Katheter in der Speichenarterie (A. radialis), um Rückschlüsse auf den zerebralen Perfusionsdruck ziehen zu können.
- **Intrakranieller Druck:** Epidurale, subdurale oder ventrikuläre Messungen sind möglich. Das Ziel ist ein ICP, der kleiner 20 mmHg ist.
- **Körpertemperatur:** Temperaturanstiege (erhöhter Sauerstoffbedarf) begünstigen einen ICP-Anstieg (Vasodilatation der zerebralen Gefäße durch erhöhten CO_2-Anfall) und die Zunahme des Hirnödems.
- **Arterielle Sauerstoffsättigung (pO_2):** Pulsoximetrie (unblutige Messung der O_2-Sättigung des Blutes, sofern die periphere Zirkulation ausreichend ist).
- **Endexspiratorische Kohlensäurespannung (pCO_2):** Bei intakter Lungenfunktion liefert dieser Wert einen Hinweis auf die arterielle Kohlensäurepartialspannung.
- **Hirnelektrische Aktivität:** Sie ist einfach über Kopfschwartenelektroden abzuleiten. Eine kontinuierliche EEG-Ableitung sollte bei allen Patienten vorgenommen werden, bei denen in tiefer Barbituratnarkose eine Hyperventilation erfolgt.

Ein schwer hirnverletzter Patient muß auf einer Intensivstation mit entsprechender Erfahrung behandelt werden!

33.6.2 Hirnödemprophylaxe und -therapie

- **Beatmungssituation:** Kontrollierte Beatmung (Hyperventilation), der $paCO_2$ sollte bei 30 bis 32 mmHg, der paO_2 bei größer 90 mmHg liegen (bei Langzeitbeatmung nasale Intubation).
- **Adäquate Kreislaufsituation:** Eine Schockbehandlung ist durchzuführen, eine Hypotonie und Hyperthermie ist zu vermeiden (zerebraler Perfusionsdruck!).
- **Intrakranielle Drucksenkung: Chirurgisch** durch die Entfernung von raumfordernden Prozessen (Hämatomen, Kontusionsherden). **Medikamentös** durch eine Osmotherapie (Wasserentzug) mit **hyperosmoti-**

schen Lösungen (Glycerol 10%, Mannitol 20%); dabei ist der sog. „Rebound Effekt" (nach mehrfachen Gaben entsteht eine ungewünschte Wasseransammlung im zerstörten Hirngewebe) zu beachten. **Diuretika** (Furosemid) zur vermehrten Wasserausscheidung. **Babiturate,** um den Sauerstoffbedarf der Hirnzellen zu vermindern, außerdem wirken sie antiödematös. **Trispuffer** (THAM) zur Vermeidung einer lokalen, um den Kontusionsherd entstandenen Gewebeazidose, die wiederum in einer Ödembildung resultieren würde. Zusätzlich kann die intrakranielle Drucksenkung durch eine konsequent **30° Oberkörperhochlagerung,** die den venösen Abfluß erleichtert, unterstützt werden.

Wiederholte CCT-Kontrollen sind bei konstantem ICP-Anstieg nötig (Ausbildung von Kontusionsblutungen nach ein bis zwei Tagen, sekundärer Liquoraufstau).

33.7 Verletzung der Wirbelsäule/ Querschnitt

Die Verletzungen der Wirbelsäule (s.a. Kap. 31.7) spielen sich hauptsächlich im Bereich der Halswirbelsäule und im Übergang der Brustwirbelsäule zur Lendenwirbelsäule hin ab.

33.7.1 Bandverletzungen

Hier ist **nur** der Bandapparat **betroffen,** wie häufig bei **Schleudertraumen** (Akzeleration) der HWS. Wurde nach einer adäquater Röntgendiagnostik eine Luxation oder Fraktur ausgeschlossen, so genügt in der Regel eine Ruhigstellung durch eine Schanz-Krawatte für ca. zwei Wochen.

33.7.2 Halswirbelkörperfrakturen

Frakturformen:

- Densfraktur (Typ I bis III)
- Hangman-Fraktur (Sprengung des Bogens des zweiten Halswirbelkörpers mit Erweiterung des Spinalkanales und Unterbrechung des Rückenmarkes; Erhängen!)
- Luxations- oder Kompressionsfraktur
- Verhakte Fraktur: frakturierte Wirbelkörper sind in einer Fehlstellung durch Nebeneinanderstehen der Gelenkflächen fixiert.

Diagnose: Liegt der Verdacht auf eine schwerere Verletzung der Halswirbelsäule vor, so müssen Röntgenaufnahmen in vier Ebenen, evtl. ergänzt durch eine CT-Untersuchung, durchgeführt werden.

Bei der Lagerung, dem Transport sowie der Umlagerung von Halswirbelverletzten sind gröbere Bewegungen der HWS zu vermeiden!

Therapie: Chirurgisch durch eine Reposition und anschließender Stabilisierung (Schrauben, Platten, Drähte). Konservativ ist eine äußere Stabilisierung nach erfolgter Reposition (Halo-Fixateur, s. Kap. 5, Abb. 5-19 A und B) möglich. Eine **vorübergehende** Stabilisierung und Reposition kann mittels einer Crutchfield-Klammer (s. Kap. 14, Abb. 14-5) vorgenommen werden (Anbringung: beidseits an der Schädelkalotte, Anwendung: nur noch prä- und intraoperativ).

Entscheidend für die neurologische Symptomatik bei einer Verletzung der Halswirbelsäule ist die **Beteiligung** und **Schädigung** des **Spinalkanalinhaltes**. Hohe zervikale Markschädigungen (oberhalb des vierten Halswirbelkörpers) haben oft eine eingeschränkte Atmung zur Folge. Der Ausfall des zervikalen Markes (z.B. nach Densfraktur) ist mit einer kompletten Querschnittlähmung verbunden.

33.7.3 Thorakale Wirbelverletzungen

Sie sind relativ **selten,** führen jedoch, da hier der Spinalkanal eng ist, oft zur Schädigung des Rückenmarkes (Arme sind nicht mehr betroffen).

Therapie: Entlastung durch eine **Laminektomie** (Entfernung des Wirbelkörperbogens) und Stabilisierung (Platten, Fixateur interne). Konservativ kann die Ruhigstellung mittels einem Stützkorsett erfolgen.

Die konservative Behandlung ist nur durchzuführen, wenn keine neurologischen Störungen vorliegen!

33.7.4 Thorako-lumbale Frakturen

Am häufigsten betroffen sind am Übergang von einem relativ starren (thorakalen) zu einem relativ beweglichen (lumbalen) Segment der Wirbelsäule, die Brustwirbelkörper **BWK 12** und Lendenwirbelkörper **LWK 1.** Im

Spinalkanal findet sich hier das distale Ende des Rückenmarkes (Konus). Eine Kompression des Spinalkanalinhaltes führt zu einem **Konus-Kauda-Syndrom** (Blasen- und Mastdarmlähmung, Lähmung und Gefühlsstörung an den Beinen).
Therapie: Entlastung (Laminektomie), Stabilisierung (Fixateur interne), Spondylodese (Versteifung) mit autologem (körpereigenem) Knochen sowie der Entfernung des zerrissenen Bandscheibengewebes.

Die in diesem Segment der Wirbelsäule häufig zu diagnostizierenden **Vorderkantenabbrüche** an **einzelnen** Wirbelkörpern ohne Beteiligung des knöchernen Ringes, der den Spinalkanal umfaßt, sind stabile Frakturen und bedürfen **keiner** operativen Versorgung.

33.7.5 Querschnittlähmung

Verletzungen in allen Abschnitten der Wirbelsäule können zu ausgedehnten Schädigungen des Spinalkanalinhaltes (Rückenmark) führen, wobei **komplette** Querschnittlähmungen meist nach Quetschungen oder Abscherungen des Rückenmarkes auftreten. Die **Höhe des betroffenen Segmentes** bestimmt das **Ausmaß der Lähmung.** Die Definition der kompletten Querschnittlähmung sieht folgendermaßen aus:
- Ausfall aller Funktionen distal der Schädigung (Motorik und Sensibilität)
- **Tetraplegie** (Lähmung **aller vier** Extremitäten)
- **Paraplegie** (Lähmung der **unteren** Extremitäten)

Eine primär komplette traumatische Querschnittlähmung ist immer als definitiv (keine Rückbildung der Ausfälle) anzusehen!

Sind **Teilfunktionen erhalten,** so besteht prinzipiell die Chance auf Besserung. Eine sekundäre Schädigung durch unsachgemäße Lagerung und Transport sind nicht selten zu verzeichnen. Besonders gefährdet sind bewußtlose Patienten mit Begleitverletzungen der Wirbelsäule.
Diagnostik: Neurologischer Status, Nativröntgenaufnahmen des Wirbelsäulenskelettes, CT gezielt im Frakturbereich, evtl. NMR (spinale Kontusion bei intaktem Wirbelsäulenskelett).
Therapie: Bei einer **nicht kompletten** Querschnittlähmung sollte möglichst **frühzeitig** eine operative Korrektur zur Entlastung und Stabilisierung des Rückenmarkes und damit die Verhinderung einer sekundären Schädigung erfolgen. Ob eine bereits am Unfallort durchzuführende hochdosierte Kortisontherapie (Dexamethason) eine entscheidende Beeinflussung auf den weiteren klinischen Verlauf hat, bleibt weiterhin offen.

Bei einer primär kompletten Querschnittlähmung sind Ausmaß und Zeitpunkt einer operativen Therapie in jedem Einzelfall zu bedenken.

33.8 Gefäßmißbildungen des zentralen Nervensystems

33.8.1 Aneurysma

Aneurysmen sind **sackförmige Erweiterungen** an den Hirnarterien, die fast immer im Bereich der Basis und an den Teilungsstellen lokalisiert sind.
Aneurysmalokalisation:
- vordere Verbindungsarterie (A. communicans anterior) 35 bis 40%
- innere Kopfarterie (A. carotis interna) 20 bis 25%
- mittlere Großhirnarterie (A. cerebri media) 20 bis 25%
- vertebrobasiläres System (hinterer Gehirnkreislauf durch die Wirbelkörperarterien gespeist) 10 bis 15%

Diese Aussackungen entwickeln sich im Laufe des Lebens aus **angeborenen** Schwächen der Arterienwand. Etwa. **1,5 bis 2% der Bevölkerung in Mitteleuropa** sind Aneurysmaträger (in Japan ca. 5 bis 6%). Ein Aneurysma bleibt **symptomlos** bis zum Zeitpunkt der **Ruptur** (Ausnahme: Riesenaneurysmen, die neurale Strukturen komprimieren). Eine Aneurysmaruptur führt nahezu immer zu einer Blutung in den basalen Liquorraum (Subarachnoidalblutung; SAB).

In ca. 10% entwickelt sich zusätzlich zu der Blutung in den Liquorraum ein intrazerebrales Hämatom, das meist zu einer raschen Verschlechterung des Zustandes des Patienten führt. In etwa **15 bis 18%** der Aneurysmarupturen tritt der **Tod** des Patienten **unmittelbar** oder **noch** auf dem **Transport** ins Krankenhaus ein. In der Regel ist eine Subarachnoidalblutung mit einer **ganz charakteristischen Symptomatik** verbunden:

- plötzlich einsetzende heftige Kopfschmerzen
- Übelkeit, Erbrechen
- Nackensteifigkeit, Meningismus
- initiale (anfängliche) Bewußtlosigkeit
- progrediente (fortschreitende) Bewußtseinsstörung

Differentialdiagnostisch sind ein **Zervikalsyndrom** („eingeklemmter Nerv") und ein relativ **akuter Infekt** zu bedenken, in der Regel aber durch eine exakte Anamneseerhebung auszuschließen. Eine rasche Diagnose und die frühzeitige Operation bewahren den Patienten vor dem hohen Risiko einer Nachblutung.

Eine weltweit gebräuchliche **Einteilung** des Schweregrades der Subarachnoidalblutung erfolgt nach den Kriterien von Hunt und Hess und umfaßt fünf Grade (Tab. 33-3).

Diagnostik: Anamnese und neurologische Untersuchung, CCT (nativ), Lumbalpunktion.

Eine Lumbalpunktion ist bei komatösen oder deutlich im Bewußtsein beeinträchtigten Patienten aufgrund der Einklemmungsgefahr bei Vorliegen einer größeren intrazerebralen Blutung kontraindiziert!

Ist die Diagnose einer SAB gestellt, so kann versucht werden, je nach Blutverteilung im CCT die Blutungsquelle zu vermuten. Eine **exakte Darstellung** ist jedoch zur Zeit nur durch eine **arterielle Angiographie** (Abb. 33-5A) möglich. In der Regel werden alle

Tab. 33-3 Einteilung des Schweregrades der Subarachnoidalblutung (nach Hunt und Hess).

Einteilung	Symptome
Grad I	Kopfschmerz, Nackensteifigkeit
Grad II	Starker Kopfschmerz, Nackensteifigkeit, evtl. Hirnnervenstörungen (z.B. Okulomotoriusparese)
Grad III	Bewußtseinseintrübung, neurologische Ausfälle
Grad IV	Bewußtlosigkeit (mit oder ohne neurologische Ausfälle, z.B. Halbseitenschwäche)
Grad V	Tiefe Bewußtlosigkeit, Einklemmungssymptomatik

hirnversorgenden Arterien (multiple Aneurysmen in ca. 15%) dargestellt.

Nur in wenigen Fällen (SAB plus ausgedehntes intrazerebrales Hämatom und drohende Einklemmung) ist die sofortige Operation ohne angiographischen Aneurysmanachweis angezeigt.

Therapie: Eine operative Versorgung des Aneurysmas mit einem **Metallclip** in mikrochirurgischer Technik muß möglichst früh (erster bis siebter Tag nach der Blutung) bei allen Patienten mit einer Subarachnoidalblutung im Stadium Hunt und Hess I bis III erfolgen (s. Abb. 33-5 A und B).

Eine **Sofortoperation** ist bei allen Patienten, bei denen sich im CCT **neben** einer SAB eine **raumfordernde intrazerebrale** Blutung zeigt (Aneurysmaclippung, Hämatomentfernung) indiziert.

Das Behandlungskonzept der Patienten mit SAB im Stadium IV und V ist im **Einzelfall** abzuwägen (Alter des Patienten, evtl. neurologische Besserung nach externer Liquordrainage, Fehlen einer Einblutung in vitale Hirnregionen). Zur Zeit wird bei diesen Patienten die frühe operative Aneurysmaausschaltung oder eine konservative Behandlung mit Abwarten auf Verbesserung des neurologischen Status noch sehr unterschiedlich gehandhabt.

Alternative Behandlung: In der Neuroradiologie. Endovaskulär (über einen Katheter im Gefäßsystem) werden Metallspiralen (Coils) in das Aneurysmasäckchen eingebracht und dadurch eine sekundäre Thrombosierung erreicht.

Komplikationen der Subarachnoidalblutung: Rezidivblutung, Vasospasmus (durch Blutzerfallprodukte bedingt, die in den Liquor gelangen), Liquorabflußstörung.

Auch bei einem eindeutigen Blutungsnachweis in den Subarachnoidalraum in der CT-Untersuchung gelingt es in **ca. 15% der Fälle nicht,** angiographisch den **Nachweis** der **Blutungsquelle** zu führen. Eine Wiederholung der Untersuchung ist in ca. zwei bis drei Wochen anzustreben (Reangiographie). Patienten mit einer Subarachnoidalblutung ohne Aneurysmanachweis haben die beste Prognose des gesamten Erkrankungsspektrums.

33.8.2 Arterio-venöse Angiome

Darunter sind **angeborene** Gefäßmißbildungen, die in **jeder** Region des Gehirnes liegen können und die aus arterio-venösen **Kurz-**

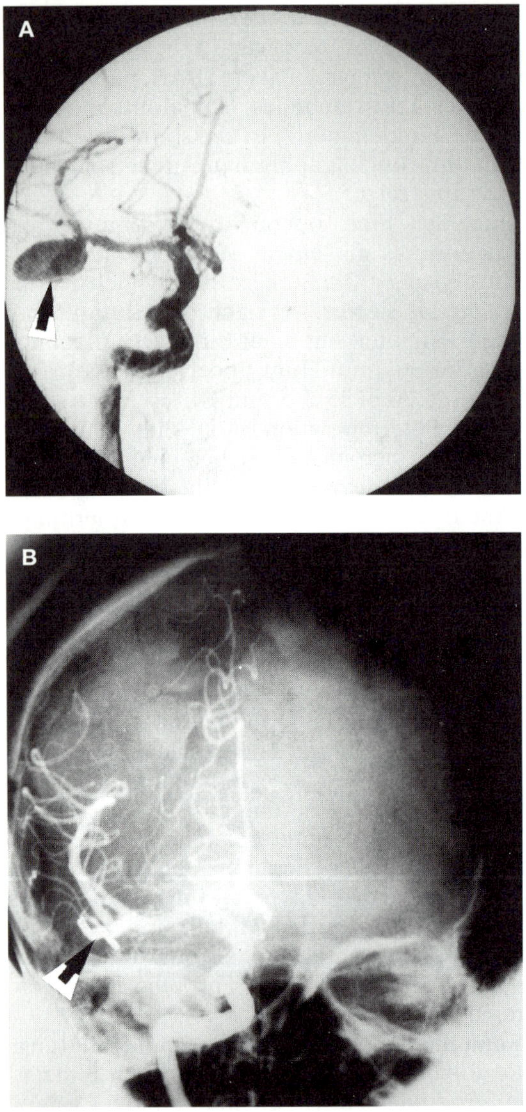

Abb. 33-5 Rechtsseitige Carotis-interna-Angiographie und Kontrolle.
A: Darstellung eines großen Mediaaneurysmas (Pfeil).
B: Das Aneurysma wurde durch einen Metallclip (Pfeil) komplett verschlossen.

schlüssen (Shunts) bestehen, die häufig einen Angiomnidus (Gefäßknäuel; Gefäßnest) bilden, zu verstehen. Mehr als **50%** der Angiome sind bis zum **30. Lebensjahr** der Patienten **symptomatisch** geworden.

Symptomatik: Blutung, meist intrazerebral, mit oft langsamer Ausbildung einer **Herdsymptomatik. Neurologische Ausfälle,** bedingt durch die schlechte Durchblutung der neuralen Strukturen um das Angiom, die zum Teil gliös (bindegewebig) umgebaut werden. **Krampfanfälle,** ebenfalls auf der Minderdurchblutung (Hypoxie) der umgebenden Hirnareale beruhend, die dadurch eine erhöhte Krampfbereitschaft aufweisen.

Diagnostik: CCT (nativ und mit Kontrastmittel), angiographische Darstellung der einzelnen das Angiom speisenden Gefäße (superselektive Angiographie mit Mikrokatheter = Einbringen der Katheter in kleinste Arterienaufzweigungen) und der venösen Drainage.

Therapie: Operativ, angiotherapeutisch mittels **Embolisation** (Kombination beider Methoden). Bestrahlung (radiosurgery = stereotaktische Gammabestrahlung, von allen Seiten in das Gehirn eintretende und sich in einem Punkt treffende Strahlung). Linearbeschleuniger, die Strahlungsquelle bewegt sich um den Patienten so, daß sich die Strahlung ebenfalls in einem Punkt (Zielfeld) trifft.

33.8.3 Kavernome

Kavernome sind in der Hirnsubstanz gelegene **venöse,** kleine Angiome (nicht selten im Hirnstamm lokalisiert), die **erst** durch eine **Blutung** symptomatisch werden.

Diagnostik: CCT (meist nur die Blutung darstellbar), NMR.

Therapie: Mikrochirurgische Entfernung.

33.8.4 Sinus-cavernosus-Fistel

Nach einem **Trauma** und im Rahmen einer **Arteriosklerose** auftretende arterio-venöse Verbindung im Bereich der Schädelbasis (A. carotis interna/Sinus cavernosus).

Symptomatik: Pulsierender Exophthalmus (Vortreten der Augäpfel), Schwellung der gestauten Konjunktiven (Bindehäute), Sehvermögen in Gefahr!

Therapie: Endovaskulärer Verschluß der Fistel über einen Katheter. Operatives Vorgehen nur noch in Ausnahmen (höhere Komplikationsrate).

33.9 Tumoren

33.9.1 Hirntumoren

Als Hirntumoren werden alle intrakraniell gelegenen tumorösen Prozesse bezeichnet, die vom **Hirngewebe selbst** oder **seinen Häuten**

ausgehen oder dorthin metastasiert sind. Eine Einteilung ist der Tabelle 33-4 zu entnehmen. Speziell im **Kindesalter** vorkommende Tumoren sind:
- pilozytisches Astrozytom
- Medulloblastom
- Ependymom
- Kraniopharyngeom

Die kindlichen Tumoren sind häufig in der Mittellinie oder mittelliniennah gelegen und betreffen überwiegend die **Strukturen** in der **hinteren Schädelgrube.**

Alle Tumoren haben einen mehr oder minder raumfordernden Charakter, der durch den Tumor selbst und das umgebende Tumorödem (perifokal) entsteht. Die **Symptomatik** der Hirntumoren ist durch ihre **Lokalisation** bedingt. Zu einer akuten Dekompensation des durch den Tumor bereits erhöhten intrakraniellen Druckes kann es im Rahmen einer Liquorabflußblockade kommen (intraventrikuläre Prozesse und Tumoren in der hinteren Schädelgrube).

Allgemeine Symptome: Kopfschmerz, epileptische Anfälle, fokal neurologische Ausfälle (Halbseitenlähmung, Sprachstörungen), Stauungspapille (das Ausbilden einer Stauungspapille bedarf eines mehrere Tage anhaltenden erhöhten intrakraniellen Druckes).

Diagnostik: CCT, Kernspintomographie, Angiographie, Zusatzuntersuchungen: EEG, Liquordiagnostik.

Operative Therapie: Die meisten intrakraniellen Tumoren sind heute einer operativen Therapie zugänglich. Dabei sind die operativen technischen Möglichkeiten in Relation zu den evtl. zu erwartenden zerebralen Störungen des Patienten zu stellen. **Entscheidend für die Indikationsstellung** sind Lebensalter, Dignität (Gut- oder Bösartigkeit) des Tumors und Lokalisation. Beim Vorliegen von intrakraniellen Metastasen ist das Stadium der Grunderkrankung ein mit zu berücksichtigender Faktor.

Bestrahlungstherapie: Findet in der Regel bei malignen oder semimalignen Tumoren Anwendung. Es ist die externe von der internen Bestrahlung (Implantieren von Radionukliden in den Tumor) zu unterscheiden.

Chemotherapie: Ergänzend zur operativen und radiotherapeutischen Behandlung.

Tab. 33-4 Einteilung der Hirntumoren.

Ursprung	Tumorart
Hirneigene Tumoren	Gliome (Astrozytome, Glioblastome, Oligodendrogliome, Plexuspapillome, Ependymome), Hypophysentumoren (hormonaktiv, hormoninaktiv), Pinealistumoren
Nicht hirneigene Tumoren	Meningeome, Neurinome
Metastasen	Bronchialkarzinom, Mammakarzinom, Karzinome des Magen-Darmtraktes, Hypernephrom

Gliome

Pilozytische Astrozytome, Optikusgliom (Grad I): Es handelt sich um meist zystische Tumoren, die, wenn sie radikal entfernt werden können, nur selten rezidivieren.

Fibrilläre Astrozytome (Grad II): In der CCT-Diagnostik zeigen sich meist hypodense Prozesse ohne Kontrastmittelaufnahme. Eine exaktere Diagnostik liefert die Kernspintomographie. Operativ ist möglichst die radikale Entfernung anzustreben.

Anaplastische Astrozytome, Glioblastome (Grad III bis IV): In der CCT-Diagnostik finden sich zystische, inhomogene Prozesse mit deutlicher, teilweise ringförmiger Kontrastmittelaufnahme. Das Ziel einer Operation ist die Entlastung, die Teilresektion oder die Tumorverkleinerung. Postoperative Bestrahlung und Chemotherapie. Ein zweiter operativer Eingriff ist gelegentlich angezeigt (junge Patienten, günstige Lage des Tumorrezidivs).

Prognose: Eine Heilung ist **nicht** möglich; die **Überlebenszeit** hängt von der **Bösartigkeit** und der **Lokalisation** des Tumors ab.

Hypophysenadenome

Tumoren der **Hirnanhangdrüse**, deren Symptomatik durch die **hormonelle Aktivität** und ihre **Beziehung** zu den neuralen **Nachbarstrukturen** (Chiasma opticum) gekennzeichnet ist. Nur eine symmetrische Tumorausdehnung in den intrakraniellen Raum (oberhalb der Sella turcica = Türkensattel) bewirkt durch Chiasmakompression (Druck auf die Sehnervenkreuzung) eine bitemporale Hemianopsie (beidseitiger lateraler Gesichtsfeldausfall). Seitendifferente Visusminderungen und Gesichtsfelddefekte finden sich häufig.

33

Diagnostik: Eine exakte körperliche Untersuchung ist angezeigt. Es ist besonders auf **hormonbedingte Veränderungen** wie Akromegalie (Vergrößerung der Körperakren, z. B. Hände, Füße, Kinn), Cushinggesicht (Vollmondgesicht), sezernierende Brustdrüsen, Verlust der Körperbehaarung und Hautbeschaffenheit zu achten. Blutabnahmen für die Bestimmung folgender endokrinologischer Parameter: somatotropes Hormon (STH), Prolaktin, Plasma-Kortisol sowie eine Blick- und Gesichtsfeldbestimmung sind durchzuführen. Kernspintomographie und CCT.

Konservative Therapie: Bei prolaktinproduzierenden Hypophysentumoren (Prolaktinome) ohne Chiasmakompression werden Dopamin-Antagonisten (z. B. Bromocriptin) eingesetzt. Diese hemmen die Prolaktinbildung und können somit zu einer Verkleinerung des Tumors führen.

Operative Therapie: Transnasale/transsphenoidale (durch die Nase und die Keilbeinhöhle) Tumorentfernung. Nur bei großen Tumoren erfolgt die operative Entfernung über einen transkraniellen Zugang.

Prognose: Gut, die Rezidivrate hängt von der Radikalität der ersten Operation ab.

Pinealistumoren

Eine adäquatere Bezeichnung ist sicherlich Tumoren in der Pinealisregion (Region der Zirbeldrüse), da hier **histologisch sehr unterschiedliche Prozesse** vorliegen können (Pinealome, Teratome, Keimzelltumoren).

Symptomatik: Parinaud-Syndrom (vertikale Blickparese), intrakranielle Drucksteigerung durch Verlegung des Aquäduktes.

Diagnostik: Kernspintomographie.

Therapie: Operative Entfernung über einen infratentoriellen, suprazerebellaren Zugang (Zugangsweg über dem Kleinhirn und unter dem Kleinhirnzelt, keine Durchtrennung von Nervengewebe). Bei malignen Tumoren (Germinom, Pineoblastom) Radiatio (Bestrahlung).

Prognose: Abhängig von der Bösartigkeit des Tumors.

Meningeome

Diese Tumoren gehen von den **Hirnhäuten** (Meningen) aus und sind in über **95% gutartig.** Da sie langsam und verdrängend wachsen, können sie besonders im Bereich der frontalen Basis eine **beachtliche Größe** erreichen (Abb. 33-6). Frauen sind etwa zweifach häufiger betroffen als Männer. Wahrscheinlich spielt ein hormoneller Faktor bei der Tumorentstehung eine Rolle.

Symptomatik: Ist abhängig von der Tumorlokalisation. Eine intrakranielle Drucksymptomatik (Kopfschmerzen, Übelkeit, Verlangsamung) ist wegen der Tumorgröße nicht selten führend.

Diagnostik: CCT/Kernspintomographie. Mittels Angiographie Darstellung der Tumorgefäße. Bei einer teilweisen Versorgung des Tumors durch die äußere Kopfarterie (A. carotis externa) muß evtl. präoperativ eine Embolisation vorgenommen werden.

Therapie: Möglichst radikale Tumorentfernung unter Einbezug des Tumorursprunges (Duraansatz).

Prognose: Gut, wenn der Tumor ganz entfernt werden konnte.

Neurinome

Tumoren (z.B. Akustikusneurinom) die vom **N. vestibularis** (Gleichgewichtsnerv) ausgehen. Die **Lokalisation** befindet sich im **Kleinhirnbrückenwinkel** (Porus acusticus internus), häufig in die Kleinhirnbrückenzisterne einwachsend. Neurinome, die von anderen Hirnnerven ausgehen, sind äußerst selten.

Symptomatik: Langsamer Ausfall des Gleichgewichtssinnes auf der betroffenen Seite. Hörminderung (langsam oder als Hörsturz).

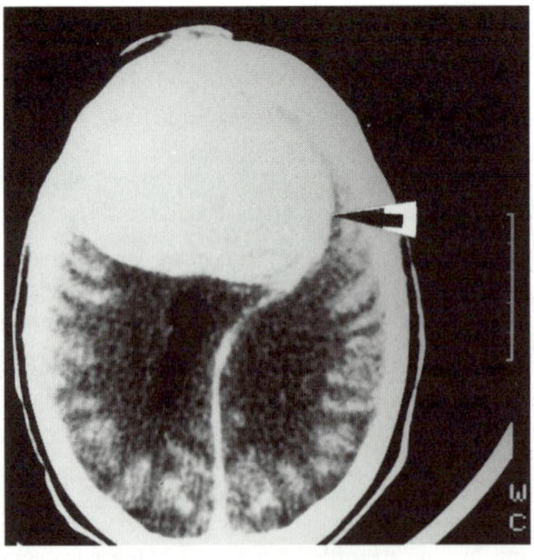

Abb. 33-6 Kranielles Computertomogramm nach Kontrastmittelgabe zeigt ein großes bifrontales Falxmeningeom (Pfeil).

Nur bei großen Tumoren Störung des N. facialis (Gesichtsnerv) und N. trigeminus (fünfter Hirnnerv, Drillingsnerv).
Diagnostik: Kernspintomographie, CCT.
Therapie: Mikrochirurgische Entfernung (Schonung des N. facialis). Erhaltung des Hörnerven.
Prognose: Gut.

Metastasen

Metastasen entstehen als intrakranielle Absiedlung einer primär extrakraniellen malignen Geschwulst. Bei etwa **20%** der intrakraniell nachweisbaren und damit meist symptomatisch gewordenen Metastasen ist der **Primärtumor** zum Zeitpunkt der Diagnosestellung **nicht bekannt.**
Symptomatik: Sie ist abhängig von der Tumorlokalisation.
Diagnostik: CCT (der Tumor nimmt deutlich Kontrastmittel auf; meist ist ein ausgeprägtes Umgebungsödem vorhanden). Das NMR ist für den Ausschluß multipler Metastasen unabdingbar.
Therapie: Solitärmetastasen (Einzelmetastasen) stellen eine Operationsindikation dar. Zu bedenken ist jedoch die Grunderkrankung und das Vorliegen weiterer Metastasen (z. B. in der Leber), die das Vorgehen relativieren (einschränken). Bei **multiplen** (mehreren) **intrakraniellen** Metastasen besteht eine Operationsindikation **nur** dann, wenn eine vollständige Diagnostik **keinen Anhalt** für den Sitz des Primärprozesses ergibt. Es wird eine stereotaktisch (computergesteuerte, von außen über ein Bohrloch in das Hirn eingebrachte Sonde, die millimetergenau plaziert werden kann) Probeentnahme durchgeführt.

33.9.2 Spinaltumoren

Bei den Spinaltumoren werden intramedulläre, extramedulläre intradurale und extradurale Tumoren unterschieden.

Intramedulläre Tumoren (im Rückenmark gelegen)

Histologisch sind in dieser Gruppe meist pilozytische Astrozytome, Angioblastome und Ependymome zu finden.

Die **Symptomatik** ist abhängig von der **Tumorlokalisation** und präsentiert sich als langsam zunehmende **Querschnittsymptomatik.** Einblutungen bei Angioblastomen können einen apoplektiformen **(apoplexähnlichen)** Verlauf der Symptomatik bewirken.
Diagnostik: Kernspintomographie sowie evtl. eine ergänzende spinale Angiographie (Angioblastome).
Therapie: Operative Entfernung auch langstreckiger Prozesse ist heute unter Einsatz von Laser und Ultraschallzertrümmerer (CUSA) möglich.
Prognose: Abhängig von der Bösartigkeit des Tumors und der Radikalität der Operation.

Extramedulläre intradurale Tumoren
(außerhalb des Rückenmarkes, innerhalb der harten Rückenmarkhaut gelegen)

Darunter verbergen sich histologisch meist Meningeome oder Neurinome, die etwa gleich häufig vorkommen.

Neurinome

Sie gehen von den **Spinalwurzeln** aus und können durch das Foramen des Wirbelkörpers mit der betroffenen Wurzel den Spinalkanal verlassen (Sanduhrgeschwulst). Schrägaufnahmen der Wirbelsäule zeigen dann ein erweitertes Neuroforamen.

Meningeome

Sie haben ihren **Ansatz an der Dura** und **komprimieren das Rückenmark** von dorsal, von der Seite (Brown-Séquard-Syndrom) oder von ventral.

Die **Symptomatik** beider Tumorarten ist abhängig vom **Sitz** der Tumoren und führt letztendlich zu einem mehr oder minder ausgeprägten Querschnittssyndrom.
Diagnostik: Kernspintomographie, Myelographie, Postmyelo-CT, Röntgen-Nativaufnahmen.
Therapie: Operative Entfernung, bei Meningeomen mit Resektion der duralen Ansatzstelle.
Prognose: Gut, wenn der Tumor ganz entfernt werden kann.

Extradurale Tumoren (im Spinalkanal außerhalb der harten Rückenmarkhaut gelegen)

Hier handelt es sich fast ausschließlich um **Metastasen** (bei Prostata- und Mammakarzinom), die teilweise unter Zerstörung des knöchernen Skelettes der Wirbelsäule die Dura und damit den neuralen Inhalt des Spinalkanales von außen komprimieren. Als **Erstsymptom** geben die betroffenen Patienten meist einen umschriebenen **Wirbelsäulenschmerz** an, der in der Regel einige Wochen besteht, bevor eine neurologische Ausfallsymptomatik auftritt. Die Röntgen-Nativdiagnostik zeigt sehr früh beginnende knöcherne Destruktionen (Auflösung der Bogenwurzeln). Die Kernspintomographie und/oder die Myelographie stellen den Prozeß exakt dar.

Die Behandlung ist **abhängig** vom **neurologischen Status** des Patienten und besteht meist in einer operativen Entlastung (Laminektomie) des Rückenmarkes, da zum Zeitpunkt der Diagnosestellung häufig schon eine ausgeprägte Querschnittsymptomatik besteht. Bei diskreten neurologischen Ausfällen ist eine primäre Radiatio unter Kontrolle des neurologischen Befundes angezeigt.
Prognose: Abhängig vom Gesamtleiden und dem Primärtumor.

33.10 Hirnabszeß

Ätiologie: Posttraumatisch, nach offenen Hirnverletzungen, vor allem wenn Fremdkörper (Haut, Haare, Projektile) in die Hirnsubstanz vorgedrungen sind. **Hämatogen** im Rahmen einer Sepsis, meist multipel lokalisiert. **Fortgeleitet**, entweder otogen (Infektion des pneumatischen Systems des Ohres) oder rhinogen (Infektion der Nebenhöhlen).
Erreger: Staphylococcus aureus, Escherichia coli, z.T. Mischinfektionen mit Anaerobiern).
Symptomatik: Uncharakteristische Infektionszeichen (Fieber, erhöhte Blutkörperchensenkungsgeschwindigkeit, Anämie), Meningismus nur bei Begleitentzündung der Hirnhäute nachweisbar. Fokale Herdsymptome (neurologische Ausfälle je nach Lage des Abszesses) bei größeren Abszessen.
Diagnostik: CCT, Kernspintomographie (**Differentialdiagnose:** Glioblastom), Nativdiagnostik des Schädels und der Nebenhöhlen.
Therapie: Breitbandantibiotika (**Achtung:** anaerobe Keime überleben häufiger in einer Abszeßhöhle). Dexamethason (Abszesse sind nahezu immer von einem ausgeprägten perifokalen Hirnödem umgeben). Die chirurgische Behandlung erfolgt mittels einer **Punktion** und der **Ausspülung** mit Antibiotikalösung.

Wichtig ist die Sanierung des Infektionsherdes!

33.11 Bandscheibenvorfall

Die Bandscheiben dienen als **Puffer** zwischen den einzelnen Wirbelkörpern und bestehen aus einem weichen Kern (Nucleus pulposus) und einem Faserring. Ferner sind sie in den Bandapparat der Wirbelsäule eingebunden. Unterschiedliche **Belastungen** in den einzelnen Wirbelsäulenabschnitten sowie **degenerative Lockerung** des Faserringes führen zum Vorfall von Bandscheibengewebe, meist dorsolateral mit einer Kompression der Nervenwurzeln oder des gesamten Rückenmarkes.

33.11.1 Zervikaler Bandscheibenvorfall

Er findet sich am häufigsten in den **unteren Abschnitten** der **Halswirbelsäule** HWK 5/6, HWK 6/7 und HWK 7/BWK 1.
Symptomatik: Akute Nackenschmerzen mit Ausstrahlung in den Arm entsprechend der geschädigten Nervenwurzel (Zervikobrachialgie). Es treten Sensibilitätsstörungen und Paresen (Lähmungen) auf.
Diagnostik: Neurologische Untersuchung; die Ausfälle müssen auf eine oder zwei Nervenwurzeln bezogen werden können (radikuläre Zuordnung). Computertomographie/Kernspintomographie, Röntgennativaufnahmen der Halswirbelsäule in vier Ebenen um die Weite der Neuroforamina (Nervenaustrittslöcher seitlich an der Wirbelsäule) zu erkennen.
Konservative Therapie: Es erfolgt eine Schmerzbehandlung und die Ruhigstellung der Halswirbelsäule.
Operative Therapie: Liegen deutliche neurologische Ausfälle (Sensibilitätsstörungen und Paresen) vor, wird eine Operation von ventral mit der **Fusion des Segmentes** (Verbindung zweier Wirbelkörper durch in den Bandscheibenraum eingebrachten Knochenzement) nach der Entfernung des Bandscheibenvorfalles durchgeführt.

33.11.2 Lumbaler Bandscheibenvorfall

Auch im Bereich der **Lendenwirbelsäule** sind die vorkommenden Bandscheibenvorfälle am häufigsten in den **unteren drei Segmenten** LWK 3/4, LWK 4/5 und LWK 5/SWK 1 (Steißbeinwirbelkörper) zu finden (Abb. 33-7).

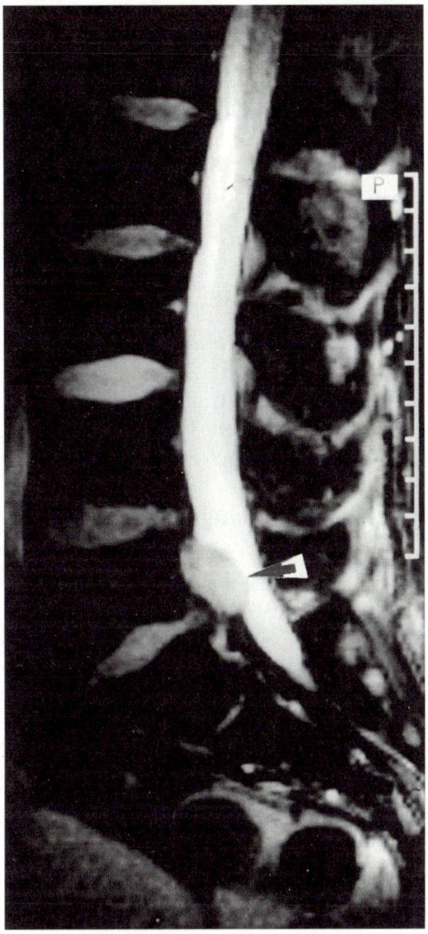

Abb. 33-7 Lumbales Kernspintomogramm bei einem nach oben gerutschten Bandscheibenvorfall in der Höhe LWK 5/SWK 1 (Pfeil).

Symptomatik: Lumbago („Hexenschuß"), Lumboischialgien mit radikulären Schmerzen, Bewegungseinschränkung der Lendenwirbelsäule (Finger-Boden-Abstand), Schmerzverstärkung beim Husten, Niesen und Pressen, radikuläre Syndrome mit Sensibilitätsstörung und Paresen, **Kaudasyndrom:** Massenvorfall mit Kompression der gesamten Cauda equina (allen in dieser Höhe noch innerhalb des Durasackes gelegenen Nervenfasern), Paresen und Blasen-Mastdarmstörungen.
Diagnostik: Neurologische Untersuchung (radikuläre Zuordnung), Computertomographie/ Kernspintomographie (in Ausnahmen wird eine Myelographie durchgeführt), Nativaufnahmen der Lendenwirbelsäule in zwei Ebenen.

Konservative Therapie: Ein reines Schmerzsyndrom und/oder leichte neurologische Ausfälle werden mittels Bettruhe, Stufenlagerung und Streckbehandlung, lokaler Wärmeapplikation (Fango) und der Verabreichung von Analgetika sowie Antiphlogistika (schwellungshemmend) behandelt. Eine adäquate Krankengymnastik zur Stärkung der Rückenmuskulatur sowie zum Einüben einer korrekten Sitzhaltung kann hilfreich sein.
Operative Therapie: Sie ist abhängig von der Symptomatik und der Dauer der Beschwerden. Während bei einem **Kaudasyndrom** eine **absolute** Operationsindikation besteht, ist diese bei ausgeprägten **Störungen mit Paresen** als **dringlich** zu bezeichnen.
Komplikationen von Bandscheibenoperationen: Es kann zur Schädigung einer Nervenwurzel (0,5 bis 0,8% aller Fälle) oder zu einer Diszitis (Entzündung des Bandscheibenfaches in ca. 2% der erfolgten Operationen) kommen.

Bandscheibenvorfälle im thorakalen Abschnitt der Wirbelsäule sind sehr selten.

33.12 Wurzelkanalstenosen

Wurzelkanalstenosen stellen eine Erkrankung des **höheren Lebensalters,** bedingt durch Osteophyten (Knochensporne) an den Wirbelkörperhinterkanten, die den Nervenwurzelkanal einengen, dar.

Die **Symptomatik** beginnt langsam mit allmählich sich herausbildenden radikulären Schmerzen und darauf folgenden entsprechenden neurologischen Ausfällen.
Diagnostik: Eine neurologische Untersuchung, die Nativdiagnostik der Wirbelsäule mit Schrägaufnahmen (Weite der Neuroforamina) sowie ein Computertomogramm und eine Elektromyographie (EMG) sind durchzuführen.
Therapie: Wenn unter analgetischer, antiphlogistischer Behandlung keine länger anhaltende Besserung auftritt, wird eine operative Entlastung der Nervenwurzel mit der **Erweiterung** des betroffenen Foramens (**Foraminotomie**) vorgenommen.

33.13 Spinalkanalstenosen

Knöcherne Einengungen des Spinalkanales finden sich ebenfalls am häufigsten im zervikalen und lumbalen Bereich. Im zervikalen

Abschnitt der Wirbelsäule liegt bei dieser Erkrankung meist ein eng angelegter Spinalkanal vor, der durch knöcherne Anbauten an den Wirbelkörperhinterkanten weiter eingeengt wird. Dazu kommt eine Verdickung des Bandapparates.
Symptomatik: Zervikale Myelopathie: Störung der langen Rückenmarkbahnen (Gangataxie, Tiefensensibilität, Vibrationsempfinden, motorische und sensible Ausfälle an Armen und Beinen). **Schleichender** Beginn!
Diagnostik: Kernspintomographie, Myelographie, Postmyelo-CT, Nativdiagnostik der Halswirbelsäule in vier Ebenen.
Therapie: Ein operatives Vorgehen ist indiziert.

Bei einer **lumbalen** Spinalkanalstenose liegt häufig ein kongenital **(angeborener)** enger Spinalkanal zugrunde, der durch Wirbelkörpergleiten (Spondylolisthese; s.a. Kap. 34.8.2) und Osteophyten an den Wirbelkörperhinterkanten zusätzlich eingeengt werden kann.
Symptomatik: Eine sich äußernde **Claudicatio spinalis** beschreibt nach Belastung auftretende Sensibilitätsstörungen und Dysästhesien (schmerzhafte Mißempfindungen sowie eine leichte Schwäche in den Beinen).
Diagnostik: Anamnese! und neurologische Untersuchung, CT und NMR, Nativdiagnostik.
Therapie: Operativ erfolgt entweder eine Laminektomie (Entfernung des Wirbelkörperbogens) oder eine innere Ringlaminektomie (Entfernung der verdickten Bänder, häufig in mehreren Etagen).

33.14 Schädigung peripherer Nerven

33.14.1 Verletzungen

Man unterscheidet **vorübergehende Leitungsunterbrechungen** ohne Strukturveränderung von **teilweisen** oder **vollständigen Durchtrennungen** des Nerven. Im ersten Fall erfolgt meist eine spontane Heilung innerhalb von Wochen. Bei der Durchtrennung ist eine **Wiederkehr** der Funktion **nur** nach einer operativen **Kontinuitätsherstellung** (nicht exakt adaptierte Nervenenden wachsen nur unter Bildung eines Narbenneuroms zusammen) zu erwarten.

Nervendurchtrennung

Zu einer Nervendurchtrennung kommt es im Rahmen von Stich- und Schnittverletzungen (s.a. Kap. 32.7.4).
Therapie: Möglichst primäre Nervennaht. Bei Zerreißungen oder Quetschungen von Nerven als Mitverletzung ist eine sekundäre Naht (spätere Rekonstruktion des Nervens) angezeigt.

Armplexusläsionen

Häufig bei Verkehrsunfällen (z.B. Motorradfahrer). Dabei können Nervenwurzeln ganz aus dem Myelon (Rückenmark) herausgerissen werden.
- **Obere Plexuslähmung** (C 5 bis C 6) = Erb-Lähmung
- **Untere Plexuslähmung** (C 7 bis Th 1) = Klumpke-Lähmung

Therapie: Kontinuitätsherstellung der abgerissenen Nerven über ein **Nerveninterponat**. Aus dem Rückenmark ausgerissene Nervenwurzeln können **nicht** wieder eingepflanzt werden, da sie intradural atrophieren. Nerven sind erst außerhalb der Dura als periphere Nerven mit Regenerationsfähigkeit zu betrachten.

Plexuszerrung

Funktioneller Ausfall ohne Unterbrechung des Nervens bei erhaltener neuraler Kontinuität (spontane Rückbildung).

33.14.2 Schädigung einzelner Nerven

Mögliche Schäden sowie die daraus resultierende Therapie einzelner Nerven sind der Tabelle 33-5 zu entnehmen.

Die Freilegung ist bei allen Verletzungen des N. femoralis (Oberschenkelnerv), N. ischiadicus (Ischiasnerv) und N. peroneus (Wadenbeinnerv) **nur** indiziert, wenn **spontan keine Rückbildung** der neurologischen Ausfälle erfolgt.

33.14.3 Engpaßsyndrome

Nerven können an allen anatomischen Engen, durch die sie verlaufen, eine langsam eintretende **chronische Druckschädigung** erfahren.

Tab. 33-5 Übersicht über die Schädigung sowie die Therapie einzelner Nerven.

Nerv	Beschreibung	Neurologie	Therapie
N. radialis	Gefährdet bei Oberarmschaftfrakturen, durch Einklemmung in die Bruchstücke	Fallhand	Freilegung, Neurolyse oder Interponat
N. medianus	Verletzung durch Schnitte am Handgelenk (suizidal, Unfall)	Schwurhand	Freilegung, Neurolyse oder Interponat
N. ulnaris	Schädigung häufig nach Ellenbogenfrakturen oder Luxationen im Ellenbogengelenk	Krallenhand	Freilegung, Neurolyse oder Interponat
N. femoralis	Im Rahmen von operativen Eingriffen können Verletzungen des Nerven vorkommen (z. B. Hüftgelenkoperationen)	Lähmung der Oberschenkelstreckmuskulatur	Freilegung, Neurolyse oder Interponat
N. ischiadicus	Schädigung nach intra-muskulären Injektionen, Hüftgelenkluxationen und intraoperativ	Lähmung der Kniebeuger und Wadenmuskulatur	Freilegung, Neurolyse oder Interponat
N. peronaeus	Druckschaden am Wadenbeinköpfchen (Lagerung, Gips)	Fuß- und Zehenheberparese	Wenn keine spontane Rückbildung Neurolyse

Karpaltunnelsyndrom

Kompression des N. medianus (Mittelarmnerv) im Karpaltunnel (primär enger Karpalkanal, arthrotische Gelenkveränderung, Weichteilschwellung im Rahmen der Schwangerschaft und bei Akromegalie).
Symptomatik: Brachialgia nocturna (nächtlich auftretende Schmerzen in der Hand und am Oberarm). Gefühlsstörung in den ersten drei Fingern der Hand. Daumenballenatrophie.
Therapie: Durchtrennung des Lig. carpi transversum.

Ulnarisrinnensyndrom

Druckschädigung des N. ulnaris (Ellennerv) im Bereich der für den Nerven vorgesehenen Rinne am Ellenbogen.
Symptomatik: Gefühlsstörung an der ulnaren Handkante am Handgelenk begrenzt. Atrophie der kleinen Handmuskeln.
Therapie: Neurolyse des Nerven im Sulkus, evtl. Ventralverlagerung.

Meralgia parästhetica

Störung des N. cutaneus femoris lateralis (seitlicher Oberschenkelhautnerv) durch Druck im Bereich des Lig. inguinale (Leistenband).
Symptomatik: Schmerzen und Gefühlsstörungen im Bereich des ventro-lateralen Oberschenkels.
Therapie: Neurolyse, Erweiterung des Nervendurchtrittes durch das Ligament.

III Pflegerischer Teil

33.15 Aspekte für die Betreuung neurochirurgischer Erkrankungen

Bei allen Schädel-Hirn-Traumen und intrakraniellen raumfordernden Prozessen (Tumoren, Blutungen) liegen die **Schwerpunkte des pflegerischen Handelns** auf der **engmaschigen Beobachtung** des Erkrankten, die in den meisten Fällen die Überwachung auf einer Intensivstation erforderlich macht.

Die apparative Überwachung kann in keinem Fall die Beobachtung des Krankenpflegepersonals ersetzen!

Die sorgfältige Beobachtung gilt sowohl für die **konservative** Behandlung als auch für die **prä-** und **postoperative Pflege** (Tumorentfernung, Operation bei Blutungen). Die Prognose eines Schädel-Hirn-Traumas wird durch das **frühzeitige Erkennen drohender Komplikationen** (z. B. Blutungen, Hirnödem), die sich durch das Auftreten von Hirndruckzeichen ankündigen, bestimmt. Zu ihnen gehören:

- Veränderungen der Bewußtseinslage (z. B. Eintrübung)
- Veränderung der Pupillenreaktion (Seitendifferenz, Lichtreaktion, Entrundung)
- Sehstörungen, unkoordinierte Augenbewegungen
- Krampfanfälle (z. B. Streckkrämpfe, Jackson-Anfälle)
- Auffälligkeiten im Verhalten z. B. motorische Unruhe
- Abweichungen bei Blutdruck (kurzfristige Blutdruckspitze bei Einklemmung), Atmung (Frequenz und Atemtiefe), Puls (insbesondere Bradykardien) oder Temperatur (zentrales Fieber)
- anhaltende starke Kopfschmerzen
- plötzliches schwallartiges Erbrechen insbesondere beim Lagewechsel
- Nackensteifigkeit (Meningismus)
- neurologische Zeichen (z. B. positiver Babinski-Reflex)
- Lähmungen einer Körperhälfte (Hemiparese)

33.15.1 Beobachtungsmaßnahmen

Bewußtseinslage

Die Beobachtung der Bewußtseinslage des Patienten ist von großer Bedeutung, da eine **Veränderung** als **erstes Indiz** auf mögliche **Komplikationen** hinweist. Die Überwachung erfolgt konstant über 24 Stunden in ärztlich angeordneten Intervallen (**mindestens** jedoch **einmal pro Stunde**), **nachts** muß der Patient **geweckt** werden. Die Ergebnisse sind entsprechend zu dokumentieren. Um die momentane Situation des Patienten exakt beurteilen zu können, werden **statt quantitativer** Angaben (z.B. somnolent, soporös, komatös) **qualitative** Aussagen getroffen, die in Anlehnung an die Glasgow-Koma-Skala (s. Kap. 11, Tab. 11-1) erfolgen. Überprüft werden die elementaren Funktionen des Bewußtseins:

- Erfolgt auf Ansprache bzw. nach Auslösen eines Schmerzreizes das Öffnen der Augen?
- Kann eine motorische Reaktion bei entsprechender Aufforderung bzw. bei einem Schmerzreiz beobachtet werden?
- Ist eine verbale Verständigung mit dem Patienten möglich?

Jede Reaktion des Patienten wird entsprechend der Skala in Punkten bewertet, die **Summe** ergibt den **Coma-Score** und ermöglicht dem Arzt eine standardisierte **Einschätzung des Schweregrades** der Erkrankung. Durch Addition der Einzelergebnisse können mindestens 3 und maximal 15 Punkte durch den Patienten erreicht werden, sie stellen die **Richtschnur** für die Beurteilung der jeweiligen **neurologischen Ist-Situation** dar und **erleichtern** die **Bewertung der Krankheitsverlaufes**.

Pupillenreaktion

Veränderte Pupillenreaktionen lassen Rückschlüsse auf **Hirndrucksteigerungen** zu, daher werden parallel zur Überprüfung der Bewußtseinslage die Pupillen kontrolliert. Zunächst werden beide Augen des Patienten gleichzeitig geöffnet und die Pupillen hinsichtlich ihrer **Größe** und **Form** beurteilt. Um die Reaktion jeder Pupille zu überprüfen, wird ein Auge geöffnet, das andere bleibt geschlossen bzw. wird mit der Hand abgedeckt. Nun wird mit einer Taschenlampe ein gebündelter starker Lichtstrahl für die Dauer von einer Sekunde auf die zu untersuchende Pupille gerichtet und deren Reaktion (Weite, Form, Seitengleichheit bzw. -ungleichheit, lichtstarr, entrundet) beurteilt und protokolliert (Abb. 33-8 A und B). Eine zunehmende **Erweiterung** bzw. das **Ausbleiben** der Pupillenreaktion läßt Rückschlüsse auf ein sich entwickelndes **Hämatom** zu.

Um die Pupillenreaktionen nicht zu verfälschen, darf der Patient vor einer Augenspiegelung kein pupillenerweiterndes Medikament (Mydriatikum z. B. Atropin®) verabreicht bekommen (auch Opiate können die Beurteilung erschweren)!

Krampfanfälle

Im Verlauf von Schädel-Hirn-Traumen oder intrakraniellen raumfordernden Prozessen können Krampfanfälle als Symptom eines erhöhten Hirninnendruckes auftreten. Die häufigsten Krampfanfälle sind.

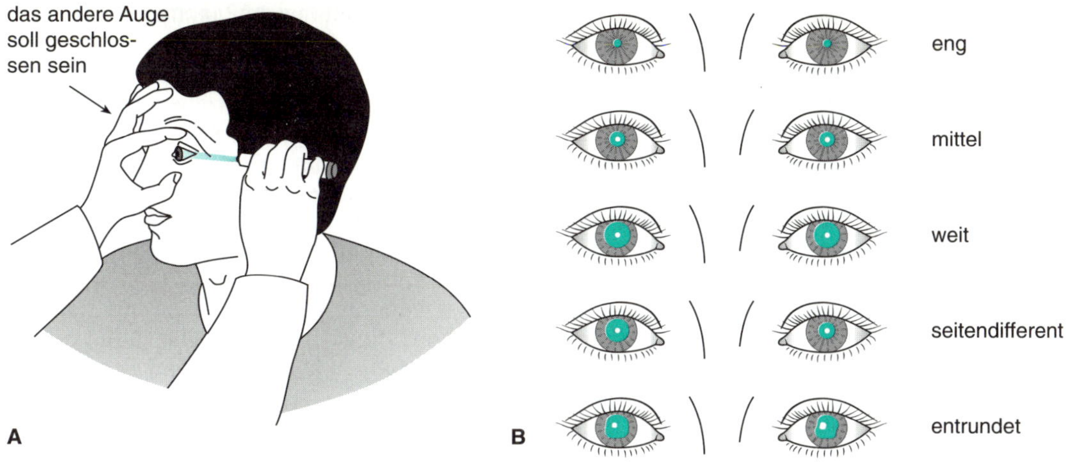

Abb. 33-8 Pupillenkontrolle und -reaktionen.
A: Durchführung.
B: Mögliche Pupillenreaktionen bzw. -veränderungen.

Generalisierter tonisch-klonischer Anfall

Der Patient wird **plötzlich bewußtlos,** die **Atmung setzt aus,** es entwickelt sich eine **Zyanose** und die Pupillen werden **weit** und **lichtstarr.** Ein zunächst tonischer Zustand (allgemeine Muskelversteifung), der einige Sekunden andauert, geht in das einige Minuten andauernde klonische Stadium (generalisierte Muskelzuckungen) über. Während des Krampfanfalles kommt es zum **Zungenbiß,** rötlich-weißlichem **Schaum** vor dem Mund (die heftigen Zungenbewegungen schlagen den mit Blut vermischten Speichel schaumig) und zum **spontanen Abgang** von Urin und/oder Stuhl. Mit dem Ende des Anfalles setzt die Atmung spontan ein, die **Bewußtlosigkeit** kann **bis zu 30 Minuten** andauern. Für die Dauer des Krampfanfalles besteht eine **Amnesie,** d.h. der Patient kann sich an das Geschehen nicht erinnern.

Partielle Anfälle

Hierbei handelt es sich um einen fokalen (Fokus = Herd) Anfall, der von einer **lokalen** Hirnschädigung (z.B. einem Tumor), dem sog. **Krampfherd,** ausgelöst wird. Es werden **einfache** (z.B. Jackson-Anfall) und **komplexe fokale** (z.B. psychomotorische Anfälle) unterschieden. Zu beobachten sind bei einfachen Anfällen **rhythmische Zuckungen** (motorischer Jackson-Anfall) bzw. **Mißempfindungen** wie z.B. Kribbelgefühl (sensorischer Jackson-Anfall), die auf eine Gesichtshälfte, eine Extremität oder Teile einer Extremität beschränkt sind. Es sind auch kombinierte Anfälle möglich. Die **Anfallsdauer** variiert zwischen **wenigen Sekunden** bis hin zu **Minuten.** Während das Bewußtsein des Patienten bei einfachen lokalen Anfällen **nicht gestört** und mit keinen Atemstörungen verbunden ist, sind komplexe fokale Anfälle mit einer Bewußtseinveränderung (-eintrübung) und stereotypen Bewegungsabläufen (Automatismen) verbunden.

Pflegerische Maßnahmen bei Krampfanfällen

Während des Krampfanfalles ist der Patient **durchgehend** von einer Pflegeperson **zu beobachten,** um ihn vor **zusätzlichen** Komplikationen **zu schützen.** Über die am Bett des Patienten befindliche Klingelanlage wird der Arzt verständigt, der ggf. über die medikamentöse Verabreichung von Valium® entscheidet, falls die Gefahr eines **Status epilepticus** (Serie von Anfällen) besteht. Ein Zungenbiß kann verhindert werden, indem versucht wird, dem Patienten eine Handtuchecke, einen trockenen Waschlappen, eine geknotete Bettlakenecke oder einen Gummikeil seitlich in den Mund zwischen die Backenzähne zu schieben.

Ein Gummikeil darf nie von vorne zwischen die Schneidezähne geschoben werden, da bei diesen Versuchen die Zähne verletzt werden können!

33

Keinesfalls dürfen **Zellstoff, Tempotücher** o.ä. verwendet werden, sie können sich mit Speichel vollsaugen, so daß für den Patienten **Erstickungsgefahr** besteht. In den meisten Fällen erfolgt der Krampfanfall so plötzlich, daß das Einbringen eines Gummikeiles unmöglich ist. Der Kiefer des Patienten darf nicht gewaltsam geöffnet werden (**Frakturgefahr**) und keinesfalls sollte der eigene Finger in den Mund des Kranken geschoben werden (**Bißverletzung**, **Frakturgefahr**).

Alle Gegenstände, die sich in **unmittelbarer** Nähe des Patienten befinden (z.B. Infusionsständer, Nachtschrank), müssen **außer Reichweite** des Kranken geschoben werden, damit er sich an ihnen nicht zusätzlich verletzen kann. Der Kopf des Patienten wird mit den eigenen Händen seitlich leicht abgestützt, um ihn in möglichst gerader und gestreckter Lage zu halten (s. Kap. 33.15.3). Keinesfalls darf der **Kopf** des Patienten **festgehalten** werden, da dies zu weiteren Verletzungen führen kann. Auch wenn der Krampfanfall „dramatisch" aussieht, sollte die beobachtende Pflegeperson diesen in Ruhe abwarten und sich die **Uhrzeit merken,** um nach dem Ende des Anfalles genaue Angaben über dessen Dauer treffen zu können. Ferner sind die Anfallsart, der Anfallsablauf, die Bewußtseinslage, die Pupillenreaktionen und das Verhalten des Patienten während des Anfalles genau zu dokumentieren. Aufgrund der anfallsbedingten Inkontinenz wird nach dem Krampfanfall die entsprechende Körperpflege mit Wäschewechsel durchgeführt.

Neurologische Ausfälle

Bei allen Schädel-Hirn-Traumen und intrakraniellen Prozessen (Tumoren, Blutungen) ist mit dem Auftreten neurologischer Ausfälle zu rechnen. Zu ihnen gehören:
- Muskelschwäche, die einzelne Muskeln oder Muskelgruppen betreffen kann
- **sensorische** oder **motorische Sprachstörungen** (Aphasie)
- Schwindelgefühl, Kopfschmerzen
- Augenzittern (Nystagmus)
- Sensibilitätsstörungen
- **Lähmungen** (Paresen)

Das Auftreten neurologischer Ausfälle ist entsprechend zu dokumentieren und sofort dem behandelnden Arzt mitzuteilen. Die pflegerische Intervention erfolgt entsprechen seinen Anweisungen.

Weitere Beobachtungsmaßnahmen

Die Überwachung von Atmung, Puls, Blutdruck, Temperatur (zentrales Fieber) und zentralem Venendruck erfolgt meist apparativ und ist im Kap. 33.6 ausführlich dargestellt. Als weiteres Kriterium zur Erfassung eines erhöhten Hirndruckes dient die **intrakranielle Hirndruckmessung** (s. Kap. 33.2).

Die Beobachtungen des Allgemeinzustandes des Patienten beziehen sich auf Nackensteifigkeit, Reaktionsvermögen und vegetative Symptome wie Übelkeit und Erbrechen.

33.15.2 Spezielle Operationsvorbereitungen

Rasurschema

Am Vortag der Operation werden die Haare kurz geschoren, auf Anordnung erfolgt ein desinfizierender Kopfverband mit z.B. Sekusept® oder Buraton®. Unmittelbar vor dem Eingriff erfolgt die endgültige Rasur (Abb. 33-9 A und B), bei der **keine Verletzungen** (Infektionsrisiko) gesetzt werden dürfen. Auch Barthaare sind mitzuentfernen. Alle weiteren präoperativen Maßnahmen erfolgen nach den in Kap. 8.1 beschriebenen Richtlinien

33.15.3 Körperpflege/Prophylaxen

Da jede körperliche Anstrengung des Patienten zum Hirndruckanstieg führen oder eine Nachblutung provozieren kann, sind pflegerische Maßnahmen der Grundpflege (z.B. Körperpflege, Betten, Lagerungen) und Behandlungspflege (z.B. Absaugen) **zunächst** mit dem

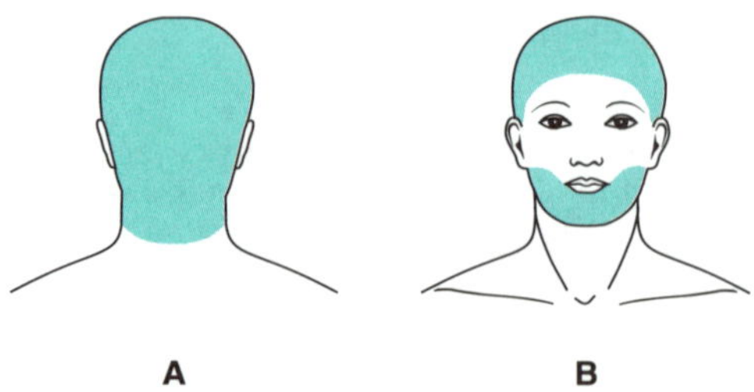

Abb. 33-9 Rasurschema bei Schädeleingriffen.
A: Hintere Schädelregion.
B: Gesichtsbereich und vorderer Schädel.

Arzt **abzusprechen** und **danach schonend** und **zügig** von **zwei Personen** durchzuführen, wobei eine Pflegeperson auf die exakte Lage des Kopfes achtet, während die zweite Pflegekraft die Pflegehandlung durchführt.

Die Grundpflege sollte in der postoperativen Phase für ca. zwei Wochen keinesfalls vom Patienten selbständig übernommen werden (auch wenn er dazu in der Lage wäre), um oben genannte Komplikationen auszuschließen!

Prophylaktische Maßnahmen richten sich nach dem Zustand des Patienten und sind ebenfalls in ihrem Ausmaß mit dem behandelnden Arzt abzustimmen. Zur Dekubitusprophylaxe ist die Superweichlagerung z.B. auf einer **Waffelmatratze** oder im **Clinitron-Bett** vorzunehmen. Das **Abklopfen** des Rückens zur Pneumonieprophylaxe sowie der Einsatz eines **Vibraxmassagegerätes** ist in der **Akutphase** der Erkrankung **verboten**, stattdessen kann der Rücken des Patienten mit durchblutungsfördernden Salben eingerieben werden. Die **Atemluft** wird durch Vernebelung von Aqua destillata **angefeuchtet** und die Mundpflege erfolgt ein- bis zweistündlich mit z.B. Salbeitee. Aufgrund einer längerfristigen parenteralen Ernährung ist die **Soor-** und **Parotitisgefahr** als **relativ hoch** einzustufen. Deshalb wird auf ärztliche Anordnung z.B. viermal täglich Moronalsuspension® verabreicht und bei jeder Mundpflege sind die Wangeninnentaschen z.B. mit Zitronensäurestäbchen zu massieren. Kontrakturen und Spitzfuß wird prophylaktisch durch **passives Durchbewegen** begegnet (übernimmt in Absprache mit dem Arzt eine Krankengymnastin). Weitere Pflegemaßnahmen, die z.B. durch die Beatmungssituation entstehen (Nasen- und Tubuspflege, Augenpflege, etc.), richten sich in ihrer Durchführung nach den Richtlinien der Intensivpflege und sind dort nachzulesen.

33.15.4 Lagerung/Mobilisation

Nach jedem Schädel-Hirn-Trauma und jeder neurochirurgischen Operation ist innerhalb der ersten drei Tage mit dem Auftreten bzw. der Zunahme eines Hirnödems (Hirndruckes) zu rechnen, das sich durch Hirndruckzeichen (s. Kap. 33.15) ankündigt. Um die vorbeugenden bzw. therapeutischen ärztlichen Maßnahmen zu unterstützen, wird der Patient in **Rückenlage** mit **leicht erhöhtem Kopfteil (30°)** gelagert. Der **Kopf** des Erkrankten liegt gerade (**achsengerecht**) und **gestreckt**, auf diese Weise ist der freie venöse Abfluß der Kopfgefäße gewährleistet, der zur Hirndrucksenkung beiträgt (Abb. 33-10). Kopfneigungen bzw. -drehungen dagegen begünstigen den Anstieg des Hirndruckes. Um sie zu vermeiden, sollten rechts und links vom Kopf des Patienten zwei kleine Sandsäcke plaziert werden.

Der **Zeitpunkt** der ersten Mobilisation nach einer neurochirurgischen Behandlung ist abhängig von der **Schwere der Verletzung** und der **Bewußtseinslage** des Patienten. Ist der Kranke in allen Qualitäten orientiert und wach, kann er, in Absprache mit dem behandelnden Arzt, bereits am Tag nach dem Unfallgeschehen bzw. des operativen Eingriffes mobilisiert werden (s. Kap. 8.2.6).

33.15.5 Drainagen/Katheter/Sonden

Im Rahmen neurochirurgischer Operationen werden, bezogen auf deren Verweildauer, **langfristige** und **kurzfristige** Drainagen (Tab. 33-6) unterschieden. Zu den erstgenannten zählen z.B. die Ableitsysteme, die bei einer **Hydrozephalusbehandlung** als **Shunt** auf Dauer komplett unterhalb der Kopfhaut plaziert sind und von außen nicht wahrgenommen werden. Kurzfristige Drainagen dagegen stellen eine **offene** Verbindung zwischen Operationsgebiet und Außenwelt dar und sind dementsprechend **risikobehaftet.** So können beispielsweise **hygienische Fehler** bei der Handhabung dieser Drainagen **dramatische Konsequenzen** (z.B. Entzündungen des Hirninnenraumes) für den Patienten nach sich

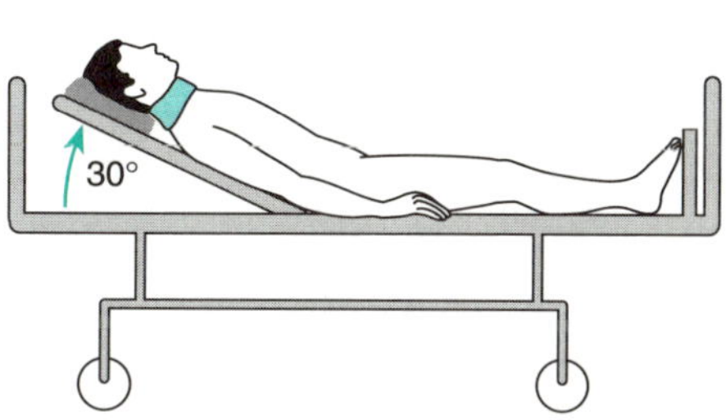

Abb. 33-10 Lagerung bei Schädel-Hirn-Trauma.

33

Tab. 33-6 Mögliche intrakranielle Drainagen.

Lage (Ort) der Drainage	Drainageart	Aufgabe der Drainage	Pflegemaßnahmen
Epiduralraum (Abb. 33-11)	Drainage mit Sog (z.B. Redon)	Blut und Sekret wird aus dem Wundgebiet abgesaugt, um eine epidurale Blutung (Hämatom) zu vermeiden	– vor jeder Manipulation sind die Hände zu desinfizieren – aseptisches Vorgehen bei Verband- und Flaschenwechsel – Aussehen des Sekretes dokumentieren – Schläuche ohne Durchhang mit Heftpflaster fixieren – der Sog in der Flasche wird unwirksam, wenn das Sekret in den Schleifen die Soghöhe erreicht hat
Subduralraum (s.a. Abb. 33-11)	Ablaufdrainage ohne Sog	Schlauch befindet sich in einem Hohlraum unterhalb der Dura, um z.B. ein chronisch subdurales Hämatom zu entfernen	– Drainageflasche muß tief unter der Kopfhöhe hängen, damit das Wundsekret nach dem Heberprinzip abfließen kann – vor jedem Umlagern des Patienten muß der abführende Schlauch abgeklemmt werden, damit kein Sekret zurückfließen kann
	Spüldrainage ohne Sog	einfließende Spülflüssigkeit (z.B. Antibiotika) wird über eine Ablaufdrainage nach außen geleitet z.B. bei einem subduralen Empyem	– das abfließende Sekret ist auf seine Menge und Farbe zu beobachten und zu dokumentieren
Ventrikel (s. a. Abb. 33-11)	Überlaufdrainage ohne Sog	Drainage wird in den Ventrikel eingelegt, um z.B. bei einer Ventrikelblutung Sekret nach außen ableiten zu können	– siehe Drainagen im Subduralraum

ziehen. Alle erforderlichen **Hygienevorschriften** sind daher im Interesse des Patienten penibel einzuhalten (s.a. Kap. 4 und 9). Darüber hinaus ist die Indikation für die Einlage einer Drainage ärztlicherseits genau zu überprüfen und danach die **Liegezeit so gering wie möglich** zu halten, da das Infektionsrisiko ab dem dritten Tag steil ansteigt. Das Anschließen eines neuen Ablaufsystems (z.B. Redonflasche) darf nur nach Sprühdesinfektion der Verbindungsstellen zwischen den Schlauchsystemen unter sterilen Kautelen mit Mundschutz und Handschuhen erfolgen. Das **Anspülen verstopfter** Drainagen sollte möglichst **vermieden** werden, damit Wundsekret nicht zurückfließen kann. Auf ärztliche Anordnung werden täglich der Eiweißgehalt und die Zellzahlen des Liquors aus Ventrikeldrainagen überprüft, um so eine evtl. auftretende Entzündung erkennen zu können.

Ein zentraler Venenzugang bzw. eine periphere Verweilkanülen (s. Kap. 7.3), Blasenkatheter und Magensonde (s. Kap. 18.13.6) können bei Patienten mit Schädel-Hirn-Trauma bzw. intrakraniellen Prozessen (Tumoren, Blutungen) zusätzliche pflegerische Maßnahmen notwendig machen.

33.15.6 Wundversorgung/Verbände

Der postoperative tägliche Verbandwechsel erfolgt nach aseptischen Prinzipien (s. Kap. 5.3.2). Eine liegende Redon-Drainage wird von Arzt am zweiten bzw. dritten postoperativen Tag je nach Sekretfördermenge entfernt. Die Fäden werden ca. am zehnten postoperativen Tag gezogen.

33.15.7 Nahrungszufuhr/-aufbau

Solange der Kranke **nicht wach** und **in allen Qualitäten orientiert** ist, wird er parenteral (Infusion, Magensonde) ernährt (s.a. Kap. 7.2 bis Kap. 7.4).

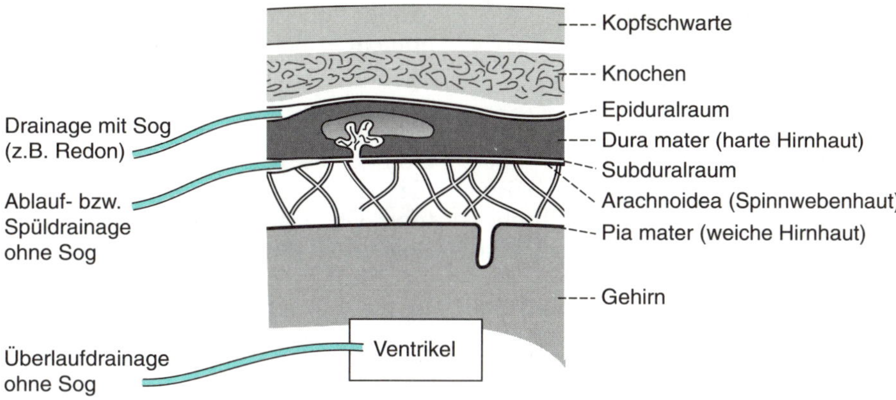

Abb. 33-11 Intrakranielle Drainagenlagen.

Der Nahrungsaufbau nach neurochirurgischen Interventionen erfolgt in Abhängigkeit von der Bewußtseinslage des Patienten und entsprechenden ärztlichen Anordnungen. Da Schädel-Hirnverletzungen häufig **Schlucklähmungen** nach sich ziehen können, ist vor der **ersten** oralen Nahrungszufuhr der **Schluckakt** auf seine Unversehrtheit zu **überprüfen**. Dabei wird wie folgt vorgegangen:
- die Pflegekraft sorgt für eine **ruhige** Atmosphäre und nimmt sich selber Zeit
- der Patient ist über die bevorstehende Nahrungsaufnahme zu informieren
- die Pflegekraft vergewissert sich, ob der Patient die Mitteilung verstanden hat (der Patient reagiert z. B. mit Kopfnicken und/oder adäquaten verbalen Äußerungen)
- der Patient wird mit **80 bis 95° erhöhtem Oberkörper** gelagert, der Kopf ist leicht nach vorne gebeugt (begünstigt das Schlucken)
- der Kranke wird gebeten, seine Zunge herauszustrecken und ihre **Beweglichkeit** nach allen Richtungen zu demonstrieren (kann er dieser Aufforderung nicht nachkommen ist das Schlucken nicht gewährleistet)
- der Patient wird aufgefordert, **zu husten** (falls er sich bei der Nahrungsaufnahme verschluckt, muß er in der Lage sein, die Nahrung „hinauszuhusten", sonst besteht **Aspirationsgefahr**)
- beim ersten Schluckversuch darf **keine flüssige Nahrung** (Tee, Saft) angeboten werden, da trinken erheblich mehr Schwierigkeiten bereitet als das Schlucken fester Kost (bewährt haben sich z. B. Pudding, Grießbrei, Kartoffelbrei o. ä.)
- dem Patienten wird ein halb- bis maximal dreiviertel gefüllter Teelöffel angereicht und gebeten, ruhig zu schlucken
- im Anschluß an die Nahrungsaufnahme erfolgt die **optische Inspektion** der Mundhöhle auf zurückgebliebene Nahrung
- es schließt sich eine sorgfältige Mundpflege (Standard) an, um evtl. übersehene Nahrungsreste zu entfernen und so einer Aspiration vorzubeugen
- der Patient bleibt nach der Nahrungsaufnahme für **15 bis 20 Minuten** mit **45° erhöhtem** Oberkörper sitzen, um einer Aspiration entgegenzuwirken

Bei leichtem Schädel-Hirn-Trauma (Grad I) sowie nach Tumoroperationen kann je nach Kooperationsbereitschaft des Patienten **bereits am ersten Tag** nach Trauma bzw. ersten postoperativen Tag mit dem Nahrungsaufbau begonnen werden.

Sobald der Nahrungsaufbau abgeschlossen ist, muß auf ballaststoffreiche Ernährung und ausreichende Trinkmenge (1,5 bis 2 Liter täglich) geachtet werden, um einer Obstipation vorzubeugen (**Pressen** beim Stuhlgang kann zum **Hirndruckanstieg** führen bzw. eine **Nachblutung** provozieren). Auf ärztliche Anordnung kann der Patient milde Laxantien (z. B. Milchzucker) verabreicht bekommen.

Bei schweren Schädel-Hirn-Traumen (anhaltende Bewußtlosigkeit) kann während des Aufenthaltes in der Intensivabteilung eine parenterale Ernährung (s. a. Kap. 7.3) bzw. enterale Sondenernährung (s. a. Kap. 7.4) notwendig werden.

33.16 Apallisches Syndrom

33.16.1 Beschreibung/Symptome

33

Kommt es im Rahmen eines Schädel-Hirn-Traumas durch Marklagerschäden zu einer Trennung der Hirnrinden- von den Hirnstammfunktionen, kann sich ein apallisches Syndrom entwickeln, welches funktionell eine Dezerebration (Ausfall des Großhirns) darstellt. Es handelt sich um einen **Zustand der Wachheit ohne Bewußtseinsinhalte** („Coma vigile"), bei dem alle **psychischen Aktivitäten** komplett **ausgelöscht** sind. Der Patient liegt mit geöffneten Augen im Bett und wirkt hellwach, sein Blick ist jedoch starr ohne Fixationspunkt und er kann keinen Kontakt herstellen. Auf verbale Ansprache erfolgt keine Reaktion, vertraute Personen oder Gegenstände lösen keine Resonanz aus. Statt abgestufter Bewegungen sind Massenbewegungen zu beobachten, d.h. der Patient wälzt sich im Bett hin und her. Entwicklungsgeschichtlich alte Reaktionen wie z.B. Saug-, Schmatz- oder Greifreflexe sind wahrzunehmen, wobei besonders der **intakte Greifreflex** (der Patient faßt fest zu, wenn man einen Finger in seine geöffnete Hand legt) den Angehörigen die **Hoffnung suggeriert,** der Kranke werde bald wieder gesund. Weitere Symptome: erhöhte Körpertemperatur, beschleunigte Atmung und Pulsfrequenz, erhöhter Blutdruck, Stuhl- und Urininkontinenz, Störungen im Schlaf-Wach-Rhythmus d.h. der Schlaf ist an keine Tages- bzw. Nachtzeit gebunden.

33.16.2 Prognose

Die Prognose des apallischen Syndroms ist **uneinheitlich**, der Zustand kann sich über mehrere Monate hinziehen und in einer **völligen Remission** enden. Bei anderen Patienten kommt es lediglich zu **Teilremissionen,** die von Restzuständen wie z.B. Koordinations- und Sprachstörungen, spastischen Paresen, Parkinsonsyndromen oder hyperkinetischen Bildern begleitet werden. Andere Patienten dagegen **versterben** an irreversiblen Schäden oder infolge einer Komplikation (z.B. Pneumonie).

33.16.3 Pflege

Die pflegerischen Maßnahmen ergeben sich aus den geschilderten Symptomen. Da der Kranke über **keinerlei Ressourcen** verfügt, braucht er bei allen Aktivitäten des täglichen Lebens (ATLs) die **vollständige Hilfe** des Pflegepersonals. Während der langen Krankheitsdauer ist das **Einbeziehen der Angehörigen** in die Pflege sowohl für den Patienten als auch die Angehörigen selber von großer Bedeutung. Die Zeit des Wartens und Hoffens auf Besserung, die Zeit der Rückschritte und die der Erfolge lassen sich für die Angehörigen besser ertragen, wenn sie in die Pflege integriert werden und das **Gefühl haben,** am **Genesungsprozeß aktiv beteiligt** zu sein. Oft sind sie es auch, die erste gesunde Reaktionen beim Patienten auslösen und dann Zeichen der beginnenden Remission miterleben können. Der Kranke reagiert auf Stimuli (z.B. Ansprache, streicheln der Hand, Lagewechsel) mit zunehmend gezielten Bewegungen, er öffnet und schließt auf Aufforderung hin die Augen, er kann sein Gegenüber immer öfter mit den Augen fixieren und er kann auf Anweisung die Hand des Gegenübers drücken und wieder loslassen. Die Methode der „basalen Stimulation" geht von der Annahme aus, der Mensch könne sich nur entwickeln, wenn er sowohl sein **Umfeld** als auch **sich selbst** mit **eigenen Wahrnehmungsmöglichkeiten** (z.B. Fähigkeit zur ganzkörperlichen Wahrnehmung, Fähigkeit zur Wahrnehmung von Vibrationsreizen, Fähigkeit zur Orientierung der Lage im Raum) erfahren könne. Auf diesen Grundlagen entwickelte C. Bienstein ein Konzept für die Krankenpflege, welches bei wahrnehmungsbeeinträchtigten Patienten den Prozeß der Gesundung unterstützen kann, indem es auf die **grundlegenden** Wahrnehmungsmöglichkeiten des Menschen zurückgreift und diese zur **Förderung** nutzt.

Die Pflege eines Patienten mit apallischem Syndrom stellt an das Krankenpflegepersonal besonders **hohe Ansprüche.** Neben pflegerischem Können sind hier Geduld, Ausdauer Zugewandtheit und persönlicher Einsatz gefragt, um dem Erkrankten aus seiner völligen Passivität ins aktive Leben zurückzuhelfen.

33.17 Rehabilitation nach dem Schädel-Hirn-Trauma

Die Folgen von Schädel-Hirnverletzungen sind so gravierend, daß sie mit keinen anderen Unfallfolgen verglichen werden können.

Die Funktionen und Aufgaben der verschiedenen Hirnareale (z.B. Sprechen, Denken, Wahrnehmen, Erinnern, Fühlen, Steuerung von unwillkürlichen Körperabläufen, Motorik) sind **keine isoliert arbeitenden Einheiten,** sie sind ein **verwobenes komplexes System.** Demzufolge verändert ein Schädel-Hirn-Trauma nicht nur Teilbereiche des Betroffenen, sondern es verletzt ihn in seiner **menschlichen Gesamtheit.**

Je nach Ausmaß und Ort der Hirnschädigung sollte nach dem Krankenhausaufenthalt eine Anschlußheilbehandlung in einer Rehabilitationsklinik erfolgen, die auf neurophysiologische Behandlungen spezialisiert ist. Hier können spezielle Möglichkeiten des **Hirnleistungstrainings** durchgeführt werden, zusätzlich werden Maßnahmen der **Ergotherapie,** der **Physiotherapie,** der **Sprachtherapie** und der **medizinisch-pflegerischen Versorgung** zur Anwendung kommen. Alle Maßnahmen sind darauf ausgerichtet, die **Selbständigkeit** und **Mobilität** des Patienten **so weit wie möglich wiederherzustellen.** In einem weiteren Schritt wird die berufliche Wiedereingliederung mit dem Betroffenen geklärt.

Trotz aller Bemühungen ist eine **völlige Heilung** in vielen Fällen **nicht** möglich. Das Denken des Patienten kann verlangsamt sein, er leidet unter Konzentrations- und Gedächtnisstörungen, die motorische Beweglichkeit ist eingeschränkt. Angehörige erleben den Erkrankten als „völlig anderen Menschen", der schnell ermüdet, bei nichtigen Anlässen gereizt und unangemessen reagiert, dessen Antrieb verlangsamt und unproduktiv ist und dessen Selbsteinschätzung deutlich von der Einschätzung der Umwelt abweicht. Das veränderte Verhalten des Erkrankten kann für das familiäre Zusammenleben äußerst belastend sein und langfristig für beide Seiten eine völlige Überforderung bedeuten. Selbsthilfegruppen können hier Unterstützung geben (Adressen s. Anhang).

33.18 Querschnittlähmung

Schädigungen des Rückenmarkquerschnittes werden z.B. durch Verkehrsunfälle, Sportunfälle, Tumoren oder Entzündungen des Rükkenmarkes ausgelöst und führen zum Krankheitsbild der Querschnittlähmung. Von einem **kompletten** bzw. totalen Querschnitt ist die Rede, wenn die Lähmung die **nervalen Funktionen** in ihrer **Gesamtheit** betreffen. Folgeerscheinungen sind der Verlust der willkürlichen Muskelfunktionen, der Ausfall der Kontrolle über Blasen- und Darmfunktion, das Unvermögen der Wahrnehmung von Berührungen, Temperatur, Schmerzen, Lage und Bewegung, Störungen der Wärmeregulation bzw. Schweißsekretion und Beeinträchtigungen der Sexualfunktion. Ein **inkompletter** bzw. partieller Querschnitt liegt vor, wenn die nervalen Funktionen des Patienten in **Teilbereichen** der **Motorik**, der **Sensibilität** und des **Vegetativums** erhalten geblieben sind.

Die Schwere der körperlichen Behinderung ist abhängig von der **Höhe** der Rückenmarkschädigung. Je höher kranial (kopfwärts) sie liegt, desto schwerer die Beeinträchtigung des Betroffenen. Liegt die Schädigung **oberhalb** des **fünften Halssegmentes** (C 5), kommt es zur **sofortigen** Atemlähmung und zum Tode des Patienten. Tiefer liegende Verletzungen führen zur Lähmung aller vier Extremitäten (Tetraplegie), des Rumpfes, des Darmes und der Blase. Thorakale und lumbale Schädigungen des Rückenmarkes ziehen eine Lähmung des Rumpfes und beider Beine (Paraplegie) nach sich, die Arme sind von der Lähmung nicht betroffen. Verletzungen in Höhe des ersten Lendenwirbelkörpers und alle tiefer liegenden Schädigungen führen zum Kaudasyndrom (s.a. Kap. 33.11.2), welches u.a. eine schlaffe Lähmung beider Beine sowie eine Darm- und Blasenlähmung bedeutet.

Die Überwachung, Behandlung und Rehabilitation querschnittgelähmter Patienten erfolgt in speziell eingerichteten Rehabilitationszentren, in die die Betroffenen möglichst schnell per Hubschrauber verlegt werden sollten. Die Erstversorgung im Allgemeinkrankenhaus bezieht sich auf die Aufrechterhaltung der Kreislaufparameter, dem Erkennen lebensbedrohlicher zusätzlicher Verletzungen (z.B. Polytrauma), dem Erheben des neurologischen Status, um spätere Veränderungen im Krankheitsbild erfassen zu können und die in Kapitel 33.15.1 genannten Beobachtungsmaßnahmen.

Die **Lagerung** des Patienten erfolgt **konsequent flach** auf einer Vakuummatratze (Abb. 33-12). Um zusätzliche Verletzungen der Halswirbelsäule auszuschließen, wird dem Patienten eine **Halskrawatte** umgelegt.

Die Weiterbehandlung in Spezialkliniken umfaßt folgende Aspekte:

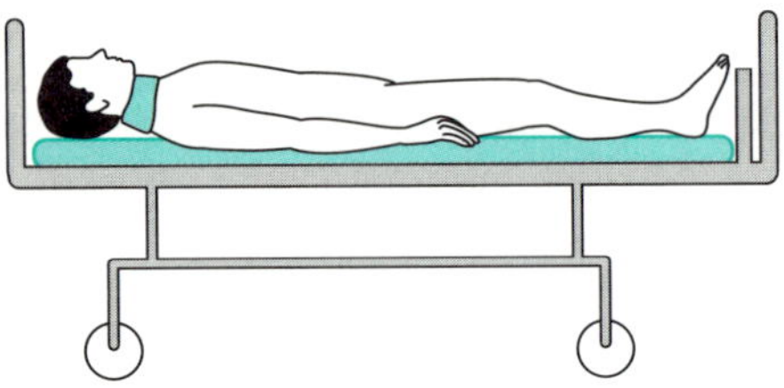

Abb. 33-12 Lagerung bei Wirbelsäulenverletzungen.

- Körper- und Hautpflege
- prophylaktische Maßnahmen gegen Dekubitus, Thrombose, Pneumonie und Gelenkversteifung
- Muskeltraining
- Blasen- und Darmtraining
- Selbsthilfetraining
- psychische Betreuung
- soziale und berufliche Rehabilitation

33.19 Hilfen für die Helfer

33.19.1 Burnout-Syndrom

Angehörige „sozialer" Berufe, z. B. Krankenschwestern/-pfleger, Ärzte, Lehrer und Sozialarbeiter haben eines gemeinsam: sie arbeiten in **direktem** Kontakt mit anderen Menschen und sie arbeiten überwiegend **„asymmetrisch"**, (d. h. sie **geben ständig** z. B. Zuwendung, Pflege, Ratschläge), während **das Gegenüber** (z. B. der Patient, der Schüler, der Klient) **ständig etwas bekommt bzw. nimmt.** Menschen, die sich besonders für die Belange ihres sozialen Berufes engagieren, denen kein Einsatz zu hoch ist, für die an erster Stelle immer der Hilfe- oder Ratsuchende und nie die eigene Person steht sind gefährdet, irgendwann an ihren **enttäuschten Erwartungen „auszubrennen"**. Das Burnout-Syndrom faßt die Symptome der emotionalen und körperlichen Erschöpfung, der Unzufriedenheit mit der eigenen Leistung, des Überdrusses an der beruflich ausgeübten Tätigkeit und der Gleichgültigkeit gegenüber dem Patienten/Klienten zusammen. Bei Burnout handelt es sich um eine **prozeßhafte Entwicklung**, die durch innere oder äußere Veränderungen jederzeit beendet werden kann und deren erste Phasen jeder kennenlernt, der in einem sozialen Beruf tätig ist. Am Anfang stehen freiwillige oder unfreiwillige **quantitative** (z. B. zu viel körperliche anstrengende Arbeit) und/oder **qualitative** (z. B. plötzliche Konfrontation mit leidenden oder sterbenden Patienten) **Überforderungen.** In vielen Fällen erleben die Betroffenen zusätzlich, daß ihre Erwartungen hinsichtlich ihrer beruflichen Tätigkeiten enttäuscht wurden. So erfahren z. B. Krankenschwestern bereits in den Anfängen ihrer praktischen Ausbildung, daß sich die in den Krankenpflegeschulen gelehrte „optimale Krankenpflege" in der Krankenhausrealität als undurchführbar erweisen kann und empfinden diese Erlebnisse als ersten „Praxisschock". Die Erkenntnis, daß „gute" Krankenpflege für jeden Patienten kaum zu realisieren ist, daß auf Spezialabteilungen wie z. B. der Neurochirurgie oder der Onkologie der **Erfolg** der Krankenpflege **kaum eintritt,** da die Patienten wahrscheinlich nicht wieder gesund werden, daß auf Intensivstationen der Erfolg geradezu unterbunden wird, weil der Patient im Falle der Besserung auf eine periphere Station verlegt wird, führt bei den Krankenschwestern zur **Desillusionierung,** zur **Frustration** und **sinkendem Engagement** für die pflegerische Aufgabe an den Patienten. War die Krankenschwester früher voller Begeisterung für ihren Beruf, so geht sie jetzt auf **innere** und **äußere Distanz:** der Kranke wird nicht mehr als Individuum wahrgenommen, er wird zum „Fall" in „Zimmer 3", die Krankenpflege reduziert sich auf technische Verrichtungen ohne menschliche Anteilnahme, die Kommunikation mit dem Patienten ist kurz, knapp und stereotyp, die Kontakte zu dem Kranken werden weitgehend eingeschränkt, auch wenn Zeit da ist, bleibt die Hand immer an der geöffneten Zimmertüre. Geht die Entwicklung weiter, führt sie zu starken **Schuldgefühlen** („warum kümmere ich mich nicht besser um alle Patienten"), zu **aggressiven** („ich lasse mir das nicht mehr bieten, soll er doch klingeln so lange er will") oder **depressiven Reaktionen** („ich habe total versagt").

Psychosomatische Symptome sind die Antwort auf diesen Dauerstreß: Schlafstörungen, Kopfschmerzen, Verspannungen in der Nakkenmuskulatur, Herzrasen, Blutdruckschwankungen, Übelkeit, Erbrechen, Appetitlosigkeit, Schwächen in der Immunabwehr (z. B. können banale Erkältungen nur schwer überwunden werden) usw. Kaffee, Nikotin und Alkohol werden ein „Muß", um funktionieren zu können. Auch Tranquilizer, Schlaf-

und Anregungsmittel, in den Medikamentenschränken der Krankenhäuser jederzeit zu finden, werden immer wichtiger. Es folgt die **starke Reduzierung** des sozialen, emotionalen und geistigen Lebens („nach Dienstende kann ich nur noch erschöpft vor dem Fernseher zusammensinken"), die in dem Gefühl der Sinnlosigkeit, der inneren Leere und der existentiellen Krise endet.

Es gibt **äußere** und **innere Faktoren** (Tab. 33-7), die das Burnout-Syndrom begünstigen. Treffen beide aufeinander, gerät also ein gefährdeter Mensch in eine ihn gefährdende Arbeitswelt, kann der Prozeß des Burnout beginnen. Die oben genannten Symptome sollte **jeder** im Krankenhaus tätige **Mitarbeiter** sowohl **an sich selbst** als auch **an seinen Kollegen wahrnehmen lernen,** um rechtzeitig prophylaktische Maßnahmen ergreifen zu können. Sich einreden zu wollen, die Rahmenbedingungen eines Krankenhauses (also die äußeren Faktoren) reorganisieren zu können, ist illusorisch, kaum ein Mitarbeiter verfügt über die dafür notwendigen Kompetenzen. Hilfe muß also auf das **soziale Umfeld** des Betroffenen abzielen, **streng** genommen sogar auf seine **innere Struktur** (s.a. Tab. 33-7).

33.19.2 Bewältigungsmöglichkeiten

Vom Burnout Betroffene sind häufig **nicht** in der Lage, ihre **eigene** Situation **realistisch** einzuschätzen, sich selbst zu helfen oder Hilfe für sich zu fordern. Fallen also die genannten Symptome im Mitarbeiterkreis auf, ist es notwendig, dem Betroffenen die gemachten Beobachtungen mitzuteilen und mit seinem Einverständnis eine vorgesetzte Instanz (z.B. Abteilungsleitung, Pflegedienstleitung) zu informieren. Die **notwendigen Hilfen** für den Betroffenen könnten danach z.B. so aussehen: um zunächst **Abstand** von der belastenden Situation zu gewinnen und sich körperlich zu erholen, wird ein Jahresurlaub angetreten. Ist das nicht sofort zu realisieren, könnte kurzfristig die Umsetzung auf eine weniger belastende Station/Abteilung/Poliklinik erfolgen, in der möglichst kein Schichtdienst gemacht werden sollte. Erlauben es die finanziellen Möglichkeiten des Betroffenen, könnte auch eine vorübergehende wöchentliche **Arbeitszeitverkürzung** hilfreich sein, um körperlich zu gesunden.

Gefährdete Menschen sollten die Möglichkeit nutzen, an krankenhausinternen **Supervisions-** oder **Balintgruppen** teilzunehmen, um ihren persönlichen Prozeß des „Ausbrennens" zu verstehen und zu lernen, Streß, Belastungen und tägliche Konflikte rechtzeitig und angemessen zu verarbeiten. Durch die Teilnahme kann auch eine **Stärkung des Selbstbewußtseins** erreicht werden, was dazu führt, **eigene Schwächen** bzw. **Bedürftigkeiten** als legitim **(erlaubt)** zu erleben aber auch dazu, persönliche Stärken, Fähigkeiten und Ressourcen klarer zu sehen. Sollten noch keine innerbetrieblichen Supervisionsgruppen bestehen, bietet evtl. ein Gespräch mit der Abteilungs-/Pflegedienstleitung die Möglichkeit, eine derartige Gruppe zu etablieren. Daneben ist es notwendig, den Kontakt zu Kollegen herzustellen, die ebenfalls unter den beschriebenen Symptomen leiden, um im regelmäßigen Gespräch miteinander festzustellen, daß der Einzelne mit seiner vermeintlichen Unzulänglichkeit, Gereiztheit, etc. nicht alleine ist. Dies könnte z.B. durch regelmäßige stationsinterne Teambesprechungen/Teamsupervisionen realisiert werden.

Tab. 33-7 Äußere und innere Faktoren, die ein Burnout-Syndrom fördern.

Äußere Faktoren	Innere Faktoren
– asymmetrische Pflege: mehr geben als zurückbekommen = Gefühl, leer auszugehen – Personalmangel, Zeitnot, schlechte Prognose = mangelnde Erfolgserlebnisse – Praxisschock = enttäuschte Erwartungen – Vorgesetzte kritisieren mehr als sie anerkennen oder loben = Gefühl, nicht gut genug zu sein – Vorgesetzte erwarten andere Verhaltensweisen als Patienten = Rollenkonflikt	– hohe persönliche Ansprüche – Unfähigkeit, sich von nicht erreichbaren Ansprüchen zu distanzieren – nichterreichte Ziele werden als persönliches Versagen erlebt – Einstellung: „ich bin nur wertvoll, wenn ich anderen helfe" – mangelnder unterstützender Ausgleich im Privatbereich – mangelnde Distanz: statt „mitgefühlt" wird „mitgelitten" – Problempatienten werden „mit nach Hause" genommen – Unfähigkeit, Hilfe für sich selbst in Anspruch zu nehmen

Ist der Burnout-Prozeß sehr weit fortgeschritten, spielen also Tranquilizer und Alkohol als „Krücke" eine entscheidende Rolle, ist professionelle Hilfe in Form einer Psychotherapie dringend notwendig!

Die Tätigkeit in einem sozialen Beruf kann äußerst **befriedigend** sein, sie darf aber **nie** dazu führen, daß sich der Mitarbeiter als **Person in ihr verliert.** Eine gesunde Portion Egoismus hilft im Endeffekt dem Patienten mehr als falsch verstandener **Altruismus** (Selbstlosigkeit).

33.20 Pflegeplanung (individuell) bei konservativer Therapie eines Schädel-Hirn-Traumas zweiten Grades

33.20.1 Fallbeispiel Frau L. Prinz

Frau Lieselotte Prinz, 72 Jahre alt, ist vor dem Supermarkt in einer Regenpfütze ausgerutscht und so unglücklich gegen einen Einkaufswagen gefallen, daß sie bewußtlos am Boden liegenblieb. Der herbeigerufene Rettungswagen brachte sie in die Unfallambulanz wo ein Schädel-Hirn-Trauma zweiten Grades (mittelschweres Trauma) und eine 6 cm lange Platzwunde am Hinterkopf diagnostiziert wurde. Frau Prinz inzwischen wieder bei Bewußtsein (die Bewußtlosigkeit dauerte ca. 10 bis 15 Minuten), wurde nach der Versorgung der Kopfplatzwunde zur weiteren Beobachtung auf der neurochirurgischen Station aufgenommen. Heute am sechsten Tag nach dem Trauma darf Frau Prinz zum ersten Mal schluckweise Tee trinken.

Soziales Umfeld: Frau Prinz ist seit fünf Jahren verwitwet. Zu ihren zwei verheirateten Töchtern hat sie regelmäßigen und guten Kontakt. Da sie keine eigenen Enkelkinder hat, nahm sie vor zwei Jahren Verbindung mit der Vermittlungsstelle „Paten-Oma, Paten-Opa" auf. Seitdem betreut sie regelmäßig dreimal wöchentlich nachmittags zwischen 14.00 und 17.30 Uhr zwei noch nicht schulpflichtige Kinder. Die Töchter berichten, daß die Mutter seit Aufnahme dieser Tätigkeit wieder lebensbejahend und voller Aktivitäten sei.

33.20.2 Pflegeplanung Frau L. Prinz

Pflegeproblem	Pflegeziel	Pflegemaßnahmen
1 Ruhen und Schlafen		
• Pat. hat Einschlafprobleme, da ihre individuellen Schlafgewohnheiten (ein Glas Rotwein am Abend, flache seitliche Liegeposition) nicht möglich sind	• Pat. fühlt sich wohl und kann einschlafen	• Pat. erklären, daß die individuellen Schlafgewohnheiten z.Zt. nicht möglich sind • mit der Pat. gemeinsam nach Ersatzritualen suchen (z.B. Musikhören, Lesen, etc.) • s. **ATL 3**
• Pat. fühlt sich beim Schlafen gestört, da längere Ruhepausen nicht möglich sind (fortlaufende Überwachungsmaßnahmen)	• Pat. akzeptiert diese vorübergehende Situation	• Pat. auf die Notwendigkeit der fortlaufenden Überwachungsmaßnahmen hinweisen • gezielte Durchführung aller pflegerischen Maßnahmen, damit zusätzliche Störungen vermieden werden (z.B. Mitpat. zum gleichen Zeitpunkt versorgen) • evtl. nach Rücksprache mit dem Arzt Überwachungsintervalle nachts zweistdl.

33.20.2 Pflegeplanung (Fortsetzung)

Pflegeproblem	Pflegeziel	Pflegemaßnahmen
2 Sich bewegen • Pat. darf sich nur eingeschränkt bewegen (Gefahr der Hirndrucksteigerung)	• Pat. vermeidet anstrengende körperliche Bewegungnen (Hirndruck bleibt konstant)	• Pat. in Rückenlage, Oberkörper 30° erhöht • Pat. erklären, daß der Kopf achsengerecht liegen soll (Bewegungen des Kopfes können zur Hirndrucksteigerung führen)
• Dekubitusgefahr (lt. Nortonskala 26 Punkte)	• intakte Haut	• Pat. liegt auf Superweichmatratze • gezielte Beobachtung der Haut bei der Körperpflege (Dokumentation von Auffälligkeiten)
• Thrombosegefahr	• venöser Rückstrom ist gewährleistet	• AT-Strümpfe über 24 Std. • Ausstreichen der Beine in Herzrichtung bei Waschen und Eincremen • mind. 2 × tägl. passive Bewegungsübungen durchführen • Pat. den Sinn von aktiven Bewegungsübungen erklären und Pat. auffordern, mehrmals täglich z. B. Füße kreisen lassen
3 Sich waschen und kleiden • Pat. darf ihre Körperpflege nicht selbständig durchführen (Hirndrucksteigerung bei körperlicher Aktivität)	• Körperhygiene ist gewährleistet	• Ganzkörperpflege lt. Standard mit 2 Personen durchführen • beruhigende Ganzkörperwäsche mit 2 Personen um 22.00 Uhr durchführen (waschen in Richtung des Haarwuchses mit z.B. Lavendelöl im Waschwasser)
4 Essen und Trinken • Pat. wird parenteral ernährt (aufgrund der ärztl. angeordneten Nahrungskarenz)	• Flüssigkeits- und Kalorienzufuhr (ärztl. Anordnung) ist gewährleistet	• Überwachung der Infusionstherapie lt. ärztl. Anordnung • Einfuhr protokollieren (Bilanz)
• es besteht die Gefahr von Soor und Parotitis	• intakte Mundschleimhaut	• zweistdl. Mundpflege lt. Standard • Pat. auffordern, regelmäßig Lippenpflege, Massage der Wangeninnentaschen und Kaubewegungen durchzuführen (Pat. hat eigenen Labellostift® und Zitronensäurestäbchen am Bett) • auf ärztliche Anordnung Soorprophylaxe mit Moronal®-Suspension 3 × tägl.
• Pat. erbricht schwallartig (aufgrund des Krankheitsbildes) beim Umlagern z. B. beim Waschen des Rückens	• Pat. fühlt sich wohl	• vor dem Umlagern Pat. Nierenschale und Zellstoff anbieten • nach dem Erbrechen Mundpflege lt. Standard durchführen • Pat. ermöglichen, Gesicht und Hände zu waschen • Dokumentation von Häufigkeit, Menge, Aussehen des Erbrochenen (Bilanz)

33.20.2 Pflegeplanung (Fortsetzung)

Pflegeproblem	Pflegeziel	Pflegemaßnahmen
5 Ausscheiden • Pat. hat seit drei Tagen den Darm nicht entleert (aufgrund von Bewegungsmangel) und hat Schwierigkeiten, in Rückenlage das Steckbecken zu benutzen	• Pat. entleert die Blase und jeden 2. Tag den Darm ungestört	• auf ärztl. Anordnung erhält die Pat. ein Klistier, nach Nahrungsaufbau Obstipationsprophylaxe durchführen (Vermeidung einer Hirndrucksteigerung) • Ausfuhr protokollieren (Bilanz) • Pat. akzeptiert die vorübergehende Nutzung des Steckbeckens (z.B. Sichtschutz benutzen) • Pat. ausreichend Zeit lassen • nach Gebrauch des Steckbeckens Intimpflege durchführen • der Pat. ermöglichen, sich die Hände zu waschen
6 Regulieren der Körpertemperatur • Pat. hat Temperaturschwankungen zwischen 36,6 und 38,5 °C rektal	• Körpertemperatur im Normbereich	• auf ärztl. Anordnung 3× tägl. Temperaturkontrolle und Dokumentation der Meßergebnisse • bei Temperaturen über 38,6 °C auf ärztl. Anordnung Einsatz von Kühlelementen • kühlende Ganzkörperwäsche (s. Kap. 16.16.3)
7 Atmen (Blutdruck, Puls) • Pneumoniegefahr (aufgrund der eingeschränkten Bewegung)	• Pat. hat physiologische Atmung	• mind. 5× tägl. Kontaktatmung (Pflegekraft legt die Hände seitlich auf den Brustkorb der Pat. und fordert die Pat. auf, die Hände „wegzuatmen") • 3× tägl. Ultraschallvernebler mit Aqua destillata
• Pat. hat schwankende Blutdruckwerte zwischen systolisch 130 und 160 mmHg	• Blutdruckwerte im Normbereich	• auf ärztl. Anordnung 3× tägl. Blutdruckkontrollen und Dokumentation • bei ansteigenden Werten und gleichzeitiger Bradykardie sofort Arzt verständigen (Hirndruck)
8 Für Sicherheit sorgen • Pat. ist bewußtseinsverändert (Erinnerungslücken, psychomotorisch verlangsamt, zeitweilig desorientiert)	• rechtzeitiges Erkennen von Komplikationen • die regelmäßige Überwachung neurologischer Funktionen ist gewährleistet	• dreistdl. Überprüfung der Bewußtseinslage mittels Glasgow-Koma-Skala auf ärztl. Anordnung (Überwachungsbogen am Bett) • dreistdl. Kontrolle der Pupillenreaktion
• Pat. ist infektgefährdet durch: – venöse Zugänge	• reizlose Einstichstelle	• VW der Einstichstelle des Venenkatheters lt. Standard 1× tägl.
– Platzwunde Hinterkopf	• keimfreie Wunde	• aseptischer Wundverbandwechsel

33

33.20.2 **Pflegeplanung** (Fortsetzung)

Pflegeproblem	Pflegeziel	Pflegemaßnahmen
8 • Pat. darf heute den ersten Schluck Tee trinken, der Schluckakt kann beeinträchtigt sein (aufgrund des Krankheitsbildes), es besteht Aspirationsgefahr	• intakter Schluckakt	• vor der ersten oralen Nahrungszufuhr Schluckakt auf Unversehrtheit überprüfen (s. Kap. 33.15.7)
9 Sich beschäftigen • Pat. langweilt sich und vermißt den Kontakt zu ihren „Paten-Enkeln"	• Pat. ist beschäftigt und freut sich auf den Besuch der Kinder	• Tochter bitten, „Paten-Enkel" beim nächsten Besuch mitzubringen • Telefon ans Bett stellen • regelmäßige Besuche ermöglichen
10 Kommunikation • Pat. äußert, daß sie gerne orale Nahrung zu sich nehmen möchte *Ressourcen:* • Pat. kann sich ungestört mitteilen.	• Pat. kennt und versteht den Sinn der Nahrungskarenz	• Pat. informieren, wie lange die Nahrungskarenz noch einzuhalten ist • Pat. erklären, daß der Nahrungsaufbau langsam und stufenweise erfolgt • Pat. hinweisen, daß heute mit Tee der Schluckakt überprüft wird
11 Sich als Frau, Mann, Kind fühlen • Pat. erlebt keine Einschränkungen		
12 Sinn finden • Pat. befürchtet, daß sie die Betreuung der Paten-Enkel aufgeben muß (aufgrund ihrer pschomotorischen Verlangsamung, Desorientierung) *Ressourcen:* • Pat. ist kooperativ und sehr motiviert, schnell gesund zu werden. Sie hat großes Vertrauen zu dem sie betreuenden pflegerischen und ärztlichen Personal.	• Pat. ist zuversichtlich, weiß daß die Beschwerden vorübergehend sind	• Pat. aufklären, daß die Beschwerden durch das Trauma ausgelöst wurden und sich wieder zurückbilden • Angehörige bitten, der Pat. Mut zuzusprechen • geistige Fähigkeiten trainieren (Lesen, Gespräche führen)

Literaturhinweise

[1] Bock, W. J., M. Schirmer: Differentialdiagnosen in der Neurochirurgie. Urban & Schwarzenberg, München-Wien-Baltimore 1987.

[2] Koos, Spetzler, Lang: Color Atlas of Microsurgery. Thieme-Verlag, Stuttgart-New York 1993.

[3] Millesi, H.: Chirurgie der peripheren Nerven. Urban & Schwarzenberg, München-Wien-Baltimore 1992.

[4] Ratcheson, R. A., F. P. Wirth: Ruptured Cerebral Aneurysm. In: Perioperative Management Concepts in Neurosurgery, Volume 6, Williams & Wilkins, Baltimore 1994.

[5] Samii, Draf: Surgery of the Skull Base. Springer-Verlag, Berlin-Heidelberg-New York 1989.

[6] Schirmer, M.: Neurochirurgie. 8. neubearb. Aufl., Urban & Schwarzenberg, München-Wien-Baltimore 1994.

[7] Juchli, L.: Pflege. Georg-Thieme-Verlag, 7. Aufl. 1994.

[8] Paetz, C.: Chirurgie für Krankenpflegeberufe. Georg-Thieme-Verlag, Stuttgart 1985.

[9] Larsen, R.: Anästhesie und Intensivmedizin. Springer-Verlag, Berlin-Heidelberg 1987.

[10] Kretz, F.-J.: Intensivmedizin für Krankenpflegeberufe. Georg-Thieme-Verlag, Stuttgart 1985.

[11] Braun, J., R. Preuss: Klinikleitfaden Intensivmedizin , Jungjohann-Verlag, Neckarsulm 1992

[12] Bienstein, C., A. Fröhlich: Basale Stimulation. Verlag Selbstbestimmendes Leben, Düsseldorf 1991.
[13] Aronson, E., A. M. Pines, D. Kafry: Ausgebrannt, vom Überdruß zur Selbstentfaltung. Klett-Cotta-Verlag, Stuttgart 1983.
[14] Schmidbauer, W.: Die hilflosen Helfer. Rowohlt-Verlag, Reinbek 1977.
[15] Burisch, M: Das Burnout-Syndrom, erst Feuer und Flamme, dann ausgebrannt. In: Beilage der Deutschen Krankenpflegezeitschrift 10/1987.
[16] Schmidbauer, W.: Helfen als Beruf. Rowohlt-Verlag, Reinbek 1983.

34 Orthopädie

P. Tichy, A. Heuwinkel

I Allgemeiner Teil

34.1 Definition und Eingrenzung

Der Begriff Orthopädie stammt aus dem Griechischen und bedeutet übersetzt „gerades" oder „aufrechtes Kind". Die heutige Orthopädie beschäftigt sich aber nicht nur mit Kindern, sondern **altersunabhängig** mit allen **angeborenen** und **erworbenen Erkrankungen** des **Stütz-** und **Bewegungsapparates.** Hierzu gehören:
- Das knöcherne Skelett, mit seinen Verbindungen in Form von Gelenken (Artikulationen), Bandhaften (Syndesmosen) und Knorpelhaften (Synchondrosen).
- Die Muskeln, mit ihren Sehnen und Sehnenscheiden.
- Das steuernde Nervensystem.

In Deutschland wird die Orthopädie relativ streng von der Unfallheilkunde (Traumatologie), die sich vorwiegend mit frischen Verletzungen des Bewegungsapparates beschäftigt, abgegrenzt. In anderen Ländern ist diese scharfe Trennung nicht üblich.

Die Behandlung orthopädischer Krankheitsbilder erfolgt entweder **rein konservativ**, oder **operativ zusammen** mit einer **konservativen Vor-** und **Nachbehandlung**. Unter konservativer Therapie werden alle nicht operativen Behandlungsmaßnahmen verstanden. Dazu gehören:
- spezielle Lagerungen (z.B. Streckbehandlung)
- Verbände und Gipse
- Krankengymnastik, Massage und Ergotherapie
- physikalische Anwendungen (Wärme, Kälte, Bäder, Elektrotherapie, Ultraschall, Laser)
- medikamentöse Therapie
- orthopädietechnische Versorgungen mit Prothesen (künstliche Gliedmaßen) und Orthesen (von außen an den Körper angelegte Bandagen, Korsette, Schienenapparate und Einlagen), die den Körper stützen, korrigieren und/oder entlasten sollen
- Versorgung mit orthopädischen Hilfsmitteln (Unterarmgehstützen, Greifhilfen, Rollstühle)

Ziel einer orthopädischen Behandlung ist es, vor allem eine **fehlende** oder **eingeschränkte Funktionsfähigkeit** des Bewegungsapparates **wieder herzustellen** oder sie zu **verbessern.** Anatomisch-kosmetische Aspekte können dabei der Funktion untergeordnet sein.

34.2 Systematik orthopädischer Krankheitsbilder

34.2.1 Angeborene Gliedmaßendefekte und Fehlbildungen

Es handelt sich um **intrauterin** (in der Gebärmutter) verursachte Extremitätenfehlbildungen, die durch Schädigung von innen (**endogen**) oder außen (**exogen;** Tab. 34-1) entstanden sind. Ihr **Ausmaß** ist weniger von der Art der Schädigung als vielmehr vom **Entwicklungsstadium** des Embryos zum **Zeitpunkt** der Schädigung abhängig.
Man unterscheidet:
- Amelie (Fehlen einer ganzen Gliedmaße)
- Peromelie (Fehlen des distalen Teils einer Gliedmaße wie bei einer Amputation)
- Phokomelie (Fehlen langer Röhrenknochen, Hand und Fuß sind ganz oder teil-

Tab. 34-1 Ursachen angeborener Extremitätenfehlbildungen.

Endogene Ursachen	Exogene Ursachen
– Genmutation (Veränderung der Erbanlage) – Chromosomenaberation (Chromosomenveränderung an Zahl und Länge)	– chemische Substanzen (z. B. Alkohol, Contergan) – ionisierende Strahlen (z. B. Röntgenstrahlen, radioaktive Strahlung) – Sauerstoffmangel (z. B. Eileiterschwangerschaft, Plazentainsuffizienz, Seruminkombatibilität) – Mangelernährung (z. B. Vitamin A-Mangel) – Virusinfektionen (z. B. Röteln, Masern, Mumps, Windpocken, Grippe) – Hormonstörungen der Mutter (z. B. Schilddrüsenhormonstörung) – Nabelschnurumschlingung

weise erhalten, z.B. Contergan-Mißbildung)
- Ektromelie (ganz oder teilweises Fehlen einzelner Röhrenknochen mit Gliedmaßenfehlstellung und Kontrakturen)

34.2.2 Angeborene Skelettsystemerkrankungen

Zu den angeborenen Skelettsystemerkrankungen gehören eine Vielzahl unterschiedlicher, meist **erblich** bedingter **Bildungs-** und **Wachstumsstörungen** von **Knorpel** und **Knochen**, deren **genaue Ursache oft** noch **unbekannt** ist. Einigen liegen Stoffwechselstörungen mit bekannten Enzymdefekten (z.B. Morbus Gaucher) zugrunde. Zusammengefaßt handelt es sich um die verschiedenen Arten von Zwerg- und Minderwuchs, diversen Skelettverformungen sowie Störungen von Struktur und Dichte des Knochengewebes, die zum Teil mit einer erhöhten Bruchgefahr einhergehen.

34.2.3 Erworbene Skelettsystemerkrankungen

Diese Skeletterkrankungen sind auf einen **gestörten Stoffwechsel** des Knochengewebes zurückzuführen.

Ein **Vitamin-D-Mangel** führt bei der kindlichen **Rachitis** zu verformten Knochen. Beim Erwachsenen ist ein Vitamin-D-Mangel oder seine Verwertungsstörungen verantwortlich für eine **Osteomalazie,** dem Verlust an mineralisierter Knochengrundsubstanz mit krankhafter Weichheit der Knochen.

Therapie: Gabe von Vitamin-D und Behandlung der Verwertungsstörung. Die Rachitis kommt seit der prophylaktischen Vitamin-D-Verabreichung bei Kindern in Mitteleuropa **kaum noch vor**.

Die **Osteoporose** ist eine über dem physiologischen Altersdurchschnitt liegender Verlust an Knochensubstanz, der zu einer erhöhten Bruchgefahr, z.B. einer Oberschenkelhalsfraktur oder zu Wirbelkörpersinterungen (d.h. spontane Stauchungsbrüche ohne Unfallereignis) führt. Es sind **überwiegend Frauen** betroffen. Der **Östrogenspiegelabfall** nach der Menopause wird dafür verantwortlich gemacht. Andere Ursachen können z.B. Schilddrüsenhormonstörungen oder erhöhte Kortisonspiegel durch Nebennierenrindenüberfunktion und Medikamenteneinnahme sein. Auch eine Minderbeanspruchung des Skelettsystems durch längeres Liegen führt zum Verlust an Knochenmasse. **Vorbeugend** können bei Frauen **Östrogene** gegeben werden. Die Behandlung besteht aus der Gabe des Schilddrüsenhormons Kalzitonin. Es hemmt den gesteigerten Knochenabbau. Fluorpräparate sollen den Knochenanbau fördern. Wichtig ist die **rasche Mobilisation** des Patienten, evtl. unter Schmerzmedikation, um einer zusätzlichen Inaktivitätsosteoporose vorzubeugen.

Zu den Stoffwechselerkrankungen des Knochens gehören ferner:
- die Osteodystrophia deformans (Morbus Paget), eine lokalisierte Knochenumbaustörung
- der durch Nierenerkrankungen ausgelöste Knochenabbau
- der Knochenabbau durch erhöhte Spiegel von Parathormon der Nebenschilddrüse

34.2.4 Knochentumoren und Knochenmetastasen

Primäre Knochentumoren sind mit ca. **1% aller bösartigen Tumoren** eher **selten**, befallen aber zu zwei Drittel Jugendliche um die Pubertät und haben eine ernste Prognose. Sie sind überwiegend an den Extremitäten lokalisiert.

Knöcherne **Metastasen** anderer Primärtumoren sind mit **16%** dagegen **relativ häufig** und bevorzugt in der Wirbelsäule lokalisiert.

Ausgangsgewebe primärer Knochentumoren können **Knochen-**, **Knorpel-** und **Bindegewebezellen** sein. Entsprechend werden sie als **Osteo-**, **Chondro-** oder **Fibrosarkom** bezeichnet. Auch Zellen des Knochenmarks können wie die Retikulumzellen beim „Ewing-Sarkom" Stammzellen des Tumors sein. Die verschiedenen Tumoren unterscheiden sich in ihrer **Ansprechbarkeit** auf Chemo- und Strahlentherapie. Nach tumorspezifischen Therapieplänen werden Chemo- und Strahlentherapie in Kombination mit einer operativen Tumorentfernung vorher und/oder nachher angewendet. Ziel der operativen Therapie ist es, das Tumorgewebe **möglichst vollständig** in einem Stück (enblock) zu entfernen, um eine Streuung zu verhindern. Es hängt von Art, Größe, Lokalisation und Ausbreitung des Tumors in die Weichteile ab, ob der Defekt unter Erhalt der Extremität knöchern mit einem Transplantat oder endoprothetisch überbrückt werden, oder mit einer plastischen Operation (z.B. Umkehrplastik nach Borggreve) die Extremität **unter Verkürzung** zumindest teilweise erhalten werden kann (Abb. 34-1 A bis C). Bei einer Umkehrplastik nach Borggreve wird der Oberschenkel entfernt, der Unterschenkel um 180° gedreht und der Schienbeinkopf mit der Hüftpfanne verbunden. Das Sprunggelenk wird zum „Knie“ und der Defekt durch eine „Unterschenkelprothese“ **belastungsfähig** ausgeglichen.

Ist der Tumor nicht radikal zu entfernen, muß die Gliedmaße **ganz** oder **teilweise amputiert** werden. Entsprechendes gilt für die Metastasenchirurgie, wobei hier Art, Ausbreitung und Prognose des Primärtumors in die Überlegungen zu einer operativen Maßnahme einfließen.

Auf die Vielzahl gutartiger Tumoren des Bewegungsapparates kann im Rahmen dieses Beitrages nicht eingegangen werden.

34.2.5 Erkrankungen des rheumatischen Formenkreises

Zu dieser Gruppe gehören Erkrankungen, denen ein **entzündlicher immunologischer Prozeß** (rheumatische Arthritis) zugrunde liegt, der das Gelenk zerstört. Es zählen hierzu die chronische Polyarthritis, die Kollagenosen, der Morbus Bechterew (Spondylitis ankylosans; s. Kap. 34.8.8) und die sog. seronegativen Spondarthritiden (entzündliche Erkrankungen der Wirbelsäule ohne Nachweis von Rheumafaktoren). Allen **gemeinsam** ist die **Gelenkzerstörung** durch die im Rahmen des Entzündungsprozesses freiwerdenden Enzyme. Sie **unterscheiden** sich durch den **Auslöser** der Erkrankung, das **Befallmuster** der Gelenke und die **Organbeteiligung.**

34.2.6 Arthrose

Die Arthrose ist eine durch **mechanischen Verschleiß** des **Gelenkknorpels** verursachte Gelenkerkrankung. Ihr liegt ein Mißverhältnis zwischen Belastbarkeit und aktueller Belastung des Knorpels zugrunde. In der Folge kommt es über eine reaktive Gelenkschleimhautentzündung (Synovialitis) zum Freisetzen lytischer (auflösender) Enzyme und dadurch zu einem weiteren Knorpeluntergang. Auch der gelenknahe Knochen und die Muskulatur wird in den Krankheitsprozeß einbezogen. Der gelenknahe Knochen zeigt im Röntgenbild (Abb. 34-2 A) eine Verdichtung (**Sklerose**), fleckförmigen Knochenuntergang

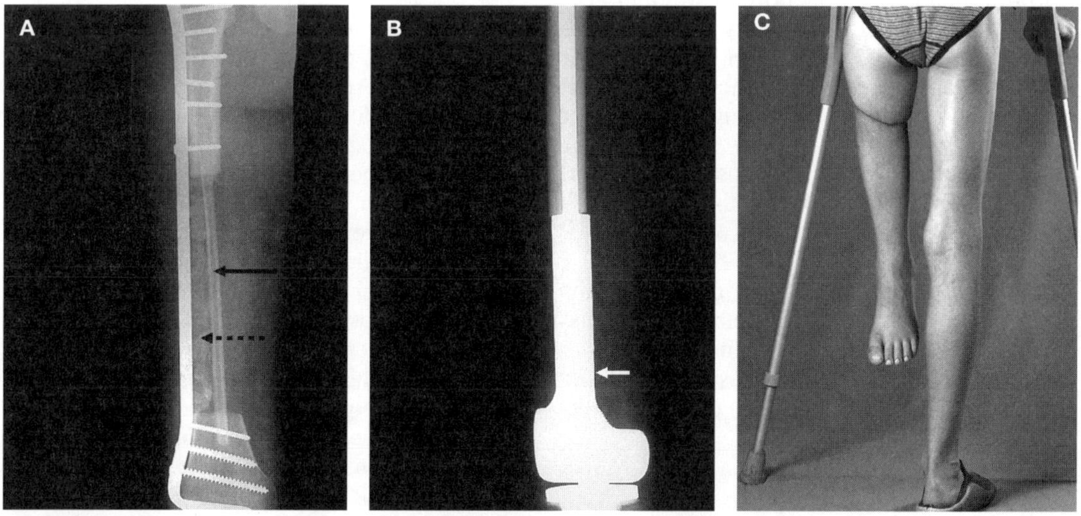

Abb. 34-1 Operationsmöglichkeiten bei einem Osteosarkom (z.B. Ewing-Sarkom) am Oberschenkel.
A: Nach der Tumorresektion wurde der Defekt durch ein Wadenbeintransplantat (durchgezogener Pfeil) und angelagerte Knochenspäne (unterbrochener Pfeil) überbrückt und mit einer Winkelplatte stabilisiert.
B: Der Defekt wurde durch eine Tumorendoprothese (Pfeil) mit Kniegelenk überbrückt.
C: Umkehrplastik nach Borggreve.

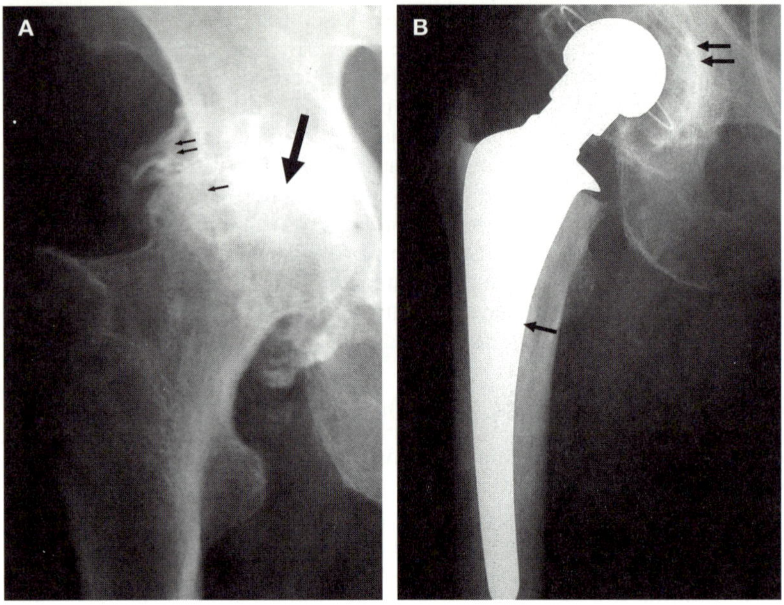

Abb. 34-2 Arthrose.
A: Im Röntgenbild (dicker Pfeil = ehemaliger Gelenkspalt und Sklerose; kleiner Pfeil = Geröllzyste; Doppelpfeil = Randosteophyt).
B: Mit Knochenzement implantierte Hüft-Totalendoprothese (TEP). (Pfeil = Prothesenstiel; Doppelpfeil = Kunststoffpfanne).

(**Geröllzysten**) und Knochenanbauten an den Gelenkkanten (**Randosteophyten**). Die Muskulatur verspannt sich reflektorisch und wird kontrakt (Kontraktur = nicht aufdehnbare Verkürzung).

Meistens läßt sich die Überbelastung des Knorpels auf eine sog. präarthrotische Deformierung zurückführen. Es handelt sich um Erkrankungen und angeborene oder erworbene Achsfehlstellungen eines Gliedmaßenabschnittes, die zu einer Verkleinerung der kraftübertragenden Kontaktfläche und damit zu einer relativen Überbelastung führen.

Körpergewicht, Arbeitsbelastung und Sport sind nie Ursache einer Arthrose, aber sie begünstigen und verschlimmern sie!

Arthrosen können prinzipiell an **allen** Körpergelenken auftreten. Ab dem 30. Lebensjahr hat jeder mindestens an einem seiner Gelenke eine Arthrose. Einige besonders häufig betroffene Gelenke haben ihre eigene Krankheitsbezeichnung:
- Hüftgelenk (**Coxarthrose**)
- Kniegelenk (**Gonarthrose**)
- Schultergelenk (**Omarthrose**)

Die Therapie besteht im Versuch, die Beanspruchung des Knorpels zu verringern, seine Ernährungssituation zu verbessern und damit seine Widerstandsfähigkeit zu steigern. Als **konservative Maßnahmen** kommen hierzu in Betracht:
- Entlastung durch Gewichtsreduktion, Benutzung eines Handstocks, Bewegungsbad, Fahrradfahren bei Coxarthrose.
- Durchblutungsverbesserung durch physikalische Anwendungen und Krankengymnastik, gleichzeitig auch als Kontrakturpropylaxe.
- Hemmung der reaktiven Entzündungsvorgänge und der Schmerzen durch Medikamente (Antiphlogistika) oral oder als intraartikuläre (in ein Gelenk; i.a.) Injektion.

Kann eine operative Maßnahme (z.B. Achskorrektur am Knie- oder Hüftgelenk) zu einem besseren Gelenkkontakt führen, ist diese sinnvoll, solange noch belastungsfähiger Knorpel („Gelenkspalt" im Röntgenbild) vorhanden ist. Andernfalls muß über einen künstlichen Gelenkersatz, eine **Endoprothese,** nachgedacht werden (Abb. 34-2 B). Dieser, das **eigene Gelenk zerstörende Eingriff**, sollte **solange wie möglich hinausgezögert** werden, da nicht alle Probleme der Endoprothetik gelöst sind. Schwierigkeiten gibt es noch bei der **dauerhaften Verankerung** (zementiert oder zementfrei) der Implantate im Knochen, beim **Abrieb** an den künstlichen Gelenkflächen und bei der **Reaktion** auf die entstehenden Abriebpartikel. Zusätzlich besteht eine **erhöhte Infektionsgefahr** der implantierten Fremdkörpern. Eine weitere Möglichkeit der operativen Behandlung einer Arthrose ist die **Arthrodese** (Gelenkversteifung). Das Gelenk ist dann zwar **unbeweglich, aber schmerzfrei**.

II Spezieller Teil

Im folgenden Abschnitt soll eine Auswahl klinisch relevanter orthopädischer Krankheitsbilder einzelner Köperregionen vorgestellt werden.

34.3 Hüfte

34.3.1 Hüftdyplasie

Definition und Ursache: Bei der Hüftdysplasie handelt es sich um eine **angeborene** Fehlform des Hüftgelenks, mit einer zu flachen, steilen Pfanne und einem steilen, nach vorn verdrehten Schenkelhals (Coxa valga-antetorta). **Sekundär** kann es vor oder meist nach der Geburt zu einer **Luxation** (Gelenkverrenkung) kommen. Etwa 2 bis 4% aller Säuglinge (das Verhältnis Knaben zu Mädchen entspricht eins zu sechs) haben eine Hüftdysplasie, die zu 40% doppelseitig auftritt. Die genauen **Ursachen** der Erkrankung sind **noch unklar.** Es scheint aber eine **erbliche Komponente** zu geben. Auch Fruchtwassermangel und Bekkenendlagen begünstigen die Entwicklung.

Die unbehandelte Hüftdysplasie kann zu Druckschäden am knorpelig vorgeformten Pfannendach und zur Luxation des Hüftkopfes aus der Pfanne nach hinten oben führen (Abb. 34-3). Sekundär bildet sich eine neue Pfanne seitlich in der Beckenschaufel aus. Durchblutungsstörungen führen zu knöchernen Umbaustörungen des Hüftkopfes dem sog. „Luxationsperthes“.

Symptome: Hinweise auf das Vorliegen einer Hüftdysplasie, Subluxation (Teilverrenkung) bzw. Luxation sind **Abspreizhemmung** und **Asymmetrie** der Gesäßfalten bei einseitigem Befund. Das Ortolani-Phänomen (manuelle Subluxation mit Schnappen des Gelenkes bei der Reposition durch den Untersucher) ist nicht immer auslösbar. Diagnose und Behandlungserfolg werden durch Sonographie der Hüftgelenke gesichert.

Therapie: Ziel der Behandlung einer Hüftdysplasie ist es, eine Luxation zu verhindern und die „Pfannenreifung“ durch den formenden Reiz, des sich zentral in der Pfanne bewegenden Hüftkopfes, zu fördern. Die Behandlung soll **so früh wie möglich** beginnen und nach dem **Schweregrad abgestuft** sein. Die Kinder werden „breit gewickelt“, mit einer Spreizhose oder einer Pawlikbandage (Bandage aus Gurten, die das Hüftgelenk in einer gebeugten und abgespreizten Stellung hält, dem Kind aber im Gegensatz zum Gips einen gewissen Bewegungsspielraum läßt) versorgt. Eine luxierte Hüfte muß so **schnell,** aber auch so **schonend** wie möglich **reponiert** (eingerenkt) und anschließend eine **erneute Luxation** durch Schienen oder Gipsverbände **verhindert** werden. Zur Reposition kommen Pawlikbandagen oder die Extensionsreposition nach Krämer zur Anwendung. Ist eine Reposition nicht möglich, muß sie operativ („blutige Reposition“) erfolgen. Dieser Eingriff kann mit einem operativen Vertiefen der Pfanne durch Abklappen des Pfannenerkers (**Pfannendachplastik**) kombiniert werden.

Auch wenn bei einer konservativ behandelte Hüftdysplasie die Pfanne gut nachreift,

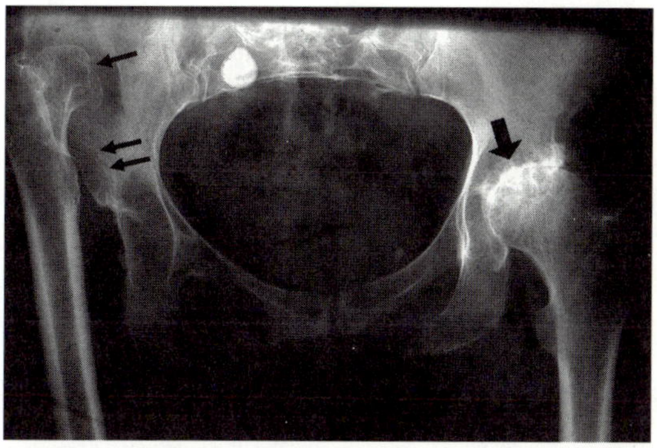

Abb. 34-3 Röntgenbild eines Beckens: Rechts in der Kindheit nicht behandelte Luxation des rechten Hüftgelenks bei einer jetzt 56jährigen Frau (Pfeil = luxierter Hüftkopf; Doppelpfeil = leere Hüftpfanne). Links auf dem Boden einer Hüftdysplasie entstandene Coxarthrose (dicker Pfeil).

34

bleibt oft die **Fehlstellung des Oberschenkelhalses** (Coxa valga-antetorta) bestehen. Erhebliche Fehlstellungen können operativ durch eine intertrochantäre (am Oberschenkel zwischen Trochanter major und minor) **derotierende Varisierungs-Osteotomie** (DVO) korrigiert werden, um einer vorzeitigen Coxarthrose vorzubeugen. Derotation = Zurückdrehen des zu stark nach vorn gedrehten Schenkelhalses. Varisierung = Abflachen des zu steilen Schenkelhalswinkels durch Entnahme eines Knochenteils. Osteotomie = Zerschneiden dieses Knochens, hier als Keil. Das Korrekturergebnis wird mit einer abgewinkelten Metallplatte und Schrauben fixiert = Osteosynthese. Verbliebene Pfannendysplasien sind durch Beckenosteotomien nach Salter, Chiari oder Tönnis zu korrigieren. Die Nachbehandlung erfolgt entsprechend einer übungsstabilen Osteosynthese oder vorübergehend mit einem Becken-Bein-Gipsverband (heute meist aus Kunststoffmaterial). Eine **Belastungsstabilität** wird **nach** ca. **drei Monaten** erreicht.

34.3.2 Epiphysiolysis capitis femoris lenta/acuta

Definition und Ursache: Durch eine „Erweichung" im Bereich der Epiphysenfuge (Wachstumsfuge) kommt es zu einem langsam schleichenden („lenta") oder in Zusammenhang mit einem leichten Unfall zu einem plötzlichen („acuta") Abrutschen des Hüftkopfes auf den Schenkelhals. Die betroffenen Kinder im Alter von 12 bis 16 Jahren, Jungen sind dreimal häufiger betroffen als Mädchen, sind oft **übergewichtig** und in der **Geschlechtsreife** gegenüber ihren Altersgenossen **zurück** (Dystrophia adiposo-genitalis; Abb. 34-4). Ursächlich wird ein **Mangel** des Hormons FSH (folikelstimulierendes Hormon) vermutet. Die Epiphysenlösung tritt ca. zu einem Drittel doppelseitig auf. Nach dem Verknöchern der Epiphysenfuge kommt die Erkrankung zum Stillstand.

Symptome: Die Kinder klagen oft über **ziehende Schmerzen** in **Knie!**, Hüfte und Rükken. Ein leichter Sturz kann zum akuten Abrutschen führen. Die Verschiebung des Hüftkopfes nach dorsal-medial führt zum positiven „Drehmannzeichen" (der Oberschenkel wird bei der Hüftbeugung außenrotiert und abgespreizt). Die Diagnose wird durch Röntgenaufnahmen gesichert.

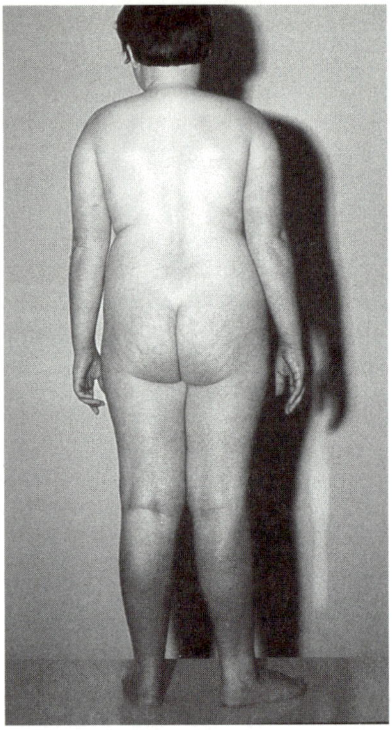

Abb. 34-4 Zwölfjähriges Mädchen mit Epiphysiolysis capitis femoris. Beachte die Körperstatur und die Außenrotationsstellung und Verkürzung des rechten Beines.

Therapie: Die Behandlung erfolgt grundsätzlich durch eine **operative Fixierung** (Epiphysiodese) des Hüftkopfes auf dem Schenkelhals, meist mit Kirschner-Drähten. Bei der „acuta" kann der Hüftkopf evtl. zuvor reponiert werden. Die „gesunde" **Gegenseite** ist **prophylaktisch** ebenfalls zu stabilisieren. Bei Verschiebungen über 30° wird die Kopfposition zusätzlich durch eine intertrochantäre Umstellungsosteotomie korrigiert. In der Nachbehandlung muß die abgerutschte Seite vorübergehend entlastet werden. Als Komplikation kann vor allem bei der „acuta" durch das Zerreißen von Blutgefäßen eine **Hüftkopfnekrose** auftreten.

34.3.3 Juvenile Hüftkopfnekrose (Morbus Perthes)

Definition und Ursache: Der Morbus Perthes beruht auf einer **Durchblutungsstörung** des Hüftkopfes und der Wachstumsfuge des Oberschenkelhalses bei Kindern im Alter zwischen drei und neun Jahren. Ihre genaue Ursache ist **unbekannt.** Es sind überwiegend Jungen, zu 20% doppelseitig betroffen. Im Verlauf der Erkrankung kommt es nach anfänglichem Absterben (Nekrose) des Knochens zu einem Wiedereinsprossen von Blutgefäßen. Dem **Abbau** des nekrotischen Gewebes **folgt** ein **Neuaufbau** des Hüftkopfes. Die Verformungen des Kopfes führen später zur **Arthrose.**

Symptome: Die Kinder fallen durch leichte Hüft- und Knieschmerzen und evtl. minimales Hinken auf. Die Beweglichkeit ist schmerzhaft einschränkt. Später kommt es zu einer geringfügigen Beinverkürzung. Die Diagnose wird mittels Röntgenaufnahmen gestellt und bei unklarem Befund durch MRT (Magnetresonanztomographie) gesichert.

Therapie: Zur Entlastung des Hüftkopfes wird eine intertrochantäre Varisierungs-Osteotomie als Frühoperation empfohlen. Der Operationsreiz soll gleichzeitig zu einer besseren Durchblutung des Hüftkopfes beitragen. Postoperativ muß das betroffene Bein **längerfristig entlastet** werden, um den Knochenneuaufbau **nicht** zu stören.

34.3.4 Idiopathische Hüftkopfnekrose

Definition und Ursache: Bei der idiopathischen (aus sich heraus entstandenen) Hüftkopfnekrose des Erwachsenen handelt es sich um eine **Durchblutungsstörung** des Hüftkopfes, deren Ursache **nicht bekannt** ist. Es erkranken überwiegend Männer mittleren Alters, in 50% der Fälle doppelseitig. **Häufig**, aber nicht notwendigerweise tritt die Hüftkopfnekrose in Verbindung mit **Stoffwechselerkrankungen** (Fettstoffwechselstörungen, Diabetes mellitus, Gicht, Lebererkrankungen, Alkoholmißbrauch) auf. Ähnliche Nekrosen kommen auch bei einer Dauertherapie mit Kortison vor. Das Einbrechen des Nekrosebezirks führt zur Kopfentrundung und zu einer sekundären Arthrose.

Symptome: Die Patienten klagen über belastungsabhängige Oberschenkel- und Leistenschmerzen. Der Übergang zur **Coxarthrose** ist fließend.

Therapie. In der **Frühphase** erfolgt ein operatives Entfernen der Nekrose und das Auffüllen mit autologer Spongiosa (Eigenknochen). Gleichzeitig kann durch eine intertrochantäre Umstellungsosteotomie der Nekrosenbezirk aus der Belastungszone herausgeschwenkt werden. Ist der Hüftkopf bereits deformiert, paßt er nicht mehr in die Pfanne. Das Gelenk ist dann nicht mehr zu erhalten und wird endoprothetisch ersetzt.

34

34.4 Knie

34.4.1 O- und X-Beine (Genu varum und Genu valgum)

Definition und Ursache: O- und X-Bein-Fehlstellungen im Kniegelenk können angeboren, als Wachstumsstörung von Ober- und Unterschenkelepiphysen, unfallbedingt, durch Verschleißerkrankung des Kniegelenks oder im Rahmen einer Osteoporose auftreten. Das Genu varum führt zur **Überbelastung** des **medialen** (inneren) **Kniegelenkspaltes,** während beim Genu valgum der **laterale** (äußere) Kniegelenkspalt betroffen ist.

Therapie: Bei Kindern kann eine Versorgung mit **korrigierenden Schienen** und **Einlagen** versucht werden. Durch die zeitweise einseitige Blockierung einer Wachstumsfuge (Epiphysiodese) mit Metallkrampen (Metallklammern, die über die Wachstumsfuge hinweg in den Knochen eingeschlagen werden) ist das eigene Wachstum zur Korrektur nutzbar. Nach dem Schluß der Epiphysenfugen ist eine valgisierende (Korrektur vom O- in Richtung des X-Beines) oder varisierende (Korrektur vom X- in Richtung O-Bein) Umstellungsosteotomie am Ort der größten Fehlstellung, kniegelenknah am Oberschenkel oder am Schienbeinkopf, möglich.

34.4.2 Habituelle Kniescheibenverrenkung (Patellaluxation)

Definition und Ursache: Bei der habituellen (gewohnheitsmäßigen) Patellaluxation kommt es zu sich **wiederholenden** Kniescheibenverrenkungen, die durch eine Fehlbildung der Kniescheibe, des Kniescheibengleitweges am Oberschenkel oder durch eine Bindegewebeschwäche verursacht sind. Die Kniescheibe **luxiert nach lateral** und **reponiert** sich oft beim Strecken des Kniegelenkes **selbständig.**

Therapie: Die Behandlung besteht zunächst in einem **Training** des M. vastus medialis (innerer Oberschenkelmuskel), der die Kniescheibe nach medial stabilisiert. Bei anhaltender Luxationsneigung ist eine operative Verlagerung der Kniescheibe nach medial (innen) durch Durchtrennen der lateralen (an der Außenseite) Retinakula (Kniescheibenhaltebänder) allein oder kombiniert mit einer Versetzung des Ansatzes des Kniescheibenbandes am Schienbeinkopf nach medial möglich.

34.4.3 Knorpelerkrankung der Kniescheibe (Chondropathia patellae)

Definition und Ursache: Die Chondropathia patellae (Knorpelerkrankung der Kniescheibe) tritt gehäuft zwischen dem 20. und 40. Lebensjahr auf. Es handelt sich um eine **verschleißbedingte** Knorpelerweichung und -aufrauhung an der Kniescheibenrückfläche.
Symptome: Die Betroffenen klagen über belastungsabhängige Schmerzen beim Treppensteigen sowie über Schmerzen beim Sitzen mit gebeugtem Knie. Ein **Reiben** der Kniescheibenrückflächen im Gleitweg und der Druckschmerz über dem Knorpel bestätigen die klinische Diagnose.
Therapie: Zur Behandlung wird der M. vastus medialis auftrainiert und der **Anpreßdruck** der Kniescheibe durch eine laterale Retinakulumspaltung **reduziert.** Im Rahmen einer Kniegelenkspiegelung (Arthroskopie) können grobe Rauhigkeiten des Knorpels geglättet werden.

34.4.4 Osteochondrosis dissecans

Definition und Ursache: Bei der Osteochondrosis dissecans handelt es sich um eine **Nekrose** von subchondralem Knochen und Gelenkknorpel. Der Nekrosenbezirk löst sich aus dem Verband und kann als **freier Gelenkkörper** (Gelenkmaus) **Einklemmungserscheinungen** hervorrufen. Der verbleibende Defekt, das „Mausbett", befindet sich immer an einer **konvexen** (vorgewölbten) Gelenkfläche. Die Erkrankung kommt nicht nur am Kniegelenk sondern ebenso am Sprungbein (Abb. 34-5), im Ellenbogengelenk, am Hüftkopf und am Oberarmkopf vor. Als Ursache für die Durchblutungsstörung werden Verletzungen, mechanische Fehlbelastungen und eine erbliche Komponente diskutiert.
Symptome: Freie Gelenkkörper können zu Einklemmungen mit Gelenkergüssen und diffusen Knieschmerzen führen. Im Röntgenbild stellt sich das „Mausbett" als Knochendefekt dar.
Therapie: Bei einer noch unscharfen Begrenzung im Röntgenbild besteht die Behandlung

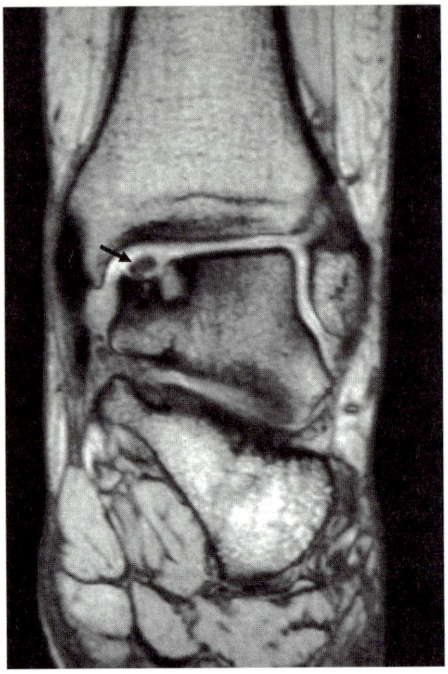

Abb. 34-5 Magnetresonanztomogramm (MRT) einer Osteochondrosis dissecans am Sprungbein. Das Dissekat (Pfeil) liegt noch im Mausbett.

zunächst in einer Entlastung, da eine **Wiedereinheilung möglich** ist. Bei fortschreitender Abgrenzung wird das Dissekat (Gelenkmaus) möglichst vom Knochen her angebohrt, um eine Gefäßeinsprossung zu fördern. Eine **frisch abgelöste Gelenkmaus** kann im Mausbett **refixiert** werden. **Ältere** Dissekate werden **entfernt.** In der Nachbehandlung ist das Gelenk bis zum Einheilen des Dissekates bis zu zwölf Wochen zu entlasten.

34.4.5 Meniskusläsionen

Definition und Ursache: Den Meniskusverletzungen liegt entweder eine **frische Verletzung** oder eine **Verschleißerkrankung** mit folgendem Meniskuseinriß zugrunde. Der **mediale** (innen gelegene) **Meniskus** ist wegen seiner Anheftung am Innenband weniger beweglich und reißt daher ca. **20mal häufiger** als der **laterale** (außen gelegene). Auch akute Risse kommen fast immer nur bei degenerativ vorgeschädigten Menisken vor. Auslöser ist meist eine Streckbewegung des gebeugten, im Unterschenkel außenrotierten Kniegelenkes.
Symptome: Den Patienten stören die belastungsabhängigen Schmerzen und die Ein-

klemmungserscheinungen mit Streckhemmung. Die spontane Reposition eines eingeklemmten Meniskus ist häufig. Die klinischen Meniskusteste reproduzieren meist eine Einklemmung. Der so ausgelöste Schmerz führt neben der Anamnese zur Diagnose. Röntgenbilder sind meist unauffällig. Bildgebend sind Meniskusrisse arthrographisch (ein in das Gelenk eingespritztes Kontrastmittel dringt in den Riß ein), durch eine Magnetresonanztomographie oder evtl. durch eine Ultraschallsonographie darstellbar.
Therapie: Ein **konservativer** Behandlungsversuch ist **möglich**, bei **rezidiverenden** Einklemmungen und Ergüssen aber **nicht sinnvoll.** Heutzutage werden meist nur die verletzten Meniskusanteile arthroskopisch entfernt.

Bei der totalen Meniskusentfernung sind sekundäre Gonarthrosen häufig, da der „Puffer" fehlt und die Kontaktfläche verkleinert wird!

34.4.6 Kapsel-Band-Läsionen des Kniegelenkes

Definition und Ursache: Es handelt sich um frische Bandverletzungen oder Folgezustände nach älteren kompletten Bandzerreißungen und „Bänderdehnungen" (mehrfache kleine Einrisse mit Verlängerungseffekt) mit anhaltender Bandinstabilität. Etwa **ein Drittel** aller Gelenkverrenkungen betreffen das **Kniegelenk**. Die Verletzung des **Innenbandes** ist **10-** bis **20mal häufiger** als die des **Außenbandes.** Risse des **vorderen Kreuzbandes** sind **zehnmal häufiger** als die des **hinteren**. Oftmals kommt es zur Verletzung mehrerer Bänder während **isolierte** Verletzungen eines einzelnen Kniebandes **selten** sind. Der Verletzungsmechanismus ist meist ein Drehsturz bei fixiertem Unterschenkel. Auf begleitende Meniskusverletzungen ist zu achten.
Therapie: Frische Verletzungen sollten möglichst **sofort operativ** versorgt werden. Bei älteren Verletzungen kann vor einer Bandrekonstruktion versucht werden, die Instabilität muskulär zu kompensieren. Das **Ziel** der operativen Therapie ist es, durch eine Naht der Bänder, eine knöcherne Verlagerung der Bandansätze sowie der Verlagerung von Muskelansätzen und durch Bandplastiken (Bandverstärkung oder -ersatz) aus Sehnengewebe oder Kunstfasern ein **stabiles Kniegelenk zu erhalten.** Die Nachbehandlung erfolgt möglichst „frühfunktionell", d.h. mit limitierten Bewegungen ohne Belastung und isometrischem Muskeltraining (Anspannen der Muskeln, ohne eine Bewegung durchzuführen). Eine **Knieschiene** kann ungewollten Streß auf den Bandapparat reduzieren. **Belastungen** können **ab der zwölften Woche** nach der Operation erlaubt werden. Volle Sportfähigkeit wird zwischen neun und zwölf Monaten nach der Operation erreicht. Die Ergebnisse sind bei **Spätoperationen schlechter** als bei einer Primärversorgung, da häufig bereits **Folgeschäden** (Knorpel/Bänder/Menisken) eingetreten sind.

34.5 Unterschenkel

34.5.1 Kompartmentsyndrom

(s. Kap. 31.2.3)

34.5.2 Unterschenkelamputation

Am Beispiel der Unterschenkelamputation sollen hier einige **allgemeine Hinweise** zu Amputationen gegeben werden. Ca. **80%** aller in der Bundesrepublik Deutschland durchgeführten Amputationen an den unteren Gliedmaßen sind auf **Durchblutungsstörungen,** auf dem Boden einer **Arteriosklerose** (arterielle Gefäßverschlußerkrankung) oder eines **Diabetes mellitus** (Zuckerkrankheit) zurückzuführen. Nur **20%** sind als **Folgemaßnahme** nach **Unfällen** oder **Tumoren** erforderlich. **Die notwendige Amputationshöhe** (Zehen, Vorfuß, Rückfuß, Fuß, Unterschenkel, im Kniegelenk, Oberschenkel, im Hüftgelenk) richtet sich nach der Grunderkrankung. **Ziel** ist es, einen möglichst **endbelastungsfähigen** (Amputationsstumpf ist direkt belastbar) **schmerzfreien Stumpf** zu bekommen und dabei soviel wie möglich von der Extremität zu erhalten. Nach der Operation ist durch eine sorgfältige Wund- und Hautpflege und durch Wickelung der Weichteile der Stumpf auf die Versorgung mit einer Prothese vorzubereiten (s. a. Kap. 34.11.5). In der Prothese muß das **Körpergewicht** von Gewebeteilen übernommen werden, die ursprünglich nicht dafür vorgesehen waren. Aus diesem Grund müssen sie **abgehärtet** und **auf ihre Aufgabe vorbereitet** werden, damit es nicht zu schlecht heilenden Druckgeschwüren und möglicherweise zu einer Stumpfinfektion kommt.

34

34.6 Fuß

34.6.1 Plattfuß

Unter dem Begriff „Plattfuß“ werden alle Fußfehlformen mit **kontrakter platter** Fußsohle zusammengefaßt.

Der **angeborene** Plattfuß ist eine Fehlbildung mit **zu steil stehendem Talus** (Sprungbein). Mit zunehmendem Alter treten Beschwerden durch die Fehlbelastung der Fußwurzelgelenke auf. Die Behandlung erfolgt gleich nach der Geburt durch **korrigierende Gipsverbände,** später operativ durch eine **Achillessehnenverlängerung** und das Durchtrennen der dorsalen (hinteren) Gelenkkapseln von oberem und unterem Sprunggelenk (Kapsulotomie). Die Steilstellung des Talus ist jedoch nur schlecht korrigierbar, da an ihm weder Muskeln noch Sehnen ansetzen und er durch Gipse oder Orthesen nicht stabil zu fassen ist. Nach Abschluß des Wachstums kann bei anhaltenden Beschwerden eine subtalare Arthrodese (Versteifung der Gelenkverbindungen des Talus zur Fußwurzel) erforderlich sein.

Der **erworbene** Plattfuß entsteht durch das **Einsteifen** eines **Senkspreizfußes.** Durch eine relative Schwäche der muskulären Verspannung der Längs- und Quergewölbe des Fußes oder durch Muskelansatzvarianten ausgelöst, flachen die Gewölbe ab und werden mit der Zeit kontrakt. Die Fußgewölbe sind dann weder aktiv im Zehenstand noch passiv aufrichtbar.

Die Behandlung des Senkspreizfußes besteht in einer **Kräftigung** der Fußsohlenmuskulatur und der Beugemuskeln am Unterschenkel durch Barfußlaufen, Zehengreifübungen und Schwimmen. Unterstützend kann eine Einlage verordnet werden. Eine **korrigierende Einlagenversorgung** bei bereits **kontraktem Plattfuß** ist **sinnlos** und für den Patienten sehr **schmerzhaft**. Operative Korrekturen sind **nur** bei erheblichen Beschwerden angezeigt.

Der **traumatische** Plattfuß entsteht durch einen in Fehlstellung verheilten Fersenbeinbruch und führt meist zur Arthrose im unteren Sprunggelenk. Wenn das untere Sprunggelenk durch einen orthopädischen Schuh nicht beschwerdefrei ruhiggestellt werden kann, ist eine Arthrodese (operative Gelenkversteifung) im unteren Sprunggelenk sinnvoll.

34.6.2 Spitzfuß

Beim Spitzfuß kommt es als Folge eines **muskulären Übergewichts** der Fußbeuger über die Fußstrecker oder durch **falsche Lagerung** zu einer kontrakten Beugestellung im oberen Sprunggelenk. Er wird konservativ mit einer entsprechenden Fußbettung in einem orthopädischen Schuh oder operativ durch eine Verlängerung der Achillessehne behandelt.

34.6.3 Hackenfuß

Der Hackenfuß zeichnet sich durch eine extreme **Dorsalextension** des Fußes aus, wobei die Ferse den tiefsten Punkt bildet. Er ist oft **Begleiterscheinung anderer Mißbildungen** (z.B. bei der Spina bifida; Verschlußstörung des Wirbelkanals, häufig mit Schädigung des Nervengewebes; s.a. Kap. 33.4.1). Intrauterine Lageschäden sind als Ursache möglich. Die Behandlung besteht im Versuch, durch manuelles Auflockern der Kontraktur (**Redression**) und anschließendes Halten des Korrekturerfolges in einem Gipsverband (**Retention**) die Fehlstellung zu korrigieren. Operativ kann bei Kindern die Sehne des M. peroneus brevis (kurzer Wadenbeinmuskel) verlagert werden. Bei Erwachsenen hilft nur eine **Korrekturosteotomie** der Fußwurzel und eine Arthrodese. Die Ergebnisse sind auf Dauer unbefriedigend, da ein Defektzustand bleibt.

34.6.4 Sichelfuß

Der Sichelfuß kommt durch eine vom Fußaußenrand nach medial zunehmende **Adduktionsfehlstellung der Mittelfußknochen** zustande. Zur Behandlung reicht oft eine manuelle Redression und korrigierendes Wickeln aus. Manchmal sind Gipsverbände zur Retention erforderlich. Später werden korrigierende Schuhe verordnet. Eine operative basisnahe Umstellungsosteotomie der Mittelfußkochen ist selten notwendig.

34.6.5 Hohlfuß

Hohlfuß ist der Sammelbegriff für alle Fußformen mit **hohem Längsgewölbe**. Man unterscheidet den **neurogenen Lähmungshohlfuß**, der durch ein Übergewicht der Beugemuskulatur ausgelöst wird, vom **idiopathischen Hohlfuß** unbekannter Ursache und dem seltenen **traumatischen Hohlfuß** durch **Narbenkontrakturen,** nach Verbrennungen und Erfrierungen. Das überhöhte Längsgewölbe führt zu Druckschwielen an Ferse und Vorfußballen. Sekundär entstehen Hammer- oder Krallenzehen. Läßt sich der Fuß mit einer Einlage oder in einem orthopädischen Schuh nicht beschwerdearm betten, ist die Behandlung operativ. Dabei werden die verkürzten plantaren (fußsohlenseitigen) Weichteile durchtrennt und/oder eine Korrekturosteotomie der Fußwurzel nach Hepp oder Lambrinudi durchgeführt.

34.6.6 Klumpfuß

Definition und Ursache: Der Klumpfuß ist eine **kombinierte Fußmißbildung** aus einem **Spitzfuß** mit Varusstellung (O-Stellung) des Fersenbeins, einem **Sichelfuß** mit hochgezogenem Fußinnenrand und einem **Hohlfuß** (Abb. 34-6). Er ist die **häufigste** Extremitätenmißbildung überhaupt und tritt sowohl **einals** auch **beidseitig** auf. Der Klumpfuß entsteht durch ein Übergewicht der Fußbeuger über die Strecker, dessen Ursache noch nicht geklärt ist.
Symptome: Im Gegensatz zur Klumpfußhaltung des Neugeborenen, ist beim **echten Klumpfuß** die **Korrektur** von Spitzfuß und Supination (Auswärtsdrehung) in die Neutralstellung **nicht** zu erreichen. Das Fersenbein steht hoch und die Wadenmuskulatur ist atrophiert (verkümmert).
Therapie: Von Geburt an muß der Fuß von Hand aufgelockert (redressiert) und die erreichte Korrekturstellung in Oberschenkelgipsverbänden mit 90° Beugestellung im Kniegelenk gehalten (retiniert) werden. Ein Gipswechsel und erneute Redressionsbehandlung erfolgen zunächst alle drei bis vier Tage. Gleichzeitig wird ein Extensoren-(Streck)-training durch Berührungsreize an der Fußaußenkante und am lateralen Unterschenkel durchgeführt. Sind die Kinder etwas größer, erhalten sie korrigierende Schienen und die Eltern werden angeleitet, mit den Kindern täglich mehrmalig zu üben. Beginnen die Kinder zu laufen, bekommen sie unterschiedliche Tag- und Nachtschienen, später korrigierende Einlagen. **Kontrollen** der Fußstellung sind bis zum **Abschluß des Wachstums** erforderlich.

Oft reicht die alleinige konservative Behandlung nicht aus. Es ist dann zwischen dem **vierten** und **sechsten Lebensmonat** eine **Spitzfußkorrektur** durch Achillessehnenverlängerung und dorsale Kapsulotomie an oberem und unterem Sprunggelenk erforderlich. Weitere Eingriffe können zur Korrektur der anderen Klumpfußkomponenten notwendig sein. Bei einer bleibenden Fehlstellung und anhaltenden Beschwerden ist nach dem Abschluß des Wachstums eine endgültige Korrektur durch eine Osteotomie mit Fußwurzelarthrodese möglich.

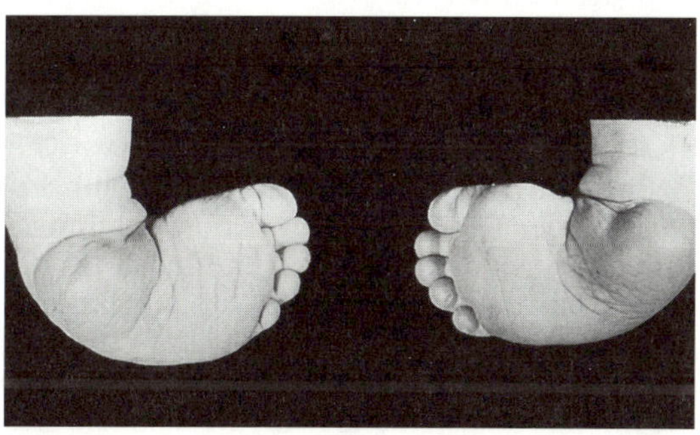

Abb. 34-6 Klumpfüße bei einem Säugling, Ansicht der Fußsohle.

34.7 Arm

34.7.1 Periarthritis humero-scapularis (PHS)

PHS ist ein Sammelbegriff für **chronische Schmerzzustände der Schulter** vielfältiger Ursache. Er ist **keine** Diagnose und sollte daher nicht verwendet werden. Mögliche Ursachen sind:

- Reizungen zervikaler Nervenwurzeln durch degenerative Veränderungen der Halswirbelsäule.
- Entzündliche Reizzustände der Bursa subacromialis (Schulterdachschleimbeutel).
- Degenerative Veränderungen oder Risse der Rotatorenmanschette und der langen Bizepssehne.
- Die Arthrose oder Arthritis des Schultereckgelenks.

34.7.2 Rotatorenmanschettensyndrom (Impingementsyndrom)

Definition und Ursache: Es handelt sich um eine Schädigung der **Ansatzsehnen der Mus-**

keln der sog. Rotatorenmanschette am Oberarmkopf. Diese Muskeln entspringen am Schulterblatt und vereinigen sich um den Oberarmkopf herum zu einer Muskel-Sehnen-Manschette. Sie zentrieren den Oberarmkopf in der Schulterpfanne und stabilisieren das knöchern schlecht geführte Schultergelenk muskulär. Ein großer Teil der Rotatorenmanschette kommt dabei unter dem vorspringenden Schulterdach zu liegen. Zwischen Schulterdach und Rotatorenmanschette befindet sich als Puffer und Gleitschicht ein großer Schleimbeutel, die Bursa subacromialis. **Mechanische Reizung** führt über ein Anschwellen des Schleimbeutels zu einer **zunehmenden Enge** unter dem Schulterdach und **zum Druck** auf die Rotatorenmanschette. Degenerative Sehnenauffaserungen bis hin zum Sehnenriß sind die Folge (s.a. Kap. 31.10.1).

Symptome: Die Patienten klagen über anhaltende Schulterschmerzen. Typisch ist der sog. **schmerzhafte Bogen** bei Armbewegungen zwischen 60 und 120° Abspreizung und ein Druckschmerz über der Ansatzregion des betroffenen Muskels der Rotatorenmanschette, meist des M. supraspinatus (Obergrätenmuskel). Risse lassen sich sonographisch, arthrographisch oder im MRT darstellen.

Therapie: Die Behandlung erfolgt **zunächst konservativ** durch Krankengymnastik, physikalische Anwendungen und Infiltrationen mit örtlichen Betäubungsmitteln und evtl. Kortisonbeimischungen. Bei Therapieresistenz oder nachgewiesenem Sehnenriß wird die Sehne operativ genäht und die Enge unter dem Schulterdach durch Abtragen der Unterfläche des Akromions (Schulterhöhe) erweitert.

Eine konsequente krankengymnastische Nachbehandlung ist für den Heilungserfolg des Rotatorenmanschettensyndroms wichtig!

34.7.3 Habituelle Schulterluxation

Definition und Ursache: Bei der habituellen (gewohnheitsmäßigen) Luxation oder Subluxation (Teilverrenkung) des Schultergelenks ist die **Instabilität Folge** einer angeborenen zu flachen oder zu kleinen Pfanne, einer Bindegewebeschwäche oder einer Störung der muskulären Führung des Schultergelenks. Die Erstverrenkung tritt meist **ohne** einen **geeigneten** (von der Art und Schwere des Unfalls für die Verrenkung eines gesunden Gelenkes ungeeigneten) **Unfallmechanismus** auf.

Symptome: Die Diagnose wird aufgrund der Anamnese und der klinischen Untersuchung des instabilen Gelenks gestellt.

Therapie: Eine muskuläre Stabilisierung durch langfristige Kräftigung der Muskeln der Rotatorenmanschette und des M. deltoideus (Deltamuskel) ist oft erfolgreich. Operativ kann u.a. die vordere Gelenkkapsel und die Muskulatur (Operation nach Putti/Platt) gerafft oder die Schulterpfanne durch Einsetzen eines Knochenkeils am vorderen unteren Pfannenrand (Operation nach Eden, Hybinette und Lange) vertieft werden. Je nach Operationsverfahren wird das Gelenk **bis zu sechs Wochen** mit anliegendem Arm oder in einem Thorax-Oberarm-Abduktionsverband als Gips oder Schienenapparat **ruhig gestellt.** Anschließend folgt ein krankengymnastisches Übungsprogramm zum Einbewegen des Gelenks und zur Kräftigung der stabilisierenden Muskulatur.

34.7.4 Epicondylitis

Definition und Ursache: Die Epicondylitis ist eine schmerzhafte **degenerative Erkrankung der Sehnenursprünge** (Ansatztendinose) der Hand- und Fingerstreckmuskulatur am Epicondylus radialis humeri (Tennisellenbogen), oder seltener der Beugemuskulatur am Epicondylus ulnaris humeri. Das Krankheitsbild wird hier beispielhaft auch für Ansatztendinosen anderer Muskeln, z.B. den Ansatz der Oberschenkeladduktoren am Schambein, abgehandelt.

Symptome: Durch eine Anspannung der entsprechenden Muskeln gegen Widerstand läßt sich der Schmerz **provozieren.** Die Röntgenbilder sind meist unauffällig, manchmal lassen sich Kalkeinlagerungen in den Sehnenansätzen erkennen.

Therapie: Das Spektrum der konservativen Behandlung reicht vom Vermeiden schmerzauslösender Belastungen über durchblutungsfördernde **physikalische** Anwendungen (Kälte, Ultraschall, Elektrotherapie) und **Friktionsmassagen** (quer zum Sehnenverlauf durchgeführte Massagen über den Sehnenursprung) bis hin zu **ruhigstellenden Gipsverbänden.** Die schmerzhaften Sehnenansätze können auch mit einem Kortison-Lokalanästhetikum-Gemisch umspritzt werden. Ist die **konservative Therapie nicht erfolgreich**, werden die sehnigen Ursprünge der Muskeln **operativ** vom Knochen abgelöst.

34.7.5 Volkmann-Kontraktur

Definition und Ursache: Die Volkmann-Kontraktur entsteht durch einen **fehlerhaft zu straff angelegten Verband** am Unterarm. Die Gefäßabschnürung führt zu **Muskelnekrosen** und später **narbiger Muskelschrumpfung.**
Symptome: Es resultiert eine typische Beugekontraktur des Handgelenks und der Fingerend- und -mittelgelenke bei gleichzeitiger Überstreckung in den Grundgelenken.
Therapie: Die Behandlung der eingetretenen Kontraktur ist **schwierig.** Passives Dehnen (Quengeln) kann zu erneuten Muskel- und Narbeneinrissen mit weiterer Schrumpfung führen. Die operative Verlängerung der Beugesehnen kann zwar die Kontrakturstellung beseitigen, die Muskelfunktion bleibt aber weiter gestört.

Die beste „Behandlung" ist die Prophylaxe. Keine straffen zirkulär gewickelten Verbände bei drohender Schwellneigung!

34.7.6 Sudeck-Dystrophie

Definition und Ursache: Die Sudeck-Dystrophie wird auch als Morbus Sudeck, Algodystrophie oder Reflexdystrophie bezeichnet. Es handelt sich um krankhaft **gesteigerte Stoffwechselvorgänge**, die zu einem **Abbau** von **Fettgewebe, Muskulatur, Bindegewebe** und **Knochen** führen. Die Erkrankung tritt überwiegend an den Extremitäten, bevorzugt an den Armen auf. Die komplexe Störung der Nerven- und Gefäßversorgung wird meist durch einen Unfall oder eine Operation ausgelöst.
Symptome: Die Erkrankung wird in **drei** Stadien eingeteilt.
- **Stadium I:** Ruhe- und Bewegungsschmerz bei überwärmter bläulich-violett verfärbter glänzender Haut, Fingerschwellung, im Röntgenbild sind kleinfleckige Entkalkungen (Kalksalzverschiebung) im Knochen sichtbar.
- **Stadium II:** Nach zwei bis vier Monaten abnehmende Schmerzen, Schwund des Unterhautfettgewebes, kühl-blasse bläuliche Haut, Bewegungseinschränkung durch Schrumpfung des Kapselbandapparates der Gelenke, vermehrte Behaarung und Schweißabsonderung. Im Röntgenbild Verschmälerung der Kortikalis und Aufweitung der Markhöhle der Röhrenknochen.
- **Stadium III:** Endstadium mit generalisierter Atrophie der betroffenen Extremität, keine Schmerzen mehr, aber Verbleib einer erheblichen Bewegungseinschränkung.

Therapie: Im **Stadium I** wird die betroffene Extremität in Funktionsstellung **ruhig gestellt,** der Schmerz und die Durchblutungsstörung medikamentös behandelt. Nach Abklingen der Schmerzen sind aktive Bewegungsübungen unter Eisanwendungen angezeigt. Kalzitonin-Injektionen sollen den Knochenaufbau fördern. Im **Stadium II** wird überwiegend eine **Hydrotherapie** und im **Stadium III** zusätzlich eine **Kontrakturbehandlung** durchgeführt.

34.8 Wirbelsäule

34.8.1 Definitionen der Wirbelsäulenhaltung

Normale Haltung: Es besteht eine **relativ flache Kyphose** (Rückwärtskrümmung) der Brustwirbelsäule (BWS) und **eine ausgewogene Lordose** (Vorwärtskrümmung) der Lendenwirbelsäule (LWS) mit ihrem Scheitelpunkt in der Mitte des jeweiligen Wirbelsäulenabschnittes. Der Krümmungswechsel erfolgt im Bereich des anatomischen BWS/LWS-Übergangs. **Seitverbiegungen** der Wirbelsäule (Skoliosen) dürfen **nicht** vorhanden sein.
Flachrücken: Die physiologischen Krümmungen sind weitgehend aufgehoben, aber an korrekter Position.
Hohlrundrücken: Verstärkung der physiologischen Krümmungen.
Rundrücken: Unphysiologische BWS-Kyphose, die bis in die obere LWS heruntergezogen ist.
Haltungsfehler: Fehlerhafte Haltung des Rückens, die nicht kontrakt ist und daher aktiv ausgeglichen werden kann (z.B. Rundrückenhaltung beim Stand mit hängenden Schultern).
Haltungsschwäche: Das Aufrichten in eine korrekte Körperhaltung ist zwar ausführbar, jedoch ist die aufrechte Haltung weniger als 30 Sekunden möglich.
Haltungsschaden: Aufgrund kontrakter Weichteilstrukturen und struktureller Wirbelkörper-

veränderungen ist weder aktiv noch passiv eine korrekte Aufrichtung der Wirbelsäule möglich.

34

34.8.2 Skoliose

Definition und Ursache: Der Begriff „Skoliose" bezeichnet eine **fixierte seitliche Verkrümmung** der Wirbelsäule, die mit einer Rotation (Drehung der Wirbelkörper gegeneinander) und einer Torsion (Verwindung der Wirbelkörper in sich) einhergeht (Abb. 34-7) und bei ca. 2 bis 4% der Bevölkerung anzutreffen ist. Hiervon sind aufrichtbare skoliotische Fehlhaltungen, sog. **funktionelle Skoliosen,** z. B. bei einem **Beckenschiefstand** oder eine **Ausweichfehlhaltung** bei Schmerzen zu unterscheiden. Skoliosen können durch Wirbelkörperfehlbildungen, Lähmungen, Muskelerkrankungen, Entzündungen und Verletzungen entstehen. Die häufigste Form ist die sog. **idiopathische** Skoliose, deren Ursache unbekannt ist. Nach dem Zeitpunkt ihres Auftretens werden unterschieden:

- **infantile** Skoliosen mit Beginn in den ersten drei Lebensjahren
- **juvenile** Skoliosen mit Beginn zwischen dem vierten Lebensjahr und der Pubertät

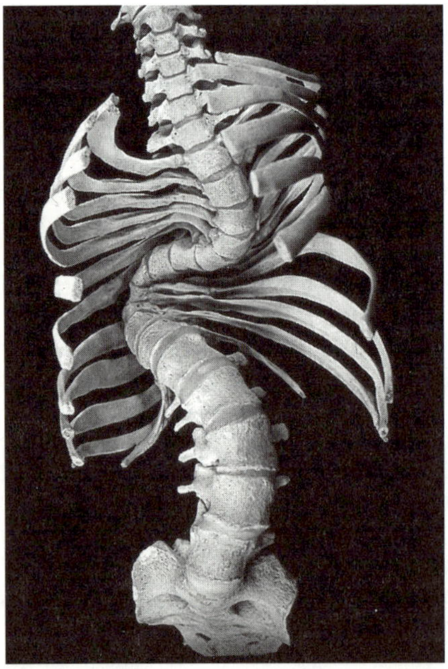

Abb. 34-7 Skelettpräparat einer fortgeschrittenen idiopathischen Skoliose mit Deformierung des Brustkorbes (aus der Sammlung des anatomischen Instituts Kiel).

- **adoleszente** Skoliosen mit Beginn der Pubertät bis zum Ende der Skelettreifung

Je früher die Skoliose auftritt, um so schwerer ist meist ihr Verlauf (um so länger ist die Zeit bis zum „Ausreifen" bei Abschluß des Wachstums)!

Symptome: Die Verformung des Brustkorbs durch Seitverbiegung, Torsion und gleichzeitiger Kyphose der BWS **beeinträchtigt** die **Atmung** und **Funktion der Kreislauforgane**. Die klinischen Beschwerden sind vom Ausmaß und der Höhe der Wirbelsäulenverbiegung abhängig. Eine exakte Beurteilung von Krümmung und Torsion ist nur an Röntgenaufnahmen möglich.

Therapie: Die Behandlung muß dem Patienten **individuell** angepaßt sein. Bei leichter Skoliose mit geringer Neigung zur Verschlechterung reicht eine **krankengymnastische Übungsbehandlung.** Eine Korsettversorgung wird bei Krümmungen über **20°** empfohlen und sie ist ganztägig zu tragen. Alle Korsette stützen sich nach unten auf den Beckenkämmen ab und sollen die Wirbelsäule nach oben hin dreidimensional aufrichten. **Druckstellen** durch die korrigierenden Pelotten (in das Korsett eingearbeitete Druckpolster) sollten **vermieden** werden. Verbiegungen **um 50°** und darüber werden **operativ** korrigiert. Nach einer Auflockerung der kontrakten Weichteile durch Extensionsbehandlungen erfolgt die operative Korrektur der Krümmungen mit verschiedenen Instrumentarien entweder von hinten als **dorso-laterale Spondylodese** (Versteifung von Bewegungssegmenten der Wirbelsäule) durch eine **Knochenspanplastik** an den Wirbelbögen oder von vorn durch Bauchraum und Brustkorb als **interkorporelle** (zwischen Wirbelkörpern) Spondylodese. Nach der Entfernung der Bandscheiben werden dabei die Wirbelkörper aufeinandergesetzt und gegeneinander fixiert. Die **Nachbehandlung** erfolgt mit einem **Korsett,** das der Patient konsequent bis zum vollständigen Durchbau der Spondylodesen (stabiles Einheilen der künstlichen knöchernen Verbindung zwischen den Wirbeln) tragen muß.

34.8.3 Wirbelgleiten (Spondylolisthesis)

Definition und Ursache: Voraussetzung für ein Wirbelgleiten ist, daß eine krankhafte Unterbrechung des Wirbelbogens zwischen oberem und unterem Gelenkfortsatz (**Spondylolyse**) vorliegt. Nur dann kann der geschädigte Wirbelkörper mit der darüber liegenden Wirbelsäule nach vorn abgleiten. Die Erkrankung kommt bei ca. **4 bis 6% aller Erwachsenen** vor und **betrifft** überwiegend die **beiden unteren Bandscheibenetagen**.

Symptome: Nicht jede Lyse (Auflösung) führt zwangsläufig zum Abgleiten des Wirbels. Allein die Instabilität des Segmentes kann Schmerzen verursachen. Das Abgleiten kann durch Kompression der Nervenwurzeln im Wirbelkanal Nervenreizungen und selten Lähmungen verursachen. Die Diagnose wird an Röntgenbildern der LWS gesichert. Das Gleiten ist auf der Seitaufnahme, die Lysezone auf Schrägaufnahmen sichtbar.

Therapie: Die Behandlung besteht zunächst in einer Kräftigung des „Muskelkorsetts" durch Auftrainieren der Bauch- und Rückenmuskulatur, evtl. vorübergehend durch ein Korsett unterstützt. Bei anhaltenden Beschwerden oder neurologischen Ausfällen kommt eine operative Spondylodese (Versteifung des Wirbelsäulensegmentes) von hinten und/oder von vorn in Betracht. Zur Nachbehandlung wird meist ein Korsett und stabilisierende Krankengymnastik verordnet. Bewegungen der LWS sind zu vermeiden. Die Prognose ist bei fester Fusion gut. **Probleme** treten bei einer **Mehrbelastung benachbarter Bewegungssegmente** auf.

34.8.4 Bandscheibenschäden

(s. Kap. 33.11)

34.8.5 Unkovertebralarthrose

Definition und Ursache: Die Unkovertebralarthrose beruht auf einer **Verschleißerkrankung** der „Unkovertebralgelenke", einer erst im jugendlichen Alter entstehenden **physiologischen Spaltbildung** quer durch die Bandscheiben der Halswirbelsäule. Osteophyten (knöcherne Anbauten) an den Seiten der Halswirbelkörperdeckplatten können auf die Spinalnerven in der Rinne der Querfortsätze und auf die A. vertebralis (Wirbelarterie), die durch die Löcher in den Querfortsätzen (Foramina transversaria) verläuft und zur hinteren Schädelgrube zieht, drücken.

Symptome: Die Nervenreizungen führen zu Nackenschmerzen mit Ausstrahlung entsprechend der gereizten Nervenwurzel in Schulter und Arm (Zervikobrachialgien). Außerdem kommt es zu Durchblutungsstörungen im Ausbreitungsgebiet der A. vertebralis und der folgenden A. basilaris (vertebrobasiläre Insuffizienz), die mit Kopfschmerzen, Schwindel, Hör- und Sehstörungen einhergehen. Auf Röntgenaufnahmen der HWS läßt sich die Einengung der Nervenaustrittskanäle (Foramina intervertebralia) beurteilen.

Therapie: Die Behandlung ist **überwiegend konservativ** und besteht im Beseitigen reaktiver Muskelverspannungen durch Myotonolytika, Wärmeanwendungen und leichte Streckbehandlungen sowie die **zeitweise Ruhigstellung** mit einer **Zervikalstütze** (stabilisierende Halsmanschette). Nur bei einer Therapieresistenz werden die einengenden Osteophyten über einen vorderen Halsschnitt abgetragen.

34.8.6 Morbus Scheuermann (juvenile Kyphose)

Definition und Ursache: Die Scheuermann-Krankheit (Adoleszentenkyphose) beruht auf einer **Wachstumsstörung** der **Wirbelkörperrandleisten**, die den Epiphysenfugen eines Röhrenknochens entsprechen. Die Erkrankung beginnt mit dem **zehnten Lebensjahr** und die ersten Symptome treten meist im Alter von zwölf Jahren auf. Die Wachstumsstörung mit Schwerpunkt in der mittleren BWS führt durch eine leichte Keilwirbelbildung zu einer vermehrten Kyphosierung und zu Bandscheibeneinbrüchen in Grund- und Deckplatten (Schmorl-Knorpelknötchen). Ein vorläufiger Endzustand wird mit Abschluß des Wachstums erreicht. Später kommt es zu **Folgebeschwerden** durch die kyphotische Fehlstatik.

Symptome: Bei den Betroffenen fällt mehr oder weniger deutlich ein oft **beschwerdefreier Rundrücken** auf. Nur ein Drittel der Patienten haben Rückenschmerzen. Im Röntgenbild sind die leichte Keilform der Wirbelkörper und vereinzelt oder in Serie wellige Einbuchtungen der Grund- und Deckplatten (Schmorl-Knorpelknötchen) zu sehen. Die Randleistenstörungen können einem Abbruch der Wirbelkörpervorderkanten ähneln.

Therapie: Bei leicht aufrichtbaren Kyphosen besteht die Behandlung in Krankengymnastik. Bei mittelschwerem kontrakten Rundrücken erfolgt eine Korsettbehandlung. Operative Korrekturen sind selten erforderlich.

34

34.8.7 Spondylitis (Osteomyelitis der Wirbelkörper)

Die Spondylitis ist die **bakterielle Infektion der Wirbelkörper** im Sinne einer Osteomyelitis. Infektionen mit **Tuberkulose-** oder **Syphilis-Erregern** werden als „spezifische“ Spondylitiden, alle übrigen als „unspezifische“ bezeichnet. Die Erreger gelangen auf dem Blutweg von einem primären Infektionsherd (Zähne, Nasennebenhöhlen, Bronchien, Nieren, Darm, eitrige Wunden) in den Wirbelkörper. Sie zerstört den Knochen und die angrenzende Bandscheibe.

Symptome: Untypische Beschwerden mit heftigen Rückenschmerzen, Fieber und das Gefühl schwer krank zu sein. Der Ausschluß einer Tuberkulose ist wichtig, da sie mit anderen Medikamenten behandelt werden muß. Falls der Erreger unbekannt ist, ist eine Punktion des Abszesses zur Keimbestimmung durchzuführen. Im Röntgenbild sind die Defekte im Wirbelkörper, bei Zerstörung der Bandscheibe auch im Nachbarwirbel, und evtl. eine Kompressionsfraktur des Wirbels zu sehen.

Therapie: Dem Erreger entsprechend wird der Patient langfristig mit Antibiotika oder Tuberkulostatika behandelt. Zunächst ist Bettruhe evtl. in einer Liegeschale einzuhalten. Nach dem Abklingen der Entzündungszeichen wird der Patient vorsichtig in einem Stützkorsett mobilisiert. Das Korsett muß er bis zur häufig spontanen **Ankylose** (Versteifung ohne Operation) tragen. Operativ kann die Abszeßhöhle ausgeräumt und die Wirbelsäule durch eine Spondylodese versteift werden.

34.8.8 Morbus Bechterew (versteifende Wirbelentzündung)

Definition und Ursache: Die Bechterew-Erkrankung (Spondylitis ankylopoetica; Spondylitis ankylosans) ist eine zu Ankylosen führende, **abakterielle Entzündung** aus dem **rheumatischen Formenkreis**, die schwerpunktmäßig die Wirbelsäule, die Kreuz-Darmbein-Fugen und die körpernahen großen Gelenke befällt. Etwa 1% der Bevölkerung erkrankt, wobei Männer früher und schwerer betroffen sind, wodurch ein zahlenmäßiges Übergewicht vorgetäuscht wird. Der Krankheitsbeginn liegt zwischen dem 20. und 30. Lebensjahr. Bei **95% aller Patienten** läßt sich der **Blutserumfaktor** (Antikörper) **HLA-B27 nachweisen**. Aber **nur** bei **20%** der Personen mit **nachgewiesenem Faktor** entwickelt sich eine **Bechterew-Erkrankung**. Dieser ist wahrscheinlich auch für die oft begleitend auftretende Entzündung der Regenbogenhaut des Auges (Iritis) verantwortlich.

Symptome: Der Entzündungsprozeß verursacht **schubhaft** reaktive **Verknöcherungen** der Einstrahlungen von Sehnen und Gelenkkapseln in den Knochen, die zu einem schmerzhaften Einsteifen der Wirbelsäule und der befallenen Gelenke führen. Die Patienten klagen über diffuse morgendliche Schmerzen im Rücken, in den Iliosakralfugen und anderen Gelenken, die sich nach Bewegung bessern. Bei einem Befall der Rippengelenke sind die Atembewegungen des Brustkorbs eingeschränkt. Verknöcherungen des vorderen Längsbandes der Wirbelsäule und des Anulus fibrosus (Faserring der Zwischenwirbelscheibe) der Bandscheiben führen zum radiologischen Bild der „Bambusstabwirbelsäule“ und zur Ausbildung einer starken Kyphose.

Therapie: Wichtigstes Ziel der Behandlung ist es, das **Einsteifen der Wirbelsäule so lange wie möglich zu verhindern** und, wenn sich die Versteifung nicht aufhalten läßt, eine möglichst **aufrechte Körperhaltung** zu erreichen. Hierzu muß der Patienten neben einer krankengymnastischen Bewegungstherapie konsequent täglich selber üben. Unterstützend wirken entzündungshemmende und schmerzlindernde Medikamente. Eine operative Kyphosebehandlung ist selten erforderlich.

III Pflegerischer Teil

34.9 Grundsätzliches

Wie bereits im medizinischen Teil deutlich wurde, ist das **Patientengut** in der Orthopädie sehr **unterschiedlich**, Babys und Kleinkinder bis hin zu sehr alten Menschen. Für die Pflegenden bedeutet dies, daß sie sich **immer wieder neu einstellen** müssen. Kleine Kinder benötigen einen anderen Umgang und eine andere Ansprache als Jugendliche oder alte Menschen. Kinder brauchen oft Trost und Beschäftigung (Geschichten vorlesen, Spiele, etc.). Jugendliche, die sich in der Pubertät befinden, sind manchmal übersprühend vor Energie oder auch besonders schüchtern und schamhaft. Hier ist es für das Pflegepersonal nicht immer einfach, den richtigen Umgang zu finden, um ihnen einerseits gewisse Grenzen zu setzen, andererseits ihre Scheu z.B. bei der Körperpflege ernst zu nehmen und zu berücksichtigen. Der ältere Mensch bedarf häufig einer lauten und deutlichen Ansprache (Schwerhörigkeit), einer besonderen Motivation und Geduld in der Rehabilitationsphase, da er teilweise sehr ängstlich ist, sich meist nicht mehr so gut bewegen kann wie beispielsweise jüngere Patienten und oft auch mehr Zeit, Geduld und Einfühlungsvermögen nötig ist, um ihm bestimmte Sachlagen, Bewegungsabläufe, etc. zu erklären bzw. verständlich zu machen.

In Deutschland wird die Orthopädie streng von der Unfallchirurgie getrennt, deshalb ist die Einlieferung von **Notfallpatienten** relativ **selten.** In der Regel können die Aufnahme der Patienten und die therapeutischen Maßnahmen **vorausschauend geplant** werden.

Die therapeutischen Maßnahmen sind in operativ und konservativ einzuteilen. Für das Pflegepersonal ist es wichtig, bei den konservativen Methoden, auf folgendes zu achten (Tab. 34-2).

Durch die Tabelle 34-2 wird deutlich, daß in der Orthopädie häufig mit anderen Berufsgruppen zusammengearbeitet werden muß. Das bedingt **Kooperationsbereitschaft** bei allen Betroffenen und die **Fähigkeit** der **Koordination** und **Organisation** der Mitarbeiter auf der Station. Häufig bekommen die Patienten an einem Tag krankengymnastische

Tab. 34-2 Pflegerische Aspekte bei konservativer Therapie in der Orthopädie.

Therapeutische Maßnahmen	Pflegerische Maßnahmen	Begründung der Pflegemaßnahmen
Spezielle Lagerungen z.B. Extensions-Repositionsbehandlung nach Krämer bei Hüftdysplasie oder Gipsliegeschale bei Wirbelsäulenerkrankungen	– Dekubitusprophylaxe	– eingeschränkte Bewegungsmöglichkeit der Patienten
	– Pneumonieprophylaxe	– eingeschränkte Belüftung der Lungen durch die Lagerung
	– der Patient sollte immer eine Klingel, Taschentücher bzw. Zellstoff und etwas zu trinken in Greifnähe haben	– so kann sich der Patient teilweise selber helfen, fördert die Selbständigkeit
Verbände, Gipse	– zirkulierende Verbände z.B. Zinkleimverband nicht zu fest wickeln, auf Einschnürungen achten	– um Störungen der Durchblutung und Nervenschädigungen zu verhindern
	– Gipsverbände gut abpolstern – Beschwerden der Patienten wie Schmerzen, Kribbeln, etc. sind immer ernst zu nehmen!	– damit keine Druckstellen entstehen und keine Nerven geschädigt werden
Krankengymnastik, Massage, Ergotherapie	– vor einer Maßnahme die Blase entleeren lassen	– der Patient kann sich besser konzentrieren, ist sicher
	– evtl. den Patienten vorher und nachher erfrischen (Gesicht, Achseln und Hände waschen)	– zur Förderung des Wohlbefindens, da die Patienten häufig bei den Maßnahmen schwitzen
	– mit den entsprechenden Berufsgruppen sollte intensiv zusammengearbeitet werden (gegenseitige Unterstützung, Hilfe und Information über das Befinden und die Fortschritte des Patienten)	– für die Sicherheit des Patienten sorgen, eine gute Absprache bringt am schnellsten den gewünschten Erfolg für den Patienten

34

Tab. 34-2 Fortsetzung

Therapeutische Maßnahmen	Pflegerische Maßnahmen	Begründung der Pflegemaßnahmen
Physikalische Anwendungen (Maßnahmen auf der Station oder Versorgung in speziellen Einrichtungen z. B. Bäderabteilung)	– Blase entleeren lassen, den Patienten erfrischen s. o.	
	– bei Anwendung von Wärme und Kälte auf die richtige Temperatur achten	– Verbrennungen und Erfrierungen vermeiden
	– bei Wickeln mit bestimmten Zusätzen auf allergische Reaktionen achten, allergische Reaktionen dokumentieren!	– Allergien rechtzeitig erkennen um den Patienten nicht zu gefährden
Medikamentöse Therapie	– bei Kinder und verwirrten Patienten bei der Einnahme dabeibleiben	– damit die kontinuierliche Einnahme gewährleistet ist
	– auf Verträglichkeit und Nebenwirkungen achten, Beobachtungen dokumentieren und den Arzt informieren	– der Arzt ist auf derartige Beobachtungen angewiesen, damit er die Therapie entsprechend ändern kann
Prothesen: unterschieden wird zwischen Schmuck- (ohne Funktion) und Gebrauchsprothesen (mit Funktion), beide Formen dürfen nur angepaßt werden, wenn der Stumpf vollständig abgeheilt, schmerzfrei, gut beweglich und durchblutet ist, er die notwendige Form hat und von verschieblicher Haut bedeckt ist	– wenn möglich, einen günstigen Anprobetermin für den Patienten mit dem Mechaniker vereinbaren, z.B. nach der Körperpflege und dem Frühstück	– der Patient fühlt sich sauber und gestärkt, der Umgang mit einer Person, die er noch nicht kennt, fällt im leichter
	– den Patienten rechtzeitig über einen Anprobetermin informieren	– der Patient hat Zeit, sich vorzubereiten (zur Toilette gehen, Körperpflege, etc.)
	– den zuständigen Mechaniker über den Patienten informieren z.B. ist sehr ängstlich, hat Schwierigkeiten beim Verstehen von Zusammenhängen, ist schwerhörig	– Mechaniker kann sich besser auf den Patienten einstellen, der Umgang miteinander ist für beide einfacher
	– nach dem Anlegen einer Prothese auf guten Sitz, Allergien, Druckstellen, Funktionsfähigkeit achten	– der Patient soll sich sicher fühlen, bei entsprechenden Beobachtungen ist das schnelle Einleiten von bessernden Maßnahmen möglich
	– den Patienten und die Angehörigen bei der Handhabung der Orthesen unterstützen und anlernen	– Selbständigkeit fördert die Sicherheit im Umgang mit den Apparaten
Orthopädische Hilfsmittel z. B. Rollstühle, Unterarmgehstützen, Greifhilfen, zu unterscheiden sind Hilfsmittel die vorübergehend oder lebenslang eingesetzt werden	– für die Zusammenarbeit mit anderen Berufsgruppen gilt das gleiche, was oben bereits angesprochen wurde	
	– Menschen, die Gliedmaßen verloren haben, bedürfen Trost, Zusprache, Motivation, etc. Angehörige sollten in diesen Prozeß einbezogen werden	– offene Gespräche oder das Anhören von Ängsten helfen dem Kranken, die neue Situation zu verarbeiten
	– den Patienten, ggf. die Angehörigen anleiten, auf Druckstellen, Allergien, etc. achten s.o.	
	– bei lebenslang eingesetzten Hilfsmitteln steht die Förderung und Erhaltung der Selbständigkeit und die positive Lebenseinstellung des Patienten ganz im Vordergrund, dazu ist es sinnvoll, mit Psychotherapeuten, Sozialarbeitern (Wiedereingliederung ins Berufsleben) frühzeitig zusammenzuarbeiten	– der Patient benötigt trotz seiner gesundheitlichen Einschränkung eine Zukunftsperspektive, Fachleute können hier effektiver weiterhelfen, als Pflegende und Ärzte
	– Adressen von Selbsthilfegruppen an den Kranken und Angehörigen geben (s. Anhang)	– verhilft dem Patienten zu neuem Lebensmut, er erhält konkrete Hilfen, hat die Unterstützung von Betroffenen und fühlt sich somit weniger alleine

Übungen, Massagen, Ergotherapie, etc. Die Termine müssen so aufeinander abgestimmt sein, daß der Patient zwischendurch immer wieder Ruhepausen einlegen kann und, daß der Fachspezialist, der auf die Station kommt, mehre Arbeitsgänge an verschiedenen Patienten verbinden kann, d.h., er muß nicht für jede Behandlung eines Patienten immer wieder erneut auf die Station kommen. Gegenseitige **Hilfe** und **Rücksichtnahme** aller betroffenen Berufsgruppen **fördert** ein **gutes Arbeitsklima** und das wirkt sich wiederum **positiv** auf die Patienten aus.

Ein weiterer Aspekt bei der Pflege ist die **Motivation** des Patienten (z.B. nach Verlust einer Gliedmaße) und das **Einüben von Fähigkeiten** (z.B. Drei-Punkt-Gang bei einer Hüftendoprothese) mit ihm bzw. mit seinen Angehörigen. Es reicht nicht aus, daß beispielsweise dem Patienten der Drei-Punkt-Gang von einem Krankengymnasten gezeigt wird, da er nur einmal evtl. zweimal täglich kommen kann. Das Pflegepersonal hat hier ganz besonders die Aufgabe, den Patienten und die Angehörigen bei den Übungen zu unterstützen und zu kontrollieren, ob sie richtig ausgeführt werden. Eine wichtiger Aspekt, der **noch mehr** in den **Vordergrund der Pflege** gerückt werden muß.

Die Vielzahl der verschiedenen Krankheitsbilder, die im medizinischen Teil dargestellt sind, können im Pflegeteil nicht in aller Ausführlichkeit besprochen werden. Exemplarisch wird die prä- und postoperative Pflege bei Amputationen und Totalendoprothese (TEP) dargestellt.

34.10 Präoperative Pflege

34.10.1 Ernährung

Patienten die eine TEP erhalten sollen und stark übergewichtig sind, müssen häufig erst ihr **Gewicht reduzieren,** bevor sie für eine Operation zugelassen werden. Kommen sie auf die Station, sollte die **Reduktionskost** beibehalten werden.

34.10.2 Nahrungsabbau/Darmreinigung

Die Nahrungsreduktion beginnt am Vorabend der Operation. Die Patienten erhalten leicht verdauliche Kost und dürfen ab 22.00 Uhr nichts mehr trinken. Zur Darmreinigung wird ein Klistier verabreicht.

34.10.3 Rasurschema

Die Vorbereitung des Operationsgebietes (Entfernung der Haare) erfolgt am Morgen des Operationstages (Abb. 34-8). Bei Oberschenkelamputationen richtet sich die Enthaarung **nach** der **Höhe** der **Amputation**, wird das Bein unterhalb des Schritts entfernt muß der Intimbereich mitrasiert werden.

34.10.4 Einüben postoperativer Fähigkeiten

Außerdem müssen die Patienten lernen mit Unterarmgehstützen umzugehen. Hier kommen folgende Methoden in Betracht:

- **Zwei-Punkt-Gang:** Das **kranke** Bein darf **nicht** auf den Boden aufgesetzt werden. Beide Unterarmgehstützen parallel nach vorne setzen und mit dem gesunden Bein hinterherspringen. Dabei darauf achten, daß nicht über die Unterarmgehstützen hinaus gesprungen wird (wird nicht bei TEP angewandt, sondern z.B. bei Unterschenkelamputationen oder bei Gipsverbänden).
- **Drei-Punkt-Gang:** Das kranke Bein darf **eingeschränkt** aufgesetzt werden, **ohne Belastung** mit Abrollen des Fußes oder Teilbe-

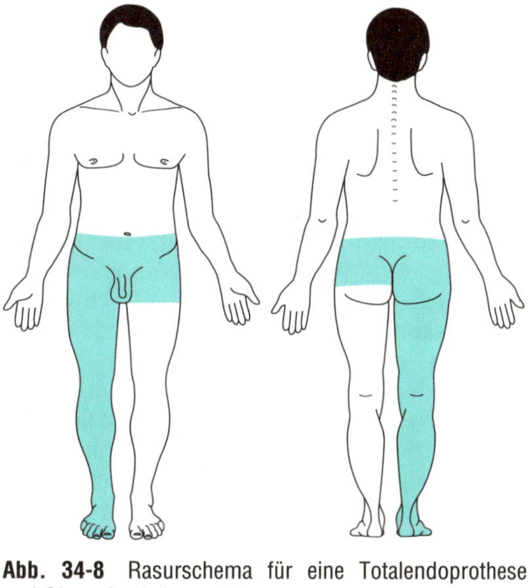

Abb. 34-8 Rasurschema für eine Totalendoprothese und Oberschenkelamputation.

lastung. Die Unterarmgehstützen parallel mit dem kranken Bein vorsetzen und anschließend das gesunde Bein nachholen.
- **Vier-Punkt-Gang:** Die Unterarmgehstütze der gesunden Seite zusammen mit dem kranken Bein vorsetzen und die Unterarmgehstütze der kranken Seite mit dem gesunden Bein vorsetzen.

Zusätzlich sollte auf die **korrekte** Anpassung der Unterarmgehstützen geachtet werden (s. Kap. 31, Abb. 31-14).

34.10.5 Psychische Begleitung

Patienten denen eine Amputation bevorsteht, sollten **einfühlsam** auf die Möglichkeit einer **Prothese vorbereitet** und im **Umgang** damit **geschult** werden. Auf evtl. notwendige Umschulungsmaßnahmen und berufliche Wiedereingliederung muß aufmerksam gemacht werden. Sozialarbeiter sind frühzeitig einzubeziehen. Angehörige sollten unbedingt an diesen Gesprächen teilnehmen.

34.11 Postoperative Maßnahmen

34.11.1 Überwachung/Krankenbeobachtung

Patienten mit TEP, deren Alter über **65 Jahren** liegt, werden häufig für **24 Stunden** postoperativ auf eine **Intensivstation** überwacht und erst am folgenden Morgen auf die orthopädische Station überführt. Kommen die Patienten jedoch direkt aus dem Aufwachraum auf die Station, so ist eine regelmäßige **Vitalzeichenkontrolle** notwendig. Außerdem müssen der Verband und die Redon-Drainagen auf **Nachblutungen** hin kontrolliert werden. Häufig haben die Patienten einen Blasenkatheter, der jedoch so schnell wie möglich entfernt werden sollte, meistens, je nach Zustand des Patienten, am Morgen des ersten postoperativen Tages, da eine erhebliche Infektionsgefahr besteht. Blaseninfekte können durch **Streuung** der Bakterien über das Blut zu einer **Wund-** oder **Protheseninfektion** führen.

Ob ein Patient nach einer Amputation sofort auf die Station verlegt wird, hängt von der Grunderkrankung, dem Alter des Patienten und der Gliedmaße, die entfernt werden mußte (Wundgröße), ab. Die Überwachung der Patienten erfolgt wie bei der TEP beschrieben.

34.11.2 Lagerung/Mobilisation

Das Vorgehen bei der Lagerung und Mobilisation wird sehr **unterschiedlich** gehandhabt. In einigen Kliniken stehen die Patienten am Morgen des **ersten postoperativen Tages** auf, unabhängig davon, welche Prothese eingesetzt wurde oder ob es sich um einen Wechsel der TEP handelt. Das **frühe** Aufstehen wirkt sich **günstig** auf den Kreislauf aus und dient der Dekubitus-, Embolie- und Thromboseprophylaxe.

In anderen Kliniken muß in den **ersten Tagen Bettruhe** eingehalten werden. Die Befürworter der langsamen Mobilisation vertreten die Meinung, daß die Prothese in Ruhe schneller an **Stabilität** gewinnt. Das Ausmaß der Bettruhe wird nach den Prothesenarten bzw. nach der Operationsmethode differenziert:
- bei einer zementierten TEP ca. zwei bis drei Tage
- bei einer nichtzementierten TEP ca. zehn Tage
- bei einem TEP-Wechsel ca. 14 bis 21 Tage

Beim **Wechseln** der Arbeitsstelle ist es somit sehr wichtig, sich zu Beginn genau über das **Mobilisationsschema** zu informieren.

Die Beine sind in einer Spreizschiene (Abb. 34-9) gelagert, damit der Oberschenkelkopf nicht aus der Hüftgelenkpfanne rutscht. Die Schiene bleibt ca. 14 Tage im Bett, auch wenn der Patient schon mobilisiert wurde. Für viele Patienten ist die Spreizschiene **unangenehm,** da sie damit **nur** auf dem **Rücken** liegen können. Das Pflegepersonal muß aus

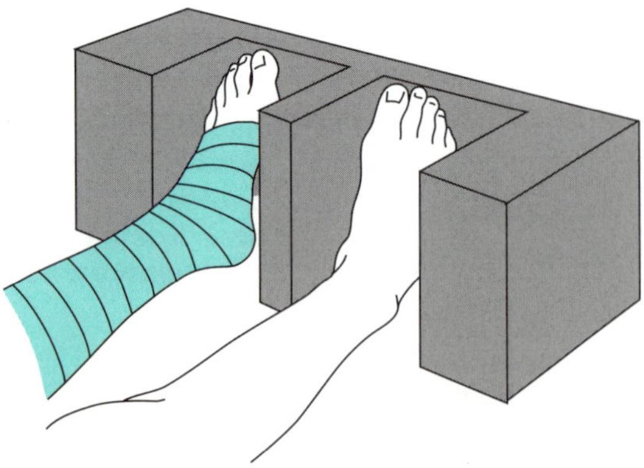

Abb. 34-9 Spreizschiene zur postoperativen Lagerung nach TEP.

diesem Grund besonders auf **Druckstellen** an den Fersen, am Gesäß, am Rücken und Hinterkopf **achten**.

Die Mobilisation erfolgt zuerst durch isometrische Spannungsübungen im Bett, das Aufstehen nach Beendigung der Bettruhe, bei der nichtzementierten TEP **ohne** Belastung, bei der zementierten **mit** Teilbelastung der operierten Seite. Mit wieviel Kilogramm das operierte Bein belastet werden darf, ist vom Arzt individuell festzulegen. Die Patienten frischen das präoperativ eingeübte Gehen mit den Unterarmgehstützen auf und lernen sich sicherer in allen Lebenslagen zu bewegen, z.B. richtig auf die Toilette gehen.

Toiletten für Patienten mit Totalendoprothese sollten etwas erhöht sein, damit der Patient beim Hinsetzen die Hüfte nicht so stark abknicken muß und somit die Gefahr der Luxation besteht!

Das Aufstehen erfolgt **immer über** die **operierte** Seite. Es ist darauf zu achten, daß die Patienten **feste Schuhe** tragen. Am günstigsten sind erhöhte Turnschuhe, da sie dem Sprunggelenk festen Halt bieten und eine rutschfeste Sohle haben. Das operierte Bein wird in den ersten Tagen gewickelt (s. Kap. 5, Abb. 5-9), um einer postoperativen Schwellung entgegenzuwirken und um eine Thrombose zu verhindern. Später kann das Wikeln durch Thrombosestrümpfe ersetzt werden.

In der Regel ist bei Patienten nach Amputationen der **Stumpf** immer etwas **erhöht** (z.B. auf ein Kissen) gelagert. Dadurch wird einer Hämatom- und Ödembildung, die postoperativ immer auftreten, entgegengewirkt. Die Hochlagerung darf jedoch **nicht ununterbrochen** angewandt werden, da dadurch eine **Beugekontraktur des Hüftgelenks** entstehen kann. Der Patient ist deshalb zu regelmäßigen Lagerungspausen und zu entsprechenden Übungen anzuhalten. Ist der Stumpf jedoch sehr **schlecht durchblutet**, kann eine **Tieflagerung** notwendig sein.

Mobilisiert wird der Patient sobald wie möglich. Bei **Armverlust** kommt es allein durch den Gewichtsverlust zu **Gleichgewichtsstörungen**, beim Beinverlust kommt das **beeinträchtigte Standvermögen** erschwerend hinzu. Der Patient benötigt einige Wochen, um sich auf diese neuen Körperverhältnisse einzustellen. Das Funktionstraining zur Erhaltung bzw. Kräftigung der Stumpfmuskulatur erfolgt, sobald der Patient dazu in der Lage ist. Begonnen wird meist mit isometrischen Spannungsübungen, die dann in aktive Übungen übergehen. Patientenmotivation ist dabei ein Schlüsselbegriff. Je schneller der Patient **Erfolge** sieht, um so leichter wird ihm die **Neuorientierung** in bezug auf sein bisheriges Leben gelingen.

34.11.3 Körperpflege/Prophylaxen

Hilfe bei der Körperpflege benötigen beide Patientengruppen, zumindest in den ersten Tagen. Duschen dürfen sie, sobald die Wunden verheilt sind.

Bei den Patienten mit TEP steht, vor allem durch die anfängliche Bettruhe bedingt, die Dekubitus- und Pneumonieprophylaxe im Vordergrund. Solange die Patienten Bettruhe haben, müssen die Patienten zum Bettwäschewechsel bzw. zur Körperpflege das Gesäß anheben, dabei dürfen sie die **operierte Seite nicht belasten.** Patienten, die sich selber nicht anheben können, müssen mit Hilfe des Pflegepersonals angehoben werden. Um den eigenen Rücken zu schonen, ist den Pflegenden zu raten, einen **Patientenlifter** zu benutzen. Nach ca. **acht Tagen postoperativ** dürfen sich die Patienten **zeitweise** auf die **Seite** drehen, jedoch **nur** auf die **nicht operierte** Seite! Der Patient hat weniger Schmerzen und verhält sich ruhiger, da die Wunde nicht belastet ist. Einer Instabilität der Hüfte wird durch diese Lagerungstechnik entgegengewirkt. Bei der Seitenlagerung ist zu beachten, daß die Beine gespreizt bleiben (Luxationsgefahr). Dieses kann mit einem dickem Kissen zwischen den Beinen gewährleistet werden.

Patienten mit Amputationen erhalten auf jeden Fall eine Pneumonieprophylaxe, da sie in der ersten Zeit bewegungseingeschränkt sind, außerdem bedürfen sie einer **speziellen Stumpfpflege**. Dazu gehören:
- kalte und warme Waschungen (regt die Durchblutung an)
- sanftes Bürsten (wirkt durchblutungsfördernd und regt den Muskulaturaufbau an)
- regelmäßiges Einreiben mit einem gerbendem Öl (macht die Haut unempfindlich und bereitet sie auf das ungewohnte Tragen einer Prothese vor)
- viel Sonne und Luft (begünstigt die Wundheilung)

34

34.11.4 Nahrungsaufbau

Im Gegensatz zu einer Bauchoperation dürfen die Patienten mit TEP oder nach Amputation schon **am Abend des Operationstages** eine Suppe und Tee zu sich nehmen. Da die meisten Operierten auch am zweiten und dritten postoperativen Tag häufig noch kein Verlangen auf eine vollständige Mahlzeit haben, sollte **leichte Kost** verabreicht werden. Erfrischende Speisen wie Kompott, Joghurt oder Salat sind zu bevorzugen. In dieser Zeit erhalten die Patienten häufig zusätzlich eine parenterale Flüssigkeitszufuhr (z.B. 1500 bis 2000 ml Ringerlösung). Der Appetit auf „normale“ Kost kommt in der Regel am dritten bzw. vierten postoperativen Tag, nach dem ersten Stuhlgang zurück.

34.11.5 Wundpflege/Verbandwechsel

Eine gefürchtete Komplikation ist die **Infektion** der Totalendoprothese, deshalb wird einmal täglich mit trockenen sterilen Kompressen und Mefix® verbunden. Die Redon-Drainagen sind je nach Nachblutungsintensität am dritten oder vierten postoperativen Tag zu entfernen. Da die Wunde **unter Spannung** steht, erfolgt das Ziehen der Fäden bzw. das Entfernen der Klammern in **zwei Sitzungen**. In der Regel am 12. und 14. Tag, in der ersten Sitzung jede/r zweite Klammer/Faden und in der zweiten die restlichen Klammern/Fäden.

Die Amputationswunde wird auch steril verbunden, meist mit trockenen sterilen Tupfern und einem Schlauchmullverband. Ist die Wunde infiziert, was häufig bei **Diabetikern** und bei **Patienten mit Durchblutungsstörungen** vorkommt, kann eine **offene** Wundbehandlung notwendig sein. Meist ist der Stumpf dann ein- bis zweimal täglich in Betaisadona-Lösung® zu baden und zusätzlich mit einer antibiotikahaltigen Salbe zu behandeln. **Luft** und **Sonne** sind für die Wundbehandlung ebenfalls sehr wichtig. Bringt die Therapie nicht den gewünschten Erfolg, kann evtl. eine Nachamputation notwendig werden.

Verläuft die Wundheilung ohne Komplikationen, werden die Redon-Drainagen am zweiten bis dritten Tag gezogen und die Fäden zweizeitig wie bei der TEP am 14. und am 16. Tag.

Damit der Stumpf später in die Prothese paßt, muß er in eine **tropfenförmige Form** gebracht werden (Abb. 34-10). Dies wird durch das Wickeln der Weichteile **von proximal nach distal**, ohne den Stumpf abzuschnüren, erreicht. **Früher** wurde der Stumpf durch festes Umwickeln mit elastischen Binden **konisch** geformt (Abb. 34-11). Heute sind die Prothesen jedoch anders gearbeitet, so daß ein konischer Stumpf aus der **Prothese herausrutschen** würde. Das in Abb. 34-11 dargestellte Wickeln erfolgt heutzutage nur in den ersten postoperativen Tagen, um die Bildung von Hämatomen und Ödemen zu verhindern. Dabei ist darauf zu achten, daß die Binde nicht zu fest angelegt wird. Der Bindenzug sollte deshalb vom Stumpfende zum Körper hin abnehmen.

Das Wickeln des Stumpfes ist nur bedingt bei Patienten mit starken Durchblutungsstörungen anzuwenden!

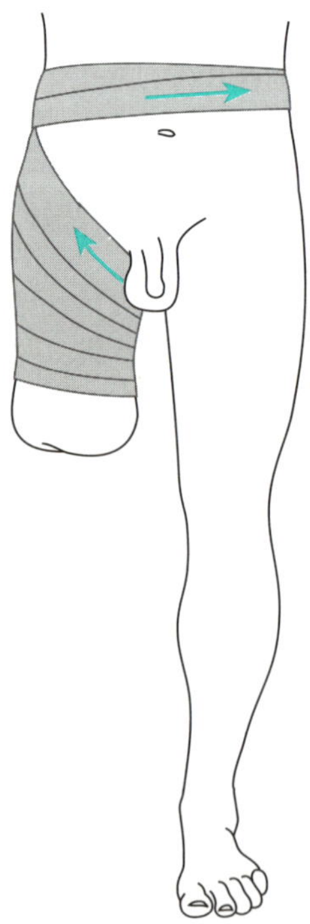

Abb. 34-10 Wickeln eines Stumpfes in Tropfenform (von proximal nach distal).

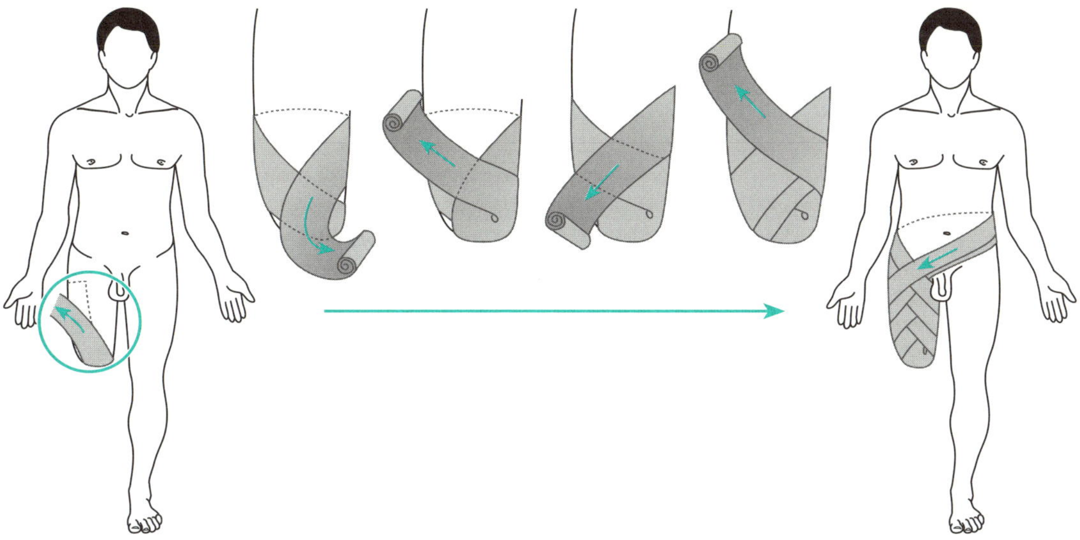

Abb. 34-11 Wickeln eines Stumpfes in den ersten postoperativen Tagen zur Hämatom- und Ödemprophylaxe (wird nicht mehr zur Stumpfformung angewandt!). Der Bindenzug sollte vom Stumpfende zum Körper hin abnehmen.

34.12 Hinweise für den Patienten bei der Entlasssung

Zur Stumpfpflege muß der Patient über die oben bei der Körperpflege genannten Maßnahmen informiert sein (s. Kap. 34.11.3). Unter der Prothese kann über dem Stumpf ein dünner Strumpf oder ein Schlauchmullverband aus Baumwolle getragen werden. Dies dient zum einen als **Schutz vor Verletzungen**, die bei **direktem Kontakt** der Haut des Stumpfes mit der Prothese entstehen könnten und außerdem kann der **Schweiß** bei starkem Schwitzen **aufgesogen** werden.

Phantomschmerzen, Schmerzen in den nicht mehr existierenden Gliedmaßen, treten nach der Operation relativ häufig auf. Leider sind sie sehr **schwer zu behandeln**, Hypnose, Fußzonenreflexmassage und Akupunktur können hilfreich sein. Oft müssen die Patienten jedoch zu Schmerzmedikamenten greifen.

Patienten mit Totalendoprothese benötigen die Unterarmgehstützen häufig noch **für drei bis fünf Wochen zu Hause.** Wenn sie nicht mehr gebraucht werden, sind sie an das Krankenhaus zurückzugeben. Den Patienten ist zu raten, daß sie sich wenigstens eine Toilette in ihrem Haus erhöhen lassen. Dazu gibt es spezielle Aufsätze für normal hohe Toiletten oder speziell erhöhte Toiletten zu kaufen.

Literaturhinweise

[1] Witt, A. N., H. Rettig, K. F. Schlegel (Hrsg): Orthopädie in Klinik und Praxis, Bd. I bis VII. Thieme-Verlag, Stuttgart-New York, 2. Aufl. 1987.

[2] Jäger, M., C. J. Wirth: Praxis der Orthopädie. Thieme-Verlag, Stuttgart-New York, 2. Aufl. 1993.

[3] Fehr K., W. Miehle, M. Schattenkirchner, K. Tillmann: Rheumatologie in Praxis und Klinik. Thieme-Verlag, Stuttgart-New York 1989.

[4] Hohmann, D., R. Uhlig: Orthopädische Technik. Enke-Verlag, Stuttgart, 8. Aufl. 1990.

[5] Debrunner, A. M.: Orthopädie. Die Störungen des Bewegungsapparates in Klinik und Praxis. Hans Huber-Verlag, Bern-Stuttgart-Toronto, 2. Aufl. 1985.

[6] Niethard, F., J. Pfeil: Orthopädie. Hippokrates MLP-Verlag, Stuttgart, 2. Aufl. 1992.

[7] Berchthold, R., H. Hammelmann, H. J. Peiper: Chirurgie: Urban & Schwarzenberg, München-Wien-Baltimore 1995.

[8] Eibl-Eibesfeldt, B., S. Kessler: Stenger Verbandlehre. Urban & Schwarzenberg, München-Wien-Baltimore 1993.

[9] Münch, G., J. Reitz: Lehrbuch für Krankenpflege. De-Gruyter-Verlag, Berlin-New York 1994.

[10] Pitzen, P., H. Rössler: Kurzgefaßtes Lehrbuch der Orthopädie. Urban & Schwarzenberg, München-Wien-Baltimore 16. Aufl. 1989.

35 Urologie

A. Knipper, A. Heuwinkel

I Allgemeiner Teil

Die Urologie befaßt sich mit den Erkrankungen des **weiblichen Harntraktes** und des **männlichen Harn-** und **Geschlechtsapparates.** Die pathophysiologischen Zusammenhänge und die anatomische Nachbarschaft zu den Organen des kleinen Beckens, des Retroperitoneums und des Abdomens bedingen eine **enge Verzahnung** mit den verschiedenen Fachdisziplinen wie Abdominal-, Gefäß- und Unfallchirurgie, Gynäkologie, Pädiatrie, Innere Medizin mit Onkologie, Nephrologie, Endokrinologie und Neurologie.

35.1 Anatomie und Physiologie

Beide Nieren liegen hinter dem Bauchraum im sog. **Retroperitonealraum** und sind von hinten durch Wirbelsäule und Rippen geschützt (Abb. 35-1).

Die **Harnbereitung** beginnt in einem Knäuelsystem (**Glomeruli**), in das aus dünnen Blutgefäßen der Harn in ein Kanälchensystem eingepreßt wird. Dieses harnführende Kanalsystem besteht aus den sog. **Tubuli** erster und zweiter Ordnung sowie aus den **Sammelrohren,** die in den Papillen des Nierenbeckens enden. Das Blut wird zunächst gefiltert: die festen Teile verbleiben im Blutsystem, Wasser und Salze gelangen dagegen in das Harnsystem. In diesem geschlängelten Röhrensystem erfolgen zahlreiche **Aufnahme-** und **Abgabevorgänge** von **Wasser** und **Salzen**.

An den Nierenkelchen beginnt das eigentliche **Harntransportsystem,** das über Nierenbecken (Pelvis), Harnleiter (Ureter) bis zur Blase (Vesica) und schließlich bis in die Harnröhre (Urethra) reicht.

Die Nieren gehören zu den am besten **durchbluteten** Organen des menschlichen Körpers.

Die Nieren sind lebenswichtige Organe und liegen geschützt im sog. Retroperitonealraum!

Die Leistungsreserven der Nieren sind sehr groß. Erkrankt eine Niere, so ist die andere Niere in der Lage, deren Aufgabe mit zu übernehmen. Erst wenn **beide Nieren** in ihrer Lei-

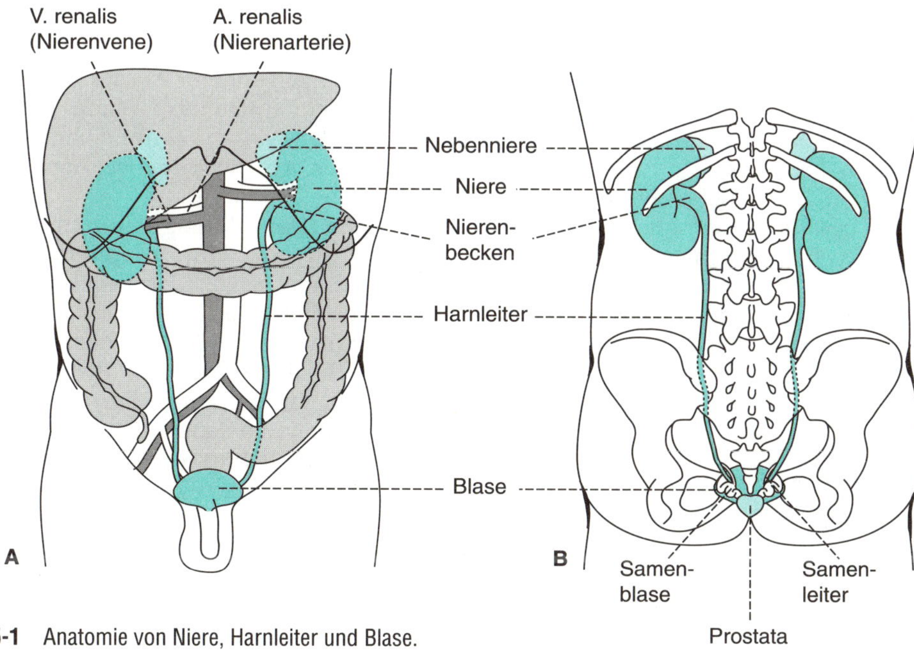

Abb. 35-1 Anatomie von Niere, Harnleiter und Blase.

stung **erheblich beeinträchtigt** sind, können die Körperschlacken nicht mehr oder nur ungenügend ausgeschieden werden und eine **konstante Zusammensetzung** der Körperflüssigkeiten ist nicht mehr gewährleistet. Eine wichtige Aufgabe der Nieren ist die Kontrolle des Salz- und Wasserhaushaltes. Aus **180 Liter**, dem sog. **Primärharn**, werden normalerweise **täglich 1,5 Liter Harn** bereitet. Durstet der Mensch, verringert die Niere die Harnmenge.

Die Harnblase (Vesica) ist durch das Schambein (Symphyse) geschützt. Sie wird in ihrem Scheitel vom Bauchfell überzogen. Zwischen Mastdarm (Rektum) und Blase liegen beim Mann die Samenblasen sowie die Vorsteherdrüse (Prostata), bei der Frau Scheide und Gebärmutter (Uterus).

Zwischen dem Blasenausgang (Blasenhals) und dem Blasenschließmuskel liegt die hintere Harnröhre (Pars prostatica) mit dem Samenhügel (Colliculus seminalis) und den Mündungen des Samenleiters (Ductus deferens) im Bereich der Vorsteherdrüse. Prostata und Samenblasen bilden das innere Genitale und lassen sich ähnlich den Bezeichnungen bei der Frau als männliche Anhangsorgane (Adnexe) ansehen. Die Prostata umfaßt ringförmig die Harnröhre, die Samenblasen liegen ihr zum Mastdarm hin an.

Von der Prostata aus zieht der Samenleiter bis zum Nebenhoden und Hoden. Der Nebenhoden sitzt dem Hoden kapselartig auf. Die Harnröhre beginnt am Blasenhals und ist beim Mann ca. 25 cm lang mit einem Durchmesser zwischen 7 und 8 mm (21 bis 24 Charrier). Die weibliche Harnröhre ist 3 bis 4 cm lang und hat einen Durchmesser von 8 mm. Sie verläuft bogenförmig und liegt vor der Scheide bzw. unter der Schambeinfuge.

Das Glied besteht aus der Harnröhre (Urethra) sowie den beiden Schwellkörpern (Corpora cavernosa). Die für die Versteifung des Gliedes verantwortlichen Elemente sind die blutgefüllten Schwellkörper, die von einer derben Muskelhülle (Tunica albuginea) umgeben werden.

35.2 Leitsymptome bei urologischen Erkrankungen

Anurie (kein Harn): Bei einer Anurie scheidet der Patient **keinen** Harn aus. Es muß geklärt werden, ob:

- Die Ursache **vor** der Niere (**prärenales** Nierenversagen) liegt, z. B. bei Gefäßprozessen oder beim Kreislaufversagen.
- Die Gründe **in** der Niere selbst liegen (**intrarenales** Nierenversagen), z. B. bei Vergiftungen.
- Die Ursache der fehlenden Harnausscheidung durch eine Verstopfung **unterhalb** der Niere liegt, z. B. infolge einer Harnsperre, eines Harnleitersteins oder eines Harnverhaltes.

Keine Harnausscheidung ist ein Alarmsymptom, dessen Ursache sofort geklärt werden muß, um entsprechende Maßnahmen einleiten zu können!

Wird durch das Nierenversagen nicht mehr genügend Urin ausgeschieden, treten **Wasseransammlungen im Gewebe** auf, die zur Hirnschwellung oder zum Lungenödem führen können. Ein Natrium- bzw. Kaliummangel sowie eine Erhöhung des Kaliums im Blut können als **Folge** der gestörten Nierenfunktion zu **Störungen** des **Kreislaufes** und der **Herzfunktion** führen.

Bei jeder Nierenerkrankung muß an Störungen des Wasser- und Mineralhaushaltes gedacht werden. Exakte Kontrollen der zugeführten Flüssigkeitsmenge und der ausgeschiedenen Flüssigkeit sowie eine strenge Überwachung der Blutwerte sind unbedingt erforderlich.

Dysurie (Beschwerden beim Wasserlassen): Schmerzen und Brennen beim Wasserlassen oder Störungen anderer Art der Blasenentleerung bezeichnet man als Dysurie. Dysurische Beschwerden weisen oft auf einen **Harnweginfekt** oder auf **Blasenentleerungsstörungen** hin.

Hämaturie (Harnblutung): Eine Blutung (Hämaturie) ist ein **schwerwiegendes** Ereignis, das den Patienten in der Regel sofort alarmiert. Bei Blutungen muß sofort nach der Ursache gefahndet werden, da bei rechtzeitiger Diagnostik die Gründe der Blutung (Niere, Harnleiter, Blase, Harnröhre) schneller erkannt werden und damit auch früher eine Seitendiagnostik (rechte oder linke Niere) mit Hilfe einer sofortigen Harnröhren- und Blasenspiegelung möglich ist.

Im Rahmen der Diagnostik wird zwischen einer **Mikro-** und **Makrohämaturie** unterschieden. Eine Mikrohämaturie liegt vor, wenn die Blutung nur mittels einer

mikroskopischen Untersuchung nachweisbar ist.

Harnverhalt: Mit Harnverhalt wird das Zurückhalten (Verhaltung) des Harns in der Blase bezeichnet. Der Harn kann nicht mehr auf natürlichem Wege entleert werden. Ursächlich kommen **Abflußbehinderungen unterhalb** der Blase, eine **Vergrößerung** der Vorsteherdrüse sowie eine **Harnröhrenverengung** in Betracht. Zur Behebung dieses Zustandes ist eine Katheterisierung der Blase notwendig. Bei vergeblichem Versuch, einen durch die Harnröhre einzulegenden Katheter in die Blase vorzuschieben, gibt es als zweite Möglichkeit die Punktion der Blase oberhalb des Schambeins (suprapubische Blasenfistel).

Kolik (krampfartige Schmerzen): Mit einem **plötzlich** auftretenden krampfartigen Schmerz ist eine Kolik zu umschreiben. Dabei besteht Bewegungsunruhe sowie eine Darmlähmung. Koliken zählen zu den heftigsten Schmerzen. Bei **Nierenkoliken** beschreiben die Patienten einen **Flankenschmerz,** der bis in die **Leiste ausstrahlen** kann, bei **Harnleiterkoliken** kann sich die Schmerzregion **je nach Höhe** der Abflußstörung bis in die **Oberschenkel,** die **Schamlippen** oder den **Hoden** ausdehnen.

Pollakisurie (häufiges Wasserlassen): Häufiges Wasserlassen bezeichnet man als Pollakisurie, das auch Begleitsymptom einer Entzündung oder einer Blasenreizung sein kann.

Pyurie (Eiterausscheidung): Unter einer Pyurie ist die Beimengung von Eiter im Harn zu verstehen. Häufig tritt sie als Zeichen einer einfachen Entzündung auf, ist aber auch bei einer Tuberkulose möglich. Es muß in jedem Falle nach der Ursache gefahndet werden.

Nykturie (nächtliches Wasserlassen): Gehäuftes Wasserlassen in der Nacht kann unter anderem Zeichen einer Blasenentleerungsstörung sein, aber auch bei anderen Erkrankungen, wie z.B. dem Herzversagen eine Rolle spielen.

Harninkontinenz: Der Begriff Inkontinenz beschreibt das Unvermögen, den Urin **willkürlich** zurückzuhalten, wobei verschiedene Formen erfaßt werden können.
- **totale Inkontinenz:** ständiger Urinverlust
- **Überlaufinkontinenz:** Urinverlust bei chronischer Harnretention und Überlaufblase
- **Dranginkontinenz:** unfreiwilliger Urinverlust bei imperativem Harndrang infolge von unwillkürlichen Kontraktionen des Blasenmuskels oder Sensibilitätsstörungen
- **Streßinkontinenz:** unwillkürlicher Urinverlust bei intraabdomineller Druckerhöhung durch Husten, Niesen, Lachen, Heben

35.3 Diagnostik

Neben der Anamnese und der klinischen Untersuchung stehen eine **Reihe von speziellen Untersuchungen** in der Urologie zur Verfügung:
- Labordiagnostik (Blut, Urin, Ejakulat, Prostatasekret)
- Urinzytologie
- Prostatazytologie
- Sonographie
- **Röntgendiagnostik:** Infusionsurogramm, retrogrades Urethrogramm, Miktionszysturethrogramm, retrograde und antegrade Pyelographie
- **Angiographie:** z.B. selektive Renovasographie
- Lymphographie
- Computertomographie
- Kernspintomographie
- Szintigraphie von Nieren und Skelett
- **endoskopische Diagnostik:** Urethrozystoskopie zur gleichzeitigen Untersuchung von Harnröhre und Blase. Ureterorenoskopie
- perkutane endoskopische Diagnostik
- **Urodynamik:** Uroflowmetrie zur Messung der Harnmenge, die während der Miktion durch die Harnröhre ausgeschieden wird. Zystometrie (Blasendruckmessung). Hier wird der intravesikale Druck (cm Wassersäule) bestimmt, der bei kontinuierlicher Blasenfüllung und bei der Blasenentleerung vorliegt. Urethrometrie (Harnröhrendruckprofil). Messung des Druckes in der Harnröhre. Zusammen mit der Messung des Blaseninnendruckes kann der Blasenverschlußdruck bestimmt werden.

Weitere Einzelheiten zu den genannten Untersuchungsmethoden finden sich im Kap. 6.

35.4 Fehlbildungen

35.4.1 Angeborene und erworbene urologische Erkrankungen bei Kindern

Hydronephrose, Mega- bzw. Hydroureter, vesikoureterorenaler Reflux, Doppelureter, Urethralklappen, funktionelle Enuresis, Wilms-Tumor (s. Kap. 36.18).

35.4.2 Angeborene oder erworbene Erkrankungen des äußeren Genitale

Hypospadie, Meastusstenose, Phimose, Blasenexstrophie (s. Kap. 36.19).
Hodenhochstand, Hodentorsion (s. Kap. 36.17).

35.5 Harnweginfektion

Unter dem Begriff Harnweginfektion faßt man alle **durch Bakterien hervorgerufenen** Infektionen im Bereiche der Harnwege, und zwar die der **oberen** ebenso wie die der **unteren** Harnwege zusammen, z.B. Entzündungen:
- der Nieren (**Pyelonephritis**)
- der Blase (**Zystitis**)
- der Harnröhre (**Urethritis**)

Für die Diagnostik und Therapie ist die **Unterscheidung** zwischen Entzündungen der **parenchymatösen** Organe, d.h. Entzündung der Organe selbst, nämlich von Niere, Prostata und Hoden und Entzündungen der **Hohlkörper,** z.B. Blase, besonders **wichtig**.

Die Entzündungen der Hohlorgane verlaufen in der Regel **ohne** Fieber und können auch ohne spezielle Behandlung **spontan** ausheilen. Entzündungen der parenchymatösen Organe verursachen meist **hohes** Fieber, **stärkere** Allgemeinerscheinungen und werden leicht **chronisch**.

35.5.1 Akute Pyelonephritis (Nierenbeckenentzündung)

Ätiologie: Die **häufigste** Form entzündlicher Nierenerkrankungen ist die akute Pyelonephritis. Sie wird durch **direkte** Bakterieneinwirkung auf das Nierengewebe hervorgerufen, spielt sich am Gefäßbindegewebe ab und zieht später das übrige Nierengewebe (Tubuli, Glomeruli und Gefäße) in Mitleidenschaft.
Symptome: Zunächst Schüttelfrost, anschließend **hohe Temperaturen um 39 °C rektal.** Der Patient erscheint schwerkrank. Ein dumpfes Druckgefühl in der Nierengegend, manchmal verbunden mit Koliken. Zu weiteren Allgemeinbeschwerden können Durst, Appetitlosigkeit oder Obstipation zählen.
Diagnose: Ausgeprägte Druckempfindlichkeit über dem erkrankten Nierenlager, trockene, bräunlich borkige Zunge, Leukozytose (Vermehrung der weißen Blutkörperchen) mit Linksverschiebung, Erhöhung der Blutkörperchensenkungsgeschwindigkeit (BSG), trüber Urin infolge des hohen Leukozyten- und Bakteriengehaltes, Urinkultur und meist auch Blutkultur positiv.
Therapie: Hochdosierte Aminoglykosid- und β-Lactam-Antibiotika, Analgetika (z.B. Paracetamol®), Spasmolytika (z.B. Buscopan®), Flüssigkeitszufuhr. Bei Übelkeit und Erbrechen Infusionstherapie, Bettruhe, kalt-feuchte Wickel an den Extremitäten (Fiebersenkung).

35.5.2 Chronische Pyelonephritis

Ätiologie: Die chronische Pyelonephritis ist eine interstitielle Nephritis (am intertubulären Bindegewebe ablaufende), der häufig eine persistierende (fortbestehende), bakterielle Infektion zugrunde liegt. Jede **unkomplizierte** Harnweginfektion kann aszendierend (aufsteigend) zur chronischen Pyelonephritis führen, wobei ein Diabetes mellitus, das Harnsteinleiden, die Analgetika-Nephropathie oder der vesikoureterorenale Reflux in der Kindheit **prädisponierende** (begünstigende) Faktoren sind.
Symptome: Gelegentlich geringe Schmerzen über dem Nierenlager. Gelegentlich Beschwerden, Reizzustände im Bereich der Blase, meist jedoch ohne Beschwerden. Manchmal subfebrile Temperaturen, Anämie, erhöhter Blutdruck bei Ausbildung einer einseitigen Schrumpfniere.
Diagnose: BSG-Erhöhung, harnpflichtige Substanzen (Harnstoff, Kreatinin) im Serum normal oder erhöht, Hypokaliämie (erniedrigtes Serumkalium), Leukozyten im peripheren Blut normal.

Therapie: Gezielte antibakterielle Therapie und **operative** Beseitigung von Harnabflußstörungen. Bei Hochdruck und rezidivierenden (wiederholt auftretenden) pyelonephritischen Schüben **Nephrektomie** (Entfernung der Niere).

Prognose: Urämie (Harnvergiftung) und **arterielle Hypertonie** (Bluthochdruck) sind Spätfolgen der chronischen Pyelonephritis, die im Einzelfall nicht vorausgesagt werden kann. Eine chronische Pyelonephritis mit Nierenversagen beruht oft auf einer **unzureichend** therapierten rezidivierenden Pyelonephritis während der Kindheit, der Jugend und der Schwangerschaft.

35.5.3 Zystitis (Blasenentzündung)

Ätiologie: Eine der häufigsten urologischen Infektionen, insbesondere bei **Frauen,** ist die Blasenentzündung (Zystitis). Sie wird durch gramnegative Stäbchen, aber auch durch Mykoplasmen, Hefen, Trichomonaden, Amöben, Schistosomen sowie Chlamydien oder evtl. Herpesviren verursacht. Auch **chemische** Substanzen, z.B. Cyclophosphamid (Endoxan®) und **physikalische** Noxen, z.B. ionsierende Strahlung (Röntgen, Linearbeschleuniger) können eine Zystitis auslösen.

Symptome: Brennen bei der Miktion (beim Wasserlassen), imperativer (unaufschiebbarer, zwingender) Harndrang, Schmerzen im Unterbauch, Pollakisurie, Nykturie und terminale (zeitweise) Hämaturie.

Diagnose: Im Urin finden sich **massenhaft** Leukozyten, meist auch Erythrozyten und hohe Keimzahlen. Es **fehlen** Fieber, BSG-Erhöhung sowie eine Leukozytose.

Therapie: Neben einer reichlichen Flüssigkeitszufuhr erfolgt die Gabe von Chemotherapeutika (z.B. Cotrimoxazol). Der Reizzustand der Blase kann durch **Alkalisierung** (Uralyt-U®) des Urins und Spasmolytika behoben werden. Heiße Sitzbäder lindern zudem die krampfartig auftretenden Schmerzen.

35.5.4 Akute Urethritis (Harnröhrenentzündung)

Ätiologie: Die akute Urethritis ist eine gewöhnlich **aufsteigende** Infektion, die durch **Geschlechtsverkehr** übertragen wird (Gonokokken, Mykoplasmen, Hefen, Trichomonaden, Chlamydien, Herpesviren, gramnegative Stäbchen, vor allem bei der Frau, bei der eine **Störung** der **Ökologie** (Scheidenflora) im Bereiche des äußeren Genitale vorliegt).

Symptome: Zu den Symptomen zählen Harnröhrenfluor (**-ausfluß**) verschiedener Konsistenz und Färbung, Brennen in der Harnröhre sowie brennender Schmerz bei der Miktion.

Diagnose: Untersuchung des Abstrichs als Nativ- und gefärbtes Präparat im Hell-Dunkel- und Phasenkontrastmikroskop. Urin- und Blutkultur: Beimpfung von speziellen Nährböden für Hefen, Mykoplasmen, Chlamydien, Beimpfung einer Blutplatte und einer Kochblutplatte (Gonorrhö).

Therapie: Antibakterielle Therapie entsprechend dem isolierten Erreger.

Um die Keimverschleppung in die Niere zu vermeiden, sind Harnröhrenspülung, Instillation sowie instrumentelle Eingriffe unbedingt zu unterlassen!

35.5.5 Akute Epididymitis (Nebenhodenentzündung)

Ätiologie: Die Entzündung von Nebenhoden und Samenstrang entsteht meist aszendierend nach Urethritis oder Harnweginfektionen. Sie ist häufig **Folge operativer** Eingriffe an der Prostata. Die Infektion kann den Nebenhoden aber auch über die perivasalen (in der Umgebung liegenden) Lymphgefäße erreichen.

Symptome: Im akuten Stadium **hochgradige Schwellung** des Skrotalinhaltes, wobei sich der äußerst berührungsempfindliche Nebenhoden vom Hoden nicht sicher abgrenzen läßt.

Diagnose: Starke Schmerzen im Bereich des Skrotums mit Ausstrahlung in die Leistengegend. Temperaturen um 40 °C rektal. Eine BSG-Erhöhung sowie eine ausgeprägte Leukozytose ist nachweisbar.

Therapie: Antibakterielle Behandlung mit β-Lactam-Antibiotika und evtl. Tetracyclin. Für drei bis vier Tage **Bettruhe** mit **Hochlagerung** des Skrotums (s. Kap. 27, Abb. 27-8B) und feuchten Umschlägen, um den Rückgang der Schwellung zu fördern. Zur zusätzlichen Schmerzerleichterung kann evtl. der Samenstrang oberhalb des Hodens mit 10 bis 20 ml einer 1%igen Novocainlösung® oder einem and eren Lokalanästhetikums infiltriert werden.

35

35.5.6 Balanitis (Entzündung der Eichel)/ Posthitis (Entzündung des inneren Vorhautblattes)

Ätiologie: Die Entzündung der Eichel (Balanitis) ist meist mit einer Entzündung des inneren Vorhautblattes (Posthitis) verbunden. Ursache ist eine **ungenügende Reinigung** des Vorhautsackes, z. B. bei einer Phimose. Auch die Übertragung von Keimen durch den Geschlechtsverkehr wie bei Urethritis und Prostatitis gewinnt in zunehmendem Maße an Bedeutung.
Therapie: Bei einer Phimose erfolgt die **radikale Zirkumzision** (operative Umschneidung, Entfernung der Vorhaut), sonst spezifische antimikrobielle Behandlung. Die Patienten sind über die Notwendigkeit einer ausreichenden Genitalhygiene aufzuklären.

35.5.7 Akute und chronische Prostatitis (Entzündung der Vorsteherdrüse)

Ätiologie: Unter Prostatitis ist ein **Symptomenkomplex** mit verschiedenartigen Beschwerden im **urogenitalen**, **perinealen** und **anorektalen** Bereich zu verstehen, wobei **akute** und **chronische bakterielle** Entzündungen der Prostata sowie **nichtentzündlich** bedingte **Prostatadynie** (diffuse Störung im Genitalbereich mit Druck am Schambein, Druck am Darm, Ziehen in den Hoden und Nebenhoden, Schmerzen im Glied, Leistenschmerzen, Unterbauchbeschwerden sowie Störungen im anorektalen Bereich mit Brennen, Jucken perineal ohne eigentliche Ursache) **unterschieden** wird. Das Erregerspektrum der akuten und chronischen bakteriellen Prostatitis entspricht dem Erregerspektrum von Harnweginfektionen. Wichtigste Erreger sind gramnegative Bakterien wie E. coli, Klebsiella, Enterobacter, Proteus, Pseudomonas, Enterokokken und selten Staphylokokken. Der wichtigste Infektionsherd aller Prostatitisformen ist die **intrakanalikuläre** (in oder über ein Kanalsystem) Aszension (Aufsteigen), ein weiterer Faktor ist der **Rückfluß** von infiziertem Urin in die Prostatagänge.
Symptome: Die akute Prostatitis ist gekennzeichnet durch hohes Fieber, Brennen beim Wasserlassen (Miktion), wechselnder Ausfluß und dysurische Beschwerden bis zum Harnverhalt.
Diagnose: Eine **Fluktuation** bei der digitalrektalen Examination (Untersuchung) weist auf einen **Prostataabszeß** und erfordert eine weitere Abklärung durch eine transrektale (durch das Rektum) Ultraschalluntersuchung. Im Mittelstrahlurin ist neben einer massiven Pyurie der ätiologische (verursachende) Erreger nachzuweisen. Die chronische Prostatitis unterscheidet zwischen bakterieller und abakterieller Prostatitis. Anamnestisch hinweisend ist der Nachweis einer rezidivierenden Bakteriurie.
Therapie: Die akute Prostatitis wird mit z. B. Cotrimoxazol oder Gyrase-Hemmern behandelt. Beim Prostataabszeß erfolgt eine transperineale, sonographisch gesteuerte Punktion. Bei periurethraler Lage muß auch eine transurethrale Resektion diskutiert werden. Bei chronisch bakterieller und abakterieller Prostatitis ist wegen der **schlechten Wirksamkeit** von Antibiotika eine **Dauertherapie** über **drei** bis **sechs Monate** von z. B. Cotrimoxazol empfehlenswert.

35.6 Tumoren der Genitalorgane

Die wichtigsten Geschwülste der Harn- und Genitalorgane sind Nieren-, Nierenbecken-, Harnleiter- und Blasentumoren, Prostataadenom und -karzinom, Hodentumoren und Peniskarzinom. Zur Stadieneinteilung wird das **TNM-System** (Abb. 35-2 A bis E) herangezogen (T = Primärtumor, N = Lymphknoten, M = Metastasen). Des weiteren werden **drei Differenzierungsmöglichkeiten** (Abgrenzung des Tumorgewebes von gesundem Gewebe) unterschieden:
- **hoch** (gut differenziert; G I = Malignitätsgrad I)
- **mittel** (mäßig differenziert, G II = Malignitätsgrad II)
- **niedrig** (schlecht differenziert, G III = Malignitätsgrad III)

Je **niedriger** die Differenzierung, desto **schlechter** ist meist die Prognose.

35.6.1 Nierenkarzinom

Ätiologie: Gutartige epitheliale Nierentumoren sind selten, bösartige Nierentumoren machen 80 bis 85% aller Nierengeschwülste aus. Das Nierenkarzinom zeigt einen **Altersgipfel** zwischen dem **45.** und **75. Lebensjahr**. Die Ätiologie ist **unbekannt**, es entwickelt sich aus Nierenadenom- bzw. Tubuluszellen. Die **Lokalisation** erfolgt meist in einem **Nierenpol**

A

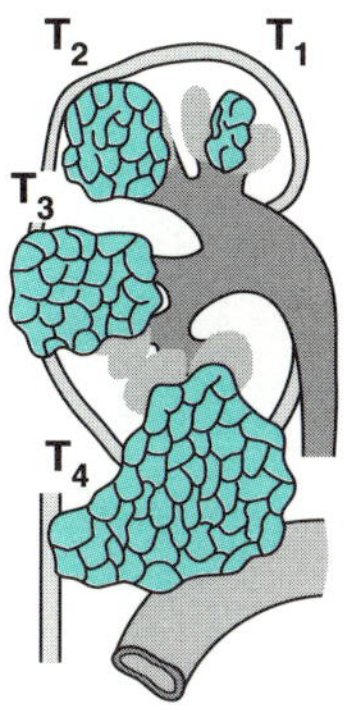

Niere

- T_1 Kleiner Tumor ohne Nierenkonturveränderungen
- T_2 Größerer Tumor, der die Nierenkontur verändert; die Kontinuität der Nierenkapsel ist erhalten
- T_3 Eindringen des Tumors in das perirenale Gewebe
- T_4 Tumor dringt in umliegende Organe oder Bauchfell ein

B

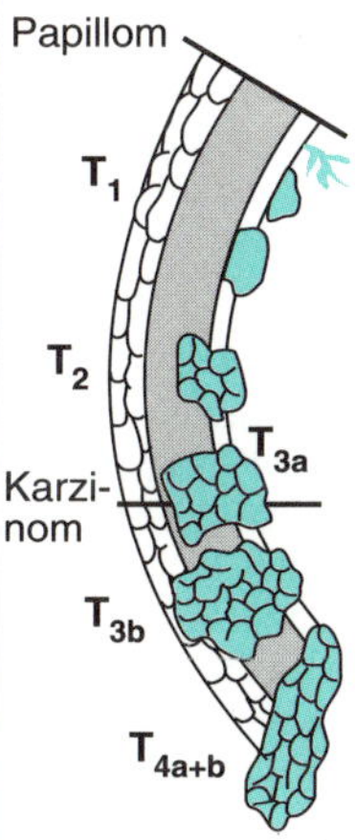

Blase

- TA Karzinom im exophytischen Tumoranteil
- T_1 Tumor, der die Lamina propria nicht überschreitet, nicht infiltrierend
- T_2 Eindringen in die oberflächliche Muskulatur
- T_{3a} Eindringen in die tiefen Muskelschichten
- T_{3b} Infiltration des perivesikalen Fettgewebes, Blase bimanuell gut beweglich
- T_{4a} Eindringen in umliegende Organe
- T_{4b} Blase bei der bimanuellen Palpation fixiert

C

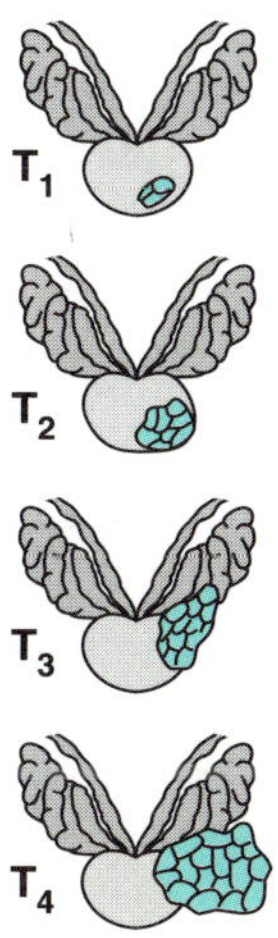

Prostata

- T_0 Kein Tumor palpabel
- T_1 Kleiner Knoten in einer normalen Drüse
- T_2 Der Karzinomknoten deformiert die Kontur der Drüse
- T_3 Der Tumor dringt in die Kapsel oder in die Samenblasen ein
- T_4 Der Tumor dringt in die Umgebung ein und fixiert die Prostata

D

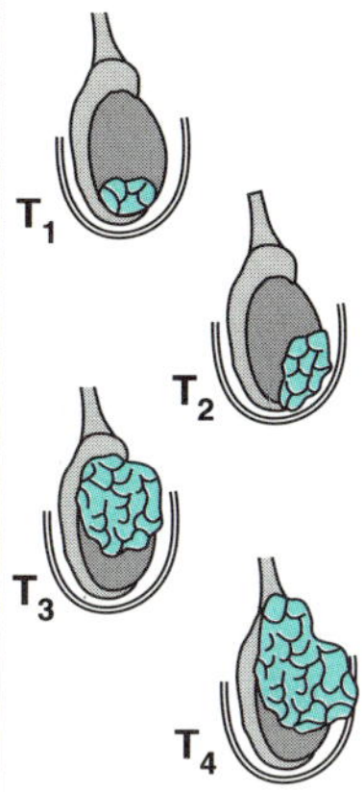

Hoden

- T_0 Kein Tumor tastbar
- T_1 Der Tumor ist auf das Hodengewebe beschränkt
- T_2 Der Tumor infiltriert die Tunica albuginea (Bindegewebehülle des Hodens)
- T_3 Der Tumor infiltriert Rete testis (Hodennetz) oder Epididymis (Nebenhoden)
- T_4 Der Tumor infiltriert Samenstrang oder Skrotalhaut

E

Regionale Metastasen N

- **NX** Lymphographie nicht durchgeführt
- **N0** Lymphknoten palpatorisch unauffällig
- **T-** Lymphknoten ohne mikroskopischen Metastasennachweis
- **T+** Lymphknoten mit mikroskopischem Metastasennachweis

Fernmetastasen M

- **MX** Wegen fehlender Untersuchungen nicht beurteilbar
- **M0** Metastasen nicht nachweisbar
- **M1** Fernmetastasen nachweisbar

Abb. 35-2 TNM-Schema (T = Primärtumor, N = Lymphknoten, M = Metastasen) für Niere, Blase, Prostata und Hoden.
A: Niere.
B: Blase.
C: Prostata.
D: Hoden.
E: Einteilung von Metastasen- und Fernmetasen.

mit anschließendem **raumfordernden** Wachstum und der Verdrängung der Kelche des Nierenbeckenkelchsystems.

Zur Stadieneinteilung bedient man sich des TNM-Systems (Abb. 35-2 A). Die Prognose ist abhängig vom Tiefenwachstum des Tumors (T-Kategorie), von der Ausbildung von Lymphknotenmetastasen (N-Kategorie) und von Fernmetastasen, z.B. in Leber, Lunge und Knochen (M-Kategorie). Eine **Metastasierung** zum Zeitpunkt der Diagnosestellung ist schon in bei ca. **50% aller Fälle** nachweisbar.

Symptome: Als Erstsymptom (70 bis 80% der Fälle) kommt es zu einer **schmerzlosen** Mikro- und Makrohämaturie. 50% der Patienten haben Schmerzen infolge einer Harnstauung, Blutung oder aufgrund von Koliken (Blutkoagula, Tumorbröckel) können Initial- oder Spätsymptom (Tumoreinbruch in das Nierenbeckenkelchsystem) sein. Weitere mögliche Tumorzeichen sind Temperaturen, Gewichtsverlust, Anämie, Knochenschmerzen und Spontanfrakturen, Atembeschwerden bzw. Reizhusten. Bei einem linksseitigen Nierentumor kann symptomatisch eine Varikozele (Krampfaderbruch) links auftreten.

Diagnose: Keine Frühzeichen. Tastbarer Oberbauchtumor, Mikro-/Makrohämaturie, Varizenbildung in der Bauchwand, Ödeme der unteren Extremitäten. Sicherung der Diagnose durch Sonographie bzw. Computertomographie. In Ausnahmefällen selektive Renovasographie (gezielte Kontrastmitteldarstellung der renalen Gefäße).

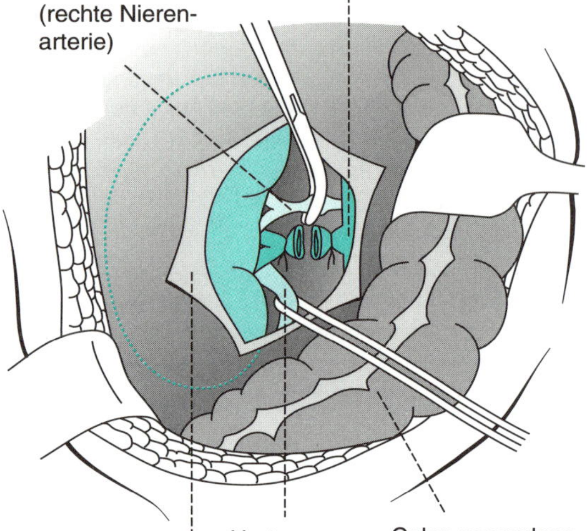

Abb. 35-3 Operationssitus bei radikaler transperitonealer Nephrektomie mit laterocolischem (Ablösen des Colon ascendens von der Bauchwand und Abschieben nach medial) Eingehen rechts unter Inzision des hinteren Peritonealblattes. Darstellen der V. cava inferior (untere Hohlvene), Abklemmen der A. renalis dextra (rechte Nierenarterie) und Durchtrennung der V. renalis dextra (rechten Nierenvene).

Bei jeder schmerzlosen Makrohämaturie muß sofort eine Zystoskopie durchgeführt werden, da Nieren-, Nierenbecken- und Harnleitertumoren nur kurzfristig intermittierend (zeitweilig aussetzend) bluten!

Therapie: Nur die Operation (Abb. 35-3) hat Aussicht auf Erfolg. Transperitoneale (durch die Bauchhöhle) **Enbloc-Entfernung** des Tumors mit perirenaler Fettkapsel, der Nebenniere, dem Harnleiter sowie den Gefäßen der V. testicularis (Hodenvene) bzw. V. ovarica (Eierstockvene). Ausräumung aller **parakavalen** (neben der V. cava gelegenen) und **paraaortalen** (neben der Aorta gelegenen) **Lymphknoten,** ggf. Ausräumung von Tumorzapfen aus der V. cava inferior (untere Hohlvene) bzw. den Nierenvenen.

Prognose: Die Sterberate innerhalb fünf Jahren beträgt 50%. Bei inoperablen Nierentumoren **transfemorale Okklusion** (Verschluß mit Spiralen bzw. Gel, um eine Blutung zu vermeiden) der Nierenarterien.

35.6.2 Nierenbecken- und Harnleitertumoren

Ätiologie: Die epithelialen Nierengeschwülste machen etwa **10%** der Nierentumoren aus und sind in **90%** der Fälle **bösartig**. Die Entstehungsursache ist **unbekannt**, jedoch werden Nikotinabusus, Phenazetinabusus (Schmerzmittelmißbrauch) und Nitrosamine (gepökeltes Fleisch) als Ursache angegeben. Die urothelialen Geschwülste treten auch in Harnleiter und Blase auf. Histologisch unterscheidet man mit zunehmender Malignität (Bösartigkeit) hoch-, nieder- und entdifferenzierte Tumoren.

Symptome: Schmerzlose oder mit Harnleiterkoliken (Verstopfung des Ureters mit Blutkoageln) verbundene Makro- oder Mikrohämaturie.
Diagnose: Erythrozyturie, bei Harnweginfektionen Leukozyt- und Bakteriurie. Im Infusionsurogramm **Füllungsdefekte** (Kelche stellen sich nur teilweise oder gar nicht dar) im Nierenbecken, **Kelchabbrüche, Harnstauungsnieren** oder **Kontrastmittelaussparungen** im Harnleiter. Zur genauen Beurteilung des Hohlsystems im oberen Harntrakt retrograde Ureteropyelographie. Bei jeder Makrohämaturie muß zur Sicherung der Seitendiagnose eine Urethrozystoskopie durchgeführt werden. **Tumorzellnachweis** im **Morgenurin** oder nach Spülung des Hohlsystems.
Therapie: Nephroureterektomie (Entfernung von Niere und Harnleiter) mit Lymphadenektomie (Lymphknotenentfernung). Eine **Strahlentherapie** ist **nicht erfolgversprechend.** Bei Metastasierung evtl. Polychemotherapie.
Prognose: Bei geringer Bösartigkeit beträgt die Fünf-Jahres-Überlebensrate 50 bis 75%, beim **Plattenepithelkarzinom** ist die Prognose **schlecht** und mit einer **hohen** Sterberate innerhalb des **ersten Jahres** verbunden.

35.6.3 Blasentumoren

Ätiologie und Pathogenese: Blasentumoren sind nach Prostatageschwülsten die zweithäufigste Neubildung im Urogenitaltrakt. In **75% der Fälle** sind **Männer über 50 Jahre** betroffen. Die Entstehungsursache ist **unbekannt.** Wahrscheinliche kanzerogene Noxen sind aromatische Amine (Anilin), chronische Harnweginfektionen und Nikotinabusus. Man **unterscheidet** gutartige, jedoch potentiell maligne Papillome, papilläre Karzinome, Übergangsepithelkarzinome und Plattenepithelkarzinome. Die **häufigsten** sind **die Übergangsepithel-** oder **Urothelkarzinome.** Eine Differenzierung ist durch die histologische und zytologische Bestimmung des Malignitätsgrades hoch-, mittel- bis niedrigdifferenziert möglich. Zur Stadieneinteilung dient ebenfalls das TNM-Schema (s. Abb. 35-2 B). Die Prognose ist abhängig vom Tiefenwachstum des Tumors in die Blasenwand (T-Kategorie), von Lymphknotenmetastasen (N-Kategorie) und von Fernmetastasen, z.B. in Leber, Lunge oder Knochen (M-Kategorie).
Symptome: Intermittierende (zeitweise auftretende) Mikro- bzw. Makrohämaturie. Zystitische Beschwerden z.B. Brennen bei der Miktion, Pollakisurie, Nykturie. In fortgeschrittenen Fällen Schmerzen in der Blasengegend und im Nierenbereich. Anämie, Gewichtsabnahme, Fieber.
Diagnose: Bimanuelle (zweihändige) abdomino-rektale bzw. abdomino-vaginale Untersuchung der Blase (in Allgemeinnarkose bei **optimaler Entspannung**). Erythrozyturie. Bei Harnweginfektion Leukozyturie, Bakteriurie, Anämie. Ein Tumorverschluß beider Ostien (Harnleitermündungen in die Blase) führt zur Urämie. Im Infusionsurogramm anfänglich normale Ausscheidung bei Aussparung der Geschwulst im Blasenkontrast. Zysturethrographie mit Kontrastmittelausscheidung im Blasenwandbereich. Sicherung der Diagnose durch Urethrozystoskopie und transurethrale Probeexzisionen.
Therapie: Operative Behandlungsmöglichkeiten sind:
- **Transurethrale Resektion** des Blasentumors (Stadium TA bis T_2, Malignitätsgrad I bis II, evtl. in Kombination mit einer Laser-Therapie (Koagulation durch Lichtstrahl).
- Tumorentfernung mittels **radikaler Zystektomie** (Blasenentfernung) mit pelviner (im Becken liegend) Lymphknotendissektion (-entfernung) sowie Anlegen einer **supravesikalen** (über der Blase liegenden) **Harnableitung** mit **Ileum-Conduit** (nasses Hautstoma). Des weiteren kommt eine **Ureterosigmoideostomie** (Neueinpflanzung des Harnleiters in den s-förmigen Teil des Dickdarmes) bzw. **augmentierte** (erweiterte) **Rektumblase** (Ersatzblase aus Mastdarmsegment) bei der Frau bzw. **Ileum-Neoblase** (Ersatzblase aus einem Dünndarmteil) beim Mann zur kontinenten Harnableitung in Frage.
- In bestimmten Fällen **Radiochemotherapie** mit Linearbeschleunigern bei muskelinfiltrierenden Tumoren in Kombination mit Zytostatika (Cisplatin). Polychemotherapie mit Zytostatika (MVAC-Schema = Methotrexat, Vinblastin, Adriamycin, Cisplatin) zeigt Ansprechraten von bis zu 30%.
- Bei oberflächlichen papillären Tumoren kann eine **Rezidivmetaphylaxe** (Maßnahme zur Verhütung eines neuerlich auftretenden Tumors) mit einem lokal instillierbaren Zytostatikum (Mitomycin C) bzw. einem Immuntherapeutikum (BCG) vorgenommen werden.

Prognose: Sie hängt von der Art der Geschwulst, dem Stadium und dem Malignitätsgrad ab.

35

35.6.4 Prostataadenom (benigne Prostatahyperplasie)

Ätiologie und Pathogenese: Die Entstehungsursache ist nicht klar. Das **Nachlassen** der **Androgenproduktion** scheint von Bedeutung zu sein und führt zu einer **Vermehrung** der **periurethralen** (um die Harnröhre gelegenen) **Drüsen** sowie einer Vermehrung der **glatten Muskelzellen** im Bereich der prostatischen Harnröhre. Bei ca. 50% aller Männer über 50 Jahre findet sich eine mehr oder weniger ausgeprägte Adenomyomatose (Vermehrung der periurethralen Drüsen der Prostata) der Prostata. Das Adenom beeinträchtigt die Blasenentleerung. Es sind **drei Stadien** zu unterscheiden.

- **Stadium I (sog. Reizstadium):** abgeschwächter Harnstrahl, relative Pollakisurie, Nykturie, Nachträufeln, kein Restharn
- **Stadium II (kompensierte Harnretention):** erhöhte Pollakisurie und Nykturie, Restharn, Verringerung der funktionellen Kapazität der Blase
- **Stadium III (dekompensierte Harnretention):** ständiges Harnträufeln (Überlaufblase), Blasendivertikel (Aussackungen der Schleimhaut), Harnrückstauung in die oberen Harnwege (Hydronephrose), schließlich Urämie

In allen Stadien kann eine ungewohnt **große Flüssigkeitszufuhr** einen **Spannungsverlust** der Harnblasenmuskulatur auslösen und zu einem **Harnverhalt** führen. Die Blase ist überfüllt, die Muskulatur überdehnt, der Harn kann nicht mehr entleert werden.

Symptome: Pollakisurie, Nykturie, verzögerter Miktionsbeginn, kraftloser Harnstrahl und Nachträufeln charakterisieren das Prostataadenom. Bei Harnweginfektionen kommt es am Schluß der Miktion zu Schmerzen (**terminaler Miktionsschmerz**), manchmal verbunden mit einer schmerzlosen Hämaturie. Bei dekompensierter Harnretention ständiges Harnträufeln. Liegt bereits ein **Harnrückstau** in die oberen Harnwege vor, **Zeichen der Urämie** (Somnolenz, Erbrechen, Diarrhoe, Gewichtsverlust).

Diagnose: Rektale Palpation (Oberfläche, Größe, Konsistenz, Grenzen des Adenoms). Urinsediment und Bakteriologie, Kreatinin, Infusionsurogramm (adenombedingte Anhebung des Blasenbodens, Harnrückstau in die oberen Harnwege). Restharnbestimmung (röntgenologisch, sonographisch bzw. mit Katheter). Retrogrades Zysturethrogramm, Urethrozystoskopie zur Bestimmung der Adenomgröße und zum Ausschluß von Harnröhrenstrikturen (-verengungen) bzw. Blasentumoren oder -steinen.

Konservative Therapie: Eine konservative Therapie ist **lediglich** im **Stadium I vertretbar** und durch folgende allgemeine Maßnahmen zu unterstützen.

- **Vermeidung** einer **Kongestion** (Schwellung) der Prostata durch längeres Sitzen sowie Trinken exzessiver Flüssigkeitsmengen und damit Vermeidung einer Überdehnung der Blase infolge Unterdrückung des Miktionsreizes.
- Eine **medikamentöse** Therapie bewirkt lediglich einen **Plazebo-Effekt.** Es gibt bisher keine eindeutige und nachweisbare Rückbildung eines Prostataadenoms nach medikamentöser Behandlung.

Operative Therapie: Operationsindikationen bei **erheblichen subjektiven Beschwerden** (Pollakisurie, Nykturie, Harnträufeln, Restharn von mehr als 100 ml, wiederholte Harnsperren, Harnweginfektionen). Folgende **Verfahren** kommen in Betracht.

- **Transurethrale** (durch die Harnröhre) **Resektion** des Prostataadenoms (bei kleinen bis mittleren Adenomen).
- Offene, suprapubische oder retropubische **Prostatoadenomektomie** (Prostata wird herausgeschält) bei großen Adenomen; mehr als 60 g.
- Evtl. **Laserablationsverfahren** (Eiweißdenaturierung des Prostatagewebes) bei Risikopatienten und auf Wunsch des Patienten.

Prognose: Nach Adenomektomie ist die Prognose sehr gut, gelegentlich treten Adenomrezidive auf.

35.6.5 Prostatakarzinom

Pathogenese: Vor dem **50. Lebensjahr** ist das Auftreten eines Prostatakarzinoms **selten**, **jenseits** des **70. Lebensjahres** haben ca. **25%** aller Männer ein Prostatakarzinom **ohne klinische** Symptome. Die Ursache ist **unbekannt,** jedoch ist eine hormonelle Beeinflussung möglich (Beeinträchtigung des Tumorwachstums durch Östrogene, Stimulation durch Androgene). Prostatakarzinome entstehen in ca. 90% der Fälle in den dorsalen, dem Rektum zugewandten Bereich der Prostata, wo sie dem tastenden Finger leicht zugänglich sind. Zur Stadieneinteilung bedient man sich des TNM-Systems (s. Abb. 35-2 C) und drei Malignitätsgraden (hoch-, mittel-, niederdifferenziert).

Symptome: Keine Frühsymptome! Beschwerden wie z.B. verzögerter Miktionsbeginn, kraftloser Harnstrahl, Nachträufeln, Pollakisurie, Nykturie und Hämaturie treten in 95% der Fälle erst im Spätstadium in den Vordergrund. Bei 5% der Erkrankten sind **Metastasensymptome** (Knochenschmerzen, Harnstauungsnieren) erste Zeichen eines Prostatakarzinoms.

Ischialgien (Schmerzen im Bereich des N. ischiadicus) sowie Rückenschmerzen beim Mann im höheren Lebensalter sind stets verdächtig auf ein Prostatakarzinom!

Diagnose: Bei der rektalen Untersuchung ist je nach Stadium ein **einzelner harter Knoten,** im fortgeschrittenen Stadium jedoch eine **schlecht abgrenzbare** Prostata zu tasten, deren Oberfläche unregelmäßig höckrig derb erscheint. Sicherung der Diagnose durch perineale oder transrektale Stanzbiopsie (Histologie) oder transrektale Feinnadelbiopsie (Zytologie). Bestimmung des prostataspezifischen Antigens (PSA), das sowohl in **benignen** (gutartigen) als auch in **malignen** (bösartigen) Epithelzellen der Prostata gebildet wird. Das PSA ist ein **Organmarker** und **kein Tumormarker** im engeren Sinne. Die PSA-Serumkonzentration weist eine **Korrelation** (Wechselbeziehung) zur Tumormasse auf.

Das Infusionsurogramm ist meist unauffällig. Bei Tumorkompression der Ostien kommt es jedoch zur Ausbildung von Harnstauungsnieren.

Nuklearmedizinische Untersuchungen (Knochenscan mit Hilfe der Szintillationskamera Technetium 99) zum Nachweis röntgenologisch nicht sichtbarer Metastasen.

Frühdiagnosen sind nur durch jährliche Vorsorgeuntersuchungen aller Männer nach dem 45. Lebensjahr möglich!

Therapie: Der Behandlungsplan richtet sich nach der Stadieneinteilung, dem Malignitätsgrad des Karzinoms sowie Alter und Allgemeinzustand des Patienten. Folgende Therapieformen kommen in Betracht.

- Radikale perineale oder retropubische **Prostatovesikulektomie** (vollständige Entfernung von Prostata und Samenblasen): Bei auf die Prostata beschränkten Knoten oder Tumor ohne Lokal- oder Fernmetastasen (T_1 und T_2, N_0, M_0, G I bis III), zuvor pelvine Lymphknotendissektion (sog. Staging-Operation).
- **Strahlenbehandlung:** Diese ist nur bei auf die Prostata **beschränktem** Tumor ohne Lymphknotenmetastasen sinnvoll. Nach computerunterstützter Herdeinstellung kann mit Hilfe von Linearbeschleunigern (Bestrahlung mit Gammastrahlen) behandelt werden.
- **Antiandrogene Therapie:** Beim mittel- bis niedrigdifferenzierten Prostatakarzinom jeder Lokalisation mit lokalen oder Fernmetastasen (T_1 bis T_4, N_1, M_1, G II bis III). Sie besteht aus der beidseitigen plastischen **Orchiektomie** (Entfernung der Hoden, Androgenentzug), oder der Unterdrückung der hypophysären LH-(Luteinisierungshormon)-Sekretion (Hormonzufuhr), oder der Hemmung der Androgensynthese oder der Hemmung der androgenen Bindung bzw. der Hemmung des androgenen Synergismus (Zusammenwirkens) oder einer Kombination aus diesen Möglichkeiten.

Durch eine **bilaterale** (zweiseitige) chirurgische Ausschaltung der Androgenproduktion der Hoden werden 90% des peripher zirkulierenden Testosterons innerhalb von 24 Stunden vom Normalwert zwischen 3,5 und 8,5 ng/ml auf weniger als 0,5 ng/ml gesenkt, was als Kastrationsniveau definiert worden ist. Die Senkung bewirkt einen **Wachstumsstop** der Prostatakarzinomzellen für ca. zwei Jahre.

Prognose: Durch eine radikale Operation wird eine Heilungsrate von 5% aller Prostatakarzinome erreicht. Mit Hilfe der antiandrogenen Behandlung steigt die Lebensverlängerung durchschnittlich um dreieinhalb Jahre. Bei **geringem** Malignitätsgrad kann Beschwerdefreiheit von **zehn und mehr Jahren** erreicht werden.

35.6.6 Hodentumoren

Ätiologie: Nahezu **alle** Hodentumoren sind **bösartig**. Sie sind jedoch selten (0,5% aller malignen Neubildungen beim Mann) und kommen vor allem bei **jungen** Männern zwischen dem **15.** und **45. Lebensjahr** vor. Die Ätiologie ist **unbekannt**. Nicht deszendierte (abgestiegene) Hoden (Leistenhoden, Bauchhoden) sind zur Geschwulstbildung prädestiniert. Man unterscheidet **germinative** (von Keimzellen ausgehende) Hodentumoren (Seminome), **teratoide** (karzinomähnliche) Geschwülste (verschiedene Differenzierungsgrade) und **nichtgerminative**, meist gutartige Tumoren (Leydig- oder Sertoli-Zell-Tumoren). Zur Stadieneinteilung wird das TNM-System (s. Abb. 35-2 D) herangezogen. Die Prognose ist abhängig von den Lymphknotenmetastasen (N-Kategorie) und Fernmetastasen in Lunge, Leber, Knochen und Gehirn (M-Kategorie).

Symptome: Schmerzlose Vergrößerung des Hodens mit zunehmendem Schweregefühl und ziehenden Schmerzen im Skrotalbereich. 50% aller Hodentumoren werden über lange Zeit als Nebenhodenentzündung **fehldiagnostiziert**.

Diagnose: Harter, glatter bis derb höckriger Tumor im betreffenden Skrotalfach. Mittels der **Diaphanoskopie** (Durchstrahlung des Hodens mittels einer Lichtquelle) erfolgt die Negativ-Bestimmung. Sog. **Tumormarker** (α-Fetoprotein, β- HCG) stellen wichtige Parameter für die **Prognose** und die **Verlaufskontrolle** dar. Computertomogramm des Abdomens sowie Lungenübersichtsaufnahme zum Nachweis von Lymphknoten- bzw. Lungenmetastasen sind unabdingbar. Folgende Stadien werden unterschieden:

- **Stadium I** (Tumor auf den Hoden beschränkt, keine Lymphknoten- bzw. Fernmetastasen)
- **Stadium II** (lediglich Lymphknotenmetastasen unterhalb des Zwerchfells)
- **Stadium III** (Lymphknotenmetastasen oberhalb des Zwerchfells bzw. Fernmetastasen)

Therapie: Nachstehende Therapieformen kommen in Betracht.

- Inguinale (Operationszugang von der Leiste) **Semikastration** mit Absetzen des Samenstranges ist prinzipiell der erste Schritt zur Entfernung des Tumors und zur Bestimmung der Tumorart und des T-Stadiums. Bei nichtseminomatösen Hodentumoren im Stadium I modifizierte (abgewandelte) nervenschonende retroperitoneale Lymphknotendissektion.
- Im Stadium II radikale retroperitoneale **Lymphknotendissektion** (Abb. 35-4).

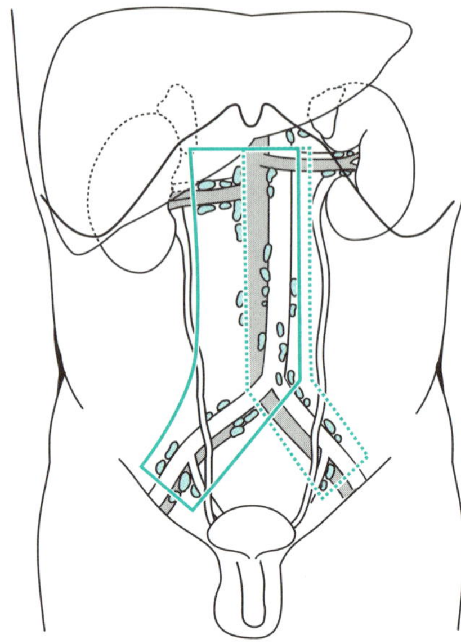

Abb. 35-4 Schema der bilateralen radikalen retroperitonealen Lymphknotendissektion. Die ausgezogene Linie bezeichnet den Raum der Lymphknotenentfernung bei rechtsseitigem Hodentumor, die gestrichelte Linie das Areal bei linksseitigem Hodentumor.

- **Strahlentherapie**: Seminome sind strahlensensibel, deshalb in Abhängigkeit vom Stadium Bestrahlung der paraaortalen und parakavalen sowie iliacalen Lymphknoten.
- **Chemotherapie**: Durch eine Polychemotherapie (z.B. PVB-Schema = Cisplatin, Vinblastin, Bleomycin), kann bei metastasierten Seminomen bzw. metastasierten, nichtseminomatösen Hodentumoren eine Heilungsrate von bis zu 95% erreicht werden.

Jede schmerzlose Hodenvergrößerung ist pathologisch und tumorverdächtig (hoher Prozentsatz eines malignen Hodentumors), deshalb ist im Zweifelsfall stets eine inguinale Hodenfreilegung durchzuführen!

35.6.7 Peniskarzinom

Ätiologie: Eine **Phimose** mit **chronischer Entzündung** der Vorhaut und der Glans penis (Eichel) sowie das **Smegma** (Sekret unter der Vorhaut) werden als **kanzerogene Wirkungsmechanismen** diskutiert. Das Peniskarzinom entwickelt sich im Bereich der Glans penis und dem inneren Vorhautblatt und ist histologisch ein **Plattenepithelkarzinom.**

Symptome und Diagnose: Entzündliche Phimose, eitrige Sekretion aus dem Präputialsack (Vorhautsack). Ulkus im Bereich der Glans penis. Sicherung der Diagnose durch Probeexzision.
Therapie: Bei **kleinen** Geschwülsten **lokale Exzision** (Ausschneidung) des Tumors oder **Strahlentherapie** bzw. **Laserkoagulation.** Hat der Tumor den Penisschaft befallen, ist eine **partielle** (teilweise) **Penisamputation** notwendig. Sind inguinale oder iliacale Lymphknoten von Tumorzellen befallen, ist die Lymphknotendissektion mit oder ohne Strahlentherapie zu diskutieren.
Prognose: Ist der Tumor auf den Penis beschränkt, so liegt die Fünf-Jahres-Überlebensrate bei 70 bis 90%, bei fortgeschrittenen Tumoren bei 30%.

Wegen ihrer Seltenheit werden Samenblasentumoren, Harnröhren-, Samenstrang-, Nebenhodengeschwülste und Tumoren des Skrotums nur erwähnt.

35.7 Nephrolithiasis (Steinleiden)

Das Harnsteinleiden ist mit einer **Morbidität** (Erkrankungsrate) **von 3% der Gesamtbevölkerung** etwa ebenso häufig wie der Diabetes mellitus. Kranke mit Nephrolithiasis machen ca. 20% des gesamten urologischen Krankengutes aus. Folgende Steinarten sind zu unterscheiden.

- **Anorganische** Steine: Kalziumoxalat-Monohydrat (Whewellit), Kalziumoxalat-Dihydrat (Whedellit), Kalziumphosphat (Apatit), Kalziumhydrogenphosphat (Brushit), Magnesium-Ammoniumphosphat (Struvit), Kalziumkarbonat (Karbonatapatit)
- **Organische** Steine: Harnsäure, Urat (Natrium- und Ammonium-Urat), Zystin

Formalgenese der Harnsteinbildung: Um die organische Matrix (Grundsubstanz), den Kern des Konkrementes, entstehen schalenartig Kristallschichten. Es kommt zur Anlage organischer Substanzen. Die organische Grundsubstanz, meist Mukopolysaccharide, wird vom Tubulusepithel des Nierenparenchyms ausgeschieden. Durch **Kristallisation** der Salze und durch **Aggregation** (Zusammenlagerung) der gebildeten Salze wird die kristalline Schale des Harnsteins gebildet.
Kausalgenese der Harnsteinbildung: Die Kausalgenese ist weitgehend **unbekannt.** Es handelt sich um ein **multifaktorielles** (durch viele Einflüsse bedingtes) Geschehen.

Prädisponierende Faktoren sind prärenale Ursachen (Ernährung, Immobilisation, Hyperparathyreoidismus, Hyperurikämie), renale Ursachen (renale tubuläre Azidose, Hyperkalziurie, Zystinurie), postrenale Ursachen (Harnabflußstörungen und Harnweginfektionen).

35.7.1 Nierenstein

Symptome: Beim Parenchym- und ruhenden Kelchstein **keine** Symptome. Im Falle eines aseptischen, im Hohlsystem beweglichen, den Harnabfluß verlegenden Stein, **dumpfe bis kolikartige,** in den Rücken und Unterbauch **ausstrahlende** Flankenschmerzen begleitet von Übelkeit, Erbrechen und Meteorismus (übermäßige Gasansammlung im Magen-Darmtrakt).
Diagnose: Druck- und Klopfschmerz im Nierenlager, schmerzhafte (selten schmerzlose) Mikro- bzw. Makrohämaturie. Der Steinnachweis mit oder ohne Harnstauung erfolgt durch ein Urogramm. Urographisch oder nuklearmedizinisch eingeschränkte Nierenfunktion. Beim Stein mit Harnweginfektion hochgradige **Klopfschmerzhaftigkeit** in der Flanke, Temperaturen, Leukozyturie, positiver bakteriologischer Urinbefund, Leukozytose, Thrombozytopenie.
Therapie: Sie ist **abhängig** von der **Steinart** und **-größe.**

- **Harnsäurestein**: Versuch der **medikamentösen Auflösung** durch Harnalkalisierung (Einnahme von Natrium-Citrat-Pulver = Uralyt U®).
- Kleines, spontan **abgangsfähiges Konkrement** (bis Erbsgröße): Versuch einer **Steinaustreibung** durch **forcierte** Flüssigkeitszufuhr und spasmolytische Therapie.
- **Nicht** spontanabgangsfähiges, den Harnabfluß verlegende und an Größe zunehmendes Konkrement: **Extrakorporale Stoßwellenlithotripsie** (ESWL). Außerhalb des Körpers erzeugte Stoßwellen, die zu einer Veränderung der Druck- und Zugspannung am Stein führen.
- Bei steinbedingter, **postrenaler Anurie:** Sofortige Entlastung der Niere durch **perkutane Nephrostomie** (Nierenfistel) bzw. **Steinreposition** und **Einlage** einer ausgeleiteten Schiene. Anschließend ESWL.

- Bei Verdacht auf steinbedingte **Pyonephrose** (Eiteransammlung im Nierenhohlsystem) oder Urosepsis: Sofortige perkutane Nephrostomie und Sicherstellung des Harnabflusses. Stabilisierung des Zustandes des Patienten. Im ungünstigsten Falle Entfernung des Organs.
- **Nierenbeckensteine** ohne Harnweginfektion und Obstruktion (Einengung): ESWL.

35.7.2 Harnleiterstein

Symptome: Dumpfe bis **kolikartige** Schmerzen in die Flanke, entlang des Ureterverlaufes bis in den Hoden bzw. in die Schamlippen ausstrahlend. Übelkeit, Erbrechen, Meteorismus. Bei tiefer Lokalisation Dysurie, Pollakisurie, imperative Miktion.
Diagnose: (s. Kap. 35.7.1).
Therapie: (s. Kap. 35.7.1).
Im mittleren und unteren Harnleiterdrittel Versuch der Steinextraktion (-entfernung) mit Ureterorenoskopie bzw. Steinzertrümmerung im Harnleiter durch Ultraschall, Elektrohydraulik (Funkenüberschlag mit Bildung einer Stoßwelle am Stein), pneumatische Stoßwelle bzw. Laserstoßwelle.

35.7.3 Blasenstein

Ätiologie: Sie entstehen bei **Blasenentleerungsstörungen** (Prostataadenom, Prostatakarzinom, Sphinktersklerose mit und ohne Harnweginfektion).
Symptome: Schmerzen in der Blasengegend, abstrahlend in die Glans penis. Bewegungsdysurie. Unterbrechung des Harnstrahls, Pollakisurie.
Diagnose: Schmerzlose bis schmerzhafte Mikro- bzw. Makrohämaturie. Steinnachweis durch Übersichtsaufnahme und Endoskopie.
Therapie: Steinentfernung durch Zystotomie (operative Eröffnung der Blase) mit Sanierung (operative Beseitigung) von Begleiterkrankungen (Prostataadenom, Sphinktersklerose).

Transurethrale Lithotripsie (Steinzertrümmerung) mit Steinzange bzw. Ultraschalllithotripsie oder Elektrohydraulik. Die **medikamentöse** Steinauflösung ist **nur** beim Harnsäure- und Zystinstein möglich.
Therapie der Harnsäuresteine: Purinarme Diät. Harnneutralisierung mit Uralyt-U® (pH zwischen 6,4 und 6,8), Senkung des Harnsäurewertes im Serum durch Gabe von Allopurinol (z. B. Zyloric®).
Therapie der Zystinsteine: Harnalkalisierung mit Uralyt-U® (Urin-pH über 7,5). Maximale Flüssigkeitszufuhr (2,4 Liter pro Tag). Gabe von α-Mercaptopropionylglycin®.
Steinprophylaxe: Zu den allgemeinen Maßnahmen zählen die Steigerung der Diurese (spezifisches Gewicht des Urins nicht über 1015), Bekämpfung der Harnweginfektion, Kontrolle des Urin-pH, Diät (purinarme Kost, kalziumarme Diät mit Vermeidung von Milchprodukten).

35.8 Verletzungen der Harnorgane

Offene, d. h. mit der Körperoberfläche in Verbindung stehende Organverletzungen und geschlossene Verletzungen der Harnorgane machen lediglich **0,2 bis 2%** aller Unfalltraumata aus.

35.8.1 Niere

Ätiologie: Nierenverletzungen entstehen durch **stumpfe** Gewalteinwirkung in die Flanke. Bei jedem stumpfen Bauchtrauma ist an eine Nierenverletzung zu denken. Man unterscheidet:
- **leichte** Nierenverletzungen z. B. Parenchymeinriß, Kapselhämatom, Einriß des Nierenbeckenkelchsystems
- **schwere** Nierenverletzungen z. B. Polabscherung, Einriß des Nierenbeckens mit Urinextravasat (Übertritt von Harn in benachbartes Gewebe), Parenchymverletzung mit Eröffnung des Hohlsystems
- **kritische** Nierenverletzungen sind Organzertrümmerung und Nierenstielabriß

Symptome: Flankenschmerzen, Zunahme des Bauchumfanges, Atembeschwerden, Mikro- bzw. Makrohämaturie. Beim **kompletten Nierenstielabriß fehlt** die Makrohämaturie.
Komplikationen: Blutung aus Nierenstielgefäßen und Parenchym. Urinextravasat bzw. Urinphlegmone. Infiziertes perirenales Hämatom mit paranephritischem Abszeß. **Spätkomplikationen** sind Hydro- bzw. Pyonephrosen infolge narbiger Einengung des Ureters, Niereninfarkte, Gefäßaneurysmen, partielle und totale thrombotische Verschlüsse der Nierengefäße, Hypertonie.

Diagnose: Absinken des Hämoglobinwertes und des Hämatokrits. Blutdruckabfall, fehlende Kontrastmittelausscheidung oder Kontrastmittelextravasat im Infusionsurogramm. Bei selektiver Nierenangiographie mit Etagenaortographie Gefäßabbrüche und Kontrastmittelextravasate. Dichteunterschiede im Computertomogramm und Echoveränderungen im Sonogramm aufgrund der Gefäßunterbrechungen.
Therapie: Bei leichter Nierenverletzung **konservativ** (Bettruhe). Bei schwerer oder kritischer Nierenverletzung **Versuch des Organerhalts** mit operativer Rekonstruktion des Hohlsystems. Naht des Nierenparenchyms, des Nierenstiels und der größeren Gefäße. Bei Nierenzertrümmerung **Nephrektomie**.

35.8.2 Harnleiter

Ätiologie: Verletzungen des Harnleiters sind **selten**.
Symptome und Diagnose: (s. Kap. 35.8.1). Bei unklaren Harnabflußstörungen retrogrades Ureteropyelogramm unter sterilen Bedingungen.
Therapie: Sofortige **operative Rekonstruktion** (Wiederherstellung) bzw. **Schienung** des Harnleiters. Ist dies nicht möglich, perkutane Nierenfistel und Rekonstruktion des Harnleiters nach vier bis sechs Wochen. Bei Verletzungen im **unteren** und **oberen** Drittel des Harnleiters Wiederherstellung der Kontinuität durch **Ureterozystoneostomie** (Neueinpflanzung des Harnleiters in die Blase außerhalb des normalen Einmündungsbereiches) bzw. **Nierenbecken-Ureteranastomose**. Bei Verletzungen im **mittleren** Drittel Harnleiterersatz mittels **Blasenlappenplastik**, **Dünndarm** oder durch **Autotransplantation** (Verlagerung) der Niere.

35.8.3 Blase

Ätiologie: Es werden **intra-** und **extraperitoneale** Blasenverletzungen unterschieden. Blasenverletzungen entstehen durch stumpfe Gewalteinwirkung bei Unfällen. Das Risiko einer Verletzung der Harnblase steigt mit **zunehmender Blasenfüllung,** da das Fassungsvermögen der Blase nur ca. 500 bis 600 ml beträgt, und es somit zur ständigen **Zunahme** der **Wandspannung** kommt.
Symptome: Druckschmerz, Hämatome im Unterbauch und Symphysenbereich. Mikro- bzw. Makrohämaturie. Schmerzhafter Harndrang ohne Urinentleerung bei tastbarem Unterbauchtumor. Bei **intraperitonealer** Blasenruptur Abwehrspannung und **akutes Abdomen.** Schmerzhafte, teigige Schwellung der Leistengegend beidseits bei Urinextravasaten oder Phlegmone.
Diagnose: Rektale bzw. vaginale Untersuchung. Kontrastmittelextravasate im Urogramm und Zystogramm (Durchführung unter sterilen Bedingungen). Röntgen im anterioren-posterioren Strahlengang (a.p.-Aufnahme).
Therapie: Laparotomie (Eröffnung der Bauchhöhle) mit Verschluß des Defektes. Bei intraperitonealer Blasenruptur extraperitoneale Sicherung (zweischichtige Übernähung mit Peritoneallappen) der Ruptur, Drainage des Wundgebietes bzw. der Bauchhöhle mit Easy Flow-Drainagen.

35.8.4 Harnröhre

Ätiologie: Verletzungen der männlichen Harnröhre **unterteilt** man in Verletzung der **membranösen**, **bulbösen** und **penilen** Harnröhre, meist verursacht durch stumpfe Gewalteinwirkung im Beckenbereich (Beckenfraktur). Unfallverletzungen der weiblichen Harnröhre sind selten.
Symptomc: Mikro- bzw. Makrohämaturic. Blutung aus der Harnröhre, Harnverhaltung, Hämatom am Damm.
Diagnose: Retrogrades Urethrozystogramm.

Aufgrund der Verletzungs- und Infektionsgefahr sollte ohne vorheriges retrogrades Urethrozystogramm kein Versuch unternommen werden, die Harnröhre bzw. die Blase zu katheterisieren!

Therapie: Bei Harnröhrenverletzungen **ohne** Kontinuitätsunterbrechung Anlage einer suprapubischen Blasenpunktionsfistel zur Harnableitung **ohne lokale Versorgung** der Harnröhre.

Bei **schweren** Harnröhrenverletzungen, d.h. totalen oder subtotalen Harnröhrenabrissen, semizirkuläre Naht oder End-zu-End-Schräganastomose. Suprapubische Harnableitung durch Blasenpunktionsfistel, transurethrale Drainage mittels mehrfach perforierter Kunststoffschiene.
Spätkomplikationen: Harnröhrenstrikturen (-einengung).

35.8.5 Äußeres Genitale

Ätiologie: Penis- bzw. Skrotalverletzungen entstehen durch äußere Gewalteinwirkung bzw. durch Schuß- und Stichverletzungen.
Symptome: Hämatome im verletzten Bereich.
Diagnose: (s. Kap. 35.8.3 und 35.8.4). Bei Penisverletzungen **Cavernosographie** (Darstellung der Schwellkörper mit Kontrastmittel und Flußmessung des arteriellen Zustroms bzw. des venösen Abstroms).
Therapie: Bei offenen Verletzungen Wundversorgung mit Drainage (Easy Flow-Drainage). Bei **Schindungsverletzungen** mit Hautdefekten Deckung des Defektes durch **Rotationslappen.** Bei nachgewiesener **Penisfraktur** Naht der Tunica albuginea (Bindegewebehülle des Hodens).

III Pflegerischer Teil

35.9 Grundsätzliches

Die Urologie beschäftigt sich vorwiegend mit Erkrankungen, die sich im **Intimbereich** abspielen. Durch **kulturelle Einflüsse** und **Erziehung** entwickelt der Mensch ein **Schamgefühl.** Alles, was mit Ausscheidungen und dem Intimbereich zusammenhängt, ist in unserer Gesellschaft ein **Tabuthema.** Deshalb ist es notwendig, dem Patienten die **Scheu zu nehmen** und ihm das **Gefühl der Normalität** bei allen Verrichtungen zu vermitteln. Das Schamgefühl ist zu **akzeptieren** und zu **berücksichtigen.** Das bedeutet, daß Patienten beim Verbandwechsel vor den Blicken von Mitpatienten zu schützen sind und daß über die Erkrankung nicht im Beisein von anderen gesprochen wird.

Viele urologisch Kranke haben Schwierigkeit beim Urinieren mit der Folge von Pollakisurie (häufiges Wasserlassen), Nykturie (nächtliches Wasserlassen), Inkontinenz. Für die meisten Betroffenen ist es wichtig, daß sie sich selber beim Wasserlassen helfen können, da es ihnen peinlich ist, bei dieser Verrichtung um Hilfe zu bitten. Demzufolge ist darauf zu achten, daß die Urinflasche, das Bekken oder ein Nachtstuhl und Zellstoff immer griffbereit sind. Patienten, die Hilfe beim Urinieren benötigen, sollten Vorlagen in Reichweite haben, falls Sie den Urin nicht solange halten können, bis die Pflegekraft das Zimmer erreicht. Für **inkontinente** Patienten ist die Situation **besonders unangenehm**, oft fühlen sie sich wie ein kleines Kind, das Windeln tragen muß. Unter Kap. 35.12.4 sind Übungen zur Besserung der Kontinenz aufgeführt.

Ein **heikles** Thema sind Verletzungen, die durch **unübliche** Sexualpraktiken hervorgerufen wurden. Dies ist eine äußerst belastende Situation für den Patienten. Hier ist viel **Feingefühl** notwendig und vor allem **Stillschweigen** gegenüber anderen. Witze oder anzügliche Bemerkungen, um die eigene Unsicherheit zu überspielen, sind unangebracht.

Es gibt jedoch auch Patienten, die es darauf anlegen, die Pflegekraft zu provozieren und verlegen zu machen. Ein **deutliches offenes Gespräch**, das durch die betroffene Pflegekraft selbst oder durch eine Kollegin bzw. Kollegen geführt wird, kann **Abhilfe** schaffen. Auf keinen Fall sollte solch ein Benehmen geduldet oder verdrängt werden, vor allem falls man sich bedrängt fühlt. Nur die offene Aussprache kann das Verhalten des Patienten bessern.

Für fast alle urologischen Patienten gibt es einen Grundsatz: Viel Trinken. Ausgenommen sind allerdings Dialysepflichtige und Patienten mit Begleiterkrankungen wie z.B. eine ausgeprägte Herzinsuffizienz!

Vor allem bei Entzündungen (s.a. Kap. 35.12.3) und Steinleiden (s.a. Kap. 35.12.1) ist die **Flüssigkeitszufuhr**, von ca. zwei bis drei Litern täglich, **sehr wichtig.** Kleinere Steine in den Nieren, Harnleitern oder in der Blase können somit herausgespült werden.

> Patienten mit Steinleiden sollten, wenn es ihre Schmerzen zulassen, viel Treppensteigen und mehrmals am Tag über den Flur bzw. durch das Zimmer hüpfen. Durch die Bewegung und die kleinen Erschütterungen lösen sich die Steine leichter.

Als Getränke haben sich vor allem Tees bewährt, die die Diurese beschleunigen z.B. aus

Brennesseln, Birke, Mais, Sellerie, Frucht der Petersilie. Die genaue Zubereitung ist spezieller Literatur zu entnehmen.

Ob sich die Steine lösen und wie sie sich fortbewegen wird durch regelmäßige Ultraschall- oder Röntgenuntersuchungen überprüft. Bei Patienten, die unter starken Koliken leiden, ist zusätzlich zu den oben genannten Maßnahmen eine **forcierte Diurese** durch Infusionen und Diuretika (z. B. Lasix®) sowie eine **analgetische Therapie** zur Schmerzbekämpfung angebracht. Manche Kranke reagieren auf diese Maßnahmen mit **Kreislaufschwächen**, deshalb müssen diese Patienten besonders **gut überwacht** werden. Um festzustellen, ob der Stein abgegangen ist, muß der **Urin** mittels Auffangnetz, Kompresse oder Sieb **geprüft** werden.

35.10 Präoperative Pflege

35.10.1 Vorbereitende Diagnostik

Präoperativ sind häufig eine Reihe von diagnostischen Verfahren notwendig. Die Röntgendiagnostik mit Kontrastmittel wird hier kurz beschrieben, da dabei in der Regel eine **spezielle** Vorbereitung notwendig ist. Am Vortag der Untersuchung erhält der Patient leichte, nicht blähende Kost, am Vormittag oder frühen Nachmittag ein Laxans und evtl. ein blähungstreibendes Medikament (z.B. Sab simplex®). Am Untersuchungstag bleibt der Patient nüchtern und entleert vor der Untersuchung die Blase. Kommt der Patient auf die Station zurück, ist er in den ersten Stunden regelmäßig zu beobachten, um einer auftretenden **Kontrastmittelallergie,** zu erkennen an Tachykardie, Blutdruckabfall, Flush, etc., sofort entgegenwirken zu können. Nach ca. zwei Stunden darf er wieder normale Kost zu sich nehmen.

35.10.2 Rasurschema

Die zur Operationsvorbereitung gehörige Haarentfernung erfolgt bei Nieren- und Harnleiteroperationen von der vorderen bis zur hinteren Körpermitte und von der Mamille bis zur Symphyse (Abb. 35-5 A). Bei Eingriffen am Penis, der Prostata und an der Harnblase werden die Haare am Bauch und im Genitalbereich entfernt (Abb. 35-5 B).

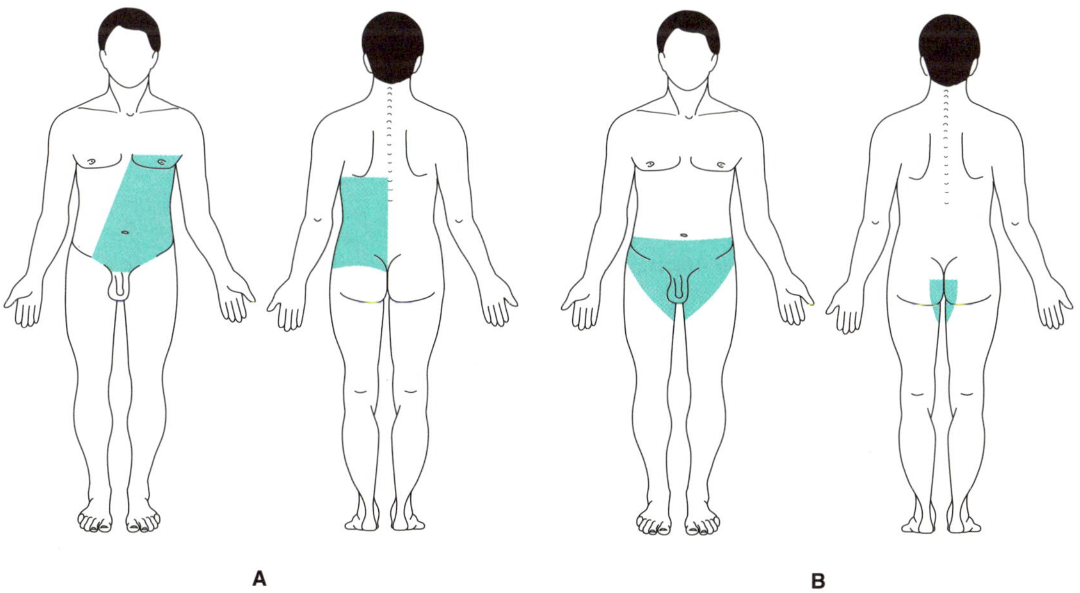

Abb. 35-5 Rasurschema.
A: Bei Nieren- und Harnleiteroperation.
B: Bei Operationen am Penis, der Prostata und der Harnblase.

35.10.3 Psychische Begleitung

Viele urologische Operationen werden aufgrund von Tumoren oder großen Steinen notwendig, die nicht spontan abgehen können. Häufig anzutreffen sind gut- und bösartige Prostata-Erkrankungen und das Blasenkarzinom. Bei großen Harnblasentumoren ist es teilweise unumgänglich, die **gesamte Blase zu entfernen** und den **Urin** anderweitig **um- bzw. abzuleiten** (z. B. Ileum-Conduit, Kolon-Conduit, Uretersigmoidostomie, augmentierte Rektumblase, Ileum-Neoblase). Falls präoperativ die Anlage eines Stomas zur Urinableitung bereits absehbar ist, ist der Patient darüber zu informieren und ausführlich aufzuklären. Außerdem können ihm bereits Pflegeprodukte zur Versorgung des Urostomas vorgestellt und mit ihm Maßnahmen zur Pflege besprochen und geübt werden. Harnableitungen, die über ein Stoma nach außen hin erfolgen, erfordern sehr **aufwendige Pflegemaßnahmen**, es gelten die **Grundsätze der Versorgung** bei Ileo-, Kolostomie (s. Kap. 10).

35.11 Postoperative Maßnahmen

Bei Operationen an der Niere z. B. nach Entfernung eines großen Nierensteins kann es notwendig sein, daß die Niere durch eine **Nierenfistelung** vorübergehend **entlastet** wird. Allerdings treten die operativen Nierensteinentfernungen heutzutage mehr und mehr in den Hintergrund, da die meisten Nierensteine mit Hilfe der extrakorporalen Stoßwellenlithotripsie (ESWL; s. Kap. 35.7.1) entfernt werden können. Die Nierenfistelungen sind jedoch häufiger anzutreffen und von besonderer pflegerischer Bedeutung, da die Katheter **leicht verstopfen** oder **herausrutschen** können und die **Infektionsgefahr hoch** ist.

Bei Nierentumoren kann der Patient postoperativ **evtl. dialysepflichtig** werden, wenn beispielsweise eine Niere nicht funktionstüchtig ist und die andere entfernt werden mußte. Diese Patienten benötigen für die Dialyse einen **Shunt,** der meistens vor der Nierenoperation von **Gefäßchirurgen** angelegt wird. Die Betroffenen müssen ihr **Leben umstellen** und lernen mit der neuen Situation fertig zu werden. Das ist für die meisten nicht einfach und sie bedürfen Zuspruch und Hilfen von den Mitarbeitern auf der Station. Sinnvoll ist es, die Patienten auf Selbsthilfegruppen hinzuweisen, die es fast in jeder Stadt gibt (s. Anhang). Es soll jedoch nicht der Eindruck entstehen, daß häufig Patienten aufgrund urologischer Ursachen dialysepflichtig werden. Da jedoch in der Chirurgie auch immer wieder Patienten mit Shunt zu pflegen sind, wird in diesem Kapitel etwas ausführlicher darauf eingegangen. Die spezielle Pflege vor, während und nach einer Dialysebehandlung ist spezieller Fachliteratur zu entnehmen.

35.11.1 Überwachung/Krankenbeobachtung

Wie bei jeder anderen Operation auch ist der Patient, die Operationswunde und die Drainagen auf Nachblutungen hin zu beobachten. In der Urologie kommt noch die **Beobachtung der verschieden Katheterarten**, z. B. Ureterkatheter, Nierenfistelungen auf **Durchgängigkeit** und **sichere Fixierung** hinzu. Schmerzen und Harnverhalt müssen dem Arzt umgehend mitgeteilt werden.

35.11.2 Lagerung/Mobilisation

Patienten nach Nierensteinentfernung werden am **ersten postperativen Tag** mobilisiert, indem man sie auf die Bettkante setzt, kurz aufstehen und einmal um das Bett laufen läßt. Dabei und bei der Lagerung ist besonders auf die Nierenfistelkatheter zu achten, die sehr leicht herausrutschen oder abknicken.

Nierentumorpatienten können nach dem gleichen Ablauf wie oben mobilisiert werden. Häufig sind sie jedoch **nicht** so **belastungsfähig,** da sie sich in einem **schlechten Allgemeinzustand** befinden. Hinzu kommt, bedingt durch die Grunderkrankung und die evtl. Aussicht auf ein Leben an der Dialyse, daß ihre **psychische Verfassung** oft **nicht sehr gut** ist.

35.11.3 Körperpflege/Prophylaxen

In den ersten Tagen benötigen beide Patientengruppen Hilfestellung bei der Körperpflege. Besondere Propyhlaxen (s. Kap. 8.2.6) stehen nicht im Vordergrund. Je nach Zustand des Patienten sind die entsprechenden Maßnahmen in den Pflegeplan aufzunehmen und auszuführen.

Bei Patienten mit Nierenfistelung ist besonders zu beachten, daß die Katheter **nicht** durch **Blutkoagel verstopfen.** Deshalb müssen sie mehrmals täglich durchgeknetet und evtl. je nach Anordnung angespült werden.

Das Anspülen von Nierenfistelungen muß besonders sorgfältig und vorsichtig geschehen, da die Niere ein sehr empfindliches Organ ist. Verletzungen, Infektionen und sehr starke Schmerzen für den Patienten sind die häufigsten Komplikationen!

Das Anspülen erfolgt steril mit einer 5 ml Spritze in der sich **maximal 2 ml physiologische Kochsalzlösung** (NaCl) 0,9% Spülflüssigkeit befinden. Eine größere Flüssigkeitsmenge kann das Nierenbecken nicht verkraften. Durch **vorsichtiges Einspritzen** (nicht mit zu großem Kraftaufwand) und **Aspirieren** kann die Durchgängigkeit überprüft bzw. wieder hergestellt werden. Ist der Katheter nicht durchgängig, ist sofort der Arzt zu verständigen.

35.11.4 Nahrungsaufbau

Die Patienten dürfen **am Abend der Operation** schon meist etwas Tee trinken. Am nächsten Tag erhalten sie leichte Kost und ab dem dritten Tag „normale" oder Wunschkost (Tumorpatienten). Der Stuhlgang wird ab dem dritten oder vierten postoperativen Tag angeregt, wenn es vorher nicht zur spontanen Entleerung kommt.

35.11.5 Wundpflege/Verbandwechsel

Die Nierenfistelung wird in der Regel zwischen dem siebten und zehnten postoperativen Tag entfernt, ebenso die Fäden. Bis dahin erfolgt mindestens einmal am Tag ein steriler Verbandwechsel mit trockenen Schlitzkompressen, elastischem Fixierverband (z. B. Mefix®) und Leukoplast®. Wichtig ist die **sichere Fixierung** des Katheters. Verrutscht der Katheter, knickt er ab und verstopft, kann entweder kein Urin nach außen abgeleitet werden, was dem Patienten **starke Schmerzen** bereitet und das **Nierenbecken** auf Dauer **schädigt** oder es tritt **neben** dem Verband Urin aus, was **weitere** Verbandwechsel notwendig macht und die Infektionsgefahr **erhöht**.

Aus zwei Leukoplaststreifen sog. „Schornsteine" herausschneiden, die auf den sterilen Verband von oben und unten kommend um den Katheter geklebt werden. Um das mit Pflaster beklebte Katheterstück einem Faden knoten, der das Pflaster zusätzlich fixiert (Abb. 35-6 A bis D). Somit kann es sich nicht so leicht lösen, auch wenn der Verband feucht werden sollte.

Patienten nach einer Nierenentfernung bekommen die Redon-Drainagen meist am zwei-

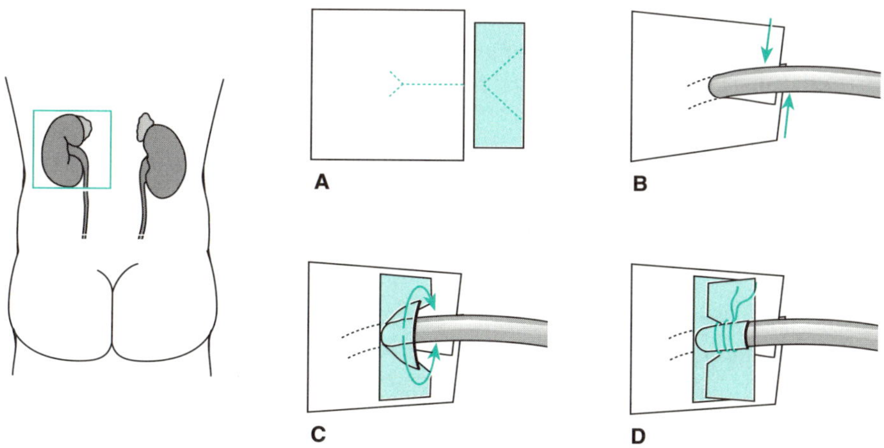

Abb. 35-6 Verbinden und Fixieren einer Nierenfistelung.
A: „Leukoplastschornstein" und zugeschnittener elastischer Fixierverband z. B. Mefix®.
B: Angelegter steriler Verband (sterile Kompressen und elastischer Fixierverband).
C: Aufkleben der „Leukoplastschornsteine".
D: Zusätzliche Fixation mit einem Faden.

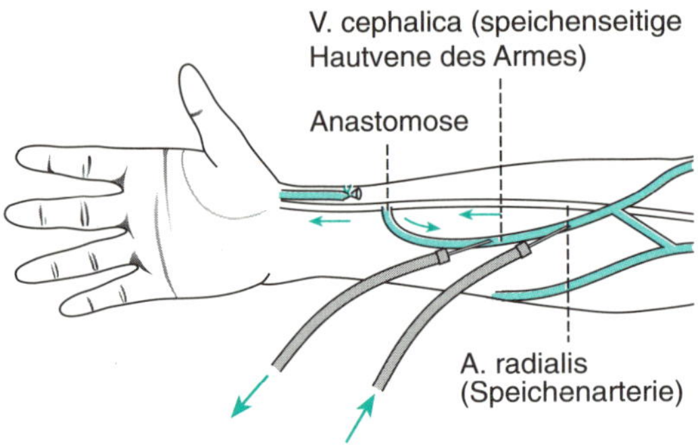

Abb. 35-7 Cimino-Brescia-Fistel.

ten oder dritten, und die Fäden am achten postoperativen Tag entfernt. Ist der Patient dialysepflichtig, erfolgt die erste Dialyse nach Anordnung des Arztes. Bei der **Shuntpflege** (Cimino-Fistel; Abb. 35-7) ist folgendes zu beachten:

Ein frisch angelegter Shunt wird einmal täglich steril mit trockenen Kompressen und Mefix® verbunden. Auf evtl. Anzeichen einer Nachblutung ist besonders zu achten. Die **Funktionsfähigkeit** ist mehrmals täglich durch **Palpation** zu überprüfen. Wenn die Finger mit leichtem Druck auf den Shunt gelegt werden, ist ein **„Surren"** zu spüren. Die Fäden sind in der Regel am siebten oder achten postoperativen Tag zu entfernen.

Ein Shunt darf niemals zirkulär verbunden werden, um den Blutfuß nicht zu behindern, am Shuntarm darf kein Blutdruck gemessen und kein Blut abgenommen werden und der Arm ist vor Verletzungen zu schützen (Polsterverband). Über all diese Vorsichtsmaßnahmen muß der Patienten informiert sein!

35.12 Hinweise für den Patienten bei der Entlassung

35.12.1 Patienten mit Steinleiden (Steinprophylaxe)

Umstellen der Ernährung

Bei **Harnsäure** und **Uratsteinen:**
- **alkalische** Mineralwässer und Kräutertees trinken
- Kakao, Kaffee und Schwarztee **einschränken**
- Kost sollte ballaststoffreich und alkalisierend sein, d.h. **Innereien** (Harnsäurebildner) meiden, **Eiweiß** auf 1g pro kg KG **reduzieren**

Bei **Oxalat-, Phosphat-, Kalziumsteinen:**
- **kalziumarme** Mineralwässer, Fruchtsäfte und Tees trinken
- **kein** Kakao, Milch **einschränken**
- Kost sollte vitaminreich und kalziumarm sein, d.h. Einschränken von Milchprodukten, Rhabarber, Beeren; Feigen und Zitrusfrüchte meiden

Umstellen der Lebensgewohnheiten

Dazu gehören nachstehende Aspekte:
- **ausreichende** körperliche **Bewegung**, Wandern, Gymnastik, Tanzen, etc.
- konsequentes Einhalten des Normalgewichts
- Flüssigkeitsverluste durch Schwitzen (Sauna, Sonnenbaden) vermeiden
- viel **Trinken**, so daß pro Tag ca. zwei Liter Urin ausgeschieden werden, abends den Nieren für „die Nacht Arbeit geben", ca. 0,5 l Flüssigkeit trinken

Regelmäßige Kontrollen zu Hause

Folgende **Tests** und **Prüfungen** können durchgeführt werden:
- spezifisches Gewicht des Urins messen (ideal bei 1015)
- pH-Wert mittels Teststreifen messen (sollte bei Harnsäure- und Uratsteinen um 6,4 und 6,8 liegen)
- nach einer Kolik über ein Sieb, Kompresse oder Auffangnetz urinieren, den aufgefangenen Stein zur Untersuchung bringen

Maßnahmen bei einer Kolik

Kommt es zu einer Kolik, ist folgendes zu tun bzw. zu beachten:
- feucht-warme Wickel (s.a. Kap. 20.10.4, Abb. 20-8 A bis C) zur Schmerzlinderung
- forciertes Trinken
- zum Arzt gehen oder ihn holen

35.12.2 Patienten mit Shunt

Die Patienten sollten die **angeführten Regeln** befolgen:
- vor der Dialyse den Arm mit bakterizider Seife waschen

- regelmäßige gute **Hautpflege**, damit die Haut geschmeidig bleibt
- **keine einengenden** Kleidungsstücke und Schmuck tragen
- in der Brieftasche oder in der Geldbörse einen **Zettel** in einer Klarsichthülle tragen, mit der **Information an welchem Arm der Shunt** liegt und **in welchem Rhythmus die Dialyse** notwendig ist
- mit dem Arm keine schweren Lasten tragen
- den Bereich des Shunts vor Wasser schützen
- bei Verletzungen keine Blutkrusten abkratzen

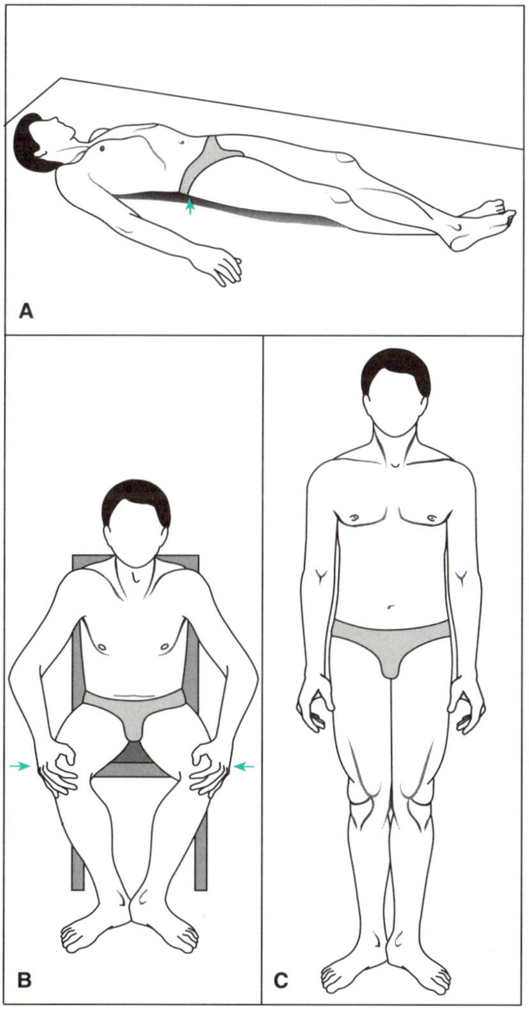

Abb. 35-8 Beckenbodentraining.
A: Kneifübungen in Rückenlage.
B: Kneifübungen im Sitzen.
C: Kneifübungen im Stehen.

- Sportarten mit hoher Verletzungsgefahr vermeiden

35.12.3 Patienten mit Zystitis (Blasenentzündung)

Es gelten folgende **Grundsätze:**
- regelmäßige, gründliche, richtig angewandte **Intimhygiene** (von der Symphyse zum Anus waschen; die Eichel unter der Vorhaut reinigen und gut trocknen)
- regelmäßig **viel trinken** ca. zwei Liter täglich, vorwiegend Tee (in der akuten Phase Bärentraubenblättertee, wirkt desinfizierend), **keine** Fruchtsäfte in einer akuten Phase, Kaffee reduzieren
- Frauen sollten **nur** Perlonstrumpfhosen mit integriertem Baumwollhöschen tragen (bessere Belüftung des Intimbereichs)
- Frauen und Männer sollten zu Hause häufiger keine Unterhose tragen (bessere Belüftung)
- nicht für längere Zeit auf kaltem Untergrund (Steine, Marmorbank, etc.) sitzen
- die Füße immer warm halten
- der Schmerz in einer akuten Phase ist durch feucht-warme Wickel oder eine Wärmflasche zu lindern (s.a. Kap. 20, Abb. 20-8 A bis C)

35.12.4 Patienten mit Inkontinenzproblemen

Auf grundpflegerische Aspekte wie Intimpflege, Wäschewechsel, Windelvorlagen, Kondomurinale und Hautpflege wird hier nicht eingegangen.

Blasentraining

Beim Blasentraining macht man sich **kutisviszerale Reflexe** zu Nutze. Dieses sind **Muskelaktivitäten**, die durch Hautreizungen ausgelöst und über Nervenbahnen zu den Eingeweiden geleitet werden. Das Blasentraining wird **regelmäßig** vorgenommen. Die Zeitintervalle bestimmt der Betroffene.
- **Reflexinkontinenz**: Die Haut über der Harnblase zehn Minuten lang beklopfen oder streicheln. Dadurch wird die Blasenmuskelkontraktion und somit die Öffnung des Blasenschließmuskels provoziert.
- **Atonische Blase**: Die Entleerung erfolgt mechanisch, indem der Betroffenen oder ein Helfer von außen, bei gleichzeitiger

35

Bauchpresse, auf die Harnblase drückt. Durch den Druck des Urins wird der Schließmuskel geöffnet. Leider können bei dieser Methode Restharnmengen entstehen. Bei einem Restharn von mehr als 100 ml muß zur Ableitung ein Einmalkatheter gelegt werden.

Beckenbodentraining

Die Beckenbodenmuskulatur bildet den äußeren Schließmuskel unterhalb der Harnblase und rund um die Harnröhre. Sie ist **willkürlich beeinflußbar,** d.h. durch Anspannung erfolgt ein Harnblasenverschluß, durch Entspannung erfolgt eine Erschlaffung und somit die Entleerung der Blase. Durch das Beckenbodentraining kann die Muskulatur gestärkt werden, so daß milde Formen der **Anstrengungsinkontinenz** (durch schweres Heben) bzw. nach Entbindung, Operationen im Genitalbereich oder nach Entfernung eines Blasenverweilkatheters **zu lindern** oder **zu beheben** sind. Die Anleitung für die verschiedenen Übungen erfolgt durch Krankengymnasten. Hier werden nur die **Kneifübungen** beschrieben, da sie leicht zu erlernen sind:

- Den **Urinstrahl** bei der Entleerung durch Muskelanspannung für fünf bis zehn Sekunden **unterbrechen.**
- Den Entleerungsvorgang für wenige Sekunden fortführen und wieder unterbrechen.
- Die Übungen während eines Toilettenganges (oder Steckbecken bzw. Nachtstuhl) drei bis viermal wiederholen.
- Je **länger** die Unterbrechung, um so **größer** ist der Trainingseffekt für die Beckenbodenmuskulatur.

Wird der beschriebene Vorgang beherrscht und ist klar, welche Muskeln wie anzuspannen sind, sollten **mehrmals täglich**, unabhängig von einer Entleerung, **weitere Übungen** gemacht werden. Die Übungen können stehend, sitzend und in Rückenlage erfolgen (Abb. 35-8 A bis C). Es ist darauf zu achten, daß immer auch die **Oberschenkel-** und **Gesäßmuskulatur** mit angespannt wird.

- In Rückenlage die Beine übereinanderschlagen, die Oberschenkel aneinander pressen und gleichzeitig das Gesäß anspannen, dann für fünf bis zehn Sekunden von der Unterlage abheben.
- Beim Sitzen auf einem Stuhl die Füße nach außen stellen, so daß die Fersen sich berühren, die Hände an die Außenseite der Knie legen, alle Muskeln (Gesäß, Oberschenkel, Beckenboden) anspannen und mit den Händen Druck ausüben.
- Im Stehen die Füße nach außen stellen, so daß sie die Fersen berühren, die Muskulatur, wie beim Sitzen beschrieben, anspannen.

Die Übungen sollen in **jeder Position mehrmals** hintereinander **wiederholt** werden, wobei die **Anspannungsphase** immer ca. **fünf bis zehn Sekunden** beträgt.

Literaturhinweise

[1] Altwein, J., H. Rübben: Urologie. Enke-Verlag, Stuttgart 1991.
[2] Hertle, L., J. Pohl: Urologische Therapie. Urban & Schwarzenberg, München-Wien-Baltimore 1993.
[3] Jocham, D., K. Miller: Praxis der Urologie. Georg-Thieme-Verlag, Stuttgart 1994.
[4] Mayor, G., D. Hauri: Checkliste Urologie. Georg-Thieme-Verlag, Stuttgart 1986.
[5] Rübben, H.: Uroonkologie. Springer-Verlag, Berlin 1993.
[6] Schüller, J., A. G. Hofstetter: Endourologie. Georg-Thieme-Verlag, Stuttgart 1988.
[7] Sökeland, J.: Urologie. Georg-Thieme-Verlag, Stuttgart 1993.
[8] Bewußt ernähren, Gesund leben. Das Beste, Stuttgart-Zürich-Wien 1990.
[9] Hertle, L., J. Pohl: Urologische Therapie. Urban & Schwarzenberg, München-Wien-Baltimore 1993.
[10] Kirschnick, O.: Pflegeleitfaden für Auszubildende in Pflegeberufen. Urban & Schwarzenberg München-Wien-Baltimore 1994.
[11] Münch, G., J. Reitz: Lehrbuch für Krankenpflege. De-Gruyter-Verlag, Berlin-New York 1994.
[12] Schauerberg, P., F. Paris: Heilpflanzen. BLV Verlagsgesellschaft, München-Wien-Zürich, 4. Aufl. 1989.
[13] Seel, M.: Die Pflege des Menschen. Brigitte Kunz-Verlag, Hagen 1992.

36 Kinderchirurgie

A. K. Eckstein, A. Göckens, M. Krüger

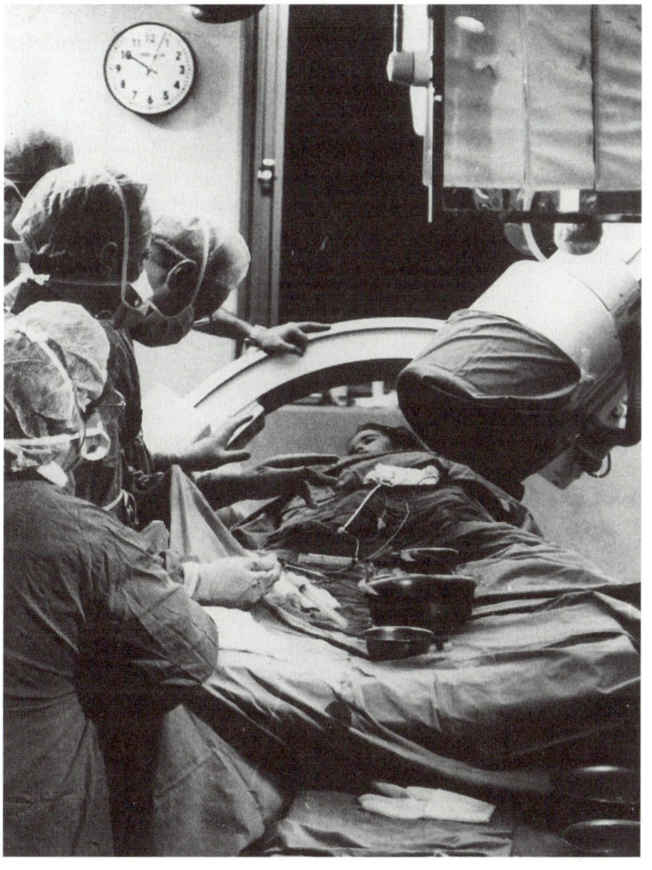

I Allgemeiner Teil

Aufgrund der **speziellen pflegerischen** und **ärztlichen** Anforderungen bei der Betreuung von Kindern wurde die **Abtrennung** der Kinderchirurgie von den chirurgischen Erkrankungen der Erwachsenen ebenso **notwendig,** wie die Trennung der Kinderheilkunde von der Inneren Medizin. Die Vorarbeiten zu diesem Kapitel zeigten, daß die Darstellung aller kinderchirurgischen Erkrankungen den Rahmen dieses Buches sprengen würden. Deshalb werden hier nur die **wichtigsten Krankheitsbilder** angesprochen.

36.1 Anatomie und Physiologie

Bedeutsame **Unterschiede** zwischen **Kindern** und **Erwachsenen** sind neben den **Größenverhältnissen** auch die **Proportionen**. Kinder haben beispielsweise einen wesentlich größeren Kopf. Aufgrund der großen Körperoberfläche in Relation zum Körpergewicht reagieren Kinder in höchstem Maße auf niedrige Temperaturen und kühlen sehr leicht aus.

Pathophysiologische Unterschiede im Vergleich zu Erwachsenen sind z.B. der **hohe Zellumsatz**, der für das Wachstum erforderlich ist. Er erklärt die viel **schnellere Heilungstendenz** bei Kindern, mit der Möglichkeit, auch Fehlstellungen der Knochenachse nach Brüchen im gewissen Rahmen auszugleichen. Der hohe Zellumsatz verbraucht jedoch auch viel Energie, weshalb Kinder auf einen **Sauerstoffmangel**, besonders im Gehirn, **sehr empfindlich** reagieren. Der hohe Flüssigkeitsumsatz mit einer geringen Toleranzschwelle muß speziell berücksichtigt werden, indem Flüssigkeitsverluste, z.B. bei Durchfallerkrankungen falls notwendig durch eine Infusionstherapie ausgeglichen werden. Ebenso kritisch sind **Blutverluste**. 50 ml beim Neugeborenen entsprechen etwa 1000 ml beim Erwachsenen. Der **Schockindex** (s.a. Kap. 6.2.7, Tab. 6-4 und Kap. 11.2) ist bei Kindern **nicht anwendbar,** da er unter **physiologischen** Bedingungen beim Säugling schon **positiv** ist (Beispiel: Herzfrequenz 120 Schläge pro Minute geteilt durch systolischen Blutdruck 80 mmHg ergibt 1,5).

Manche **Organe**, wie z.B. die Leber sind in ihrer **Funktion** noch **eingeschränkt** und deshalb besonders **anfällig** für Erkrankungen. Auch das **Immunsystem** ist noch **nicht ausgereift,** weshalb sich Kinder sehr leicht an übertragbaren Krankheiten anstecken. Aufgrund mangelnder Abwehrmechanismen reagieren Kinder auf Infektionen (Blinddarmentzündung, chronische Knochenentzündung) wesentlich heftiger.

Im **Gegensatz** zum Erwachsenen gibt es aber eine **spontane Rückbildungstendenz** bei bestimmten Erkrankungen (z.B. beim Wasser- oder Nabelbruch).

Tab. 36-1 Änderung einiger Kreislauf- und Laborparameter mit dem Lebensalter.

Alter	Gewicht (in kg)	Puls (Schläge) pro Minute)	Atmung (Atemzüge pro Minute)	Blutdruck (mm Hg)	Hämoglobin (g/l)	Hämatokrit (Vol%)
Frühchen	< 2	140	50	45	160 bis 200	45
	2 bis 3	140	55	50	160 bis 200	45
	> 3	140	60	55	160 bis 200	45
Neugeborenes	3,5	125	30 bis 50	70/50	190	45
Drei Monate	6	120	30	80 bis 90/50	110 bis 120	36
Ein Jahr	10	110	25 bis 30	90 bis 100/60	120	30 bis 36
Fünf Jahre	20	100	20 bis 25	90 bis 100/60	125	30 bis 36
Zehn Jahre	32	90	20	100/65	140	36 bis 42

36

Unterschiede zeigen sich auch bei **Laborwerten** (Tab. 36-1), jedoch sind **altersabhängige** Normwerte zu beachten. Der Blutfarbstoff des Neugeborenen kann nach drei Monaten von 19 g/l auf unter 10 g/l sinken, da auch die Blutbildung erst reifen muß. Das Enzym alkalische Phosphatase (AP) zeigt den Knochenstoffwechsel an und ist bei Kindern aufgrund des normalen Wachstums höher als bei Erwachsenen.

Wegen des unterschiedlichen **geistigen** und **psychischen Reifegrades** (Verständnis, Reaktionsvermögen, Verarbeitungsmöglichkeiten, etc.) kann es zu besonderen Problemen kommen. Eine **altersentsprechende** Vorbereitung ist ebenso wichtig wie die **Mitbetreuung der Eltern.** Je kleiner ein Kind ist, desto weniger wird es Verständnis für mögliche schmerzhafte Untersuchungen aufbringen. Dies erfordert von allen Beteiligten oft viel **Geduld.** Bei Kindern unter vier Jahren ist die Mitaufnahme eines Elternteils und eine großzügige, uneingeschränkte Besuchsregelung anderer Familienmitglieder (Vater, Geschwister) unbedingt angezeigt. Betreuerinnen, die mit den Kindern basteln und spielen, bzw. eine Lehrkraft für schulpflichtige Kinder sollten selbstverständlich sein. Die Entscheidung zu einer aufschiebbaren Operation (Tab. 36-2) muß auch an der Entwicklung der Psyche des Kindes orientiert sein.

Kinder sind keine kleinen Erwachsenen!

36.2 Allgemeine präoperative Maßnahmen

- **Klinisch:** Das **Aufklärungsgespräch** sollte bei Wahleingriffen vor der Aufnahme stattfinden, ebenso die Abklärung der Indikation zu einer **Eigenblut-** oder **gerichteten Elternspende.** Es erfolgt eine körperliche Untersuchung. Bei Wahleingriffen sollte das Kind **infektfrei** sein, da jeder Infekt ein **erhöhtes Narkoserisiko** bedeutet. Anschließend erfolgt die anästhesiologische Prämedikationsvisite; gleichzeitig werden bei Bedarf ein venöser Zugang gelegt und die erforderlichen Blutabnahmen gewonnen.
- **Diagnostisch:** Alle erforderlichen Untersuchungen, die auch aus der Erwachsenenmedizin bekannt sind, kommen zur Anwendung.
- **Laborchemisch:** Für kleine Eingriffe (z.B. Leistenhernienoperation) sind ein Blutbild, Serumelektrolyte, Blutkörperchensenkungsgeschwindigkeit (BSG) und die Gerinnung ausreichend. Für größere Eingriffe (z.B. Nierenbeckenplastik) werden zusätzlich Nierenretentionswerte, Transaminasen, Bilirubin, Amylase und Kreuzblut benötigt.
- **Prämedikation:** Nach Angabe des Anästhesisten (Narkoseprotokoll) erfolgt die **orale** oder **rektale** Gabe eines Sedativums (z.B. Midazolam) und evtl. eines Parasympatholytikums (z.B. Atropin).

Nach der Verabreichung der Prämedikation muß das Kind ständig von einer Pflegeperson betreut und überwacht werden!

Tab. 36-2 Beispiele für Operationstermine bei Wahleingriffen.

Geplanter Eingriff	Operationstermin
Halsfistel, -zyste	Ab zweiten Trimenon
Trichterbrust	Ab dem zehnten bis zwölften Lebensjahr
Nabelbruch	Bei großem Bruch sofort, sonst nach dem ersten Lebensjahr
Leistenbruch	Bei Einklemmung sofort, sonst frühestmöglich
Hodenhochstand	Nach dem ersten Lebensjahr
Wasserbruch	Bei praller Füllung sofort, sonst nach dem ersten Lebensjahr
Vorhautverengung	Bei Meatusstenose oder nach Balanitiden sofort, sonst nach dem ersten Lebensjahr
Hypospadie	Aufrichtungsoperation im zweiten Lebensjahr, Urethraneubildung ca. sechs bis acht Monate später

36.3 Schädel, zentrales Nervensystem (ZNS) und Wirbelsäule (WS)

36.3.1 Spaltmißbildungen

Bogenschlußstörung (Spina bifida), Meningozele, Meningomyelozele, Enzephalozele (s. Kap. 33.4.1)

36.3.2 Hydrozephalus

(s. Kap. 33.4.2)

36.3.3 Kraniostenose, Kraniosynostose

(s. Kap. 33.4.3)

36.3.4 Schädel-Hirn-Trauma (s.a. Kap. 33.5 und 33.6)

Hier werden die **kinderspezifischen** Beobachtungskriterien nochmals angeführt. Die Einteilung des Schädel-Hirn-Traumas erfolgt nach Tabelle 36-3.

Symptome: Retrograde (zeitlich und örtlich zurückliegende) Amnesie (zeitlich begrenzte, teilweise bis totale Erinnerungslücke), Bewußtlosigkeit und Übelkeit nach einer Kopfverletzung.

Diagnostik: Eine Röntgenaufnahme des Schädels zum Frakturausschluß; bei **zunehmender** Bewußtseinsstörung (Eintrübung) immer ein **CCT** anfertigen; EEG zum Ausschluß von Krampfpotentialen.

Therapie: Die **strenge** Überwachung erfolgt nach der Glasgow-Koma-Skala (s. Kap. 11.3.1) mit **absoluter Bettruhe** in **30° Hochlagerung** des Kopfendes. Impressionsfrakturen müssen ggf. operativ gehoben werden. Intrakranielle Blutungen werden entlastet (s. Kap. 33.5.5). Vor der Entlassung wird ein Kontroll-EEG abgeleitet.

Betreuung und Pflege: Die laufende Kontrolle der Bewußtseinslage (Glasgow-Koma-Skala) sowie die regelmäßige Überwachung von Puls, Blutdruck (Monitoring) und Pupillenreaktion sind die primären Aufgaben bei der Pflege von schädelhirnverletzten Kindern. Die Beurteilung der Bewußtseinslage anhand der Glasgow-Koma-Skala erfolgt nach einem bestimmten Punktesystem (3 bis 15 Punkte sind erreichbar). Ein **Rückgang** der Punktwertung ist immer ein **Alarmzeichen,** bei dem sofort ein Arzt informiert werden muß. Dieser wird entscheiden, ob und wann ein CCT (kraniel-

Tab. 36-3 Einteilung und Prognose des Schädel-Hirn-Traumas nach Lange-Cosack.

Einteilung	**Gehirnerschütterung (Commotio cerebri)**
Grad 1	Keine Bewußtlosigkeit
Grad 2	Bewußtseinstrübung
	Gehirnprellung (Contusio cerebri)
Grad 3	Bewußtlosigkeit weniger als eine Stunde, Symptome flüchtig, keine Restbeschwerden
	Gehirnquetschung (Compressio cerebri)
Grad 4	Bewußtlosigkeit weniger als 24 Stunden, zerebrale Symptome drei Wochen, selten Restbeschwerden
Grad 5	Bewußtlosigkeit weniger als eine Woche, zerebrale Symptome drei Wochen, meist Defektsyndrome
Grad 6	Bewußtlosigkeit länger als eine Woche, schwere Defektsyndrome

les Computertomogramm) notwendig ist. Zur Hirnödemprophylaxe sind die Kinder mit dem Oberkörper 30° hoch zu lagern. Nach einer kurzen Nahrungskarenz wird vorsichtig Tee angeboten und anschließend bis zu normaler Kost aufgebaut.

36.4 Gesicht

36.4.1 Lippen-Kiefer-Gaumenspalten

Angeborene ein- oder **doppelseitige** Spaltbildung.
Symptome: Eine **deutlich** sichtbare **Lücke** betrifft entweder nur die Lippe und den Kiefer bis zu den Alveolarfortsätzen oder auch den Gaumen.
Therapie: Nach etwa **sechs Monaten** wird eine Lippenspalte verschlossen. Im **zweiten bis dritten Lebensjahr** erfolgt die operative Behandlung der Gaumenspalte. **Gaumenplatten** sind bis zur operativen Versorgung nur noch in **seltenen** Fällen erforderlich. Alle Kinder benötigen eine **kieferorthopädische** Behandlung nach dem Zahnwechsel. Kosmetische **Nasen**- und **Narbenkorrekturen** sind häufig notwendig. Die heute erreichbaren guten kosmetischen Ergebnisse ermöglichen den Kindern, ein ganz normales Leben zu führen. Alle weiteren plastischen Operationen hängen von der Ausdehnung des Defektes ab. Eine konsequente **Sprachschulung** sollte frühzeitig einsetzen.
Betreuung und Pflege: Bei einer Gaumenspalte brauchen die Kinder zum Saugen einen **speziellen Sauger,** da sie sonst **keinen Unterdruck** im Mund aufbauen können. Wurde eine Gaumenplatte verordnet, so ist diese täglich zu säubern und mit einer Haftcreme einzusetzen. Diese Kinder werden in einer möglichst aufrechten Position gefüttert, um eine Aspiration zu vermeiden. Die mehrmalige tägliche Mundpflege ist Voraussetzung, um Infektionen zu vermeiden (s. a. Kap. 36.23.7).

36.4.2 Pierre-Robin-Syndrom (Fehlbildung im Mund-Kiefer-Zungen-Bereich)

Ein zu **klein** gewachsener **zurückverlagerter Unterkiefer** ist mit einer Gaumenspalte kombiniert. Die Mundhöhle ist zu klein.
Symptome: Im Profil erheblicher **Überbiß.** Die Zunge kann in den Rachenraum zurückfallen und damit zu einer **lebensbedrohlichen Atembehinderung** führen. Zusätzlich bestehen durch die Gaumenspalte **Trinkschwierigkeiten** mit Aspirationsgefahr.
Therapie: Das Kind wird von Anfang an in Bauch- oder Halbseitenlagerung gelegt. Die Nahrung sollte **sondiert** werden. Der Verschluß der Gaumenspalte erfolgt mit zwei bis drei Jahren. Der Unterkiefer holt seinen Wachstumsrückstand vollständig auf.

36.4.3 Ranula (Froschblase)

Blasenartige Schwellung unter der Zunge. Die Ursache ist ein **Speichelverhalt** aufgrund eines **Verschlusses** des Ausführungsganges der Speicheldrüse unter der Zunge.
Symptome: Schluck- und Sprachstörungen.
Therapie: Die Verengung des Ausführungsganges muß beseitigt und die Zyste entfernt werden.

36.5 Hals und Ohren

36.5.1 Abstehende Ohren

Es handelt sich um eine **kosmetisch** störende und die Kinder **psychisch** belastende Ohrenstellung.
Therapie: Mit einer Verkleinerung und gleichzeitig plastischen Korrektur der knorpeligen Ohrmuschel werden die Ohrachse dem Schädel angenähert und die fehlende Ohrmuschelfalte nachgebildet **(Anthelixplastik).**
Betreuung und Pflege: Postoperativ ist für einige Wochen ein Stirnband zu tragen.

36.5.2 Lymphknotenentzündung am Hals (Lymphadenitis colli)

Infektionen der Mundhöhle, der Nase, des Rachens und der Ohren können zu einer Lymphknotenentzündung am Hals führen. Die Lymphknoten lassen sich als geschwollene, druckschmerzhafte Knötchen unter dem Unterkiefer, im Nacken und entlang des großen schrägen Halsmuskels (M. sternocleidomastoideus) tasten. Es bestehen immer **allgemeine** Infektzeichen (Erhöhung der weißen Blutkörperchen, erhöhte Blutsenkung, etc.) mit Fieber. Durch eine **Einschmelzung** des Lymphknotens kann ein **Abszeß** entstehen. Die Ursache sind meist Staphylokokken, es ist aber auch an eine Tuberkulose zu denken. Bei **schmerzlosen** Lymphknotenschwellungen liegt der Verdacht auf **Tumorabsiedelungen,** z.B. bei Lymphknotenkrebs nahe.

Symptome: Schwellung, Rötung und Schmerzen über den Lymphknotenstationen mit Schonhaltung des Kopfes.

Therapie: Neben der Behandlung der Infektion durch **Antibiotika** bringt **Kühlung** mit feuchten Umschlägen Erleichterung. Bei der Ausbildung von Abszessen werden diese zur Entleerung des Eiters eröffnet. Die mikrobiologische Untersuchung des Eiters (Abstrich) weist die verursachenden Bakterien nach. Besteht der Verdacht auf eine Tumorerkrankung, ist die Untersuchung einer **Gewebeprobe** des Lymphknotens angezeigt. Bei mikrobiologischem Nachweis einer Tuberkulose muß über einen **ausreichend langen Zeitraum** mit Tuberkulostatika behandelt werden.

Betreuung und Pflege:

Jeder Verbandwechsel infizierter Wunden (s.a. Kap. 5.3.3) muß stets mit Kittel, ggf. Mundschutz, Handschuhen und gesondertem Abwurf stattfinden (Vermeidung einer Keimverschleppung)!

Benötigte Instrumente sind nach den Hygienevorschriften zu entsorgen. Besteht der Verdacht auf eine Tuberkulose, wird der Patient bis zum **Beweis des Gegenteils** behandelt, als ob er daran erkrankt wäre. Die **Isolierung** (s.a. Kap. 4.6.4) des Patienten und die Entsorgung der Abfälle erfolgt nach den entsprechenden Vorschriften, die bei den Hygienefachkräften jeder Klinik einzusehen sind.

36.5.3 Muskulärer Schiefhals (Torticollis)

Der M. sternocleidomastoideus (Kopfwender) ist möglicherweise durch eine **Verletzung** und **Einblutung in den Muskel** bei der Geburt **verkürzt** und in Narbengewebe umgewandelt.

Symptome: Bei Neugeborenen findet sich eine Schwellung über der betroffenen Halsseite mit Schiefhaltung des Kopfes. Bleibt diese bestehen, kann sich eine **Gesichtsasymmetrie** und **Wirbelsäulenverkrümmung** entwickeln.

Therapie: Zunächst **konservativ** mit durchblutungsfördernden Salben und Verbänden (z.B. Enelbin®) und mit Krankengymnastik, da eine **Ausheilung möglich** ist. Tritt keine Besserung ein, wird der Muskel operativ durchtrennt.

Betreuung und Pflege: Um **postoperativ** eine erneute Narbenbildung und damit erneute Verkürzung zu vermeiden, wird durch **Lagerung** mit Kissen der **Kopf** auf die **gegenüberliegende** Seite **geneigt** und gewendet. Besonders wichtig ist die schnelle **Fortsetzung** der **Krankengymnastik** und die **Anpassung** eines **Diademstützverbandes,** um den Kopf auf der Gegenseite zu halten.

36.5.4 Mediale Halszyste und -fistel

Eine Zyste ist eine **blasenartige** Geschwulst, die durch eine **Kapsel** abgeschlossen ist. Der flüssige Inhalt wird von dem zuführenden Gang in die Kapsel in der Mittellinie des Halses abgesondert. Er entsteht während der Entwicklung der Schilddrüse, die vom Mundboden nach unten wandert und verklebt normalerweise. Der Zysteninhalt kann sich entzünden und zu einem Abszeß führen (Abb. 36-1).

Symptome: Prallelastische pflaumengroße Schwellung in der Halsmitte, die sich beim

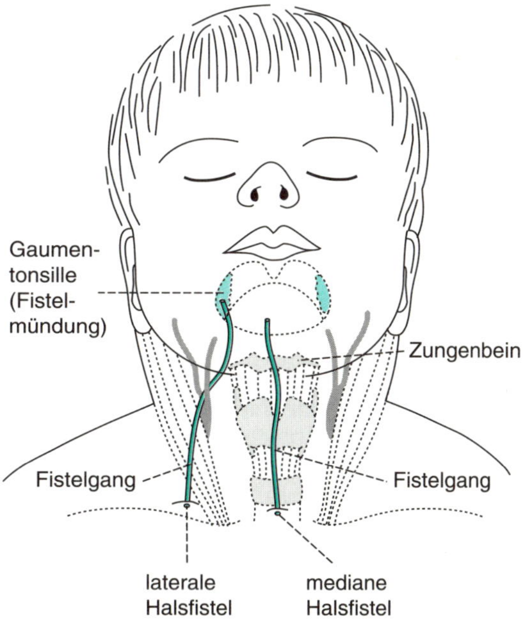

Abb. 36-1 Lage und Verlauf der medianen und lateralen Halsfisteln.

Schlucken bewegt. Häufig werden die Kinder erst im Stadium der Entzündung oder Abszedierung vorgestellt.
Therapie: Vollständige **Entfernung** der Zyste und des Ganges mit einem Teil des Zungenbeins im **entzündungsfreien Intervall.** Nur nach vollständiger Entfernung aller Zysten- und Ganganteile ist ein Rezidiv zu vermeiden.

36.5.5 Laterale Halszyste und -fistel

Diese Zyste (s.a. Abb. 36-1) befindet sich **seitlich** am Hals, im Verlauf des Vorderrandes des M. sternocleidomastoideus. Sie hat gelegentlich eine stecknadelkopfgroße **Öffnung** nach außen, aus der **klare Zystenflüssigkeit** bzw. bei einer Entzündung **Eiter** abgesondert wird. Der dazugehörige Gang kann bis in den Rachen in den Bereich der Tonsille führen. Es handelt sich um einen Überrest des Thymusganges.
Symptome: Es kommt entweder zu einer Schwellung bzw. an einer oder beiden Halsseiten bildet sich eine kleine Öffnung. Es besteht die Gefahr der Infektion und Abszeßbildung.
Therapie: **Alle** Zysten- und Ganganteile müssen bis in den Rachen, im entzündungsfreien Stadium **vollständig entfernt** werden. Besteht ein Abszeß, muß er zunächst eröffnet werden, damit die Entzündung abheilen kann.
Betreuung und Pflege (bei medialen und lateralen Halszysten und -fisteln): In den **ersten postoperativen** Tagen erhalten die Kinder **flüssig-breiige** Kost, damit die **Kaumuskulatur nicht beansprucht** wird. Bei Entfernung einer Fistel in der Mundhöhle wird diese dreimal täglich und nach jeder Mahlzeit mit Kamillenlösung gespült.

36.5.6 Lymphangioma colli cysticum (Hygroma colli)

Angeborene Mißbildung der Lymphgefäße. **Gutartiger,** aber sich **stark ausbreitender** Tumor am Hals, an der Zunge oder im Mediastinum (Mittelfellraum). Dabei finden sich **Bläschen** die mit **wasserklarer Lymphe** gefüllt sind. Der Füllungszustand der Zysten kann stark variieren und nimmt während der ersten Lebensmonate an Größe zu.
Symptome: Weicher bis prallelatischer Tumor am Hals. Die darüberliegende Haut ist meist normal.
Therapie: Möglichst **frühzeitige** und möglichst **vollständige** Entfernung des Tumors, die jedoch äußerst **schwierig** sein kann, da der Tumor bis tief in die Muskulatur und entlang von Nerven und Gefäßen gewachsen sein kann. Dies hat zur Folge, daß Rezidive durch verbliebene Zysten sehr häufig sind.

36.5.7 Dermoidzysten

Embryonale, **gutartige** Geschwülste aus versprengten Haut- und/oder Hautanhangsgebilden mit weißlichem krümeligem Inhalt.
Symptome: Linsen- bis haselnußgroße, pralle Geschwulst, häufig im Schädel- oder Gesichtsbereich.
Therapie: Vollständige Entfernung.

36.5.8 Struma

(s. Kap. 28.5 bis 28.7)

36.6 Thoraxwand

36.6.1 Trichterbrust

Darunter ist eine mehr oder weniger ausgeprägte **angeborene Einsenkung** des Brustbeines und eines Teils der Rippen zu verstehen.
Symptome: Charakteristische Haltung mit nach vorn geneigten Schultern und Kopf bei gleichzeitig gebeugtem Rücken. In **extremen** Fällen kann die **Atmung** aufgrund des verminderten Abstandes zwischen Brustbein und Wirbelsäule mit Verdrängung des Herzens nach links **beeinträchtigt** sein. Es besteht vor allem eine erhebliche **psychische Belastung** der Kinder, die sich häufig nicht mehr entkleiden mögen.
Diagnostik: Thoraxaufnahme in zwei Ebenen; in der seitlichen Aufnahme wird mittels Kontrastmittel die tiefste Stelle des Trichters markiert. Eine Lungenfunktionsprüfung zur Beurteilung der Atembeeinträchtigung sowie ein Elektrokardiogramm (EKG) zur Abklärung evtl. Rhythmusstörungen werden durchgeführt.
Therapie: Eine ständige krankengymnastische Betreuung des Kindes zur Behandlung von Haltungsschäden der Wirbelsäulenverkrümmung wie auch zur Kräftigung der Rücken-, Brust- und Bauchmuskulatur ist wünschenswert. Die Kinder sollten zu **aktiver**

sportlicher Betätigung, insbesondere zum **regelmäßigen Schwimmen** motiviert werden. Zwar verbessert diese konservative Therapie nicht den Befund, kräftigt aber insbesondere die Brustmuskulatur, erleichtert den postoperativen Verlauf und hilft, Rezidive zu vermeiden.

Der günstigste Zeitpunkt einer Korrekturoperation liegt **nach** dem **zwölften Lebensjahr.** Es handelt sich um eine große Operation, bei der Blut bereitzustellen ist (Eigenblutspende oder gerichtete Elternspende).

Präoperativ wird Atemgymnastik mit erfahrenen Krankengymnasten eingeübt.

Operative Technik: Über einen horizontalen Schnitt wird das eingesunkene Brustbein mit den angrenzenden Rippen freigelegt. Nach der Durchtrennung des Brustbeines und der Rippen werden **Stahlspangen** in die seitlichen Rippen eingelegt (Methode nach Rehbein), an denen das durchtrennte Brustbein unter Hebung des Trichters befestigt wird. Diese Spangen verbleiben **mindestens drei bis fünf Jahre** bis zum **Abschluß** des Wachstums und müssen in einem Zweiteingriff entfernt werden (Abb. 36-2 A bis C)

Betreuung und Pflege: In den **ersten postoperativen** Tagen erfolgt die Betreuung in einem **Wachzimmer,** da der Patient eine konsequente und ausreichende **Schmerztherapie** über Dauerinfusion benötigt. Außerdem liegen aufgrund der Thoraxeröffnung zwei Pleuradrainagen (s. Kap. 9.1.4), bei denen eine kontinuierliche Sogkontrolle durchzuführen ist. Unter der Brustmuskulatur befinden sich Redon-Drainagen und für die erste postoperative Phase hat der Patient eine Magensonde erhalten. Eine perioperative Antibiotikaprophylaxe ist aufgrund des ausgedehnten Wundgebietes erforderlich.

Eine Woche ist **strikte Bettruhe** mit **30° Oberkörperhochlagerung** einzuhalten. Das Bett soll mit einer festen Matratze und zusätzlich einem Antidekubitusfell ausgestattet sein. Nur mit einer **angemessenen Schmerztherapie** ist es den Kindern möglich, **gezielte Atemübungen** zu machen und ausreichend abzuhusten. Nach Rückgang des Refluxes aus der Magensonde beginnt der Nahrungsaufbau mit Tee bis zur „krümelfreien" Kost. Diese ist notwendig, da wegen der Flachlagerung **Aspirationsgefahr** besteht. Am Ende der ersten postoperativen Woche beginnt unter krankengymnastischer Anleitung die Mobilisierung. Es wird mit Übungen im Bett begonnen, dann soll der Patient lernen, aus der Seitenlage ohne Krümmung des Brustkorbes aufzustehen. Nach Abschluß der Wundheilung erfolgt die Entlassung unter Fortsetzung der Krankengymnastik.

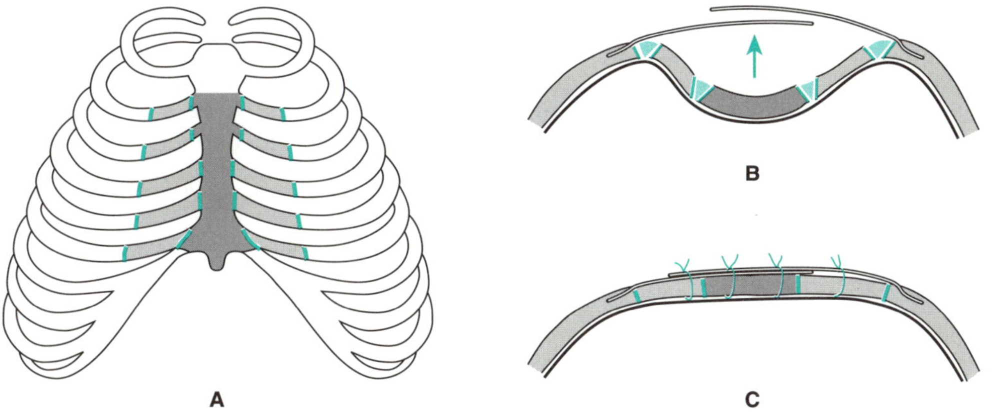

Abb. 36-2 Operationstechnik nach Rehbein bei der Trichterbrust.
A: Markierung des Trichters mit den Durchtrennungsstellen an den Rippen und neben dem Brustbein.
B: Einlage der Spangen nach der Durchtrennung.
C: Hebung des Trichters mit Drahtnähten an den Stahlspangen.

36

36.7 Brustdrüse

36.7.1 Mastitis des Neugeborenen

Bei **gestillten** Neugeborenen **schwellen** die Brustdrüsen in den ersten Lebenswochen durch mütterliche Hormone an und können in seltenen Fällen auch Milch produzieren. Durch **unsachgemäße** Behandlung und **mangelnde** Hygiene kann es zu einer Entzündung kommen.
Symptome: Alle Zeichen der Entzündung mit Rötung, schmerzhafter Schwellung und Überwärmung bis zur Einschmelzung (Abszeß).
Therapie: In den meisten Fällen ist eine **konservative** Pflege ausreichend. Die Brustdrüsen werden mit sterilen Kompressen abgedeckt und mit Watte gepolstert. Die **Bauchlage** ist zu **vermeiden,** damit es zu keiner unnötigen Reibung kommt. Feuchte Umschläge sowie eine Antibiotikagabe sind bei stärkerer Entzündung notwendig. Ist ein Abszeß entstanden, muß er eröffnet werden. In der Regel sind anschließend für wenige Tage Spülungen der Abszeßhöhle mit verdünnter Polyvidon-Jod-Lösung angezeigt.

36.7.2 Gynäkomastie

Gynäkomastie bezeichnet eine **ein-** oder **doppelseitige** Brustdrüsenschwellung bei **Jungen**.
Symptome: In den meisten Fällen handelt es sich um eine **vorübergehende** Vergrößerung der Brüste in der Pubertät. Selten kann die Ursache auch ein **Hodentumor** oder eine **Geschlechtsmißbildung** sein.
Therapie: Nur bei fortbestehender oder schmerzhafter und starker Schwellung ist eine operative Entfernung der Brustdrüse bei der Pubertätsgynäkomastie erforderlich. Andere Ursachen einer Vergrößerung der Brustdrüse müssen zuvor ausgeschlossen, ggf. entsprechend behandelt werden.

36.8 Speiseröhre

36.8.1 Ösophagusatresie

In der embryonalen Entwicklung entstehen Luft- und Speiseröhre **gemeinsam** aus dem **Vorderdarmrohr.** Durch eine Membran (Septum ösophagotracheale) werden die beiden Röhren voneinander getrennt. Ist diese Teilung nur **unvollständig** oder **fehlerhaft** angelegt, kommt es zu Mißbildungen, wie der fehlenden Durchgängigkeit der Speiseröhre (Ösophagusatresie). In über 90% der Fälle (Abb. 36-3 A bis E) endet der **obere** Anteil **blind** und der **untere** Anteil hat eine **Verbindung** (Fistel) zur Luftröhre (Typ Vogt IIIb). 30% der Kinder leiden an **zusätzlichen Mißbildungen.** Häufig besteht während der Schwangerschaft ein **Hydramnion** (zuviel Fruchtwasser).
Symptome: Sofort nach der Geburt fällt der **übermäßige Speichelfluß** auf, da dieser nicht geschluckt werden kann und aus dem Blindsack überläuft. Die routinemäßige **Sondierung** des Magens **gelingt nicht,** Magensaft läßt sich nicht ansaugen. Die Kinder haben Atemprobleme mit Blauverfärbung und Husten, da Speichel und Nahrung als Überlaufmechanismus und auch Magensaft über die untere Verbindung (Fistel) in die Lunge gelangen können. Es besteht die Gefahr einer **Lungenentzündung.**
Diagnostik: Übersichtsröntgen mit kontrastgebender Sonde im oberen Blindsack.
Therapie: Bei der Operation wird der Brustkorb von der rechten Seite eröffnet. Zunächst wird die Verbindung (Fistel) zwischen dem unteren Blindsack und der Lunge verschlossen. Anschließend erfolgt die Vereinigung der beiden Speiseröhrenstümpfe. Zum Schienen der Naht wird eine Magensonde eingelegt, die zunächst zur Ableitung des Refluxes, danach zur Ernährung dient. In besonders **komplizierten** Fällen oder mit **Auftreten von Begleitmißbildungen** wird eine **Gastrostomie** angelegt.

Bei manchen Patienten sind die beiden Ösophagusenden so weit voneinander entfernt, daß eine direkte Naht nicht möglich ist. Mit einer **Dehnungsbehandlung** kann versucht werden, die Stümpfe einander anzunähern. Evtl. ist es erforderlich, mit Magen, Dick- oder Dünndarm die Distanz zu überbrücken.
Betreuung und Pflege: Unter **keinen** Umständen darf **präoperativ Tee oder Nahrung angeboten** werden. Die Lagerung des Kindes erfolgt auf die Seite oder auf dem Bauch mit etwas **tiefer liegendem Kopf,** um eine Aspiration zu vermeiden. Die Sonde im oberen Blindsack und die Mundhöhle sind regelmäßig alle 10 bis 15 Minuten abzusaugen. Es ist eine sofortige Verlegung in eine kinderchirurgische Klinik im Inkubator unter **inten-**

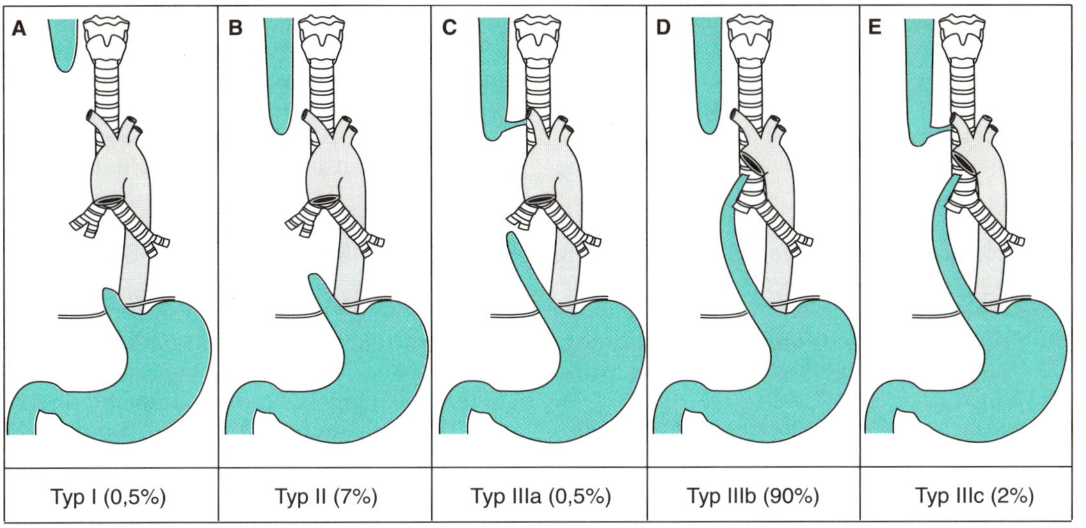

Abb. 36-3 Einteilung der Ösophagusatresien nach Vogt und der Häufigkeit ihres Auftretens.
A: Anlage des Ösophagus als solider Strang.
B: Kurzer oberer und unterer Blindsack mit großer Distanz ohne Fistel.
C: Trachealfistel zum oberen Blindsack.
D: Trachealfistel zum unteren Blindsack.
E: Trachealfistel zum oberen und unteren Blindsack.

sivmedizinischer Überwachung (Monitoring, Blutgaskontrollen, parenterale Ernährung mit Bilanzierung) zu veranlassen. Die Vitamin-K-Prophylaxe wird intramuskulär verabreicht. Um den Mekoniumabgang zu fördern, ist eine rektale Spülung angezeigt.

In jedem Fall ist **postoperativ** die **Intensivpflege** im **Inkubator** notwendig. Bei einer Vorschädigung der Lunge durch eine Lungenentzündung kann eine Nachbeatmung erforderlich sein. Das Kind wird im zweistündigen Wechsel auf die rechte, auf die linke Seite und den Rücken gelagert. Angefeuchtete Inkubatorluft und regelmäßiges Inhalieren des Kindes dient der Pneumonieprophylaxe. Eine gezielte ausreichende Schmerztherapie, evtl. mit zusätzlicher Sedierung kann notwendig sein. Auch postoperativ muß der Mund-Rachenraum **häufig abgesaugt** werden.

Eine **Fixierung** des Neugeborenen, um ein Herausreißen von Sonden sowie das Entfernen von EKG-Kabeln und anderen Ableitungen zu vermeiden, **ist unerläßlich.** Der **Schienungskatheter** muß gesondert **gekennzeichnet** sein und darf auf **keinen Fall (!)** gezogen werden. Es erfolgen engmaschige Vitalzeichenkontrollen und ein kontinuierliches Monitoring. Bei der Operation kann es leicht zu einer Verletzung des eng benachbarten Lungenfells kommen, so daß bei manchen Kindern die Anlage einer Pleuradrainage erforderlich ist. Bei dieser muß auf den Dauersog geachtet werden. Nach **10 bis 14 Tagen** wird die **Schienungssonde entfernt** und die **Passage** der Speiseröhre mit einem wasserlöslichen Kontrastmittel **überprüft**. Aus dem Ergebnis resultiert der langsame orale Nahrungsaufbau. Häufig ist eine **nachfolgende Dehnungsbehandlung** erforderlich, um eine Verengung des Nahtbereiches zu vermeiden.

36.8.2 Ösophagusstenosen

Einer Verengung (Stenose) der Speiseröhre können **unterschiedliche** Ursachen zu Grunde liegen.

- **Angeboren:** Durch **innere** Einschnürungen oder Membranen oder von **außen** drückende atypisch verlaufende Blutgefäße.
- **Erworben:** Von innen nach der **Operation** einer Ösophagusatresie oder durch das **permanente Zurücklaufen** von Magensaft (gastroösophageale Refluxkrankheit) bei einer langandauernden Entzündung. Verschluckte **Fremdkörper** führen zu sofortigen Schluckstörungen. **Verätzungen** der Speiseröhre können mit engen Narben abheilen. Von außen können **Geschwülste** des Mittelfells (Mediastinum) auf die Speiseröhre drücken und zu Verengungen führen.

Symptome: Schluckschwierigkeiten und das **Herauswürgen** nicht angesäuerter, noch fester Nahrung. Flüssige Nahrung wie auch Muttermilch werden meist gut vertragen. Erworbene Verengungen entwickeln sich langsam.
Diagnostik: Röntgenbreischluck, Endoskopie und ggf. eine pH-Metrie oder eine Gefäßdarstellung.
Therapie: Innere Verengungen können häufig **endoskopisch geweitet,** Fremdkörper endoskopisch entfernt werden. **Äußere** Verengungen erfordern eine **chirurgische** Behandlung. Gastroösophageale Refluxkrankheit (s. Kap. 36.13.1)
Betreuung und Pflege: Postoperativ ist eine gute klinische Überwachung nötig, da immer mit **Komplikationen** wie Blutung oder Verletzung der Speiseröhrenwand gerechnet werden muß.

36.8.3 Neuroblastoma sympathicum

Angeborener bösartiger Tumor der Sympathikusnervengeflechte. Diese befinden sich neben der Wirbelsäule und im Nebennierenmark. Der Sympathikus bildet zusammen mit seinem Gegenspieler, dem Parasympathikus, das vegetative (unwillkürliche) Nervensystem. Die Signalübertragung erfolgt mit Adrenalin und Noradrenalin. **70% aller** Neuroblastome liegen **retroperitoneal** und etwa **20% mediastinal.** Häufig gehen sie von einer Nebenniere aus.
Symptome: Der Tumor wird meist als **Zufallsbefund** bei Säuglingen oder Kleinkindern getastet oder sonographisch entdeckt. Er kann auch erst durch **Tochtergeschwülste** (Metastasen) in den **Knochen**, aufgrund eines **Knochenbruchs** (pathologische Fraktur) oder **Knochenschmerzen**, bzw. in den **Lymphknoten** oder durch **Lebermetastasen** auffallen. Zu den **Allgemeinsymptomen** gehören Appetitlosigkeit, Gewichtsverlust, Fieber sowie wechselnde Knochen- und Bauchschmerzen. Der Tumor wird je nach Ausbreitung in **verschiedene Stadien** eingeteilt (Tab. 36-4).
Diagnostik: Ultraschall, Computertomographie (CT), 24-Stunden-Urin zur Bestimmung der Vanillinmandelsäure (Abbauprodukt von Adrenalin und Noradrenalin), Knochenszintigraphie, Knochenmark- und Lumbalpunktion.
Therapie: Die Therapie und die Prognose sind stadienabhängig (Überlebensrate: Stadium I und II 90%, Stadium III 66%, Stadium IV 20%). Die **Grundpfeiler** der Therapie sind **Operation, Bestrahlung** und **Chemotherapie**, die **in unterschiedlicher Art je nach Alter, Stadium, Tumorgröße und -ausbreitung** eingesetzt werden. Auch die Ausbreitung der befallenen Lymphknoten hat entscheidenden Einfluß auf das Stadium. Es wird unterschieden, ob diese auf die Seite des Tumors beschränkt sind, wobei die Mittelinie als Grenze gilt, oder diese überschreiten. Die Behandlung erfolgt nach **genauen Schemata**.

Bei der Operation wird die vollständige Entfernung des Tumors angestrebt. Dies gestaltet sich häufig **schwierig,** da der Tumor zumeist große **Blutgefäße** und **Nerven umwächst.** Bei großen Tumoren kann durch die Chemotherapie zunächst eine Tumorverkleinerung erreicht werden, die danach die vollständige Entfernung ermöglicht.

Die Kinder erhalten für die Chemotherapie einen zentralvenösen Dauervenenkatheter (meist in der V. cava superior), der aus besonders verträglichem Silikon besteht. Zwischen

Tab. 36-4 Stadieneinteilung bei einem Neuroblastom nach A. Evans.

Stadium	Beschreibung
I	Auf das Ursprungsorgan begrenzt
II	Monolaterale Infiltration der Umgebung und monolateraler Lymphknotenbefall (d.h. die Mittellinie wird nicht überschritten)
III	Bilaterale Ausdehnung und bilaterale Lymphknoten
IV	Fernmetastasen
IV S	Wie I und II, aber Metastasen in Leber, Knochenmark und/oder Haut

der Eintrittstelle in das Venensystem (meist V. jugularis interna) und der Austrittstelle wird der Katheter durch einen Hauttunnel geführt, der aufsteigende Infektionen verhindert. Es gibt zwei Gruppen von Kathetern:

- Katheter, die am Ende über ein **Reservoir** verfügen, das durch die Haut (oberer Thorax) angestochen wird (Intraport® s.a. Kap. 7, Abb. 7-2 B). Damit besteht **keine direkte Verbindung** zwischen Katheter und Umgebung.
- Katheter mit **einem, zwei** oder **drei** Lumen (Broviak®, Hickman® s.a. Kap. 7, Abb. 7-2 A, Quinton®) die am oberen Thorax aus der Haut ausgeleitet werden und mittels einer kleinen Filzmanschette die Keimbesiedlung verhindern.

Alle diese Katheter müssen **operativ eingelegt** und mit besonderer **Sorgfalt** behandelt werden. Verbandwechsel wie auch der Anschluß von Infusionen oder die Verabreichung von Medikamenten müssen unter **strengsten Hygienemaßnahmen** (Mundschutz, Haube, steriler Kittel und sterile Handschuhe) vorgenommen werden, **insbesondere** bei einer **Immunsuppression** des Patienten. Wird ein Portsystem nicht an eine Infusion angeschlossen, ist es mit einem gerinnungshemmenden Medikament (z.B. Vetren®) durchzuspülen. Die Verbindung zwischen Katheter und Infusionssystem ist mit sterilen Kompressen abzudecken.

Betreuung und Pflege: Die **präoperative** Vorbereitung ist ebenso wie die **postoperative** Therapie von der Lage und Größe des Tumors abhängig. In jedem Fall erfolgt **präoperativ** die Darmreinigung und es sind **genügend** Blutkonserven und Frischplasmakonserven bereitzustellen (Neuroblastome sind sehr stark durchblutet). **Postoperativ** ist das Kind wie **nach** einer **großen Bauchoperation** mit engmaschigen Kontrollen, intensivmedizinischem Monitoring und parenteraler Ernährung zu behandeln. Eine Knierolle zur Entspannung der Bauchdecke wird als angenehm empfunden. **Besondere Aufmerksamkeit** muß der **psychischen Betreuung** von Kind und Bezugsperson zukommen. Zur Pflege des Venenkatheters (s.a. Kap. 7.3.4) und der Bauchraumdrainagen (s.a. Kap. 36.23.11 und Kap. 9.1). Sobald sich die Kinder von dem Eingriff erholt haben und der orale Nahrungsaufbau eingeleitet ist, muß **schnellstmöglich** die weitere Behandlung mit Chemotherapie und Bestrahlung beginnen.

Im weiteren Verlauf kann zur **optimalen** Therapieplanung eine sog. **„second look-Operation"** notwendig sein, um die ehemalige Tumorregion nochmals zu inspizieren. Sollte noch ein Resttumor vorhanden sein, so wird dieser entfernt oder Gewebeproben entnommen.

36.9 Lunge und Pleura

36.9.1 Subglottische Trachealstenose

Die Luftröhre ist direkt unterhalb des Kehlkopfes **verengt.** Sehr oft sind die Ursachen eine traumatisierende Intubation, zu große Trachealtuben oder die Langzeitintubation, insbesondere nach einer Tracheostomie.

Symptome: Je nach Ausmaß der Stenose besteht Atemnot mit einer Zyanose, und es liegt ein **in- und/oder exspiratorischer Stridor** (Atemgeräusch) vor.

Therapie: Die Engstelle wird durch eine Tracheobronchoskopie genau inspiziert, um über die **Art** und das **Ausmaß** der Enge Klarheit zu bekommen. Es kann evtl. endoskopisch, ggf. mit Laser Narbengewebe (Granulome) ausgeschält werden. In speziellen Fällen ist eine Entfernung der Engstelle über mehrere Trachealringe notwendig.

Betreuung und Pflege: Nach jeder Tracheobronchoskopie, jedoch speziell nach der Entfernung von Granulomen, ist eine **engmaschige** Kontrolle vor allem der **Atmung** und des **Blutdruckes** notwendig, um ein **Zuschwellen der Atemwege** oder eine **Nachblutung sofort** zu erkennen.

Nach einer operativen **Luftröhrenteilentfernung** ist anschließend eine längere **maschinelle Beatmung** erforderlich. Die Kinder sind in einer gut gepolsterten Gipsschale, die den Kopf und Hals in einer **Beugestellung** hält, gelagert. In dieser Zeit ist besonders auf die ausreichende Polsterung der Auflagepunkte (Dekubitusgefahr) zu achten. An der Magensonde ist **stündlich** zu aspirieren, um **sicher** zu verhindern, daß Magensekret zurück in die Speise- und Luftröhre (OP-Gebiet) läuft. Nach der Extubation ist zunächst eine weitere intensivmedizinische Betreuung notwendig, um die Funktion der Luftröhre zu überwachen. Es kann mit der vorsichtigen Mobilisation (Atemgymnastik, passive Bewegungsübungen) begonnen werden.

36.9.2 Fremdkörperaspiration

Besonders bei kleinen Kindern kann es zu einem **versehentlichem Einatmen** von Fremdkörpern wie Nüsse, Murmeln, Pfennige, etc. kommen.
Symptome: Plötzliche starke Atemnot und Blauverfärbung mit Erstickungsgefahr. Es treten ein pfeifendes Atemgeräusch (Stridor) sowie Hustenanfälle auf. Kleinere Fremdkörper führen zu weniger dramatischen Symptomen, die übersehen werden können. **Immer wiederkehrende Bronchitiden** oder **Lungenentzündungen** sind die Folge und müssen an einen Fremdkörper denken lassen.
Therapie: Sofortige endoskopische Entfernung in Allgemeinnarkose.
Betreuung und Pflege: Präoperativ bis zur Endoskopie und **postoperativ** erfolgt eine strenge Überwachung mittels Monitor und eine **konsequente** Oberkörperhochlagerung. Es besteht immer die Gefahr einer Schleimhautschwellung im Bronchialsystem mit Atemproblemen. Jeder Fremdkörper führt zu einer Minderbelüftung und zu einem Sekretverhalt im dahinter liegenden Lungenabschnitt. Zur Pneumonieprophylaxe sind deshalb eine Antibiotikatherapie, Atemgymnastik und Inhalationen notwendig.

36.10 Herz und Gefäßsystem

36.10.1 Angeborene Herzfehler mit Links-rechts-Shunt

Die fehlerhafte Anlage der Herzscheidewände oder der ausbleibende Verschluß des Ductus Botalli führen zum **Übertritt** von **sauerstoffreichem** Blut aus dem **linken** großen Kreislauf in den **rechten** kleinen Kreislauf, da im linken Herzen ein höherer Druck als rechts besteht. Je nach Größe des Shunts muß das rechte Herz ein zusätzliches Blutvolumen durch die Lunge pumpen. In der Folge können eine **Rechtsherzinsuffizienz** drohen oder ein **Hochdruck** im Lungenkreislauf. Dies muß durch eine frühzeitige Korrektur verhindert werden.

Ventrikelseptumdefekt

Defekt in der **Scheidewand zwischen** den **Herzkammern.** Mit ca. 20 bis 30% handelt es sich um den **häufigsten angeborenen** Herzfehler.

Offener Ductus arteriosus (Ductus Botalli)

Das sauerstoffreiche Blut aus der Plazenta kommt von der Nabelvene über den Ductus venosus arantii in die untere Hohlvene. Ein Teil des Blutes gelangt vom rechten Vorhof über das Foramen ovale (Loch in der Vorhofscheidewand) in die linke Herzkammer; der zweite Teil mischt sich mit sauerstoffarmen Blut aus der oberen Hohlvene und wird von der rechten Herzkammer in die Lungenarterie gepumpt. Ein Drittel dieses Blutes fließt durch die nicht belüftete Lunge und zwei Drittel gelangen durch den Ductus arteriosus zur Aorta.
Symptome: Bleibt diese **Verbindung** zwischen der **Lungenarterie** und der **Aorta** nach der Geburt **offen** (in **ca. 10%** aller Neugeborenen mit Herzfehlern), fließt durch den Blutdruckunterschied Blut von der Aorta (großer Kreislauf) in die Lungenarterie (kleiner Kreislauf). Die **Lungenarterie** wird durch den **hohen** Blutdruck **belastet**, die **Lunge** und das **linke Herz** durch das **zusätzliche** Blutvolumen.
Therapie: Ist die Lungenüberflutung hoch und ein konservativer Therapieversuch mit Flüssigkeitsrestriktion oder der Gabe von Indometacin war erfolglos, wird der Ductus arteriosus **operativ durchtrennt.** Dieser Eingriff kann bei gefährdeten Säuglingen notfalls **direkt in der Intensivstation** erfolgen.
Betreuung und Pflege: Da es sich um früh- und neugeborene **Risikokinder** handelt, wird der Eingriff meist in der Intensivstation durchgeführt. Die Überwachung umfaßt das **gesamte intensivmedizinische Monitoring.**

Postoperativ dürfen die Kinder in den ersten 48 Stunden **möglichst nicht** bewegt werden (nicht waschen oder wiegen, absaugen nur nach Auskultation). Es kommt auf eine exakte Bilanzierung an. Für zwei Tage liegt eine Thoraxdrainage (s.a. Kap. 9.1.4). Es wird versucht, das Kind so schnell wie möglich zu extubieren.

Vorhofseptumdefekt

Fehlender Verschluß des **Lochs** in der **Vorhofscheidewand** bei ca. 10% aller angeborenen Herzfehler.

36.10.2 Angeborene Herzfehler mit Rechts-Links-Shunt

Bei diesen Herzfehlern liegt entweder eine **Verengung** der **Lungenstrombahn** vor oder die **Aorta** entspringt **ganz** oder **teilweise** aus der **rechten** Kammer. Alle diese Herzfehler gehen mit einer **Zyanose** (Blauverfärbung), **Blutzellvermehrung** und **Trommelschlegelfingern** einher.

- **Fallot-Tetralogie:** Es handelt sich um eine Fehlbildung in 7% aller Herzfehler, die aus **vier Komponenten** besteht: Pulmonalisstenose, Ventrikelseptumdefekt, reitende Aorta über beiden Ventrikeln und Rechtshypertrophie.
- **Transposition der großen Arterien (TGA):** Bei ca. 7% aller Neugeborenen mit Herzfehlern entspringt die **Aorta** aus der **rechten Kammer** und die **Lungenarterien** aus dem **linken Vorhof.** Es besteht **keine** Verbindung zwischen dem linken und dem rechten Kreislauf. Die Kinder können nur mit einem Scheidewanddefekt nach der Geburt überleben.

36.10.3 Angeborene Herzfehler ohne Shunt

Es handelt sich um **Fehlbildungen** der **Klappen** oder **großen Gefäße.**

- **Aortenisthmusstenose:** Einengung des Aortenbogens im Bereich des Ductus arteriosus (9% der Herzfehler).
- **Pulmonalstenose:** Verengung der Ausflußbahn der rechten Herzkammer (6% der Herzfehler).
- **Aortenstenose:** Verengung der Ausflußbahn der linken Herzkammer (4% der Herzfehler).

36.11 Zwerchfell

36.11.1 Zwerchfellhernie

Verlagerung von **Bauchorganen** in den **Brustraum** durch eine **Bruchpforte** im Zwerchfell. Meistens findet sich die Lücke links hinten seitlich (Bochdalek-Hernie). Eine **echte** Hernie liegt nur vor, wenn ein **Bruchsack,** hier aus Pleura und Peritoneum, **existiert.** Wie bei allen Mißbildungen können Begleitmißbildungen (Darmatresien, offener Ductus Botalli) vorhanden sein; eine **fehlende** Darmdrehung findet sich **immer.** Entscheidend für die Prognose ist die **Funktionstüchtigkeit der Lunge,** die sich auf der Seite des Bruches durch die Verdrängung nur ungenügend entwickeln konnte.

Symptome: Zyanose und Dyspnoe, die schon kurz nach der Geburt auftreten, stehen im Vordergrund. Nur in wenigen Fällen treten die Symptome erst in den ersten Lebenstagen in Erscheinung. Auffallend ist der **kleine** Bauchraum. Über der betroffenen Brustkorbhälfte sind **keine Atemgeräusche** zu hören, jedoch **meistens Darmgeräusche**.

Diagnostik: Das Röntgenbild des Brustkorbs ist für die Diagnose beweisend.

Therapie: Der Verschluß des Bruches bzw. der Lücke über einen Bauchschnitt mit Rückverlagerung des Darmes in den Bauchraum. Es liegt begleitend (wie auch bei der Laparoschisis oder der Omphalozele) eine Lageanomalie des Darmes vor. Im Rahmen der Fetalentwicklung dreht sich der Darm um 270° nach rechts. Bleibt diese Drehung aus (**Nonrotation**), bzw. ist sie nur unvollständig (**Malrotation I oder II**), kann es zu **Verengungen** des **Zwölffingerdarmes** oder zu **Darmverschlingungen** kommen. Liegt eine Drehungsanomalie vor, müssen Verwachsungen (z.B. Ladd-Bänder) gelöst und Darmverschlingungen durch Fixierung von Darmschlingen an der seitlichen Bauchwand verhindert werden.

Betreuung und Pflege: Präoperative intensivmedizinische Betreuung mit Beatmung. Die Kinder erhalten einen zentralvenösen Katheter zur parenteralen Ernährung und zur Antibiotikaprophylaxe. Regelmäßige Kontrollen von Blutwerten (Serumelektrolyte, Blutbild), Blutgasen sowie die exakte Flüssigkeitsbilanzierung sind selbstverständlich. Zur Entlastung des Magen-Darmtraktes wird eine Magensonde gelegt. Der **Darm** wird **angespült** und ein **Darmrohr** gelegt, um den **Mekoniumabgang** zu beschleunigen und den Darm ggf. von Luft zu entlasten. Die **Lagerung** des Kindes erfolgt auf die **Seite** des Zwerchfellbruches, um der **gesunden** Lunge möglichst **viel Platz zum Atmen** zu geben. Die Vitamin-K-Prophylaxe ist durchzuführen.

Für die Prognose der Kinder ist der **Reifegrad** der Lunge ausschlaggebend. Sie sind daher längere Zeit intensiv- und beatmungspflichtig. Bei einer erheblichen Minderentwicklung der Lunge können diese Kinder nur mit speziellen Beatmungformen (extrakorporale Membranoxygenierung = ECMO) überleben. Eine Pleuradrainage liegt für einige Tage

ohne Sog. Die kranke Lunge kann sich langsam in den Brustkorbraum hineinentwickeln, ein Unterdruck birgt die Gefahr einer Zerreißung des Gewebes.

Die Entwicklung der Größe der Bauchhöhle hängt in der Fetalzeit vom Volumen der Eingeweide ab. Wegen des relativ zu kleinen Bauchraumes, in den der Darm, der vorher im Thorax war, zurückverlagert wurde, sind folgende **Probleme** zu erwarten:

- **Atmungsstörungen,** da die Bauchorgane auf das Zwerchfell drücken.
- **Darmtransportbeeinträchtigungen** mit hohen **Magensaftrefluxmengen,** da der Darm noch keinen Platz für eine normale Bewegung hat.

Die Kinder werden **postoperativ** auf dem **Rücken** gelagert und die Bauchdecken mit einer Knierolle entspannt. Bei auftretenden Atemstörungen sind geeignete Beatmungsformen zu wählen. Um den Abfluß des Magensaftes zu fördern und einen Rückfluß zu vermeiden, ist an die Magensonde ein Auffangbeutel anzuschließen und unterhalb des Magenniveaus zu befestigen. Außerdem sind peristaltikfördernde Medikamente und ein **regelmäßiges Anspülen** des Darmes notwendig. Aufgrund der genannten Probleme ist eine **langandauernde** parenterale Ernährung zu erwarten. Erst nach Stabilisierung des Allgemeinzustandes und Extubation ist ein langsamer Nahrungsaufbau zu beginnen.

36.12 Abdominalwand

36.12.1 Omphalozele (Nabelschnurbruch)

Hemmungsmißbildung, bei der ein Teil der Bauchorgane durch die Nabellücke in die **Nabelschnur vorfallen** (Abb. 36-4 A). Die Bauchhöhle selbst bleibt relativ klein, da der

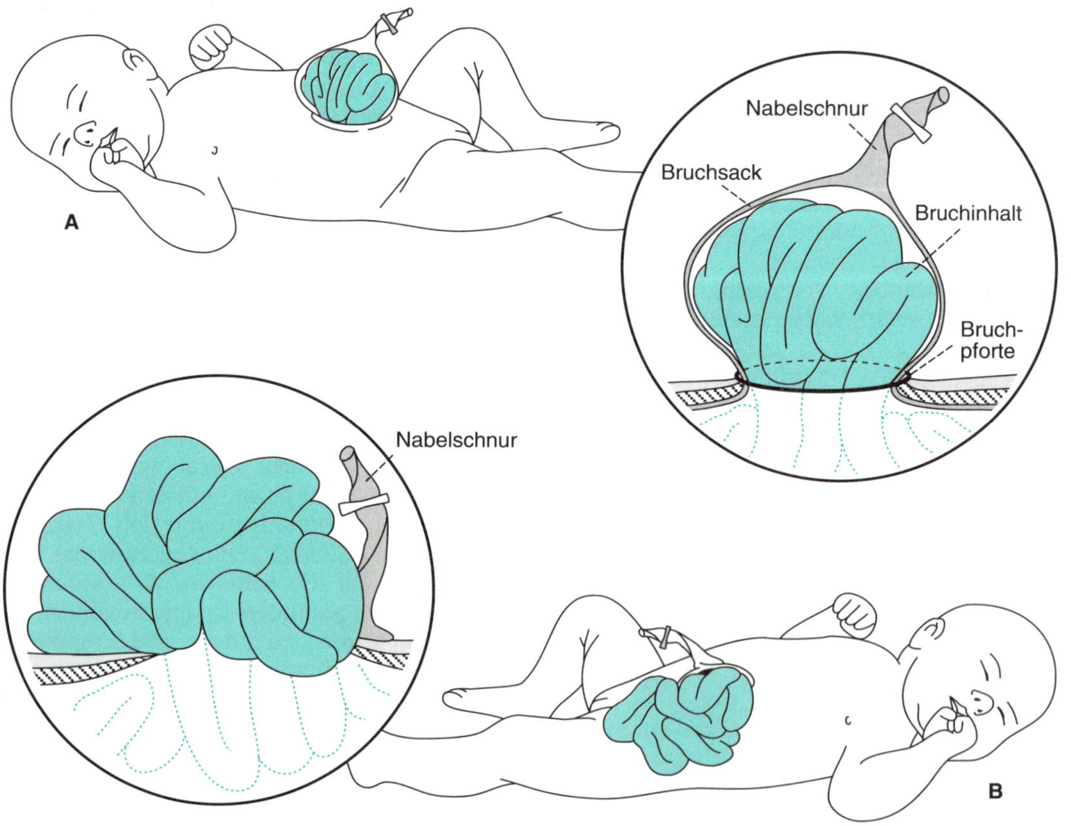

Abb. 36-4 Unterschied zwischen Omphalozele und Laparoschisis.
A: Omphalozele mit intaktem Bruchsack und der Nabelschnur am Ende des Bruchsackes.
B: Laparoschisis mit prolabierten verdickten Darmschlingen und einer an der normalen Stelle liegenden Nabelschnur.

Wachstumsreiz des Volumens der vor dem Bauch liegenden Organe fehlt. Häufig ist diese Mißbildung mit weiteren Fehlbildungen (Herzfehler, Darmmißbildungen) verbunden.
Symptome: Kennzeichnend ist die am Ende des **durchschimmernden** Bruchsacks **ansetzende** Nabelschnur. Meistens wird diese Erkrankung schon durch eine **Ultraschalluntersuchung während** der **Schwangerschaft** entdeckt und der Mutter zu einem **geplanten Kaiserschnitt** (Sektio) geraten.
Therapie: Die operative Behandlung führt zur Rückverlagerung der Bauchorgane und dem Verschluß der Bauchdecken. Dies gelingt nur bei **kleineren** Brüchen mit einer **einzigen** Operation. Bei **größeren** Brüchen führt der hohe Druck durch die Rückverlagerung zu Kreislaufproblemen (Kompression der V. cava), schlechter Darmdurchblutung und Atemschwierigkeiten. In diesen Fällen muß eine **Ersatzbauchdecke** (Plastikfolie, Fremddura, Goretex®) möglichst zusammen mit **Amnion** (Eihaut von der Plazenta steril aus dem Kreissaal in Kochsalz mitgeben lassen) gebildet werden. Darüber kommt es dann zu einem langsamen Überwachsen von Haut. Der verbleibende Bauchwandbruch wird im Kleinkindesalter endgültig nach der gleichzeitig stattfindenden Entfernung von Kunstmaterialien verschlossen.
Betreuung und Pflege: Der **Omphalozelensack** muß **unbedingt** bis zur Operation **intakt** bleiben. Dies kann durch eine entsprechende **sterile Polsterung** mit feuchten Bauchtüchern und seitlicher Lagerung erreicht werden. Mit der **Ruptur** des Zelensacks besteht **akute Infektionsgefahr** der Bauchhöhle und Intestinalorgane und damit **Lebensgefahr** für das Kind. Intensivmedizinische Betreuung mit Beatmung, ZVK-Anlage, Infusionstherapie und Antibiotikagabe sind erforderlich. Eine Magensonde und ein Darmrohr zum Anspülen des Darmes sind zur Entlastung des Magen-Darmtraktes notwendig. Nach einer orientierenden Untersuchung zur Aufdeckung weiterer Mißbildungen, sollte die Operation **so schnell wie möglich** vorgenommen werden. Zur **postoperativen** Betreuung und Pflege s. Kap. 36.12.2.

36.12.2 Laparoschisis (Bauchspalte, Gastroschisis)

Hemmungsmißbildung, bei der sich die Bauchwand **nicht vollständig** schließt und **Darmschlingen** frei im **Fruchtwasser schwimmen.** Es kommt zu entzündlichen Veränderungen der Darmwand mit Fibrinausschwitzungen und Verklebungen. Der Bauchraum ist zu klein angelegt. Die Kombination mit anderen Mißbildungen ist nicht so häufig wie bei der Omphalozele.
Symptome: Anteile des Darmes und anderer Bauchorgane liegen frei vor der Bauchdecke. Der Nabel und die Nabelschnur sind an normaler Stelle zu finden. Meist liegt die Bauchdeckenlücke links vom Nabel (Abb. 36-4 B).
Therapie: Sofortige Operation mit Zurückverlagerung der Bauchorgane und dem Versuch den Bauch zu schließen. Dies ist abhängig vom Bauchvolumen, dem Volumen der freiliegenden Eingeweide und der Größe der Bauchlücke. Auch hier müssen evtl. künstliche Materialien verwendet werden (s. Kap. 36.12.1).
Betreuung und Pflege: Die **offenliegenden** Bauchorgane sind **steril abzudecken** und **feuchtzuhalten.** Die präoperative intensivmedizinische Betreuung entspricht der der Omphalozele. Nach einer orientierenden Untersuchung zur Aufdeckung weiterer Mißbildungen sollte die Operation so schnell wie möglich durchgeführt werden.

Postoperativ wird sowohl bei der Omphalozele als auch bei der Laparoschisis die künstliche Beatmung und eine **intensivmedizinische Betreuung** mit parenteraler Ernährung über einen zentralen Venenweg erforderlich. Die Antibiotikaprophylaxe sowie die Gabe peristaltikanregender Medikamente sind zunächst notwendig. Die Kinder werden auf dem Rücken gelagert. Nach Stabilisierung des Allgemeinzustandes können sie mit Kissenpolstern seitlich leicht unterstützt werden.

Der Bauch muß mit einer Knierolle entlastet werden, ggf. muß die Magensonde häufig aspiriert und ein Darmrohr gelegt werden, um den **Druck** auf die **Wunde** und das **Zwerchfell** so **gering** wie möglich zu halten. Die enterale Ernährung kann erst nach Rückgang des Refluxes vorsichtig beginnen. Bei Kindern mit Laparoschisis ist wegen der **entzündlich-veränderten** Darmwand die orale Ernährung **nur verzögert** möglich. Die Bauchwunde ist täglich unter sterilen Kautelen zu begutachten. Entsprechende Verbandwechsel sind vorzunehmen.

36

36.12.3 Nabelhernie

Die **Sehnenblätter der Bauchwand** schließen sich um den Nabelschnurstumpf nur **unzureichend.** Es kommt zur **Ausstülpung** im Nabelzentrum, besonders beim **Schreien** und **Pressen.**

Symptome: Kirsch- bis pflaumengroße Vorwölbung des Nabels, die leicht **reponierbar** ist. Eine **Einklemmung** kommt **fast nie** vor.

Therapie: Meistens verschließt sich die Bruchlücke **spontan** im **ersten Lebensjahr** infolge Schrumpfung des Narbenrings. Eine Operation ist nur erforderlich, wenn der Bruch **sehr groß** ist, noch im **zweiten** Lebensjahr weiter besteht oder eine **Darmschlinge** als Bruchinhalt häufig **austritt**. Bei der Operation werden das Bauchfell und die Sehnenblätter verschlossen.

Betreuung und Pflege: Es ist zu beachten, daß es sich bei der Operation um eine **Bauchhöhleneröffnung** handelt und die Kinder deshalb vorher abgeführt haben müssen. **Postoperativ** bleiben die Kinder bei tief hängendem Sekretbeutel der Magensonde 24 Stunden nüchtern. Dann erfolgt der zügige Nahrungsaufbau.

36.13 Magen-Darmtrakt

36.13.1 Gastroösophagealer Reflux

Der gastroösophageale Reflux kann bei Kindern mit einer Hiatushernie (s. Kap 17.10) auftreten. Aber nicht jede Hiatushernie muß mit einem Reflux einhergehen. Nur bei einem **mangelhaften Verschlußmechanismus** kann Mageninhalt in die Speiseröhre zurücklaufen. Die Magensäure verursacht in der Speiseröhre eine **Schleimhautentzündung**, da diese keinen Schleimhautschutz gegen Säure besitzt. Wenn die Entzündung länger besteht kommt es zu Blutungen, Narbenbildung und Schrumpfung. Der Rückfluß bis in den Rachen kann auch zum **Einlaufen** in das **Bronchialsystem** und zu **hartnäckigen** Infekten führen.

Symptome: Chronisches schlaffes Erbrechen mit evtl. **Hämatinbeimengung** (dunkelbraunes, durch die Magensäure verändertes Blut), Schluckbeschwerden und/oder hartnäckige Bronchitiden bis zu asthmaähnlichen Symptomen. Häufig kommt es zu **Gedeihstörungen** und zur **Blutarmut.**

Diagnostik: Röntgenuntersuchung, Gastroskopie, Ösophagus-pH- und Manometrie. Bei der pH-Metrie wird eine Meßsonde in die Speiseröhre eingebracht. Für die Auswertung ist es notwendig, Schlafphasen, die Nahrungsaufnahme (Essen, Trinken), Unruhezustände, Schreien und Spielen zu protokollieren.

Therapie: Die Therapie erfolgt zunächst **konservativ** mit Oberkörperhochlagerung der Kinder, Eindicken der Nahrung und häufiger Verabreichung kleinerer Portionen sowie der Gabe von Prokinetika (z.B. Propulsin®), Antazida (z.B. Maaloxan®) oder Säureblockern (z.B. Tagamet®). Wenn es darunter zu keiner Besserung kommt, eine Gedeihstörung vorliegt oder eine therapieresistente peptische Stenose besteht, ist eine Operation angezeigt. Es wird hierbei versucht, die **mechanischen Schwachstellen** zu beseitigen: Einengung des Zwerchfellschlitzes (Hiatoplastik), Anheftung des Magenfundus am Ösophagus mit Verkleinerung des Hiss-Winkels (Winkel zwischen dem Bauchabschnitt der Speiseröhre und dem Magenfundus) und Verstärkung der Längsspannung der Speiseröhre. Eine Verstärkung des Schließmuskels kann durch eine teilweise Umschlingung des Ösophagus mit dem Magenfundus (Fundoplikatio) erreicht werden. **Welche** der Operationsmethoden zur Anwendung kommt, muß **individuell entschieden** werden.

Betreuung und Pflege: Zunächst erfolgt **postoperativ** die parenterale Ernährung, bis der Magen-Darmtrakt seine Funktion wieder aufgenommen hat (kein Reflux mehr, gute Peristaltik, Stuhlgang). Dann wird **vorsichtig** mit dem Nahrungsaufbau begonnen. Die Kinder liegen auf dem Rücken in 30° Oberkörperhochlagerung.

36.13.2 Hypertrophische Pylorusstenose („Pylorospasmus")

Muskuläre Verdickung des Magenpförtners. Die genaue Ursache ist noch **nicht bekannt**. Die Erkrankung betrifft **Jungen** in den **ersten drei Lebensmonaten fünfmal häufiger** als Mädchen.

Symptome: Schwallartiges, nicht galliges Erbrechen nach jeder Mahlzeit, ab der **zweiten Lebenswoche stark** zunehmend. Es kann zu Gedeihstörungen kommen, die bis zu einem massiven Flüssigkeitsmangel führen. Die Kinder haben ein charakteristisches **greisenhaftes Aussehen** mit **gerunzelter** Stirn, **halonier-**

ten (eingefallenen) Augen und **faltiger** Haut (Abb. 36-5).

Diagnostik: Bei der Ultraschalluntersuchung kann der verdickte Magenpförtner dargestellt werden. Gestaltet sich die Diagnosestellung schwierig, sollte eine **Magen-Darm-Passage** vorgenommen und eine **Probemahlzeit** gefüttert werden, um die Symptome schwallartiges Erbrechen und evtl. sichtbare Magenperistaltik unter der Bauchdecke zu provozieren.

Therapie: In leichteren Fällen wird zunächst eine **konservative** Therapie mit der Gabe von Sedativa (z. B. Luminaletten®) und Spasmolytika (z. B. Eumydrin®), Oberkörperhochlagerung und häufigen kleinen Mahlzeiten (12 bis 24 pro Tag) versucht. Elektrolyt- und Flüssigkeitsverluste sind auszugleichen. Tritt darunter keine schnelle Besserung ein, ist der **Magenpförtner** operativ zu **spalten.** Hierbei wird nur die verdickte Muskulatur gespalten, ohne die Schleimhaut zu verletzen.

Betreuung und Pflege: Präoperativ parenterale Ernährung mit Glukose 5% und Elektrolytlösung. Der Sekretbeutel der Magensonde hängt tief und es wird häufig an der Sonde aspiriert. Aufgrund des Refluxes ist der Flüssigkeitsverlust durch Ringerlösung auszugleichen. Elektrolytverluste und Störungen des Säure-Basen-Haushaltes sind zu korrigieren (niedriges Kalium und Chlor bei Alkalose). Es handelt sich um ein sehr **empfindliches Gleichgewicht,** so daß die Serumelektrolyte, Blutgase und der Blutzucker **mehrfach** am Tag kontrolliert und die Infusionen den **aktuellen Werten** angepaßt werden müssen. Am Vortag der Operation wird der Säugling mit einem Mikroklist® abgeführt. Am Operationstag sind nochmals aktuelle Blutwerte (Elektrolyte, BZ und Blutgasanalyse) zu bestimmen.

Postoperativ erfolgt eine 24stündige parenterale Ernährung bei tief hängendem Sekretbeutel der Magensonde. Nach der ersten Urinausscheidung und Blutwerten im Normbereich bei der Kontrolle nach sechs Stunden kann die Infusionstherapie von zunächst 5%iger Glukose-Elektrolytlösung auf 10%ige Glukose-Elektrolytlösung, am zweiten postoperativen Tag auf Lösungen mit Aminosäuren und Fetten, umgestellt werden.

Am ersten postoperativen Tag wird der Sekretbeutel, der an die Magensonde angeschlossen ist, in Magenhöhe plaziert, falls kein Reflux gefördert wurde. Bei normalen Blutgas- und Elektrolytwerten kann der Nahrungsaufbau beginnen. Die Säuglinge bekommen **acht Mahlzeiten.** Alle **zwölf Stunden** wird die **Trinkmenge** um 10 ml Milch **gesteigert.** Zuerst erhalten die Säuglinge vier Mahlzeiten zu je 10 ml Tee und anschließend vier Mahlzeiten zu je 20 ml halb Tee und halb Milch. Bei guter Toleranz der ersten Teemahlzeit kann die Magensonde vor jeder Teegabe geschlossen und eine Stunde nach jeder Mahlzeit wieder geöffnet werden.

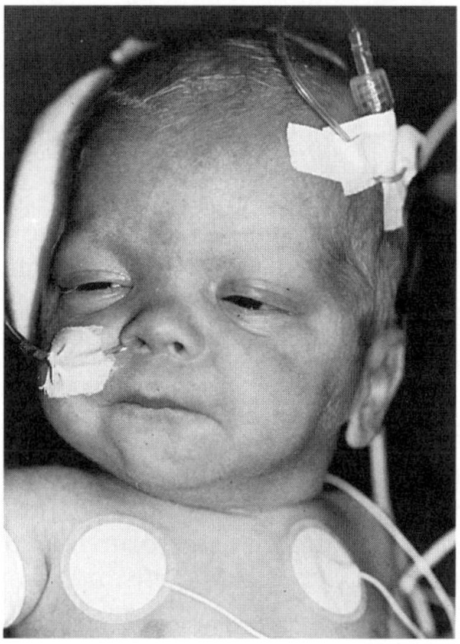

Abb. 36-5 Gesichtsausdruck eines Säuglings mit Pylorusstenose.

Am zweiten postoperativen Tag wird die Magensonde, wenn die Nahrung vertragen wurde, entfernt. Der Nahrungsaufbau erfolgt in den obengenannten Schritten, bis der Säugling seine **erforderliche** Trinkmenge erreicht hat. Danach wird bis auf sechs Mahlzeiten umgestellt und das Kind anschließend entlassen.

36.13.3 Duodenalstenose/Duodenalatresie

Hochgradiger bis **vollständiger** Verschluß (Atresie) des Zwölffingerdarmes. Folgende Ursachen können hierfür vorliegen:

- Von **außen** durch eine **ringförmige Fehlanlage** der **Bauchspeicheldrüse** (gehäuft bei Trisomie 21) oder **angeborene Bindegewebestränge** in diesem Bereich (z. B. Ladd-Bänder bei Darmdrehungsanomalien).

36

- Von **innen** verhindert eine **angeborene** Membran (dünnes Häutchen) die Nahrungspassage, oder der **Zwölffingerdarm** wurde gar **nicht** (Atresie) oder **doppelt angelegt** (Duplikatur).

Symptome: Bei der Atresie kommt es bald nach der Geburt zum **Erbrechen.** Die Mutter hatte meist zuviel Fruchtwasser (Hydramnion). Der Bauch des Kindes ist klein und luftleer bei fehlendem oder spärlichem Mekoniumabgang.

Ist die Verengung nicht vollständig, wird flüssige Nahrung (z.B. Muttermilch) häufig problemlos vertragen. Meist fällt erst bei der Umstellung auf festere Nahrung zunehmendes Erbrechen mit Gedeihstörungen auf.

Diagnostik: Über die Magensonde kann erheblicher Reflux abgesaugt werden. Das Abdomenübersichtsröntgen zeigt ein typisches Bild mit **zwei Luftblasen,** die **Magenblase** im linken Oberbauch und das **überblähte Duodenum** im rechten Oberbauch (sog. „double-bubble-Zeichen"). Wird Kontrastmittel gegeben, zeigt sich der Zwölffingerdarm stark erweitert mit fehlendem oder nur geringem Kontrastmittelübertritt in das Jejunum. Der Dickdarm ist sehr enggestellt (Mikrokolon).

Therapie: Mit der Operation wird die **Passage** im Zwölffingerdarm **je nach Ursache** der Behinderung **wiederhergestellt:**

- Bindegewebestränge (Ladd-Bänder) müssen **durchtrennt** werden.
- Ist eine ringförmige um den Zwölffingerdarm gewachsene Bauchspeicheldrüse vorhanden, wird mit einem **Umgehungsweg** der sog. **Duodenoduodenostomie** (Zwölffingerdarm wird an Zwölffingerdarm genäht) die Passage über der Bauchspeicheldrüse wiederhergestellt, ohne diese selbst zu eröffnen.
- War der Zwölffingerdarm bei der Geburt nicht angelegt, werden die **davor** und **dahinter angelegten** Darmanteile miteinander **verbunden.** Bei **Doppelanlagen** wird **ein** Darmanteil entfernt.
- Membranen im Darmlumen werden über eine Darmeröffnung **entfernt.**

Die Kinder erhalten zur Schienung der Darmnaht eine Jejunalsonde, die als Magenfistel ausgeleitet wird und zur Entlastung des Magens zusätzlich eine Magensonde.

Betreuung und Pflege: Magen und Zwölffingerdarm werden **präoperativ** durch häufiges Absaugen der Magensonde entlastet und zusätzlich wird dadurch weiteres Erbrechen mit der Gefahr einer Aspiration vermieden. Eine vollständige parenterale Ernährung und eine Antibiotikaprophylaxe sind indiziert. Nach Blutgas- und Elektrolytkontrollen werden entsprechende Störungen ausgeglichen. Die Vitamin-K-Prophylaxe erfolgt ggf. intramuskulär.

Postoperativ hängt der Auffangbeutel der Magensonde und -fistel tief und die Magensonde muß häufig aspiriert werden. Die Flüssigkeitsverluste aufgrund des Refluxes sind mit Ringerlösung auszugleichen. Die **enterale Ernährung** beginnt am dritten postoperativen Tag über die **Jejunalsonde** (Magenfistel). Nach Stabilisierung des Gesundheitszustandes folgt nach ca. einer Woche die Ernährung zuerst über die Magensonde, dann oral in kleinen Schritten.

36.13.4 Meckel-Divertikel

Überrest des **Dottersackganges,** der sich bei manchen Menschen nicht vollständig zurückbildet und als sackartige Ausstülpung am Dünndarm bestehen bleibt.

Symptome: Vom Meckel-Divertikel können eine **Reihe von Komplikationen** mit entsprechend unterschiedlichen Symptomen ausgehen.

- **Invagination:** (s. Kap. 36.13.5)
- **Divertikulitis (Entzündung der Aussackung):** Die Symptome gleichen denen der Blinddarmentzündung. Deshalb muß bei einer Operation mit Verdacht auf Blinddarmentzündung, die sich nicht bestätigt, immer der Dünndarm auf ein Meckel-Divertikel mit Entzündung abgesucht werden.
- **Geschwüre:** Divertikel können Magenschleimhaut enthalten, die wie im Magen Säure bildet und damit die Dünndarmschleimhaut schädigt. Dies kann zu schweren Blutungen oder zum Darmwanddurchbruch führen.
- **Verdrehung und Strangbildung:** Der verkümmerte ehemalige Dottergang kann als Strang bestehen bleiben und die Ursache für eine Darmverdrehung oder -abknickung sein.

Therapie: Operative Entfernung der Aussackung mit anschließender Dünndarmnaht und ggf. Therapie der Begleiterkrankungen.

Betreuung und Pflege: Nach einer **Darmnaht** kann der **postoperative Nahrungsaufbau** erst **nach Heilung** der Darmnaht (ca. nach fünf Tagen) beginnen. Deshalb bekommen diese

Kinder ab dem zweiten Tag eine **spezielle ausgewogene** Infusionstherapie mit Kohlenhydraten, Eiweiß und Fett. Um die Darmnaht vor starkem Pressen beim Stuhlgang zu schützen erhalten die Kinder leichte Abführmittel. Der Nahrungsaufbau ab dem fünften Tag erfolgt **wie** bei der **Appendizitis** (s. Kap. 36.13.3).

36.13.5 Invagination

Einstülpung zweier Darmabschnitte **ineinander.** Der innere eingestülpte Anteil wird mit der Verdauungsbewegung des äußeren Anteils immer weiter hineingezogen. Dabei werden die den Darm **ernährenden Blutgefäße abgeschnürt** und es kommt zum **Absterben** der Darmwand (Abb. 36-6). Ursprung sind häufig der Übergang des Dünndarms in den Dickdarm, Lymphknoten, Polypen oder ein Meckel-Divertikel.

Symptome: Am **häufigsten** kommt es zu einer Invagination im Alter zwischen **drei Monaten** und **drei Jahren. Ohne Vorzeichen** einer Erkrankung kommt es plötzlich zu **kolikartigen** Bauchschmerzen. Die Kinder wirken schnell **schwerkrank.** Der rektale Blutabgang ist ein relativ spätes Merkmal, da er eine Darmwandschädigung voraussetzt. Häufig ist das **Invaginat als Walze tastbar,** Fieber und Erbrechen kommen hinzu.

Diagnostik: Meist ist die Diagnose schon im Ultraschall zu sichern. Beweisend und gleichzeitig auch als therapeutische Möglichkeit muß ein Kolonkontrasteinlauf vorgenommen werden. Durch den Druck des flüssigen Kontrastmittels zusammen mit Luft von hinten kann die Einstülpung wieder gelöst werden. Die **Erfolgsrate** liegt bei **50 bis 70%,** die Rezidivrate bei 3 bis 5%.

Therapie: Wenn die oben beschriebene Ausstülpung mittels eines Kolonkontrasteinlaufes nicht gelungen ist, muß sie operativ erfolgen. Bei der Operation wird nach vorsichtigem Lösen des Invaginats eine **Anheftung** des **letzten Endes** des **Dünndarms** an den **Dickdarm** zur Rezidivprophylaxe vorgenommen. Falls erforderlich kann ein ursächlich vorhandenes Meckel-Divertikel entfernt werden. Bei einer schweren Schädigung der Darmwand kann eine Teilentfernung nötig sein. Der davor und dahinter liegende Darm wird mit einer Anastomose verbunden und ggf. muß ein künstlicher Darmausgang vorgeschaltet werden.

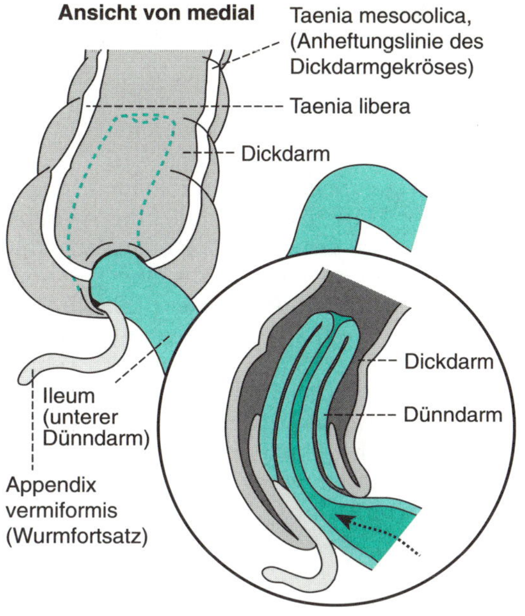

Abb. 36-6 Frühform einer ileocolischen Invagination.

Betreuung und Pflege: Gelingt eine **Reposition** des Invaginats mit dem **Kontrastmitteleinlauf,** wird das Kind zur **Beobachtung stationär** aufgenommen, da die Invagination schnell wieder auftreten kann. Aufgrund der Rezidivgefahr erfordert die konservative Therapie eine ein- bis zweitägige Nahrungskarenz. Engmaschige Vitalzeichenkontrollen sind wichtig, auf Veränderungen des Abdomens ist zu achten. Der Stuhl wird auf Blutbeimengungen untersucht. Zeigen sich keine Auffälligkeiten, kann der vorsichtige Nahrungsaufbau mit Tee beginnen.

Nach einer **operativen** Therapie werden die Kinder für **drei bis vier Tage,** nach einer **Darmteilentfernung** ggf. für **eine Woche parenteral** ernährt. Der Sekretbeutel der Magensonde hängt tief. Der Flüssigkeitsverlust aufgrund des Refluxes ist auszugleichen. Der Kostaufbau erfolgt nach ärztlicher Anordnung.

36.13.6 Appendizitis

Die Entzündung des Wurmfortsatzes ist die **häufigste** Diagnose, die einer **chirurgischen Therapie** bedarf. Sie tritt in jedem Lebensalter, häufig jedoch bei **Schulkindern** auf. Ursachen können eine allgemeine Entzündung, die Verlegung des Appendixlumens z.B. durch Kotsteine oder Würmer sein.

Symptome: Zunächst kommt es zu **Appetitlosigkeit** und dann klagen die Kinder über **Übelkeit** und **Erbrechen**. **Bauchschmerzen** beginnen häufig im Mittelbauch und ziehen später in den rechten Unterbauch. Bei der klinischen Untersuchung fällt eine **Abwehrspannung mit Druck-, Klopf-, Loslaß-** und **Psoasschmerz** auf. Es besteht eine **Differenz** zwischen **axillärer** und **rektaler** (höher um ca. 0,5 bis 0,8 °C) **Temperaturmessung**. Bei den Blutwerten zeigt sich ein **Anstieg** der **Leukozyten**, des **C-reaktiven Proteins** (CRP) und der **Blutkörperchensenkungsgeschwindigkeit** (BSG). Bei der rektalen Untersuchung läßt sich eine Flüssigkeitsansammlung (evtl. Abszeß) im Douglasraum tasten.

Diagnostik: Die Diagnose der Appendizitis ist **nicht** einfach. Die Symptome können **uncharakteristisch** und **wechselnd** sein. Die Schmerzempfindung jedes Kindes ist unterschiedlich, und die Untersuchung von kleineren Kindern ist schwierig und setzt große Erfahrung voraus. Eine Ultraschalluntersuchung kann hilfreich sein, auch zum Ausschluß eines Abszesses oder anderer Ursachen der Bauchschmerzen. Urin-, Stuhl- und Blutuntersuchungen sind **unablässig.** Der Darm wird angespült zur Beseitigung einer evtl. Verstopfung, und Stuhluntersuchungen werden veranlaßt.

Therapie: Wenn der Verdacht auf Appendizitis vorliegt, muß der Wurmfortsatz operativ entfernt werden. Dies kann über eine **Bauchspiegelung** oder einen **Bauchschnitt** erfolgen. Die Stadien der Erkrankung gehen bei nicht rechtzeitigem operativen Eingreifen über in die **katarrhalische, ulzeröse** und **phlegmonöse** Entzündung bis hin zur **Perforation**. Folge davon kann dann eine **Bauchfellentzündung** (Peritonitis) mit **erheblichen Komplikationen** sein, wie z.B. Bauchdecken- und Douglasabszeß, Abszessen unter dem Zwerchfell, Pleuraerguß, Leberabszeß und Verklebungen von Darmschlingen, die einen Darmverschluß (Bridenileus) noch nach Jahren hervorrufen können. Daneben gibt es die **chronische** Entzündung, bei der immer wiederkehrende Schübe die Entfernung des Wurmfortsatzes erforderlich machen.

Bestätigt sich die Appendizitis durch die Operation **nicht,** muß der Dünndarm auf eine Lymphknotenentzündung oder ein Meckel-Divertikel untersucht werden. Bei Mädchen ist eine Ovarialzyste auszuschließen sowie eine aufsteigende Infektion.

Betreuung und Pflege: Die Patienten bleiben **postoperativ** mindestens **24 Stunden nüchtern,** je nach Ausmaß der Entzündung. Nach Rückgang des Refluxes kann der Sekretbeutel der Magensonde höher gehängt und, wenn keine Übelkeit auftritt, kann die Magensonde gezogen werden. Drainagen sind nur bei einer ausgeprägten Entzündung oder einer Perforation notwendig und werden nach Abnahme der Sekretion gezogen. Nach dem Einsetzen der Peristaltik und der am zweiten bis dritten postoperativen Tag erfolgten Stuhlentleerung wird nach ärztlicher Anweisung mit dem oralen Nahrungsaufbau begonnen. Zur Entspannung der Bauchdecken empfinden Patienten häufig eine Knierolle und einen Bettenbogen angenehm.

Wenn der Blinddarm perforiert war, kann eine **„Douglaslagerung"** (30° Schräglagerung, Fußende abgesenkt) zum **besseren Sekretablauf** über die liegende Drainage notwendig sein. Nur Patienten mit einer Perforation erhalten **immer** eine **antibiotische Therapie.** Die Magensonde ist länger erforderlich, da die Darmperistaltik aufgrund der entzündlichen Veränderungen verzögert wieder einsetzt. Peristaltikfördernde Medikamente unterstützen dies und vermindern auch die Bildung von Narben zwischen den Darmschlingen. Bei liegender offener Magensonde kann schon früher Tee angeboten werden, er ist dann mengenmäßig vom Reflux abzuziehen. Erst nach Rückgang des Refluxes kann mit dem Nahrungsaufbau begonnen werden.

36.13.7 Megacolon congenitum (Morbus Hirschsprung)

Angeborene Störung der **Nervenzellbesiedelung** des Dickdarmes, selten des Dünndarmes. In einem Darmabschnitt, der unterschiedlich lang sein kann, **fehlen** die **Nervenumschaltzellen** des **Parasympathikus** völlig, so daß die Stuhlsäule nicht weitertransportiert wird. Im davor liegenden Darmabschnitt kommt es zu einer **Stuhlstauung** mit erheblicher **Aufweitung** des **Darmlumens.** Erkrankt ist nicht der aufgeweitete Darmabschnitt, sondern der analwärts liegende enggestellte Anteil. Es bedarf einer differenzierten Diagnostik, um die Lage und die Ausdehnung des erkrankten Darmabschnittes genau zu bestimmen.

Symptome: Stuhl- und Windverhalten mit Stuhlentleerungen in **übelriechenden Mengen nach mehreren Tagen.** Meist müssen die Eltern mit dem Fieberthermometer „nachhelfen". Der Beginn der Symptomatik tritt häufig bei der **Nahrungsumstellung** von Muttermilch zur Folgenahrung auf. Zusätzlich kommt es zu einem vermehrt aufgetriebenen Bauch, wodurch schließlich sogar Erbrechen ausgelöst wird. Bei fortschreitender Erkrankung treten Gedeih- und Entwicklungsstörungen auf.

Diagnostik: Röntgenkontrasteinlauf des Dickdarmes, Rektoskopie mit Entnahme von Schleimhautbiopsien (spezielle Untersuchung auf Cholinesterase, da an den Nervenenden vermehrt der Überträgerstoff Azetylcholin ausgeschüttet wird) und einer **Druckuntersuchung** des analen Verschlußmechanismus (Rektummanometrie). Hierbei wird eine dünne Druckmeßsonde in den After eingeführt. Bei der Druckuntersuchung wird insbesondere die Reaktion des M. sphinkter internus (innerer Afterschließmuskel) aufgezeichnet. Bei der Dehnung des Rektums (bei der Messung durch einen Ballon imitiert) muß dieser innere Muskel zur Stuhlentleerung normalerweise erschlaffen. Bei der Hirschsprung-Erkrankung kontrahiert er sich und wirkt der Defäkation (Stuhlentleerung) entgegen.

Therapie: Die Therapie ist chirurgisch und hat die Entfernung des nervenzellosen Darmanteils zum Ziel. Bis zum **Zeitpunkt** der **Resektion** des betreffenden Darmabschnittes erhalten die Kinder einen **künstlichen Darmausgang**. Im **zweiten Lebenshalbjahr** wird nach einer ausgedehnten Darmreinigung die Operation mit Entfernung des kranken Darmanteils durchgeführt. Zusätzlich wird der M. sphinkter internus gedehnt oder gespalten. Nach Ausheilung der Darmnaht wird der künstliche Darmausgang **wieder zurückverlagert.**

Eine **Sonderform** ist die **neuronale intestinale Dysplasie (NID)**. Es handelt sich ebenfalls um eine nervale Störung der Darmbeweglichkeit. Hier sind die Nervenumschaltzellen **zwar vorhanden,** aber **fehlgebildet.** Da eine Nachreifung der Nervenumschaltzellen bis zum vierten Lebensjahr möglich ist, kann eine konservative Therapie mit ballaststoffreicher Kost, Stuhlandickungs- und -gleitmitteln (Laktulose, Parafin) sowie Einläufen versucht werden. Die chirurgische Stufentherapie umfaßt die Analdehnung, Sphinktermyektomie (operative Durchtrennung des Schließmuskels) und erst zuletzt die Resektion.

Betreuung und Pflege: Die **präoperative Darmreinigung** ist meist **problematisch.** Kleine Kinder erhalten mehrere Einläufe, größere Kinder eine orthograde Darmspülung (s. Kap. 8, Tab. 8-1). Um die Darmreinigung zu erleichtern, hat es sich bewährt, den Kindern drei Tage vor der Operation nur flüssige Kost anzubieten. Eine **Antibiotikaprophylaxe** beginnt schon am Morgen der Operation, um das Infektionsrisiko zu senken. Den Eltern, vor allem aber auch älteren Kindern muß ein künstlicher Darmausgang **genau** erklärt werden, damit sie sich **psychisch** darauf **einstellen** und **vorbereiten** können.

Nach Anlage eines künstlichen Darmausganges ist **postoperativ** der Nahrungsaufbau **bald** möglich. Bei guter Pflege der Kolostomie (s.a. Kap. 10) mit den modernen Mitteln der Stomaversorgung und Hautpflege kann der Patient den künstlichen Darmausgang besser akzeptieren. Auch dem **Anleiten** der Eltern und der älteren Kinder kommt eine **wichtige Bedeutung** zu (z.B. Übernahme der Versorgung des künstlichen Darmausganges zu Hause).

Nach der Rückverlagerung des künstlichen Ausganges erfolgt eine längere parenterale Ernährung (Kohlenhydrate, Eiweiße und Fette), da die Darmwiedervereinigung zunächst ausheilen muß. Alle Patienten erhalten nach einer Bauchoperation eine Magensonde, bis die postoperative Minderung der Darmbeweglichkeit und der Reflux beseitigt sind.

36.13.8 Nekrotisierende Enterokolitis (NEC)

In der Neugeborenenperiode, besonders jedoch bei Frühgeborenen, kann es zu einer schweren **Entzündung** des **gesamten Gastrointestinaltraktes** kommen, einhergehend mit einer **Sepsis.** Die Entzündung entwickelt sich **fulminant** (blitzartig) und es besteht die Gefahr von **Darmnekrosen** und **Perforationen.** Es kommt zu einer lebensbedrohlichen Situation. Die Ursache der Erkrankung wird in einer Darmminderdurchblutung, z.B. bei Schockzustand und der anschließenden Bakterienbesiedelung mit folgender Darmwandschädigung gesehen.

Symptome: Geblähter Bauch, **Bauchvenenzeichnung,** Reflux in der Magensonde, blutig-schleimiger Stuhl, allgemeine Entzündungszeichen, **Flankenrötung.** Charakteristischerweise finden sich im Röntgenbild des Abdomens kleine **Luftperlen** in der Darmwand und, je nach Stadium der Erkrankung, auch **Spiegel** in den Darmschlingen sowie **Luft** in den **Gallenwegen** und schließlich auch **freie Luft** im **Abdomen.**

Therapie: Es ist eine Intensivbehandlung mit sofortiger Nahrungskarenz, parenteraler Ernährung, Magensonde und breiter Antibiotikatherapie zu beginnen. Röntgenaufnahmen des Abdomens zur **Verlaufskontrolle** sind in **kurzfristigen** Abständen anzufertigen. Kommt es unter dieser Therapie zur klinischen Verschlechterung (z. B. Beatmungspflichtigkeit, Gerinnungsstörung, Schock), ist eine chirurgische Therapie erforderlich (Perforationsgefahr). Durch die Anlage von einem oder mehreren künstlichen Ausgängen, wird der Darm entlastet; abgestorbene (nekrotische) Darmabschnitte werden operativ entfernt. Es handelt sich um ein sehr schweres Krankheitsbild mit einer **Mortalität** (Sterblichkeit), je nach **Allgemeinzustand,** von **bis zu 20%.**

Betreuung und Pflege: Die Kinder müssen **postoperativ intensivmedizinisch** weiterbehandelt werden. In Rückenlagerung kann die Bauchdecke durch Anheben der Beinchen oder durch Unterlagerung der Knie mit einer Rolle entspannt werden. Die **Schleimhaut** der künstlichen Ausgänge ist mit physiologischer Kochsalzlösung 0,9% **feucht** zu halten (Vermeidung von Schleimhautnekrosen) und die Operationswunde mit einem hydrokolloidalen Verband abzudecken. Die Pflege wird durch moderne Stomaversorgungsprodukte (s. a. Kap. 10.1.5) erleichtert. Eine gute Hautpflege (s. a. Kap. 10.1.7) ist **insbesondere** bei einem **Ileostoma** sehr wichtig. Das sehr **hautreizende** Sekret muß durch Schräglagerung des Kindes von der Operationswunde ferngehalten werden. Stuhl ist sofort zu entfernen. Der Allgemeinzustand der Kinder muß gut beobachtet werden, neue Entzündungsschübe sind schnell zu behandeln.

Nach klinischer Stabilisierung (Gewichtszunahme) und der Erholung der Kinder (etwa drei Monate nach der Erkrankung) können der oder die künstlichen Ausgänge wieder zurückverlagert werden. Zuvor muß die Röntgendarstellung **aller Darmabschnitte** erfolgen, um mögliche, durch die Entzündung entstandene **Engen** oder **Verklebungen** zu entdecken.

36.13.9 Analatresie

Angeborene fehlende Anlage oder Öffnung des Analkanals. Das Rektum kann dabei in **unterschiedlichen Höhen** (hoch = supralevatorisch, mittelhoch = intermediär bzw. tief = infralevatorisch) enden (Abb. 36-7). Häufig bestehen **Fisteln**: bei **Jungen** zum Damm oder zur Harnröhre, bei **Mädchen** zum Damm oder zur Scheide.

Symptome: Fehlendes Analgrübchen. Falls es nicht zum Mekoniumabgang über eine Fistel kommt, entwickelt sich ein Ileus. **Begleitmißbildungen** der Wirbelsäule und des Urogenitaltraktes sind häufig.

Diagnostik: Abdomen im Hängen unter Kopftieflagerung mit einer Markierung im Analbereich; damit kann der **Abstand** des Blindsackendes (Luft im Darm steigt nach „oben“) bis zur Markierung an der Haut gemessen werden; Urogramm, Sonographie, evtl. Gastrografin über eine Fistel.

Therapie: Die Therapie richtet sich danach, in **welcher Höhe** der Blindsack endet. Bei **tiefen** Formen kann der Anus lediglich mit **Dammhaut** überdeckt sein. Dann genügt ein **Zurückschneiden,** ein sog. „Cutback“ der Fistel zum Blindsack.

Liegt der Blindsack **höher,** ist ein künstlicher Darmausgang notwendig. Die definitive Operation erfolgt im zweiten Lebenshalbjahr mit **späterer Rückverlagerung** des künstlichen Darmausganges. Die Anlage des künstlichen Ausganges vermindert bei Fisteln, die im Bereich der Blase und Harnröhre enden, die Gefahr aufsteigender Infektionen (Antibiotikaprophylaxe).

Die **endgültige** Versorgung kann mit einer direkten perinealen (vom Damm ausgehenden) Korrekturoperation (nach Peña) erfolgen oder mit einem vom Bauch ausgehenden Eingriff nach Rehbein. Bei letzterer Operation wird der Blindsack vom Bauch aus freipräpariert, ausgehülst, danach wird der proximale Darm nach perineal durchgezogen (Durchzugsoperation).

Hauptproblem für diese Kinder ist die **spätere Stuhlinkontinenz**, die bei den Formen der hohen Analatresie in bis zu 30% der Fälle auftreten kann, da neben der fehlenden Anlage des Enddarms auch die Muskulatur, die für den Analverschluß notwendig ist, nicht oder ungenügend angelegt ist.

Analatresie	Jungen	Mädchen
hoch- supralevatorisch	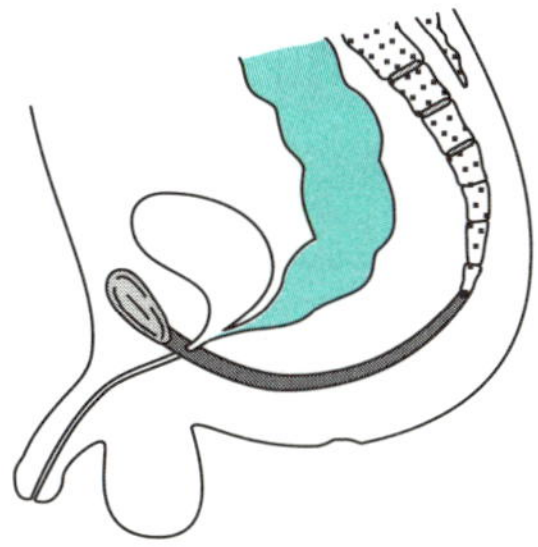	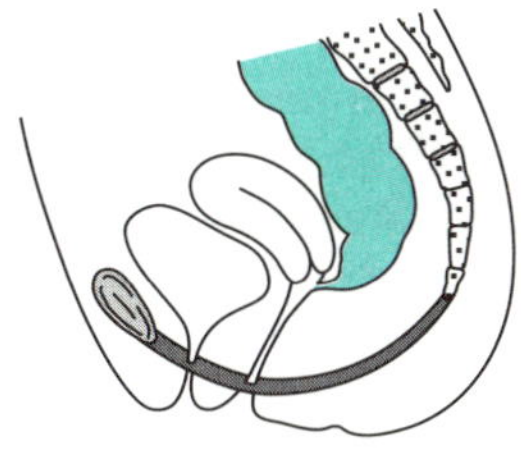
mittelhoch- intermediär	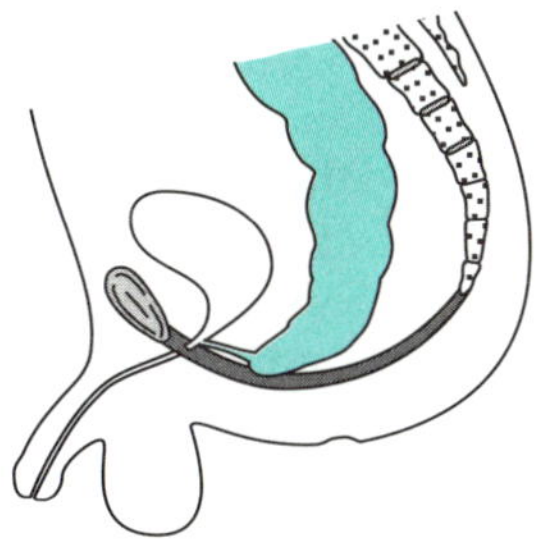	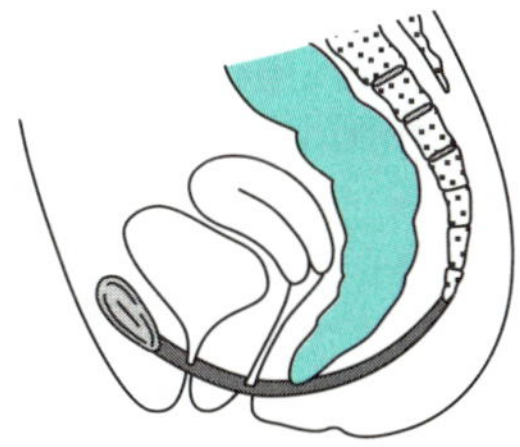
tief- infralevatorisch	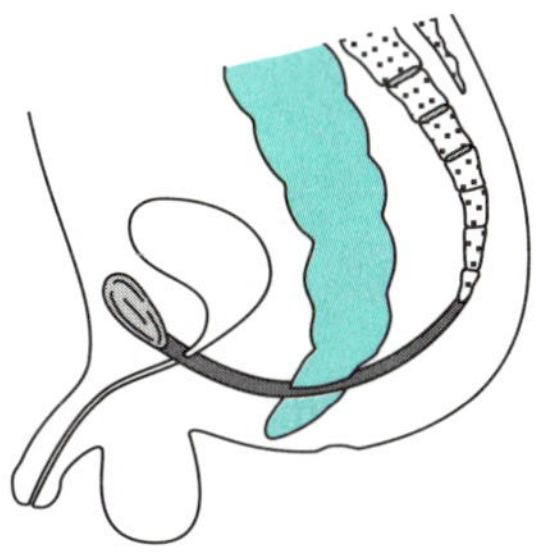	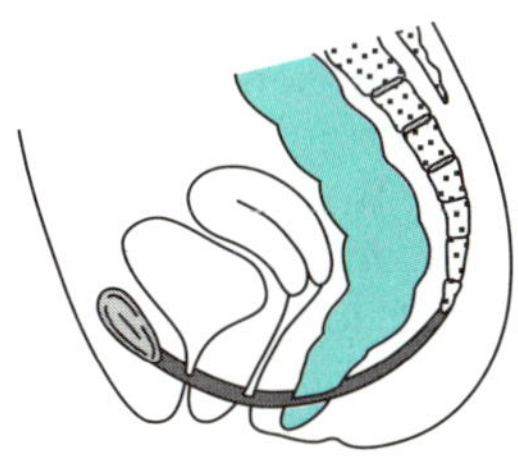

Abb. 36-7 Formen der Analatresie in bezug auf den Levatormuskel.

Betreuung und Pflege: Nach einer Cutback-Operation kann der Nahrungsaufbau wenige Stunden nach der Operation beginnen.

Muß primär ein künstlicher Darmausgang angelegt werden, so ist dieser **postoperativ feucht** zu halten, um **Schleimhautnekrosen zu vermeiden.** Zum Schutz der Haut wird Stomahaesive®-Paste oder gut haftende Heilsalbe aufgetragen. Durch die Lagerung des Neugeborenen im Inkubator (Innenraumtemperatur regulierbar) bieten sich die besten Beobachtungsmöglichkeiten (Neugeborenes muß nicht bekleidet werden). Bei der Pflege **ohne** Stomabeutel ist **abgesetzter Stuhl sofort** mit feuchten Kompressen **zu entfernen**, um ein Wundwerden zu vermeiden. Im **abführenden** Schenkel der Kolostomie muß das dort noch vorhandene **Mekonium** durch mehrfaches **Anspülen** und Belassen des Darmrohres langsam **herausgelöst** werden. Der Nahrungsaufbau ist zügig möglich.

Zur **Durchzugs-** oder **Peña-Operation** erfolgt die Darmentleerung, z.B. mit einer orthograden Darmspülung (Golytely®). Entblähende Medikamente (Sab simplex®) sind zu verabreichen und **beide Schenkel** des künstlichen

Darmausganges sind von Stuhl freizuspülen. **Postoperativ** ist eine Schmerztherapie und Sedierung notwendig. Bei einem bei der Operation **eingenähten Darmrohr** wird das Gesäß **leicht hochgelagert,** Darmrohr zu vermeiden. Das Darmrohr ist für die **dauerhafte Luftentleerung** des Darmes notwendig. Es wird acht Tage belassen und täglich von einem Arzt angespült. Bei einem künstlichen Darmausgang ist ein zügiger Nahrungsaufbau möglich.

Ist der Analkanal gut geheilt und hat er eine ausreichende Weite, kann der künstliche Darmausgang zurückverlagert werden. Bei dieser Operation werden die beiden Darmstümpfe miteinander durch Nähte vereinigt; der Säugling ist bis zur Heilung dieser Darmanastomose über mehrere Tage parenteral zu ernähren. Der Nahrungsaufbau beginnt nach ärztlicher Anordnung mit Tee.

36.13.10 Rektumprolaps

Bei Säuglingen und Kleinkindern ist der **Enddarm** noch **ungenügend** im Becken **befestigt,** und es kann leicht zu **Ausstülpungen** entweder der **Schleimhaut** oder des **gesamten Enddarmes** kommen. Kinder mit einer Bindegewebeschwäche des Beckenbodens und auch Kinder mit zystischer Fibrose oder chronischer Verstopfung neigen häufig dazu.
Symptome: Rosetten- oder wulstartiger **Schleimhautvorfall,** der durch die Minderdurchblutung anschwillt und bläulich verfärbt.
Therapie: Der Vorfall wird unter schonendem Druck sofort **zurückgeschoben;** in seltenen Fällen kann eine Narkose notwendig sein. Zunächst empfehlen sich stuhlregulierende Maßnahmen (Ernährungsumstellung, milde Laxantien) sowie die weitere Untersuchung des Kindes auf z.B. Mukoviszidose. Bei wiederkehrenden Vorfällen muß der **Enddarm operativ befestigt** werden. Zwischen Darm und perirektalem Gewebe wird eine entzündungsfördernde sterile Lösung (z.B. hochprozentige Kochsalzlösung) unterspritzt. Es kommt zu einer **Entzündung** und anschließender **Vernarbung** und damit zur **Befestigung** des Enddarms. Operativ kann der Enddarm auch am Kreuzbein befestigt werden.
Betreuung und Pflege: Präoperativ sind abführende Maßnahmen mit Einläufen und flüssiger Kost notwendig. **Postoperativ** wird eine **schlackenreiche** Kost verabreicht und darauf geachtet, daß der Stuhlgang **weich** ist. Der Analbereich ist häufig zu reinigen und gut mit Hautschutzsalben zu pflegen.

36.14 Leber und Gallenwege

36.14.1 Gallengangatresie

Die in der Leber gebildete Galle wird über kleinste Gallengangkapillaren in den rechten und linken und schließlich gemeinsamen Lebergallengang (Ductus hepaticus communis) abgeführt. Dieser führt außerhalb der Leber die Galle in den Zwölffingerdarm. Auf diesem Weg liegt die Gallenblase, ein Gallensaftreservoir. Nach Vereinigung des Gallenblasengangs (Ductus cysticus) mit dem Ductus hepaticus heißt der weiterführende Gang Ductus choledochus. Bei der Gallengangatresie sind entweder die **in der Leber** oder die **außerhalb der Leber** gelegenen Gallengänge, manchmal auch beide Systeme, **fehlerhaft** oder **nicht angelegt.**
Symptome: Gelbsucht (Ikterus), die auch **nach der zweiten Lebenswoche fortbesteht** und dann meist olivfarben erscheint. Heller, grau-weißlicher Stuhl und brauner, malzbierfarbener Urin. Zudem bestehen eine Leber- und Milzvergrößerung.
Diagnostik: Laboruntersuchungen wie Leberwerte, direktes und indirektes Bilirubin, Alpha-Fetoprotein, Plasma-Lipoproteinbestimmung (LP-X-Test), Gerinnung einschließlich der Faktoren, Urin auf Urobilinogen und Bilirubin sind durchzuführen. Eine ganze **Reihe anderer Erkrankungen,** die eine Gelbsucht hervorrufen können (z.B. Leberentzündungen, konnatale, während der Schwangerschaft übertragene Infektionen, Speicherkrankheiten, etc.), müssen **ausgeschlossen** werden. Zusätzlich erfolgen Leberfunktionstests, eine Sonographie, eine Leberpunktion oder eine Laparoskopie bzw. diagnostische Laparotomie.
Therapie: Ein Kind mit einer **intrahepatischen** Gallengangatresie kann nur durch eine **Lebertransplantation** (s.a. Kap. 30.8) überleben.

Bei Fehlbildungen außerhalb der Leber wird oberhalb der Enge eine **ausgeschaltete Darmschlinge** als **Gangersatz** eingenäht. Diese führt die Galle dann über eine weitere Dünndarmverbindung (Roux-Y- bzw. biliodigestive Anastomose) mit dem Speisebrei zusammen (s.a. Kap. 22, Abb. 22-4).

Betreuung und Pflege: Der Säugling wird **präoperativ** im Inkubator unter kontinuierlichem Monitoring umfassend beobachtet auf:
- Veränderung der Hautfarbe
- Farbe der Bindehaut am Augapfel
- Farbe des Stuhls
- Farbe des Urins

Wegen der gestörten Blutgerinnung (PTT verlängert) wird Vitamin K intramuskulär verabreicht. Der Sekretbeutel der Magensonde hängt tief, und bei Bedarf ist die Magensonde zu aspirieren. Eine vollständige parenterale Ernährung ist notwendig.

Postoperativ wird der Säugling ebenfalls im Inkubator auf einem Antidekubitusfell gelagert und im **zweistündlichen** Wechsel auf die rechte und linke Seite und den Rücken **gedreht.** Die parenterale Ernährung wird fortgesetzt, ebenso die Überwachung und Pflege bei liegender Magensonde. **Engmaschige** Vitalzeichenkontrollen, die Beobachtung auf Veränderungen der Haut- und Augenfarbe sowie Urin- und Stuhlverfärbungen sind regelmäßig zu dokumentieren. Das **Sekret** der Gallengangdrainage ist in die **Flüssigkeitsbilanz** aufzunehmen. Sedierende und schmerzstillende Medikamente werden im Wechsel intravenös verabreicht. Der Nahrungsaufbau beginnt nach ärztlicher Anordnung erst nach mehreren Tagen.

36.14.2 Idiopathische Choledochuszyste (Zyste im Hauptgallengang)

Der Hauptgallengang weist bei sonst normaler Weite an einer **Stelle** eine bis **faustgroße, isolierte Aussackung** auf. In manchen Fällen ist der Gallengang unterhalb der Zyste zu schmal angelegt. Dies führt zu einem **Rückstau** von Gallenflüssigkeit.

Symptome: Diffuse oder **kolikartige** Bauchschmerzen treten häufig in **Abhängigkeit** von der **Nahrungsaufnahme** auf. Eine immer wiederkehrende Gelbsucht und eine evtl. tastbare Geschwulst im rechten Oberbauch können Hinweise auf die Erkrankung liefern.

Therapie: Die Aussackung wird entfernt und die Verbindung mit einer in y-Form gelegten Dünndarmschlinge hergestellt (Roux-Y-Anastomose).

36.14.3 Gallensteine

(s. Kap. 22.6)

36.15 Milz

36.15.1 Milzentfernung (Splenektomie)

Eine **Indikation** zur Splenektomie (s.a. Kap. 25, Tab. 25-2) besteht **nur** bei Bluterkrankungen wie der **Mittelmeeranämie** (Thalassämie), der **Kugelzellanämie** (Sphärozytose) sowie zur **Krankheitseinteilung** (Staging) bei **Lymphknotenkrebs** (z.B. Morbus Hodgkin). Nach **Verletzungen** wird immer **versucht** die **Milz zu erhalten** (s.a. Kap. 36.21.1).

Betreuung und Pflege: Präoperativ ist die **Bereitstellung** einer Blutkonserve ggf. als Eigenblutspende bzw. gerichtete Elternspende erforderlich. Da nach einer Milzentfernung ein **erhöhtes Infektionsrisiko** besonders gegenüber Pneumo- und Meningokokken sowie Hämophilus (OPSI-Syndrom, s. Kap. 25.5.) besteht, müssen die Kinder **ca. fünf Tage vor** der geplanten Operation **geimpft** werden (Pneumovax®).

Postoperativ ist vor allem die Kontrolle der Thrombozyten wichtig (**Blutungsgefahr!**). Postoperativ kommt es zum Thrombozytenanstieg (**Thromboserisiko**). In seltenen Fällen (Thrombozytenzahl größer 1.000.000) kann die Gabe von Aspirin zur Prophylaxe gegen Thrombosen notwendig werden.

Die Betreuung und Pflege entspricht der bei **Bauchoperationen.** Eine **Langzeitinfektionsprophylaxe** mit Penizillin ist angezeigt.

36.15.2 Milzzysten

Die **Ursachen** dieser blasigen Geschwülste sind **unterschiedlich.** Es können Dermoidzysten, Lymphangiome, Hämangiome, parasitäre Zysten sowie posttraumatische hämorrhagische Zysten sein.

Diagnostik und Therapie (s. Kap. 25.6.1).

Betreuung und Pflege: (s. Kap. 36.15.1)

36.16 Bauchspeicheldrüse

36.16.1 Pankreatitis

Entzündungen der Bauchspeicheldrüse sind im **Kindesalter häufiger** als angenommen. Ursachen sind familiäre Disposition (Häufung), stumpfe Bauchtraumen, Entzündungen, Medikamenteneinnahme, im Rahmen schwerer Verbrennungen und Anomalien der Gallen-

36

wege. In vielen Fällen bleibt die Ursache jedoch unklar.
Therapie: In den meisten Fällen ist die **konservative** Therapie mit Nahrungskarenz, Schmerzbekämpfung, Ableiten des Magensekretes, Verabreichung von Säureblockern und ggf. Antibiotika ausreichend. Nach Normalisierung der Blutwerte Amylase und Lipase beginnt ein spezieller, vorsichtiger Nahrungsaufbau mit Pankreasschonkost.

In **seltenen** Fällen ist eine Operation **notwendig** (s.a. Kap. 23.5). Beispielsweise bei einem Gewebezerfall der Bauchspeicheldrüse (Nekrose), Blasenbildung (Zysten), Steinen oder Gallenweganomalien.
Betreuung und Pflege: Falls eine Operation erforderlich wird, entspricht die **postoperative** Betreuung der in Kap. 36.14.1 (Gallengangatresie), wenn eine Roux-Y-Anastomose angelegt wurde.

Eine **Bauchspeicheldrüsennekrose** ist ein **lebensbedrohliches** Krankheitsbild, da die eiweißspaltenden Verdauungssäfte im Bauchraum zu einer schwersten Bauchfellentzündung führen. Die Behandlung und Pflege muß individuell der vorangegangenen Operation angepaßt werden. Engmaschige intensivmedizinische Betreuung und parenterale Ernährung sind Grundvoraussetzung der Pflege dieser Kinder.

36.17 Leisten- und Genitalregion

36.17.1 Hodenhochstand

Hodenektopie, -dystopie, Maldescensus testis, Retentio testis werden **synonym** für **nicht im Hodensack tastbare** Hoden verwandt. Das Wort **„Kryptorchismus“** bedeutet, der Hoden ist nicht tastbar und wird meist für Bauchhoden benutzt. **Anorchie** ist die Bezeichnung für die **fehlende** Hodenanlage.

Die Hoden entstehen an den **Urnieren** und wandern **ab dem siebten Fetalmonat** in den Hodensack, wo sie sich bei **Geburt befinden** sollten. Ist dies nicht der Fall, kommt es bei einem kleinen Teil der Kinder noch zu einem Hinunterwandern bis zum Ende des ersten Lebensjahres. Befinden sich die Hoden **im zweiten Lebensjahr nicht** im Hodensack, wird die **normale Entwicklung** des Keimepithels **gestört**. Daraus resultiert eine **verminderte Zeugungsfähigkeit** und eine größere Gefahr für ein **Entstehen** von **bösartigen Hodentumoren.** Ursache hierfür ist die höhere Temperatur in der Bauchwand im Vergleich zum Hodensäckchen, die die regelrechte Entwicklung stört.
Symptome: Leeres Hodensäckchen, einseitig oder beidseitig. Häufig ist der Hoden in der Leistenregion tastbar. Ist ein Herunterschieben des Hodens mit Verbleib im Skrotum zu erreichen, handelt es sich um einen **Gleithoden,** der der weiteren Beobachtung bedarf.
Therapie: In allen anderen Fällen ist eine **Hormonkur** entweder mit luteinisierungs- und releasinghormonhaltigem-(LH-RH)-Nasenspray (z.B. Kryptocur®) oder humanem Choriongonadotropin (HCG, z.B. Primogonyl®) intramuskulär zu beginnen. Bleibt diese Therapie **erfolglos,** ist der Hoden **operativ** in das Skrotum zu verlagern. Das Gefäßbündel und der Samenstrang werden aus den Verwachsungen gelöst, und anschließend wird der Hoden in den Hodensack verlagert. Die Fixierung erfolgt entweder durch die Bildung einer kleinen Tasche oder der Hoden wird über einer Tupfernaht durch die Skrotalhaut befestigt. Gelingt es nicht, den Hoden bis in den Hodensack zu verlagern, wird die am **weitesten distal liegende** Position zur **Fixierung** verwendet, und in einem **zweiten Schritt,** etwa sechs Monate später, eine **weitere Verlagerung** angestrebt.

Ist der Hoden in der Leiste **nicht** auffindbar, muß über eine **Bauchspiegelung** der Hoden im Bauchraum **gesucht** und ggf. verlagert werden.
Betreuung und Pflege: Das Hodensäckchen wird **hoch gelagert** und die Narbe mit Nebacetin-Spray® behandelt. Für einige Tage ist Bettruhe sinnvoll. Die Kinder sollen in den **ersten postoperativen Wochen nicht Fahrrad fahren,** damit der Hoden nicht wieder hochgepreßt wird.

36.17.2 Leistenhernie und Hydrozele

Der Kanal, durch den der Hoden bei seinem Abstieg durch die Leiste entlangwandert, heißt Leistenkanal; er wandert entlang des Processus vaginalis (Ausstülpung des Bauchfells zum Hodensack); danach **verklebt** der Bruchsack. Ist dies nicht der Fall, kann in diese **Ausstülpung** eine **Darmschlinge** gleiten (Leistenhernie). Läßt sie sich nicht zurückschieben, besteht die akute Gefahr einer **Minderdurchblutung** mit der Folge einer

Nekrose der Darmschlinge. Eine Leistenhernie bei **Mädchen** führt häufig zur **Einklemmung** des **Eierstockes.**

Eine Schwellung kann auch durch **Bauchwasser** hervorgerufen werden, das bis in die Hodenhüllen hineinreichen kann (Hydrocele funiculi und/oder testis). Gegenüber der Leistenhernie läßt sich der **Wasserbruch** im Hoden im Dunkeln mit einer Taschenlampe durchleuchten (**Diaphanoskopie**).

Symptome: Schwellung der Leiste, manchmal bis in den Hoden reichend (Abb. 36-8).

Therapie: Bei Leistenhernien ist die Operationsindikation **immer** gegeben. Der Eingriff sollte so bald als möglich, bei Frühgeborenen nach dem Erreichen eines Gewichtes von mindestens 2200 g vorgenommen werden. Ist es zu einer Einklemmung gekommen, ist **ohne Zeitverzug** sofort zu operieren, wegen der oben beschriebenen Gefahr der möglichen Darmnekrose.

Die Therapie bei **kleinen** Wasserbrüchen ist primäres **Abwarten,** ob die normale Verklebung noch eintritt. Eine Operation ist nur bei **großen, prallen** Wasserbrüchen gegeben oder, wenn diese über längere Zeit bestehen bleiben. Meist ist ein Wasserbruch mit einer Leistenhernie **kombiniert**, die dann intraoperativ entsprechend versorgt werden muß.

Betreuung und Pflege: Unkomplizierte Leistenbrüche werden bei Kindern über einem Jahr häufig **ambulant** operiert. Die Kinder sollten bis zur Wundheilung nur im Bett oder in der Wohnung spielen.

Kinder mit eingeklemmten Leistenbrüchen bleiben nach der Operation für mindestens 24 Stunden nüchtern, je nach dem wie schnell sich der Bauchbefund bessert (Magenreflux, Darmgeräusche).

36.17.3 Hodentorsion

Verdrehung des Samenstranges und **Unterbrechung** der Blutversorgung des Hodens. **Andere Ursachen,** die die **Symptome** einer Hodentorsion (Abb. 36-9) **vortäuschen**, sind die Verdrehung eines Hodenanhanggebildes (Hydatidentorsion), eine Hodenentzündung (Orchitis, Epididymo-Orchitis), ein Wasserbruch des Hodens (Hydrozele testis, s.a. Kap. 36.17.2) oder eine Hodenverletzung (Trauma, Insektenstich).

Symptome: Plötzlich einsetzende **starke** Schmerzen mit Rötung und Schwellung des Hodens.

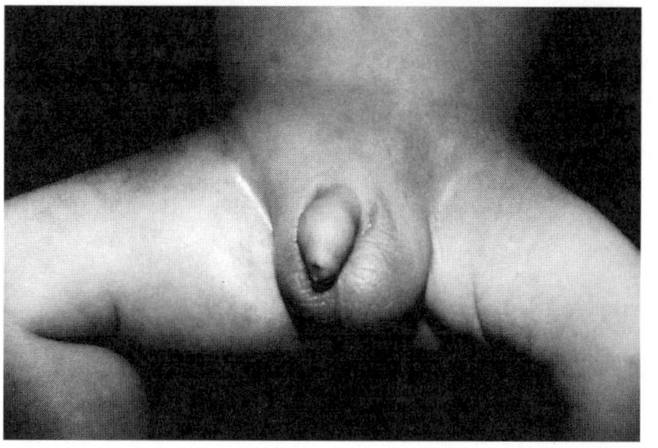

Abb. 36-8 Klinisches Bild einer rechtsseitigen Leistenhernie.

Therapie: Sofortige **notfallmäßige** Operation mit Entdrehung (Detorquierung) des Samenstranges. Dies muß **innerhalb von vier bis sechs Stunden** geschehen (Nekrosegefahr des Hodens), um die **Organerhaltung** zu gewährleisten. Bestand die Verdrehung zu lange, ist der Hoden **nekrotisch** (schwarz) und muß entfernt werden. Aus kosmetischen und psychischen Gründen kann später (in der Pubertät) eine **Hodenprothese** (Plastikkugel) eingesetzt werden. In jedem Fall einer Hodentorsion muß zur **Vorbeugung** der **zweite Hoden** operativ **befestigt** werden.

Betreuung und Pflege: Hochlagerung des Hodens mit einem Hodenbänkchen oder einem Suspensorium (Beutel zum Anheben und Stützen des Hodens). Auch kühlende Umschläge sind hilfreich. Wurde die Operation vom Hodensack aus vorgenommen, sollte die Wunde mit einem antibiotikahaltigen Puderspray (Nebacetin®) trockengehalten werden.

36.18 Urologische Erkrankungen

36.18.1 Hydronephrose (Abb. 36-10)

Eine ein- oder beidseitige **Erweiterung** des **Nierenbeckens** und des **Kelchsystems** kommt durch eine Abflußstörung mit anschließender Stauung des Urins zustande. Ursachen für die Erweiterung des Nierenbeckens sind:

- Eine **Engstelle** (Ureterabgangstenose, s.a. Abb. 36-10) am **Nierenbeckenabgang.** Durch eine narbige Gewebeumwandlung des Harnleiters selbst. Kreuzende zusätzliche Nie-

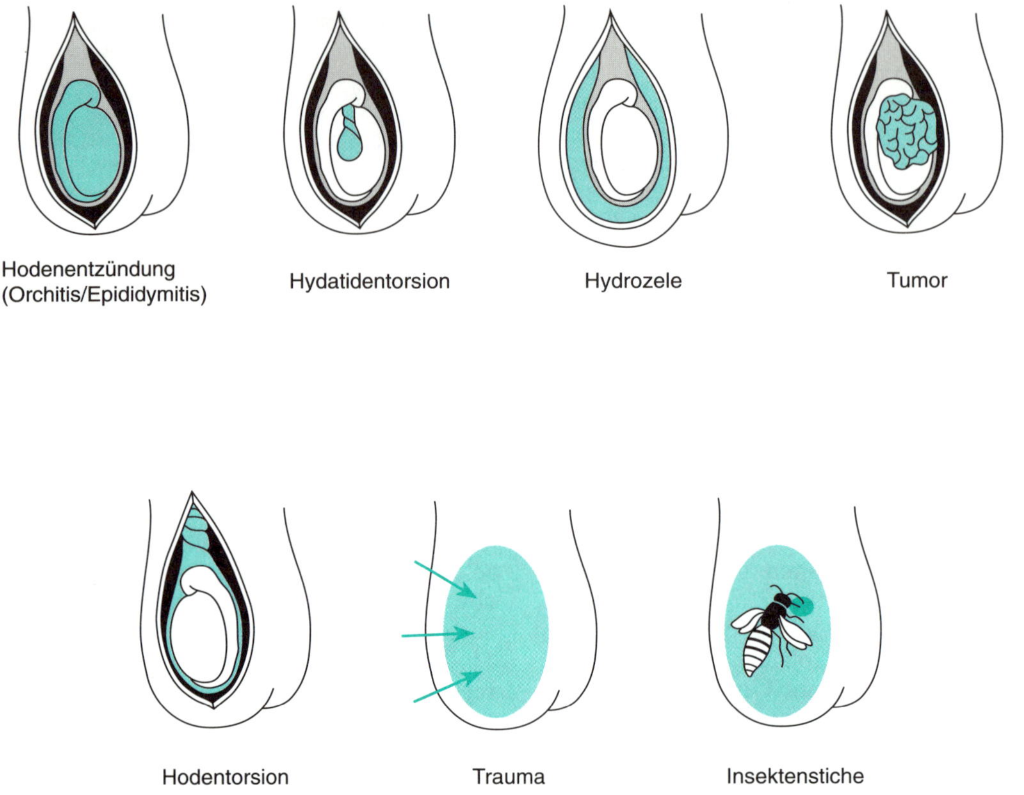

Abb. 36-9 Ursachen für eine Schwellung und Rötung des Hodens.

renpolgefäße oder durch einen sehr hohen Abgang des Harnleiters.

- Eine **Engstelle** am **Übergang** des **Harnleiters** in die **Blase.** Dort kann sowohl eine Verengung, die dann zu einer Erweiterung des Harnleiters (Megaureter s. Kap. 36.18.2) führt, als auch ein fehlender Ventilmechanismus (vesikorenaler Reflux s. Kap. 36.18.3), der mit dem Zurückfließen des Urins eine Stauung zur Folge hat, vorliegen.
- **In der Blase** liegende Störungen (Ureterozele, s.a. Abb. 36-10) oder ein **falsch einmündender Harnleiter.**
- Eine **Abflußbehinderung** aus der Blase (z.B. Urethralklappen s. Kap. 36.18.4 beim Jungen oder eine Meatusstenose s. Kap. 36.19.2).
- **Erworbene** Erkrankungen wie Steine, Tumoren, etc.

Unbehandelt führen alle diese Erkrankungen durch den **Urindruck,** der auf der Niere lastet und durch **zusätzliche Entzündungen** zu einer zunehmenden **Niereninsuffizienz.**

Diagnostik: Bei angeborenen Fehlbildungen fällt die Nierenbeckenerweiterung häufig durch die pränatale Ultraschalluntersuchung auf. Wegen der unterschiedlichen Ursachen einer Nierenbeckenerweiterung sind sehr genaue Untersuchungen erforderlich:

- Ultraschall
- Laboruntersuchungen des Blutes und des Urins
- Kontrolle des Blutdruckes
- Röntgen: Ausscheidungsurogramm und Miktionszysturethrogramm, Isotopennephrographie und ggf. eine Funktionsuntersuchung der Blase mit Uroflow und Urodynamik

Als zusätzliche Methoden stehen die Zystoskopie und die retrograde Darstellung des Harnleiters zur Verfügung.

Symptome: Nierenbeckenerweiterungen sind, außer bei Harnleitersteinen, fast schmerzlos, so daß meist **erst** ein **Harnweginfekt** zur Dia-

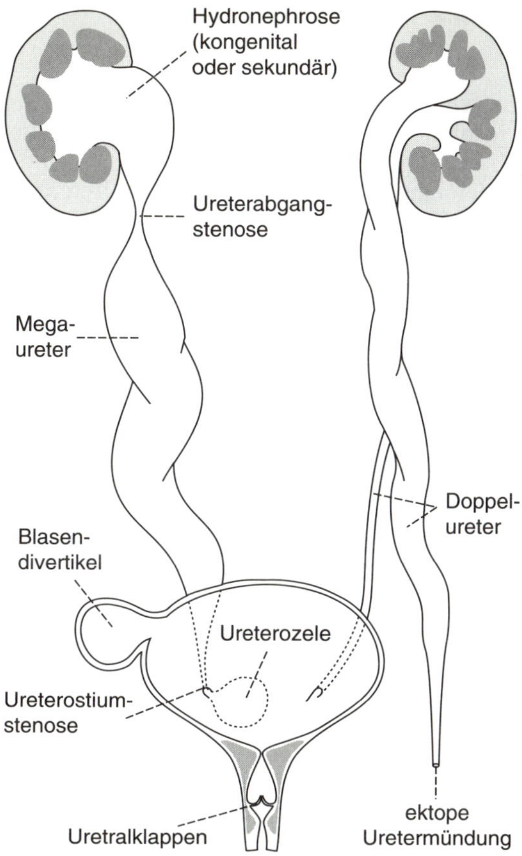

Abb. 36-10 Angeborene Nieren-Ureter-Blasen-Mißbildungen nach Hösli.

gnose führt. Eine **extrem vergrößerte Niere** kann bei **kleineren Kindern** als **Tumor** im Bauch getastet werden.

Therapie: Die Therapie einer Hydronephrose besteht darin, die Ursache möglichst zu beseitigen. Diese werden in den folgenden Abschnitten im einzelnen beschrieben. Liegt eine **Nierenbeckenabgangstenose** vor, wird abhängig vom Ausmaß der vorliegenden Enge und dem Funktionszustand der Niere konservativ oder operativ therapiert. Entscheidend ist, **welchen Druck** die Niere aufbauen muß, um das Hindernis zu überwinden. Gerade dieser Druck wie auch Entzündungen führen bei **längerer** Dauer der Erkrankung zu **bleibenden** Schäden an der Niere. Bei **ausreichender** Entleerung der Niere kann unter einer Antibiotikaprophylaxe und engmaschigen Kontrollen abgewartet werden, ob es infolge des **Wachstums** des Kindes zu einer **Streckung des Harnleiters** und damit zu einer Besserung des Zustandes kommt. Ist dies nicht der Fall, wird durch eine Operation das verengte Segment entfernt, das ausgeweitete Nierenbecken verschmälert und der Harnleiter neu am Nierenbecken eingepflanzt (**Anderson-Hynes-Plastik,** Abb. 36-11 A bis C).

Betreuung und Pflege: Am Vorabend der Operation wird um 18.00 und 22.00 Uhr eine Darmreinigung vorgenommen, zusätzlich werden entblähende Medikamente (Sab simplex®) verabreicht. Die Nahrung wird ab 18.00 Uhr reduziert und um 2.00 Uhr des Operationstages bekommt der kleine Patient den letzten Tee. Die notwendige Infusionstherapie zur Aufrechterhaltung des Flüssigkeitshaushaltes erfolgt nach ärztlicher Anordnung. Am Morgen des Operationstages wird die **erste Dosis** eines Antibiotikums intravenös verabreicht. Nach dem Waschen erhält das Kind ein Darmrohr zum nochmaligen Entleeren des Darmes von Luft und Stuhl. Die Art und Dosis der Prämedikation wurde bei der anästhesiologischen Visite festgelegt.

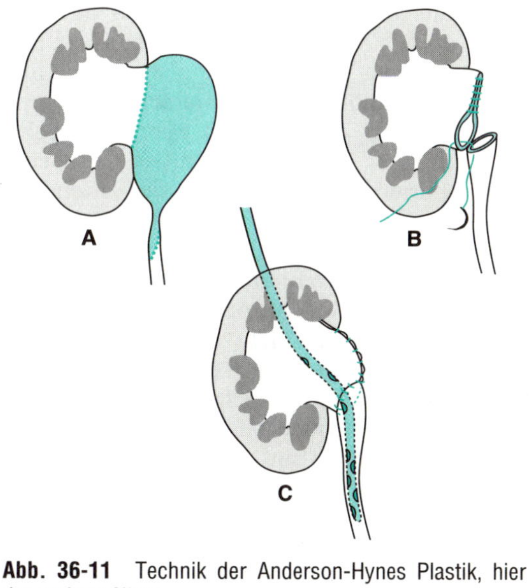

Abb. 36-11 Technik der Anderson-Hynes Plastik, hier der rechten Niere.
A: Hydronephrose, schraffierte blaue Fläche wird bei der Operation entfernt.
B: Verschluß des verkleinerten Nierenbeckens und Beginn der Anastomose mit dem Ureter.
C: Abschluß der Operation und Lage des Schienungskatheters durch das Nierenbecken über die Anastomose hinweg in den Ureter.

Der Patient wird **postoperativ** an einen EKG-Monitor angeschlossen. Eine gute Fixierung der Extremitäten ist notwendig. Aus der Flankenwunde wird evtl. eine Robinson-Drainage und in jedem Fall ein **Ureterschienungskatheter** ausgeleitet. Dieser Katheter ist sehr wichtig, da er die **neu angelegte Verbindung** zwischen dem Nierenbecken und dem Harnleiter **entlastet** und die regelrechte Heilung dieser zarten Strukturen ermöglicht. Über diesen Katheter wird der Urin aus der kranken Niere abgeleitet, über die Blase der Urin der gesunden Niere. Der korrekte Ablauf (Abknicken oder Verstopfen vermeiden) des Urins über den Ureterkatheters muß gewährleistet sein. Ein Ureterkatheter hat **zwei** Aufgaben: über ihn wird **Urin gefördert,** und er **schient** die neu erstellte Anastomose. Ist ein Harnleiterkatheter mit Blutkoageln verstopft, wird mit einer Rollerklemme der Abfluß wiederhergestellt.

Wegen der Gefahr aufsteigender Infektionen darf ein Harnleiterkatheter niemals angespült werden!

Auf die **gute Befestigung** der Katheter ist besonders zu achten. Um ein Herausreißen bzw. -rutschen zu vermeiden, wird der Katheter an der Austrittsstelle aus der Haut mit einem kleinen Tupfer abgepolstert und mit einem Verband fixiert. **Ureterschienen** sind **immer** auf der **entsprechend operierten Seite** zu befestigen; dies gilt vor allem bei **beidseitig** operierten Kindern, um die Seiten der Schienung nicht zu verwechseln. Die Verbandwechsel müssen unter aseptischen Bedingungen vom Arzt durchgeführt werden.

Patienten mit Operationen an den Nieren sind zu Beginn **stündlich** zu bilanzieren. Der Urin wird aus dem Katheter und der Blase täglich **getrennt** abgemessen sowie dessen spezifisches Gewicht bestimmt. Eine Antibiotikaprophylaxe und Blutdruckkontrollen sind immer notwendig. Für ein bis zwei Tage erfolgt die komplette parenterale Ernährung.

Der Nahrungsaufbau beginnt mit kleinen Mengen Tee. Um einen guten Spüleffekt für die Nieren zu erreichen, ist eine ausreichende Trinkmenge notwendig. Bettruhe ist einzuhalten, bis alle Katheter gezogen sind. Der Schienungskatheter wird nach **zehn bis zwölf Tagen** unter **Durchleuchtungskontrolle** gezogen.

36.18.2 Megaureter/Hydroureter

(s.a. Abb. 36-10)

Extreme **Erweiterung** und **Schlängelung** des Harnleiters, in Kombination mit einer Nierenbeckenerweiterung. Hauptursachen sind:

- **Verengung** am Blaseneingang (Ureterostiumstenose, s.a. Abb. 36-10). Bei einer Verengung direkt in der Blasenschleimhaut, kann diese sich sackartig in die Blase hineinwölben (Ureterozele).
- **Falsche Einmündung** eines Harnleiters, häufig bei einer Doppelniere; dort mündet der Harnleiter des oberen Anteils unterhalb der normalen Einmündungsstelle. Da dann kein Ventilmechanismus besteht, wird dieser Nierenanteil refluxgeschädigt.
- Eine **Blasenentleerungsstörung** (z.B. Urethralklappen s. Kap. 36.18.4 beim **Jungen** oder eine **Meatusstenose** bei **Jungen oder Mädchen** (Kap. 36.19.2).

Diagnostik: (s. Kap. 36.18.1)

Symptome: Das Kind wird meist wegen häufiger Harnweginfekte oder einer Nierenbeckenentzündung dem Kinderarzt vorgestellt.

Therapie: Sanierung des Harnweginfektes, anschließend erfolgt **anhand** der **Ergebnisse** der stattgefundenen Diagnostik die Entscheidung, ob eine konservative oder operative Therapie einzuleiten ist. Die operative Revision (hier am Beispiel der **Ureterostiumstenose** beschrieben) kann bei Bedarf in **mehreren** Schritten vorgenommen werden. Falls eine **Ureterozele** vorliegt, wird diese zuerst endoskopisch geschlitzt. Ist der Harnleiter weit dilatiert und geschlängelt, wird er vorübergehend als **künstlicher** Harnleiterausgang (**Ureterocutaneostomie**) ausgeleitet (Abb. 36-12 A und B). Damit kann der Urin völlig frei abfließen. Die Nierenfunktion erholt sich, und die Erweiterung des Harnleiters geht langsam zurück. Erst **nach** einer Zeit von etwa **drei Monaten** wird dann die definitive Operation (**Antirefluxplastik** z.B. Politano-Leadbetter) geplant. Hierzu wird der Ureter unter einem in der Schleimhaut liegenden Tunnel neu in die Blase eingepflanzt (Abb. 36-13 A und B). Ein Schienungskatheter liegt im neu eingepflanzten Harnleiter. Er wird durch die Bauchwunde aus der Blase ausgeleitet. Er ist sehr **wichtig,** da der **neugebildete Tunnel** zunächst **anschwillt** und den Harnleiter **abdrücken** würde. **Zusätzlich** wird ein Blasenkatheter, transurethral bei Mädchen oder Cystofix® bei Knaben (der Cystofix-Katheter

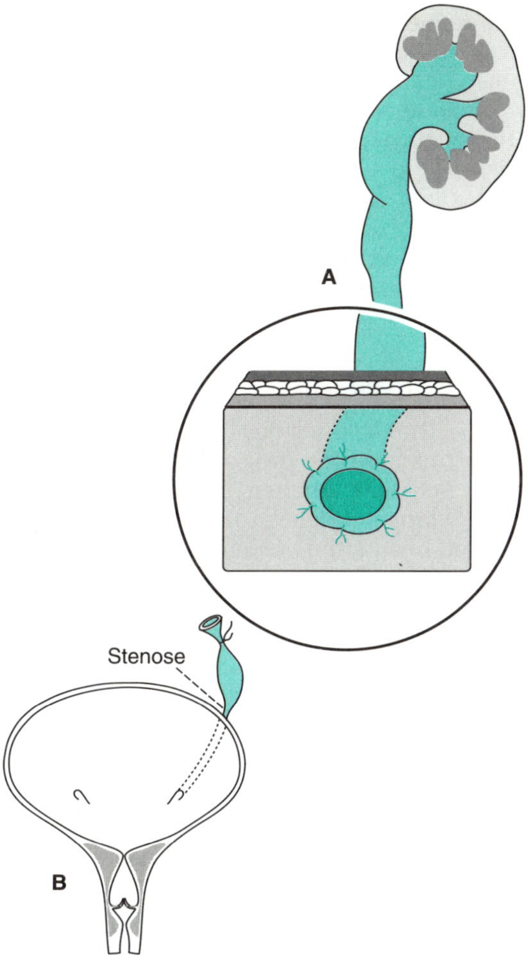

Abb. 36-12 Ureterocutaneostomie bei Megaureter wegen Ureterostiumstenose.
A: Megaureter mit ausgeleiteter Uretercutaneostomie (künstlicher Harnleiterausgang).
B: Ursache des Megaureters ist eine Ureterostiumstenose, die bei der Operation der Ureterocutaneostomie verschlossen wird und erst beim endgültigen Eingriff (z. B. Politano-Leadbetter) entfernt wird.

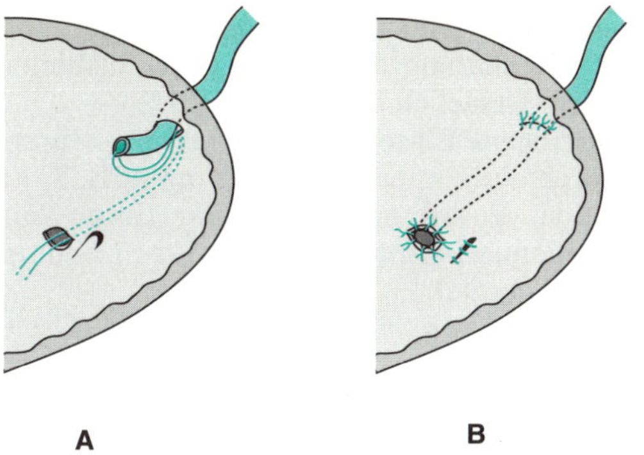

Abb. 36-13 Antirefluxplastik nach Politano-Leadbetter.
A: Durchtritt des neu einzupflanzenden Ureters durch die Blasenwand; der schon präparierte Schleimhauttunnel wurde mit einer dünnen Silikonsonde geschient.
B: Nach dem vorsichtigen Durchzug des Ureters durch den Tunnel Einnähen des Ureters und Bildung eines neuen Ostiums und Verschluß der Durchtrittsstelle.

bei den Knaben ist wegen der sehr empfindlichen langen männlichen Harnröhre notwendig) gelegt, um die **Ostien nicht** durch eine **gefüllte** Harnblase zu **belasten.** Der Schienungskatheter verbleibt für mindestens zehn bis zwölf Tage. Eine **Antibiotikaprophylaxe** ist bei allen Operationen an der Niere und dem Harntrakt **selbstverständlich;** diese wird nach Ziehen aller Katheter noch für drei Tage fortgesetzt. Ob anschließend eine Prophylaxe notwendig ist, hängt vom Einzelfall ab.

Betreuung und Pflege: Nach der Ureterocutaneostomie liegt zur Urinableitung zunächst ein Schienungskatheter für etwa eine Woche im Stoma (auf gute Fixierung achten). Das Stoma muß während dieser Zeit mit 0,9% Kochsalzlösung **feuchtgehalten** werden; später geschieht dies durch den austretenden Urin. Das Stoma wird mit sterilen Platten abgedeckt und kann sich nach der Wundheilung über die Windel entleeren. Das Kind ist für mindestens 24 Stunden parenteral zu ernähren, dann beginnt der orale Nahrungsaufbau. Ein- und Ausfuhrkontrollen sind notwendig.

Die **präoperative Vorbereitung** und **postoperative Betreuung** wird bei der Ureterneueinpflanzung (Politano-Leadbetter) wie unter 36.18.1 beschrieben vorgenommen.

36.18.3 Vesikoureterorenaler Reflux (VUR)

Der **Verschlußmechanismus** zwischen Blase und Harnleiter ist **nicht funktionstüchtig** und der Blasenurin fließt teilweise bis **in die Niere zurück.** Auch hier kommt es über Infektionen und entstehenden Druck auf die Niere zu **bleibenden** Schäden. Der Ventilmechanismus beruht auf einem schrägen Durchtritt des Harnleiters durch die Blasenwand. Ein geringgradiger Reflux kann deshalb mit dem

Wachstum des Kindes und einer Dicken- und Größenzunahme der Blasenwand ausheilen. Weitere **Ursachen** des VUR.

- **Neurogene Blase:** Blasenentleerungsstörung durch eine Innervationsstörung (z. B. Spina bifida, Polio) oder muskulär durch eine Beckenbodenspastik (Detrusor-Sphinkter-Dyssynergie).
- **Doppelnieren mit Doppelureteren** (Ureter duplex): Dort ist durch die Fehlmündung eines Ureters kein Ventilmechanismus vorhanden.
- **Sekundärer Reflux** infolge Schädigung der Ostien durch Infektionen oder Urethralklappen.

Symptome: Wiederkehrende Harnweginfekte oder Enuresis (Bettnässen).
Diagnostik: (s. Kap. 36.18.1)
Therapie: Je nach Höhe des Rückflusses werden **fünf Grade** unterschieden: der Reflux **ersten** und **zweiten** Grades wird **konservativ** behandelt und kontrolliert. Bei **höhergradigem** Reflux wird neben der Antibiotikaprophylaxe zystoskopisch in Narkose unter der Harnleitermündung ein **Polster** mit einem besonderen **Kollagenprodukt** gesetzt (SCIN = subureterale Kollageninjektion). Damit kommt es zu einer künstlichen Verdickung der Blasenwand, und diese wird unter dem Ureter angehoben, um den natürlichen **Ventilmechanismus nachzuempfinden.** Ist das Kollagendepot zu groß, besteht die **Gefahr** einer Stenose. Deshalb verläuft die Behandlung in **mehreren** Schritten, um mit Kontrolluntersuchungen (Ultraschall und Miktionszysturethrogramm) die Größe des Kollagendepots beurteilen zu können. Führt die Behandlung nicht zum Erfolg, ist eine operative Harnleiterneueinpflanzung, z. B. nach Politano-Leadbetter (s. a. Kap. 36.18.2) notwendig.

36.18.4 Doppelureter (s. a. Abb. 36-10)

Durch zwei **angeborene** Harnleiterknospen bilden sich **zwei** Nierenbecken. Diese Mißbildung kann **ein-** oder **beidseitig** auftreten. Jedes Nierenbecken hat einen **eigenen** Harnleiter. Verläuft dieser bis zur Blase getrennt (Ureter duplex), mündet der zum oberen Nierenbecken gehörende Harnleiter unterhalb des regulären Ostiums, bisweilen im Bereich des Blasenhalses, der Harnröhre oder der Samenblase. In anderen Fällen vereinigen sich die beiden Harnleiter vor der Blase (Ureter fissus) und münden im gemeinsamen Ostium.

Symptome: Einnässen wegen des fehlenden Verschlusses an der Mündung des ektop gelegenen Harnleiters (s. a. Abb. 36-10). Harnweginfekte.
Diagnostik: (s. Kap. 36.18.1).
Therapie: Je nach Funktion des aufgeweiteten Nierenteils ist eine Harnleiterneueinpflanzung oder eine Entfernung des Nierenpols mit zugehörigem Harnleiter notwendig.
Betreuung und Pflege: Die **postoperative** Versorgung ist unter Kap. 36.18.1 beschrieben.

36.18.5 Urethralklappen (s. a. Abb. 36-10)

Bei der Entwicklung des männlichen Genitales können in der prostatischen Harnröhre zarte **Schleimhautfalten** entstehen, die wie Venenklappen taschenartig in das Lumen fallen und beim Urinieren ein **Hindernis** bilden. Die Kinder müssen immer **starken** Druck aufbauen, um diesen **Widerstand** zu überwinden, können aber die Blase dennoch **nicht vollständig** entleeren (**Restharn**). Der Preßdruck kann zu weiteren Schädigungen (Blasendivertikel, sekundärer Reflux beidseitig ggf. mit Megaureteren und Nierenbeckenerweiterung) führen.
Symptome: Meist Harnweginfekte oder Einnässen, wenn nicht schon **intrauterin** ein Aufstau aufgefallen war.
Diagnostik: (s. Kap. 36.18.1).
Therapie: Urethralklappen müssen **so früh wie möglich endoskopisch geschlitzt** werden, um Folgeschädigungen zu verhindern. Der Unterschied zwischen der Ursache einer Erkrankung und dem kleinen, fast harmlosen Eingriff ist gegenüber dem Ausmaß der Schädigungen, die folgen können, selten so kraß, wie im Fall der Urethralklappen.
Betreuung und Pflege: Postoperativ wird für fünf Tage ein transurethraler Ballonkatheter eingelegt und entsprechend gepflegt (s. Kap. 36.23.11).

36.18.6 Funktionelle Enuresis (Bettnässen)

Nach Ausschluß organischer oder infektiöser Ursachen für das Einnässen liegt häufig eine **Unreife der Nervenbahnen** vor, die für die richtige Funktion der Blasenmuskulatur notwendig sind. Neben der **willentlichen Kontrolle** über das Wasserlassen muß das **Erkennen erlernt** werden, wann eine Blase **voll** ist. Die Regelung der nächtlichen Kontinenz ist kompliziert. Sie unterliegt:

- einer **unbewußten zerebralen** Regelung, die den Sphinkter bei geringer Blasenfüllung kontrahiert hält
- einer **verminderten nächtlichen** Harnproduktion
- der Bildung starker **Nervenimpulse** bei voller Blase, die das Kind **wecken** müssen

Diese Lernphase haben 80 bis 90% der Kinder nach dem **vierten Lebensjahr** abgeschlossen.

Symptome: Fortbestehendes (primäres) oder **wiederkehrendes** (sekundäres) Einnässen nach dem vierten Lebensjahr. Man unterscheidet zusätzlich den **Zeitpunkt** des Einnässens, **tags** (diurna) oder **nachts** (nocturna).

Therapie: Im Alter zwischen **sechs und zwölf Jahren** heilen **15 bis 20% spontan** aus. Dennoch sind folgende **therapeutische** Schritte sinnvoll:

- Die **psychotherapeutische** Betreuung dieser Kinder ist sehr wichtig, um ihnen Schuldgefühle zu nehmen und das Verständnis in der Familie zu fördern.
- Die Kinder sind zu einem **intensiven Blasentraining** anzuhalten: Ent- und Anspannungsübungen der Beckenbodenmuskulatur, regelmäßiger Toilettengang in kurzen Abständen mit Miktionsprotokoll, wenig Trinken am Abend und ein nächtlicher Toilettengang können die Symptomatik verbessern. Daneben sind Biofeedbackkontrollen sehr wirkungsvoll, die durch optische oder akustische Signale den Lerneffekt unterstützen. Auch Klingelhosen oder Weckapparate, die auf geringste Feuchtigkeitsmengen reagieren, sind gelegentlich hilfreich.
- Mit **speziellen Medikamenten** (z.B. Dibenzyran®) kann die Blasenmuskulatur beeinflußt und damit in einigen Fällen die Kontinenz verbessert werden. Störungen der für die Urinproduktion zuständigen Hormone können ebenfalls medikamentös (z.B. mit Minirin®) behandelt werden.

Andere Ursachen für das Einnässen sind Fehlbildungen der Nervenbahnen, die für die Kontinenz notwendig sind, z.B. bei Spina bifida occulta oder Kreuzbeinfehlbildungen. Zu berücksichtigen sind auch **psychogene** Krankheitsursachen wie ein gestörtes Familienmilieu, ein gestörtes Schlafmuster oder kindliche Depressionen.

Weitere **seltene** Mißbildungen des Urogenitalsystems sind die Nierenagenesie, die Hufeisenniere, die kongenitalen Nierenzysten und die aplastische einseitige Zystenniere.

36.18.7 Wilms-Tumor (Nephroblastom)

Angeborener Nierentumor, der über die Lymphbahnen und Blutwege in die Lunge, Leber und in die Knochen metastasieren kann.

Symptome: Zunahme des Bauchumfanges, allgemeines Unwohlsein mit Blässe, Brechreiz, Temperaturen und Schmerzen. Hämaturie und Hypertonus.

Diagnostik: Infusionsurogramm, Ultraschall, CT, NMR, Röntgenaufnahme des Thorax, Urinsediment.

Therapie: Diese erfolgt **stadien-** und **altersabhängig** mit Chemotherapie, Bestrahlung und Operation. Es werden **fünf** Stadien nach der Ausdehnung des Tumorbefalls unterschieden.

- **Stadium 1:** Tumor auf die Niere beschränkt
- **Stadium 2:** Tumor geht zwar über die Niere selbst hinaus, kann jedoch insgesamt entfernt werden
- **Stadium 3:** Lymphknotenmetastasen, der Tumor ist nicht vollständig zu entfernen
- **Stadium 4:** Fernmetastasen
- **Stadium 5:** beide Nieren sind befallen

Es muß versucht werden, den Tumor vollständig zu entfernen; ggf. muß zuvor ein Zyklus mit Chemotherapie und/oder Bestrahlung erfolgen.

Betreuung und Pflege: Postoperativ engmaschige, **intensivmedizinische** Monitorüberwachung. Eine Kontrolle auf mögliche Nachblutungen muß über die Beobachtung des Sekretes aus den Wunddrainagen erfolgen wie auch über die Kreislauf- bzw. Laborparameter. Insgesamt ist die Nachbehandlung wie nach einer großen Bauchoperation mit parenteraler Ernährung, Knierolle, darmanregenden Medikamenten und Nahrungsaufbau nach ärztlicher Anordnung durchzuführen.

Die **Heilungschancen** sind **abhängig** vom Stadium der Ausbreitung, insgesamt jedoch mit bis zu 80% als **sehr gut** zu bezeichnen.

36.19 Äußeres Genitale

36.19.1 Hypospadie

Angeborene unvollständige männliche Harnröhre.

Symptome: Der Ausgang der Harnröhre ist dammwärts verlagert und vielfach ist der Penisschaft verkrümmt. Bei allen Formen ist die Vorhautschürze an der Penisunterseite gespalten und an der Penisvorderseite vergrößert. Die Hypospadie wird je nach **Lage der Harnröhrenöffnung** (Meatus) unterteilt in glandulär, coronar, penil, penoscrotal, scrotal und perineal.

Diagnostik: Ultraschall und Miktionzysturethrogramm zum Ausschluß weiterer Nierenfehlbildungen und Fehlfunktionen.

Therapie: Bei **geringgradiger** Fehllage im Bereich der Eichel und fehlender Schaftverkrümmung ist lediglich eine kosmetische **Verkleinerung** der Vorhautschürze notwendig. Bei einer **Verengung** des Harnröhrenausgangs (Meatusstenose) ist eine baldige Operation angezeigt, um einen **Harnverhalt zu vermeiden** (s. a. Kap. 36.19.2).

Zur Beseitigung einer Schaftkrümmung und Vorverlagerung des Meatus gibt es **unterschiedliche** Operationsverfahren, je nach Ausmaß der Mißbildung **ein-** und **zweizeitige.**

Operationszeitpunkt ist idealerweise **Anfang des zweiten Lebensjahres.** Wird zweizeitig operiert, erfolgt mit einer sog. Aufrichtungsoperation zunächst die Beseitigung der Penisschaftverkrümmung. Dabei kommt es zu einer weiteren Zurückverlagerung des Harnröhrenausgangs. In einer zweiten Operation, ca. sechs bis acht Monate später, wird die neue Harnröhre angelegt und damit der Meatus bis an die Spitze der Eichel verlagert. Bei der Harnröhrenneubildung (zweite Sitzung) wird der Urin über eine **Dammfistel** abgeleitet. Als Platzhalter und zur Wundsekretableitung für die ersten drei Tage dient ein dünnlumiges Stückchen einer Redon-Drainage (**Splint**), das in der neuen Harnröhre liegt. Zur Entlastung der zarten Haut werden die Fäden u-förmig über Stege geknotet.

Komplikationen der Operationen sind eine übermäßige Schwellung oder eine Nachblutung, die eine Heilung des Gewebes verhindern. Nachfolgend sind dann Wundheilungsstörungen möglich und es können sich Öffnungen (Fisteln) in der neuen Harnröhre bilden, aus denen Urin austreten kann.

Betreuung und Pflege: Alle Kinder mit Operationen im Bereich des äußeren Genitale erhalten **postoperativ** einen **Bettenbogen,** um das **Gewicht** der Decke vom Operationsgebiet fernzuhalten. Während der Zeit der Wundheilung liegt nach der Aufrichtungsoperation (erste Sitzung) ein transurethraler Katheter, der ca. zehn bis zwölf Tage verbleibt. Die Ableitung erfolgt über ein steriles Auffangsystem mit Kontrolle der Urinentleerung. Es ist darauf zu achten, daß **kein Zug** auf den Katheter ausgeübt wird.

Bei diesen Operationen muß das Pflegepersonal auf **starke Schwellneigung**, eine **Nachblutung** oder einen **Bluterguß** achten; ggf. ist ein Arzt zu benachrichtigen. Die Schwellneigung läßt sich durch konsequente Bettruhe und eine spezielle Verbandtechnik (Abb. 36-14) reduzieren. Die Verbände sind mit Kochsalzlösung feucht zu halten. Der erste Verbandwechsel erfolgt am vierten postoperativen Tag. Die Kinder erhalten eine ausreichende Schmerztherapie, bei Unruhe auch Sedativa. Die Urinausscheidung ist regelmäßig zu kontrollieren (s.a. Kap. 36.23.8). Der Dammkatheter, der bei der zweiten Operation gelegt wurde, kann nach zehn bis zwölf Tagen gezogen werden. Die Fäden werden am besten unter Sedierung entfernt.

36.19.2 Meatusstenose (Harnröhrenausgangstenose)

Angeborene oder **erworbene** Verengung des Harnröhrenausganges. Wird diese nicht beseitigt, kommt es zu **schweren** Störungen im Bereich der Nieren und der ableitenden Harnwege (s. a. Kap. 36.18.1).

Symptome: Dünner Harnstrahl. Das Urinieren ist für die Kinder sehr **anstrengend** (roter Kopf), und sie **brauchen** relativ **lange.** Als Folgeerscheinung treten Harnweginfekte und/oder Einnässen auf.

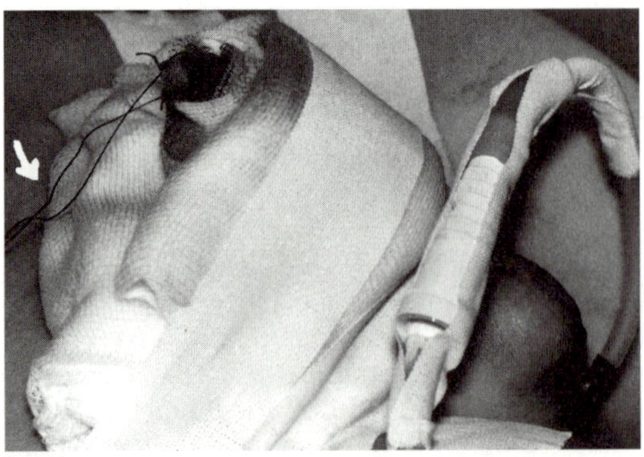

Abb. 36-14 Verbandtechnik der Hypospadie mit einem Haltefaden in der Eichel (Pfeil).

Diagnostik: Uroflow, Ultraschall und Miktionszysturethrogramm (MCU), ggf. Infusionsurogramm.
Therapie: Bei **Mädchen** wird der **Narbenring** seitlich am Harnröhrenausgang einoder **beidseitig gespalten,** und die Schleimhaut darüber wieder adaptiert. Bei **Jungen** wird die Enge **längs eröffnet** und **quer vernäht.**
Betreuung und Pflege: Postoperatives Belassen des Blasenkatheters für fünf Tage mit entsprechender Katheterpflege (s.a. Kap. 36.23.11).

36.19.3 Phimose

Der **äußere Vorhautring** ist so **verengt,** daß er nicht über die Eichel zurückgestreift werden kann. Im **ersten Lebensjahr** ist diese Verklebung **normal.** Erst im Kleinkindalter sollte die Vorhaut zurückstreifbar sein. Wird dies zu **früh** versucht, kommt es zu kleinsten Verletzungen der Vorhaut, die nachfolgend zu einer **narbigen** Phimose führen.
Symptome: Dünner oder **gespaltener** Harnstrahl. In manchen Fällen bläht sich die Vorhaut beim Urinieren auf. Da die Eichel nicht ausreichend gereinigt werden kann, sind Entzündungen der Eichel (Balanitis) und der Vorhaut möglich.
Therapie: Beseitigung der narbigen Verengung durch Resektion (**Zirkumzision**). Bei einer plastischen Erweiterung wird eine Teilbedeckung der Eichel erhalten. Mit der rituellen Beschneidung, häufig aus religiösen Gründen durchgeführt, wird die Eichel vollständig freigelegt. Die Operation ist meist **ambulant** möglich, wenn die Eltern auf die Nachbehandlung achten.
Betreuung und Pflege: Um eine **erneute Verklebung** zu vermeiden, ist die Eichel in den ersten Tagen nach der Operation mit einer **entzündungshemmenden** Salbe (Ficotril®) zu behandeln. Bei Kindern nach einer plastischen Operation beläßt man für vier Tage einen Zuhaltefaden am äußeren Vorhautblatt.

Anschließend erhalten die Kinder zweimal täglich ein Kamillen-Sitzbad, während dessen die Vorhaut zurückgestreift wird. Die Eichel sollte anschließend mit einer Wundsalbe (Bepanthen®) bestrichen werden. Falls der Penis stark **anschwillt,** ist Bettruhe mit **Hochlagerung** des Penis (s. Kap. 27, Abb. 27-8) unter einem Bettenbogen einzuhalten.

36.19.4 Labiensynechie

Angeborene Verklebung der **kleinen** Schamlippen beim **weiblichen** Säugling. Bei größeren Mädchen kann es zu einer Verklebung der kleinen Schamlippen durch Entzündungen kommen.
Symptome: Die Schamlippen lassen sich **nicht spreizen.**
Therapie: Die Verklebungen lassen sich mit einer Knopfsonde ohne Schnitt lösen. Um ein Rezidiv zu vermeiden, wird anschließend **östrogenhaltige** Salbe (z.B. Linoladiol®) aufgetragen.

36.19.5 Hymenalatresie

Völliger Verschluß des Jungfernhäutchens (Hymen).
Symptome: Manchmal fällt schon beim Säugling aufgrund der Schleimproduktion eine Vorwölbung zwischen den kleinen Schamlippen auf. Meistens leiden diese Mädchen in der **Pubertät** an **typischen Regelschmerzen, ohne** daß eine **Blutung** durchkommt. Im Verlauf weiterer Monate füllen sich die Scheide und die Gebärmutter mit Blut. Die Blutansammlung kann sich bis zu einer **tastbaren** Raumforderung im Unterbauch ausdehnen.
Diagnostik: Ultraschall.
Therapie: Das Jungfernhäutchen wird eingeschnitten. Von dem **zurückgestauten** Blut geht eine erhebliche **Infektionsgefahr** aus.
Betreuung und Pflege: Postoperativ erfolgt eine antibiotische Abdeckung für ein bis zwei Wochen. Nach der Operation werden Polyvidonjod-Vaginalzäpfchen (Betaisodona®) und zweimal täglich Sitzbäder verordnet.

36.19.6 Blasenekstrophie

Hemmungsmißbildung in der **dritten Fetalwoche** mit samtartig **freiliegender** Blasenplatte vor der Bauchwand. **Knaben** sind **achtmal häufiger** als Mädchen betroffen. Die Blasenspalte ist eine schwerwiegende Mißbildung.
Symptome: Neben der unterschiedlich großen offenen Blasenplatte mit tiefem Nabelansatz haben diese Kinder einen gespaltenen Beckenring, eine nach dorsal offene verkürzte Harnröhre, häufig eine vesikorenale Refluxkrankheit, Fehlbildungen des Herzens, Schwäche des Analsphinkters und Leistenhoden bei den Jungen. Nicht verschlossene Blasenekstrophien weisen ein höheres Karzinomrisiko auf.

Diagnostik: Ultraschalluntersuchung und Infusionsurogramm.

Therapie: Die operative **Rekonstruktion** benötigt **mehrere** Schritte:

- Kurz nach der Geburt erfolgt meistens eine **Beckenosteotomie.** Hierbei werden beide Darmbeinschaufeln hinten neben dem Kreuzbein durchtrennt, um die Annäherung der Symphyse zu ermöglichen.
- Eine Woche später werden die **Blase** rekonstruiert, die **Symphyse** zusammengezogen, der **Penis** verlängert und die **Bauchwand** verschlossen.
- Im **dritten Lebensjahr** wird eine **Blasenhalsplastik** angelegt und, wenn **notwendig,** die Ureteren neu in die Blase eingepflanzt.
- Die **Korrektur** des **Spaltpenis** wird im **vierten bis fünften Lebensjahr** geplant.

Prognostisch bleibt die Kontrolle des Urinabgangs problematisch. Die **Fertilität** der Jungen kann **nur** erreicht werden, wenn die Ausführungsgänge der Samenbläschen in die Harnröhre zu liegen kommen.

Betreuung und Pflege: Präoperativ ist die **Inkubatorpflege** unumgänglich. Das Abdekken der **Blasenschleimhaut** mit **feuchten** Kompressen (NaCl 0,9%) ist **zwingend,** um ein **Austrocknen** der Blasenschleimhaut zu vermeiden.

Postoperativ ist auf die Lage und den Ablauf der aus der Bauchwunde ausgeleiteten **Harnleiterschienen** zu achten. Die **Oberschenkel** werden nach guter Polsterung **zusammengewickelt,** um die **Symphysennaht** zu entlasten.

Eine gute Wundheilung der neu zusammengezogenen Bauchdecke ist äußerst wichtig, jedoch durch die Beinlagerung erschwert. Die Spannung auf das Abdomen kann durch abführende und entblähende Maßnahmen verringert werden. Eine Infusionsbehandlung und eine Antibiotikatherapie sind notwendig. Der Nahrungsaufbau erfolgt nach ärztlicher Anweisung.

36.20 Extremitäten

36.20.1 Hämatogene Osteomyelitis

Eitrige **Knochenentzündung,** die in **jedem** Lebensalter entstehen kann. Die Streuung der Erreger erfolgt nach einer banalen Infektion, z.B. im Nasen-Rachenraum, über die Blutbahn.

Symptome: Schmerzen mit **Schonung** der betroffenen Extremität. Lokal kommt es zu einer Schwellung mit Druckschmerz und Rötung.

Diagnostik: Im Nativröntgenbild findet sich erst nach einigen Tagen eine **Aufhellung.** Führend sind **allgemeine** Entzündungszeichen (Appetitlosigkeit, Fieber, erhöhte Blutsenkung und C-reaktives Protein) und ein **Herdbefund** im Knochenszintigramm; ggf. ist eine Magnetresonanztomographie (MRT) durchzuführen.

Therapie: Eine intravenöse **Antibiotikatherapie** ist schon beim **Verdacht** auf diese Erkrankung zu beginnen. Zuvor sollte jedoch unbedingt eine **Blutkultur** zum Erregernachweis abgenommen werden. Die Extremität ist ruhigzustellen. Evtl. muß zuvor eine Punktion des Entzündungsherdes zum Keimnachweis erfolgen. Entwickelt sich ein Abszeß, bei dem die konservative Therapie nicht anschlägt, muß dieser eröffnet werden. Hierbei wird abgestorbenes Knochenmaterial (Sequester) ausgeräumt und ggf. eine Saug-Spül-Drainage angelegt.

Betreuung und Pflege: Nach der operativen Sanierung ist auf die Funktion der Saug-Spül-Drainagen (s.a. Kap. 31.15.2) zu achten, da sie leicht verstopfen. Die ein- und auslaufende Menge ist in einer sog. **Spülbilanz** zu protokollieren, um evtl. **Einlagerungen** erheblicher Flüssigkeitsmengen in das Gewebe **rechtzeitig zu bemerken.** Kontrollen der Motorik, Durchblutung und Sensibilität (**MDS-Kontrollen**) sowie die Hochlagerung der Extremität auf einer Schiene bzw. einem Kissen sind notwendig. Der Rückgang der Entzündungswerte (insbesondere des C-reaktiven Proteins und der Blutsenkung) zeigen, daß die Therapie anschlägt. Die Umstellung auf eine orale Antibiotikatherapie ist erst nach Normalisierung der Entzündungswerte angebracht.

Die Gefahr liegt immer in der **Chronifizierung** des Prozesses mit Beteiligung der Wachstumsfugen und entsprechenden Wachstumsstörungen. Deshalb ist eine **langandauernde** (Wochen bis mehrere Monate) Antibiotikatherapie über die Zeit der Ruhigstellung hinaus **dringend** notwendig. Neben den Laborwerten zeigen die Röntgenbilder oder die Skelettszintigraphie, ob der Heilungsverlauf voranschreitet oder ein Rezidiv eingetreten ist.

36.20.2 Knochenzysten

In der Metaphyse langer Röhrenknochen können sich **gutartige**, rundliche Knochenhöhlen mit **wäßrigem** Inhalt (Abb. 36-15) bilden, deren Entstehungsmechanismus noch nicht genau geklärt ist.
Symptome: Häufig fallen diese Zysten erst im Rahmen eines Knochenbruches auf, da die Kortikalis des Knochens in diesem Bereich verdünnt ist. Durch die **Verminderung** der **Stabilität** können schon **Bagatelltraumen** (z. B. Tritt gegen einen Ball, Stoß des Arms gegen einen Schrank) zu einem **Bruch** führen.
Diagnostik: Röntgenaufnahmen der betreffenden Extremität, Ausschluß eines malignen Geschehens.
Therapie: In jedem Fall **Stabilisierung** der Fraktur. Es gibt **unterschiedliche Behandlungsmöglichkeiten** der Knochenzysten. Entweder ist die Ausheilung langsam über eine Druckentlastung der Zyste mit Hohlschrauben sowie der Kortisoninstillation zu erreichen oder die vollständige Ausräumung der Zyste sowie die Auffüllung des Zystenraumes mit Knochenspänen aus dem Becken führt zur Heilung.
Betreuung und Pflege: Postoperativ ist die Hochlagerung der Extremität angezeigt. MDS-Kontrollen. Der Verlauf der Heilung wird über Röntgenaufnahmen in gewissen Abständen kontrolliert. Die Kinder können nach der Wundheilung nach Hause, bei Zysten an den Knochen der Beine zunächst unter Entlastung mit Gehstützen oder Gips.

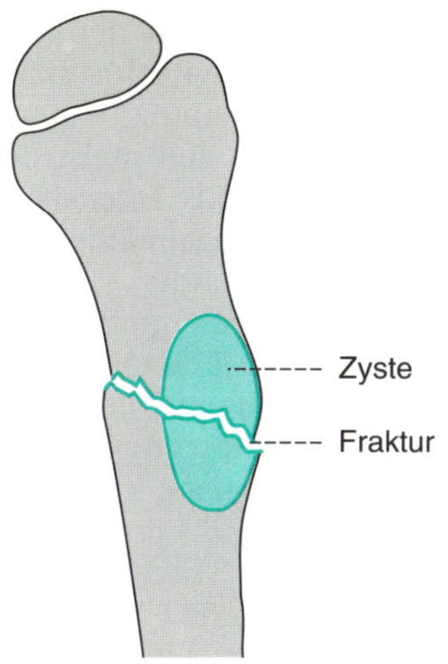

Abb. 36-15 Beispiel für eine pathologische Fraktur bei einer Knochenzyste.

36.21 Traumatologie

36.21.1 Stumpfes Bauchtrauma

Gewalteinwirkung auf den Bauchraum **ohne eröffnete** Bauchwand. Eine Verletzung innerer Organe muß **frühzeitig** erkannt werden, da es innerhalb **kurzer** Zeit zu **lebensbedrohlichen** Blutungen kommen kann. Geringfügigere Blutungen oder Darmwandverletzungen können **anfangs** noch **symptomlos** sein und sich der Diagnostik **entziehen.** Besonders tückisch kann eine **Verletzung der Milz** sein, wenn die intakte Milzkapsel eine Zerreißung des inneren Gewebes zunächst abdeckelt. Erst zu einem **späteren** Zeitpunkt reißt die Kapsel durch **zunehmenden Druck** des inneren Blutergußes ein und es kommt zum **plötzlichen Blutungsschock.** Alle Organe, am häufigsten jedoch die Milz, können von einer Verletzung betroffen sein.
Symptome: Die Angabe von Bauchschmerzen und sichtbare Prellmarken oder Abschürfungen an der Bauchwand sind richtungsweisend. Auch der Bruch einer der unteren Rippen kann auf eine intraabdominelle Verletzung hinweisen. Eine **Hämaturie,** die beim **Harnleiterabriß** allerdings **fehlt,** deutet auf eine Verletzung der Nieren hin. Erhöhte Bauchdeckenspannung und ein Blutmangelschock ohne andere Ursachen sind fast beweisend.
Diagnostik: Blutentnahmen (Blutbild, Gerinnung, Kreuzprobe, Amylase und Leberwerte). Urinsediment. Ultraschall. Röntgenaufnahmen aller betroffenen Regionen und des Thorax, Wirbelsäule und Becken. Bei speziellen Indikationen Computertomographie, Szinti- und Angiographie.
Therapie: Bei jeder nachgewiesenen Blutung im Bauchraum, die zu einem **deutlichen** Abfall des Blutdruckes oder des Hämoglobinwertes im Blut führt, muß **sofort** operiert werden. Wird bei **kleineren** Blutungen erst **abgewartet,** ist eine **strenge Überwachung** des Kindes unabdingbar.

Bei der Operation wird versucht, die Blutung zu stillen und das oder die betroffenen Organe zu erhalten. Hier ist insbesondere die Milz zu nennen, bei der gewebesparend operiert werden muß. Ggf. kann **Milzteilgewebe,** z.B. im großen Netz, als **Autotransplantation** erhalten werden. Dies ist aufgrund der stark erhöhten Infektionsneigung nach Milzentfernungen notwendig (s. Kap. 36.15.1).

Betreuung und Pflege: Nach der operativen Behandlung von Blutungen im Bauchraum hängt die **weitere** Betreuung von der Blutungsursache, wie auch den meist bestehenden **Begleitverletzungen** ab. **Intensivmedizinische** Behandlung mit **regelmäßigen,** in **kurzen Abständen** stattfindenden Laboruntersuchungen, Puls-, Blutdruck- und Temperaturkontrollen sind immer notwendig. Kontrolle der Drainagen (Robinson- und/oder Easy Flow-Drainagen) auf eine mögliche Nachblutung. Die Kinder sind **schwer** krank und brauchen **viel Zuwendung** und **Verständnis.**

Bei der konservativen Therapie ist ebenfalls eine intensivmedizinische Monitorüberwachung mit kurzfristigen Labor- und Kreislaufkontrollen anzustreben. Sonographische Kontrollen, Beobachtung der Peristaltik und des Refluxes aus dem Magen sind selbstverständlich. Ein Blasenkatheter erleichtert die Bilanzierung. Eine volle parenterale Ernährung wird eingeleitet.

36.21.2 Frakturen im Kindesalter

Besonderheiten bei kindlichen Frakturen (Abb. 36-16 A bis G) liegen in den Wachstumsfugen, der Weichheit der Metaphysen und der Biegsamkeit der Knochen. **Unvollständige** Biegungsbrüche werden **Grünholzfrakturen** genannt. Im Bereich der Metaphysen können nach axialen Stauchungstraumen **Wulstbrüche** auftreten. Frakturen heilen häufig **schneller** als bei Erwachsenen und in einem gewissen Ausmaß können Kinder mit dem normalen Wachstum mögliche **Längenunterschiede** und **Achsknickungen ausgleichen,** jedoch keine Drehfehler.

Symptome: Schmerzen, Fehlstellung, Schwellung, abnorme Beweglichkeit.

Diagnostik: Röntgenaufnahmen der betreffenden Extremität in zwei Ebenen. Bei **fraglichen** Befunden wird die **Gegenseite** zum Vergleich geröntgt, oder es erfolgt eine Ruhigstellung über eine Woche mit anschließender Kontrollaufnahme. Dann finden sich evtl. Zeichen einer stattgehabten Fraktur mit Periostverdickung und beginnender Kallusbildung.

Therapie: Frakturen bei Kindern können **häufiger konservativ** behandelt werden als bei Erwachsenen. Bei einer Fehlstellung wird der Bruch eingerichtet und ruhiggestellt. **Halbkonservativ** nennt sich die Knochenbruchheilung unter **Dauerzug** (Abb. 36-17 A bis C). Die operative Therapie ist erforderlich, wenn der Bruch **nicht** in der eingerichteten Stellung **verbleibt** oder eine **Einrichtung geschlossen nicht möglich** ist. **Operationen** sind bei Ellenbogenfrakturen, **immer** bei Gelenkfrakturen mit Stufen in der Gelenkfläche, offenen Frakturen, Frakturen bei Mehrfachverletzten und Frakturen bei Schädel-Hirn-Traumen **erforderlich.** Bei letzteren wird eine Frakturversorgung zur besseren Lagerung, Versorgung und Pflege angestrebt.

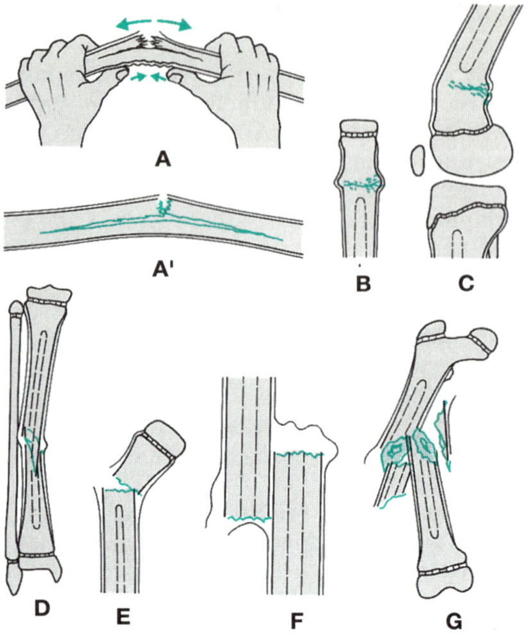

Abb. 36-16 Frakturen am wachsenden Skelett.
A: Grünholzfraktur, bei der nur die konvexe Seite im Periostschlauch bricht.
B: Wulstbruch.
C: Knickbruch.
D: Subperiostale Tibiafraktur mit intakter Fibula.
E: Vorderarmbruch mit einseitig gerissenem Periost.
F: Oberschenkelfraktur mit Verschiebung und Verkürzung.
G: Oberschenkeltrümmerbruch.

Die operative Frakturversorgung erfolgt mit Bohrdrähten (Kirschner-Draht), Markraumnagelung, Schrauben, Platten und äußeren Spannern (Fixateur externe), je nach Art und Lokalisation des Bruches. Die **Wachstumsfuge** darf durch die Frakturversorgung **nicht verletzt** werden.

Betreuung und Pflege: Postoperative Hochlagerung der betroffenen Extremitäten. Kirschner-Drähte werden meistens durch die Haut eingebracht und halten ein Knochen-

A

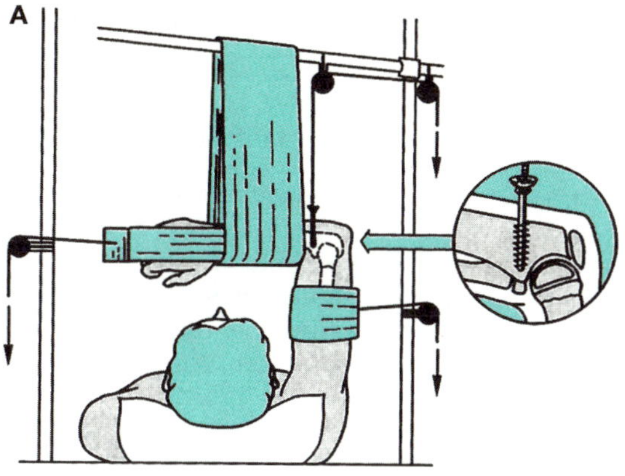

C

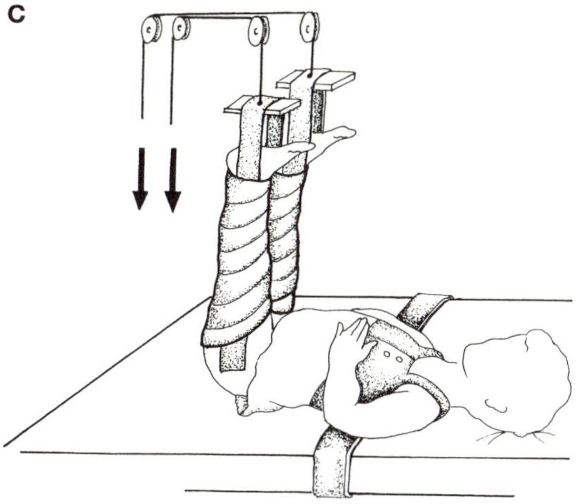

B

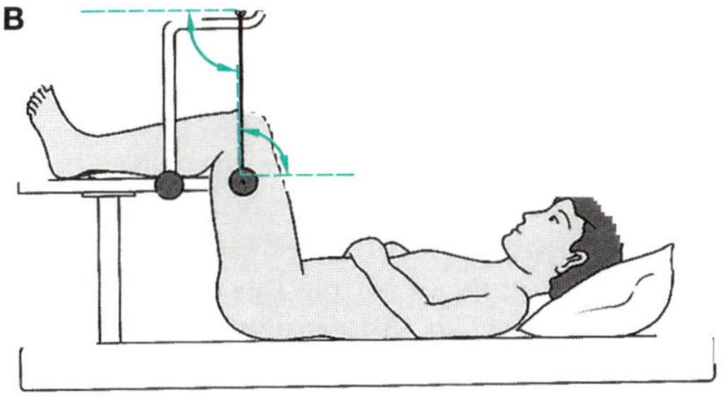

Abb. 36-17 Knochenbruchheilung über einen Dauerzug.
A: Bei irreponiblen supracondylären oder auch subkapitalen Oberarmfrakturen mit einem Ekesparre Nagel in die Ulna eingeschlagen
B: Weber-Tisch bei Oberschenkelbrüchen ab dem dritten Lebensjahr.
C: Overhead-Extension bei Oberschenkelbrüchen bis zum dritten Lebensjahr.

stück an der richtigen Stelle fest. Diese Art der Versorgung ist **nicht bewegungsstabil,** und es muß deshalb immer **zusätzlich** ein Gips- oder Kunststoffverband angelegt werden. Durch die Einrichtung des Bruches und ggf. durch eine Operation schwillt die Extremität zusätzlich an, so daß **keine zirkulären** Verbände direkt nach der Verletzung oder der Operation angelegt werden dürfen. Auf Druckstellen achten, Motorik, Durchblutung und Sensibilität (kurz MDS) regelmäßig kontrollieren (s. a. Kap. 5.1.6). Die für Kinder **geeigneten** dünnen Marknägel wie auch die Platten sind **nicht sofort belastungsstabil;** die Kinder erhalten direkt nach der Operation einen Gipsverband.

Bei einem Fixateur sind täglich die Stäbe mit Watteträgern und Wasserstoffsuperoxyd zu reinigen; nach der Entlassung übernehmen dies die Eltern oder ältere Kinder selbst.

Die Mobilisierung bei Brüchen an den Beinen erfolgt über Unterarmgehstützen (s. a. Kap. 31, Abb. 31-14 und Kap. 34.10.4).

36.22 Verbrennungen

(s. Kap. 13.4 und Kap. 32.4 und 32.9)

III Pflegerischer Teil

36.23 Das Kind als Patient

36.23.1 Aufnahme des Patienten

Die **bevorstehende** Operation eines Kindes bedeutet für dessen Eltern **Angst** und **Ungewißheit** verbunden mit dem **Gefühl der Hilflosigkeit** sowohl dem Kind als auch der Situation gegenüber. Es ist daher wichtig, die Eltern oder andere Bezugspersonen des Kindes bereits bei der Aufnahme in die Pflege **mit einzubeziehen** und durch das Erstgespräch eine **vertrauensvolle Atmosphäre** zu schaffen. Die kranken Kinder werden von der Kinderkrankenschwester/-pfleger **altersentsprechend** und **wahrheitsgetreu** über ihre Krankheit und die damit verbundenen notwendigen, teilweise auch unangenehmen und schmerzhaften pflegerischen Maßnahmen informiert. Leider können nicht alle Kinder während eines stationären Aufenthaltes ständig von ihren Eltern umsorgt werden, so daß das **Ausfüllen des Stammblattes** (s.a. Kap. 2, Abb. 2-11) im Beisein der Eltern für die spätere Pflege eine **große Hilfe** darstellt. Wichtig sind insbesondere Fragen nach **individuellen** Gepflogenheiten des Kindes, z.B. **Einschlafgewohnheiten** (braucht es einen Schnuller, ein Schmusetier oder ein Kuscheltuch), **Vorlieben** und **Abneigung** bei Speisen und Getränken, wie äußert es sich, wenn es zur Toilette muß.

Bei allen stationär aufgenommenen Kindern werden Länge, Gewicht, Temperatur, Puls und Blutdruck festgestellt und dokumentiert. Ist für ärztlich angeordnete Blutuntersuchungen (z.B. Blutbild, Blutgruppe, Gerinnungsparameter) eine Venenpunktion erforderlich, kann **ca. 30 bis 60 Minuten** vor dieser Maßnahme ein **Salbenpflaster** (z.B. Emla®) auf die Punktionsstelle geklebt werden. Die Salbe des Pflaster wirkt durchblutungsfördernd und enthält zusätzlich ein Lokalanästhetikum, so daß die Blutentnahme für das Kind fast schmerzfrei verläuft. Falls es für die Operation erforderlich ist, wird im Anschluß an die Venenpunktion ein Venenverweilkatheter gelegt, der mit einem gerinnungshemmenden Medikament (z.B. Vetren®) durchgespült, abgestöpselt und einem entsprechenden Verband (s.a. Kap. 7.3.4) versehen wird.

36.23.2 Präoperative Versorgung

Körperpflege/Rasur

Am Operationstag erfolgt die gründliche Ganzkörperwäsche bzw. ein Reinigungsbad mit besonderer Berücksichtigung des Nabels, der Hautfalten und des Operationsgebietes. Anschließend wird das Kind **nicht eingecremt,** um die **Haltbarkeit** der Elektroden am Thorax während der Operation zu gewährleisten. Am Operationstag wird die Rasur behaarter Körperteile entsprechend der ärztlichen Anordnung vorgenommen. Geringer Haarwuchs wird mit einem Einmalrasierer trocken entfernt, starker behaarte Körperpartien werden naß rasiert.

Darmentleerung/Nahrungsabbau

Bei Operationen im **Magen-Darmtrakt** wird am Tag vor der Operation eine **gründliche** Darmreinigung mittels Mikroklist®, Glyzerinspritze, Zäpfchen, Reinigungseinlauf, hohen Einläufen oder einer orthograden Darmspülung vorgenommen (ärztliche Anordnung).

Bei akutem Abdomen darf eine Darmreinigung nur auf ärztliche Anordnung erfolgen, da die Gefahr der Darmperforation besteht!

Bei **allen anderen** Operationen ist für die Darmentleerung am Vortag der Operation die Gabe eines **Klistiers** ausreichend.

Je nach Art des geplanten Eingriffes erfolgt am Vortag der Operation der Nahrungsabbau. Bei Operationen im **Magen-Darmtrakt** erhalten die Patienten **ab Mittag des Vortages** flüssig-breiige Kost, **ab Mitternacht** besteht absolute Nahrungs- und Flüssigkeitskarenz. Bei **allen anderen** Operationen darf der kleine Patient **um 2.00 Uhr letztmalig** gesüßten Tee trinken. Um bei Neugeborenen oder Säuglingen einem zu hohen Flüssigkeitsverlust und einer Hypoglykämie (zu niedriger Blutzuckerspiegel) vorzubeugen, werden sie **nicht länger als vier Stunden ohne orale** Flüssigkeitszufuhr gelassen.

Eine Infusionstherapie erfolgt bei ihnen auf ärztliche Anordnung. Das betreuende Krankenpflegepersonal achtet darauf, daß sämtliche Nahrungsmittel aus dem Zugriff des zu operierenden Kindes entfernt werden. Am Morgen der Operation wird auf das **Putzen der Zähne verzichtet,** um das Schlucken von Zahnputzwasser zu verhindern.

Prämedikation

Nach Angaben des Anästhesisten wird **30 bis 60 Minuten** vor der Operation **intramuskulär** oder **subkutan** die Prämedikation (z.B. Atropin®) verabreicht. Unmittelbar davor sollte das Kind nochmals die Blase entleeren, bei Säuglingen und Kleinkindern wird die Windel gewechselt.

Nach der Medikamentengabe dürfen die Patienten ihr Bett nicht mehr verlassen und auf keinen Fall alleine gelassen werden!

36.23.3 Postoperative Versorgung

Postoperativ erfolgen bei kleinen Kindern oder nach großen Eingriffen (s.u.) **engmaschige Vitalzeichenkontrollen** (Temperatur, Puls, Blutdruck, Atemfrequenz, Urinausscheidung, Bewußtseinslage, etc.). Bei großen Kindern, an denen ein kleiner Eingriff vorgenommen wurde, genügt die einmalige Kontrolle von Temperatur, Puls und Blutdruck. Sehr **wichtig** ist die **Kontrolle der venösen Zugänge** (bei hoher Infusionsmenge halbstündlich), da insbesondere bei Säuglingen und Kleinkindern eine **verbale Angabe** von Schmerzen und Unwohlsein **nicht möglich** ist, sofern die Verweilkanüle paravenös verlagert ist.

Das Kind sollte spätestens **nach zwölf Stunden Urin gelassen haben.** Hinweis auf eine volle Blase gibt eine Abwehrspannung beim Abtasten des Unterbauches, oder das Kind selbst gibt ein Druckgefühl an. Ein kalter Waschlappen auf dem Unterbauch, ein laufender Wasserhahn oder die leichte Massage der Nierenregion können hilfreich sein. Bewirken diese Maßnahmen keine Blasenentleerung, wird zur Beseitigung der Blasenatonie auf Anordnung ein Parasympathikomimetikum (z.B. Doryl®) intramuskulär injiziert. Ist diese Therapie immer noch nicht erfolgreich, ist eine Einmalkatheterisierung angezeigt.

Der **Wundverband** ist postoperativ regelmäßig zu kontrollieren, um **frühzeitig** eine Nachblutung zu bemerken. Der **erste** Verbandwechsel ist erst am **dritten oder vierten** Tag notwendig, **ausgenommen** bei infizierten Wunden, dem Verdacht auf eine Nachblutung oder Wundheilungsstörung. Bei größeren Verbandwechseln ist die Verabreichung von Analgetika und/oder Sedativa **großzügig** zu handhaben. Hautdesinfektionsmittel lösen die Klebefläche von Pflastern, so daß die Pflasterentfernung für das Kind nicht so schmerzhaft ist.

Bei der **Zimmerbelegung** ist darauf zu achten, daß Patienten mit **infizierten Wunden** nach Abszeßspaltungen oder mit Peritonitis, z.B. nach einem perforierten Appendizitis, **nicht** mit Patienten nach **Knochenoperationen** oder **frisch operierten** „sauberen“ Wunden zusammen liegen.

36.23.4 Postoperativer Nahrungsaufbau

Nach **kleineren** Eingriffen wie Operationen in der Leistenregion und am äußeren Genitale, bei Knochen- und plastischen Operationen, nach Abszeßeröffnungen, Endoskopien, etc.:

- **vier bis sechs Stunden** nach der Operation **schluckweise Tee**
- wenn **gut** vertragen, Zwieback, Butterkekse und Joghurt anbieten
- **abends leichte** Kost verabreichen

Säuglinge erhalten nach einer **ersten** Teegabe eine **Mischung** aus halb Tee und halb Milchnahrung. **Vier Stunden später** kann der Säugling seine **gewohnte** Nahrung zu sich nehmen.

Nach **großen** operativen Eingriffen z.B. mit abdominaler Eröffnung, Brustkorbeingriffen, Operationen der Niere und der ableitenden Harnwege erfolgt der Nahrungsaufbau entsprechend den ärztlichen Anweisungen. Während der **ca. 24- bis 48stündigen** postoperativen **Nahrungskarenz** erhält der Patient entsprechend der ärztlichen Anordnung Infusionen zur Flüssigkeitssubstitution. In dieser Zeit ist im Abstand von ca. zwei Stunden regelmäßig Mundpflege durchzuführen (s.a. Kap. 36.23.7). Die intraoperativ eingelegte Magensonde wird an einen tiefhängenden (**unterhalb des Magenniveaus**) Sekretbeutel angeschlossen und die Beobachtungen hinsichtlich des abfließenden Sekretes (Menge, Beimengungen, Geruch, Konsistenz) dokumentiert. Sobald **keine nennenswerten** Sekretmengen mehr abgesondert werden, wird sie auf ärztliche Anordnung entfernt. Mit dem Einsetzen der Peristaltik kann dem kleinen Patienten Tee angeboten werden. Nachdem am zweiten bis dritten postoperativen Tag die erste Stuhlentleerung erfolgte, kann das Infusionsprogramm beendet werden. Abhängig von der Verträglichkeit werden dem Patienten **stufenweise** Zwieback, Suppe, danach Weißbrot, Joghurt und passierte Kost, leichte Kost und endlich Vollkost angeboten.

36.23.5 Postoperative Schmerztherapie

Kinder **empfinden ebenso** Schmerzen **wie** Erwachsene, können diese jedoch **gar nicht** oder nur **ungenügend lokalisieren** und **äußern.** Sobald Kinder Schmerzen angeben, weinen und unruhig werden, sollte die Verabreichung eines Analgetikums intravenös (z.B. Tramal®, Dolantin®) erfolgen. Bei kleineren Eingriffen ist Paracetamol sehr wirksam. Nach Knochenoperationen sind Schmerzen beispielsweise mit Paracetamol oder einem Antiphlogistikum (Voltaren®) gut zu beherrschen. Nach größeren Eingriffen hat sich Tramal® als

Dauerinfusion bewährt. 100 mg auf 40 ml NaCl 0,9% in einer Perfusorspritze in der Dosierung bis 10 kgKG 1 ml/h, bis 20 kgKG 2 ml/h, bis 30 kgKG 3 ml/h, bis 40 kgKG 4 ml/h und bis 50 kgKG 5 ml/h. Alternativ kann Dolantin® mit einem Sedativum (Luminal®) im vier- bis sechsstündlichen Wechsel verabreicht werden. Nach dem Nahrungsaufbau kann auf die orale Medikation übergegangen werden.

36.23.6 Thromboseprophylaxe

Bei Kindern **ab dem 14. Lebensjahr** oder ab einem **Gewicht über 50 kg** ist bei strenger Bettruhe sowie bei Ober- oder Unterschenkelgipsverbänden eine Thromboseprophylaxe (z. B. Fraxiparin®) durchzuführen.

36.23.7 Mundpflege

Zur postoperativen Pflege gehört grundsätzlich eine ausreichende Mund- und Lippenpflege. Die Kinder klagen schon früh nach dem Eingriff über Durst, der mit Zitronenstäbchen gelindert werden kann. Bei längerer parenteraler Ernährung ist der Mund regelmäßig mit Kamille oder Panthenol zu pinseln. **Säuglinge** und **Kleinkinder** erhalten bei einer Antibiotikatherapie **nach jeder** Mahlzeit ein orales **Medikament gegen Soorbefall** (z. B. Moronal®). **Größere** Kinder erkranken weniger leicht an Soor und werden **nur bei Symptomen** behandelt.

36.23.8 Lagerung und Fixierung

Kinder, die nach einer Operation längere Zeit in einer **vorgeschriebenen Lage** Bettruhe einhalten müssen, werden auf einem **Antidekubitusfell** oder einer **Antidekubitusmatratze** gelagert. Eine Knierolle sorgt dabei für die Entlastung der Bauchmuskulatur. Damit die Bettdecke z.B. nach Bauchoperationen oder Operationen im Genitalbereich keine Belastung für das Operationsgebiet darstellt, wird ein Bettbogen über dem Wundgebiet plaziert. Nach Operationen an Armen oder Beinen wird die **betroffene** Extremität **über Herzhöhe** hochgelagert, um ein zusätzliches Anschwellen zu vermeiden bzw. die vorhandene Schwellung zu minimieren. Dies kann mit Kissen, Deckpolstern oder, an den Beinen mit einer Braun-Schiene erreicht werden. Bei Verletzungen, die mit Gipsverbänden an den Armen versorgt werden, hat sich die Schlinge bewährt, die auf der betroffenen Seite zwischen dem Kopf- und Fußende des Bettes gespannt wird (Abb. 36-18). Der Arm kann so zusätzlich zum Kissenpolster senkrecht in die Schlinge „gesteckt“ werden.

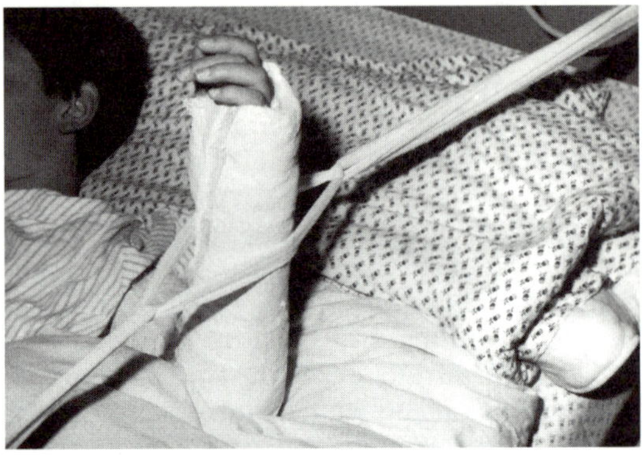

Abb. 36-18 Hochlagerung einer Unterarmfraktur durch Gipsfixierung in einer Schlinge am Bett.

Bei allen Extremitätenverletzungen muß auf die Beweglichkeit der Finger und Zehen (Motorik), die Durchblutung (Wärme) und das erhaltene Gefühlsempfinden (Sensibilität) geachtet werden!

Nach allen Operationen ist darauf zu achten, daß sich die Kinder die **notwendigen Ab-** oder **Zuleitungssysteme** (z. B. Venen- bzw. Blasenkatheter, Magensonde, Drainagen) **nicht** versehentlich oder absichtlich **ziehen** können. Hierzu sind je nach **Alter, Vernunft** und **Ansprechbarkeit** unterschiedliche **Fixierungsmaßnahmen** der Katheter wie auch der Kinder selbst notwendig. Die Eltern sind schon vor der Operation über evtl. notwendige Fixierungsmaßnahmen aufzuklären und in Kenntnis zu setzen. Extremitäten sind mit Gelenkmanschetten zu fixieren, der Oberkörper bei kleineren Kindern mit speziellen Leibchen. Außerdem ist dafür zu sorgen, daß die Katheter nicht abknicken und z. B. Blasenkatheter am Bein mit einer Schlaufe befestigt sind. Alle Katheter, Drainagen und Sonden müssen **so fixiert** sein, daß sie bei **Bewegungen** und **Drehungen** des Kindes **nicht unter Zug** und **Spannung** geraten. Bei größeren Kindern kann die Fixierung entfernt werden, sobald ihnen die Bedeutung der Systeme bewußt ist und sie vernünftig reagieren.

36.23.9 Pneumonieprophylaxe

Bei Kindern ist das Risiko, postoperativ an einer Pneumonie zu erkranken, deutlich **geringer** als bei Erwachsenen. Nach größeren Operationen oder bei einer bestehenden Bronchitis werden Atemgymnastik (Thoraxmobilisation, Atemvertiefung, Sekretlösung durch Klopfmassage) und Inhalationen angeordnet. Säuglinge und Kleinkinder werden prophylaktisch **zweistündlich umgelagert;** bei erschwerter Atmung ist Inhalieren mit oder ohne Zusätze (Mukosolvan®, Mikronephrin®) hilfreich. Frischluft und 30 bis 45° Hochlagerung des Oberkörpers sind bei einer beginnenden Pneumonie angezeigt.

36.23.10 Dekubitusprophylaxe

Kinder haben auch im Bett einen großen **Bewegungsdrang,** so daß Druckgeschwüre bei ihnen **kaum** vorkommen. Schwerstkranke und komatöse Kinder bekommen ein Antidekubitusfell oder eine -matratze in ihr Bett gelegt. Die Haut der Kinder wird bei jeder Pflegemaßnahme genau begutachtet und zweimal täglich mit Hautpflegemitteln eingecremt. Zur Druckentlastung der Haut werden die Patienten nach Plan alle zwei Stunden umgelagert. Besonders **gefährdete** Stellen (z. B. Kreuzbein, Fersen, Hinterkopf) werden zusätzlich z. B. mit **Schaumstoff abgepolstert.**

36.23.11 Drainagen, Sonden und Katheter

Drainagen werden unterschieden in **Unterdruck-** (Redon-Drainagen) und **Ablaufdrainagen** (Robinson-, Easy Flow-Drainage). Bei Redon-Drainagen ist auf **intakten** Unterdruck in der Ablaufflasche zu achten, er ist erkennbar an einer kleinen „Ziehharmonika", die sich in zusammengezogenem Zustand befinden muß. Redon-Drainagen werden intraoperativ z. B. in Wundhöhlen oder in die Bauchwand (z. B. Jackson-Pratt-Drainage) eingelegt. Ablaufdrainagen dagegen liegen überwiegend in der Bauchhöhle, um die sich dort postoperativ ansammelnde Flüssigkeit wie Blut oder Eiter nach außen zu leiten (s. a. Kap. 9.1).

Frische Blut-, Eiter- oder Stuhlentleerung aus Drainagen sind immer ein Alarmsymptom, und es ist sofort ein Arzt zu informieren!

Das abgeflossene Wundsekret wird **einmal täglich** aus den Auffangbeuteln **entleert,** Menge, Aussehen, Geruch und Konsistenz werden dokumentiert. Die Gesamtmenge wird in der täglichen Bilanz berücksichtigt.

Die intraoperativ gelegte **Magensonde** hat die Aufgabe, nach größeren abdominellen Eingriffen das sich rückstauende Magensekret nach außen abfließen zu lassen. Die Magensonde wird an einen tiefhängenden Sekretbeutel angeschlossen, der abgeflossene Mageninhalt wird regelmäßig entleert, seine Menge, Farbe, Geruch und Konsistenz entsprechend dokumentiert. Die Gesamtmenge ist in der täglichen Bilanz berücksichtigt. Die Magensonde wird sicher an der Nase des Kindes und zusätzlich an dessen Wange fixiert. **Klebestellen** der Pflaster sollten **einmal täglich geändert** werden, damit die Haut des Kindes nicht unnötig irritiert wird. Zweimal täglich ist die Nase des Patienten mit Panthenolsalbe zu pflegen, um so dem Entstehen eines Druckgeschwürs entgegenzuwirken.

Ein **Ureterkatheter** hat wie bereits in Kap. 36.18.1 erwähnt zwei Aufgaben: über ihn wird Urin gefördert, und er schient die neu erstellte Anastomose. Auch hier ist die Dokumentation der Menge und Art des Sekretes von großer Bedeutung. Direkt postoperativ muß die Urinausscheidung stündlich überwacht und das spezifische Gewicht einmal täglich bestimmt werden. Weitere Pflege- und Überwachungsmaßnahmen von Ureterkathetern (s. a. Kap. 36.18.1).

Blasenverweilkatheter oder **Dammkatheter** dienen der Urinableitung aus der Blase. Sie werden zweimal täglich mit 5 bis 10 ml steriler Kochsalzlösung gespült, um das Verstopfen mit Krusten oder kleinen Koageln zu vermeiden. Neben der äußeren Reinigung und Pflege der Genitalregion, werden Blutkrusten am Katheter ebenfalls mit 0,9%iger NaCl-Lösung oder Bepanthen®-Salbe gelöst.

Suprapubische Katheter werden viermal täglich gespült, wegen der **größeren Verstopfungsgefahr** bei **kleinerem** Katheterlumen. Die Eintrittsstelle muß zweimal täglich inspiziert und gepflegt werden.

Zweimal wöchentlich wird aus allen urinableitenden Kathetern getrennt Urin zur **bakteriologischen** Untersuchung entnommen. Die reichliche Zufuhr von Flüssigkeit begünstigt zusätzlich eine Durchspülung der Katheter.

36

36.23.12 Dokumentation und Aktivitäten des täglichen Lebens (ATLs)

Eine wichtige Rolle in der Krankenpflege spielt die Dokumentation. Um **Übertragungsfehler** zu vermeiden, sollten die **Eintragungen** in die **Dokumentationsmappe direkt** am Patientenbett vorgenommen werden. Jede **Veränderung** im Gesundheitszustand des Patienten ist zu protokollieren sowie sämtliche **ausgeführten** pflegerischen Maßnahmen. Eine bessere Übersicht ermöglicht die Pflege nach den **Aktivitäten des täglichen Lebens** (ATLs). Die Patienten werden nach **festgelegten** Richtlinien, den sog. **Pflegestandards** (s.a. Kap. 2.2) und einem bestimmten **Pflegeprozeßmodell** (s.a. Kap. 2.5) gepflegt, und dadurch ist eine einheitliche Pflege gegeben.

36.24 Postoperative Pflegeplanung (individuell) nach Leadbetter-Politano-Operation bei Hydronephrose

36.24.1 Fallbeispiel Stefanie Müller

Am 23. 02. 1994 wird Stefanie Müller, drei Jahre, zum dritten Mal in der Klinik für Kinderchirurgie aufgenommen, um die in mehreren Schritten durchgeführte Therapie Hydronephrose bei bestehender Ureterostiumstenose zum Abschluß zu bringen.

Stefanie wurde aufgrund rezidivierender Harnweginfekte erstmalig in der Klinik vorgestellt. Bei ihrem zweiten Klinikaufenthalt vor drei Monaten wurde eine vorliegende Ureterozele endoskopisch geschlitzt und eine vorübergehende künstliche Harnleiterausleitung (Ureterocutaneostomie) zur Erholung der Nierenfunktion angelegt.

Beim diesmaligen Klinikaufenthalt erfolgte eine Antirefluxplastik nach Leadbetter-Politano beidseits. Der Eingriff fand am 24. 02. 1995 statt, Stefanie lag postoperativ 48 Stunden in der Überwachungseinheit und konnte am dritten postoperativen Tag bei komplikationslosem Verlauf in die allgemeine Station übernommen werden.

Am heutigen sechsten postoperativen Tag liegen noch je ein Ureterschienungskatheter rechts und links sowie ein Blasendauerkatheter.

Stefanies Eltern kommen täglich einmal zu Besuch. Jeden zweiten Nachmittag verbringt ihr Bruder Johannes, zwölf Jahre alt, ein bis zwei Stunden mit ihr.

36.24.2 Pflegeplanung Stefanie Müller

Pflegeproblem	Pflegeziel	Pflegemaßnahmen
1 Ruhen und Schlafen • Schlafdefizit, Stefanie kann nicht einschlafen, da gewohnte Umgebung fehlt	• Stefanie fühlt sich wohl durch geregelten Schlaf-Wachrhythmus	• Eltern bringen bekanntes Spielzeug, Kuscheltier, etc. mit • Kuscheltier an die Wange legen (Fixation der Arme) s. **ATL 2** • da ständige Anwesenheit der Eltern nicht möglich ist, Einschlafrituale erfragen und beibehalten (vorlesen, vorsingen, etc.)
2 Sich bewegen • Dekubitusgefahr (eingeschränkte Bewegung und Rückenlagerung)	• Haut ist intakt	• Beobachten der Haut (mehrmals tägl.) • Trockenhalten der Haut durch Anlegen leichter Kleidung aus Baumwolle • Schwitzen vermeiden, ggf. Körperwaschung und gut abtrocknen • 2× tägl. Hautpflege mit pH-5-Eucerin® oder Linola®

36.24.2 Pflegeplanung (Fortsetzung)

Pflegeproblem	Pflegeziel	Pflegemaßnahmen
2 • Bewegungseinschränkung (Fixierung der Extremitäten mit Manschetten, und des Oberkörpers durch Leibchen)	• Stefanie bewegt sich uneingeschränkt und altersentsprechend	• Fixierung auf das notwendigste Maß reduzieren, wobei sichergestellt sein muß, daß die Lage der Katheter sich nicht verändert • Kontrolle der Haut unter den Manschetten • auf Druckstellen durch das Leibchen achten
3 Sich waschen und kleiden • Verletzung des Schamgefühls, da durch die liegenden Katheter keine Hose angezogen werden kann	• Stefanie fühlt sich nicht in ihrem Schamgefühl beeinträchtigt • Stefanie kann gewohnte Kleidung tragen	• Sichtschutz bei Pflegehandlungen aufstellen • Körperpflege nur durch eine Pflegekraft • Genitalbereich durch Tücher, Behelfsbekleidung, etc. abdecken
• kann Körperpflege nicht selbständig durchführen (drei Jahre)	• Stefanie übernimmt selbständig oder teilweise die Körperpflege	• Stefanie wird motiviert, Teilaufgaben zu übernehmen, z. B. Zähneputzen, Waschen und Abtrocknen von Gesicht und Armen
4 Essen und Trinken • zu geringe Flüssigkeits- und Nahrungsaufnahme (aufgrund Appetitlosigkeit)	• Stefanie ißt und trinkt altersentsprechend	• Wunschkost • häufiges Anbieten von Speisen und Getränken
5 Ausscheiden • verminderte Ausscheidung (durch zu geringe Flüssigkeitszufuhr)	• Stefanie scheidet ausreichend aus	• vierstdl. Bilanzierung • Ein- und Ausfuhrkontrolle • Beobachtung des Abdomens: Auftreibung im Bereich der Nieren und der Blase • Flüssigkeitszufuhr ggf. altersentsprechend erhöhen • 1× tägl. spezifisches Gewicht des Urins feststellen
• Obstipationsgefahr (wenig Flüssigkeitsaufnahme und Bewegung)	• Stefanie entleert regelmäßig den Darm	• schlackenreiche Kost, möglichst wenig Süßigkeiten und Gebäck
• Gefahr der Katheterabknickung, Abflußbehinderung	• Funktionstüchtigkeit der Katheter ist sichergestellt	• auf richtige Katheterlage achten • Blasenkatheter 2× tägl. mit 0,9% NaCl anspülen, Ureterkatheter rollern
6 Regulieren der Körpertemperatur • Temperaturerhöhung (Harnweginfektion)	• Stefanies Körpertemperatur ist normal	• stdl. Temperaturkontrollen bei Fieber (Wadenwickel, Kryogel®-Päckchen) • Bedeckung von Stefanie der Körper- und Außentemperatur anpassen • bei Frieren oder Zeichen der Zentralisation trotz des Fiebers warme Kleidung anziehen bzw. zudecken (zweite Decke) • Extremitäten überprüfen, warme Socken anziehen

36.24.2 Pflegeplanung (Fortsetzung)

Pflegeproblem	Pflegeziel	Pflegemaßnahmen
7 Atmen (Blutdruck, Puls) • Tachypnoe (Fieber)	• Stefanie atmet normal	• Temperatur normalisieren (s. **ATL 6**), Vitalzeichenkontrolle
8 Für Sicherheit sorgen • Stefanie hat Angst vor medizinischen und pflegerischen Maßnahmen	• Stefanie kann über ihre Angst sprechen	• alle pflegerischen und medizinischen Maßnahmen altersentsprechend erklären • Beim Besuch der Eltern diese in die Aufklärung und Versorgung des Kindes einbeziehen • Stefanie stets die Wahrheit sagen
• Stefanie ist ängstlich und unsicher	• Stefanie hat eine feste Bezugsperson	• Wechsel der Pflegenden auf ein Minimum beschränken • den Eltern ein ständiges Besuchsrecht gewähren
• Gefahr einer Harnweg-, Katheterinfektion	• Infekte vermeiden bzw. frühzeitig erkennen	• 2× wöchentlich und bei Bed. auf Anordnung des Arztes Urinentnahme auf pathologische Keime • Genitale von Sekreten und Salbenresten reinigen, Katheteraustrittsstellen mit 0,9%iger NaCl-Lösung spülen, bei Rötung Bepanthen®-Salbe auftragen • 1× tägl. steriler VW der Ureterschienen
9 Sich beschäftigen • Stefanie hat wenig Anregung der Phantasie (ungemütliches, karg eingerichtetes Krankenzimmer)	• Stefanie fühlt sich im Zimmer wohl	• Zuwendung, z. B. durch Geschichten erzählen, vorlesen, spielen • Bilder und Mobiles an der Decke aufhängen, damit Stefanie sie betrachten kann (Rückenlagerung)
• Stefanie hat Langeweile, da viele von zu Hause bekannte Spiele nicht möglich sind (Bettlägrigkeit)	• Stefanie ist zufrieden und beschäftigt	• Stefanie beschäftigen, dabei helfen Erzieherinnen, Spiele auszusuchen • andere Kinder zum gemeinsamen Spiel motivieren (z. B. „ich sehe was, was du nicht siehst")
10 Kommunikation • Stefanie fühlt sich einsam, da vertraute Ansprechpartner fehlen	• Stefanie fühlt sich sicher, vertraut und geborgen	• soviel wie möglich mit ihr sprechen und ihr zuhören • ist Stefanie allein: Spieluhr, Radio oder Kassettenrekorder einschalten • die Zimmertür offen lassen, damit Stefanie am Geschehen beteiligt ist • Angehörigen ein ständiges Besuchsrecht einräumen • Besuch von Geschwistern und Freunden erlauben • Kontakt mit anderen Kindern ermöglichen

36.24.2 **Pflegeplanung** (Fortsetzung)

Pflegeproblem	Pflegeziel	Pflegemaßnahmen
11 Sich als Frau, Mann, Kind fühlen • Stefanie hat Angst, da sie sich in einer ungewohnten Umgebung befindet	• Stefanie kann ihr „Kindsein“ leben	• Aufklärung, Informationen und Behandlung an der psychischen Reife orientieren • altersentsprechende Gespräche, Spiele, etc. anbieten
12 Sinn finden • Psyche von Stefanie ist belastet (häufige und lange Krankenhausaufenthalte), mögliche Reaktionen: Verlustängste, Aggressionen, Depressionen, etc.	• Stefanie kann mit ihren Gefühlen, Ängsten, etc. umgehen	• Bewältigungsstrategien anbieten (Spielpädagogen, Psychologen, Gesprächstherapeuten, etc. in den Krankheitsverlauf und Heilungsprozeß einbinden • viel Zeit mit ihr verbringen • Eltern so häufig wie möglich zu Besuch bitten

Literaturhinweise

[1] Schärli, A. F.: Kinderchirurgisches Lehrbuch für Kinderkrankenschwestern. Hans Huber-Verlag, Bern, 4. Aufl. 1988.

[2] Janneck, C.: Kinderchirurgie für Krankenpflegeberufe. Georg-Thieme-Verlag, Stuttgart, 4. Aufl. 1990.

[3] Sauer, H., R. Kurz, W. Linhardt, P. H. Schober: Checkliste Kinderchirurgie. Georg-Thieme-Verlag, Stuttgart, 2. Aufl. 1992.

[4] Juchli L., A. Vogel: Krankenpflege. Georg-Thieme-Verlag, Stuttgart, 5. Aufl. 1987.

[5] Berchtold, R., H. Hamelmann, H. J. Peiper: Chirurgie. Urban & Schwarzenberg, München-Wien-Baltimore, 1. Aufl. 1987.

Anhang

Selbsthilfegruppen (überregional, in alphabetischer Reihenfolge):

Kontaktanschrift für Selbsthilfegruppen:
NAKOS Nationale Kontakt- und Informationsstelle zur Anregung und Unterstützung von Selbsthilfegruppen
Albrecht-Achilles-Str. 65
10709 Berlin
Tel. 0 30/8 91 40 19

Aktion Sonnenschein Hilfe für das mehrfach behinderte Kind e.V.
Heiglhofstr. 63
81377 München
Tel. 0 89/71 00 90

Allergiker- und Asthmatikerbund e.V.
Hindenburgstr. 110
41061 Mönchengladbach
Tel. 0 21 61/18 30 24

Arbeitsgemeinschaft Spina bifida und Hydrocephalus e.V.
Münsterstr. 13
44145 Dortmund
Tel. 0 27 72/83 47 77

Blaues Kreuz in Deutschland
(Abhängigkeitskranke)
Freiligrath-Str. 27
42289 Wuppertal 2
Tel. 02 02/62 10 99

Bund Deutscher Hirnbeschädigter
Humboldtstr. 32
Postfach 13 27
53113 Bonn
Tel. 02 28/22 61

Bund diabetischer Kinder e.V.
Hoheneckerstr. 46
67663 Kaiserslautern
Tel. 06 31/7 64 88

Bundesgeschäftsstelle Wohnen im Alter
Hannelore Kupper
Meckenheimer Allee 145
53115 Bonn
Tel. 02 28/63 16 55/56

Bundesverband der Kehlkopflosen e.V.
Obererle 65
45897 Gelsenkirchen
Tel. 02 09/59 22 82

Bundesverband der Organtransplantierten e.V.
Triftstr. 6
13353 Berlin
Tel. 0 30/46 17 894

Bundesverband für die Rehabilitation der Aphasiker e.V.
Georg-Str. 9
50389 Wessling
Tel. 0 22 36/4 66 98

Bundesverband für spastisch Gelähmte und andere Körperbehinderte e.V.
Brehmstr. 5–7
40239 Düsseldorf
Tel. 02 11/62 66 51

Bundesverband Skoliose-Selbsthilfe e.V.
Düstergasse 9a
42897 Remscheid
Tel. 0 21 92/6 39 93

Bundesvereinigung Lebenshilfe für geistig Behinderte e.V.
Raiffeisenstr. 18
Postfach 80
35043 Marburg
Tel. 0 64 21/4 00 10

Deutsche Aids-Hilfe e.V.
Dieffenbachstraße 33
10967 Berlin
Tel. 0 30/69 00 87-0

Deutsche Epilepsievereinigung e.V.
Renate Windisch
Mittelstr. 10
90596 Schwanstetten
Tel. 0 91 70/ 18 90

Deutsche Hospizhilfe e.V.
Reit 25
21244 Buchholz
Tel. 0 41 81/3 88 55

Deutsche Ileostomie-Kolostomie-Urostomie-Vereinigung
Kepserstr. 50
85356 Freising
Tel. 0 81 61/8 49 11 und 84 909

Deutsche Krebshilfe e.V.
Thomas-Mann-Str. 40
53111 Bonn
Tel. 02 28/72 99 00

Deutsche Morbus-Crohn-/Colitis-ulcerosa-Vereinigung
Schwabstr. 68
72074 Tübingen
Tel. 0 70 71/2 13 51

Deutsche Narkolepsie-Gesellschaft
Ernst-Friedrich Breuhaus
Klauberg 1
42651 Solingen
Tel. 02 12/1 62 48

Deutsche Vereinigung Morbus Bechterew e.V.
Geschäftsstelle
Metzgergasse 16
97421 Schweinfurt
Tel. 0 97 21/2 20 33

Dialysepatienten Deutschland e.V. (DD)
Weberstr. 2
55130 Mainz
Tel. 0 61 31/8 51 52
Fax 0 61 31/83 51 98

Frauenselbsthilfe nach Krebs
Bundesverband e.V.
B 6, 10711
68159 Mannheim
Tel. 06 21/2 44 34

Gesellschaft für Inkontinenz-Hilfe (GIH)
Friedrich-Ebert-Str. 124
34119 Kassel
Tel. 05 61/78 06 04

Kuratorium ZNS für Unfallverletzte mit Schäden des zentralen Nervensystems e.V.
Humboldtstr. 30
53115 Bonn
Tel. 02 28/63 11 53

Internationale Gesellschaft für Sterbebegleitung und Lebensbeistand e.V.
Im Rheinblick 16
55411 Bingen
Tel. 0 67 21/1 03 28

Wolfgang-Rosenthal-Gesellschaft e.V.
Selbsthilfevereinigung zur Förderung der Behandlung der Lippen-, Kiefer-, Gaumen-, Segel-Spaltträger
Paul-Schneider-Str. 12
35625 Hüttenberg
Tel. 0 64 03/55 75 oder 24 69

Abbildungs- und Tabellennachweis

Fotos der Kapitelaufmacher:

Für die Auswahl der Kapitelaufmacher-Fotos ist das Projektteam (Redaktion, Herstellung, Lektorat) verantwortlich.

Kap. 2, 18 Bärbel Högner, Hamburg

Kap. 3, 5, 9, 11, 13, 14, 16, 17, 19, 20, 21, 22, 24, 26, 27, 29, 32, 34, 35 Manfred Jarisch, München

Kap. 4 Stefan Beißner, München (mit freundlicher Genehmigung des Klinikums Innenstadt, München)

Kap. 7, 8, 15, 30 (Lebertransplantation bei einem Kleinkind, vor und ein Jahr nach der Operation), **31, 36** Bilderdienst Süddeutscher Verlag, München

Kap. 10 Elke Wendt, Lübeck

Kap. 12 Lippert, H.: Anatomie. Urban & Schwarzenberg, München–Wien–Baltimore, 5. Aufl. 1989, Abb. A (Lymphozyten im Rasterelektronenmikroskop)

Kap. 23 Dr. Ingrid Ostheeren, Weilheim

Kap. 6, 25 Frank Röhrich, München (mit freundlicher Genehmigung des Klinikums München-Großhadern)

Kap. 28 Klima, G.: Schilddrüsen-Sonographie. Urban & Schwarzenberg, München–Wien–Baltimore, 2. Aufl. 1993, S. 133 (Sonogramm: Verdickter Schilddrüsenlappen, großteils echoarmer, unscharf abgegrenzter Knoten kaudal)

Kap. 33 Schirmer, M.: Neurochirurgie. Urban & Schwarzenberg, München–Wien–Baltimore, 8. Aufl. 1994, Abb. 16-23 (Lagerung zur lumbalen Bandscheibenoperation)

Abbildungen im Text:

Kapitel 2

2-3 modifiziert nach Gibbels, M.: Mund- und Zahnpflegestandard. In: Die Schwester/Der Pfleger, Bibliomed-Verlag, Melsungen, 1/1994, S. 7

2-7, 2-8, 2-9, 2-10 modifiziert nach Auszug Bundesgesetzblatt Jg. 1993, Teil 1

2-11 „Stammblatt" der Medizinischen Universität zu Lübeck

Kapitel 3

3-1 A und B Eibl-Eibesfeldt, B., Kessler, S.: Verbandlehre. E. Stenger (Hrsg.), Urban & Schwarzenberg, München–Wien–Baltimore, 5. Aufl. 1993, Abb. 1-2 a und b (künftig zit.: Stenger, Verbandlehre)

3-2 Stenger, Verbandlehre, Abb. 1-2 c

3-3 Stenger, Verbandlehre Abb. 1-2 d

3-4 A bis C Stenger, Verbandlehre, Abb. 1-3 a bis c

3-5 A bis C Stenger, Verbandlehre, Abb. 1-4 a bis c

3-8 A bis E Brown, J. St.: Kleine Chirurgie. Urban & Schwarzenberg, München–Wien–Baltimore, 1989, Abb. 9-4 (künftig zit.: Brown, Kleine Chirurgie)

Kapitel 5

5-1 A Stenger, Verbandlehre, Abb. 3-2

5-1 B Stenger, Verbandlehre, Abb. 3-4 b

5-1 C Stenger, Verbandlehre, Abb. 3-3 c

5-2 A bis D Stenger, Verbandlehre, Abb. 6-18 a bis d

5-3 Stenger, Verbandlehre: Abb. 2-2

5-4 A und B Stenger, Verbandlehre: Abb. 2-5 a und b

5-5 Stenger, Verbandlehre: Abb. 2-6

5-6 A bis F Stenger, Verbandlehre, Abb. 4-2 a bis f

5-8 Stenger, Verbandlehre, Abb. 4-8 a

5-9 Kirschnick, O.: Pflegeleitfaden. Für Auszubildende und Tutoren. Urban & Schwarzenberg, München–Wien–Baltimore, 2. Aufl. 1996, Abb. 2-59 (künftig zit.: Kirschnick, Pflegeleitfaden)

5-10 A und B Stenger, Verbandlehre, Abb. 5-10 a und b

5-11 Stenger, Verbandlehre, Abb. 6-3

5-12 Stenger, Verbandlehre, Abb. 6-15 a und b

5-15 Stenger, Verbandlehre, Abb. 2-1

5 18 A Stenger, Verbandlehre, Abb. 6-19

5-18 B Kirschnick, Pflegeleitfaden, Abb. 2-21

5-18 D Kirschnick, Pflegeleitfaden, Abb. 2-19

5-19 A und B Stenger, Verbandlehre, Abb. 6-78 a und b

Kapitel 7
7-7 Kirschnick, Pflegeleitfaden, Abb. 2-92

Kapitel 9
9-2 A Kirschnick, Pflegeleitfaden, Abb. 4-19 a
9-2 B Kirschnick, Pflegeleitfaden, Abb. 12-12

Kapitel 10
10-12 Stenger, Verbandlehre, Abb. 7-15
10-14, Stenger, Verbandlehre, Abb. 7-16

Kapitel 12
12-1 Berchtold, R., Hamelmann, H., Peiper, H. J., Trentz, O.: Chirurgie. Urban & Schwarzenberg, München–Wien–Baltimore, 3. Aufl. 1994, Abb. 14-1 (künftig zit.: Berchtold, Chirurgie)
12-2 Berchtold, Chirurgie, Abb. 14-2
12-3 Berchtold, Chirurgie, Abb. 14-3
12-4 Berchtold, Chirurgie, Abb. 14-4
12-5 Berchtold, Chirurgie, Abb. 14-5
12-6 Berchtold, Chirurgie, Abb. 14-6
12-7 Berchtold, Chirurgie, Abb. 14-7
12-8 Berchtold, Chirurgie, Abb. 14-8
12-9 Berchtold, Chirurgie, Abb. 14-9

Kapitel 13
13-1 Wheather, P. R., Burkitt, H. G., Daniels, V. G.: Funktionelle Histologie. Urban & Schwarzenberg, München–Wien–Baltimore, 2. Aufl. 1987, Abb. 9-6 (künftig zit.: Wheather, Funktionelle Histologie)
13-2 Kirschnick, Pflegeleitfaden, Abb. 4-28

Kapitel 14
14-3 Klinik für HNO der Medizinischen Universität zu Lübeck
14-4 A und B Klinik für Kieferchirurgie der Medizinischen Universität zu Lübeck
14-5 Kirschnick, Pflegeleitfaden, Abb. 4-5

Kapitel 15
15-13 A Kirschnick: Pflegeleitfaden, Abb. 2-56

Kapitel 16
16-3 A und B Mischo-Kelling, M., Zeidler, H.: Innere Medizin und Krankenpflege. Urban & Schwarzenberg, München–Wien–Baltimore, 2. Aufl. 1992, Abb. 21-7 a und b (künftig zit.: Mischo-Kelling/Zeidler, Innere Medizin und Krankenpflege)

Kapitel 17
17-6 Breitner, B.: Chirurgische Operationslehre Bd. IV. Urban & Schwarzenberg, München–Wien–Baltimore, 2. Aufl. 1989, Abb. 3-51 (künftig zit.: Breitner, Chirurgische Operationslehre Bd. IV)
17-7 Breitner, Chirurgische Operationslehre Bd. IV, Abb. 3-57

Kapitel 29
29-1 Berchtold, Chirurgie, Abb. 53-7
29-2 A bis G Berchtold, Chirurgie, Abb. 53-1
29-3 Berchtold, Chirurgie, Abb. 53-8

Kapitel 34
34-7 aus der Sammlung des anatomischen Instituts Kiel, P. Tichy

Kapitel 36
36-16 A bis G Berchtold, Chirurgie, Abb. 30-11 a bis g
36-17A Berchtold, Chirurgie, 2. Aufl., Abb. 45-20 b
36-17 B Berchtold, Chirurgie Abb. 30-29
36-17 C Jannek, C.: Chirurgie für Krankenpflegeberufe. Georg-Thieme-Verlag, Stuttgart–New York, 4. Aufl. 1990, Abb. 180

Tabellen:

Kapitel 4
4-3 DIN-Taschenbuch 169, Sterilisation, Desinfektion, Sterilgutversorgung. Beuth-Verlag, Berlin 1988

Kapitel 6
6-2 A und B Erhebungsbögen der Klinik für Chirurgie der Medizinischen Universität zu Lübeck, Direktor: Prof. Dr. H. P. Bruch Anamneseerhebungsbogen, Untersuchungsbogen.

Kapitel 8
8-2 Kümpel, P.: Thrombosegefährdung im Krankenhaus. In: Deutsche Krankenpflegezeitschrift, Kohlhammer-Verlag, Stuttgart, 5/1995, S. 278

Kapitel 12
12-5 Berchtold, R., H. Hamelmann, H. J. Peiper, O. Trentz (Hrsg.): Chirurgie. Urban & Schwarzenberg, München–Wien–Baltimore, 3. Aufl. 1994, Tab. 14-6 (künftig zit.: Berchtold, Chirurgie)

Sachregister

B

C

D

F

G

J

K

L

M

N

O

P

Q

R

T

U

V

W

X

Z

Arzneimittelregister

Parameter	Abkürzung	Alter Wert	Einheit	Umrechnungsfaktor	SI-Wert	Einheit
Arterielle Blutgase						
pH		7,36–7,44				
Sauerstoffpartialdruck	paO_2	80–100	mmHg	x 0,13	10,4–13	kPa
Kohlendioxidpartialdruck	$paCO_2$	35–45	mmHg	x 0,13	4,6–5,9	kPa
Standardbikarbonat	HCO_3^-	21–27	mval/l	x 1	21–27	mmol/l
Basenüberschuß	BE	±2	mval/l	x 1	± 2	mmol/l
Blutbild						
Hämoglobin	Hb	m 14–18; w 12–16	g/100 ml	x 0,62	m 8,7–11,2; w 7,4–9,9	mmol/l
Hämatokrit	Hk	m 42–52; w 37–47	%	x 0,01	m 0,4–0,5; w 0,37–0,47	l/l
Erythrozyten		4,2–5,9	$10^6/mm^3$	x 10^6	4,2–5,9	$10^{12}/l$
Leukozyten		4000–11 000	l/mm^3	x 0,001	4,0–11,0	$10^9/l$
Thrombozyten		150 000–450 000	l/mm^3	x 0,001	150–400	$10^9/l$
Mittleres Erythrozytenvolumen	MCV	90 ± 7	μm^3	x 1	90 ± 7	fl
Hämoglobingehalt des Einzelerythrozyten	MCH	27 ± 2	pg	x 0,062		fmol
Mittl. Hb-Konzentration d. Erythrozyten	MCHC	34 ± 2	g/100 ml	x 10	340 ± 20	g/l
Eiweiß						
Gesamteiweiß		6–8,4	g/100 ml	x 10	60–84	g/l
Albumine		55–65	rel %		36–50	g/l
$Alpha_1$-Globuline	α_1-	2,5–4	rel %		1–4	g/l
$Alpha_2$-Globuline	α_2-	7–10	rel %		5–9	g/l
Beta-Globuline	β-	8–12,5	rel %		6–11	g/l
Gamma-Globuline	γ-	14–20	rel %		8–15	g/l
Elektrolyte						
Chlorid	Cl	97–108	mval/l	x 1	87–108	mmol/l
Kalzium	Ca	8,5–10,5	mg/100 ml	x 0,25	2,1–2,6	mmol/l
Kalium	K	3,5–5	mval/l	x 1	3,5–5	mmol/l
Magnesium	Mg	1,6–2,6	mval/l	x 0,41	0,66–1,07	mmol/l
Natrium	Na	135–145	mval/l	x 1	135–145	mmol/l
Phosphat (anorganisch)		3–4,5	mg/100 ml	x 0,32	1–1,5	mmol/l
Enzyme						
Glutamat-Oxalacetat-Transaminase	GOT	5–19	U/l			
Glutamat-Pyruvat-Transaminase	GPT	4–23	U/l			
Glutamatdehydrogenase	GLDH	1–4	U/l			
Kreatinkinase	CK	m 5–55; w 5–35	U/l			
Herzmuskel-Kreatinkinase	CKMB	< 10	U/l		(< 6% CK)	
Alkalische Phosphatase	AP	60–170	U/l			
Gamma-Glutamyl-Transferase	γ-GT	4–28	U/l			
Saure Phosphatase	SP	bis 13,5	U/l			
Laktatdehydrogenase	LDH	60–120	U/l	x 0,017	1–2	$mols^{-1}/l$
Hydroxy-Butyrat-Dehydrogenase	HBDH	< 140	U/l			
Cholinesterase	CHE	1900–3800	U/l			
Lipase		20–160	U/l			
Alpha-Amylase	α-Amylase	20–110	U/l			